1차 [필기합격]
임상심리사
단기완성

2급

끝까지 책임진다! 시대에듀!
QR코드를 통해 도서 출간 이후 발견된 오류나 개정법령, 변경된 시험 정보, 최신기출문제, 도서 업데이트 자료 등이 있는지 확인해 보세요!
시대에듀 합격 스마트 앱을 통해서도 알려 드리고 있으니 구글 플레이나 앱 스토어에서 다운받아 사용하세요.
또한, 파본 도서인 경우에는 구입하신 곳에서 교환해 드립니다.

편집진행 장민영 · 김연지 | **표지디자인** 박종우 | **본문디자인** 조은아 · 김휘주

2026 임상심리사 2급 1차 필기합격 단기완성
한권으로 끝내기

Always with you

사람의 인연은 길에서 우연하게 만나거나 함께 살아가는 것만을 의미하지는 않습니다.
책을 펴내는 출판사와 그 책을 읽는 독자의 만남도 소중한 인연입니다.
시대에듀는 항상 독자의 마음을 헤아리기 위해 노력하고 있습니다. 늘 독자와 함께하겠습니다.

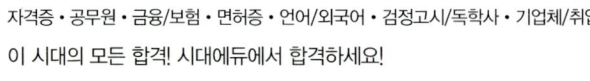

자격증 · 공무원 · 금융/보험 · 면허증 · 언어/외국어 · 검정고시/독학사 · 기업체/취업
이 시대의 모든 합격! 시대에듀에서 합격하세요!
www.youtube.com ➡ 시대에듀 ➡ 구독

머리말   PREFACE

임상심리사란 개인이나 집단이 경험하는 심리·생리적 문제나 정신건강과 관련된 다양한 영역의 문제를 이해·평가·치료하는 전문인력입니다.
임상심리사는 정신적 문제를 예방하기 위한 활동과 정신적 어려움을 겪은 사람이 사회에 적응할 수 있도록 돕는 재활활동을 중심으로, 정신건강 분야의 관계자나 기타 산업체 및 정부기관 관계자 등에게 필요한 심리상담 자문을 제공하기도 하며 우리 사회 곳곳에 공헌하고 있습니다.
최근에는 정신건강에 대한 개인·사회적 관심이 높아지면서 관련 분야의 자격시험 응시인원 역시 증가하였고, 그중에서도 임상심리사 자격시험은 매년 수많은 응시자들이 도전하는 인기 종목으로 자리매김했습니다.

현대에는 정신질환이 아니어도 학교폭력 등의 사회적 문제로 인하여 극심한 스트레스를 경험하거나 심리적 고통을 호소하는 사람이 점차 증가하고 있으며, 이에 따른 심리상담 전문인력에 대한 사회적 요구 역시 급증하고 있습니다. 이러한 흐름 속에서 임상심리 분야의 시장은 더욱 성장할 것으로 보이며, 고용 규모 역시 더욱 확대될 것으로 전망됩니다.
특히 임상심리사는 자격 취득 후 다양한 진로 확장이 가능하여, 상대적으로 연령 등의 제한 없이 오래 종사할 수 있는 직군입니다. 최근에는 다양한 심리 관련 지식을 알려주는 임상심리사들의 유튜브 채널이 많은 구독자의 관심을 얻으며, 그 활동 범위를 점점 더 넓혀가고 있기도 합니다.

이처럼 새로운 가능성으로 떠오른 임상심리사 자격시험을 준비하는 수험생분들을 위해, 본 교재에서는 그동안 축적된 임상심리사 2급 필기시험에서 다루어진 기출문제를 체계적으로 분석하였습니다. 이를 기반으로 충실한 기초학습이 가능한 과목별 핵심이론과 핵심예제, 실전을 대비할 수 있는 기출복원문제, 그리고 각 문항에 대한 명쾌한 해설을 수록하였고, 이 교재만으로도 수험생 여러분이 임상심리사 2급 필기시험에 관한 내용을 충실히 학습하실 수 있도록 구성하였습니다.

본 교재를 선택하여 주신 여러분이 꼭 합격하기를 기원합니다.

편저자 일동

시험안내 INFORMATION

● 임상심리사 개요

임상심리사는 인간의 심리적 건강 및 효과적인 적응을 다루어 궁극적으로는 심신의 건강 증진을 돕고, 심리적 장애가 있는 사람에게 심리평가와 심리검사, 개인 및 집단 심리상담, 심리재활 프로그램의 개발과 실시, 심리학적 교육, 심리학적 지식을 응용해 자문을 한다.

임상심리사는 주로 심리상담에서 인지, 정서, 행동적인 심리상담을 하지만 정신과 의사들이 행하는 약물치료는 하지 않는다.

정신과병원, 심리상담기관, 사회복귀시설 및 재활센터에서 주로 근무하며 개인이 혹은 여러 명이 모여 심리상담센터를 개업하거나 운영할 수 있다. 이 외에도 사회복지기관, 학교, 병원의 재활의학과나 신경과, 심리건강 관련 연구소 등 다양한 사회기관에 진출할 수 있다.

● 시험일정

구 분	제1회	제2회	제3회
1차 필기	2월 7일~3월 4일	5월 10일~5월 30일	8월 9일~9월 1일
2차 실기	4월 19일~5월 9일	7월 19일~8월 6일	11월 1일~11월 21일

※ 2026년 시험일정은 아직 발표되지 않아 2025년 시험일정을 수록하였습니다.
※ 자세한 내용은 큐넷 홈페이지(www.q-net.or.kr)를 확인해주세요.

● 시험형식

구 분	시험과목	문항수	시험방법	시험시간
1차 필기	• 심리학개론 • 이상심리학 • 심리검사 • 임상심리학 • 심리상담	100문항 (각 20문항)	객관식	2시간 30분
2차 실기	• 기초심리평가 • 기초심리상담 • 심리치료 • 자문 · 교육 · 심리재활	18 ~ 20문항	필답형	3시간

합격기준

구 분	합격기준
1차 필기	100점을 만점으로 하여 과목당 40점 이상 / 전과목 평균 60점 이상
2차 실기	100점을 만점으로 하여 60점 이상

응시현황

연 도	필 기			실 기		
	응시(명)	합격(명)	합격률(%)	응시(명)	합격(명)	합격률(%)
2024	8,975	5,794	64.6	7,634	3,028	39.7
2023	7,941	5,833	73.5	7,521	2,965	39.4
2022	5,915	4,574	77.3	6,792	2,054	30.2
2021	6,469	5,465	84.5	6,461	2,614	40.5
2020	5,032	3,948	78.5	6,081	1,220	20.1
2019	6,016	3,947	65.6	5,858	1,375	23.5
2018	5,621	3,885	69.1	6,189	1,141	18.4

필기 출제기준

1과목 심리학개론	2과목 이상심리학	3과목 심리검사	4과목 임상심리학	5과목 심리상담
• 심리학의 역사와 개관 • 발달심리학 • 성격심리학 • 학습 및 인지 심리학 • 심리학의 연구 방법론 • 사회심리학 • 동기와 정서	• 이상심리학의 기본개념 • 이상행동의 유형	• 심리검사의 기본개념 • 지능검사 • 표준화된 성격검사 • 신경심리검사 • 기타 심리검사	• 임상심리학의 역사와 개관 • 심리평가 기초 • 심리치료의 기초 • 임상심리학의 자문, 교육, 윤리 • 임상 특수분야	• 상담의 기초 • 심리상담의 주요 이론 • 심리상담의 실제 • 중독상담 • 특수문제별 상담유형

※ 2025년부터 출제기준이 일부 변경되었습니다.
※ 자세한 내용은 큐넷 홈페이지(www.q-net.or.kr)를 확인해주세요.

구성과 특징 STRUCTURES

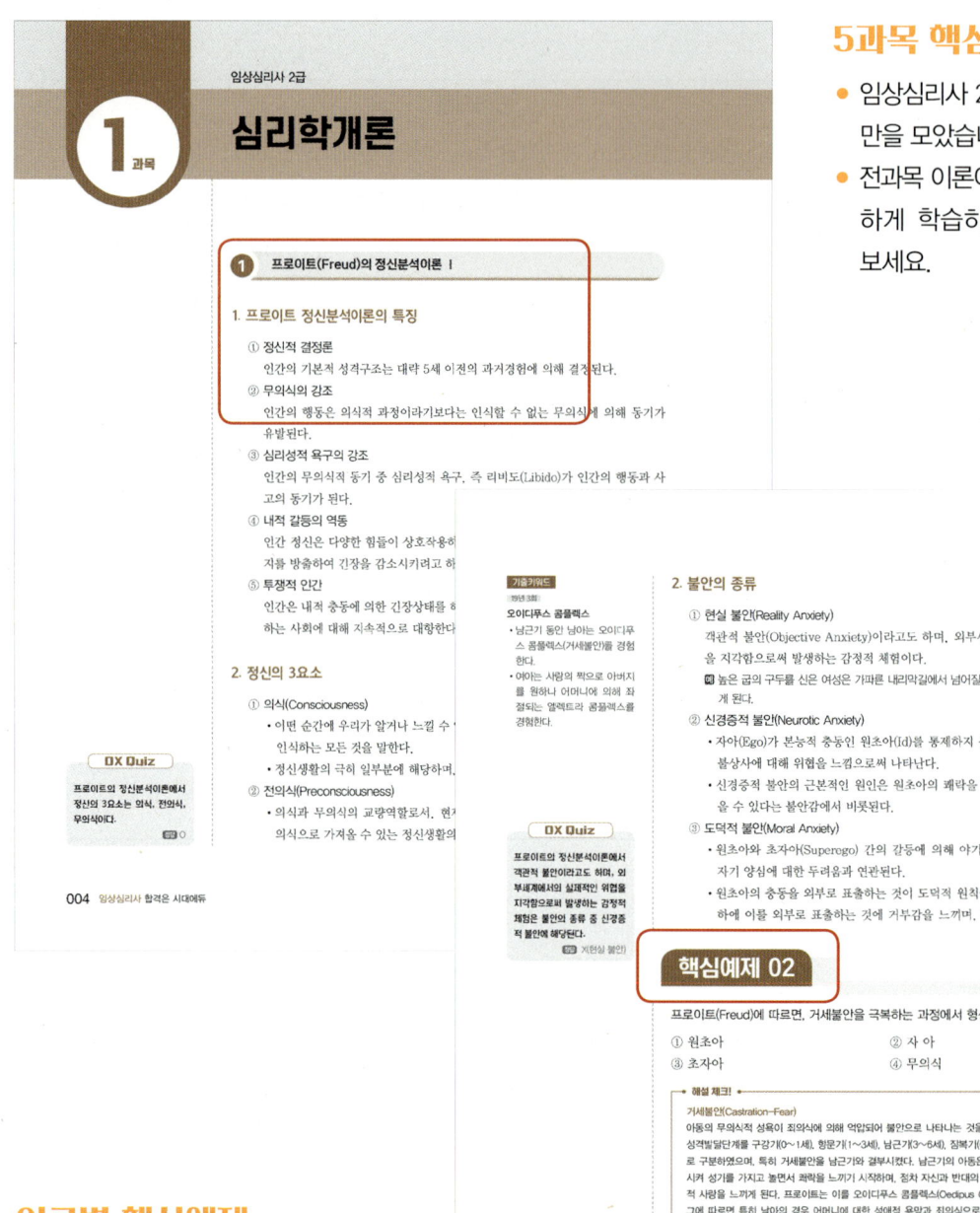

5과목 핵심이론
- 임상심리사 2급 1차 필기시험의 핵심만을 모았습니다.
- 전과목 이론이 수록된 본 교재로 꼼꼼하게 학습하시고 합격까지 완주해 보세요.

이론별 핵심예제
- 각 이론마다 핵심예제를 수록하였습니다.
- 핵심예제를 풀어보며 해당 이론의 출제방향을 파악할 수 있습니다.

OX 퀴즈

- 알쏭달쏭 물음표를 띄우는 OX 퀴즈를 보조단에 담았습니다.
- 퀴즈를 풀어보며 자연스럽게 암기효과를 누려보세요.

전문가의 한마디

- 학습의 팁을 얻을 수 있도록 저자의 한마디를 수록하였습니다.
- 연관되는 내용에 관한 지식망을 넓힐 수 있습니다.

구성과 특징 STRUCTURES

기출키워드
- 최근 자주 출제되는 기출키워드를 정리하였습니다.
- 중요한 키워드를 빠짐없이 짚고 넘어가세요.

최신 기출복원문제
- CBT 방식으로 변경된 필기시험 대비를 위한 기출복원문제를 담았습니다.
- 실제시험과 동일한 과목별 20문항 구성의 2회분 기출복원문제를 통해 실전감각까지 키울 수 있습니다.

최신 빈출키워드 KEYWORD

제1과목 심리학개론

#전망이론 #기억의 인출과정 #단기기억 #사회심리학적 태도와 행동 #성격 5요인 #귀인이론
#성격구조 #실험연구(실험법) #심리사회적 발달이론 #심리학 연구방법 #인지학습이론
#조건형성의 원리 #로저스 #타당도 #통계분석 #투사 #표준편차 #프로이트 #현상학적 이론

제2과목 이상심리학

#DSM-5 #성격장애 #공황장애 #과잉행동장애(ADHD) #노출장애 #분리불안장애 #사회불안장애
#성격장애 #신경발달장애 #실존주의 #알츠하이머(치매) #알코올중독 #양극성장애 #우울장애
#이상행동 #소인-스트레스이론 #조현병 #지적 장애 #품행장애 #섬망

제3과목 심리검사

#BSID-Ⅱ #MBTI #K-WAIS-Ⅳ #K-WISC-Ⅳ #MMPI-2 코드쌍 #MMPI-2 #타당성 척도
#검사자의 윤리적 의무 #노년기 인지발달 #뇌손상 #로샤검사 #신경심리검사 #실어증 #표본조사
#웩슬러 #자기보고 검사(객관적 검사) #스피어만 #지능 #집-나무-사람(HTP) 검사 #카텔

제4과목 임상심리학

#강화와 처벌 #기저핵 #지역사회 심리학 #라포형성 #로저스 #성격평가질문지 #심리평가 도구
#유관학습 #인간중심치료 #인지치료 #임상심리학의 역사 #임상심리학자의 윤리원칙 #임상적 면접
#행동의학 #전이와 역전이 #건강심리학 #정신분석적 접근 #체계적 둔감법 #유사관찰법 #대뇌피질

제5과목 심리상담

#키츠너 #REBT #가족상담 #게슈탈트상담(형태주의상담) #경청 #약물중독 #도박중독
#상담의 윤리원칙 #집단치료 #성상담 #심리치료의 역사 #의사결정과정 #작업동맹 #학업상담
#인간중심상담 #상담의 구조화 #진로상담 #집단상담 #청소년비행 #행동주의상담

학습전략 STRATEGY

제1과목
심리학개론

심리학개론 과목은 심리상담 분야의 여러 용어와 기본개념을 정확히 이해하고 있는지를 묻는 문제 위주로 출제됩니다. 학문의 기초와 전체적인 구조를 파악한다는 생각으로 학습한다면, 이후 이어지는 과목의 학습에도 큰 도움이 될 것입니다. 키워드 위주의 효율적인 학습이 필요한 과목이니, 전체적으로 충분히 회독하며 다양한 이론과 낯선 용어에 익숙해지도록 노력해야 합니다.

특히 올해부터 출제기준에 심리학의 역사가 포함되었기 때문에, 실전에서 새로운 유형의 문제를 만나더라도 당황하지 않도록 심리학의 기본 정의와 성장 과정, 그리고 최근 동향에 대해 반드시 살펴보시길 바랍니다. 또한 대표 학자들에 관한 문제를 대비하여 프로이트를 필두로 성격심리학 학자들의 이론을 꼼꼼히 학습하시길 권장합니다.

제2과목
이상심리학

이상심리학 과목은 매년 이상행동 관련 이론이 큰 비중으로 출제되고 있습니다. DSM-5 정신장애 하위유형과 유형별 진단기준을 정확히 알아야 풀 수 있는 문제가 다수 출제되며, 그만큼 기본개념 영역이 차지하는 비중이 적기 때문에 전략적인 학습이 필요합니다.

우울장애, 해리장애, 조현병, 성격장애, 섭식장애, 성 관련 장애, 지적 장애, 자폐스펙트럼장애, 주의력결핍 및 과잉행동장애, 틱장애 등 다양한 정신적 장애의 주요 증상 및 진단기준, 치료법 등을 정확히 암기해야 풀 수 있는 문제가 다수 출제되고 있기 때문에 꼼꼼한 암기가 필수적인 과목입니다.

제3과목
심리검사

심리검사 과목은 심리검사의 각 영역에서 고르게 문제가 출제되고 있습니다. 그만큼 기본개념을 묻는 문제도 매년 빠짐없이 출제되고 있으므로, 심리검사 시행자의 기본윤리 등 이미 알고 있는 기본개념도 여러 번 회독하시기를 권해드립니다.

다양한 심리검사를 묻는 문제가 큰 비중으로 출제되고 있으므로 각 검사의 시행방법, 원리 등을 헷갈리지 않도록 암기하는 것이 중요합니다. 그중에서도 웩슬러지능검사, MMPI 등 자주 등장하는 검사는 필수적으로 알아두어야 합니다. 특히 웩슬러지능검사는 성인용, 아동용으로 분류되어 있기 때문에 정확하게 구분하고 암기하여야 실전에서 빠르게 문제를 해결할 수 있습니다. MMPI 관련 문제로는 상승척도쌍을 묻는 문제도 매년 출제되고 있으므로, 각 코드쌍이 어떤 현상을 의미하는지 확실하게 숙지해야 합니다.

제4과목 임상심리학

임상심리학 과목은 심리치료의 기초 영역에서 가장 많은 문제가 출제되고 있습니다. 다양한 심리치료기법과 이론을 숙지하는 것은 물론, 임상심리학의 학문적 역사와 임상심리학자의 윤리적 책임 및 의무를 묻는 문제도 자주 출제되고 있으므로 개념학습에 특히 주의가 필요합니다.

최근에는 가족상담 및 가족치료 영역에서도 문제가 출제되고 있습니다. 따라서 관련 이론들을 유기적으로 연결해 학습해 두시면 효과적일 것입니다. 아울러 임상심리학 과목은 신출유형 문제의 비중이 컸던 과목이므로, 심리평가 방법 및 해석 방법 영역 역시 빠짐없이 학습해 두어야 합니다. 이렇게 준비한다면 실전에서 새로운 유형의 문제를 만나더라도 큰 어려움 없이 대응할 수 있을 것입니다.

제5과목 심리상담

심리상담 과목은 심리상담의 주요 이론 영역과 특수문제별 상담유형 영역에서 매번 많은 문제가 출제되고 있습니다. 각 영역의 내용이 세분화되어 완벽한 암기가 어렵기 때문에 더욱 꼼꼼한 학습이 필요합니다.

특히 상담 영역에서는 정신분석상담, 게슈탈트상담, 인지·정서·행동적 상담, 집단상담, 사이버상담, 청소년상담, 성폭력상담 등 다양한 상담이론과 접근법이 다뤄지고 있으므로, 특정 이론에만 치우치지 말고 폭넓게 학습하는 것이 필요합니다. 또한 올해부터 출제기준에 장노년 상담이 포함되었기 때문에, 실전에서 새로운 유형의 문제를 만나더라도 당황하지 않도록 장노년 상담의 의미 및 기본지침에 대해 반드시 살펴보시길 바랍니다.

선행 과목의 심리학 이론들이 상담 영역에서 어떻게 확장되고 적용되었는지 전체적인 구조를 그리면서 학습한다면, 교재에 수록된 이론 모두를 이해하고 암기하는 것도 어렵지 않을 것입니다.

이 책의 목차 CONTENTS

PART 1　핵심이론 + 핵심예제

제1과목　심리학개론 · **004**

제2과목　이상심리학 · **126**

제3과목　심리검사 · **254**

제4과목　임상심리학 · **400**

제5과목　심리상담 · **496**

PART 2　기출복원문제

2025년　제1회 기출복원문제 및 해설 · **638**

2025년　제2회 기출복원문제 및 해설 · **690**

PART 1
핵심이론

과목별 핵심이론 및 핵심예제

시험에 꼭 나올만한 중요한 이론들만 모은 핵심이론을 먼저 학습하고 관련된 핵심예제로 한 번 더 정리할 수 있도록 구성하였습니다.
철저히 학습하고 이해하여 임상심리사 2급 필기시험에 반드시 합격합시다.

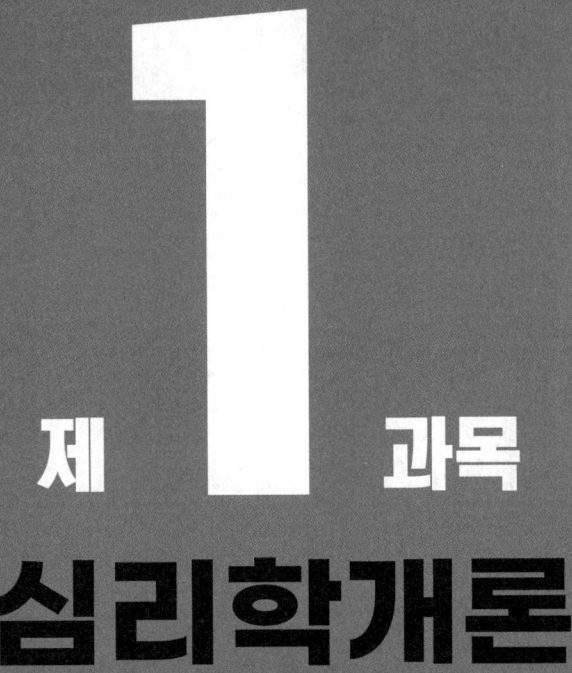

제 1 과목
심리학개론

> **학습공략**

최근 제1과목 필기시험에서 가장 눈여겨보아야 할 부분은 학습 및 인지심리학 영역에서 조금은 낯선 문제가 여러 개 출제되었다는 것입니다. 새로운 유형의 문제가 출제되어 수험생 여러분이 최근에 어려움을 느끼셨을 것이라 사료됩니다. 이에 따라, 최신기출문제를 풀어보며 빈출 개념만 암기하는 것을 넘어서, 신출 개념을 기출과 연계하여 정리하는 학습을 추천드립니다.

― 임 상 심 리 사 2 급 ―

01 프로이트(Freud)의 정신분석이론 Ⅰ
02 프로이트(Freud)의 정신분석이론 Ⅱ
03 에릭슨(Erikson)의 심리사회이론
04 에릭슨(Erikson)의 성격발달단계
05 아들러(Adler)의 개인심리이론
06 융(Jung)의 분석심리이론
07 피아제(Piaget)의 인지발달이론 Ⅰ
08 피아제(Piaget)의 인지발달이론 Ⅱ
09 콜버그(Kohlberg)의 도덕성발달이론
10 매슬로우(Maslow)의 인본주의성격이론
11 로저스(Rogers)의 현상학이론
12 고전적 조건형성
13 조작적 조건형성과 유관학습
14 조건형성 및 인지학습의 실험
15 강화와 처벌
16 강화계획(강화스케줄)
17 합리적 행위이론과 계획된 행위이론
18 인상형성 Ⅰ
19 인상형성 Ⅱ
20 귀인이론 Ⅰ

21 귀인이론 Ⅱ
22 태도와 행동의 사회심리학적 관점 Ⅰ
23 태도와 행동의 사회심리학적 관점 Ⅱ
24 태도와 행동의 사회심리학적 관점 Ⅲ
25 기억의 과정 및 측정
26 기억의 단계 Ⅰ
27 기억의 단계 Ⅱ
28 기억에 대한 실험
29 기억에 관한 연구와 기억술
30 망 각
31 지 각
32 형태재인
33 언어와 사고
34 심리학 연구방법 Ⅰ
35 심리학 연구방법 Ⅱ
36 주요통계방법
37 집단비교를 위한 주요통계방법
38 인간발달의 원리와 특징
39 청소년기의 발달
40 노년기의 발달

합격의 공식 ▶ 시대에듀

자격증·공무원·금융/보험·면허증·언어/외국어·검정고시/독학사·기업체/취업
이 시대의 모든 합격! 시대에듀에서 합격하세요!
www.youtube.com ➔ 시대에듀 ➔ 구독

1과목 심리학개론

1 프로이트(Freud)의 정신분석이론 Ⅰ

1. 프로이트 정신분석이론의 특징

① 정신적 결정론
  인간의 기본적 성격구조는 대략 5세 이전의 과거경험에 의해 결정된다.
② 무의식의 강조
  인간의 행동은 의식적 과정이라기보다는 인식할 수 없는 무의식에 의해 동기가 유발된다.
③ 심리성적 욕구의 강조
  인간의 무의식적 동기 중 심리성적 욕구, 즉 리비도(Libido)가 인간의 행동과 사고의 동기가 된다.
④ 내적 갈등의 역동
  인간 정신은 다양한 힘들이 상호작용하는 에너지 체계이다. 개인은 이러한 에너지를 방출하여 긴장을 감소시키려고 하나 사회의 통제에 의해 제약을 받는다.
⑤ 투쟁적 인간
  인간은 내적 충동에 의한 긴장상태를 해소하고 쾌락을 추구하기 위해, 이를 방해하는 사회에 대해 지속적으로 대항한다.

2. 정신의 3요소

① 의식(Consciousness)
  - 어떤 순간에 우리가 알거나 느낄 수 있는 모든 감각과 경험으로서, 특정시점에 인식하는 모든 것을 말한다.
  - 정신생활의 극히 일부분에 해당하며, 우리가 자각하지 못하는 부분도 많다.
② 전의식(Preconsciousness)
  - 의식과 무의식의 교량역할로서, 현재는 의식하지 못하지만 조금만 노력하면 의식으로 가져올 수 있는 정신생활의 일부분이다.

OX Quiz

프로이트의 정신분석이론에서 정신의 3요소는 의식, 전의식, 무의식이다.

정답 O

- 인식의 표면 밑에 있는 내용으로서, 부분적으로 망각된 마음의 일부분을 다시 회상함으로써 의식으로 떠올릴 수 있다.

③ 무의식(Unconsciousness)
- 정신 내용의 대부분에 해당하는 것으로서, 의식적 사고의 행동을 전적으로 통제하는 힘이다.
- 의식적 인식이 어렵지만 행동에 큰 영향력을 발휘하는 사고·기억·욕구를 말하며, 아동기의 외상(Trauma), 부모에 대한 감추어진 적대감, 억압된 성적 욕구 등이 해당한다.

3. 성격의 3요소

`17, 19, 20, 21, 22, 24, 25년 기출`

① 원초아(Id)
- 쾌락의 원리에 따른다.
- 성격의 기초가 되는 기본 욕구와 충동을 대표한다.
- 정신적 에너지의 저장소로서 성격의 원초적(1차적)·본능적 요소이며, 행동의 힘을 부여하는 근원적인 생물학적 충동(식욕, 성욕 등)을 저장하고 있다.

② 자아(Ego)
- 현실의 원리에 따른다.
- 성격의 집행자이자 의사결정 요소로서, 즉각적인 만족을 추구하려는 원초아와 현실을 중재하는 역할을 한다.
- 사회규범·규칙·관습과 같은 사회적 현실을 고려하여 행동을 결정한다.

③ 초자아(Superego)
- 도덕의 원리에 따른다.
- 거세불안을 극복하는 과정에서 초자아가 형성된다.
- 부모가 아이에게 전달하는 사회의 가치와 관습, 양심과 자아 이상의 두 가지 측면이 있다.
- 자아가 현실을 고려하는 데 비해 초자아는 무엇이 옳고 그른가에 대한 사회적 기준을 통합하는 성격의 요소이다.

핵심예제 01 `20년 기출`

프로이트(Freud)의 성격체계에서 자아(Ego)의 역할이 아닌 것은?

① 중재 역할 ② 현실 원칙
③ 충동 지연 ④ 도덕적 가치

기출키워드

`21년 1회, 3회 / 24년 3회 / 25년 1회, 2회`

골드버그(Goldberg)의 성격 5요인(Big Five)이론

신경증	불안, 우울, 분노 등 부정적인 정서를 잘 느끼는 성향을 의미
외향성	다른 사람과의 교류를 통해 인간관계적 자극을 추구하는 성향을 의미
경험에 대한 개방성	호기심이 많고 새로운 것을 좋아하며, 다양한 경험과 가치에 대해 열린 자세를 가진 개방적인 성향을 의미
우호성	'수용성' 혹은 '친화성'으로도 불리며, 다른 사람에 대해 우호적·수용적·협동적인 성향을 의미
성실성	자기조절을 잘 하고 책임감이 강한 성취지향적 성향을 의미

기출키워드

`22년 1회`

프로이트 – 성격의 3요소

프로이트는 성격의 3요소를 원초아, 자아, 초자아로 보았으며, 원초아는 쾌락의 원리, 자아는 현실의 원리, 초자아는 도덕의 원리에 따른다고 주장하였다.

초자아

초자아는 부모의 가치기준을 동화하는 과정에서 자아로부터 발달하게 된다. 주로 부모나 사회 환경의 영향을 받아 오이디푸스 콤플렉스(Oedipus Complex)나 엘렉트라 콤플렉스(Electra Complex)를 겪으면서 초자아가 발달한다.

> **해설 체크!**
>
> 성격의 구조
> - 원초아(Id) : 성격의 기초가 되는 기본적인 욕구와 충동을 의미하는 것으로서 쾌락의 원리에 따른다.
> - 자아(Ego) : 성격의 의사결정 요소로서 즉각적인 만족을 추구하려는 원초아와 현실을 중재하며, 현실의 원리에 따른다.
> - 초자아(Superego) : 무엇이 옳고 그른가에 대한 사회적 기준을 통합하며, 도덕의 원리에 따른다.
>
> 정답 ④

2 프로이트(Freud)의 정신분석이론 Ⅱ

1. 프로이트의 인간발달단계
16, 17, 18, 19, 25년 기출

① 구강기 또는 구순기(0~1세)
- 아동의 리비도(Libido)는 입, 혀, 입술 등 구강에 집중되어 있다.
- 구강기 전기에는 빨기·삼키기에서, 구강기 후기에는 깨물기에서 자애적 쾌락을 경험한다.
- 생후 8개월 무렵 이가 나기 시작하면서 공격성이 발달하게 되며, 이유에 대한 불만에서 어머니에 대한 최초의 양가감정을 경험한다.
- 다른 사람에게 과도하게 의존하고 그들에게 인정을 받고자 하는 구강수동적 성격 또는 논쟁적·비판적이고 다른 사람을 이용하거나 지배하려고 하는 구강공격적 성격으로 나타나기도 한다.
- 이 시기에 신체적·정서적으로 부모의 보살핌을 받지 못하거나 박탈감을 느끼게 되는 경우 성인이 되어서 충족되지 못한 보살핌에 대해 갈망하게 되며, 타인에 대한 불신으로 인해 대인관계에 문제가 발생할 수 있다.

② 항문기(1~3세)
- 아동의 리비도는 배설과 관련된 항문영역에 집중되어 있다.
- 배변으로 생기는 항문자극에 의해 쾌감을 얻는 동시에 배변훈련을 통한 사회화의 기대에 직면하는 시기이기도 하다.
- 부모나 사회의 요구에 의한 갈등을 경험하여 오히려 자신의 본능적 충동이나 반항의 의사를 외부로 표출해 보이는 항문폭발적 성격, 반대로 부모의 거칠고 강압적인 배변 훈련에 대한 저항의 의도로서 변을 배출하려고 하지 않는 항문보유적 성격으로 나타나기도 한다.

OX Quiz

프로이트의 정신분석이론에서는 인간발달단계를 8단계로 나누었다.

정답 X(5단계)

- 항문폭발적 성격은 무질서하고 무절제하며, 주변을 어지럽히고 사치와 낭비를 일삼는다. 반면 항문보유적 성격은 질서정연하고 절약을 하며, 다른 사람에게 인색하고 쌓아두려는 양상을 보인다.
- 아동은 항문기를 거쳐 부모에 대한 전적인 의존에서 점차적으로 벗어나며, 창조성의 기초가 되는 자립과 자존을 배우게 된다.

③ 남근기(3~6세)
- 아동의 리비도는 성기부위에 집중되어 있다.
- 성기를 자극하고 자신의 몸을 보여주거나 다른 사람의 몸을 보면서 쾌감을 얻는다.
- 남아는 오이디푸스 콤플렉스(Oedipus Complex)로 인해 거세불안을 경험하는 반면, 여아는 엘렉트라 콤플렉스(Electra Complex)로 인해 남근선망을 경험한다.
- 아동은 부모와의 동일시 및 적절한 역할습득을 통해 양심과 자아이상을 발달시키며, 이 과정에서 초자아가 형성된다.
- 이 시기에 고착된 성인 남성의 경우 경솔하고 과장되며, 강한 자부심과 자기중오를 나타내 보인다. 반면 성인 여성의 경우 유혹적이고 경박하며, 성적으로 난잡한 양상을 보인다.

④ 잠복기 또는 잠재기(6~12세)
- 아동의 리비도는 억압되어 성적 충동이 잠재되어 있다.
- 다른 단계에 비해 평온한 시기로서, 리비도의 승화를 통해 지적인 호기심을 표출한다.
- 잠복기 아동의 에너지는 지적인 활동, 운동, 친구와의 우정 등에 집중된다.
- 초자아가 강화됨으로써 오이디푸스적 욕망을 보다 능숙하게 제지한다.
- 리비도의 대상은 동성친구로 향하고 동일시 대상도 주로 친구가 된다.

⑤ 생식기(12세 이후)
- 잠복되어 있던 성적 에너지가 되살아나는 시기이다.
- 리비도의 대상이 동성친구에서 또래의 이성친구로 옮겨간다.
- 이 시기에 2차 성징이 나타나며, 남자는 턱수염이 나는 반면 여자는 가슴이 발달한다.
- 이 단계는 사춘기에서부터 시작하여 노쇠할 때까지 지속된다.

전문가의 한마디

프로이트의 인간발달단계에서 각 단계별 연령은 교재에 따라 약간씩 다르게 제시되며, 명칭 또한 달리 제시되기도 합니다.

- 노안영, 『상담심리학의 이론과 실제』, 학지사 刊
  구강기(출생~1세)→항문기(1~3세)→성기기(4~5세)→잠복기(6세~사춘기까지)→생식기(사춘기부터 시작)
- 권석만, 『현대 심리치료와 상담 이론』, 학지사 刊
  구강기(출생 직후~1년 반)→항문기(생후 1년 반~3년)→남근기(만 3~6세)→잠복기(만 6세~사춘기 이전까지)→성기기(사춘기 또는 청소년기 이후)

각 단계별 연령 구분은 약간의 차이에도 불구하고 사실상 거의 유사하므로, 대략적인 연령대를 통해 파악할 수 있습니다. 그러나 위의 경우에서와 같이 노안영은 '성기기'를 세 번째 단계로, 권석만은 다섯 번째 단계로 분류하고 있는 것은 혼란을 야기하기에 충분합니다. 이와 관련하여 노안영은 세 번째 단계를 '남근기'가 아닌 '성기기'로 제시한 이유에 대해, 프로이트의 심리성적 단계에서 여성이 배제된 것으로 비쳐질 수 있다고 지적한 바 있습니다.

참고로 임상심리사 과년도 기출문제들에서는 세 번째 단계를 보통 '남근기'로 제시하고 있는 바, 수험생 여러분의 혼란을 방지하기 위해 세 번째 단계를 '남근기'로, 다섯 번째 단계를 '생식기'로 제시하였고, '사춘기' 혹은 '청소년기' 등 추상적인 연령구분보다 구체적인 연령대를 제시하였습니다. 이 점 유념하여 학습하시기 바랍니다.

기출키워드
19년 3회

오이디푸스 콤플렉스
- 남근기 동안 남아는 오이디푸스 콤플렉스(거세불안)를 경험한다.
- 여아는 사랑의 짝으로 아버지를 원하나 어머니에 의해 좌절되는 엘렉트라 콤플렉스를 경험한다.

OX Quiz

프로이트의 정신분석이론에서 객관적 불안이라고도 하며, 외부세계에서의 실제적인 위협을 지각함으로써 발생하는 감정적 체험은 불안의 종류 중 신경증적 불안에 해당된다.

정답 X(현실 불안)

2. 불안의 종류
15, 16, 17, 18, 19년 기출

① 현실 불안(Reality Anxiety)

객관적 불안(Objective Anxiety)이라고도 하며, 외부세계에서의 실제적인 위협을 지각함으로써 발생하는 감정적 체험이다.

예 높은 굽의 구두를 신은 여성은 가파른 내리막길에서 넘어질지도 모른다는 불안감을 느끼게 된다.

② 신경증적 불안(Neurotic Anxiety)
- 자아(Ego)가 본능적 충동인 원초아(Id)를 통제하지 못할 경우 발생할 수 있는 불상사에 대해 위협을 느낌으로써 나타난다.
- 신경증적 불안의 근본적인 원인은 원초아의 쾌락을 탐닉하는 경우 처벌을 받을 수 있다는 불안감에서 비롯된다.

③ 도덕적 불안(Moral Anxiety)
- 원초아와 초자아(Superego) 간의 갈등에 의해 야기되는 불안으로서, 본질적 자기 양심에 대한 두려움과 연관된다.
- 원초아의 충동을 외부로 표출하는 것이 도덕적 원칙에 위배될 수 있다는 인식 하에 이를 외부로 표출하는 것에 거부감을 느끼며, 경우에 따라 수치심과 죄의식에 사로잡힌다.

핵심예제 02
12, 19년 기출

프로이트(Freud)에 따르면, 거세불안을 극복하는 과정에서 형성되는 성격의 요소는?

① 원초아 ② 자 아
③ 초자아 ④ 무의식

해설 체크!

거세불안(Castration-Fear)
아동의 무의식적 성욕이 죄의식에 의해 억압되어 불안으로 나타나는 것을 말한다. 프로이트(Freud)는 성격발달단계를 구강기(0~1세), 항문기(1~3세), 남근기(3~6세), 잠복기(6~12세), 생식기(12세 이후)로 구분하였으며, 특히 거세불안을 남근기와 결부시켰다. 남근기의 아동은 정신에너지를 성기에 집중시켜 성기를 가지고 놀면서 쾌락을 느끼기 시작하며, 점차 자신과 반대의 성을 가진 부모에 대해 성애적 사랑을 느끼게 된다. 프로이트는 이를 오이디푸스 콤플렉스(Oedipus Complex)라고 명명하였는데, 그에 따르면 특히 남아의 경우 어머니에 대한 성애적 욕망과 죄의식으로 인해 아버지에 의해 단죄될 수 있다는 거세불안을 느끼게 된다는 것이다.

정답 ③

3 에릭슨(Erikson)의 심리사회이론

24, 25년 기출

1. 에릭슨 심리사회이론의 특징

16, 18년 기출

① 인간의 전 생애에 걸친 발달과 변화를 강조하였다.
② 인간을 합리적인 존재이자 창조적인 존재로 보았다.
③ 인간의 행동이 자아에 의해 동기화된다고 보았다.
④ 인간의 행동이 개인의 심리적 요인과 사회문화적 영향의 상호작용에 의해 형성된다고 보았다.
⑤ 기존의 정신분석적 방법과 달리 인간에 대해 정상적인 측면에서 접근하였다.
⑥ 창조성과 자아정체감의 확립을 강조하였다.
⑦ 문화적·역사적 요인과 성격구조의 관련성을 중시하였다.

2. 에릭슨 심리사회이론의 주요개념

① 자아(Ego)
- 인간이 신체적·심리적·사회적 발달과정에서 외부환경에 적응하는 과정을 통해 형성된다.
- 성격의 자율적 구조로서 원초아(Id)로부터 분화된 것이 아닌 그 자체로 형성된 것이다.
- 독립적인 기능을 수행하며, 환경에 대해 적극적이고 창조적으로 대응한다.
- 에릭슨은 인간의 성격을 본능이나 부모의 영향을 받는 것으로 생각하는 대신 부모나 형제·자매는 물론 모든 사회구성원의 영향을 받는 역동적인 힘으로 보았다.

② 자아정체감(Ego Identity)
- 총체적인 자기지각을 의미한다.
- 시간적 동일성과 자기연속성을 인식함으로써 시간의 흐름에 따른 변화 속에서도 자기 존재의 동일성과 독특성을 지속·고양하는 자아의 자질을 말한다.
- 에릭슨은 자아정체감을 제1의 측면인 내적 측면과 제2의 측면인 외적 측면으로 보았다. 여기서 내적 측면은 시간적 동일성과 자기연속성의 인식이며, 외적 측면은 문화의 이상과 본질적 패턴에 대한 인식 및 동일시를 말한다.
- 자아정체감을 가진 사람은 개별성과 통합성을 동시에 경험하며, 다른 사람과 동일한 흥미나 가치를 가지고 있더라도 자신을 다른 사람과 분리된 독특한 개인으로 인식한다.

기출키워드

20년 1회 / 24년 1회 / 25년 2회

대상관계이론
- 대상관계의 개념은 프로이트 사후의 정신분석학자들에 의해 발전하였으며, 이들은 인간이 삶을 통해 맺는 다양한 관계가 곧 대상관계의 발현이라고 주장하였다.
- 인간의 생애 초기에 자기 자신과 타인 또는 대상에 대한 내적인 이미지들로 구성된 심리구조의 형성 및 분화과정을 탐구하여, 그것이 어떠한 과정을 통해 대상관계적 상황으로 발현하는지 연구하였다.

자기표상
자기 자신에 대한 근본적인 이미지

대상표상
타인 및 세상에 대한 근본적인 이미지

OX Quiz

에릭슨의 심리사회이론에서 '자아(Ego)'는 성격의 자율적 구조로서 '원초아(Id)'로부터 분화된 것이다.

정답 X(그 자체로 형성)

- 청소년기의 주요 발달과제와 밀접하게 연관된 것으로서, 자아정체감을 형성하는 경우 자신의 신념과 가치관에 따라 행동하며, 직업이나 정치적인 견해를 선택하는 데 있어서 스스로 의사결정을 할 수 있다.

③ 점성원리(Epigenetic Principle)
- 점성적(Epigenetic)이란 용어는 영어의 Epi(의존하는)와 Genetic(유전의)이 합성된 말로서, 발달이 유전에 의존한다는 의미를 담고 있다.
- 발달이 기존의 기초 위에서 이루어지며, 그로 인해 특정 단계의 발달이 이전 단계의 성취에 영향을 받는다는 사실을 강조하는 것이다.
- 성장하는 모든 것은 기초안(Ground Plan)을 가지며, 각 단계는 특별히 우세해지는 결정적인 시기가 있다.
- 인간발달은 심리사회적인 발달과업을 내포하고 있으며, 특정 단계의 발달은 이전 단계의 발달에 의해 영향을 받는다.
- 건강한 성격은 각 요소가 다른 요소와 체계적으로 연결됨으로써 적절하게 연속적으로 발달하게 된다.

④ 위기(Crisis)
- 인간의 발달단계마다 사회는 개인에게 어떠한 심리적 요구를 하는데 이것을 위기라고 한다.
- 각 심리단계에서 개인은 위기에서 야기되는 스트레스와 갈등에 적응하려고 노력한다.
- 현 단계의 위기에 적응하는 경우 다음 단계의 위기에 직면하게 되며, 이러한 위기를 성공적으로 해결하지 못하는 경우 자아정체감의 혼란이 야기된다.

3. 프로이트와 에릭슨 이론의 비교

프로이트(Freud)	에릭슨(Erikson)
• 무의식과 성적 충동이 인간행동의 기초가 된다.	• 의식과 사회적 충동이 인간행동의 기초가 된다.
• 인간의 행동은 개인의 심리적 요인에 의해 결정된다.	• 인간의 행동은 개인의 심리적 요인과 사회문화적 영향의 상호작용에 의해 형성된다.
• 인간이 무의식에 의해 지배된다는 수동적 인간관을 가진다.	• 인간의 창조성과 잠재력을 강조하는 능동적 인간관을 가진다.
• 자아는 원초아에서 분화되며, 원초아의 욕구충족을 조정한다.	• 자아는 그 자체로 형성되어 독립적으로 기능한다.
• 아동의 초기경험(만 5세 이전)이 성격을 결정하므로 부모의 영향이 특히 강조된다.	• 성격은 자아통제력과 사회적 지지에 의해 형성되며, 전 생애에 걸쳐 발달한다.
• 발달에 있어서 환경의 중요성을 강조하지 않는다.	• 사회적 환경이 개인의 발달에 지속적으로 영향을 미친다.
• 성격발달은 구강기에서 생식기에 이르기까지 5단계에 걸쳐 이루어진다.	• 성격발달은 유아기에서 노년기에 이르기까지 8단계에 걸쳐 이루어진다.

OX Quiz

성격은 자아통제력과 사회적 지지에 의해 형성되며, 전 생애에 걸쳐 발달한다는 이론은 프로이트의 이론이다.

정답 X(에릭슨의 이론)

핵심예제 03
16, 20년 기출

자신의 초기 경험이 타인에 대한 확장된 인식과 관계를 맺는다는 가정을 강조하는 치료적 접근은?

① 대상관계이론 ② 자기심리학
③ 심리사회적 발달이론 ④ 인본주의

> **해설 체크!**
>
> **대상관계이론**
> - 대상관계의 개념은 프로이트(Freud) 사후의 정신분석학자들에 의해 발전하였으며, 이들은 인간이 삶을 통해 맺는 다양한 관계가 곧 대상관계의 발현이라고 주장하였다.
> - 인간의 생애 초기에 자기 자신과 타인 또는 대상에 대한 내적인 이미지들로 구성된 심리구조의 형성 및 분화과정을 탐구하여, 그것이 어떠한 과정을 통해 대상관계적 상황으로 발현하는지 연구하였다.
> - 자기표상 : 자기 자신에 대한 근본적인 이미지이다.
> - 대상표상 : 타인 및 세상에 대한 근본적인 이미지이다.
>
> 정답 ①

4 에릭슨(Erikson)의 성격발달단계
15, 16, 25년 기출

1. 유아기(기본적 신뢰감 대 불신감 – 희망 대 공포)

① 유아기는 출생부터 18개월까지 지속되며, 프로이트(Freud)의 구강기에 해당한다.
② 부모의 보살핌의 질이 결정적이며, 특히 일관성이 중요하다.
③ 부모의 자신감 결여에 의해 유아가 자신의 부모에 대해 모호한 느낌을 가지게 되는 경우 유아는 불신감을 느끼며, 이는 유아가 이후에 다른 사람과의 신뢰관계를 형성하는 데 문제를 일으킨다.
④ 이 시기의 발달은 생의 의욕과 긍정적 세계관을 기르는 데 기초가 된다.
⑤ 기본적 신뢰감 대 불신감의 갈등이 성공적으로 해결되어 얻는 심리사회적 능력은 외부세계에 대한 신뢰에서 비롯되는 희망이며, 실패 시 얻는 것은 불신에서 비롯되는 공포이다.

2. 초기아동기(자율성 대 수치심·회의 – 의지력 대 의심)

① 초기아동기는 18개월부터 3세까지 지속되며, 프로이트의 항문기에 해당한다.
② 배변훈련의 과정에서 부모가 아동에게 강압적인 태도를 고수하는 경우 아동은

OX Quiz

에릭슨의 성격발달단계에서 유아기는 프로이트의 구강기에 해당한다.

정답 O

단순한 무력감을 넘어 수치심을 느끼게 된다. 그러한 과정이 어느 정도 아동의 자기의사를 존중하는 방향으로 전개된다면, 이후 아동은 자기통제 감각을 통해 사회적 통제에 잘 적응하게 된다.
③ 이 시기의 발달은 독립심과 존중감을 기르는 데 기초가 된다.
④ 자율성 대 수치심・회의의 갈등이 성공적으로 해결되어 얻는 심리사회적 능력은 의지력이며, 실패 시 얻는 것은 자신의 의지력에 대한 불신 및 다른 사람의 자기지배에 대한 의심이다.

3. 학령전기 또는 유희기(주도성 대 죄의식 – 목적의식 대 목적의식 상실)

① 학령전기는 3세부터 5세까지 지속되며, 프로이트의 남근기에 해당한다.
② 아동은 언어능력 및 운동기술의 발달로 외부세계와 교류하고 사회적 놀이에 참여하면서 목적의식・목표설정과 더불어 목표에 도달하고자 노력하는 주도성이 생긴다.
③ 이 시기에는 사회화를 위한 기초적인 양심이 형성되는데, 때로는 극단적인 양상으로 나타나 과도한 처벌에 의한 자신감 상실 또는 죄의식을 불러오기도 한다.
④ 주도성 대 죄의식의 갈등이 성공적으로 해결되어 얻는 심리사회적 능력은 목적의식이며, 실패 시 얻는 것은 지나친 처벌이나 의존성에 의해 야기되는 목적의식 상실이다.

4. 학령기(근면성 대 열등감 – 능력감 대 무능력감)

① 학령기는 5세부터 12세까지 지속되며, 프로이트의 잠복기에 해당한다.
② 아동은 가정에서 학교로 사회적 관계를 확장함으로써 부모의 도움 없이 다른 사람과 경쟁하는 입장에 선다.
③ 아동은 사회화로의 결정적인 도전에 임할 때 주위 또래집단이나 교사 등의 주위 환경을 지지기반으로 하여 사회의 생산적 성원이 되기 위해 한걸음 나아간다.
④ 성취기회와 성취과업의 인정과 격려가 있다면 성취감이 길러지며, 반대의 경우 좌절감과 열등감을 가지게 된다.
⑤ 근면성 대 열등감의 갈등이 성공적으로 해결되어 얻은 심리사회적 능력은 능력감이며, 실패 시 얻는 것은 자신감 상실에 따른 무능력감이다.

OX Quiz
에릭슨의 성격발달단계 중 5세부터 12세까지 지속되며, 프로이트의 잠복기에 해당하는 단계는 학령기이다.
정답 O

5. 청소년기(자아정체감 대 정체감 혼란 – 성실성 대 불확실성)

① 청소년기는 12세부터 20세까지 지속되며, 프로이트의 생식기 이후에 해당한다.
② 청소년은 다양한 역할 속에서 방황과 혼란을 경험하며, 이는 심리사회적 유예기간(Psychosocial Moratorium)이라는 특수한 상황에 의해 용인된다.
③ 심리사회적 유예기간 동안 청소년은 자신의 역할과 능력을 시험할 수 있으며, 사회적·직업적 탐색을 통해 정체감을 형성한다.
④ 자아정체감 혼란은 직업 선택이나 성역할 등에 혼란을 가져오고 인생관과 가치관의 확립에 심한 갈등을 일으킨다.
⑤ 자아정체감 대 정체감 혼란의 갈등이 성공적으로 해결되어 얻는 심리사회적 능력은 스스로의 약속을 지킬 수 있는 성실성이며, 실패 시 얻는 것은 정체감 혼란에서 비롯되는 불확실성이다.

6. 성인 초기 또는 청년기(친밀감 대 고립감 – 사랑 대 난잡함)

① 성인 초기는 20세부터 24세까지 지속된다.
② 청소년기에 자아정체감이 확립되면 자신의 정체성을 타인의 정체성과 연결·조화시키려고 노력하는 과정에서 사회적 친밀감을 형성할 수 있게 된다.
③ 성인 초기에는 자아정체감에 의한 성적·사회적 관계형성이 이루어지며, 이를 통해 개인의 폭넓은 인간관계가 형성된다.
④ 친밀감 대 고립감의 갈등이 성공적으로 해결되어 얻는 심리사회적 능력은 사랑이며, 실패 시 얻는 것은 사랑에 있어서 책임과 존중을 무시하는 난잡함이다.

7. 성인기 또는 중년기(생산성 대 침체 – 배려 대 이기주의)

① 성인기는 24세부터 65세까지 지속된다.
② 가정과 사회에서 중요한 역할을 수행하는 시기로서, 다음 세대를 양육하는 과업에서 부하직원이나 동료들과의 긴밀한 관계유지의 필요성을 경험하는 때이기도 하다.
③ 자기중심적인 사고에서 벗어나 다른 사람을 보호하거나 스스로 양보하는 미덕을 보인다.
④ 생산성 대 침체의 갈등이 성공적으로 해결되어 얻는 심리사회적 능력은 다른 사람에 대한 배려이며, 실패 시 얻는 것은 자기중심적 사고에 의한 이기주의이다.

OX Quiz

에릭슨의 심리사회이론에서 성인 초기에 주로 겪는 위기는 친절감 대 고독감이다.
정답 X(친밀감 대 고립감 또는 사랑 대 난잡함)

8. 노년기(자아통합 대 절망 - 지혜 대 인생의 무의미함)

① 노년기는 65세 이후부터 사망에 이르는 기간으로서, 인생을 종합하고 평가하는 시기이다.
② 신체적·사회적 상실에서 자신이 더 이상 사회가 필요로 하는 사람이 아님을 인식하며, 죽음을 앞두고 지나온 생을 반성하게 된다.
③ 지나온 삶에 대한 긍정적·낙관적인 인식을 통해 자신의 삶을 수용하는 경우 죽음에 맞설 용기를 얻기도 하며, 반대로 자신의 실패나 실망과 같은 부정적인 인식을 통해 자신의 삶을 수용하지 못하는 경우 절망에 이르게 된다.
④ 자아통합 대 절망의 갈등이 성공적으로 해결되어 얻는 심리사회적 능력은 한 시대를 살면서 얻은 지식으로서의 지혜이며, 실패 시 얻는 것은 삶에 대한 회한, 즉 인생의 무의미함이다.

> **기출키워드**
> 22년 1회
> **노년기**
> ※ 필기시험에는 에릭슨 발달이론 중 노년기에 맞는 위기를 고르도록 하는 문제가 출제되었습니다.

핵심예제 04
04, 16년 기출

에릭슨(Erikson)의 심리사회적 단계에서 초기 성인기에 겪는 위기는?

① 신뢰감 대 불신감
② 정체감 대 혼란
③ 친밀감 대 고립감
④ 생산성 대 침체감

해설 체크!

에릭슨(Erikson)의 심리사회적 단계에서의 위기
- 유아기(0~18개월) : 기본적 신뢰감 대 불신감
- 초기아동기(18개월~3세) : 자율성 대 수치심·회의
- 학령전기 또는 유희기(3~5세) : 주도성 대 죄의식
- 학령기(5~12세) : 근면성 대 열등감
- 청소년기(12~20세) : 자아정체감 대 정체감 혼란
- 성인 초기 또는 청년기(20~24세) : 친밀감 대 고립감
- 성인기 또는 중년기(24~65세) : 생산성 대 침체
- 노년기(65세 이후) : 자아통합 대 절망

정답 ③

5 아들러(Adler)의 개인심리이론 `20년 기출`

1. 특징 `17년 기출`

① 무의식이 아닌 의식을 성격의 중심으로 본다.
② 인간을 전체적·통합적으로 본다.
③ 생애 초기(대략 4~6세)의 경험이 성인의 삶을 크게 좌우한다.
④ 인간은 창조적이고 책임감 있는 존재이다.
⑤ 인간은 성적 동기보다 사회적 동기에 의해 동기화된다.
⑥ 인간의 행동은 목적적이고 목표지향적이다.
⑦ 열등감과 보상이 개인의 발달에 동기가 된다.
⑧ 사회적 관심은 한 개인의 심리적 건강을 측정하는 유용한 척도이다.
⑨ 인간은 미래에 대한 기대로서 가상의 목표를 가진다.
⑩ 개인의 행동과 습관에서 타인 및 세상에 대한 태도 등 삶에 전반적으로 적용되고 상호작용하는 생활양식이 나타난다.

> **OX Quiz**
> 아들러의 개인심리이론에서는 인간의 의식이 아닌 무의식을 성격의 중심으로 본다.
> 정답 X(의식 ↔ 무의식)

2. 주요개념 `16, 18, 24년 기출`

① 열등감과 보상(Inferiority and Compensation)
  - 열등감은 개인이 잘 적응하지 못하거나 해결할 수 없는 문제에 직면하는 경우 나타나는 무능력감을 말한다.
  - 열등감은 동기유발의 요인으로서 인간의 성숙과 자기완성을 위해 필수적인 요소이다.
  - 보상은 잠재력을 발휘하도록 유도하는 자극으로서, 열등감을 극복하기 위한 연습이나 훈련에의 노력과 연결된다.
  - 개인은 보상을 통해 열등감을 긍정적으로 해결할 수 있으며, 이를 통해 신체적·정신적으로 부족한 부분을 충족할 수 있다.

② 우월성의 추구 또는 우월을 향한 노력(Striving for Superiority)
  - 삶의 궁극적인 목적은 우월하게 되는 것이다.
  - 우월성에 대한 욕구는 모든 인간이 가지고 있는 것으로, 열등감을 보상하려는 선천적인 욕구에서 비롯된다.
  - 인간은 개인으로서 자기완성을 위해 노력하는 동시에 사회의 일원으로서 문화의 완성을 위해 힘쓴다.
  - 개인적 우월성을 강조하는 경우 부정적인 경향을 나타내는 반면, 이를 사회적 이타성으로 발전시키는 경우 긍정적인 양상으로 전환된다.

③ 사회적 관심(Social Interest)
- 개인이 이상적 공동사회 추구의 목표를 달성하고자 하는 성향을 말한다.
- 아동기의 경험에 의해 발달하기 시작하며, 특히 어머니에게서 지대한 영향을 받는다.
- 개인의 목표를 사회적 목표로 전환하는 것으로서, 심리적 성숙의 판단기준이 된다.
- 사회적 관심이 발달하는 경우 열등감과 소외감이 감소하므로, 이를 개인의 심리적 건강을 측정하는 도구로 사용하기도 한다.

④ 생활양식(Style of Life)
- 인간은 누구나 나름대로의 독특한 신념과 행동방식을 가지고 있다. 아들러는 이와 같이 개인이 지니는 독특한 삶의 방식을 생활양식으로 제시하였다.
- 생활양식은 개인이 자신과 타인 그리고 세상에 대해 가지는 나름대로의 신념체계를 지칭하는 것은 물론, 개인으로 하여금 일상생활을 이끌어 나가도록 하는 감정과 행동방식을 의미한다.
- 대략 4~5세경에 결정되며, 특히 가족관계 또는 가족 내에서의 경험이 중요한 영향을 미친다.
- 개인의 생활양식의 연속성을 이해할 수 있을 때, 그의 부적응적인 신념과 행동을 수정하고 변화를 이끌어낼 수 있게 된다.

⑤ 창조적 자기(Creative Self)
- 창조적 자기 또는 창조적 자아는 아들러의 개인심리이론을 특징짓는 개념으로서, 인간이 스스로 자신의 삶을 만들어 나간다는 것을 의미한다.
- 자유와 선택을 강조하는 개념으로, 개인이 생(生)의 의미로서 목표를 설정하고 이를 달성하기 위해 노력을 기울이는 과정을 담고 있다.
- 자아의 창조적인 힘이 인생의 목표와 목표추구 방법을 결정하며, 사회적 관심을 발달시킨다.
- 개인은 유전과 경험을 토대로 창조적 자기를 형성하며, 자신의 고유한 생활양식을 형성한다.

⑥ 가상적 목표(Fictional Finalism)
- 개인이 추구하는 궁극적 목적은 현실에서 검증되지 않은 가상의 목표이다.
- 가상적 목표는 미래에 실재하는 어떤 것이 아닌 현재의 행동에 영향을 미치는 미래에 대한 기대로서의 이상을 의미한다.
- 개인이 가지고 있는 가상적 목표를 파악하여 개인 내면의 심리현상을 설명할 수 있다.

OX Quiz

사회적 관심은 개인이 이상적 공동사회 추구의 목표를 달성하고자 하는 성향을 말한다.

정답 O

⑦ 출생순서(Birth Order)
- 첫째 아이(맏이) : 태어났을 때 집중적인 관심을 받다가 동생의 출생과 함께 이른바 폐위된 왕의 위치에 놓인다. 특히 윗사람들에게 동조하는 생활양식을 발달시키게 되며, 권위를 행사하고 규칙과 법을 중시하는 경향이 있다.
- 둘째 아이(중간 아이) : 경쟁을 가장 큰 특징으로 하며, 항상 자신이 첫째보다 뛰어나다는 것을 증명하기 위해 노력한다.
- 막내 아이 : 부모의 관심을 동생에게 빼앗긴 적이 없으므로 과잉보호의 대상이 되기도 한다. 능력 있는 형제들에 둘러싸여 있는 경우 독립심이 부족하며, 열등감을 경험할 수 있다.
- 외동 아이(독자) : 경쟁할 형제가 없으므로 응석받이로 자랄 수 있다. 자기중심적이고 의존적인 경향을 보이기도 하며, 자신의 중요성에 대한 과장된 견해를 가질 수 있다.

OX Quiz
아들러의 개인심리이론에서 둘째 아이는 경쟁을 가장 큰 특징으로 한다.

정답 O

3. 생활양식의 4가지 유형

① 지배형(Dominant or Ruling Type)
- 활동수준은 높으나 사회적 관심은 낮은 유형이다.
- 독선적이고 공격적이며 활동적이지만 사회적 관심이 거의 없다.
- 다른 사람들에게 상처를 주거나 그들을 착취함으로써 자기 자신의 우월성을 성취하려는 경향이 있다.
- 아들러는 알코올중독자, 약물중독자, 비행을 저지르는 사람, 독재자, 가학성애자 등이 이 유형에 포함된다고 보았다.

② 획득형(Getting Type)
- 활동수준은 중간이고 사회적 관심은 낮은 유형이다.
- 기생적인 방식으로 외부세계와 관계를 맺으며, 다른 사람에게 의존하여 자신의 욕구를 충족한다.
- 가능한 한 많은 것을 소유하는 데 관심을 가지며, 다른 사람에게서 모든 것을 기대하는 반면 아무것도 되돌려주지 않는다.

③ 회피형(Avoiding Type)
- 참여하려는 사회적 관심도 적고 활동수준도 낮은 유형이다.
- 성공하고 싶은 욕구보다 실패에 대한 두려움이 더 강하기 때문에 도피하려는 행동을 자주 한다.
- 아들러는 신경증 환자, 정신병 환자 등이 이 유형에 포함된다고 보았다.

OX Quiz
생활양식의 4가지 유형 중 활동수준이 중간이며 사회적 관심이 낮은 유형은 획득형이다.

정답 O

④ 사회적 유용형(Socially Useful Type)
- 사회적 관심과 활동수준이 모두 높은 유형이다.
- 사회적 관심이 크므로 자신과 타인의 욕구를 동시에 충족시키며, 인생과업을 완수하기 위해 다른 사람과 협력한다.
- 타인의 행복에 관심을 보이며, 공동선과 공공복리를 위해 협력적인 태도를 보인다.
- 자신의 문제를 효과적으로 해결하는 정상적인 사람이자 성공적인 사람으로서, 4가지 유형 중 심리적으로 건강한 유형이다.

4. 생활양식의 기본오류

아들러의 개인심리학을 발전시킨 모삭과 드레이커스(Mosak & Dreikurs)는 생활양식의 자기 패배적인 측면과 관련하여 사회적 관심(Social Interest)과 대립되는 기본적 오류를 다음의 5가지로 구분하였다.

① 과도한 일반화(과잉일반화)
　예 (모든) 사람들은 적대적이다. 인생은 (항상) 위험하다.
② 그릇된 확신 또는 불가능한 목표
　예 나는 모든 사람을 기쁘게 해야 한다.
③ 인생과 삶의 요구에 대한 잘못된 인식
　예 인생은 결코 나에게 휴식을 주지 않는다. 사는 것이 너무나 힘들다.
④ 자신의 가치에 대한 부인
　예 나는 어리석다. 나는 사랑받을 만한 자격이 없다.
⑤ 잘못된 가치
　예 다른 사람보다 높은 지위에 오르려면 반드시 정상을 차지해야 한다.

5. 프로이트와 아들러 이론의 비교

① 프로이트(Freud)와 같이 아들러는 성인의 삶이 초기 5년 동안의 경험에 의해 상당 부분 결정된다고 보았다. 그러나 아들러의 초점은 과거의 탐색에만 있는 것이 아니라 그 과거에 대한 개인의 지각과 초기 사상에 대한 해석이 현재에 어떻게 영향을 미치는가에 있다.
② 프로이트는 인간이 성적인 충동에 의해 동기화된다고 보았으나, 아들러는 인간이 주로 사회적인 충동에 의해 동기화된다고 보았다. 즉, 아들러는 리비도(Libido)를 강조한 프로이트와 달리 인간의 선택과 책임, 삶의 의미, 성공과 완벽에 대한 욕구를 강조하였다.

OX Quiz

프로이트는 인간이 성적인 충동에 의해 동기화된다고 보았으나, 아들러는 인간이 주로 사회적 충동에 의해 동기화된다고 보았다.

정답 O

③ 프로이트는 인간을 비합리적이고 무의식적 본능의 지배를 받는 존재로 보았으나, 아들러는 인간을 합리적이고 자기 스스로 결정을 내리며 계획을 세우고 목표지향적인 행동을 하는 존재로 보았다.
④ 프로이트는 인간을 무기력한 존재로 보았으나 아들러는 인간을 창조적인 존재로 보았다. 아들러는 이와 같은 창조성의 원천을 인간이 지닌 기본적인 열등감에서 찾았으며, 인간의 열등감이 숙달, 우월, 완전을 추구하도록 동기화한다고 강조하였다.
⑤ 프로이트는 환원주의적 관점에서 인간의 성격을 원초아, 자아, 초자아로 구분하였으나 아들러는 총체주의적 관점에서 인간의 성격을 통합적이고 분리할 수 없는 전체로 보았다.

핵심예제 05

05, 09, 15, 18년 기출

아들러(Adler)가 인간의 성격을 설명하면서 강조하지 않은 부분은?

① 열등감의 보상
② 우월성 추구
③ 힘에 대한 의지
④ 신경증 욕구

> **해설 체크!**
> 호나이(Horney)의 신경증적 성격이론에서는 인간의 사회적 관계가 성격형성에 미치는 영향을 강조하며, 인간이 신경증의 원인이 되는 기본적 불안에서 벗어나려는 안전과 사랑의 욕구에 의해 동기화된다고 주장한다.
>
> 정답 ④

6 융(Jung)의 분석심리이론

1. 특 징

① 융의 분석심리이론은 철학, 고고학, 종교학, 신화, 점성술 등 광범위한 영역을 반영하고 있다.
② 융은 전체적인 성격을 정신(Psyche)으로 보았으며, 성격의 발달을 자기(Self)실현의 과정으로 보았다.
③ 정신을 크게 의식(Consciousness)과 무의식(Unconscious)의 두 측면으로 구분하며, 그중에서도 무의식을 다시 개인무의식(Personal Unconscious)과 집단무의식(Collective Unconscious)으로 구분한다.
④ 인간은 의식과 무의식의 대립을 극복하여 하나의 통일된 전체적 존재가 된다.
⑤ 개인은 독립된 존재가 아닌 역사를 통해 연결된 존재이며, 사회적 규범이나 문화적 요구에 적응하는 동시에 자기실현의 과정을 거치면서 사회의 발전에 기여한다.
⑥ 인간은 본질적으로 양성을 가지고 태어난다는 양성론적 입장을 취한다.
⑦ 인간은 인생의 전반기에 자기의 방향이 외부로 지향되어 분화된 자아를 통해 현실 속에서 자기를 찾으려고 노력하며, 중년기를 전환점으로 자아가 자기에 통합되면서 성격발달이 이루어진다.

2. 주요개념

① 집단무의식(Collective Unconscious)
  • 모든 인류가 공통적으로 가지고 있는 정신의 하부구조로서, 개인의 특정 경험과는 관련이 없다.
  • 종교적·신화적인 요소가 포함되어 있으며, 조상이나 종족 전체의 경험 및 생각과 연관된 원시적 공포, 사고, 성향 등을 담고 있는 무의식이다.
  • 예술이나 꿈을 통해서도 표현되며, 인간에게 어떠한 목표와 방향감각을 부여한다.

② 원형(Archetype)
  • 인간 정신의 근원적인 핵으로서, 집단무의식을 구성한다.
  • 시간이나 공간, 문화나 인종의 차이에 관계없이 보편적으로 존재하는 인류의 가장 원초적인 행동유형이다.
  • 표상이 불가능하며 무의식적이고 선험적인 이미지로서, 인간의 사고와 행동에 영향을 미치지만 정작 인간은 그 원형을 인식하지 못한다.

OX Quiz

융의 분석심리이론은 신화, 종교, 점성술과 같은 다른 영역을 완전히 부정한다는 특징이 있다.

정답 X(광범위한 영역 반영)

③ 자기(Self)
- 의식과 무의식을 포함한 전체 정신의 중심으로서, 태어날 때부터 존재하는 핵심 원형이다.
- 자아(Ego)가 의식의 중심으로서 의식의 영역만을 볼 수 있는 반면, 자기(Self)는 의식과 무의식의 주인으로서 전체를 통합할 수 있다.
- 성격 전체의 일관성, 통합성, 조화를 이루려는 무의식적 갈망으로서, 성격의 상반된 측면을 균형 있고 조화롭게 만드는 역할을 한다.

④ 콤플렉스(Complex)
- 콤플렉스는 정서적 색채가 강한 관념과 행동적 충동을 말하는 것으로서, 다양한 종류의 감정으로 이루어진 무의식 속의 관념덩어리이다.
- 개인의 사고와 행동을 지배하기도 하는 퍼스낼리티(Personality) 속 더 작은 단위의 개별적 퍼스낼리티이다.
- 무의식적인 콤플렉스를 의식화하는 것이 인격 성숙을 위한 과제이다.

⑤ 페르소나(Persona)
- 자아의 가면으로서 개인이 외부세계에 내보이는 이미지 혹은 가면을 말한다.
- 개인이 사회적인 요구나 기대치에 부응하기 위해 나타내는 일종의 적응 원형이다.
- 개인이 사회적인 역할에 지나치게 사로잡혀 있는 경우 성격의 다른 측면들이 발달하지 못한다.

⑥ 음영(Shadow)
- 인간 내부의 동물적 본성이나 부정적 측면을 의미한다.
- 사회적 활동을 위해 자제될 필요가 있으나, 그 자체로는 자발성, 창조성, 통찰력 등 완전한 인간성을 위해 필수적인 요소이기도 하다.
- 음영을 완전히 억압하는 경우 개인의 생명력이 희생될 수 있는 반면, 음영과 자아가 조화를 이루는 경우 생기와 활력이 넘치게 된다.

⑦ 아니마(Anima)와 아니무스(Animus)
- 아니마는 무의식 속에 존재하는 남성의 여성적인 측면이며, 아니무스는 무의식 속에 존재하는 여성의 남성적인 측면이다.
- 인간은 본래 양성적 특질을 가지고 있으나 생물학적 성차나 사회화로 인해 어느 한 측면을 억압하게 된다.
- 꿈·신화·환상·문학·예술 등을 통해 드러나며, 창조력의 원천이 되기도 한다.

⑧ 성격유형
- 융은 자아의 태도 및 자아의 기능을 토대로 인간의 성격을 구분하였다.
- 자아의 태도는 외부세계로의 지향이 능동적인 외향형(Extraversion)과 수동적인 내향형(Introversion)으로 구분된다.

OX Quiz

융의 분석심리이론에서는 인격 성숙을 위해 콤플렉스(Complex)는 의도적으로 무시해야 한다고 강조한다.

정답 X(의식화 강조)

- 자아의 기능은 외부세계와 내부세계를 지각 및 이해하는 방식에 따라 사고형(Thinking), 감정형(Feeling), 감각형(Sensing), 직관형(Intuition)으로 구분된다.
- 융은 이와 같은 자아의 태도 및 기능을 조합하여 8가지 성격유형인 외향적 사고형, 외향적 감정형, 외향적 감각형, 외향적 직관형, 내향적 사고형, 내향적 감정형, 내향적 감각형, 내향적 직관형을 구분하였다.

3. 융의 인간발달단계

① 제1단계 아동기
  - 출생에서 사춘기에 이르는 시기로서, 본능에 의해 지배되며, 의식적 자아는 아직 형성되어 있지 않다.
  - 자아는 원시적인 상태로 발달하기 시작하나 독특한 정체의식은 없으며, 성격 또한 부모의 성격을 그대로 반영한 것에 불과하다.

② 제2단계 청년 및 성인 초기
  - 사춘기에서 대략 40세 전후에 이르는 시기로서, 신체적인 팽창과 함께 자아가 발달하여 외부세계에의 대처능력을 발휘하게 된다.
  - 이 시기에는 사회에서의 성취를 통해 자신의 위치를 확고하게 다지는 일이 중요하다.

③ 제3단계 중년기
  - 융이 가장 강조한 시기로서, 가정과 사회에서 중요한 위치에 있고 경제적으로도 비교적 안정되어 있지만, 절망과 비참함을 경험하기도 한다.
  - 외부세계에 쏟았던 에너지를 자신의 내부로 돌리면서 자신의 잠재력에 대해 깊은 관심을 가지게 된다. 특히 남성의 경우 여성적인 측면을, 여성의 경우 남성적인 측면을 표현하게 되는데, 이는 무의식의 세계에 대한 인식에서 비롯된다.
  - 중년기 성인들의 과제는 진정한 자기(Self)가 되어 내부세계를 형성하고 자신의 정체성을 확장하는 것으로서, 이는 전체성의 회복인 개성화(Individuation)를 의미한다. 개성화는 외향성과 내향성, 사고와 감정의 합일을 통해 성격의 원만함을 향해 나아가는 과정이다.

④ 제4단계 노년기
  - 삶에 대한 명상과 회고가 많아지며, 특히 내면적 이미지가 상당한 비중을 차지하게 된다.
  - 죽음을 앞두고 생의 본질을 이해하려고 한다.

OX Quiz

융이 주장한 인간발달단계에서 중년기는 내부에 쏟던 에너지를 외부로 돌리는 시기이다.

정답 X(내부 ↔ 외부)

4. 프로이트와 융 이론의 비교

구 분	프로이트(Freud)	융(Jung)
이론적 관점	인간행동과 경험의 무의식적 영향에 대한 연구	의식과 무의식의 대립적 관점이 아닌 통합적 관점
리비도(Libido)	성적 에너지에 국한	일반적인 생활에너지 및 정신에너지로 확장
성격형성	과거 사건에 의해 결정	과거는 물론 미래에 대한 열망을 통해서도 영향을 받음
정신구조	• 의 식 • 무의식 • 전의식	• 의 식 • 무의식(개인무의식, 집단무의식)
강조점	인간정신의 자각수준에 초점을 맞추어 무의식의 중요성을 강조	인류 정신문화의 발달에 초점

발달단계	• 5단계
	  - 구강기 - 항문기
	  - 남근기 - 잠복기
	  - 생식기
		• 4단계
		  - 아동기
		  - 청년 및 성인 초기
		  - 중년기
		  - 노년기

핵심예제 06
07, 13년 기출

성격이론가와 그의 업적 또는 주장이 올바르게 연결된 것은?

① 카텔(Cattell) - 4체액론
② 올포트(Allport) - 소양인
③ 에릭슨(Erikson) - 심리성적 발달
④ 융(Jung) - 내·외향형

해설 체크!

융(Jung)은 인간의 성격유형과 관련하여 자아의 태도를 외향형(Extraversion)과 내향형(Introversion)으로 구분하였다. 융은 이와 같은 자아의 태도가 태어날 때부터 결정된다고 보았다.

정답 ④

기출키워드
20년 1회
인지발달이론
※ 필기시험에는 피아제의 인지발달이론이 발달심리학에 끼친 영향으로 적절하지 않은 것을 고르는 문제가 출제되었습니다.

7 피아제(Piaget)의 인지발달이론 Ⅰ

1. 특징

20, 24년 기출

① 피아제는 인간이 외부세계를 이해하고 파악하는 토대로서 인지적 구조가 형성되는 과정에 대해 설명한다.
② 인지는 사고, 지각, 기억, 언어, 지능 등의 능력과 연관된 것으로서 지식, 학습, 추론, 상상, 분류, 개념화 등의 정신과정을 포괄한다.
③ 각 개인의 정서·행동·사고는 개인이 현실세계를 구성하는 방식에 따라 다르다.
④ 인간은 주관적인 존재로서 나름대로 의미를 부여하는 주관적인 현실만이 존재한다.
⑤ 인간은 변화하고 성장하는 존재로서, 인간의 의지 또한 환경과 능동적으로 상호작용하면서 변화하고 발달한다.
⑥ 인간은 인지적 적응(Cognitive Adaptation), 인지적 조직화(Cognitive Organization), 인지적 평형화(Cognitive Equilibration)의 기본적 성향을 통해 학습하며, 인지적 성장을 이룬다.

2. 주요개념

① 도식(Schema)
- 사물이나 사건에 대한 반응으로 나타나는 기본적인 인지구조 또는 그것에 대한 전체적인 윤곽이나 지각의 틀을 말한다.
- 인간의 마음속에서 어떤 개념이나 대상의 중요한 측면 또는 특징을 인식하고 표현하는 능력이다.
- 정신적인 발달과 함께 변화하며, 아동은 주위환경과의 상호작용을 통해 그 폭을 넓혀나갈 수 있다.
- 출생 당시 빨기, 잡기 등의 단순한 반사운동으로부터 시작하여 이후 그 수가 많아져서 복잡한 조직망을 형성하게 된다.

② 적응(Adaptation)
- 자신의 주위환경의 조건을 조정하는 능력으로서, 주위환경과 조화를 이루고 생존하기 위해 변화하는 과정을 말한다.
- 인간은 자신의 인지발달 수준에 따라 개념을 생각하고 이를 조직화하면서 환경에 적응해간다.
- 자기조정적 구조로서, 동화와 조절의 평형화 과정에 의해 발달한다.

기출키워드
21년 1회
성 도식이론
(Gender Schema Theory)
※ 필기시험에는 인지발달이론과 사회학습이론 요소를 결합하여 성역할 개념의 습득과정을 설명하는 성 도식이론의 기본개념을 묻는 문제가 출제되었습니다.

③ 조직화(Organization)
- 인간은 관찰한 것이나 정보들을 재구성함으로써 도식들의 논리적인 결합을 추구한다.
- 서로 다른 감각의 입력 정보들을 연결하거나 심리적 측면에서 상호관련시킴으로써 떠오르는 생각들을 이치에 맞도록 종합하는 것이다.

④ 보존(Conservation)
- 질량은 양적 차원에서는 동일하지만 모양의 차원에서는 변할 수 있다.
- 보존개념은 사물의 수량이나 면적에 무엇이 추가되거나 제거되지 않는 한 그 형태가 변하더라도 수량이나 면적은 동일하다는 것이다.

⑤ 자아중심성 또는 자기중심성(Egocentrism)
- 자아중심성은 자신과 대상을 서로 구분하지 못하는 것이다.
- 유아기 초기에는 자신과 주변의 대상들을 구분하지 못하는 반면, 청소년기에는 현실과 환상을 구분하지 못한다.
- 자아중심성은 적응의 과정에서 조절보다 동화를 주축으로 함에 따라 나타난다. 즉, 자아중심성을 가진 유아나 청소년은 외부세계에서 얻은 경험을 자신의 한정된 사고와 지식에 동화시킨다.

> **참고**
>
> **성 도식이론(Gender Schema Theory)** 〔21년 기출〕
> - 사회학습이론과 인지발달이론의 요소들을 결합한 것으로, 성역할 개념의 습득 과정을 설명하는 일종의 정보처리이론이다.
> - 성 유형화는 아동의 인지발달 수준이나 사회문화적 요인의 영향을 받지만 동시에 성 도식화(Gender Schematization) 과정을 통해 형성된다.
> - 성 도식화는 성에 따라 조직되는 행동양식으로서, 사람들로 하여금 남성적 특성과 여성적 특성을 구분하도록 해준다.
> - 아동은 어떤 행동이나 역할이 남성에게 적합한 것인지 혹은 여성에게 적합한 것인지를 분류해 주는 '내집단/외집단'의 단순한 도식을 습득하며, 자신의 성에 적합한 역할에 대해 좀 더 많은 정보를 추구하여 자신의 성 도식(Own-Sex Schema)을 구성하게 된다.
> - 일단 성 도식이 발달하면 아동은 자신의 성 도식에 맞지 않는 새로운 정보를 왜곡하는 양상을 보이는데, 따라서 성이라는 렌즈를 통해 세상을 보도록 가르치는 문화의 역할이 중요하다.

OX Quiz

인간은 관찰한 것이나 정보들을 재구성함으로써 도식들의 논리적인 결합을 추구한다는 피아제 인지발달이론의 개념은 도식이다.

정답 X(조직화)

3. 적응의 과정　　　17년 기출

① 동화(Assimilation)
- 새로운 지각물이나 자극이 되는 사건을 자신이 이미 가지고 있는 도식이나 행동양식에 맞춰 가는 인지적 과정이다.
- 기존 도식으로 새로운 경험을 맞추어 보는 경향으로서, 인지구조의 양적 변화를 가져온다.
    - 예 유아가 날아다니는 물체는 새라는 도식을 가지고 있는 경우, 다른 날아다니는 물체에 대해서도 새라고 부른다.

② 조절(Accommodation)
- 기존도식이 새로운 대상을 동화하는 데 적합하지 않은 경우 새로운 대상에 맞도록 기존의 도식을 변경하여 인지하는 과정이다.
- 새로운 도식이 형성되는 과정으로 볼 수 있으며, 인지구조의 질적 변화를 가져온다.
    - 예 날아다니는 물체지만 깃털도 없고 날개를 펄럭이지도 않는 물체를 새가 아닌 비행기라고 배우는 경우, 유아는 새와 비행기를 구분할 수 있게 된다.

③ 평형상태(Equilibrium)
- 동화와 조절의 결과로 조직화된 유기체의 각 구조들이 균형을 이루는 상태이다.
- 모든 도식은 평형상태를 지향하며, 새로운 경험의 유입으로 인해 발생하는 인지적 불평형상태를 해소하여 사고와 환경 간의 조화로운 관계를 모색한다.
    - 예 날아다니는 물체는 새라는 도식을 가진 유아는 그 모습이 너무도 다른 비행기를 보면서 불평형상태에 놓이게 된다. 그러나 이후 새와 비행기가 다르다는 사실을 배우고 그것들을 서로 구분할 수 있게 되면서 평형상태를 회복하게 된다.

4. 보존개념의 적용원리(보존개념 획득의 전제요소)

① 동일성(Identity)의 원리
사물의 외양이 변화했다고 해도 그 사물에서 아무것도 더하거나 빼지 않았다면 본래의 양은 동일하다.
- 예 동일한 모양의 컵 두 개에 담긴 동일한 양의 물을 모양이 서로 다른 두 개의 컵, 즉 길쭉한 컵과 넓적한 컵에 각각 붓는 경우, 물의 양이 차이를 보이는 것 같지만 실제로는 동일한 양이다.

② 보상성(Compensation)의 원리
변형에 의한 양의 손실은 다른 차원, 즉 높이, 길이, 면적을 통해 보상된다.
- 예 넓적한 컵의 물의 양은 길쭉한 컵의 물의 양보다 낮은 높이를 보이는 대신 넓은 면적을 보인다.

③ 역조작(Inversion)의 원리

변화의 과정을 반대로 거슬러 올라가는 경우 본래의 상태로 되돌아 갈 수 있다.

예 앞서 서로 다른 모양의 컵에 부은 물을 본래의 동일한 모양의 컵에 담는 경우 동일한 상태로 되돌아 갈 수 있다.

핵심예제 07
03, 09, 18년 기출

과자의 양이 적다는 어린 꼬마에게 모양을 다르게 했더니 많다고 좋아한다. 아이의 논리적 사고를 피아제(Piaget)의 이론으로 본다면 다음 중 어디에 속하는가?

① 자기중심성의 문제
② 대상연속성의 문제
③ 보존개념의 문제
④ 가설-연역적 추론의 문제

해설 체크!

사물의 수량이나 면적에 무엇이 추가되거나 제거되지 않았으므로, 그 수량이나 면적은 형태상의 변화와 관계없이 동일하다. 이는 보존개념에 관한 문제에 해당한다.

정답 ③

8 피아제(Piaget)의 인지발달이론 II

1. 피아제의 인지발달단계
18, 19, 20, 25년 기출

① 감각운동기 또는 감각적 동작기(Sensorimotor Stage, 0~2세)
- 감각운동기는 유아가 경험하는 자극이 감각적이며, 이러한 자극에 대한 반응이 신체운동으로 나타난다는 의미를 지닌다.
- 유아는 과거나 미래가 없는 현재의 세계만을 인식하며, 오로지 감각운동에 기초하여 경험한다.
- 초기에 자신과 외부대상을 구분하지 못하다가 점차적으로 외부대상과 사건에 대해 관심을 보인다.
- 직접 만지거나 조작해 보고, 근접탐색을 함으로써 환경을 이해한다.
- 대상영속성을 이해하기 시작한다. 대상영속성은 눈앞에 보이던 사물이 갑자기 사라져도 그 사물의 존재가 소멸되지 않는다는 것을 인식할 수 있는 능력을 말한다.
- 목적지향적 행동을 통해 단순하지만 목적달성을 위한 행동을 수행한다.

기출키워드

24년 1회

틀린 믿음 과제
(False Belief Task)
주어진 상황에서 진실이 아닌 하나의 사건을 진실이라고 믿는 것을 말한다.

OX Quiz
피아제의 인지발달단계에서 전조작기에는 보존개념을 어렴풋이 이해하여 획득하게 된다.
정답 X(획득하지 못함)

OX Quiz
피아제의 인지발달단계 중 구체적 조작기는 12세 이상이다.
정답 X(7~12세)

---

② 전조작기(Preoperational Stage, 2~7세)
- 사고는 가능하나 직관적인 수준이며, 아직 논리적이지 못하다.
- 감각운동기에 형성되기 시작한 대상영속성을 생후 18~24개월 이후 완전히 획득하게 된다.
- 보존개념을 어렴풋이 이해하기 시작하지만 아직 획득하지 못한 단계이다.
- 전조작기 사고의 특징을 설명하는 대표적인 예로서 상징놀이, 물활론, 자아중심성을 들 수 있다.
- 아동은 상징을 사용하여 보이지 않는 대상을 표현하며, 언어를 사용하여 사물이나 사건을 내재화할 수 있는 능력을 가지게 된다.
- 전조작기의 논리적 사고를 방해하는 요인으로 자아중심성 또는 자기중심성(Egocentrism), 집중성 또는 중심화(Concentration), 비가역성(Irreversibility) 등이 있다. 여기서 집중성은 어떤 대상이나 상황의 한 부분에만 집중한 채 다른 부분을 무시하는 경향을 말하며, 비가역성은 한 방향에서만 생각하는 경향을 말한다.

③ 구체적 조작기(Concrete Operational Stage, 7~12세)
- 아동은 기본적 논리체계를 획득함으로써 구체적 사물을 중심으로 한 이론적·논리적 사고를 한다.
- 논리적인 사고는 가능하나 여전히 지각의 한계를 벗어나지 못함으로써 가설·연역적 사고에 이르지는 못한다.
- 자아중심성과 집중성을 극복할 수 있으며, 가역적인 사고가 가능하다.
- 사물의 형태가 변하더라도 그 사물의 질량이나 무게 등은 변하지 않을 수 있다는 보존개념(Conservation)을 획득한다.
- 대상을 일정한 특징에 따라 다양한 범주들로 구분하는 분류화(Classification), 대상의 특정 속성을 기준으로 순서를 부여하는 서열화(Seriation)가 가능하다.

④ 형식적 조작기(Formal Operational Stage, 12세 이상)
- 형식적 조작기에 이르면 가설·연역적 사고는 물론 추상적 사고도 가능하다.
- 어떠한 대상이나 사건을 구체적으로 경험하지 않고도 머릿속으로 생각할 수 있다.
- 구체적 조작기에서처럼 시행착오적인 접근방법을 수행하는 것이 아닌 논리적인 활동계획을 수립하여 체계적으로 가능한 조합을 차례대로 시도한다.
- 체계적인 사고능력, 논리적 조작에 필요한 문제해결능력이 발달한다.
- 사회적 규범과 가치관을 이해하며, 예술작품에 내재한 상징의 의미를 알 수 있다.

2. 감각운동기(0~2세)의 발달과정 〔19, 20년 기출〕

① 반사활동(0~1개월)
- 빨기, 쥐기 등의 반사행동을 통해 외부세계에 대처한다.
- 반사가 효율적으로 이루어지지만, 행동과 욕구를 분별하지 못한다.

② 1차 순환반응(1~4개월)
- 자기 신체에 대해 관심을 보이며, 영아의 여러 신체부분들이 서로 협응한다.
- 유쾌한 자극에 대해 의도적인 행동을 서서히 나타내 보이며, 선천적인 반응을 다른 대상에 적용시켜 새로운 반응을 획득한다.

③ 2차 순환반응(4~10개월)
- 외부의 대상이나 사건에 관심을 보이며, 외부에서 발견한 흥미로운 사건을 반복하려고 한다.
- 선천적인 반사를 넘어서 학습을 통해 획득한 반응의 양상을 보이며, 이전에 획득한 반응을 의도적으로 새로운 상황에 적용한다.

④ 2차 도식협응(10~12개월)
- 주위환경에 관심을 보이며, 이때부터 대상영속성 개념이 발달하기 시작한다.
- 이전 단계에서 획득한 도식이 새로운 상황을 통해 확대되며, 더욱 의도적인 통제와 조정이 이루어진다.

⑤ 3차 순환반응(12~18개월)
- 실험적 사고에 열중하며, 서로 다른 행동이 다른 결과로 나타나는 것을 관찰한다.
- 흥미로운 것을 발견하기 위해 행동을 반복하며, 인과적 상황에 대한 실험 및 시행착오적인 행동을 보인다.

⑥ 정신적 표상 또는 사고의 시작(18~24개월)
- 어떤 사물이나 사건이 자신의 눈앞에 없더라도 이를 정신적으로 그려내기 시작한다.
- 점차 시행착오적인 행동에서 벗어나 행동하기 이전에 상황에 대해 사고한다.

3. 피아제의 도덕성발달단계 〔14년 기출〕

① 제1단계 : 전도덕성의 단계(Premoral Stage)
- 대략 2~4세 정도의 유아에게서 나타나는 도덕성 수준이다.
- 실상 도덕적 인식이 전혀 없는 단계에 해당한다.
- 유아는 규칙이나 질서를 의식하지 않거나 그에 대한 관심이 없다.

② 제2단계 : 타율적 도덕성의 단계(Heteronomous Morality)
- 전조작기의 도덕적 수준으로서, 대략 5~7세에 해당한다.

- 외적준거와 행위의 결과에 의해 판단하는 단계이다.
- 아동은 성인을 전지전능한 사람으로 여기며, 그들이 정한 규칙에 일방적으로 복종한다.
- 규칙은 절대적인 것으로서 변경이 불가능하다.
- 행위의 의도보다 결과를 중시한다.
  예 어머니 몰래 콜라를 먹으려다가 컵을 1개 깬 아이보다 우연히 컵을 10개 깬 아이가 더 나쁘다고 생각한다.
- 도덕적 실재론(Moral Realism) 또는 도덕적 절대주의(Moral Absolutism)라고도 한다.

③ 제3단계 : 자율적 도덕성의 단계(Autonomous Morality)
- 구체적 조작기의 도덕적 수준으로서, 대략 8세 이후에 해당한다.
- 행위의 결과와 의도를 함께 고려하는 단계이다.
- 아동은 규칙이 상호합의에 의해 이루어진 것으로서 변경이 가능하다는 사실을 인식한다.
- 행위의 결과 자체보다는 그 의도의 옳고 그름에 따라 판단한다.
  예 어머니 몰래 콜라를 먹으려다가 컵을 1개 깬 아이가 우연히 컵을 10개 깬 아이보다 더 나쁘다고 생각한다.
- 규칙위반이 반드시 처벌을 의미하지는 않는다.
- 도덕적 상대론 또는 도덕적 상대주의(Moral Relativism)라고도 한다.

4. 피아제 인지발달이론의 평가 `15, 24년 기출`

① 단계에 따른 질적 차이의 증거 부족
- 피아제의 이론은 아동이 각 단계마다 질적으로 서로 다른 방식으로 생각하게 되며, 그 각각의 단계를 거쳐 발달한다고 주장한다.
- 이는 인지발달 시기가 비교적 안정적인 시기 후에 새로운 능력의 조합이 출현하는 급격한 변화의 시기로 특징지어짐을 의미하지만, 많은 연구들이 그와 일치하지 않는 결과들을 보고하고 있다.

② 성인의 형식적 추론과 구체적 추론의 문제
- 성인의 문제해결에 관한 연구들은 질적으로 서로 다른 방식이 존재한다는 피아제의 주장에 반박한다. 그 연구들은 피아제가 명확히 구분하는 형식적 추론과 구체적 추론이 질적으로 다르지 않다고 주장한다.
- 예를 들어, 추상적 문제를 해결하는 데 뛰어난 사람들은 보다 친숙한 문제들을 토대로 유추하거나 시각 이미지로 문제를 표현하여 해결하는 등 형식적 과제를 구체적인 것으로 전화하는 과정을 거친다는 것이다.

OX Quiz

피아제의 도덕성발달단계에서 도덕성은 전도덕성 단계 > 자율적 도덕성 단계 > 타율적 도덕성 단계 순으로 발달한다.

정답 X(전도덕성 > 타율적 도덕성 > 자율적 도덕성)

전문가의 한마디

피아제(Piaget)의 도덕성발달단계는 제1단계인 '전도덕성의 단계'를 제외한 2단계, 즉 타율적 도덕성의 단계(이 경우 제1단계), 자율적 도덕성의 단계(이 경우 제2단계)로 설명하는 경우가 많습니다.

③ 도식(Schema)과 행동의 불명확한 연결
- 피아제의 이론은 변화과정이 불명확하고 일반적으로 제시되어, 실제 행동적 자료에는 적용하기 어렵다.
- 예를 들어, 도식(Schema)이 구체적으로 무엇을 말하는 것인지, 보존과제의 해결을 위해 도식이 가져야 하는 정보는 무엇인지, 동화와 조절이 일어날 때 무엇이 변하는지 등을 명확히 설명하고 있지 않다.

④ 사회환경의 역할에 대한 과소평가
- 아동발달에 있어서 사회문화적 영향을 강조하는 이론들은 아동의 인지발달이 자연과의 상호작용만으로 이루어지기보다는 다른 사람과의 상호작용을 통해 주로 일어난다고 주장한다.
- 사회환경의 역할을 중시하는 이론들은 아동이 보다 경험 많은 또래나 어른에 의해 인도되고 조정되어 그들이 공유하고 있는 지식, 기술, 언어 등을 전수받으면서 점차 스스로 자신의 행동을 인도하고 조정할 수 있게 된다고 주장한다.

핵심예제 08 　　　　　　　　　　　　　　　　　20년 기출

피아제(Piaget)의 인지발달단계 중 보존개념이 획득되는 시기는?

① 감각운동기　　　　　　　② 전조작기
③ 구체적 조작기　　　　　　④ 형식적 조작기

> **해설 체크!**
> ① 감각운동기에는 대상영속성을 이해하기 시작한다.
> ② 전조작기에는 대상영속성을 완전히 획득하게 되며, 보존개념을 이해하기 시작하지만 완전히 획득하지는 못한다.
> ④ 형식적 조작기에는 체계적인 사고능력, 논리적 조작에 필요한 문제해결능력이 발달한다.
>
> 정답 ③

 콜버그(Kohlberg)의 도덕성발달이론　　　14, 24년 기출

1. 콜버그 도덕성발달이론의 특징

① 도덕은 사회집단이 가지는 행동규범을 말하며, 도덕성은 개인의 주관적·자율적 도덕의식을 의미한다.

> **OX Quiz**
>
> 콜버그는 인체발달수준 및 도덕적 판단능력에 따라 도덕성발달수준을 6단계로 구분하였다.
>
> 정답 X(인체발달→인지발달)

② 콜버그는 도덕적 문제상황에 대한 개인의 반응을 분석하여, 그러한 반응을 이끌어낸 개인의 사고방식을 발달적 관점에서 고찰하였다.

③ 인간의 도덕성추론능력의 발달이 인지적 발달과 연관되며, 발달의 순서는 모든 사람과 모든 문화에서 동일하게 나타난다고 보았다. 즉, 도덕성발달단계들이 보편적이며 불변적인 순서로 진행된다고 본 것이다.

④ 피아제(Piaget)의 도덕성발달에 관한 이론을 청소년기와 성인기까지 확장하였다.

⑤ 인지발달수준 및 도덕적 판단능력에 따라 도덕성발달수준을 3가지 수준의 총 6단계로 구분하였다.

2. 콜버그의 도덕성발달단계 [17년 기출]

① 전인습적 수준(4~10세)

자기중심적인 도덕적 판단을 특징으로 하며, 사회적인 기대나 규범 또는 관습으로서의 인습을 잘 이해하지 못한다.

제1단계 타율적 도덕성	• 신체적·물리적 힘에 의한 처벌과 복종을 지향한다. • 자기보다 강한 사람에 의한 처벌을 피하기 위해 자기중심적으로 복종한다. • 규칙은 절대적인 것으로서 변경이 불가능하다.
제2단계 개인적·도구적 도덕성	• 상대적 쾌락주의에 의한 개인적 욕구충족을 지향한다. • 자기욕구 충족을 선(善)으로 간주하며, 물질적 이해타산을 추구한다. • 각자의 욕구와 쾌락에 따라 상대적으로 도덕성이 결정된다.

② 인습적 수준(10~13세)

사회적인 기대나 규범 또는 관습으로서의 인습에 순응적인 양상을 보이며, 다른 사람의 입장과 견해를 이해할 수 있다.

제3단계 대인관계적 도덕성	• 좋은 인간관계의 조화로운 도덕성을 강조한다. • 규칙이나 관습, 권위에 순응하며, 착한 소년·소녀를 지향한다. • 자신의 의사를 앞세우기보다 다른 사람들에 동조함으로써 그들과 관계를 유지하며, 그들에게서 인정을 받고자 한다.
제4단계 법·질서·사회체계적 도덕성	• 법과 질서, 보편적인 사회규범을 토대로 도덕판단을 한다. • 권위와 사회질서를 존중하며, 사회적인 의무수행을 중요하게 생각한다. • 사회질서의 유지를 위해 법에 복종해야 한다는 점을 강조한다.

③ 후인습적 수준(13세 이상)

자기 자신이 인정하는 도덕적 원리에 근거하여 법이나 관습보다는 자신의 가치기준에 따라 도덕적 판단을 한다. 이와 같은 수준에 이르는 경우는 소수에 불과하다.

제5단계 민주적 · 사회계약적 도덕성	• 타인의 권리를 존중하며, 자유 · 평등 · 계약의 원리를 지향한다. • 민주적 절차로 수용된 법을 존중하는 한편 상호합의에 의한 변경 가능성을 인식한다. • 개인의 자유나 행복 등의 개인적 가치가 법보다 우선한다는 점을 어렴풋이 인식하기 시작한다.
제6단계 보편윤리적 도덕성	• 법을 초월하여 어떠한 논리적 보편성에 입각한 양심과 상호존중을 지향한다. • 개인의 양심과 보편적인 윤리원칙에 따라 옳고 그름을 인식한다. • 법과 질서가 지켜지는 사회라도 보편윤리적인 원리들을 모두 실현하고 있는 것은 아니라는 점을 인식한다.

3. 콜버그의 도덕성발달이론에 대한 평가 [15년 기출]

① 콜버그가 주장한 도덕성의 단계적 발달과정이 실제로는 불변적인 순서로 진행되지 않는다는 비판이 제기된다.
② 콜버그는 발달단계의 순서에서 퇴행이란 없다고 주장하였으나 일부 연구에서 퇴행이 발견되었다.
③ 콜버그는 단계에서 단계로의 이행을 아동의 자발적인 행동의 결과로 간주함으로써, 도덕성발달에 영향을 미칠 수 있는 교육이나 사회화의 상황적 · 환경적 영향력을 간과하였다.
④ 콜버그의 이론은 환경적 영향력을 과소평가하여 모든 문화권에 보편적으로 적용하기 어렵다.
⑤ 콜버그의 이론은 아동의 도덕적 사고에 관한 것이지 도덕적 행동에 관한 것은 아니므로, 이와 같은 도덕적 사고와 도덕적 행동 간의 일치성에 의문이 제기된다.
⑥ 콜버그는 도덕적 사고를 지나치게 강조한 반면, 도덕의 원천으로서 이타심이나 사랑 등의 정의적인 측면을 명확히 다루지 않는다.
⑦ 콜버그는 여성이 남성보다 도덕수준이 낮다는 성차별적 관점을 가지고 있다.

> **OX Quiz**
>
> 콜버그는 여성이 남성보다 도덕수준이 낮다는 성차별적 관점을 가지고 있다.
>
> 정답 O

핵심예제 09 [15년 기출]

콜버그(Kohlberg)의 도덕성발달이론에 관한 비판과 가장 거리가 먼 것은?

① 도덕적 판단능력과 도덕적 행동의 실천은 별개의 문제이다.
② 6단계에 도달한 사람을 찾아보기가 힘들다.
③ 도덕발달단계에서 퇴행이 자주 일어난다.
④ 인지발달의 측면을 반영하지 못하고 있다.

> **해설 체크!**
>
> **콜버그(Kohlberg)의 도덕성발달이론**
> - 콜버그는 1958년 피아제(Piaget)의 인지적 도덕발달이론을 보다 세분화하여 3수준 6단계의 도덕성 발달이론을 제시하였다.
> - 콜버그는 10~16세 소년 72명을 대상으로 하인쯔 갈등(Heinz Dilemma)과 이와 유사한 9개의 도덕적 갈등상황을 제시하고 이에 대한 소년들의 도덕적 판단과 설명을 분석하여 도덕성발달이론을 제시하였다.
> - 콜버그의 도덕발달수준은 도덕적 판단 자체에 의해 결정되는 것이 아니라 그러한 판단을 낳게 한 사고의 내용에 의해 결정된다.
> - 콜버그는 아동의 인지능력이 발달함에 따라 도덕발달수준도 단계적 계열을 따라 순서대로 발달한다고 보았다.
> - 콜버그의 이론은 6단계 도덕성의 적합성 여부, 즉 6단계에 도달한 사람이 극히 드물다는 것이나 도덕적 퇴행에 대해 설명하지 못하고 있는 것, 도덕적 판단과 도덕적 행위 간의 불일치, 주로 미국 중상류 백인들의 도덕적 가치를 반영함으로써 문화적으로 편향되어 있다는 것, 소년만을 대상으로 도덕성발달단계를 설정하며 도덕성발달수준이 남자에 비해 여자가 낮다고 규정한 것으로 비판을 받고 있다.
>
> 정답 ④

기출키워드

20년 1회

인본주의성격이론
- 인간은 자신이 나아갈 방향을 스스로 찾고 건설적인 변화를 이끌 수 있는 능력이 있음을 가정하고 있다.
- 대표적인 학자인 로저스(Rogers)는 인간은 스스로 자신의 삶의 의미를 능동적으로 창조하며, 주관적 자유를 실천해 나가는 존재라고 보았다.

전문가의 한마디

인본주의심리학은 처음부터 특별한 학파로 존재한 것이 아닌 기존의 정신분석이론과 행동주의이론에 대한 제3세력으로 등장한 것입니다. 그와 같은 의미에서 인본주의심리학을 '제3세력의 심리학'으로 부르며, 매슬로우를 제3세력을 대표하는 학자로 간주합니다.

OX Quiz

인본주의성격이론은 인간의 본성은 본질적으로 선하며, 인간의 악하고 파괴적인 요소는 나쁜 환경에서 비롯된다고 본다.

정답 O

10 매슬로우(Maslow)의 인본주의성격이론   20, 24년 기출

1. 의의 및 특징   20년 기출

① 인간의 신경증적인 행동을 병리학적 측면에서 파악한 정신분석이론과, 인간을 관찰 가능한 단순한 행동체계로만 취급한 행동주의이론에 대한 반발에서 비롯되었다.

② 인간의 병리적 측면보다 건강한 본성에 더 큰 관심을 가지면서, 인간 각자는 자신의 잠재력을 발달·성장시키고, 완성시킬 수 있는 본능적 욕구를 가지고 태어났다고 본다.

③ 인간은 거의 항상 뭔가를 갈망하는 소망을 갖는 동물로서, 균형을 유지하거나 좌절을 회피하는 것보다는 성장에 더 많은 관심을 보인다. 즉, 인간에 대한 전체적·통합적인 관점에서 개인의 지각과 내부적인 욕구에 대한 반응에 관심을 가진다.

④ 유전은 개인의 성격발달에 중요한 역할을 하며, 바로 그러한 유전적 토대가 개인의 심리적 성장 및 자아실현 가능성과 연결된다.

⑤ 인간의 본성은 본질적으로 선하며, 인간의 악하고 파괴적인 요소는 나쁜 환경에서 비롯된다.

⑥ 창조성은 인간의 잠재적 본성이다.

2. 인간욕구의 위계와 특징 04, 13, 15, 19년 기출

① 인간욕구의 위계 5단계

구 분	특 징
제1단계 생리적 욕구	• 의·식·주, 먹고 자는 것, 종족 보존 등 최하위 단계의 욕구 • 인간의 본능적 욕구이자 필수적 욕구
제2단계 안전(안정)에 대한 욕구	• 신체석·성신석 위험에 의한 불안과 공포에서 벗어나고자 하는 욕구 • 추위·질병 위험 등으로부터 자신의 건강과 안전을 지키고자 하는 욕구
제3단계 애정과 소속에 대한 욕구	• 가정을 이루거나 친구를 사귀는 등 어떤 조직이나 단체에 소속되어 애정을 주고받고자 하는 욕구 • 사회적 욕구로서 사회구성원으로서의 역할수행에 전제조건이 되는 욕구
제4단계 자기존중 또는 존경의 욕구	• 소속단체의 구성원으로서 명예나 권력을 누리려는 욕구 • 타인으로부터 자신의 행동이나 인격이 승인을 얻음으로써 자신감, 명성, 힘, 주위에 대한 통제력 및 영향력을 느끼고자 하는 욕구
제5단계 자아실현의 욕구	• 자신의 재능과 잠재력을 충분히 발휘하여 자기가 이룰 수 있는 모든 것을 성취하려는 최고수준의 욕구 • 사회적·경제적 지위와 상관없이 자신이 소망한 분야에서 최대의 만족감과 행복감을 느끼고자 하는 욕구

기출키워드
19년 3회
인간욕구 위계
※ 필기시험에는 '금강산도 식후경'이라는 속담과 일치하는 매슬로우의 욕구를 고르도록 하는 문제가 출제되었습니다. 정답은 '생리적 욕구'입니다.

② 인간욕구의 위계 5단계 + 2단계(7단계)

- 매슬로우는 처음 인간욕구 위계 5단계를 제시한 이후 인간의 학습행동과 예술적 행위에 대한 설명이 부족함을 인식하였다. 그리하여 최상의 욕구에 해당하는 자아실현의 욕구에 앞서 인지적 욕구와 심미적 욕구를 포함시킴으로써 욕구위계의 7단계를 완성하였다.
- 매슬로우는 특히 제1단계의 생리적 욕구에서 제4단계의 존경의 욕구에 이르는 욕구를 결핍욕구로, 제5단계의 인지적 욕구에서 마지막 제7단계의 자아실현의 욕구에 이르는 욕구를 성장욕구 또는 존재욕구로 구분하였다.

단 계	욕구 5단계	욕구 7단계	구 분
제1단계	생리적 욕구	생리적 욕구	결핍욕구
제2단계	안전(안정)에 대한 욕구	안전(안정)에 대한 욕구	
제3단계	애정과 소속에 대한 욕구	애정과 소속에 대한 욕구	
제4단계	자기존중 또는 존경의 욕구	자기존중 또는 존경의 욕구	
제5단계	자아실현의 욕구	인지적 욕구	성장욕구 (존재욕구)
제6단계	–	심미적 욕구	
제7단계	–	자아실현의 욕구	

3. 인간욕구의 특징

① 욕구위계에서 하위에 있는 욕구가 더 강하고 우선적이다.
② 욕구위계에서 상위의 욕구는 전 생애 발달과정에서 후반에 점차적으로 나타난다.
③ 욕구위계에서 상위의 욕구의 만족은 지연될 수 있다.
④ 하위욕구는 생존에 필요하고 상위욕구는 성장에 필요하다.
⑤ 욕구를 충족시키기 위한 행동은 선천적인 것이 아닌 학습에 의한 것이며, 사람마다 차이가 있다.
⑥ 제1형태의 욕구로서 결핍욕구는 생존적인 경향이 강한 욕구인 반면, 제2형태의 욕구로서 성장욕구는 잠재능력, 기능, 재능을 발휘하려는 경향이 강한 욕구이다.

> **OX Quiz**
> 매슬로우의 인간욕구위계에서 하위에 있는 욕구가 상위 욕구보다 더 강하고 우선적이다.
> 정답 O

4. 자기실현을 한 사람(자기실현자)의 특징

① 현실 중심적이다.
② 문제해결능력이 탁월하다.
③ 수단과 목적을 구분한다.
④ 사생활을 즐긴다.
⑤ 환경과 문화에 영향을 받지 않는다.
⑥ 사회적인 압력에 굴하지 않는다.
⑦ 민주적인 가치를 옹호한다.
⑧ 인간적 · 공동체적이다.
⑨ 인간적인 관계를 깊이 한다.
⑩ 공격적이지 않은 유머를 즐긴다.
⑪ 자신과 남을 있는 그대로 받아들인다.
⑫ 자연스러움과 간결함을 좋아한다.
⑬ 감성이 풍부하다.
⑭ 창의적이다.
⑮ 최대한 많은 것을 알고 경험하려 한다.

> **OX Quiz**
> 자기실현자는 개인적인 관계를 깊이 한다.
> 정답 X(인간적 관계)

핵심예제 10   04, 13, 19년 기출

매슬로우(Maslow)의 5단계 욕구 중 '금강산도 식후경'이라는 속담의 의미와 일치하는 욕구는?

① 생리적 욕구   ② 안전의 욕구
③ 소속 및 애정의 욕구   ④ 자기실현의 욕구

> **해설 체크!**
> 의·식·주와 같이 인간의 본능적 욕구이자 필수적 욕구는 제1단계의 생리적 욕구에 해당한다.
>
> 정답 ①

11 로저스(Rogers)의 현상학이론 24, 25년 기출

1. 특 징 16, 21, 24년 기출

① 로저스는 인간이 단순히 기계적인 존재도, 무의식적 욕망의 포로도 아님을 강조하였다. 그는 인간이 스스로 자신의 삶의 의미를 능동적으로 창조하며, 주관적 자유를 실천해 나간다고 말했다.
② 모든 인간에게 있어서 객관적 현실세계란 존재하지 않으며 주관적 현실세계만이 존재한다.
③ 인간은 자신의 사적 경험체계 또는 내적 준거체계와 일치하는 방향으로 객관적 현실을 재구성한다.
④ 한 개인이 생각하고 느끼고 행동하는 고유한 방법을 이해하기 위해서는 그가 객관적 현실을 어떻게 지각하고 해석하는지 그 내적 준거체계를 명확히 파악해야 한다.
⑤ 인간이 지닌 기본적 자유는 그에 따른 책임을 전제로 한다.
⑥ 인간은 유목적적인 존재인 동시에 합리적이고 건설적인 방향으로 지속적으로 성장해 나가는 미래지향적 존재이다.
⑦ 자기실현 경향은 인간행동의 가장 기본적인 동기이며, 인간은 자기실현을 위한 끊임없는 도전과 투쟁의 과정에서 발생하는 고통을 기꺼이 감내한다.
⑧ 로저스의 인간관에는 자유·합리성 그리고 자기실현의 경향이 서로 연결되어 있다.

2. 주요개념 04, 13, 20년 기출

① 자기(Self)
- 자기 자신에 대해 가지고 있는 조직적이고 지속적인 인식, 즉 자기상(Self Image)을 말한다.
- 자기는 주체로서의 나(I)와 객체로서의 나(Me)의 의식적 지각과 가치를 포함한다.
- 현재 자신의 모습에 대한 인식으로서 현실적 자기(Real Self)와 함께, 앞으로

기출키워드

21년 1회

개인적 구성개념이론
- 절대적 진리같은 것은 존재하지 않으며, 세상은 개인이 해석하는 방식으로 존재하고 세상의 여러 구성적 대안 중 어느 것을 선택하느냐에 따라 그를 둘러싼 세계가 달라진다고 하는 이론이다.
- 켈리(Kelly)는 구성개념이론에서 개개인은 직업적 과학자라고 할 수는 없지만, 모두가 세상에 대한 구성개념을 가지고 있고, 이를 통해 어떤 사건이나 행위를 통제한다는 면에서 인간은 모두 과학자라고 말하였다.

> **전문가의 한마디**
>
> 로저스 현상학이론의 주요개념으로서 Self는 교재에 따라 자기 또는 자아로 번역되고 있으나 자기로 번역하는 것이 바람직합니다. 그 이유는 자기(Self)와 자아(Ego)가 엄밀한 의미에서 차이가 있기 때문입니다. 특히 분석심리이론의 대표적인 학자 융(Jung)은 이 두 가지를 명확히 구분했는데, 그는 자기(Self)를 의식과 무의식을 포함한 전체 정신의 중심으로 본 반면, 자아(Ego)를 의식의 영역만을 볼 수 있는 의식의 중심으로 보았습니다.

자신이 나아가야 할 모습에 대한 인식으로서 이상적 자기(Ideal Self)로 구성된다.
- 로저스는 현재 경험이 자기구조와 불일치할 때 개인은 불안을 경험한다고 보았다. 즉, 자기구조와 주관적 경험이 일치할 경우 적응적이고 건강한 성격을 가지게 되는 반면, 이들 간의 불일치가 심할 경우 부적응적이고 병적인 성격을 가지게 된다.
- 자기의 발달은 자신이 세상에서 경험하는 것에 대해 어떻게 지각하는지를 바탕으로 하여 변화하는 역동적인 과정이라고 볼 수 있다.

② 자기실현 경향(Self-Actualizing Tendency)
- 모든 인간은 성장과 자기증진을 위해 끊임없이 노력하며, 그 노력의 과정에서 직면하게 되는 고통이나 성장방해요인을 극복해 나갈 수 있는 성장지향적 유기체이다.
- 자기실현 경향은 성장과 퇴행 중에 어느 하나를 선택해야 하는 상황에 처하게 되면 더욱 강하게 작용한다.
- 로저스는 모든 인간이 퇴행적 동기를 가지고 있기는 하지만 그보다는 성장지향적 동기, 즉 자기실현 욕구가 기본적인 행동동기라고 보았다.
- 자기실현 과정은 자신을 창조하는 과정이므로, 이러한 과정을 통해 모든 인간은 삶의 의미를 찾고 주관적인 자유를 실천하며 점진적으로 완성된다.

③ 현상학적 장(Phenomenal Field)
- 경험적 세계(Experiential World) 또는 주관적 경험(Subjective Experience)으로도 불리는 개념으로서, 특정 순간에 개인이 지각하고 경험하는 모든 것을 의미한다.
- 로저스는 동일한 현상이라도 개인에 따라 다르게 지각하고 경험하기 때문에 이 세상에는 개인적 현실, 즉 현상학적 장만이 존재한다고 보았다.
- 현상학적 장에는 개인이 의식적으로 지각한 것과 지각하지 못한 것까지 포함되지만, 개인은 객관적 현실이 아닌 자신의 현상학적 장에 입각하여 재구성된 현실에 반응한다.
- 동일한 사건을 경험한 두 사람도 각기 다르게 행동할 수 있으며, 그로 인해 모든 개인은 서로 다른 독특한 특성을 보이게 된다.

④ 가치조건(Conditions of Worth)
- 인간은 각자의 경험을 통해 가치를 형성하는 한편, 타인에게 부여받게 되는 가치에 의해 영향을 받는다.
- 특히 아동의 경우 긍정적 자기존중을 얻기 위한 과정에서 부모의 양육 태도에 의해 가치조건화가 이루어진다.

- 인간은 자신의 행동이 어떠한 조건에 의해 평가됨에 따라 가치조건을 알게 된다.
- 가치조건은 개인으로 하여금 자기를 찾고자 하는 노력보다는 부모나 사회에 의해 설정된 기준에 자신을 맞추려는 태도를 유발함으로써 자기실현에 부정적인 영향을 미친다.
- 가치조건에 의해 긍정적 또는 부정적인 것으로 평가된 행동이라고 해서 그것이 일방적으로 만족 또는 불만족의 결과를 가져오는 것은 아니다.

핵심예제 11
11, 15, 19, 24, 25년 기출

로저스(Rogers)의 성격이론에서 심리적 적응에 가장 중요한 역할을 한다고 가정하는 것은?

① 자아강도(Ego Strength) ② 자기(Self)
③ 자아이상(Ego Ideal)   ④ 인식(Awareness)

해설 체크!

로저스(Rogers)의 현상학적 성격이론에서 핵심적인 개념은 자기(Self)로서, 개인이 자기 자신에 대해 가지고 있는 조직적이고 지속적인 인식, 즉 자기상(Self Image)을 의미한다.

정답 ②

12 고전적 조건형성
20, 21, 23, 24, 25년 기출

1. 의의 및 특징
13, 15, 16, 18, 22년 기출

① 고전적 조건형성(Classical Conditioning)은 파블로프(Pavlov)에 의해 처음 연구된 것으로서, 개에게 종소리를 들려준 후 먹이를 주자 다음부터는 종소리만 들려주어도 개가 침을 흘리는 실험 과정에서 비롯되었다.

② 파블로프의 개 실험
- 먹이 : 무조건자극(Unconditioned Stimulus, UCS)
- 먹이로 인해 나오는 침 : 무조건반응(Unconditioned Response, UCR)
- 조건화되기 이전의 종소리 : 중성자극(Neutral Stimulus, NS)
- 조건화된 이후의 종소리 : 조건자극(Conditioned Stimulus, CS)
- 종소리로 인해 나오는 침 : 조건반응(Conditioned Response, CR)

기출키워드

22년 1회

고전적 조건형성

※ 필기시험에는 고전적 조건형성에 관한 설명으로 옳은 것을 고르도록 하는 문제가 출제되었습니다.

③ 고전적 조건형성의 단계

조건형성 전
종소리(NS) → 자극과 무관한 반응
먹이(UCS) → 침(UCR)

↓

조건형성의 과정
먹이(UCS) + 종소리(NS) → 침(UCR)

↓

조건형성 후
종소리(CS) → 침(CR)

④ 어떠한 조건자극이 조건반응을 유도하는 힘을 가지게 된 후 다른 제2의 자극과 연결되는 경우, 제2의 자극에 대한 무조건자극으로써 새로운 조건반응을 야기할 수 있다. 이를 2차적 조건형성이라고 한다. 이러한 과정이 다른 조건자극들과 연결됨으로써 고차적 조건형성도 가능하다.
⑤ 조건자극에 대한 조건반응으로서 유사한 다른 자극에도 반응을 일으키는 자극 일반화, 조건화가 완전해짐으로써 다른 유사한 자극에 대해 반응을 일으키지 않는 자극변별도 가능하다.
⑥ 학습은 체계적·과학적 방법에 의해 외부로부터 유도될 수 있으며, 그 결과는 예측이 가능하다.
⑦ 파블로프는 행동이 학습되는 방식을 과학적 연구를 통해 밝힘으로써 인간의 언어와 지식, 이상행동 등에 대한 설명의 기초를 마련하였다.

2. 주요개념

① 획득 또는 습득(Acquisition)
  • 조건자극(CS)과 무조건자극(UCS)이 연합하기 위해 요구되는 일정한 기간을 의미한다.
  • 학습이 확립된 후 조건자극만으로도 조건반응을 일으킬 수 있다.
  • 학습효과는 처음 낮은 상태에서 시작하여 급격한 상승을 보이다가 이후 천천히 감소한다.
② 2차적 조건형성(Second-Order Conditioning)
  • 어떠한 조건자극이 조건반응을 유도하는 힘을 가지게 된 후 다른 제2의 자극과 연결될 수 있다. 이때 제2의 자극에 대한 무조건자극으로써 새로운 조건반응을 야기할 수 있다.
  • 2차적 조건형성은 고전적 조건형성이 이루어진 후 두 번째 조건자극을 첫 번

째 조건자극과 짝지어 여러 차례 반복함으로써 두 번째 조건자극에 대해서도 동일한 조건반응을 유발하는 것이다.
- 첫 번째 조건자극을 다른 조건자극들과 연결함으로써 고차적 조건형성도 가능해진다.

③ 자극일반화(Stimulus Generalization) `22, 24년 기출`
- 특정 조건자극에 대해 조건반응이 성립되었을 때 그와 유사한 조건자극에 대해서도 똑같은 조건반응을 보이는 학습현상을 말한다.
- 자라 보고 놀란 가슴 솥뚜껑 보고 놀란다는 속담을 예로 들 수 있다.

④ 자극변별(Stimulus Discrimination) `04, 17, 21년 기출`
- 특정 자극에 대한 조건화가 완전해지는 경우 다른 유사한 자극에 대해 반응을 일으키지 않는데, 이와 같이 둘 이상의 자극을 서로 구별하는 것을 말한다.
- 자극일반화와는 동전의 양면과 같은 것으로서, 이 둘 사이는 훈련을 통해 균형이 조정될 수 있다.

3. 고전적 조건형성의 기본원리 `13, 18, 20, 24년 기출`

① 시간의 원리(근접의 원리)
- 조건형성의 과정에서 조건자극(CS)은 무조건자극(UCS)보다 시간적으로 동시에 또는 약간 앞서서 주어져야 한다.
- 조건형성의 방법으로는 동시 조건형성(Simultaneous Conditioning), 지연 조건형성(Delay Conditioning), 흔적 조건형성(Trace Conditioning), 역행 조건형성(Backward Conditioning) 등이 있다.
- 조건반응을 일으키는 데 가장 효과적인 방법은 지연 조건형성이며, 가장 이상적인 시간간격은 0.5초로 알려져 있다.

② 강도의 원리
- 자극의 강도는 처음에 제시되는 조건자극보다 나중에 제시되는 무조건자극이 더 커야 한다.
- 무조건자극의 강도가 강할수록 조건형성이 용이하게 이루어진다.

③ 일관성의 원리
- 질이 다른 여러 가지 자극을 주는 것보다 일관된 자극을 주는 것이 바람직하다.
- 동일한 조건자극을 일관성 있게 강화할수록 조건형성이 용이하게 이루어진다.

④ 계속성의 원리
- 반복연습은 학습에 필수적이다.
- 자극과 반응 간의 관계를 반복하여 횟수를 거듭할수록 조건형성이 용이하게 이루어진다.

기출키워드
22년 1회
자극일반화
※ 필기시험에는 설명을 주고 선지에서 자극일반화를 고르도록 하는 문제가 출제되었습니다.

기출키워드
21년 3회/25년 1회
변 별
※ 필기시험에는 문제에 설명을 주고 선지에서 변별을 고르도록 하는 문제가 출제되었습니다.

OX Quiz
질이 다른 여러 가지 자극을 주는 것보다 일관된 자극을 주는 것이 바람직하다는 고전적 조건형성의 기본원리는 일관성의 원리이다.
정답 O

기출키워드

19년 3회

조건형성 방법

※ 필기시험에는 흔적 조건형성의 사례를 보기로 제시하고 어떤 조건형성인지 고르도록 하는 문제가 출제되었습니다.

조건형성의 방법 15, 16, 19년 기출

- 동시 조건형성(동시적 배열)
  조건자극(CS)과 무조건자극(UCS)이 정확히 동시에 주어지며 동시에 철회된다.

- 지연 조건형성(지연배열)
  조건자극(CS)은 무조건자극(UCS)에 약간 앞서 주어지며 동시에 철회된다.

- 흔적 조건형성(흔적배열)
  조건자극(CS)은 무조건자극(UCS)이 주어지기 전에 철회된다.

- 역행 조건형성(후진배열)
  무조건자극(UCS)이 주어진 다음 조건자극(CS)이 주어진다.

4. 고전적 조건형성의 응용 15, 24년 기출

① 부정적 정서로서 공포와 불안의 형성

고전적 조건형성은 공포와 불안과 같은 정서반응을 형성하는 데 중요한 영향을 미친다.

예 덩치가 크고 사납게 생긴 개를 보고 놀란 경험이 있는 어린아이는 강력하고 일반화된 개 공포증을 학습함으로써 이후 어떤 개에게도 접근하기를 두려워하게 된다.

② 긍정적 정서로서 유명연예인 광고모델

광고업자들은 어떤 상품을 긍정적 정서를 불러일으키는 무조건자극(UCS)과 교묘하게 짝지음으로써 상품이 좋은 감정을 불러일으키는 조건자극(CS)이 되기를 희망한다.

예 광고업자들은 상품을 매력적인 인물(유명연예인, 운동선수, 저명인사 등)이나 즐거움을 주는 배경(아름다운 경치, 음악 등)과 연합시켜 보여준다.

핵심예제 12

15, 19, 23, 24년 기출

다음은 어떤 조건형성에 해당하는가?

> 연구자가 종소리를 들려주고 10초 후 피실험자에게 전기자극을 주었다고 가정해보자. 몇 번의 시행 이후 다음 종소리에 피실험자는 긴장하기 시작했다.

① 지연 조건형성
② 흔적 조건형성
③ 동시 조건형성
④ 후향 조건형성

● 해설 체크! ●

② 흔적 조건형성(Trace Conditioning) : 조건자극은 무조건자극이 주어지기 전에 철회된다.
① 지연 조건형성(Delay Conditioning) : 조건자극은 무조건자극에 약간 앞서 주어지며 동시에 철회된다.
③ 동시 조건형성(Simultaneous Conditioning) : 조건자극과 무조건자극이 정확히 동시에 주어지며 동시에 철회된다.
④ 역행(후향) 조건형성(Backward Conditioning) : 무조건자극이 조건자극보다 먼저 제시된다.

정답 ②

13 조작적 조건형성과 유관학습

13, 17, 20, 25년 기출

1. 의의 및 특징

24년 기출

① 조작적 조건형성(Operant Conditioning) 또는 도구적 조건형성은 스키너(Skinner)가 고전적 조건형성을 확장한 것으로서, 자신이 고안한 스키너 상자(Skinner Box)에서의 쥐 실험을 통해 구체화하였다.
② 상자 내부에 지렛대를 누르면 먹이가 나오는 장치에서 먹이는 무조건자극, 먹이를 먹는 것은 무조건반응, 지렛대는 조건자극, 지렛대를 누르는 행위는 조건반응에 해당한다.
③ 스키너는 인간이 환경의 자극에 능동적으로 반응하여 나타내는 행동인 조작적 행동을 설명한다.
④ 인간이 환경적 자극에 수동적으로 반응하여 형성되는 행동인 반응적 행동에 몰두한 파블로프(Pavlov)의 고전적 조건형성과 달리 스키너의 조작적 조건형성은 행동이 발생한 이후의 결과에 관심을 가진다.

기출키워드

20년 1회

연합학습이론

유기체가 환경 속에서 자극과 자극 또는 자극과 그에 대한 반응이 반복적으로 발생함을 경험할 때 자극과 자극, 특정 자극과 그에 대한 반응이 결합됨을 인식하게 되는 것이다. 이러한 연합학습은 고전적 조건형성과 조작적 조건형성으로 나타난다.

⑤ 조작적 조건형성은 어떤 행동의 결과에 대해 보상이 이루어지는 경우 그 행동이 재현되기 쉬우며, 반대의 경우 행동의 재현이 어렵다는 점을 강조한다.
⑥ 스키너의 조작적 조건형성은 보상에 의한 강화를 통해 반응행동을 변화시키려는 방법이므로 강화이론(Reinforcement Theory)이라고도 불린다.

2. 기본원리

15, 16, 17, 20, 21, 25년 기출

① **강화(Reinforcement)의 원리**
- 강화자극(보상)이 따르는 반응은 반복되는 경향이 있으며, 조작적 반응이 일어나는 비율을 증가시킨다.
- 행동은 그 행동의 결과에 의해 지배를 받게 되어 유기체가 한 행동이 만족한 결과를 가져올 때 더욱 강한 행동의 반복을 가져온다.

② **소거(Extinction)의 원리**
소거는 일정한 반응 뒤에 강화가 주어지지 않는 경우 해당 반응이 사라지는 현상을 말한다.
> 예 하급자가 공손하게 인사를 해도 윗사람이 인사를 받아주지 않고 무시한다면 인사하는 빈도는 줄어들게 되고, 마침내 인사행동은 사라지게 된다.

③ **조형(Shaping)의 원리**
- 조형은 실험자 또는 치료자가 원하는 범위 안에서의 반응들만을 강화하고, 원하지 않는 방향의 행동에 대해 강화 받지 못하도록 하여 결국 원하는 방향의 행동을 하도록 하는 것이다.
- 조형은 스키너의 이론에서 중요한 기법인 행동수정의 근거가 되는 개념으로서 특히 강화에 의한 학습을 강조한다.

④ **자발적 회복(Spontaneous Recovery)의 원리**
- 일단 습득된 행동은 만족스러운 결과가 주어지지 않는다고 하여도 즉시 소거되지는 않는다.
- 자발적 회복은 한 번 습득된 행동에 대해 보상이 주어지지 않더라도 동일한 상황에 직면하는 경우 소거된 반응이 다시 나타나는 현상을 말한다.

⑤ **변별(Discrimination)의 원리**
변별은 보다 정교하게 학습이 이루어지는 것으로서, 유사한 자극에서 나타나는 조그마한 차이에 따라 다른 반응을 보이는 것이다.
> 예 어려서 어른에게 인사하는 법과 친구에게 인사하는 법을 구별하여 학습하게 되는 것은 친구들과 인사하는 방식으로 어른에게 인사했을 때 그 결과가 달랐기 때문에 변별 학습한 것이다.

기출키워드

24년 1회
회피조건형성
혐오자극이 뒤따른다는 신호를 받고 이를 회피하는 방법을 학습하는 것

20년 1회
일반적 강화인
음식, 물과 같이 하나 이상의 보상과 연합되어 중립 자극 자체가 강화적 속성을 띠도록 하는 것

3. 고전적 조건형성과 조작적 조건형성의 비교

구 분	고전적 조건형성	조작적 조건형성
자극-반응계열	자극이 반응의 앞에 온다.	반응이 효과나 보상 앞에 온다.
자극의 역할	반응은 추출된다.	반응은 방출된다.
자극의 자명성	특수반응은 특수자극이 일으킨다.	특수반응을 일으키는 특수자극은 없다.
조건형성과 과정	한 자극이 다른 자극을 대치한다.	자극의 대치는 일어나지 않는다.
내 용	정서적 · 불수의적 행동이 학습된다.	목적지향적 · 수의적 행동이 학습된다.

> **OX Quiz**
> 자극의 대치는 일어나지 않는 조건형성은 조작적 조건형성이다.
>
> 정답 O

4. 조작적 조건형성의 응용

① 긍정적 측면의 행동수정(Behavioral Modification)
조작적 조건형성은 어떤 행동목표를 설정하고 그 행동에 점차 가까워지도록 내담자의 반응을 강화시킨다.
   예 학교, 정신병원, 교도소 등에서는 바람직하지 못한 개인의 행동을 변화시키고자 여러 가지 기법들을 사용한다.

② 부정적 측면의 학습된 무기력(Learned Helplessness)
개인이 환경을 능동적으로 통제할 수 없는 경우 비정상적인 행동이 유발될 수 있다.
   예 개에게 여러 차례 반복적으로 전기충격을 가하는 실험에서 전기충격을 피할 수 있도록 한 A집단의 개들은 신호에 따라 적절히 전기충격을 피할 수 있었다. 반면에 전기충격을 피할 수 없도록 한 B집단의 개들은 이후 전기충격을 피할 수 있도록 허용하여도 그에 대한 회피반응을 전혀 시도하지 않았다.

③ 미신적 행동(Superstitious Behavior)
특정 행동이 어떤 사건을 일으킨다는 잘못된 신념을 가리키는 것으로서, 이는 행동 및 그로 인한 강화 간에 생긴 우연한 연합에 기초한 학습결과에서 비롯된다.
   예 축구경기에서 골대를 맞히는 팀이 그 경기에서 패한다는 일종의 징크스를 통해 2002년 한일 월드컵 당시 골대를 5번 맞힌 프랑스의 16강 탈락을 설명한다.

5. 유관학습과 유관강화   13, 17, 19, 24년 기출

① 파블로프는 고전적 조건형성을 통해 조건자극(CS)과 무조건자극(UCS)의 시간적 근접성을 조건화의 핵심으로 주장하였다. 즉, 먹이와 조건화된 종소리 간의 시간적 간격이 짧을수록 조건형성이 잘 이루어지는 반면, 그 간격이 길수록 조건형성이 잘 이루어지지 않는다는 것이었다.

② 레스콜라(Rescorla)는 파블로프의 주장을 반박하면서 학습이 단순히 조건자극과 무조건자극이 근접했기 때문이 아닌 무조건자극이 조건자극에 수반(유관)된 것이기에 학습(조건화)이 이루어진 것이라고 주장하였다.
③ 개에게 무조건자극으로서 먹이를 줄 때 종소리 이외에 다양한 자극들이 결합될 수 있다(예 실험자의 발소리, 문 여는 소리 등). 그럼에도 불구하고 조건형성이 종소리와 먹이 사이에만 이루어진 것은 개가 두 자극 사이에서만 유관을 인지하였기 때문이다.
④ 행동주의 학습에서 처벌(Punishment)은 어떤 부적응적인 방식으로 행동하는 경향을 감소시키기 위해 그 행동에 대해 부적 결과를 유관시키는 절차로 볼 수 있다. 예를 들어, 욕설을 하지 않게 하기 위해 욕을 할 때마다 화장실 청소를 시키는 정적 처벌에서는 욕을 하는 행동과 화장실을 청소하는 행동 간의 유관이 이루어진 것이다.
⑤ 조작적 조건형성에 있어서도 이와 같은 유관이 필요하다. 즉, 스키너 상자의 쥐가 지렛대를 누르는 반응 뒤에 보상이 주어지는 것을 통해 강화가 일어난 것이다. 따라서 유관은 보상과 반응이 연결되어 있는 것을 의미하며, 이는 곧 유관강화(Contingent Reinforcement)에 해당한다.

기출키워드

19년 3회

유관성 관리
- 적응적 행동은 보상으로 촉진한다.
- 부적응적 행동은 강화를 주지 않음으로써 제거한다.

핵심예제 13   03, 05, 09, 21, 23년 기출

소거(Extinction)가 영구적인 망각이 아니라는 증거가 될 수 있는 것은?

① 자극일반화(Stimulus Generalization)
② 변별(Discrimination)
③ 조형(Shaping)
④ 자발적 회복(Spontaneous Recovery)

> **해설 체크!**
>
> 자발적 회복(Spontaneous Recovery)은 한 번 습득된 행동에 대해 보상이 주어지지 않더라도 동일한 상황에 직면하는 경우 소거된 반응이 다시 나타나는 현상을 말한다. 즉, 일단 습득된 행동은 만족스러운 결과가 주어지지 않는다고 하여 즉시 소거되지 않는다는 것이다.
>
> 정답 ④

14 조건형성 및 인지학습의 실험

1. 왓슨(Watson)의 쥐 실험

① 행동주의자 왓슨은 쥐 실험을 통해 고전적 조건형성에 의한 공포 반응을 확립하고자 하였다.

② 생후 9개월 된 아기 알버트(Albert)를 대상으로, 우선 알버트가 선천적으로 동물에 거부감을 가지고 있는지 실험하기 위해 흰쥐, 토끼, 강아지, 원숭이를 차례대로 노출시켰다. 그리고 알버트가 별다른 거부감 없이 동물들에게 호감을 보이는 것을 확인하였다. 다음으로 알버트에게 흰쥐를 전달하고, 알버트가 흰쥐를 손으로 만지려는 순간 금속성 파열음을 울리는 과정을 반복적으로 시행하였다. 그러자 알버트는 점차적으로 쥐에게 거부감을 나타내더니 나중에는 쥐를 보자마자 도망을 치기 시작하였다. 이러한 실험을 토끼와 강아지로도 반복하였고, 알버트는 비슷한 털동물에 대해서는 물론 심지어 단순한 솜뭉치에도 거부감을 표시하였다.

③ 쥐 실험에서 금속성 파열음(무조건자극, UCS)은 쥐의 출현(조건자극, CS)과 짝지어졌으며, 이후 쥐를 보는 것만으로도 공포반응(무조건 반응, UCR)이 나타난 것이다.

④ 알버트가 쥐가 아닌 다른 털동물이나 솜뭉치를 보고도 놀란 것은 자극일반화(Stimulus Generalization)를 의미한다.

⑤ 왓슨은 실험을 통해 공포반응이 학습되며, 비슷한 조건에서 그 공포가 전이된다는 사실을 발견하였다. 또한 공포와 불안과 같은 정서반응들이 고전적 조건형성에 의해 만들어질 수 있으며, 프로이트(Freud)를 비롯한 정신분석의 추종자들이 주장한 무의식적 과정이나 초기경험의 산물이 아닐 수 있음을 입증하였다.

2. 손다이크(Thorndike)의 고양이 실험 `19, 20년 기출`

① 손다이크는 학습이 추상적인 지적 활동에 의해 이루어지기보다 시행착오의 과정과 결과에 의해 나타난다는 시행착오설을 제시하였다. 시행착오설은 연합설(결합설) 또는 도구적 조건화이론이라고도 한다.

② 학습은 추상적인 지적 활동에 의해 이루어지기보다 시행착오의 과정과 결과에 의해 나타난다.

③ 손다이크는 내부에서 페달을 누를 경우 문이 열리도록 고안된 문제상자(Problem Box)를 이용하여 고양이 실험을 하였다.

④ 문제상자 속 굶주린 고양이는 상자를 탈출하기 위해 할퀴고 물어뜯고 매달리는 등의 시행착오적인 행동을 하다가 빗장을 건드리게 됨으로써 상자를 탈출하였다. 여기서 문제상자는 자극, 할퀴고 물어뜯는 등의 시행착오적 행동은 반응, 빗장을 건드려 탈출에 성공하는 것은 보상에 해당한다.
⑤ 문제를 해결하는 데 소요된 시간은 시도 횟수의 증가와 함께 체계적으로 감소한다. 즉, 반복적인 시도는 문제해결을 더욱 빠르게 한다.
⑥ 손다이크는 학습이 사고의 중재를 받지 않은 채 체계적인 단계에 걸쳐 점증적으로 이루어진다고 보았으며, 학습의 법칙으로서 효과의 법칙, 연습의 법칙, 준비성의 법칙을 제시하였다.

기출키워드

19년 3회

효과의 법칙(Law of Effect)
어떤 행동의 결과가 바람직할 경우에는 그 행동이 다시 나타날 확률이 높아지고, 바람직하지 않은 경우에는 다시 나타날 확률이 낮아진다는 것이다.

효과의 법칙	• 학습과정에 의한 결과는 만족과 불만족으로 나타나며, 이때 만족스러운 결과에 이르러야 강화가 이루어진다. • 만족의 법칙 : 어떤 일에 대한 만족스러운 결과는 지속적인 의욕을 불러일으키며, 자극과 반응의 결합이 강화됨으로써 학습의 진보가 이루어진다. • 불만족의 법칙 : 어떤 일에 대한 불만족스러운 결과가 지속되는 경우 자극과 반응의 결합이 약화됨으로써 의욕이 상실되며 포기하게 된다.
연습의 법칙	• 학습은 지속적인 연습을 통해 행동의 변화로 이어지며, 목표를 향한 행동의 반복적인 시행이 목표달성을 유리하게 한다. • 사용의 법칙 : 자극과 반응의 결합이 빈번할수록 이들의 결합이 강화되며, 학습의 진보가 이루어진다. • 불사용의 법칙 : 자극과 반응의 결합이 드물수록 이들의 결합이 약화되며, 학습의 퇴보가 이루어진다.
준비성의 법칙	학습자가 새로운 사실과 지식을 습득할 준비가 되어있을수록 자극과 반응의 결합이 만족스럽게 이루어진다. 학습자의 지능, 성격, 성숙도, 의지, 사전학습에의 노력 등이 학습의 주요 요인이 된다.

3. 쾰러(Köhler)의 침팬지 실험   15년 기출

① 게슈탈트 심리학자인 쾰러는 기존의 왓슨이나 손다이크가 제시한 학습이론에 대항하여 이른바 통찰설을 제시하였다.
② 쾰러는 학습이 자극반응의 조건형성이나 시행착오의 반복에 의해서가 아닌 전체적 구조에 대한 사태 파악, 즉 통찰(Insight)에 의해 이루어진다고 주장하였다.
③ 쾰러는 침팬지를 대상으로 통찰학습이 이루어지는 과정을 실험하였다. 우리 속에는 굶주린 침팬지가 갇혀있고, 손이 닿지 않는 천장에 바나나가 매달려 있다. 주위에는 나무상자와 막대기가 놓여있다. 침팬지는 바나나를 따기 위해 손을 뻗치고 발돋움을 하나 결국 실패하고 만다. 몇 차례의 시도가 실패하자, 침팬지는 우리 속의 전체 상황을 살핀 후 어떤 생각에 골몰한 듯 잠시 머뭇거리다가, 상자를 옮겨 놓고 그 위에 올라가서 바나나를 딸 수 있었다.

OX Quiz

쾰러는 학습이 사고의 중재를 받지 않은 채 체계적인 단계에 걸쳐 점증적으로 이루어진다고 보았으며, 학습의 법칙으로서 효과의 법칙, 연습의 법칙, 준비성의 법칙을 제시하였다.

정답 X(손다이크)

④ 침팬지는 더 높은 곳에 매달린 바나나도 나무상자들을 여러 개 포개어 쌓아놓고 그 위에 올라간다거나 막대기를 사용함으로써 손에 넣을 수 있었다.

⑤ 침팬지는 우리 밖의 철망 너머에 있는 바나나를 얻기 위해 손을 뻗었으나 실패하게 되고, 다음으로 막대기를 이용하여 바나나가 있는 곳으로 내밀었으나 막대기가 짧아 성공에 이르지 못했다. 그러자 두 개의 막대기를 서로 조립하여 바나나를 철망 쪽으로 끌어온 후 마침내 손에 넣을 수 있었다.

⑥ 침팬지는 앞서 두 번의 통찰이 성공에 이르지 못하자 또 다시 통찰력을 발휘하여 문제해결방법을 모색한 후 마침내 성공을 거두게 된 것이다. 즉, 바나나와 상자, 막대기가 서로 관련이 없는 것들이지만, 침팬지는 목적과 수단의 전체적 구조 속에서 상황을 재구성할 수 있었던 것이다.

⑦ 쾰러는 침팬지들의 이와 같은 문제해결행동이 과거에 전혀 학습한 적이 없는 새로운 관계를 급작스럽게 파악한 것으로 설명하였다. 즉, 침팬지는 자극-반응연합을 형성한 것이 아니라 문제상황 전체에 대한 통찰을 획득한 것이다.

4. 톨만(Tolman)의 쥐 실험 〔24년 기출〕

① 톨만은 미로학습을 하는 세 집단의 쥐 실험을 통해 학습의 인지적 요인을 강조하였다. 기존의 미로를 이용한 쥐의 실험들은 쥐가 먹이의 보상에 의해 잘못된 방향으로 회전하는 오류가 감소되는 결과를 토대로 쥐가 먹이에 의해 강화되는 학습을 했다고 주장하였다. 그러나 톨만은 이와 같은 해석을 거부한 채 다른 해석을 할 수 있는 증거를 제시하였다.

② 톨만은 세 집단의 쥐들을 매일 한 번씩 12일에 걸쳐 미로에 넣어놓았다. 우선 집단 A의 쥐들에게는 실험을 할 때마다 목표상자에 먹이를 넣어주었다. 그 결과 집단 A의 쥐들은 점진적인 학습에 의해 실험이 종료될 무렵 1~2회 정도의 오류만을 범하였다. 다음으로 집단 B의 쥐들에게는 목표상자에 단 한 번도 먹이를 넣어주지 않았다. 그 결과 집단 B의 쥐들은 실험이 종료될 무렵까지 지속적인 오류를 보였다. 마지막으로 집단 C의 쥐들에게는 처음 10일 동안은 먹이 없이, 이후 11일째 되는 날 처음으로 먹이를 넣어주었다. 그 결과 집단 C의 쥐들은 처음 10일 동안은 많은 오류를 보였으나, 11일째 먹이가 제공된 이후 그 다음 날인 12일째에 거의 오류를 보이지 않았다.

③ 톨만은 집단 C의 쥐들에게서 나타난 결과를 토대로 단 한 번의 강화가 쥐들의 미로학습에 영향을 미친 것이 아니라 이미 강화를 받기 전에 학습하고 있었다고 주장하였다. 톨만은 이를 잠재학습(Latent Learning)이라고 하였다.

④ 톨만은 쥐의 수행이 첫 번째 강화시행 직후 변화되었음을 토대로 쥐가 이미 미로의 공간배열에 대한 정신적 표상, 즉 인지도(Cognitive Map)를 발달시킨 것으로 보았다. 톨만은 이와 같은 인지도가 어떠한 반응이나 강화 없이 자연적으로 발달된다고 주장하였다.

> **OX Quiz**
> 톨만은 쥐 실험을 통해 학습의 유전적 요인을 강조하였다.
> 정답 X(인지적 요인)

⑤ 톨만의 쥐 실험은 인간이 아무런 보상을 받지 않고도 잠재학습을 통해 정신적인 지도를 발달시킨다는 사실을 입증한 것이다.

핵심예제 14
<small>14년 기출</small>

학습을 외현적 행동의 변화라기보다는 오히려 지식의 습득이라는 측면에서 학습과 수행을 개념적으로 분리시켜 잠재학습(Latent Learning)을 설명한 학자는?

① 손다이크(Thorndike)
② 톨만(Tolman)
③ 쾰러(Köhler)
④ 반두라(Bandura)

• 해설 체크! •

톨만(Tolman)은 인지주의 학습이론가로서 '미로학습을 하는 세 마리의 쥐' 실험을 실시하였고, 잠재학습(Latent Learning)이라는 개념을 중요하게 생각하였다. 잠재학습이란 수행으로 전환되지 않은 학습으로, 학습된 것이 행동으로 표현되기 이전에 상당한 시간 동안 잠자고 있는 학습을 의미한다.

정답 ②

기출키워드
19년 3회

처 벌
혐오스럽거나 불쾌한 자극을 제시함으로써 반응을 감소시키는 것

모 방
다른 사람의 행동을 관찰함으로써 새로운 행동을 학습하는 것

15 강화와 처벌

1. 강화와 처벌의 유형
<small>13, 17, 18, 19, 22, 24, 25년 기출</small>

① **정적 강화** : 유쾌자극을 부여하여 바람직한 반응의 확률을 높인다.
   예 교실 청소를 하는 학생에게 과자를 준다.
② **부적 강화** : 불쾌자극을 제거하여 바람직한 반응의 확률을 높인다.
   예 발표자에 대한 보충수업 면제를 통보하여 학생들의 발표를 유도한다.
③ **정적 처벌** : 불쾌자극을 부여하여 바람직하지 못한 반응의 확률을 감소시킨다.
   예 장시간 컴퓨터를 하느라 공부를 소홀히 한 아이에게 매를 가한다.
④ **부적 처벌** : 유쾌자극을 제거하여 바람직하지 못한 반응의 확률을 감소시킨다.
   예 방청소를 소홀히 한 아이에게 컴퓨터를 못하게 한다.

OX Quiz

방 청소를 하는 아이에게 아이가 좋아하는 간식을 주는 것은 정적 강화에 해당한다.

정답 O

2. 강화의 원칙

① 바람직한 행동변화를 이끌어낼 수 있을 만큼 적절히 부여해야 한다.
② 일관성 있게 이루어져야 한다.
③ 사람마다 강화자극의 영향력이 다르므로 적절한 강화자극을 선정해야 한다.

④ 강화는 즉시 이루어져야 하며, 지난 행동에 대한 강화는 그 효과를 기대할 수 없다.
⑤ 바람직한 목표행동과 직접적으로 연관된 것에 부여해야 한다.
⑥ 강화계획은 체계적·점증적인 단계들로 이루어져야 한다.

3. 처벌의 원칙

19, 24년 기출

① 바람직하지 못한 행동을 중단시킬 수 있을 만큼 최소화해야 한다.
② 일관성 있게 이루어져야 한다.
③ 짧고 간결하게 해야 한다.
④ 처벌은 즉시 이루어져야 하며, 지난 행동에 대한 처벌은 삼가야 한다.
⑤ 처벌의 부작용에 대해 고려해야 한다.
⑥ 반복적인 처벌에도 불구하고 효과가 없는 경우 다른 방법을 강구해야 한다.

OX Quiz
짧고 간결하게 해야 한다는 원칙은 처벌의 원칙이다.
정답 O

4. 차별강화의 종류

종 류	특 징
저율 차별강화 (DRL)	• 낮은 비율 차별강화(Differential Reinforcement of Low Rates)라고도 한다. • 행동이 너무 자주 또는 너무 빨리 일어나는 경우 부적절한 행동의 발생비율을 감소시키기 위해, 일정기간에 일정 횟수 이상의 행동이 나타나지 않을 때에만 강화를 제공한다.
고율 차별강화 (DRH)	• 높은 비율 차별강화(Differential Reinforcement of High Rates)라고도 한다. • 행동이 너무 적게 또는 너무 느리게 일어나는 경우 적절한 행동의 발생비율을 높이기 위해, 일정기간에 일정 횟수 이상의 행동이 나타나는 때에만 강화를 제공한다.
무반응 차별강화 (DRO)	• 무반응 차별강화(Differential Reinforcement of Zero Responding) 또는 다른 행동 차별강화(Differential Reinforcement of Other Behavior)라고도 한다. • 표적행동이 일정기간 동안 전혀 발생하지 않는 경우 다른 행동에 대해 강화를 제공한다.
상반행동 차별강화 (DRI)	• 양립 불가능한 반응 차별강화(Differential Reinforcement of Incompatible Responding)라고도 한다. • 표적행동과 양립할 수 없는 상반되는 행동을 강화한다.
대안행동 차별강화 (DRA)	• 대체행동 차별강화(Differential Reinforcement of Alternative Behavior)라고도 한다. • 표적행동에 대해 대체행동을 강화한다. 다만, 이 경우 상반행동 차별강화와 같이 대체행동이 표적행동과 양립 불가능한 행동이어야 할 필요는 없다.

> **기출키워드**
> 21년 1회
> **프리맥의 원리**
> ※ 필기시험에는 사례를 제시하고 그 사례에서 사용된 상담기법을 고르도록 하는 문제가 출제되었습니다.

5. 프리맥의 원리(Premack's Principle) `21, 24년 기출`

① 프리맥에 따르면 높은 빈도의 행동(선호하는 활동)은 낮은 빈도의 행동(덜 선호하는 행동)에 대해 효과적인 강화인자가 될 수 있다.
   > **예** 아이가 숙제를 하는 것보다 TV를 보는 것을 좋아하는 경우, 부모는 아이가 우선 숙제를 마쳐야만 TV를 볼 수 있게 하여 숙제를 하도록 유도할 수 있다.

② 강화물의 효과성은 사람에 따라 다르다. 앞선 예시에서 아이가 TV를 보는 것보다 숙제를 하는 것을 좋아한다면 강화물의 효과성은 역전될 것이다. 즉, 어떠한 자극 또는 사건에 대한 강화의 효과성 여부를 결정하기 위해 우선 개인에 따른 행동의 위계를 설정할 필요가 있다.

③ 프리맥의 원리가 효과적이기 위해서는 낮은 빈도의 행동(덜 선호하는 행동)이 먼저 일어나야 한다.

6. 미신적 행동(Superstitious Behavior) `14, 15, 16년 기출`

① 미신적 행동은 조작적 조건형성과 관련된 것으로, 우연히 특정행동과 그 결과가 조건화되는 것을 의미한다.

② 보상과 아무런 관련이 없는 어떤 행동이 우연히 그 보상에 선행한 경우, 그 행동은 고정적으로 계속해서 나타나는 경향이 있다.

③ 스키너(Skinner)는 먹이통 장치가 되어 있는 상자 안에 비둘기를 가둔 채 먹이통 장치를 일정한 시간에 자동적으로 작동하도록 하였다. 그러자 이후 비둘기는 능동적이고 규칙적인 반응을 보이기 시작하였다. 즉, 비둘기는 먹이가 제공되기 직전에 자기 나름대로 바닥을 긁거나 제자리를 빙빙 돌거나 부리로 상자 내부를 쪼는 행동을 하였는데, 그 우연한 일로 인하여 반응과 보상 사이에 아무런 인과관계가 없음에도 불구하고 보상을 얻기 위해 그와 같은 행위를 반복하게 된 것이다.

④ 이와 같이 미신적 행동은 우연히 조건화된 행위에 의해 보상이 주어졌다고 믿음으로써 나타난다.
   > **예** 야구선수가 빨간 장갑을 착용한 날 우연히 성적이 좋게 나오자, 이후 빨간 장갑을 지속적으로 착용한다.

핵심예제 15 20, 24년 기출

행동주의적 견해에 따르면 강박행동은 어떤 원리에 의해 유지되는가?

① 고전적 조건형성 ② 부적 강화
③ 소 거 ④ 모델링

● 해설 체크! ●

환자의 강박행동은 불안이나 고통을 없애거나 감소시키기 위해 강화되는 것이므로, 불쾌자극을 제거하여 반응의 확률을 높이는 부적 강화 원리에 해당된다.

정답 ②

16 강화계획(강화스케줄)

1. 강화계획(강화스케줄)의 유형   16, 17, 19, 20, 21, 24, 25년 기출

① 계속적 강화계획(Continuous Reinforcement Schedule)
- 반응의 횟수나 시간에 상관없이 기대하는 반응이 나타날 때마다 강화를 부여한다.
- 학습 초기단계에는 효과적이지만, 일단 강화가 중지되는 경우 행동이 소거될 가능성도 있다.
- 강화요인의 연속적인 적용으로 인해 강화요인의 유인가치가 감소하는 포만효과(Satiation Effect)의 부작용이 발생한다.
- 일상생활에서보다는 실험실에서 적용가능한 방법에 해당한다.
  예 아이가 숙제를 모두 마치는 경우 TV를 볼 수 있도록 허락한다.

② 간헐적 강화계획(Intermittent Reinforcement Schedule)
- 반응의 횟수나 시간을 고려하여 간헐적 또는 주기적으로 강화를 부여한다.
- 계속적 강화계획에 비해 상대적으로 학습된 행동을 유지하는 데 효과적인 방법이다.
- 시간의 간격을 기준으로 고정간격강화계획, 변동간격강화계획, 고정비율강화계획, 변동비율강화계획 등으로 구분된다.
- 반응률이 높은 강화계획 순서는 변동비율강화계획(VR) > 고정비율강화계획(FR) > 변동간격강화계획(VI) > 고정간격강화계획(FI) 순이다.

- 강화계획 중 가장 높은 반응률을 보이면서 습득된 행동이 높은 비율로 오래 유지되는 것은 변동(변화, 가변)비율강화계획이다.

고정간격강화계획 (Fixed-Interval Schedule)	• 요구되는 행동의 발생빈도에 상관없이 일정한 시간간격에 따라 강화를 부여한다. • 지속성이 거의 없으며 강화시간이 다가오면서 반응률이 증가하는 반면 강화 후 떨어진다. 예 주급, 월급, 일당, 정기적 시험 등
변동간격강화계획 (Variable-Interval Schedule)	• 일정한 시간간격을 두지 않은 채 평균적으로 확인할 수 있는 시간 간격이 지난 후에 강화를 부여한다. • 느리고 완만한 반응률을 보이며 강화 후에도 거의 쉬지 않는다. 예 1시간에 3차례의 강화를 부여할 경우, 25분/45분/60분으로 나누어 강화를 부여한다.
고정비율강화계획 (Fixed-Ratio Schedule)	• 행동중심적 강화방법으로, 일정한 횟수의 바람직한 반응이 나타난 다음에 강화를 부여한다. • 빠른 반응률을 보이지만 지속성이 약하다. 예 옷 공장에서 옷 100벌을 만들 때마다 1인당 100만 원의 성과급을 지급한다.
변동비율강화계획 (Variable-Ratio Schedule)	• 반응행동에 변동적인 비율을 적용하여 불규칙한 횟수의 바람직한 행동이 나타난 후 강화를 부여한다. • 반응률이 높게 유지되며 지속성도 높다. 예 카지노의 슬롯머신, 복권 등

기출키워드

21년 3회

변동비율강화계획
- 강화물을 받기 위해 요구되는 반응 수가 시행에 따라 변화하는 것이다.
- 강화물을 받기 위해 요구되는 평균반응 수는 항상 일정하나, 정확하게 몇 번째 반응에 대해 강화가 제공되는지는 알 수 없다.
- 반응률이 높게 유지되고, 지속성이 높으며, 소거에 대한 저항이 크다.

2. 강화물의 유형   20년 기출

① 1차적 강화물(Primary Reinforcer)
- 다른 강화물과 연합하지 않은 보상 그 자체로서의 강화물이다.
- 무조건 강화자극에 해당하는 것으로, 학습에 의하지 않고도 강화의 효과를 가지는 자극을 말한다.
- 상대적으로 강력하나 그 가짓수가 적으며, 인간의 학습에서는 제한된 역할만을 한다.
- 물이나 음식, 과자, 장난감, 성행위와 같이 일반적으로 귀중한 것으로 간주되는 대상 또는 활동을 예로 들 수 있다.

② 2차적 강화물(Secondary Reinforcer)
- 1차적 강화물과의 연합을 통해 가치를 지니는 강화물로, 조건강화물(Conditioned Reinforcer)이라고도 한다.
- 조건강화자극에 해당하는 것으로, 본래 중성자극이었으나 강화능력을 가진 다른 자극과 연결됨으로써 강화의 속성을 가지게 된 자극을 말한다.

- 2차적 강화물의 효과는 궁극적으로 1차적 강화물에 직접적 또는 간접적으로 의존한다.
- 돈은 그 자체로 종이에 불과하나 돈을 사용하여 음식 등의 필요한 물건을 구입할 수 있는 것을 의미한다.
- 사회적 자극인 미소, 칭찬, 토큰, 점수 등은 2차적 강화물에 해당한다.

핵심예제 16

16, 19년 기출

강화계획에 관한 설명으로 틀린 것은?

① 고정비율강화계획에서는 매 n번의 반응마다 강화인이 주어진다.
② 변동비율강화계획에서는 평균적으로 n번의 반응마다 강화인이 주어진다.
③ 고정간격강화계획에서는 정해진 시간이 지난 후의 첫 번째 반응에 강화인이 주어지고, 강화인이 주어진 시점에서 다시 일정한 시간이 지난 후의 첫 번째 반응에 강화인이 주어진다.
④ 변동비율과 변동간격강화계획에서는 강화를 받은 후 일시적으로 반응이 중단되는 특성이 있다.

해설 체크!

④ 고정간격과 고정비율강화계획에서는 강화를 받은 후 잠시 반응이 멈추는 강화 후 휴지(휴식)가 나타나는 반면, 변동비율과 변동간격강화계획에서는 반응이 지속적으로 나타나는 특성을 보인다.
① 고정비율강화계획(Fixed-Ratio Schedule) : 일정한 수의 정확한 반응이 나타난 후에 강화시키는 것이다(예 실적에 따른 성과급, 쿠폰을 모으면 혜택을 제공하는 것 등).
② 변동비율강화계획(Variable-Ratio Schedule) : 강화물을 받기 위해 요구되는 반응 수가 시행에 따라 변화하는 것으로, 강화물은 1회 반응 후에 받을 수도 있고, 10회 반응 후에 받을 수도 있고, 15회 반응 후에 받을 수도 있다. 즉, 강화물을 받기 위해 요구되는 평균반응 수는 항상 일정하나, 매번 정확하게 몇 번째 반응에 대해 강화가 제공되는지는 알 수 없다. 변동비율강화계획은 주사위에서 '4'가 나올 확률은 1/6이지만, 실제로 한 번 던진 후에 나올 수도 있고, 6번 던진 후에 나올 수도 있기 때문에 '4'를 얻기 위해 계속 주사위를 던지게 되는 것처럼, 반응률이 높게 유지되고 지속성이 높으며, 소거에 대한 저항도 크다(예 카지노의 슬롯머신, 복권 등).
③ 고정간격강화계획(Fixed-Interval Schedule) : 일정 시간이 경과한 후 강화하는 것이다. 이 계획 하에서 학습자는 강화물을 받은 후에 휴식을 취하고 정해진 시간 간격이 끝날 무렵 반응하는 특징을 보일 수 있다(예 월급, 일당, 정기적 시험 등).

정답 ④

17 합리적 행위이론과 계획된 행위이론

1. 합리적 행위이론(TRA ; Theory of Reasoned Action)

① 사회심리학자인 피쉬바인과 아젠(Fishbein & Ajzen)에 의해 제안된 이론으로, 개인의 행위와 태도와의 관계를 규명하기 위한 것이다.
② 개인이 특정 행위에 대해 긍정적인 태도를 가지는 한편, 그와 같은 행동이 자신에게 중요한 사람들에게서 용인될 경우 행위의 동기는 높아지게 된다.
③ 개인의 행위는 그 행위를 수행하려는 행위의도(Behavioral Intentions)에 의해 영향을 받는다. 즉, 개인의 행위는 행위의도에 의해 유발된다.
④ 행위의도는 행위에 대한 태도(Attitude toward Behavior)와 함께 해당 행위에 대한 성과를 둘러싼 주관적 규범(Subjective Norms)으로 구성된 함수이다.
⑤ 행위에 대한 태도는 해당 행위에서 비롯되는 결과에 대한 개인의 신념과 함께 그것의 바람직성 여부에 대한 평가에 의해 결정된다.
⑥ 주관적 규범은 개인의 행위수행에 대한 의도가 다른 사람들에게 어떠한 중요한 의미를 가지는가에 대한 인식으로서 사회적인 요소를 내포한다.
⑦ 태도와 규범의 혼동으로 인해 태도가 종종 규범에 의해 재구성될 수도, 그 반대로 나타날 수도 있는 한계를 가지고 있다.

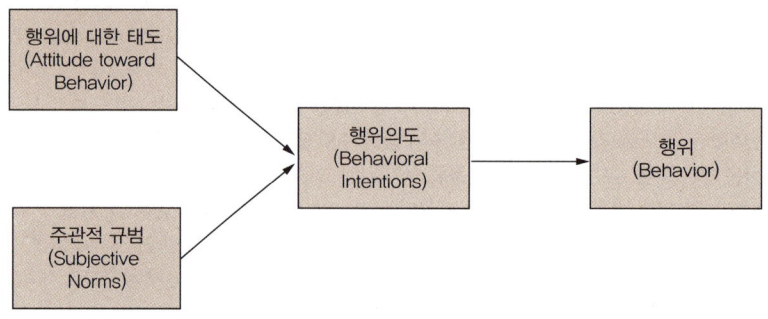

합리적 행위이론의 구성도

OX Quiz
태도와 규범의 혼동으로 인해 태도가 종종 규범에 의해 재구성될 수도, 그 반대로 나타날 수도 있는 한계를 가지고 있다는 이론은 합리적 행위이론이다.
정답 O

2. 계획된 행위이론(TPB ; Theory of Planned Behavior) `15년 기출`

① 아젠은 행위의도를 행위에 대한 태도와 주관적 규범으로 설명한 기존의 합리적 행위이론(TRA)이 개인의 행위를 예측하는 데 한계가 있음을 인정하여 새로운 모델을 제시하였다.
② 계획된 행위이론은 기존의 합리적 행위이론에 제3의 변수인 행위통제력으로 볼 수 있는 지각된 행위통제(Perceived Behavioral Control)를 결합하여 태도와 행위의 관계를 보다 정교하게 예측하고자 한다.

③ 행위의도는 행위에 대한 태도와 주관적 규범 그리고 지각된 행위통제로 구성된 함수이다. 이때 지각된 행위통제는 자신이 실제로 그 행위를 수행하거나 통제할 수 있는지에 대한 주관적 지각을 의미한다.

④ 계획된 행위이론의 핵심개념에 해당하는 지각된 행위통제는 행위의도를 실제 행위로 옮기는 데 있어서 개인의 동기적인 요소뿐만 아니라 행위를 직접적으로 수행하기 위한 기회나 자원(시간, 금전, 기술, 타인과의 협력 등) 또한 중요한 영향을 미친다는 사실을 강조한다.

⑤ 지각된 행위통제는 반두라(Bandura)가 사회학습이론을 통해 제시한 자기효율성 또는 자기효능감(Self-Efficacy)의 개념과 밀접하게 연관된다.

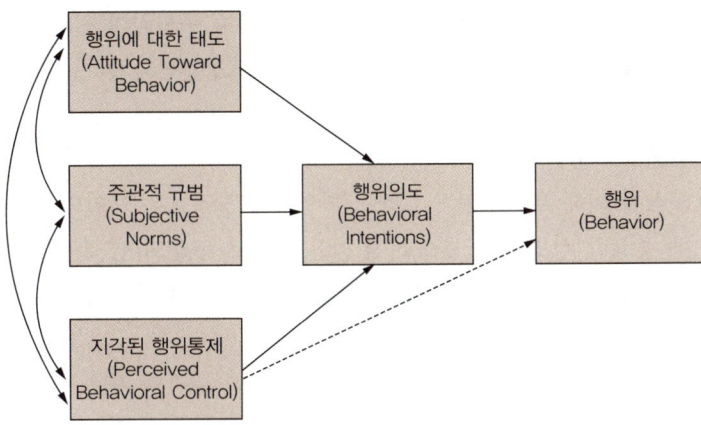

계획된 행위이론의 구성도

핵심예제 17

15년 기출

건강 태도와 행동을 직접적으로 연결하려는 아젠(Ajzen)의 계획행동이론에 대한 설명과 가장 거리가 먼 것은?

① 건강 관련 행동은 행동 의도의 직접적인 결과이다.
② 행동 의도는 특정 행동에 대한 태도, 행동에 대한 주관적 규범, 인지된 행동 통제로 구성된다.
③ 신념과 행동의 간접적 연결 모델을 제공한다.
④ 특정 건강 관련 습관과 관련하여 사람의 의도에 대해 잘 다듬어진 전반적인 설명을 제공한다.

해설 체크!

아젠(Ajzen)의 계획행동이론
합리적 행위이론(TRA)에 제3의 변수로서, 행위통제력인 '지각된 행위통제'를 결합하여 태도와 행위의 관계를 좀 더 정교하게 예측하고자 한다.

정답 ③

18 인상형성 Ⅰ

15년 기출

1. 인상형성의 과정

① 인상정보의 추론
- 인상정보의 추론과정은 개인이 가지고 있는 도식(Schema)에 크게 의존한다. 여기서 도식은 어떤 개념이나 대상에 관한 조직화되고 구조화된 신념을 의미한다.
- 인상형성에 큰 영향을 미치는 대표적인 도식으로 고정관념을 예로 들 수 있다. 고정관념은 주로 어떤 집단이나 사회적 범주 구성원의 전형적인 특성에 관한 신념을 말하는 것으로, 사람들은 자신의 고정관념과 일치하는 정보만을 선택적으로 받아들이게 된다.

② 인상정보의 통합
- 도식에 의해 추론되었거나 직접 확인된 인상정보는 개인의 주관적 판단에 의해 중요한 정보 혹은 중요하지 않은 정보로 구분되며, 특히 인상형성에 중요하다고 판단되는 정보는 통합과정을 거쳐 좋거나 나쁜 단일한 인상으로 종결된다.
- 인상정보의 통합 방식에 대해 앤더슨(Anderson)은 평균모형과 함께 이후 수정모형으로 가중평균모형을 제시한 바 있다. 평균모형은 인상정보의 호오도(好惡度)를 평균한 값이 전반적 인상이라는 것으로, 긍정적 인상(예 잘생김, 친절함 등)의 점수를 더하고 부정적 인상(예 추함, 허영심이 많음 등)의 점수를 빼는 방식으로 긍정적 혹은 부정적 인상을 평가하는 것이다. 또한 가중평균모형은 인상정보의 호오도와 중요도를 함께 고려한 것으로, 중요하게 고려되는 특성에 대해 가중치를 부여한 것이다.

2. 내현성격이론 또는 암묵적 성격이론(Implicit Personality Theory)

21년 기출

① 한두 개의 단서를 통하여 그와 상관이 있는 것처럼 가정되는 성격특성을 추론해내는 일반적인 경향성을 말한다. 즉, 어떤 제한된 단서들이 포착되면 그 단서와 쉽게 연상되는 일련의 특성들도 같이 공유하고 있을 것이라고 가정하고 그 제한된 단서에 기초하여 그 사람의 성격을 규정짓는 것이다.
예 직업이 학교 선생님이라고 하면 그는 꼼꼼하며, 융통성이 부족하다 등의 성격특성을 보일 것이라고 판단하는 경우

OX Quiz

도식에 의해 추론되었거나 직접 확인된 인상정보는 개인의 주관적 판단에 의해 중요한 정보 혹은 중요하지 않은 정보로 구분된다.

정답 O

기출키워드
21년 3회
인상형성
※ 필기시험에는 인상형성에 관한 설명 중 틀린 것을 고르도록 하는 문제가 출제되었습니다.

② 보통 사람들은 인종, 성별, 외모, 직업, 출신지 등 한두 가지의 정보를 토대로 다른 사람의 전반적인 성격이나 행동특성 등을 추측한다. 내현성격이론은 사람들이 나름대로 다른 사람의 성격을 판단하는 기준을 가지고 있다고 본다.

③ 다른 사람의 성격을 판단하는 기준은 개인의 대인경험은 물론, 민간속설, 관상학, 독서 등을 통해 형성된 틀에 의해 이루어지기도 한다.

④ 사람들은 특히 다른 사람의 지적 특성과 사회적 특성을 알고자 하는 경향이 있다. 내현은 이러한 다른 사람에 대한 성격판단이 대부분 의식하지 않은 상태로 나타난다는 것을 의미한다.

3. 도식적 정보처리

① 인지적 구두쇠(Cognitive Miser)

개인의 정보처리능력은 한계가 있다. 인지적 구두쇠는 개인이 사회적 정보를 처리할 때 그 노력을 최소화하려는 경향을 말한다. 이와 같은 경향은 정보처리의 신속성 측면에서 유리하지만 정확성 측면에서 불리하다.

② 도식적 정보처리의 필요성

편견이나 도식은 신속한 정보처리를 위해 동원하는 대표적인 방법이다. 예를 들어, 음악공연장에 처음 간 사람이라도 영화관에서 표를 사고 좌석을 찾던 도식적 경험을 통해 재빨리 상황을 판단하여 공연장 내에서 자연스럽게 행동할 수 있다.

③ 도식적 정보처리의 장·단점

장 점	• 회상을 용이하게 한다. • 정보처리에 소요되는 시간을 단축시킨다. • 누락된 정보를 메워 준다. • 규범적 기대를 제공하여 장차 일어날 일을 예측하고 대비할 수 있도록 한다.
단 점	• 상황을 지나치게 단순화하는 경향이 있다. • 도식에 부합되는 정보만을 선택적으로 수용한다. • 도식에 일치되는 정보만으로 사고의 갭을 메우며, 잘 맞지 않는 경우에도 무리하게 도식을 적용한다.

OX Quiz
인지적 구두쇠는 개인이 사회적 정보를 처리할 때 그 노력을 최소화하려는 경향을 말한다.
정답 O

4. 자기이행적 예언 또는 자성예언(Self-Fulfilling Prophecy)

① 사람들은 타인에 대해 어떤 기대나 신념을 가질 경우 타인으로 하여금 자신의 기대와 일치하는 방향으로 행동을 하도록 유도함으로써 자신의 기대를 확증하려는 경향이 있다.

② 자기이행적 예언은 자신의 기대에 부합하도록 타인의 행동을 유도하거나 자신의 평소 신념에 따라 타인의 행동을 분석하는 것을 말한다.

③ 로젠탈과 제이콥슨(Rosenthal & Jacobson)은 초등학교 교사와 학생들을 대상으로 한 실험에서 교사에게 학생들의 지능발달에 대한 긍정적인 인상을 심어준 결과, 교사가 학생들의 지능발달을 위해 자신의 행동을 조정하며 학생들의 행동 또한 그에 따라 달라진다는 사실을 발견하였다. 이는 교사가 지능검사 결과, 외모나 평판 등으로 어떤 학생에 대해 호의적인 인상을 형성하면 그에게 더 많은 관심과 칭찬을 보이는 동시에 더 좋은 피드백을 주게 됨으로써 학생의 행동 또한 그에 힘입어 긍정적인 방향으로 변화할 수 있음을 의미한다.

핵심예제 18   15년 기출

A씨는 똑똑한 사람은 대개 성격이 차갑다고 생각한다. 이를 설명하는 데 가장 적합한 것은?

① 대인지각의 가산성효과
② 후광효과
③ 지각항상성
④ 암묵적 성격이론

해설 체크!

암묵적 성격이론 혹은 내현성격이론은 어떤 제한된 단서들이 포착되면 그와 같은 단서와 쉽게 연상되는 일련의 특성들도 같이 공유하고 있을 것이라고 가정하고, 그 제한된 단서에 기초하여 그 사람의 성격을 규정짓는 것이다.

정답 ④

19 인상형성 II

1. 인상형성의 주요효과

① **초두효과(Primacy Effect)** : 순서상 먼저 제시된 정보가 나중에 제시된 정보보다 인상형성에 더 큰 영향을 미치는 것을 말한다. 타인과의 만남에서 첫인상이 중요한 이유에 해당한다.
② **최신효과 또는 신근효과(Recency Effect)** : 초두효과와 반대로 마지막에 제시된 정보가 먼저 제시된 정보보다 인상형성에 더 큰 영향을 미치는 것을 말한다. 타인과의 만남에서 첫인상도 좋아야겠지만 끝인상도 중요한 이유에 해당한다.

③ 맥락효과(Context Effect) : 순서상 먼저 제시된 정보가 나중에 제시된 정보들에 대해 처리지침을 만들며, 전반적인 맥락을 제공하는 것을 말한다. 착한 사람이 머리가 좋으면 지혜롭다고 하지만, 못된 사람이 머리가 좋으면 교활하다고 한다.

④ 후광효과(Halo Effect) : 하나를 보면 열을 안다는 속담처럼 타인을 지각할 때 내적으로 일관되게 평가하는 경향을 말한다. 어떤 사람에 대해 부분적으로 가지고 있는 긍정적인 인상을 통해 그 사람의 전체적인 면을 높이 평가하는 것으로, 처음 본 사람이 옷차림도 단정하고 예의가 바른 경우, 그 사람의 능력 또한 뛰어날 것이라고 평가한다.

⑤ 악마효과(Devil Effect) : 후광효과와 반대되는 것으로, 어떤 사람에 대해 부분적으로 가지고 있는 부정적인 인상을 통해 그 사람의 전체적인 면을 낮게 평가하는 것을 말한다. 빅토르 위고(Victor Hugo)의 소설 「노트르담의 꼽추(Notre-Dame de Paris)」에서 주인공 콰지모도(Quasimodo)는 꼽추등에 혐오감을 주는 인상으로 인해 사람들에게서 배척을 당했다.

⑥ 방사효과(Radiation Effect) : 매력이 있는 상대와 함께 있는 경우 자신의 지위나 자존심도 고양된다. 잘생긴 사람들 속에 못생긴 사람이 있는 경우, 그 사람에게 특별한 무엇이 있을 것이라 기대감을 가지게 한다.

⑦ 대비효과(Contrast Effect) : 방사효과와 반대되는 것으로, 매력이 있는 상대와 함께 있는 경우 자신의 매력이 그 사람과의 비교로 인해 평가절하된다. 사람들은 자기보다 외모가 뛰어난 사람과 옆자리에서 사진을 찍지 않으려 한다.

⑧ 빈발효과(Frequency Effect) : 반복해서 제시되는 정보들이 먼저 제시된 정보들에 영향을 미치는 것을 말한다. 첫인상이 좋지 않더라도 반복해서 좋은 인상을 보인다면, 그 사람에 대한 부정적인 인상이 긍정적으로 변경된다.

⑨ 낙인효과(Stigma Effect) : 편견이나 선입견에서 비롯되는 것으로, 어떤 사람이 전과자라든가 정신병력을 가지고 있는 경우 그 사람에 대해 색안경을 끼고 보는 것을 말한다.

⑩ 부정성효과 또는 부적 효과(Negativity Effect) : 지각자에게 수용되는 정보 중 긍정적 측면보다 부정적 측면이 더 많은 영향을 미치는 것을 말한다. 어떤 사람이 착하고 성실하지만 도벽이 있다는 이야기를 들었을 때 도벽의 부정적인 이미지로 인해 그 사람의 긍정적인 요소들이 간과된다.

⑪ 현저성효과(Vividness Effect) : 어떤 한 가지 현저한 특징을 가진 정보가 인상형성에 상당한 영향을 미치는 것을 말한다. 어떤 여성은 키가 작고 볼품없는 남성임에도 불구하고 그의 목소리에 매료되어 호감을 느끼기도 한다.

OX Quiz

부정성효과 또는 부적 효과는 편견이나 선입견에서 비롯되는 것으로, 어떤 사람이 전과자라든가 정신병력을 가지고 있는 경우 그 사람에 대해 색안경을 끼고 보는 것을 말한다.

정답 X(낙인효과)

2. 대인매력의 주요 영향요인

① 근접성(Proximity)
- 지리학적 거주지 혹은 다른 형태의 공간적 접근성, 즉 서로 가까이 있는 것을 의미한다.
- 실제생활에서 서로 가까운 곳에 살거나, 일을 함께 하거나, 같이 노는 사람들과 알게 되어 서로에게 매력을 느낄 수 있다. 즉, 먼 친척보다는 가까운 이웃이 더욱 친밀한 법이다.

② 친숙성(Familiarity)
- 접촉의 빈도수를 의미한다.
- 매번 같은 길을 지나다가 자주 마주치는 사람들은 단순한 반복적 노출에 따른 단순노출효과(Mere Exposure Effect)에 의해 서로에 대해 호감을 가질 수 있다.

③ 신체적 매력(Physical Attractiveness)
- 최초 만남에서 신체적 외모의 중요성을 강조하는 것이다.
- 매력적인 얼굴에 잘 차려입은 사람이 잠재적 고용자에게 호의적인 인상을 주어 취업에 성공할 확률이 높다.

④ 유사성(Similarity)
- 상호 간 유사한 정도를 의미한다.
- 유유상종(類類相從)이란 말처럼 성격, 취미, 교육수준, 경제적 지위 등이 유사할수록 관계가 오래 지속될 수 있다.

⑤ 보상성과 보완성(Rewardingness and Complimentariness)
- 보상의 중요성을 강조하는 것이다.
- 만나면 즐거운 사람, 즉 나를 즐겁게 해주는 사람과 만나는 것은 언제나 행복한 법이다(보상 = 즐거움).

핵심예제 19

호감에 영향을 미치는 요인과 가장 거리가 먼 것은?

① 물리적 근접성
② 유사성
③ 상보성
④ 내향성

기출키워드

19년 3회

호감의 결정요인

※ 필기시험에는 대인매력의 영향요인을 '호감의 결정요인'이라는 단어로 바꾼 문제가 출제되었습니다.

걸맞추기(Matching)

가치관, 인종, 종교, 정치성향, 사회계층 등이 유사한 사람에게 끌리는 현상으로 대인매력의 영향요인 중 유사성과 관련된다.

OX Quiz

대인매력의 영향요인에서 매력적인 얼굴에 잘 차려입은 사람이 더욱 호감을 주는 사례는 '친숙성(Familiarity)'에 해당한다.
정답 X(신체적 매력)

> **해설 체크!**
>
> **호감의 결정요인**
> - 근접성 : 지리학적 거주지 혹은 다른 형태의 물리적 접근성, 즉 공간적으로 위치가 가까운 것을 의미한다.
> - 유사성 : 상호 간 유사한 정도를 의미한다.
> - 상보성 : 상대와 다른 특성을 지녔으나 그것이 상호보완적이어서 관계에 이익이 되는 것을 의미한다.
> - 상호성 : 상대에게 호감을 표시하는 등의 보상을 주는 것을 의미한다.
> - 신체적 매력 : 상대방에게 좋은 인상을 줄 수 있는 매력적인 외모를 의미한다.
>
> 정답 ④

20 귀인이론 Ⅰ

1. 의의 및 특징

① 귀인이론(Attribution Theory)은 성공이나 실패에 대해 자신의 행동에 대한 원인을 귀속시키는 경향성에 대한 이론이다.
② 와이너(Weiner)가 체계화한 인지주의적 학습이론으로서, 인간행동의 원인이 개인의 특성 및 환경이 아닌 자신이 어떻게 생각하느냐에 따라 달라진다는 관점에서 출발한다.
③ 학생은 어떤 일에 성공했을 때 혹은 실패했을 때, 그 성공 또는 실패의 원인이 자신의 노력이나 능력 등의 내적 원인이라고 생각하는 경우와 우연한 결과나 운 등의 외적 원인이라고 생각하는 경우 후속행동에 차이를 보인다.
④ 귀인이론은 장래의 사태에 대한 인식이 아닌 사전의 원인 또는 지각에 대한 이해에 초점을 두므로, 미래 행동을 위한 지침을 제시해 줄 수 있으며 부정적인 상황이 발생하는 경우 그 영향에 대해 설명해 줄 수도 있다.

2. 귀인의 방향

① 내부귀인
  - 어떠한 결과에 대한 책임을 자기 자신의 동기, 성격, 노력, 능력으로 돌린다.
  - 성공은 자부심과 동기 증진을 가져오지만, 실패는 수치감의 증폭으로 이어진다.
② 외부귀인
  - 어떠한 결과에 대한 책임을 과제의 난이도나 운으로 돌린다.
  - 성공하면 외부의 힘에 감사하지만, 실패하면 분노를 일으키게 된다.

OX Quiz

귀인이론은 장래의 사태에 대한 인식이 아닌 사전의 원인 또는 지각에 대한 이해에 초점을 둔다.

정답 O

3. 귀인과정에서의 주요 오류 [16, 17, 18, 22, 24, 25년 기출]

① 근본귀인오류 또는 기본적 귀인오류(Fundamental Attribution Error)
사람들은 대체로 외부요인보다는 내부요인으로 귀인하는 경향이 있다. 즉, 어떤 사람의 행동을 보고 상황이나 외적 요인보다는 사람의 기질이나 내적 요인에 그 원인을 두려고 한다.
> 예 어떤 학생이 차량 고장으로 인해 지각을 한 경우, 교사는 그와 같은 외부요인보다는 그 학생이 수업을 중요하게 생각하지 않는다거나 게으름으로 늦잠을 잔 것이라고 비난하기도 한다.

② 행위자-관찰자 편향(Actor-Observer Bias)
사람들은 자신의 행동에 대해서는 외부요인으로, 타인의 행동에 대해서는 내부요인으로 귀인하는 경향이 있다.
> 예 어떤 학생이 벼락치기로 운 좋게 높은 점수를 받았음에도 다른 학생들은 그 친구가 본래 머리가 좋아서 그와 같은 결과에 이른 것이라고 생각한다.

③ 자기고양편파 또는 자기위주편향(Self-Serving Bias)
사람들은 성공 시 내부요인으로, 실패 시 외부요인으로 귀인하는 경향이 있다.
> 예 어떤 학생은 시험성적이 좋게 나오는 경우 자신의 노력에 의한 것임을 강조하는 반면, 시험성적이 나쁘게 나오는 경우 시험 당일의 컨디션이나 시험의 공정성을 거론하기도 한다.

4. 대응추리이론(Correspondent Inference Theory) [16, 17년 기출]

① 존스와 데이비스(Jones & Davis)는 귀인의 궁극적인 목표는 타인의 행동과 그의 성향특성을 대응시키는 과정, 즉 행위자의 어떤 행위를 통해 그 행위자의 개인적 성향을 추론하는 데 있다고 보았다.
② 대응추리를 통해 어떤 행동이 그 사람의 본래적인 성향을 반영하는 것이라고 지각할 경우, 그 행동의 원인을 그 사람의 실제 성격 탓으로 내부귀인시키는 데 더욱 확신감을 가지게 된다.
> 예 사회적으로 바람직한 대안이 있음에도 불구하고 그에 반하는 행동이 이루어질 경우, 기대나 역할과 상반되는 행동이 이루어질 경우, 그 행동이 자발적으로 선택되었다고 여겨질 경우 등

기출키워드
22년 1회 / 24년 2회, 3회
기본적 귀인오류
※ 필기시험에는 설명을 주고 선지에서 기본적 귀인오류를 고르도록 하는 문제가 출제되었습니다.

핵심예제 20

03, 05, 17, 24년 기출

다음 현상을 가장 잘 설명하는 것은?

> 철수가 영희와의 약속장소에 지하철로 가던 도중 발생한 안전사고로 인해 약속한 시간에 늦었다. 그럼에도, 영희는 철수가 약속 시간을 잘 지키지 않는 성격특성을 가지고 있다고 생각한다.

① 절감 원리
② 공변 이론
③ 대응추리 이론
④ 기본적 귀인오류

해설 체크!

기본적 귀인오류(Fundamental Attribution Error)
관찰자가 다른 이들의 행동을 설명할 때 상황 요인들의 영향을 과소평가하고 행위자의 내적, 기질적인 요인들의 영향을 과대평가하는 경향을 말한다.

정답 ④

21 귀인이론 II

18년 기출

1. 귀인의 원인에 대한 3가지 차원

① 원인의 소재(Locus of Control)
  - 어떤 일의 성공이나 실패에 대한 책임을 내부요인에 두어야 하는지 외부요인에 두어야 하는지에 대한 것이다.
  - 어떠한 결과에 대한 책임을 자기 자신의 노력이나 능력으로 돌리는 경우, 이는 내부요인으로 볼 수 있다. 이 경우 성공하면 자부심과 동기증진을 가져올 수 있지만, 실패하면 수치감이 증폭된다.
  - 어떠한 결과에 대한 책임을 과제의 난이도 혹은 운으로 돌리는 경우, 이는 외부요인으로 볼 수 있다. 이 경우 성공하면 외부의 힘에 감사하지만, 실패하면 분노를 일으키게 된다.

② 안정성(Stability)
  - 어떠한 일의 원인이 시간의 경과나 특정한 과제로 인해 변화하는가의 여부에 따라 안정과 불안정으로 분류된다.
  - 노력은 자신의 의지에 따라 변동적이므로 불안정적 요인인 반면, 능력은 비교적 고정적이므로 안정적 요인이다.

OX Quiz

결과에 대한 책임을 자기 자신의 노력이나 능력으로 돌리는 경우, 이는 외부요인으로 볼 수 있다.

정답 X(내부요인)

- 안정성의 차원은 미래에 대한 기대와 연관되어 있다. 자신의 성공 또는 실패를 자신의 능력이나 과제의 난이도와 같은 안정적 요인에 귀인하는 경우, 미래에 비슷한 과제에서도 유사한 결과를 기대할 것이다. 그러나 불안정적 요인에 귀인하는 경우, 그 결과는 예측할 수 없다.

③ 통제가능성(Controllability)
- 해당 원인이 개인의 의지에 의해 통제될 수 있느냐의 여부에 따라 통제가능과 통제불가능으로 분류된다.
- 통제가능성 차원은 자신감과 미래에 대한 기대와 연관된다.
    - 높은 점수를 통제가능한 요인으로 귀인하는 경우, 자부심을 느끼면서 다음에도 비슷한 결과를 기대할 수 있다.
    - 통제불가능한 요인으로 귀인하는 경우, '정말 운이 너무 좋았어!'라는 식으로 안도하며 앞으로도 그와 같은 행운이 계속되기만을 바랄 수밖에 없다.

2. 귀인과 각 차원의 관계   25년 기출

귀인요소	원인소재	안정성 여부	통제가능성 여부
능 력	내 적	안정적	통제불가능
노 력	내 적	불안정적	통제가능
과제난이도	외 적	안정적	통제불가능
운	외 적	불안정적	통제불가능

3. 귀인에 영향을 미치는 요인

① 다른 사람과의 비교정도
시험에서 모든 학생들의 결과가 좋았다면 모두가 잘했거나 채점상 융통성이 있는 것이므로 외적으로 귀인하는 반면, 한 명의 학생만 결과가 좋았다면 그의 능력이나 노력이 뛰어난 것이므로 내적으로 귀인한다.

② 일관성
결과가 과거와 유사하다면 안정적 요인에 귀인하는 반면, 결과가 과거와 다르다면 불안정적 요인에 귀인한다.

③ 과거의 성패경험
과거에 연이어 실패한 경우 스스로의 능력을 낮게 인식하여 능력부족에 따른 내적 요인으로 귀인하는 반면, 성공하더라도 운 등에 의한 것으로 인식하여 외적 요인으로 귀인한다.

OX Quiz

귀인에 영향을 미치는 요인 중 결과가 과거와 유사하다면 안정적 요인에 귀인하는 반면, 결과가 과거와 다르다면 불안정적 요인에 귀인한다는 요인은 과거의 성패경험이다.

정답 X(일관성)

④ 성별의 차이

남성의 경우 성공을 자신의 능력으로, 여성의 경우 실패를 자신의 능력으로 귀인하는 경향이 있다.

⑤ 연령의 차이

연령이 낮은 경우 자신의 능력을 스스로 높이 평가하는 반면, 연령이 높은 경우 자신의 능력을 스스로 낮게 평가하는 경향이 있다.

⑥ 개인적 성향

성취욕구가 높은 경우 내적으로 귀인하는 반면, 성취욕구가 낮은 경우 외적으로 귀인하는 경향이 있다.

⑦ 기 타

사회적·문화적 원인, 교사의 태도, 행동의 독특성 등

> **OX Quiz**
> 연령은 귀인에 영향을 미치지 않는다.
> 정답 X(영향 O)

4. 귀인과정과 켈리(Kelley)의 공변원리 10, 14, 17년 기출

① 원인의 독특성 또는 특이성(Distinctiveness)

어떠한 행동이 특정 원인에 의해 발생할 경우, 즉 원인의 독특성 정도가 높은 경우 그 결과를 특정 원인에 의한 것으로 추론한다.

② 시간적·상황적 일관성(Consistency)

시간이나 상황에 관계없이 원인으로서의 특정 자극과 그에 대한 결과로서의 반응이 항상 동일하게 나타난다면, 해당 원인에 의해 결과가 나타난 것으로 추론한다.

③ 원인의 일치성 또는 동의성(Consensus)

특정 원인과 그 결과 간의 관계에 대해 다른 관찰자들도 해당 인과관계를 인정한다면, 그 둘 사이의 관계가 매우 밀접한 것으로 추론한다.

> **OX Quiz**
> 성취욕구가 높은 경우 외적으로 귀인하는 반면, 성취욕구가 낮은 경우 내적으로 귀인하는 경향이 있다.
> 정답 X(외적 ↔ 내적)

핵심예제 21 03, 04, 06, 10, 14년 기출

켈리(Kelley)의 공변모형에 의하면 사람들은 세 가지 정보를 검토하여 외부귀인하거나 내부귀인한다고 한다. 이 세 가지 정보에 해당하지 않는 것은?

① 일관성(Consistency) ② 특이성(Distinctiveness)
③ 현저성(Salience)   ④ 동의성(Consensus)

해설 체크!

켈리(Kelley)의 공변원리(공변모형)에서는 사건 관련 정보에 대한 원인의 독특성(특이성), 시간적·상황적 일관성, 원인의 일치성(동의성)에 의해 귀인이 이루어진다고 본다.

정답 ③

22 태도와 행동의 사회심리학적 관점 Ⅰ

1. 태도의 3요소

① 인지적 요소

개인이 태도대상에 대하여 가지고 있는 사고, 신념, 가치, 기대, 지식 등의 집합으로서, 다른 요소에 비해 복잡한 양상을 보인다.
예 담배는 비싸다, 담배는 몸에 해롭다, 담배는 긴장감 해소에 도움을 준다 등

② 정서적(감정적) 요소 또는 평가적 요소

개인이 태도대상에 대하여 가지고 있는 호의적 혹은 비호의적 감정을 반영하는 단일차원으로서, 가장 단순한 양상을 보인다.
예 담배를 좋아한다/담배를 싫어한다

③ 행동적 요소

개인이 태도대상에 대하여 가지고 있는 행동의도(Behavioral Intention)를 말한다.
예 담배를 피우겠다, 담배를 줄이겠다, 담배를 끊겠다 등

2. 태도와 행동의 관계

① 태도가 강하고 명료할수록 태도와 일치하는 행동이 나타날 가능성이 높다.

직접 경험을 통해 태도가 형성된 경우, 자신의 태도를 겉으로 표현한 적이 있거나 그와 같은 태도가 자신의 이득과 직결되는 경우 태도는 강하고 명료해진다.

② 태도와 행동이 거의 동시에 측정될 때 일관성이 확보될 수 있다.

태도는 불안정하여 시간에 따라 변화한다. 따라서 시간상 태도와 행동이 거의 동시에 나타날 때 일관성을 가지게 된다.

예를 들어, 선거여론조사는 선거일이 가까울수록 보다 정확해진다.

③ 일반적인 태도보다 행동과 구체적으로 관련된 태도를 측정할 때 일관성이 높아진다.

예를 들어, 새치기 행동은 공중도덕에 대한 일반적인 태도보다 새치기에 대한 구체적인 태도와 더욱 일치한다.

④ 하나의 행동은 보통 여러 태도와 관련되어 있으나 행동을 할 당시 가장 특출한 태도에 따라 행동이 결정된다.

예를 들어, 중국인에 대한 부정적인 편견에도 불구하고 중국인을 극진히 대하는 식당주인은 돈을 벌고 싶다는 태도와 중국인이 싫다는 태도 중 전자의 태도가 더욱 특출했던 것으로 볼 수 있다.

OX Quiz

태도의 3요소에는 인지적 요소, 정서적 요소, 행동적 요소가 있다.

정답 O

⑤ 태도와 행동에 미치는 상황적 압력이 적을수록 일관성이 높아진다.
예를 들어, 사랑하는 연인은 부모의 반대가 없다면 결혼할 가능성이 더 커진다.

3. 태도변화를 위한 설득기법 `20, 24년 기출`

① 설득대상이 설득자에 대해 호의적인 평가를 할수록 설득효과는 커진다.
예를 들어, 설득자가 설득하는 사항에 대한 전문성을 갖추고 있다거나 매력적이고 신뢰감을 주는 사람으로 평가한다면 그의 주장에 설득될 가능성이 커진다.
② 설득하고자 하는 내용은 설득대상의 기존태도와 적당히 차이가 있어야 한다.
만약 차이가 작을 경우 설득대상은 설득자의 설득내용이 자신의 생각과 다름없다고 판단할 수 있으며, 차이가 클 경우 메시지 자체를 부정하게 되어 설득되지 않는다.
③ 설득메시지는 상대의 감성에 호소할 때 더욱 효과적이다.
설득메시지는 논리적인 설명에 의한 이성적인 내용보다는 유머를 사용하거나 공포를 유발하는 등 설득대상의 감성을 자극할 때 더욱 효과적이다.
④ 일방적 방식의 설득보다는 양방적 방식의 설득이 더욱 효과적이다.
설득자의 견해만 일방적으로 제시하는 방식보다는 설득자의 견해와 반대되는 견해 혹은 그에 대한 반박내용을 함께 제시하는 것이 신뢰성 있게 지각되므로 설득에 있어서 더욱 효과적이다.
⑤ 설득이 이루어지는 상황은 다소 주의가 분산되는 분위기에서 더욱 효과적이다.
만약 설득대상이 설득메시지에 주의집중을 할 수 있는 상황에 있는 경우, 설득대상은 메시지에 대한 반대주장을 떠올리기 더욱 쉽다.

4. 자아관여와 태도면역

① 자아관여(Ego Involvement)
설득주제가 설득대상에게 중요한 의미를 가지는 경우, 즉 자아관여수준이 높은 경우라면 설득대상은 그 내용에 대해 심사숙고하는 반응을 보이게 된다. 반면에 자아관여수준이 낮은 경우에는 설득자의 외모 등 주변단서에 의해 반응이 이루어지는 경향이 있다.
② 태도면역(Attitude Inoculation)
설득대상이 자신의 태도에 대해 이미 약한 공격을 받고 그것에 대해 방어한 경험이 있는 경우, 즉 태도면역이 되어 있는 경우라면 보다 강한 설득메시지에 대해서도 저항할 수 있으므로 설득이 잘 이루어지지 않는다.

기출키워드
`21년 1회 / 24년 1회`

사랑의 삼각형의 3가지 요소 (Sternberg)
- 친밀감(Intimacy) : 상대방과의 관계에서 유대감이나 결속감 등을 느끼는 것으로, 서로에 대한 이해, 의지, 깊이 있는 의사소통 등을 포함한다.
- 열정(Passion) : 상대방과 하나가 되고 싶은 욕구로, 지배·복종의 욕구, 소유욕, 성행위에 대한 욕구 등을 포함한다.
- 헌신 또는 투신(Commitment) : 사랑의 유지에 관한 것으로, 상대방을 사랑하기로 결정을 내린 후 그 사랑을 장기적으로 유지하기 위한 노력 등을 포함한다.

OX Quiz
설득기법에서 설득의 효과를 높이려면 설득대상에게 감성적으로 호소하기보다는 논리적이고 이성적으로 설득하여야 한다.
정답 X(감성적 호소가 효과적)

기출키워드
`20년 1회`

설 득
※ 필기시험에는 효과적인 설득을 위한 고려사항으로 적절하지 않은 것을 고르는 문제가 출제되었습니다.

핵심예제 22　　　　　　　　　　　　　　　　　20, 23, 24년 기출

전망이론(Prospect Theory)에 관한 설명으로 옳은 것은?

① 범주의 모든 구성원이 공유하고 있지는 않지만 범주 구성원을 특징짓는 속성이 있다.
② 사람들은 잠재적인 손실을 평가할 때 위험을 감수하는 선택을 하고, 잠재적인 이익을 평가할 때는 위험을 피하는 선택을 한다.
③ 우리는 새로운 사례와 범주의 다른 사례에 대한 기억을 비교함으로써 범주 판단을 한다.
④ 우리는 어떤 것이 일어날 가능성이 얼마인지를 결정하고, 그 결과의 가치를 판단한 후, 이 둘을 곱하여 결정을 내린다.

> **해설 체크!**
>
> **전망이론 – 위험에서의 불균형 선호**
> 위험에서의 불균형 선호는 사람들이 생각하기에 손실을 피할 수 있다면 위험을 더 감수하지만, 이익을 얻는다고 기대하는 경우 그 반대로 행동한다는 것이다.
>
> 정답 ②

23 태도와 행동의 사회심리학적 관점 Ⅱ

1. 하이더(Heider)의 균형이론

① 사람들은 메시지를 받아들일 때 다른 사람들 혹은 주변과의 관계를 어떻게 보느냐에 따라 서로 다른 인지적 상태에 놓이게 된다. 이는 사람들이 자신의 태도와 다른 사람들과의 관계 사이에 조화로운 균형을 유지하려는 동기에서 비롯된다.
② 예를 들어, 특정의 태도대상 X(예 현 정권에 대한 호의성)와 서로 친한 두 사람 P와 O의 관계를 생각해 보자.

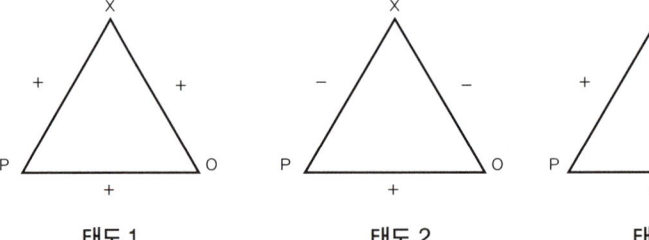

OX Quiz

태도와 행동에 대한 사회심리학적 관점 중 균형이론은 페스팅거의 이론이다.

정답 X(하이더)

그림에서 태도 1은 P와 O가 현 정권에 대해 호의적인 감정을, 태도 2는 P와 O가 현 정권에 대해 비호의적인 감정을 가진 것을 나타내고 있으며, 이는 균형상태로 볼 수 있다. 그러나 태도 3에서 P는 현 정권에 대해 호의적인 감정을 가지고 있으나 O는 비호의적인 감정을 가지고 있으므로 불균형상태로 볼 수 있다.

③ 균형이론은 불균형상태의 것이 균형적인 것으로 변화를 도모하게 된다고 본다. 이때 변화가 일어나는 방법은 다양할 수 있겠으나 최소한의 노력으로 균형이 회복되는 쪽으로 변화의 방향이 결정된다고 주장한다.

④ 이와 같이 균형이론은 개인이 태도를 형성하는 과정을 일관성 원리로 설명하고 있으며, 최소노력의 원리를 이용하여 변화의 방향성을 예언한다.

2. 페스팅거(Festinger)의 인지부조화이론(Cognitive Dissonance Theory)
14, 18, 20년 기출

① 사람들은 자신의 지식과 감정 그리고 행동의 모든 측면이 일치하지 않으면 불쾌감을 경험한다. 마찬가지로 사람들은 자신의 태도와 행동이 불일치하면 불쾌감을 경험하게 되며, 그로 인해 조화상태를 회복하려는 동기가 유발된다.

② 인지부조화이론은 사람들이 취소하거나 변경하기 불가능한 행동 대신 주로 태도를 행동과 맞도록 변화시킴으로써 부조화를 감소시키게 된다는 것이다.

③ 페스팅거는 피험자들에게 아주 지루한 일을 시키고는 대기 중인 다른 피험자에게 그 일이 재미있는 일이라고 전해 주는 대가로 1불 또는 20불을 주었다. 그 결과 20불을 받은 피험자들은 자신의 태도와 상반된 진술을 했음에도 불구하고 큰 보수를 받았으므로 행동을 정당화할 수 있어서 인지부조화를 덜 느낀 반면, 1불을 받은 피험자들은 적은 보수에 만족하지 못한 채 그 일이 재미있었다고 바꾸어 생각하여 자신의 행동을 정당화할 수밖에 없었으므로 인지부조화를 느끼게 되었다.

④ 인지부조화이론은 사람들이 자신의 행동을 합리화하는 경향이 있음을 강조한다. 즉, 인지부조화의 감소과정이 곧 행동의 합리화과정이며, 그에 따라 어떤 행동을 한 후 개인의 태도는 그 행동과 일관되게 조정되는 것이다. 종말론을 믿는 신자가 막상 종말이 오지 않았음에도 믿음을 버리기는커녕 오히려 이전보다 더 독실한 신자가 되는 것도 인지부조화의 예로 볼 수 있다.

3. 인지부조화의 발생조건

① 행동에 대한 자발적 선택
태도와 관련된 행동을 상황적 압력에 의해서가 아닌 자기 스스로 행하지 않을 수 있었음에도 불구하고 취한 것이라는 인식, 즉 행동에 대한 책임감을 느끼게 됨으로써 부조화가 발생된다.

기출키워드
21년 1회 / 24년 1회

과잉정당화 효과
- 외적 요인으로 인해 내적 요인의 효과가 감소하는 것을 말한다.
- 주로 특정 행동을 설명할 때 현저한 상황적 요인들은 지나치게 강조하고 사적인 원인들은 미흡하게 강조할 때 발생한다.

OX Quiz
인지부조화이론은 사람들이 자신의 행동을 합리화하는 경향이 있음을 강조한다.
정답 O

② **취소불가능한 개입(돌이킬 수 없는 행동)**
  자신이 자발적으로 선택한 행동이 취소할 수 없는 것이라는 인식에서 부조화가 발생된다. 만약 그 선택이 언제든지 변경 또는 취소할 수 있는 것이면 부조화는 나타나지 않는다.
③ **불충분한 유인가(자신이 선택한 행동의 바람직하지 못한 결과에 대한 예측)**
  자신이 선택한 행동이 바람직하지 못한 결과를 가져올 것을 알거나 예견할 수 있음에도 불구하고 취한 것일 경우 부조화가 발생된다. 만약 그와 같은 결과를 전혀 예측하지 못했거나 좋은 결과가 나올 경우 부조화는 나타나지 않는다.

4. 벰(Bem)의 자기지각이론(Self-Perception Theory)   16, 22년 기출

① 벰은 태도와 행동의 불일치를 다룬 연구결과들을 검토한 후 사람들이 자신의 거짓말을 믿는 이유가 인지부조화 때문이 아닌 자기지각 때문이라고 주장하였다.
② 자기지각이론은 사람들이 자신의 행동을 통해서 태도를 확인하고 이해하는 과정을 설명한다. 즉, 사람들이 타인지각과 마찬가지로 자신의 행동을 통해서 자신의 태도를 추론하는 경향이 있다는 것이다.
③ 예를 들어, 1불을 받은 피험자들은 '1불이라는 돈은 내가 거짓말하는 대가로 충분하지 않아. 내가 그렇게 말한 것은 그 과제가 정말로 재미있었기 때문일 거야'라고 추론했을 것이다.
④ 자기지각이론도 인지부조화이론과 동일한 예언을 하고 있으나, 설명방식은 전혀 다르다. 즉, 인지부조화이론은 인지부조화로 인해 긴장상태가 매개되는 것으로 가정하고 있으나, 자기지각이론은 피험자들이 자신의 행동을 보다 잘 이해하기 위한 귀인과정을 거친다고 가정한다.

> **기출키워드**
> 22년 1회
> **자기지각이론**
> • 사람은 자신의 행동을 통해서 태도를 확인하고 이해하는 경향이 있다고 설명하는 이론이다.
> • 어떤 행동을 취했는가를 먼저 관찰하고, 그 행동의 원인이 태도일 것이라고 추론한다.

핵심예제 23   18, 20, 24년 기출

인지부조화이론의 예로 옳지 않은 것은?

① 지루한 일을 하고 1,000원 받은 사람이 20,000원 받은 사람에 비해 그 일이 재미있다고 생각한다.
② 빵을 10개나 먹은 사람이 빵을 다 먹고 난 후, 자신이 배가 고팠었음을 인식한다.
③ 열렬히 사랑했으나 애인과 헤어진 남자가 떠나간 애인이 못생기고 성격도 나쁘다고 생각한다.
④ 반미적인 태도를 지닌 사람이 친미적인 발언을 한 후 친미적 태도로 변화되었다.

> **해설 체크!**
>
> **인지부조화이론**
> 사람들은 자신의 태도와 행동이 불일치하면 불쾌감을 경험하게 되며, 그로 인해 조화 상태를 회복하려는 동기가 유발된다는 이론
>
> 정답 ②

24 태도와 행동의 사회심리학적 관점 Ⅲ `25년 기출`

1. 동조(Conformity) `17, 20, 22, 24년 기출`

① 개인이 자신의 행동을 집단의 행동기준과 일치되도록 조정하는 것이다. 이는 개인이 결정을 내리기 모호한 상황에서 흔히 타인의 행위를 판단기준으로 삼는 것에서 비롯된다.

② 외부의 지시에 따르거나 압력에 복종하는 것이 아닌 다른 사람이나 사회적인 흐름에 의식적 또는 무의식적으로 영향을 받음으로써 행동상의 변화를 나타내 보이는 현상이다.

③ 애쉬(Asch)는 막대그림을 이용한 실험에서 실제 피험자 앞에 사전에 모의한 다수의 피험자들을 위치시킨 후 동일한 크기의 막대를 찾으라고 지시하였다. 처음 몇 번은 모의한 피험자들에게 계획한 대로 정답에 해당하는 모델과 동일한 크기의 막대를 고르도록 하고, 이후 모델과 다른 크기의 막대를 고르도록 하였다. 그러자 실제 피험자는 앞선 피험자들이 크기가 다른 막대를 선택한 것을 알면서도, 처음 약간의 주저와 함께 자신 또한 그들의 선택에 동조하여 그들이 선택한 것과 동일한 크기의 막대를 선택하였다.

④ 이와 같이 애쉬의 동조실험은 사회적 현상으로서 유행을 잘 설명하고 있다. 예를 들어, 미니스커트가 유행이어서 자신 또한 미니스커트를 입는 유행 추종적 성향은 동조현상을 잘 반영한다.

2. 복종 또는 순종(Compliance)

① 사람들은 권위 있는 인물의 명령에 대체로 잘 복종하며, 심지어 그의 요구가 개인적인 소신이나 사회적 규범에 어긋나더라도 맹목적으로 따르는 경향이 있다.

② 밀그램(Milgram)은 권위에의 복종연구를 위해 피험자들에게 각각 학생과 선생 역할을 맡도록 한 후 사전에 짜인 각본에 따라 학생이 단어를 외우지 못할 때마

기출키워드

`20년 1회 / 22년 1회`

동 조
주위의 사람들이 하는 것을 자발적으로 따라하는 행위로 동조현상에 영향을 주는 요인으로는 집단의 크기, 결집력, 개인과 집단의 거리, 문화 등의 요인이 있다.

다 선생이 전기쇼크를 주되 그 강도를 최초 15V에서 450V까지 높여가도록 지시하였다. 학생과 선생은 각각 분리되어 서로를 볼 수 없었으며, 오로지 인터폰으로만 소통하였다. 시간이 지날수록 전기쇼크는 커져 갔고 고통의 비명소리가 들리기 시작하자, 선생 역할을 한 사람은 연구자의 지시를 계속해서 따라야 할지 망설였다.

③ 사실 밀그램의 실험은 철저히 꾸며진 것으로서, 학생과 선생 역할을 맡은 피험자들은 그 사실을 전혀 알지 못했다. 선생 역할을 맡은 피험자들은 연구자의 계속된 지시와 학생의 비명소리(실제로는 녹음기의 비명소리)에 당혹스러워하였으나, 그들 모두 300V까지(실제로는 조작된 기계장치로서 실제 그와 같은 높은 전압을 부여하지 않음) 수치를 높이는 모습을 보였다. 이와 같은 실험은 인간의 강력한 복종성향을 보여주고 있다.

④ 다만, 권위에의 복종은 다음과 같은 상황에서 감소되어 나타난다.
- 피해자의 고통이 매우 심하다고 판단되는 경우
- 피해자가 가까이 있어서 서로의 얼굴을 확인할 수 있는 경우
- 권위자의 합법성이나 동기에 의문이 제기되는 경우
- 자신의 행위에 대해 개인적인 책임감을 느끼는 경우
- 불복종모델을 목격하게 되는 경우

3. 몰개성화 또는 몰개인화(Deindividuation) `19년 기출`

① 개인이 집단 속에서 활동할 때 자신의 가치관이나 특성에 대한 인식이 약해지는 한편 집단성원의 행동이나 정서 혹은 상황에 주의집중하게 되어 개인적으로는 도저히 행하지 못할 극단적이고 비이성적인 행동을 저지르기도 한다.

② 몰개성화 또는 몰개인화는 집단 내 개별성원이 자신의 정체감과 책임감을 상실한 채 집단행위에 민감해지는 현상을 말한다.

③ 무리 속에서 나타내 보이는 반사회적 행위를 설명할 때 사용되는 개념으로, 익명성, 전염성, 암시성 등의 영향을 받는다. 특히 익명성은 몰개성화의 결정적인 영향요인으로, 익명성이 크고 구성원이 흥분된 상태에 놓이는 경우, 법과 도덕을 무시한 채 충동적이고 감정적인 행동을 분출할 가능성이 커진다.

4. 사회적 촉진(Social Facilitation) `13, 19, 21, 24년 기출`

① 사회적 촉진은 일반적으로 개인이 혼자일 때보다 타인이 존재할 때 행동수행이 더욱 좋아지는 현상을 말한다.

OX Quiz

몰개성화는 타인의 존재가 일종의 자극제로 작용함으로써 행동동기를 강화하는 것을 말한다.

정답 X(사회적 촉진)

② 타인의 존재가 일종의 자극제로 작용함으로써 행동동기를 강화하는 것을 말한다. 예를 들어, 운동선수는 관중이 많을수록 자신의 기량을 최대로 발휘할 수 있다.
③ 그러나 사회적 촉진이 모든 경우에 해당하는 것은 아니다. 예를 들어, 낯설고 복잡한 일을 하는 경우 관중에 의한 부담감이 오히려 부정적인 결과를 가져온다.
④ 이와 같은 차이는 수행되는 과제의 특징에 기인하는 것으로, 과제가 대체로 쉽거나 잘 학습된 경우 타인의 존재가 수행을 촉진시키는 반면, 과제가 어렵거나 잘 학습되지 않은 경우 타인의 존재가 수행을 떨어뜨리게 된다.

5. 사회적 태만(Social Loafing)

① 사회적 태만은 일반적으로 개인이 혼자 일할 때보다 집단으로 일할 때 노력을 절감하여 개인당 수행이 저하되는 현상을 말한다.
② 타인의 존재는 행동동기를 약화시킬 수 있다. 예를 들어, 여러 사람이 줄다리기를 하는 경우, 참여자는 개인이 혼자 줄을 당길 때보다 수고를 감소하는 경향이 있으며, 이를 링겔만효과(Ringelmann Effect)라고 한다.
③ 사회적 태만으로 무임승차효과(Free Rider Effect)와 봉(鳳)효과(Sucker Effect)를 설명할 수 있다. 무임승차효과는 다른 사람의 수고에 기대어 자신의 노력을 감소하는 것인 반면, 봉효과는 다른 사람이 수고를 들이지 않는 것을 보며 자신도 의도적으로 노력을 회피하는 것을 말한다.

6. 재니스(Janis)의 집단사고 원인

16, 17, 22년 기출

① 집단구성원들의 강한 응집성
② 집단의 외부로부터의 단절
③ 집단 내 대안들을 심사숙고하는 절차의 미비(성급한 만장일치의 추구)
④ 리더의 지시적 성향, 판단에 대한 과도한 확신
⑤ 더 좋은 방안의 발견가망성 결여에 따른 과도한 스트레스 등

핵심예제 24
21년 기출

혼자일 때보다 자신과 같은 일을 수행하고 있는 다른 사람들이 있을 때 수행이 향상된다는 것을 지칭하는 것은?

① 동조효과
② 방관자효과
③ 사회적 촉진
④ 사회적 태만

기출키워드
21년 1회 / 24년 3회
사회촉진
사람들이 어떤 과제를 혼자 수행할 때보다 자신과 같은 일을 수행하고 있는 다른 사람이 있을 때 수행이 향상되는 현상을 지칭한다.

OX Quiz
채은이는 반 대항 줄다리기에서 다른 친구들이 줄을 열심히 당긴다는 생각에 힘을 빼고 당기는 척만 했다. 이는 사회적 태만에 해당한다.
정답 O

기출키워드
22년 1회
집단사고
※ 필기시험에는 집단사고가 일어나는 상황과 가장 거리가 먼 것을 고르도록 하는 문제가 출제되었습니다.

기출키워드

20년 1회

뉴런
신경계를 이루는 구조적, 기능적 기본 단위로 '뉴런'이 있다. 뉴런은 다른 뉴런과 접하여 신경전달물질을 내보내 정보신호를 전달하고 처리한다.

안정전위
뉴런은 자연적으로 전하를 띠는데, 안정전위는 뉴런의 세포막 안과 밖 사이의 전하 차이를 의미한다.

활동전위
뉴런의 축색을 따라 시냅스에 전달되는 전기적 신호를 의미한다.

19년 3회

휴지전위
뉴런이 휴식기에 있을 때 세포막 안쪽은 음성(-) 전하, 바깥쪽은 양성(+) 전하를 띤다.

해설 체크!

사회적 촉진(Social Facilitation)은 타인의 존재가 일종의 자극제로 작용함으로써 행동동기가 강화되는 것을 말한다.

정답 ③

---

25 기억의 과정 및 측정

1. 기억의 4단계 과정

① 제1단계 : 기명(Memorizing)
  - 자극으로 주어진 자료를 지각하거나 정보를 받아들이는 것이다.
  - 사물의 인상이나 경험의 내용이 머릿속에 각인(Imprinting)되는 과정에 해당한다.

② 제2단계 : 파지(Retention)
  - 기명된 내용을 일정기간 동안 기억흔적으로 간직하는 것이다.
  - 각인된 인상이 보존되는 과정으로서, 기명된 내용은 무한정으로 파지되는 것이 아닌 시간이 흐름에 따라 감소된다.

③ 제3단계 : 재생(Reproduction)
  - 보존된 인상이 의식의 수준에 이르는 것이다.
  - 파지되어 있는 내용을 아무런 절차 없이 순수하게 생각해내는 과정에 해당한다.

④ 제4단계 : 재인(Recognition)
  - 과거에 경험했던 것과 유사한 상황에 이르렀을 때 인상이 떠오르는 것이다.
  - 파지되어 있는 내용을 아무런 절차 없이 상황의 도움에 의해 생각해내는 것으로서, 기명된 내용과 재생한 내용의 일치성을 인식하는 과정에 해당한다.

OX Quiz
기억의 4단계 과정 중 기명된 내용을 일정기간 동안 기억흔적으로 간직하는 것은 제2단계 파지이다.

정답 O

2. 정보처리적 관점에 의한 기억의 3단계 과정   `21, 24년 기출`

① 제1단계 : 입력(Registration) 또는 부호화(Encoding)
  - 어떤 자극이 장기기억저장소에 불활성상태로 저장되려면 부호화과정이 필요하다.
  - 자극정보를 선택하여 기억에 저장할 수 있는 형태로 변환하는 것이다.

② 제2단계 : 저장(Storage) 또는 응고화(Consolidation)
  - 감각시스템을 통해 들어온 정보는 단기기억으로 저장된다.

- 단기기억으로 저장된 정보 중 일부는 장기기억저장소에 보관되어 일정기간 동안 유지된다.
- 장기기억으로 응고되지 못한 정보는 잊어버리게 된다.

③ 제3단계 : 인출(Retrieval)
- 응고된 장기기억이 다시 단기기억으로 옮겨져 과제수행에 사용된다.
- 저장된 정보를 활용하기 위해 적극적으로 탐색·접근하는 과정이다.

3. 기억의 측정

① 회상(Recall)
학습이나 경험한 것을 어떠한 단서 없이 기억해 내는 것이다.
예 50개 단어로 이루어진 단어목록을 학습한 후 기억하고 있는 단어들을 기록해 본다.

② 재인(Recognition)
이전에 학습한 것 또는 경험한 것을 그렇지 않은 것들과 함께 제시하여 선별해 내는 것이다.
예 사지선다형 시험문제, 줄잇기 등

③ 재학습(Relearning)
이미 학습한 것을 두 번째 학습하는 데 소요되는 시간이나 노력의 절약수준을 측정하는 것이다.
예 단어목록을 처음 학습하는 데 10분이 소요되었고, 3일 후에 재학습을 통해 3분이 소요되었다면, 기억파지율이 70%임을 확인할 수 있다.

> **OX Quiz**
> 회상이란 5지선다형 시험문제, 줄잇기 등과 같이 이전에 학습하거나 경험한 것을 그렇지 않은 것들과 함께 제시하여 선별해내는 것이다.
> **정답** X(재인)

4. 처리수준이론(Level of Processing Theory)

① 학습한 정보의 기억은 그 정보가 처음 받아들여질 때 어떻게 처리되는가에 달려 있다. 크레이크와 록하트(Craik & Lockhart)는 기억 속에 들어가는 어떤 항목이 단계별로 분석된다고 주장하면서 처리수준이론 또는 심도처리이론(Depth of Processing Theory)을 제시하였다.

② 지각적 분석은 여러 수준에 걸친 정보처리과정을 포함하며, 이는 자극정보의 구조적·물리적 속성을 분석하는 초기단계의 얕은 수준(Shallow Level)에서부터 시작하여 점차적으로 그것의 의미적 속성을 분석하는 깊은 수준(Deep Level)에 이르게 된다.

③ 각 수준의 정보처리는 기억 속에 잔여(Residue) 또는 흔적(Trace)을 남기게 되는데, 그 처리수준이 얕을수록 흔적이 쉽게 빨리 사라지는 반면, 그 처리수준이 깊을수록 흔적이 강하게 오랫동안 남게 된다.

④ 기억은 이와 같은 분석단계에서 분석수준의 깊이에 따라 지속성이 결정된다. 그로 인해 피상적·물리적 수준에서 처리된 정보의 경우 쉽게 망각되지만, 의미적 수준에서 처리된 정보의 경우 그 지속기간이 길다.

핵심예제 25 04, 08년 기출

다음 ( )에 알맞은 것은?

> 기억정보의 처리과정은 부호화 → 저장 → ( )의 세 단계로 이루어진다.

① 인 출 ② 정교화
③ 망 각 ④ 파 지

해설 체크!
② 정교화(Elaboration)는 새로운 정보에 다른 것을 더하거나 그것을 이미 알고 있는 다른 것에 관련시킴으로써 기억하려고 하는 것의 정보를 확대시키는 과정이다.
③ 망각(Forgetting)은 일단 기억한 학습이 시간이 경과되거나 사용하지 않음으로써 약화되고 소멸되어 다시 재생되지 않는 현상을 말한다.
④ 파지(Retention)는 기억의 과정으로서 간직된 인상을 보존하는 것을 말한다.

정답 ①

기출키워드
24년 1회
기억전략의 종류
- 정교화
- 조직화
- 시 연
- 심상(부호)화

26 기억의 단계 Ⅰ

1. 제1단계 감각기억(Sensory Memory) 또는 감각등록기(Sensory Register)
15년 기출

① 시각, 청각, 후각, 미각, 촉각 등 다양한 감각에 대한 기억을 포함하는 것으로서, 감각시스템으로부터 들어온 정보를 순간적으로 저장하는 기억이다.
② 감각기억은 자극을 아주 정확하게 저장하지만, 매우 짧은 시간 동안 저장한다. 즉, 정보가 더 깊은 수준으로 처리될 때까지 보통 1~2초 동안 비교적 원상태의 처리되지 않은 형태로 부호화되어 저장된다.
③ 감각기억에 관한 대부분의 정보는 시각과 청각에 의한 것으로서, 특히 시각적인 감각기억을 영상기억 또는 영사기억(Iconic Memory)이라 하고, 청각적인 감각기억을 잔향기억 또는 반향기억(Echoic Memory)이라고 한다.
④ 영상기억이나 잔향기억은 주의를 기울이지 않으면 순식간에 사라지지만, 그 정

OX Quiz
감각기억은 그 수용량에 제한이 없다.
정답 O

보는 지극히 풍부하고 뚜렷한 기억으로 제시된다. 특히 잔향기억이 영상기억에 비해 다소 오래 지속된다는 실험결과가 있다.
⑤ 감각기억은 그 수용량에 제한이 없지만 대부분의 정보가 다음 단계인 단기기억으로 넘어가기 전에 사라지며, 새로운 정보가 유입되면서 손실된다.

2. 제2단계 단기기억(STM ; Short-Term Memory) 또는 작업기억(Working Memory)

〔17, 21, 24, 25년 기출〕

① 능동적으로 정보를 처리하는 활동 중 기억으로서, 감각기억으로부터 들어온 정보를 처리하는 동안 이를 유지하는 일시적인 기억저장소이다.
② 감각기억의 경우 매우 짧은 시간 동안만 지속되므로 거의 의식적으로 경험하기 어려운 반면, 단기기억은 의식적이라고 할 수 있다. 특정장면이나 소리에 주의를 기울일 때 주의기제는 전달된 메시지를 거의 즉각적이고 자동적으로 감각기억에서 단기기억으로 전환하므로, 이와 같이 감각기억에서 단기기억으로 넘어가는 데 주의가 결정적인 역할을 한다.
③ 단기기억 속의 정보는 소리특성에 의한 청각적 부호화와 시각특성에 의한 시각적 부호화를 통해 저장되며, 일부는 의미적 부호화도 가능하다.
④ 감각시스템으로부터 들어온 정보를 선택적으로 처리하며, 처리할 수 있는 정보의 수는 성인의 경우 보통 5~9개이고, 대략 10~20초(혹은 20~30초) 정도 정보를 저장할 수 있다.
⑤ 단기기억 속의 정보는 시간경과에 의해 소멸될 수도, 새로운 정보의 계속적인 유입에 의해 대치되어 망각될 수도 있다.
⑥ 단기기억에 저장된 정보 중 일부는 장기기억으로 전이되는데, 보통 시연 또는 암송(Rehearsal)의 과정에 의해 이루어진다. 다만, 장기기억으로의 전이가능성은 시연의 양보다는 시연의 방식이 더욱 중요하다. 특히 정보를 단순하게 반복하는 유지시연 또는 유지암송(Maintenance Rehearsal)보다는 기억해야 할 정보의 항목에 조직과 의미를 부여하는 능동적 과정으로서 정교화시연 또는 정교화암송(Elaborative Rehearsal)이 정보를 장기기억으로 전이시키는 데 효과적이다.
⑦ 최근에는 단기기억의 활용적 측면을 강조하는 용어인 작업기억(Working Memory)의 명칭을 흔히 사용하고 있다.

기출키워드

21년 3회

단기기억의 특징

※ 필기시험에는 단기기억의 특징이 아닌 것을 고르도록 하는 문제가 출제되었습니다.

OX Quiz

단기기억은 정보를 무의식적·일시적으로 기억하는 장소이다.

정답 X(무의식적 → 의식적)

3. 제3단계 장기기억(LTM ; Long-Term Memory)

17, 20년 기출

① 장기기억은 정보를 무제한적·영구적으로 저장할 수 있는 곳이다.
② 주로 의미로 부호화되어, 현재 사용하지 않더라도 필요한 때 저장된 정보를 사용할 수 있도록 한다.
③ 장기기억의 하부체계들에 대해서는 연구자들마다 다르게 제시하고 있으나, 외현기억(Explicit Memory)과 암묵기억(Implicit Memory), 일화기억(Episodic Memory)과 의미기억(Semantic Memory), 서술기억(Declarative Memory)과 절차기억(Procedural Memory) 등으로 구분하기도 한다.
④ 장기기억에 저장된 정보를 지식(Knowledge)이라고 한다. 특히 장기기억의 내용 중 서술적 지식(Declarative Knowledge)은 현재의 정보를 응집력 있게 기억구조에 통합시키는 가설적 인지구조로서 도식(Schema)과 연관된다. 사람들은 있는 그대로의 정보를 처리하는 것이 아닌 이와 같은 도식에 기초하여 정보를 처리하는 경향이 있다.
⑤ 장기기억은 흔히 도서관의 장서체계에 비유된다. 즉, 다양한 방법으로 정보를 수집하고 이를 유목화·분류화한 것으로 볼 수 있는데, 그로 인해 장기기억 속의 한 기억요소가 색인 또는 연합을 많이 가질수록 쉽게 기억된다.

> **참고**
>
> 단기기억과 장기기억의 비교   **21, 25년 기출**
>
> | 구 분 | 입 력 | 용 량 | 지속시간 | 내 용 | 인 출 |
> |---|---|---|---|---|---|
> | 단기기억 | 매우 빠름 | 제한적 | 매우 짧음 (10~20초 정도) | • 단 어
• 심 상
• 아이디어
• 문 장 | 즉각적 |
> | 장기기억 | 비교적 느림 | 무제한적 | 사실상 무제한적 | • 명제망
• 도 식
• 산 출
• 일 화 | 표상과 조직에 따라 다름 |

핵심예제 26

18, 21년 기출

단기기억의 특성이 아닌 것은?

① 정보의 용량이 매우 제한적이다.
② 작업기억(Working Memory)이라 불린다.
③ 현재 의식하고 있는 정보를 의미한다.
④ 거대한 도서관에 비유할 수 있다.

기출키워드
20년 1회
장기기억
※ 필기시험에서는 장기기억의 특성에 관해 옳지 않은 것을 고르도록 하는 문제가 출제되었습니다.

> **해설 체크!**
> 장기기억은 용량의 제한이 없어 종종 거대한 도서관에 비유된다.
>
> 정답 ④

27 기억의 단계 II

1. 장기기억의 하부체계(모듈)   17, 18, 22, 25년 기출

① 외현기억과 암묵기억
- 외현기억(Explicit Memory)은 자기가 기억하고 있다는 것을 자각할 수 있는 기억으로서, 의도적으로 저장한 기억이다.
- 암묵기억(Implicit Memory)은 무의식적이고 간접적으로 접근할 수 있는 기억으로서, 우연적이고 비의도적인 기억이다.
- 외현기억은 의식적이므로 회상검사나 재인검사를 통해 직접 측정할 수 있는 반면, 암묵기억은 무의식적이므로 간접적인 방법으로 측정할 수 있다.
- 암묵기억은 연령, 약물(예 알코올), 기억상실증, 파지간격의 길이, 간섭조작 등의 변인에 의해 영향을 받지 않는 반면, 외현기억은 이들 요인의 영향을 많이 받는다.

구 분	외현기억	암묵기억
주요특징	• 직접적 • 의도적 • 수의적	• 간접적 • 우연적 • 불수의적
정보내용	의미적	지각적
정보인출	의식적	무의식적
관련 기억	서술기억	절차기억
정보처리방식	개념주도적 처리	자료주도적 처리

② 일화기억과 의미기억
- 일화기억(Episodic Memory)은 특정시간이나 장소에 있었던 사상에 대한 정보, 즉 언제, 무엇을 보고, 듣고, 행동했는지에 대한 정보를 포함한다.
- 의미기억(Semantic Memory)은 문제해결전략과 사고기술 그리고 사실, 개념, 규칙 등의 경험으로부터 습득한 일반적인 정보들을 포함한다.
- 일화기억은 개인적인 사실들을 포함하는 반면, 의미기억은 일반적인 사실들을

기출키워드

22년 1회
암묵기억
※ 필기시험에는 기억에 관한 설명 중 옳지 않은 것을 고르도록 하는 문제가 출제되었습니다.

포함한다. 즉, 일화기억은 개인의 일상적 경험을 보유하는 자서전적 성격의 저장소인 반면, 의미기억은 일반적 지식에 대한 백과사전적 성격의 저장소로 볼 수 있다.
- 일반적으로 일화기억보다 의미기억의 정보가 망각이 적게 일어난다. 그 이유는 의미기억의 경우 대부분 과잉학습된 경우가 많고, 한 기억요소가 일화기억에서보다 더 많은 색인 또는 연합을 가지고 있어서 간섭 또한 적어지므로 쉽게 기억될 수 있기 때문이다.

③ 서술기억과 절차기억
- 서술기억(Declarative Memory)은 사실적 정보에 대한 기억으로서, 기억내용에 대해 의도적으로 접근할 수 있고 그 내용을 이야기할 수도 있다. 예를 들어, 단어, 이름, 날짜, 얼굴, 개념, 사상 등에 대한 기억이 서술기억에 포함된다.
- 절차기억(Procedural Memory)은 행위나 기술, 조작에 대한 기억으로서, 우리가 수행할 수 있으면서도 쉽게 표현할 수 없는 지식을 표상한다. 예를 들어, 자전거를 타는 것, 피아노를 치는 것, 신발 끈을 매는 것 등에 대한 기억이 절차기억에 포함된다.
- 특히 절차기억은 암묵기억과 관련이 있다. 그 이유는 자전거를 타는 것과 같은 지각-운동 과제의 경우 사람들이 별다른 의식적인 인식 없이 수행할 수 있기 때문이다.
- 서술기억이 비교적 복잡한 정신과정을 수행하는 고등동물에게서만 찾아볼 수 있는 반면, 절차기억은 비교적 원시적인 기억으로서 하등동물에게서도 찾아볼 수 있다.

2. 장기기억의 내용

① 서술적 지식(선언적 지식)
사실적 정보에 대한 지식으로서 내용지식을 말한다. 학습한 사실이나 개념, 법칙 등에 대한 장기기억에 해당하며, 기억 속에 명제로서 표상된다.

② 절차적 지식
과제를 수행할 때 입증되는 지식으로서 과정지식을 말한다. 선언적 지식과 달리 언어적으로 표현할 수 없으며, 행위의 유용성을 기준으로 행위를 처방하는 양상을 보인다.

③ 조건적 지식
선언적 지식과 절차적 지식을 사용할 시기와 이유를 아는 것에 대한 지식을 말한다. 조건적 지식은 서술적 지식과 절차적 지식을 활용하기 위한 조건에 대한 정보로 이루어진다.

OX Quiz

자전거를 타는 것, 피아노를 치는 것, 신발 끈을 매는 것 등에 대한 기억은 절차기억에 포함된다.

정답 O

④ 명시적 기억

장기기억에 저장되어 있으며 의식적으로 생각할 수 있는 기억이다.

⑤ 암묵적 기억

행동이나 사고에 영향을 미치기는 하지만 우리가 그것을 기억한다는 사실을 의식하지 않는 기억이다.

핵심예제 27 16년 기출

앳킨슨과 시프린(Atkinson & Shiffrin)의 기억모형에 관한 설명으로 틀린 것은?

① 계열위치효과는 이 모형으로 잘 설명된다.
② 단기기억에는 시연, 부호화, 결정, 인출전략의 4가지 통제과정이 있다.
③ 밀러(Miller)가 주장한 단기기억 용량 7±2 청크도 이 모형과 잘 부합된다.
④ 감각기관들은 직렬적으로 기능하기 때문에 정보처리에 유리하다.

> **해설 체크!**
> 감각기관들은 감각정보들을 직렬적(Serial)으로 처리하기보다는 한꺼번에 처리하게 되고(예 눈으로 보면서, 귀로 듣고, 손으로 만지는 등), 이에 순간적으로 정보를 저장하게 된다.
> 정답 ④

28 기억에 대한 실험   20년 기출

1. 스펄링(Sperling)의 감각기억에 대한 실험

① 미국의 심리학자 스펄링(Sperling)은 시각의 감각기억, 즉 영상기억(Iconic Memory)의 특성을 밝히고자 고전적 실험을 실시하였다. 실험참가자들에게 3개의 열에 각 열당 4개의 문자, 즉 총 12개의 문자들을 1/20초의 극히 짧은 시간 동안 보도록 한 후 이를 기억해 보라고 요구하였다. 그 결과 참가자들은 절반도 안 되는 평균 4~5개의 문자들을 보고하였다(전체보고법).

② 스펄링은 참가자들이 순간적으로 4~5개의 문자들만 본 것인지 아니면 보고하는 동안 기억이 사라진 것인지 궁금해졌다. 그래서 이번에는 각 열에 고음, 중간음, 저음을 연동시켜 역시 짧은 시간 동안 문자들을 보도록 한 후 각 음에 따라 첫째 줄, 둘째 줄, 셋째 줄을 보고하도록 하였다. 그 결과 참가자들은 각 열당 3개 이상의 문자들, 즉 총 9개 이상의 문자들을 보고하였다(부분보고법).

> **OX Quiz**
> 기억에 대한 실험 중 스펄링(Sperling)이 진행한 실험은 장기기억에 대한 실험이다.
> 정답 X(감각기억)

> **전문가의 한마디**
> 감각기억의 지속시간은 학자마다 차이가 있으나 영상기억(영사기억)의 경우 1초 이내, 잔향기억(반향기억)의 경우 2초 정도 유지되는 것으로 알려져 있습니다.

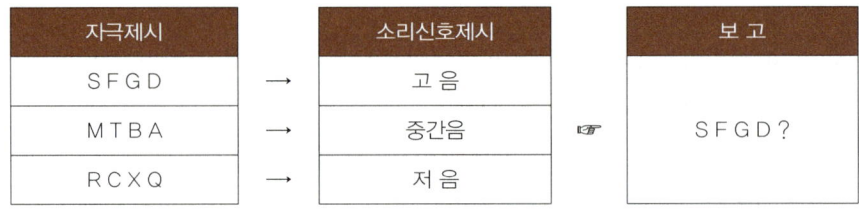

스펄링이 사용한 실험자극의 예

③ 스펄링은 다시 영상기억의 지속시간을 측정하기 위해 부분보고법과 시간지연을 동시에 적용하였다. 그러자 부분보고법을 활용하더라도 시간지연이 1초를 넘어서는 경우 전체보고법과 같은 저조한 결과가 나타나는 것을 확인하였다. 이를 통해 스펄링은 영상기억의 지속시간이 1초 이내인 것을 밝혔다.

④ 이와 같이 스펄링은 감각기억에 관한 실험을 통해 지각한 감각정보를 모두 보고하도록 하는 전체보고법 방식보다는 특정지시에 따라 해당 부분을 보고하도록 하는 부분보고법 방식에서 영상기억의 용량이 더 크지만, 그 지속시간은 두 가지 방식 모두 매우 짧다는 사실을 입증하였다.

2. 피터슨(Peterson & Peterson)의 단기기억에 대한 실험

① 피터슨 부부는 알파벳 자음 3개(예 G, J, T)를 표적으로 제시한 후, 표적알파벳을 암송하지 못하도록 숫자 하나를 제시하여 그 숫자에서 3을 회상단서(예 불빛신호)가 제시될 때까지 계속하여 뺄셈하도록 지시하였다.

실험자극의 예

② 회상단서가 제시되면 피험자는 즉시 표적알파벳이 무엇이었는지 떠올려야 했으며, 이와 같은 회상단서는 피험자가 뺄셈을 시작하고 3, 6, 9, 12, 15, 18초 후에 제시되었다.

③ 실험결과 표적알파벳을 정확하게 재생할 확률이 파지기간(정보에 대한 정신적 표상을 기억 속에 유지하는 기간) 동안 시간의 흐름에 따라 감소하는 것으로 나타났다.

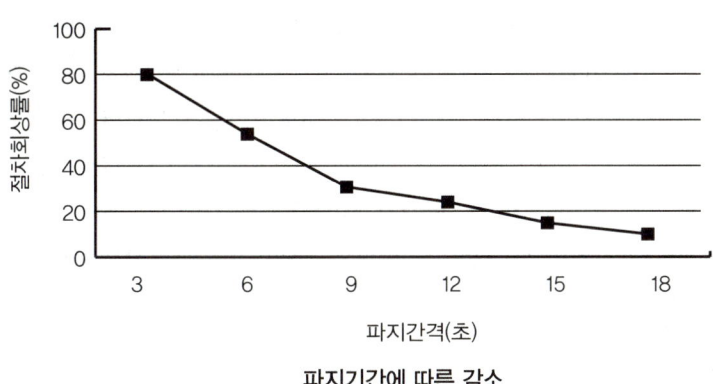

파지기간에 따른 감소

3. 런더스(Rundus)의 장기기억에 대한 실험

> 16년 기출

① 런더스는 단기기억의 정보가 시연을 통해 장기기억으로 전이된다는 앳킨슨과 시프린(Atkinson & Shiffrin)의 주장을 검증하기 위해 스탠퍼드대학교 학부생들을 대상으로 장기기억에 대한 실험을 하였다.

② 대학생들에게 한 단어당 5초 동안 제시하여 해당 5초 동안 큰 소리로 반복시연하도록 하였다. 총 20개의 단어를 모두 제시한 다음 순서에 상관없이 기억나는 단어들을 말해보라고 제시한 결과 단어목록의 시작부분과 마지막부분에 있던 단어들을 중간부분에 위치한 단어들보다 더 많이 정확하게 기억한 것으로 나타났다.

③ 각 단어의 회상률이 단어의 위치에 따라 다르게 나타나는 것을 서열위치효과 혹은 계열위치 효과(Serial Position Effect)라고 하며, 실험결과 U자형의 서열위치곡선(Serial Position Curve)이 나타났다.

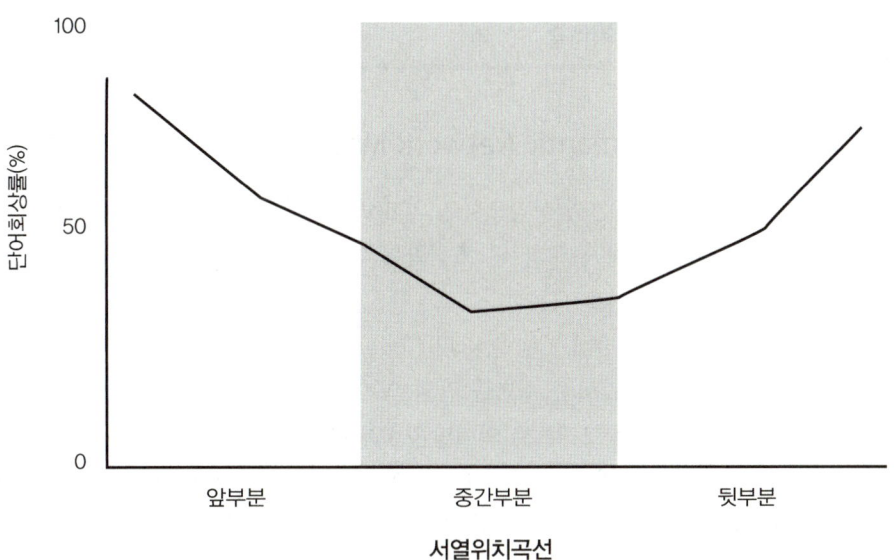

서열위치곡선

> **전문가의 한마디**
> 단기기억의 최대 지속시간은 학자마다 차이가 있으나 일반적으로 20~30초 정도로 알려져 있습니다.

> **전문가의 한마디**
> 장기기억의 지속시간은 학자마다 차이가 있으나 일반적으로 영구적이라는 견해가 지배적입니다. 예를 들어, 몇몇 중요한 사건들이 시간의 경과에도 불구하고 자세하고 생생하게 되살아나는 섬광기억(Flashbulb Memory)이나, 최면실험에서 피험자들이 그동안 잊고 있었던 초기아동기의 기억을 아주 자세히 기술하는 최면을 통한 기억 등을 그 증거로 제시하고 있습니다.

④ 앞의 도표에서 목록의 앞부분이 더 잘 회상되는 것을 초두효과(Primacy Effect)라 하고, 목록의 뒷부분이 더 잘 회상되는 것을 최신효과(Recency Effect)라고 한다. 여기서 초두효과는 장기기억을 반영하는 반면, 최신효과는 단기기억을 반영한다고 볼 수 있다. 즉, 목록의 앞부분에 있는 단어들은 다른 단어들에 비해 더 많이 시연되었기 때문에 장기기억으로 전이될 가능성이 높은 것이며, 목록의 뒷부분에 있는 단어들은 단기기억 저장소에서 처리되고 있으므로 회상이 잘 되는 것이다.

핵심예제 28
06, 15년 기출

감각기억에 대한 설명과 가장 거리가 먼 것은?

① 지속시간이 1~2초 정도로 매우 짧다.
② 실제 인출될 수 있는 용량보다 훨씬 큰 기억용량을 가지고 있다.
③ 전체보고법 방식이 부분보고법 방식보다 영상기억의 용량이 더 크다.
④ 잔향기억이 영상기억보다 지속시간이 더 길다.

해설 체크!
전체보고법 방식보다는 부분보고법 방식에서 영상기억의 용량이 더 크다.

정답 ③

29 기억에 관한 연구와 기억술

1. 기억의 의미망모형(Semantic Network Model)
22년 기출

① 기억의 의미망모형 또는 연상망모형은 의미정보가 하나의 개념(Concept)과 다른 개념을 서로 연결하여 구조화 및 조직화를 이룬다는 뜻으로 의미망(Semantic Network)이라는 용어를 사용한다.
② 의미망모형에서는 하나의 개념을 마디(Node), 여러 개념들을 서로 연결하는 일종의 고리를 연결로(Link), 개념들 간의 의미상 관계를 호(Edges)로 제시하며, 이들로 구성된 방향성 그래프로 의미망을 표현한다.
③ 의미기억연구의 개척자인 콜린스와 퀼리언(Collins & Quillian)은 동물에 관한 의미망연구를 토대로 의미망이 위계적으로 상위개념과 하위개념의 집합 관계에 있다는 점을 강조하였다.

기출키워드

22년 1회

의미망모형

※ 필기시험에는 의미망모형에 관한 설명으로 틀린 것을 고르도록 하는 문제가 출제되었습니다.

④ 하나의 개념인 마디(Node)와 또 다른 마디가 연결되는 교차점이 서로 멀리 떨어져 있을수록 판단하는 시간이 느리다.
⑤ 버터와 빵은 우리가 버터를 바른 빵을 쉽게 생각할 수 있으므로 판단하는 데 걸리는 시간이 빠른 반면, 버터와 간호원은 그 마디들 간의 교차점이 멀리 떨어져 있으므로 판단하는 데 보다 오랜 시간이 걸린다.
⑥ 콜린스와 로프터스(Collins & Loftus)의 활성화확산모형(Spreading Activation Model)은 기존의 의미망모형을 개선한 것으로서, 의미망의 마디들 간 연결과정을 활성화확산과정으로 설명한다.

2. 메타인지(Meta-Cognition)

① 개인이 자신의 인식을 보다 높은 차원에서 객관적으로 검토할 수 있는 능력을 말한다.
② 사고에 대한 사고 또는 사고를 대상으로 하는 사고로서, 자신의 사고내용과 과정을 대상으로 수행하는 정신적 활동이다.
③ 기억, 이해, 주의집중, 의사교류를 비롯한 일반적인 문제해결과정에서 중요한 역할을 한다.
④ 계획 → 수행 → 평가 → 수정의 과정을 거쳐 사고상태에 대한 이해 및 문제해결을 도모한다.
⑤ 일반적으로 연령대가 서로 다른 사람들과의 상호작용을 통한 과제수행보다 동일한 연령대의 또래들과의 상호작용을 통한 과제수행에서 더 많은 메타인지를 사용한다.

> **OX Quiz**
> 사고에 대한 사고 또는 사고를 대상으로 하는 사고로서, 자신의 사고내용과 과정을 대상으로 수행하는 정신적 활동은 메타인지이다.
> 정답 O

3. 단기기억의 청킹(Chunking) `15, 18년 기출`

① 청킹은 단기기억에서 매우 중요한 역할을 하는 인지과정이다.
② 기억대상인 자극이나 정보를 서로 의미 있게 연결시키거나, 분리되어 있는 항목을 보다 큰 묶음으로 조합함으로써 기억의 효율성을 도모하는 방법이다.
③ 청킹의 적극적인 활용은 제한된 단기기억의 수용량을 증가시키는 좋은 방안이다.
   예 027018820은 짧은 순간에 정확히 기억하기 어렵다. 그러나 그 숫자를 02-701-8820의 전화번호형식으로 기억한다면 정보를 보다 쉽게 기억할 수 있다.

OX Quiz

청킹의 적극적인 활용은 제한된 장기기억의 수용량을 증가시키는 좋은 방안이다.

정답 X(단기기억)

4. 기억의 인출과 설단현상

① 기억의 인출은 일종의 의미를 탐색하는 과정으로서, 인출단서는 저장된 정보에의 접근가능성을 높여준다.
② 설단현상(Tip-of-the-Tongue Phenomenon)은 글자 그대로의 의미에서 혀끝에 걸려 있는 것 같은 느낌을 말하는 것으로 인출실패를 의미한다. 즉, 설단현상은 특정정보를 알고 있다고 느끼지만 이를 즉시 인출할 수 없는 차단(Blocking) 상태로서, 기억에 저장된 정보의 일시적인 인출불능에서 비롯된다.
③ 어떤 단어가 혀끝을 맴돌지만 표현에 이르지 못하는 상태에서 그 단어의 철자 수나 유사하게 발음되는 단어 또는 의미상 유사한 단어가 생각나는 경우 회상이 가능하다.
④ 이와 같이 알고 있는 단서가 있을 경우 인출이 가능하다는 사실은 단어가 철자 수, 발음 등과 같은 물리적 속성은 물론 의미를 결합하는 형태 또는 부호로 저장된다는 것을 의미한다.
⑤ 설단상태는 특히 사람이나 장소의 이름과 같은 고유명사를 인출하지 못하는 것으로 종종 나타나는데, 이는 보통명사와 달리 고유명사는 개념 및 지식의 연결고리가 상대적으로 약하기 때문이다.

5. 기억의 인출에 관한 맥락효과(부호화맥락의 효과) `05, 13, 19, 21, 25년 기출`

① 맥락(Context)은 학습(또는 경험) 대상이 되는 항목 외에 약호화될 수 있는 모든 정보를 의미하며, 맥락단서는 정보인출을 촉진하는 요인이 된다.
② 학습을 했던 환경과 같은 환경에서 학습한 내용을 더 잘 회상하는 현상을 맥락효과라고 한다.
③ 학습맥락과 검사맥락이 동일할 때 더 잘 회상할 수 있다는 것이다.
   예 고든과 배들리(Godden & Baddeley)는 잠수부들을 두 집단으로 나누어 한 집단에게는 육지에서, 다른 집단에게는 물속에서 40개의 의미상 서로 무관한 단어항목을 학습하도록 하였다. 이후 회상검사를 실시한 결과, 물속에서 학습한 잠수부의 경우 육지보다는 물속에서 더 높은 회상률을 보인 반면, 육지에서 학습한 잠수부의 경우 물속보다는 육지에서 더 높은 회상률을 보였다.
④ 맥락효과는 기억과 연합되는 단서들 중 기억이 형성되는 맥락에서 온 단서들이 있으며, 이러한 맥락단서들의 재생이 표적기억을 재활성화시킬 수 있음을 강조한다.
⑤ 각종 범죄사건과 관련하여 목격자의 정보인출을 위해 이용되기도 한다. 즉, 최면 등의 방법을 통해 목격자의 사상의 흐름을 재연함으로써 범죄 당시 상황에 관한 정보를 인출할 수 있다.

기출키워드

21년 3회
기억의 인출과정
※ 필기시험에는 기억의 인출과정에 대한 설명으로 틀린 것을 고르도록 하는 문제가 출제되었습니다.

19년 3회
맥락효과
※ 필기시험에는 맥락효과의 예시를 보기로 제시하고, 무엇에 관한 설명인지 묻는 문제가 출제되었습니다.

25년 1회, 2회
부호화명세성원리
어떠한 기억대상을 장기기억에서 인출하는 경우 그와 관련된 단서가 있을 때 보다 쉽게 기억해낼 수 있다는 원리이다.

6. 기억력 향상을 위한 조건

① 직전경험의 내용은 후속학습의 파지가 선행학습의 파지를 방해하는 소급금지(Retroactive Inhibition)가 없으므로 효과적으로 기억할 수 있다.
② 반복연습을 하는 경우 기억력은 향상된다.
③ 기억내용을 청킹 등의 합리적인 방법으로 자신의 지식체계와 연결시키는 경우 효과적으로 기억할 수 있다.
④ 학습이나 경험에 대한 흥미가 부주의를 방지하므로 기억력 향상에 효과적이다.
⑤ 학습이나 경험에 대한 흥미가 없더라도 이해관계가 존재하는 경우 지속적으로 주의를 기울이게 되므로 기억력 향상에 효과적이다.
⑥ 학습자가 학습과 관련하여 책임감을 가지고 있는 경우 기억력 향상에 효과적이다.

기출키워드
20년 1회
기억왜곡의 원인
- 일시성
- 방 심
- 차 폐
- 오귀인
- 피암시성
- 집 착

기억왜곡 방지
- 반복학습
- 연합을 통한 인출단서 확대
- 기억술 사용

핵심예제 29
05, 08, 15, 18년 기출

IB-MKB-SMB-C5.1-66.2-9라는 배열을 외우기는 힘들지만 이것을 IBM-KBS-MBC-5.16-6.29라는 배열로 재구성하면 외우기가 쉽다. 이와 같이 정보를 재부호화하여 하나로 묶는 것은?

① 암 송
② 부호화
③ 청 킹
④ 활동기억

해설 체크!

청킹(Chunking)
분리되어 있는 항목들을 보다 큰 묶음이나 보다 의미 있는 단위로 조합함으로써 기억의 효율성을 도모하는 방법이다. 단기기억의 용량이 제한되어 있고 그 지속시간 또한 짧으므로, 이러한 청킹의 방법은 단기기억의 수용량을 늘리는 데 좋은 방안이 된다. 정보를 기억하거나 회상해야 하는 상황에서는 유효하지만, 그러한 필요가 없는 경우 오히려 정보를 묶거나 결합하는 데 비효율적인 수고를 요구하기도 한다.

정답 ③

> **OX Quiz**
> 일단 장기기억에 저장된 정보는 인출이 실패하는 경우가 없기 때문에 망각은 단기기억에서만 일어나는 현상이다.
> **정답** X(인출 실패 가능)

30 망 각

1. 의의 및 특징

① 망각(Oblivion)은 일단 기억한 학습이 시간이 경과되거나 사용하지 않음으로써 약화되고 소멸되어 다시 재생되지 않는 현상을 말한다.
② 망각은 기억흔적이 현재의 학습경험과 연결되지 못한 상태로 볼 수 있으며, 그로 인해 장기기억 속의 학습내용이 의식화에 이르지 못하는 것으로 간주할 수 있다.
③ 망각은 경험내용을 일정기간 동안 기억흔적으로 보존하는 파지(Retention)와 밀접한 관련이 있으며, 사실상 파지에 대해 동일현상을 다른 측면에서 보는 것이다.
④ 망각은 단기기억과 장기기억에서 모두 일어날 수 있다. 단기기억에서의 망각은 흔적쇠퇴(소멸)나 간섭에 의해, 장기기억에서의 망각은 인출실패에 의해 일어난다는 견해가 많다.

2. 망각곡선(Curve of Forgetting)

① 에빙하우스(Ebbinghaus)가 기억과 망각에 대한 연구를 통해 고안한 것으로서, 시간의 경과에 따른 파지량 또는 망각량의 변화 양상을 도표로 표시한 것이다.
② 40세 가량의 성인들에게 1,200개의 무의미철자 자료를 제시하여 암기하도록 한 후, 일정시간 경과 후 망각의 정도를 파악하여 만들어졌다.
③ 망각곡선에 따르면 학습한 직후 상당량의 망각이 이루어지지만, 그 이후로 점차 완만하게 진행되고 있음을 볼 수 있다. 특히 학습 1시간 후 망각률이 무려 55.8%에 이르는 것으로 나타났다.

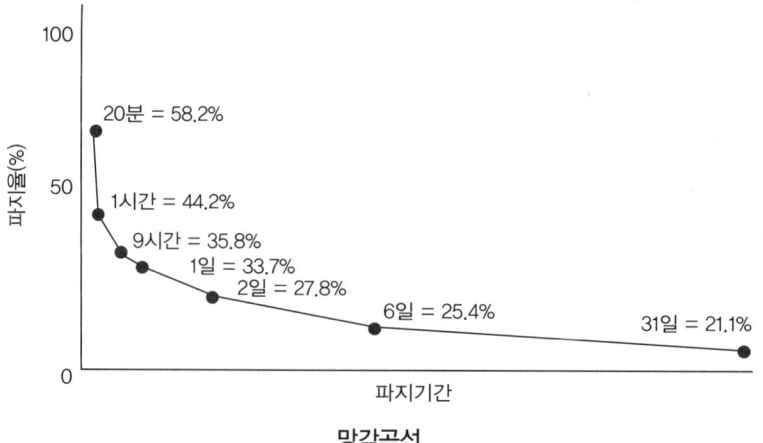

망각곡선

> **OX Quiz**
> 망각곡선에 따르면 학습 후 시간이 오래 흐를수록 망각이 더욱 활발하게 이루어지는 것을 알 수 있다.
> **정답** X(학습 직후 상당량 망각)

경과시간	망각률	파지율
20분(0.33시간)	41.8%	58.2%
1시간	55.8%	44.2%
9시간	64.2%	35.8%
1일(24시간)	66.3%	33.7%
2일(48시간)	72.2%	27.8%
6일(144시간)	74.6%	25.4%
31일(744시간)	78.9%	21.1%

시간 경과에 따른 망각률과 파지율

3. 망각의 원인   08, 10, 14, 15, 17년 기출

① 흔적쇠퇴이론(소멸이론)
- 기억은 본질적으로 비영구적이므로 망각이 필연적으로 발생한다.
- 시간이 경과함에 따라 사진이 점차 퇴색되고 비석에 새겨진 문자가 점차 마멸되듯이, 기억흔적도 쇠퇴·소멸한다.
- 기억의 과정 중 저장단계에서 발생하므로 학습한 내용을 계속 사용하는 경우 기억흔적이 유지되어 쇠퇴하지 않는 반면, 오랜 기간 사용하지 않는 경우 기억흔적이 쇠퇴한다.
- 기억흔적의 신경세포들은 활용이 되지 않는 경우 화학적 변화에 따라 쇠퇴한다.
- 망각이 파지기간 중 행하는 활동의 종류에 의해 영향을 받는다는 사실을 설명하지 못한다.

② 간섭이론   24년 기출
- 현재의 학습은 이전 경험의 간섭을 받는다. 실제로 과거에 학습한 경험이 있거나 앞으로의 학습내용과 유사한 기억재료를 학습하는 경우, 과거와 상관없는 기억재료를 학습할 때보다 학습효과가 떨어진다.
- 어떤 정보를 회상하려할 때 다른 정보의 유입으로 정보들 간의 경합이 발생하며, 그로 인해 회상이 방해를 받는다.
- 학습경험 이후 다른 정보들의 간섭에 영향을 받지 않는 경우, 학습한 내용은 망각되지 않은 채 그대로 유지될 수 있다.
- 선행학습이 후행학습에 영향을 받아 낮은 회상률을 보이는 것을 역행간섭(Retroactive Interference)이라고 하며, 후행학습이 선행학습의 영향을 받아 낮은 회상률을 보이는 것을 순행간섭(Proactive Interference)이라고 한다.

OX Quiz
후행학습이 선행학습의 영향을 받아 낮은 회상률을 보이는 것을 역행간섭이라고 한다.
정답 X(순행간섭)

OX Quiz
망각의 원인 중 기억을 생리적 관점에서 접근한 이론으로, 파지기간 중 휴식 및 활동의 효과를 설명하는 이론은 응고이론이다.

정답 O

전문가의 한마디
분산학습(Distributed Practice)은 공부해야 할 내용을 일정한 시간 간격을 두고 학습하는 기법인 반면, 집중학습(Massed Practice)은 한 번에 연이어서 학습하는 기법(쉽게 말해 벼락치기)을 말합니다. 일반적으로 분산학습이 집중학습보다 학습에 유효한 것으로 알려져 있습니다. 다만, 학습 후 시간이 좀 지난 후에 보는 시험에는 분산학습의 결과가 좋은 반면, 학습 후 바로 보는 시험에서는 집중학습의 결과가 더 좋다는 연구 결과도 있습니다.

OX Quiz
망각을 방지하기 위해서는 동기화된 학습자료를 활용하는 것이 좋다.

정답 O

③ 단서-의존 망각이론
- 망각은 정보처리적 접근에서 인출의 실패로 인해 발생한다.
- 기억은 본질적으로 구성과 재구성의 역동적인 과정으로 이루어지나, 저장된 정보에 접근하는 적절한 인출단서가 부족한 경우 기억실패로 이어진다.
- 장기기억에서의 인출 시 주어진 단서들이 이전의 부호화과정에 의한 단서들과 일치하지 않음으로써 망각이 발생한다.
- 망각은 저장된 기억이 소멸된 것이 아닌 단지 재생을 하지 못함으로써 나타나는 현상이다. 즉, 일단 장기기억에 저장된 내용은 인출의 유무와 상관없이 대부분 그대로 남아있다.

④ 응고이론
- 기억을 생리적 관점에서 접근한 이론으로, 파지기간 중 휴식 및 활동의 효과를 설명한다.
- 특정사건에 대한 기억이 오랫동안 지속되기 위해서는 그 사건에 뒤이어 일정량의 시간적 경과가 필요하다.
- 신경계는 외적 자극 직후 이를 기억으로 응고하기 위해 전기적 반량활동을 수행하며, 이러한 과정이 충분한 시간 동안 지속되어 응고를 위한 화학적 상태가 구축된다.

예 대뇌손상 환자들의 경우 손상을 입기 직전의 일들에 대해서는 기억을 하지 못한다. 이는 사고 직전의 정보가 장기기억으로 응고되기 이전 단기기억단계에 머물러 있었기 때문이다.

4. 망각을 방지하는 방법

① 학습내용을 의미 있고 논리적인 지식체계로 유도하여 학습한다.
② 동기화된 학습자료를 활용한다.
③ 처음부터 완전히 습득한 후에 다음 학습으로 이행한다.
④ 복습의 시기가 최초학습에 가까울수록 기명과 파지에 효과적이다.
⑤ 분산학습이 집중학습보다 파지에 효과적이다.
⑥ 기억된 자료 간의 간섭은 파지를 저해한다.
⑦ 초과학습은 망각을 방지한다.

핵심예제 30
08, 10, 14년 기출

다음 중 망각의 원인에 대한 설명으로 틀린 것은?

① 분명히 읽었던 정보를 기억할 수 없는 원인은 비효율적인 부호화 때문이라고 할 수 있다.

② 소멸이론에서 망각은 정보 간의 간섭 때문이라고 주장한다.
③ 새로운 학습이 이전의 학습을 간섭하기 때문에 망각이 일어나는 것을 역행성 간섭이라고 한다.
④ 망각을 인출실패로 간주하는 주장도 있다.

> **해설 체크!**
> 망각을 파지기간 동안에 일어나는 여러 정보들의 간섭에 의한 것으로 보는 관점은 간섭이론에 해당한다.
> 정답 ②

31 지각
13, 15, 25년 기출

1. 지각의 일반적인 과정

지각(Perception)은 주변 환경 속의 대상이나 사건을 파악하는 과정이다. 즉, 대상이나 사건을 감지하고 이해하고, 그 정체를 파악하여 이름을 부여하며, 그에 적절한 반응을 준비하는 전반적인 과정으로 볼 수 있다. 이와 같은 지각은 크게 다음의 3단계로 이루어진다.

① 제1단계 : 감각과정(Sensation)
  • 물리적 에너지를 뇌에서 인식할 수 있는 신경부호로 변환한다.
  • 대뇌피질세포는 망막을 통한 자극의 입력으로부터 기초적인 속성이나 특징을 추출한다.

② 제2단계 : 지각의 조직화(Perceptual Organization)
  • 대상에 대한 내적 표상이 형성되며, 외부자극에 대한 지각경험이 생성된다.
  • 예를 들어 시각을 통한 지각과정에서 대상의 크기, 모양, 거리, 움직임, 방위 등에 관한 그럴 듯한 추정치를 생성하게 되는데, 추정치는 지각자의 과거지식과 현재 감각기관을 통해 수용된 현재의 증거, 그리고 자극과 함께 제시된 맥락이 모두 고려된 것이다.

③ 제3단계 : 정체파악(Identification)과 재인(Recognition)
  • 정체파악은 지각경험에 의미를 부여하는 과정으로, 동그란 대상을 사과나 야구공으로 본다거나, 사람의 형체를 남성이나 여성으로 봄으로써 정체를 명확히 파악하는 것이다. 이때 지각자는 '그 대상은 무엇인가?'와 같은 정체에 관한 질문을 하게 된다.

OX Quiz

지각의 조직화 과정에는 대상에 대한 외적 표상이 설정되며, 외부자극에 대한 지각경험이 형성된다.

정답 X(내적 표상)

- 재인은 정체파악에 이어서 해당 대상의 속성과 그에 대한 적절한 반응 등을 알아내는 과정이다. 그 대상에 대한 기억, 가치, 신념, 태도 등 고차적인 인지과정을 필요로 한다. 이때 지각자는 '그 대상의 기능은 무엇인가?'와 같은 질문을 하게 된다.

2. 형태지각에서 지각의 조직화를 위한 집단화의 원리 `19년 기출`

어떤 대상에 대한 감각자료를 의미 있는 형태로 구성하기 위해서는 우선 윤곽을 형성하고 전경과 배경을 분리해야 한다. 지각의 조직화는 이와 같은 기초적인 과정을 거쳐 자극정보들을 집단화된 형태로서 지각하게 되는데, 이것이 곧 지각의 조직화(Perceptual Organization)이다. 지각의 조직화는 다음의 집단화(Grouping) 원리를 토대로 한다.

① 근접성(Proximity)

서로 가까이 있는 자극정보들은 함께 묶어서 지각한다. 아래 그림에서처럼 4개의 직선들은 각각 구분된 선이 아닌 두 줄로 된 선으로 본다.

② 유사성(Similarity)

자극정보들은 유사한 것들끼리 묶어서 지각한다. 서로 다른 형태로 구성된 3가지 도안에서 각각 삼각형, 사각형, 원으로 이루어진 수직선을 본다.

③ 연속성(Continuity)

불연속적인 것보다는 연속된 패턴으로 이루어진 자극정보들을 지각한다. 여러 개의 개별적인 반원들로 이루어진 것이 아닌 곡선과 직선으로 본다.

④ 완결성 또는 폐쇄성(Closure)

어떤 공백이나 결손이 있는 부분은 이를 보완하여 완결된 형태로 지각한다. 자연스럽게 공백을 연결하는 과정에서 완전한 형태의 사각형을 본다.

⑤ 연결성(Connectedness)

동일한 것이 서로 연결되어 있는 경우 이를 하나의 단위로 지각한다. 점과 선의 연결이 하나의 단위로 집단화됨으로써 다른 단위와 구별된다.

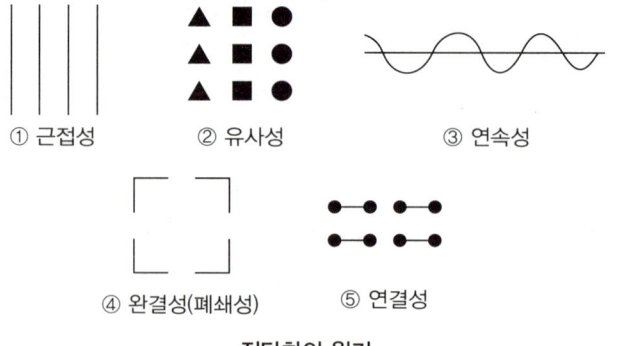

집단화의 원리

> **OX Quiz**
> 지각의 조직화를 위한 집단화의 원리에서 동일한 것이 서로 연결되어 있는 경우 이를 하나의 단위로 지각하는 것은 연계성에 해당한다.
> 정답 X(연결성)

3. 깊이지각

인간은 망막에 비친 2차원적 영상을 3차원적으로 지각한다. 이때 어떤 단서들은 두 눈에 동시에 작용하기도 하며, 각 눈에 따로 작용하기도 한다. 전자를 양안단서(Binocular Cue)라고 하며, 후자를 단안단서(Monocular Cue)라고 한다.

① 양안단서(Binocular Cue)
- 인간의 눈은 대략 6cm 떨어져 있으므로 두 눈에 맺힌 영상이 약간 다르다. 이와 같이 두 영상의 차이인 양안부등(Binocular Disparity)은 대상의 상대적인 거리를 판단하는 데 중요한 단서가 된다. 즉, 사물을 코앞에 가져다 놓으면 두 망막에 맺힌 상이 매우 다르게 나타나지만, 거리가 멀어짐에 따라 두 망막에 맺힌 상의 차이가 점차 줄어들게 된다.
- 뇌는 시선수렴(Convergence)의 각도를 파악함으로써 가까이 있는 사물을 응시하는지 멀리 떨어진 사물을 응시하는지를 계산할 수 있다.

② 단안단서(Monocular Cue)

단안단서는 다음과 같은 경우 이용된다.
- 상대적 크기 : 두 물체의 크기가 비슷하다고 가정하는 경우, 망막에 맺힌 영상의 크기가 작을수록 멀리 있는 것으로 지각한다.
- 중첩 : 한 물체가 다른 물체의 일부를 가리고 있는 경우, 가려진 것이 더 멀리 있는 것으로 지각한다.
- 상대적 명확성 : 윤곽이 뚜렷한 물체와 흐린 물체가 있는 경우, 윤곽이 흐린 물체를 더 멀리 있는 것으로 지각한다.
- 결의 밀도 변화 : 간격이 넓고 구별되는 결의 밀도가 점차 간격이 좁고 구별하기 어려워지는 경우, 거리가 멀어지는 것으로 지각한다.
- 상대적인 높이 : 두 대상이 지평선 아래에 있는 경우, 시야상 위쪽에 있는 대상을 더 멀리 있는 것으로 지각한다.
- 상대적인 운동 : 기차를 타고 이동하는 경우, 가까이 있는 나무들이 멀리 있는 나무들보다 더 빨리 뒤로 움직이는 것처럼 지각한다.
- 선형조망 : 기차선로와 같이 평행한 선들이 길게 늘어선 경우, 선들이 가깝게 모일수록 거리가 더 먼 것으로 지각한다.

4. 운동지각에서 가현운동

가현운동(Apparent Movement)은 대상의 실질적인 이동이 없음에도 불구하고 마치 움직이는 것으로 지각되는 현상을 말한다.

① **스트로보스코픽운동**(Stroboscopic Movement) – **파이현상**(Phi Phenomenon)
1초에 29프레임을 사용하는 영화필름은 운동지각을 일으킨다. 이는 운동이 필름

> **OX Quiz**
> 뇌가 가까이 있는 사물을 응시하는지 멀리 떨어진 사물을 응시하는지를 계산할 수 있는 것은 시선수렴의 각도를 파악하는 것을 통해 가능하다.
> 정답 O

> **OX Quiz**
> 두 물체의 크기가 비슷하다고 가정하는 경우, 망막에 맺힌 영상의 크기가 작을수록 멀리 있는 것으로 지각하는 것은 양안단서이다.
> 정답 X(단안단서)

에 있는 것이 아님에도 인간의 뇌가 운동을 구성하는 것이다. 스트로보스코픽운동의 간단한 예로 파이현상을 들 수 있다. 이는 근접한 두 개의 전구를 연속적으로 켰다가 끄는 경우 마치 불빛이 이동하는 것으로 지각되는 것이다.

② 자동운동(Autokinetic Movement)

고정된 광점이 마치 움직이는 것으로 지각되는 현상이다. 예를 들어, 암실에서 고정된 작은 불빛을 보여주는 경우, 그 불빛이 정지되어 있음에도 불구하고 마치 움직이는 것처럼 지각된다. 이는 불빛이 현 위치에 고정되어 있다는 사실을 입증할 만한 아무런 참조준거가 없기 때문에 나타난다. 밤에 등댓불을 깜박거리게 하는 것은 이와 같은 자동운동의 착시현상을 방지하기 위한 것이다.

③ 유인운동 또는 유도운동(Induced Movement)

운동단서가 시각적으로만 주어지는 경우 운동의 자극정보를 잘못 조직화하여 실제 움직이는 물체는 정지해 있는 것처럼, 정지해 있는 물체는 움직이는 것처럼 지각되는 현상이다. 특히 두 개의 서로 다른 물체가 상대적인 움직임을 보이는 경우, 작은 물체가 움직이는 것처럼 지각된다. 예를 들어, 차창 밖을 보고 있을 때 옆의 차가 후진을 하면 마치 자신이 탄 차가 앞으로 움직이는 것처럼 느낀다거나, 구름 사이의 달을 볼 때 실제 구름이 움직이는 것임에도 불구하고 달이 구름 속을 떠다니는 것처럼 보인다.

④ 운동파라랙스(Movement Parallax)

관찰자 자신이 움직이면서 정지해 있는 물체들을 볼 때 나타나는 현상이다. 예를 들어, 기차를 타고 이동할 때 가까이 있는 나무들은 뒤로 움직이는 반면, 먼 곳에 있는 산은 기차와 같은 방향으로 움직이는 것으로 지각된다. 특히 운동파라랙스는 거리의 정보를 주어 공간지각의 단안단서가 되기도 한다.

OX Quiz

지하철을 타고 가던 중 옆의 열차가 앞으로 가면 마치 그 열차는 가만히 있고 내가 탄 열차가 후진하는 것처럼 느껴지는 것은 유인운동에 해당한다.

정답 O

핵심예제 31

09, 13년 기출

달이 구름 속을 떠다니는 것처럼 보이는 현상은?

① 깊이지각
② 형태지각
③ 가현운동
④ 유도운동

해설 체크!

유인운동 또는 유도운동(Induced Movement)은 실제 움직이는 물체는 정지해 있는 것처럼, 정지해 있는 물체는 움직이는 것처럼 지각되는 현상이다. 특히 두 개의 서로 다른 물체가 상대적인 움직임을 보이는 경우, 작은 물체가 움직이는 것처럼 지각된다.

정답 ④

32 형태재인

1. 의의 및 특징

16년 기출

① 인간은 인지과정을 통해 대상을 바라보고 시각적 정보를 받아들여 이를 어떠한 방식으로든 내부적으로 다시 재현(Represent)해야 하는데, 이를 표상(Representation)이라고 한다. 이와 같은 표상들은 이미 우리 내부에 저장되어 있는 시각적 대상물들에 대한 기억이나 기존의 표상들과 대조하는 과정을 거쳐야 한다.

② 형태재인(Pattern Recognition)은 과거의 경험을 토대로 현재 주어진 자극의 형태에서 의미를 끌어내는 과정을 말한다. 즉, 외부의 표상들을 내부에 저장되어 있는 기존의 표상 또는 기억과 대조하는 과정이다.

③ 형태재인에 관한 이론들은 장기기억에 사물에 대한 정보와 관련된 표상들이 있다고 가정한다. 이들 표상은 순간적으로 망막에 맺힌 시각자극형태의 복제라기보다는 그 사물의 불변하는 모양특성들을 지닌 대표적인 모양정보로 구성되어 있다고 본다. 그에 따라 재인과정 중 망막에 맺힌 영상이 장기기억에 있는 것과 같은 형식으로 변환되고, 그 변환된 입력정보가 기존의 기억표상들과 비교되어 그 중 가장 유사한 기억표상이 선택된다는 것이다.

④ 형태재인에 관한 이론들은 하나의 사물이 갖게 될 표상의 개수, 단일표상에 대응될 사물들의 유형, 표상의 형식 등에 대한 가정들에 있어서 서로 다른 양상을 보인다.

> **OX Quiz**
> 형태재인(Pattern Recognition)은 과거의 경험을 토대로 현재 주어진 자극의 형태에서 의미를 끌어내는 과정을 말한다.
> 정답 O

2. 관련 이론

① 판형이론(Template Theory) 또는 형판맞추기(Template Matching)모형
- 사람이 어떤 물체를 보고 인지할 수 있는 것은 그와 똑같은 물체의 형태가 머릿속에 저장되어 있기 때문이라고 주장한다. 즉, 입력되는 자극정보와 정확하게 일치하는 기억정보가 장기기억 속에 존재하여 형태재인이 이루어진다는 것이다.
- 형태재인은 망막에 맺힌 영상과 기억 속에 저장되어 있는 판형 또는 형판과 비교되고, 그 과정에서 입력된 영상과 동일한 판형이 발견될 때 그 판형에 해당되는 대상으로 인식하게 된다.
- 판형이론은 수많은 물체의 형태들이 기억용량의 상당한 부분을 차지하고 있어야 한다는 것이므로 사실상 비현실적이다. 또한 엄청난 수의 판형을 저장할 수 있다고 해도 입력되는 영상과 비교하기 위해 소요되는 시간이 오래 걸릴 수밖에 없다.

- 판형이론은 형태재인과정을 적절히 설명해 주지는 못하지만, 입력되는 영상의 종류가 적고, 그 영상의 변형이 제한적인 실용적인 분야에서 효율적으로 적용될 수 있다.

② (세부)특징분석이론 또는 측면분석모형(Feature Analysis Theory)
- 형태의 특징적인 요소들이 정보처리의 과정을 통해 분석 · 저장되어 있다가, 이들 특징에 기초하여 몇 가지 요소들이 조합됨으로써 특정 물체를 인식하게 된다고 주장한다. 예를 들어, 어떤 물체를 보았을 때 세 개의 변, 세 개의 각, 닫힌 구조 등의 특징적인 요소들이 동시에 충족되는 경우 삼각형이 인지된다는 것이다.
- 하나의 물체가 전체적인 하나의 단위로 인식되는 판형이론과 달리, 특징분석이론은 물체의 세부특징이나 형태소에 근거하여 그 물체를 인식하고 해석한다. 즉, 물체가 가지고 있는 단순기하학적 세부특징들에 대한 분석이 먼저 일어나고, 분석된 세부특징들 간의 관계가 파악된 후 형태재인이 이루어진다는 것이다.
- 특징분석이론은 세부특징을 사용하므로 판형이론에서만큼 많은 수의 판형을 필요로 하지 않으며, 형태의 가장 중요한 세부특징들의 관계를 명시할 수 있다.
- 다만, 실제 세계에 존재하는 다양하고 복잡한 대상들의 재인과정 모두를 잘 설명하지 못하며, 각기 다른 대상들에서 그 세부특징들 간의 공간적 배열 또한 매우 복잡하게 구성되어 있다.

③ 원형대조이론 또는 원형모형(Prototype Matching Theory)
- 판형이론과 같이 세상에 존재하는 모든 물체의 형태들을 머릿속에 저장하는 것이 아닌 각 물체의 필수적인 요소들을 간추린 기억목록에서 대표가 되는 것만을 기억하고 있다고 주장한다. 예를 들어, 빨간사과, 초록사과, 둥그런 사과, 찌그러진 사과 등 다양한 형태의 사과들에 대해 대표적인 사과의 형태가 인지된다.
- 대상의 정확한 전체 형태의 저장을 전제로 하는 판형이론과 달리, 원형대조이론은 그 대상의 이상적 형태, 즉 그 대상의 원형이 저장되어 있으므로 입력된 영상이 그 원형과 대조되어 형태재인이 이루어진다는 것이다.
- 원형대조이론은 판형이론과 달리 입력된 영상이 원형과 대조될 때 그 둘이 정확히 일치할 필요가 없으며, 그에 따라 각 대상에 대한 적은 수의 표상만 저장하고도 형태재인이 가능하므로 효율적이다.
- 다만, 원형이 구체적으로 어떻게 형성되는지, 학습과정에서 왜곡된 자극들을 통해 어떻게 특정 유형의 원형이 만들어지는지에 대한 체계적인 연구가 요구된다.

3. 자료주도적 처리와 개념주도적 처리

① 자료주도적 처리(Data-Driven Processing)
- 환경으로부터 감각자료를 수집하여 적절한 정보를 추출 및 분석하기 위해 뇌로 보내는 과정으로서, 상향적 처리(Bottom-Up Processing)라고도 한다.
- 자료에 의한 정보처리과정을 말하는 것으로서, 감각시스템의 밑바닥으로부터 입력되는 정보에 의존하여 주어진 문제를 해결한다.
- 경험적 실재에 기초하여 정보를 다루는 것으로서, 정보는 입력과 동시에 식별이 되며, 투입된 장소 속에서 그 구조를 발견한다.

② 개념주도적 처리(Concept-Driven Processing)
- 사전에 어떠한 기대가 지각에 영향을 미치는 현상으로서, 하향적 처리(Top-Down Processing)라고도 한다.
- 머릿속의 개념, 지식, 동기, 목표, 맥락 등 고차적인 인지과정이 하위수준의 처리에 영향을 미친다.
- 입력은 기대에 부응하여 고차적인 지식이 저차적인 개별정보의 해석에 기여한다.

> **OX Quiz**
> 자료주도적 처리란 환경으로부터 감각자료를 수집하여 적절한 정보를 추출·분석하기 위해 뇌로 보내는 과정으로서, 하향적 처리(Top-Down Processing)라고도 한다.
> 정답 X(상향적 처리)

4. 형태재인의 맥락효과

① 하향적 정보는 입력되는 정보가 불충분한 상황에서 글자재인에 도움을 준다. 예를 들어, 다음의 두 가지 형태를 살펴보자.

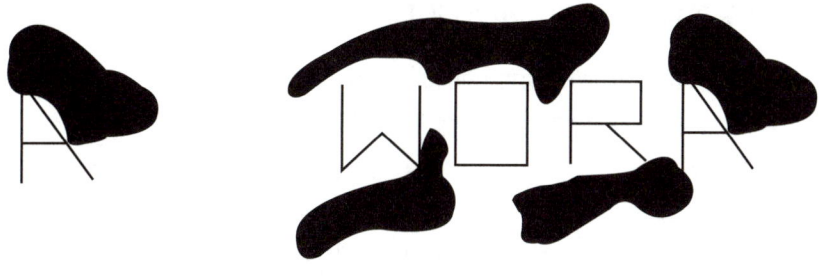

형태 1   형태 2

우선 형태 1을 살펴볼 때 해당 형태가 어떤 글자를 나타내는지 모호하다. 즉, R로 볼 수도, K로 볼 수도 있다. 그러나 형태 2를 살펴볼 때 형태 1과 동일한 마지막 낱자가 대략 K에 해당함을 짐작할 수 있다.

② 이와 같이 글자재인과정에서 하향적 정보의 효과를 잘 보여주는 현상 중 하나가 단어우월성효과(Word Superiority Effect) 혹은 단어이해효과(Word Apprehension Effect)이다. 하향적 정보는 글자재인과정에 영향을 주어 입력되는 정보가 부족한 경우에도 단어를 잘 처리하도록 해준다.

> **전문가의 한마디**
> 앞서 살펴본 형태재인에 관한 이론들은 모두 입력된 자료에 의해 형태재인의 과정을 설명하는 자료주도적 처리, 즉 상향적 처리를 강조한 이론들로 볼 수 있습니다.

핵심예제 32
12년 기출

형태재인이 이루어지기 위해서는 반드시 입력되는 자극정보와 정확하게 일치하는 기억정보가 장기기억 속에 존재해야 한다고 가정하는 이론은?

① 판형이론
② 원형대조이론
③ 특징분석이론
④ 심상대조이론

> **해설 체크!**
> 판형이론(Template Theory) 또는 형판맞추기(Template Matching)모형은 사람이 어떤 물체를 보고 인지할 수 있는 것은 그와 똑같은 물체의 형태가 머릿속에 저장되어 있기 때문이라고 주장한다. 즉, 입력되는 자극정보와 정확하게 일치하는 기억정보가 장기기억 속에 존재하여 형태재인이 이루어진다는 것이다.
>
> 정답 ①

33 언어와 사고

1. 단어우월성효과(Word Superiority Effect)

① 단어이해효과(Word Apprehension Effect)라고도 하며, 하나의 낱자가 단독으로 제시되었을 때보다 단어 속에서 제시되었을 때 해당 낱자를 더 잘 재인하는 효과를 말한다.

② 레이처(Reicher)는 단어조건, 낱자조건, 비단어조건에서 낱자재인의 정확성을 살펴보는 실험을 하였다. 단어조건의 경우 WORK라는 단어를, 낱자조건에서는 K만을, 비단어조건에서는 OWRK를 극히 짧은 시간 동안 제시하였다. 이후 D와 K를 제시하여 피험자들로 하여금 어떤 낱자가 이전에 제시되었는지를 보고하도록 하였다, 그 결과 낱자 K를 정확히 재인하는 비율이 단어조건의 WORK에서 상대적으로 더 높게 나타났다.

③ 이와 같은 결과는 각 낱자가 재인된 후에 각 낱자들이 모여 하나의 단어로 재인되는 상향적 처리는 물론 단어에 대한 정보가 각 낱자의 재인에 영향을 미치는 하향적 처리 또한 중요함을 보여준다.

> **OX Quiz**
> 단어우월성효과는 단어이해효과라고도 한다.
> 정답 O

2. 점화효과 또는 의미점화효과

① 단어우월성효과에서 단어가 낱자의 지각에 영향을 미치는 것과 같이, 다른 단어, 문장 및 글말의 맥락(Context)이 어휘처리에 영향을 미치게 되는데 이를 점화효과(Priming Effect) 또는 의미점화효과(Semantic Priming Effect)라고 한다.

② 본래 점화효과는 순서상 먼저 제시된 정보가 나중에 제시된 정보에 영향을 미치는 현상을 말한다. 이와 마찬가지로 의미점화효과는 의미적으로 관련된 단어(점화어)가 순서상 먼저 제시된 후 이와 관련된 단어(표적어)가 제시될 때 후자에 대한 의미처리가 빨리 일어나는 현상을 말한다.

③ 마이어와 쉬바네벨트(Meyer & Schvaneveldt)의 연구는 버터(Butter)에 대한 판단속도에 있어서 간호원(Nurse)이 먼저 제시될 때보다 빵(Bread)이 먼저 제시될 때 더욱 빠르다는 사실을 보여준다. 이는 빵에서 확산된 활성화에 의해 버터의 처리가 촉진된 것이다.

④ 점화효과는 기억의 의미망모형(Semantic Network Model)의 증거로 볼 수 있다.

3. 글(언어) 산출과정

① 제1단계 : 계획(Planning)
- 무엇을 어떻게 쓸 것인가에 대해 계획을 수립하는 단계로서, 다양한 지식을 응집하여 글의 구조 및 계획을 구성하게 된다.
- 좋은 글은 우선 풍부한 지식이 필요하지만, 그보다는 목표를 위계적으로 구성하고, 그 목표를 세분화하는 기술이 요구된다.

② 제2단계 : 변환(Translating)
- 기억의 내용을 구체적인 문장으로 표현하는 단계로서, 의미 만들기와 의미 표현하기의 과정이 포함된다.
- 글의 의미를 만들기 위해서는 사고를 융통성 있게 수행하여야 하며, 특히 이 과정에서 다양한 관점에의 접근을 위한 유추가 유용한 전략이 될 수 있다.

③ 제3단계 : 개관(Reviewing)
- 문장으로 표현된 글을 교정하는 단계로서, 자신의 글이 얼마나 잘 되었는지, 문제는 없는지 등을 살펴본다.
- 초보자는 개별 단어나 구 수준에서 교정을 하는 반면, 전문가는 글 전체의 논리적 명료성이나 구조에 초점을 둔다.

OX Quiz

보고서 작성을 마친 다해는 보고서에 쓰인 문장의 호응이 맞는지, 전체적인 맥락과 구조가 괜찮은지 살펴보았다. 이는 글 산출과정 중 '개관(Reviewing)'에 해당한다.

정답 O

4. 원활한 의사소통을 위한 그라이스(Grice)의 협동원리

① 양의 규칙

화자는 청자에게 필요한 만큼의 정보를 제공하여야 한다.

② 질의 규칙

화자는 청자에게 진실된 정보만을 전달하여야 한다.

③ 관계의 규칙

화자는 청자에게 현재 진행 중인 대화에 유효적절한 정보만을 제공하여야 한다.

④ 예절의 규칙

화자는 청자에게 명확하게 말해야 하며, 모호한 정보를 말해서는 안 된다.

OX Quiz
원활한 의사소통을 위한 협동원리에는 양의 규칙, 질의 규칙, 초두효과 등이 있다.
정답 X(초두효과는 해당되지 않음)

5. 대표성발견법과 가용성발견법 05, 12, 15, 16, 18, 20년 기출

① 대표성발견법 또는 대표성어림법(Representativeness Heuristic)
- 사람들이 어떤 사건이나 대상이 일어나거나 특정 범주에 속할 확률을 추정할 때 실제 확률을 계산하는 것이 아닌 그 사건이나 대상이 얼마나 대표적인지를 가지고 확률을 추정하는 것이다.
- 동전을 던질 때 앞면이 나올 확률과 뒷면이 나올 확률은 앞선 결과와 상관없이 정확히 반반이다. 그럼에도 불구하고 사람들은 앞면과 뒷면이 번갈아 나올 확률이 어느 한쪽 면만 계속 해서 나오는 것보다 더 높다고 판단하여, 앞서 앞면만 계속 나온 경우 이번에는 뒷면이 나올 확률이 더 높다고 생각한다.
- 대표성발견법과 밀접하게 연관된 것으로 도박사의 오류(Gamblers Fallacy)가 있다. 이는 앞서 판돈을 계속 잃은 사람이 다음 판에 자신이 돈을 딸 것으로 생각하는 것이다.

② 가용성발견법 또는 가용성어림법(Availability Heuristic)
- 사람들은 종종 어떤 사례들이 얼마나 쉽게 많이 머릿속에 떠오르는지에 의해 확률을 추정한다. 가용성발견법은 이와 같이 머릿속에 떠오르는 가용해 보이는 판단에 의해 해결하는 방법, 즉 자신의 신념과 판단의 정확성을 실제보다 과잉추정하는 것이다.
- 살인사건이나 화재 등으로 죽는 사람과 심장마비로 죽는 사람 중 누가 더 많은지를 묻는 질문에서 사람들이 흔히 범하는 확률추정의 오류이다. 사람들은 뉴스를 통해 살인사건이나 화재에 관한 기사를 자주 접하게 된다. 그로 인해 실제 살인사건이나 화재 등으로 죽는 사람 보다 심장마비로 죽는 사람이 더 많음에도 불구하고 그 반대일 것으로 판단하게 된다.

OX Quiz
대표성발견법과 밀접하게 연관된 것으로 도박사의 오류가 있다.
정답 O

- 가용성발견법과 밀접하게 연관된 것으로 결합오류(Conjunction Fallacy)가 있다. 이는 두 사건이 함께 일어날 확률이 하나의 사건이 일어날 확률보다 낮음에도 불구하고, 단일 사건의 확률보다 두 사건이 결합된 경우의 확률을 더 높게 추정하는 것이다.

핵심예제 33
05, 12, 15, 18년 기출

주변에 교통사고를 당한 사람들이 많은 사람은 교통사고 발생률을 실제보다 높게 판단하는 것처럼 특정 사건을 지지하는 사례들이 기억에 저장되어 있는 정도에 따라 사건의 발생가능성을 판단하는 경향은?

① 초두효과
② 점화효과
③ 가용성발견법
④ 대표성발견법

→ 해설 체크! ←

가용성발견법은 어떤 사례들이 얼마나 쉽게 많이 머릿속에 떠오르는지에 의해 확률을 추정하는 것이다.

정답 ③

34 심리학 연구방법 Ⅰ

20년 기출

1. 연구의 목표

① 기술과 측정
  연구자가 관심을 두고 있는 현상을 설명하기 위해 우선 그 현상을 정확히 기술한다. 또한 현상을 정확히 기술하기 위해 표적이 되는 대상을 정확히 측정한다.

② 이해와 예언
  인간행동의 이유를 설명함으로써 이해가 가능하도록 하며, 이를 위해 변인들의 관계를 예언하고 검증한다.

③ 응용과 통제
  연구자는 자신이 수집한 정보가 일상적인 문제해결에 실용적인 가치가 있을 것으로 기대한다. 만약 어떤 현상을 이해하게 된다면 그 현상을 보다 잘 통제할 수 있게 된다.

2. 연구의 단계

① 제1단계 : 가설설정
  어떤 현상을 과학적으로 연구하기 위해서는 우선 일상적인 생각이나 호기심을 경험적으로 검증가능한 형태로 변화시켜야 한다. 가설은 둘 혹은 그 이상의 변인들 간의 관계를 검증가능한 형태로 진술한 것이다.

② 제2단계 : 연구방법 선정 및 설계
  가설을 검증하기 위해 적절한 연구방법을 선정하고 실험을 설계해야 한다. 연구방법에는 실험법, 자연관찰법, 사례연구법, 조사법 등이 있으며, 연구자는 각 연구방법의 장·단점을 잘 이해하고 가장 적절한 방법을 선택해야 한다.

③ 제3단계 : 자료수집
  선정된 피험자를 대상으로 실험 혹은 조사를 실시한다. 연구자는 연구하려는 행동을 측정하기 위해 관찰, 면접, 질문지(설문지), 심리검사 등 다양한 자료수집 방법들을 사용한다.

④ 제4단계 : 자료분석과 결론
  자료수집 절차를 통해 얻은 결과는 수치로 제시되는데, 이는 원자료에 해당한다. 연구자는 원자료에서 의미 있는 결과를 얻기 위해 이를 요약하고 사전에 계획된 설계에 따라 분석한다.

OX Quiz

연구의 단계 중 자료수집 단계에는 선정된 피험자를 대상으로 실험 혹은 조사를 실시한다.

정답 O

⑤ 제5단계 : 결과보고

연구결과는 다른 연구자와 교류하고 일반대중에게 알림으로써 의미를 가지게 된다. 연구자는 간추린 연구결과를 학회 등에 보고하기 위해 보고서를 작성한다. 이와 같이 보고된 연구결과는 이후 다른 연구자들의 평가과정을 거쳐 교정 및 보충된다.

3. 조사연구의 유형

① 탐색적 조사
- 조사설계를 확정하기 이전 타당도를 검증하기 위해 예비적으로 실시하는 것으로서, 예비조사 또는 형식적 조사라고도 한다.
- 보통 연구문제에 대한 사전지식이 부족할 때 개념을 보다 분명히 하기 위해 실시한다.
- 연구의 우선순위를 정하고 문제의 중요부분에 대한 실태를 파악하기 위해 실시한다.
- 탐색적 조사는 융통성 있게 운영될 수 있으며, 수정이 가능하다.
- 문헌조사, 경험자조사, 특례분석조사 등이 해당된다.

② 기술적 조사
- 기술적 조사는 현상을 정확하게 기술하는 것을 주목적으로 한다.
- 어떠한 사건이나 현상의 크기, 비율, 수준 등에 대한 단순 통계적인 자료를 수집하여 문제에 대한 답을 구한다.
- 특히 발생빈도와 비율을 파악할 때 실시하며, 둘 이상 변수 간의 상관관계를 기술할 때 적용한다.
- 미래 상황에 대해 개략적으로 예측한다.
- 보통 기술적 조사는 탐색적 조사에 의해 얻어진 지식과 자료를 토대로 전개된다.
- 탐색적 조사와 달리 연구문제 및 가설을 설정한 후 실시되므로 계획적이고 체계적으로 이루어진다.
- 청소년 흡연율, 청소년 범죄율 등의 사회적 문제에 대해 정확한 실태파악을 하여 정책적 대안을 마련하기 위한 목적에서 실시한다.

③ 설명적 조사
- 기술적 조사연구결과의 축적을 토대로 어떤 사실과의 관계를 파악하여 인과관계를 규명하거나 미래를 예측하는 조사이다.
- 진단적 조사, 인과적 조사, 예측적 조사, 가설검증적 조사라고도 한다.
- 왜(Why)에 대한 대답을 제공하는 조사이다.
- 현상에 대한 단순한 기술이 아닌 인과론적 설명을 전개한다는 점에서 기술적 조사와 다르다.

OX Quiz

설명적 조사는 예비조사라고도 하며, 수정이 가능하다.

정답 X(탐색적 조사)

OX Quiz

2000년대 청소년 흡연율을 조사하는 것은 설명적 조사에 가깝다.

정답 X(기술적 조사)

- 사회적 문제의 발생원인을 밝히고, 이를 해결하기 위한 정책대안을 마련하기 위해 널리 활용된다.
- 인과관계의 규명을 위해 실험설계 등의 방법을 실시한다.

4. 횡단적 연구와 종단적 연구   13, 17, 22, 25년 기출

① 횡단적 연구
- 일정시점을 기준으로 모든 관련 변수에 대한 자료를 수집하는 연구로서, 이때 수집된 자료는 일정시점에서의 한 집단 또는 사례들의 특징을 나타낸다.
- 여러 상이한 연령에 속하는 사람들로부터 동시에 어떤 특성에 대한 자료를 얻고 그 결과를 연령 간 비교하여 발달적 변화과정을 추론하는 방법이다.
- 연구대상이 지리적으로 넓게 분포되어 있고 연구대상의 수가 많으며, 많은 변수에 대한 자료를 수집해야 할 필요성이 큰 경우에 유효하다.
- 횡단적 연구의 유형으로는 언론기관의 여론조사나 인구ㆍ주택센서스 같은 현황조사(Status Survey), 어떤 변수와 다른 변수와의 관련성을 파악하기 위한 상관적 연구(Relational Study) 등이 있다.

OX Quiz

횡단적 연구는 표층조사로 이루어지며, 측정이 한 번 이루어진다.

정답 X(표본조사)

② 종단적 연구
- 하나의 연구대상을 일정기간 동안 관찰하여 그 대상의 변화를 파악하는 데 초점을 둔 연구기법이다.
- 한 연령집단을 표집하여 동일한 연구대상을 오랜 기간 동안 반복적으로 관찰함으로써 연령에 따른 발달적 변화과정을 관찰하는 방법이다.
- 종단적 연구는 둘 이상의 시점에서 동일한 분석단위를 연구하는 것으로서 어떤 연구대상의 동태적 변화ㆍ발전과정의 연구에 적합하다.
- 종단적 연구의 유형으로는 추세조사(Trend Study), 코호트조사(Cohort Study), 패널조사(Panel Study) 등이 있다.

기출키워드

22년 1회

횡단적 연구방법

※ 필기시험에는 설명을 주고 선지에서 횡단적 연구방법을 고르도록 하는 문제가 출제되었습니다.

참고

횡단적 연구와 종단적 연구의 비교

횡단적 연구	종단적 연구
• 표본조사이다. • 모집단을 대표할 수 있는 자료를 제공한다. • 측정이 한 번 이루어진다. • 정태적이다. • 일정시점의 특정표본이 가지고 있는 특성을 파악한다. • 조사대상의 특성에 따라 집단을 분류하여 비교분석하므로 표본의 크기가 클수록 좋다.	• 현장조사이다. • 조사마다 새롭게 표집된 표본에 관한 자료를 제공한다. • 측정이 반복적으로 이루어진다. • 동태적이다. • 일정기간 변화하는 상황에 대한 조사를 한다. • 유형에 따라 서로 다른 시점에서 동일대상자를 추적해 조사하므로 표본의 크기가 작을수록 좋다.

핵심예제 34

13, 17, 19년 기출

여러 상이한 연령에 속하는 사람들로부터 동시에 어떤 특성에 대한 자료를 얻고 그 결과를 연령 간 비교하여 발달적 변화과정을 추론하는 연구방법은?

① 종단적 연구방법
② 횡단적 연구방법
③ 교차비교연구방법
④ 단기종단적 연구방법

해설 체크!

횡단적 연구방법은 인간의 발달과 관련된 연구결과를 이해하는 데 있어서 동시대집단효과(Cohort Effect)를 고려해야 하는 연구방법에 해당한다. 이때 동시대집단효과는 동시대집단 사이의 연령과 관련된 차이를 의미한다. 따라서 특정경험을 같이 하는 사람들이 가지는 특성들에 대해 두 번 이상의 다른 시기에 걸쳐서 비교·연구하는 종단적 성격의 코호트조사(Cohort Study)가 아닌, 동시대집단의 성장경험에서 비롯된 문화적 또는 역사적 차이를 파악하기 위한 횡단적 연구를 수행한다.

정답 ②

35 심리학 연구방법 Ⅱ

1. 실험연구(실험법) `16, 17, 20, 21, 23, 24, 25년 기출`

① 의의 및 특징
- 실험은 연구자가 통제된 조건하에서 어느 한 변인을 조작하고, 해당 변인이 다른 변인에 어떠한 영향을 미치는지를 관찰하는 것이다. 즉, 인위적으로 통제된 조건하에서 연구하고자 하는 변인을 체계적으로 변화시킬 때 그 효과가 어떻게 나타나는지를 측정한다.
- 효과를 연구하기 위해 사용되는 특정 변인을 독립변인(독립변수)이라 하며, 독립변인의 조작에 의해 영향을 받는 변인을 종속변인(종속변수)이라고 한다.
- 다른 조건들을 일정하게 고정시키는 것을 통제라고 하며, 독립변인이 어떻게 결과에 영향을 미치는가를 알아보기 위한 조작을 처치라고 한다.
- 종속변인의 변화가 독립변인의 처치효과에 의해서만 나타난 결과임을 증명하기 위해 다른 변인, 즉 외생변인(또는 가외변인)들은 일정하게 통제되어야 한다.
- 대부분의 심리학 연구에서 인과관계에 관한 질문에 응답하기 위해 가장 선호되는 연구방법이다.
- 이러한 실험법은 심리학이 과학적인 학문으로 발전하는 데 큰 기여를 했다.

② 실험설계의 조건
- 독립변인의 조작 : 연구자가 독립변인을 인위적으로 변화시킨다.
- 외생변인(가외변인)의 통제 : 독립변인과 종속변인 이외의 종속변인에 영향을 미칠 수 있는 다른 변인의 영향을 제거한다.
- 실험대상의 무작위화 : 무작위표집(무작위표본추출) 또는 무작위할당을 한다.

③ 독립변인과 종속변인

독립변인 (독립변수)	• 원인적 변인 또는 가설적 변인으로서, 일정하게 전제된 원인을 가져다주는 기능을 하는 변인을 말한다. • 연구자가 직접 통제하거나 조작하는 변인으로서, 연구자가 자신의 의도에 따라 변화시킬 수 있고, 종속변인에 영향을 미칠 수 있는 다른 변인들과 관계가 없으므로 독립적이라고 한다. 예 마리화나가 기억에 미치는 영향을 알아보기 위한 실험에서 선행조건인 마리화나의 양
종속변인 (종속변수)	• 결과변인으로서, 독립변인의 원인을 받아 일정하게 전제된 결과를 나타내는 기능을 하는 변인을 말한다. • 독립변인의 효과를 말하는 것으로서, 독립변인 조작의 영향을 받는다는 의미에서 종속적이라고 한다. 예 마리화나가 기억에 미치는 영향을 알아보기 위한 실험에서 후행결과인 기억의 양

OX Quiz

실험설계의 조건 중 독립변인과 종속변인 이외의 종속변인에 영향을 미칠 수 있는 다른 변인의 영향을 제거하는 것을 외생변인(가외변인)의 통제라고 한다.

정답 O

기출키워드
20년 1회 / 22년 1회
독립변수
원인이 되는 변수

종속변수
결과로 나타나는 변수

※ 20년 기출문제는 기온에 따른 학습능률의 변화를 알아보는 연구에서 독립변수가 무엇인지 물어보는 것이었습니다. 이 때 독립변수는 '기온'이며, 종속변수는 '학습능률'입니다.

④ 실험집단과 통제집단
- 실험연구에서 실험설계는 무작위할당에 의한 실험집단과 통제집단의 동질화, 실험자극의 도입에 의한 독립변인의 조작, 실험집단과 통제집단 간의 비교를 특징으로 한다. 즉, 원인과 결과 간의 인과관계를 추리하기 위해 무작위로 실험집단과 통제집단으로 나누고 실험집단에 자극을 가하여 나타난 결과를 통제집단과 비교하는 방식이다.
- 실험집단에서의 피험자는 처치를 받고, 통제집단에서의 피험자는 아무런 처치를 받지 않는다. 이때 각 집단에 대한 제반조건은 처음부터 끝까지 동일하도록 해야 하는데, 이와 같은 과정에 의해 두 집단 간 종속변인 측정치의 차이가 오로지 처치 때문인 것으로 간주할 수 있기 때문이다.
- 예를 들어, 진정제가 기억에 미치는 효과를 알아보기 위해 한 집단에게는 진정제를 함유한 과자를 먹게 하고, 다른 집단에게는 진정제를 함유하지 않은 동일한 과자를 먹게 한 후 두 집단의 단어암기정도를 비교하는 실험에서, 진정제를 함유한 과자를 먹은 집단은 실험집단, 진정제를 함유하지 않은 과자를 먹은 집단은 통제집단에 해당한다.

2. 기술연구   10, 14, 15, 17, 19, 22, 25년 기출

① 의의 및 특징
- 과학적 연구대상의 범위가 특정 사물은 물론 광범위한 현상까지 포괄하므로, 이와 같은 모든 현상을 실험적으로 연구할 수는 없다. 예를 들어, 이혼, 퇴직, 승진 등 생활의 변화는 연구자가 인위적으로 통제할 수 없다.
- 기술연구는 연구자가 주어진 자료를 요약하고 기술하는 데 초점을 두는 연구방법이다.
- 기술연구에서는 관심 있는 특성 혹은 행동의 유형을 서술하고, 변인들 간의 관련성을 밝히고자 한다.
- 기술연구는 실험연구가 불가능한 측면을 연구할 수 있으며, 행동을 보다 정확히 이해하는 데 유용할 수 있다. 그러나 변인을 통제하거나 조작하는 과정이 포함되지 않으므로 인과관계를 밝힐 수는 없다.
- 이러한 기술연구에는 자연관찰법, 사례연구법, 조사법(사회조사법) 등이 있다.

② 자연관찰법
- 연구자가 실험실이라는 인위적인 공간을 떠나 피험자의 어떤 행동도 간섭하지 않은 채 자연적인 조건이나 상태에서 피험자의 행동을 관찰한다.

기출키워드

21년 1회

실험집단
피험자에게 처치, 즉 가설의 원인을 제공하는 집단

통제집단
피험자에게 가설의 원인이 제공되지 않는 집단

OX Quiz
과일의 당분이 기억에 미치는 효과를 알아보기 위한 실험에서 과일을 섭취한 집단은 통제집단, 과일을 섭취하지 않은 집단은 실험집단에 해당한다.
정답 X(통제집단 ↔ 실험집단)

기출키워드

19년 3회

실험관찰법
- 연구자가 상황이 발생하는 장면을 조작하고 통제하는 관찰법이다.
- 자연관찰법의 단점(예기치 않은 상황 발생)을 극복하여 관찰의 정확성을 높일 수 있다.

- 피험자의 자연스러운 행동을 연구할 수 있으며, 특히 특정 변인의 조작과 처치가 비윤리적이고 비실제적이어서 실험법의 적용이 어려울 때 효과적으로 사용할 수 있다.
- 특정 시간이나 장소에서 우연히 일어나는 것만 관찰할 수 있으며, 한 번 일어난 것을 반복 관찰하기 어려운 단점이 있다.

③ 사례연구법
- 하나 또는 몇 개의 대상을 집중적으로 조사하여 결론을 얻는 연구방법으로서, 보통 개인이나 특정 사례에 대한 심층적인 연구가 이루어진다.
- 특히 심리적인 문제를 진단하고 치료하는 데 널리 사용되는 방법으로서, 심리장애의 원인을 밝히는 데 매우 유용하다.
- 사례사적 접근 시 연구자의 주관이 개입될 수 있으며, 연구자 자신의 주관적 기대와 이론적 입장에 부합되는 정보들을 선택적으로 취합할 가능성이 있다.

④ 조사법(사회조사법)
- 직접 관찰하기 어려운 행동에 대한 정보를 얻기 위해 사용되는 연구방법으로서, 구체적인 행동측면에 대한 정보를 수집하기 위해 질문지나 면접법을 활용한다.
- 조사법은 다른 어떤 방법들보다 피험자들의 태도와 의견에 관한 정보를 손쉽게 수집할 수 있다.
- 피험자의 자기보고 자료에 의존하므로, 피험자가 고의적으로 자신을 속이는 경우 적합하지 못하며, 사회적 바람직성 등의 영향을 받는다.

핵심예제 35 10, 14, 17년 기출

실험법과 조사법의 가장 근본적인 차이점은?

① 실험실 안에서 연구를 수행하는지의 여부
② 연구자가 변인을 통제하는지의 여부
③ 연구변인들의 수가 많은지의 여부
④ 연구자나 연구참가자의 편파가 존재하는지의 여부

해설 체크!
- 실험법은 엄격히 통제된 상황에서 두 변인 사이의 인과관계를 검증하는 방법이다.
- 조사법은 현상이나 모집단의 특성에 대한 분포 및 발생빈도 등의 특성을 파악하기 위해 행하는 방법이다.

정답 ②

기출키워드

22년 1회
사례연구
하나 또는 몇 개의 대상을 집중적으로 조사하고 증상과 경과를 체계적으로 연구하여 결론을 얻는 연구방법

20년 3회
설문조사
※ 필기시험에는 킨제이(Kinsey)가 인간의 성행동을 연구하기 위해 사용한 주된 심리학의 연구방법을 묻는 문제가 출제되었습니다. 답은 '설문조사'였습니다.

36 주요통계방법

1. 중심경향지수(Measures of Central Tendency) `14, 16, 17, 18, 20, 24, 25년 기출`

① 평균(Mean)
- 가장 보편적인 중심경향(집중경향)의 지수로서, 일반적으로 산술평균을 말한다.
- 표본의 합계를 통해 산출하는 표본평균($\bar{x}$)과 유한모집단을 통해 산출하는 모평균(μ)으로 구분한다.

> 표본평균 : $\bar{x} = \dfrac{x_1+x_2+x_3+\cdots+x_n}{n} = \dfrac{1}{n}\sum_{i=1}^{n} x_i$
>
> 모평균 : $\mu = \dfrac{x_1+x_2+x_3+\cdots+x_N}{N} = \dfrac{1}{N}\sum_{i=1}^{n} x_i$
>
> (단, $\bar{x}$는 표본평균, μ는 모집단평균, n은 표본의 관측값 개수, N은 모집단의 관측값 개수, x는 개별 변수의 측정치)

예 주사위를 10번 던져 나온 수가 3, 6, 4, 4, 2, 5, 1, 2, 3, 6인 경우

표본평균 : $\bar{x} = \dfrac{3+6+4+4+2+5+1+2+3+6}{10} = 3.6$

모평균 : $\mu = \dfrac{1+2+3+4+5+6}{6} = 3.5$

② 중앙값 또는 중앙치(Median) : 한 집단의 점수분포에서 전체 사례를 상위 1/2과 하위 1/2로 나누는 점을 말한다.

예 사례가 홀수(5개)인 12, 13, 16, 19, 20의 경우, 그 중앙에 위치한 16이 중앙값이 된다. 반면, 사례가 짝수(6개)인 12, 13, 16, 19, 20, 22의 경우 $\dfrac{16+19}{2} = 17.5$
즉, 17.5가 중앙값이 된다.

③ 최빈값 또는 최빈치(Mode) : 가장 많은 빈도를 지닌 점수를 말한다.

예 11개 사례의 값이 12, 12, 14, 14, 18, 18, 18, 18, 19, 20, 20인 경우, 18은 그 빈도가 4로 가장 많으므로 18이 최빈값이 된다. 만약 빈도의 크기가 모두 같은 경우 최빈값은 없다.

2. 변동성척도(Measures of Variability) 또는 변산도측정 `11, 13, 17, 18, 19, 20, 24년 기출`

① 범위(Range)
- 점수분포에 있어서 최고점수와 최저점수까지의 거리를 말한다.
- 범위를 R이라고 할 때, R = 최고점수 − 최저점수 + 1의 공식으로 나타낸다.

예 2, 5, 6, 8 네 점수가 있는 경우 범위는 8 − 2 + 1 = 7이 된다.

OX Quiz

중심경향지수와 관련된 개념에는 평균, 중앙값, 최빈값이 있다.

정답 O

기출키워드

20년 1회 / 25년 2회

최빈치(=최빈값)
- 빈도가 가장 높은 점수
- 질적 자료와 양적 자료 모두에 사용할 수 있음
- 값이 여러 개일 수 있음

19년 3회

산포도
두 변인 간 정적인 상관이 높을수록 상관계수 r은 +1에 가까워지고 흩어진 정도가 촘촘해진다.

② 분산 또는 변량(Variance) **24년 기출**
- 한 변수의 분포에 있는 모든 변수값들을 통해 흩어진 정도를 추정하는 것이다.
- 편차를 제곱하여 총합한 다음 이것을 전체 사례수로 나눈 값에 해당하며, 표본분산(s^2)과 모분산(σ^2)으로 구분한다.

$$\text{표본분산} : s^2 = \frac{1}{n-1} = \sum_{i=1}^{n}(x_i - \overline{x})^2$$

$$\text{모분산} : \sigma^2 = \frac{1}{N}\sum_{i=1}^{n}(x_i - \mu)^2$$

[단, s^2는 표본분산, σ^2는 모분산(모집단분산)]

③ 표준편차(Standard Deviation)
- 점수집합 내에서 점수들 간의 상이한 정도를 나타내는 것으로서, 변수값이 평균값에서 어느 정도 떨어져 있는지를 알 수 있도록 해준다.
- 모집단의 범위(Range)와 변산도(Variability)를 가장 잘 설명하는 변산도(산포도) 측정도구로서, 이때 변산도는 자료가 어떻게 분산되어 있는가를 나타내는 것이다.
- 표준편차가 클수록 평균값에서 이탈한 것이고, 표준편차가 작을수록 평균값에 근접한 것이다.
- 표준편차는 분산의 양의 제곱근으로 산출한다.

$$\text{표준편차} : s = \sqrt{\frac{1}{n-1} = \sum_{i=1}^{n}(x_i - \overline{x})^2}$$

(단, s는 표준편차)

④ 사분편차 또는 사분위편차(Quartile Deviation)
- 자료를 크기순으로 늘어놓고 1/4 지점(제1사분위수)과 3/4 지점(제3사분위수)에 있는 자료의 값에서 그 차이를 2로 나눈 중앙값이다.
- 범위(Range)가 양극단의 점수에 의해 좌우되는 단점을 가지므로 점수분포상에서 양극단의 점수가 아닌 어떤 일정한 위치에 있는 점수 간의 거리를 비교하고자 하는 것이다.

$$\text{사분편차} : Q = \frac{1}{2}(Q_3 - Q_1)$$

(단, Q는 사분편차(사분위편차), Q_1은 제1사분위수, Q_3은 제3사분위수]

⑤ 변동계수(Coefficient of Variation)
- 만약 두 자료의 평균이 서로 다를 경우 표준편차만을 비교하여 변산도(산포도)를 측정하는 것은 적절하지 못하다.

OX Quiz

한 점수집합에서 표준편차가 클수록 점수들이 평균값에 근접한 것이다.

정답 X(평균과 멀어진 것)

기출키워드
20년 3회 / 24년 3회
통계적 유의미
"통계적으로 유의미하다"의 의미는 주어진 유의수준에서 귀무가설이 틀리고 대립가설이 옳다는 뜻으로 귀무가설을 기각하고, 대립가설을 채택한다는 의미가 된다.

- 변동계수는 각 자료의 평균과 표준편차를 동시에 고려하여 보다 유효하게 변산도를 측정하는 것으로서, 특히 소득격차나 소득분배 등과 관련된 측정에 널리 사용된다.

> 변동계수 : $v = \dfrac{s}{\bar{x}} \times 100(\%)$
>
> (단, v는 변동계수, s는 표준편차, $\bar{x}$는 표본평균)

> **OX Quiz**
>
> 변동계수는 각 자료의 평균과 표준편차를 동시에 고려하여 보다 유효하게 변산도를 측정하는 것으로서, 특히 소득격차나 소득분배 등과 관련된 측정에 널리 사용된다.
>
> 정답 O

핵심예제 36 18, 21년 기출

다음은 무엇에 관한 설명인가?

> 척도상의 대표적 수치를 의미하며 평균, 중앙치, 최빈치가 그 예이다.

① 빈도분포값
② 추리통계값
③ 집중경향값
④ 변산측정값

해설 체크!

집중경향값(Central Tendency)
- 하나의 점수분포에서 중심적 경향을 나타내는 값이다.
- 최빈치(Mode), 중앙치(Median), 평균치(Mean)가 집중경향치로 사용된다.
- 정규분포 : 평균치 = 중앙치 = 최빈치
- 정적 편포 : 평균치 > 중앙치 > 최빈치
- 부적 편포 : 최빈치 > 중앙치 > 평균치

정답 ③

37 집단비교를 위한 주요통계방법   25년 기출

1. Z 검증

① 모집단의 분산을 알고 있는 경우에 사용한다.
② 모수통계로 어떤 집단의 특성이 특정 수치와 동일한지 또는 집단 간 차이가 있는지를 검증한다.
③ Z 검증을 실시하기 위해서는 연구의 종속변수가 양적 변수이어야 하며, 종속변수에 대한 모집단의 분포가 정규분포이어야 한다. 또한 두 집단 간에 비교를 하고자 하는 경우, 두 모집단의 분산이 같아야 한다.
④ 일반적인 연구에서 모집단의 분산을 아는 경우가 드물어 자주 사용되지는 않지만, 전국단위의 학력고사나 지능검사와 같이 표준화검사가 개발되어 전체 모집단의 평균과 분산을 아는 경우 사용한다.
⑤ 표본의 크기가 30개 이상인 경우 모집단의 분산을 알 수 없더라도 중심극한정리에 따라 정규분포를 가정할 수 있으므로 Z 검증을 사용할 수 있으며, 이 경우 t 검증과 거의 동일한 결과가 나온다.

2. t 검증

① 주로 표본의 크기가 30개 미만인 경우, 정규모집단의 분산을 모르고 표본분산을 사용하는 경우 적용한다.
② 두 집단 간의 평균차이를 분석하고자 하는 경우에 이용하는 분석방법이다.
③ t 검증을 실시하기 위해서는 연구의 종속변수가 양적 변수이어야 하며, 종속변수에 대한 모집단의 분포가 정규분포이어야 한다. 또한 두 집단 간에 비교를 하고자 하는 경우, 두 모집단의 분산이 같아야 한다.
④ t 검증과 Z 검증의 차이점은 t 검증이 Z 검증과 달리 모집단의 분산을 알지 못한다는 데 있다.
⑤ 일반적인 연구에서 모집단의 분산을 아는 경우가 많지 않으므로 Z 검증에 비해 많이 사용되며, 특히 복잡하지 않은 설계에서 흔히 사용된다.
⑥ t 검증 절차에서는 독립된 두 집단 간의 관찰치에 대한 모평균이 같다는 가설을 검증하는 t 통계량을 계산한다.

기출키워드
19년 3회
통계적 검증력(Statistical Power)
- 귀무가설이 거짓인데도 이를 채택하는 오류를 범하지 않을 확률을 의미한다.
- 검증력에 영향을 주는 요인
  - 유의수준이 높을수록 검증력은 증가한다.
  - 표준편차가 커지면 검증력은 낮아진다.
  - 두 모집단 간 차이가 작을수록 검증력은 낮아진다.
  - 표본의 크기가 클수록 검증력은 증가한다.
  - 대립가설의 실제 평균이 일방검증의 기각역과 동일한 방향이라면 양방검증의 경우보다 검증력이 증가한다.

기출키워드
21년 1회
회귀분석
- 2개의 집단 간 차이를 보는 통계방법은 t 검증이다.
- 회귀분석은 독립변수가 종속변수에 미치는 영향을 살펴보는 통계방법이다.
- 독립변수가 하나이면 단순회귀분석(Simple Regression Analysis), 독립변수가 다수이면 다중회귀분석(Multiple Regression Analysis)이라고 한다.

3. F 검증(분산분석)

① Z 검증과 t 검증이 두 개 집단의 비교를 다루는 데 비해, F 검증은 둘 이상의 집단(실제적으로 세 집단 이상)을 비교하는 데 사용되는 분석방법이다.
② 분산분석(ANOVA ; Analysis of Variance)이라고도 하며, 비교하는 집단의 수는 일반적으로 3~5개가 적당하다.
③ 분산, 즉 특정 집단이 얼마나 이질적 혹은 동질적인가를 이용하여 집단 내 이질성에 대한 집단 간 이질성의 비율로서 집단의 차이여부를 검증하는 것이다.
④ F 검증을 실시하기 위해서는 연구의 종속변수가 양적 변수이어야 하며, 각 모집단의 분포가 정규분포이어야 한다. 또한 모집단의 분산이 같아야 한다.
⑤ F 검증은 귀무가설을 기각하더라도 다른 통계적 방법을 동원하여 다중비교를 수행하는 것이 바람직하다. 예를 들어 A, B, C 집단의 평균은 모두 같다(귀무가설)와 A, B, C 집단의 평균이 모두 같지는 않다(대립가설)에서 귀무가설을 기각하더라도 집단 간 평균이 모두 다르다고 판정할 수는 없기 때문이다.

> **OX Quiz**
> F 검증을 실시하기 위해서는 연구의 종속변수가 양적 변수이어야 하며, 각 모집단의 분포가 정규분포이어야 한다. 또한 모집단의 분산이 같아야 한다.
> 정답 O

4. 카이제곱(χ^2) 검증 `16년 기출`

① Z 검증이나 t 검증의 경우 집단비교에 있어서 종속변수가 양적 변수일 때 사용하는 것과 달리 카이제곱 검증은 종속변수가 질적 변수 또는 범주변수인 경우 사용한다.
② 한 변수의 속성이 다른 변수의 속성에 대해 독립적인지, 두 개의 독립적인 표본이 몇 개의 같은 범주로 분류되어 있는 경우 각 표본에서 어느 특정 범주에 속할 비율이 동일한지를 검증하는 방법이다.
③ 교차표(Contingency Table)에 나타난 변수 간의 유의성을 알아보는 방법으로서, 모집단에서 두 집단 간의 관련성이 없다는 전제하에 각 카테고리의 기대빈도의 값을 구하는 것이다.
④ 예를 들어, 100명의 대학생들에게 축구와 야구 중 선호하는 운동종목이 무엇인지 질문을 했을 때 그 대답이 각각 40대 60으로 나왔다면, 이러한 결과를 통해 대학생들이 축구보다 야구를 더 선호한다고 단정지을 수 있는지 χ^2 검증을 통해 판단할 수 있다.
⑤ 관찰빈도와 기대빈도가 서로 비슷하다면 관찰빈도-기대빈도의 값이 작아지므로 결국 카이제곱값도 작아져서 귀무가설이 채택될 가능성이 높다.
⑥ 카이제곱은 각 범주의 관찰빈도와 기대빈도의 차이를 제곱하여 이 값을 다시 기대빈도로 나눈 후 합한 값이다.

$$\text{표본평균}: \chi^2 = \sum \frac{(O_i - E_i)^2}{E_i}$$

(단, χ^2는 표본평균, O_i는 관찰빈도, E_i는 기대빈도)

핵심예제 37

09, 12, 16, 19년 기출

'대학생들은 축구와 야구 중에 어느 것을 더 좋아하는가?'라는 문제를 검증하는 경우처럼 빈도나 비율의 차이검증에 가장 적합한 분석방법은?

① t 검증
② F 검증
③ Z 검증
④ χ^2 검증

해설 체크!

한 변수의 속성과 다른 변수의 속성을 관련지어 이들 각각의 변수가 가지는 값을 기록한 교차표 또는 분할표(Contingency Table)를 사용함으로써 이들 간의 관계를 분석하는 방법을 교차분석(Crosstabulation Analysis)이라고 한다. 교차분석검증의 방법으로서 카이제곱(χ^2) 검증은 한 변수의 속성이 다른 변수의 속성에 대해 독립적인지, 두 개의 독립적인 표본이 몇 개의 같은 범주로 분류되어 있는 경우 각 표본에서 어느 특정 범주에 속할 비율이 동일한지를 검증하는 분석방법이다.

정답 ④

38. 인간발달의 원리와 특징

1. 인간발달의 원리

① 일정한 순서와 방향성

발달은 상부에서 하부로, 중심에서 말초로, 전체운동에서 특수운동으로, 미분화 운동에서 분화운동으로 진행되는 경향이 있다.

② 연속성

발달은 전 생애를 통해 지속되며 연속적으로 진행되지만, 발달의 속도는 일정하지 않다.

③ 유전과 환경의 상호작용

발달은 유전적 요인과 환경적 요인의 상호작용을 통해 이루어지며, 성숙과 학습에 의존한다.

④ 개인차의 존재

발달에는 개인차가 존재하며, 발달의 속도와 진행정도는 동일하지 않다. 특히 개인차는 연령이 증가할수록, 환경적인 변수에 영향을 받을수록 더욱 현저해진다.

⑤ 분화와 통합의 과정

발달은 전체적이고 미분화된 기관과 기능이 특수한 기관과 기능으로 분화되는 동시에 부분적인 기관과 기능이 전체적인 기관과 기능으로 통합되는 과정으로 전개된다. 따라서 신체, 인지, 성격 등 각 측면의 발달은 밀접한 상호작용으로 발달하면서 통합된다.

⑥ 점성원리

성장하는 모든 것은 기초안에 따라 부분적으로 발달하며, 특정 단계의 발달은 이전단계에서 성취한 발달과업에 기초하여 이루어진다.

⑦ 결정적 시기의 존재

신체 및 심리가 발달하는 가장 용이한 시기가 있으며, 이 시기를 놓치면 발달과업 획득의 효율성이 떨어진다.

2. 인간발달의 특징 〔21년 기출〕

① 적기성

어떤 발달과업을 성취하는 데는 결정적인 시기가 있다.

② 기초성

발달과업은 대부분 초기에 이루어지므로, 초기의 발달상 지체가 후일의 발달에 지대한 영향을 미친다.

OX Quiz

인간발달은 사지 부분에서 먼저 이루어진다.
정답 X(머리와 몸통 먼저 발달)

OX Quiz

발달은 전 생애를 통해 지속되며, 발달의 속도는 일정하다.
정답 X(발달의 속도는 일정하지 않음)

기출키워드
21년 3회
발달의 특징
※ 필기시험에는 발달의 특징 중 틀린 것을 고르도록 하는 문제가 출제되었습니다.

③ 불가역성
  어떤 특정한 시기에 발달이 잘못되는 경우 추후 그것을 교정·보충하는 데 한계가 있다.
④ 누적성
  발달상의 결손은 누적이 되어 회복을 더욱 어렵게 한다.
⑤ 상호관련성
  발달의 여러 측면들은 서로 밀접하게 연관되어 있다.

3. 발달 및 그와 유사한 개념

① 발달(Development)
  출생에서부터 사망에 이르기까지 전 생애에 걸쳐 계속적으로 일어나는 변화의 양상과정으로서, 신체적·지적·정서적·사회적 측면 등 전인적인 측면에서 변화하는 것이다.
② 성장(Growth)
  신체 크기의 증대, 근력의 증가 등과 같은 양적인 확대를 의미한다. 특히 신체적 부분에 국한된 변화를 설명할 때 주로 사용된다.
③ 성숙(Maturation)
  경험이나 훈련에 관계없이 인간의 내적 또는 유전적 기제의 작용에 의해 체계적이고 규칙적으로 진행되는 신체 및 심리의 변화를 의미한다.
④ 학습(Learning)
  후천적 변화의 과정으로서 특수한 경험이나 훈련 또는 연습과 같은 외부자극이나 조건, 즉 환경에 의해 개인이 내적으로 변하는 것을 의미한다.

OX Quiz
학습은 선천적 변화과정으로서 외부자극이나 조건에 의해 개인이 내적으로 변하는 것이다.
정답 X(후천적 변화과정)

핵심예제 38
21년 기출

발달의 일반적 특징으로 틀린 것은?

① 발달은 이전 경험의 누적에 따른 산물이다.
② 한 개인의 발달은 역사·문화적 맥락의 영향을 받는다.
③ 발달의 각 영역은 상호의존적이기보다는 서로 배타적이다.
④ 대부분의 발달적 변화는 성숙과 학습의 산물이다.

> **해설 체크!**
> 발달의 각 영역은 상호관련성을 가진다.
>
> 정답 ③

39 청소년기의 발달

1. 신체발달

① 청소년기의 연령 구분은 학자에 따라 다르지만 일반적으로 12~19세로 간주한다.
② 급격한 신장의 증가와 함께 뼈와 근육의 성장이 이루어지므로 제2의 성장급등기라고 한다.
③ 사춘기를 경험하며, 2차 성징과 함께 생식기관의 성숙이 뚜렷이 나타난다.
④ 11~13세에는 여자가 남자보다 키와 몸무게에서 우세하지만, 이후에는 남자가 여자보다 우세해진다.
⑤ 남자는 어깨가 넓어지고 근육이 발달하여 남성다운 체형으로 변모하는 반면, 여자는 골반이 넓어지고 피하지방이 축적되어 여성다운 체형으로 변모한다.
⑥ 머리 크기가 신체에서 차지하는 비중이 작아지고 얼굴 모양은 길쭉한 형으로 변화하며, 코와 입이 넓어지고 전체적인 윤곽이 달라진다.
⑦ 신체 부위의 균형이 맞지 않아 보이며, 급작스러운 움직임에서 어색한 모습을 보인다.
⑧ 신체변화에 대한 심리적인 반응으로서 신체상(Body Image)을 가지게 된다. 신체상은 자신의 신체에 대한 느낌을 나타내는 것으로서, 자신의 신체에 대한 평가 및 타인의 반응에 의해 크게 좌우된다.

2. 인지발달

① 프로이트의 생식기, 에릭슨의 청소년기, 피아제의 형식적 조작기 초기에 해당하는 시기이다.
② 추상적 사고, 가설적·연역적 사고, 체계적·조합적 사고, 논리적 추론, 미래사건 예측 등이 가능하다.
③ 청소년기는 아동에서 성인으로 발달하는 과도기의 단계로서, 이성문제 또는 진학문제 등의 다양한 선택과 결정을 내리는 과정에서 자아정체감을 형성해 나간다.
④ 자신과 자신이 속한 세계에 대해 상대론적 입장에서 사고할 수 있다.
⑤ 사회적 관계를 이해하는 능력인 사회인지를 통해 다른 사람의 감정, 생각, 의도, 사회적 행동을 이해한다.
⑥ 다른 사람에게서 어떤 인상을 받는가, 즉 다른 사람에 대한 판단은 어떻게 이루어지는가 하는 인상형성이 급속도로 발달한다.
⑦ 역할수용을 통해 다른 사람의 입장이 되어 그 기분을 이해할 수 있다.

OX Quiz

11~13세에는 남자가 여자보다 키와 몸무게에서 우세하다.

정답 X(여자가 우세)

⑧ 자기중심적 성향으로서 상상적 청중(Imaginary Audience)과 개인적 우화(Personal Fable)가 나타난다. 상상적 청중은 자신이 마치 무대 위의 주인공처럼 다른 사람들로부터 주의와 관심의 대상이라고 믿는 것이다. 개인적 우화는 자신이 마치 독특한 존재이기라도 한 것처럼 자신의 사고와 감정이 다른 사람과 근본적으로 다르다고 믿는 것이다.

3. 사회정서발달

① 홀(Hall)은 청소년기를 질풍노도의 시기(Period of Storm and Stress)로 비유하였다. 청소년기는 과도기적 단계의 반영으로서 정서가 매우 강하고 변화가 심하며, 극단적인 정서경험을 한다.
② 심리적 이유기(Psychological Weaning Period)로서 부모나 가족으로부터 분리되어 친구나 자기 자신에게 의존하려는 경향을 보인다.
③ 안정애착은 아동기에서 성인기로 넘어가는 과도기와 관련한 우울과 불안, 정서적 혼란 등을 완화해 주는 역할을 한다.
④ 청소년 초기에는 동성 간의 친구관계가 중요한 관심사가 되지만, 점차적으로 이성관계에 대해 관심을 가지게 되면서 이성 또래와의 관계형성을 시도한다.
⑤ 심리사회적 유예(Psychosocial Moratorium)는 청소년들에게 가치, 믿음, 역할 등을 시험해 볼 자유를 허락하며, 각자의 장점을 극대화하여 사회로부터 긍정적인 인정을 획득함으로써 사회에 최상으로 적응할 수 있도록 한다.

4. 마르시아(Marcia)의 청소년기 자아정체감 범주

구 분	특 징
정체감 성취	• 정체성 위기와 함께 정체감 성취에 도달하기 위한 격렬한 결정과정을 경험한다. • 청소년은 어느 사회에서나 안정된 참여를 할 수 있고, 상황 변화에 따른 동요 없이 성숙한 정체감을 소유할 수 있다.
정체감 유예	• 정체성 위기로 격렬한 불안을 경험하지만 아직 명확한 역할에 전념하지 못한다. • 청소년은 자신의 능력과 사회적 요구, 부모의 기대 사이에서 고민한다.
정체감 유실	• 정체성 위기를 경험하지 않았음에도 사회나 부모의 요구와 결정에 따라 행동한다. • 청소년은 외면적으로는 본인의 결단 지점을 통과한 것처럼 보이지만, 내면적으로는 통과하지 못한 상태이다.
정체감 혼란	• 정체성 위기를 경험하지 않았으며 명확한 역할에 대한 노력도 없다. • 청소년은 일을 저지르지도, 책임을 지려하지도, 의심하지도 않으며, 어떻게 살아야 하는지에 대해서도 관심이 없다.

핵심예제 39 04, 08년 기출

아동기에서 성인기로 옮겨가는 청소년기는 사춘기로 시작된다. 이때 나타나는 발달 특성이 아닌 것은?

① 각 신체변화의 비율이 완만한 성장을 보인다.
② 동성 및 이성의 친구를 선택한다.
③ 성인이 되는 과정으로 많은 심리사회적 압력이 작용한다.
④ 2차적인 성특징들이 발달된다.

> **해설 체크!**
> 청소년기는 급격한 신장의 증가와 함께 뼈와 근육의 성장이 이루어지므로 제2의 성장급등기라고 한다. 이 시기는 신체 부위의 균형이 맞지 않아 보이며, 급작스러운 움직임에서 어색한 모습을 보인다.
> 정답 ①

40 노년기의 발달 20, 24, 25년 기출

1. 신체적 변화

① 노년기의 연령 구분은 보통 65세 이후로 간주한다. 특히 신체적으로 건강하면서 자립적인 활동이 가능한 노년 전기(65~74세)와 신체적 기능의 약화로 인해 일상생활을 타인에게 전적으로 의존할 수밖에 없는 노년 후기(75세 이후)로 구분하기도 한다.
② 노화의 주된 요인은 신체 내적인 것으로서, 이러한 노화에 의해 신체기능이 점진적으로 약화되어 결국 죽음에 이르게 된다.
③ 감각기관 및 내부기관의 기능이 급격히 약화되며, 민첩성과 기민성도 떨어진다.
④ 약 70% 이상의 노인들이 만성질환을 경험하며, 고혈압, 당뇨병, 고콜레스테롤혈증, 골관절염 순으로 비중이 높게 나타난다.
⑤ 쇠약해지는 체력에 적응하고, 알맞은 운동 및 섭생, 지병이나 쇠약함에 대한 적절한 대처가 필요하다.

2. 인지적 · 성격적 변화 24년 기출

① 지적 능력의 쇠퇴는 다양한 측면에서 일어나며, 단기기억이 장기기억보다 더욱 심하게 쇠퇴한다.

OX Quiz
노년기에는 민첩성과 기민성은 감소하지만 감각기관의 기능은 증진되는 특징이 있다.
정답 X(모두 감소)

OX Quiz
약 70% 이상의 노인들이 만성질환을 경험하며, 당뇨병의 비중이 가장 높게 나타난다.
정답 X(고혈압)

기출키워드

21년 3회

노년기의 우울증과 신경인지장애

- 노년기에 주로 나타나는 임상적 질환에는 노년기 우울증(Senile Depression)과 신경인지장애(Neurocognitive Disorders)가 있다.
- 우울증을 가진 노인은 자신의 기억 손실을 불평하는 반면, 신경인지장애를 가진 노인은 기억 손실을 감추거나 기억 손실 자체를 인지하지 못하는 경우가 많다.
- 우울증을 가진 노인은 심리검사에서 자신의 문제해결에 소극적인 양상을 보이는 반면, 신경인지장애를 가진 노인은 인지 결함을 숨기기 위해 오히려 적극적인 양상을 보인다.
- 우울증은 가역성으로 인해 신경인지장애에 비해 상대적으로 회복 가능성이 높다.
- 신경인지장애 중에서도 특히 알츠하이머병으로 인한 신경인지장애는 비가역성으로 인해 완치가 어렵다.

OX Quiz

70세 최노인은 노년기 사회적 변화로 미루어 볼 때 40세 최장년보다 경제적 능력이 약화되고 사회적 지위가 저하될 가능성이 더 높다.

정답 O

---

② 연령이 증가함에 따라 정보처리속도가 감소하며, 감각기관을 통해 입수되는 정보를 운동반응으로 전환하는 능력 등이 떨어진다.

③ 인지적 능력이 감소하는 경향이 있으나 추론능력 등 경험의 축적을 통해 습득된 능력은 비교적 유지된다.

④ 자기중심적이고 원시적인 방법으로 문제를 해결하려는 경향을 나타내 보인다.

⑤ 사고의 보수성과 경직성, 성격의 내향성과 수동성이 증가한다.

⑥ 변화에 대한 두려움과 함께 자기통제력에 대한 자신감이 감소한다.

⑦ 인지적 능력의 감소에 대처하기 위해 주기적으로 다른 사람과 접촉하여 언어적 상호작용을 해야 하며, 기억력 쇠퇴에 대처하기 위해 아이디어가 떠오르는 경우 이를 즉각적으로 행동에 옮기도록 노력해야 한다.

3. 사회적 변화

① 노인은 직업적 역할의 상실로 인해 경제적 능력이 약화되며, 사회적 지위도 저하된다.

② 갱년기 이후 호르몬 분비량 감소로 인한 생물학적 변화와 함께 직장에서의 은퇴에 따른 사회적 지위 저하가 기존의 남녀 간 성역할의 변화를 초래한다.

③ 공식적·제도적인 역할이 축소되는 반면, 비공식적·희박한 역할은 증가한다.

④ 조부모로서의 역할을 수행하면서 어느 정도 자신의 존재가치를 회복하며, 상실감을 극복한다.

⑤ 배우자의 상실로 인해 슬픔과 우울, 극심한 혼란을 경험한다.

⑥ 생활주기상 동일한 시기에 있는 사람들과 친구관계를 맺으며, 서로의 관심사를 공유한다.

4. 노년기 죽음에 대한 태도

20년 기출

① 제1단계 : 부정단계
   자신이 곧 죽는다는 사실을 부인한다.

② 제2단계 : 분노단계
   자신의 죽음에 대한 이유를 알지 못하여 주위사람들에게 질투와 분노를 표출한다.

③ 제3단계 : 타협단계
   죽음을 받아들이기 시작하며, 인생과업을 마칠 때까지 생이 지속되기를 희망한다.

④ 제4단계 : 우울단계
   이미 죽음을 실감하기 시작하며, 극심한 우울상태에 빠진다.

⑤ 제5단계 : 수용단계
  절망적인 단계로 거의 감정이 없는 상태이다.

5. 린데만(Lindemann)의 가족상실 비애반응(건강한 비애반응)

① 제1단계 : 신체적 고통단계 또는 신체적 반응단계
  소중한 사람이 죽었다는 사실을 알게 된 후 약 20분 내지 1시간 정도 신체적 고통이 계속된다.
② 제2단계 : 죽은 사람과의 기억에 휩싸이는 단계
  그 사람이 죽었다는 사실을 실감할 수 없는 상태로 지금이라도 돌아올 것 같은 느낌을 가지며, 심한 경우 그가 죽었다는 사실을 받아들이지 못한다.
③ 제3단계 : 죄책감단계
  그 사람의 죽음이 마치 자신의 책임이나 과실인 것처럼 느껴져서 스스로를 질책하게 된다.
④ 제4단계 : 적의반응단계
  분명한 대상이 없으면서도 왠지 모르게 화가 나서 사태의 책임자가 될 만한 사람에게 화를 퍼붓거나, 자신의 마음 깊숙한 곳에서 치미는 슬픈 적의에 휩싸인다.
⑤ 제5단계 : 일상적 행동 곤란단계
  안정을 찾지 못한 채 무작정 방황한다. 다른 사람의 따뜻한 인간적 접촉이 가슴 속에 와닿지 않아 공허하게 느껴지며, 완전히 혼자라고 느낀다.

OX Quiz
노년기 죽음에 대한 태도 중 이미 죽음을 실감하기 시작하며, 극심한 우울상태에 빠지는 단계는 제4단계 우울단계이다.
정답 O

OX Quiz
가족상실 직후 신체적 고통을 겪는 것은 비정상적 비애반응이다.
정답 X(건강한 비애반응)

핵심예제 40
20년 기출

퀴블러 로스(Kübler-Ross)가 주장한 죽음의 단계에 대한 순서로 옳은 것은?

① 부정 → 분노 → 타협 → 우울 → 수용
② 분노 → 우울 → 부정 → 타협 → 수용
③ 우울 → 부정 → 분노 → 타협 → 수용
④ 타협 → 부정 → 분노 → 우울 → 수용

해설 체크!

죽음 전의 심리적 변화
- 1단계 : 부정(Denial)
- 2단계 : 분노(Anger)
- 3단계 : 타협(Bargaining)
- 4단계 : 우울(Depression)
- 5단계 : 수용(Acceptance)

정답 ①

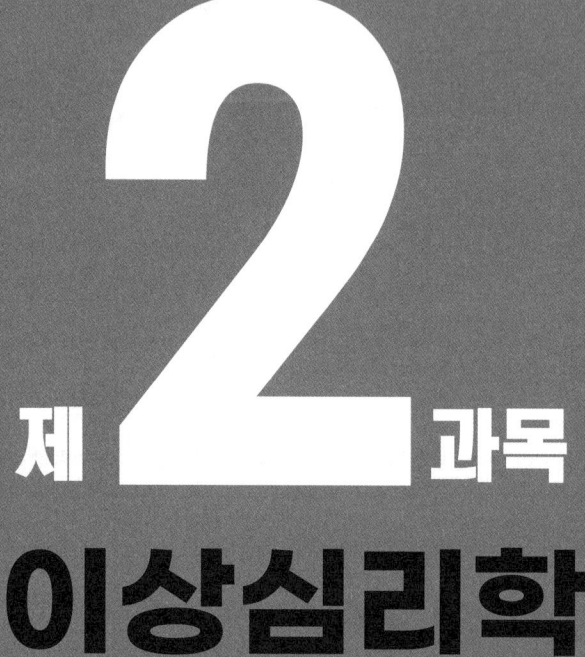

제 2 과목
이상심리학

학습공략

이상심리학은 최근까지도 예년과 비슷한 난도로 출제되었습니다. 여전히 '이상행동의 유형'과 'DSM-5의 정신장애 하위유형'이 출제의 핵심이었습니다. 특히 분류범주를 세부적으로 묻는 문제가 출제되었으므로, 단순 용어 암기가 아니라 증상 구분 포인트와 유형별 진단기준까지 학습해야 합니다.

임상심리사 2급

- 01 이상심리학에 대한 주요이론 Ⅰ
- 02 이상심리학에 대한 주요이론 Ⅱ
- 03 정신장애의 진단 및 통계편람(DSM)
- 04 DSM-5
- 05 불안장애 Ⅰ - 불안장애와 범불안장애
- 06 불안장애 Ⅱ - 공포증
- 07 불안장애 Ⅲ - 공황장애
- 08 불안장애 Ⅳ - 분리불안장애
- 09 강박 및 관련 장애 - 강박장애
- 10 외상- 및 스트레스사건-관련 장애 Ⅰ - 외상후스트레스장애
- 11 외상- 및 스트레스사건-관련 장애 Ⅱ - 반응성애착장애
- 12 조증삽화, 경조증삽화, 주요우울증삽화 등
- 13 우울장애 Ⅰ - 주요우울장애, 지속성우울장애 등
- 14 우울장애 Ⅱ - 우울증에 관한 이론
- 15 양극성 및 관련 장애 - 제1형 및 제2형 양극성장애, 순환성장애
- 16 해리성장애(해리장애) Ⅰ - 해리성장애와 해리성정체감장애
- 17 해리성장애(해리장애) Ⅱ - 해리성기억상실증, 이인증/비현실감장애
- 18 신체증상 및 관련 장애 - 신체증상장애, 질병불안장애, 전환장애
- 19 조현병 스펙트럼 및 기타 정신증적 장애 Ⅰ - 조현병(정신분열증) Ⅰ
- 20 조현병 스펙트럼 및 기타 정신증적 장애 Ⅱ - 조현병(정신분열증) Ⅱ
- 21 조현병 스펙트럼 및 기타 정신증적 장애 Ⅲ - 망상장애
- 22 성격장애의 이해
- 23 A군 성격장애 Ⅰ - 편집성성격장애
- 24 A군 성격장애 Ⅱ - 조현성(분열성)성격장애, 조현형(분열형)성격장애
- 25 B군 성격장애 Ⅰ - 반사회성성격장애, 연극성(히스테리성)성격장애
- 26 B군 성격장애 Ⅱ - 경계성성격장애, 자기애성성격장애
- 27 C군 성격장애 Ⅰ - 회피성성격장애, 의존성성격장애
- 28 C군 성격장애 Ⅱ - 강박성성격장애
- 29 급식 및 섭식장애 - 신경성식욕부진증, 신경성폭식증
- 30 성 관련 장애 Ⅰ - 성기능장애(성기능부전)
- 31 성 관련 장애 Ⅱ - 성도착장애(변태성욕장애)
- 32 성 관련 장애 Ⅲ - 성불편증(성별불쾌감)
- 33 물질-관련 및 중독장애 Ⅰ - 물질-관련 장애
- 34 물질-관련 및 중독장애 Ⅱ - 알코올-관련 장애
- 35 파괴적, 충동조절 및 품행장애 - 반항성장애(적대적 반항장애), 품행장애
- 36 신경발달장애 Ⅰ - 지적 장애
- 37 신경발달장애 Ⅱ - 자폐스펙트럼장애
- 38 신경발달장애 Ⅲ - 주의력결핍 및 과잉행동장애
- 39 신경발달장애 Ⅳ - 틱장애
- 40 신경인지장애 - 주요 및 경도신경인지장애, 섬망

합격의 공식 시대에듀

자격증 · 공무원 · 금융/보험 · 면허증 · 언어/외국어 · 검정고시/독학사 · 기업체/취업
이 시대의 모든 합격! 시대에듀에서 합격하세요!
www.youtube.com ➔ 시대에듀 ➔ 구독

임상심리사 2급

2과목 이상심리학

기출키워드

19년 3회 / 24년 2회

심리치료의 사회문화적 모델
- 개인이 속한 사회, 문화의 규범, 기대, 환경 등이 미치는 영향의 관점을 통해 이상행동을 가장 잘 이해할 수 있다고 가정한다.
- 이상행동을 이해하기 위해서는 그 사람이 속한 사회적 환경의 이해가 반드시 필요하다.
- 가족-사회적 치료와 다문화적 치료의 두 가지 주요관점으로 분류한다. 가족-사회적 치료의 예로는 집단치료, 가족치료, 커플치료, 지역사회치료가 있고, 다문화적 치료의 예로는 문화민감치료, 성별민감치료가 있다.

24년 1회

프로이트 이론을 토대로 발전한 학파
- 안나 프로이트(Anna Freud), 하트만(Hartmann)의 자아심리학
- 페어베언(Fairbairn)과 위니콧(Winnicott)의 대상관계이론
- 아들러(Adler)의 개인심리학
- 설리번(Sullivan)의 대인관계이론 등

OX Quiz
프로이트는 이상행동의 원인을 어린 시절의 경험과 무의식적 갈등에 의한 것으로 본다.

정답 O

1 이상심리학에 대한 주요이론 Ⅰ **25년 기출**

1. 정신분석이론

① 의의 및 특징
- 프로이트(Freud)는 이상행동의 원인을 어린 시절의 경험과 무의식적 갈등에 의한 것으로 본다.
- 인간의 성격을 쾌락의 원리에 기초한 원초아(Id), 현실의 원리에 기초한 자아(Ego), 도덕의 원리에 기초한 초자아(Superego)로 구분한다.
- 자아가 원초아를 적절히 조절·통제하지 못함으로써 신경증적 불안(Neurotic Anxiety)이 발생하며, 그로 인한 불안에서 벗어나기 위해 방어기제(Defense Mechanism)를 사용한다.
- 방어기제의 부적절한 사용에 의해 이상행동이나 정신장애가 발생하며, 이를 치유하기 위해 자유연상, 꿈의 분석, 저항의 분석, 훈습 등의 기술을 사용한다.
- 자아심리학, 대상관계이론 등은 프로이트 정신분석이론의 기본적인 토대를 유지한 채 이를 발전시킨 반면, 개인심리학, 분석심리학, 신프로이트 학파의 이론에서 정신역동이론들은 기존의 프로이트 정신분석이론을 비판하는 입장에서 독자적인 이론적 체계로 발전하였다.

② 이론에 대한 평가
- 연구자의 주관성이 과도하게 개입되므로 객관성을 확보하기 어렵다.
- 성적 충동의 억압에 따른 신경증 환자들을 대상으로 한 임상적 경험에 기초하므로 인간에 대한 보편적 이론으로 일반화하는 데 한계가 있다.
- 개인 내부의 성격구조 간 역동적 갈등에 초점을 둘 뿐 대인관계적인 측면이나 사회문화적인 요인을 고려하지 않고 있다.
- 정신장애에 있어서 어린 시절의 경험을 강조할 뿐 정작 아동기의 발달과정에 대한 연구를 소홀히 하고 있다.

- 정신분석치료는 그 치료효과가 명확히 검증되어 있지 않으며, 그 결과를 객관적으로 검증하기 어렵다.

2. 행동주의이론

`16, 22, 24년 기출`

① 의의 및 특징
- 인간의 내면과 무의식을 강조한 정신분석이론과 달리 직접적으로 관찰이 가능한 인간의 행동에 연구의 초점을 둔다.
- 인간의 모든 행동은 환경과의 상호작용에 의해 학습된 것이며, 이상행동 또한 주변 환경으로부터의 잘못된 학습에 기인한다.
- 1950년대 후반 학습이론에 근거한 행동치료가 심리장애의 치료기법으로 소개되면서부터 이상심리학의 주요이론으로 부각되었다.
- 행동주의 심리학자들은 유기체가 새로운 행동을 학습하는 원리와 그 과정에 관심을 기울이며, 실험적 연구를 통해 다양한 학습원리들을 제시하고 있다.
- 고전적 조건형성, 조작적 조건형성, 모방학습 등을 통해 이상행동이 습득되고 유지되는 과정을 구체적으로 밝히고자 한다.
- 이상행동을 제거하기 위해 소거, 강화와 처벌, 체계적 둔감법, 모방학습 등의 기술을 사용한다.

② 이론에 대한 평가
- 인간행동이 환경에 의해 결정된다고 강조함으로써 인간이 자신의 행동을 스스로 선택 및 결정하는 데 있어서 자유의지가 있음을 부정한다.
- 인간행동에 대한 객관적 관찰에 집중한 나머지 인간행동을 자극과 반응의 관계로 지나치게 단순화한다.
- 인간 내면의 심리적 과정을 무시하므로, 외현적으로 드러나는 인간행동의 다양성과 복잡성을 설명하는 데 한계가 있다.
- 공포증이나 불안증 등 일부 정신장애의 경우를 제외하고는 사실상 대부분의 정신장애들의 경우 학습이론으로 설명하기 어렵다.
- 주로 동물을 대상으로 한 실험을 통해 발전된 이론이므로, 이를 지적인 존재인 인간의 행동에 그대로 적용하는 데 한계가 있다.

3. 인지행동이론

`23, 24, 25년 기출`

① 의의 및 특징
- 인지를 인간정서의 핵심적 요소로 간주하며, 행동주의의 학습이론 및 행동치료기법을 도입하였다.

기출키워드

24년 2회

행동치료의 특징

관찰에 근거해 결론을 내리며 자신이 개입한 것을 반복할 수 있도록 치료목표를 구체적이고 측정 가능한 용어로 기술하고 진행과정이 주기적으로 평가된다. 치료계획은 내담자와 치료자가 적극적으로 참여하여 협력적으로 세우고 개별화된 평가와 개입을 한다.

OX Quiz

행동주의이론은 인간 내면의 심리적 과정과 새로운 행동 학습원리에 관심을 기울인다.

정답 X(인간 내면의 심리적 과정은 무시)

기출키워드

22년 1회

행동주의이론가

행동주의 이론가들은 스키너(Skinner), 로터(Rotter), 반두라(Bandura) 등이 있다.

> **OX Quiz**
> 합리적 정서치료를 제안한 사람은 엘리스이다.
> 정답 O

- 엘리스(Ellis)는 인본주의적 치료와 철학적 치료, 행동주의적 치료를 혼합한 합리적 정서치료(RET ; Rational-Emotive Therapy)를 제안하였으며, 벡(Beck)은 우울증에 대한 연구를 발전시켜 인지치료(Cognitive Therapy)를 제시하였다.
- 인간은 주관적·심리적인 현실에 의해 영향을 받아 능동적으로 세상에 의미를 부여한다.
- 인간의 역기능적 사고와 신념 등 부적응적인 인지적 활동에 의해 이상행동이나 정신장애가 발생하므로, 인지과정에 개입함으로써 이상행동을 치료할 수 있다고 주장한다.
- 심리장애와 관련된 부적응적 인지를 인지적 결손(Cognitive Deficits)과 인지적 왜곡(Cognitive Distortion)으로 구분한다. 인지적 결손은 특정한 인지기능의 저하 또는 결함을 의미하는 반면, 인지적 왜곡은 편향되고 왜곡된 사고과정을 의미한다.

② 이론에 대한 평가
- 경험적 연구결과를 통해 심리장애의 발생기제에 대한 구체적인 이론 및 치료 기법들을 제시하고 있으나, 인지적 요인을 과도하게 강조함으로써 정서나 동기의 중요성을 간과하고 있다.
- 역기능적 사고와 신념 등 부적응적인 인지적 활동을 이상행동이나 정신장애의 유발원인으로 제시하고 있으나 정작 그와 같은 역기능적 사고와 신념이 어떻게 형성되는지에 대한 구체적인 설명이 결여되어 있다.
- 인지치료의 경우 적용대상에 한계가 있다. 특히 내담자가 지능이나 학력이 낮은 경우, 심각한 정신병적 증상이나 성격장애를 가지고 있는 경우 적합하지 않다.

핵심예제 01
16, 21, 23, 24년 기출

이상행동의 원인을 다음과 같이 설명하는 이론은?

> - 인간의 감정과 행동은 객관적, 물리적 현실보다 주관적, 심리적 현실에 의해서 결정된다.
> - 정신장애는 인지적 기능의 편향 및 결손과 밀접하게 연관되어 있다.

① 정신분석이론
② 행동주의이론
③ 인지적 이론
④ 인본주의이론

> **해설 체크!**
>
> - 인지적 이론(인지행동이론) : 인간의 역기능적 사고와 신념 등 부적응적인 인지적 활동에 의해 이상행동이나 정신장애가 발생한다고 보고, 이에 인지과정에 개입함으로써 이상행동을 치료할 수 있다고 주장한다.
> - 정신분석이론 : 방어기제의 부적절한 사용에 의해 이상행동이나 정신장애가 발생한다고 보고, 이를 치료하기 위해 자유연상, 꿈의 해석, 저항의 분석, 훈습 등의 기술을 사용한다.
> - 행동주의이론 : 이상행동은 주변 환경으로부터의 잘못된 학습에서 기인한다고 본다.
> - 인본주의이론 : 어린 시절 자신의 욕구를 부모의 기대와 가치에 부합하도록 하는 조건적 수용이 이루어짐으로써 부적응상태가 초래된다고 본다.
>
> 정답 ③

2 이상심리학에 대한 주요이론 Ⅱ

1. 생물학적 입장

① 의의 및 특징

- 최근 이상심리학에서는 이상행동이나 정신장애의 유발원인을 신체적 또는 생물학적 측면에서 규명하려는 시도가 전개되고 있다.
- 생물학적 입장은 정신장애를 신체질환과 마찬가지로 신체적 원인에서 비롯되는 질병으로 간주한다.
- 아직 모든 정신장애의 원인을 생물학적 원인으로 설명하고 있지는 못하나, 특히 진행성마비 등 일부에 대해서는 생물학적 입장으로 설명하는 것이 가능하다고 주장한다.
- 정신장애를 유발하는 생물학적 원인으로서 유전적 요인, 뇌의 구조적 결함, 뇌의 생화학적 이상 등을 제시하고 있다.
- 유전적 요인에 대한 연구는 정신장애 환자를 대상으로 한 가계연구의 경험적 결과를 토대로 하며, 특히 유전자 또는 염색체의 이상을 정신장애의 원인으로 간주한다.
- 뇌의 구조적 결함에 대한 연구는 정신장애 환자들의 뇌 구조 및 특정 영역과 관련된 기능손상에 관심을 기울이는 것으로, 뇌를 해부학적으로 부검하거나 자기공명영상(MRI), 양전자단층촬영(PET) 등과 같은 첨단뇌영상촬영장비를 활용한다.
- 뇌의 생화학적 이상에 대한 연구는 뇌의 신경정보전달과 밀접한 관련이 있는 신경전달물질에 관심을 기울이는 것으로, 도파민(Dopamine), 세로토닌(Serotonin), 노르에피네프린(Norepinephrine) 등 신경전달물질의 과다 또는 결핍이 정신장애와 관련이 있는 것으로 본다.

OX Quiz

심리학자 은지는 정신장애의 원인이 신체적인 것이라고 간주한다. 이는 신체학적 입장에 해당한다.

정답 X(생물학적 입장)

- 정신장애의 치료를 위해 약물치료, 전기충격치료, 뇌절제술 등을 사용한다.

② 생물학적 입장에 대한 평가
- 생물학적 측면 외에 심리사회적 요인이 정신장애에 미치는 영향을 간과하고 있다.
- 뇌의 생화학적 이상이나 신경조직의 손상이 정신장애의 직접적인 유발원인인지 명확히 확인하기 어렵다.
- 생물학적 입장의 주된 치료방법으로서 약물치료는 정신장애의 근본적인 치료가 아닌 단순히 증상을 완화시키기 위한 방편에 불과하다. 또한 약물로 인한 부작용을 간과할 수 없다.

> **참고**
>
> 기원전 4세기경 그리스의 의학자 히포크라테스(Hippocrates)는 직접 심리적·정신적 장애를 관찰하여 객관적으로 기술하였으며, 이를 토대로 이상행동에 관한 신체의학적 또는 생물학적 이론을 발전시켰다. 그는 환경적 자극이 정신적 혼란을 야기한다는 사실을 인정하였으나 정신장애의 근본 원인을 신체적 요소에서 찾고자 하였다. 특히 정신장애를 조증, 우울증, 광증의 3가지 유형으로 분류하였으며, 이러한 정신장애가 우리 몸의 네 가지 체액, 즉 점액, 혈액, 황담즙, 흑담즙들 간의 균형이 깨짐으로써 발병한다고 보았다.

2. 통합적 입장

① 의의 및 특징
- 1980년대 이전까지 심리학자들은 행동주의, 인지주의, 실존주의 등 각자 자신에게 적합한 이론적 접근방법을 통해 내담자나 환자의 심리적인 문제를 해결하고자 하였다. 그러나 결국에는 각 이론들의 기법 및 접근법상의 차이에도 불구하고 치료적 개입의 공통적인 목표에 따라 다양한 기법들을 조합하는 것이 치료에 효과적이라는 사실이 경험적으로 입증되었다.
- 통합적 입장은 인간의 이상행동에 대한 원인을 통합적으로 설명하고자 시도한다. 즉, 정신분석이론, 행동주의이론, 인지행동이론을 비롯하여 인본주의적 관점, 사회문화적 관점, 생물학적 관점 등 그동안의 연구를 토대로 밝혀진 것들을 통합하여 이상행동 및 정신장애의 다양한 요인들을 종합적으로 고려한다.
- 특히 최근에는 환자의 임상적·병리적 문제에 대해 생물학적·심리학적·사회학적 요인들을 통합한 접근방법이 부각되고 있다.
- 대표적인 것으로 취약성-스트레스모델(Vulnerability-Stress Model)과 생물심리사회적 모델(Biopsychosocial Model)이 있다.

② 취약성-스트레스모델(Vulnerability-Stress Model) `24년 기출`
- 이상행동은 유전적·생리적·심리적으로 특정 장애에 걸리기 쉬운 개인적 특

> **OX Quiz**
>
> 이상심리학에 대한 주요이론 중 통합적 입장은 인간의 이상행동에 대한 원인을 통합적으로 설명하고자 시도한다.
>
> 정답 O

성과 스트레스경험이 상호작용함으로써 발생한다.
- 심리사회적 스트레스는 이상행동을 유발하는 원인이지만, 모든 사람들이 동일한 불행한 사건을 경험한다고 해서 동일한 이상행동을 나타내는 것은 아니다.
- 각 개인은 저마다 성격이나 심리적 특성이 다르므로 불행한 사건에 대처하는 방식과 그 심리적 결과 또한 다르다.
- 이상행동의 유발과정을 이해하기 위해 환경으로부터 주어지는 심리사회적 스트레스와 그에 대응하는 개인적 특성을 동시에 고려해야 한다고 주장한다.

③ 생물심리사회적 모델(Biopsychosocial Model)
- 신체질환 및 정신장애가 생물학적·심리적·사회적 요인의 상호작용에 의해 나타난다는 점을 강조하며, 이들에 대한 다차원적인 상호작용적 접근을 강조한다.
- 신체질환은 생물학적 요인뿐만 아니라 심리사회적 요인에 의해서도 유발될 수 있다고 보며, 신체질환의 치료 및 예방을 위한 심리사회적 접근의 필요성을 제기한다.
- 기본적으로 체계이론에 근거하며, 다차원적·다요인적·상호작용적 접근을 시도한다.
- 생물심리사회적 모델은 건강심리학(Health Psychology) 분야의 형성에 중요한 이론적 근거를 제공하고 있다.

핵심예제 02

15, 24년 기출

취약성-스트레스 접근에 관한 설명과 가장 거리가 먼 것은?

① 스트레스와 생물학적 취약성이 질병 발생의 필요조건이다.
② 정신장애의 발병에 생물학적 취약성을 우선시하는 접근이다.
③ 정신장애의 발병요인의 상호작용을 주장하는 접근이다.
④ 생물학적 두 부모가 고혈압을 가진 경우 자녀의 고혈압 발병 가능성이 매우 높게 나타난다.

해설 체크!

취약성-스트레스 모델(Vulnerability-Stress Model)
- 이상행동이 신체적, 심리적, 사회적 측면의 다양한 요인에 의해서 유발될 수 있다고 보는 것으로, 정신장애는 취약성 요인과 스트레스 요인이 함께 결합되었을 때 발생한다고 본다.
- 취약성(Vulnerability or Diathesis)은 특정한 장애에 걸리기 쉬운 개인적 특성을 의미하며, 심리사회적 스트레스(Psychosocial Stress)는 환경으로부터 주어지는 부정적인 생활사건, 즉 스트레스를 느끼는 환경적 변화를 의미한다.

정답 ②

3 정신장애의 진단 및 통계편람(DSM)

1. 의의 및 역사

① 이상행동 및 정신장애의 원인은 생물학적 유전과 사회환경적 요인들이 복합적으로 작용하고 있으므로 그 증상, 증후 및 장애의 경과에 대한 관찰을 통해 장애를 분류하게 된다.
② 진단분류체계는 다양한 이상행동 및 정신장애의 원인을 밝히고 임상의로 하여금 가장 효과적인 치료를 제공할 수 있도록 하기 위해, 또한 전문가들 간의 공통된 언어에 의한 의사소통의 원활화를 위해 필요하다.
③ 이상행동 및 정신장애의 분류체계로서 널리 사용되고 있는 것은 미국정신의학협회(APA ; American Psychiatric Association)에서 발간하는「정신장애의 진단 및 통계편람(DSM ; Diagnostic and Statistical Manual of Mental Disorders)」과 세계보건기구(WHO ; World Health Organization)에서 발간하는「국제질병분류(ICD ; International Classification of Diseases)」이다.
④ DSM의 경우 1994년부터 개정4판(DSM-Ⅳ)이 사용되어 오다가 2013년에 개정5판(DSM-5)이 출간되었다. ICD의 경우 지난 1992년부터 개정10판(ICD-10)이 사용되었으며, 2018년 개정 11판(ICD-11)이 출간되었다.

> **DSM의 역사**
> - 1952년 : DSM-I (Diagnostic and Statistical Manual of Mental Disorders)
> - 1968년 : DSM-II (Second Edition)
> - 1980년 : DSM-III (Third Edition)
> - 1987년 : DSM-III-R (Third Edition, Revised)
> - 1994년 : DSM-IV (Fourth Edition)
> - 2000년 : DSM-IV-TR (Fourth Edition, Text Revision)
> - 2013년 : DSM-5 (Fifth Edition)
> - 2022년 : DSM-5-TR (Fifth Edition, Text Revision)

OX Quiz
2013년에 DSM 개정판 DSM-IV가 출간되었다.
정답 X(DSM-5)

2. DSM-Ⅳ의 특징

① DSM-Ⅳ는 ICD-10에 대응하여 고안된 것으로서, 광범위한 데이터베이스를 통해 장애의 원인이 아닌 증상의 임상적 특징을 중심으로 기술하였다.
② DSM-Ⅳ는 정신장애에 대한 정보가 부족하거나 환자의 임상적 진단기준이 충분히 부합하지 않는 경우 그에 대한 명확한 지침을 제공한다.

③ DSM-Ⅳ에는 레트장애(Rett's Disorder), 아스퍼거장애(Asperger's Disorder), 아동기붕괴성장애(Childhood Disintegrative Disorder), 기면병(Narcolepsy), 급성스트레스장애(Acute Stress Disorder) 등이 추가되었다.
④ DSM-Ⅳ는 다축진단체계로서 5가지 축으로 구성되어 있으며, 정신장애를 17개의 주요범주로 구분하고 있다.

3. DSM-Ⅳ의 5가지 축

① 축1(Axis Ⅰ)
- 개인이 나타내고 있는 임상적 증상을 위주로 임상진단을 한다.
- 임상적 장애 및 임상적 초점이 되는 기타 장애를 제시한다.
  예 물질 관련 장애, 조현병(정신분열증), 기분장애, 불안장애, 신체형장애, 해리성장애, 섭식장애, 충동조절장애 등

② 축2(Axis Ⅱ)
- 오랜 기간 지속된 성격적 특성으로 인해 적응상의 어려움을 보이는 성격장애를 진단하며, 선천적인 정신지체도 포함된다.
- 특정계기에 의해 일정기간 지속되는 임상적 증상과는 다른 정보를 제공한다.
  예 편집성성격장애, 조현성성격장애, 반사회성성격장애 등

③ 축3(Axis Ⅲ)
- 비정상적인 신체장애나 신체증상 또는 일반적인 의학적 상태를 진단한다.
- 신체장애에 대한 정보는 신체장애와 정신장애의 연관성을 통해 정신장애에 대한 유효한 정보를 제공한다.
  예 신경계질환, 감각기계질환, 순환기계질환 등

④ 축4(Axis Ⅳ)
- 심리사회적 문제나 환경적 문제에 따른 스트레스 요인을 진단한다.
- 정신장애가 어떠한 상황적 배경에 의해 나타난 것인지 알 수 있도록 한다.
  예 1차적 지지집단과의 문제, 사회적 · 경제적 문제, 교육적 · 직업적 문제 등

⑤ 축5(Axis Ⅴ)
- 사회적 · 직업적 · 심리적 기능 등 현재의 적응적 기능수준을 진단한다.
- 정신장애를 나타내기 이전과 정신장애증상이 나타나고 있는 현재의 적응적 기능수준을 평가함으로써 정신장애로 인한 기능수준의 저하 정도를 알 수 있도록 한다.
  예 전반적인 기능평가척도(GAF ; Global Assessment of Functioning Scale)를 이용한 개인의 심리적 · 사회적 · 직업적 기능에 대한 전반적 평가

OX Quiz
불안장애, 섭식장애는 DSM-Ⅳ의 5가지 축 중 축3(Axis Ⅲ)에 해당한다.
정답 X[축1(Axis Ⅰ)]

OX Quiz
비정상적인 신체장애나 신체증상 또는 일반적인 의학적 상태를 진단하는 것은 DSM-Ⅳ의 5가지 축 중 축5(Axis Ⅴ)에 해당한다.
정답 X[축3(Axis Ⅲ)]

핵심예제 03　　　　　　　　　　　　　　　　　　　　　　　　　04년 기출

DSM-Ⅲ 이후 사용되어 온 다축진단체계에서 성격장애를 기재하는 축은?

① 축Ⅰ
② 축Ⅱ
③ 축Ⅲ
④ 축Ⅳ

해설 체크!
성격장애와 정신지체를 기재하는 축은 축Ⅱ(Axis Ⅱ)에 해당한다.

정답 ②

4 DSM-5

1. DSM-5의 개정 배경

① 정신장애에 대한 최신 연구결과의 반영
　정신병리, 평가 및 진단, 치료 연구결과 등의 축적에 따라 정신장애에 대한 최신 의견들을 반영할 필요가 있었다. 특히 임상분야에서 신경생물학(Neurobiology)의 중요성이 확대되었다.

② 범주적 진단체계의 한계
　범주적 분류는 이상행동과 정상행동을 명확히 구분하면서 이들 간의 질적인 차이를 가정하는 한계를 가지고 있었다. 그로 인해 몇 가지 증상들을 공유하는 공존질환(Comorbidity)에 대해 더욱 정확하고 효율적인 진단의 필요성이 제기되었다.

③ 사용자 접근성 및 임상적 유용성의 고려
　진단분류의 신뢰도 및 타당도를 제고하기 위해 다양한 경험적 연구결과들에 근거하되 이전 버전들과의 연속성을 유지함으로써 실제 임상현장에서 유효하게 사용될 수 있는 진단체계가 요구되었다.

2. 범주적 진단분류와 차원적 진단분류　　　　　　　　　　　　　　　21년 기출

① 장애를 바라보는 관점에 있어서 범주적 진단분류는 장애의 유무에 초점을 두는 반면, 차원적 진단분류는 장애의 정도에 관심을 기울인다.

OX Quiz
장애를 바라보는 관점에 있어서 범주적 진단분류는 장애가 있는지 없는지에 초점을 둔다.
정답 O

② 범주적 진단분류는 장애를 분류하는 데 있어서 일치된 진단기준을 통해 전문가들 간의 의사소통이 용이하고 각 장애에 대한 비교가 가능하므로 현실적·실용적 측면에서 유용하다. 반면, 차원적 진단분류는 환자 개인에게 초점을 두어 특정장애범주가 아닌 부적응과 관련된 몇 가지 차원들을 제시함으로써 장애의 실제적인 측면에서 유효적절하게 활용된다.

③ 따라서 범주적 진단분류와 차원적 진단분류 중 어느 하나만을 선택할 필요는 없으며, 각각의 장·단점을 고려하여 적합한 방식을 융통적으로 활용하는 것이 바람직하다.

범주적 진단분류	• 어떠한 증상이나 행동들을 유목화하여 각각의 유목에 대한 질적인 차이를 강조하는 접근방법을 말한다. • 플라톤(Platon)의 이원론에 근거를 둔 것으로, 이상(질병)과 정상(건강)을 명확히 구분하는 이분법적인 기준선이 존재한다. • 각 질환의 임상적 양상, 검사소견, 다른 질환과의 감별, 예후의 차이 등에 따라 진단을 내리는 미국 정신의학협회(APA)의 DSM 진단분류 체계가 해당된다.
차원적 진단분류	• 어떠한 증상이나 행동들을 양적인 차원에서의 정도의 차이로 평가하는 접근방법을 말한다. • 이상(질병)과 정상(건강)이 명확히 구분되지 않는 연속선상에 있는 것으로 본다. • 이상과 정상은 질적으로 다르지 않으며, 단지 정도의 차이가 있을 뿐이다. 즉, 평가의 초점은 장애의 유무가 아닌 장애의 정도에 있다.

3. DSM-5의 일반적인 개정사항 〔19년 기출〕

① 개정판 숫자의 변경

기존의 DSM-Ⅳ-TR까지는 개정판의 순서를 나타내는 숫자를 로마자로 표기하였다. 그러나 DSM-5에서는 로마자 Ⅴ가 아닌 아라비아숫자 5를 사용하였다. 이는 새로운 임상적 발견에 따른 개정을 보다 쉽게 하기 위한 의도를 가지고 있다.

② 다축체계의 폐지

DSM-Ⅳ에서 사용하는 다축진단체계가 실제 임상현장에서 유용하지 못하며, 진단의 객관성 및 타당성이 부족하다는 비판에 따라 이를 폐지하였다. 다만, 이는 표기방식을 폐지하는 것일 뿐 내용 전체를 폐기한 것은 아니며, 일부(특히 Axis Ⅲ의 경우)는 진단 내에 포함시키거나 진단별 예로 전환하였다.

③ 차원적 평가의 도입

범주적 분류의 한계를 보완하기 위해 차원적 평가방식을 도입함으로써 이른바 하이브리드모델(Hybrid Model)을 제안하였다. 차원적 분류는 이상행동과 정상행동을 단지 부적응성의 정도 차이로 볼 뿐, 이들 간의 질적인 차이를 인정하지 않는다.

OX Quiz
이상(질병)과 정상(건강)이 명확히 구분되지 않는 연속선상에 있는 것으로 보는 것은 범주적 진단분류이다.
정답 X(차원적 진단분류)

OX Quiz
차원적 분류는 이상행동과 정상행동 간의 질적인 차이를 인정하지 않는다.
정답 O

기출키워드

19년 3회 / 21년 1회

신경발달장애의 하위범주

※ 필기시험에는 신경발달장애에 해당하지 않는 장애를 고르도록 하는 문제가 출제되었습니다.

24년 1회

특정학습장애 (Specific Learning Disorder)

기초학습기술을 학습하는 데 또래에 비해 읽기, 쓰기, 수학 영역 중 한 분야 이상에서 어려움을 느끼는 경우를 말한다. 특정학습장애의 심각도는 경도, 중등도, 고도로 구분할 수 있고, 읽기 손상 동반의 경우 단어 읽기 정확도, 읽기 속도 또는 유창성, 독해력 등이 포함된다. 쓰기 손상 동반의 경우 철자 정확도, 문법과 구두점 정확도, 작문의 명료도와 구조화 등이, 수학 손상 동반의 경우 수 감각, 단순 연산값의 암기, 계산의 정확도 또는 유창성, 수학적 추론의 정확도 등이 포함된다.

4. DSM-5의 정신장애 분류범주

16, 17, 18, 19, 21, 25년 기출

① 신경발달장애(Neurodevelopmental Disorders) *19, 21년 기출*

- 지적 장애(Intellectual Disabilities)
- 의사소통장애(Communication Disorders)
- 자폐스펙트럼장애(Autism Spectrum Disorder)
- 주의력결핍 및 과잉행동장애(Attention-Deficit/Hyperactivity Disorder)
- 특정학습장애(Specific Learning Disorder)
- 운동장애(Motor Disorders) - 틱장애(Tic Disorders) 등

② 조현병 스펙트럼 및 기타 정신증적 장애(Schizophrenia Spectrum and Other Psychotic Disorders)

- 분열형(성격)장애 또는 조현형(성격)장애[Schizotypal (Personality) Disorder]
- 망상장애(Delusional Disorder)
- 단기 정신증적 장애 또는 단기 정신병적 장애(Brief Psychotic Disorder)
- 정신분열형장애 또는 조현양상장애(Schizophreniform Disorder)
- 정신분열증 또는 조현병(Schizophrenia)
- 분열정동장애 또는 조현정동장애(Schizoaffective Disorder) 등

③ 양극성 및 관련 장애(Bipolar and Related Disorders)

- 제1형 양극성장애(Bipolar I Disorder)
- 제2형 양극성장애(Bipolar II Disorder)
- 순환성장애 또는 순환감정장애(Cyclothymic Disorder) 등

④ 우울장애(Depressive Disorders)

- 주요우울장애(Major Depressive Disorder)
- 지속성우울장애(Persistent Depressive Disorder) 또는 기분부전증(Dysthymia)
- 월경전불쾌감장애(Premenstrual Dysphoric Disorder)
- 파괴적 기분조절곤란장애 또는 파괴적 기분조절부전장애(Disruptive Mood Dysregulation Disorder) 등

⑤ 불안장애(Anxiety Disorders)

- 분리불안장애(Separation Anxiety Disorder)
- 선택적 무언증 또는 선택적 함구증(Selective Mutism)
- 특정공포증(Specific Phobia)
- 사회불안장애 또는 사회공포증(Social Anxiety Disorder or Social Phobia)
- 공황장애(Panic Disorder)
- 광장공포증(Agoraphobia)
- 범불안장애(Generalized Anxiety Disorder) 등

⑥ 강박 및 관련 장애(Obsessive-Compulsive and Related Disorders)

- 강박장애(Obsessive-Compulsive Disorder)
- 신체변형장애 또는 신체이형장애(Body Dysmorphic Disorder)
- 저장장애 또는 수집광(Hoarding Disorder)
- 발모증(Trichotillomania) 또는 모발뽑기장애(Hair-Pulling Disorder)
- 피부벗기기장애 또는 피부뜯기장애[Excoriation(Skin-Picking) Disorder] 등

⑦ 외상- 및 스트레스사건-관련 장애(Trauma- and Stressor-Related Disorders)

- 반응성애착장애(Reactive Attachment Disorder)
- 탈억제사회관여장애 또는 탈억제성사회적 유대감장애(Disinhibited Social Engagement Disorder)
- 외상후스트레스장애(Post-Traumatic Stress Disorder)
- 급성스트레스장애(Acute Stress Disorder)
- 적응장애(Adjustment Disorder) 등

⑧ 해리성장애 또는 해리장애(Dissociative Disorders)

- 해리성정체감장애(Dissociative Identity Disorder)
- 해리성기억상실증(Dissociative Amnesia)
- 이인증/비현실감장애(Depersonalization/Derealization Disorder) 등

⑨ 신체증상 및 관련 장애(Somatic Symptom and Related Disorders)

- 신체증상장애(Somatic Symptom Disorder)
- 질병불안장애(Illness Anxiety Disorder)
- 전환장애(Conversion Disorder)
- 허위성(가장성 또는 인위성)장애(Factitious Disorder) 등

⑩ 급식 및 섭식장애(Feeding and Eating Disorders)

- 이식증(Pica)
- 반추장애 또는 되새김장애(Rumination Disorder)
- 회피적/제한적 음식섭취장애(Avoidant/Restrictive Food Intake Disorder)
- 신경성식욕부진증(Anorexia Nervosa)
- 신경성폭식증(Bulimia Nervosa)
- 폭식장애(Binge-Eating Disorder) 등

⑪ 배설장애(Elimination Disorders)

- 유뇨증(Enuresis)
- 유분증(Encopresis) 등

OX Quiz

급식 및 섭식장애의 하위유형에는 이식증, 반추장애, 제거장애 등이 있다.

정답 X(제거장애는 해당되지 않음)

기출키워드

24년 2회

DSM-5에 의한 사건수면(Parasomnia)의 하위유형
- 비REM수면 각성장애(Non-Rapid Eye Movement Sleep Arousal Disorders)
- 악몽장애(Nightmare Disorder)
- REM수면 행동장애(Rapid Eye Movement Sleep Behavior Disorder)
- 하지불안 증후군(Restless Legs Syndrome)

⑫ 수면-각성장애(Sleep-Wake Disorders)

- 불면장애(Insomnia Disorder)
- 과다수면장애(Hypersomnolence Disorder)
- 수면발작증 또는 기면증(Narcolepsy)
- 호흡 관련 수면장애(Breathing-Related Sleep Disorders)
- 일주기리듬수면-각성장애(Circadian Rhythm Sleep-Wake Disorders)
- 수면이상증 또는 사건수면(Parasomnias)
- 초조성다리증후군 또는 하지불안증후군(Restless Legs Syndrome) 등

⑬ 성기능장애 또는 성기능부전(Sexual Dysfunctions)

- 지루증 또는 사정지연(Delayed Ejaculation)
- 발기장애(Erectile Disorder)
- 여성절정감장애 또는 여성극치감장애(Female Orgasmic Disorder)
- 여성성적 관심/흥분장애(Female Sexual Interest/Arousal Disorder)
- 생식기(성기)-골반통증/삽입장애(Genito-Pelvic Pain/Penetration Disorder)
- 남성성욕감퇴장애(Male Hypoactive Sexual Desire Disorder)
- 조루증 또는 조기사정[Premature (Early) Ejaculation] 등

⑭ 성불편증 또는 성별불쾌감(Gender Dysphoria)

- 아동의 성불편증(Gender Dysphoria in Children)
- 청소년 및 성인의 성불편증(Gender Dysphoria in Adolescents and Adults) 등

⑮ 파괴적, 충동조절 및 품행장애(Disruptive, Impulse-Control, and Conduct Disorders)

- 반항성장애 또는 적대적 반항장애(Oppositional Defiant Disorder)
- 간헐적 폭발성장애 또는 간헐적 폭발장애(Intermittent Explosive Disorder)
- 품행장애(Conduct Disorder)
- 반사회성성격장애(Antisocial Personality Disorder)
- 병적 방화 또는 방화증(Pyromania)
- 병적 도벽 또는 도벽증(Kleptomania) 등

⑯ 물질-관련 및 중독장애(Substance-Related and Addictive Disorders)

물질-관련 장애	• 알코올-관련 장애(Alcohol-Related Disorders) • 카페인-관련 장애(Caffeine-Related Disorders) • 칸나비스(대마)-관련 장애(Cannabis-Related Disorders) • 환각제-관련 장애(Hallucinogen-Related Disorders) • 흡입제-관련 장애(Inhalant-Related Disorders) • 아편류(아편계)-관련 장애(Opioid-Related Disorders) • 진정제, 수면제 또는 항불안제-관련 장애(Sedative-, Hypnotic-, or Anxiolytic-Related Disorders) • 흥분제(자극제)-관련 장애(Stimulant-Related Disorders) • 타바코(담배)-관련 장애(Tobacco-Related Disorders) 등
비물질-관련 장애	도박장애(Gambling Disorder)

OX Quiz

도박장애는 물질-관련 및 중독장애의 하위유형에 포함되지 않는다.

정답 X(포함됨)

⑰ 신경인지장애(Neurocognitive Disorders)

- 섬망(Delirium)
- 주요 및 경도 신경인지장애(Major and Mild Neurocognitive Disorders) 등

⑱ 성격장애(Personality Disorders) `24, 25년 기출`

A군 성격장애	• 편집성성격장애(Paranoid Personality Disorder) • 조현성(분열성)성격장애(Schizoid Personality Disorder) • 조현형(분열형)성격장애(Schizotypal Personality Disorder)
B군 성격장애	• 반사회성성격장애(Antisocial Personality Disorder) • 연극성(히스테리성)성격장애(Histrionic Personality Disorder) • 경계성성격장애(Borderline Personality Disorder) • 자기애성성격장애(Narcissistic Personality Disorder)
C군 성격장애	• 회피성성격장애(Avoidant Personality Disorder) • 의존성성격장애(Dependent Personality Disorder) • 강박성성격장애(Obsessive-Compulsive Personality Disorder)

⑲ 성도착장애 또는 변태성욕장애(Paraphilic Disorders)

- 관음장애(Voyeuristic Disorder)
- 노출장애(Exhibitionistic Disorder)
- 접촉마찰장애 또는 마찰도착장애(Frotteuristic Disorder)
- 성적 피학장애(Sexual Masochism Disorder)
- 성적 가학장애(Sexual Sadism Disorder)
- 아동성애장애 또는 소아애호장애(Pedophilic Disorder)
- 성애물장애 또는 물품음란장애(Fetishistic Disorder)
- 의상전환장애 또는 복장도착장애(Transvestic Disorder) 등

⑳ 기타 정신장애(Other Mental Disorders)

핵심예제 04   `19년 기출`

DSM-5에 관한 설명으로 옳은 것은?

① DSM-Ⅳ에 있던 GAF점수 사용을 중단하였다.
② DSM-Ⅳ에 있던 다축진단체계를 유지한다.
③ 모든 진단은 정신병리의 차원모형에 근거하고 있다.
④ DSM-Ⅳ에 있던 모든 진단이 유지된다.

> **해설 체크!**
> DSM-5의 일반적인 개정사항
> - 개정판 숫자의 변경
> - 다축체계의 폐지
> - 차원적 평가의 도입
>
> 정답 ①

심화학습 DSM-Ⅳ에서 DSM-5로의 개정

1. DSM-Ⅳ 및 DSM-5에 의한 정신장애의 주요범주 비교

① DSM-Ⅳ에 포함된 정신장애의 주요범주
- 유아기, 아동기 또는 청소년기에 통상 처음 진단되는 장애(Disorders Usually First Diagnosed in Infancy, Childhood, or Adolescence)
- 섬망, 치매, 기억상실장애 및 기타 인지장애(Delirium, Dementia and Amnestic and Other Cognitive Disorders)
- 일반 의학적 상태로 인한 정신장애(Mental Disorders due to a General Medical Condition)
- 물질 관련 장애(Substance-Related Disorders)
- 조현병(정신분열증)과 기타 정신증적 장애(Schizophrenia and Other Psychotic Disorders)
- 기분장애(Mood Disorders)
- 불안장애(Anxiety Disorders)
- 신체형장애(Somatoform Disorders)
- 허위성장애(Factitious Disorders)
- 해리성장애(Dissociative Disorders)
- 성장애 및 성정체감장애(Sexual and Gender Identity Disorders)
- 섭식장애(Eating Disorders)
- 수면장애(Sleep Disorders)
- 다른 곳에 분류되지 않는 충동조절장애(Impulse-Control Disorders Not Elsewhere Classified)
- 적응장애(Adjustment Disorders)
- 성격장애(Personality Disorders)
- 임상적 관심의 초점이 될 수 있는 기타 상태(Other Conditions That May Be a Focus of Clinical Attention)

② DSM-5에 포함된 정신장애의 주요범주
- 신경발달장애(Neurodevelopmental Disorders)
- 조현병 스펙트럼 및 기타 정신증적 장애(Schizophrenia Spectrum and Other Psychotic Disorders)

기출키워드

21년 3회

허위성장애

※ 필기시험에는 허위성장애에 대한 틀린 설명을 선지로 제시한 문제가 출제되었습니다.

- 양극성 및 관련 장애(Bipolar and Related Disorders)
- 우울장애(Depressive Disorders)
- 불안장애(Anxiety Disorders)
- 강박 및 관련 장애(Obsessive-Compulsive and Related Disorders)
- 외상- 및 스트레스사건-관련 장애(Trauma- and Stressor-Related Disorders)
- 해리성장애 또는 해리상애(Dissociative Disorders)
- 신체증상 및 관련 장애(Somatic Symptom and Related Disorders)
- 급식 및 섭식장애(Feeding and Eating Disorders)
- 배설장애(Elimination Disorders)
- 수면-각성장애(Sleep-Wake Disorders)
- 성기능장애 또는 성기능부전(Sexual Dysfunctions)
- 성불편증 또는 성별불쾌감(Gender Dysphoria)
- 파괴적, 충동조절 및 품행장애(Disruptive, Impulse-Control, and Conduct Disorders)
- 물질-관련 및 중독장애(Substance-Related and Addictive Disorders)
- 신경인지장애(Neurocognitive Disorders)
- 성격장애(Personality Disorders)
- 성도착장애 또는 변태성욕장애(Paraphilic Disorders)
- 기타 정신장애(Other Mental Disorders)

2. DSM-5의 주요한 개정사항

① 조현병(정신분열증)의 하위유형, 즉 망상형 또는 편집형(Paranoid Type), 해체형 또는 혼란형(Disorganized Type), 긴장형(Catatonic Type), 감별불능형 또는 미분화형(Undifferentiated Type), 잔류형(Residual Type) 등의 분류가 폐지되었다.
② 불안장애(Anxiety Disorders)의 하위유형으로 분류되었던 강박장애(Obsessive-Compulsive Disorder)와 외상후스트레스장애(Post-Traumatic Stress Disorder)가 불안장애에서 분리되어 각각 강박 및 관련 장애(Obsessive-Compulsive and Related Disorders)와 외상- 및 스트레스사건-관련 장애(Trauma- and Stressor-Related Disorders)의 독립된 장애범주로 분류되었다.

OX Quiz

DSM-5에 포함된 신체장애의 주요범주에는 우울장애, 신체증상 및 관련 장애 등이 있다.

정답 X(정신장애의 주요범주)

> **기출키워드**
> 21년 3회
> **유뇨증**
> ※ 필기시험에는 배설장애 중 유뇨증에 관한 설명으로 틀린 것을 고르도록 하는 문제가 출제되었습니다.

③ 기분장애(Mood Disorders)의 하위유형으로 분류되었던 우울장애(Depressive Disorders)와 양극성장애(Bipolar Disorders)가 기분장애에서 분리되어 각각 독립된 장애범주로 분류되었다.

④ DSM-Ⅳ의 분류기준에서 유아기, 아동기 또는 청소년기에 통상 처음 진단되는 장애(Disorders Usually First Diagnosed in Infancy, Childhood, or Adolescence)의 하위유형으로 분류된 배설장애(Elimination Disorders)가 독립된 장애범주로 분류되었다.

⑤ DSM-Ⅳ의 분류기준에서 광범위한 발달장애(Pervasive Developmental Disorders)의 하위유형으로 분류된 자폐성장애(Autistic Disorder)가 자폐스펙트럼장애(Autism Spectrum Disorder)로 명칭이 변경되어 DSM-5에서 새롭게 제시된 신경발달장애의 하위유형으로 분류되었다. 특히 기존의 자폐성장애에 대한 차원적 접근이 이루어짐으로써 아스퍼거장애(Asperger's Disorder), 아동기붕괴성장애(Childhood Disintegrative Disorder) 등이 자폐스펙트럼장애로 통합되었다.

⑥ 기존의 강박장애 및 그와 관련된 장애를 포함하는 강박 및 관련 장애가 새로운 장애범주로 제시됨으로써 저장장애(Hoarding Disorder), 피부벗기기장애[Excoriation(Skin-Picking) Disorder] 등 새로운 하위장애의 진단이 가능하게 되었다.

⑦ DSM-Ⅳ에서 종종 만성적인 짜증이나 간헐적인 분노를 표출하는 아동 및 청소년에 대해 내려졌던 양극성장애의 진단 대신, 우울장애의 하위유형으로서 파괴적 기분조절곤란장애(Disruptive Mood Dysregulation Disorder)의 새로운 진단기준이 마련됨으로써 보다 정확한 진단이 가능하게 되었다. 또한 우울장애의 하위유형으로 월경전불쾌감장애(Premenstrual Dysphoric Disorder)가 추가되었다.

⑧ DSM-Ⅳ의 분류기준에서 주요우울증삽화(Major Depressive Episode)의 진단기준에는 사랑하는 사람과의 사별 후 2개월까지 나타나는 우울증상을 진단기준에서 제외하는 항목이 있었다. 그러나 DSM-5에서는 2개월이라는 기간이 어떠한 과학적인 근거를 가지고 있지 않으며, 사랑하는 사람과의 사별로 인한 상실감이 심각한 심리사회적 스트레스 요인으로 작용할 수 있다는 의견을 반영하여 사별배제항목을 삭제하였다.

⑨ DSM-Ⅳ의 분류기준에서 유아기, 아동기 또는 청소년기에 통상 처음 진단되는 장애의 하위유형으로 분류된 주의력결핍 및 과잉행동장애(ADHD ; Attention-Deficit/Hyperactivity Disorder)가 DSM-5에서 새롭게 제

시된 신경발달장애의 하위유형으로 분류되었다. 이는 ADHD가 성인기까지 지속될 수 있다는 사실을 반영하여 성인에 대한 ADHD의 진단기준을 제공하기 위함이다. 그에 따라 증상의 발현시기 또한 기존의 7세 이전에서 12세 이전으로 조정되었다.

⑩ DSM-Ⅳ의 분류기준에서 섬망, 치매, 기억상실장애 및 기타 인지장애의 하위유형으로 분류된 치매(Dementia)가 그 심각도에 따라 주요신경인지장애(Major Neurocognitive Disorder) 및 경도신경인지장애(Mild Neurocognitive Disorder)로 명명되어 DSM-5에서 새롭게 제시된 신경인지장애의 하위유형으로 분류되었다.

⑪ DSM-Ⅳ의 분류기준에서 물질-관련 장애는 물질-관련 및 중독장애로 확장되었다. 물질-관련 및 중독장애는 크게 물질-관련 장애(Substance-Related Disorders)와 비물질-관련 장애(Non-Substance-Related Disorders)로 구분되며, 특히 DSM-Ⅳ에서의 병적 도박(Pathological Gambling)이 도박장애(Gambling Disorder)로 명칭이 변경되어 비물질-관련 장애로 분류되었다. 또한 DSM-Ⅳ에서 물질의존(Substance Dependence)과 물질남용(Substance Abuse)에 대한 개별적인 진단기준이 제시되었던 것과 달리, DSM-5에서는 물질의존과 물질남용이 매우 높은 상관관계를 가진다는 의견을 반영하여 이들을 통합하였다. 다만, 그 심각도를 세 등급, 즉 경도(Mild), 중(등)도(Moderate), 고도 또는 중증도(Severe)로 구분하도록 하였다.

⑫ DSM-Ⅳ의 분류기준에서 부록목록(Appendix B)에 포함되었던 폭식장애(Binge-Eating Disorder)의 경우, 최근 늘고 있는 과식과 비만에 대한 사회적인 관심과 함께 과식과 폭식의 차이를 부각시킬 필요성이 있다는 의견을 반영하여 DSM-5에서 급식 및 섭식장애의 하위유형으로서 정식 진단명을 부여하였다.

OX Quiz

DSM-5에서 물질-관련 및 중독장애는 DSM-Ⅳ에서 물질관련 장애가 확장된 것이다.

정답 O

5 불안장애 Ⅰ - 불안장애와 범불안장애 　13, 15, 18, 20, 24년 기출

1. 불안장애(Anxiety Disorders)

① 불안은 불쾌한 정서반응으로 인해 자율신경계의 각성을 유발하는 정서부적응상태이다. 이러한 불안은 부정적인 결과가 예상되거나 자신의 힘으로 예측 및 통제할 수 없는 좋지 않은 일들이 발생함으로써 나타난다.
② 불안은 위험이나 위협적인 상황에서 자신을 보호하며, 환경에 적응하기 위한 생체의 적응적 반응양식이기도 하다.
③ 불안은 신체의 활성화와 각성에 의해 초조함, 근심, 우려 등의 부정적인 정서를 동반하며, 이와 같은 불안이 과도하게 작용하여 현실적인 위험상태가 아닌 경우에조차 민감하게 반응하는 경우 병적인 불안(Pathological Anxiety)이 된다.
④ 병적인 불안으로 인해 과도하게 심리적인 고통을 느끼거나 현실적인 적응에 심각한 어려움을 나타내는 경우를 불안장애라고 한다.
⑤ DSM-5의 분류기준에 의한 불안장애의 주요하위유형은 다음과 같다.

> - 분리불안장애(Separation Anxiety Disorder)
> - 선택적 무언증 또는 선택적 함구증(Selective Mutism)
> - 특정공포증(Specific Phobia)
> - 사회불안장애 또는 사회공포증(Social Anxiety Disorder or Social Phobia)
> - 공황장애(Panic Disorder)
> - 광장공포증(Agoraphobia)
> - 범불안장애(Generalized Anxiety Disorder) 등

2. 불안장애 혹은 공포증의 2요인이론　16년 기출

① 모어(Mower)는 불안장애나 공포증의 원인과 관련하여 불안의 학습 및 회피행동의 학습의 두 가지 학습과정에 의한 2요인이론을 제시하였다.
② 특정 자극에 대한 공포나 불안감은 고전적 조건형성을 통해 학습되는 반면, 그러한 자극을 회피하는 행동은 조작적 조건형성을 통해 유지된다.
③ 예를 들어, 외현적인 강박적 행위를 통해 손을 씻는 등의 청결행위를 반복하는 환자의 경우 자신의 손이나 옷에 묻은 이물질이 조건화된 불안반응을 야기하며, 환자는 이러한 불안의 근원을 제거하기 위해 청결행위를 강화 및 유지하고자 한다는 것이다.
④ 모어는 강박적 행위를 치료하기 위한 방법으로서 체계적 둔감법은 유효하지 못하며, 회피행동 자체를 직접적으로 차단하는 것이 더욱 효과적이라고 주장하였다.

OX Quiz

병적인 불안으로 인해 과도하게 심리적인 고통을 느끼거나 현실적인 적응에 심각한 어려움을 나타내는 경우를 불안장애라고 한다.

정답 O

전문가의 한마디

DSM-5의 분류기준상 불안장애에는 DSM-Ⅳ의 분류기준상 불안장애의 하위유형에 포함되었던 강박장애(Obsessive-Compulsive Disorder)와 외상후스트레스장애(Post-Traumatic Stress Disorder)가 제외된 반면, 분리불안장애와 선택적 무언증이 새롭게 포함되었습니다.
강박장애와 외상후스트레스장애는 DSM-5에서 각각 강박 및 관련 장애(Obsessive-Compulsive and Related Disorders)와 외상- 및 스트레스사건-관련 장애(Trauma-and Stressor-Related Disorders)의 하위유형에 포함되었습니다.

⑤ 라흐만(Rachman)은 모어의 이론에 영향을 받아 새로운 행동치료기법으로서 불안 상황에 대한 노출 및 반응방지기법(ERP ; Exposure and Response Prevention)을 제시하였다.

3. 범불안장애(Generalized Anxiety Disorder)의 의의 및 특징 24년 기출

① 범불안장애는 일반화된 불안장애라고도 하며, 과도한 불안과 긴장을 지속적으로 경험하는 상태를 말한다.
② 불안의 대상이 분명하지 않은 부동불안(Free-Floating Anxiety)을 특징으로 한다.
③ 일상생활의 다양한 상황이나 사건에서 만성적인 불안과 지나친 걱정으로 인해 현실적인 부적응상태를 경험한다.
④ 평소 불안감과 초조감을 느끼며, 항상 과민하고 긴장된 상태에 있다.
⑤ 주의집중을 하기 어렵고 쉽게 피로감을 느끼며, 지속적인 긴장으로 인해 두통, 근육통, 소화불량 등을 경험한다.
⑥ 자신의 직업적·학업적 무능력, 미래에 대한 불확실성, 경제적 문제, 대인관계 등이 불안과 걱정의 주요주제에 해당한다.
⑦ 범불안장애를 가지고 있는 사람은 완벽주의와 비관주의, 자신감과 인내심 부족 등의 성격적 특징을 나타내 보인다. 특히 잠재적 위험에 예민하여 잠재적 위험이 발생할 확률을 높게 평가하며, 사건이 발생할 경우 자신의 대처능력을 과소평가하는 경향이 있다.

4. DSM-5에 의한 범불안장애의 주요진단기준

① 여러 사건이나 활동(일 또는 학업)에 대해 과도한 불안과 걱정을 하며, 그 기간이 최소 6개월 동안 그렇지 않은 날보다 그런 날이 더 많다.
② 자기 스스로 걱정을 통제하는 것이 어렵다고 느낀다.
③ 불안과 걱정은 다음의 6가지 증상 중 3개 이상과 연관된다(지난 6개월 동안 몇몇 증상들이 있는 날이 그렇지 않은 날보다 더 많다).

- 안절부절못함 또는 긴장이 고조되거나 가장자리에 선 듯한 느낌
- 쉽게 피로해짐
- 주의집중이 어렵거나 정신이 멍한 듯한 느낌
- 과민한 기분상태
- 근육긴장
- 수면장해(잠들기 어렵거나 수면상태를 유지하기 어렵거나 또는 밤새 뒤척이거나 만족스럽지 못한 수면상태)
* 주의 : 아동의 경우 1가지 증상만 충족해도 해당한다.

기출키워드
20년 1회
범불안장애
※ 필기시험에는 범불안장애의 특징이 잘못 설명된 보기를 고르는 문제가 출제되었습니다.

OX Quiz
범불안장애를 앓고 있는 윤지는 완벽함을 과하게 추구하고, 비관적일 확률이 높다.
정답 O

④ 불안이나 걱정 또는 신체증상이 사회적·직업적 기능 또는 다른 중요한 기능영역에서 임상적으로 유의미한 고통이나 손상을 초래한다.
⑤ 이러한 장애는 물질(예 남용약물, 치료약물)이나 다른 의학적 상태(예 갑상선기능저하증)의 생리적 효과에 기인한 것이 아니다.

5. 범불안장애 환자들에게서 나타나는 파국화(Catastrophizing)

① 인지이론에 따르면 범불안장애 환자는 불확실성에 대한 인내력이 부족하여 '만일 …하면 어떡하지?'라는 내면적 질문을 계속하여 던지는 경향이 있다.
② 특히 이러한 질문과 대답을 반복하는 연쇄적인 사고과정 속에서 점점 더 부정적이고 극단적인 결과를 예상하게 되는데, 이를 파국화(Catastrophizing)라고 한다.
③ 파국화는 사소한 문제 또는 위험에 대한 의문이 악순환과정을 통해 확산되면서 파국적인 결과를 예상하기에 이르는 것이다.

> **OX Quiz**
> 주지화는 사소한 문제 또는 위험에 대한 의문이 악순환과정을 통해 확산되면서 파국적인 결과를 예상하기에 이르는 것이다.
> 정답 X(파국화)

핵심예제 05　　　　　　　　　　　　　　　　　　　　　　16, 19, 24년 기출

공포증에 대한 2요인이론은 어떤 요인들이 결합된 이론인가?

① 학습요인과 정신분석 요인
② 학습요인과 인지요인
③ 회피조건형성과 준비성요인
④ 고전적 조건형성과 조작적 조건형성

> **해설 체크!**
> 불안장애 혹은 공포증에 대한 2요인이론에서 2요인은 고전적 조건형성과 조작적 조건형성을 말한다. 이는 고전적 조건형성이 공포증의 형성과 연관되고, 조작적 조건형성이 공포증의 강화 및 유지와 관련된다는 주장이다.
> 정답 ④

6 불안장애 II – 공포증

13, 14, 15, 16, 17, 21년 기출

1. 공포증(Phobia)의 특징

① 공포증은 어떤 대상이나 상황에 대한 강렬한 공포와 함께 그것에 대한 회피반응을 특징적으로 나타내는 일종의 불안장애이다.
② 범불안장애보다 불안 또는 공포의 강도가 더욱 높으며, 범불안장애와 달리 지속적인 불안반응으로 나타나는 것이 아닌 특정 대상이나 상황에 한정되어 회피행동을 유발한다.
③ 공포증은 공포를 느끼는 대상이나 상황에 따라 크게 특정공포증(Specific Phobia), 사회공포증(Social Phobia) 또는 사회불안장애(Social Anxiety Disorder), 광장공포증(Agoraphobia)으로 구분된다.

2. 특정공포증(Specific Phobia)

① 특정공포증은 단순공포증(Simple Phobia)이라고도 하며, 어떠한 특정 공포 대상이나 상황에 노출되는 경우 심각한 두려움과 비합리적인 회피행동을 동반하는 공포증의 한 유형이다.
② DSM-5에 의한 특정공포증의 주요증상(진단기준)은 다음과 같다.

> - 특정 대상이나 상황(예 비행, 고공, 동물, 주사 맞기, 피를 봄)에 대해 현저한 공포나 불안을 느낀다.
> - 공포대상이나 상황은 거의 항상 즉각적인 공포나 불안을 야기한다.
> - 이러한 공포대상이나 상황이 유발하는 극심한 공포나 불안을 회피하거나 견뎌내려는 모습을 보인다.
> - 공포나 불안은 특정 대상이나 상황에 의한 실제적인 위험과 사회문화적 맥락을 고려할 때 과도한 양상을 보인다.
> - 공포나 불안 혹은 회피는 보통 6개월 이상 지속된다.
> - 공포나 불안 혹은 회피는 사회적 · 직업적 기능 또는 다른 중요한 기능영역에서 임상적으로 유의미한 고통이나 손상을 초래한다.

③ 특정공포증은 상황형(Situational Type), 자연환경형(Natural Environment Type), 혈액-주사-손상형 또는 혈액-주사-상처형(Blood-Injection-Injury Type), 동물형(Animal Type)으로 구분되며, 각 유형별 공포를 나타내는 대상이나 상황은 다음과 같다.

OX Quiz

어떤 대상이나 상황에 대한 강렬한 공포와 함께 그것에 대한 집착반응을 특징적으로 나타내는 장애를 공포증이라 한다.
정답 X(집착반응 → 회피반응)

OX Quiz

공포증은 범불안장애보다 불안 또는 공포의 강도가 낮다.
정답 X(강도가 더 높음)

> - 상황형 : 버스나 지하철 등 대중교통수단이나 엘리베이터, 공항, 터널 등 폐쇄된 공간
> - 자연환경형 : 천둥이나 번개, 산꼭대기나 바다 등 자연환경
> - 혈액-주사-손상형(상처형) : 피를 보거나 주사를 맞는 것 또는 상처를 입는 것
> - 동물형 : 뱀, 새, 거미, 바퀴벌레 등 동물이나 곤충

④ 특정공포증의 유형은 상황형 > 자연환경형 > 혈액-주사-손상형(상처형) > 동물형 순으로 많이 나타나며, 동물형은 초기 아동기에, 혈액-주사-손상형(상처형)은 후기 아동기에, 상황형은 20대 중반에 발병하는 경우가 많다.

⑤ 특정공포증의 치료에는 체계적 둔감법과 노출치료가 효과적인 것으로 보고되고 있다. 그중 노출치료에는 실제적 노출법(In Vivo Exposure), 심상적 노출법(Imaginal Exposure), 점진적 노출법(Graded Exposure), 홍수법(Flooding) 등이 있다. 또한 다른 사람이 공포자극을 불안 없이 대하는 것을 관찰하도록 하는 참여적 모방학습법(Participant Modeling)이나 불안과 공존할 수 없는 신체적 이완상태를 유도하는 이완훈련(Relaxation Training)이 활용되기도 한다.

OX Quiz
특정공포증의 유형 중 환경형이 나타나는 빈도가 가장 높다.
정답 X(상황형)

3. 사회공포증(Social Phobia) 또는 사회불안장애(Social Anxiety Disorder)
16, 17, 19, 21, 22, 25년 기출

① 사회공포증은 사람들과 상호작용을 해야 하는 사회적 상황에서 심한 불편감이나 불안을 경험하는 공포증의 한 유형이다.

② DSM-5에 의한 사회공포증의 주요증상(진단기준)은 다음과 같다.

> - 타인에 의해 면밀히 관찰될 수 있는 한 가지 이상의 사회적 상황에 노출되는 것에 대해 극도의 공포나 불안을 느낀다. 그 예로 사회적 상호작용상황(예 다른 사람과의 대화, 낯선 사람과의 만남), 관찰을 당하는 상황(예 다른 사람 앞에서 음식을 먹거나 음료를 마심), 다른 사람 앞에서의 수행상황(예 연설)이 포함된다.
> - 타인에게서 부정적인 평가를 받는 방향으로 행동을 하거나 불안증상을 드러내 보이는 것에 대해 두려워한다(예 수치스러워하거나 당황스러워 하는 태도, 다른 사람을 거부하거나 공격하는 것으로 비치는 태도).
> - 이러한 사회적 상황은 거의 항상 공포나 불안을 야기한다.
> - 이러한 사회적 상황을 회피하거나 공포 혹은 불안을 맹렬히 견뎌내려는 모습을 보인다.
> - 공포나 불안은 사회적 상황과 사회문화적 맥락을 고려할 때 실제로 주어지는 위험에 비해 과도한 양상을 보인다.
> - 공포나 불안 혹은 회피는 보통 6개월 이상 지속된다.
> - 공포나 불안 혹은 회피는 사회적·직업적 기능 또는 다른 중요한 기능영역에서 임상적으로 유의미한 고통이나 손상을 초래한다.

기출키워드

21년 3회
사회공포증
※ 필기시험에는 사례를 제시하고 적절한 진단명으로 사회공포증을 고르도록 하는 문제가 출제되었습니다.

19년 3회
사회공포증 진단기준
※ 필기시험에는 DSM-5의 사회공포증 진단기준으로 틀린 것을 고르는 문제가 출제되었습니다.

③ 이와 같이 사회공포증은 어떠한 특정한 사회적 상황이나 활동상황에 노출되는 경우 발생하며, 사회적 기술의 결여 등으로 인해 상황을 회피하려는 양상을 보인다.
④ 여러 사람들 앞에 나설 때 발생하는 무대공포나 적면공포 등으로 나타나며, 다른 사람들에게서 부정적인 평가를 받을지 모른다는 불안과 함께 자신이 당황하게 되는 것에 대한 두려움을 느낀다.
⑤ 한국과 일본에서는 대인공포(Taijin Kyofusho)라는 독특한 사회공포증 양상이 보고되고 있다. 이는 자신이 다른 사람들에게 불편이나 불쾌감을 주는 것에 대한 두려움을 주된 특징으로 한다.
⑥ 사실 사회공포증은 매우 흔한 심리적 문제로서 다른 불안장애에 비해 유병률이 높으며, 다른 불안장애와 함께 나타나는 경향이 있다.
⑦ 사회공포증을 가진 사람이 사회적 위험을 지각할 경우 신체적 또는 인지적 변화, 안전행동 또는 방어적 행동, 자기초점적 주의(Self-Focused Attention)로 이어지는 변화과정이 거의 자동적으로 일어나며, 그와 같은 과정이 불안을 강화시킨다. 또한 자신의 수행에 대해 부정적으로 회상하는 사후 반추사고(Post-Event Rumination)로 인해 미래의 수행에 대한 예기불안(Anticipatory Anxiety)이 가중된다.
⑧ 사회공포증의 치료에는 불안유발상황에 직면하도록 하는 노출훈련(Exposure Training)과 함께 인지행동적 집단치료가 효과적인 것으로 보고되고 있다. 특히 인지행동적 집단치료는 인지적 재구성, 반복적 노출, 역할연습, 긴장이완훈련 등으로 구성된다.

4. 광장공포증(Agoraphobia)

① 광장공포증은 고대 그리스어의 시장을 의미하는 아고라(Agora)에서 비롯된 용어로서, 공황발작의 위험에서 이를 피하기 어려운 특정한 장소나 상황에 처해 있는 경우 나타나는 공포증의 한 유형이다.
② DSM-5에 의한 광장공포증의 주요증상(진단기준)은 다음과 같다.

기출키워드
22년 1회
사회불안장애
※ 필기시험에는 사회불안장애에 대한 설명으로 가장 적합한 것을 고르도록 하는 문제가 출제되었습니다.

기출키워드
24년 3회
노출훈련
사회공포증 극복을 위한 집단치료 프로그램에서 불안을 유발하기 때문에, 지금까지 피해왔던 상황을 더 이상 회피하지 않고 그 상황에 직면하게 하는 일종의 행동치료기법

- 다음의 5가지 상황 중 2가지 이상에서 공포나 불안이 현저히 나타난다.
  - 대중교통수단을 이용하는 상황(예 자동차, 버스, 기차, 배, 비행기)
  - 개방된 공간에 있는 상황(예 주차장, 시장, 다리)
  - 폐쇄된 공간에 있는 상황(예 쇼핑몰, 극장, 영화관)
  - 줄을 서 있거나 군중 속에 있는 상황
  - 집 밖에 혼자 있는 상황
- 공황유사증상 또는 무능력하거나 당혹스러운 증상들(예 노인의 경우 낙상의 공포, 요실금의 공포)이 발생했을 때 그러한 상황에서 벗어나기 어렵거나 도움을 받기 어렵다는 생각으로 인해 그 상황을 두려워하거나 회피한다.
- 광장공포유발상황은 거의 항상 공포나 불안을 야기한다.
- 광장공포유발상황을 회피하려고 하거나 동반자를 필요로 하거나, 또는 공포나 불안을 맹렬히 견뎌내려는 모습을 보인다.
- 공포나 불안은 광장공포유발상황과 그 사회문화적 맥락을 고려할 때 실제로 주어지는 위험에 비해 과도한 양상을 보인다.
- 공포, 불안 또는 회피는 보통 6개월 이상 지속된다.
- 공포, 불안 또는 회피는 사회적 · 직업적 기능 또는 다른 중요한 기능영역에서 임상적으로 유의미한 고통이나 손상을 초래한다.
- 광장공포증은 공황장애의 유무와 관계없이 진단된다. 만약 공황장애와 광장공포증의 2가지 진단기준을 모두 충족한다면, 그 2가지 진단이 모두 내려져야 한다.

③ 광장공포증을 가진 사람은 엘리베이터, 버스나 지하철 등 탈출하기 어려운 공간 또는 백화점, 영화관 등 급작스런 공황발작에 빠지는 경우 도움을 받기 곤란한 공간에 대해 과도한 공포심을 가진다.

④ 어지러움, 질식할 것 같은 느낌, 가슴 답답함, 구토감, 현기증, 죽거나 미칠 것 같은 두려움 등 신체적 · 심리적 증상을 수반한다.

⑤ 광장공포증은 특정한 장소나 상황 자체에 대한 공포가 아닌 그러한 공간에서 경험할 수 있는 어떠한 불시의 사건에 대한 공포와 연관된다. 따라서 어떤 특정 상황에 국한하여 공포를 나타내는 특정공포증의 상황형이나, 사회적 상황에 국한하여 공포를 나타내는 사회공포증과 구별된다.

⑥ 광장공포증을 가진 사람은 자신이 두려워하는 상황이 실제로 위험하지 않다는 사실을 잘 알고 있음에도 불구하고 그와 같은 상황에서 경험할지도 모르는 공포감으로 인한 당혹스러운 경험을 두려워한다. 즉, 상황 자체에서 비롯되는 손상(예 고소공포는 추락에 의한 손상)을 두려워하는 특정공포증과 달리, 광장공포증은 공황발작과 같은 당혹스러운 증상이 나타나는 것에 대해 두려움을 느낀다.

OX Quiz

광장공포증을 가진 사람은 자신이 두려워하는 상황이 실제로 위험하다고 믿기 때문에 두려움을 느끼는 것이다.

정답 X(실제로 위험하지 않은 것을 알고 있음)

⑦ 광장공포증은 글자 그대로 넓은 공간에서의 공포를 의미하는 것이라는 점에서 용어상 부적절하다는 의견에 따라, 최근에는 임소(臨所)공포증이라는 용어를 사용하기도 한다.
⑧ 광장공포증의 치료에는 잘못된 인지과정을 수정하고 신체감각에 대한 민감성을 둔화시키는 인지행동치료가 효과적인 것으로 보고되고 있다. 특히 광장공포증 치료에서는 공포유발상황에 대한 실제적 노출치료(In Vivo Exposure)가 필수적이다.

핵심예제 06
17년 기출

다음 사례에 가장 적절한 진단명은?

> A는 중소기업에서 일하는 직원이다. 오늘은 동료직원 B가 새로운 상품에 대해서 발표하기로 했는데, 결근을 해서 A가 대신 발표하게 되었다. 평소 A는 다른 사람들이 자신의 발표에 대해 나쁘게 평가할 것 같아 다른 사람 앞에서 발표하기를 피해왔다. 발표 시간이 다가오자 온 몸에 땀이 쏟아지고, 숨 쉬기가 어려워졌으며, 곧 정신을 잃고 쓰러질 것 같이 느껴졌다.

① 범불안장애
② 공황장애
③ 강박장애
④ 사회불안장애

해설 체크!

사회불안장애
- 다른 사람들과 상호작용하는 사회적 상황을 두려워하여 회피하는 장애(무대공포, 적면공포 등)이다.
- 부정적 평가를 받을지 모른다는 불안과 자신이 당황하게 되는 것을 두려워한다.
- 사회공포증(Social Phobia)이라 불리기도 한다.

정답 ④

7 불안장애 Ⅲ - 공황장애

1. 공황장애(Panic Disorder)의 특징   `13, 15, 16, 18, 19, 21, 24년 기출`

① 공황장애는 통제상실에 대한 강렬한 불안, 즉 공황발작(Panic Attack)이 반복적으로 나타나는 장애이다. 이때 공황발작은 급작스러운 두려움과 공포감이 불시에 비정기적으로 나타나 강렬한 불안을 동반한다.

② DSM-5에서는 공황장애의 주요증상으로서 공황발작의 13가지 증상들을 제시하고 있으며, 그 중 4가지 이상이 나타나야 진단이 가능하다고 규정하고 있다.

- 가슴이 두근거리거나 심장박동이 강렬하거나 또는 급작스럽게 빨라짐
- 땀 흘림
- 몸 떨림 또는 손발 떨림
- 숨이 가쁘거나 막히는 느낌
- 질식할 것 같은 느낌
- 가슴 통증 또는 답답함
- 구토감 또는 복부통증
- 현기증, 비틀거림, 몽롱함, 기절 상태의 느낌
- 몸에 한기나 열기를 느낌
- 감각이상(마비감이나 저린 느낌)
- 비현실감 또는 이인감(자기 자신으로부터 분리된 느낌)
- 자기통제를 상실하거나 미칠 것 같은 두려움
- 죽을 것 같은 두려움

③ 또한 공황장애로 진단되기 위해서는 최소 1회 이상의 발작 이후 1개월 이상 다음 중 1가지 혹은 2가지 모두의 양상이 나타나야 한다고 규정하고 있다.

- 추가적인 공황발작이나 그로 인한 결과들(예 통제상실, 심장발작, 미쳐감)에 대한 지속적인 염려나 걱정
- 공황발작과 관련된 행동에서의 유의미한 부적응적 변화(예 공황발작을 피하기 위해 운동을 삼가거나 낯선 상황을 피하는 등의 행동)

④ 공황발작의 증상은 급작스럽게 나타나 10분 이내에 최고조에 도달하며, 대개 10~20분 동안 지속된 후 사라진다.

⑤ 발작이 없는 중간시기에는 그와 같은 증상들이 다시 나타날지 모른다는 예기불안(Anticipatory Anxiety)을 느끼기도 하며, 발작이 일어난 장소나 상황을 가급적 피하려는 습성으로 인해 여러 가지 회피행동을 보이기도 한다. 또한 외출을 삼가고 혼자 있기를 두려워하는 등 광장공포증이 함께 나타나기도 하며, 심장병이 아닌가 하는 등 건강염려증이 동반되기도 한다.

⑥ 공황장애의 평생유병률은 1.5~3.5% 정도이며, 남성보다 여성에게서 2~3배 정도 많이 나타난다.

OX Quiz

공황발작 증상은 급작스럽게 나타나 최고조에 도달하여, 1~2시간 정도 지속된 후 사라진다.

정답 X(10~20분 뒤 소멸)

⑦ 치료에는 세로토닌(Serotonin)재흡수억제제, 삼환식항우울제, 벤조디아제핀(Benzodiazepine)계열약물 등의 약물치료와 긴장이완훈련, 인지수정, 점진적 노출(Graded Exposure) 등의 인지행동치료가 활용된다. 또한 이른바 작은 공황발작에 노출시켜 그것에 익숙해지도록 하는 공황통제치료(PCT ; Panic Control Treatment) 등도 적용한다.

> **OX Quiz**
> 공황장애의 평생유병률은 1.5~3.5% 정도이며, 여성보다 남성에게서 2~3배 정도 많이 나타난다.
> 정답 X(여성 ↔ 남성)

2. 공황발작을 유발하는 핵심적 요인으로서 파국적 오해석   13, 17년 기출

① 클라크(Clark)는 공황장애를 가진 사람들의 특징적 인지과정에 대한 연구를 통해, 그들이 신체 감각에 대한 파국적 오해석(Catastrophic Misinterpretation)을 하고 있다는 사실에 주목하였다.
② 파국적 오해석은 정상적인 신체감각에 대해 마치 재난이 일어난 것처럼 해석하는 인지적 취약성을 의미한다.
③ 예를 들어, 보통 사람들은 달리기를 한 후 심장박동이 빨라지는 것을 자연스러운 신체반응으로 간주한다. 그러나 공황장애를 가진 환자들은 그와 같은 신체적 반응을 마치 심장마비의 전조로 간주하여 급작스러운 불안에 사로잡히게 되며, 이때의 불안으로 인한 교감신경계의 활동은 신체감각을 더욱 증폭시켜 파국적인 해석에 이르게 되는 것이다. 다시 말해 불안과 신체감각증폭 그리고 파국적 오해석의 악순환이 공황발작을 일으키는 것이다.
④ 공황발작을 반복적으로 경험하는 경우 파국적 오해석의 자동화가 이루어져 자각되지 않은 상태에서 자동적으로 이루어질 수 있다.

핵심예제 07   13, 17년 기출

공황장애를 설명하는 인지적 관점에 의하면, 공황발작을 초래하는 핵심적 요인은?

① 신체건강에 대한 걱정과 염려
② 만성질병에 대한 잘못된 귀인
③ 억압된 분노표출에 대한 두려움
④ 신체감각에 대한 파국적 오해석

해설 체크!

클라크(Clark)는 공황장애(Panic Disorder)를 가진 사람들의 특징적 인지과정에 대한 연구를 통해, 그들이 신체감각에 대한 파국적 오해석(Catastrophic Misinterpretation)을 하고 있다는 사실에 주목하였다. 이때 파국적 오해석은 정상적인 신체감각에 대해 마치 재난이 일어난 것처럼 해석하는 인지적 취약성을 의미한다. 예를 들어, 보통 사람들은 달리기를 한 후 심장박동이 빨라지는 것을 자연스러운 신체반응으로 간주한다. 그러나 공황장애를 가진 환자들은 그와 같은 신체적 반응을 마치 심장마비의 전조로 간주하여 급작스러운 불안에 사로잡히게 되며, 이때의 불안으로 인한 교감신경계의 활동은 신체감각을 더욱 증폭시켜 파국적인 해석에 이르게 되는 것이다.

정답 ④

기출키워드

24년 2회

액슬린(Axline)의 비지시적 놀이치료에서 놀이치료자가 갖추어야 할 8가지 원칙

- 아동과 따뜻하고 친근한 관계를 형성한다.
- 아동을 있는 그대로 수용한다.
- 아동의 감정을 인식하고 반영해 주어 아동 스스로 자신의 문제에 대한 통찰을 얻도록 돕는다.
- 아동이 자신의 감정을 자유롭고 충분히 표현할 수 있도록 허용적인 관계를 형성한다.
- 아동이 자신의 문제를 스스로 해결할 수 있는 능력이 있음을 인정하여, 아동 스스로 선택하고 변화할 수 있도록 한다.
- 아동의 행동이나 대화를 이끌지 않으며, 아동의 주도에 따른다.
- 치료가 점진적인 과정임을 인식하여 서둘러 치료를 재촉하지 않는다.
- 아동으로 하여금 책임을 받아들이도록 하기 위해 필요한 경우 제한을 둘 수 있다.

22년 1회

분리불안장애

※ 필기시험에는 분리불안장애에 관한 설명으로 틀린 것을 고르도록 하는 문제가 출제되었습니다.

OX Quiz

분리불안장애는 성인에게서는 나타나지 않는다.

정답 X(성인에게서도 나타날 수 있음)

8 불안장애 Ⅳ – 분리불안장애

15, 18, 22년 기출

1. 분리불안장애(Separation Anxiety Disorder)의 특징

① 분리불안장애는 DSM-Ⅳ의 분류기준에서 유아기, 아동기 또는 청소년기의 기타 장애(Other Disorders of Infancy, Childhood, or Adolescence)에 해당하였으나, DSM-5의 분류기준에서 불안장애(Anxiety Disorders)의 하위유형으로 편입되었다.

② 애착대상과 떨어지는 것에 대해 심한 불안반응을 보이는 정서적 장애에 해당한다.

③ 주로 18세 이전에 발병하며, 나이가 어릴수록 부모와 떨어져 있는 것에 대해, 나이가 많을수록 납치나 강도 등 특정 위험에 대한 공포 때문에 분리불안을 나타내는 경향이 있다.

④ 분리불안장애는 성인에게서도 나타날 수 있는데, 이사나 결혼 등의 새로운 변화나 자녀 또는 배우자와 헤어지는 것에 대한 과도한 불안으로 나타난다.

⑤ 부모의 부적절한 양육행동, 즉 과잉보호적인 양육행동이 아동의 독립성을 약화시키고 의존성을 강화하여 분리불안장애를 유발하는 것으로 보고되고 있다.

⑥ 행동치료나 인지행동치료, 놀이치료에 의해 호전될 수 있으며, 특히 점진적 노출법(Graded Exposure)이 가장 효과적인 방법으로 보고되고 있다.

2. DSM-5에 의한 분리불안장애의 주요증상(진단기준)

① 다음의 증상들 중 최소 3가지 이상을 아동이나 청소년의 경우 4주 이상, 성인의 경우 6개월 이상 나타낼 때 분리불안장애로 진단된다.

- 집이나 주요애착대상으로부터 분리를 경험하거나 이를 예상할 때 반복적으로 심한 고통을 느낀다.
- 주요애착대상을 잃는 것 혹은 그들에게 질병, 부상, 재난, 사망과 같은 해로운 일이 일어나지 않을까 지속적이고 과도하게 근심한다.
- 애착대상과의 분리를 야기하는 사건(예 길을 잃음, 납치나 사고를 당함, 질병에 걸림)에 대해 지속적이고 과도하게 근심한다.
- 분리에 대한 공포로 인해 집으로부터 멀리 떠나거나 집, 학교, 직장 등에 가는 것을 지속적으로 꺼리거나 거부한다.
- 혼자 있는 것 혹은 주요애착대상 없이 집이나 다른 장소에 있는 것에 대해 지속적으로 꺼리거나 과도한 공포를 느낀다.
- 집으로부터 멀리 떠나 잠을 자는 것 혹은 주요애착대상이 가까이 없이 잠을 자는 것에 대해 지속적으로 꺼리거나 거부한다.
- 분리의 주제를 포함하는 악몽을 반복적으로 꾼다.
- 주요애착대상으로부터 분리되거나 이를 예상하게 될 때 신체증상(예 두통, 복통, 메스꺼움, 구토)을 반복적으로 호소한다.

② 공포, 불안 또는 회피는 아동 및 청소년의 경우 최소 4주 이상, 성인의 경우 보통 6개월 이상 지속된다.
③ 장애가 사회적·학업적·직업적 기능 또는 다른 중요한 기능영역에서 임상적으로 유의미한 고통이나 손상을 초래한다.

3. 연령별 분리불안장애의 특성

분리불안장애에 관한 프랜시스 외 2인의 공동연구(Francis, Last & Strauss)에서는 아동기 연령에 따른 분리불안장애의 특성을 다음과 같이 구분하였다.
① 5~8세 : 애착대상에게 해가 닥치는 악몽을 꾸거나 그와 같은 상황을 걱정하며, 학교가기를 거부한다.
② 9~12세 : 애착대상과의 분리에 대한 과도한 걱정을 나타내 보인다.
③ 13~16세 : 학교거부와 함께 신체적 증상을 호소한다.

> **OX Quiz**
> DSM-5에 의한 분리불안장애 특성에서 8~10세의 경우 애착대상에게 해가 닥치는 악몽을 꾸거나 그와 같은 상황을 걱정하는 특성이 가장 두드러진다.
> 정답 X(5~8세)

핵심예제 08   15년 기출

분리불안장애의 주요증상에 해당하지 않는 것은?

① 주요애착대상이나 집을 떠나야 할 때마다 심한 불안과 고통을 느낀다.
② 낯선 이와 같은 공간에 있지 못하고 과도한 불안을 나타낸다.
③ 애착대상과 분리될 수 있는 사건들에 대해 지속적이고 과도하게 걱정한다.
④ 집을 떠나 잠을 자거나 주요애착대상이 근처에 없이 잠을 자는 것을 지속적으로 꺼리거나 거부한다.

> **해설 체크!**
> 분리불안장애는 주요애착대상으로부터의 분리 혹은 애착대상과의 분리를 야기하는 사건 등에 대한 과도한 근심과 고통을 주요증상으로 한다.
>
> 정답 ②

9 강박 및 관련 장애 - 강박장애

1. 강박 및 관련 장애(Obsessive-Compulsive and Related Disorders) 〔18, 24년 기출〕

① DSM-Ⅳ의 분류기준에서 강박장애(Obsessive-Compulsive Disorder)는 불안장애(Anxiety Disorders)의 하위유형으로 분류되었다. 그러나 DSM-5에서는 불안장애에서 분리되어 강박 및 관련 장애(Obsessive-Compulsive and Related Disorders)의 독립된 장애범주로 분류된다.

② DSM-5의 분류기준에 의한 강박 및 관련 장애의 주요하위유형은 다음과 같다.

> - 강박장애(Obsessive-Compulsive Disorder)
> - 신체변형장애 또는 신체이형장애(Body Dysmorphic Disorder)
> - 저장장애 또는 수집광(Hoarding Disorder)
> - 발모증(Trichotillomania) 또는 모발뽑기장애(Hair-Pulling Disorder)
> - 피부벗기기장애 또는 피부뜯기장애[Excoriation(Skin-Picking) Disorder] 등

③ 신체변형장애는 개인이 자신의 신체적 외모상의 주관적인 결함에 대해 과도하고 왜곡되게 집착하는 장애이다. 이와 같은 장애를 가진 사람은 외모에 대한 높은 미적 민감성을 통해 자기 외모의 균형 및 조화를 평가하며, 얼굴의 미묘한 비대칭이나 사소한 결함에 집착한다. 특히 장애증상의 심리적 원인을 받아들이지 않으므로 심리치료를 거부하며, 성형수술을 원하는 경향이 있다.

④ 저장장애는 불필요한 물건을 버리지 못한 채 이를 보관하고자 하는 강한 충동을 느끼는 한편, 물건을 버리는 것 자체를 고통으로 받아들이는 장애이다. 강박적 저장(Compulsive Hoarding)과 강박적 수집(Compulsive Collecting)을 특징으로 하며, 이와 같은 장애를 가진 사람은 자신의 지나친 저장 혹은 수집행동의 심각성을 인식하지 못한다. 특히 우유부단함, 유목화/조직화의 결함, 기억의 결함, 손실의 과장된 평가 등 인지기능상의 결함을 나타낸다.

⑤ 발모증 또는 모발뽑기장애는 머리카락을 뽑는 행동을 통해 쾌감과 만족감을 느끼는 것으로서, 그로 인해 사회적·직업적 적응에 심각한 어려움을 경험하는 장애이다. 또한 피부벗기기장애는 반복적으로 피부를 문지르거나 긁거나 벗기거나 뜯는 등의 행동을 보이는 것으로서, 다양한 심리적인 문제와 함께 나타나는 장애이다. 이와 같은 비정상적인 행동들은 인지행동적 입장에서 스트레스에 대처하기 위한 독특한 행동양식으로 간주되기도 한다.

OX Quiz

강박 및 관련 장애의 주요하위유형에는 강박장애, 빈모증, 저작장애 등이 해당된다.

정답 X(강박장애, 발모증, 저장장애)

2. 강박장애(Obsessive-Compulsive Disorder)의 특징 　16, 17, 21년 기출

① 강박장애는 원하지 않는 생각과 행동을 반복하게 되는 장애로서, 극심한 불안이나 고통을 유발하는 강박사고(Obsessions)와 이를 중화하기 위한 강박행동(Compulsions)을 특징으로 한다.
② 강박사고는 음란하거나 근친상간적인 생각, 공격적 혹은 신성 모독적인 생각, 오염에 대한 생각, 반복적인 의심, 물건을 순서대로 정리하려는 충동 등 다양한 주제를 포함한다.
③ 강박행동은 씻기, 청소하기, 정돈하기, 반복 확인하기 등 외현적 행동으로 나타날 수도, 숫자 세기, 기도하기, 속으로 단어를 반복하기 등 내현적 행동으로 나타날 수도 있다.
④ 강박장애를 가진 사람은 자신의 강박적인 사고나 행동이 비합리적이라는 사실을 인식하고 있다.
⑤ 강박장애를 가진 사람은 사고-행위융합(TAF ; Thought-Acting Fusion)을 특징으로 한다. 사고-행위융합은 사고와 행위를 연결함으로써, 사고한 바의 것이 직접적인 행위와 다르지 않다고 믿는 경향을 말한다. 강박장애를 가진 사람은 단순히 생각하는 것, 그것이 바로 중요하며 의미 있다고 믿는다.
⑥ 사고-행위융합에는 비윤리적인 생각을 하는 것 자체가 곧 비도덕적이라고 믿는 도덕성융합(Moral Fusion), 비윤리적인 생각이 십중팔구 행위로 나타난다는 발생가능성융합(Likelihood Fusion)이 있다.
⑦ 강박장애에 대한 심리치료적 방법으로서 불안장애의 치료기법으로도 널리 활용되고 있는 노출 및 반응방지법(ERP ; Exposure and Response Prevention), 강박사고가 떠오를 때마다 중지를 지시하는 사고중지(Thought Stopping), 강박행동을 오히려 과장된 방식으로 하도록 지시하는 역설적 의도(Paradoxical Intention), 감정을 과도하게 억제하지 않도록 유도하는 자기주장훈련(Self-Assertion Training) 등이 효과적인 것으로 알려져 있다.

기출키워드

21년 1회
노출 및 반응방지법
※ 필기시험에는 강박장애 환자의 심리치료에 가장 효과적인 방법을 고르도록 하는 문제가 출제되었습니다.

3. DSM-5에 의한 강박장애의 주요증상(진단기준)

① 강박사고 혹은 강박행동 중 어느 하나가 존재하거나 둘 다 존재한다.
- 강박사고(Obsessions)

  - 반복적이고 지속적인 사고, 충동 또는 심상이 장해가 진행되는 어느 순간에 침입적이고 원치 않게 경험되며, 대다수에게 현저한 불안과 고통을 유발한다.
  - 개인은 그와 같은 사고, 충동 또는 심상을 무시 또는 억압하려고 하거나 다른 사고 또는 행동(즉, 강박행동의 수행)으로써 이를 중화시키려고 한다.

- 강박행동(Compulsions)

  - 반복적인 행동(예 손 씻기, 정리하기, 확인하기 등) 또는 정신적인 활동(예 기도하기, 숫자 세기, 마음속으로 단어 반복하기 등)으로서, 개인은 그와 같은 행동이 강박사고에 대한 반응으로 혹은 엄격히 적용되어야 하는 규칙에 따라 수행해야만 하는 것으로 느낀다.
  - 그와 같은 행동이나 정신적 활동은 불안이나 고통을 예방 또는 감소시키고, 어떤 두려운 사건이나 상황을 방지하기 위한 것이다. 그러나 그러한 행동이나 정신적 활동은 중화하거나 방지하려는 것과 실제적으로 연결되어 있지 않거나 혹은 명백히 지나친 것이다.

② 강박사고나 강박행동이 많은 시간을 소모하게 하거나(예 하루 1시간 이상을 차지함), 사회적·직업적 기능 또는 다른 중요한 기능영역에서 임상적으로 유의미한 고통이나 손상을 초래한다.

③ 강박증상들은 물질(예 남용약물, 치료약물)이나 다른 의학적 상태의 생리적 효과에 기인한 것이 아니다.

④ 이러한 장해는 다른 정신장애의 증상들에 의해 더 잘 설명되지 않는다(예 범불안장애에서 과도한 걱정, 신체변형장애에서 외모에 대한 집착, 저장장애에서 불필요한 물건의 처분 곤란, 발모증에서 머리카락 뽑기, 피부벗기기장애에서 피부 벗기기, 정형적 동작장애에서 상동증적 행동 등으로 해석하기 어려움).

> **OX Quiz**
> 강박장애의 경우 강박증상들이 약물에 기인하는 경우가 많다.
> 정답 X(기인한 것이 아님)

4. 강박장애와 연관된 방어기제 17, 25년 기출

① 격리 또는 고립(Isolation)
- 고통스런 사건에 대한 기억과 그와 관련된 감정을 분리함으로써 그 사건에 대한 기억은 간직하나, 그에 수반되는 감정은 기억에서 배제한다.
- 강박적 사고를 가지고 있는 사람은 강박적 사고와 그에 수반되는 감정을 격리시킴으로써 강박적·집착적 사고에 의한 불안감정에서 벗어나고자 한다.

② 반동형성(Reaction Formation)
- 자신이 가지고 있는 죄의식을 본래의 행동과 완전히 반대되는 방향으로 바꾼다.
- 강박적 사고를 가지고 있는 사람은 자신의 난폭하고 공격적인 성향과는 달리 평소 유순하고 친절하게 행동한다.

③ 대치(Substitution)
- 받아들여질 수 없는 욕구나 충동에너지를 원래의 목표에서 대용목표로 전환시킴으로써 긴장을 해소한다.
- 강박적 사고를 가지고 있는 사람은 자신의 본래적 욕구를 다른 것으로 대치하여 위장함으로써 불안감정을 회피하려는 경향이 있다.

④ 취소(Undoing)
- 자신의 공격적 욕구나 충동에 의해 발생한 피해에 대해 무의식적 죄책감을 해소하기 위한 시도로서 그 피해를 원상복구한다.
- 강박적 사고를 가지고 있는 사람은 자신이 벌인 일을 무효화함으로써 죄의식이나 불안감정에서 벗어나고자 한다.

OX Quiz

강박장애와 연관된 방어기제 중 취소는 자신의 공격적 욕구나 충동에 의해 발생한 피해에 대해 무의식적 죄책감을 해소하기 위한 시도로서 그 피해를 원상복구한다.

정답 O

핵심예제 09
10, 17년 기출

정신분석적 입장에서 볼 때 강박장애와 밀접하게 연관된 주요방어기제가 아닌 것은?

① 투 사
② 고 립
③ 대 치
④ 취 소

해설 체크!

강박장애와 밀접하게 연관된 주요방어기제로는 격리 또는 고립(Isolation), 반동형성(Reaction Formation), 대치(Substitution), 취소(Undoing) 등이 있다.

정답 ①

10 외상- 및 스트레스사건-관련 장애 Ⅰ - 외상후스트레스장애

기출키워드
20년 1회
외상후스트레스장애

※ 필기시험에는 외상후스트레스장애의 예시로 '대형 화재 현장에서 살아남은 남성이 불이 나는 장면에 극심하게 불안증상을 느끼는 상황'을 제시하였습니다.

1. 외상- 및 스트레스사건-관련 장애(Trauma- and Stressor-Related Disorders)

17년 기출

① DSM-Ⅳ의 분류기준에서 외상후스트레스장애(Post-Traumatic Stress Disorder)는 불안장애(Anxiety Disorders)의 하위유형으로 분류되었다. 그러나 DSM-5에서는 불안장애에서 분리되어 외상- 및 스트레스사건-관련 장애의 독립된 장애범주로 분류된다.

② DSM-5의 분류기준에 따른 외상- 및 스트레스사건-관련 장애의 주요하위유형은 다음과 같다.

> • 반응성애착장애(Reactive Attachment Disorder)
> • 탈억제사회관여장애 또는 탈억제성사회적 유대감장애(Disinhibited Social Engagement Disorder)
> • 외상후스트레스장애(Post-Traumatic Stress Disorder)
> • 급성스트레스장애(Acute Stress Disorder), 적응장애(Adjustment Disorder) 등

③ 반응성애착장애는 양육자와의 애착외상으로 인해 부적절하고 위축된 대인관계 패턴을 나타내는 장애이다.

④ 급성스트레스장애는 외상적 사건을 직접 경험 또는 목격한 직후에 부적응증상들이 최소 3일 이상 1개월 이내의 단기간 동안 지속되는 장애이다. 만약 1개월이 경과된 이후에도 증상이 개선되지 않은 채 지속 또는 악화되는 경우 외상후스트레스장애로 진단된다.

⑤ 적응장애는 특히 심리사회적 스트레스사건에 대한 반응으로 정서적 또는 행동적 부적응증상을 나타내는 장애를 말한다. 적응장애의 핵심요인이 주요한 생활사건(Major Life Event)인 만큼 가장 흔하게 관찰되는 정신장애이기도 하다.

2. 외상후스트레스장애(Post-Traumatic Stress Disorder)의 특징

17, 19, 20, 24, 25년 기출

① 외상후스트레스장애는 충격적인 외상사건을 경험하고 난 후 다양한 심리적 부적응 증상이 나타나는 장애이다.

② 외상, 즉 트라우마(Trauma)는 발생횟수에 따라 일회적 외상(Single-Blow Trauma)과 반복적 외상(Repeated Trauma)으로 구분된다.

- 일회적 외상 : 자연재해, 건물 붕괴, 비행기 추락 등의 기술적 재해, 폭행, 강도, 강간 등의 폭력적 범죄 등
- 반복적 외상 : 부모나 양육자에 의한 주기적인 신체적·정서적 학대, 전쟁터나 감옥에서의 장기간에 걸친 공포 경험 등

③ 외상은 인간 외적 외상(Impersonal Trauma), 대인관계적 외상(Interpersonal Trauma), 애착외상(Attachment Trauma)으로 구분된다.

- 인간 외적 외상 : 지진, 태풍, 산사태, 홍수 등 인간이 개입되지 않은 자연의 우발적 작용에 의한 외상
- 대인관계적 외상 : 타인의 고의적 행동에서 비롯된 상처 및 피해에 의한 외상
- 애착외상 : 부모나 양육자와 같이 정서적으로 긴밀한 관계에서 비롯된 심리적 상처에 의한 외상

④ 충격적인 경험을 한 후 예민한 각성상태가 지속되고 고통스런 기억에서 완전히 벗어나지 못하며, 그로 인해 관련된 생각을 회피하려고 한다.

⑤ 외상후스트레스장애를 가진 사람은 재현성환각이나 악몽을 통해 과거의 외상사건에 대한 생각에서 쉽게 벗어나지 못하며, 사건 당시의 경험을 회상하도록 하는 다양한 자극들에 대해 극도의 불안과 두려움을 느낀다.

⑥ 장애의 징후는 외상사건 직후부터 나타나는 경우가 대부분이지만, 수개월이 지난 후에 혹은 몇 해가 지난 후에 나타나기도 한다.

⑦ 외상후스트레스장애는 다른 정신장애와의 공병률이 매우 높으며, 특히 외상후스트레스장애 환자의 약 50%에서 주요우울장애가 나타나는 것으로 보고되고 있다.

⑧ 공황장애와 마찬가지로 약물치료와 인지행동치료가 활용된다. 특히 포아(Foa)에 의해 개발된 지속적 노출치료(PE ; Prolonged Exposure)가 가장 효과적인 것으로 보고되고 있다.

3. DSM-5에 의한 외상후스트레스장애의 주요증상(진단기준)

① 실제적 혹은 위협에 의한 죽음에의 노출, 심각한 상해 또는 성폭력에의 노출을 다음의 어느 한 가지 이상의 방식으로 경험한다.

- 외상사건을 직접 경험한다.
- 외상사건이 다른 사람에게서 일어나는 것을 목격한다.
- 외상사건이 가까운 가족성원이나 친구에게 일어난 것을 알게 된다. 실제적 혹은 위협에 의한 죽음에의 노출의 경우 그 외상사건은 폭력적이거나 불의의 사고에 의한 것이어야 한다.
- 외상사건의 혐오스러운 세부 내용에 반복적 혹은 극단적으로 노출된다(* 주의 : 전자매체, TV, 영화 또는 사진을 통한 노출에 대해서는 이 기준이 적용되지 않는다).

OX Quiz
외상후스트레스장애는 외상을 겪은 후 가끔 각성상태에 돌입하며 관련된 생각에 집착한다.
정답 X(각성상태 지속, 관련 생각 회피)

OX Quiz
외상은 인간 외적 외상, 대인관계적 외상, 애착외상으로 구분된다.
정답 O

② 외상사건이 일어난 이후 외상사건과 관련된 침투증상이 다음 중 한 가지 이상으로 나타난다.

- 외상사건의 고통스러운 기억을 자신의 의지와 상관없이 반복적이고 침투적으로 경험한다(* 주의 : 만 6세 이상 아동에게는 외상적 사건의 주제나 국면이 반복적인 형태의 놀이로 표출될 수 있다).
- 외상사건과 관련된 내용 및 정서가 포함된 고통스러운 꿈들을 반복적으로 경험한다(* 주의 : 아동의 경우 내용을 알 수 없는 무서운 꿈을 꾸기도 한다).
- 외상사건이 마치 되살아나는 듯한 행동이나 느낌이 포함된 해리반응을 경험한다. 그와 같은 반응은 극단적인 표현과 함께 현재 상황에 대한 인식의 완전한 상실로 나타날 수 있다(* 주의 : 아동의 경우 외상 특유의 재현이 놀이로 나타날 수 있다).
- 외상사건의 특징과 유사하거나 이를 상징화한 내적 혹은 외적 단서에 노출되는 경우 강렬한 혹은 장기적인 심리적 고통을 경험한다.
- 외상사건의 특징과 유사하거나 이를 상징화한 내적 혹은 외적 단서에 대해 현저한 생리적 반응을 나타낸다.

③ 외상사건이 일어난 이후 외상사건과 관련된 지속적인 자극회피가 다음 중 한 가지 이상의 방식으로 나타난다.

- 외상사건에 대한 혹은 그것과 밀접하게 연관된 고통스러운 기억, 생각, 감정을 회피하거나 이를 회피하려고 노력한다.
- 외상사건에 대한 혹은 그것과 밀접하게 연관된 고통스러운 기억, 생각, 감정을 유발하는 외적인 단서들(사람, 장소, 대화, 활동, 대상, 상황)을 회피하거나 이를 회피하려고 노력한다.

④ 외상사건이 일어난 이후 혹은 악화된 이후 외상사건과 관련된 인지와 기분의 부정적인 변화가 다음 중 2가지 이상으로 나타난다.

- 외상사건의 중요한 측면을 기억하지 못한다(전형적으로 해리성기억상실에 기인하며, 두부외상이나 알코올 또는 약물과 같은 다른 요인들에 기인하지 않는다).
- 자기 자신, 타인 혹은 세상에 대한 과장된 부정적 신념이나 기대를 지속적으로 나타낸다(예 나는 나쁜 사람이다, 세상에 그 누구도 믿을 수 없다, 이 세계는 위험천만하다, 나의 전체 신경체계가 영구히 파괴되었다).
- 외상사건의 원인이나 결과에 대한 왜곡된 인지를 지속적으로 나타내며, 이러한 인지가 그 자신이나 타인을 책망하도록 이끈다.
- 부정적인 정서상태(예 두려움, 공포, 분노, 죄책감 혹은 수치심)를 지속적으로 나타낸다.
- 중요한 활동에 대한 관심이나 참여가 현저히 감소한다.
- 다른 사람으로부터 거리감 혹은 소외감을 느낀다.
- 긍정적인 감정(예 행복감, 만족감 혹은 사랑의 감정)을 지속적으로 느끼지 못한다.

⑤ 외상사건이 일어난 이후 혹은 악화된 이후 외상사건과 관련된 각성 및 반응성에서의 현저한 변화가 다음 중 2가지 이상으로 나타난다.

> - 사람이나 사물에의 언어적 혹은 물리적 공격으로 나타나는 짜증스러운 행동과 분노폭발
> - 무모한 행동 혹은 자기파괴적 행동
> - 과도한 경계
> - 과도한 놀람반응
> - 주의집중곤란
> - 수면장해(예 수면을 취하거나 수면상태를 유지하는 것의 어려움 또는 불안정한 수면)

⑥ 위에 제시된 장해(②, ③, ④, ⑤의 진단기준)가 1개월 이상 나타난다.
⑦ 이러한 장해가 사회적·직업적 기능 또는 다른 중요한 기능영역에서 임상적으로 유의미한 고통이나 손상을 초래한다.
⑧ 위의 진단기준은 성인, 청소년, 만 6세 이상 아동에게 적용된다. 만 6세 미만의 아동에 대해서는 별도의 진단기준을 적용한다.

4. 외상후스트레스장애의 4가지 심리적 유형

① **침투증상** : 외상사건과 관련된 기억이나 감정이 반복적으로 의식영역에 침투하여 재경험됨으로써 강렬한 심리적 고통이나 생리적 반응을 유발한다.
② **회피반응** : 외상사건을 재경험하는 것이 고통스러우므로 그와 관련된 기억을 떠올리지 않기 위해 외상사건과 밀접하게 연관된 자극을 회피하려고 한다.
③ **인지와 감정의 부정적 변화** : 외상사건의 주요내용 일부를 기억하지 못하거나 외상사건의 원인과 결과를 왜곡하여 받아들이는 등 외상사건과 관련된 인지와 감정에 있어서 부정적인 변화가 나타난다.
④ **각성과 반응성의 변화** : 평소 주의집중을 잘 하지 못하고 사소한 자극에도 짜증을 내거나 분노를 폭발하는 등 과민한 반응을 보인다.

5. 데이비슨과 포아(Davidson & Foa)의 외상후스트레스장애 유발 위험요인

① **외상 전 위험요인(Pretraumatic Risk Factors)**
외상사건 이전 외상의 과거력, 우울증이나 불안장애 등 정신장애의 가족력, 의존성이나 정서적 불안정성 등의 성격특성, 사건의 발생이나 그 결과가 기회나 운 등 외적 요인의 강력한 영향력에 의해 결정된다는 통제소재(Locus of Control)의 외부성 등이 해당된다.

② **외상 중 위험요인(Peritraumatic Risk Factors)**
외상사건 자체의 요인으로서 외상사건의 양태 및 강도와 연관된다. 일반적으로 외상사건의 강도가 높고 노출 횟수가 많을수록 외상후스트레스장애의 발병 가능성이 높다. 또한 외상사건이 가까운 사람에게서 유발되거나 타인의 악의에 의한 것일수록 증상이 더욱 심하고 오랫동안 지속된다.

OX Quiz

외상후스트레스장애의 4가지 심리적 유형에는 침식증상, 회피반응, 인지와 감정의 부정적 변화, 각성과 반응성의 변화가 해당된다.

정답 X(침식증상 → 침투증상)

③ 외상 후 위험요인(Posttraumatic Risk Factors)

사회적 지지망의 기능 및 형태, 경제적 자원, 부가적 스트레스 원인 등이 해당한다. 일반적으로 사회적 지지망이 부족하거나 결혼생활 혹은 직장생활이 불안정한 경우, 다른 생활스트레스를 경험하고 있는 경우 외상후스트레스장애의 증상을 더욱 악화시키게 된다.

> **참고**
>
> 트라우마 체계 치료(TST ; Trauma Systems Therapy)
> 과거뿐 아니라 가난, 가정폭력, 약물남용, 부모의 정신질환 등 매일의 삶 속에서 진행되고 있는 트라우마를 가진 아동과 가족을 위해 설계되었다.

OX Quiz

과거뿐 아니라 현재까지 진행되고 있는 트라우마를 가진 아동과 가족을 위해 설계되었으며, '무너진 체계를 조정하고 복원하기' 등의 원리를 적용시키는 치료는 트라우마 체계 치료이다.

정답 O

핵심예제 10   17, 20년 기출

대형 화재현장에서 살아남은 남성이 불이 나는 장면에 극심하게 불안증상을 느낄 때 의심할 수 있는 가능성이 가장 높은 장애는?

① 외상후스트레스장애
② 적응장애
③ 조현병
④ 범불안장애

해설 체크!

① 강간, 폭행, 교통사고, 자연재해, 가족이나 친구의 죽음 등과 같은 충격적인 사건을 경험한 후 불안상태가 지속적으로 나타나는 장애이다.
② 주요한 생활사건에 대한 적응실패로 나타나는 정서적 또는 행동적 부적응 증상을 말한다.
③ 뇌의 특별한 기질적 이상 없이 사고나 감정, 언어, 지각, 행동 등에서 부적응적인 장애를 나타내는 정신장애이다.
④ '일반화된 불안장애'라고도 하며, 과도한 불안과 긴장을 지속적으로 경험하는 상태를 말한다.

정답 ①

11 외상- 및 스트레스사건-관련 장애 II - 반응성애착장애

1. 반응성애착장애(Reactive Attachment Disorder)의 특징

① DSM-IV의 분류기준에서 유아기 또는 초기아동기의 반응성애착장애는 유아기, 아동기 또는 청소년기의 기타 장애(Other Disorders of Infancy, Childhood, or Adolescence)의 하위유형으로 분류되었다. 그러나 DSM-5에서는 외상- 및 스트레스사건-관련 장애(Trauma- and Stressor-Related Disorders)의 하위유형으로 분류된다.

② 대략 생후 9개월 이상 만 5세 이전의 아동에게서 주로 발병하며, 아동이 양육자와의 애착외상(Attachment Trauma)으로 인해 부적절하고 위축된 대인관계 패턴을 나타낸다.

③ 유아기 및 초기아동기에 특정 양육자와 일관성 있고 안정된 애착형성이 중요함에도 불구하고 양육자에게서 충분한 애정을 받지 못하거나 학대 혹은 방임상태로 양육되면서 애착외상이 발생한다.

④ 반응성애착장애를 가진 아동은 부모를 비롯하여 타인과의 접촉을 두려워하고 이를 회피하므로 사회성발달에 어려움을 경험하게 된다.

⑤ 흔히 인지발달, 언어발달이 늦어지거나 상동증적 행동을 보이는 경우도 있다.

⑥ 다른 사람과의 관계를 두려워하거나 이를 회피하는 억제형(Inhibited Type)과 누구에게나 부적절하게 친밀감을 나타내는 탈억제형(Disinhibited Type)으로 구분된다.

⑦ 자폐스펙트럼장애가 정상적인 양육을 받았음에도 불구하고 나타나는 것과 달리, 반응성애착장애는 생애 초기 양육결핍에서 비롯된다. 또한 자폐스펙트럼장애가 기이한 언어를 사용하거나 특정 영역에 고착된 관심을 보이는 것과 달리, 반응성애착장애는 그와 같은 모습을 보이지 않는다.

⑧ 반응성애착장애의 치료에는 아동의 흥미를 유발하고 쉽게 몰입할 수 있도록 하는 놀이치료가 효과적인 것으로 알려져 있다.

2. DSM-5에 의한 반응성애착장애의 주요증상(진단기준)

① 성인 양육자에 대해 시종일관 정서적으로 억제되고 위축된 행동이 다음의 2가지 양상으로 나타난다.

- 아동이 스트레스를 느낄 때 거의 위안을 구하지 않거나 최소한의 위안만을 구한다.
- 아동이 스트레스를 느낄 때 위안에 거의 반응하지 않거나 최소한의 반응만을 나타낸다.

OX Quiz

반응성애착장애는 대략 만 5세 이후의 아동에게서 주로 발병하며, 아동이 양육자와의 애착외상(Attachment Trauma)으로 인해 부적절하고 위축된 대인관계 패턴을 나타낸다.

정답 X(대략 생후 9개월 이상 만 5세 이전의 아동에게서 주로 발병)

② 지속적인 사회적 · 정서적 장해가 다음의 사항들 중 최소 2가지 이상으로 나타난다.

- 다른 사람에 대해 최소한의 사회적 · 정서적 반응만을 보인다.
- 긍정적인 정서가 제한적으로 나타난다.
- 성인 양육자와의 비위협적인 상호작용 중에도 이유 없이 짜증이나 슬픔 혹은 두려움을 나타낸다.

③ 아동의 불충분한 양육으로 인한 극단적인 형태의 경험이 다음의 사항들 중 최소 1가지 이상으로 나타난다.

- 위안, 자극, 애정에 대한 기본적인 욕구가 성인 양육자에 의해 지속적으로 결핍되어 사회적 방임이나 박탈의 형태로 나타난다.
- 주된 양육자의 반복된 변경으로 인해 안정적인 애착을 형성할 기회가 극히 제한된다(예 위탁가정의 잦은 교체).
- 비정상적인 환경에서 선택적인 애착을 형성할 기회가 극히 제한된다(예 보육자 수에 비해 아동의 수가 많은 기관).

④ 진단기준 ③(불충분한 양육)이 진단기준 ①의 장해행동(위축된 행동)을 초래한 것으로 추정된다.
⑤ 진단기준이 자폐스펙트럼장애에 해당하지 않는다.
⑥ 이러한 장해가 5세 이전에 현저히 나타난다.
⑦ 아동의 발달연령은 최소 9개월 이상이다.

핵심예제 11
15년 기출

DSM-5의 반응성애착장애의 병인과 가장 거리가 먼 것은?

① 안락함, 자극, 애정 등 소아의 기본적인 감정적 욕구를 지속적으로 방치
② 소아의 기본적인 신체적인 욕구를 지속적으로 방치
③ 돌보는 사람이 반복적으로 바뀜으로써 안정된 애착을 저해
④ 유전적 원인으로 발생되며 주로 지능장애를 유발하는 대표적인 장애

해설 체크!

반응성애착장애는 성인 양육자의 불충분한 양육 혹은 부적절한 양육에 의한 학대, 방임(방치), 주된 양육자의 반복된 변경 등을 병인으로 한다.

정답 ④

12 조증삽화, 경조증삽화, 주요우울증삽화 등

1. DSM-5에 의한 조증삽화(Manic Episode)의 주요증상 〔17, 21, 24년 기출〕

① 비정상적이고 지속적인 의기양양함, 자신만만함, 또는 과민한 기분, 목표지향적 행동이나 에너지의 지속적인 증가가 최소 일주일간 거의 매일, 하루 중 대부분의 시간에 나타난다(만약 입원이 필요한 경우 기간과 상관없음).

② 기분장해 및 증가된 에너지 또는 활동이 있는 기간 동안 다음의 증상들 중 3가지(단지 기분이 과민한 경우 4가지) 이상이 유의미한 정도로 나타나며, 평상시의 행동과 비교하여 현저히 변화된 양상을 보인다.

- 자기존중감의 팽창 또는 과장된 자신감
- 수면에 대한 욕구 감소(예 단 3시간의 수면으로도 충분하다고 느낌)
- 평소보다 말이 많아지거나 말을 끊임없이 계속함
- 사고의 비약 또는 사고가 연이어 나타나는 주관적인 경험
- 보고된 혹은 관찰된 주의산만(즉, 중요하지 않거나 관련 없는 외부자극에 너무 쉽게 주의를 빼앗김)
- 목표지향적 활동의 증가 또는 정신운동성의 초조
- 고통스러운 결과를 초래할 가능성이 매우 높은 활동에의 과도한 몰두(예 무분별한 과소비, 무분별한 성적 행동 혹은 어리석은 사업투자에의 이끌림)

③ 이러한 기분장해가 사회적 또는 직업적 기능에서의 현저한 손상을 야기할 정도로 충분히 심각하거나, 자해 혹은 타해를 예방하기 위해 입원을 필요로 하거나, 또는 정신병적 특징들을 동반한다.

④ 이러한 삽화는 물질(예 남용약물, 치료약물, 기타 치료)이나 다른 의학적 상태의 생리적 효과에 기인한 것이 아니다.

* 주의 : 제1형 양극성장애로 진단되기 위해서는 일생 동안 최소 1회 이상 조증삽화가 있어야 한다.

기출키워드
21년 1회
조증삽화의 주요증상
※ 필기시험에는 조증시기에 있는 환자의 방어적 대응양상을 판단할 수 있는 행동으로 옳지 않은 것을 고르도록 하는 문제가 출제되었습니다.

2. DSM-5에 의한 경조증삽화(Hypomanic Episode)의 주요증상 〔17년 기출〕

① 비정상적이고 지속적인 의기양양함, 자신만만함, 또는 과민한 기분, 활동 혹은 에너지의 지속적인 증가가 최소 4일 연속으로 거의 매일, 하루 중 대부분의 시간에 나타난다.

② 기분장해 및 증가된 에너지 또는 활동이 있는 기간 동안 다음의 증상들 중 3가지(단지 기분이 과민한 경우 4가지) 이상이 지속되어 왔고, 평상시의 행동과 비교하여 현저히 변화된 양상을 보이며, 현재까지 유의미한 수준으로 남아있다.

- 자기존중감의 팽창 또는 과장된 자신감
- 수면에 대한 욕구 감소(예 단 3시간의 수면으로도 충분하다고 느낌)
- 평소보다 말이 많아지거나 말을 끊임없이 계속함
- 사고의 비약 또는 사고가 연이어 나타나는 주관적인 경험
- 보고된 혹은 관찰된 주의산만(즉, 중요하지 않거나 관련 없는 외부자극에 너무 쉽게 주의를 빼앗김)
- 목표지향적 활동의 증가 또는 정신운동성의 초조
- 고통스러운 결과를 초래할 가능성이 매우 높은 활동에의 과도한 몰두(예 무분별한 과소비, 무분별한 성적 행동 혹은 어리석은 사업투자에의 이끌림)

③ 삽화는 증상이 없을 때의 특성과는 명백히 다른 기능상의 변화를 동반한다.
④ 이러한 기분상의 장해와 기능상의 변화는 객관적으로 관찰된다.
⑤ 이러한 삽화는 사회적 또는 직업적 기능에서의 현저한 손상을 야기하거나 입원이 필요할 정도로 심각하지 않다. 만약 정신병적 특징이 있다면, 이는 정의상 조증삽화이다.
⑥ 이러한 삽화는 물질(예 남용약물, 치료약물, 기타 치료)의 생리적 효과에 기인한 것이 아니다.

* 주의 : 경조증삽화는 제1형 양극성장애에서 흔히 나타나지만, 제1형 양극성장애로의 진단을 위해 반드시 필요한 것은 아니다.

전문가의 한마디

조증삽화(Manic Episode)와 경조증삽화(Hypomanic Episode)의 7가지 증상들은 내용상 동일합니다.

3. DSM-5에 의한 주요우울증삽화(Major Depressive Episode)의 주요증상
16, 19, 20, 21년 기출

① 다음의 증상들 중 5가지 이상이 2주 연속으로 지속되며, 그러한 상태가 이전의 기능상태와 비교할 때 변화를 보인다. 다만, 해당 증상들 중 우울한 기분이나 흥미 또는 즐거움의 상실을 반드시 하나 이상 포함해야 한다.

- 우울한 기분이 거의 매일, 하루 중 대부분의 시간에 주관적인 보고(예 슬픈 느낌, 공허감 또는 절망감)나 객관적인 관찰(예 울 것 같은 표정)에 의해 나타난다(* 주의 : 아동 및 청소년의 경우 과민한 기분으로 나타날 수 있다).
- 모든 또는 거의 모든 일상활동에서 거의 매일, 하루 중 대부분, 흥미나 즐거움이 현저히 저하되어 있다.
- 체중조절을 하지 않음에도 불구하고 체중에 의미 있는 감소(예 1개월 이내에 신체의 5% 이상 체중변화가 나타남)가 나타나거나, 거의 매일 식욕감소 또는 증가를 느낀다(* 주의 : 아동의 경우 체중증가가 기대치에 미치지 못한 것에 주의하여야 한다).

기출키워드

19년 3회

※ 필기시험에는 주요우울(증)삽화의 진단기준을 묻는 문제가 출제되었습니다. 주요증상 중 '우울한 기분'이나 '흥미 또는 즐거움의 상실' 중 하나를 반드시 포함하여야 합니다.

- 거의 매일 불면에 시달리거나 과도한 수면을 한다.
- 거의 매일 정신운동성의 초조나 지체가 나타난다. 이는 객관적으로 관찰가능하며, 단지 주관적인 좌불안석이나 침체감이 아니다.
- 거의 매일 피로를 느끼며 활력을 상실한다.
- 거의 매일 자신이 무가치하다고 느끼거나 부적절한 죄책감을 느낀다. 이 경우 죄책감은 망상적일 수 있으며, 단지 병에 걸린 것에 대한 자책이나 죄책감이 아니다.
- 거의 매일 사고력이나 집중력이 감소되거나 우유부단함을 보인다(주관적인 호소나 객관적인 관찰로도 가능함).
- 죽음에 대한 반복적인 생각(단지 죽음에 대한 공포가 아님), 구체적인 계획 없이 반복되는 자살생각, 자살시도나 자살수행을 위한 구체적인 계획을 떠올린다.

② 이러한 증상들이 사회적·직업적 기능 또는 다른 중요한 기능영역에서 임상적으로 유의미한 고통이나 손상을 초래한다.
③ 이러한 삽화는 물질이나 다른 의학적 상태의 생리적 효과에 기인한 것이 아니다.

* 주의 : 주요우울증삽화는 제1형 양극성장애에서 흔히 나타나지만, 제1형 양극성장애로의 진단을 위해 반드시 필요한 것은 아니다.

4. 우울증의 임상적 양상과 원인 등의 양분된 차원   16, 19, 24년 기출

외부적 촉발사건 여부	• 내인성우울 : 유전적 요인, 호르몬분비, 생리적 리듬 등 내부적인 생리적 요인에서 비롯된다. • 외인성(반응성)우울 : 가족과의 사별, 실연, 실직 등 비교적 분명한 환경적 스트레스에서 비롯된다.
우울증상의 심각성	• 신경증적 우울 : 우울한 기분과 의욕상실을 나타내지만 현실판단력에 현저한 손상은 없다. • 정신병적 우울 : 심각한 우울증상과 함께 망상수준의 부정적 사고 등 현실판단력에 손상이 있다.
표면에 나타나는 정신 운동양상	• 초조성우울 : 초조와 흥분이 두드러지는 등 정신운동성 초조가 심하게 나타난다. • 지체성우울 : 말과 행동이 느려지는 등 정신운동성 지체가 심하게 나타난다.

기출키워드

21년 1회

주요우울증삽화

※ 필기시험에서 주요우울장애 환자의 특징적 증상이 아닌 것을 고르는 문제가 출제되었습니다. 자주 출제되는 개념인 만큼 확실하게 암기하시기 바랍니다.

기출키워드

19년 3회 / 24년 3회

우울증의 원인론

우울증의 다양한 원인론 중 생리학적 원인론에서는 세로토닌 수준이 낮아지면 우울증에 걸리게 된다고 설명한다.

OX Quiz

우울한 기분과 의욕상실을 나타내지만 현실판단력에 큰 손상은 없는 것은 신경증적 우울이다.

정답 O

핵심예제 12 17년 기출

조증삽화와 경조증삽화의 공통점을 모두 고른 것은?

> ㄱ. 의기양양하거나 과대하거나 과민한 기분이 지속되는 기간
> ㄴ. 감소된 수면욕구
> ㄷ. 목표지향적 활동의 증가

① ㄱ, ㄴ
② ㄱ, ㄷ
③ ㄴ, ㄷ
④ ㄱ, ㄴ, ㄷ

• 해설 체크! •

조증삽화의 경우 의기양양하거나 과대하거나 과민한 기분이 지속되는 기간이 최소 일주일 간 거의 매일, 하루 중 대부분의 시간에 나타난다. 경조증삽화의 경우 최소 4일 연속으로 거의 매일, 하루 중 대부분의 시간에 나타나므로 기간은 다르다.

정답 ③

13 우울장애 Ⅰ - 주요우울장애, 지속성우울장애 등   20, 25년 기출

1. 우울장애(Depressive Disorders)

① DSM-Ⅳ의 분류기준에서 우울장애는 기분장애(Mood Disorders)의 하위유형으로 분류되었다. 그러나 DSM-5에서는 기분장애에서 분리되어 우울장애의 독립된 장애범주로 분류된다.
② DSM-5의 분류기준에 의한 우울장애의 주요하위유형은 다음과 같다.

> • 주요우울장애(Major Depressive Disorder)
> • 지속성우울장애(Persistent Depressive Disorder) 또는 기분부전증(Dysthymia)
> • 월경전불쾌감장애(Premenstrual Dysphoric Disorder)
> • 파괴적 기분조절곤란장애 또는 파괴적 기분조절부전장애(Disruptive Mood Dysregulation Disorder) 등

③ 우울장애는 심리적 독감이라고 부를 만큼 흔한 장애이나 자살에 이르기까지 한다는 점에서 치명적인 장애이기도 하다.
④ 최근 연구에서는 젊은 세대가 그 전 세대보다 더 높은 우울장애의 빈도를 나타내보이고 있으며, 우울장애의 발병 연령도 점점 낮아지고 있다.

OX Quiz

DSM-5에서 우울장애는 독립된 장애범주로 분류된다.

정답 O

2. 주요우울장애(Major Depressive Disorder) `13, 14, 15, 19, 20, 21, 24년 기출`

① 우울장애의 유형 중 가장 심한 형태로서, 주요우울증삽화의 9가지 증상들 중 5가지 이상이 2주 연속으로 지속된다[핵심이론 12 참조].
② 5가지 이상의 증상들 중 우울한 기분이나 흥미 또는 즐거움의 상실이 현저히 저하된 상태로 나타난다.
③ 주요우울장애는 우울한 기분을 주된 증상으로 하면서 그 밖에 다양한 심리적 문제, 즉 슬픈 감정, 좌절감, 절망감, 죄책감, 고독감, 무가치감, 허무감 등의 고통스러운 정서상태를 동반한다.
④ 의욕저하에 따른 침체되고 위축된 생활, 자기비하적인 생각과 부정적이고 비관적인 생각의 증폭, 타인과 세상에 대한 적대감과 냉혹감, 미래에 대한 비관과 허무주의, 죽음과 자살에 대한 생각 등을 특징으로 한다.
⑤ 주요우울장애를 가진 사람은 주의집중곤란, 기억력저하, 판단력저하 등을 나타내는 등 인지적 기능이 저하된 양상을 보이며, 사고력저하로 인해 자신의 능력을 발휘하지 못함으로써 학업이나 직업활동에 어려움을 경험한다. 또한 활력저하, 수면장해, 식욕저하 및 체중감소, 성욕감소, 소화불량, 두통 등의 신체생리적인 변화를 나타낸다.
⑥ 우울장애는 정신장애 중 가장 높은 유병률을 보이고 있으며, 일생 동안 20~25%의 사람들이 한 번 이상 경험한다고 알려져 있다. 그중 주요우울장애의 경우 여성이 10~25%, 남성이 5~12% 정도인 것으로 보고되고 있다.
⑦ 우울장애는 남성보다 여성에게서 대략 2배 정도 많이 나타난다. 다만, 이와 같은 차이는 단극성장애(Unipolar Disorder)인 경우에 국한되며, 양극성장애(Bipolar Disorder)의 경우 성별에 따른 발병률 차이가 거의 없는 것으로 보고되고 있다.

3. 지속성우울장애(Persistent Depressive Disorder) `15, 18, 22년 기출`

① 지속성우울장애 또는 기분부전증(Dysthymia)은 우울증상이 2년 이상 장기간에 걸쳐 지속되는 경우에 해당한다.
② DSM-5에서 새롭게 제시된 진단명으로서, DSM-Ⅳ의 분류기준상 만성주요우울장애(Chronic Major Depressive Disorder)와 기분부전장애(Dysthymic Disorder)가 합쳐진 것이다.
③ DSM-5에 의한 지속성우울장애의 6가지 주요증상은 다음과 같다. 특히 다음의 증상들 중 2가지 이상이 나타나는 경우 진단된다.

- 식욕부진 또는 과식
- 활력(기력)저하 또는 피로감
- 집중력감소 또는 결정의 어려움
- 불면 또는 수면과다
- 자존감저하
- 절망감

기출키워드

21년 3회

주요우울장애
- 일반적인 치료방법으로 약물치료, 유지치료, 심리치료 등이 병행되고 있으며, 미주신경자극, 경두개자기자극, 뇌심부자극 등의 치료방법도 시행되고 있다.
- 다양한 문화권의 주요우울장애 연구에서 주요우울장애의 1년 유병률이 7배 정도 차이를 나타내는 것으로 보고되고 있다.
- 유병률은 20대 연령층에서 높게 나타나고 있으며, 미국의 경우 18~29세 연령집단에서 60세 이상 연령집단보다 유병률이 3배 이상 높은 것으로 보고되고 있다.
- DSM-5 진단기준에서는 만약 정신병적 양상이 나타나는 경우 삽화의 심각도와 관계없이 "정신병적 양상 동반"을 명시하도록 하고 있다.

24년 1회

주요우울장애와 양극성장애
※ 필기시험에는 주요우울장애와 양극성장애의 비교설명으로 옳은 것을 고르도록 하는 문제가 출제되었습니다.

기출키워드

22년 1회

지속성우울장애 진단기준

※ 필기시험에는 지속성우울장애(기분저하증)의 진단기준에 관한 설명으로 틀린 것을 고르도록 하는 문제가 출제되었습니다.

④ 지속성우울장애는 최소 2년 동안 하루의 대부분 우울한 기분을 가지며, 우울한 기분이 있는 날이 그렇지 않은 날보다 많은 것을 특징으로 한다.
⑤ DSM-Ⅳ의 진단기준에서 기분부전장애는 장애가 있던 최초 2년 동안 주요우울 증삽화가 나타나지 않아 주요우울장애나 부분 관해(Remission)로 잘 설명되지 않는 경우 진단되는 것으로 제시하였다. 그러나 DSM-5의 진단기준에서 지속성 우울장애는 우울증상의 심각도보다는 그 지속기간을 강조하여 만성적 우울감을 핵심증상으로 제시하고 있다.
⑥ 지속성우울장애는 만성적인 경과로 인해 비만성적 우울장애에 비해 실업 및 재정적 곤란, 운동능력약화, 사회적 위축, 일상생활부적응이 더욱 심각하게 나타날 수 있다.
⑦ 과거 기분부전장애의 경우 남성보다 여성에게서 대략 2~3배 정도 많이 나타나는 것으로 보고된 바 있다.

OX Quiz

지속성우울장애는 최소 2주 동안 하루의 대부분 우울한 기분을 가지며, 우울한 기분이 있는 날이 그렇지 않은 날보다 많은 것을 특징으로 한다.

정답 X(2주 → 2년)

4. 월경전불쾌감장애(Premenstrual Dysphoric Disorder)

① 월경주기마다 월경이 시작되기 1주 전에 이상 증상이 시작되고, 월경이 시작된 후 수일 안에 호전되며 월경이 끝난 후에는 증상이 경미해지거나 사라진다.
② 진단을 위해서는 연속되는 2개월 이상의 일일 증상 기록이 필요하다며, 신체적 증상, 심각한 기분변화, 불안 등이 나타난다.
③ 일반적으로 폐경에 가까워질수록 증상이 악화되나, 폐경 이후에는 증상이 호전되는 것으로 보고되고 있다. 다만, 주기적 호르몬 치료를 받을 경우 증상이 재발될 수 있는 것으로 알려져 있다.

핵심예제 13 　　　　　　　　　　　　　　　　　15, 19, 21, 23, 24년 기출

주요우울장애 환자가 일반적으로 나타내는 특징적 증상이 아닌 것은?

① 거절에 대한 두려움　　　　　　② 불면 혹은 과다수면
③ 정신운동성 초조　　　　　　　④ 일상활동에서의 흥미와 즐거움의 상실

● 해설 체크! ●

주요우울장애 핵심증상
• 거의 모든 일상활동에 대한 흥미나 즐거움이 하루의 대부분 또는 거의 매일같이 뚜렷하게 저하됨
• 체중조절을 하고 있지 않은 상태에서 현저한 체중감소나 체중증가가 나타남
• 거의 매일 불면이나 과다수면이 나타남
• 거의 매일 정신운동성 초조나 지체를 나타냄
• 거의 매일 무가치감이나 과도하고 부적절한 죄책감을 느낌
• 거의 매일 사고력이나 집중력의 감소 또는 우유부단함이 주관적 호소나 관찰에서 나타남

정답 ①

14 우울장애 II - 우울증에 관한 이론 24년 기출

1. 정신분석적 이론

① 정신분석이론은 우울장애를 분노가 무의식적으로 자기 자신에게 향해진 현상으로 본다. 이와 관련하여 정신분석이론가들은 우울장애를 사랑하던 대상의 무의식적 상실에 대한 반응과 연관시키고 있다.
② 프로이트(Freud)는 구강기 동안 욕구가 충족되지 못했거나 과잉충족되면 우울증에 걸릴 수 있다고 보았다. 이는 사랑의 주된 대상으로서 어머니에 의한 욕구충족 및 욕구좌절과 연관된다고 볼 수 있다. 즉, 어머니에 대한 양가감정에서 비롯된 분노와 공격성을 갖게 되며, 그것이 곧 대상상실의 원인이 되었다는 죄책감이 외부로 발산되지 못한 채 자기 내부로 향하게 되기 때문이다.
③ 우울해지기 쉬운 사람은 자기도취적 혹은 자기애적 소망을 가지고 있는 경우가 많은데, 그와 같은 이상적 소망이 현실에서 좌절될 때 자기존중감손상에 의한 우울증이 나타날 수 있다.
④ 분노의 내향화는 자기비난, 자기책망, 죄책감 등으로 인한 자기가치감손상 및 자아기능약화를 유발하며, 그것이 곧 우울장애로 발전하게 된다.

> **OX Quiz**
> 프로이트는 남근기 동안 욕구가 충족되지 못했거나 과잉충족되면 우울증에 걸릴 수 있다고 보았다.
> 정답 X(남근기 → 구강기)

2. 학습된 무기력이론(Learned Helplessness Theory) 05, 13, 20, 21년 기출

① 학습된 무기력이론 또는 학습된 무기력감모델은 1975년 셀리그먼(Seligman)이 제기한 것으로서, 개인의 수동적 태도 및 자신의 삶을 통제할 수 없다는 느낌이 이전의 통제실패경험이나 외상을 통해 획득된다는 가정에 근거한다.
② 사람이 스트레스장면에 처하는 경우 1차적으로 불안감을 느끼며, 그 장면을 통제할 수 없음을 깨닫는 경우 우울해진다고 주장한다.
③ 개를 대상으로 한 조건형성실험 과정에서, 개를 묶어 놓은 채 여러 차례 반복적으로 전기충격을 주자, 이후 자유롭게 풀어놓은 상태임에도 불구하고 개가 마치 자포자기를 한 듯 도망가려고 하지 않은 채 끙끙거리면서 그대로 전기충격을 받는 광경이 목격되었다.
④ 셀리그먼은 동물들이 스스로 통제할 수 없는 혐오자극에 직면할 때 무기력감을 획득한다고 주장하였다. 또한 무기력감이 학습을 통해 통제가능한 스트레스상황에서도 적절한 수행을 어렵게 하며, 우울증상으로 이어질 수 있음을 보여주었다.
⑤ 특히 셀리그먼의 실험 대상이었던 개에게서 우울증과 관련된 신경전달물질인 노르에피네프린(Norepinephrine)이 감소된 사실은 학습된 무기력과 우울증이 밀접하게 연관되어 있음을 반영한다.

> **OX Quiz**
> 학습된 무기력이론은 사람이 스트레스장면에 처하는 경우 1차적으로 불안감을 느끼며, 그 장면을 통제할 수 없음을 깨닫는 경우 우울해진다고 주장한다.
> 정답 O

3. 우울증의 귀인이론(Attribution Theory of Depression) 〔16, 17, 20년 기출〕

① 아브람슨(Abramson)은 사회심리학의 귀인이론을 응용하여 우울증을 귀인으로 설명하고자 하였다.
② 사람은 동물과 달리 자신이 통제할 수 없는 상황에 놓이는 경우 그 원인에 대해 질문을 하는데, 이는 어떠한 결과에 대한 원인을 추정하는 귀인(Attribution) 현상과 흡사하다.
③ 우울증은 내부적/외부적 요인, 안정적/불안정적 요인, 전반적/특수적 요인의 세 가지 방향으로 귀인이 이루어진다.
④ 내부적/외부적 요인은 우울증의 발생 및 크기 수준, 안정적/불안정적 요인은 우울증의 장·단기화 정도, 전반적/특수적 요인은 우울증의 일반화 정도와 연관된다.
⑤ 일반적으로 사람들은 긍정적인 결과를 자신의 탓으로 돌리는 데 반해, 부정적인 결과를 다른 사람 또는 외부환경의 탓으로 돌린다.
⑥ 우울증 성향이 있는 사람들은 자신의 실패원인에 대해 과도하게 내부적·안정적·전반적 요인으로 귀인을 하는 반면, 자신의 성공원인에 대해서는 외부적·불안정적·특수적 요인으로 귀인을 하는 경향이 있다.
⑦ 이와 같이 우울증을 유발하는 귀인의 양상을 우울유발적 귀인(Depressogenic Attribution)이라고 한다.

요 인	특 징
내부적/외부적	• 실패의 원인을 자신의 능력 또는 노력의 부족, 성격상의 결함 등 내부적 요인으로 귀인하는 경우 우울감이 증폭된다. • 실패의 원인을 과제의 난이도나 운 등의 외부적 요인으로 귀인하는 경우 우울감은 상대적으로 낮은 수준을 보인다.
안정적/불안정적	• 실패의 원인을 자신의 능력부족이나 성격상의 결함 등 안정적 요인으로 귀인하는 경우 우울감은 장기화된다. • 실패의 원인을 노력부족 등 불안정적 요인으로 귀인하는 경우 우울감은 상대적으로 단기화된다.
전반적/특수적	• 실패의 원인을 자신의 전반적인 능력부족이나 성격 전체의 문제 등으로 귀인하는 경우 우울증이 일반화된다. • 실패의 원인을 자신의 특수한 능력부족이나 성격상 일부의 문제 등으로 귀인하는 경우 우울증이 특수화된다.

4. 카테콜라민(Catecholamine)가설 〔17, 20년 기출〕

① 카테콜라민가설은 우울증, 조증 등의 발생원인을 뇌의 신경화학적 요인으로 설명하려는 대표적인 생물학적 모형이다.

기출키워드
21년 1회
우울장애의 치료
※ 필기시험에는 우울장애의 치료방법으로 적절하지 않은 것을 고르도록 하는 문제가 출제되었습니다.

OX Quiz
카테콜라민가설은 우울증, 조증 등의 발생원인을 후천적 학습의 결과로 설명한다.
정답 X(신경화학적 요인으로 설명)

② 카테콜라민은 교감신경계의 흥분에 의해 방출되는 신경전달물질로서, 에피네프린(Epinephrine), 노르에피네프린(Norepinephrine), 도파민(Dopamine) 등을 포함하는 호르몬을 말한다.
③ 카테콜라민가설은 카테콜라민이 결핍되는 경우 우울증이 발생하는 반면, 과다 방출되는 경우 조증이 발생한다고 주장한다.
④ 쥐를 대상으로 한 실험과정에서 특히 노르에피네프린 수준을 낮추자 쥐가 우울증 환자처럼 위축된 반응을 나타내는 광경이 목격되었으며, 그에 따라 우울증이 노르에피네프린의 부족에 기인한다는 사실을 입증하게 되었다.

기출키워드
20년 1회 / 24년 3회
노르에피네프린과 세로토닌
우울장애는 유전 등 생물학적 요인, 정신사회적 요인 등이 복합적으로 작용하여 발병되는데 생체아민 중 노르에피네프린과 세로토닌이 우울증에 가장 중요한 신경전달물질이다.

5. 우울증을 촉발하는 부정적 환경요인

① 주요생활사건(Major Life Events)
가까운 가족이나 친한 친구의 사망, 자신이나 가족성원에게 나타난 심각한 신체적 질병, 가정불화나 친구와의 심각한 갈등, 이혼, 경제적 파탄 등
② 사소한 생활사건(Minor Life Events)
가족성원이나 친구와의 사소한 언쟁, 타인으로부터의 비난이나 질책, 게임이나 경기에서의 패배, 소지품 분실 등
③ 사회적 지지(Social Support)의 결여
가까운 가족성원이나 친구로부터의 애정 및 친밀감, 소속집단에서의 소속감 및 동질감, 사회 지지체계로부터의 다양한 물질적 지원 등의 결여

6. 우울증상을 동반한 부정적인 자동적 사고로서 인지삼제(Cognitive Triad) `09, 12, 17, 18, 20년 기출`

① 자기 자신
자기 자신에 대한 비관적 사고를 말한다.
예 나는 아무짝에도 쓸모없는 사람이다.
② 자신의 미래
자기 자신의 앞날에 대한 염세주의적 사고를 말한다.
예 내겐 더 이상 희망이 존재하지 않는다.
③ 주변환경(상황)
자기 주변은 물론 세상 전반에 대한 부정적 사고를 말한다.
예 세상 살기가 정말로 어렵다.

OX Quiz
인지삼제는 자기 자신, 세계의 미래, 주변환경에 대한 부정적이고 자동적인 사고를 말한다.
정답 X(세계의 미래 → 자신의 미래)

핵심예제 14 13, 16, 19년 기출

아브람슨(Abramson) 등의 우울증의 귀인이론(Attributional Theory of Depression)에 관한 설명으로 틀린 것은?

① 우울증에 취약한 사람은 실패경험에 대해 내부적, 안정적, 전반적 귀인을 하는 경향이 있다.
② 실패경험에 대한 내부적 귀인은 자존감을 손상시킨다.
③ 실패경험에 대한 안정적 귀인은 우울의 만성화에 기여한다.
④ 실패경험에 대한 특수적 귀인은 우울의 일반화를 조장한다.

> **해설 체크!**
> 우울의 일반화를 조장하는 것은 전반적 귀인에 해당한다.
>
> 정답 ④

15 양극성 및 관련 장애 – 제1형 및 제2형 양극성장애, 순환성장애 24, 25년 기출

1. 양극성 및 관련 장애(Bipolar and Related Disorders) 16, 20, 21년 기출

① DSM-Ⅳ의 분류기준에서 양극성장애는 기분장애(Mood Disorders)의 하위유형으로 분류되었다. 그러나 DSM-5에서는 기분장애에서 분리되어 독립된 장애범주로 분류된다.

② DSM-5의 분류기준에 따른 양극성 및 관련 장애의 주요하위유형은 다음과 같다.

> - 제1형 양극성장애(Bipolar Ⅰ Disorder)
> - 제2형 양극성장애(Bipolar Ⅱ Disorder)
> - 순환성장애 또는 순환감정장애(Cyclothymic Disorder)

③ 양극성장애는 고양된 기분상태와 우울한 기분상태가 교차되어 나타나는 장애이다. 즉, 조증상태가 나타나거나 조증상태와 우울상태가 번갈아 나타난다. 그로 인해 과거에는 조울증(Manic Depressive Illness)으로 불렸다.

④ DSM-Ⅳ에서는 조증삽화와 주요우울증삽화의 증상들이 혼합되어 나타나는 것을 혼재성삽화(Mixed Episode)로 제시하여 별도의 분류기준을 마련하였으나, DSM-5에서는 이를 혼재성양상 혹은 혼합특질(with Mixed Features)로 제시하고 있다.

OX Quiz

양극성장애는 고양된 기분상태와 우울한 기분상태가 교차되어 나타나며, 그로 인해 과거에는 '우울교차장애'로 불렸다.

정답 X(조울증)

⑤ 양극성장애의 진단은 현재의 증상은 물론 과거의 병력까지 토대로 한다. 따라서 현재 주요우울증삽화를 나타내 보이고 있으나 과거에 조증삽화를 보인 적이 있는 경우 제1형 양극성장애로 진단되며, 이때 가장 최근의 주요우울증삽화와 그 심각도가 명시된다. 특히 DSM-5에서는 증상의 심각도를 세 등급, 즉 경도(Mild), 중(등)도(Moderate), 고도 또는 중증도(Severe)로 구분하도록 하고 있다.

2. 제1형 양극성장애(Bipolar I Disorder)

① 양극성장애의 유형 중 가장 심한 형태로서, 기분이 비정상적으로 고양되는 조증 상태를 특징으로 한다.
② 비정상적으로 의기양양하고 자신만만하거나 과민한 기분, 목표지향적 행동이나 에너지수준이 비정상적으로 증가된 상태가 최소 일주일 이상 분명하게 지속되는 조증삽화(Manic Episode)를 나타내야 한다.
③ 조증삽화의 7가지 주요증상들 중 3가지(단지 기분이 과민한 경우 4가지) 이상이 유의미한 정도로 나타날 때 진단된다[핵심이론 12 참조].
④ 한 번 이상의 조증삽화가 나타나는 모든 경우에 해당하며, 보통 제1형 양극성장애를 가진 사람들은 한 번 이상의 주요우울증삽화를 경험한다.
⑤ 양극성장애는 현재의 증상은 물론 과거의 병력까지 고려하여 세부적인 진단이 내려진다. 예를 들어, 현재는 주요우울증삽화를 나타내고 있으나 과거에 조증삽화를 나타낸 적이 있는 경우 제1형 양극성장애로 진단되며, 가장 최근의 주요우울증삽화와 그 심각도가 명시된다.
⑥ 제1형 양극성장애는 남성과 여성의 발병률이 비슷하지만, 남성의 경우 조증삽화, 여성의 경우 주요우울증삽화가 먼저 나타나는 경우가 보다 많은 것으로 보고되고 있다.

3. 제2형 양극성장애(Bipolar II Disorder)

① 제1형 양극성장애와 유사하나 조증삽화보다 정도가 약한 경조증삽화(Hypomanic Episode)와 함께 부가증상들이 최소 4일 연속으로 지속되는 경우에 진단된다.
② 경조증삽화의 7가지 주요증상들 중 3가지(단지 기분이 과민한 경우 4가지) 이상이 나타나지만, 이와 같은 증상들이 그 자체로 사회적 또는 직업적 기능에서의 현저한 손상을 야기하거나 입원이 필요할 정도로 심각하지 않다.
③ 제2형 양극성장애로 진단되기 위해서는 한 번 이상의 경조증삽화와 한 번 이상의 주요우울증삽화를 경험해야 한다. 반면, 조증삽화는 한 번도 경험한 적이 없어야 한다.

OX Quiz
제1형 양극성장애는 남성과 여성의 발병률이 비슷하지만, 남성의 경우 조증삽화, 여성의 경우 주요우울증삽화가 먼저 나타나는 경우가 보다 많은 것으로 보고되고 있다.
정답 O

기출키워드
21년 3회
양극성장애
※ 필기시험에는 양극성장애에 대한 설명으로 틀린 것을 고르도록 하는 문제가 출제되었습니다.

OX Quiz
제2형 양극성장애는 양극성장애의 유형 중 가장 심한 형태로서, 기분이 비정상적으로 고양되는 조증 상태를 특징으로 한다.
정답 X(제1형 양극성장애)

④ 경조증과 우울증의 잦은 교체로 인한 예측 불가능성은 사회적 · 직업적 기능 또는 다른 중요한 기능영역에서 임상적으로 유의미한 고통이나 손상을 초래한다.
⑤ 만약 제2형 양극성장애의 경과 중에 조증삽화가 나타나는 경우 제1형 양극성장애로 변경된다.
⑥ 제2형 양극성장애는 남성보다는 여성의 발병률이 높은 것으로 보고되고 있다.

4. 순환성장애 또는 순환감정장애(Cyclothymic Disorder) `13, 17, 24년 기출`

① 기분삽화에 해당하지 않는 경미한 우울증상과 경조증증상이 최소 2년 동안(아동 및 청소년의 경우 최소 1년 동안) 순환적으로 나타나는 경우 진단된다. 특히 2년(아동 및 청소년의 경우 최소 1년)의 기간 중 최소한 절반 이상의 기간 동안 우울증상과 경조증증상이 나타나야 하며, 아무런 증상이 없는 기간이 2개월 이상 지속되어서는 안 된다.
② 순환성장애로 진단되기 위해서는 조증삽화, 경조증삽화, 주요우울증삽화를 한 번도 경험한 것이 없어야 한다.
③ 순환성장애를 가진 사람은 제1형 양극성장애나 제2형 양극성장애로 발전될 확률이 매우 높다.
④ 순환성장애가 발병한 후 2년이 지난 후에 주요우울증삽화, 조증삽화 또는 경조증삽화가 나타나는 경우 진단은 각각 주요우울장애, 제1형 양극성장애, 달리 분류된 혹은 분류되지 않는 양극성 및 관련 장애로 변경된다.
⑤ 순환성장애는 남성과 여성의 발병률이 비슷하지만, 임상장면에서 여성이 남성보다 치료를 받는 경향이 더 높은 것으로 보고되고 있다.

핵심예제 15 `17년 기출`

순환성장애의 특징이 아닌 것은?

① 청소년기나 초기 성인기에 시작된다.
② 남녀 간의 유병률에 큰 차이가 없다고 보고된다.
③ 양극성장애보다 경미한 증상이 2년 이상 지속된다.
④ 양극성장애로는 발전하지 않는다.

OX Quiz

순환성장애는 기분삽화에 해당하는 경미한 우울증상과 경조증증상이 최소 2년 동안 순환적으로 나타나는 경우 진단된다.

정답 X(기분삽화에 해당하지 않는)

전문가의 한마디

사실 과거에는 제2형 양극성장애를 단순히 제1형 양극성장애보다 경도의 증상을 나타내는 상태로 간주하여 사회적 또는 직업적으로 별다른 지장을 주지 않는 장애라는 인상을 주었습니다. 그러나 DSM-5에서는 경조증과 우울증의 잦은 교체(순환)가 지속적인 불안정한 기분상태를 야기한다는 점에 주목함으로써 단순히 제1형 양극성장애의 경도상태로 간주하지 말 것을 제안하고 있습니다.

> **해설 체크!**
>
> 순환성장애
> - 기분삽화에 해당되지 않는 경미한 우울증상과 조증증상이 번갈아 가며 2년 이상(아동과 청소년은 1년 이상) 장기적으로 나타나는 만성적인 기분장애이다.
> - 2년 중 적어도 반 이상의 기간에 우울이나 경조증 증상이 나타나야 하며, 아무런 증상이 없는 기간이 2개월 이하여야 한다.
> - 남녀의 발생비율이 유사하다.
> - 청소년기나 초기 성인기에 시작되어 서서히 발병하고 만성적인 경과를 밟으며 다른 기분장애의 기질적인 취약성을 반영한다.
> - 제1형 양극성장애나 제2형 양극성장애로 발전하게 될 확률은 15~50%로 매우 높다.
>
> 정답 ④

16 해리성장애(해리장애) Ⅰ – 해리성장애와 해리성정체감장애 24년 기출

1. 해리성장애 또는 해리장애(Dissociative Disorders)   11, 13, 16, 21년 기출

① 해리(Dissociation)는 자신의 행동을 자각수준으로부터 분리하는 과정으로서, 자기 자신, 시간, 주위환경에 대한 의식이 단절되는 현상을 말한다.
② 해리성장애는 의식, 기억, 행동 및 자기정체감의 통합적 기능에 갑작스러운 이상증상을 나타내는 장애이다.
③ 본래 해리현상은 일상생활에서 누구나 겪을 수 있는 정상적인 경험에서부터 심한 부적응상태를 초래하는 병리적 현상에 이르기까지 광범위하고 연속적인 심리적 현상으로 볼 수 있다.
④ 정신분석학적 관점에서 해리는 정신의 능동적 과정이다. 이때 해리는 괴로움이나 갈등상태에 놓인 인격의 일부를 다른 부분과 분리하는 것으로서, 정신분석에서는 이러한 해리를 불안이나 공포에 저항하기 위한 능동적인 방어와 억압으로 간주한다.
⑤ 이와 같이 해리는 감당하기 어려운 충격적 경험으로부터 자신을 보호하기 위한 기능을 담당한다는 측면에서 적응적인 것으로 간주되기도 하지만, 그것이 지나치거나 부적응적인 양상으로 나타나는 경우 해리성장애로 진단된다.
⑥ DSM-5의 분류기준에 따른 해리성장애의 주요하위유형은 다음과 같다.
- 해리성정체감장애(Dissociative Identity Disorder)
- 해리성기억상실증(Dissociative Amnesia)
- 이인증/비현실감장애(Depersonalization/Derealization Disorder) 등

> **OX Quiz**
>
> 일상생활 중 해리현상이 한 번이라도 발생하는 것은 심각한 상황이므로 발생 즉시 병원에 방문하여 전문가의 진료를 받아야 한다.
>
> 정답 X(일상에서 누구나 겪을 수 있음)

⑦ DSM-Ⅳ에서 개별진단명으로 제시된 해리성둔주(Dissociative Fugue)는 DSM-5에서 해리성기억상실증(Dissociative Amnesia)과 결부되어 해리성둔주가 함께 나타나는 유형(Dissociative Amnesia, with Dissociative Fugue)과 그렇지 않은 유형으로 제시된다.

2. 해리성정체감장애(Dissociative Identity Disorder)   17년 기출

① 과거에는 다중인격장애 또는 다중성격장애(Multiple Personality Disorder)라는 용어를 사용하기도 하였다.
② 한 사람 안에 서로 다른 정체성과 성격을 가진 여러 사람이 존재하면서 상황에 따라 각기 다른 사람이 의식에 나타나서 말과 행동을 하는 모습을 보인다.
③ 한 사람에게 둘 이상의 서로 다른 정체감을 지닌 인격이 존재하는 해리상태에 해당하며, 인격의 수는 2~100개 이상 보고되고 있으나 사례들 중 절반 이상에서 그 수가 10개 이하인 것으로 알려져 있다.
④ 각각의 인격은 반복적으로 개인의 행동을 통제하며, 개별적인 과거력과 자아상을 가진다. 특히 한 인격이 의식에 나타나 경험한 것을 다른 인격이 기억하지 못하는 경우가 많다.
⑤ 자신의 이름을 그대로 유지하는 1차적 인격은 수동적·의존적이고 우울감과 죄책감을 느끼는 반면, 다른 이름을 가지는 교체되는 인격은 통제적·적대적이고 다른 인격과 갈등을 일으킨다.
⑥ 아동기에 신체적 또는 성적 학대를 경험한 사람에게서 흔히 나타나며, 심리사회적 스트레스에 자극되어 인격의 교체가 나타난다.
⑦ 한 연구결과에 따르면, 해리성정체감장애를 가진 환자들은 다른 장애집단에 비해 피암시성 또는 피최면성 수준이 높은 것으로 나타났다.
⑧ 과거 연구들에서는 남성보다 여성에게서 많이 나타난다는 보고가 있었으나, 최근 미국정신의학협회(APA)에 따르면, 남성 1.6%, 여성 1.4%로 1년 유병률이 비슷한 양상을 보이고 있다.

OX Quiz
해리성정체감장애는 청소년기에 신체적 또는 성적 학대를 경험한 사람에게서 흔히 나타나며, 심리사회적 스트레스에 자극되어 인격의 교체가 나타난다.
정답 X(청소년기 → 아동기)

3. DSM-5에 의한 해리성정체감장애의 주요진단기준 `14년 기출`

① 둘 또는 그 이상의 구분되는 성격상태를 특징적으로 나타내는 정체감의 분열로, 이는 일부 문화권에서는 빙의(Possession)경험으로 기술되기도 한다. 정체감의 분열은 자기감 및 행위주체감의 현저한 비연속성을 포함하며, 여기에 정서, 행동, 의식, 기억, 지각, 인지 및(혹은) 감각-운동기능이 수반된다. 이러한 징후 및 증상들은 객관적인 관찰이나 주관적인 보고로 나타날 수 있다.
② 일상의 사건, 중요한 개인정보 그리고(혹은) 외상적 사건의 회상에 있어서 반복적인 공백이 통상적인 망각과 일치하지 않는다.
③ 이러한 증상들은 사회적·직업적 기능 또는 다른 중요한 기능영역에서 임상적으로 유의미한 고통이나 손상을 초래한다.
④ 이러한 장해는 널리 받아들여지는 문화적 혹은 종교적 관습의 정상적인 부분이 아니다.

> *주의 : 아동의 경우 그와 같은 증상들이 상상의 놀이친구 또는 다른 환상극으로 더 잘 설명되지 않는다.

⑤ 이러한 증상들은 물질의 생리적 효과(예 알코올중독 상태에서의 일시적 기억상실이나 혼돈된 행동) 혹은 다른 의학적 상태의 생리적 효과(예 복합부분발작)에 기인한 것이 아니다.

4. 클루프트(Kluft)의 해리성정체감장애의 4요인모델

① **해리능력** : 외상에 직면했을 때 현실로부터 해리될 수 있는 내적 능력
② **외상경험** : 신체적 학대 혹은 성적 학대 등 아동의 일상적 방어능력을 넘어서는 압도적인 외상경험
③ **응집력 있는 자아획득의 실패** : 해리에 의한 대체인격의 증가 및 발달로 인한 하나의 응집력 있는 자아형성의 어려움
④ **진정경험의 결핍** : 외상경험에 대해 위로와 진정기능을 해 줄 수 있는 타인의 부재

5. 클루프트(Kluft)의 해리성정체감장애 치료를 위한 3가지 지침

① 환자와 치료자 간에 견고한 치료적 관계를 형성한다.
② 환자로 하여금 과거의 외상경험을 드러내고 이를 정화시킬 수 있도록 돕는다.
③ 환자에게서 나타나는 다양한 인격들 간의 원활한 협동이 이루어지도록 유도한다.

OX Quiz

해리성정체감장애의 4요인모델에서 해리능력이란 외상에 직면했을 때 현실로부터 해리되지 않는 내적 능력을 말한다.

정답 X(해리될 수 있는)

핵심예제 16 15년 기출

DSM-5에서 해리성정체감장애에 대한 설명과 가장 거리가 먼 것은?

① 기억에 있어서 빈번한 공백을 경험한다.
② DSM-5에서는 빙의 경험을 해리성정체감장애의 증상과 기본적으로 동일하다고 여기고 있다.
③ 한 사람 안에 둘 이상의 각기 다른 정체감을 지닌 인격이 존재하는 경우를 말한다.
④ 최면에 잘 걸리지 않는 성격을 보인다.

> **해설 체크!**
> 블리스(Bliss)는 해리성정체감장애를 가진 환자들이 다른 장애집단에 비해 피암시성 또는 피최면성 수준이 높으며, 이와 같은 특성이 장애의 소인이라고 지적한 바 있다.
>
> 정답 ④

17 해리성장애(해리장애) II – 해리성기억상실증, 이인증/비현실감장애

1. 해리성기억상실증(Dissociative Amnesia)   16년 기출

① 해리성기억상실증은 개인의 중요한 과거경험이나 정보를 기억하지 못하는 것으로서, 과거에는 심인성기억상실증(Psychogenic Amnesia)으로도 불렸다.
② DSM-5에서는 해리성기억상실증의 핵심증상으로서, 통상적인 망각과는 일치하지 않는 중요한 자서전적 정보에 대한 회상능력의 상실을 제시하고 있다.
③ DSM-5에서 해리성기억상실증은 해리성둔주(Dissociative Fugue)가 함께 나타나는 유형과 그렇지 않은 유형으로 구분된다. 해리성둔주는 갑자기 일상적 활동영역에서 벗어나 예정에 없는 여행이나 방황을 하는 것으로서, 정체감의 혼돈으로 나타나는 해리상태를 말한다.
④ 해리성기억상실증은 보통 특정한 사건에 대한 국소적 또는 선택적 기억상실로 나타나지만, 정체성과 생활사에 대한 전반적인 기억상실로 나타나는 경우도 있다. 그러나 그와 같은 경우에도 일반상식이나 지식과 같은 비개인적인 정보의 기억에는 손상이 없으며, 언어 및 학습능력 등 일반적 적응기능 또한 유지되는 경우가 대부분이다.

> **OX Quiz**
> 해리성기억상실증은 보통 특정한 사건에 대한 전반적 기억상실로 나타나며, 언어 및 학습능력 등 일반적 적응기능에 대한 기억도 상실되는 경우가 대부분이다.
> **정답** X(국소적 기억상실, 일반적 적응기능 유지)

⑤ 정신분석학적 관점에서 해리성기억상실증을 가진 사람은 억압(Repression) 및 부인(Denial)의 방어기제를 통해 불안과 공포의 경험을 무의식 안으로 억압하거나 의식에서 몰아내는 경향을 보인다.
⑥ 해리성기억상실증은 뇌손상이나 뇌기능장애가 아닌 심리적 요인에 의해 기억상실이 급작스럽게 발생하며, 일시적인 지속과 함께 회복된다. 이와 같이 해리성기억상실증 환자들이 고통스럽고 상처받은 사건의 기억을 회상하지 못하게 되는 것을 상태의존적 학습(Statedependent Learning)으로 설명하기도 한다.
⑦ 남성보다는 여성에게서 많이 나타나며, 노년기보다는 청년기에 흔히 발병하는 것으로 보고되고 있다.

> **OX Quiz**
> 해리성기억상실증은 남성보다는 여성에게서 더 많이 나타난다.
> 정답 O

2. 이인증/비현실감장애(Depersonalization/Derealization Disorder) `15, 17, 22년 기출`

① DSM-Ⅳ에서의 이인성장애(Depersonalization Disorder)는 이인증과 비현실감을 핵심증상으로 한다는 의미에서 명칭이 조정되었다. 즉, DSM-5 분류기준에 따른 이인증/비현실감장애는 DSM-Ⅳ 분류기준상 이인성장애를 대체한 것이다.
② 이인증은 자기 자신이 평소와 다르게 낯선 상태로 변화되었다고 느끼는 것인 반면, 비현실감은 자신이 아닌 외부세계가 이전과 다르게 변화되었다고 느끼는 것이다. DSM-5에서는 이와 같은 이인증과 비현실감을 다음과 같이 제시하고 있다.

> • 이인증(Depersonalization) : 비현실, 분리의 경험, 또는 자신의 생각, 느낌, 감각, 신체 또는 행동에 대해 외부의 관찰자가 되는 경험(예 인지적 변화, 시간감각의 왜곡, 비현실적인 자기 혹은 자기의 부재, 감정적 또는 신체적 마비)
> • 비현실감(Derealization) : 비현실의 경험, 또는 자신이 주변환경과 분리된 것 같은 경험(예 사람 또는 사물들이 비현실적이거나 꿈속에 있는 것 같거나, 안개가 낀 것 같거나, 생명이 없는 것 같거나, 시각적으로 왜곡된 것 같은 경험)

③ 이인증과 비현실감은 자기 자신 또는 세상과 분리된 듯한 주관적인 경험으로서, 지각적 통합의 실패를 의미하는 전형적인 해리증상으로 볼 수 있다. 즉, 자기 자신이나 세상과 관련하여 평소와 전혀 다른 지각 경험을 함으로써 현실감각이 일시적으로 손상되는 것이다.
④ 이인증/비현실감장애를 가진 사람은 정신과정이나 신체에서 지속적 혹은 반복적으로 분리된 듯한 느낌, 그리고 마치 외부의 관찰자가 된 듯한 느낌을 가지게 된다. 또한 자신이 기계적으로 행동하는 자동장치(Automaton)인 것처럼 느끼거나, 영화와 같은 비현실적인 세상에서 사는 것처럼 느끼기도 한다.
⑤ 그러나 이인증이나 비현실감을 경험하는 동안에도 현실검증력은 손상되지 않은 채 유지된다. 예를 들어, 자신이 기계가 된 듯한 경험을 하는 동안에도 실제로 자신이 기계가 아니라는 사실을 인식한다.

> **기출키워드**
> 22년 1회
> **이인화/비현실감장애**
> ※ 필기시험에는 사례를 제시하고 선지에서 이인증을 고르도록 하는 문제가 출제되었습니다.

⑥ 이인증은 수초에서 수년간 지속되기도 하며, 생명을 위협하는 급작스러운 상황에서 순간적으로 나타나기도 한다. 특히 병리적인 이인증은 증상의 강도가 강한 것은 물론 그 지속기간도 길고 빈도도 잦다.
⑦ 정신분석적 입장에서는 이인증/비현실감의 경험을 자아가 꿈과 연합하여 불안을 경감시키고자 하는 일종의 방어기제로 간주한다. 즉, 자신과 현실을 실제가 아닌 낯선 것으로 느끼도록 함으로써 불안을 유발하는 소인이 의식 속에 들어오는 것을 막는 것으로 본다.
⑧ 이인증/비현실감장애의 유병률은 대략 2%이며, 남성과 여성의 유병률이 대체로 비슷한 것으로 보고되고 있다.

> **OX Quiz**
> 이인증/비현실감장애의 유병률은 대략 2%이며, 남성과 여성의 유병률에 큰 차이가 있다.
> 정답 X(대체로 비슷)

핵심예제 17   11, 13, 16, 19년 기출

정신분석학적 관점에서 볼 때 해리성장애 환자들에게서 가장 흔히 나타나는 방어기제는?

① 억 압
② 반동형성
③ 전 치
④ 주지화

해설 체크!

정신분석학적 관점에서 해리성장애 환자들, 특히 해리성기억상실증 환자들의 경우 억압(Repression) 및 부인(Denial)의 방어기제를 흔히 사용하는 것으로 알려져 있다.

정답 ①

18 신체증상 및 관련 장애 – 신체증상장애, 질병불안장애, 전환장애

1. 신체증상 및 관련 장애(Somatic Symptom and Related Disorders) 16, 17년 기출

① 신체증상 및 관련 장애는 다양한 신체적 증상이 심리적 원인에서 비롯된 것으로, 의학적 검사로 설명할 수 있는 신체적 이상이 발견되지 않는 경우를 말한다.
② DSM-5에서 새로운 장애범주로 제시된 것으로, DSM-Ⅳ의 분류기준상 신체형장애(Somatoform Disorders)를 재구성한 것이다. DSM-5에서는 특히 환자의 기초진료와 비정신과적 임상의들에게 보다 유용하도록 구성되었다.

③ DSM-5에 따른 신체증상 및 관련 장애의 주요하위유형은 다음과 같다.

- 신체증상장애(Somatic Symptom Disorder)
- 질병불안장애(Illness Anxiety Disorder)
- 전환장애(Conversion Disorder)
- 허위성(가장성 또는 인위성)장애(Factitious Disorder) 등

2. 신체증상장애(Somatic Symptom Disorder)

① 신체증상장애는 DSM-5에서 처음 제시된 것으로, 특정한 신체적 증상으로 고통을 호소하거나 그로 인해 일상생활이 현저히 방해를 받는 경우를 말한다.
② DSM-5에서는 신체증상장애의 핵심요인으로서 신체증상이나 그와 결부된 건강에 대한 과도한 사고, 감정 또는 행동이 다음의 3가지 방식 중 최소 하나 이상의 방식으로 나타나야 진단이 가능하다고 제시하고 있다.

- 자신의 증상의 심각성에 대한 부적합하고 지속적인 생각
- 건강이나 증상에 대한 지속적으로 높은 수준의 불안
- 이와 같은 증상이나 건강염려에 대해 과도한 시간과 에너지를 소모함

③ 신체증상장애는 신체증상에 대한 과도한 사고와 염려가 최소 6개월 이상 지속될 경우 진단된다.
④ 신체증상장애를 가진 사람에게서 나타나는 주된 증상은 통증(Pain)으로서, 이는 특정 신체부위의 통증과 같이 구체적인 것일 수도, 막연히 피로감을 나타내는 것일 수도 있다.
⑤ 신체증상장애의 주된 특징은 질병에 대한 과도한 걱정 혹은 건강염려로, 환자들은 자신의 증상의 심각성을 강조하여 삶의 중심주제로 다룬다.
⑥ 신체증상장애의 유병률은 대략 5~7% 정도이며, 남성보다 여성에게서 높을 것으로 추정하고 있다.
⑦ 사회경제적 지위나 교육수준이 낮으며, 도시보다는 시골에 거주하는 사람에게서 나타나는 경향이 있다.
⑧ 초기 아동기나 청소년기에 시작하는 경향이 있으며, 증세의 기복과 함께 만성적인 경과를 보이는 경우가 많다.
⑨ 서양인보다는 아시아계나 아프리카계 사람에게서 더욱 흔하게 나타난다는 연구 결과가 보고된 바 있다.

> **OX Quiz**
> 신체증상장애는 DSM-IV에서 처음 제시되었다.
> 정답 X(DSM-5)

> **OX Quiz**
> 신체증상장애는 아시아계나 아프리카계 사람보다는 서양인에게서 더욱 흔하게 나타난다는 연구 결과가 보고된 바 있다.
> 정답 X(서양인보다는 아시아계나 아프리카계 사람)

3. 질병불안장애(Illness Anxiety Disorder)

① DSM-Ⅳ에서 건강염려증(Hypochondriasis)으로 불린 것으로, 자신이 심각한 질병에 걸렸다는 집착과 공포를 나타내는 경우를 말한다.
② DSM-5에 따른 질병불안장애의 주요진단기준은 다음과 같다.

> - 심각한 질병을 가지고 있거나 심각한 질병에 걸렸다는 생각에 과도하게 집착한다.
> - 신체적 증상이 존재하지 않거나 신체적 증상이 존재하더라도 그 강도가 약하다. 만약 다른 의학적 조건을 가지고 있거나 그 악화 가능성이 매우 높더라도 그와 같은 집착은 명백히 과도하거나 불균형한 것이다.
> - 건강에 대해 매우 높은 수준의 불안증상을 보이며, 개인적 건강상태에 대해 매우 민감한 반응을 보인다.
> - 건강과 관련된 과도한 행동양상(예 질병의 증상을 찾기 위한 반복적인 검사)이나 부적응적인 회피행동(예 의사와의 면담 약속이나 병원에의 방문을 회피함)을 보인다.
> - 질병에의 집착이 최소 6개월 이상 지속되어야 하며, 두려워하는 질병이 그 기간 동안에 변화한다.

③ 질병불안장애의 유병률은 일반적인 병원 환자들 중 대략 4~9% 정도인 것으로 보고되고 있으며, 남성과 여성의 발병률이 비슷한 것으로 알려져 있다.
④ 초기 청소년기에 보다 흔히 나타나며, 증상의 호전과 악화가 반복되는 만성적인 경향을 보인다.
⑤ 질병불안장애의 치료에는 인지행동치료와 스트레스관리훈련이 효과적인 것으로 보고되고 있다.

4. 전환장애(Conversion Disorder) `15, 16, 20, 22, 24년 기출`

① 전환(Conversion)은 개인의 무의식적·심리적 갈등이 신체증상으로 나타나는 경향을 말한다.
② 전환장애는 운동기능이나 감각기능상의 장해가 나타나지만 그와 같은 기능상의 장해를 설명할 수 있는 신체적 혹은 기질적 이상이 발견되지 않는 장애를 말한다. 즉, 심리적 요인과 연관된 명확히 설명하기 어려운 특정 증상이 수의적 운동기능이나 감각기능에 영향을 미치는 것이다.
③ 과거 히스테리성신경증(Hysterical Neurosis)이라고도 불린 것으로서, 특히 신경학적 손상을 시사하는 하나 이상의 신체적 증상을 나타내므로 기능성신경증상장애(Functional Neurological Symptom Disorder)로 불리기도 한다.
④ 전환장애는 크게 다음의 4가지 유형으로 구분할 수 있다.

기출키워드

22년 1회

전환장애

※ 필기시험에는 전환장애에 관한 설명으로 틀린 것을 고르도록 하는 문제가 출제되었습니다.

- 운동기능의 이상 : 신체균형이나 협응기능의 이상, 신체 일부의 국소적 마비 또는 쇠약, 발성 불능에 따른 불성증(Aphonia), 음식을 삼키지 못함 등
- 감각기능의 이상 : 촉각 또는 통각의 상실, 갑작스런 시력상실 또는 물체가 이중으로 보이는 이중시야, 소리를 듣지 못함 등
- 경련 또는 발작 : 급작스럽게 손발이 뒤틀리는 경련, 특이한 신체감각 등
- 복합적 증상(혼재 증상) : 위 유형의 이상증상들이 복합적으로 나타나는 경우

⑤ 신체증상은 의도적으로 가장된 것이 아니며, 그에 선행된 심리적 갈등이나 스트레스를 전제로 한다.

⑥ 전환장애 환자들은 증상의 심각성에 대해 마치 걱정하지 않는 듯한 무관심한 태도(La Belle Indifference)를 보이기도 한다.

⑦ 아동이나 청소년에게서 상대적으로 높은 발병률을 보이며, 남성보다는 여성에게서 많이 나타난다.

⑧ 입원치료를 받는 경우 보통 2주 이내의 짧은 기간에 증상이 완화되지만, 1년 이내 재발률이 20~25%로 높은 편이다.

OX Quiz

전환장애는 성인에게서 상대적으로 높은 발병률을 보인다.

정답 X(아동이나 청소년)

핵심예제 18

16, 17년 기출

DSM-5에서 '신체증상 및 관련 장애' 분류항목에 해당하는 것은?

① 전환장애(Conversion Disorder)
② 다중인격(Multiple Personality)
③ 심인성 건망증(Psychogenic Amnesia)
④ 신체변형장애(Body Dysmorphic Disorder)

해설 체크!

DSM-5에 따른 신체증상 및 관련 장애(Somatic Symptom and Related Disorders)의 주요하위유형
- 신체증상장애(Somatic Symptom Disorder)
- 질병불안장애(Illness Anxiety Disorder)
- 전환장애(Conversion Disorder)
- 허위성(가장성 또는 인위성) 장애(Factitious Disorder) 등

정답 ①

전문가의 한마디

전환장애는 프로이트(Freud)가 정신분석이론을 발전시키는 초기과정에서 많은 관심을 기울인 정신장애이기도 합니다. 그는 20대 여성인 안나 오(Anna O)의 사례를 분석하면서, 그녀가 아버지를 간호하는 과정에서 아버지의 성기를 만지고 싶은 욕망과 그에 대한 죄책감 사이의 무의식적 타협으로 증상을 나타내게 되었다고 설명한 바 있습니다.

19 조현병 스펙트럼 및 기타 정신증적 장애 Ⅰ - 조현병(정신분열증) Ⅰ

1. 조현병 스펙트럼 및 기타 정신증적 장애(Schizophrenia Spectrum and Other Psychotic Disorders)   `22년 기출`

① 조현병(정신분열증, Schizophrenia)은 유사한 증상을 나타내더라도 그 심각도나 지속기간에서 보이는 차이에 따라 다양한 장애들로 구분할 수 있으며, 그와 같은 장애들은 공통적으로 유전적 혹은 신경생물학적 기반에 근거한다는 연구 결과들이 보고되었다.

② DSM-5의 분류기준에 따른 조현병 스펙트럼 및 기타 정신증적 장애는 DSM-Ⅳ의 분류기준상 조현병(정신분열증)과 기타 정신증적 장애(Schizophrenia and Other Psychotic Disorders)를 대체한 것이다. 이는 기괴한 사고와 와해된 언어를 특징으로 하는 다양한 장애들의 통합적 범주에서, 그 증상의 심각도에 따라 동일선상의 스펙트럼(Spectrum)으로 배열할 수 있다는 데 따른 것이다.

③ DSM-5의 분류기준에 의한 조현병 스펙트럼 및 기타 정신증적 장애의 주요하위유형은 다음과 같다.

- 분열형(성격)장애 또는 조현형(성격)장애[Schizotypal (Personality) Disorder]
- 망상장애(Delusional Disorder)
- 단기 정신증적 장애 또는 단기 정신병적 장애(Brief Psychotic Disorder)
- 정신분열형장애 또는 조현양상장애(Schizophreniform Disorder)
- 정신분열증 또는 조현병(Schizophrenia)
- 분열정동장애 또는 조현정동장애(Schizoaffective Disorder) 등

④ DSM-5 분류기준에서 조현병 스펙트럼 및 기타 정신증적 장애를 그 증상의 심각도에 따라 낮은 수준에서 높은 수준으로 배열하는 경우 다음과 같이 제시할 수 있다.

심각도 낮음				심각도 높음
분열형(성격)장애	망상장애	단기 정신증적 장애	정신분열형 장애	조현병(정신분열증) 및 분열정동장애

2. 조현병(정신분열증)의 특징   `16, 17, 20, 22, 24년 기출`

① 조현병(정신분열증)은 뇌의 특별한 기질적 이상 없이 사고나 감정, 언어, 지각, 행동 등에서 부적응적인 양상을 나타내 보이는 정신장애이다.

기출키워드
21년 1회 / 22년 1회
조현병 스펙트럼
※ 필기시험에는 조현병 스펙트럼 및 기타 정신병적 장애에 해당하지 않는 것을 고르도록 하는 문제가 출제되었습니다.

② 정신증(Psychosis)에 속하는 대표적인 장애로서, 현실검증력이 손상되어 비현실적 지각과 비논리적 사고를 나타내며, 혼란스러운 심리상태에 빠지게 된다.
③ 조현병(정신분열증)의 주요증상들은 인지적·정서적·행동적 영역에 걸쳐 광범위하게 나타난다. 즉, 단일질환이라기보다는 다양한 원인에 의해 유사한 증상들을 보이는 일종의 질환군으로 보아야 한다.
④ DSM-5의 진단기준에서 조현병(정신분열증)은 망상, 환각, 와해된(혼란스러운) 언어, 와해된 행동 또는 긴장증적 운동, 음성증상 등을 주된 증상으로 한다. 그 중에서도 특히 망상, 환각, 와해된 언어를 핵심증상으로 간주한다.

- 망상(Delusion) : 자신과 세상에 대한 왜곡된 양상의 견고하고 지속적인 신념
- 환각(Hallucinations) : 현저하게 왜곡된 비현실적 지각
- 와해된(혼란스러운) 언어(Disorganized Speech) : 혼란스럽고 비논리적이며 지리멸렬한 언어
- 와해된 행동 또는 긴장증적 운동(Grossly Disorganized or Catatonic Behavior) : 심하게 혼란스러운 행동 또는 근육이 굳은 것처럼 특정 자세를 유지하는 행동
- 음성증상(Negative Symptoms) : 감퇴된 정서적 표현 또는 무욕증 등

⑤ 조현병(정신분열증)은 보통 청소년기 이후, 즉 10대 후반에서 30대 중반에 흔히 발병하여, 연령상 남성이 여성보다 빨리 발병하는 것으로 보고되고 있다. 또한 사회적 계층이 낮은 가정에서 발병률이 높게 나타나는 것으로 알려져 있다.
⑥ 원인이 명확히 밝혀지지 않았으나 도파민(Dopamine) 등 신경전달물질시스템의 이상, 전두엽이나 변연계 등의 이상, 중추신경계의 손상, 유전적 요인, 태내조건(예 어머니의 임신 중 외상, 영양실조, 감염, 중독 등), 출생 시의 문제(예 출생 시의 외상, 감염, 산소결핍 등), 출생 직후의 문제(예 영양부족, 질병, 두부손상 등)의 복합적인 작용에 의해 발병하는 것으로 추정하고 있다.

3. DSM-5에 의한 조현병(정신분열증)의 주요진단기준 15, 19, 21, 24, 25년 기출

① 다음 중 2가지 이상이 1개월의 기간(또는 성공적으로 치료된 경우 그 이하의 기간) 동안 상당 부분의 시간에 나타난다. 다만, 이들 중 하나는 망상, 환각 또는 와해된 언어이어야 한다.

- 망 상
- 환 각
- 와해된 언어(예 빈번한 주제의 이탈이나 지리멸렬함)
- 심하게 와해된 행동 또는 긴장증적 행동
- 음성증상들(예 정서적 둔마 또는 무욕증)

기출키워드
22년 1회 / 24년 1회
조현병
※ 필기시험에는 조현병에 관한 설명으로 옳은 것을 고르도록 하는 문제가 출제되었습니다.

전문가의 한마디
최근에는 정신분열증 혹은 정신분열병의 명칭 대신 조현병(調鉉病)이라는 명칭을 사용합니다. 조현(調鉉)이란 현악기의 줄을 조율한다는 의미로서, 조현병은 마치 조율되지 못한 현악기처럼 혼란스러운 상태를 보인다는 의미를 내포하고 있습니다. 참고로 임상심리사 시험에서는 두 용어가 혼용되어 출제되고 있으므로, 이 점 유념하시기 바랍니다.

기출키워드
21년 3회
조현병 진단기준
※ 필기시험에는 DSM-5에 의한 조현병 진단기준에 해당하지 않는 것을 고르는 문제가 출제되었습니다.

② 장해가 시작된 후 상당 부분의 시간 동안 직업, 대인관계 혹은 자기관리와 같은 주요영역 중 하나 이상에서 기능수준이 장해 이전 성취된 수준보다 현저히 저하되어 있다.

③ 장해의 징후가 최소 6개월 동안 지속된다. 이러한 6개월의 기간에는 최소 1개월(또는 성공적으로 치료된 경우 그 이하의 기간)의 진단기준 ①을 충족시키는 증상들(즉, 활성기증상들)을 포함해야 하며, 전구기 또는 잔류기를 포함할 수 있다. 이 경우 전구기 또는 잔류기 동안 장해의 징후는 음성증상만 있거나 진단기준 ①의 증상들 중 2가지 이상의 증상이 약화된 형태(예 기이한 믿음, 흔치 않은 지각적 경험들)로 나타날 수 있다.

④ 분열정동장애(조현정동장애)와 정신증적 특성을 가진 우울 또는 양극성장애는 배제된다. 그 이유는 주요우울증삽화나 조증삽화가 활성기증상들과 동시에 나타나지 않거나, 기분삽화가 활성기증상 동안 일어난다고 해도 병의 활성기와 잔류기의 전체 기간 중 짧은 기간 동안에만 존재하기 때문이다.

⑤ 이러한 장해는 물질(예 남용약물, 치료약물)이나 다른 의학적 상태의 생리적 효과에 기인한 것이 아니다.

⑥ 아동기에 발병한 자폐스펙트럼장애나 의사소통장애의 병력이 있는 경우, 조현병(정신분열증)의 진단에 요구되는 다른 증상에 더해 현저한 망상이나 환각이 최소 1개월(또는 성공적으로 치료된 경우 그 이하의 기간) 이상 나타날 경우에만 조현병(정신분열증)의 추가적인 진단이 내려진다.

> **전문가의 한마디**
>
> 조현병(정신분열증)은 증상이 나타나는 양상에 따라 전구기, 활성기, 잔류기(회복기)의 3단계로 구분합니다. 전구기는 발병 또는 재발의 조짐을 보이는 시기, 활성기는 조현병(정신분열증)의 주요증상이 심한 양상을 보이는 시기, 잔류기(회복기)는 정신병 증상이 다소 남아있으나 그 정도가 비교적 경미한 시기를 말합니다.

핵심예제 19
15, 19년 기출

조현병(정신분열증)의 특징적인 증상이 아닌 것은?

① 환 각
② 불 면
③ 빈번한 주제이탈
④ 정서적 둔마

해설 체크!

조현병(정신분열증)의 주요증상
- 망 상
- 환 각
- 와해된 언어(예 빈번한 주제의 이탈이나 지리멸렬함)
- 심하게 와해된 행동 또는 긴장증적 행동
- 음성증상들(예 정서적 둔마 또는 무욕증)

정답 ②

20 조현병 스펙트럼 및 기타 정신증적 장애 II - 조현병(정신분열증) II `20년 기출`

1. 조현병(정신분열증)의 양성증상과 음성증상 `16, 17, 19, 21, 25년 기출`

① 조현병(정신분열증) 환자들이 나타내는 다양한 증상들은 양성증상(Positive Symptom)과 음성증상(Negative Symptom)으로 구분한다.
② 양성증상은 망상이나 환각 등 정상적인 기능의 과잉 혹은 왜곡을 반영한다. 보통 조현병(정신분열증)의 급성일화 시 나타나는 것으로, 정상인들에게서는 보이지 않는다.
③ 음성증상은 의욕결핍이나 표현불능 등 적응적 기능의 결핍을 반영한다. 즉, 정상인들이 나타내는 적응적인 기능의 상실 혹은 감소를 의미한다.
④ 양성증상과 음성증상은 다음과 같이 비교할 수 있다.

양성증상	음성증상
• 정상적·적응적 기능의 과잉 또는 왜곡을 나타낸다. • 도파민 등 신경전달물질의 이상에 의한 것으로 추정한다. • 스트레스사건에 의해 급격히 발생한다. • 약물치료에 의해 호전되며, 인지적 손상이 적다. • 망상 또는 피해망상, 환각, 환청, 와해된 언어나 행동 등의 양상을 보인다.	• 정상적·적응적 기능의 결여를 나타낸다. • 유전적 소인이나 뇌세포상실에 의한 것으로 추정한다. • 스트레스사건과의 특별한 연관성 없이 서서히 진행된다. • 약물치료로도 쉽게 호전되지 않으며, 인지적 손상이 크다. • 정서적 둔마, 무논리증 또는 무언어증, 무욕증 등의 양상을 보인다.

> **참고**
>
> **조현병 음성증상의 주요양상**
> • 정서적 둔마 또는 둔마된 정동(Affective Flattening) : 정서표현이 거의 없거나 아주 드문 경우 또는 부적절한 정서를 보이는 경우
> • 무논리증 또는 무언어증(Alogia) : 말을 할 때 극히 제한된 단어만 사용하며, 말하는 방식에 있어서 자발성이 부족한 경우
> • 무욕증(Avolition) : 과제를 지속적으로 추진해 나가는 데 있어서 의지의 부족 또는 흥미와 욕구의 결핍을 보이는 경우

기출키워드

19년 3회
조현병의 양성증상 · 음성증상
※ 필기시험에서는 조현병의 음성증상 예시를 제시한 후 양성, 음성, 혼란, 만성 중 어느 증상에 해당하는지 고르도록 하는 문제가 출제되었습니다.

21년 1회
조현병의 양성증상
※ 필기시험에서는 선지 중 조현병의 양성증상을 고르도록 하는 문제가 출제되었습니다.

21년 3회
※ 필기시험에서는 선지 중 조현병의 양성증상에 포함되지 않는 것을 고르도록 하는 문제가 출제되었습니다.

OX Quiz
과제를 지속적으로 추진해 나가는 데 있어서 의지가 부족하거나 흥미와 욕구의 결핍을 나타내는 것은 무욕증이다.
정답 O

> **기출키워드**
> 22년 1회
> 조현병 4A 증상
> ※ 필기시험에는 블로일러(Bleuler)가 제시한 4A에 해당하지 않는 것을 고르도록 하는 문제가 출제되었습니다.

2. 조현병(정신분열증)의 4A 증상　　16, 22년 기출

① **연상의 장해**(Association Disturbance)
　사고 형태 및 조직화의 장해, 연상의 이완 또는 탈선, 와해된 언어 등
② **정서의 장애**(Affective Impairment)
　부적절한 정서, 둔마된 감정, 무감동, 무욕증 등
③ **양가성**(Ambivalence)
　감정·의지·사고의 양가성, 사고와 충동 간의 내적 갈등, 혼란스러운 행동 등
④ **자폐증**(Autism)
　현실에서의 철수, 자폐적 고립, 비현실적 공상 등

> **기출키워드**
> 20년 1회
> 조현병의 원인
> - 사회적 유발설 : 낮은 사회계층에 속하는 사람은 타인으로부터의 부당한 대우, 낮은 교육수준, 낮은 취업기회 및 취업조건 등으로 많은 스트레스와 좌절 경험을 하게 되며, 그 결과 조현병으로 발전할 수 있다는 이론이다.
> - 사회적 선택설 : 중상류층 사람들도 정신장애를 겪게 되면 사회에 대한 적응능력이 낮아져 결국 사회의 하류 계층으로 옮겨가게 된다는 이론이다.
> - 사회적 낙인설 : 정신장애에 대한 사회적 낙인은 정신장애를 지닌 사람들의 재활을 어렵게 만들고, 심리적 부적응을 악화시키는 결과를 초래한다는 이론이다.

3. 슈나이더(Schneider)의 조현병(정신분열증) 일급증상 11가지　　16년 기출

① 사고 반향(자신의 생각이 크게 말해지는 소리를 들음)
② 환청과의 대화나 논쟁
③ 자신의 활동을 간섭하거나 논평하는 환청
④ 망상적 지각(지각 자체는 정상이나 그에 대해 망상적 해석을 내림)
⑤ 신체적 피동체험(외적인 힘에 의해 자신의 행동이 지배당한다는 믿음)
⑥ 사고 투입(외적인 힘에 의해 이질적인 사고가 자신에게 주입되는 느낌)
⑦ 사고 철수(외적인 힘에 의해 자신의 사고를 빼앗기는 느낌)
⑧ 사고 전파(자신의 사고가 마술적이고 불수의적으로 타인에게 전달된다는 믿음)
⑨ 만들어진 감정(외부의 힘에 의해 부여되고 조정되는 감정의 경험)
⑩ 만들어진 충동(외부의 힘에 의해 부여되고 조정되는 충동의 경험)
⑪ 만들어진 수의적 행동(외부의 힘에 의해 자신의 행동이 조정되는 경험)

4. 조현병(정신분열증)에 대한 도파민(Dopamine)가설

① 조현병(정신분열증)의 직접적인 원인에 대해서는 아직 명확히 밝혀져 있지 않다. 다만, 이를 뇌의 신경전달물질과 관련지어 설명하려는 연구가 진행되고 있으며, 그 중 도파민가설이 가장 주목받고 있다.
② 도파민(DA ; Dopamine)은 정신장애와 관련되어 있는 주요신경전달물질들 중 정서적 각성, 주의집중, 쾌감각, 수의적 운동과 같은 심리적 기능에 영향을 미치는 것으로 알려져 있다.
③ 도파민가설은 도파민과잉이 조현병(정신분열증)의 원인이라고 주장하는 것으로서, 환자에게 중추신경흥분제인 암페타민(Amphetamine)을 투여하는 경우 도파민(DA)계의 활성증가가 일어나며, 그로 인해 기존의 편집형조현병(Paranoid

Schizophrenia)과 유사한 증상이 나타난다는 사실이 알려지면서 주목을 받기 시작하였다.

④ 이와 같은 사실은 도파민의 전구물질인 레보도파(L-Dopa)를 조현병 환자에게 투여하는 경우 증상이 악화되는 반면, 도파민억제제를 투여하는 경우 증세가 완화되는 현상을 통해 입증되고 있다. 그러나 도파민이 과다분비되는 이유에 대해서는 아직 명확히 밝혀진 바 없다.

5. 조현병(정신분열증)에 대한 소인-스트레스이론(Diathesis-Stress Theory)
19, 20, 24년 기출

① 소인-스트레스이론은 질병소인이 있는 사람이 특정한 질병과 관련된 스트레스를 받는 경우 질병에 쉽게 걸린다고 가정하는 이론이다.
② 특정한 질병에 걸리기 쉬운 선천적 경향(질병소인)이 강한 사람은 특정한 스트레스를 경험할 때 선천적 경향이 약한 사람보다 스트레스에 병적으로 반응하며, 경미한 환경적 스트레스에도 질병이 보다 쉽게 유발될 수 있다.
③ 소인-스트레스이론은 소인이 스트레스상황에서 발현된다고 본다. 이는 질병이 개인의 생리와 스트레스의 상호작용에 의해 유발된다고 보는 입장으로, 질병을 예측하기 위해 스트레스 생활사건과 개인의 취약성을 동시에 고려할 필요성을 제기한다.

6. 조현병(정신분열증)의 가족관계 및 사회환경적 요인으로서 표현된 정서
16년 기출

① 조현병 환자의 가족은 가족 간 갈등이 많고 강렬한 부정적 정서를 표출하는 경향이 있다.
② 브라운(Brown)은 조현병 환자 가족에게서 나타나는 과도한 비판과 간섭, 분노감정 등을 표현된 정서(Expressed Emotion)로 제시한 바 있다.
③ 퇴원한 조현병 환자의 재발에 따른 병원에의 재입원율이 분노정서의 표현이 낮은 가정의 경우 약 10%, 분노정서의 표현이 높은 가정의 경우 약 58% 정도로 나타난다는 연구결과도 있다.

전문가의 한마디

소인-스트레스이론은 사실상 취약성-스트레스모델(Vulnerability-Stress Model)과 동일한 것으로 간주하기도 합니다. 다만, 질병의 발병과 관련된 설명방식에 있어서는 약간의 차이가 있습니다.

소인-스트레스이론의 경우 인간을 환경이나 질병에 대하여 수동적으로 설명하는 경향이 있는 반면, 취약성-스트레스모델의 경우 환경으로부터 주어지는 심리사회적 스트레스에 대한 인간의 대응 등을 제시하면서 보다 능동적으로 설명하는 경향이 있습니다.

전문가의 한마디

DSM-Ⅳ에서는 조현병(정신분열증)의 하위유형으로 '망상형(편집형)', '해체형(혼란형)', '긴장형', '감별불능형(미분화형)', '잔류형' 등을 구분하여 제시였으나, DSM-5에서는 이와 같은 하위유형의 구분이 모호하다는 의견을 받아들여 기존의 하위유형을 폐지하였습니다.

참고로 DSM-Ⅳ 분류기준에 의한 조현병(정신분열증) 하위유형은 다음과 같습니다.

- 망상형 또는 편집형 (Paranoid Type)
- 해체형 또는 혼란형 (Disorganized Type)
- 긴장형(Catatonic Type)
- 감별불능형 또는 미분화형 (Undifferentiated Type)
- 잔류형(Residual Type)

> **참고**

조현병의 예후요인

좋은 예후요인	좋지 않은 예후요인
• 나이가 들면서 발병 • 분명한 유발요인 • 급성으로 발병 • 병전 사회 · 직업 · 대인관계에서 긍정적 • 기혼자 • 양성증상이 두드러짐 • 지지체계의 확립	• 이른 발병 • 불분명한 유발요인 • 점진적인 발병 • 병전 사회 · 직업 · 대인관계에서 부정적 • 가족력이 있음 • 미혼 · 이혼 · 별거자 • 음성증상이 두드러짐 • 지지체계가 없음 • 신경학적 결손 • 뇌의 구조적 문제

핵심예제 20 16년 기출

블로일러(Bleuler)가 제시한 조현병(정신분열증)의 네 가지 근본증상, 즉 4A에 해당하지 않는 것은?

① 감정의 둔마(Affective Blunting)
② 자폐증(Autism)
③ 양가감정(Ambivalence)
④ 무논리증(Alogia)

해설 체크!

무논리증(Alogia)은 정상적 · 적응적 기능의 결여를 나타내는 음성증상으로서, 블로일러(Bleuler)가 제시한 조현병(정신분열증)의 4A 증상에 해당하지 않는다.

정답 ④

21 조현병 스펙트럼 및 기타 정신증적 장애 Ⅲ - 망상장애 24년 기출

1. 망상장애(Delusional Disorder)의 특징 16년 기출

① 현재 사용되는 의미와는 혼돈스러운 측면이 있으나 과거 편집증(Paranoia)으로 불린 장애에 해당한다.
② 예를 들어, 누군가 자신을 미행한다거나, 독을 먹이려고 한다거나, 자신의 배우자가 부정하다는 등 현실에서 발생할 수 있는 상황에 대한 기괴하지 않은 망상이 특징이다.
③ 명백한 망상이 최소 1개월 이상 지속적으로 나타나지만, 조현병(정신분열증)의 진단기준에 부합하지 않는 경우 망상장애로 진단된다.
④ 망상 외의 별다른 기능적 손상을 보이지 않으며, 행동에 있어서도 특별한 이상을 나타내지 않는다. 그러나 특정한 내용의 망상과 관련된 영역에서는 갈등을 나타내게 된다(예 의처증 또는 의부증 등).
⑤ 다른 정신질환과 달리 사회적·직업적 기능이 비교적 유지되는 양상을 보인다.
⑥ DSM-Ⅳ의 진단기준에서와 마찬가지로 DSM-5에서도 망상장애를 색정형, 과대형, 질투형, 피해형, 신체형, 혼합형, 불특정형 등의 하위유형으로 구분하도록 하고 있다.

2. DSM-5에 의한 망상장애의 주요진단기준

① 특정한 내용의 망상이 최소 1개월 이상 지속적으로 나타난다.
② 조현병(정신분열증)의 주요진단기준(Criterion A)에 부합하지 않는다.

> * 주의 : 만약 환각이 있더라도 두드러진 양상을 보이지 않으며, 망상의 주제와 연관된다(예 침입망상과 연관된 벌레들이 들끓는 것 같은 감각들).

③ 망상의 영향 혹은 그 파생결과들을 제외하면 기능상 별다른 손상을 보이지 않으며, 행동에 있어서도 명백히 기이하거나 이상하지 않다.
④ 조증이나 주요우울증삽화가 나타나더라도, 이는 망상기의 지속기간에 비해 상대적으로 짧다.
⑤ 이러한 장해는 물질이나 다른 의학적 상태의 생리적 효과에 기인한 것이 아니며, 신체변형장애(신체이형장애), 강박장애와 같은 다른 정신장애에 의해 더 잘 설명되지 않는다.

OX Quiz

망상장애는 색정형, 과민형, 질투형 등의 하위유형으로 구분할 수 있다.

정답 X(과민형→과대형)

OX Quiz

망상장애는 다른 정신질환과 달리 사회적·직업적 기능이 비교적 유지되는 양상을 보인다.

정답 O

다음 중 하나를 명시할 것
- 색정형(Erotomanic Type) : 이 하위유형은 망상의 중심주제가 다른 사람이 자신을 사랑하고 있다는 것일 때 적용된다.
- 과대형(Grandiose Type) : 이 하위유형은 망상의 중심주제가 어떤 위대한(그러나 확인되지 않은) 재능이나 통찰력을 갖고 있다거나 혹은 어떤 중요한 발견을 하였다고 확신하는 것일때 적용된다.
- 질투형(Jealous Type) : 이 하위유형은 망상의 중심주제가 자신의 배우자나 연인이 부정을 저지르고 있다는 것일 때 적용된다.
- 피해형(Persecutory Type) : 이 하위유형은 망상의 중심주제가 자신이 음모나 속임수, 염탐, 추적, 독극물이나 약물투입, 악의적 비방, 희롱 혹은 장기목표 수행상의 방해를 받고 있다는 것일 때 적용된다.
- 신체형(Somatic Type) : 이 하위유형은 망상의 중심주제가 신체적 기능이나 감각을 수반하는 것일 때 적용된다.
- 혼합형(Mixed Type) : 이 하위유형은 어느 하나의 망상적 주제만이 지배적이지 않을 때 적용된다.
- 불특정형(Unspecified Type) : 이 하위유형은 지배적인 망상적 믿음이 명확히 결정될 수 없을 때 혹은 특정 유형에 기술되지 않을 때 적용된다.

핵심예제 21
16년 기출

조현병의 다른 증상들은 없으면서 비현실적인 믿음을 유지하는 장애는?

① 조현정동장애(Schizoaffective Disorder)
② 조현양상장애(Schizophreniform Disorder)
③ 망상장애(Delusional Disorder)
④ 조현형성격장애(Schizotypal Personality Disorder)

해설 체크!

망상장애(Delusional Disorder)
- 특정한 망상을 최소 1개월 이상 지속적으로 나타내지만 조현병(정신분열증)의 진단기준에 해당되지 않는 경우
- 애정형, 과대형, 질투형, 피해형, 신체형, 혼합형, 불특정형 등

정답 ③

22 성격장애의 이해 18, 20년 기출

1. 의의 및 특징 16, 20년 기출

① 성격장애는 성격 자체의 부적응성으로 인해 개인이 사회적·문화적 기대에 어긋난 내적 경험과 행동양식을 보이는 경우를 말한다.
② 임상적 증후군과 달리 아동기부터 점진적으로 형성되기 시작하여, 성격적·인격적 특성이 굳어지는 대략 18세 이후의 청소년기 후기 또는 성인기 초기에 진단된다.
③ 성격장애는 부적응적인 성격특성이 생활 전반에 걸쳐 널리 퍼져 있으며, 그 기간이 최소 1년 동안 지속되어야 한다.
④ 성격장애는 시간이 지나더라도 쉽게 변하지 않으며, 그로 인한 고통과 장애를 동반한다.
⑤ 중요한 지지자나 지지기반을 상실한 경우, 사회적·직업적 적응에 현저한 문제가 발생한 경우 악화될 수 있다.
⑥ 성격장애의 진단에 있어서 개인의 인종적·문화적·사회적 배경을 고려할 필요가 있다. 이는 한 문화에서 적응적인 성격특성이 다른 문화에서는 그렇지 못한 것으로 평가될 수도 있기 때문이다.

2. DSM-5에 의한 성격장애의 일반적인 진단기준

① 개인의 지속적인 내적 경험 및 행동양식이 그가 속한 사회의 문화적 기대에서 심하게 벗어나야 한다. 특히 이러한 양식은 다음의 4가지 영역 중 2가지 이상의 영역에서 나타나야 한다.

> • 인지(Cognition) 예 자신과 타인, 사건에 대한 지각 및 해석방식
> • 정동(Affectivity) 예 정서반응의 범위, 강도, 불안정성, 적절성
> • 대인관계기능(Interpersonal Functioning)
> • 충동조절(Impulse Control)

② 고정된 행동양식이 융통성을 결여하며, 개인생활 및 사회생활 전반에 걸쳐 광범위하게 퍼져 있어야 한다.
③ 고정된 행동양식이 사회적·직업적 및 기타 중요한 영역에서 유의미한 고통이나 장해를 초래해야 한다.
④ 양식이 변하지 않은 채 장기간에 걸쳐 지속되어 왔으며, 발병시기는 최소한 청소년기 또는 성인기 초기로 거슬러 올라갈 수 있어야 한다.
⑤ 고정된 행동양식이 다른 정신장애의 증상이나 결과로 설명되지 않는다.

OX Quiz

성격장애는 성격 자체의 부적응성으로 인해 개인이 사회적·문화적 기대에 어긋난 내적 경험과 행동양식을 보이는 경우이므로 더 악화되지는 않는다.

정답 X(문제가 발생하면 악화될 수 있음)

⑥ 고정된 행동양식이 물질(예 약물남용, 치료약물)이나 다른 의학적 상태(예 두부외상)의 생리적 효과에 기인한 것이 아니어야 한다.

3. DSM-5에 의한 성격장애의 분류

16, 21, 22, 24, 25년 기출

① 성격장애는 A군, B군, C군의 세 군집과 10가지 하위유형으로 구분된다.
② A군 성격장애는 기이하고 괴상한 행동특성을 나타내는 장애인 반면, B군 성격장애는 극적이고 감정적이며 변화가 많은 행동을 주된 특징으로 하는 장애이다. 그에 반해 C군 성격장애는 불안이 높고 자기 신뢰가 부족하며, 사람과의 관계에서 두려움을 갖는 행동을 주된 특징으로 하는 장애이다.
③ 성격장애의 하위유형 중 반사회성성격장애는 남성에게서, 연극성(히스테리성)성격장애와 의존성성격장애, 경계성성격장애는 여성에게서 더욱 자주 진단된다.

분류	내용
A군 성격장애	• 편집성성격장애(Paranoid Personality Disorder) • 조현성(분열성)성격장애(Schizoid Personality Disorder) • 조현형(분열형)성격장애(Schizotypal Personality Disorder)
B군 성격장애	• 반사회성성격장애(Antisocial Personality Disorder) • 연극성(히스테리성)성격장애(Histrionic Personality Disorder) • 경계성성격장애(Borderline Personality Disorder) • 자기애성성격장애(Narcissistic Personality Disorder)
C군 성격장애	• 회피성성격장애(Avoidant Personality Disorder) • 의존성성격장애(Dependent Personality Disorder) • 강박성성격장애(Obsessive-Compulsive Personality Disorder)

핵심예제 22

16, 18년 기출

성격장애의 하위범주 중 극적이고 변덕스러운 행동을 특징적으로 나타내는 장애군에 속하는 것은?

① 의존성성격장애
② 강박성성격장애
③ 회피성성격장애
④ 경계성성격장애

• 해설 체크! •

④ B군 성격장애(감정적이며 변화가 많은 극적인 성격특성을 나타내는 성격장애)
①·②·③ C군 성격장애(불안하고 두려움을 많이 느끼는 성격특성을 나타내는 성격장애)

정답 ④

OX Quiz

의존성성격장애는 B군 성격장애에 해당한다.
정답 X(C군 성격장애)

전문가의 한마디

사실 성격장애의 일반적인 진단 기준 및 하위유형으로의 분류는 DSM-Ⅳ와 DSM-5에서 별다른 차이가 없습니다. 이는 DSM-5에서 성격장애의 장애유형 축소 등의 개정사항이나 대안모형 구축의 시도들이 최종승인을 얻지 못한 채 기존의 틀을 그대로 유지하기로 결정되었기 때문이기도 합니다.

기출키워드

22년 1회
B군 성격장애
※ 필기시험에는 B군 성격장애에 해당하지 않는 것을 고르도록 하는 문제가 출제되었습니다.

21년 1회 / 24년 1회
성격장애의 분류
※ 필기시험에서는 DSM-5에 의한 성격장애의 분류로 옳지 않은 것을 고르도록 하는 문제가 출제되었습니다.

23 A군 성격장애 Ⅰ - 편집성성격장애

1. 편집성성격장애(Paranoid Personality Disorder)의 특징 [19년 기출]

① 타인에 대해 불신과 의심을 품으며, 타인의 행동이나 의도를 적대적인 것으로 해석한다.
② 타인이 자신을 관찰하고 기만한다고 의심하며, 타인의 순수한 행동이나 말에 대해서도 좋지 않은 의도를 가지고 있는 것으로 해석한다.
③ 자신의 말이 불리하게 사용될 수 있다는 두려움으로 인해 타인과 가까워지려고 하지 않으며, 타인과의 관계에서 조심스럽고 치밀하며 비밀이 많다.
④ 타인에 대한 불신으로 일을 혼자 처리하려는 경향이 있으며, 타인을 조정·지배하려고 한다.
⑤ 자신에 대한 모욕이나 경멸을 용서하지 않으며, 사소한 충돌에도 공격성을 보이고 적개심을 품는다.
⑥ 스트레스에 의한 우울증, 공포증, 강박장애 등을 일으킬 가능성이 높다.
⑦ 아동기와 청소년기에 과민성, 비사교성, 공상 또는 망상, 낮은 학업성취도 등을 보인다.
⑧ 여성보다는 남성에게서 많이 나타나며, 동성애자나 소수민족, 이민자에게서 상대적으로 유병률이 높은 것으로 보고되고 있다.

2. DSM-5에 의한 주요진단기준 [07, 17, 24년 기출]

편집성성격장애는 다음의 7가지 특성 중 4가지 이상의 항목에 해당해야 한다.

- 충분한 근거 없이 타인이 자신을 이용하거나 해를 입히거나 속인다고 의심한다.
- 친구나 동료의 진실성이나 신뢰성에 대한 부당한 의심에 집착되어 있다.
- 정보가 자신에게 악의적으로 사용될 수 있다는 두려움으로 인해 타인에게 자신의 속내를 드러내지 않는다.
- 타인의 사소한 말이나 사건 속에 자신에 대한 비하와 위협의 의도가 있는지 파악하고자 한다.
- 모욕, 손상 또는 경멸 등 자신이 품은 원한을 오랫동안 간직한다.
- 타인의 의견에는 아랑곳하지 않은 채 자신의 인격이나 명성이 공격당한 것으로 간주하여 즉각적으로 화를 내거나 반격한다.
- 특별한 이유 없이 자신의 배우자나 성적 상대자의 정절에 대해 반복적으로 의심한다.

OX Quiz
편집성성격장애는 사소한 언쟁에도 적개심을 품을 가능성이 높지만 타인을 지배하려 하지는 않는다.
정답 X(타인을 지배하려 함)

OX Quiz
편집성성격장애는 남성보다는 여성에게서 많이 나타나며, 동성애자나 소수민족, 이민자에게서 상대적으로 유병률이 높은 것으로 보고되고 있다.
정답 X(여성보다는 남성에게서 많이 나타남)

3. 편집성성격장애를 가진 사람들의 기본적 신념

벡과 프리만(Beck & Freeman)은 인지적 측면에서 편집성성격장애를 가진 사람들의 자동적이고 역기능적인 사고과정에 초점을 두어, 그들이 가진 기본적 신념을 다음과 같이 제시하였다.
① 사람들은 악의적이고 기만적이다.
② 그들은 기회만 주어진다면 나를 공격할 것이다.
③ 나는 긴장과 경계를 유지해야 피해를 모면할 수 있다.

4. 편집성성격장애와 관련된 방어기제 투사(Projection)   `14년 기출`

① 편집성성격장애를 가진 사람에게서 주로 나타나는 방어기제는 투사로서, 이는 자신의 바람직하지 못한 행동과 생각을 마치 다른 사람의 것인 양 생각하고 남을 탓하는 것이다.
② 투사는 다음의 과정으로 전개된다. 우선 바람직하지 못한 특성이나 동기를 억압하여 자신과는 아무런 관련이 없는 것으로 단정한다. 다음으로 그와 같은 특성이나 동기를 타인에게 전가한다.
③ 이와 같이 투사는 자신의 바람직하지 못한 행동과 생각을 부인 및 방출하는 도구인 동시에 자신의 적대적 동기를 타인에게 전가시켜 타인을 향한 공격성을 정당화하는 도구로도 사용된다.

> **OX Quiz**
> 편집성성격장애를 가진 사람은 자신의 바람직하지 못한 행동과 생각을 마치 다른 사람의 것인 양 생각하고 남을 탓하는 방어기제인 투사를 주로 나타낸다.
> 정답 O

핵심예제 23   `14년 기출`

성격장애와 연관된 방어기제를 바르게 짝지은 것은?

① 강박성성격장애 – 합리화(Rationalization)
② 조현성성격장애 – 행동화(Acting-out)
③ 반사회성성격장애 – 이지화(Intellectualization)
④ 편집성성격장애 – 투사(Projection)

• 해설 체크! •

편집성성격장애(Paranoid Personality Disorder)
타인에 대한 강한 불신과 의심을 지니고 적대적인 태도를 나타내어 사회적 부적응을 나타내는 성격장애이다. 방어기제로 투사(Projection), 부인(Denial), 반동형성(Reaction Formation) 등을 주로 사용하여 자신의 문제를 인정하기보다는 타인의 탓으로 돌리는 특성을 보인다.

정답 ④

A군 성격장애 II – 조현성(분열성)성격장애, 조현형(분열형)성격장애

1. 조현성(분열성)성격장애(Schizoid Personality Disorder) `15, 17, 24년 기출`

① 의의 및 특징
- 사회적 관계로부터 고립되어 대인관계를 기피하며, 자신의 감정을 표현하지 않는다.
- 타인과 관계를 형성하는 능력, 적절한 반응을 통해 소통하는 능력에 장애가 있으므로 사회적 적응에 어려움을 나타낸다.
- 타인에 대해 무관심하며, 극히 소수의 사람들과만 친밀한 관계를 맺는다.
- 지나치게 온순하고 내향적인 성격을 보이며, 타인의 칭찬이나 비난에 무관심하다.
- 사회적으로 무능하여 대인관계를 요하는 업무수행에 어려움을 보이지만, 혼자 하는 활동에서는 능숙한 모습을 보이기도 한다.
- 흔히 우울증을 지니고, 극심한 스트레스에 의해 망상장애나 조현병(정신분열증)을 일으킬 수도 있다.
- 가족이나 친척 중에 조현병(정신분열증)이나 조현형(분열형)성격장애를 가진 경우가 많다.
- 아동기와 청소년기에 비사교성, 낮은 학업성취도 등을 나타낸다.
- 주지화의 방어기제를 흔히 사용하며, 이와 같은 주지화가 조현성(분열성)성격장애자에게 환경과 정서적으로 관련되지 않고 초연하게 지낼 수 있는 도구가 된다.
- 조현성(분열성)성격장애를 가진 사람은 자신의 성격 문제에 대해 자발적으로 전문가에게 도움을 요청하는 경우가 드물다.
- 성인의 유병률은 파악이 곤란하여 알려져 있지 않지만, 아동의 경우 남아에게서 많이 나타나는 것으로 보고되고 있다.

② DSM-5에 의한 주요진단기준

조현성(분열성)성격장애는 다음의 7가지 특성 중 4가지 이상의 항목에 해당해야 한다.

- 가족의 일원이 되는 것을 포함하여 친밀한 관계를 원하지도 즐기지도 않는다.
- 거의 항상 혼자서 하는 활동을 선택한다.
- 타인과 성적 경험을 가지는 것에 대해 흥미가 없다.
- 즐거움을 주는 활동이 거의 없으며, 극히 소수의 활동에서 즐거움을 얻는다.
- 직계가족 이외에 가까운 친구나 속내를 털어놓을 수 있는 친구가 없다.
- 타인의 칭찬이나 비평에 무관심한 반응을 보인다.
- 정서적으로 냉담하고 고립적이며 단조로운 정동을 보인다.

OX Quiz

조현성성격장애를 가진 사람은 자신의 성격 문제를 잘 알고 자발적으로 전문가에게 도움을 요청하는 경우가 대부분이다.

정답 X(자발적으로 도움을 요청하는 경우가 드묾)

③ 치료목표
- 내담자로 하여금 사회적 상황으로부터 철수하려는 경향을 줄이도록 돕는다.
- 일상생활 속에서 다양한 즐거움을 경험할 수 있도록 돕는다.
- 정서적 경험의 폭을 넓히고 정서의 깊이를 심화하도록 돕는다.
- 인간관계의 형성 및 유지를 위한 기술을 습득하도록 돕는다.

2. 조현형(분열형)성격장애(Schizotypal Personality Disorder)

16, 17, 24년 기출

① 의의 및 특징
- 조현병(정신분열증)을 유발하기 쉬운 성격적 특징을 가진다는 의미의 정신분열성향(Schizotypy)이라는 용어에서 비롯된 명칭이다.
- 정신분열성향은 대인관계로부터의 철수, 인지적·지각적 왜곡, 사고와 행동의 혼란 등 3가지 요소를 가진다.
- 경미한 조현병(정신분열증)적 증상을 동반하므로 과거에는 단순형조현병(정신분열증, Simple Schizophrenia)으로도 불렸다.
- 조현성(분열성)성격장애와 매우 유사하나, 대인관계에 있어서의 불안감과 함께 괴이한 사고, 기괴한 언행 등을 보인다는 점에서 차이가 있다.
- 타인과의 관계형성에 문제를 드러내며, 친밀한 대인관계를 맺는 데에 불편함을 느낀다.
- 비논리적인 언어를 사용하며, 과도한 사회적 불안이나 피해의식을 가지기도 한다.
- 취소의 방어기제를 흔히 사용하며, 이는 보상의 한 형태로서 심각한 병리상태에서 복잡하고 기이한 의식이나 마술적 행위의 형태를 취하기도 한다.
- 아동기와 청소년기에 과민성, 비사교성, 공상 또는 망상, 낮은 학업성취도 등을 나타낸다.
- 여성보다는 남성에게서 많이 나타나며, 가족 중 조현병(정신분열증) 환자가 있는 경우 상대적으로 유병률이 높다.

② DSM-5에 의한 주요진단기준

24년 기출

조현형(분열형)성격장애는 다음의 9가지 특성 중 5가지 이상의 항목에 해당해야 한다.

OX Quiz
조현형성격장애는 여성보다는 남성에게서 많이 나타난다.
정답 O

- 관계망상적 사고(분명한 관계망상은 제외)
- 행동에 영향을 미치는, 하위문화의 기준에 부합하지 않는 괴이한 믿음이나 마술적 사고
  예 미신, 천리안에 대한 믿음, 텔레파시, 육감. 단, 아동 및 청소년의 경우 기괴한 환상이나 집착
- 신체적 착각을 포함한 유별난 지각경험
- 괴이한 사고와 언어
  예 애매하고 우회적이며 은유적이고 지나치게 자세하게 묘사하거나 상동증적인 사고와 언어
- 의심 또는 편집증적 사고
- 부적절하거나 메마른 정동
- 괴이하고 엉뚱하거나 특이한 행동이나 외모
- 직계가족 이외에 가까운 친구나 마음을 털어놓을 수 있는 사람이 없음
- 과도한 사회적 불안이 좀처럼 줄어들지 않으며, 이와 같은 불안은 자신에 대한 부정적 판단보다는 편집증적 공포와 연관됨

③ 벡과 프리만(Beck & Freeman)의 인지치료전략
- 사회적 고립을 줄이는 방향으로 건전한 치료적 관계를 수립한다.
- 사회적 기술훈련 및 적절한 언행에 대한 모방학습 등을 통해 사회적으로 적절한 행동을 증가시킨다.
- 치료회기의 구조화와 체계적인 진행을 통해 내담자의 두서없는 사고양식에 대응한다.
- 내담자로 하여금 정서적인 느낌보다는 객관적인 증거를 토대로 자신의 사고를 평가하도록 지도한다.

OX Quiz

조현형성격장애의 치료전략 중 인지치료전략은 벡과 프로이트가 제시한 것이다.

정답 X(벡과 프리만)

핵심예제 24 15년 기출

각 성격장애의 일반적인 증상에 대한 설명으로 옳은 것은?

① 강박성성격장애 – 다른 사람에 의해 부당하게 취급되거나 이용될 것이라는 생각 때문에 타인에 대한 의심과 불신감을 특징적으로 나타낸다.
② 조현성성격장애 – 타인에 대한 관심과 흥미가 부족하여 타인과 지속적인 사교적 관계를 맺지 못한다.
③ 자기애성성격장애 – 이성에 대한 관심과 욕구가 지나치게 강하고, 외모와 신체적 매력을 통해 관심을 끌려는 행동이 지배적이다.
④ 의존성성격장애 – 타인으로부터 호감을 받기를 갈망하지만 비난 또는 거절을 받을지도 모른다는 두려움 때문에 지속적으로 대인관계를 기피하게 된다.

해설 체크!
① 편집성성격장애
③ 연극성(히스테리성)성격장애
④ 회피성성격장애

정답 ②

25 B군 성격장애 Ⅰ - 반사회성성격장애, 연극성(히스테리성)성격장애

1. 반사회성성격장애(Antisocial Personality Disorder) 15, 21, 24년 기출

① 의의 및 특징
- 사회규범에 적응하지 못하며, 타인의 권리를 무시하거나 침범하는 양상을 보인다.
- 지속적으로 비이성적·충동적·폭력적인 행위를 하며, 죄의식 없이 타인에게 피해를 입히거나 타인을 해치는 등의 범죄를 저지르기도 한다.
- 강하게 자기주장을 내세우는 반면, 희생자 또는 약자를 무기력하다고 비난한다.
- 무책임하고 무모하며, 자신의 이익과 쾌락을 위해서는 수단과 방법을 가리지 않는다.
- 아동기의 품행장애(Conduct Disorder)나 주의력결핍 및 과잉행동장애(ADHD)가 성인기에 이르러 반사회성성격장애로 진행될 가능성이 높다.
- 성적 일탈이나 약물남용에 빠지기 쉽다.
- 행동화의 방어기제를 흔히 사용하며, 이는 분노발작(Temper Tantrum)으로 나타나기도 한다.
- 만성적이지만 40대에 이르러 현저하게 완화된다.
- 반사회성성격장애는 15세 이전에 품행장애가 발생한 증거가 있어야 하며, 18세 이상이 되어야 진단이 내려진다. 그러나 반사회적 행동이 조현병(정신분열증)이나 조증삽화 경과 중에만 나타나서는 안 된다.
- 여성보다는 남성에게서 많이 나타나며, 특히 대가족 출신의 남성, 도시빈민층에게서 상대적으로 유병률이 높다.

② DSM-5에 의한 주요진단기준
반사회성성격장애는 다음의 7가지 특성 중 3가지 이상의 항목에 해당해야 한다.

- 법에서 정한 사회적 규범을 준수하지 못하며, 구속사유에 해당하는 행위들을 반복적으로 한다.
- 자신의 이익이나 쾌락을 위해 반복적으로 거짓말을 하며, 가명을 사용하거나 타인을 속이는 것과 같은 사기를 일삼는다.
- 행동이 계획적이지 못하며 충동적이다.
- 자극과민성과 공격성으로 육체적 싸움이 잦으며, 폭력사건에 연루된다.
- 자신 및 타인의 안전에 아랑곳하지 않으며, 서슴없이 무모한 행위를 한다.
- 직업활동을 지속적으로 성실하게 수행하지 못하며, 채무를 이행하지 못하는 등 무책임한 양상을 보인다.
- 자책의 결여로 타인에 대한 상해, 학대, 절도행위를 하고도 무관심한 태도를 보이거나 오히려 자신의 행위를 합리화한다.

기출키워드

19년 3회
정신병질(Psychopathy)
반복적으로 범죄행동을 하는 사람들의 질환의 통칭으로, DSM상 유사한 것은 반사회성성격장애가 있다(완전히 일치하는 개념은 아니다).

21년 1회
반사회성성격장애
도시빈민층에게서의 유병률이 상대적으로 높은 것으로 미루어 볼 때 역기능적 양육환경의 영향을 받는 것을 알 수 있으며, 세로토닌 전달 기능의 문제와 관련이 있는 것으로 알려져 있다.

OX Quiz
반사회성성격장애는 만성적이지만 40대에 이르러 현저하게 완화된다.
정답 O

③ 반사회성성격장애 환자의 치료 시 유의사항
- 특수한 치료시설에 장기간 입원시킨 상태에서 치료를 시작하는 것이 바람직하다.
- 치료를 시작하기에 앞서 확고한 한계를 설정하며, 환자의 자기파괴적 행동을 통제할 수 있는 대책을 수립하여야 한다.
- 권위적 인물에 저항하는 경향이 있으므로, 치료자는 중립적이고 수용적인 태도를 유지하여야 한다.
- 책임 있는 상황에서 이를 회피 또는 도피하려는 경향이 있으므로, 치료자는 이와 같은 회피 또는 도피욕구를 받아주어서는 안 된다.
- 환자가 자신의 행동에 대해 책임을 질 줄 아는 능력을 키우는 데 치료의 목표를 두도록 한다.
- 환자가 반사회적 행동을 대신할 만한 건설적인 행동의 대안을 제시해 주도록 한다.
- 법적인 면책이나 현실적 이득을 위해 치료과정에 적극적으로 임하는 듯한 위장된 반응을 보일 수 있으므로 이에 현혹되지 않도록 주의한다.
- 개인의 심리 내면에 대한 심층적 치료보다는 구체적인 부적응행동의 변화를 위한 행동치료적 접근법이 더욱 효과적일 수 있다.
- 반사회성성격장애는 근본적인 치료가 어려우므로 문제아동이나 비행청소년에 대한 조기개입 및 부모교육을 통한 예방교육이 중요하다.

2. 연극성(히스테리성)성격장애(Histrionic Personality Disorder)

19, 24년 기출

① 의의 및 특징
- 연극성성격장애 또는 히스테리성성격장애는 극적인 감정표현, 타인의 관심을 끌려는 과도한 행동양상을 보인다.
- 감정적·외향적·자기주장적·자기과시적인 성격을 특징으로 하며, 타인의 주의를 끌고자 외모에 신경을 쓴다.
- 자기 외에 관심의 대상이 되는 사람에 대해서는 시기와 질투, 강한 경쟁심을 느낀다.
- 자신을 과장하는 이면에는 의존적인 성격과 무능력감이 내재해 있다.
- 자신이 항상 타인에게서 관심의 중심이 되기를 바라므로 대인관계를 지속적으로 유지하지 못한다.

OX Quiz
반사회성성격장애 환자의 치료 시 치료시설 입원보다는 통원 치료가 적절하다.
정답 X(특수한 치료시설에서 장기간 입원치료가 바람직)

OX Quiz
연극성성격장애는 감정적·내향적·자기과시적인 성격을 특징으로 하며, 타인의 주의를 끌고자 외모에 신경을 쓴다.
정답 X(내향적 → 외향적)

- 타인으로부터 관심과 애정, 보살핌을 이끌어내기 위해 자해나 자살의 위협을 보이기도 한다.
- 반사회성성격장애와 밀접하게 연관되어 두 장애가 함께 나타나기도 한다. 특히 임상장면에서 여성에게 더욱 흔하게 진단된다는 점을 토대로 남성은 반사회성성격장애로, 여성은 연극성(히스테리성)성격장애로 발현된다는 주장도 있다.

② DSM-5에 의한 주요진단기준

연극성(히스테리성)성격장애는 다음의 8가지 특성 중 5가지 이상의 항목에 해당해야 한다.

- 자신이 관심의 초점이 되지 못하는 상황에서 불편해한다.
- 다른 사람과의 상호작용에서 종종 부적절한 성적 유혹 또는 도발적 행동을 한다.
- 감정변화가 급격하며, 감정표현이 피상적이다.
- 주위의 관심을 자신에게로 끌어들이기 위해 시종일관 육체적 외모를 사용한다.
- 지나치게 인상적으로 말하면서도 세부적 내용이 결여된 대화양식을 가지고 있다.
- 자기연극화(Self-Dramatization), 연극조, 과장된 감정표현을 한다.
- 피암시성이 높다(예 타인이나 주위환경에 의해 쉽게 영향을 받음).
- 대인관계를 실제보다 더욱 친밀한 것으로 생각한다.

③ 정신분석적 측면에서의 연극성(히스테리성)성격장애

- 연극성성격장애를 가진 사람들은 어떤 사건을 자기 인상에 남은 대로 기억하고 그 나머지 부분은 억압함으로써 사건의 경험을 모호하게 인식한다. 이와 같은 억압이 심한 경우에는 해리현상이 나타날 수 있다. 여기서 해리는 다른 사람들이 자신의 실제 모습을 보지 못하도록 하는 방어기제에 해당한다.
- 연극성성격장애를 가진 사람들에게서 나타나는 급격한 감정변화, 성적 유혹 또는 도발적 행동, 피암시성 등은 가해자와 희생자, 구원과 강탈 등의 주제와 연결된다. 이는 정신분석적 측면에서는 성적 주체성의 문제, 특히 오이디푸스 콤플렉스(Oedipus Complex)로 해석된다. 그로 인해 여성의 경우 자신의 의존욕구를 충족시켜 줄 수 있는 대상으로서 아버지에게 집착하며, 아버지의 관심을 끌기 위해 유혹적인 모습을 보이기도 한다.
- 그러나 남근추구성향은 어머니의 애정결핍에 대한 실망, 즉 모성박탈로 설명된다. 남근에 대한 집착은 젖가슴에 대한 집착에서 비롯되며, 이른바 젖가슴과 남근의 동일시(Breast-Penis Equation)에 의해 애정을 갈망하는 행동으로 나타난다는 것이다. 성적으로 문란한 여성들이 실제 성적인 즐거움을 느끼지 못하는 경우가 많은데, 이는 결국 모성박탈에서 비롯된 것이다.

OX Quiz

연극성성격장애는 히스테리성성격장애로 불리기도 한다.

정답 O

핵심예제 25

09, 11, 19년 기출

다음 사례와 같은 성격장애는?

> 자신이 관심의 중심에 있기를 바라고, 감정이 빠르게 변하고 피상적이며, 지나치게 인상에 근거한 언어 표현을 보이고, 피암시성이 높은 특성을 보인다.

① 편집성성격장애
② 연극성성격장애
③ 자기애성성격장애
④ 강박성성격장애

해설 체크!

연극성성격장애
- 히스테리성성격장애라고도 하며, 극적인 감정표현, 타인의 관심을 끌려는 과도한 행동양상을 보인다.
- 감정적 · 외향적 · 자기주장적 · 자기과시적인 성격을 특징으로 하며, 타인의 주의를 끌고자 외모에 신경을 쓴다.
- 자기 외에 관심의 대상이 되는 사람에 대해서는 시기와 질투, 강한 경쟁심을 느낀다.
- 자신을 과장하는 이면에는 의존적인 성격과 무능력감이 내재해 있다.
- 자신이 항상 관심의 중심이 되기를 바라므로 대인관계를 지속적으로 유지하지 못한다.
- 타인으로부터 관심과 애정, 보살핌을 이끌어내기 위해 자해나 자살의 위협을 보이기도 한다.
- 반사회성성격장애와 밀접하게 연관되어 두 장애가 함께 나타나기도 한다.

정답 ②

26 B군 성격장애 II – 경계성성격장애, 자기애성성격장애

1. 경계성성격장애(Borderline Personality Disorder)   16, 19, 20, 24년 기출

① 의의 및 특징
- 경계선(Borderline)은 신경증적 상태와 정신병적 상태의 경계를 의미하는 것으로서, 평상시에도 위태로운 상태에 놓인 것처럼 보인다.
- 경계성성격장애는 대인관계나 자기상(Self-Image), 정동에 있어서 극단적인 심리적 불안정성을 보이며, 손상받기 쉬운 자기개념을 갖고 있다.
- 심한 스트레스를 받는 경우 일시적으로 정신증적 증상을 나타내 보일 수 있으나 증상이 오래 지속되지는 않는다.
- 위기상태에서 매우 충동적·논쟁적이고 타인에게 책임을 전가하며, 분노를 터뜨려 통제력을 상실하기도 한다. 또한 급작스런 감정의 기복으로 인해 만성적인 공허감과 권태감, 우울감을 느낀다.
- 타인으로부터 버림받는 것을 매우 두려워하며, 이성에 대해 강렬한 애정과 증오를 나타낸다.
- 퇴행의 방어기제를 흔히 사용하며, 이는 스트레스에 취약한 경계성성격장애자로 하여금 정서적인 압박과 고통을 피하는 기제로 사용된다.
- 성적 일탈, 약물남용, 도박, 무절제한 낭비 등을 하며, 자신의 분노를 표출하거나 타인에게서 동정을 얻기 위해 자해나 자살의 위협을 보이기도 한다.
- 남성보다는 여성에게서 많이 나타나며, 가족 중 우울장애나 약물남용의 병력이 있는 경우 상대적으로 유병률이 높다.

② DSM-5에 의한 주요진단기준

DSM-5 기준 경계성성격장애는 다음의 9가지 특성 중 5가지 이상의 항목에 해당해야 한다.

- 실제적이거나 가상적인 유기를 피하기 위해 필사적으로 노력한다.
- 대인관계에 있어서 상대방에 대한 이상화와 평가절하의 교차가 극단적이고 반복적으로 나타난다.
- 정체감 혼란 : 자기상(Self-Image)이나 자기지각(Sense of Self)이 지속적으로 심각한 불안정성을 보인다.
- 자신에게 손상을 줄 수 있는 충동성을 최소 2가지 이상의 영역에서 나타내 보인다[예 낭비, 성관계, 물질남용, 난폭운전, 폭식(또는 폭음)].
- 자살행동, 자살시늉, 자살위협 또는 자해행위를 반복적으로 나타내 보인다.
- 현저한 기분변화로 인해 정서가 불안정하다(예 간헐적인 심한 불쾌감, 과민성 또는 불안이 수 시간 지속되나 수일을 넘기는 경우는 극히 드묾).

OX Quiz

스트레스에 취약한 경계성성격장애자로 하여금 정서적인 압박과 고통을 피할 수 있도록 사용되는 방어기제는 '투사'이다.

정답 X(퇴행)

- 만성적인 공허감을 느낀다.
- 부적절하고 심한 분노를 느끼거나 분노를 조절하는 데 어려움을 느낀다(예 빈번히 울화통을 터뜨림, 계속해서 화를 냄, 자주 몸싸움을 함).
- 일시적으로 스트레스에 의한 망상적 사고나 심한 해리증상을 보인다.

③ 영(Young)의 경계성성격장애의 관련 양식 및 치료기술
- 버림받은 아동양식
  - 환자는 무기력 속에서 완전히 혼자라고 느끼므로 자신을 돌봐줄 부모와 같은 존재를 강박적으로 찾는다.
  - 치료자는 환자의 안정적 애착, 사랑, 공감, 진실한 자기표현 등 기본적인 정서적 욕구를 확인하고 수용하여 이를 충족시킬 수 있도록 돕는다.
- 성난 충동적인 아동양식
  - 환자는 학대와 충족되지 않은 정서적 욕구에 대해 격렬한 분노를 표출한다.
  - 치료자는 분노를 표출하는 행동에 대해 한계를 설정하며, 정서적 욕구를 충족시킬 수 있는 보다 효과적인 방식을 제안한다.
- 처벌적인 부모양식
  - 환자는 자신의 진정한 감정을 표출하는 것 또는 어떠한 정서적 욕구를 지니는 것에 대해 자기처벌적인 양상을 보인다.
  - 치료자는 환자로 하여금 처벌적인 부모의 메시지를 거부하고 자존감을 세우도록 돕는다.
- 분리된 보호자양식
  - 환자는 처벌을 피하기 위해 혹은 자신을 좋게 보이도록 하기 위해 다른 사람들에게 자신의 정서적 욕구를 노출시키지 않는 한편 복종적인 행동을 한다.
  - 치료자는 환자로 하여금 정서가 발생할 때 이를 차단하지 않은 채 경험할 수 있도록 하며, 다른 사람들과 연결시켜 자신의 욕구를 표현하도록 돕는다.
- 건강한 성인양식
  - 환자는 자신을 안정시키고 보살펴 주며, 자신에게 위안이 되는 부모양식을 가지고 있지 못하다.
  - 치료자는 환자로 하여금 태도, 정서, 행동과 반응 등에 있어서 건강한 성인양식을 내재화할 수 있도록 건강한 성인의 본보기를 보이도록 한다.

OX Quiz

치료자가 분노 표출 행동에 대해 한계를 설정하도록 하는 것과 관련 있는 양식은 버림받은 아동양식이다.

정답 X(성난 충동적인 아동양식)

기출키워드

19년 3회

변증법적 행동치료
- 경계성성격장애 환자들을 위해 1993년에 개발한 다면적 치료접근이다.
- 최근에는 진단과 상관없이 강렬한 정서적 고통이나 충동을 경험하는 내담자들에게 효과적인 것으로 알려져 있다.

기출키워드

20년 1회

자기애성성격장애

자신에 대한 과장된 평가로 인한 특권의식을 지니고 타인에게 착취적이거나 오만한 행동을 나타내어 사회적인 부적응을 초래한다.

2. 자기애성성격장애(Narcissistic Personality Disorder)

`18, 20년 기출`

① 의의 및 특징
- 자기애성성격장애는 왜곡된 자기상 또는 자아상(Self-Image)을 통해 자신이 대단한 사람인 듯 과대평가를 하는 양상을 보인다.
- 자기중심적이고 과시적인 성격을 특징으로 하며, 타인으로부터 칭찬과 찬사를 받고 싶어 하는 반면, 타인의 비판이나 비난에는 과민하게 반응한다.
- 자신의 성공 또는 권력의 획득을 꿈꾸며, 공상적·망상적인 환상에 사로잡힌다.
- 자신의 목표를 위해 타인을 아무런 거리낌 없이 이용하려고 한다.
- 특권의식에 사로잡혀 오만하고 거만한 태도를 보임으로써 주변사람들과 잦은 마찰을 일으키며 따돌림을 당한다.
- 자기애성성격은 자기애적 성향을 외부로 드러내는 외현적 자기애(Narcissisme Ouvert)와 자기애적 성향을 내부로 지니고 있는 내현적 자기애(Narcissisme Couvert)로 구분된다.
- 합리화의 방어기제를 흔히 사용하며, 이는 실패나 실망, 사회적으로 인정될 수 없는 행동 등을 정당화하기 위한 자기기만적·무의식적 시도로서 자존감과 우월감을 유지시켜 준다.
- 자기애성 성격은 보통 사춘기에 흔히 나타나지만, 이것이 필연적으로 자기애성성격장애로 진행되는 것은 아니다.
- 여성보다는 남성에게서 많이 나타나는데, 그로 인해 특히 남성의 역할이나 남성다움과 연결시키는 경향도 있다.

② DSM-5에 의한 주요진단기준
자기애성성격장애는 다음의 9가지 특성 중 5가지 이상의 항목에 해당해야 한다.

- 자신의 중요성에 대해 과장된 지각을 가지고 있다.
  - 예 자신의 성취와 재능을 과장함, 상응할 만한 성취도 없으면서 최고로 인정받기를 기대함
- 무제한적인 성공, 권력, 탁월함, 아름다움 혹은 이상적인 사랑에 대한 공상을 자주 한다.
- 자신은 매우 특별하고 독특하다고 믿고, 특별하거나 지위가 높은 사람(또는 기관)만이 자신을 이해할 수 있으며, 자신 또한 그런 사람(기관)과 어울려야 한다고 생각한다.
- 타인으로부터 과도한 찬사를 요구한다.
- 특권의식을 가진다.
  - 예 근거 없이 특별한 대우를 기대하거나 다른 사람들의 자연스러운 순종을 기대함
- 타인을 이용하려고 한다.
  - 예 자신의 목적을 달성하기 위해 타인을 이용함
- 감정이입 능력의 결여로 인해 타인의 감정이나 요구를 인정하거나 확인하려고 하지 않는다.
- 종종 타인을 질투하거나 또는 자신이 타인의 질투대상이라고 생각한다.
- 오만방자한 행동이나 태도를 보인다.

OX Quiz

경계성성격장애는 자신의 목표를 위해 타인을 아무런 거리낌 없이 이용하려고 한다.

정답 X(자기애성성격장애)

③ 벡과 프리만(Beck & Freeman)의 자기애성성격장애 핵심특성에 대한 치료적 개입
- 웅대한 자기상 : 치료자는 환자에게 웅대한 자기상과 관련된 비현실적인 생각을 구체적인 경험 속에서 찾아내도록 하며, 그와 같은 부적응을 스스로 인식하도록 함으로써 현실적인 자기개념으로 대체하도록 유도한다.
- 평가에 대한 과도한 예민성 : 치료자는 환자로 하여금 타인의 평가에 적당한 관심을 기울이도록 하며, 그 과정에서 스스로 감정을 조절할 수 있도록 유도한다.
- 공감의 결여 : 치료자는 환자로 하여금 타인의 감정에 대한 자각 증진 및 공감의 활성화를 통해 자신의 이기적 혹은 착취적 행동을 수정할 수 있도록 유도한다.

핵심예제 26 19년 기출

경계성성격장애의 치료에 대한 설명으로 틀린 것은?

① 대상관계적 이론가들은 초기에 부모로부터 수용받지 못해 자존감 상실, 의존성 증가, 분리에 대한 대처능력 부족 등이 나타난다고 보았다.
② 변증법적 행동치료에서는 내담자 중심치료의 공감이나 무조건적인 수용을 비판하고 지시적인 방법으로 경계성성격장애를 가진 사람들의 행동을 수정하는 데 집중한다.
③ 정신역동적 치료자들은 경계성성격장애를 가진 사람들이 아동기에 겪은 갈등을 치유하는 데 집중한다.
④ 인지치료에서는 경계성성격장애를 가진 사람들의 인지적 오류를 수정하려고 한다.

해설 체크!

변증법적 행동치료(DBT ; Dialectical Behavior Therapy)
- 경계성성격장애 환자들을 위해 1993년에 개발한 다면적 치료접근이다.
- 최근에는 진단과 상관없이 강렬한 정서적 고통이나 충동을 경험하는 내담자들에게 효과적인 것으로 보고되었다.
- 대인관계의 개선, 정서조절, 불쾌감정의 인내, 마음챙김훈련이 핵심적 요소를 이룬다.
- 환자들이 자신의 감정을 잘 조절하여 좀 더 행복한 삶, 특히 좀 더 원만한 대인관계를 유지하도록 돕는 것을 목표로 한다.
- 경계성성격장애 환자들은 감정조절에 어려움을 겪게 하는 정서적 취약성(Emotional Vulnerability)을 지닌다고 가정한다.
- 정서적 취약성은 정서자극에 예민하고, 정서자극에 매우 강렬하게 반응하며, 평상시의 정상 상태로 돌아오는 데 시간이 걸리는 특성을 의미한다.
- 변증법이란 특정한 문제에 대한 주장(정)이 있고 이에 반하는 주장(반)이 공존하고 있으며, 최종적으로 이 정과 반이 양극단의 중간지점에서 타협점을 찾으며 통합화하는 과정(합), 즉 정반합의 과정을 말한다.
- 삶은 일련의 타협-변증법으로 이루어져 있으나, 정서적 강렬성을 가진 사람들은 변증법적 갈등을 더욱 심하게 겪고 타협형성을 이룰 때 충동적인 경향이 있다.
- DBT는 잘못된 타협형성으로 인한 긴장감을 잘 다루고 균형을 찾을 수 있게 도와주는 인지행동치료 접근의 일종이다.

정답 ②

27 C군 성격장애 Ⅰ - 회피성성격장애, 의존성성격장애

1. 회피성성격장애(Avoidant Personality Disorder) `18년 기출`

① 의의 및 특징
- 타인과의 만남을 두려워하고 사회적 상황을 회피함으로써 사회적 적응에 어려움을 나타낸다.
- 소외감과 외로움을 특징으로 하며, 대인관계에서 경험할 수 있는 모욕과 거부에 대해 지나치게 예민하다. 즉, 대인관계를 맺고 싶지만 거부당할 것에 두려움을 느껴 이를 피하는 것이다.
- 사회활동의 제한, 부적절감, 부정적 평가에 대한 예민함 등이 성인기 초기에 여러 가지 상황에서 나타난다.
- 겉으로는 냉담하고 무관심한 듯한 모습을 보이지만, 실제로는 주위사람들의 표정이나 동작을 주의 깊게 살피는 경향이 있다.
- 기분장애나 불안장애를 동반하기도 하며, 극소수의 사람에게 의지하려는 성향이 있으므로 의존성성격장애(Dependent Personality Disorder)와 같이 진단되는 경우도 많다.
- 사회공포증(Social Phobia)과 증상에 있어서 매우 유사하나, 회피성성격장애에서의 회피는 보다 어린 시절부터 일찍 시작되며, 명확한 유발인자가 없고 일정한 경과를 보인다는 점에서 차이가 있다.
- 남성과 여성의 유병률이 비슷하며, 나이가 들면서 점차 완화되는 경향이 있다.

② DSM-5에 의한 주요진단기준
회피성성격장애는 다음의 7가지 특성 중 4가지 이상의 항목에 해당해야 한다.

> - 비판, 비난 또는 거절을 두려워하여 의미 있는 대인적 접촉을 포함한 직업적 활동을 회피한다.
> - 자신에 대해 호감을 가지고 있다는 확신이 서지 않는 사람과는 만남을 피한다.
> - 창피당하고 조롱당할까봐 두려워하여 친밀한 관계를 제한한다.
> - 사회적 상황에서 비판이나 거절당할 것이라는 생각에 사로잡혀 있다.
> - 부적절감으로 인해 새로운 대인관계적 상황에서 위축된 모습을 보인다.
> - 스스로를 사회적으로 무능하고 개인적인 매력이 없으며, 다른 사람들에 비해 열등하다고 본다.
> - 당황스러워하는 모습을 들킬까봐 두려워서 개인적인 위험이 따르는 일이나 다른 새로운 활동을 하지 않으려고 한다.

③ 치료적 개입
- 개인심리치료
회피성성격장애를 가진 환자들에게는 주로 개인심리치료를 활용한다. 환자는 치료자의 거부를 두려워하여 매우 소극적이고 수동적인 태도를 보일 수 있다.

OX Quiz

회피성성격장애는 대인관계를 혐오하며 거부를 두려워하는 특성을 지닌다.

정답 X(대인관계를 원함)

따라서 치료자는 인내심을 가지고 내담자가 위축되지 않도록 배려하며, 환자로 하여금 편안한 분위기에서 자신의 문제를 털어놓을 수 있도록 도와야 한다.
- 인지행동치료
  치료자는 환자의 역기능적 신념을 적절히 수정하고 인지적 왜곡에 대한 자각을 유도하여 긍정적인 사고를 가질 수 있도록 해야 한다. 또한 점진적 노출, 긴장이완훈련, 사회적 기술훈련 또는 대인관계기술 훈련을 통해 점진적으로 사회적 상황에 적응할 수 있도록 도와야 한다.

> **OX Quiz**
> 인지행동치료에서 치료자는 환자의 인지적 왜곡을 직접 말하여 긍정적인 사고를 가질 수 있도록 한다.
> **정답** X(자각을 유도해야 함)

2. 의존성성격장애(Dependent Personality Disorder) `13, 15, 18년 기출`

① 의의 및 특징
- 가족성원이나 타인에게 보살핌을 받고자 하는 욕구가 강하며, 순종적·의존적인 양상을 보인다.
- 의존성, 복종성, 수동성, 피암시성, 자기의심, 비관적 사고 등을 특징으로 한다.
- 자신의 능력과 자질을 과소평가하여 자신이 결정을 내려야 할 상황에 처하는 경우 매우 불안해하며, 중요한 결정을 내리거나 책임성을 요하는 일들에 대해 타인에게 그 책임을 지운다.
- 중요한 사람과의 밀착된 관계에 금이 갈 것을 우려하여, 자신의 요구나 욕구를 억제하면서까지 상대방의 주장과 의도에 따른다.
- 지나친 의존 행위로 인해 원만한 대인관계를 지속하기 어렵다.
- 자신을 의도적으로 약하게 보이도록 함으로써 상대방의 보호를 유도하는 경향이 있다.
- 의존상대와의 관계가 끝나면 일시적으로 극심한 불안과 좌절을 느끼지만, 보통 다른 의존상대를 찾아 유사한 관계를 재형성하는 경우가 대부분이다.
- 아동기나 청소년기에 경험하는 만성신체질환이나 분리불안장애가 소인이 되기도 한다.
- 보통 임상장면에서 여성에게 보다 많이 진단되는 경향이 있으나 남성과 여성의 유병률이 유사하다는 보고도 있다.

② DSM-5에 의한 주요진단기준

의존성성격장애는 다음의 8가지 특성 중 5개 이상의 항목에 해당해야 한다.

- 일상적인 결정에 대해서도 타인의 많은 충고와 보장을 필요로 한다.
- 자기 인생의 중요한 부분까지도 떠맡길 수 있는 타인을 필요로 한다.
- 자신이 의지하는 사람에게서 지지와 칭찬을 상실할지도 모른다는 두려움으로 인해 반대의견을 제시하지 못한다(현실적인 보복의 두려움은 포함되지 않음).

> **OX Quiz**
> 의존성성격장애는 의존성, 복종성, 수동성, 피암시성, 자기의심, 비관적 사고 등을 특징으로 한다.
> **정답** O

- 동기나 활력의 부족이라기보다는 자신감 부족으로 인해 자신의 일을 단독으로 시작하거나 수행하는 데 어려움을 느낀다.
- 타인의 지지와 보호를 얻기 위해서라면 어떠한 일이든 마다하지 않는다.
- 일을 혼자 감당할 수 없다는 과장된 두려움으로 인해, 혼자 있는 것에 대해 불편감과 무력감을 느낀다.
- 의존상대와의 친밀한 관계가 끝나는 경우 서둘러 다른 지지와 보호의 대상을 찾는다.
- 스스로를 돌봐야 하는 상황에 처하는 것에 대해 비현실적으로 집착한다.

③ 의존성성격장애 환자의 우울증상을 유발하는 상실의 유형
- 대상의 상실 : 부모나 자녀, 형제자매 등 소중한 사람과 사별하는 경우
- 추상적인 상실 : 꿈이나 야망 등 미래에 대한 희망을 잃어버리는 경우
- 변화의 상실 : 전학 또는 전직, 이사 등으로 인해 환경의 변화를 경험하는 경우
- 관계의 상실 : 친구나 직장동료에게 따돌림을 당하는 등 다른 대상관계로부터 격리되는 경우

> **OX Quiz**
>
> 의존성성격장애 환자의 우울증상을 유발하는 상실의 유형에는 대상의 상실, 연상적인 상실, 변화의 상실, 관계의 상실이 해당된다.
>
> **정답** X(연상적인 상실 → 추상적인 상실)

핵심예제 27 13, 18년 기출

의존성성격장애의 진단기준에 해당하지 않는 것은?

① 자신이 사회적으로 무능하고 열등하다고 생각한다.
② 자신의 일을 혼자서 시작하거나 수행하기가 어렵다.
③ 타인의 보살핌과 지지를 얻기 위해 무슨 행동이든 한다.
④ 타인의 충고와 보장이 없이는 일상적인 일도 결정을 내리지 못한다.

> **해설 체크!**
>
> 자신이 사회적으로 무능하고 개인적인 매력이 없으며, 다른 사람들에 비해 열등하다고 생각하는 것은 회피성성격장애에 해당한다.
>
> 정답 ①

28. C군 성격장애 II – 강박성성격장애

1. 강박성성격장애(Obsessive-Compulsive Personality Disorder)의 특징

① 정리정돈과 질서정연함, 자기통제와 완벽성에 집착을 보인다.
② 형식과 절차, 규칙에 지나치게 몰두하며, 사소한 것에도 과도하게 신경을 쓴다.
③ 고집이 세고 완고하며, 융통성이 부족하여 타인과 타협하는 데 어려움을 느낀다.
④ 자신의 감정이 외부로 표출되는 것을 억제하거나 자신의 감정을 의도적으로 꾸며낸다.
⑤ 논리와 지성을 중요시하며, 충동적으로 행동하는 사람이나 자기관리에 소홀한 사람을 내심 경멸한다.
⑥ 통제된 생활을 강조하며, 수직적인 대인관계를 유지하려고 한다.
⑦ 씀씀이가 매우 인색하며, 당장 필요하지 않은 물건이라도 약간의 쓰임새만 있다면 무엇이라도 모아두려는 경향이 있다.
⑧ 주지화, 격리, 반동형성, 취소, 대치 등의 방어기제를 흔히 사용한다.
⑨ 이분법적 사고(흑백논리적 사고), 재난적 사고(재앙화), 과장/축소(의미확대/의미축소) 등의 인지적 오류를 종종 범한다.
⑩ 강박성성격장애를 가진 사람은 강박장애(Obsessive-Compulsive Disorder)를 동반하는 경향이 있으나, 반대로 강박장애를 가진 사람은 강박성성격장애를 동반하지 않는 경우가 대부분이다.
⑪ 여성보다는 남성에게서 2배 정도 더 많이 진단되는 것으로 보고되고 있다.

2. DSM-5에 의한 주요진단기준

강박성성격장애는 다음의 8가지 특성 중 4가지 이상의 항목에 해당해야 한다.

- 세부사항, 규칙, 목록, 순서, 조직, 시간계획에 집착하여 일을 큰 틀에서 전체적으로 보지 못한다.
- 완벽주의성향으로 인해 오히려 과제를 완수하기 어렵다.
  예 자신의 지나치게 엄격한 표준에 맞지 않으므로 계획을 완수하기 어려움
- 일과 생산성에 지나치게 몰두하여 여가활동을 즐기거나 가까운 사람들과 즐거운 시간을 가지지 못하며, 이는 분명한 경제적 필요성 때문이 아니다.
- 도덕적·윤리적·가치적 측면에서 지나치게 양심적이고 고지식하며 융통성이 결여되어 있고, 이는 문화적 또는 종교적 일체화에 기인한 것이 아니다.
- 실용적으로도 감상적으로도 아무런 가치가 없는 물건을 쉽게 버리지 못한다.
- 자신이 일하는 방식에 따르지 않는 사람에게는 일을 위임하거나 함께 일하려고 하지 않는다.
- 미래의 재난에 대비하기 위해 돈을 쌓아두어야 한다는 생각으로 인해, 자신과 타인 모두에게 매우 인색하다.
- 경직되고 완고한 모습을 보인다.

전문가의 한마디

DSM-5 분류기준상 강박 및 관련 장애의 하위유형인 강박장애와 성격장애의 하위유형인 강박성성격장애는 유사한 명칭과 특징으로 인해 혼동되기 쉽습니다. 그러나 최근의 연구들은 이와 같은 강박장애와 강박성성격장애가 명확히 구분되며, 강박성성격장애가 강박장애로 발전하기 위한 필요조건도, 충분조건도 아님을 강조하고 있습니다.

강박장애는 극심한 불안이나 고통을 유발하는 강박사고(Obsessions)와 이를 중화하기 위한 강박행동(Compulsions)을 핵심증상으로 하는 반면, 강박성성격장애는 이를 주요증상으로 포함하지 않습니다. 이는 강박장애가 어떤 특정 사고와 행동에 반복적이고 지속적으로 집착하는 모습을 보이는 반면, 강박성성격장애는 어떤 특정 사고나 행동이 아닌 전체적인 삶에 있어서 완벽주의를 추구하는 성향을 가지고 있기 때문입니다. 이와 같은 점은 DSM-5에서도 강박장애와의 감별진단을 통해 강조하고 있습니다. 특히 DSM-5에서는 강박장애와 강박성성격장애의 진단기준들을 모두 충족하는 경우 두 가지 진단을 모두 기록하도록 하고 있습니다.

3. 강박성성격장애의 자동적 사고

맥폴과 월러스하임(McFall & Wollersheim)은 강박성성격장애의 특징인 자동적 사고의 예시를 다음과 같이 제시하였다.
① 세상에는 옳고 그른 행동, 결정 또는 감정들이 있다.
② 가치 있는 사람이 되기 위해서는 결코 실수를 해서는 안 된다.
③ 실수를 범하는 것은 곧 실패하는 것이며, 이러한 실패는 견딜 수 없는 것이다.
④ 실수를 범하는 것은 마땅히 비난받아야 한다.
⑤ 나는 나 자신은 물론 나의 주변환경까지 완벽하게 통제해야 한다.
⑥ 만약 어떠한 위험이 있다면, 그로 인해 누군가가 심하게 다치게 된다.
⑦ 만약 행동이 완벽히 수행될 수 있는지 불명확하다면, 차라리 하지 않는 편이 낫다.
⑧ 만약 내게 규칙과 제의들이 없다면, 나는 분명 망할 것이다.

> **OX Quiz**
> 세상에는 옳고 그른 행동, 결정 또는 감정들이 있다는 것은 강박성성격장애 환자의 특징인 자동적 사고 중 하나이다.
> 정답 O

핵심예제 28 17년 기출

B군 성격장애에 해당하지 않는 것은?

① 경계선성격장애
② 강박성성격장애
③ 반사회성성격장애
④ 연극성성격장애

— 해설 체크! —
강박성성격장애는 C군 성격장애에 해당한다.

정답 ②

29 급식 및 섭식장애 – 신경성식욕부진증, 신경성폭식증 13, 14, 18, 20, 25년 기출

1. 급식 및 섭식장애(Feeding and Eating Disorders)

① 개인의 건강과 심리사회적 기능을 현저히 저하시키는 부적응적인 섭식행동이 나타나는 장애를 말한다.

② DSM-5 분류기준상 급식 및 섭식장애는 DSM-Ⅳ의 분류기준에 따른 섭식장애(Eating Disorders)를 확장한 것이다. 특히 기존의 DSM-Ⅳ 분류기준상 유아기 또는 초기 아동기의 급식 및 섭식장애(Feeding and Eating Disorders of Infancy or Early Childhood)의 하위유형인 이식증과 반추장애를 포함하고 있으며, 부록목록(Appendix B)에 있었던 폭식장애에 정식 진단명을 부여하여 새롭게 추가하였다.

③ DSM-5의 분류기준에 의한 급식 및 섭식장애의 주요하위유형은 다음과 같다.

- 이식증(Pica)
- 반추장애 또는 되새김장애(Rumination Disorder)
- 회피적/제한적 음식섭취장애(Avoidant/Restrictive Food Intake Disorder)
- 신경성식욕부진증(Anorexia Nervosa)
- 신경성폭식증(Bulimia Nervosa)
- 폭식장애(Binge-Eating Disorder) 등

2. 신경성식욕부진증(Anorexia Nervosa) 16, 17, 20, 24년 기출

① 거식증(拒食症)으로도 불리며, 체중증가와 비만에 대한 극심한 두려움으로 인해 음식섭취를 현저히 감소시키거나 거부함으로써 체중이 비정상적으로 저하되는 경우를 말한다.

② DSM-5에 따른 신경성식욕부진증의 주요진단기준은 다음과 같다.

- 필요한 양에 비해 영양분 섭취를 제한함으로써 나이, 성별, 발달수준, 신체건강의 맥락에서 현저한 저체중을 초래한다. 현저한 저체중은 정상의 최저수준보다 체중이 덜 나가는 것으로 정의되며, 아동 및 청소년의 경우 기대치의 최저수준보다 체중이 덜 나가는 것을 의미한다.
- 현저한 저체중상태임에도 불구하고, 체중이 증가하거나 비만이 되는 것에 대한 극심한 두려움, 혹은 체중증가를 막기 위한 지속적인 행동을 보인다.
- 체중이나 체형의 경험방식에서의 장해, 자기평가에 있어서 체중이나 체형의 지나친 영향, 혹은 현재의 체중미달의 심각성에 대한 지속적인 인식부족을 나타내 보인다.

OX Quiz

급식 및 섭식장애는 개인의 건강기능을 현저히 저하시키지는 않지만 부적응적인 섭식행동이 나타나는 장애를 말한다.

정답 X(현저히 저하시킴)

전문가의 한마디

DSM-5 진단기준에서는 신경성식욕부진증(Anorexia Nervosa)을 다음의 유형으로 구분하여 명시하도록 하고 있습니다.

- 제한형(Restricting Type) : 지난 3개월 동안 폭식이나 제거행동(즉, 스스로 구토를 유도하거나 하제, 이뇨제, 관장제를 사용함)이 반복적으로 나타나지 않는다. 이러한 하위유형은 체중미달이 주로 체중관리, 단식 그리고(혹은) 과도한 운동에 의해 이루어진 것임을 나타낸다.
- 폭식/제거형(Binge-Eating/Purging Type) : 지난 3개월 동안 폭식이나 제거행동(즉, 스스로 구토를 유도하거나 하제, 이뇨제, 관장제를 사용함)이 반복적으로 나타났다.

기출키워드
20년 1회

신경성식욕부진증(거식증)
- 체중증가와 비만에 대한 두려움으로 음식섭취를 현저하게 감소시키거나 거부함으로써 체중이 비정상적으로 저하된다.
- 살을 빼려는 지속적인 행동, 체중감소, 음식과 체중과 연관된 부적절한 집착, 음식을 다루는 기이한 행동, 살이 찌는 것에 대한 강한 두려움을 느낀다.
- 부적절한 식이행동은 비밀스럽게 이루어지는 경우가 많고, 가족과 함께 또는 공공장소에서 식사하는 것을 꺼린다.
- DSM-Ⅲ-R(1987)에서 처음 정신장애의 한 유형으로 공식적인 평가를 받았다.

19년 3회

부적절한 보상행동
- 강제적 구토
- 설사·이뇨제·관장약 남용
- 단 식
- 과도한 운동

전문가의 한마디
DSM-Ⅳ 진단기준에서는 반복적인 폭식행동과 부적절한 보상행동이 평균적으로 최소 1주일에 2회 이상 3개월 동안 일어날 때 진단한다고 제시하고 있으나, DSM-5에서는 평균적으로 최소 1주일에 1회 이상 3개월 동안 일어날 때 진단하는 것으로 제시하고 있습니다.

---

③ 신경성식욕부진증은 자발적으로 유도한 체중감량상태로서, 체중증가에 대한 공포와 몸매에 대한 집착, 체중감소를 위한 과도한 행동, 체중감소행동으로 인한 신체건강의 손상을 특징으로 한다.

④ 체중을 줄이기 위한 시도로써 음식량을 줄이거나 음식을 먹지 않는 방법, 많이 활동하거나 운동을 통해 살을 빼는 방법, 하제나 이뇨제를 사용하는 방법을 동원한다.

⑤ 과도한 체중감소에 의해 정상체중의 최저수준보다 15% 이상 체중감소(정상체중의 85% 이하)를 보이며, 신체질량지수(BMI ; Body Mass Index)가 심각한 저체중상태로 평가된다.

⑥ 대부분 청소년기 여성에게서 나타나며, 우울증, 사회공포증, 강박장애, C군 성격장애를 동반하는 경향이 있다.

3. 신경성폭식증(Bulimia Nervosa)   **17년 기출**

① 폭식증(暴食症)으로도 불리며, 단시간 내에 많은 양을 먹는 폭식행동 및 그로 인한 체중증가를 막기 위한 보상행동을 반복하는 경우를 말한다.

② DSM-5에 따른 신경성폭식증의 주요진단기준은 다음과 같다.

> - 폭식삽화(Episode of Binge Eating)가 반복적으로 나타난다. 이러한 폭식삽화는 일정한 시간 동안 대부분의 사람들에 비해 명백히 많은 양의 음식을 먹으면서, 스스로 음식섭취의 조절능력이 결여되어 있음을 느끼는 양상으로 나타난다.
> - 스스로 구토를 유도하거나 하제, 이뇨제, 관장제 혹은 다른 약물의 사용, 금식, 과도한 운동과 같이 체중증가를 억제하기 위한 반복적이면서 부적절한 보상행동(Compensatory Behaviors)을 한다.
> - 폭식과 부절적한 보상행동이 평균적으로 최소 1주일에 1회 이상 3개월 동안 동시에 일어난다.
> - 체형과 체중이 자기평가에 과도한 영향을 미친다.
> - 이러한 장해는 신경성식욕부진증의 삽화기간 동안에만 발생하지 않는다.

③ 신경성폭식증은 반복적인 폭식행동과 그에 대한 부적절한 보상행동을 특징으로 한다.

④ 신경성식욕부진증보다 더 흔한 장애로서, 신경성식욕부진증과 달리 일반적으로 정상체중을 유지하며, 영양실조가 나타나지 않는다.

⑤ 대부분 청소년기 여성에게서 나타나며, 우울증, 무기력감, 실패감, 자기비하적 사고로 인해 자살기도를 하는 경우도 종종 있다.

핵심예제 29

14, 18년 기출

섭식장애에 관한 설명으로 옳지 않은 것은?

① 신체기능의 저하를 가져와 죽음에까지 이를 수 있다.
② 마른 외형을 선호하는 사회문화적 분위기와 관련된다.
③ 대개 20대 중반에 처음 발병된다.
④ 외모가 중시되는 직업군에서 발병률이 높다.

해설 체크!

신경성식욕부진증은 여성 청소년에게서 흔히 나타나며, 이들은 실제 날씬함에도 불구하고 자신이 뚱뚱하다고 왜곡되게 생각하는 경향이 강하다.

정답 ③

OX Quiz

신경성폭식증은 신경성식욕부진증과 달리 일반적으로 정상 체중을 유지하며, 영양실조가 나타나지 않는다.

정답 O

참고

DSM-5의 급식 및 섭식장애(Feeding and Eating Disorders) **20년 기출**

개인의 건강과 심리사회적 기능을 현저히 저하시키는 부적응적인 섭식행동

신경성 식욕부진증	체중증가와 비만에 대한 극심한 두려움을 지니고 있어서 음식섭취를 현저하게 감소시키거나 거부함으로써 체중이 비정상적으로 저하되는 경우
신경성폭식증	짧은 시간 내에 많은 양을 먹는 폭식행동과 이로 인한 체중증가를 막기 위해 구토 등의 보상행동이 반복되는 경우
폭식장애	• 폭식을 일삼으면서 자신의 폭식에 대해 고통을 경험하지만 음식을 토하는 등의 보상행동은 나타내지 않는 경우 • 폭식행동은 부정정서와 엄격한 절식에 대한 반작용으로 나타남
이식증	• 영양분이 없는 물질이나 먹지 못할 것(종이, 천, 흙, 머리카락)을 적어도 1개월 이상 지속적으로 먹는 경우 • 가정의 경제적 빈곤, 부모의 무지와 무관심, 아동의 발달지체와 관련된 경우가 흔함
반추장애 (되새김장애)	• 음식물을 반복적으로 토해 내거나 되씹는 행동을 1개월 이상 나타내는 경우 • 역류를 위해 몸통 및 목을 율동적으로 움직이며 입에 손가락이나 옷을 넣는 행동을 보임 • 반추를 통해 자기자극, 자기만족을 느끼기 때문에 반추행동을 하는 동안 아동은 불편감보다는 오히려 행복해 보임 • 부모의 무관심, 정서적 자극의 결핍, 스트레스가 많은 생활환경, 부모-아동관계의 갈등이 주요한 원인
회피적/제한적 음식섭취장애	6세 이하 아동이 지속적으로 먹지 않아 1개월 이상 심각한 체중감소가 나타나는 경우

30 성 관련 장애 Ⅰ - 성기능장애(성기능부전)   11, 14, 16, 18, 20, 22년 기출

OX Quiz

성도착장애는 자신에게 주어진 생물학적 성에 대한 불편감을 느끼면서 다른 성이 되고자 열망하는 경우에 해당한다.

정답 X(성불편증에 대한 설명)

1. 성 관련 장애의 이해

① DSM-Ⅳ의 분류기준에서는 성과 관련된 이상행동을 성장애 및 성정체감장애(Sexual and Gender Identity Disorders)의 3가지 하위유형, 즉 성기능장애(Sexual Dysfunctions), 성도착증(Paraphilias), 성정체감장애(Gender Identity Disorders)로 분류하였다. 그러나 DSM-5에서는 성과 관련된 이상행동을 성기능장애(Sexual Dysfunctions), 성도착장애(Paraphilic Disorders), 성불편증(Gender Dysphoria)으로 구분하여 이를 각각 독립된 장애범주로 제시하고 있다.

② 성기능장애는 원활한 성교행위를 방해하는 다양한 기능상의 장애를 포함하며, 성도착장애는 성행위대상이나 성행위방식에 있어서 비정상성을 나타내는 다양한 문제행동과 연관된다. 또한 성불편증은 자신에게 주어진 생물학적 성에 대한 불편감을 느끼면서 다른 성이 되고자 열망하는 경우에 해당한다.

③ 특히 DSM-Ⅳ의 분류기준에서 성정체감장애는 DSM-5에서 장애(Disorder)의 명칭 대신 성불편증으로 제시되고 있다. 성불편증은 아동의 진단기준(Gender Dysphoria in Children)과 청소년 및 성인의 진단기준(Gender Dysphoria in Adolescents and Adults)을 명확히 구분하고 있다.

2. 성기능장애(Sexual Dysfunctions)의 특징

① 성기능장애 또는 성기능부전은 원활한 성행위를 방해하는 기능적 문제를 의미하는 것으로서, 성적 욕구의 장애와 함께 성반응의 주기를 특징짓는 정신생리적 변화상의 장애를 특징으로 한다.

② 정상적인 성행위의 과정으로서 성반응주기(Sexual Response Cycle)는 성욕구단계 → 고조단계 → 절정단계 → 해소단계로 전개된다.

③ 성기능장애는 성반응주기 중 마지막 해소단계를 제외한 한 단계 이상에서 비정상적인 반응을 보이는 경우에 해당한다.

④ 성기능장애는 발생과정, 발생상황, 원인적 요인에 따라 다양한 방식으로 구분된다.

발생과정	• 평생형 : 성적 활동이 시작된 시기부터 문제가 지속된다. • 획득형 : 정상적인 성기능이 이루어지다가 어느 시점에서 문제가 발생한다.
발생상황	• 상황형 : 성기능상의 문제가 특정 자극, 특정 상황, 특정 대상에 대해 제한적으로 나타난다. • 일반형 : 성기능상의 문제가 자극, 상황, 대상에 관계없이 전반적으로 나타난다.
원인적 요인	심리적 요인, 신체적 질병, 약물사용 등이 복합적 요인으로 작용한다.

OX Quiz
성기능장애는 발생상황에 따라 평생형, 획득형으로 나눌 수 있다.
정답 X(발생상황 → 발생과정)

⑤ 성기능장애의 원인은 크게 즉시적 원인(Current Causes)과 역사적 원인(Historical Causes)으로 구분할 수 있다.
- 즉시적 원인(Current Causes)
  - 성적 수행에 대한 두려움 : 성행위 시 자신이 성기능을 제대로 발휘하지 못하여 상대방을 실망시킬 수 있다는 두려움
  - 관찰자적 역할 : 성행위 시 성행위 자체에 몰두하기보다는 상대방의 성적 반응을 살피는 데 집중하는 태도
- 역사적 원인(Historical Causes)
  - 종교적 신념 : 성을 죄악시하는 종교적 신념
  - 충격적 성경험 : 어린 시절의 성추행이나 성폭행경험으로 인한 성적 외상
  - 동성애적 성향 : 이성과의 성관계 및 결혼생활에 부정적인 영향을 미치는 동성애성향
  - 잘못된 성지식 : 성장과정에서 부적절하게 습득된 성에 대한 왜곡된 지식
  - 과도한 음주 : 성적 흥분감소, 발기곤란 등을 야기하는 부적절한 음주습관
  - 신체적 문제 : 신체적 질병, 약물복용, 폐경, 성병 등에 의한 성적 욕구감퇴
  - 사회문화적 요인 : 성이나 성역할에 대해 왜곡된 신념으로 성에 대한 갈등을 유발하는 사회문화적 환경

⑥ 정신분석적 관점에서는 남성의 성기능장애를 거세불안(특히 발기장애의 경우), 여성의 성기능장애를 남근선망과 관련되어 있다고 본다.

⑦ 인지적 관점에서는 성행위에 대한 역기능적 신념, 즉 성행위에 대한 부적절한 태도로서 성행위에 몰두하지 못한 채 자신의 상태를 확인하려는 자기초점적 주의(Self-Focused Attention)를 원인으로 제시하고 있다.

⑧ 성기능장애는 개인보다는 부부를 주된 치료대상으로 하며, 치료에 선행하여 신체적 검사와 심리적 검사를 통해 증상과 관련된 요인들을 다각적으로 평가하게 된다.

OX Quiz
성기능장애는 부부보다는 개인을 주된 치료대상으로 하며, 치료에 선행하여 신체적 검사와 심리적 검사를 통해 증상과 관련된 요인들을 다각적으로 평가하게 된다.
정답 X(부부 ↔ 개인)

3. DSM-5의 분류기준에 의한 성기능장애의 주요하위유형 및 특징 16, 22, 24년 기출

① 지루증 또는 사정지연(Delayed Ejaculation)
남성이 사정에 어려움을 겪으며 성적 절정감을 느끼지 못하는 경우이다.

② 발기장애(Erectile Disorder)
성행위의 욕구가 있음에도 불구하고 음경이 발기되지 않아 성교에 어려움을 겪는 경우이다.

③ 여성절정감장애 또는 여성극치감장애(Female Orgasmic Disorder)
여성이 적절한 성적 자극이 주어졌음에도 불구하고 절정감을 느끼지 못하는 경우이다.

④ 여성 성적 관심/흥분 장애(Female Sexual Interest/Arousal Disorder)
여성의 성적 욕구가 현저히 저하되어 있거나 성적인 자극에도 불구하고 흥분을 느끼지 못하는 경우이다.

⑤ 생식기(성기)-골반통증/삽입장애(Genito-Pelvic Pain/Penetration Disorder)
성교 시 지속적으로 생식기(성기)에 통증을 느끼는 경우이다.

⑥ 남성성욕감퇴장애(Male Hypoactive Sexual Desire Disorder)
남성이 성적 욕구를 느끼지 못하거나 성욕이 현저히 저하되어 스스로 고통스럽게 생각하거나 부부관계 혹은 이성관계에서 어려움을 겪는 경우이다.

⑦ 조루증 또는 조기사정[Premature (Early) Ejaculation]
여성이 절정감을 느끼기도 전에 남성이 사정을 하는 경우가 빈번히 나타나는 경우이다.

핵심예제 30 11, 18년 기출

남성이 사정에 어려움을 겪으며 성적 절정감을 느끼지 못하는 성기능장애는?

① 조루증
② 지루증
③ 발기장애
④ 성교통증장애

해설 체크!

② 지루증(Delayed Ejaculation) : 성기능장애(Sexual Dysfunctions) 중 절정감장애(Orgasmic Disorder)에 포함되는 것으로, 특히 남성이 사정에 어려움을 겪으면서 성적 절정감을 느끼지 못하는 장애이다.
① 조루증(Premature Ejaculation) : 지루증과 마찬가지로 절정감장애에 포함되며, 여성이 절정감을 느끼기도 전에 남성이 사정을 하는 경우가 빈번히 나타나는 경우에 해당한다.
③ 남성발기장애(Male Erectile Disorder) : 성기능장애 중 성적 흥분장애(Sexual Arousal Disorder)에 포함되는 것으로, 남성이 발기에 어려움을 경험하며 성행위 시에도 발기상태가 충분히 유지되지 않는 경우에 해당한다.
④ 성교통증장애(Sexual Pain Disorder) : 성기능장애의 하위범주에 포함되는 것으로, 성교 시 지속적인 통증으로 인해 성행위에 어려움을 경험하는 경우에 해당한다.

정답 ②

OX Quiz

DSM-5 분류기준에 의하면 여성절정감장애 또는 여성극치감장애란, 여성이 적절한 성적 자극이 주어졌음에도 불구하고 절정감을 느끼지 못하는 경우이다.

정답 O

기출키워드

22년 1회
성기능부전의 하위유형
※ 필기시험에는 성기능부전에 포함되지 않는 것을 고르도록 하는 문제가 출제되었습니다.

31 성 관련 장애 II - 성도착장애(변태성욕장애) 21, 25년 기출

1. 성도착장애(Paraphilic Disorders)의 특징

① 성도착은 변태성욕을 의미하는 것으로서, 성적 욕구를 충족시키는 대상이나 방식, 행위나 상황에서의 비정상적인 양상을 특징으로 한다.
② 성도착장애 또는 변태성욕장애는 인간이 아닌 동물이나 물건 등을 성행위대상으로 하거나, 아동을 포함한 동의하지 않은 사람을 대상으로 성행위를 하려고 하거나, 자기 자신 또는 상대방의 고통이나 굴욕감에서 성적 욕망을 느끼는 등의 방식으로 나타난다. 즉, 성도착장애는 부적절한 대상이나 목표에 대해 강렬한 성적 욕망을 느끼면서 성적 상상이나 행위를 반복적으로 나타내는 것이다.
③ 성도착장애는 문화권에 따라 수용되는 성적 행위 및 대상이 다르므로 진단에 있어서 사회문화적인 요인이 고려되어야 한다.
④ 성도착장애는 그 하위유형들이 성범죄의 대다수를 차지하고 있는 만큼, 법적 구속의 대상이 될 수 있다.
⑤ 남성이 여성에 비해 20배 정도 많이 나타나는 것으로 추정되고 있으며, 보통 18세 이전에 발병하여 20대 중반 이후 서서히 감소하는 경향이 있는 것으로 보고되고 있다.

> **OX Quiz**
> 성도착장애는 남성이 여성에 비해 2배 정도 많이 나타나는 것으로 추정되며, 보통 18세 이전에 발병한다.
> 정답 X(20배)

2. DSM-5의 분류기준에 의한 성도착장애의 주요하위유형 및 특징
16, 17, 20, 24년 기출

① 관음장애(Voyeuristic Disorder)
다른 사람이 옷을 벗거나 성행위를 하는 모습을 몰래 훔쳐보면서 성적 흥분을 느끼는 경우이다. 이때 관찰대상과의 성행위를 상상하기는 하지만 실제로 그와 성행위를 하는 경우는 극히 드물다.

② 노출장애(Exhibitionistic Disorder)
낯선 사람에게 자신의 성기를 노출시키거나 혹은 노출시켰다는 상상을 하면서 자위행위를 하는 경우이다. 다만, 이와 같은 노출증적 행동에도 불구하고 낯선 사람과 성행위를 하려고 시도하는 경우는 거의 없다.

③ 접촉마찰장애 또는 마찰도착장애(Frotteuristic Disorder)
동의하지 않은 사람에게 자신의 성기나 신체 일부를 반복적으로 접촉하거나 문지르는 행위를 하는 경우이다. 이와 같은 행위는 보통 사람들이 붐비는 곳에서 행해진다.

> **OX Quiz**
> 성도착장애는 그 하위유형들이 성범죄의 대다수를 차지하고 있는 만큼, 법적 구속의 대상이 될 수 있다.
> 정답 O

④ 성적 피학장애(Sexual Masochism Disorder)
상대방에게 굴욕을 당하거나 매질을 당하거나 묶이는 등 고통을 당하는 행위를 통해 성적 흥분을 느끼거나 혹은 성적 행위를 반복하는 경우이다. 이때 고통을 당하는 행위는 실제적인 것일 수도 가상적인 것일 수도 있다.

⑤ 성적 가학장애(Sexual Sadism Disorder)
성적 피학장애와 반대되는 경우로서, 상대방에게 굴욕감을 주거나 고통을 가하여 성적 흥분을 느끼거나 혹은 성적 행위를 반복하는 경우이다. 가학적 상상이나 행위는 상대방에 대한 가해자의 우월성을 상징하는 행동(예 결박하기, 채찍질하기, 불로 지지기 등)들로 나타난다.

⑥ 아동성애장애 또는 소아애호장애(Pedophilic Disorder)
사춘기 이전의 아동을 대상으로 성적 공상이나 성행위를 6개월 이상 반복적으로 나타내는 경우이다. 행위자의 연령은 최소한 16세 이상이어야 하며, 성애대상 아동과는 최소한 5세 이상 연상이어야 진단된다.

⑦ 성애물장애 또는 물품음란장애(Fetishistic Disorder)
여성의 속옷, 스타킹, 신발 등 무생물인 물건에 대해 성적 흥분을 느끼면서 집착하는 경우이다. 이와 같은 성애물은 성적 흥분을 위해 필요하며, 성애물이 없는 경우 발기부전이 일어나기도 한다.

⑧ 의상전환장애 또는 복장도착장애(Transvestic Disorder)
이성의 옷을 수집하여 바꿔 입음으로써 성적 흥분을 느끼는 경우이다. 이성애적인 남성에게서만 보고되고 있으며, 성불편증으로 인해 이성의 옷을 입는 경우는 의상전환장애로 진단되지 않는다.

핵심예제 31

11, 15, 21, 24년 기출

DSM-5의 노출장애(Exhibitionistic Disorder)에 대한 설명과 가장 거리가 먼 것은?

① 성도착적 초점은 낯선 사람에게 성기를 노출시키는 것이다.
② 성기를 노출시켰다는 상상을 하면서 자위행위를 하기도 한다.
③ 보통 18세 이전에 발생하며 40세 이후에는 상태가 완화되는 것으로 보인다.
④ 노출증적 행동을 나타내는 경우에 대개 낯선 사람과 성행위를 하려고 시도한다.

> **해설 체크!**
> 노출장애는 낯선 사람에게 자신의 성기를 노출시키거나 혹은 노출시켰다는 상상을 하면서 자위행위를 하는 경우이다. 다만, 이와 같은 노출증적 행동에도 불구하고 낯선 사람과 성행위를 하려고 시도하는 경우는 거의 없다.
>
> 정답 ④

OX Quiz
성적 피학장애에서 고통을 당하는 행위는 가상적인 것이 아닌, 실제적인 것이다.
정답 X(가상적인 것일 수도 있음)

OX Quiz
16세 이상의 행위자가 사춘기 이전의 아동을 대상으로 성적 공상이나 성행위를 6개월 이상 반복적으로 나타내는 경우, 이는 장애에 해당한다.
정답 O

32 성 관련 장애 Ⅲ - 성불편증(성별불쾌감)   20년 기출

1. 성불편증(Gender Dysphoria)   15, 17, 19, 22년 기출

① 성불편증은 DSM-Ⅳ 분류기준상 성정체감장애(Gender Identity Disorders)에 해당하는 것으로서, 성전환증(Transsexualism)이라고도 불린다.
② 자신의 생물학적·해부학적 성과 성역할에 대해 지속적이고 심각한 불편감을 호소하면서, 반대의 성에 대해 자신을 동일시하거나 반대의 성이 되기를 희망하는 경우를 말한다.
③ 성불편증을 가진 남아의 경우 여성의 외모로 치장하기를 좋아하며, 소꿉놀이와 같은 놀이를 즐긴다. 반면, 성불편증을 가진 여아의 경우 남성의 옷을 입거나 짧은 머리를 좋아하며, 운동이나 거친 놀이를 즐긴다.
④ 성인의 경우 반대 성을 가진 사람으로 행동하면서, 사회로부터 그렇게 받아들여지기를 강렬히 소망한다. 그리고 완전한 반대의 성이 되고자 성전환수술을 받고 싶어 한다.
⑤ 성불편증을 가진 사람은 대부분 사회로부터 고립되어 있으며, 부모와의 관계 또한 심각하게 손상되어 있다.
⑥ 성불편증은 동성의 사람에 대해 성적인 흥분을 느끼거나 성적인 욕구를 충족시키기 위해 성행위를 하는 동성애(Homosexuality)와 구분되어야 한다. 그 이유는 대부분의 동성애자의 경우 자신의 생물학적 성이나 성역할에 대해 심각한 불편감을 호소하지도 성전환을 원하지도 않기 때문이다.
⑦ 청소년이나 성인의 경우 의상전환장애와 같이 성적 공상을 통한 성적 흥분을 목적으로 옷을 바꿔 입는 것이 아닌, 자신에게 주어진 성에 대한 지속적인 불편으로 인해 다른 성역할을 하면서 옷을 바꿔 입는다.
⑧ 아동의 경우 남아가 여아에 비해 5배 정도, 성인의 경우 남성이 여성에 비해 2~3배 정도 많이 나타나는 것으로 추정되고 있다.

2. DSM-5에 의한 성불편증의 주요진단기준

① **아동의 성불편증** : 자신의 경험된/표현된 성별과 할당된 성별 사이의 현저한 불일치가 최소 6개월 동안 다음 중 적어도 6가지 이상 나타난다.

기출키워드
19년 3회 / 22년 1회

성별불쾌감
- 자신에게 주어진 생물학적 성에 대한 불편감을 느끼며 다른 성이 되고자 하는 강렬한 열망을 가진 경우이다.
- 반대 성에 대한 강한 동일시를 나타내거나 반대의 성이 되기를 소망한다.
- 성정체감장애 또는 성전환증이라고 불리기도 한다.

OX Quiz
성불편증은 동성의 사람에 대해 성적인 흥분을 느끼거나 성적인 욕구를 충족시키기 위해 성행위를 하는 동성애(Homosexuality)와 비슷하다.
정답 X(동성애와 구분됨)

- 반대 성이기를 강렬히 열망하거나 자신이 반대 성이라고 주장한다.
- 남아(할당된 성별)의 경우 여성복으로 옷을 바꿔 입거나 여성복장으로 가장하는 것을 매우 선호한다. 여아(할당된 성별)의 경우 전형적인 남성복만을 입기를 매우 선호하는 반면, 전형적인 여성복을 입는 것에 강렬히 저항한다.
- 소꿉놀이나 환상극에서 반대 성역할을 강렬히 선호한다.
- 전형적으로 반대 성에 의해 사용되는 장난감이나 게임, 반대 성에 의해 참여되는 활동을 강렬히 선호한다.
- 반대 성의 놀이상대가 되기를 강렬히 선호한다.
- 남아(할당된 성별)의 경우 전형적인 남성 장난감, 게임, 활동에 대해 강한 거부반응을 보인다. 여아(할당된 성별)의 경우 전형적인 여성 장난감, 게임, 활동에 대해 강한 거부반응을 보인다.
- 자신의 해부학적 성별에 대해 강한 혐오감을 나타낸다.
- 자신이 경험한 성별의 1차 성징 및(혹은) 2차 성징에 일치하는 것을 강렬히 선호한다.

② 청소년 및 성인의 성불편증 : 자신의 경험된/표현된 성별과 할당된 성별 사이의 현저한 불일치가 최소 6개월 동안 다음 중 적어도 2가지 이상 나타난다.

- 자신의 경험된/표현된 성별과 1차 성징 및(혹은) 2차 성징 사이에 현저한 불일치를 나타낸다.
- 자신의 경험된/표현된 성별과의 현저한 불일치로 인해 자신의 1차 성징 및(혹은) 2차 성징을 제거하기를 강렬히 열망한다.
- 반대 성의 1차 성징 및(혹은) 2차 성징을 강렬히 열망한다.
- 반대 성(혹은 자신의 할당된 성별과 다른 어떤 대체 성별)이기를 강렬히 열망한다.
- 반대 성으로 대우받기를 강렬히 열망한다.
- 자신이 반대 성의 전형적인 감정과 반응을 지니고 있다는 강한 확신을 가지고 있다.

OX Quiz

아동과 성인의 성불편증 주요 진단기준은 모두 동일하다.
정답 X(주요진단기준은 달리 적용)

핵심예제 32
15년 기출

DSM-5에서 성불편증에 대한 설명으로 가장 거리가 먼 것은?

① 성인의 경우 반대 성을 지닌 사람으로 행동하며 사회에서 그렇게 받아들여지기를 강렬하게 소망한다.
② 자신의 생물학적 성과 성역할에 대해 지속적으로 불편감을 느낀다.
③ 아동에서부터 성인에 이르기까지 다양한 연령대에서 나타날 수 있다.
④ 동성애자들이 주로 보이는 장애이다.

— 해설 체크! —

성별불쾌감 혹은 성불편증(Gender Dysphoria)
- 자신에게 주어진 생물학적 성에 대한 불편감을 느끼며 다른 성이 되고자 하는 강렬한 열망을 가진 경우이다.
- 이러한 불편감으로 반대의 성에 대한 강한 동일시를 나타내거나 반대의 성이 되기를 소망한다.
- 성정체감장애(Gender Identity Disorder) 또는 성전환증(Transsexualism)이라고 불리기도 한다.

정답 ④

33 물질-관련 및 중독장애 Ⅰ - 물질-관련 장애

1. 물질-관련 및 중독장애(Substance-Related and Addictive Disorders)
13, 19, 21년 기출

① 물질-관련 및 중독장애는 DSM-Ⅳ 분류기준상의 물질 관련 장애(Substance-Related Disorders)를 확장한 것이다.

② 물질-관련 및 중독장애는 크게 물질-관련 장애(Substance-Related Disorders)와 비물질-관련 장애(Non-Substance-Related Disorders)로 구분되며, 이는 다시 다양한 하위유형으로 분류된다. 특히 DSM-5의 분류기준에서는 DSM-Ⅳ에서 다른 곳에 분류되지 않는 충동조절장애(Impulse-Control Disorders Not Elsewhere Classified)에 해당한 병적 도박(Pathological Gambling)의 명칭을 도박장애(Gambling Disorder)로 변경하여 물질-관련 및 중독장애의 비물질-관련 장애로 분류하고 있다.

물질-관련 장애	• 알코올-관련 장애(Alcohol-Related Disorders) • 카페인-관련 장애(Caffeine-Related Disorders) • 칸나비스(대마)-관련 장애(Cannabis-Related Disorders) • 환각제-관련 장애(Hallucinogen-Related Disorders) • 흡입제-관련 장애(Inhalant-Related Disorders) • 아편류(아편계)-관련 장애(Opioid-Related Disorders) • 진정제, 수면제 또는 항불안제-관련 장애(Sedative-, Hypnotic-, or Anxiolytic-Related Disorders) • 흥분제(자극제)-관련 장애(Stimulant-Related Disorders) • 타바코(담배)-관련 장애(Tobacco-Related Disorders) 등
비물질-관련 장애	도박장애(Gambling Disorder)

③ DSM-5에서는 물질의존과 물질남용이 매우 높은 상관관계를 가진다는 의견을 반영하여 이를 통합하였으며, 그에 따라 DSM-Ⅳ에서와 같은 별도의 진단기준을 마련하고 있지 않다. 다만, 그 심각도를 세 등급, 즉 경도(Mild), 중(등)도(Moderate), 고도 또는 중증도(Severe)로 구분하도록 하고 있다.

④ DSM-5에서는 물질남용, 약물 혹은 몇몇 독성물질의 영향으로 인해 일시적 혹은 경우에 따라 지속적이고 심각한 중추신경장애를 나타내는 물질/약물유도성 정신장애(Substance/Medication-Induced Mental Disorders)의 진단기준을 별도로 제시하고 있다.

⑤ 물질-관련 장애의 다양한 하위유형들은 물질별로 구체적인 진단이 가능하다. 예를 들어, 알코올-관련 장애의 경우 알코올사용장애(Alcohol Use Disorder), 알코올중독(Alcohol Intoxication), 알코올금단(Alcohol Withdrawal), 알코올유도성장애(Alcohol-Induced Disorders) 등으로 구분되어 진단될 수 있다.

기출키워드

21년 3회
물질 관련 장애
※ 필기시험에는 물질 관련 장애에 포함되지 않는 것을 고르도록 하는 문제가 출제되었습니다.

19년 3회
도박장애 진단범주
※ 필기시험에는 도박장애가 DSM-5의 어느 진단범주에 속하는지 묻는 문제가 출제되었습니다.

OX Quiz
도박장애는 물질-관련 장애에 해당한다.
정답 X(비물질-관련 장애임)

2. 물질-관련 장애에 포함되는 약물

17, 20, 21, 24, 25년 기출

① DSM-5에 규정된 10가지 중독성물질
- 알코올(Alcohol)
- 카페인(Caffeine)
- 대마(Cannabis)
- 환각제(Hallucinogens)
- 흡입제(Inhalants)
- 아편류(Opioids)
- 진정제, 수면제 및 항불안제(Sedatives, Hypnotics, and Anxiolytics)
- 흥분제(Stimulants)
- 타바코(Tobacco)
- 그 밖의 다른 혹은 미상의 물질들

② 아편류에 해당하는 약물들
- 천연아편류 : 모르핀(Morphine)
- 반합성아편류 : 헤로인(Heroin)
- 모르핀유사작용합성아편류 : 코데인(Codeine), 하이드로모르폰(Hydromorphone), 메타돈(Methadone), 옥시코돈(Oxycodone), 메페리딘(Meperidine), 펜타닐(Fentanyl) 등

③ 흥분제ㆍ진정제ㆍ환각제 약물 분류
- 흥분제 : 카페인(Caffeine), 코카인(Cocaine), 암페타민(Amphetamine), 니코틴(Nicotine)
- 진정제 : 알코올(Alcohol), 아편, 모르핀(Morphine), 헤로인(Heroin), 바비튜레이트(Barbiturate)
- 환각제 : 펜시클리딘(Phencyclidine), LSD, 메스칼린(Mescaline), 살로사이빈(Psilocybin), 암페타민류, 항콜린성 물질

기출키워드
20년 1회
환각제
※ 필기시험에는 환각제에 해당하는 약물을 고르는 문제가 출제되었습니다. 답은 '펜시클리딘'이었습니다.

3. 옐리네크(Jellinek)의 알코올의존 4단계

13, 15, 24년 기출

① 제1단계 : 전알코올 증상단계
- 사교적 목적으로 음주를 즐기기 시작하는 단계이다.
- 대부분의 음주자들이 경험하는 단계로서, 음주를 통해 긴장이 해소되고 대인관계가 원활해지는 등의 긍정적인 효과를 경험한다.

② 제2단계 : 전조단계
- 술에 대한 매력이 상승하여 음주량 및 음주빈도가 늘어나는 단계이다.

OX Quiz
알코올의존의 4단계는 전알코올 증상단계, 전환단계, 결정적 단계, 만성단계 순으로 이루어진다.
정답 X(전환단계 → 전조단계)

- 음주자는 빈번히 과음을 하며, 음주 동안 일어났던 사건을 종종 망각하게 된다.
③ 제3단계 : 결정적 단계
- 술에 대한 자기통제력을 서서히 상실하게 되는 단계이다.
- 술을 수시로 마심으로써 직장생활이나 대인관계에 있어서 여러 가지 부적응적인 문제들을 경험한다.
④ 제4단계 : 만성단계
- 술에 대한 자기통제력을 완전히 상실하며, 내성과 금단증상을 경험하는 단계이다.
- 술을 연속해서 마심으로써 신체적 질병을 가지게 되며, 생활 전반에 있어서 심각한 부적응상태에 놓인다.

> **OX Quiz**
> 알코올의존 4단계 중 내성과 금단증상을 경험하는 단계는 결정적 단계이다.
> **정답** X(만성단계)

핵심예제 33 19년 기출

도박장애는 DSM-5의 어느 진단범주에 속하는가?

① 성격장애
② 파괴적, 충동조절 및 품행장애
③ 물질-관련 및 중독장애
④ 적응장애

해설 체크!

도박장애(Gambling Disorder)는 DSM-5에서 물질-관련 및 중독장애(Substance-Related and Addictive Disorders)의 하위분류인 비물질-관련 장애(Non-Substance-Related Disorders)에 포함된다.

정답 ③

34 물질-관련 및 중독장애 Ⅱ - 알코올-관련 장애
25년 기출

1. 알코올사용장애(Alcohol Use Disorder)
20, 21, 22년 기출

① 알코올사용장애는 알코올의존과 알코올남용이 통합된 것이다. 이는 그동안 여러 연구들을 통해 알코올의존과 알코올남용의 상관이 매우 높다는 결론에 따른 것이다.

② 알코올의존(Alcohol Dependence)은 잦은 음주로 인해 알코올에 대한 내성이 생김으로써 알코올의 사용량 및 사용빈도가 증가하는 경우를 말한다. 특히 알코올의존은 알코올을 사용하지 않을 경우 금단현상이 나타남으로써 더 많은 양의 알코올을 필요로 한다.

③ 알코올남용(Alcohol Abuse)은 잦은 과음으로 인해 가정, 학교, 직장에서 자신의 역할을 제대로 수행하지 못하거나 법적인 문제를 반복적으로 유발하는 경우를 말한다. 알코올의존과 달리 알코올에 대한 내성이나 금단증상을 나타내지는 않는다.

④ DSM-5에 따른 알코올사용장애의 주요진단기준은 다음과 같다.

> 임상적으로 유의미한 손상이나 고통을 유발하는 알코올사용의 부적응적 패턴이 다음 중 최소 2가지 이상으로 지난 12개월 이내에 나타난다.
> - 알코올을 의도했던 것보다 더 많은 양 혹은 더 오랜 기간 마신다.
> - 알코올사용을 줄이거나 통제하려고 지속적으로 노력하지만 매번 실패한다.
> - 알코올의 획득, 사용 혹은 그 영향으로부터의 회복에 있어서 상당히 많은 시간을 보낸다.
> - 알코올사용에의 갈망, 강한 욕구 혹은 충동을 느낀다.
> - 반복적인 알코올사용이 직장, 학교 혹은 가정에서의 주된 역할의무수행에서 실패를 야기한다.
> - 알코올의 효과에 의해 야기되거나 악화되는 사회적 혹은 대인관계상의 문제가 반복됨에도 불구하고 알코올사용을 계속한다.
> - 알코올사용으로 인해 중요한 사회적, 직업적 혹은 여가활동이 포기되거나 감소된다.
> - 신체적인 위험이 존재하는 상황에서도 알코올사용을 반복한다.
> - 알코올에 의해 야기되거나 악화될 수 있는 반복적인 신체적 혹은 정신적 문제가 있음을 알면서도 알코올사용을 계속한다.
> - 내성(Tolerance)이 다음 중 어느 하나의 양상으로 나타난다.
>   - 중독 혹은 원하는 효과에 이르기 위해 현저히 증가된 양의 알코올이 요구된다.
>   - 같은 양의 알코올사용을 계속함에도 불구하고 그 효과는 현저히 감소한다.
> - 금단(Withdrawal)이 다음 중 어느 하나의 양상으로 나타난다.
>   - 알코올의 특징적인 금단증후군(Withdrawal Syndrome)이 나타난다.
>   - 금단증상을 경감시키거나 피하기 위해 알코올[혹은 벤조디아제핀(Benzodiazepine) 등의 관련 물질]을 마신다.

OX Quiz

알코올사용장애는 알코올남용 증상이 과해진 상태를 일컫는 용어이다.

정답 X(알코올의존과 알코올남용이 통합된 것)

기출키워드
24년 3회

태아알코올증후군 주요 특징
- 신체적 기형
- 지적장애
- 신경인지장애

기출키워드
22년 1회

알코올사용장애 진단기준

※ 필기시험에는 알코올사용장애 진단기준에 관한 설명으로 옳은 것을 고르도록 하는 문제가 출제되었습니다.

여성의 알코올중독

일반적으로 여성 알코올중독자들은 남성 알코올중독자들보다 우울을 더 많이 경험하고 자살시도 횟수가 더 많다.

2. 알코올유도성장애(Alcohol-Induced Disorders) `19, 20년 기출`

① 알코올유도성장애는 알코올사용으로 인해 나타나는 부적응적인 후유증과 연관된 것으로서, 알코올중독, 알코올금단, 그 밖에 알코올사용으로 인한 다양한 정신장애들이 포함된다.

② 알코올중독(Alcohol Intoxication)은 과도하게 알코올을 사용하여 심하게 취한 상태에서 부적응적 행동을 나타내는 경우를 말한다. DSM-5에서는 알코올중독의 증상들을 다음의 6가지로 제시하고 있으며, 그중 1가지 이상의 증상이 나타날 때 알코올중독으로 진단할 수 있다고 명시하고 있다.

- 불분명한 언어
- 운동조정장해(운동실조)
- 불안정한 걸음
- 안구진탕
- 집중력 또는 기억력손상
- 혼미 또는 혼수

③ 알코올금단(Alcohol Withdrawal)은 지속적으로 사용하던 알코올을 중단했을 때 여러 가지 신체적·생리적 혹은 심리적 증상이 나타나는 경우를 말한다. DSM-5에서는 알코올금단의 증상들을 다음의 8가지로 제시하고 있으며, 그중 2가지 이상의 증상이 나타날 때 알코올금단으로 진단할 수 있다고 명시하고 있다.

- 자율신경계 기능항진
- 손 떨림 증가
- 불면
- 오심 또는 구토
- 일시적인 시각적, 촉각적, 청각적 환각 또는 착각
- 정신운동성 초조
- 불안
- 대발작

④ 알코올사용으로 인한 정신장애로는 알코올사용으로 인해 불안장애증세가 나타나는 알코올유도성불안장애(Alcohol-Induced Anxiety Disorder), 발기불능 등의 성기능에 어려움이 나타나는 알코올유도성성기능장애(Alcohol-Induced Sexual Dysfunction), 지속적인 알코올사용으로 치매증세가 나타나는 알코올유도성치매(Alcohol-Induced Persisting Dementia) 등 다양한 장애유형들이 있다.

⑤ 알코올로 유도된 장애들의 증세들은 독립적인 정신장애들과 유사하다. 다만, 알코올로 유도된 장애는 일시적이고, 심한 알코올중독 혹은 알코올금단 후에 관찰

기출키워드
`19년 3회`
진전 섬망

- 급성 알코올중독이나 오랜 기간 폭음 뒤 갑자기 음주를 중단하는 경우 나타나는 진전 및 섬망의 상태를 말한다.
- 알코올 금단증상으로 나타나며, 환촉·환청·왜소환각 등의 현상을 경험하기도 한다.
- 금단증상 중 가장 심각한 형태로 입원치료가 필요한 알코올의존증 환자의 약 5%정도에서 발생한다.

OX Quiz
알코올유도성장애는 알코올사용으로 인해 나타나는 부적응적인 후유증과 연관된 것으로서, 알코올중독, 알코올금단, 그 밖에 알코올사용으로 인한 다양한 정신장애들이 포함된다.

정답 O

되며, 이러한 중독 혹은 금단이 끝난 후 수일 혹은 수주 내에 회복되는 경우가 많다.

> **참고**
>
> **코르사코프증후군(Korsakoff's Syndrome)** `21, 24년 기출`
>
> 1887년 러시아의 정신병리학자인 코르사코프(Sergei Korsakoff)에 의해 제기된 것으로, 순행성기억상실(최근 기억의 손상), 지남력장애(시간, 장소, 사람에 대한 방향감 상실), 작화증(기억손실을 메우기 위해 사실을 꾸며내는 증상) 등의 증상을 특징으로 한다. 지속적인 알코올 사용으로 인해 중추신경계에 손상이 발생하면서 기억력, 판단력, 주의력 등에 이상이 생기는 질병으로, 새로운 경험을 기억하지 못하는 알코올성 기억장애(Alcoholic Memory Disorder)에 해당한다. 기억기능을 담당하는 해마(Hippocampus)가 손상되어 발생하는 것으로 알려져 있다.

핵심예제 34 `19년 기출`

알코올금단에 대한 설명으로 틀린 것은?

① 과도하게 장기적으로 사용하다가 중단(혹은 감량) 후에 나타난다.
② 수시간에서 수일 이내에 진전, 오심 및 구토 등이 나타난다.
③ 알코올금단을 경험하는 대부분의 사람들은 진전 섬망을 경험한다.
④ 알코올이나 벤조디아제핀을 투여하면 금단증상이 경감된다.

> **해설 체크!**
>
> **진전 섬망(Delirium Tremens)**
> - 과음으로 인한 급성 알코올중독이나 오랜 기간 동안 폭음을 하다가 갑자기 음주를 중단하는 경우 나타나는 진전(떨림) 및 섬망의 상태이다.
> - 알코올의 금단증상으로 나타나며, 환촉이나 환청, 왜소환각(lilliputian Hallucination)으로 인해 사람이 작아져 보인다거나 그들의 발걸음소리, 욕설 등이 들리는 등의 경험을 하기도 한다.
> - 알코올금단증상 중 가장 심각한 형태로 입원치료가 필요한 알코올의존증 환자의 약 5% 정도에서 발생한다.
>
> 정답 ③

35 파괴적, 충동조절 및 품행장애 – 반항성장애(적대적 반항장애), 품행장애

1. 파괴적, 충동조절 및 품행장애(Disruptive, Impulse-Control, and Conduct Disorders)

16, 17, 18, 20, 21년 기출

① DSM-5 분류기준에 따른 파괴적, 충동조절 및 품행장애는 DSM-Ⅳ 분류기준상 유아기, 아동기 또는 청소년기에 통상 처음 진단되는 장애(Disorders Usually First Diagnosed in Infancy, Childhood, or Adolescence) 중 주의력결핍 및 파괴적 행동장애(Attentiondeficit and Disruptive Behavior Disorders)와 밀접하게 연관된다.

② DSM-5의 분류기준에 따른 파괴적, 충동조절 및 품행장애의 주요하위유형은 다음과 같다.

- 반항성장애 또는 적대적 반항장애(Oppositional Defiant Disorder)
- 간헐적 폭발성장애 또는 간헐적 폭발장애(Intermittent Explosive Disorder)
- 품행장애(Conduct Disorder)
- 반사회성성격장애(Antisocial Personality Disorder)
- 병적 방화 또는 방화증(Pyromania)
- 병적 도벽 또는 도벽증(Kleptomania) 등

③ 파괴적, 충동조절 및 품행장애는 정서상·행동상 자기통제의 문제를 나타내는 다양한 장애들을 포함하고 있다. 특히 다른 사람의 권리를 침해하거나 사회적 규범을 위반하는 등의 부적응적 행동들을 특징으로 한다.

④ 병적 도벽 또는 도벽증(Kleptomania)
- 남의 물건을 훔치고 싶은 충동을 참지 못해 반복적으로 도둑질을 한다.
- 물건을 살만한 경제적 능력이 있지만, 개인적으로 쓸모가 없거나 금전적으로 가치 없는 물건을 훔치려하는 충동을 억누르지 못하고 물건을 훔치는 행위를 반복한다.
- 물건을 훔치기 전에 긴장 고조, 훔친 후에 만족감을 느낀다.

2. 반항성장애 또는 적대적 반항장애(Oppositional Defiant Disorder)

17년 기출

① 반항성장애 또는 적대적 반항장애는 어른에게 거부적·적대적·반항적인 행동을 지속적으로 나타내는 장애이다.

② DSM-5에서는 이 장애의 3가지 핵심증상으로 분노/과민한 기분, 논쟁적/반항적 행동, 복수심을 제시하고 있다. 특히 그와 같은 행동패턴이 최소 6개월 이상

기출키워드

20년 1회

병적 도벽

※ 필기시험에는 병적 도벽의 설명으로 옳은 것을 고르는 문제가 출제되었습니다.

OX Quiz

파괴적, 충동조절 및 품행장애는 정서상·행동상 자기통제의 문제를 나타내는 다양한 장애들을 포함하고 있다.

정답 O

전문가의 한마디

파괴적, 충동조절 및 품행장애의 하위유형으로 제시되고 있는 반사회성성격장애는 성격장애의 하위유형으로 제시되고 있는 반사회성성격장애와 동일합니다. 다만, 이를 이중으로 분류한 이유는 반사회성성격장애가 외현화된 품행장애의 스펙트럼과 밀접하게 연관되어 있기 때문입니다.

지속되며, 다음의 8가지 항목 중 4가지 이상이 해당하는 경우 진단하도록 하고 있다.

- **분노/과민한 기분(Angry/Irritable Mood)**
  - 종종 화를 참지 못하고 터뜨린다.
  - 종종 과민하게 반응하거나 쉽게 짜증을 낸다.
  - 종종 화를 내면서 분개한다.
- **논쟁적/반항적 행동(Argumentative/Defiant Behavior)**
  - 권위자와 논쟁이 잦다. 혹은 아동 및 청소년의 경우 성인과 논쟁이 잦다.
  - 종종 권위자의 요구나 규칙에 따르는 것에 적극적으로 반항하거나 거절한다.
  - 종종 일부러 타인을 괴롭힌다.
  - 종종 자신의 실수나 부정한 행동에 대한 책임을 다른 사람의 탓으로 돌린다.
- **복수심(Vindictiveness)**
  - 지난 6개월 안에 최소 2차례 이상 악의나 앙심을 품고 있다.

③ 적대적 반항성을 가진 아동은 쉽게 화를 내고 어른의 요구나 규칙을 무시하며, 어른들과 논쟁하여 그에 도전하고, 고의적으로 타인의 기분을 상하게 하거나 귀찮게 한다.
④ 이와 같은 문제를 가진 아동은 대부분 우울감과 열등감이 있으며, 인내심이 부족하다. 또한 청소년기에는 알코올, 담배, 흡입제 등을 남용하기 쉬우며, 품행장애나 기분장애로 발전하기도 한다.

3. 품행장애(Conduct Disorder) `15, 17, 18, 24년 기출`

① 품행장애는 특히 아동 및 청소년기의 장애로서, 다른 사람의 기본 권리나 나이에 적합한 사회규준 및 규율을 위반하는 행동양상이 반복적이고 지속적으로 나타나는 장애이다.
② DSM-5에서는 이 장애의 4가지 핵심증상으로 사람과 동물에 대한 공격성, 재산 파괴, 사기 또는 절도, 중대한 규칙위반을 제시하고 있다. 특히 지난 12개월 동안 다음의 15가지 항목 중 3가지 이상이 지속적이고 반복적으로 나타나고, 지난 6개월 동안 최소한 1가지 이상이 해당하는 경우 진단하도록 하고 있다.

OX Quiz
적대적 반항성을 가진 아동은 반항성은 있지만 쉽게 화를 내지는 않는다.
정답 X(쉽게 화를 내는 경향 있음)

- 사람과 동물에 대한 공격성(Aggression to People and Animals)
    - 종종 다른 사람을 괴롭히거나 위협하거나 협박한다.
    - 종종 싸움을 건다.
    - 다른 사람에게 심각한 신체적 손상을 줄 수 있는 무기를 사용한다(예 방망이, 벽돌, 깨진 병, 칼, 총).
    - 사람에게 신체적으로 잔인하게 대한다.
    - 동물에게 신체적으로 잔인하게 대한다.
    - 피해자가 보는 앞에서 도둑질을 한다(예 노상강도, 소매치기, 강탈, 무장강도).
    - 다른 사람에게 성적 행위를 강요한다.

- 재산파괴(Destruction of Property)
    - 심각한 손해를 입히려는 의도로 고의적으로 불을 지른다.
    - 다른 사람의 재산을 고의적으로 파괴한다(방화에 의한 것은 제외).

- 사기 또는 절도(Deceitfulness or Theft)
    - 다른 사람의 집, 건물 또는 자동차에 무단침입한다.
    - 종종 물품을 획득하거나 환심을 사거나 의무를 피하기 위해 거짓말을 한다.
    - 피해자와 맞서지 않은 상황에서 귀중품을 훔친다(예 파괴나 침입 없이 물건을 사는 체하면서 훔침, 문서를 위조함).

- 중대한 규칙위반(Serious Violations of Rules)
    - 종종 부모의 금지에도 불구하고 외박을 하는 행위가 13세 이전부터 시작되었다.
    - 친부모 혹은 양부모와 같이 사는 동안 최소한 2번 이상 가출을 하거나, 1번 가출을 했으나 장기간 귀가하지 않은 경험이 있다.
    - 종종 무단결석을 하는 행위가 13세 이전부터 시작되었다.

③ 품행장애는 공격적인 반사회적 행동으로 약자를 괴롭히거나, 폭력을 행사하거나, 어른에게 반항적·적대적인 태도로 복종하지 않는 경향이 있다. 또한 무단결석, 잦은 가출, 흡연, 음주, 약물남용, 공공기물 파괴행동을 보인다.

④ 품행장애를 가진 사람은 자신의 잘못된 행동에 대해 죄책감을 느끼지 않으며, 오히려 그 책임을 다른 사람의 탓으로 돌린다. 그로 인해 문제행동에 대한 처벌이 그와 같은 행동을 감소시키기는커녕 오히려 반항심과 분노를 유발하여 문제행동을 더욱 악화시키는 경향이 있다.

⑤ 품행장애는 18세 이후 성인기에 반사회성성격장애로 발전할 가능성이 높다. 특히 주의력결핍 및 과잉행동장애(ADHD), 품행장애, 반사회성성격장애는 매우 유사한 유전적 소인에 의해 유발되는 것으로 알려져 있다.

OX Quiz

품행장애는 폭력, 반항, 무단결석, 흡연, 약물남용 등의 행동을 보인다.

정답 O

⑥ 품행장애는 아동기와 청소년기에 흔한 장애로서, 18세 이하 남아의 경우 6~16%, 여아의 경우 2~9%의 발병률을 보이는 것으로 보고되고 있다. 특히 사회경제적 수준이 낮고 도시에 거주하는 가정의 아동에게서 품행장애가 많이 나타나는 것으로 알려져 있다.

핵심예제 35

18년 기출

품행장애에 관한 설명으로 옳은 것은?

① 적대적 반항장애는 품행장애로 발전하지 않는다.
② 품행장애의 유병률은 남녀의 차이가 없다.
③ 품행장애의 발병에는 환경적 요인보다 유전적 요인이 크다.
④ 품행장애가 이른 나이에 발병할수록 예후가 좋지 않다.

해설 체크!

품행장애(Conduct Disorder)
아동 및 청소년기의 장애로서 다른 사람의 기본 권리나 나이에 적합한 사회규준 및 규율을 위반하는 행동양상이 반복적이고 지속적으로 나타나는 장애이다. 아동기의 품행장애나 주의력결핍 및 과잉행동장애(ADHD)는 성인기에 이르러 반사회성성격장애로 진행될 가능성이 높다.

정답 ④

심화학습 — DSM-5에서 유아기, 아동기 또는 청소년기에 통상 처음 진단되는 장애의 주요변경사항

1. DSM-Ⅳ의 분류기준에 의한 유아기, 아동기 또는 청소년기에 통상 처음 진단되는 장애(Disorders Usually First Diagnosed in Infancy, Childhood, or Adolescence)는 DSM-5에서 독립된 장애범주로서의 지위를 상실한 채 그 다양한 하위유형들이 신경발달장애(Neurodevelopmental Disorders)를 비롯한 다른 몇몇 장애범주의 하위유형으로 편입되었다.
2. DSM-5에 의한 신경발달장애의 주요하위유형은 다음과 같다.

   - 지적 장애(Intellectual Disabilities)
   - 의사소통장애(Communication Disorders)
   - 자폐스펙트럼장애(Autism Spectrum Disorder)
   - 주의력결핍 및 과잉행동장애(Attention-Deficit/Hyperactivity Disorder)
   - 특정학습장애(Specific Learning Disorder)
   - 운동장애(Motor Disorders) – 틱장애(Tic Disorders) 등

3. 정신지체(Mental Retardation)는 지적 장애(Intellectual Disability) 또는 지적 발달장애(Intellectual Developmental Disorder)로 명칭이 변경되었다.
4. 학습장애(Learning Disorders)는 특정학습장애(Specific Learning Disorder)로 명칭이 변경되었다.
5. 의사소통장애(Communication Disorders)의 하위유형은 언어장애(Language Disorder), 발화음장애(Speech Sound Disorder), 아동기-발생유창성장애(Childhood-Onset Fluency Disorder), 사회적(실용적) 의사소통장애[Social (Pragmatic) Communication Disorder]로 변경 또는 조정되었다.
6. 기존의 광범위한 발달장애(Pervasive Developmental Disorders)에서 자폐성장애(Autistic Disorder)는 자폐스펙트럼장애(Autism Spectrum Disorder)로 명칭이 변경되었으며, 여기에 아스퍼거장애(Asperger's Disorder), 아동기붕괴성장애(Childhood Disintegrative Disorder) 등이 통합되었다. 또한 레트장애(Rett's Disorder)는 삭제되었다.

OX Quiz

'정신지체'는 DSM-5에서 '지적 장애' 또는 '지적 발달장애'로 명칭이 변경되었다.

정답 O

7. 주의력결핍 및 파괴적 행동장애(Attention-Deficit and Disruptive Behavior Disorders)의 하위유형 중 품행장애(Conduct Disorder)와 반항성장애 또는 적대적 반항장애(Oppositional Defiant Disorder)는 DSM-5에서 새롭게 제시된 파괴적, 충동조절 및 품행장애(Disruptive, Impulse-Control, and Conduct Disorders)의 하위유형에 포함되었다.

8. 운동기술장애(Motor Skills Disorder)는 운동장애(Motor Disorders)로 명칭이 변경되었으며, 하위유형으로 발달성운동조정장애(Developmental Coordination Disorder), 정형적 동작장애(Stereotypic Movement Disorder)와 함께 틱장애(Tic Disorders)가 포함되었다. 특히 틱장애는 뚜렛장애(Tourette's Disorder), 지속성(만성적)운동 또는 음성틱장애[Persistent (Chronic) Motor or Vocal Tic Disorder], 일시성틱장애(Provisional Tic Disorder)로 구분된다.

9. 배설장애(Elimination Disorders)는 유아기, 아동기 또는 청소년기에 통상 처음 진단되는 장애에서 분리되어 독립된 장애범주로 분류되었다.

10. 유아기 또는 초기 아동기의 급식 및 섭식장애(Feeding and Eating Disorders of Infancy or Early Childhood)의 하위유형 중 이식증(Pica)과 반추장애(Rumination Disorder)는 DSM-5에서 새롭게 조정된 급식 및 섭식장애(Feeding and Eating Disorders)의 하위유형에 포함되었다. 급식 및 섭식장애는 이식증과 반추장애를 포함하여 회피적/제한적 음식섭취장애(Avoidant/Restrictive Food Intake Disorder), 신경성식욕부진증(Anorexia Nervosa), 신경성폭식증(Bulimia Nervosa), 폭식장애(Binge-Eating Disorder)의 하위유형으로 구성되어 있다.

11. 유아기, 아동기 또는 청소년기의 기타 장애(Other Disorders of Infancy, Childhood, or Adolescence)의 하위유형 중 분리불안장애(Separation Anxiety Disorder)와 선택적 함구증(Selective Mutism)은 불안장애(Anxiety Disorders)의 하위유형으로 이동하였다.

OX Quiz

틱장애는 뚜렛장애, 지속성운동 또는 음성틱장애, 일시성틱장애, 단시성틱장애로 구분된다.

정답 X(단시성틱장애는 없음)

36. 신경발달장애 Ⅰ - 지적 장애 25년 기출

1. 신경발달장애(Neurodevelopmental Disorders) 15, 19, 22년 기출

① DSM-Ⅳ의 분류기준에서 자폐성장애(Autistic Disorder), 아동기붕괴성장애(Childhood Disintegrative Disorder), 레트장애(Rett's Disorder)는 유아기, 아동기 또는 청소년기에 통상 처음 진단되는 장애(Disorders Usually First Diagnosed in Infancy, Childhood, or Adolescence) 중 광범위한 발달장애(Pervasive Developmental Disorders)의 하위유형으로 분류되었다. 그러나 이와 같은 광범위한 발달장애에 포함된 하위유형의 상당 부분이 DSM-5에서 새롭게 제시된 장애범주인 신경발달장애에 포함되었다.

② DSM-5에 의한 신경발달장애의 주요하위유형은 다음과 같다.

- 지적 장애(Intellectual Disabilities)
- 의사소통장애(Communication Disorders)
- 자폐스펙트럼장애(Autism Spectrum Disorder)
- 주의력결핍 및 과잉행동장애(Attention-Deficit/Hyperactivity Disorder)
- 특정학습장애(Specific Learning Disorder)
- 운동장애(Motor Disorders) - 틱장애(Tic Disorders)

2. 지적 장애(Intellectual Disabilities) 16, 20, 21, 24년 기출

① 지적 장애는 DSM-Ⅳ의 분류기준상 정신지체(Mental Retardation)에 해당하는 것으로서, DSM-Ⅳ에서는 유아기, 아동기 또는 청소년기에 통상 처음 진단되는 장애(Disorders Usually First Diagnosed in Infancy, Childhood, or Adolescence)의 하위유형으로 분류되었다. 그러나 DSM-5에서는 유아기, 아동기 또는 청소년기에 통상 처음 진단되는 장애에서 분리되어 지적 장애(Intellectual Disability) 또는 지적 발달장애(Intellectual Developmental Disorder)의 새로운 명칭과 함께 신경발달장애(Neurodevelopmental Disorders)의 하위유형으로 분류된다.

② DSM-5에서는 지적 장애를 발달기에 나타나는 개념적 영역(Conceptual Domain), 사회적 영역(Social Domain), 실제적 또는 실행적 영역(Practical Domain)에 있어서 지적 기능 및 적응기능상의 결손으로 정의하고 있다. 여기서 지적 기능은 추론, 문제해결, 계획, 추상적 사고, 판단, 학교에서의 학습, 경험을 통한 학습 등을 의미하며, 적응기능은 가정, 학교, 직장, 공동체와 같은 다양한 환경에서의 의사소통, 사회적 참여, 독립적인 생활 등 일상생활을 영위할 수 있

기출키워드

19년 3회 / 21년 1회

신경발달장애

※ 필기시험에서는 신경발달장애에 해당하지 않는 것을 고르도록 하는 문제가 출제되었습니다.

22년 1회

※ 필기시험에는 신경발달장애에 관한 설명 중 틀린 것을 고르도록 하는 문제가 출제되었습니다.

는 능력과 연관된다.
③ DSM-Ⅳ에서의 정신지체와 마찬가지로 DSM-5에서의 지적 장애 또한 그 심각도에 따라 경도(Mild), 중(등)도(Moderate), 고도 또는 중증도(Severe), 심도 또는 최중증도(Profound)로 구분하고 있다.
④ 지적 장애는 지능이 비정상적으로 낮아서 학습 및 사회적응에 어려움을 나타내는 장애이다. 특히 18세 이전에 표준화된 지능검사결과 지능지수(IQ)가 70점 미만을 나타낸다.
⑤ 지적 장애를 유발하는 원인은 매우 다양하다. 그 주요한 원인으로 유전자이상, 임신 중 태내환경이상, 임신 및 출산 과정에서의 이상, 후천성아동기질환, 그 밖에 열악한 환경요인 등이 제시되고 있다. 특히 지적 장애의 약 5% 정도가 다운증후군(Down's Syndrome), 취약X증후군(Fragile X Syndrome), 클라인펠터증후군(Klinefelter's Syndrome) 등의 염색체이상에 의해 유발되는 것으로 알려져 있다.
⑥ 지적 장애의 유병률은 일반인구의 약 1%에 해당하며, 남성이 전체의 약 60%를 차지하는 것으로 보고되고 있다.

3. 지적 장애의 수준   19, 20, 21년 기출

① 경도 또는 가벼운 정도(Mild)
- 지능수준은 IQ 50~55에서 70 미만까지로서, 전체 지적 장애자의 약 85%를 차지한다.
- 주의집중력과 지적 학습능력이 부족하며, 10대 후반에 초등학교 6학년 정도의 지적 수준을 보인다.
- 성인기에 타인의 지도와 지원으로 생계유지를 위한 최소한의 사회적·직업적 기술을 습득할 수 있다.
- 지역사회에서의 독립적인 생활이나 지도 및 지원에 의한 일상생활이 가능하며, 숙련을 요하지 않는 작업장이나 보호받는 작업장에서는 자활할 수 있다.

② 중(등)도 또는 중간 정도(Moderate)
- 지능수준은 IQ 35~40에서 50~55까지로서, 전체 지적 장애자의 약 10%를 차지한다.
- 사회적 관습을 잘 이해하지 못하므로 스스로 타인과 원활한 대인관계를 맺기 어렵다.
- 대부분 사회학습을 통해 의사소통기술을 습득할 수 있으며, 지도감독하에 사회적·직업적 기술을 습득할 수 있다.

OX Quiz

정신지체에 해당하는 지적 장애의 유병률은 일반인구의 약 1%에 해당하며, 남성이 전체의 약 60%를 차지한다.

정답 O

- 성인기에 보호기관에서의 지도감독하에 비숙련 또는 반숙련 작업을 수행할 수 있다.

③ 고도(중증도) 또는 심한 정도(Severe)
- 지능수준은 IQ 20~25에서 35~40까지로서, 전체 지적 장애자의 약 3~4%를 차지한다.
- 혼자 옷을 입고 식사를 하는 등의 기본적인 자기보살핌행동을 할 수 있으며, 초보적인 언어를 습득할 수 있다.
- 성인기에 매우 집중적인 지도감독하에 비숙련작업을 수행할 수 있다.

④ 심도(최중증도) 또는 아주 심한 정도(Profound)
- 지능수준은 IQ 20~25 이하로서, 전체 지적 장애자의 약 1~2%를 차지한다.
- 현저한 발달지체와 함께 지적 학습 및 사회적 적응이 거의 불가능하다.
- 초기 아동기에서부터 지속적인 돌봄과 지도감독이 필요하다.

핵심예제 36   20년 기출

지적 장애에 관한 설명으로 틀린 것은?

① 심각한 두부외상으로 인해 이전에 습득한 인지적 기술을 소실한 경우에는 지적 장애와 신경인지장애로 진단할 수 있다.
② 경도의 지적 장애는 여성보다 남성에게 더 많다.
③ 지적 장애는 개념적, 사회적, 실행적 영역에 대한 평가로 진단된다.
④ 지적 장애 개인의 지능지수는 오차 범위를 포함해서 대략 평균에서 1표준편차 이하로 평가된다.

해설 체크!

지적 장애 개인의 지능지수는 오차 범위를 포함해서 대략 평균에서 2표준편차 이하로 평가한다.

정답 ④

OX Quiz

주의집중력과 지적 학습능력이 부족하며, 10대 후반에 초등학교 6학년 정도의 지적 수준을 보이는 것은 지적 장애의 수준 중 중도에 해당한다.

정답 X(경도 또는 가벼운 정도)

OX Quiz

성인기에 매우 집중적인 지도감독하에 비숙련작업을 수행할 수 있는 것은 지적 장애의 수준 중 경도에 해당한다.

정답 X(고도 또는 심한 정도)

37 신경발달장애 II - 자폐스펙트럼장애

1. 자폐스펙트럼장애(Autism Spectrum Disorder)의 특징

① 자폐스펙트럼장애는 DSM-Ⅳ의 분류기준상 자폐성장애(Autistic Disorder), 아스퍼거장애(Asperger's Disorder), 아동기붕괴성장애(Childhood Disintegrative Disorder)를 비롯하여 그 밖의 달리 분류되지 않는 광범위한 발달장애를 통합한 것이다. 이와 같은 통합은 해당 장애들이 증상의 심각도에서 차이가 있을 뿐 동일 연속선상에 존재하는 하나의 장애로 간주될 수 있다는 연구결과에서 비롯된다. 다만, 레트장애(Rett's Disorder)는 고유한 유전적 원인이 밝혀짐에 따라 자폐스펙트럼장애에서 제외되었다. 즉, 레트장애의 경우 결손유전자에 의해 발달상장애가 나타나는 것이 확인됨에 따라, 정신장애의 원인이 아닌 증상을 기준으로 진단하는 것을 원칙으로 하는 DSM-5에서 삭제된 것이다.

② 자폐스펙트럼장애는 사회적 의사소통 및 사회적 상호작용상의 지속적인 결함과 함께 행동, 흥미 또는 활동에 있어서 제한적이고 반복적인 패턴을 2가지 핵심증상으로 한다.

③ 자폐스펙트럼장애는 2가지 핵심증상의 심각도(Severity Levels)에 따라 각각 지원이 필요한(Requiring Support) 수준 1, 실질적 지원이 필요한(Requiring Substantial Support) 수준 2, 그리고 실질적이고 전반적인 지원이 필요한(Requiring Very Substantial Support) 수준 3의 3단계로 진단이 이루어진다.

④ 자폐스펙트럼장애를 가진 아동은 대인관계 형성 및 의사소통이 이루어지지 않으며, 그로 인해 부모를 비롯하여 형제자매나 또래들과 적절한 인간관계를 형성하지 못한다.

⑤ 부모와의 관계형성이 이루어지지 못하므로 나이에 알맞은 언어를 습득하지 못하며, 음성의 고저, 억양, 속도, 리듬, 강도 등이 비정상적이다.

⑥ 아동의 관심사는 매우 좁으며, 그와 같은 관심사에 몰두하거나 반복적인 행동을 나타내는 경향이 있다.

⑦ 대부분 지적 장애에 해당하는 지적 기능 및 적응기능을 나타내 보인다. 다만, 지적 장애를 가진 아동의 경우 전반적인 지적 기능이 저조한 데 반해, 자폐스펙트럼장애를 가진 아동의 경우 자신의 관심영역에 대해 놀라운 기억력이나 우수한 지적 능력을 나타내는 경우가 있다.

OX Quiz

자폐스펙트럼장애 아동의 관심사는 매우 좁으며, 그와 같은 관심사에 몰두하거나 반복적인 행동을 나타내는 경향이 있다.

정답 O

⑧ 유병률은 아동과 성인을 포함하여 전체 인구의 약 1% 정도이며, 특정 문화에 상관없이 상당히 일정한 빈도를 나타내는 것으로 보고되고 있다.
⑨ 대부분 3세 이전에 발병하며, 여아보다 남아에게서 3~4배 정도 높게 발병하는 것으로 보고되고 있다.

OX Quiz
자폐스펙트럼장애의 유병률은 아동과 성인을 포함하여 전체 인구의 약 0.1% 정도이다.

정답 X(1%)

2. DSM-5에 의한 자폐스펙트럼장애의 주요진단기준 `20, 21, 24년 기출`

① 다양한 맥락에 걸쳐 사회적 의사소통 및 사회적 상호작용에 지속적인 결함을 보이며, 이는 현재 또는 과거에 다음과 같이 나타난다.
  - 사회적-정서적 상호작용에 있어서 결함을 나타낸다.
  - 사회적 상호작용을 위해 사용되는 비언어적 의사소통행동에 있어서 결함을 나타낸다.
  - 대인관계의 발전, 유지, 이해에 있어서 결함을 나타낸다.
② 행동, 흥미 또는 활동에 있어서 제한적이고 반복적인 패턴을 보이며, 이는 현재 또는 과거에 다음 중 최소 2가지 이상으로 나타난다.
  - 운동동작, 물체사용 또는 언어사용에 있어서 정형화된 또는 반복적인 패턴을 나타낸다.
  - 동일성에 대한 고집, 일상적인 것에의 완고한 집착 또는 언어적 혹은 비언어적 행동의 의식화된 패턴을 나타낸다.
  - 매우 제한적이고 고정된 흥미를 보이는데, 그 강도나 초점이 비정상적이다.
  - 감각적 자극에 대해 과도한 또는 과소한 반응을 나타내 보이거나, 주변환경의 감각적 측면에 대해 비정상적인 흥미를 보인다.
③ 이러한 증상들은 초기 발달기에 나타난다.
④ 이러한 증상들은 사회적·직업적 기능 또는 다른 중요한 기능영역에서 임상적으로 유의미한 손상을 초래한다.
⑤ 이러한 장해들은 지적 장애(지적 발달장애)나 전반적 발달지연에 의해 더 잘 설명되지 않는다.

기출키워드
20년 1회
자폐스펙트럼장애 진단기준
※ 필기시험에는 자폐스펙트럼장애로 진단할 수 있는 특징적인 증상을 고르는 문제가 출제되었습니다.

21년 1회
※ 필기시험에는 사례를 제시하고 선지에서 자폐스펙트럼장애를 고르도록 하는 문제가 출제되었습니다.

핵심예제 37 `17년 기출`

자폐스펙트럼장애에 관한 설명으로 틀린 것은?

① 의사소통의 장해가 현저하고 지속적이다.
② 상상적인 놀이를 하는 데 어려움이 있다.
③ 사회적 관습을 이해하는 데 어려움이 있다.
④ 연령증가와 함께 증상의 호전을 보인다.

> **해설 체크!**
>
> ④ 자폐스펙트럼장애는 지속적인 경과를 나타내는데, 학령기에 사회적 관심이 다소 증가하는 등 다소 호전되는 경향을 보이는 경우도 있고 때로는 오히려 악화되는 경우도 있다.
>
> **자폐스펙트럼장애의 핵심증상 2가지**
> - 사회적 상호작용의 결함
> - 제한된 반복적 행동패턴
>
> 정답 ④

38 신경발달장애 Ⅲ - 주의력결핍 및 과잉행동장애

25년 기출

1. 주의력결핍 및 과잉행동장애(Attention-Deficit/Hyperactivity Disorder)의 특징

19, 22년 기출

기출키워드
19년 3회 / 22년 1회
주의력결핍 및 과잉행동장애
※ 필기시험에는 주의력결핍 및 과잉행동장애에 대한 설명으로 가장 적절하지 않은 것을 고르도록 하는 문제가 출제되었습니다.

① DSM-Ⅳ의 분류기준에서 주의력결핍 및 과잉행동장애(ADHD)는 유아기, 아동기 또는 청소년기에 통상 처음 진단되는 장애(Disorders Usually First Diagnosed in Infancy, Childhood, or Adolescence) 중 주의력결핍 및 파괴적 행동장애(Attention-deficit and Disruptive Behavior Disorders)의 하위유형으로 분류되었다. 그러나 DSM-5에서는 신경발달장애(Neurodevelopmental Disorders)의 하위분류에 포함된다. 이는 성인에 대한 ADHD의 진단기준을 제공하기 위한 것으로서, ADHD가 성인기까지 지속될 수 있다는 사실을 반영한다.

② ADHD는 주의력결핍 또는 부주의(Inattention), 과잉행동과 충동성(Hyperactivity and Impulsivity)을 핵심증상으로 한다.

③ 2가지 핵심증상은 대부분 아동에게서 일반적으로 나타는 특성들을 포함하고 있다. 그러나 그와 같은 특성들이 성장하면서 줄어들지 않은 채 부적응적 행동특성으로 나타나는 경우 ADHD로 진단된다.

④ DSM-5의 진단기준에서는 ADHD를 주의력결핍우세형(Predominantly Inattentive Presentation), 과잉행동/충동우세형(Predominantly Hyperactive/Impulsive Presentation), 혼합형(Combined Presentation)의 3가지 하위유형으로 구분하고, 증상의 심각도에 따라 경도(Mild), 중(등)도(Moderate), 고도 또는 중증도(Severe)로 명시하도록 하고 있다.

⑤ ADHD를 가진 아동은 지능수준에 비해 학업성취도가 저조하며, 또래 아이들에게서 거부당하거나 소외될 가능성이 높다. 또한 특정학습장애나 의사소통장애 또는 운동장애를 동반하는 경우가 많다.

OX Quiz

ADHD를 가진 아동은 지능수준에 비해 학업성취도가 높으며, 또래 아이들에게서 거부당하거나 소외될 가능성이 높다.

정답 X(지능수준에 비해 학업성취도가 저조함)

⑥ ADHD를 가진 아동은 정서적으로 불안정하고 공격적·반항적인 행동을 나타내기도 한다. 그로 인해 ADHD를 가진 아동 중 약 40~50% 정도는 이후 청소년기에 품행장애의 진단을 받으며, 품행장애를 나타내는 청소년의 약 50% 정도는 이후 성인기에 반사회성성격장애를 나타낸다는 연구결과도 있다.
⑦ ADHD는 남아에게서 더 많이 나타나며, 여아보다 약 6~9배 정도 높은 것으로 보고되고 있다.

> **OX Quiz**
> ADHD는 남아에게서 더 많이 나타나며, 여아보다 약 2배 정도 높은 것으로 보고되고 있다.
> 정답 X(6~9배)

2. DSM-5에 의한 주의력결핍 및 과잉행동장애(ADHD)의 주요진단기준 24년 기출

① 주의력결핍(부주의) 및(혹은) 과잉행동-충동성의 지속적인 패턴이 개인의 기능 또는 발달을 저해하며, 이는 다음의 2가지 특징적 양상을 나타내 보인다.
- 주의력결핍(부주의) : 다음 중 6가지 이상의 증상들이 최소 6개월 이상 지속된다. 그와 같은 증상들은 발달수준에 적합하지 않으며, 사회적·학업적·직업적 활동에 직접적으로 부정적인 영향을 미친다.

  - 종종 세밀하게 주의를 기울이지 못하거나 학업, 직업 또는 다른 활동에서 빈번히 실수를 저지른다.
  - 종종 과제를 하거나 놀이를 할 때 지속적으로 주의를 집중하지 못한다.
  - 종종 다른 사람이 직접 말을 할 때 경청하지 않는 것처럼 보인다.
  - 종종 주어진 지시를 수행하지 못하며, 학업, 잡일, 작업장에서의 임무들을 완수하지 못한다.
  - 종종 과업과 활동을 체계화하지 못한다.
  - 종종 지속적인 정신적 노력을 요구하는 과업들에 참여하기를 회피하거나 싫어하거나 혹은 마지못해 한다.
  - 종종 과제나 활동을 하는 데 필요한 물건들을 잃어버린다.
  - 종종 외부자극에 의해 쉽게 산만해진다.
  - 종종 일상적인 활동을 잊어버린다.

- 과잉행동-충동성 : 다음 중 6가지 이상의 증상들이 최소 6개월 이상 지속된다. 그와 같은 증상들은 발달수준에 적합하지 않으며, 사회적·학업적·직업적 활동에 직접적으로 부정적인 영향을 미친다.

  - 종종 손발을 가만히 두지 못하거나 의자에 앉아서도 몸을 꼼지락거린다.
  - 종종 가만히 앉아 있어야 할 상황에서 자리를 떠나 돌아다닌다.
  - 종종 상황에 부적절하게 뛰어다니거나 높은 곳을 기어오른다(* 주의 : 청소년이나 성인의 경우 좌불안석을 경험하는 것으로 제한될 수 있음).
  - 종종 조용한 여가활동에 참여하거나 놀지 못한다.
  - 종종 끊임없이 활동하거나 자동차에 쫓기는 것처럼 행동한다.
  - 종종 지나칠 정도로 수다스럽게 말을 한다.
  - 종종 질문이 채 끝나기도 전에 성급히 대답한다.
  - 종종 줄서기 상황에서 자신의 차례를 기다리지 못한다.
  - 종종 다른 사람의 활동을 방해하거나 간섭한다.

② 심각한 부주의 또는 과잉행동-충동성의 증상들이 12세 이전에 나타났다.
③ 심각한 부주의 또는 과잉행동-충동성의 증상들이 2가지 이상의 장면(예 가정, 학교 혹은 직장, 친구들 또는 친척들과 함께 있는 자리, 다른 활동 상황)에서 나타난다.
④ 이러한 증상들이 사회적·학업적·직업적 기능의 질을 간섭하거나 저하시킨다는 명백한 증거가 있다.
⑤ 이러한 증상들이 조현병(정신분열증)이나 다른 정신증적 장애의 경과 중에만 나타나는 것이 아니며, 다른 정신장애(예 기분장애, 불안장애, 해리성장애, 성격장애, 물질중독 또는 금단)에 의해 더 잘 설명되지 않는다.

핵심예제 38
19년 기출

주의력결핍 및 과잉행동장애(ADHD)에 대한 설명으로 가장 적절하지 않은 것은?

① 유전성이 높다.
② 학령전기에는 과잉행동이, 초등학생 시기에는 부주의 증상이 더욱 두드러진다.
③ 페닐알라닌 수산화효소 부족으로 인해 발생한다.
④ 몇 가지의 부주의 또는 과잉행동-충동성 증상은 12세 이전에 나타나야 한다.

> **해설 체크!**
> 페닐알라닌 수산화효소 부족으로 발생할 수 있는 질환은 페닐케톤뇨증(Phenylketonuria)이다.
>
> 정답 ③

전문가의 한마디

DSM-5에 의한 주의력결핍 및 과잉행동장애(ADHD)는 주의력결핍 또는 부주의(Inattention), 과잉행동과 충동성(Hyperactivity and Impulsivity)을 핵심증상으로 제시한다는 점에서는 DSM-Ⅳ의 진단기준과 차이가 없으나, 12세 이상 아동 및 청소년의 경우 최소 6개 이상의 증상을, 17세 이상 청소년 및 성인의 경우 최소 5개 이상의 증상을 보일 때 ADHD로 진단하도록 하고 있다는 점, 증상의 발현시기를 7세 이전에서 12세 이전으로 확대하고 있다는 점에서 차이가 있습니다.

39 신경발달장애 IV - 틱장애

1. 틱장애(Tic Disorders)

① DSM-IV 분류기준상 유아기, 아동기 또는 청소년기에 통상 처음 진단되는 장애(Disorders Usually First Diagnosed in Infancy, Childhood, or Adolescence)의 하위유형으로 분류되었던 틱장애(Tic Disorders)는 DSM-5 분류기준에서 신경발달장애(Neurodevelopmental Disorders) 중 운동장애(Motor Disorders)의 하위유형에 포함된다.

② DSM-5에서는 틱(Tic)을 급작스럽고 빠르며, 반복적이고 비율동적인 동작 또는 음성증상으로 정의하고 있다. 다시 말해 틱은 눈을 깜박인다거나 목을 움찔거리는 등 급작스럽고 반복적으로 나타나는 비목적적·특징적 동작의 연속을 말한다.

③ 틱은 운동성틱(Motor Tic)과 음성틱(Vocal Tic)으로 구분한다. 운동성틱은 머리나 어깨, 손 부위의 급작스럽고 반복적·상동증적인 움직임을 말하는 것으로서, 하나의 근육집단이 수축되어 나타나는 단순운동성틱(Simple Motor Tic)과 여러 근육집단들이 수축되어 나타나는 복합운동성틱(Complex Motor Tic)으로 구분된다. 반면, 음성틱은 헛기침을 하거나 킁킁거리는 등 갑자기 소리를 내는 행동, 엉뚱한 단어 혹은 구절을 반복하거나 외설스러운 단어를 반복하는 행동으로 나타난다.

④ DSM-5에서는 틱장애를 3가지 하위유형, 즉 뚜렛장애, 지속성(만성적)운동 또는 음성틱장애, 일시성틱장애로 구분하도록 하고 있다.

2. DSM-5에 의한 뚜렛장애(Tourette's Disorder)의 주요진단기준

① 여러 운동성틱과 하나 이상의 음성틱이 장애의 경과 중 일부 기간 동안 나타난다. 다만, 이 2가지가 반드시 동시에 나타날 필요는 없다.

② 틱은 빈번히 악화와 완화를 반복하지만, 처음 틱이 나타난 시점으로부터 1년 이상 지속된다.

③ 18세 이전에 발병한다.

④ 이러한 장해는 물질(예 코카인)이나 다른 의학적 상태(예 헌팅턴병, 바이러스성 뇌염)의 생리적 효과에 기인한 것이 아니다.

OX Quiz

틱장애의 하위유형에는 운동장애가 있다.

정답 X(운동장애의 하위유형이 틱장애)

OX Quiz

틱은 운동성틱(Motor Tic)과 음성틱(Vocal Tic)으로 구분한다.

정답 O

3. DSM-5에 의한 지속성(만성적)운동 또는 음성틱장애[Persistent (Chronic) Motor or Vocal Tic Disorder]의 진단기준

① 하나 또는 여러 운동성틱 혹은 음성틱이 장애의 경과 중 일부 기간 동안 나타난다. 다만, 운동성틱과 음성틱이 모두 나타나지는 않는다.
② 틱은 빈번히 악화와 완화를 반복하지만, 처음 틱이 나타난 시점으로부터 1년 이상 지속된다.
③ 18세 이전에 발병한다.
④ 이러한 장해는 물질(예 코카인)이나 다른 의학적 상태(예 헌팅톤병, 바이러스성 뇌염)의 생리적 효과에 기인한 것이 아니다.
⑤ 뚜렛장애의 진단기준에 결코 부합하지 않는다.

4. DSM-5에 의한 일시성틱장애(Provisional Tic Disorder)의 주요진단기준

① 하나 또는 여러 운동성틱 및(혹은) 음성틱이 나타난다.
② 틱은 처음 틱이 나타난 시점으로부터 1년 미만으로 나타난다.
③ 18세 이전에 발병한다.
④ 이러한 장해는 물질(예 코카인)이나 다른 의학적 상태(예 헌팅턴병, 바이러스성 뇌염)의 생리적 효과에 기인한 것이 아니다.
⑤ 뚜렛장애나 지속성(만성적)운동 또는 음성틱장애의 진단기준에 결코 부합하지 않는다.

핵심예제 39

08, 12년 기출

여러 가지 운동틱과 1가지 또는 그 이상의 음성틱이 1년 이상의 기간 동안 반복적으로 나타나는 장애는?

① 레트장애
② 뚜렛장애
③ 운동기술장애
④ 아스퍼거장애

해설 체크!

뚜렛장애는 틱장애의 하위유형 중 1년 이상 지속된 운동성틱과 음성틱을 동시에 가지고 있는 증세가 가장 심각한 유형에 해당한다.

정답 ②

40 신경인지장애 - 주요 및 경도신경인지장애, 섬망

1. 신경인지장애(Neurocognitive Disorders)   20, 21, 22, 24년 기출

① DSM-Ⅳ의 분류기준에서 치매(Dementia)는 섬망, 치매, 기억상실장애 및 기타 인지장애(Delirium, Dementia and Amnestic and Other Cognitive Disorders)의 하위유형으로 분류된다. 그러나 DSM-Ⅳ에서 치매로 지칭되던 장애가 DSM-5에서는 신경인지장애(Neurocognitive Disorders)로 명칭이 변경되어 독립된 장애범주로 제시되고 있다.

② DSM-5의 분류기준에서 신경인지장애는 주요신경인지장애(Major Neurocognitive Disorder), 경도신경인지장애(Mild Neurocognitive Disorder), 섬망(Delirium)의 하위유형으로 분류된다. 특히 주요신경인지장애와 경도신경인지장애는 기존의 치매에 해당하는 신경인지장애를 증상의 심각도에 따라 구분한 것이다.

③ 주요신경인지장애는 인지적 영역, 즉 복합주의력(Complex Attention), 실행기능(Executive Function), 학습 및 기억력(Learning and Memory), 언어능력(Language), 지각-운동기능(Perceptual Motor), 사회인지(Social Cognition) 등 하나 이상의 영역에서 과거 수행수준에 비해 심각한 인지적 저하가 나타나 일상생활을 독립적으로 영위하기 힘든 경우 진단된다. 반면, 경도신경인지장애는 주요신경인지장애에 비해 증상의 심각도가 비교적 경미하여 일상생활을 독립적으로 영위할 수 있는 경우 진단된다.

④ 주요신경인지장애는 인지적 결함이 일상활동의 독립성을 방해하는 경우이다. 그로 인해 물건 값 지불하기, 투약 관리하기 등과 같은 복합적인 일상의 도구적 활동에서 최소한의 도움을 필요로 한다. 반면, 경도신경인지장애는 인지적 결함이 일상활동의 독립적 능력을 방해하지 않는 경우이다. 그로 인해 물건 값 지불하기, 투약 관리하기 등과 같은 복합적인 일상의 도구적 활동이 보존되지만, 더 많은 노력, 보상전략 혹은 조정이 필요할 수 있다.

⑤ 치매가 의심되는 노인 환자에 대해서는 신경심리평가를 위한 각종심리검사도구들을 활용한다. 간이정신상태검사(MMSE), 기억력 검사, 이름대기검사(BNT) 등을 실시하여 검사하는데, 선천적 또는 후천적 뇌손상 및 뇌기능장애를 진단하기 위한 것이다. 환자의 지능, 기억과 학습능력, 언어기능, 주의력과 정신처리속도, 시각구성능력(시공간 기능), 집행기능(실행기능), 성격 및 정서적 행동 등을 측정한다.

OX Quiz

주요신경인지장애와 경도신경인지장애는 기존의 치매에 해당하는 신경인지장애를 증상의 종류에 따라 구분한 것이다.
정답 X(증상의 심각도에 따라 구분함)

기출키워드

22년 1회

주요신경인지장애
※ 필기시험에는 주요신경인지장애에 관한 설명으로 옳은 것을 고르도록 하는 문제가 출제되었습니다.

섬 망
※ 필기시험에는 보기의 증상들이 나타내는 진단명으로 섬망을 고르도록 하는 문제가 출제되었습니다.

치매의 하위유형
※ 필기시험에는 치매의 하위유형으로 옳지 않은 것을 고르도록 하는 문제가 출제되었습니다.

기출키워드

19년 3회 / 24년 1회
알츠하이머로 인한 신경인지장애
DSM-5 기준상 알츠하이머병으로 인한 신경인지장애의 진단을 받기 위해서는 뇌혈관질환, 다른 신경퇴행성질환, 물질의 효과 또는 다른 정신 · 신경학적 · 전신 질환이나 상태 등이 없어야 한다.

20년 1회
알츠하이머병
- 알츠하이머로 인한 신경인지장애의 특성은 서서히 시작되고 점진적으로 진행된다.
- 초기에는 오래된 기억이 아닌 최근 기억부터 장애가 생긴다.
- 기질적 장애로 인해 일상생활이나 대인관계에 지장을 줄 만큼 지적 기능이 저하된다.
- 약물, 인지, 행동적 치료를 병행해도 치료의 성공률은 매우 낮다.

24년 1회
파킨슨병으로 인한 신경인지장애
- 운동 증상 : 떨림, 경직, 서동, 자세 불안정
- 비운동 증상 : 인지기능 저하, 우울, 환시나 우울증 발생 가능

2. DSM-5의 분류기준에 의한 주요신경인지장애 및 경도신경인지장애의 하위유형
`21, 24년 기출`

주요신경인지장애와 경도신경인지장애는 다음과 같은 다양한 질환에 의해 유발되므로, DSM-5에서는 각각의 원인적 질환에 따라 다양한 하위유형으로 구분하여 개별적 진단기준을 제시하고 있다.

① 알츠하이머질환(Alzheimer's Disease)
② 전측두엽퇴행증(Frontotemporal Lobar Degeneration)
③ 루이체병(Lewy Body Disease)
④ 혈관질환(Vascular Disease)
⑤ 외상성뇌손상(Traumatic Brain Injury)
⑥ 물질 및 약물사용(Substance/Medication Use)
⑦ HIV 감염(HIV Infection)
⑧ 프리온병(Prion Disease)
⑨ 파킨슨병(Parkinson's Disease)
⑩ 헌팅턴병(Huntington's Disease) 등

3. 섬망(Delirium)
`15, 20, 22, 24년 기출`

① 섬망은 DSM-Ⅳ의 분류기준에서 섬망, 치매, 기억상실장애 및 기타 인지장애(Delirium, Dementia and Amnestic and Other Cognitive Disorders)의 하위유형으로 분류되었다. 그러나 DSM-5에서는 신경인지장애(Neurocognitive Disorders)의 하위유형으로 분류된다.
② DSM-5에 따른 섬망은 주의장해(예 주의기울임 · 집중 · 유지 및 전환능력의 감소)와 자각장해(예 환경에 대한 지남력감소)를 핵심증상으로 한다.
③ 기억, 언어, 현실판단 등 인지기능에서의 일시적인 장애를 나타내는 경우로서, 그 증상은 단기간(보통 몇 시간 혹은 며칠)에 걸쳐 나타나며, 하루 중 그 심각도가 변동하는 경향이 있다.
④ 보통 노년기에 흔히 나타나는 장애로, 의식이 혼미해지고 현실감각에 혼란을 보이며, 시간 및 장소에 대한 인식의 장해가 나타난다.
⑤ 섬망은 일련의 증상이 급격하게 나타났다가 그 원인이 제거되는 경우 증상이 갑자기 사라지는 경우가 대부분이다.

⑥ DSM-5에서는 과도한 물질사용이 섬망의 주요원인인 것에 착안하여, 이를 물질중독섬망(Substance Intoxication Delirium), 물질금단섬망(Substance Withdrawal Delirium), 약물치료로 유도된 섬망(Medication-Induced Delirium)으로 구분하도록 명시하고 있다.

> **참고**
>
> **치매의 인지기능 장애 증상** `24년 기출`
> - 실어증(Aphasia) : 사람이나 사물의 이름을 말하는 데 있어서의 어려움
> - 실인증(Agnosia) : 사물을 인지하지 못하거나 그 의미를 파악하지 못함
> - 실행증(Apraxia) : 동작을 통해 어떤 일을 실행하는 능력에 있어서의 장애
> - 실행기능장애(Executive Dysfunction) : 과제수행에 필요한 여러 가지 인지기능, 즉 과제를 하위로 쪼개기, 순서대로 배열하기, 계획하기, 시작하기, 결과 점검하기, 중단하기 등의 기능을 수행하지 못함

핵심예제 40 `18, 24년 기출`

주요신경인지장애와 경도신경인지장애의 감별진단기준으로 적절하지 않은 것은?

① 기억과 학습감퇴 정도
② 성격의 변화 정도
③ 언어능력의 감퇴 정도
④ 독립적 생활의 장애 정도

해설 체크!

- 주요신경인지장애는 인지적 영역, 즉 복합주의력(Complex Attention), 실행기능(Executive Function), 학습 및 기억력(Learning and Memory), 언어능력(Language), 지각-운동기능(Perceptual Motor), 사회인지(Social Cognition) 등 하나 이상의 영역에서 과거 수행수준에 비해 심각한 인지적 저하가 나타나 일상생활을 독립적으로 영위하기 힘든 경우 진단된다. 반면, 경도신경인지장애는 주요신경인지장애에 비해 증상의 심각도가 비교적 경미하여 일상생활을 독립적으로 영위할 수 있는 경우 진단된다.
- 주요신경인지장애는 인지적 결함이 일상활동의 독립성을 방해하는 경우이다. 그로 인해 물건 값 지불하기, 투약 관리하기 등과 같은 복합적인 일상의 도구적 활동에서 최소한의 도움을 필요로 한다. 반면, 경도신경인지장애는 인지적 결함이 일상활동의 독립적 능력을 방해하지 않는 경우이다. 그로 인해 물건 값 지불하기, 투약 관리하기 등과 같은 복합적인 일상의 도구적 활동이 보존되지만, 더 많은 노력, 보상 전략 혹은 조정이 필요할 수 있다.

정답 ②

기출키워드

`21년 3회`

퇴행성 질환

※ 필기시험에는 헌팅톤병, 파킨슨병, 알츠하이머병을 제시한 뒤 공통적으로 어떤 질환과 관련이 있는지 고르도록 하는 문제가 출제되었습니다.

OX Quiz

치매의 인지기능 장애 증상 중 사물을 인지하지 못하거나 그 의미를 파악하지 못하는 것은 실인증에 해당한다.

정답 O

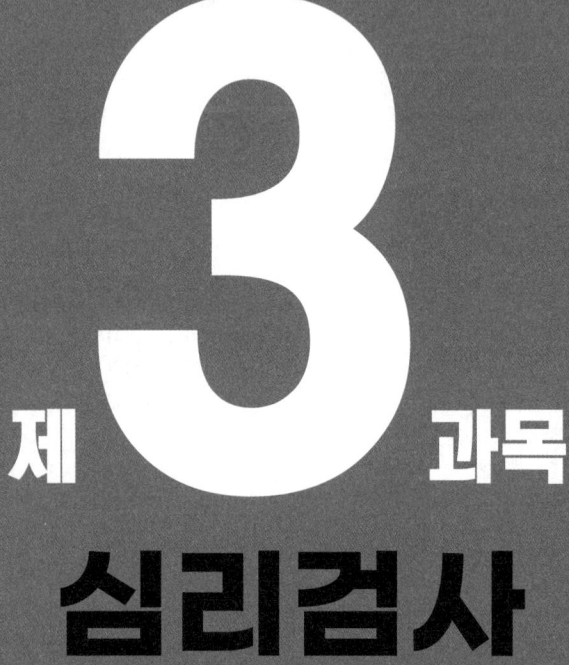

제3과목 심리검사

학습공략

최근 시험에서는 '심리검사의 기본개념'과 '검사의 윤리적 고려사항'과 같은 기초 영역의 문제 비중이 높았습니다. 또한 해마다 반복적으로 출제되는 K-WAIS-IV 척도별 구성을 물어보는 문제도 어김없이 등장했습니다. 따라서 기본개념을 소홀히 하지 말고, K-WAIS, MMPI, MBTI 등 주요 검사별 출제 포인트를 확실히 정리해야 합니다.

임상심리사 2급

- 01 심리검사의 이해
- 02 심리검사의 종류
- 03 검사도구의 조건 Ⅰ – 표준화
- 04 검사도구의 조건 Ⅱ – 규준
- 05 측정과 척도
- 06 신뢰도의 이해
- 07 신뢰도의 추정방법
- 08 타당도의 이해
- 09 타당도의 추정방법
- 10 객관적 검사와 투사적 검사
- 11 표본추출(표집)
- 12 지 능
- 13 지능에 대한 연구
- 14 웩슬러(Wechsler)지능검사의 이해
- 15 한국판 웩슬러성인용지능검사(K-WAIS)의 언어성(Verbal)검사
- 16 한국판 웩슬러성인용지능검사(K-WAIS)의 동작성(Performance)검사
- 17 한국판 웩슬러성인용지능검사(K-WAIS)의 시행, 채점, 해석, 분석
- 18 한국판 웩슬러지능검사의 일반적인 진단
- 19 한국판 웩슬러성인용지능검사 제4판(K-WAIS-Ⅳ)
- 20 K-WAIS-Ⅳ의 척도별 구성
- 21 성격과 성격이론
- 22 미네소타다면적인성검사(MMPI, MMPI-2)의 이해
- 23 미네소타다면적인성검사(MMPI, MMPI-2)의 시행, 채점, 해석, 분석
- 24 MMPI-2의 타당도척도
- 25 MMPI-2의 임상척도
- 26 미네소타다면적인성검사(MMPI, MMPI-2)의 주요상승척도쌍
- 27 마이어스-브릭스성격유형검사(MBTI)
- 28 성격평가질문지(PAI)
- 29 로샤검사(Rorschach Test)
- 30 주제통각검사(TAT)
- 31 벤더게슈탈트검사(BGT)
- 32 문장완성검사(SCT)
- 33 일반직업적성검사(GATB)
- 34 홀랜드유형직업적성검사(CAT)
- 35 신경심리학적 평가
- 36 발달적 평가

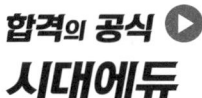
합격의 공식 시대에듀

자격증・공무원・금융/보험・면허증・언어/외국어・검정고시/독학사・기업체/취업
이 시대의 모든 합격! 시대에듀에서 합격하세요!
www.youtube.com → 시대에듀 → 구독

임상심리사 2급

심리검사

1 심리검사의 이해

1. 심리검사의 의의 및 특징

① 심리검사는 지능, 성격, 적성, 흥미 등 인간의 지적 능력이나 심리적 특성을 파악하기 위해 양적 또는 질적으로 측정 및 평가를 수행하는 일련의 절차를 말한다.
② 심리적 현상에서 개인 간의 차이를 비교·분석함으로써 개인의 인격적·행동적 측면을 이해할 수 있도록 하기 위한 심리학적 측정과정이다.
③ 표집된 행동표본을 대상으로 과학적인 검증의 과정을 거쳐 그 결과를 수치로 나타내며, 이를 표준화된 방법에 의해 점수로 기술하는 방법이다.
④ 제한된 규준을 통해 개인의 행동을 예측하기 위한 기술적 과정으로서, 개인의 소수 표본행동을 측정하여 그 결과를 토대로 개인의 전체 행동을 예견할 수 있다.

2. 심리검사의 목적

① **분류 및 진단** : 내담자(수검자)의 적성·흥미·동기 등 내담자에 관한 자료를 수집하여 내담자의 문제원인을 파악하며, 이를 해결하기 위한 효과적인 도구로 활용한다.
② **자기이해의 증진** : 표준화된 검사를 통해 과학적이고 객관적인 결과를 제시함으로써 내담자가 자기 자신에 대하여 바르게 이해하고 더불어 현명하고 합리적인 의사결정을 내릴 수 있도록 한다.
③ **예측** : 심리검사를 통해 내담자의 특성을 밝혀냄으로써 내담자의 장래 행동이나 성취 등을 예측하며, 이를 토대로 가능한 여러 결과들을 예측하여 대안적 조치를 마련한다.

OX Quiz

심리검사는 심리적 현상에서 개인 간의 차이를 비교·분석함으로써 개인의 인격적·행동적 측면을 이해할 수 있도록 하기 위한 심리학적 측정과정이다.

정답 O

3. 심리검사의 시행과정

① 제1단계 : 심리검사의 선택
검사자는 우선적으로 검사실시의 상황 및 목적을 고려하여 검사의 시행여부를 결정하며, 검사목적에 가장 잘 부합하는 검사방법을 선택한다.

② 제2단계 : 검사요강에 대한 이해
검사의 실시·채점·해석에 있어서 통일성을 기하기 위해 검사개발 당시 작성된 규준에 따라 동일한 검사조건을 형성한다.

③ 제3단계 : 검사에 대한 동기화
검사자는 수검자(피검자)가 심리검사를 받을 준비상태에 놓이도록 심리검사에 대한 두려움이나 거부감을 해소시키기 위해 노력한다.

④ 제4단계 : 검사의 실시
검사자는 검사요강에 제시된 검사실시 관련 정보들을 숙지한 채 실제 검사장면에서 다양한 조건들을 정확하게 적용한다.

⑤ 제5단계 : 검사의 채점
검사자는 수검자의 응답지작성과정에서의 오류를 점검하며, 검사요강에 제시된 기준에 따라 객관적인 채점이 이루어지도록 노력한다.

⑥ 제6단계 : 검사결과에 대한 해석
검사자는 전문적 지식을 토대로 수검자 개인의 심리검사결과를 보다 정확하게 해석하기 위해 노력한다.

4. 심리검사결과 해석 시 유의사항

`20, 21년 기출`

① 심리검사는 전문적인 자질과 경험을 갖춘 사람이 해석을 하여야 한다.
② 다른 검사나 관련 자료를 함께 고려하여 결론을 내려야 한다.
③ 검사결과가 악용되어서는 안 된다.
④ 자기충족예언을 해서는 안 된다.
⑤ 내담자(수검자)에게 명령을 내리거나 낙인을 찍어서는 안 된다.
⑥ 규준에 따라 해석을 하여야 한다.

5. 심리검사와 관련하여 전문가가 지녀야 할 기본적인 태도

① 심리검사는 검사실시와 채점, 해석과정 등이 철저히 전문적으로 시행되어야 한다.
② 심리검사를 시행하는 전문가는 수검자 개인이 존엄한 인간임을 자각하고 있어야 한다.

OX Quiz
심리검사 시행과정 중 검사요강에 대한 이해 단계는 검사에 대한 동기화 단계의 이후 단계이다.
정답 X(이전 단계)

기출키워드

20년 1회
심리검사점수의 해석
임상심리사가 검사점수를 해석할 때는 수검자의 다양한 배경이나 수행 동기 등을 반영해야 한다.

22년 1회
해 석
※ 필기시험에는 심리검사결과 해석 시 주의할 사항과 가장 거리가 먼 것을 고르도록 하는 문제가 출제되었습니다.

③ 심리검사결과에 대해 충분히 검토를 했다고 하더라도 그 결과가 현실이 아닌 단지 하나의 가설일 수 있으며, 그로 인해 검사결과의 타당성에 대한 의문이 제기될 수 있다는 점을 인정해야 한다.
④ 심리검사 전문가는 수검자에게 검사결과와 관련된 유용한 정보를 전문적인 수준에서 제공할 수 있도록 끊임없이 노력해야 한다.

6. 심리검사의 윤리적 고려사항 〔18, 20, 21, 25년 기출〕

① 전문적 측면(전문가로서의 자질)
- 검사자는 고도의 책임 있는 기능을 수행하기 위해 인간행동을 이해하는 데 필요한 전문적인 교육을 받아야 한다.
- 전문적인 기술을 가지고 심리학적 평가기법을 다룰 수 있어야 한다.

② 도덕적 측면(수검자에 대한 의무와 권리)
- 검사자는 인간의 권리를 보호해야 할 의무가 있다.
- 심리검사와 관련된 수검자의 권리 중에는 검사를 받지 않을 권리, 검사점수 및 해석을 알 권리, 검사자료에 접근할 수 있는 사람이 누구인지 알 권리, 검사결과의 비밀을 보장받을 권리 등이 있다.

③ 윤리적 측면(검사자의 책임)
- 검사자는 수검자에게 검사가 어떻게 사용되는가를 명확히 밝히고 비밀보장의 한계를 설명해 주어야 한다.
- 자신을 고용한 기관에 대해서는 가능한 한 최소한의 정보를 제공하는 것이 바람직하다.

④ 사회적 측면
- 검사자는 심리검사가 주는 이익과 개인의 권리 및 자유를 위협하는 위험을 알고 있어야 한다.
- 이익이 위험을 훨씬 능가하고 위험이 최소화된 경우에만 검사사용이 사회적으로 용인되어야 한다.

> **OX Quiz**
> 심리검사의 윤리적 고려사항 중 검사자는 인간의 권리를 보호해야 할 의무가 있다는 내용은 윤리적 측면에 해당한다.
> 정답 X(도덕적 측면)

7. 심리검사의 장점

라파포트(Rapaport)는 심리검사의 장점을 다음과 같이 정리하였다.
① 개인에 관한 자료수집과정에서 주관적 판단을 방지한다.
② 양적 측정을 통해 개인 간 행동을 비교할 수 있도록 한다.
③ 수검자의 검사반응을 비교함으로써 개인 내 비교를 가능하도록 한다.

④ 일회적이거나 횡단적인 시행을 통해 개인의 행동을 부분적으로 혹은 전체적으로 평가할 수 있도록 한다.
⑤ 장기적인 면담이나 행동관찰을 통해 발견할 수 있는 내용을 일회의 심리검사 시행으로 평가할 수 있도록 한다.

8. 심리검사의 오차유형 20, 25년 기출

① **해석적 오차** : 한 개인의 검사점수가 비교하고자 하는 집단의 점수분포와 어떻게 관계되는지를 정확히 이해하지 못한 채 그에 대해 부정확한 평가나 해석을 내리는 데 기인하는 오차이다.
② **외인적 오차** : 검사과정에 있어서 아무런 관계가 없는 여러 가지 외부적 요인의 작용으로 인해 측정 결과에 변화를 주는 오차이다.
③ **검사자 오차** : 점수의 변화나 측정의 결과가 검사하는 사람에게서 기인하는 오차이다.
④ **항상적 오차(고정적 오차)** : 검사결과가 측정하고자 하는 학습능력이 아닌 가정의 문화적 환경의 영향을 받는 데 기인하는 오차이다.

핵심예제 01 20년 기출

심리검사점수의 해석과 사용에서 임상심리사가 유의해야 할 점이 아닌 것은?

① 검사는 개인의 일정 시점에서 무엇을 할 수 있는지를 밝혀내도록 고안된 것이다.
② 검사점수를 해석할 때는 그 사람의 배경이나 수행 동기 등을 배제해야 한다.
③ 문화적 박탈 효과에 둔감한 검사는 문화적 불이익의 효과를 은폐시킬 수 있다.
④ IQ점수를 범주화하여 해석하는 것은 오류 가능성이 있다.

> **해설 체크!**
> 임상심리사가 검사점수를 해석할 때는 수검자의 다양한 배경이나 수행 동기 등을 반영해야 한다.
>
> 정답 ②

❷ 심리검사의 종류

1. 지능검사 `24년 기출`

① 인지적 검사에 해당하는 것으로서, 1905년 비네와 시몽(Binet & Simon)이 초등교육을 받을 수 없는 정신지체아를 구별하기 위해 처음 개발하였다.
② 개인의 지적인 능력 수준을 평가할 수 있으며, 인지기능의 특성을 파악할 수 있다.
③ 교육연구 및 사례연구, 생활지도 및 진로지도 등에 활용할 수 있다.
④ 지능검사결과를 토대로 임상적 진단을 체계화·명료화할 수 있다.
⑤ 기질적 뇌손상 유무, 뇌손상으로 인한 인지적 손실 정도 등을 파악할 수 있다.
⑥ 지능검사결과를 토대로 합리적인 치료목표를 설정할 수 있다.

> 예 스탠포드-비네지능검사(Stanford-Binet Intelligence Scales), 웩슬러지능검사(The Wechsler Scales), 카우프만지능검사(The Kaufman Scales) 등이 있다.

기출키워드
21년 3회
카우프만 아동용지능검사 (K-ABC)
만 2세 6개월부터 만 12세 6개월까지의 아동의 인지능력을 평가하기 위해 고안된 검사이다.

2. 적성검사 `16, 17, 20, 22, 25년 기출`

① 적성은 일반적 지식이나 특수한 기술을 습득·숙달할 수 있는 개인의 잠재력을 의미한다.
② 적성은 학업성취와 관련된 학업적성, 직업활동과 관련된 직업적성/사무적성, 기계적성, 음악적성, 미술적성, 언어적성, 수공적성, 수리적성 등의 특수적성으로 세분된다.
③ 적성검사는 인지적 검사로서 개인의 특수한 능력 또는 잠재력을 발견하도록 하여 학업이나 취업 등의 진로를 결정하는 데 정보를 제공하며, 이를 통한 미래의 성공가능성을 예측한다.
④ 적성검사는 1시간 전후의 비교적 짧은 시간 내에 실시될 수 있으므로 간편하고 경제적이다.

> 예 차이적성검사(DAT ; The Differential Aptitude Test), 일반직업적성검사(GATB ; The General Aptitude Test Battery) 등이 있다.

3. 성격검사 `21년 기출`

① 성격은 인간의 사고, 감정, 행동을 특징짓는 개인의 능력, 흥미, 태도, 기질 등의 복합체를 의미한다.
② 성격검사는 개인의 선천적 요소와 후천적 요소의 상호작용에 의해 나타나는 일관된 특징이라고 할 수 있는 성격을 측정대상으로 하는 정서적 검사이다.

기출키워드
21년 3회
성격검사
※ 필기시험에는 성격검사에 대한 설명 중 틀린 것을 고르도록 하는 문제가 출제되었습니다.

③ 1892년 크레플린(Kraepelin)의 정신과 환자를 대상으로 한 자유연상검사에서 비롯되었으며, 개인의 정의적 특성에서 인지적 특성에 이르기까지 광범위한 영역을 측정한다.

　예) 성격유형검사(MBTI ; Myers-Briggs Type Indicator), 미네소타다면적인성검사(MMPI ; Minnesota Multiphasic Personality Inventory), 로샤검사(Rorschach Test), 16성격 요인검사(16PF ; Sixteen Personality Factor Questionnaire) 등이 있다.

4. 성취도검사

08, 11, 16, 18년 기출

① 성취도는 일정한 단계에서의 기술이나 지식의 발달정도를 의미한다.
② 성취도검사는 훈련(Training)이나 수업(Instruction) 등의 체계화된 교수를 통해 학습된 기술 및 지식을 측정하는 표준화된 검사로서, 읽기, 독해, 쓰기, 산수(수학) 등을 포함한다.
③ 적성검사가 과거나 현재보다 미래의 수행능력을 예측하는 것인 데 반해, 성취도검사는 현재까지 축적된 과거의 경험을 측정대상으로 한다.
④ 성취도검사의 결과는 종종 학생의 수업수준이나 학업달성수준을 평가하기 위해 사용되며, 이 경우 높은 성취도점수는 적정학년수준에서의 숙달을 의미하는 반면 낮은 성취도점수는 교정이나 재이수의 필요성을 의미한다.

　예) 우드콕-존슨학습능력평가 심리학적 배터리(WJPB ; Woodcock-Johnson Psychoeducational Battery), 광범위성과테스트(WRAT ; Wide-Range Achievement Tests), 스탠포드 성취도검사(SAT ; Stanford Achievement Tests) 등이 있다.

5. 태도검사

① 태도는 국가나 인종, 제도, 관습 등 특정한 사회적 주제에 대해 수검자의 응답으로 나타나는 개인적 선입견, 아이디어 등의 총체적인 선호를 의미한다.
② 태도검사는 특정한 종류의 자극에 대한 개인의 정서적 반응이나 가치판단 등을 나타내는 태도를 측정대상으로 한다.
③ 태도검사의 문항은 질문내용에 대한 핵심대상(무엇), 방향성(긍정/부정/중립), 강도(강함/약함) 등 다양하게 표현될 수 있다.
④ 태도검사의 문항은 동일한 주제인 경우에도 사용된 용어나 문장의 표현에 따라 응답자의 응답에 변화가 나타날 수 있으며, 어떤 측면에서 찬성의 태도를, 다른 측면에서 반대의 태도를 동시에 나타낼 수 있다.
⑤ 보통 견해(Opinion)와 태도(Attitude)를 구분하지 않고 사용하지만, 심리검사 분야에서는 견해조사(Opinion Survey)와 태도척도(Attitude Scale)를 구분하는 경향이 있다.

기출키워드

20년 1회

리커트척도
측정하려고 만든 특성에 관해 응답을 5단계로 나누어 수검자가 동의하는 어느 하나에 표시하게 하는 것이다.

서스톤척도
수검자에게 다수의 문항을 제시하여 동의하는 문항에는 모두 표시하게 하고, 동의하지 않는 문항에는 표시하지 않도록 하는 것이다. 표시한 각 문항에 부여된 척도치를 모두 합한 값을 표시한 문항수로 나누어 수검자의 점수를 구하는 방식으로, 대체로 12~46개 정도의 문항으로 구성된다.

거트만척도
서스톤척도와 비슷하지만 길이가 더 짧고 6~7문항으로 구성된다.

어의변별척도
양극적인 형용사 단어들 사이에 거리를 두고 어느 쪽에 가까운지 답변하도록 하는 것이다.

OX Quiz
서스톤척도는 거트만척도보다 길이가 짧다.
정답 X(길다)

- 대표적인 견해조사로는 부모양육 태도검사(PAT ; Parenting Attitude Test), 직무만족도검사(JSS ; Job Satisfaction Survey), 자아태도검사(Self-Attitudes Inventory) 등이 있다.
- 대표적인 태도척도로는 서스톤척도(Thurstone Scale), 리커트척도(Likert Scale), 거트만척도(Guttman Scale) 등이 있다.

핵심예제 02
03, 07, 08, 09, 10, 11, 17, 22, 25년 기출

특정 학업과정이나 직업에 대한 앞으로의 수행능력이나 적응도를 예측하는 검사는?

① 적성검사
② 지능검사
③ 성격검사
④ 능력검사

해설 체크!
적성검사는 학업적성이나 직업적성 등을 측정하는 미래 예측적 검사이다.

정답 ①

3 검사도구의 조건 Ⅰ – 표준화

1. 좋은 검사도구의 조건
16, 18년 기출

① 타당도(Validity)
- 측정하고자 하는 개념이나 속성을 얼마나 실제에 가깝게 정확히 측정하고 있는가를 말한다.
- 예를 들어, 국어시험에서 독해력을 측정하려 했지만 실제로는 암기력을 측정했다면 타당도가 문제시된다.

② 신뢰도(Reliability)
- 동일한 대상에 대해 같거나 유사한 측정도구를 사용하여 반복측정할 경우 동일하거나 비슷한 결과를 얻을 수 있는가를 말한다. 즉, 신뢰도가 높은 검사란 측정하고자 하는 특성을 일관성 있게 측정하는 검사이다.
- 예를 들어, 상담자가 내담자의 지능을 알아보기 위해 정확도가 보장된 체중계로 내담자의 몸무게를 측정했다면, 타당도는 낮지만 신뢰도는 높은 측정으로 볼 수 있다.

전문가의 한마디

타당도(Validity)와 신뢰도(Reliability)를 한 마디로 정의하면 각각 정확성과 일관성으로 표현할 수 있습니다. 특히 신뢰도를 심리측정학 분야에서 사용할 때는 주로 일관성(Consistency)의 의미로 사용됩니다. 예를 들어, 동일한 사람을 대상으로 동일한 검사를 반복실시하거나 동등한 형태의 A형과 B형으로 검사 및 재검사를 수행하였을 때 동일한 점수들이 관찰된다면, 해당 검사는 일관성이 있다고 말합니다. 참고로 객관도(Objectivity)는 신뢰도의 일종으로, 검사자의 신뢰도라고도 불립니다.

③ 객관도(Objectivity)
- 검사자의 채점이 어느 정도 신뢰할 만하고 일관성이 있는가를 말한다.
- 주로 채점이 객관적인 것을 말하며, 정답과 오답의 구분이 명확하고 채점이 용이한 것이 표준화검사로서 바람직하다.

④ 실용도(Usability)
- 검사도구가 얼마나 적은 시간과 비용, 노력을 투입하여 얼마나 많은 목표를 달성할 수 있는가를 말한다.
- 타당도나 신뢰도가 높다고 하더라도 검사실시나 채점이 복잡하고 어렵다면 검사의 효율성은 낮아진다.

2. 검사의 표준화(Standardization)

16, 18, 20년 기출

① 검사의 표준화는 검사의 제반과정에 대한 일관성을 확보하기 위한 노력이다.
② 표준화검사(Standardized Test)는 검사의 실시에서부터 채점 및 해석에 이르기까지의 과정을 단일화·조건화하여 검사의 제반과정에서 검사자의 주관적인 의도나 해석이 개입될 수 없도록 하는 것이다.
③ 경험적으로 제작되어 적절한 규준 및 기준점수, 타당도 및 신뢰도의 자료를 제시하며, 측정된 결과들을 상호비교할 수 있도록 해준다.
④ 검사절차의 표준화는 검사실시상황이나 환경적 조건에 대한 엄격한 지침을 제공하는 동시에 검사자의 질문 방식이나 수검자의 응답방식까지 구체적으로 규정함으로써 시간 및 공간의 변화에 따라 검사실시절차가 달라지지 않도록 하는 것을 말한다.
⑤ 채점 및 해석의 표준화는 검사의 최종판을 검사예정집단과 가능한 한 비슷하게 구성한 규준집단(Norming Sample)에 실시하여 채점 및 해석의 기준, 즉 규준(Norm)을 미리 설정하는 것을 말한다.
⑥ 표준화검사와 비표준화검사는 다음과 같이 서로 구분되는 특징을 가진다.

표준화검사	• 정해진 절차에 따라 실시되고 채점되는 검사이다. 즉, 검사조건이 모든 수검자(피검사자)에게 동일하며, 모든 채점은 객관적이다. • 표준화된 평가절차를 위해 검사의 구조, 실시방법, 해석에 대한 특정 기준을 갖추고 있다. • 대부분의 표준화검사는 검사의 신뢰도와 타당도를 확보한 검사이다. 즉, 신뢰도와 타당도가 비교적 높다. • 검사결과는 대규모 표집으로부터 얻은 규준자료를 참고하여 해석되며, 이를 통해 규준집단과 비교해서 수검자의 상대적 위치를 알 수 있다.

OX Quiz

검사자의 채점이 어느 정도 신뢰할 만하고 일관성이 있는가를 말하는 것은 좋은 검사도구의 조건 중 신뢰도에 해당한다.

정답 X(객관도)

전문가의 한마디

표준화검사는 측정된 결과들을 상호비교할 수 있도록 해주지만, 수검자의 반응의 자유도를 좁힘으로써 독특한 반응을 제한하는 단점을 가집니다.

전문가의 한마디

표준화검사로서 심리검사의 제작 또는 개발 과정은 학자·교재마다 약간의 차이를 보이고 있으나 내용상 큰 차이는 없습니다. 중요한 것은 검사의 목적 또는 계획을 수립한 후 사전검사 또는 예비검사를 실시하며, 문항에 대한 분석을 거쳐 표준화 및 규준작성에 이른다는 점입니다. 참고로 다음의 심리검사 제작과정도 널리 알려져 있으므로 함께 기억해 두시기 바랍니다.

- 검사목적의 명세화(제1단계)→검사목적에 관한 조작적 정의(제2단계)→문항작성 및 수정(제3단계)→예비검사실시와 문항분석(제4단계)→최종검사제작(제5단계)→신뢰도, 타당도, 규준작성(제6단계)
- 검사 제작계획의 수립(제1단계)→문항작성(제2단계)→예비검사실시 및 문항양호도검증(제3단계)→표준화검사의 제작 및 편집(제4단계)→표준화 및 규준작성(제5단계)→검사요강작성(제6단계)

OX Quiz

표준화검사의 기능은 크게 예언 또는 예측, 진단, 조사, 개성 및 적성의 발견으로 나눌 수 있다.

정답 O

비표준화검사	• 상담에 활용되는 많은 심리검사들은 검사해석을 위한 대표적 규준집단, 검사채점의 신뢰도 등의 기준을 갖추고 있지 않은 경우가 많다. • 비표준화검사는 표준화된 검사에 비해 신뢰도가 떨어지지만, 기존의 심리검사에 의해 다루어지지 못한 측면들을 융통성 있게 고려할 수 있다. • 투사적 기법, 행동관찰, 질문지 등이 포함된다. 이러한 방법들은 평가절차상 신뢰도는 낮지만 검사대상자의 일상생활, 주관적인 생각 등 표준화검사를 통해 얻기 어려운 정보들을 제공한다.

3. 표준화검사의 기능 `13년 기출`

① 예언 또는 예측

표준화검사는 확률에 의한 잠정적 추론을 토대로 인간행동의 특성 및 장래를 예측할 수 있도록 해준다.

② 진 단

표준화검사는 수검자가 가지고 있는 장점과 단점, 현재 가지고 있는 능력과 특징적 양상 등 수검자에 대한 다각적인 특질을 파악하도록 함으로써, 그 속에 내재된 문제를 포착하고 그 원인을 발견할 수 있도록 해준다.

③ 조 사

표준화검사는 학급이나 학교의 상태, 지역적 차이나 인종적 차이의 비교 등 어떠한 집단의 일반적인 경향을 조사할 수 있도록 하며, 그 결과를 다른 집단과 비교할 수 있도록 해준다.

④ 개성 및 적성의 발견

표준화검사는 수검자의 개성 및 적성을 발견하도록 하며, 이를 토대로 진학이나 직업적 선택 등의 지도 또는 배치를 가능하게 해준다.

4. 표준화검사의 제작과정 `13년 기출`

① 제1단계 : 검사목적정의

검사제작자는 사전에 검사의 목적을 구체적으로 정의하여야 한다. 해당 검사를 통해 측정하고자 하는 것이 무엇인지, 주요검사대상자는 어떤 사람들인지, 검사는 어떤 용도로 사용되는지 등을 명확히 기술한다.

② 제2단계 : 사전검사설계

검사제작자는 검사실시형태(개인 또는 집단), 반응형태(선택형 또는 완성형), 검사소요시간, 검사를 통해 산출되는 점수의 개수(양), 점수보고방식 등을 고려하여 검사를 설계한다. 또한 검사의 시행·채점·해석을 위해 어느 정도의 경험과 훈련, 전문성을 필요로 하는지 결정한다.

③ 제3단계 : 문항준비

검사제작자는 문항의 형태 및 반응의 형태, 그리고 문항의 채점형태를 고려하여 문항을 작성한다. 이때 수검자가 올바르게 이해할 수 있도록 작성하며, 특히 완성형 문항의 경우 타당도와 신뢰도가 확보될 수 있도록 주의를 기울인다.

④ 제4단계 : 문항분석

문항분석은 예비검사단계, 통계분석단계, 문항선택단계로 이루어진다. 예비검사단계에서는 수검자의 수검과정에서의 느낌, 예상치 못한 반응, 문항에 대한 잘못된 해석가능성 등을 검토하고, 통계분석단계에서는 문항의 난이도, 변별도, 추측도 등에 대한 통계적 분석을 통해 구성된 문항들이 양질의 문항인지 확인한다. 또한 문항선택단계에서는 문항의 적절성 여부를 통해 수검자의 특성을 유의미하게 반영할 수 있는 문항들로 검사를 구성한다.

⑤ 제5단계 : 표준화 및 규준작성

표준화과정은 검사에 규준을 제공하는 것으로서, 문항의 최종적인 선택 이후 실시된다. 규준은 검사결과점수에 대한 객관적이고 의미 있는 해석을 위해 필요하다. 예를 들어, 지능검사에서는 연령규준을, 학습성과를 측정하는 성취도검사에서는 학년규준을 사용한다.

⑥ 제6단계 : 최종검사준비 및 출판

출판은 검사도구 및 검사책자를 포함하여 검사매뉴얼, 채점보고서 등을 제작하는 과정이다. 간단한 검사의 경우 검사책자, 채점판, 지시사항 등을 포함하나, 복잡한 검사의 경우 부가적으로 해석지침, 특수전문보고서, 채점 및 보고를 위한 컴퓨터 프로그램 등을 포함한다.

5. 문항응답자료분석 `16년 기출`

① **문항의 난이도(Item Difficulty)**
- 문항의 쉽고 어려운 정도를 나타내는 것으로서, 총 수검자 중 정답을 맞힌 수검자의 비율 혹은 해당 문항에 정답을 제시할 확률을 의미한다.
- 일반적으로 한 문항에 대해 올바르게 응답한 사례수를 총 사례수의 백분율로 표시한다.
- 문항의 난이도는 적절한 것이 좋다. 문항의 난이도가 높아진다고 해서 개인의 능력을 변별할 수 있는 가능성 또한 높아지는 것은 아니기 때문이다.

② **문항의 변별도(Item Discrimination)**
- 어떤 평가의 개개 문항이 해당 검사에서 높은 점수를 얻은 사람과 낮은 점수를 얻은 사람을 식별 또는 구별해 줄 수 있는 변별력을 의미한다.

> **전문가의 한마디**
> 표준화검사의 기능 및 제작과정, 검사 활용 시 유의사항 등은 학자나 교재에 따라 약간씩 다르게 제시될 수 있습니다.

> - 특정 문항에 대해 총점이 높은 응답자들이 대부분 맞게 답하는 반면, 총점이 낮은 응답자들이 대부분 틀리게 답을 했다면, 해당 문항은 변별력이 높다고 볼 수 있다.
>
> ③ 문항의 추측도(Item Guessing)
> - 문항의 답을 맞힌 수검자 중 추측에 의해 맞힌 수검자를 나타내는 것으로서, 문항의 답을 모른 채 추측으로 답을 맞힌 비율을 의미한다.
> - 문항이 매우 어려운 경우 문항의 추측도가 문항의 난이도보다 높은 모순을 나타내 보일 수 있다.

OX Quiz

문항의 난이도는 문항의 답을 맞힌 수검자 중 추측에 의해 맞힌 수검자를 나타내는 것이다.

정답 X(문항의 추측도)

6. 표준화검사 활용 시 유의사항

① 표준화검사는 동일한 목적이라도 그 종류가 매우 다양하므로, 검사의 양호도, 즉 타당성, 신뢰성, 객관성, 실용성 등을 고려하여 선택되어야 한다.
② 표준화검사는 그 시행이유와 필요성에 대한 명확한 목적의식을 가지고 실행되어야 한다.
③ 표준화검사는 수검자의 행동특성에 대한 참고자료로서 유효할 뿐, 그 결과 자체가 절대적인 것은 아니다.
④ 표준화검사를 유효하게 활용하기 위해서는 검사의 시행·채점·해석에 대한 전문적인 식견과 소양이 필요하다.

핵심예제 03
03, 06, 07, 08, 19년 기출

표준화검사가 다른 검사에 비하여 객관적인 해석을 가능하게 해 주는 이유는?

① 타당도가 높기 때문이다.
② 규준이 확보되어 있기 때문이다.
③ 신뢰도가 높기 때문이다.
④ 실시가 용이하기 때문이다.

해설 체크!

표준화과정은 규준과정으로서 검사의 규준을 제공하기 위한 절차이다. 개별적·주관적인 속성이 강한 인간의 심리를 파악하고자 하는 경우 그에 대한 객관적이고 일반화된 해석이 필요하며, 이를 위해 표준화된 측정으로서 심리검사가 필요하다. 심리검사는 검사의 실시에서 채점 및 해석에 이르기까지 일정한 조건 또는 규준하에서 이루어지므로 여러 수검자들에게 유효하게 적용할 수 있으며, 그 결과 간에 비교도 가능하다. 이와 같이 표준화검사는 규준의 확보를 통해 검사의 객관적인 해석을 가능하도록 해준다.

정답 ②

4 검사도구의 조건 Ⅱ – 규준

20, 25년 기출

1. 규준(Norm)의 의의 및 특징

16, 24년 기출

① 규준은 특정 검사점수의 해석에 필요한 기준이 되는 자료로서, 특정 개인의 점수가 어떤 의미를 지니고 있는지에 관한 정보를 제공한다.
② 비교대상의 점수들을 연령별, 사회계층별, 직업군별로 체계적으로 정리하여 자료로 구성한 것이다.
③ 특정 집단의 전형적인 또는 평균적인 수행지표를 제공한다.
④ 개인의 점수를 다른 사람들의 점수와 비교하고 해석하는 과정에서 비교대상이 되는 집단을 규준집단 또는 표준화표본집단이라고 한다.
⑤ 규준참조검사(Norm-Referenced Test)는 개인의 점수를 해석하기 위해 유사한 다른 사람들의 점수를 비교하여 평가하는 상대평가 목적의 검사로서, 점수분포를 규준으로 하여 원점수를 규준에 따라 상대적으로 해석한다.
⑥ 규준은 절대적이거나 보편적인 것이 아니며, 영구적인 것도 아니다. 따라서 규준집단이 모집단을 잘 대표하는 것인지 확인하는 과정이 요구된다.

2. 발달규준

발달규준은 수검자가 정상적인 발달경로상에서 어느 정도 수준에 위치해 있는지를 표현하는 방식으로 원점수에 의미를 부여한다.

① (정신)연령규준
   심리검사의 문항들이 연령수준별척도로 구성되어, 해당 검사를 통해 주어지는 결과점수가 수검자의 정신연령수준을 반영하도록 되어 있다.
② 학년규준
   주로 학교에서 실시하는 성취도검사에 이용하기 위해 학년별 평균이나 중앙치를 이용하여 규준을 제작한다.
③ 서열규준
   발달검사과정에서 검사자는 수검자의 행동을 관찰하여 행동의 발달단계상 어느 수준에 위치하는지 나타낼 수 있다.
④ 추적규준
   각 개인은 신체발달 및 정신발달에 있어서 독특한 양상을 보이며, 이를 발달곡선으로 표시하는 경우 연령에 따라 다른 높낮이를 보인다. 그러나 이를 동일 연령 집단의 발달곡선으로 표시하는 경우 연령이 증가하더라도 일정한 범위 내에 위치하게 되며, 이를 토대로 개인의 발달양상을 연령에 따라 예측할 수 있다.

> **OX Quiz**
> 규준은 절대적이거나 보편적인 것은 아니지만 영구적이다.
> 정답 X(영구적인 것도 아님)

3. 집단 내 규준

> 16, 21년 기출

집단 내 규준은 개인의 원점수를 규준집단의 수행과 비교해 볼 수 있도록 한 것으로서, 원점수가 서열척도에 불과한 것에 비해 집단 내 규준점수는 일반적으로 심리측정상 등간척도의 성질을 가진다.

① 백분위점수
- 원점수의 분포에서 100개의 동일한 구간으로 점수들을 분포하여 변환점수를 부여한 것이다.
- 표준화집단에서 특정 원점수 이하인 사례의 비율이라는 측면에서 표시한 것으로서, 개인이 표준화집단에서 차지하는 상대적인 위치를 가리킨다.
- 원점수가 높을수록 백분위점수도 높게 되며, 반대로 백분위점수가 낮을수록 분포상에서 그 사람의 상대적 위치도 낮게 된다. 특히 최저점수에서부터 등수가 정해지므로 백분위가 낮아질수록 개인성적은 나쁘게 나온다. 예를 들어, 백분위점수 95의 의미는 내담자의 점수보다 점수가 낮은 사람들이 전체의 95%가 된다는 의미이다.
- 백분위점수는 계산이 간편하고 이해가 쉬우며, 사실상 모든 심리검사에서 보편적으로 이용할 수 있는 장점이 있다.

② 표준점수
- 백분위점수는 실제 분포모습을 그대로 반영하지 못하므로, 대부분의 심리검사에서 검사결과를 작성하는 방법으로 흔히 표준점수를 사용한다.
- 표준점수는 표준편차 및 평균에 기초한다. 즉, 표준점수는 원점수를 주어진 집단의 평균을 중심으로 표준편차 단위를 사용하여 분포상 어느 위치에 해당하는가를 나타낸 것이다.
- 서로 다른 체계로 측정한 점수들을 동일한 조건에서 비교하기 위한 개념으로서, 원점수에서 평균을 뺀 후 표준편차로 나눈 값을 말한다.
- 이와 같이 원점수를 표준점수로 변환함으로써 상대적인 위치를 짐작할 수 있으며, 검사결과를 비교할 수도 있다.
- 가장 보편적인 표준점수로서 Z점수, T점수, H점수 등이 있다.

Z점수	• 원점수를 평균이 0, 표준편차가 1인 Z분포상의 점수로 변환한 점수이다. 예를 들어, Z점수 0은 원점수가 정확히 평균값에 위치한다는 의미이며, Z점수 −1.5는 원점수가 참조집단의 평균으로부터 하위 1.5표준편차만큼 떨어져 있다는 것이다. • Z점수는 소수점과 음수값으로 제시되기도 하는데, 이는 계산 및 해석을 어렵게 만든다. • Z점수 = (원점수 − 평균) ÷ 표준편차

OX Quiz

원점수의 분포에서 100개의 동일한 구간으로 점수들을 분포하여 변환점수를 부여한 것을 백분위점수라 한다.

정답 O

기출키워드

21년 3회

표준점수

※ 필기시험에는 표준점수에 대한 설명으로 틀린 것을 고르도록 하는 문제가 출제되었습니다.

T점수	• 소수점과 음수값을 가지는 Z점수의 단점을 보완하기 위해 Z점수에 10을 곱한 후 50을 더하여 평균이 50, 표준편차가 10인 분포로 전환시킨 것이다. • 가장 널리 사용되는 정규화된 표준점수로서 미네소타다면적인성검사(MMPI) 등이 있다. • T점수 $= 10 \times Z$점수 $+ 50$
H점수	• T점수를 변형한 것으로서, 평균이 50, 표준편차가 14인 표준점수이다. • 표준점수는 실제로 3표준편차를 벗어나는 경우가 극히 드물어, T점수 또한 20~80점까지밖에 나오지 않는 경향이 있다. H점수는 이와 같은 T점수의 문제점을 보완하기 위한 것으로서, 점수분포 범위를 좀 더 넓힌 것이다. • H점수 $= 14 \times Z$점수 $+ 50$

③ 표준등급

- 표준등급을 의미하는 스테나인(Stanine)은 Standard와 Nine의 합성어이다.
- 제2차 세계대전 중 미군에서 개발한 것으로서, 원점수를 비율에 따라 1~9까지의 구간으로 구분하여 각각의 구간에 일정한 점수나 등급을 부여한 것이다. 이때 평균은 5점이며, 최저점수 1점과 최고점수 9점을 제외하여 계산하는 경우 표준편차는 2점이다.
- 표준등급은 학교에서 실시하는 성취도검사나 적성검사의 결과를 나타낼 때 주로 사용한다.
- 결과점수를 일정한 범주로 분포시킴으로써 학생들 간의 점수차가 적은 경우 발생할 수 있는 해석상의 문제를 미연에 방지할 수 있는 장점이 있다.
- 정규분포(정상분포)에서 표준등급에 해당하는 면적비율은 다음과 같다.

스테나인	1	2	3	4	5	6	7	8	9
백분율(%)	4	7	12	17	20	17	12	7	4

이는 100명으로 구성된 집단이 있다고 가정할 때 그들 중 최하점수를 받은 4명에게는 스테나인 1을 부여하고, 그 다음으로 낮은 점수를 받은 7명에게는 스테나인 2, 그 다음으로 낮은 점수를 받은 12명에게는 스테나인 3을 부여하는 방식이다. 이러한 방식은 무엇보다도 소숫점이 없는 정수점수를 제공함으로써 계산이 간편한 장점이 있다. 그러나 해당점수가 단일점수가 아닌 범위에 대한 점수이므로 엄밀하지 못한 단점도 있다.

전문가의 한마디

백분위와 백분율은 사용상에 있어서 매우 유사하나 동일한 것이 아닙니다. 백분위는 최댓값을 100으로 하여 특정대상의 상대적인 위치를 수치화한 값입니다. 반면, 백분율은 최댓값이 1이며, 여기에 분모 100을 적용하여 분자의 값만을 표기한 것입니다. 따라서 백분위의 경우 산출되는 값을 그대로 사용할 수 있으나, 백분율의 경우 해당값이 항상 1보다 작은 값을 가지게 됩니다.

OX Quiz

표준등급은 원점수를 비율에 따라 1~99까지의 구간으로 구분하여 각각의 구간에 일정한 점수나 등급을 부여한 것이다.

정답 X(1~9)

핵심예제 04
05, 12, 14년 기출

검사해석 시 자주 사용하는 T점수는 Z점수와 밀접한 관련이 있다. T점수가 60이라면 이에 해당하는 Z점수는?

① 0
② 1
③ 2
④ −1

해설 체크!

T점수의 공식은 다음과 같다.

$$T점수 = 10 \times Z점수 + 50$$

$60 = 10 \times Z점수 + 50$
∴ $Z점수 = 1$

정답 ②

5 측정과 척도

1. 측정(Measurement)의 의의 및 특징

① 추상적·이론적인 명제에서 도출된 가설들을 경험적으로 검증하기 위해서는 그 안에 포함된 개념들이 적절한 방법을 통해 경험적으로 변환되어야 한다.
② 측정은 추상적·이론적 세계를 경험적 세계와 연결시키는 수단이다. 즉, 이론을 구성하고 있는 개념이나 변수들을 현실세계에서 관찰이 가능한 자료와 연결시키는 과정이다.
③ 측정은 넓은 의미에서는 어떤 사실을 묘사 또는 기술하는 방법의 하나라고 할 수 있지만, 일반적으로는 묘사대상이 되는 사상(事象)에 수치를 부여한다는 의미로 사용된다. 따라서 측정은 일정한 규칙에 따라 사물 또는 사건에 대해 숫자를 부여하는 것이라고 할 수 있다.
④ 예를 들어, 아동의 공격성을 검증하기 위해서는 공격성이란 추상적인 개념을 친구를 때린다, 물건을 던진다 등과 같이 경험적으로 관찰이 가능한 구체적인 행동으로 정의한 다음, 일정한 기간 동안 그와 같은 행동이 몇 번이나 나타나는지를 숫자로 나타내어 간접적으로 추론할 수 있다.

OX Quiz

측정이란 이론을 구성하고 있는 개념이나 변수들을 현실세계에서 관찰이 가능한 자료와 연결시키는 과정이다.

정답 O

2. 측정의 기능

① 일치 및 조화의 기능
측정은 추상적인 개념과 경험적인 현실세계를 일치·조화시킨다.

② 객관화 및 표준화의 기능
측정은 관찰대상이나 현상에 대한 객관화·표준화를 통해 과학적인 관찰과 표준화된 측정을 가능하도록 함으로써, 주관적·추상적인 판단에서 야기되는 오류를 극복할 수 있도록 한다.

③ 계량화의 기능
측정은 관찰대상이나 현상은 물론 어떤 추상적인 개념에 대해서도 다양한 변수들을 통해 일정한 분류와 기술을 가능하도록 함으로써, 통계적 분석을 활용할 수 있도록 한다.

④ 반복 및 의사소통의 기능
측정은 연구결과의 반복을 통해 결과에 대한 확인 및 반증을 가능하도록 하며, 해당 연구결과를 정확하고 효율적으로 전달할 수 있도록 한다.

3. 측정의 과정

① 개념화(Conceptualization)
- 개념화란 개념을 개발시키고 명확화하는 것을 말한다.
- 개념의 의미가 분명하지 않을 경우 개념에 대한 관찰이 불가능하므로, 개념을 명확하게 하는 것이 측정과정의 첫 단계 작업이다.
- 조사자는 이 단계에서 개념에 대한 정의를 명확히 해야 하고, 개념에 대한 통일된 정의가 존재하지 않을 경우 조사자가 이를 새롭게 정의해야 한다.
- 만약 조사자가 초보자인 경우 사전 등의 활용을 통해 기존의 정의를 사용할 수도 있다.

② 변수와 지표의 구체화(Specification)
- 하나의 개념이 단일의 카테고리를 의미하거나 복수의 카테고리를 의미하는 경우, 분석의 단위에 따라 상이한 측정을 할 가능성이 있다. 또한 사회과학 분야에서 상당수의 개념들은 직접적인 측정이 불가능하다. 따라서 개념을 변수(Variable)로 전환시켜야 한다.
- 예를 들어, 교육이 편견을 감소시킨다는 가설의 경우, 먼저 교육은 공식적 교육량과 지식량 등의 변수로 전환하고, 편견은 여성에 대한 경멸적 언행여부와 특정부류의 사람들과 상호작용을 회피하는 정도 등의 변수들로 전환한다.

OX Quiz
측정의 기능 중 계량화의 기능이란 어떤 개념에 대하여 다양한 변수들을 통해 일정한 분류와 기술을 가능하도록 함으로써, 통계적 분석을 활용할 수 있도록 한 것이다.
정답 O

전문가의 한마디
교재의 측정의 과정은 내용을 보다 구체적으로 설명하기 위해 3단계로 구성한 것입니다. 변수와 지표의 구체화를 개념화 과정에 포함시킴으로써 측정의 과정을 개념화와 조작화의 2단계로 설명하기도 합니다.

- 조사자가 개념을 변수로 전환한 후 분석의 단위들에 대한 측정에 어느 정도 접근하게 된다. 그러나 변수의 추상성을 더욱 구체화하기 위해 지표(Indicator)로 재전환해야 한다.

개 념	변 수	지 표
교 육 →	교육의 정도 →	학교 교육연수
편 견 →	여성에 대한 편견의 정도 →	여성과 대등한 경쟁을 할 용의 여부
성 격 →	성격의 유형 →	외향형/내향형, 감각형/직관형, 사고형/감정형, 판단형/인식형

- 교육과 같은 단순한 개념의 경우 하나의 지표만을 사용해서도 충분히 측정할 수 있다. 그러나 편견이나 성격과 같이 복잡한 개념은 하나의 지표만을 사용해서 측정하기 어렵다. 따라서 하나의 지표를 사용하여 개념을 측정하기 보다는 두 개 이상의 지표를 사용 하는 것이 권장된다. 이와 같이 두 개 이상의 지표에 의해 개념을 측정하는 것을 척도(Scale)라고 한다.
- 척도는 추상적이고 복잡한 개념을 측정하기 위한 도구이다. 예를 들어 앞서 편견과 같은 복잡한 개념을 측정하기 위해 이를 측정할 수 있는 일련의 질문들을 이용하여 편견에 관한 척도를 구성할 수 있다.

③ 조작화(Operationalization)
- 측정과정의 마지막 단계로서 조작화단계는 분석의 단위를 카테고리별로 분류하는 과정을 의미한다.
- 조작적 정의는 각 분석의 단위를 변수들의 카테고리로 할당하는 작업 또는 과정이라 할 수 있다. 하나의 완전한 조작적 정의는 흔히 분석단위를 대상으로 하는 일련의 질문들과 응답카테고리들 그리고 자료수집 및 개별사례들에 대한 카테고리 할당지침 등을 포함한다.
- 하나의 개념을 측정하기 위한 조작적 정의 또는 지표로서 질문문항은 하나인 경우도 있으나 경우에 따라 둘 이상의 질문문항으로 구성될 수도 있다.

4. 척도(Scale)의 의의 및 특징

① 척도는 일종의 측정도구로서 일정한 규칙에 따라 측정대상에 적용할 수 있도록 만들어진 일련의 체계화된 기호 또는 숫자를 의미한다.
② 연속성은 척도의 중요한 속성으로서, 실제로 측정대상의 속성과 일대일 대응의 관계를 맺으면서 대상의 속성을 양적 표현으로 전환하도록 한다.

OX Quiz

측정과정의 조작화 단계에서 하나의 개념을 측정하기 위한 질문문항은 무조건 하나이다.

정답 X(둘 이상일 수도 있음)

③ 척도에 의한 측정은 특정대상의 속성을 객관화하여 그 본질을 보다 명백하게 파악하며, 측정대상들 간의 일정한 관계 또는 그 대상 간의 비교를 정확하게 할 수 있도록 하기 위한 것이다.
④ 척도로 측정대상을 숫자화한다는 것은 어느 정도 비약적인 성격을 갖는 측정상의 추상화과정을 의미한다.
⑤ 예를 들어, 아동의 공격성을 측정하기 위한 문항으로 친구를 때린다, 물건을 던진다 등과 같은 각각의 문항들은 공격성을 구성하는 구성요소일 수는 있어도 공격성 자체를 설명하는 것은 아니다. 따라서 구성요소들에 의한 수치를 합한 값이나 중요도에 따라 가중치를 부여한 값 등 일정한 규칙에 근거하여 합산한 값으로 공격성의 수준을 설명할 수 있다. 이와 같이 일관적인 내적 구조를 가지는 일련의 문항들이 척도에 해당한다.

5. 척도의 종류

`17, 20, 21, 22년 기출`

기출키워드
20년 3회
척도의 종류
※ 필기시험에는 척도의 종류와 그에 해당하는 예시를 묻는 문제가 출제되었습니다.

① 명목척도 또는 명명척도(Nominal Scale)
- 측정대상 특성의 존재여부 또는 몇 개의 상호배타적인 범주로의 구분을 위해 수치를 부여하는 일종의 범주형 척도이다.
- 척도의 유형 중 가장 기본이 되는 것으로서, 측정대상 구성 간의 관계를 정밀하게 파악하기보다는 기본적인 관계를 밝히는 역할을 할 뿐이다.
- 명목척도는 성격을 전혀 달리하는 범주에 대한 표시일 뿐 양적 의미를 갖지 않으므로, 각 범주는 양적으로 크거나 작다든가, 많거나 적다든가 하는 정도와 밀도 등을 구별하지 못하며, 등가인지(A=B), 아닌지(A≠B)를 단지 숫자나 기호로 대신 지칭하는 것에 불과하다.
    예 성별, 결혼유무, 종교, 인종, 직업유형, 장애유형, 지역, 계절 등

② 서열척도(Ordinal Scale)
- 측정대상의 분류는 물론 대상의 특수성 또는 속성에 따라 각 측정대상들의 등급순위를 결정하는 척도이다.
- 서열척도는 단지 상대적 등급순위만을 결정할 뿐 각 등급 간의 차이는 문제로 삼지 않는다. 즉, 서열척도는 각각의 대상이 다른 것과 비교하여 더 크다/더 작다, 더 높다/더 낮다 등의 문제와 연관되며, 그 각각의 상대적 지위의 순위만을 구분한다.
- 서열척도에서 등급 간의 간격 또는 차이는 동일하지 않을 수 있다.
    예 사회계층, 선호도, 석차, 소득수준, 수여 받은 학위, 자격등급, 장애등급, 변화에 대한 평가, 서비스 효율성 평가 등

기출키워드

21년 3회
등간척도
※ 필기시험에는 온도나 지능검사의 점수를 측정할 때 사용되는 척도로 등간척도를 고르도록 하는 문제가 출제되었습니다.

22년 1회
비율척도
※ 필기시험에는 비율척도에 해당하는 것을 고르도록 하는 문제가 출제되었습니다.

OX Quiz

섭씨온도나 화씨온도는 등간척도의 예에 해당한다.
정답 O

③ 등간척도(Interval Scale)
- 명목척도와 서열척도의 특성을 포함하여 크기의 정도를 제시하는 척도이다.
- 측정대상의 특수한 속성에 따라 대상의 크다/작다의 구분뿐만 아니라 그 간격에 있어서의 동일함을 의미하는 동일성의 척도이다. 즉, 서열척도가 등급의 순위만을 표현하는 데 반해, 등간척도는 그 간격이 일정하다는 의미를 내포한다.
- 등간척도가 그 본질에 있어서 동일한 거리를 요구하고 있는 이상, 대상의 속성이 동일한 거리의 차를 가지지 않는다면 이론상으로 적용하기 어렵다.
  예 IQ, EQ, 온도, 학력, 학점, 시험점수, 물가지수, 사회지표 등

④ 비율척도 또는 비례척도(Ratio Scale)
- 가장 높은 수준의 측정척도로서, 명목·서열·등간척도의 특수성을 포함하는 동시에 절대영점을 가진다. 이때 절대영점은 0의 수치가 절대적인 의미를 가지는 것을 의미한다.
- 섭씨온도나 화씨온도가 등간척도의 예에 해당한다면, 분자의 움직임이 없는 상태를 0°K 로 나타내는 켈빈온도는 비율척도의 예에 해당한다.
- 비율척도는 고도의 통계분석이 가능하며, 모든 통계치를 산출할 수 있다.
  예 연령, 무게, 신장, 수입, 매출액, 출생률, 사망률, 이혼율, 경제성장률, 졸업생 수, 서비스 대기인수, 서비스 수혜기간 등

핵심예제 05
15, 19년 기출

의미 있는 "0"의 값을 갖는 측정의 수준은?

① 명목측정 ② 비율측정
③ 등간측정 ④ 서열측정

해설 체크!

척도의 종류
- 명목척도 : 사물을 구분하기 위하여 이름을 부여하는 척도이다(예 성별, 국적, 학교, 지역, 반, 고향, 인종 등).
- 서열척도 : 측정치 간의 순위를 나타내는 척도로 크고 작음, 많고 적음, 선호도의 높고 낮음을 나타내는 것으로 순서(크기)는 있지만 그 간격이 얼마나 큰지는 알 수 없다(예 직위-사장/부장/과장, 학력-중졸/고졸, 등수, 친한 친구 순서 등).
- 등간척도 : 똑같은 간격에 똑같은 단위를 부여함으로 동간성을 가지는 척도로 임의영점이 존재한다(예 온도, IQ, 성적 등).
- 비율척도 : 동간성을 지니고, 절대영점이 존재한다(예 시청률, 투표율, 가격, 길이, 무게, 키, 시간 등).

정답 ②

6 신뢰도의 이해

1. 신뢰도(Reliability)의 의의 및 특징

① 신뢰도란 측정도구가 측정하고자 하는 현상을 일관성 있게 측정하는 능력을 말한다. 다시 말해 어떤 측정도구(척도)를 동일한 현상에 반복 적용하여 동일한 결과를 얻게 되는 정도를 그 측정도구의 신뢰도라고 한다.
② 어떤 측정도구를 사용해서 동일한 대상을 측정하였을 때 항상 같은 결과가 나온다면 이 측정도구는 신뢰도가 매우 높다고 할 수 있다.
③ 신뢰도가 높은 측정도구는 연구자의 변경이나 측정시간 및 장소의 차이에도 불구하고 항상 동일한 결과를 가져오는 반면, 신뢰도가 낮은 측정도구는 측정할 때마다 측정치가 달라진다.
④ 신뢰도가 높다고 해서 훌륭한 과학적 결과를 보장하는 것은 아니지만, 신뢰도가 없는 훌륭한 과학적 결과는 존재할 수 없다. 다시 말해 신뢰도는 연구조사 결과와 그 해석에 있어서 충분조건은 아니지만 필요조건에 해당한다고 볼 수 있다.
⑤ 신뢰도와 유사한 표현으로서 신빙성, 안정성, 일관성, 예측성 등이 있다.

2. 내적 신뢰도와 외적 신뢰도

① 내적 신뢰도(Internal Reliability)
사건이나 현상에 대한 관찰자들 간의 일치도로서, 연구자료의 수집 및 분석, 해석상의 일관성 정도를 말한다. 다른 연구자들에게 이미 산출된 일련의 구성개념을 제시했을 때 본래의 연구자가 했던 것과 동일한 방식으로 자료와 구성개념을 결부시킬 수 있다면 내적 신뢰도가 높은 것으로 본다.

② 외적 신뢰도(External Reliability)
연구결과에 있어서의 일치도를 말한다. 동일한 설계를 바탕으로 다른 연구자들도 동일한 현상을 발견하거나 유사한 상황에서 동일한 구성개념을 산출한다면 외적 신뢰도가 높은 것으로 본다.

3. 신뢰도에 영향을 미치는 요인

① 개인차
검사대상이 되는 집단의 개인차가 클수록 검사점수의 변량은 커지며, 그에 따라 신뢰도계수도 커지게 된다.

② 문항수

문항수가 많은 경우 신뢰도는 어느 정도 높아진다. 다만, 문항수를 무작정 늘린다고 해서 검사의 신뢰도가 정비례하여 커지는 것은 아니다.

③ 문항반응수

문항반응수는 적정한 크기를 유지하는 것이 바람직하며, 만약 이를 초과하는 경우 신뢰도는 향상되지 않는다. 일반적으로 리커트척도(Likert Scale)에서 문항반응수가 5점 내지 7점을 초과하는 경우 신뢰도계수는 더 이상 커지지 않는 것으로 보고되고 있다.

④ 검사유형(속도검사의 신뢰도)

문항수가 많고 주어진 시간이 제한되어 있는 속도검사의 경우 특히 전후반분법을 이용하여 신뢰도를 추정하는 것은 바람직하지 못하다. 그 이유는 응답자가 후반부로 갈수록 문항에 답할 충분한 시간이 없으므로 상대적으로 낮은 점수를 받게 되기 때문이다.

⑤ 신뢰도 추정방법(검증법)

신뢰도를 추정하는 각 방법은 오차를 포함하는 내용이 서로 다르므로 동일한 검사에 여러 가지 방법을 동시에 사용하여 얻어진 신뢰도계수는 서로 다를 수밖에 없다. 특히 측정오차가 클수록 신뢰도계수는 그만큼 작게 계산될 가능성이 높다.

4. 신뢰도 제고를 위한 기본원리(Maxmincon Principle)

① 체계적 분산의 극대화(Maximization of Systemic Variance)

체계적 분산은 독립변수에 의해 영향을 받는 종속변수의 분산을 극대화함으로써, 독립변수가 종속변수에 미치는 영향을 명확히 하도록 한다.

② 오차분산의 극소화(Minimization of Error Variance)

신뢰도와 타당도가 높은 측정도구를 사용하여 체계적 오류와 비체계적 오류를 축소함으로써 측정상의 오차를 최소화한다.

③ 외부변수의 통제(Control of Extraneous Variable)

연구목적과 관련이 없는 외부변수들을 무작위할당, 변수의 제거 등의 방법을 통해 효과적으로 통제한다.

OX Quiz

신뢰도 제고를 위한 기본원리에는 체계적 분산의 극소화, 오차분산의 극소화, 외부변수의 통제가 있다.

정답 X(체계적 분산의 극대화)

5. 신뢰도 제고를 위한 구체적인 방법

① 측정상황의 분석 및 일관성 유지

어떠한 요인이 측정의 신뢰도를 떨어뜨리는가를 결정하기 위해 측정상황 자체에 대한 분석을 하도록 한다. 또한 측정도구는 항상 표준화되고 잘 통제되며, 최대한 동일한 조건하에서 적용되도록 한다.

② 표준화된 지시와 설명

측정도구의 사용이나 응답에 있어서 가능한 한 분명하고 표준화된 지시나 설명을 함으로써 측정오차를 줄이도록 해야 한다.

③ 문항(항목)의 추가적 사용

측정도구가 충분히 믿을 만한 것이 못될 경우 동일한 종류와 질을 가진 문항(항목)을 추가로 사용하도록 한다.

④ 문항(항목)의 명확한 구성

측정도구가 되는 문항은 누구에게나 동일하게 이해되도록 명백하게 구성해야 한다.

⑤ 대조적인 문항(항목)들의 비교·분석

측정도구가 되는 각 문항의 성격을 비교하여 서로 대조적인 문항들을 비교·분석하도록 한다.

핵심예제 06 19, 24년 기출

평가자 간 신뢰도를 알아보기 위한 지표로 사용되지 않는 것은?

① 피어슨 상관계수(Pearson's r)
② 계층 간 상관계수
③ 카파(Kappa)계수
④ 크론바흐 알파(Cronbach's α)

> **해설 체크!**
>
> 크론바흐 알파(Cronbach's α)
> 내적 일관성에 의한 신뢰도를 평가하는 데 많이 이용된다.
>
> 정답 ④

7 신뢰도의 추정방법

1. 검사-재검사신뢰도(Test-Retest Reliability) `16, 20, 25년 기출`

① 가장 기초적인 신뢰도 추정방법으로서, 동일한 대상에 동일한 측정도구를 서로 상이한 시간에 2번 측정한 다음 그 결과를 비교하는 것이다.
② 재검사에 의한 반복측정을 통해 그 결과에 대한 상관관계를 계산하여 도출된 상관계수로써 신뢰도의 정도를 추정한다. 여기서 상관계수가 높다는 것은 신뢰도가 높다는 것을 의미한다.
③ 검사-재검사신뢰도는 두 검사의 실시간격에 따라 크게 영향을 받는다. 즉, 검사간격이 짧은 경우 신뢰도가 높게 나타나는 반면, 검사간격이 긴 경우 신뢰도가 상대적으로 낮게 나타난다.
④ 이월효과(기억효과), 성숙효과(반응민감성 효과), 역사요인, 물리적 환경의 변화 등의 단점을 가진다.
⑤ 검사-재검사신뢰도는 안정성을 강조하는 방법으로서 적용이 매우 간편하나, 대부분의 심리검사에서 신뢰도를 찾기 위한 방법으로는 적합하지 않다.

> **OX Quiz**
> 검사-재검사신뢰도란 가장 기초적인 신뢰도 추정방법으로서, 동일한 대상에 동일한 측정도구를 서로 상이한 시간에 두 번 측정한 다음 그 결과를 비교하는 것이다.
> 정답 O

2. 동형검사신뢰도(Equivalent-Form Reliability) `17, 24년 기출`

① 새로 개발한 검사와 여러 면에서 거의 동일한 검사를 하나 더 개발해서 두 검사의 점수 간의 상관계수를 구하는 방법이다.
② 검사-재검사신뢰도의 변형이라고 할 수 있는 방법으로서, 동일한 조작적 정의 또는 지표들에 대한 측정도구를 2종류씩 만들어 동일한 측정대상에게 각각 응답하도록 하는 방법이다.
③ 동형검사신뢰도는 각각의 측정도구가 매우 유사해야만 신뢰도를 측정할 수 있는 수단으로 인정받을 수 있다.
④ 동형검사의 개발에 있어서 각각의 검사의 동등성을 보장하는 것이 중요하므로 문항수, 문항표현방식, 문항내용 및 범위, 문항난이도, 검사지시내용, 구체적인 설명, 시간제한 등 다양한 측면에서 동등성이 검증되어야 한다.

3. 반분신뢰도(Split-Half Reliability) `13, 18, 24년 기출`

① 반분신뢰도 또는 반분법은 검사를 1회 실시한 후 이를 적절한 방법에 의해 두 부분의 점수로 분할하여 그 각각을 독립된 2개의 척도로 사용함으로써 신뢰도를 추정하는 방법이다.

② 조사항목의 반을 가지고 조사결과를 획득한 다음 항목의 다른 반쪽을 동일한 대상에게 적용하여 얻은 결과와의 일치성 또는 동질성 정도를 비교한다.
③ 양분된 각 측정도구의 항목수는 그 자체가 각각 완전한 척도를 이룰 수 있도록 충분히 많아야 한다. 반분된 항목수는 적어도 8~10개 정도가 되어야 하며, 전체적으로 16~20개 정도의 항목을 가지고 있어야 한다.
④ 반분신뢰도는 단 한 번의 시행으로 신뢰도를 구할 수 있으나, 반분하는 방식에 따라 각기 다른 신뢰도를 측정하므로 단일의 측정치를 산출하지 못한다.
⑤ 측정도구를 반분하는 과정에서 검사의 초반과 후반에 연습효과나 피로효과가 발생할 수 있는지, 특정 문항군이 함께 묶여 제시되는지 확인해야 한다.

4. 문항내적합치도(Item Internal Consistency) `21, 24년 기출`

① 단일의 신뢰도계수를 계산할 수 없는 반분법의 문제점을 고려하여, 가능한 한 모든 반분신뢰도를 구한 다음 그 평균값을 신뢰도로 추정하는 방법이다.
② 동일한 개념을 측정하는 항목인 경우 그 측정결과에 일관성이 있어야 한다는 논리에 따라 일관성이 없는 항목, 즉 신뢰성을 저해하는 항목을 찾아서 배제시킨다.
③ 쿠더와 리처드슨(Kuder & Richardson)에 의해 처음 개발되었으며, 이후 크론바흐(Cronbach)가 이에 대한 수학적 설명을 시도하였다.
④ 쿠더-리차드슨 신뢰도계수는 응답문항 유형이 예/아니오 또는 정(正)/오(誤)인 검사에 사용되는 반면, 크론바흐 알파계수(Cronbach's α-Coefficient)는 응답문항 유형이 여러 종류인 검사에 사용된다.
⑤ 크론바흐 알파계수의 경우 크론바흐 알파 값은 0~1의 값을 가지며, 값이 클수록 신뢰도가 높다.
⑥ 문항내적합치도는 반분신뢰도와 같이 1회 시행만으로 신뢰도를 구할 수 있으나, 검사내용이 이질적인 경우 신뢰도 계수가 낮아지는 단점이 있다.

5. 관찰자신뢰도(Observer Reliability)

① 관찰자신뢰도 또는 채점자신뢰도는 관찰의 안정성을 기초로 한 신뢰도 측정방법으로서, 재검사적 관찰자신뢰도와 대안적 관찰자신뢰도로 구분된다.
② 재검사적 관찰자신뢰도는 관찰자 내 신뢰도(Intra-Observer Reliability)라고도 하며, 한 사람의 관찰자가 일정한 관찰지침과 절차에 의거하여 동일 측정대상에 대해 시간적 간격에 의한 반복관찰을 시행한 후, 그 결과의 상관관계를 점수로 산정하여 신뢰도를 평가하는 방법이다.

> **OX Quiz**
> 새로 개발한 검사와 여러 면에서 거의 동일한 검사를 하나 더 개발해서 두 검사의 점수 간의 상관계수를 구하는 방법은 반분신뢰도이다.
> **정답** X(동형검사신뢰도)

③ 대안적 관찰자신뢰도는 관찰자 간 신뢰도(Inter-Observer Reliability)라고도 하며, 두 사람 이상의 관찰자가 일정한 관찰지침과 절차에 의거하여 동시에 독립적인 관찰을 시행한 후, 관찰자 간 관찰의 결과를 점수로 산정하여 신뢰도를 평가하는 방법이다.
④ 관찰자신뢰도는 주로 탐색적인 목적을 위해 사용된다.
⑤ 관찰자들의 관찰지침에 대한 정확한 이해와 체계적인 절차가 이루어져야 하며, 관찰자들에 대한 지속적인 훈련이 요구된다.

> **OX Quiz**
> 재검사적 관찰자신뢰도는 관찰자 간 신뢰도라고도 한다.
> 정답 X(관찰자 내 신뢰도)

참고

상관계수(Correlation Coefficient) *16년 기출*

- 상관계수는 두 변수(변인) 사이의 관계를 기술하기 위한 것으로서, 두 변수가 서로 관계되어 있는 정도를 나타내는 지수이다. 즉, 두 변수 사이의 관계의 강도는 상관계수(r)의 절대치에 의해 규정된다.
- 두 변수가 연합되는 정도의 통계측정치로서, 한 변수가 변해감에 따라 다른 변수가 얼마만큼 함께 변하는가를 보여준다.
- 상관계수는 단위와 아무런 관련이 없다. 예를 들어, 키 180cm를 1.8m 또는 1,800mm로 바꾸어도 상관계수에는 아무런 영향을 미치지 않는다.
- 상관계수는 −1에서 +1사이의 값을 갖는다. +1은 측정의 오차가 없음을 의미하는 정적 상관, 0은 상관없음, −1은 부적 상관을 의미한다. 예를 들어, 100명의 학생들이 특정심리검사를 받고 한 달 후에 동일한 검사를 다시 받았는데, 두 번의 검사에서 각 학생의 점수가 동일했다면 상관계수는 +1이 된다.
- 두 변수를 서로 바꾸어도 상관계수의 값은 동일하다. 예를 들어, 키와 몸무게의 상관계수는 몸무게와 키의 상관계수와 동일하다.
- 다만, 상관계수로 한 변수가 다른 변수에 영향을 미치는 인과관계를 추론할 수는 없다.

> **OX Quiz**
> 키 180cm를 1.8m 또는 1,800mm로 바꾸어도 상관계수에는 영향이 없다.
> 정답 O

핵심예제 07 *03, 05, 06, 16년 기출*

동일한 검사를 동일한 집단에 1주일 또는 1개월의 간격을 두고 다시 실시하여 전후 검사 결과를 상관계수로 계산하는 신뢰도는?

① 동형검사신뢰도
② 검사-재검사신뢰도
③ 반분신뢰도
④ 문항내적합치도

> **해설 체크!**
>
> ① 동형검사신뢰도(Equivalent-Form Reliability)는 준비된 측정도구에 의해 측정값을 얻은 후 그와 유사한 측정도구에 의한 측정값을 얻어 두 측정값 간의 상관계수를 구함으로써 신뢰도를 검증하는 방법이다.
> ③ 반분신뢰도(Split-Half Reliability)는 전체 문항수를 반으로 나눈 다음 상관계수를 이용하여 두 부분이 모두 같은 개념을 측정하는지 검증하는 방법이다.
> ④ 문항내적합치도(Item Internal Consistency)는 사람들이 각각의 문항에 얼마나 일관성 있게 답했는지를 파악함으로써 신뢰도를 검증하는 방법이다.
>
> 정답 ②

8 타당도의 이해

1. 타당도(Validity)의 의의 및 특징

① 측정의 타당도는 조사자가 측정하고자 한 것을 실제로 정확히 측정했는가의 문제이다.
② 타당한 측정수단이란 측정하고자 하는 것을 측정할 수 있는 도구이다. 따라서 어떤 측정수단이 조사자가 의도하지 않은 내용을 측정할 경우 이 수단은 타당하지 못한 것이 된다.
③ 타당도는 실증적 수단인 조작적 정의나 지표가 측정하고자 하는 개념을 제대로 반영하는 정도를 의미한다.
④ 만약 조사자가 조작적 정의나 지표 또는 척도를 사용하여 처음 측정하고자 했던 개념이 의미하는 바를 제대로 측정하였다면, 이들 조작적 정의나 지표 또는 척도의 타당도는 높다. 반면 조작적 정의, 지표 또는 척도를 사용하여 처음 측정하고자 했던 개념이 의미하는 바를 제대로 측정하지 못한 경우 이들의 타당도는 낮은 것이 된다.
⑤ 심리학을 포함한 사회과학영역에서 특히 타당도가 문제시되는 이유는 보통 측정을 간접적으로 할 수밖에 없는 사회과학 고유의 특성 때문이다. 측정을 간접적으로 하는 경우 조사자는 자신이 측정하고자 하는 속성들을 제대로 측정하는가에 대해 완전한 확신을 가질 수 없다.

2. 내적 타당도와 외적 타당도

> 10, 13, 18년 기출

① 내적 타당도(Internal Validity)
- 어떤 연구에서 종속변인에 나타난 변화가 독립변인의 영향 때문이라고 추론할 수 있는 정도를 말한다.
- 각 변수 사이의 인과관계를 추론하여 그것이 실험에 의한 진정한 변화에 의한 것으로 판명되는 경우 내적 타당도가 높은 것으로 본다.
- 연구결과의 정확성(Accuracy)과 관련된 개념이다.

② 외적 타당도(External Validity)
- 연구의 결과에 의해 기술된 인과관계가 연구대상 이외의 경우로 확대 · 일반화 될 수 있는 정도를 말한다.
- 연구결과의 일반화가능성(Generalizability)의 문제와 연관된다.

3. 내적 타당도를 저해하는 요인

> 22, 24년 기출

① 성숙요인(시간의 경과)
시간의 흐름에 따른 조사대상 집단의 신체적 · 심리적 특성의 변화 또는 실험기간 동안 나타나는 실험집단의 성숙이 결과변수(종속변수)에 영향을 미친다.

② 역사요인(우연한 사건)
조사기간 중에 연구자의 의도와는 상관없이 일어난 통제불가능한 사건이 결과변수에 영향을 미친다.

③ 선별요인(선택요인)
프로그램 집행 후 실험집단과 통제집단 간의 결과변수에 대한 측정값의 차이는 프로그램 집행의 차이라기보다 단지 두 집단성원들이 다르기 때문에 나타난다.

④ 상실요인(실험대상의 탈락)
프로그램 집행 기간 중 관찰대상 집단 일부의 탈락 또는 상실로 인해 남아있는 대상이 처음의 관찰대상 집단과 다른 특성을 갖게 된다.

⑤ 통계적 회귀요인
극단적인 측정값을 갖는 사례들을 재측정 할 때, 평균값으로 회귀하여 처음과 같은 극단적인 측정값을 나타내 보이지 않는다.

⑥ 검사요인(테스트효과)
프로그램의 실시 전과 실시 후에 유사한 검사를 반복하는 경우 프로그램 참여자들의 시험에 대한 친숙도가 높아져서 측정값에 부적절한 영향을 미친다.

⑦ 도구요인
프로그램 집행 전과 집행 후에 측정자의 측정기준이 달라지거나 측정수단이 변화함에 따라 정책효과가 왜곡된다.

⑧ 모방(개입의 확산)

분리된 집단들을 비교하는 조사연구에서 적절한 통제가 이루어지지 않은 경우, 실험집단과 통제집단의 상호교류에 의해 실험집단의 영향이 통제집단에 이식될 수 있다.

⑨ 인과적 시간-순서(인과관계방향의 모호성)

변수들 간의 시간적 우선성이 모호한 경우, 원인변수와 결과변수 사이의 인과관계의 방향을 결정하기가 곤란하다.

4. 외적 타당도를 저해하는 요인

① 연구표본의 대표성

조사연구의 제반조건들이 모집단의 일반적인 상황과 유사해야 실험결과를 일반화할 수 있다.

② 조사반응성(반응효과)

연구자가 관찰하는 동안 조사대상자가 연구자의 바람에 따라 반응하거나 스스로 조사대상임을 의식하여 평소와 다른 반응을 보이는 경우 일반화의 정도는 낮아진다.

5. 타당도의 제고방법

① 내적 타당도의 제고방법
- 무작위할당(Random Assignment) : 연구대상을 실험집단과 통제집단으로 무작위로 배치함으로써 두 집단이 동질적이 되도록 한다.
- 배합(Matching) : 연구주제에 영향을 미칠 수 있는 주요변수들을 미리 알아내어 이를 실험집단과 통제집단에 동일하게 분포되도록 한다.
- 통계적 통제(Statistical Control) : 실험설계를 통해 통제할 필요성이 있는 변수들을 독립변수로 간주하여 실험을 실시한 다음, 그 결과를 통계적으로 분석하여 해당변수의 영향을 통제한다.

② 외적 타당도의 제고방법
- 모집단에 대한 타당성(Population Validity) : 표본의 대표성을 높이는 방법으로서, 표본자료가 모집단의 특성을 충분히 반영하고 있는지 파악한다.
- 환경에 의한 타당성(Ecological Validity) : 연구결과가 연구환경을 벗어나 보다 현실적이면서 다양한 환경에서도 적용될 수 있는지 검토한다.

OX Quiz

무작위할당이란 외적 타당도의 제고방법으로서, 연구대상을 실험집단과 통제집단으로 무작위로 배치하여 두 집단을 동질적으로 만드는 것을 말한다.
정답 X(내적 타당도 제고방법임)

OX Quiz

연구결과가 연구환경을 벗어나 보다 현실적이면서 다양한 환경에서도 적용될 수 있는지 검토하는 것은 타당도의 제고방법 중 모집단에 대한 타당성에 해당한다.
정답 X(환경에 의한 타당성)

핵심예제 08

09, 12, 16년 기출

심리검사가 측정하고자 하는 내용이나 속성을 실제 얼마나 잘 측정하는지를 나타내는 개념은 무엇인가?

① 표준화
② 난이도
③ 타당도
④ 신뢰도

해설 체크!

측정은 일정한 규칙에 의거하여 대상의 속성에 값을 부여하는 과정으로서, 측정의 과정상에서의 타당도(Validity)는 측정하고자 하는 개념이나 속성을 얼마나 실제에 가깝게 정확히 측정하고 있는가의 정도를 나타낸다. 다시 말해 타당도는 수치로 나타내고자 하는 개념을 구체적인 수치로 반영하는 정확성의 정도를 의미한다. 반면, 신뢰도(Reliability)는 측정도구를 동일한 현상에 반복적용할 때 동일한 결과를 얻게 되는 일관성의 정도를 의미한다.

정답 ③

9 타당도의 추정방법

24년 기출

1. 내용타당도(Content Validity)

17, 21, 24년 기출

① 논리적 타당도(Logical Validity)라고도 하며, 측정항목이 연구자가 의도한 내용대로 실제로 측정되고 있는가 하는 문제이다.
② 측정도구가 측정대상이 가지고 있는 많은 속성 중의 일부를 대표성 있게 포함하는 경우 타당도가 있다고 본다.
③ 논리적 사고에 입각한 논리적인 분석과정으로 판단하는 주관적인 타당도로서, 객관적인 자료에 근거하지 않는다.
   > 예 10대 청소년들의 부모에 대한 관심도를 측정하기 위한 두 가지 측정도구로서, 하나는 청소년들이 자신의 부모를 좋아하는지 묻는 문항, 다른 하나는 청소년들이 자신의 부모에 대해 얼마나 알고 있는지 묻는 문항을 개발했다고 할 때, 어느 정도는 후자가 부모에 대한 관심도를 측정하기에 적합하다고 판단할 수 있다.
④ 측정도구의 내용타당도는 문항구성 과정이 그 개념을 얼마나 잘 반영하고 있는지, 그리고 해당 문항들이 각 내용영역들의 독특한 의미를 얼마나 잘 나타내주고 있는지를 의미한다.
⑤ 안면타당도 또는 액면타당도(Face Validity)는 내용타당도와 마찬가지로 측정항목이 연구자가 의도한 내용대로 실제로 측정하고 있는가를 의미한다. 내용타당

기출키워드

21년 3회 / 24년 1회

안면타당도
검사문항들이 측정하고자 하는 내용들을 얼마나 잘 평가하는지 보기 위하여 일반인에게 묻는 방법이다.

도가 전문가의 평가 및 판단에 근거한 반면, 안면타당도는 전문가가 아닌 일반인의 일반적인 상식에 준하여 분석한다.

2. 기준(준거)타당도(Criterion Validity)

① 기준(준거)관련타당도(Criterion-Related Validity), 실용적 타당도(Pragmatic Validity) 또는 경험적 타당도(Empirical Validity)라고도 한다.
② 경험적 근거에 의해 타당도를 확인하는 방법으로서, 이미 전문가가 만들어놓은 신뢰도와 타당도가 검증된 측정도구에 의한 측정결과를 기준으로 한다.
③ 통계적으로 타당도를 평가하는 것으로서, 사용하고 있는 측정도구의 측정값과 기준이 되는 측정도구의 측정값 간의 상관관계에 관심을 둔다.
④ 연구하려는 속성을 측정해 줄 것으로 알려진 외적준거(기준)와 측정도구의 측정결과(척도의 점수) 간의 관계를 비교함으로써 타당도를 파악한다. 즉, 타당화하려는 검사와 외적준거 간에는 상관이 높아야 하고, 어떤 검사를 실시하여 얻은 점수로부터 수검자의 다른 행동을 예측할 수 있어야 한다.
⑤ 기준타당도는 동시타당도 또는 공인타당도(Concurrent Validity)와 예측타당도 또는 예언타당도(Predictive Validity)로 구분된다.

동시타당도 (공인타당도)	새로 제작한 검사의 타당도를 위해 기존에 타당도를 보장받고 있는 검사와의 유사성 혹은 연관성에 의해 타당도를 검증하는 방법이다. 예 재직자에게 응시자용 문제를 제시하여 시험을 실시한 후 재직자의 평소 근무실적과 시험성적을 비교하여 근무실적이 좋은 재직자가 시험에서도 높은 성적을 얻었다면, 해당 시험은 동시타당도를 갖추었다고 볼 수 있다.
예측타당도 (예언타당도)	어떠한 행위가 일어날 것이라고 예측한 것과 실제 대상자 또는 집단이 나타낸 행위 간의 관계를 측정하는 것이다. 예 신입직원 선발시험에서 높은 성적을 얻은 사람이 이후 근무실적에서도 높은 점수를 얻었다면, 해당 선발실험은 근무실적을 잘 예측한 것으로 볼 수 있다.

3. 개념타당도(Construct Validity)

① 구성타당도, 구인타당도 또는 구조적 타당도라고도 한다.
② 조작적으로 정의되지 않은 인간의 심리적 특성이나 성질을 심리적 개념으로 분석하여 조작적 정의를 부여한 후, 검사점수가 조작적 정의에서 규명한 심리적 개념들을 제대로 측정하였는가를 검정하는 방법이다.
③ 여기에서 개념(Construct)이란 심리적 특성이나 행동양상을 설명하기 위해 존재를 가정하는 심리적 요인을 말하는 것으로서, 창의성검사의 경우 이해성, 도전성, 민감성 등을 개념이라고 할 수 있다.

④ 개념타당도는 응답자료가 계량적 방법에 의해 검정되므로, 과학적이고 객관적이라 할 수 있다.
⑤ 개념타당도를 분석하는 방법으로는 수렴타당도 또는 집중타당도(Convergent Validity), 변별타당도 또는 판별타당도(Discriminant Validity), 요인분석(Factor Analysis)이 있다.

수렴타당도 (집중타당도)	검사결과가 이론적으로 해당 속성과 관련 있는 변수들과 어느 정도 높은 상관관계를 가지고 있는지를 측정한다. 예 지능지수(IQ)와 학교성적과 같이 검사결과가 이론적으로 연관되어 있는 변수들 간의 상관관계를 측정하는 경우 두 검사 간의 상관계수가 높게 나타났다면, 새로운 지능검사는 지능이라는 개념을 잘 측정한 것으로 볼 수 있다.
변별타당도 (판별타당도)	검사결과가 이론적으로 해당 속성과 관련 없는 변수들과 어느 정도 낮은 상관관계를 가지고 있는지를 측정한다. 예 지능지수(IQ)와 외모와 같이 검사결과가 이론적으로 연관되어 있지 않은 변수들 간의 상관관계를 측정하는 경우 두 검사 간의 상관계수가 높게 나타났다면, 새로운 지능검사는 지능이라는 개념을 잘 측정하지 못한 것으로 볼 수 있다.
요인분석	검사를 구성하는 문항들의 상관관계를 분석하여 상관이 높은 문항들을 묶어주는 통계적 방법이다. 예 수학과 과학 문항들을 혼합하여 하나의 시험으로 치르는 경우, 수학을 잘 하는 학생의 경우 수학문항들에 대해, 과학을 잘 하는 학생의 경우 과학문항들에 대해 좋은 결과를 나타내 보일 것이므로 해당 문항들은 두 개의 군집, 즉 요인으로 추출될 것이다.

> **참고**
>
> 다속성·다측정방법(중다특성·중다방법) 행렬표(MTMM ; Multitrait-Multimethod Matrix)
> - 한 번에 수렴타당도와 변별타당도를 동시에 확인할 수 있는 방법이다.
> - 둘 이상의 특성에 대해 둘 이상의 방법으로 측정하여 그 결과를 분석하는 방법으로서, 동일한 특성에 대해 서로 다른 방법으로 측정하여 그 결과가 어느 정도 상관관계를 나타내는지 확인하는 것이다.
> - 다속성·다측정방법 행렬표는 다음의 절차에 따라 진행된다.
>
> | | |
> |---|---|
> | 제1단계 | 동일한 속성들을 이질적인 방법으로 측정한 결과로 해당 점수들 간의 상관계수가 높은지 확인한다. |
> | 제2단계 | 제1단계에서의 상관계수가 이질적인 속성들을 동일한 방법으로 측정한 결과 나타난 점수들 간의 상관계수와 비교하여 보다 높은 수준을 나타내는지 확인한다. |
> | 제3단계 | 제2단계에서의 상관계수가 이질적인 속성들을 이질적인 방법으로 측정한 결과 나타난 점수들 간의 상관계수와 비교하여 보다 월등히 높은 수준을 나타내는지 확인한다. |

OX Quiz
개념타당도는 구성타당도, 구인타당도 또는 구조적 타당도라고도 한다.
정답 O

OX Quiz
요인분석이란 검사를 구성하는 문항들의 상관관계를 분석하여 상관이 높은 문항들을 묶어주는 통계적 방법이다.
정답 O

> **핵심예제 09**　　　　　　　　　　　　　　　　　　　05, 10, 17, 24년 기출
>
> 다음 중 검사가 측정하고자 하는 속성을 제대로 측정하였는지를 논리적 사고에 입각한 논리적 분석과정을 통해 주관적으로 판단하는 타당도는?
>
> ① 공인타당도
> ② 구인타당도
> ③ 내용타당도
> ④ 예측타당도
>
> ● 해설 체크! ●
>
> 내용타당도(Content Validity)는 논리적 사고에 입각한 논리적 분석과정을 통해 주관적으로 판단하는 타당도로서 논리적 타당도(Logical Validity)라고도 한다.
>
> 정답 ③

10 객관적 검사와 투사적 검사

1. 객관적 검사(Objective Tests)　　　　　　　21년 기출

① 객관적 검사는 검사과제가 구조화되어 있으므로 구조적 검사(Structured Tests)라고도 한다.
② 검사에서 제시되는 문항의 내용이나 그 의미가 객관적으로 명료화되어 있으므로 모든 사람에게서 동일한 방식의 해석이 내려질 것을 기대하는 검사이다.
③ 검사에서 평가되는 내용이 검사의 목적에 부합하여 일정하게 준비되어 있으며, 수검자가 일정한 형식에 따라 반응하도록 되어 있다.
④ 검사결과를 통해 나타나는 개인의 특성 및 차이는 각각의 문항들에 대한 반응점수를 합산한 후 그 차이를 평가하는 과정으로 전개된다.
⑤ 객관적 검사의 목적은 개인의 독특성을 측정하기보다는 개인마다 공통적으로 지니고 있는 특성이나 차원을 기준으로 하여 개인들을 상대적으로 비교하는 데 있다.
　예 한국판 성인용웩슬러지능검사(K-WAIS), 한국판 웩슬러아동용지능검사(K-WISC-Ⅲ) 등의 지능검사와 미네소타다면적인성검사(MMPI), 마이어스-브릭스성격유형검사(MBTI), 기질 및 성격검사(TCI), 16성격요인검사(16PF) 등이 해당한다.

기출키워드

21년 1회

객관적 검사

※ 필기시험에는 자기보고 검사(객관적 검사)에 관한 설명으로 옳은 것을 고르도록 하는 문제가 출제되었습니다.

2. 투사적 검사(Projective Tests) `21년 기출`

① 투사적 검사는 비구조적 검사과제를 제시하여 개인의 다양한 반응을 무제한적으로 허용하므로 비구조적 검사(Unstructured Test)라고도 한다.
② 검사지시방법이 간단하고 일반적인 방식으로 주어지며, 개인의 독특한 심리적 특성을 측정하는 데 주목적을 둔다.
③ 투사적 검사에서 수검자의 특성은 명료한 검사자극에 대한 수검자의 의도적·가장적 반응이 아닌 모호한 검사자극에 대한 수검자의 비의도적·자기노출적 반응으로 나타난다.
④ 머레이(Murray)는 검사자극내용이 모호할수록 수검자가 지각적 자극을 인지적으로 해석하는 과정에서 심리구조의 영향을 더욱 강하게 받는다고 주장하였다.
⑤ 검사자극내용을 불분명하게 함으로써 막연한 자극을 통해 수검자가 자신의 내면적인 욕구나 성향을 외부에 자연스럽게 투사할 수 있도록 유도한다.

예 로샤검사(Rorschach Test), 주제통각검사(TAT), 집–나무–사람검사(HTP), 문장완성검사(SCT), 인물화검사(Draw–A–Person) 등이 해당한다.

3. 객관적 검사와 투사적 검사의 장·단점 비교 `16년 기출`

구 분	객관적 검사	투사적 검사
장 점	• 신뢰도와 타당도 수준이 비교적 높다. • 검사의 시행·채점·해석이 용이하다. • 검사자나 상황변인의 영향을 덜 받는다. • 검사자의 주관성이 배제되어 객관성이 보장된다.	• 수검자의 독특한 반응을 이끌어낸다. • 수검자의 방어적 반응이 어려우므로 솔직한 응답이 유도된다. • 수검자의 풍부한 심리적 특성 및 무의식적 요인이 반영된다.
단 점	• 사회적 바람직성(Social Desirability), 반응경향성(Orientation), 묵종경향성(Acquiescence)에 영향을 받는다. • 수검자의 감정이나 신념, 무의식적 요인을 다루는 데 한계가 있다. • 문항내용 및 응답의 범위가 제한된다.	• 신뢰도와 타당도의 검증이 어렵다. • 검사의 채점 및 해석에 있어서 높은 전문성이 요구된다. • 검사자나 상황변인의 영향을 받아 객관성이 결여된다.

핵심예제 10 `04, 06, 16년 기출`

투사적 성격검사와 비교하여 볼 때, 객관적 성격검사의 장점은?

① 객관성의 증대
② 반응의 다양성
③ 방어의 곤란
④ 무의식적 내용의 반응

OX Quiz

검사지시방법이 간단하고 일반적인 방식으로 주어지며, 개인의 독특한 심리적 특성을 측정하는 데 주목적을 두는 검사는 객관적 검사이다.

정답 X(투사적 검사)

기출키워드
22년 3회 / 24년 1회, 3회 / 25년 2회

집–나무–사람(HTP) 검사

투사적 그림검사로서 수검자에게 집, 나무, 사람의 순서대로 그림을 각각 그리게 한 뒤 그림의 해석을 통해 성격, 행동 양식 및 대인관계를 파악할 수 있다. 예를 들면, 나무의 가지와 사람의 팔은 대인관계에 대한 욕구를 탐색할 수 있는 정보를 제공한다고 해석한다.

OX Quiz

신뢰도와 타당도의 검증이 어려운 것은 투사적 검사이다.

정답 O

> **해설 체크!**
>
> 투사적 검사는 검사자나 상황변인의 영향으로 인해 객관성이 결여되는 반면, 객관적 검사는 검사자나 상황변인의 영향을 덜 받음으로써 객관성이 보장된다.
>
> 정답 ①

11 표본추출(표집)　　15, 20년 기출

1. 의의 및 특징

① 표본추출 또는 표집(Sampling)은 모집단 가운데 자료를 수집할 일부의 대상을 표본으로 선택하는 과정이다.

② 표본은 모집단의 일부를 지칭하고, 표집은 조사대상을 체계적인 방법으로 선정하는 절차를 의미한다.

③ 표집의 주된 목적은 표본으로부터 획득한 표본의 특성인 통계(Sample Statistic)를 사용하여 모집단의 특성(Parameter)을 추론하는 데 있다.

④ 표본추출(표집)은 조사결과가 모집단을 얼마나 잘 대표하고 있느냐 하는 대표성(Representativeness)도 중요하지만, 이에 못지않게 어느 정도 크기의 표본을 선정하는 것이 일정한 정확성을 적은 비용으로도 가질 수 있도록 해주는가 하는 적절성(Adequacy)의 문제도 중요하다.

2. 표본의 크기와 표집오차　　24년 기출

① 표집오차(Sampling Error)는 표집하는 과정에서 발생하는 오차로서, 모수와 표본의 통계치 간의 차이, 즉 표본의 대표성으로부터의 이탈 정도를 나타낸다.

② 표본의 크기는 필요한 통계학적 신뢰도를 확보할 수 있을 만큼 커야 한다. 또한 비용이 허락하는 범위 내에서 가장 효과적으로 필요한 정보를 얻을 수 있어야 한다.

③ 표본의 크기가 커질수록 비용은 많이 들지만, 모수와 통계치의 유사성이 커지며, 표집오차가 일정수준 줄어듦으로써 조사의 신뢰성을 높일 수 있다. 반면, 표본의 크기가 작을수록 비용은 적게 들지만 조사의 정확성은 떨어진다.

④ 표본의 크기가 커질수록 표본결과의 정밀도가 정비례하여 증가하는 것은 아니다. 오히려 비표집오차의 개입으로 인해 조사의 정확성이 떨어질 수도 있다.

⑤ 동일한 표집오차를 가정한다면, 분석변수가 많아질수록 표본의 크기는 커져야 한다.

> **OX Quiz**
>
> 표본은 조사대상을 체계적인 방법으로 선정하는 절차를 의미한다.
>
> 정답 X(표집)

3. 표본추출 또는 표집의 과정

① 제1단계 : 모집단 확정
   연구결과의 일반화를 위한 대상을 확정하는 것으로서, 모집단은 조사대상이 되는 집단을 의미한다. 모집단을 확정하기 위해서는 연구대상, 표본단위, 연구범위, 기간 등을 명확히 한정해야 한다.

② 제2단계 : 표집틀 선정
   표집틀은 모집단 내에 포함된 조사대상자들의 명단이 수록된 목록을 말한다. 표집틀은 모집단의 구성요소를 모두 포함하는 반면, 각각의 요소가 이중으로 포함되지 않는 것이 좋다.

③ 제3단계 : 표집방법 결정
   표집틀이 선정되면 모집단의 대표성을 확보할 수 있는 표집방법을 결정한다. 표집방법에는 크게 확률표본추출방법과 비확률표본추출방법이 있다.

④ 제4단계 : 표집크기 결정
   표집방법이 결정되면 표본의 크기 또는 표집크기를 결정한다. 모집단의 성격, 시간 및 비용, 조사원의 능력 등은 물론 표본오차를 나타내는 정확도와 신뢰도를 고려하여 표본의 크기를 결정한다.

⑤ 제5단계 : 표본추출
   결정된 표집방법을 통해 본격적으로 표본을 추출한다. 추출방식에 따라 난수표 등을 이용할 수 있으며, 결과의 일반화가능성을 항상 염두에 두어야 한다.

4. 확률표본추출방법

17, 21, 25년 기출

① 단순무작위표집(Simple Random Sampling)
   모집단을 구성하는 각 구성요소가 표본으로 뽑힐 확률이 동등하고 0이 아닌 경우 난수표, 제비뽑기, 컴퓨터를 이용한 난수의 추출방법 등을 사용하여 무작위로 추출하는 방법이다.

② 계통표집 또는 체계적 표집(Systematic Sampling)
   모집단 목록 자체가 일정한 주기성을 가지지 않는다는 전제하에 목록의 구성요소에 대해 일정한 표집간격에 따라 매 K번째 요소를 추출하는 방법이다.

③ 층화표집 또는 유층표집(Stratified Sampling)
   모집단의 어떤 특성에 대한 사전지식을 토대로 해당 모집단을 동질적인 몇 개의 층(Strata)으로 나눈 후 이들 각각으로부터 적정한 수의 요소를 무작위로 추출하는 방법이다.

기출키워드
22년 1회
표집방법
※ 필기시험에는 모집단에서 규준집단을 표집하는 방법과 가장 거리가 먼 것을 고르도록 하는 문제가 출제되었습니다.

OX Quiz
모집단 목록 자체가 일정한 주기성을 가지지 않는다는 전제하에 목록의 구성요소에 대해 일정한 표집간격에 따라 매 K번째 요소를 추출하는 방법을 계열표집 또는 체계적 표집이라고 한다.
정답 X(계열표집 → 계통표집)

④ 집락표집 또는 군집표집(Cluster Sampling)

모집단 목록에서 여러 가지 이질적인 구성요소를 포함하는 여러 개의 집락(집단)을 구분한 후, 집락을 표집단위로 하여 무작위로 몇 개의 집락을 표본으로 추출한 다음 표본으로 추출된 집락의 구성요소를 전수조사하는 방법이다.

5. 비확률표본추출방법

① 할당표집(Quota Sampling) `19년 기출`
  - 모집단의 어떤 특성에 대한 사전지식을 토대로 모집단을 일정한 카테고리로 나눈 후, 이들 카테고리에서 할당된 수를 작위적으로 추출하는 방법이다.
  - 모집단의 대표성이 비교적 높으나, 카테고리 분류과정에서 편견이 개입될 소지가 많다.

② 유의표집 또는 판단표집(Purposive Sampling)
  - 연구자가 모집단에 대한 지식이 많은 경우 사용하는 방법으로, 연구자의 주관적인 판단에 따라 연구목적달성에 도움이 되는 구성요소를 의도적으로 추출하는 방법이다.
  - 연구자의 주관적 판단의 타당성 여부에 따라 표집의 질이 결정된다.

③ 임의표집 또는 편의표집(Convenient Sampling)
  - 모집단에 대한 정보가 없고 구성요소 간의 차이가 별로 없다고 판단될 때 사용하는 방법으로, 표본선정의 편리성에 기초하여 임의로 추출하는 방법이다.
  - 표본의 대표성을 확신할 수 없으며, 결과를 일반화하는 데 한계가 있다.

④ 누적표집 또는 눈덩이표집(Snowball Sampling)
  - 첫 단계에서 연구자가 임의로 선정한 제한된 표본에 해당하는 사람으로부터 추천을 받아 다른 표본을 선정하는 과정을 되풀이하여 마치 눈덩이를 굴리듯이 추출하는 방법이다.
  - 추천하는 사람의 주관에 의한 편견이 개입될 수 있으므로 결과의 일반화가 어려우며, 계량화에 한계가 있다.

6. 표본추출의 장·단점

장 점	• 모집단 전체를 연구할 경우 예상되는 막대한 시간과 비용의 소모를 절감할 수 있다. • 자료수집, 집계 및 분석과정을 신속하게 처리할 수 있다. • 전수조사가 불가능한 경우에 적용할 수 있다. • 비표본오차의 감소와 조사대상의 오염방지를 통해 전수조사보다 더욱 정확한 자료획득이 가능하다. • 전수조사보다 더 많은 조사항목을 포함할 수 있으므로 다방면의 정보획득이 가능하다.

기출키워드

`20년 1회`

추정의 표준오차
(Standard Error of Estimate)

- 두 변인 X와 Y 간에 일반적인 직선관계가 있을 때 알려져 있는 어떤 X값에 대응하는 Y값을 예측하게 하는 직선의 방정식을 세울 수 있는데, 이를 '회귀방정식'이라 한다.
- 추정의 표준오차는 회귀의 정확성을 측정하기 위한 것으로, 표본들의 자료점들이 표본회귀선 주위로 흩어진 변동을 측정한다.
- 추정의 표준오차가 클수록 자료점들이 표본회귀선에서 널리 흩어지고, 추정의 표준오차가 작을수록 자료점들이 표본회귀선으로 모여들게 된다.

`19년 3회`

눈덩이표집

비확률표집의 일종으로 소재 확인이 가능한 소수의 연구대상자를 접촉하여 필요한 자료를 수집한 후, 이들을 통하여 다른 연구대상자들에 대한 정보를 수집하여 점차적으로 표본의 수를 확대해 나가는 것이다.

단 점	• 표본의 대표성문제가 제기되는 경우 일반화의 가능성이 낮아진다. • 모집단의 크기가 작은 경우 표집 자체가 무의미하다. • 표본설계가 복잡한 경우 시간과 비용의 낭비를 가져온다.

핵심예제 11
15, 20, 24년 기출

표본조사에 대한 설명으로 틀린 것은?

① 연구자가 모집단의 모든 성원을 조사할 수 없을 때 표본을 추출한다.
② 모집단의 특성을 일반화하기 위해서 표본은 모집단의 부분집합이어야 한다.
③ 표본의 특성을 모집단에 일반화하기 위해서 무선표집을 사용한다.
④ 표본추출에서 표본의 크기가 작을수록 표집오차도 줄어든다.

해설 체크!
표집오차는 표집하는 과정에서 발생하는 오차로서, 이는 표본의 크기가 커질수록 일정 수준 줄어들게 된다.

정답 ④

12 지능
20, 21, 24년 기출

1. 지능에 대한 학자들의 견해

① 웩슬러(Wechsler) : 지능은 개인이 합목적적으로 행동하고 합리적으로 사고하며, 환경을 효율적으로 다룰 수 있는 총체적인 능력이다.
② 비네(Binet) : 지능은 일정한 방향을 설정하고 그것을 유지하는 능력, 목표달성을 위해 일하는 능력, 행동의 결과를 수정하는 능력이다.
③ 터만(Terman) : 지능은 추상적 사고를 하는 능력, 즉 다양한 문제들을 해결하기 위해 추상적 상징을 사용하는 능력이다.
④ 스피어만(Spearman) : 지능은 사물의 관련성을 추출할 수 있도록 하는 정신작용이다.
⑤ 서스톤(Thurston) : 지능은 추상적 개념과 구체적 사실을 연관시킬 수 있는 능력이다.
⑥ 피아제(Piaget) : 지능은 단일형식의 조직이 아닌 적응과정을 통해 동화와 조절이 균형을 이루는 형태를 말한다.

기출키워드

20년 1회

지능

• 고정불변의 것이 아니라 변화하는 과정이다.
• 유전적·환경적 결정요인을 지니고 있다.
• 지능검사를 통하여 측정되는 개인의 지능은 유전적 결정요인 뿐만 아니라 초기 교육적 환경, 후기 교육과 직업 경험, 현재의 정서적 상태 및 기질적·기능적 정신장애, 검사 당시의 상황요인의 상호작용 결과로 나타나는 개인의 전체적·잠재적인 적응능력을 말한다.

⑦ 스턴(Stern) : 지능은 사고를 작동시켜 새로운 요구에 의식적으로 적응하는 일반적 능력이다.
⑧ 핀트너(Pintner) : 지능은 새로운 환경에 자신을 적응시키는 능력이다.
⑨ 게이츠(Gates) : 지능은 학습하는 능력 또는 다양하고 광범위한 사실들을 파악하는 복합화된 능력이다.
⑩ 디어본(Dearborn) : 지능은 학습된 능력, 즉 경험에 의해 습득되는 능력이다.
⑪ 프리만(Freeman) : 지능은 지능검사에 의해 측정된 것이다.

> **OX Quiz**
> 디어본은 지능은 지능검사에 의해 측정된 것이라고 보았다.
> 정답 X(프리만)

2. 지능의 일반적 정의 `17년 기출`

① 학습능력
- 지능은 교육을 받을 수 있는 능력 또는 유익한 것을 학습할 수 있는 능력이다.
- 지능이 높은 사람은 학습할 수 있는 능력이 높은 반면, 지능이 낮은 사람은 학습할 수 있는 능력이 낮다.
- 주요학자 : 게이츠(Gates), 디어본(Dearborn) 등

② 적응능력
- 지능은 전체 환경에 대한 적응력이자, 생활상의 새로운 문제와 상황에 대처하는 정신적 적응력이다.
- 지능이 높은 사람은 새로운 환경의 변화에 비교적 잘 적응하는 반면, 지능이 낮은 사람은 잘 적응하지 못하는 양상을 보인다.
- 주요학자 : 피아제(Piaget), 스턴(Stern), 핀트너(Pintner) 등

③ 추상적 사고능력
- 지능은 추상적인 사고를 할 수 있는 능력이자, 이를 구체적인 사실과 연관시킬 수 있는 능력이다.
- 지능이 높은 사람은 자신이 소유한 지식을 통해 구체화된 현상을 파악하는 동시에 이를 서로 연관시킬 수 있다.
- 주요학자 : 터만(Terman), 스피어만(Spearman), 서스톤(Thurston) 등

④ 종합적 · 전체적 능력(포괄적 정의)
- 지능은 어떠한 목적을 향해 합리적으로 행동하고 체계적으로 사고하며, 환경을 효과적으로 다루는 유기체의 종합적인 능력이다.
- 지능이 높은 사람은 학습능력, 적응능력, 추상적 사고능력 등을 통해 성공적인 생활을 영위할 수 있다.
- 주요학자 : 웩슬러(Wechsler) 등

OX Quiz

지능은 전체 환경에 대한 적응력이자, 생활상의 새로운 문제와 상황에 대처하는 정신적 적응력이라고 주장하는 학자로는 핀트너가 있다.

정답 O

⑤ 조작적 정의
- 지능은 지능검사에 의해 측정된 것이다.
- 이것은 정의로서는 명확하나 지능의 정신적인 본질에 관한 내용을 담고 있지 못하다.
- 주요학자 : 프리만(Freeman), 보링(Boring) 등

3. 지능검사의 목적

① 전반적인 지적 능력수준을 평가한다.
② 지적 기능 및 인지적 특성을 파악한다.
③ 기질적 뇌손상 또는 뇌손상에 따른 인지적 손상을 평가한다.
④ 임상적 진단을 명료화한다.
⑤ 지능검사의 결과를 토대로 합리적인 치료목표를 수립한다.
⑥ 성격과 자아기능의 역동에 관한 정보를 제공한다.

4. 개인용지능검사와 집단용지능검사　　　　　　　　　　17, 18년 기출

개인용 지능검사	• 수검자 한 사람을 대상으로 검사를 실시하도록 되어 있는 검사를 말한다. • 개인용지능검사에서는 수검자의 행동을 빠짐없이 관찰할 수 있으므로 수검자의 심리상태나 결함 혹은 장점을 파악하는 데 도움이 된다. • 상대적으로 높은 신뢰성과 타당성, 임상적인 유용성을 기대할 수 있다. • 실시의 복잡성, 검사자를 위한 고도의 훈련과 기술의 요구, 오랜 검사시간 등의 단점이 있다.
집단용 지능검사	• 한 번에 여러 사람에게 동시에 실시할 수 있도록 구성되어 있는 검사를 말한다. • 검사의 실시와 채점, 해석이 간편하며, 상대적으로 시간 및 비용을 절감할 수 있다. • 선별검사(Screening Test)로 사용하기에 적합하다. • 검사장면에서 발생할 수 있는 여러 가지 오차요인을 통제하기 곤란하므로 신뢰성이 떨어지며, 개인용지능검사에 비해 임상적인 유용성이 낮다는 단점이 있다.

OX Quiz

집단용지능검사에는 상대적으로 높은 신뢰성과 타당성, 임상적 유용성을 기대할 수 있다.

정답 X(개인용지능검사)

핵심예제 12　　　　　　　　　　05, 07, 10, 17년 기출

집단용지능검사의 특징으로 옳은 것은?

① 개인용검사에 비해 지적 기능을 보다 신뢰성 있게 파악할 수 있다.
② 실시와 채점, 해석이 간편하다.
③ 개인용검사에 비해 임상적인 유용성이 높다.
④ 선별검사(Screening Test)로 사용하기에는 적합하지 않다.

> **해설 체크!**
> ① 개인용검사에 비해 지적 기능을 보다 신뢰성 있게 파악할 수 없다.
> ③ 개인용검사에 비해 임상적인 유용성이 낮다.
> ④ 선별검사로 사용하기에 적합한 반면 정밀검사로 사용하기에는 적합하지 않다.
>
> 정답 ②

13 지능에 대한 연구
13, 15, 19, 20, 21, 22, 24년 기출

1. 스피어만(Spearman)의 2요인설
24년 기출

① 지능에 대한 최초의 요인분석으로서, 스피어만은 여러 지적 능력에 관한 검사와 이들 검사 간에 존재하는 상관관계를 설명하는 요인(Factor)의 개념을 도입하였다.

② 지능은 모든 개인이 공통적으로 가지고 있는 일반요인(General Factor)과 함께 언어나 숫자 등 특정한 부분에 대한 능력으로서 특수요인(Special Factor)으로 구성된다.

③ 일반지능이 낮더라도 음악이나 미술 등 예능에서 천재성을 보이는 경우가 있으며, 이는 일반요인이 아닌 특수요인에 의한 것이다.

일반요인 (G Factor)	생득적인 것으로서, 모든 유형의 지적 활동에 공통적으로 작용한다. 예 이해력, 관계추출능력, 상관추출능력 등
특수요인 (S Factor)	일반요인만으로 해결하기 어려운 특수한 과제를 수행하기 위해 작용한다. 예 언어능력, 수리능력, 정신적 속도, 상상력 등

2. 손다이크(Thorndike)의 다요인설

① 손다이크는 지능을 진리 또는 사실의 견지에서 올바른 반응을 행하는 능력으로 정의하였다.

② 지능은 추상적 지능, 구체적(실제적) 지능, 사회적 지능으로 구성되어 있다.

- 추상적 지능 : 언어나 수 등 상징적 기호를 처리하는 능력
- 구체적(실제적) 지능 : 동작에 의해 사물을 조작하는 능력
- 사회적 지능 : 다른 사람을 이해하거나 사람과 협력하는 능력

③ 손다이크가 제시한 구체적(실제적) 지능은 웩슬러(Wechsler)의 동작성지능이나 비요(Viaud)의 실용적 지능으로 발전하였으며, 사회적 지능은 돌(Doll)의 사회성숙척도에 영향을 미쳤다.

기출키워드
19년 1회 / 21년 3회
지능에 대한 연구
※ 필기시험에는 지능에 관한 연구자와 주장의 연결이 틀린 것을 고르도록 하는 문제가 출제되었습니다.

OX Quiz
다요인설은 지능을 진리 또는 사실의 견지에서 올바른 반응을 행하는 능력으로 정의한 지능에 대한 최초의 요인분석이다.
정답 X(최초의 요인분석 아님)

OX Quiz

서스톤은 지능을 진리 또는 사실의 견지에서 올바른 반응을 행하는 능력으로 정의하였다.

정답 X(손다이크)

3. 서스톤(Thurstone)의 다요인설
`24년 기출`

① 서스톤은 대학생들을 대상으로 다양한 종류의 지능검사를 실시한 후 이를 요인분석적 방법으로 연구하였다.

② 지능은 각각 독립적인 기능을 가지고 있는 개별적인 능력들로 구성되어 있다고 주장함으로써 불분명한 일반지능의 실체를 강조한 일반지능설의 한계를 극복하고자 한다.

③ 지능은 언어이해(Verbal Comprehension), 수(Numerical), 공간시각(Spatial Visualization), 지각속도(Perceptual Speed), 기억(Memory), 추리(Reasoning), 단어유창성(Word Fluency) 등 7가지 요인으로 구성된다.

4. 길포드(Guilford)의 복합요인설(입체모형설)
`15, 19, 21년 기출`

① 길포드는 서스톤의 7가지 기본정신능력에 관한 이론을 발전시켜 기존의 지능에 대한 협소한 계열을 확대하였다.

② 지능은 다양한 방법에 의해 상이한 정보들을 처리하는 다각적 능력들의 체계적인 집합체이다.

③ 지능구조는 내용(Content), 조작(Operation), 결과(Product)의 3차원적 입체모형으로 이루어지며, 이들의 상호작용에 의한 180개의 조작적 지적 능력으로 구성된다.

④ 내용(Content)은 사고의 대상으로서 주어진 정보의 내용에 관한 것이며, 조작(Operation)은 사고의 과정으로서 정보를 처리하고 작동하는 지적 활동에 관한 것이다. 또한 결과(Product)는 사고의 결과로서 정보조작의 결과에 관한 것이다.

기출키워드

19년 3회

길포드 이론의 지능구조
- 내용(사고의 대상)
- 조작(사고의 과정)
- 결과(사고의 결과)

※ 필기시험에서는 길포드 이론의 지능구조 3요소가 아닌 것을 묻는 문제가 출제되었습니다.

21년 1회

조작 요인

※ 필기시험에는 길포드 지능구조 입체모형의 조작 요인에 해당하는 것을 고르도록 하는 문제가 출제되었습니다.

내용 (Content)	• 시각 : 시각적 지각에 대한 정보 • 청각 : 청각적 지각에 대한 정보 • 상징 : 상징적·기호적 정보 • 의미(어의) : 의미 있는 단어나 개념의 의미적 정보 • 행동 : 표정, 동작 등의 행동적 정보
조작 (Operation)	• 평가 : 사고결과의 적절성을 판단하는 평가 • 수렴적 사고(조작) : 이미 알고 있는 지식이나 기억된 정보에서 어떤 지식을 도출해 내는 능력 • 확산적 사고(조작) : 이미 알고 있거나 기억된 지식 위에 전혀 새로운 지식을 창출해 내는 능력 • 기억파지 : 정보의 파지 • 기억저장 : 정보의 저장 • 인지 : 여러 가지 지식과 정보의 발견 및 인지와 관련된 사고력

결과 (Product)	• 단위 : 각 단위의 정보 • 분류 : 공통적인 특성의 공유 • 관계 : 2개 이상 단위들의 종합 • 체계 : 단위의 조직화된 체계 • 전환 : 기존정보에 대한 해석 또는 수정과 적용 • 함축 : 어떤 정보에서 생기는 예측, 기대 또는 시사점

OX Quiz
사고의 과정으로서 정보를 처리하고 작동하는 지적 활동과 관련된 개념은 '상징'이다.
정답 X(조작)

5. 위계적 요인설
14, 16, 21, 22, 24년 기출

① 카텔(Cattell)은 인간의 지능을 유동성지능(Fluid Intelligence)과 결정성지능(Crystallized Intelligence)으로 구분하였다.

② 혼(Horn)은 카텔의 주장을 토대로 유동성지능과 결정성지능의 특징적 양상에 대해 연구하였다.

유동성지능	• 유전적 · 신경생리적 영향에 의해 발달이 이루어지는 반면 경험이나 학습의 영향을 거의 받지 않는다. • 신체적 요인에 따라 청소년기에 이르기까지 발달이 이루어지다가 이후 퇴보현상이 나타난다. • 속도, 기계적 암기, 지각능력, 일반적 추론능력 등이 해당한다. • 웩슬러(Wechsler) 지능검사의 소검사 중 빠진곳찾기, 차례맞추기, 토막짜기, 모양맞추기, 공통성문제, 숫자외우기 등이 유동성지능을 반영한다.
결정성지능	• 경험적 · 환경적 · 문화적 영향의 누적에 의해 발달이 이루어지며, 교육 및 가정환경 등에 의해 영향을 받는다. • 나이가 들수록 더욱 발달하는 경향이 있다. • 언어이해능력, 문제해결능력, 상식, 논리적 추리력 등이 해당한다. • 웩슬러지능검사의 소검사 중 기본지식, 어휘문제, 공통성문제, 이해문제 등이 결정성지능을 반영한다.

③ 일반적으로 웩슬러지능검사의 언어성소검사들은 결정성지능과 연관된다. 반면, 동작성소검사들은 유동성지능과 관련되며, 문제해결능력을 측정한다고 볼 수 있다.

④ 혼은 변형된 지능모델을 통해 웩슬러지능검사의 소검사들을 다음과 같이 4개의 범주로 분류하였다.

결정성(Crystallized)	유동성(Fluid)	기억(Retrieval)	속도(Speed)
• 기본지식 • 어휘문제 • 이해문제 • 공통성문제	• 빠진곳찾기 • 차례맞추기 • 토막짜기 • 모양맞추기 • 공통성문제 • 숫자외우기	• 기본지식 • 산수문제 • 숫자외우기	바꿔쓰기

기출키워드
22년 1회
유동성지능
※ 필기시험에는 보기에서 내용을 설명하고 선지에서 유동성지능을 고르도록 하는 문제가 출제되었습니다.

OX Quiz
혼은 웩슬러지능검사의 소검사들을 결정성, 유동성, 기능, 속도의 4개 범주로 분류하였다.
정답 X(기능 → 기억)

⑤ 환경의 영향을 받는 결정성지능에는 언어성소검사 4개가 포함되며, 유동성지능에는 공통성문제와 숫자외우기의 2개 언어성소검사와 함께 동작성소검사들이 포함된다.
⑥ 공통성문제는 결정성지능과 유동성지능 모두와 관계가 있으며, 기억과 관련된 소검사로서 기본지식은 결정성지능, 숫자외우기는 유동성지능과 연관된다.
⑦ 소검사 특유의 변량이 큰 바꿔쓰기는 운동속도와 연관된다.

6. 가드너(Gardner)의 다중지능이론 `19, 24년 기출`

① 전통적인 지능이론이 지능의 일반적인 측면을 강조하는 데 반해, 가드너는 문제해결능력과 함께 특정 사회적·문화적 상황에서 산물을 창조하는 능력을 강조하였다.
② 인간의 지능은 일반지능과 같은 단일한 능력이 아닌 다수의 능력으로 구성되며, 각각의 능력들의 상대적 중요도는 서로 동일하다.
③ 가드너는 지능을 언어지능(Linguistic Intelligence), 논리-수학지능(Logical-Mathematical Intelligence), 공간지능(Spatial Intelligence), 신체-운동지능(Bodily-Kinesthetic Intelligence), 음악지능(Musical Intelligence), 대인관계지능(Interpersonal Intelligence), 개인 내적 지능(Intra Personal Intelligence) 등 7가지의 독립된 지능으로 구분하였다.
④ 최근에는 자연탐구지능(Naturalist Intelligence) 및 실존적 지능(Existential Intelligence)을 비롯하여, 도덕적 감수성(Moral Sensibility), 성적 관심(Sexuality), 유머(Humor), 직관(Intuition), 창의성(Creativity) 등 다양한 지능의 존재가능성을 제기하고 있다.

7. 스턴버그(Sternberg)의 삼원지능이론

① 스턴버그는 지능을 개인의 내부세계와 외부세계에서 비롯되는 경험의 측면에서 성분적 지능(Componential Intelligence), 경험적 지능(Experiential Intelligence), 상황적(맥락적) 지능(Contextual Intelligence)으로 구분하였다.
② 지능의 3가지 측면을 토대로 한 성분하위이론, 경험하위이론, 상황하위이론은 다시 각각의 세부적인 하위이론들로 나눠짐으로써 위계구조를 이룬다.
③ 삼원지능이론의 각 하위이론들은 내부영역, 경험영역, 외부영역에서 지능의 근원적 요소들을 포착하여 해당 요소들이 어떻게 지적 사고와 행동을 산출하는지 제시한다.

> **OX Quiz**
> 스턴버그는 지능을 성분적 지능, 맥락적 지능, 상황적 지능으로 구분하였다.
> 정답 X(맥락적 지능 → 경험적 지능)

핵심예제 13
19년 기출

지능이론에 대한 설명으로 옳은 것은?

① 서스톤(Thurstone)은 지능을 G요인과 S요인으로 구분하여 지능의 개념을 가정하였다.
② 카텔(Cattell)은 지능을 선천적이며 개인의 경험과 무관한 결정성지능과, 후천적이며 학습된 지식과 관련된 유동성지능으로 구분하였다.
③ 가드너(Gardner)는 다중지능을 기술하여 언어적, 음악적, 공간적 등 여러 가지 지능이 있다고 하였다.
④ 스피어만(Spearman)은 지능을 7개의 요인으로 구성되어 있다고 보는 다요인설을 주장하고, 이를 인간의 기본정신능력이라고 하였다.

• **해설 체크!** •

주요 지능이론

서스톤(Thurstone)의 다요인설(7PMA)	지능은 여러 가지 독립된 기능을 가지고 있는 개별적인 능력들로 구성되어 있다고 주장하며 7가지 요인[언어이해(Verbal Comprehension), 수(Numerical), 공간시각(Spatial Visualization), 지각속도(Perceptual Speed), 기억(Memory), 추리(Reasoning), 단어유창성(Word Fluency)]을 제시
카텔과 혼(Cattell & Horn)의 위계적 요인설	지능을 유전적·신경생리학적 영향에 의해 발달하는 유동성지능(Fluid Intelligence)과 경험적·환경적·문화적 영향의 누적에 의해 발달하는 결정성지능(Crystallized Intelligence)으로 구분
스피어만(Spearman)의 2요인설	지능에 대한 최초의 요인분석을 실시하여 개인이 공통적으로 가지는 '일반요인(G)'과 '특수요인(S)'을 주장

정답 ③

14 웩슬러(Wechsler)지능검사의 이해

20년 기출

1. 웩슬러지능검사의 의의

① 웩슬러지능검사는 데이비드 웩슬러(David Wechsler)가 1939년에 제작한 개인 지능검사로서, 오늘날 스탠포드-비네검사와 더불어 가장 널리 사용되고 있다.
② 웩슬러는 지능을 개인이 합목적적인 행동과 합리적인 사고를 통해 환경을 이해하고 그것에 적응할 수 있는 종합적·전체적인 능력으로 보았다. 그는 지능의 다요인적·중다결정적 측면을 강조하며, 지능이 유전적 요인은 물론 초기의 교육환경, 정서적 상태, 기질적·기능적 정신장애, 검사 당시의 상황 등의 상호작용에 의해 결정된다고 보았다.
③ 웩슬러지능검사는 지능이 다차원적이고 중다적인 구조로 이루어져 있음을 전제로 하여, 지능의 다양한 영역을 총체적인 관점으로 평가한다.

> **OX Quiz**
> 웩슬러지능검사는 지능이 단일차원임을 전제로 한다.
> 정답 X(다차원)

2. 웩슬러지능검사의 특징

22년 기출

① **개인검사**
집단검사가 아닌 개인검사이므로 검사자와 수검자 간의 관계형성이 보다 용이하다. 또한 검사과정에서 수검자에 대한 관찰을 통해 수검자의 성격적 특징은 물론 수검자의 문제와 관련된 진단적 단서를 얻을 수 있다.

② **객관적 검사**
인지적 검사로서 구조화된 객관적 검사에 해당한다. 그러나 검사문항 중에는 투사적 함축성을 지닌 것도 있으므로 이때 나타나는 수검자의 반응내용 및 양상을 분석하여 수검자에 대한 객관적 또는 투사적 정보를 얻을 수도 있다.

③ **편차지능지수를 사용**
정신연령과 생활연령을 비교한 스탠포드-비네검사의 비율지능지수 방식에서 벗어나 개인의 지능을 동일 연령대 집단에서의 상대적인 위치로 규정한 편차지능지수를 사용한다.

④ **언어성검사와 동작성검사로 구성** **25년 기출**
언어성(Verbal)검사와 동작성(Performance)검사로 이루어져 있으며, 이를 통해 언어성 IQ(VIQ), 동작성 IQ(PIQ), 전체 IQ(FIQ)를 측정할 수 있다. 또한 언어성검사와 동작성검사는 각각 하위검사들을 포함하므로 언어성검사와 동작성검사의 비교는 물론 하위검사 간 비교를 통해 개인의 인지기능 전반을 평가할 수 있도록 한다.

> **OX Quiz**
> 웩슬러지능검사는 언어성검사와 동작성검사로 이루어져 있다.
> 정답 O

⑤ 병전지능수준을 추정

영역별 검사 및 프로파일 해석을 통해 개인의 성격적 측면과 정신역동, 심리내적인 갈등을 이해하도록 하며, 정신병리를 파악할 수 있도록 한다. 특히 현재의 지능수준은 물론 병전지능수준까지 추정함으로써 현재의 기능장애의 정도를 양적으로 알 수 있도록 한다.

⑥ 문맹자도 검사 가능

검사자가 모든 문제를 구두언어나 동작으로 제시하고 수검자의 반응을 직접 기록할 수 있도록 함으로써 글을 모르는 수검자라도 검사를 받는 것이 가능하다.

> **OX Quiz**
> 웩슬러지능검사는 영역별 검사 및 프로파일 해석을 통해 정신병리도 파악할 수 있는 검사이다.
> 정답 O

3. 웩슬러지능검사의 발달

① 웩슬러지능검사의 개발과정

용도	구분	개발연도	대상연령
범용	W-B I (Wechsler Bellevue I)	1939년	7~69세
	W-B II (Wechsler Bellevue II)	1946년	10~79세
성인용	WAIS (Wechsler Adult Intelligence Scale)	1955년	16~64세
	WAIS-R (Wechsler Adult Intelligence Scale-Revised)	1981년	16~74세
	WAIS-III (Wechsler Adult Intelligence Scale-III)	1997년	16~89세
	WAIS-IV (Wechsler Adult Intelligence Scale-IV)	2008년	16~90세
아동용	WISC (Wechsler Intelligence Scale for Children)	1949년	5~15세
	WISC-R (Wechsler Intelligence Scale for Children-Revised)	1974년	6~16세
	WISC-III (Wechsler Intelligence Scale for Children-III)	1991년	6~16세
	WISC-IV (Wechsler Intelligence Scale for Children-IV)	2003년	6~16세
	WISC-V (Wechsler Intelligence Scale for Children-V)	2014년	6~16세
유아용	WPPSI (Wechsler Preschool & Primary Scale of Intelligence)	1967년	4~6.5세
	WPPSI-R (Wechsler Preschool & Primary Scale of Intelligence-Revised)	1989년	3~7.3세
	WPPSI-III (Wechsler Preschool & Primary Scale of Intelligence-III)	2002년	2.6~7.3세

전문가의 한마디 `21년 기출`

앞서 제시된 웩슬러지능검사의 지능지수는 편차지능지수(Deviation IQ)에 해당합니다. 참고로 비네(Binet)의 비율지능지수(RIQ ; Ratio IQ)는 개인의 지적 능력을 정신연령(MA ; Mental Age)과 신체연령 또는 생활연령(CA ; Chronological Age)의 대비를 통해 비율로써 나타내고 있습니다.

비율지능지수(RIQ)
$= \dfrac{정신연령(MA)}{신체연령(CA)} \times 100$

② 한국판 웩슬러지능검사의 개발과정

용도	구분	개발연도	대상연령
성인용 (청소년)	KWIS (Korean Wechsler Intelligence Scale)	1963년	12~64세
	K-WAIS (Korean Wechsler Adult Intelligence Scale)	1992년	16~64세
	K-WAIS-IV (Korean Wechsler Adult Intelligence Scale-IV)	2012년	16~69세
아동용	K-WISC (Korean Wechsler Intelligence Scale for Children)	1974년	5~16세
	KEDI-WISC (Korean Educational Developmental Institute-Wechsler Intelligence Scale for Children)	1987년	5~15세
	K-WISC-III (Korean Wechsler Intelligence Scale for Children-III)	2001년	6~16세
	K-WISC-IV (Korean Wechsler Intelligence Scale for Children-IV)	2011년	6~16세
	K-WISC-V (Korean Wechsler Intelligence Scale for Children-V)	2019년	6~16세
유아용	K-WPPSI (Korean Wechsler Preschool & Primary Scale of Intelligence)	1995년	3~7.3세
	K-WPPSI-IV (Korean Wechsler Preschool & Primary Scale of Intelligence-IV)	2016년	2.5~7.6세

OX Quiz

지능지수를 산출할 때 개인점수는 필요하지 않다.

정답 X(필요함)

4. 지능지수 산출 `16, 17년 기출`

$$지능지수(IQ) = 15 \times \dfrac{개인점수 - 해당연령규준의\ 평균}{해당연령규준의\ 표준편차} + 100$$

핵심예제 14 `16년 기출`

K-WISC-IV의 시행 연령범위는?

① 3~7세
② 6~16세
③ 5~10세
④ 12~20세

> **해설 체크!**
>
> ② 한국판 웩슬러아동용지능검사 제4판(K-WISC-IV)은 6세부터 16세까지(보다 구체적으로 6세 0개월부터 16세 11개월까지)를 시행 연령범위로 한다.
>
> | K-WAIS-IV
(Korean Wechsler Adult Intelligence Scale) | 성인용 지능검사로 만 16세에서 69세 11개월까지를 대상으로 실시 |
> |---|---|
> | K-WISC-IV
(Korean Wechsler Intelligence Scale for Children) | 만 6세에서 만 16세 11개월까지 실시 |
> | K-WPPSI-IV
(Korean Wechsler Preschool and Primary Scale of Intelligence) | 만 2세 6개월에서 7세 7개월까지 실시 |
>
> 정답 ②

15 한국판 웩슬러성인용지능검사(K-WAIS)의 언어성(Verbal)검사

1. 기본지식(Information) - 29문항

① 개인이 소유한 일반적인 지식의 정도를 측정한다.
② 기억의 인출 및 장기기억, 언어적·청각적 이해력, 결정성지능, 지적 호기심, 폭넓은 독서경험 등과 연관된다.
③ 수검자의 지적 능력·학력·생활여건을 고려한다.
④ 병전지능 추정에 사용되며, 특히 좌반구손상 환자에게서 낮은 수행이 나타난다.
⑤ 높은 점수는 지적인 야심이나 주지화의 방어기제를 반영하기도 한다.
⑥ 낮은 점수는 만성적인 불안이나 갈등, 억압의 방어기제를 반영하기도 한다.

2. 숫자외우기(Digit Span) - 14문항   [17년 기출]

① 주어진 숫자(예 5-8-2, 6-4-6-9, 5-8-1-9-2-6-4-7)를 바로 따라 외우기 7문항과 거꾸로 따라 외우기 7문항으로 구성되어 있다.
② 청각적 단기기억, 즉각적인 기계적 회상, 주의력 및 주의집중력, 유동성지능, 학습장애 등과 연관된다.
③ 검사상황에 민감하게 영향을 받는 검사로서, 특히 청각적인 문제를 가진 수검자에게 불리하다.
④ 높은 점수는 오히려 수검자의 분열성성격을 반영하기도 한다.

> **OX Quiz**
>
> 숫자외우기 소검사는 29문항으로 구성되어 있다.
>
> 정답 X(14문항)

⑤ 낮은 점수는 정신병적 우울이나 상태불안, 주의력결핍, 학습장애 등의 문제를 반영하기도 한다.

3. 어휘문제(Vocabulary) - 35문항

① 제시되는 여러 낱말의 뜻을 말하게 하는 검사이다.
② 총 35개의 단어목록(예 단풍, 망각하다, 남루하다, 명분, 알력 등)으로 구성되어 있다.
③ 언어적 지식 정도, 일반개념의 범위, 언어사용 및 축적된 언어학습능력 등을 측정할 수 있다.
④ 가장 안정적인 검사로서 정신장애에 의한 기능의 손상 및 퇴화가 적으므로, 병전 지능 추정에 사용된다.
⑤ 높은 점수는 지적인 야심이나 주지화의 방어기제를 반영하기도 한다.
⑥ 낮은 점수는 기억이나 학습상의 문제, 억압의 방어기제를 반영하기도 한다.

4. 산수문제(Arithmetic) - 16문항

① 간단한 계산문제를 암산으로 푸는 과제로 구성되어 있다.
② 주의력 및 주의집중력, 청각적 기억, 숫자를 다루는 능력 및 계산능력, 언어적 지시의 이해, 현실 접촉과 정신적 기민성, 시간적 압박하에서의 작업능력, 학습장애 등과 연관된다.
③ 과제수행에서의 실패는 주의력 및 주의집중력 부족, 계산과정에서의 불안감, 반항심이나 패배주의적 태도에 의한 것일 수 있다.
④ 좌측 측두엽, 두정엽손상 환자에게서 낮은 수행이 나타난다.
⑤ 높은 점수는 주지화 방어기제와 연관되며, 경우에 따라 분열성성격을 반영하기도 한다.
⑥ 낮은 점수는 불안성향, 주의집중의 어려움, 학습장애 등의 문제를 반영하기도 한다.

> **OX Quiz**
> 산수문제에서 높은 점수는 경우에 따라 분열성성격을 반영하기도 한다.
> 정답 O

5. 이해문제(Comprehension) - 16문항

① 일상생활에서의 사회적 상황과 관련된 여러 가지 문항들에 대해 답하는 과제들로 구성되어 있다.
② 사회적 지능 및 사회적 이해력, 도덕적 판단 및 양심, 보편적 행동양식에 대한 지식수준, 실제적 정보의 표현 및 실제상황에서의 응용능력, 언어적 개념화, 결정성지능 등과 연관된다.
③ 다른 소검사들에 비해 지적 영역과 정서적 영역이 서로 결부되어 있다.

④ 수검자의 문제상황에 대한 능동적/수동적 대처, 사회적/반사회적 행동 등이 임상적으로 유의미한 가치를 가진다.
⑤ 높은 점수는 수검자의 사회적·도덕적 판단력, 관습적인 문제해결방식을 반영하기도 한다.
⑥ 낮은 점수는 사회적 관심에 대한 저항, 대인관계에 대한 무관심, 판단력손상을 반영하기도 한다.

> **OX Quiz**
> 다른 소검사들에 비해 지적 영역과 정서적 영역이 서로 결부되어 있는 문제는 어휘문제이다.
> **정답** X(이해문제)

6. 공통성문제(Similarity) - 14문항   `22, 25년 기출`

① 제시된 두 단어의 공통점에 대해 말하도록 하는 과제로 구성되어 있다.
② 언어적 이해력, 언어적 개념화, 논리적·추상적 사고, 연합적 사고, 본질과 비본질을 구분하는 능력, 폭넓은 독서경험 등과 연관된다.
③ 수검자의 응답내용은 구체적 개념형성, 기능적 개념형성, 추상적 개념형성의 양상으로 나타난다.
④ 언어적 이해력을 평가하는 소검사들 가운데 정규교육이나 특정학습, 교육적 배경 등의 영향을 가장 적게 받는다.
⑤ 높은 점수는 오히려 수검자의 강박적·편집증적 성향을 반영하기도 한다.
⑥ 낮은 점수는 사고장애나 중추신경계손상을 반영하기도 한다.

> **기출키워드**
> `22년 1회`
> **성격의 정의**
> ※ 필기시험에는 K-WAIS-IV에서 개념형성능력을 측정하는 소검사를 고르도록 하는 문제가 출제되었습니다.

핵심예제 15   `17년 기출`

웩슬러지능검사의 소검사 중에서 일반 지능 또는 발병 전 지능을 추정하는 데 사용되지 않는 소검사는?

① 상 식
② 어 휘
③ 숫 자
④ 토막짜기

해설 체크!
웩슬러지능검사는 현재 지능수준뿐 아니라 병전지능 추정이 가능하다. 병전지능 추정과 관련이 높은 소검사는 어휘(Vocabulary), 상식(Information), 토막짜기(Block Design)이다.

정답 ③

16 한국판 웩슬러성인용지능검사(K-WAIS)의 동작성(Performance)검사

1. 빠진곳찾기(Picture Completion) – 20문항

① 제시된 그림카드에서 생략된 부분을 찾아내도록 하는 과제로 구성되어 있다.
② 각 문항의 그림(예 태극기, 얼굴, 물병, 바이올린, 한반도, 오두막)에는 중요한 부분이 빠져있으며, 수검자가 20초 이내에 빠져있는 부분을 찾아내도록 한다.
③ 시각적 기민성, 시각적·지각적 조직화, 본질과 비본질을 구분하는 능력, 시각적 기억, 자동적·표상적 수준에서의 조직화, 시간적 압박하에서의 작업능력, 유동성지능 등과 연관된다.
④ 수검자의 반응속도가 지나치게 빠른 경우 충동성을 시사하는 반면, 쉬운 문항에서조차 반응속도가 지나치게 느린 경우 진단적으로 주목할 필요가 있다.
⑤ 높은 점수는 고도의 주의집중력, 강박적·현학적 성향을 반영하기도 한다.
⑥ 낮은 점수는 논리성 결여나 주의집중력 부족을 반영하기도 한다.

2. 차례맞추기(Picture Arrangement) – 10문항

① 10벌의 그림카드 세트(예 집, 감옥, 낚시, 강도)를 도구로 사용하여 수검자로 하여금 각각의 그림들을 순서대로 잘 맞추어 어떤 줄거리가 있는 이야기로 꾸미도록 되어 있다.
② 사회적 지능 및 사회적 이해력, 전체 상황에 대한 이해능력, 추리력, 계획능력, 시간적 연속성, 지각적 조직화, 시간적 압박하에서의 작업능력, 유동성지능 등과 연관된다.
③ 수검자가 그림의 순서에 따라 이야기를 엮어나가는 것이 중요한 해석적 가치를 지닌다.
④ 수검자의 충동성/조심성, 시행착오적 접근/통찰적 접근 등에 관한 정보를 입수할 수 있다.
⑤ 높은 점수는 수검자의 사회적 상황에서의 민감성, 편집증적 성향을 반영하기도 한다.
⑥ 낮은 점수는 사회적 상황에 대한 이해력 부족, 대인관계상의 어려움을 반영하기도 한다.

OX Quiz

수검자의 충동성/조심성, 시행착오적 접근/통찰적 접근 등에 관한 정보를 입수할 수 있는 소검사는 차례맞추기이다.

정답 O

3. 토막짜기(Block Design) - 9문항

20, 25년 기출

① 모형이 그려진 9장의 카드와 함께 빨간색과 흰색이 칠해진 9개의 나무토막을 도구로 사용하여 이를 맞추어 보도록 하는 과제로 구성되어 있다.
② 시각-운동협응능력, 지각적 조직화, 공간적 표상능력, 전체를 구성요소로 분석하는 능력, 추상적 사고, 장 의존적 또는 장 독립적 인지유형, 시간적 압박하에서의 작업능력, 유동성지능 등과 연관된다.
③ 수검자의 주의산만/주의집중력, 충동성/조심성, 시행착오적 접근/통찰적 접근, 운동협응능력 등에 대한 정보를 입수할 수 있다.
④ 대뇌손상에 취약하며, 병전지능 추정에 사용된다.
⑤ 높은 점수는 수검자의 양호한 형태지각, 문제해결능력, 시각-운동협응능력을 반영하기도 한다.
⑥ 낮은 점수는 강박성, 정서불안, 뇌손상 또는 뇌기능장애를 반영하기도 한다.

> **OX Quiz**
> 웩슬러성인용지능검사의 동작성검사에는 빠진곳찾기, 차례맞추기, 토막짜기, 숫자외우기 등이 포함된다.
> **정답** X(숫자외우기 미포함)

4. 모양맞추기(Object Assembly) - 4문항

① 4개의 상자에 들어있는 모양맞추기 조각들을 도구로 사용하여 해당 조각들을 특정모양이 되도록 하는 과제로 구성되어 있다.
② 시각-운동협응능력, 지각적 조직화, 공간적 표상능력, 부분들을 전체로 통합하는 능력, 형태관계의 평가, 장 의존적 또는 장 독립적 인지유형, 시간적 압박하에서의 작업능력, 유동성지능 등과 연관된다.
③ 토막짜기 소검사에서는 전체를 부분으로 분석하는 능력이 강조되는 반면, 모양맞추기에서는 부분을 전체로 통합하는 능력이 강조된다.
④ 수검자의 주의산만/주의집중력, 충동성/조심성, 시행착오적 접근/통찰적 접근, 운동협응능력 등에 대한 정보를 입수할 수 있다.
⑤ 높은 점수는 오히려 수검자의 만성정신분열을 반영하기도 한다.
⑥ 낮은 점수는 강박성, 정서불안, 우울성향, 분열성성격을 반영하기도 한다.

5. 바꿔쓰기(Digit Symbol) - 93문항

① 7개의 연습문항과 93개의 본 문항으로 이루어져 있으며, 검사는 연필과 지우개를 사용하여 검사용지에 실시한다.
② 1에서 9까지의 숫자가 적힌 칸과 숫자에 대응하는 기호(예 2/⊥, 4/ㄴ, 8/x)가 있으며, 수검자는 제한시간 내에 각 숫자 밑에 숫자에 대응하는 기호를 그려 넣는다.
③ 시각-운동협응능력, 시각-운동기민성, 시각적 단기기억, 익숙하지 않은 과제의 학습능력, 정확성, 쓰기 속도, 시간적 압박하에서의 작업능력, 주의산만, 학습장애 등과 연관된다.

④ 뇌의 특정 부위에 대한 손상을 밝힐 수는 없으나, 손상의 유무를 판단하기 위한 좋은 지표로 활용된다.
⑤ 높은 점수는 수검자의 과도한 성취욕구, 순응적 경향을 반영하기도 한다.
⑥ 낮은 점수는 강박성, 주의력분산, 학습장애, 뇌손상 및 뇌기능장애를 반영하기도 한다.

핵심예제 16
20년 기출

웩슬러지능검사에서 시각-공간적 기능손상이 있는 뇌손상 환자에게 특히 어려운 과제는?

① 산 수
② 빠진곳찾기
③ 차례맞추기
④ 토막짜기

> **해설 체크!**
> ④ 토막짜기 : 대뇌손상에 취약하며, 병전지능 추정에 사용된다.
> ① 산수 : 충동적이고 성급한 수검자, 집중력이 부족한 수검자, 산수공포증이 있는 수검자의 경우 산수 과제에서 좋은 점수를 받기 어렵다.
> ② 빠진곳찾기 : 시각적 기민성, 시각적·지각적 조직화, 본질과 비본질을 구분하는 능력, 시각적 기억, 자동적·표상적 수준에서의 조직화, 시간적 압박하에서의 작업능력, 유동성지능 등과 연관된다.
> ③ 차례맞추기 : 사회적 지능 및 사회적 이해력, 전체 상황에 대한 이해능력, 추리력, 계획능력, 시간적 연속성, 지각적 조직화, 시간적 압박하에서의 작업능력, 유동성지능 등과 연관된다.
>
> 정답 ④

전문가의 한마디

최근 임상심리사 시험에서는 K-WAIS 대신 K-WAIS-Ⅳ를 적용한 문제가 출제되고 있습니다. 그러나 구판인 K-WAIS의 내용이 시험에 출제되지 않을 것인지의 여부에 대해 장담하기는 어렵습니다. 다만, 웩슬러지능검사의 일반적인 내용들이 문제로 출제되고 있고, 구판의 내용들이 여전히 문제의 지문으로 제시되고 있는 만큼, 해당 내용을 삭제하기보다는 참고 학습 차원에서 남겨 두기로 하였습니다. 수험생 여러분께서는 이점 유념하여 학습하시기 바랍니다.

17 한국판 웩슬러성인용지능검사(K-WAIS)의 시행, 채점, 해석, 분석

1. 검사의 시행순서

언어성검사	동작성검사
1. 기본지식(Information) 3. 숫자외우기(Digit Span) 5. 어휘문제(Vocabulary) 7. 산수문제(Arithmetic) 9. 이해문제(Comprehension) 11. 공통성문제(Similarity)	2. 빠진곳찾기(Picture Completion) 4. 차례맞추기(Picture Arrangement) 6. 토막짜기(Block Design) 8. 모양맞추기(Object Assembly) 10. 바꿔쓰기(Digit Symbol)

> **OX Quiz**
> K-WAIS 검사의 시행순서는 언어성검사와 동작성검사를 각각 개별로 나누어 이루어진다.
> 정답 X(합하여 순서가 매겨짐)

2. 검사시행 시 유의사항 [20년 기출]

① 표준시행과 더불어 검사행동 관찰의 중요성을 고려해야 한다.
② 결과의 의미 있는 해석을 위해 표준절차를 엄격하게 따라야 한다.
③ 수검자의 주의를 분산시키는 자극(조명, 환기, 소음)이 없어야 한다.
④ 수검자의 최대능력이 발휘될 수 있는 분위기에서 시행될 수 있도록 한다.
⑤ 일반적으로 간단하게 설명한 다음에 질문하는 것이 바람직하다.
⑥ 수검자의 불완전한 반응에 대처할 수 있도록 채점의 원칙을 잘 알고 있어야 한다.
⑦ 특별한 이유가 없는 한 1회에 전체 검사를 완성하는 것이 바람직하다.
⑧ 검사자는 유용한 정보를 제공하는 행동관찰에 대한 훈련이 되어 있어야 한다.
⑨ 검사시행이 수검자보다 중요한 목적이 되어서는 안 된다는 점을 숙지해야 한다.
⑩ 검사시행이 적절하지 않은 경우 시행을 중단하거나 면담을 통해 상황을 극복하도록 시도한다.
⑪ 철저하게 채점원리를 파악하여 정확한 채점을 할 수 있어야 한다.
⑫ 검사도구는 소검사를 실시할 때까지 되도록 수검자의 눈에 띄지 않도록 한다.
⑬ 검사가 실시될 때 수검자에게 지능검사라고 알려주며, 지능검사의 실시목적이 지능의 평가가 아니라 문제해결에 도움이 될 정보를 얻는 데 있음을 강조한다.

3. 검사의 채점

① 각각의 소검사 문항에서 얻은 점수를 합하여 소검사의 원점수를 구한다.
② 소검사의 원점수를 검사지의 환산점수산출표를 토대로 환산점수로 바꾼다(환산점수는 평균 10, 표준편차 3인 표준점수로 변환한 것).

③ 언어성검사와 동작성검사에 속하는 각 소검사들의 환산점수를 합하여 각각 언어성검사와 동작성검사의 환산점수를 구하고, 이를 다시 합하여 전체 검사점수의 환산점수를 구한다.
④ 각각의 환산점수를 검사요강의 연령별 지능지수산출표를 참고하여 언어성 IQ(VIQ), 동작성 IQ(PIQ), 전체 IQ(FIQ)로 바꾼다(환산점수는 동일연령을 대상으로 실시하여 평균 100, 표준 편차 15인 표준점수로 변환한 것).

4. 검사의 해석

① 현재의 지능수준은 채점을 통해 얻은 언어성 IQ, 동작성 IQ, 전체 IQ를 검사요강을 이용하여 백분위나 표준측정 오차범위를 밝히는 방식으로 기술한다.
② 예를 들어, 언어성 IQ가 103, 동작성 IQ가 105, 전체 IQ가 105인 경우, 이 수검자의 개인지능지수는 보통수준으로 백분위는 63이다. 즉, 같은 나이 또래 100명 가운데 37등에 해당하는 보통수준의 지능을 소유하고 있다고 볼 수 있다.
③ 이와 같은 방식으로 언어성 IQ와 동작성 IQ도 각기 해석할 수 있다. 이때 두 하위검사의 점수 차가 크게 나는 경우에는 수검자의 연령에 따른 유의미한 점수차에 관한 자료가 검사요강에 있으므로, 이를 토대로 차이를 해석할지 결정한다.
④ 지능검사는 과학적인 검증을 거쳐 개발되기는 하였으나 인위적으로 표집하여 구성된 문항의 집합일 뿐이므로 결과를 일반화하는 데 신중을 기하여야 한다.

5. 언어성 IQ와 동작성 IQ에 대한 분석 `23, 24년 기출`

① 언어성 IQ > 동작성 IQ

주요원인	• 수검자가 고학력인 경우 • 언어적 자극을 처리하는 뇌의 좌반구가 발달한 경우 • 시·공간적 자극을 처리하는 뇌의 우반구가 손상된 경우 • 우울증, 신경학적 장애, 강박장애 등을 가진 경우
특 징	• 청각적-언어적 정보처리 능력이 상대적으로 발달 • 시각-운동협응능력이 상대적으로 저조 • 즉각적인 문제해결능력이 저조 • 실용적인 과제를 다루는 데 어려움 • 시간제한이 있는 과제를 수행하는 데 어려움

OX Quiz

지능검사는 과학적인 검증을 거쳐 개발되기는 하였으나 인위적으로 표집하여 구성된 문항의 집합일 뿐이므로 결과를 일반화하는 데 신중을 기하여야 한다.

정답 O

기출키워드

20년 3회

뇌반구의 기능 특수화
- 좌반구는 언어적·분석적·순차적인 정보, 즉 표현언어, 음운적 부호화, 단락이해, 철자명명, 의도적 운동, 산수문제 등의 처리에 특화된다.
- 우반구는 비언어적·공간적·통합적·병렬적인 정보, 즉 공간지각, 얼굴지각, 색채, 음계, 정서적 자극 등의 처리에 특화된다.

② 언어성 IQ < 동작성 IQ

주요원인	• 수검자가 저학력인 경우 • 시·공간적 자극을 처리하는 뇌의 우반구가 발달한 경우 • 언어적 자극을 처리하는 뇌의 좌반구가 손상된 경우 • 자폐증, 정신지체, 학습장애, 반사회성성격장애 등을 가진 경우
특 징	• 시각-운동협응능력이 상대적으로 발달 • 청각적-언어적 정보처리능력이 상대적으로 저조 • 축적된 경험을 통한 문제해결능력이 저조 • 언어능력, 읽기능력이 저조하며, 학업수행에 어려움 • 시간제한이 없는 과제에서도 이를 효율적으로 수행하는 데 어려움

참고

소검사의 대략적인 분석

하위검사명		상대적으로 높음(+)	상대적으로 낮음(-)
언어성검사	기본지식	• 지적 호기심 • 강박적 성향	• 기억이나 학습상의 문제 • 억압적 성향
	숫자외우기	• 분열성성격 • 정서적 둔화	• 정신병적 우울 • 정신분열
	어휘문제	지적인 욕구	억압적 성향
	산수문제	• 분열성성격 • 주지화	• 불안성향 • 학습장애 • 주의집중에의 어려움
	이해문제	사회적·도덕적 판단력	관습에 대한 저항
	공통성문제	강박적·편집증적 성향	• 사고장애 • 중추신경계손상
동작성검사	빠진곳찾기	• 강박적·현학적 성향 • 주의집중력	• 논리성 결여 • 주의집중력 부족
	차례맞추기	• 사회적 상황에의 민감성 • 편집증적 성향	대인관계에의 어려움
	토막짜기	전체적·통합적 접근	• 뇌손상 또는 뇌기능장애 • 정서불안
	모양맞추기	만성정신분열	• 분열성성격 • 불안 및 우울 성향
	바꿔쓰기	• 과도한 성취욕구 • 순응적 성향	• 학습장애 • 뇌손상 또는 뇌기능장애

* 주의 : 위의 소검사 분석은 대략적인 것으로서, 보다 정확한 분석은 언어성 IQ 점수와 동작성 IQ 점수의 크기 및 편차, 다양한 소검사 간의 상호적인 관계, 수검자의 개인적 성향 및 과거력, 환경적 조건 등을 종합적으로 고려해야 함

OX Quiz

보통 수검자가 저학력이거나, 우반구가 발달했거나, 좌반구가 손상된 경우 언어성 IQ보다 동작성 IQ가 높게 나오는 경향이 있다.

정답 O

6. 편차지능지수의 정규분포곡선

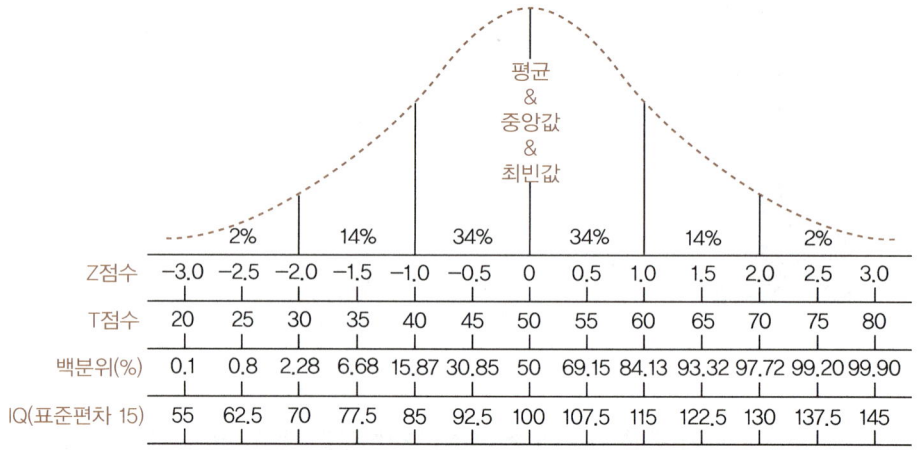

7. 정규분포상에서의 지능지수와 표준편차배수 및 백분위점수와의 관계

IQ	표준편차배수(σ)	백분위(%)
145	+3	99.9
140	+2⅔	99.6
135	+2⅓	99
130	+2	98
125	+1⅔	95
120	+1⅓	91
115	+1	84
110	+⅔	75
105	+⅓	63
100	0	50
95	-⅓	37
90	-⅔	25
85	-1	16
80	-1⅓	9
75	-1⅔	5
70	-2	2
65	-2⅓	1
60	-2⅔	0.4
55	-3	0.1

8. 지능의 진단적 분류(K-WAIS의 경우)

IQ	분류	이론적 정상분포(%)	표본분포(%)
130 이상	최우수(Very Superior)	2.2	2.3
120~129	우수(Superior)	6.7	6.7
110~119	평균상(High Average)	16.1	18.0
90~109	평균(Average)	50.0	48.6
80~89	평균하(Low Average)	16.1	15.3
70~79	경계선(Borderline)	6.7	7.3
69 이하	정신지체(Mentally Retardation)	2.2	1.8

OX Quiz

K-WAIS의 경우 IQ가 69 이하일 때 정신지체로 분류한다.

정답 O

핵심예제 17 06, 10년 기출

20세 대학생이 수업시간에 집중이 잘 안 되고, 수업내용을 따라가기 어렵다는 이유로 지능검사를 받았고, 그 결과는 다음과 같다. 이 결과에 대한 해석으로 적합하지 않은 것은?

- 전체 지능 : 123
- 언어성지능 : 124
- 동작성지능 : 117
- 상식문제 : 14
- 공통성문제 : 12
- 산수문제 : 14
- 어휘문제 : 19
- 숫자문제 : 10
- 기호쓰기 : 11
- 빠진곳찾기 : 15
- 토막짜기 : 12
- 차례맞추기 : 11
- 모양맞추기 : 10

① 긴 자료를 암기해야 할 경우 이를 나누어서 암기하는 방식이 도움이 될 수 있다.
② 피검사자는 학습할 내용이나 자신의 생각을 말로 표현함으로써 학습을 증진시킬 수 있다.
③ 피검사자는 습득한 지식, 잠재력에 강점을 보인다.
④ 피검사자는 학습열의가 높고, 수행속도가 빨라 자신의 능력을 발휘하는 데 기민한 모습을 보인다.

해설 체크!

전체 지능이 123으로 우수(Superior)한 수준을 보인다. 또한 언어성지능과 동작성지능 간의 유의미한 차이가 있는 것으로 볼 수 없으므로 뇌손상이나 정신장애를 의심할 여지도 없다. 다만, 어휘문제와 비교하여 숫자문제와 모양맞추기 등이 낮은 수준을 보임으로써 지적인 욕구는 높지만, 정서적 불안정 등의 원인으로 인해 학습에 어려움을 보이는 것으로 해석할 수 있다.

정답 ④

18 한국판 웩슬러지능검사의 일반적인 진단

1. 웩슬러지능검사에 의한 정신증의 일반적인 특징

① 동작성지능이 언어성지능에 비해 상대적으로 낮은 수준을 보인다. 이는 곧 동작성지능이 장애의 영향을 더 많이 받음을 시사한다.
② 상식(Information), 어휘(Vocabulary) 소검사를 중심으로 나타나는 극단적인 분산의 양상이 지적 기능의 심각한 불균형을 시사한다.
③ 쉬운 문항에서 잦은 실패 양상을 보인다.
④ 문항을 잘못 이해하는 경우가 많다.
⑤ 이해(Comprehension), 차례맞추기(Picture Arrangement)에서의 낮은 점수가 사회적 적응능력의 손상을 시사한다.
⑥ 공통성(Similarities)의 저하/상식·어휘의 상승이 기억력은 비교적 잘 보존되어 있으나 추상적 사고능력이 손상되었음을 시사한다.
⑦ 빠진곳찾기(Picture Completion), 산수(Arithmetic)에서의 낮은 점수가 주의집중력저하를 반영한다.
⑧ 토막짜기(Block Design)의 점수가 낮게 나타난다.
⑨ 숫자외우기(Digit Span)에서 점수가 유지됨으로써 즉각적인 기억손상이 없음을 나타내며, 이는 곧 불안이 적거나 없음을 반영한다.
⑩ 수검자의 개별적인 문항에서의 반응, 특히 차례맞추기, 공통성, 어휘 소검사에서의 반응에 대한 질적인 분석이 중요하다. 이와 같은 소검사들을 통해 수검자의 비논리성, 부적절성, 연상장애, 괴이한 언어 등 전형적인 와해가 나타날 수 있기 때문이다.

2. 웩슬러지능검사에 의한 우울증의 일반적인 특징

① 언어성지능이 동작성지능에 비해 상대적으로 높은 수준을 보인다.
② 쉽게 포기하는 경향을 보이는 등 지구력이 부족하다.
③ 전반적으로 반응속도가 느리다.
④ 언어성검사 중 공통성의 점수가 낮으며, 동작성검사 중 빠진곳찾기를 제외한 다른 동작성소검사들에서 낮은 점수를 보인다.
⑤ 반응의 질적인 면에서의 정교화나 언어표현의 유창성 등이 부족하다.
⑥ 자신에 대해 비판적인 양상을 보인다.
⑦ 사고의 와해는 보이지 않는다.

OX Quiz

웩슬러지능검사에 의한 정신증의 일반적인 특징은 언어성지능이 동작성지능에 비해 상대적으로 낮은 수준을 보인다는 점이다.

정답 X(동작성지능<언어성지능)

OX Quiz

전반적으로 반응속도가 느린 것은 웩슬러지능검사에 의한 기질적 뇌손상의 일반적인 특징이다.

정답 X(우울증의 특징)

3. 웩슬러지능검사에 의한 기질적 뇌손상의 일반적인 특징 *19, 24년 기출*

① 토막짜기, 바꿔쓰기(Digit Symbol), 차례맞추기, 모양맞추기(Object Assembly)의 점수가 상대적으로 낮다.
② 숫자외우기 소검사에서 바로 따라 외우기와 거꾸로 따라 외우기 간의 점수차이가 크게 나타난다.
③ 공통성 소검사의 낮은 점수가 개념적 사고의 손상을 시사한다.
④ 상식, 어휘, 이해 소검사의 점수는 비교적 유지된 상태이다.

4. 웩슬러지능검사에 의한 강박장애의 일반적인 특징

① 보통 전체 지능지수가 110 이상을 나타낸다.
② 언어성지능이 동작성지능에 비해 상대적으로 높은 수준을 보인다. 이는 수검자의 강박적 성향에서 비롯된다.
③ 상식, 어휘 소검사의 높은 점수가 수검자의 주지화 성향을 나타내는 반면, 그에 비해 상대적으로 낮은 이해 점수가 수검자의 회의적 성향을 반영한다.

5. 웩슬러지능검사에 의한 히스테리성성격장애의 일반적인 특징

① 비교적 쉬운 문항에서 실패하는 양상을 보인다.
② 산수 소검사의 낮은 점수가 수검자의 쉽게 포기하는 성향을 반영한다.
③ 이해 소검사 점수가 상식 소검사 점수에 비해 상대적으로 높으며, 토막짜기, 차례맞추기 소검사에서도 높은 점수를 나타낸다.
④ 도덕적인 반응내용을 보인다.
⑤ 사고의 와해징후는 보이지 않는다.

6. 웩슬러지능검사에 의한 반사회성성격장애의 일반적인 특징

① 언어성지능이 동작성지능에 비해 상대적으로 낮은 수준을 보인다.
② 소검사 간 분산이 심한 편이다.
③ 사회적 상황과 관련된 내용에 대해 예민한 반응을 보인다.
④ 바꿔쓰기, 차례맞추기 점수가 높은 반면, 개념형성 관련 점수는 낮게 나타난다.
⑤ 무성의하게 아무렇게나 대답하는 경향이 있다.
⑥ 사회적 규범에 부합하지 못한다.
⑦ 지나친 관념화, 주지화, 현학적인 성향을 보일 수 있다.

기출키워드

19년 3회

지능검사 진단별 반응 특징

※ 필기시험에는 한국판 웩슬러지능검사 결과를 보기로 제시하고, 그가 나타내는 정신장애로 가장 적합한 것을 고르는 문제가 출제되었습니다. 교재에 수록된 '지능검사에 의한 각 장애의 일반적 특징'을 꼼꼼하게 암기하셔야만 풀 수 있는 문제입니다.

핵심예제 18　　　　　　　　　　　　　　　　　　　　15, 19년 기출

다음 K-WAIS 검사결과가 나타내는 정신장애로 가장 적합한 것은?

- 토막짜기, 바꿔쓰기, 차례맞추기, 모양맞추기 점수 낮음
- 숫자외우기 소검사에서 바로 따라 외우기와 거꾸로 따라 외우기 점수 간에 큰 차이를 보임
- 공통성문제 점수 낮음 : 개념적 사고의 손상
- 어휘, 상식, 이해 소검사의 점수는 비교적 유지되어 있음

① 기질적 뇌손상
② 강박장애
③ 불안장애
④ 반사회성성격장애

해설 체크!

기질적 뇌손상 환자는 일반적으로 동작성지능이 언어성지능에 비해 상대적으로 낮은 수준을 보인다. 특히 정신운동속도 및 시각-운동협응능력을 측정하는 토막짜기, 바꿔쓰기, 모양맞추기 소검사에서 현저히 낮은 점수를 보인다. 언어성검사 중 숫자외우기, 산수, 공통성문제 점수 또한 낮게 나오지만, 그 밖의 언어성지능은 병전지능수준에 가까운 양상을 보인다.

정답 ①

19 한국판 웩슬러성인용지능검사 제4판(K-WAIS-Ⅳ)   20년 기출

1. K-WAIS-Ⅳ의 의의

① 한국판 웩슬러성인용지능검사 제4판(K-WAIS-Ⅳ)은 2008년에 개정된 미국의 원판 웩슬러성인용지능검사 제4판(WAIS-Ⅳ)을 번안하여 표준화한 것이다.
② KWIS(Korean Wechsler Intelligence Scale)와 K-WAIS(Korean Wechsler Adult Intelligence Scale)에 이어 웩슬러지능검사의 3번째 한국판 표준화에 해당한다.
③ 변화하는 시대적 상황과 개인의 지적 능력 변화양상을 반영하기 위한 노력의 일환으로서, 지능의 측정에 관한 다양한 이론적·경험적 연구결과들을 토대로 하고 있다.
④ 개정판은 동시대적 규준을 만들고 심리측정적 속성을 개선하며, 검사도구의 임상적 활용을 개선하고 사용상 편리를 도모하는 것을 목표로 한다.
⑤ 한국판 웩슬러지능검사의 개발과정

용도	구분	개발연도	대상연령
성인용 (청소년)	KWIS (Korean Wechsler Intelligence Scale)	1963년	12~64세
	K-WAIS (Korean Wechsler Adult Intelligence Scale)	1992년	16~64세
	K-WAIS-Ⅳ (Korean Wechsler Adult Intelligence Scale-Ⅳ)	2012년	16~69세
아동용	K-WISC (Korean Wechsler Intelligence Scale for Children)	1974년	5~16세
	KEDI-WISC (Korean Educational Developmental Institute-Wechsler Intelligence Scale for Children)	1987년	5~15세
	K-WISC-Ⅲ (Korean Wechsler Intelligence Scale for Children-Ⅲ)	2001년	6~16세
	K-WISC-Ⅳ (Korean Wechsler Intelligence Scale for Children-Ⅳ)	2011년	6~16세
	K-WISC-Ⅴ (Korean Wechsler Intelligence Scale for Children-Ⅴ)	2019년	6~16세
유아용	K-WPPSI (Korean Wechsler Preschool & Primary Scale of Intelligence)	1995년	3~7.3세
	K-WPPSI-Ⅳ (Korean Wechsler Preschool & Primary Scale of Intelligence-Ⅳ)	2016년	2.5~7.6세

기출키워드

20년 1회

K-WPPSI

웩슬러 유아용지능검사(WPPSI ; Wechsler Preschool & Primary Scale of Intelligence)를 우리나라 실정에 맞게 표준화한 검사도구이며, K-WPPSI-Ⅳ의 경우 연령 범위가 확장되어 만 2세 6개월~만 7세 7개월의 유아를 대상으로 지능검사를 실시한다.

2. K-WAIS-IV의 특징 `20, 21, 24년 기출`

① 기존의 K-WAIS가 언어성 IQ(VIQ), 동작성 IQ(PIQ), 전체 IQ(FIQ)를 구분하여 지능지수를 제시한 반면, K-WAIS-IV는 언어성 IQ와 동작성 IQ에 대한 구분 없이 전체검사 IQ(FSIQ ; Full Scale IQ)를 제시한다.

② 언어이해(Verbal Comprehension), 지각추론(Perceptual Reasoning), 작업기억(Working Memory), 처리속도(Processing Speed) 등 4요인 구조에 대한 측정이 이루어진다.

③ 기존의 K-WAIS에 있던 소검사들 중 차례맞추기, 모양맞추기가 제외된 반면, 행렬추론(Matrix Reasoning), 퍼즐(Visual Puzzles), 동형찾기(Symbol Search) 소검사와 함께 보충검사로서 순서화(Letter-Number Sequencing), 무게비교(Figure Weights), 지우기(Cancellation) 등이 추가되었다.

④ 소검사는 핵심소검사와 보충소검사로 이루어져 있다. 핵심소검사는 조합점수가 필요할 때 실시하며, 보충소검사는 수집할 인지기능의 범위를 확장하고 추가적인 임상정보를 제공하며, 소검사 간 불일치에 대한 추가적인 분석을 위해 실시한다.

⑤ 연령교정 표준점수로서 환산점수(Scaled Scores)와 조합점수(Composite Scores)를 제공한다. 환산점수는 수검자의 수행을 동일연령대와 상대적으로 비교하기 위한 것으로 평균 10, 표준편차 3인 표준점수로 변환한 것이다. 반면, 조합점수는 소검사 환산점수들의 다양한 조합을 토대로 평균 100, 표준편차 15인 표준점수로 변환한 것이다.

⑥ 소검사 수행에 영향을 미치는 인지능력에 대한 보다 자세한 정보를 제공하기 위해 과정점수가 도입되었다. 과정점수는 토막짜기(Block Design)에서 1개, 숫자(Digit Span)에서 6개, 순서화-보충(Letter-Number Sequencing)에서 1개가 제시된다.

⑦ 시각적 자극을 부각시키고 언어적 지시를 단순화하는 등 수검자의 과제수행이 용이하게 이루어지도록 배려하였다.

⑧ 기존 K-WAIS의 지능지수 범위가 45~150인 데 반해, K-WAIS-IV는 그 범위를 40~160으로 확장하였다.

⑨ 미국판 WAIS-IV가 16~90세를 대상연령으로 하는 데 반해, 한국판 K-WAIS는 16~69세를 대상연령으로 하고 있다.

> **OX Quiz**
> K-WAIS-IV는 언어성 IQ와 동작성 IQ에 대한 구분 없이 연령별 IQ를 제시한다.
> 정답 X(연령별 IQ → 전체검사 IQ)

⑩ K-WAIS-Ⅳ는 기본적으로 다음과 같이 구성되어 있다.

구 분	언어이해	지각추론	작업기억	처리속도
핵심소검사	• 공통성 • 어 휘 • 상 식	• 토막짜기 • 행렬추론 • 퍼 즐	• 숫 자 • 산 수	• 동형찾기 • 기호쓰기
보충소검사	이 해	• 무게비교 • 빠진곳찾기	순서화	지우기

기출키워드

19년 3회

K-WISC-Ⅳ의 일반능력지표

언어이해지표 + 지각추리지표

언어 이해 지표	• 이 해 • 어 휘 • 공통성(단어추리, 상식)
지각 추리 지표	• 토막짜기 • 행렬추리 • 공통그림찾기 (빠진곳찾기)

3. K-WAIS-Ⅳ의 조합점수별 측정내용   20, 21, 25년 기출

① 언어이해지수(VCI ; Verbal Comprehension Index)

언어적 이해능력, 언어적 정보처리능력, 언어적 기술 및 정보의 새로운 문제해결을 위한 적용능력, 어휘를 이용한 사고능력, 결정적 지식, 인지적 유연성, 자기감찰능력 등을 반영한다.

② 지각추론지수(PRI ; Perceptual Reasoning Index)

지각적 추론능력, 시각적 이미지에 대한 사고 및 처리능력, 시각-운동협응능력, 공간처리능력, 인지적 유연성, 제한된 시간 내에 시각적으로 인식된 자료를 해석 및 조직화하는 능력, 유동적 추론능력, 비언어적 능력 등을 반영한다.

③ 작업기억지수(WMI ; Working Memory Index)

작업기억, 청각적 단기기억, 주의집중력, 수리능력, 부호화능력, 청각적 처리기술, 인지적 유연성, 자기감찰능력 등을 반영한다.

④ 처리속도지수(PSI ; Processing Speed Index)

시각정보의 처리속도, 과제수행속도, 시지각적 변별능력, 정신적 수행의 속도 및 정신운동속도, 주의집중력, 단기시각-운동협응능력, 인지적 유연성 등을 반영한다.

⑤ 전체지능지수(FSIQ ; Full Scale IQ)

개인의 인지능력의 현재 수준에 대한 전체적인 측정치로서, 언어이해지수(VCI), 지각추론지수(PRI), 작업기억지수(WMI), 처리속도지수(PSI) 등 4가지 지수를 산출하는 데 포함된 소검사 환산점수들의 합으로 계산된다.

⑥ 일반능력지수(GAI ; General Ability Index)

언어이해의 주요 소검사(공통성, 어휘, 상식)와 지각추론의 주요 소검사(토막짜기, 행렬추론, 퍼즐)로 구성된 조합점수이다. 특히 전체지능지수에 비해 작업기억 및 처리속도의 영향을 덜 받으므로, 전체지능지수에 포함된 이들 요소들을 배제한 인지적 능력을 검토할 필요가 있는 경우 사용한다.

OX Quiz

작업기억, 청각적 단기기억, 주의집중력, 수리능력, 부호화능력, 청각적 처리기술, 인지적 유연성, 자기감찰능력을 반영하는 것은 지각추론지수이다.

정답 X(작업기억지수)

기출키워드

21년 1회

인지효능지수

※ 필기시험에는 인지효능지표에 포함되는 소검사가 아닌 것을 고르도록 하는 문제가 출제되었습니다.

⑦ 인지효능지수(CPI ; Cognitive Proficiency Index)

작업기억의 주요소검사(숫자, 산수)와 처리속도의 주요소검사(동형찾기, 기호쓰기)로 구성된 조합점수이다. 언어이해 및 지각추론에 덜 민감한 인지적 능력에 대한 측정이 필요한 경우 사용한다.

4. 지능의 진단적 분류(K-WAIS-Ⅳ의 경우)

IQ	분류	이론적 정상분포(%)	표본분포(%)
130 이상	최우수(Very Superior)	2.5	2.3
120~129	우수(Superior)	7.2	6.8
110~119	평균상(High Average)	16.6	17.1
90~109	평균(Average)	49.5	50.2
80~89	평균하(Low Average)	15.6	15.0
70~79	경계선(Borderline)	6.5	6.1
69 이하	장애 수준(Defective)	2.1	2.5

핵심예제 19　　　　　　　　　　　　　　　　　　　　　　　　　　　　18년 기출

K-WAIS-Ⅳ에서 처리속도가 점수에 긴밀하게 영향을 주는 소검사는?

① 숫 자
② 퍼 즐
③ 지우기
④ 무게비교

해설 체크!

K-WAIS-Ⅳ 구성

구 분	언어이해	지각추론	작업기억	처리속도
핵심소검사	• 공통성 • 어 휘 • 상 식	• 토막짜기 • 행렬추론 • 퍼 즐	• 숫 자 • 산 수	• 동형찾기 • 기호쓰기
보충소검사	이 해	• 무게비교 • 빠진곳찾기	순서화	지우기

정답 ③

20 K-WAIS-IV의 척도별 구성
`19, 24, 25년 기출`

1. 언어이해(Verbal Comprehension) `21, 22년 기출`

① 공통성(Similarity)
- 총 18문항으로, 쌍으로 짝지어진 낱말들을 제시하여 그들 간의 공통점이 무엇인지 찾도록 한다.
- 특히 이 소검사는 유동성지능과 결정성지능을 잘 반영하는 소검사로 간주되고 있다.
- 공통성소검사에 의해 측정되는 주요내용은 다음과 같다.
  - 언어적 개념형성능력
  - 논리적·추상적 추론능력
  - 연합 및 범주적 사고력
  - 본질과 비본질을 구분하는 능력 등

② 어휘(Vocabulary)
- 총 30문항으로, 27개의 어휘문항과 3개의 그림문항으로 구성되어 있다.
- 어휘문항에서 수검자는 인쇄된 글자와 함께 구두로 제시되는 단어의 뜻을 말하며, 그림문항에서 수검자는 시각적으로 제시되는 물체의 이름을 말한다.
- 반응내용은 매우 중요한 질적 분석의 기초로서, 수검자의 공포, 흥미, 배경, 사고집착, 기괴한 사고 등을 분석할 수 있게 한다.
- 일반지능을 나타내는 중요한 지표로 간주되어 수검자의 병전지능을 추정할 때 사용된다.
- 어휘 소검사에 의해 측정되는 주요내용은 다음과 같다.
  - 언어발달정도
  - 단어지식 및 언어적 개념형성능력
  - 언어사용 및 축적된 언어학습능력
  - 우수한 학업성취 및 교육적 배경
  - 장기기억 등

③ 상식(Information)
- 총 26문항으로, 개인이 평균적으로 획득할 수 있는 지식을 요구하는 문항으로 구성되어 있다.
- 개인이 소유한 기본지식, 즉 개인이 소유한 일반적인 지식의 정도를 측정한다.

기출키워드

21년 3회
언어이해 보충소검사
※ 필기시험에는 언어이해 지수 척도의 보충소검사에 해당되는 선지를 고르도록 하는 문제가 출제되었습니다.

기출키워드

22년 1회
상식, 어휘 소검사
※ 필기시험에는 상식, 어휘문제의 점수가 유의하게 높을 때의 검사결과로 가정해 볼 수 있는 심리적 특성으로 옳은 것을 고르도록 하는 문제가 출제되었습니다.

19년 3회 / 24년 1회
WAIS-IV의 해석절차
- 1단계 : 전체 IQ와 GAI에 근거한 전반적인 지능수준의 분류 및 해석
- 2단계 : 합성(지수)점수와 요인구조(CHC 군집)분석 및 해석
- 3단계 : 소검사 간 분산분석 및 해석
- 4단계 : 과정점수를 포함한 질적분석 및 해석
- 5단계 : 소검사 내 분산분석 및 해석

> **OX Quiz**
>
> 상식 소검사에 의해 측정되는 내용에는 과거의 학습 또는 학교교육, 단기기억, 결정성지능 등이 있다.
>
> **정답** X(단기기억→장기기억)

- 일반지능의 가장 좋은 측정치 중 하나로서, 전체지능지수(FSIQ)와 높은 상관을 보인다.
- 상식 소검사에 의해 측정되는 주요내용은 다음과 같다.
  - 일반적·실제적 지식의 범위
  - 과거의 학습 또는 학교교육
  - 지적 호기심 또는 지식을 얻고자 하는 욕구
  - 장기기억과 정보축적
  - 결정성지능, 획득된 지식 등

④ 이해-보충(Comprehension)
- 총 18문항으로, 대부분 개방형질문으로 구성되어 있어 수검자가 다양한 반응을 할 수 있도록 되어 있다.
- 일상생활에서의 사회적 상황과 관련된 여러 가지 문항들에 대해 자신의 이해를 토대로 답하도록 한다.
- 반응을 정확히 채점하기 위해 실시 단계에서 중립적인 태도로 추가적인 탐색 질문을 할 필요가 있다.
- 이해 소검사에서의 낮은 점수는 빈약한 사회적 판단력, 초자아의 약화 등을 시사한다.
- 이해 소검사에 의해 측정되는 주요내용은 다음과 같다.
  - 사회적 상황의 이해력 및 사회적 성숙도
  - 관습적 행동규준에 관한 지식 정도
  - 과거경험을 평가하고 사용하는 능력
  - 실질적 지식과 판단력
  - 언어적 추론 및 개념화
  - 언어적 이해와 표현 등

2. 지각추론(Perceptual Reasoning)   `16년 기출`

① 토막짜기(Block Design)
- 총 14문항으로, 모형이 그려진 카드를 보고 빨간색과 흰색이 칠해진 나무토막을 도구로 사용하여 이를 맞추어 보도록 한다.
- 과제를 수행하는 데 시간제한이 있으며, 수검자가 빠르고 정확하게 과제를 수행할 경우 추가점수를 받게 된다.
- 일반지능과 상관이 높으므로 상식(Information), 어휘(Vocabulary) 소검사와 더불어 병전지능을 추정하는 데 사용된다.

- 특히 뇌의 우반구손상에 민감하며, 알츠하이머병 환자들이 가장 낮은 수행을 보이는 것으로 알려져 있다.
- 토막짜기 소검사에 의해 측정되는 주요내용은 다음과 같다.
  - 시각적 자극의 분석 및 통합능력
  - 시각-운동협응능력
  - 지각적 조직화능력
  - 비언어적 개념형성능력
  - 시간적 압박하에서의 작업능력 등

② 행렬추론(Matrix Reasoning) 24년 기출

- 총 26문항으로, 일부가 누락된 행렬을 보고 이를 완성할 수 있는 반응선택지를 고르도록 한다.
- 수검자가 약 30초 이내에 반응을 하지 않는 경우 검사자는 단지 반응을 촉구할 뿐 시간제한을 하지 않는다.
- 특히 시각적 추론의 적절성을 평가하는 데 유효하다.
- 행렬추론 소검사에 의해 측정되는 주요내용은 다음과 같다.
  - 광범위한 시각적 지능
  - 부분과 전체의 관계를 파악하는 능력
  - 지각적 조직화능력
  - 시공간정보에 대한 동시적 처리능력
  - 유동성지능 등

③ 퍼즐(Visual Puzzles)

- 총 26문항으로, 완성된 퍼즐을 모델로 하여 제한된 시간 내에 해당퍼즐을 만들 수 있는 3개의 조각을 찾도록 한다.
- 이 소검사는 퍼즐맞추기와 유사하지만 수검자가 실제로 퍼즐조각을 조작하거나 맞춰볼 수는 없다.
- 퍼즐 소검사에 의해 측정되는 주요내용은 다음과 같다.
  - 광범위한 시각적 지능
  - 부분들 간의 관계를 예상할 수 있는 능력
  - 시각적·지각적 조직화능력
  - 시각적 기억능력
  - 공간적 표상능력 등

④ 무게비교-보충(Figure Weights)

- 총 27문항으로, 양쪽 무게가 달라 불균형상태에 있는 저울그림을 보고 균형을 맞추는 데 필요한 반응선택지를 고르도록 한다.

OX Quiz

행렬추론 소검사는 반응에 대한 30초의 시간제한이 있다.

정답 X(시간제한 없음)

OX Quiz

측정되는 주요내용이 부분과 전체의 관계를 파악하는 능력인 것은 '퍼즐'이다.

정답 X(행렬추론)

- 이 소검사는 수학적 추론을 비언어적으로 측정하며, 귀납적 및 연역적 추론이 강조된다.
- 지속적 주의집중력을 필요로 한다는 점에서 산수(Arithmetic) 소검사와 유사하나, 산수 소검사가 작업기억과 연관된 반면, 이 소검사는 문항이 시각적으로 제시되므로 기억의 영향력이 최소화된다.
- 무게비교 소검사에 의해 측정되는 주요내용은 다음과 같다.
  - 양적 · 수학적 추론능력
  - 유추적 추론능력
  - 시각적 조직화 및 주의집중력 등

⑤ 빠진곳찾기-보충(Picture Completion)
- 총 24문항으로, 특정부분이 생략된 그림을 보고 해당부분을 찾도록 한다.
- 수검자의 시각적 예민성과 연관된 것으로서, 수검자의 특이한 반응이나 오류에 대한 내용분석이 중요하며, 반응시간이 지나치게 길거나 짧은 경우에 주목해야 한다.
- 빠진곳찾기 소검사에 의해 측정되는 주요내용은 다음과 같다.
  - 시각적 · 지각적 조직화능력
  - 대상의 핵심적인 세부사항을 시각적으로 인식하는 능력
  - 본질과 비본질을 구분하는 능력
  - 시각적 기억능력
  - 환경적 세부사항에 대한 인식 등

3. 작업기억(Working Memory)

① 숫자(Digit Span)
- 바로 따라하기, 거꾸로 따라하기, 순서대로 따라하기의 3가지 과제로 구성되며, 한 문항당 두 번의 시행이 포함된 각 8개의 문항으로 이루어져 있다.
- 바로 따라하기는 자릿수가 점차적으로 증가하는 일련의 숫자를 듣고 동일한 순서로 따라 하는 즉각적인 회상과제이며, 거꾸로 따라하기는 이를 역순으로 반복하여 집중력의 범위를 측정하는 과제이다.
- 수검자의 작업기억과 연관된 것으로서, 특히 수검자의 불안이나 긴장의 증가로 인해 저하될 수 있다.
- 특히 알츠하이머병과 외상성뇌손상의 영향에 민감한 소검사로 알려져 있다.
- 숫자 소검사에 의해 측정되는 주요내용은 다음과 같다.
  - 청각적 단기기억능력
  - 즉각적인 기계적 회상능력

- 연속적 정보처리능력
- 암기학습능력
- 주의력 및 주의집중력
- 정신적 조작능력 등

② 산수(Arithmetic)
- 총 22문항으로, 제한된 시간 내에 간단한 계산문제를 암산으로 풀도록 한다.
- 모든 문항에 시간제한이 있으며, 특히 수검자의 반응시간을 측정하고 오답을 기록하는 것이 질적 분석에서 매우 중요하다.
- 충동적이고 성급한 수검자, 집중력이 부족한 수검자, 산수공포증이 있는 수검자의 경우 좋은 점수를 받기 어렵다.
- 산수 소검사에 의해 측정되는 주요내용은 다음과 같다.
  - 청각적 단기기억능력
  - 연속적 정보처리능력
  - 주의력 및 주의집중력
  - 수리적 추론능력
  - 계산능력
  - 단기 및 장기기억 등

③ 순서화-보충(Letter-Number Sequencing)
- 숫자와 요일을 지시에 따라 순서대로 암기하도록 하는 과제로 구성되며, 한 문항당 세 번의 시행이 포함된 10개의 문항으로 이루어져 있다.
- 본래 WAIS-Ⅳ의 경우 알파벳을 글자로 사용하였으나, K-WAIS-Ⅳ에서는 영어 알파벳에 상응하는 한글 자음의 발음이 변별하기 어렵고, 순서가 알파벳만큼 보편적이지 않으므로 요일 이름으로 대체한 것이다.
- 순서화 소검사에 의해 측정되는 주요내용은 다음과 같다.
  - 청각적 단기기억능력
  - 주의력 및 주의집중력
  - 정신적 조작능력
  - 순차적 처리능력 등

4. 처리속도(Processing Speed)

① 동형찾기(Symbol Search)
- 총 60문항으로, 쌍으로 이루어진 도형이나 기호들이 표적부분과 반응부분으로 제시되며, 해당 두 부분을 훑어본 후 표적모양이 반응부분에 있는지 여부를 지적하도록 한다.

OX Quiz
빠진곳찾기 소검사에 의해 측정되는 주요내용에는 청각적 단기기억능력, 계산능력, 단기 및 장기기억 등이 있다.
정답 X(산수 소검사)

OX Quiz
산수 소검사는 충동적이고 성급한 수검자, 집중력이 부족한 수검자, 산수공포증이 있는 수검자의 경우 좋은 점수를 받기 어렵다.
정답 O

- 수검자의 처리속도를 측정하기 위해 고안된 소검사로서, 수검자의 완벽주의적 성향이나 강박적 문제해결양식 등을 반영하기도 한다.
- 동형찾기 소검사에 의해 측정되는 주요내용은 다음과 같다.
  - 정보처리속도
  - 시각-운동협응능력
  - 시각적 단기기억능력
  - 시각적 변별력
  - 주의력 및 주의집중력 등

② 기호쓰기(Coding)
- 총 135문항으로, 제한된 시간 내에 기호표를 사용하여 숫자와 짝지어진 기호를 그려 넣도록 한다.
- 이 소검사는 읽기 및 쓰기 경험이 풍부한 수검자에게 유리한 반면, 불안이나 우울, 우유부단, 완벽주의 등에 의해 저하될 수 있다.
- 지속적인 집중력, 빠르고 기민한 반응, 양호한 미세운동 조절력 등이 요구되는 과제로서, 특히 뇌손상에 가장 민감한 소검사로 알려져 있다.
- 기호쓰기 소검사에 의해 측정되는 주요내용은 다음과 같다.
  - 정보처리속도
  - 시각-운동협응능력
  - 시각적 단기기억능력
  - 시각적 지각능력 및 탐색능력
  - 주의력 및 주의집중력
  - 사무적 과제의 속도 및 정확성
  - 친숙하지 않은 과제를 학습하는 능력
  - 새로운 시각적 학습자극에 대한 모방능력 및 연합능력 등

③ 지우기-보충(Cancellation)
- 제한된 시간 내에 조직적으로 배열된 도형들 속에서 표적대상과 색깔 및 모양이 동일한 도형을 찾도록 한다.
- 이 소검사의 과제는 본래 반응억제나 운동보속증 등을 측정하는 신경심리검사에서 널리 사용되어 왔다.
- 특히 주의력결핍 및 과잉행동장애(ADHD), 외상성뇌손상에서 나타나는 주의산만을 측정하는 데 유효한 것으로 알려져 있다.
- 지우기 소검사에 의해 측정되는 주요내용은 다음과 같다.
  - 정보처리속도
  - 시각-운동협응능력

OX Quiz

기호쓰기 소검사는 읽기 및 쓰기 경험이 풍부한 수검자에게 유리한 검사이다.

정답 O

- 시각적 단기기억능력
- 선택적 주의력
- 속도와 정확성 등

> **OX Quiz**
> 지우기 소검사에 의해 측정되는 주요내용으로는 내용선별능력, 선택적 주의력 등이 있다.
> **정답** X(내용선별능력은 아님)

핵심예제 20   17년 기출

지능은 우수하지만 주의력결핍과잉행동장애가 있어 학업부진을 보이는 아동이나 청소년들이 다른 소검사에 비해 높은 점수를 얻기 어려운 소검사는?

① 어 휘
② 이 해
③ 숫 자
④ 토막짜기

해설 체크!

숫자외우기
- 청각적 단기기억, 즉각적인 기계적 회상, 주의력 및 주의집중력, 유동성 지능, 학습장애 등과 연관된다.
- 검사상황에 민감하게 영향을 받는 검사로서, 특히 청각적인 문제를 가진 수검자에게 불리하다.
- 높은 점수는 오히려 수검자의 분열성 성격을 반영하기도 한다.
- 낮은 점수는 정신병적 우울이나 상태불안, 주의력결핍, 학습장애 등의 문제를 반영하기도 한다.

어 휘
- 검사자가 불러주는 여러 가지 단어의 뜻을 구체적으로 설명하도록 하는 과제로 구성된다.
- 전체 IQ와 가장 높은 상관관계를 가지고 있어 일반지능을 나타내는 주요지표가 된다.
- 가장 안정적인 검사로서, 부적응이나 정신장애에 의한 기능의 손상 및 퇴화가 가장 적으므로, 병전지능과 현재 지능을 비교하는 기준이 되기도 한다.
- 높은 점수는 지적인 야심과 추구를 반영하며, 주지화 방어기제와 관련될 수 있다.
- 언어적 이해력, 언어적 개념화, 언어적 표현화, 추상적 언어를 다루는 능력, 어의적 수준의 인지능력, 학습능력, 획득된 지식, 축적된 상식, 장기기억, 일반지능, 결정적 지능, 풍부한 초기 환경, 문화적 환경 등을 측정한다.

이 해
- 사회적 상황의 이해력 및 사회적 성숙도, 관습적 행동규준에 관한 지식정도, 과거경험을 평가하고 사용하는 능력, 실질적 지식과 판단력, 언어적 추론 및 개념형성능력, 언어적 이해와 표현 등을 측정한다.

토막짜기
- 시각적 자극의 분석 및 통합능력, 시각-운동협응능력, 지각적 조직화능력, 비언어적 개념형성능력, 시간적 압박하에서의 작업능력 등을 측정한다.

정답 ③

21 성격과 성격이론

1. 성격에 대한 학자들의 견해

[17년 기출]

① 올포트(Allport) : 성격은 개인의 특유한 행동과 사고를 결정하는 심리신체적 체계인 개인 내 역동적 조직이다.
② 설리번(Sullivan) : 성격은 인간 상호관계 속에서 개인의 행동을 특징짓는 비교적 지속적인 심리적 특성이다.
③ 프롬(Fromm) : 성격은 한 개인의 특징이 되며 독특성을 만들어내는 선천적이자 후천적인 정신적 특질의 총체이다.
④ 미셸(Mischel) : 성격은 보통 개인이 접하는 생활상황에 대해 적응의 특성을 기술하는 사고와 감정을 포함하는 구별된 행동패턴이다.
⑤ 매디(Maddi) : 성격은 사람들의 심리적 행동(사고, 감정, 행위)에 있어서 공통점과 차이점을 결정하는 일련의 안정된 경향이자 특성이다.
⑥ 릭맨(Ryckman) : 성격은 개인이 소유한 일련의 역동적이고 조직화된 특성으로서, 이와 같은 특성은 다양한 상황에서 개인의 인지, 동기, 행동에 독특하게 영향을 준다.
⑦ 버거(Burger) : 성격은 일관된 행동패턴 및 개인 내부에서 일어나는 정신내적 과정이다.

2. 성격의 일반적 정의

[21, 22, 24년 기출]

① 성격은 환경에 대한 개인의 독특한 적응을 결정하는 개인 내의 신체적·정신적 체계들의 역동적 조직이다.
② 성격은 한 개인이 환경과 상호작용하면서 나타나는 독특하고 일관성이 있으며, 인지적이고 정동적인 안정된 행동양식이다.
③ 성격은 태어날 때부터 유전적으로 가지고 있는 것뿐만 아니라 성장과 함께 학습하면서 생기게 된 것, 그리고 개인이 가지고 있는 긍정적 혹은 부정적 특성 모두를 포함하여 특정 개인을 다른 사람과 구별해 주는 것이다.
④ 따라서 성격은 다른 사람이나 환경과 상호작용하는 관계에서 행동양식을 통해 드러난다.

기출키워드
20년 1회 / 24년 2회 / 25년 1회
성격의 일반적인 특성
- 독특성
- 공통성
- 일관성(안정성)
- 역동성

※ 이는 22년 1회 시험에 출제된 '성격에 대해 정의내릴 때 고려하는 특징'과는 차이가 있으니 유의하여 학습하시기 바랍니다.

OX Quiz
올포트는 성격을 '한 개인이 환경과 상호작용하면서 나타나는 독특하고 일관성이 있으며, 인지적이고 정동적인 안정된 행동양식'이라고 주장했다.
정답 X(성격의 일반적 정의)

기출키워드
22년 1회 / 24년 2회
성격의 정의
※ 필기시험에는 성격을 정의할 때 고려하는 특징으로 가장 거리가 먼 것을 고르도록 하는 문제가 출제되었습니다.

> **참고**

성격과 환경 간의 상호작용 유형(개인-상황 상호작용 유형)		21, 22, 24년 기출
유도적 상호작용	개인의 성격, 즉 기질적 차이는 타인으로부터 서로 다른 독특한 반응을 이끌어낸다. 예 신경질적인 영아는 유순한 영아보다 부모의 보살핌을 덜 이끌어낸다.	
반응적 상호작용	동일한 환경을 접하더라도 개인은 환경을 다르게 해석하고 경험하며 반응한다. 예 외향적인 성격의 형과 내향적인 성격의 동생은 부모의 처벌을 다르게 받아들일 수 있다.	
주도적 상호작용	개인이 자신의 환경을 선택하고 구성해 나가는 과정을 강조한다. 예 사교적인 아동은 집에 혼자 있기보다는 친구들과 어울려 놀러 다니는 경험을 많이 한다.	

3. 유형론(Typology)   07, 13, 21, 24년 기출

① 히포크라테스(Hippocrates)의 체액기질설
  • 다혈질 : 명랑하고 낙천적 · 온정적 · 정서적이며 교제에 능하다.
  • 우울질 : 우울 · 비관 · 소심하며, 걱정과 불평불만이 많다.
  • 담즙질 : 쉽게 흥분하고 의기양양하며, 과단성이 있으나 실수가 잦다.
  • 점액질 : 냉정 · 침착하고 사색적이며, 동작이 느린 반면 지속적이다.

② 셸든(Sheldon)의 체형기질설
  • 내배엽형 : 비만형 또는 내장형에 해당하는 것으로서, 사교적 · 향락적이며, 다정다감하다.
  • 중배엽형 : 근골형 또는 신체형에 해당하는 것으로서, 냉정하고 잔인하며, 자기주장이 강하고 투쟁적 · 모험적이다.
  • 외배엽형 : 세장형 또는 두뇌형에 해당하는 것으로서, 고독하고 신경질적이며, 극도의 억제력을 지닌다.

③ 딜테이(Dilthey)의 세계관 유형에 따른 성격유형
  • 감성적 인간 : 감각적 · 충동적이며, 지상의 행복과 향락을 추구한다.
  • 영웅적 인간 : 자신의 의지로써 주변의 저항을 극복하며, 자유를 획득하고자 한다.
  • 사색적 인간 : 범신론과 함께 세계적 감정을 통한 인간의 통일성을 믿는다.

OX Quiz

셸든은 성격을 다혈질, 우울질, 담즙질, 점액질로 나누는 체액기질설을 제시하였다.
정답 X(히포크라테스)

④ 융(Jung)의 양향설

내향성	• 관심의 방향이 자신의 내부로 향한다. • 객체의 인상이 주체 안에서 형성한 것에 의거하여 사물을 본다. • 일시적인 외부사건보다는 지속적인 개념이나 절대적인 원리를 신뢰한다. • 사려 깊고 사색을 즐기며, 수줍음이 많다. • 새로운 상황에서의 융통성과 적응성이 부족하다. • 신중하게 생각한 다음 경험한다. • 자신의 생각이나 감정에 대해 글로 표현하는 것을 좋아한다.
외향성	• 관심의 방향이 외계로 향한다. • 객체에 부합하는 방향으로 행동하고 판단한다. • 외부세계의 중요성을 확신하며, 환경에 자신의 영향력을 행사하고자 한다. • 솔직하고 사교성이 있으며, 때로 충동적으로 사람들과 관계를 맺는다. • 새로운 상황에서의 융통성과 적응성이 뛰어나다. • 일단 경험한 다음에 생각한다. • 자신의 생각이나 감정에 대해 말로 표현하는 것을 좋아한다.

4. 특질론(Trait Theory)   11, 14, 17, 22, 24, 25년 기출

① 올포트(Allport)
- 올포트는 특질(Trait)을 환경의 자극에 반응하는 일관적이고 지속적인 방식으로 보았다.
- 성격의 일관성을 강조하며, 이러한 일관성이 생의 초기부터 시작하여 아동에서 성인으로 성장함에 따라 더욱 공고해진다고 보았다.
- 개인의 환경에 대한 일관성 있는 반응은 개인 내부의 신체적·정신적 체계의 역동적 구조에 의한 것이다.
- 성격이 개인의 인생 전체에 미치는 영향력에 따라 주특질 또는 기본특질(Cardinal Trait), 중심특질(Central Trait), 2차특질(Secondary Trait)로 구분된다.
- 중심특질은 개인의 여러 행동에 두루 영향을 미치는 것으로서 보통 그 사람의 성격을 요약할 때 사용한다. 반면, 2차특질은 일관적이기는 하나 개인의 행동에 강력한 영향력을 미치지는 못하며, 제한된 상황에서 적용한다. 주특질(기본특질)은 극소수의 사람만이 가지고 있으며, 그 영향력이 매우 강력하여 개인의 모든 행위를 지배한다.
- 특질은 사람마다 다르다. 즉, 어떤 사람에게 중심특질인 것이 다른 사람에게는 2차특질일 수 있다.

② 카텔(Cattell) **24년 기출**
- 카텔도 특질을 한 개인으로 하여금 여러 상황과 시간에서 일관성 있게 행동하려는 성향을 부여하는 정신적 구조로 보았다.
- 개인의 특정 행동을 설명할 수 있느냐에 따라 특질을 표면특질(Surface Trait)과 원천특질 또는 근원특질(Source Trait)로 구분하였다. 표면특질은 겉으로 드러나는 구체적인 행동 중 일관성·규칙성이 있는 특질을 말하며, 원천특질(근원특질)은 그와 같은 행동을 결정하는 요인으로서 그 기저에 깔려있는 보다 안정적인 특질을 말한다.
- 카텔은 특질차원을 찾아내는 방법으로서 요인분석의 통계학적 분석방법을 사용하였다. 성격특성과 연관된 4,500개의 개념들에서 최소한의 공통요인을 추출하여 16개의 요인을 발견하였으며, 이를 토대로 자신의 성격이론을 입증하기 위해 16성격 요인검사(16PF ; Sixteen Personality Factor Questionnaire)를 고안하였다.

③ 아이젱크(Eysenck)
- 아이젱크는 히포크라테스의 4대 기질설에 관심을 가지고 이를 현대 경험적 성격이론과 결합하여 인간의 성격차원을 분류하였다.
- 성격을 구성하는 행위와 성향들이 서열적으로 조직화되어 있으며, 성격이 불연속적 범주가 아닌 하나의 넓은 연속적 차원을 이루고 있다고 보았다.
- 성격특질은 내향성-외향성(Introversion-Extraversion), 신경증적 경향성(Neuroticism), 정신병적 경향성(Psychoticism)으로 구분된다.
- 내향성-외향성은 개인의 각성수준, 신경증적 경향성은 정서적 예민성·불안정성, 정신병적 경향성은 공격성·충동성·반사회성을 나타낸다.

기출키워드
22년 1회 / 24년 1회
특질이론
※ 필기시험에는 카텔의 성격이론에 관한 설명과 가장 거리가 먼 것을 고르도록 하는 문제가 출제되었습니다.

OX Quiz
셀든은 특질을 환경의 자극에 반응하는 일관적이고 지속적인 방식으로 보았다.
정답 X(올포트)

OX Quiz
아이젱크에 따르면 신경증적 경향성은 정서적 예민성·불안정성을 나타낸다.
정답 O

핵심예제 21 11, 14, 17년 기출

성격이론가에 관한 설명으로 틀린 것은?

① 올포트(Allport)는 성격은 과거경험에 의해 학습된 행동성향으로, 상황이 달라지면 행동성향도 변화한다고 보았다.
② 카텔(Cattell)은 특질을 표면특질과 근원특질로 구분하고, 자료의 통계분석에 근거하여 16개의 근원특질을 제시하였다.
③ 로저스(Rogers)는 현실에 대한 주관적 해석 및 인간의 자기실현과 성장을 위한 욕구를 강조하였다.
④ 프로이트(Freud)는 본능적인 측면을 강조하고, 사회·환경적 요인을 상대적으로 경시하였다.

> **• 해설 체크! •**
>
> ① 올포트(Allport)는 성격이 과거경험에 의해 학습된 행동성향으로 나타나지 않으며, 개인의 내적 성향으로서의 특질(Traits)은 상황이 달라져도 비교적 변화하지 않는다고 보았다.
>
> **올포트(Allport)의 특질론적 성격이론**
> - 올포트는 1920~30년대 심리학계를 지배하고 있던 정신분석과 행동주의에 대해 반발하였다. 즉, 그는 인간의 행동을 어린 시절의 경험이나 억압된 본능의 탓으로 돌리거나 자극에 대한 단편적인 반응으로 간주하는 방식을 거부하였다.
> - 올포트의 특질론적 성격이론은 인간의 성격분석에 있어서 의식적 동기에 대한 접근을 강조한다.
> - 성격은 개인의 특징적인 행동 및 사고를 결정하는 신체적·심리적인 체계로서 개인 내의 역동적 조직이다.
> - 성격은 조직화된 전체로서 현재에 뿌리를 두는 동시에 미래를 지향한다.
> - 개인의 신체적·심리적 체계를 이루는 각 부분들, 즉 특질(Traits)은 서로 관계를 맺으며 독특한 조직을 형성한다.
> - 성격은 일반적인 것이 아닌 한 개인에게 국한된 특정한 것이며, 개인의 성격적 특징을 이루는 특질은 환경의 자극에 반응하는 개인의 일관적이고 지속적인 방식으로 나타난다.
> - 유아기, 아동기, 청소년기, 성인기의 성격은 비연속적이므로 유아기의 생물학적 동기를 토대로 성인기의 행동을 설명하는 것은 부적합하다.
> - 성격은 개인의 인생 전체에 미치는 영향력에 따라 '주특질(Cardinal Trait)', '중심특질(Central Trait)', '2차특질(Secondary Trait)'로 구분하여 살펴볼 수 있다.
>
> 정답 ①

22 미네소타다면적인성검사(MMPI, MMPI-2)의 이해 18, 20, 21년 기출

1. MMPI의 의의

① 미네소타다면적인성검사(MMPI ; Minnesota Multiphasic Personality Inventory)는 세계적으로 가장 널리 쓰이고 가장 많이 연구되어 있는 객관적 성격검사이다.

② 1943년 미국 미네소타대학의 하더웨이와 매킨리(Hathaway & McKinley)가 처음 발표하였으며, 진단적 도구로서의 유용성과 다양한 장면에서의 활용가능성을 인정받고 있다.

③ 임상장면의 규준집단을 사용하여 개발된 것으로서, 비정상적인 행동과 증상을 객관적으로 측정하여 임상진단에 관한 정보를 제공해 주는 것이 주목적이다.

④ 본래 일반적 성격특성을 측정하기 위한 것이 아니었으나, 진단적·병리적 분류의 개념이 정상인의 행동을 설명하는 데에도 어느 정도 유효하다는 전제하에 일반적 성격특성을 유추하기 위한 용도로도 사용되고 있다.

기출키워드

19년 3회
원판 MMPI
경험적 문항선정방식을 채택하였는데, 임상집단과 규준집단의 반응을 비교하여 변별력 있는 문항들을 선별하여 척도를 구성하였다.

21년 3회
MMPI 제작방식
※ 필기시험에는 MMPI 제작방식에 대한 설명 중 옳은 것을 고르도록 하는 문제가 출제되었습니다.

2. MMPI의 특징 `22, 24, 25년 기출`

① 20세기 초반 대다수의 심리검사들이 이론적 제작방법에 의해 고안된 반면에 MMPI는 실제 환자들의 반응을 토대로 외적 준거접근의 경험적 제작방법에 의해 만들어졌다. 즉, 검사제작 초기에 검사개발을 목표로 이론적인 접근을 하여 문항을 제시하기는 하지만, 최종단계에서 문항을 질문에 포함시킬 것인지는 목표집단과 통제집단의 반응 차이여부에 따라 결정이 이루어진다.
② 대표적인 자기보고식검사로서, 검사의 실시·채점·해석이 용이하며, 시간과 노력을 절약할 수 있다.
③ 투사적 검사에서와 달리 비교적 덜 숙련된 임상가라도 간편하고 정확한 해석을 할 수 있다.
④ 550개의 문항을 포함하고 있는데, 이 중 16개의 문항이 중복되어 총 566개의 문항으로 구성되어 있다. 중복된 16개의 문항은 수검자의 반응일관성을 확인하기 위한 지표로 사용된다.
⑤ 수검자는 각 문항에 대해 그렇다 혹은 아니다의 2가지 답변 중 하나를 택하여 반응하도록 되어 있다.
⑥ 이와 같은 반응은 주요 비정상행동을 측정하는 10가지 임상척도와 수검자의 검사태도를 측정하는 4가지 타당도척도에 따라 채점된다.
⑦ 원점수를 T점수로 환산하여 평가하며, 이때 T점수는 평균이 50, 표준편차가 10이 되도록 Z점수를 변환한 점수에 해당한다.
⑧ 수검자의 성격적 특징을 보다 정확히 반영하기 위해 수검자가 검사문항에 솔직하게 반응하는지, 의도적으로 좋게 또는 나쁘게 보이려고 하는지 파악한다.
⑨ 보다 올바르고 풍부한 해석을 위해서는 임상가의 수련과 경험이 필요하며, 성격 및 정신병리에 대한 체계적인 지식이 요구된다.
⑩ MMPI의 문항 수가 너무 많고 방대하여 시간이 많이 소요된다는 문제가 제기되어 단축형 MMPI에 대한 연구가 지속적으로 전개되었다. 참고로 현재 임상장면에서는 383개의 문항으로 구성된 단축형이 널리 사용되고 있다.

기출키워드

22년 1회

MMPI의 특징

※ 필기시험에는 다면적 인성검사에 관한 설명으로 틀린 것을 고르도록 하는 문제가 출제되었습니다.

3. MMPI-2의 개발

① MMPI가 1943년 개발된 이후 임상장면 이외의 장면들(예 인사선발, 입학, 징병 등)에서 사용됨에 따라 성적 적응, 신체적 기능, 종교적 문제 등과 관련된 문항들에 의문이 제기되었다. 특히 기존 MMPI의 몇몇 문항들이 의학적·정신과적 평가 용도로는 적합하나, 그것이 다른 용도로 사용되는 경우 사생활을 침범하고 불쾌감을 줄 수 있다는 지적이 제기되었다.

② 사회문화적 변화와 함께 사람들의 인식도 변화되었으므로, 그에 적합한 새로운 규준의 필요성이 제기되었다. 특히 성차별적 문구, 구식의 관용적 표현들, 시대에 맞지 않는 구식의 문화와 관련된 문항들을 적절히 수정하고, 최근 사회적인 문제로 대두되고 있는 자살, 약물사용, 치료 관련 행동 등 임상적으로 중요한 내용영역들을 추가적으로 포함할 필요성이 제기되었다.

③ 이와 같은 문제제기와 개정의 필요성에 따라 1980년대 초부터 미네소타주립대에서 MMPI의 재표준화작업이 시작되었다. 개정판의 개발을 위해 남자 1,138명, 여자 1,462명을 규준집단으로 선정하였으며, 기존원판의 문제점을 개선하고 최신의 규준을 확보하여 새로운 문항과 척도들을 추가하였다.

④ 1989년 MMPI-2가 처음 출판되었으며, 이후 축적된 연구결과들을 토대로 하여 2001년 개정판(MMPI-2 Manual Revised Edition)이 출판되었다.

⑤ 총 567개의 문항과 함께 재구성 임상척도, 내용척도, 보충척도, 성격병리 5요인 척도(PSY-5 척도) 등이 포함되었다.

⑥ 개발의 기본적인 원칙은 원판 MMPI의 기본 타당도척도 및 임상척도의 틀을 그대로 유지함으로써 원판 MMPI와 연속성을 가지는 검사를 만드는 것이었다. 따라서 검사결과의 해석에 있어서 원판 MMPI에 적용되던 해석내용들을 그대로 적용할 수 있게 되었다.

4. MMPI-2-RF의 개발

① 다면적인성검사 개정판의 재구성판인 MMPI-2-RF(MMPI-2 Restructured Form)는 MMPI-2의 단축형으로서, 338개의 문항으로 구성되어 있다.
② 남자 1,138명, 여자 1,138명을 규준집단으로 하였다.
③ 성별에 따라 서로 다른 T점수를 제공하던 기존의 방식에서 벗어나 전체 규준에 따른 T점수를 제공한다.
④ MMPI-2 문항의 임상적 의미를 효과적으로 측정하기 위한 총 50개의 척도로 구성되어 있다. 여기에는 타당도척도 8개, 상위차원척도 3개, 재구성 임상척도 9개, 특정문제척도 23개, 흥미척도 2개, 성격병리 5요인척도 5개가 포함된다.
⑤ MMPI-2와 다르게 재구성 임상척도가 임상척도를 대체하고 있다.

핵심예제 22   04, 09, 12, 15년 기출

MMPI 임상척도의 제작방식은?

① 내적 구조 접근 및 요인분석   ② 내적 준거방식
③ 외적 준거방식   ④ 직관적 방식

OX Quiz

MMPI-2의 개발 기본원칙은 원판 MMPI의 타당도척도 및 임상척도의 틀을 깨고 전면개정하는 것이었다.

정답 X(틀 그대로 유지, 연속성)

전문가의 한마디

최근 시험에서는 원판인 MMPI 대신 개정판인 MMPI-2를 적용한 문제가 출제되고 있습니다. 그러나 실상 문제들을 자세히 살펴보면 과년도 기출문제에서 MMPI에 관한 문제를 단순히 MMPI-2로 명칭만 바꿔서 출제하는 경우가 많으니, 수험생 여러분께서는 이점 유념하여 학습하시기 바랍니다.

> **해설 체크!**
> MMPI는 실제 환자들의 반응을 토대로 외적 준거접근의 경험적 제작방법에 의해 만들어졌다.
> 정답 ③

23 미네소타다면적인성검사(MMPI, MMPI-2)의 시행, 채점, 해석, 분석

1. MMPI(MMPI-2) 실시 전 수검자에 대한 고려사항 `21년 기출`

① 수검자의 독해력

검사자는 수검자가 MMPI에 제대로 응답할 수 있는지 수검자의 독해력 수준을 파악해야 한다. 이 경우 독해력은 초등학교 6학년 이상의 수준이어야 한다.

② 수검자의 연령

MMPI를 실시할 수 있는 수검자의 연령하한선은 본래 16세이다. 다만, 일정 수준의 독해력이 인정되는 경우 12세까지 가능하다.

③ 수검자의 지능수준

일반적으로 수검자의 언어성 IQ(VIQ)가 80 이하인 경우 검사실시가 부적합한 것으로 간주되고 있다.

④ 수검자의 임상적 상태

MMPI는 원칙적으로 검사시간에 제한이 없으므로 수검자가 심리적인 혼란 상태에 있는 경우를 제외하고 수검자의 정신적 손상을 검사제한 사유로 고려하지 않는다. 다만, 검사소요시간에 영향을 미치는 수검자의 우울증이나 강박증성향 또는 충동성이나 비협조적 태도 등은 진단적으로 유의미할 수 있다.

2. MMPI(MMPI-2)의 시행상 유의사항 `16, 18, 24년 기출`

① 검사시간은 원칙적으로 제한이 없으나, 보통 대부분의 사람들(90% 이상)은 60~90분 정도 소요된다. 그러나 다른 심리검사에 비해 검사문항이 월등히 많으므로 수검자가 피로나 권태를 느끼지 않는 시간대에 실시하는 것이 바람직하다.

② 검사자는 수검자에게 검사용지를 주어 집에서 하게 할 수도 있으나, 가능한 한 검사자가 지정하는 곳에서 검사자의 감독하에 실시하는 것이 바람직하다.

③ 검사는 충분한 조명, 조용한 분위기, 여유로운 공간, 적절한 환기 등 환경적 조건이 갖추어진 곳에서 이루어져야 한다.

OX Quiz

MMPI의 검사시간은 최대 90분으로 제한된다.

정답 X(제한 없음)

④ 검사자는 검사실시 전 수검자와 충분한 관계형성을 시도한다. 검사의 목적, 결과의 용도, 누가 이 결과를 보게 되는가, 그리고 결과의 비밀보장 등에 대해 솔직하고 성실하게 설명한다. 또한 수검자의 검사에 대한 제반질문에 대해 친절하게 답변함으로써 수검자의 협조를 얻도록 노력한다.
⑤ 검사 도중 검사자는 수검자에게 방해되지 않게 한두 번 정도 검사진행을 확인할 필요가 있다.
⑥ 검사실시와 함께 보호자나 주변인물과의 면접을 실시함으로써 수검자에 대한 생활사적 정보와 수검자의 현 상태에 대한 객관적인 정보를 얻는 것이 필요하다.
⑦ 마지막으로 실시한 검사를 채점한 후에 다시 수검자와 면접을 실시해야 한다.

3. MMPI(MMPI-2)의 채점 및 프로파일 작성

① 채점자는 수검자의 답안지를 세밀하게 살펴보며, 응답하지 않은 문항 또는 그렇다, 아니다 모두에 응답한 문항을 표시해 둔다. 해당 문항들은 무응답으로 처리하여 ? 채점란에 기입한다.
② 구멍 뚫린 채점판 또는 컴퓨터 채점 프로그램을 이용하여 채점한다. 특히 원점수가 극단적으로 높거나 낮게 나오는 경우 채점 과정상의 오류를 점검해 본다.
③ 검사의 신뢰도와 타당도를 높이기 위해 K 교정점수를 구하며, 이를 5가지의 특정 임상척도에 일정 비율 더해준다.
④ 13개 검사척도(? 척도를 제외한 3개의 타당도척도와 10개의 임상척도)의 원점수를 T점수로 환산하며, 해당 값에 따라 프로파일 용지 위에 프로파일을 그린다.
⑤ 프로파일을 작성할 때 우선 T점수를 점으로 찍은 후 검사척도들을 실선으로 연결한다. 다만, 타당도척도와 임상척도는 분리하며, 보통 ? 척도는 환산점수 대신 원점수를 그대로 기입한다.

4. MMPI(MMPI-2)를 해석할 때 고려해야 할 절차 [16년 기출]

① **수검자의 특징적인 검사태도에 대한 고려**
  - 수검자의 검사수행에 소요되는 시간, 검사수행 시 행동 등을 관찰한다.
  - 수검자가 강박적이거나 우유부단한 성격을 가진 경우, 우울증으로 인해 정신운동 지체를 보이는 경우 검사수행에 오랜 시간이 소요되는 반면, 수검자가 성의가 없거나 충동적인 성격을 가진 경우 검사수행 시간이 짧은 경향이 있다.
② **개별척도에 대한 해석의 시도**
  - 처음에는 타당도척도를 검토하여 검사결과의 타당성을 고려한다.
  - 검사결과가 타당한 것으로 판단될 경우, 각 임상척도들의 상승 정도를 확인하며, 그 점수들이 정상 범위에 있는지 혹은 정상 범위를 이탈해 있는지를 파악한다.

OX Quiz

MMPI 해석 시 수검자의 특징적인 검사태도, 단일 코드 해석 등을 고려해야 한다.

정답 X(2 코드 해석)

③ 2 코드 해석의 시도
- 코드유형으로 확인된 상승척도쌍에 대한 경험적 해석은 단일척도에 대한 해석보다 더욱 정확할 수 있다.
- 가장 보편적인 방법은 가장 높이 상승되어 있는 2개의 임상척도를 찾아내어 이를 해석하는 2 코드 해석이다.

④ 낮은 임상척도에 대한 고려
- 낮은 점수의 임상척도에 대한 연구는 높은 점수의 해석과 관련된 연구에 비해 빈약한 편이지만, 수검자의 주요특징을 잘 나타내는 경우도 있다.
- 통계적으로 30T 이하가 낮은 점수의 기준이 될 수 있으나, 35T 혹은 40T를 기준으로 삼는 것이 보다 융통성 있는 해석에 유리하다.

⑤ 전체 프로파일에 대한 형태분석
- 임상척도가 전반적으로 상승되어 있는 경우 수검자의 심리적 고통이나 혼란이 심한 상태이며, 그와 같은 자신의 상태를 외부에 호소하고 있음을 시사한다.
- 특히 신경증과 관련된 3가지 척도(척도 1, 2, 3)와 정신병과 관련된 4가지 척도(척도 6, 7, 8, 9)의 상대적 상승도를 살피는 방식이 널리 사용되고 있다.

5. 빠뜨린 문항의 원인(? 척도의 상승 이유) 및 대처방법

① 수검자가 강박성으로 인해 문항내용에 대한 정확한 응답에 과도하게 집착하는 경우
  ↪ 검사자는 문항에 정답이 있는 것이 아니며, 문항이 요구하는 응답이 대략적인 것임을 강조한다.
② 수검자가 정신적 부주의나 혼란으로 인해 문항을 빠뜨리는 경우
  ↪ 검사자는 수검자가 충분한 시간과 여유를 가지고 모든 문항을 주의 깊게 살펴보도록 요구한다.
③ 수검자가 방어적인 태도로 자신을 드러내는 것에 대해 거부감을 느끼거나 검사 및 검사자에 대해 불신하는 경우
  ↪ 검사자는 척도점수가 중요한 것이지 각 문항의 개별적인 응답내용이 중요한 것이 아니라는 점을 강조하며, 검사결과에 대해 비밀이 유지될 것임을 확신시킨다.
④ 수검자가 검사자에게 비협조적이고 반항적인 태도를 보이는 경우
  ↪ 이 경우 검사를 실시하지 않는 것이 바람직하다. 다만, 검사자는 수검자와 면담을 통해 충분히 라포(Rapport)를 형성한 후 검사를 재시도할 수 있다.
⑤ 수검자가 극도의 불안이나 우울증상을 보이는 경우
  ↪ 이 경우 검사를 실시하지 않는 것이 바람직하다. 다만, 검사자는 수검자의 불안이나 우울증상이 경감된 후 검사를 시행할 수 있다.

기출키워드

19년 3회

? 척도(무응답 척도)
- 응답하지 않은 문항 또는 '예', '아니요' 모두에 응답한 문항들의 총합을 말한다.
- 보통 30개 이상일 경우 무효로 간주한다(예외 있음).
- 100개 이상인 경우 무효이다.

6. 코드유형(Code Type)

24년 기출

① 미네소타다면적인성검사(MMPI)에서 각각의 척도는 해당 척도명의 의미에 따라 단일증상행동을 측정하는 데 한계가 있다.
② 정신병리의 증상들은 다양하고 복합적으로 나타나며, 이질적 성향의 집단 간에도 동일한 증상행동이 나타날 수 있다.
③ 프로파일 분석기법으로서 코드유형에 따른 해석법은 다양한 척도들 간의 관계를 통해 보다 유효한 진단적 정보를 제공해준다.
④ 코드유형은 다면적 인성검사의 형태분석에서 T점수가 일정 수준 이상으로 상승된 임상척도들을 하나의 프로파일로 간주하여 해석한다.
⑤ 이러한 코드유형에 따른 해석법은 상호연관성이 높은 척도들을 결합하여 해석함으로써 높은 행동예언력을 나타내 보인다.

OX Quiz

미네소타다면적인성검사에서 각각의 척도는 해당 척도명의 의미에 따라 단일증상행동을 측정하는 데 한계가 있다.

정답 O

핵심예제 23

17, 19년 기출

MMPI-2에서 타당성을 고려할 때 '?' 지표에 대한 설명으로 틀린 것은?

① 각 척도별 '?' 반응의 비율을 확인해 보는 것은 유용할 수 있다.
② '?' 반응이 300번 이내의 문항에서만 발견되었다면 L, F, K척도는 표준적인 해석이 가능하다.
③ '?' 반응이 3개 미만인 경우에도 해당 문항에 대한 재반응을 요청하는 등의 사전검토 작업이 필요하다.
④ '?' 반응은 수검자가 질문에 대해 답변을 하지 않을 경우뿐만 아니라 '그렇다'와 '아니다'에 모두 응답했을 경우에도 해당된다.

해설 체크!

② MMPI-2에서는 단축형검사실시를 용이하게 하기 위해 원판 타당도척도들과 임상척도들을 최초 370문항 안에 모두 배치하였다. 따라서 '?' 반응이 300번 이내의 문항에서만 발견되었다고 하더라도, L, F, K 척도의 표준적인 해석이 불가능할 수 있다.
③ MMPI-2의 이상적인 실시 절차는 수검자가 가급적 모든 문항에 응답함으로써 빠뜨리는 문항이 없도록 하는 것이다. 빠뜨린 문항의 개수를 나타내는 '?' 반응은 그 수가 적더라도 정보의 손실을 의미하며, 특히 어떤 문항에 응답하지 않았는지에 따라 특정 척도의 해석에 영향을 줄 수 있다. 즉, '?' 반응이 3개 미만이라 하더라도 중요한 문항에 해당하면 해석에 영향이 갈 수 있으므로 재확인이나 재반응 요청이 필요할 수 있다.

정답 ②

24 MMPI-2의 타당도척도

20, 24, 25년 기출

1. ? 척도(Cannot Say, 무응답척도)

17, 19년 기출

① 응답하지 않은 문항 또는 그렇다, 아니다 모두에 응답한 문항들의 총합으로서, 내담자의 심각한 정신병리로 인한 반응상의 어려움, 검사 및 검사자에 대한 비협조적 태도, 개인적 정보노출에 대한 방어적 태도 등을 측정한다.
② 문항의 누락은 보통 검사지시에 따라 좌우된다. 즉, 모든 문항에 응답하도록 요청하면 별로 빠뜨리는 문항 없이 응답하며, 그렇다, 아니다를 결정할 수 없는 경우에는 답하지 않아도 된다는 지시를 주면 무응답문항이 많아지게 된다.
③ 제외되는 문항의 효과는 잠재적으로 전체 프로파일 및 해당 문항이 속한 척도의 높이를 저하시키는 결과를 초래한다.
④ 보통 30개 이상의 문항을 누락하거나 양쪽 모두에 응답하는 경우 프로파일은 무효로 간주될 수 있다. 다만, 30개 이상의 문항을 누락하더라도 기본적인 타당도척도와 임상척도가 위치한 검사의 전반부에 해당하지 않는다면 비교적 타당한 것으로 볼 수 있다.
⑤ 특히 MMPI-2에서는 단축형검사실시를 용이하게 하기 위해 원판 타당도척도들과 임상척도들을 최초 370문항 안에 모두 배치하였다. 따라서 무응답문항이 370번 문항 이후에서 많이 나타났다면, 무응답문항 수가 많다는 이유만으로 검사결과의 타당성을 의심할 필요는 없다.

2. VRIN척도, TRIN척도

① VRIN척도(Validity Response INconsistency, 무선반응 비일관성척도)
- 수검자가 응답을 하면서 무선적으로 반응하는 경향을 탐지한다.
- 서로 내용이 유사하거나 상반되는 문항쌍으로 구성되어 있으며, 수검자가 각 문항쌍에 불일치하는 비일관적인 반응을 보일 경우 점수가 높아진다.
- 내용상 서로 유사한 문항쌍 혹은 서로 상반된 문항쌍들로서, 모두 49개의 문항쌍으로 구성되어 있으나, 특정 문항쌍의 경우 2가지 반응패턴 모두가 비일관적인 반응으로 채점될 수 있으므로, 비일관적인 문항반응쌍은 총 67개이다.
- VRIN척도 점수가 80T 이상인 경우 수검자가 무선적인 방식으로 문항에 응답한 것으로 볼 수 있으므로, 해당 프로파일은 무효로 간주할 수 있다.

② TRIN척도(True Response INconsistency, 고정반응 비일관성척도)
- 수검자가 문항에 응답하면서 모든 문항에 그렇다 혹은 아니다로 반응하는 경향을 탐지한다.

기출키워드

20년 1회

MMPI-2의 타당도척도

- 원판 MMPI의 4가지 타당도척도는 ? 척도(무응답 척도), L척도(부인척도), F척도(비전형척도), K척도(교정척도)로 구성되어 있다.
- MMPI-2에서는 원판 MMPI의 타당성 척도 외에 VRIN, TRIN, Fb와 Fp, FBS, S척도가 추가되었다.

- VRIN척도와 달리 서로 상반된 내용의 문항들로서, 총 20개의 문항쌍, 총 23개의 문항반응쌍으로 구성되어 있다.
- TRIN척도는 T점수가 항상 50점 이상이 되도록 환산된다. 따라서 원점수가 평균으로부터 1 표준편차 높은 경우 그렇다로 응답하는 경향을 시사하며, 이를 60T로 표시한다. 반면, 원점수가 평균으로부터 1 표준편차 낮은 경우 아니다로 응답하는 경향을 시사하며, 이를 60F로 표시한다. 이때 T 또는 F는 MMPI-2 프로토콜에 나타난 고정반응편향의 방향성을 나타내는 것이다.
- TRIN척도점수가 80점 이상인 경우 수검자가 그렇다 혹은 아니다 방향으로 응답하는 경향이 지나치게 강함을 시사한다.

3. F척도(Infrequency, 비전형척도)   `08, 15, 16, 18, 19, 20년 기출`

① F척도는 비전형적인 방식으로 응답하는 사람들을 탐지하기 위한 것으로서, 검사문항에 대해 정상인들이 응답하는 방식에서 벗어나는 경향성을 측정한다.
② 수검자의 부주의나 일탈된 행동, 증상의 과장 혹은 자신을 나쁘게 보이려는 의도, 질문항목에 대한 이해부족 혹은 읽기의 어려움, 채점이나 기록에서의 심각한 오류 등을 식별할 수 있다.
③ 문항은 정상 성인을 대상으로 하여 비정상적인 방향으로의 응답이 10%를 초과하지 않는 것들로서, 총 60개의 문항으로 구성되어 있다.
   예 내 혼이 가끔 내 몸에서 떠난다.
④ F척도 점수가 높을수록 수검자는 대부분의 정상적인 사람들이 하는 것처럼 반응하지 않는 것을, 그가 가지고 있는 문제영역이 많고 문제의 정도가 심각한 것을 나타낸다.
⑤ 특히 F척도가 상승할 경우 VRIN척도와 TRIN척도를 함께 검토해야 한다. VRIN척도가 80T 이상인 경우 무작위응답에 의해 F척도가 상승했을 가능성이 있으며, TRIN척도가 80T 이상인 경우 고정반응에 의해 상승했을 가능성이 있다.
⑥ 측정결과가 65~80T 정도인 경우 수검자의 신경증이나 정신병, 현실검증력 장애를 의심할 수 있다. 또한 자신의 자아정체성 문제로 고민하고 있는 청소년에게서도 나타날 수 있다.
⑦ 반면, 측정결과가 100T 이상인 경우 수검자가 의도적으로 심각한 정신병적 문제를 과장해서 응답한 것으로 짐작할 수 있다.

OX Quiz
수검자가 문항에 응답하면서 모든 문항에 그렇다 혹은 아니다로 반응하는 경향을 탐지하는 것은 VRIN척도다.
정답 X(TRIN척도)

전문가의 한마디
VRIN척도와 TRIN척도의 문항수 혹은 문항쌍은 교재에 따라 다르게 제시되기도 합니다. 이와 같은 문제는 주로 문항쌍과 문항반응쌍을 구분하지 않은 채 문항반응쌍을 문항쌍으로 간주하기 때문입니다.

OX Quiz
F척도가 상승할 경우 VRIN척도와 TRIN척도는 검토할 필요성이 사라진다.
정답 X(함께 검토해야 함)

4. FB척도, FP척도   [21년 기출]

① FB척도(Back inFrequency, 비전형-후반부척도)
- 검사실시 과정에서 수검자의 수검태도상의 변화를 탐지하기 위한 것으로서, 검사 후반부에 총 40개의 문항으로 구성되어 있다.
- 기존의 F척도만으로 수검자가 검사 후반부에 어떤 수검태도를 보였는지 파악할 수 없었던 문제점을 보완하기 위해 고안되었다. 즉, FB척도가 크게 상승된 경우 수검자의 수검태도에 변화가 있음을 의미한다.
- FB척도 점수는 검사실시 과정에서 수검자의 수검태도가 크게 변화되었는지를 파악하는 목적으로만 사용된다. 특히 FB척도가 90T 이상이면서 F척도보다 최소 30T 이상 높은 경우 태도상 유의미한 변화가 있는 것으로 간주한다.

② FP척도(inFrequency Psychopathology, 비전형-정신병리 척도)
- 규준집단과 정신과 외래환자집단에서 모두 매우 낮은 반응 빈도를 보인 총 27개의 문항으로 구성되어 있다.
- VRIN척도와 TRIN척도 점수를 검토한 결과 무선반응이나 고정반응으로 인해 F척도 점수가 상승된 것이 아니라고 판단될 경우 사용한다.
- 이 척도는 F척도의 상승이 실제 정신과적 문제 때문인지 혹은 의도적으로 자신을 부정적으로 보이려고 한 것인지를 판별하는 데 유효하다. 특히 FP척도가 100T 이상일 경우 수검자의 무선반응 혹은 부정왜곡(Faking-Bad)을 짐작할 수 있으므로, 해당 프로파일은 무효로 간주할 수 있다.

> **OX Quiz**
> FP척도는 F척도의 상승이 실제 정신과적 문제 때문인지 혹은 의도적으로 자신을 긍정적으로 보이려고 한 것인지를 판별하는 데 유효하다.
> **정답** X(긍정적 → 부정적)

5. FBS척도(Fake Bad Scale, 증상타당도척도)   [17, 21년 기출]

① 본래 부정왜곡척도로 개발되었으나 척도해석에 이론의 여지가 있어서, 약자는 그대로 유지한 채 현재 증상타당도(Symptom Validity)척도로 불리게 되었다.
② 개인상해 소송이나 신체장애 판정장면에서의 꾀병을 탐지하기 위한 총 43개의 문항으로 구성되어 있다.
③ 문항들은 신체와 통증에 관한 내용, 신뢰나 정직함에 관한 내용 등을 포함하고 있다.
④ MMPI-2의 다른 모든 척도들 가운데 사실상 가장 낮은 타당도를 보인 만큼, 현재까지 논란이 되고 있는 척도이다. 그로 인해 표준채점 양식에서 FBS척도를 제외시키는 경향이 있다.

6. L척도(Lie, 부인척도) `16, 24, 25년 기출`

① L척도는 사회적으로 찬양할 만하나 비현실적으로 양심적인 사람에게서 발견되는 태도나 행동을 측정한다.
② 문항은 이성적으로는 가능하나 사실상 그대로 실행하기 어려운 내용들로서, 총 15개의 문항으로 구성되어 있다.
　예 가끔 욕설을 퍼붓고 싶은 때가 있다.
③ 본래 수검자가 자신을 좋게 보이려고 하는 다소 고의적이고 부정직하며 세련되지 못한 시도, 즉 심리적 세련(Psychological Sophistication)의 정도를 측정하려는 척도이다.
④ L척도의 점수는 수검자의 지능, 교육수준, 사회경제적 위치 등과 연관이 있으며, 특히 지능 및 교육수준이 높을수록 L척도의 점수는 낮게 나온다.
⑤ MMPI의 모든 척도가 경험적 방법에 의해 도출된 문항으로 구성된 반면, L척도만은 논리적 근거에 의해 선발된 문항으로 구성되어 있다.
⑥ 측정결과가 70T 이상으로 높은 경우 자신의 결점을 부정하고 도덕성을 강조하며 고지식하다. 또한 부인(부정)이나 억압의 방어기제를 사용하는 환자에게서 나타날 수 있다. 특히 측정결과가 80T 이상인 경우 수검자가 솔직하게 응답하지 않았을 가능성이 크므로, 해당 프로파일은 무효로 간주할 수 있다.
⑦ 측정결과가 45T 이하로 낮은 경우 비교적 자신의 결점을 인정하고 솔직하며 허용적이다. 반면, 자신을 병적으로 보이려는 환자에게서도 나타날 수 있다.

OX Quiz
L척도는 사회적으로 찬양할 만하나 비현실적으로 비양심적인 사람에게서 발견되는 태도나 행동을 측정한다.
정답 X(비양심적→양심적)

7. K척도(Correction, 교정척도)

① K척도는 분명한 정신적인 장애를 지니면서도 정상적인 프로파일을 보이는 사람들을 식별하기 위한 것이다.
② 정상집단과 정상프로파일을 보이는 환자집단을 구별해 주는 경험적으로 선택된 총 30개의 문항으로 구성되어 있다.
　예 처음 만나는 사람과 대화하기가 어렵다.
③ 심리적인 약점에 대한 방어적 태도를 탐지하기 위한 것으로서, 수검자가 자신을 바람직한 방향으로 왜곡하여 좋은 인상을 주려고 하는지 혹은 검사에 대한 저항의 표시로 나쁜 인상을 주려고 하는지 파악하는 데 유효하다.
④ L척도의 측정내용과 중복되기도 하지만 L척도보다는 은밀하게, 그리고 보다 세련된 사람들에게서 측정한다는 점이 다르다.
⑤ K척도가 상승한 수검자는 심각한 심리적 문제를 나타내지 않는 방향으로 반응했을 가능성이 크므로, 임상척도에서 주목할 만한 상승이 없다고 하더라도 심리적 문제가 없는 것으로 결론을 내릴 수는 없다.

⑥ K척도는 5가지 임상척도의 진단상 변별력을 높이기 위한 교정 목적의 척도로도 사용된다. 특히 척도 7 Pt(강박증), 척도 8 Sc[조현병(정신분열증)]에는 K척도의 원점수 전부를 더하고, 척도 1 Hs(건강염려증), 척도 4 Pd(반사회성), 척도 9 Ma(경조증)에는 K척도의 점수 일부를 더하여 교정하도록 하고 있다.
⑦ 측정결과가 65T 이상인 경우 수검자가 자신을 좋은 방향으로 왜곡해서 대답하는 긍정왜곡(Faking-Good)의 가능성이 있다. 이는 수검자의 정신병리에 대한 방어 또는 억압 성향을 나타내는 것으로 볼 수 있다.
⑧ 측정결과가 35T 이하인 경우 수검자가 자신의 단점을 과장하거나 심각한 정서적 장애를 가지고 있는 것으로 왜곡하려는 부정왜곡의 가능성이 있다.

> **OX Quiz**
> K척도는 임상척도의 진단상 변별력을 높이기 위해 사용되기도 한다.
> [정답] O

8. S척도(Superlative Self-Presentation, 과장된 자기제시척도) [15, 17년 기출]

① S척도는 인사선발, 보호감찰, 양육권 평가 등 비임상집단에서 도덕적 결함을 부인하고 자신을 과장된 방식으로 표현하는 것을 평가하기 위해 개발되었다.
② 5개의 소척도, 즉 인간의 선함에 대한 믿음(S1 - Beliefs in Human Goodness), 평정심 또는 평온함(S2 - Serenity), 삶에 대한 만족감(S3 - Contentment with Life), 흥분과 분노에 대한 인내심/부인(S4 - Patience/Denial of Irritability and Anger), 도덕적 결점에 대한 부인(S5 - Denial of Moral Flaws) 등으로 이루어지며, 규준집단과 극단적인 방어태도를 나타내는 집단 간의 반응률 차이를 비교할 수 있는 총 50개의 문항으로 구성되어 있다.
③ S척도와 K척도는 수검자의 방어성을 측정하는 지표인 점에서 공통적이지만, K척도의 문항들이 검사의 전반부에 국한되어 있는 반면, S척도의 문항들은 검사 전반에 걸쳐 퍼져 있는 점에서 차이가 있다.
④ 측정결과가 70T 이상인 경우 수검자의 긍정왜곡의 가능성이나, 주로 아니다로 응답하는 경향을 시사한다.
⑤ 측정결과가 45T 이하인 경우 수검자의 부정왜곡의 가능성이나, 정신병리로 인한 주관적 고통과 행동장해의 정도를 반영한다.

9. Es척도(Ego Strength Scale, 자아강도 척도) [21년 기출]

① Es척도는 정신치료의 성공여부를 예측하기 위해 고안되었다.
② 개인의 전반적인 기능수준과 상관이 있다.
③ 효율적인 기능과 스트레스를 견디는 능력을 반영한다.

> **전문가의 한마디**
> MMPI 및 MMPI-2의 타당도척도와 임상척도의 측정결과와 관련된 기준점수 및 해석내용 등은 교재에 따라 다르게 제시되어 있습니다. 이 점 착오 없으시기 바랍니다.

④ Es척도 점수가 높을수록 수검자는 심리적 문제영역이 상대적으로 적으며, 정서적으로 균형 잡혀 있는 것을 나타낸다.

> **참고**
>
> **MMPI-2의 주요 타당도척도 범주구분**
>
> | 범주 | 척도 |
> |---|---|
> | 성실성 | • 문항내용과 무관한 응답을 평가하는 척도
　- ? 척도(무응답척도)
　- VRIN척도(무선반응 비일관성척도)
　- TRIN척도(고정반응 비일관성척도) |
> | 비전형성 | • 문항내용과 연관된 왜곡응답을 평가하는 척도
　- F척도(비전형척도)
　- FB척도(비전형-후반부척도)
　- FP척도(비전형-정신병리척도) |
> | 방어성 | • 과소보고 경향을 탐지하는 척도
　- L척도(부인척도)
　- K척도(교정척도)
　- S척도(과장된 자기제시척도) |

핵심예제 24 17년 기출

MMPI 타당도척도 중 L과 K척도는 T점수로 50에서 60 사이이고 F척도는 70 이상인 점수를 얻은 사람의 특징으로 적합한 것은?

① 지나친 방어적 태도 때문에 면담하기 어려운 사람이다.
② 감정을 억제하고 있으며, 행동을 적절하게 통제하고 있다.
③ 경험하는 스트레스의 정도가 미미하며, 사회적 상황에 효율적으로 대처하는 사람이다.
④ 자신의 문제를 인정하는 동시에 그런 문제와 관련하여 자신을 방어하려고 애쓰는 사람이다.

> **해설 체크!**
>
> 삿갓형(L, K = 50~60, F≥70)은 자신의 문제를 인정하지만, 이러한 문제에 대해 자신을 방어하려는 경향을 보인다.
>
> 정답 ④

25 MMPI-2의 임상척도

16, 21, 23, 24, 25년 기출

1. 척도 1 Hs(Hypochondriasis, 건강염려증)

16년 기출

① 심기증(Hypochondria) 척도로서 수검자의 신체적 기능 및 건강에 대한 과도하고 병적인 관심을 반영한다.
② 원판 MMPI에서는 총 33문항으로 구성되었으나, MMPI-2에서는 내용상 문제의 소지가 있는 1문항을 삭제하여 총 32문항으로 구성되어 있다.
③ 대부분의 문항들이 다른 임상척도에서도 채점되며, 특히 척도 3 Hy(히스테리)와 중복되어 같은 방향으로 채점이 이루어진다.
④ 측정결과가 65T 이상인 경우 만성적인 경향이 있는 모호한 여러 신체증상들을 호소한다. 일반적으로 불행감을 느끼고 자기중심적이며, 애처롭게 호소하는 동시에 적대적이고 타인의 주의집중을 바란다. 또한 자신의 병을 구실로 다른 사람을 조종하며 지배하려고 한다.
⑤ 측정결과가 80T 이상인 경우 극적이면서도 기이한 신체적 염려를 지니고 있을 수 있으며, 특히 척도 3 Hy도 매우 높다면 전환장애의 가능성을 고려해야 한다.
⑥ 측정결과가 낮은 경우 낙천적이고 통찰력이 있으며, 건강에 대한 염려가 없는 것을 나타낸다. 다만, 측정결과가 30T 이하로 매우 낮은 경우 자신의 건강에 대한 걱정 및 신체적 결함에 대한 강한 부정을 의미하기도 한다.

2. 척도 2 D(Depression, 우울증)

① 검사수행 당시 수검자의 우울한 기분, 즉 상대적인 기분상태를 알아보기 위한 척도이다.
② 원판 MMPI에서는 총 60문항으로 구성되었으나, MMPI-2에서는 그 중 3문항이 제외되어 총 57문항으로 구성되어 있다.
③ 5개의 소척도, 즉 주관적 우울감(D1 - Subjective Depression), 정신운동지체(D2 - Psychomotor Retardation), 신체적 기능장애(D3 - Physical Malfunctioning), 둔감성(D4 - Mental Dullness), 깊은 근심(D5 - Brooding)으로 이루어져 있다.
④ 주로 내인성우울증보다는 외인성우울증을 측정하므로, 척도점수는 수검자의 현재 기분상태에 의해 변할 수 있다.
⑤ 수검자의 자기 자신 및 생활환경에서의 안정감 또는 만족감을 파악하는 지표로도 활용된다.

기출키워드

21년 1회 / 24년 1회

MMPI-2의 임상척도

※ 필기시험에는 MMPI-2의 각 척도를 선지에 제시하고 가장 적합하게 해석한 선지를 고르도록 하는 문제가 출제되었습니다.

OX Quiz

MMPI-2의 임상척도 중 '척도 2 D'는 검사수행 당시 수검자의 신체적 기능 및 건강에 대한 과도하고 병적인 관심을 반영한다.

정답 X(척도 1 Hs)

⑥ 측정결과가 70T 이상인 경우 우울하고 비관적이며, 근심이 많고 무기력하다. 또한 지나치게 억제적이며 쉽게 죄의식을 느낀다. 특히 점수증가는 심한 심리적 고통, 변화나 증상완화에 대한 소망을 반영하기도 한다.
⑦ 측정결과가 낮은 경우 우울이나 비관적 성향이 없이 사교적이고 낙천적이며, 사고나 행동에서 자유로움을 의미한다. 반면, 오히려 주의력부족 또는 자기과시적 성향을 시사하기도 한다.

3. 척도 3 Hy(Hysteria, 히스테리)

① 현실적 어려움이나 갈등을 회피하는 방법으로 부인기제를 사용하는 성향 및 정도를 반영한다.
② 원판 MMPI의 총 60문항이 MMPI-2에서도 유지되었다.
③ 5개의 소척도, 즉 사회적 불안의 부인(Hy1 - Denial of Social Anxiety), 애정욕구(Hy2 - Need for Affection), 권태-무기력(Hy3 - Lassitude-Malaise), 신체증상호소(Hy4 - Somatic Complaints), 공격성억제(Hy5 - Inhibition of Aggression)로 이루어져 있다.
④ 전환성히스테리 경향의 지표로서, 스트레스로 인해 일시적으로 나타나는 신체마비, 소화불량, 심장이상 등의 신체적 기능장애나, 신경쇠약, 의식상실, 발작 등의 심리적 기능장애와 연관된다. 특히 척도 3에 속하는 문항들은 척도 1 Hs(건강염려증)과 중복되어 같은 방향으로 채점이 이루어진다.
⑤ 척도 3의 점수는 수검자의 지능, 교육수준, 사회경제적 위치 등과 연관이 있으며, 특히 지능 및 교육수준이 높을수록 척도 3의 점수 또한 높게 나온다.
⑥ 측정결과가 70T 이상인 경우 유아적이고 의존적이며, 자기도취적이고 요구가 많다. 또한 스트레스상황에서 특수한 신체적 증상을 나타내 보이며, 스트레스 처리에 있어서 부인 또는 부정(Denial), 억압(Repression)의 신경증적 방어기제를 사용하기도 한다. 특히 측정결과가 80T 이상으로 현저히 높은 사람은 신체적 증상을 이용하여 책임을 회피하는 경향이 있다.
⑦ 측정결과가 낮은 경우 논리적이고 냉소적이며, 정서적으로 둔감하고 흥미 범위가 좁다. 특히 이와 같은 낮은 점수는 타인에 대한 비우호적인 성향과 사회적인 고립상태를 반영하기도 한다.

OX Quiz
MMPI-2의 임상척도 중 '척도 3 Hy' 측정결과가 낮은 경우 논리적이고 냉소적이며, 정서적으로 예민하고 흥미 범위가 좁은 경향이 있다.
정답 X(예민 → 둔감)

4. 척도 4 Pd(Psychopathic Deviate, 반사회성)

① 반사회적 일탈행동, 가정이나 권위적 대상 일반에 대한 불만, 반항, 적대감, 충동성, 자신 및 사회와의 괴리, 학업이나 진로문제, 범법행위, 알코올이나 약물남용, 성적 부도덕 등을 반영한다.

② 원판 MMPI의 총 50문항이 MMPI-2에서도 유지되었다.
③ 5개의 소척도, 즉 가정불화(Pd1 – Familial Discord), 권위와의 갈등(Pd2 – Authority Problems), 사회적 침착성(Pd3 – Social Imperturbability), 사회적 소외(Pd4 – Social Alienation), 자기소외(Pd5 – Self-Alienation)로 이루어져 있다.
④ 일탈행동이 나타나기 이전 잠재시기에는 오히려 다른 사람의 호감을 사고, 지적인 사고와 행동을 하는 경우가 많다.
⑤ 정상적인 사람으로서 척도 4의 점수가 약간 높은 경우 자기주장적이고 솔직하며 진취적이고 정력적이지만, 실망스러운 상황이나 좌절에 처하게 되면 공격적이고 부적응적인 모습으로 변하게 된다.
⑥ 측정결과가 65T 이상인 경우 외향적·사교적이면서도 신뢰할 수 없고, 자기중심적이며 무책임하다. 스트레스를 경험하면 반사회적인 특성이 드러나며, 적대감이나 반항심을 표출한다. 특히 척도 4의 점수가 높은 사람은 외향화(Externalization), 행동화(Acting-Out), 합리화(Rationalization) 및 주지화(Intellectualization)의 방어기제를 자주 사용하는 경향이 있다.
⑦ 측정결과가 낮은 경우 도덕적·관습적이며, 권태로운 생활에도 잘 견뎌낼 수 있다. 반면, 자신의 경쟁적·공격적·자기주장적인 성향에 대한 강한 억제를 반영하기도 한다.

> **OX Quiz**
> MMPI-2의 임상척도 중 '척도 4 Pd'는 반사회적 일탈행동, 반항, 적대감, 성적 부도덕 등을 반영하는 척도이다.
> 정답 O

5. 척도 5 Mf(Masculinity-Femininity, 남성성-여성성) 16, 20, 24년 기출

① 본래 동성애자를 변별하기 위해 개발되었으나, 실제로 변별이 잘 되지 않는 것으로 밝혀짐에 따라 남성성 혹은 여성성의 정도를 측정하는 척도로 개정되었다.
② 원판 MMPI에서는 총 60문항으로 구성되었으나, MMPI-2에서는 그 중 4문항이 제외되어 총 56문항으로 구성되어 있다.
③ 흥미 양상이 남성적 성향에 가까운지 여성적 성향에 가까운지를 나타내는 지표로서, 남성용과 여성용 2개의 척도가 있으며, 그 해석은 별개이다.
④ 문항은 명백히 성적인 내용을 다루기보다는 대부분 직업 및 여가에 대한 관심, 걱정과 두려움, 과도한 민감성, 가족관계 등 다양한 주제들을 담고 있다.
⑤ 측정결과가 65T 이상으로 상승되어 있고 점수가 다양한 인구통계학적 변인에 근거한 기대치에서 현저히 벗어난 경우, 동성애적 경향 혹은 강한 이성적 취향의 가능성을 시사한다. 즉, 남성의 경우 예민하고 탐미적이며, 여성적이거나 수동적인 성향이 있는 반면, 여성의 경우 남성적이고 거칠며 공격적이고 감정적으로 무딘 경향이 있다.
⑥ 측정결과가 낮은 경우 자기 성에 대한 고정관념에 충실한 경향이 있다.

6. 척도 6 Pa(Paranoia, 편집증)

① 대인관계에서의 민감성, 의심증, 집착증, 피해의식, 자기 정당성 등을 반영한다.
② 원판 MMPI의 총 40문항이 MMPI-2에서도 유지되었다.
③ 3개의 소척도, 즉 피해의식(Pa1 - Persecutory Ideas), 예민성(Pa2 - Poignancy), 순진성 또는 도덕적 미덕(Pa3 - Naivete)으로 이루어져 있다.
④ 문항에 대한 요인분석에서는 박해, 망상, 희망상실, 죄책감 등의 편집증적 요인과 함께 냉소적 태도, 히스테리, 경직성 등의 신경증적 요인이 나타나고 있다.
⑤ 정상적인 사람으로서 척도 6의 점수가 약간 높은 경우 호기심과 탐구심이 많으며, 진취적이고 흥미범위도 넓다. 다만, 과도한 스트레스상황에 처하는 경우 민감성과 의심증을 드러내며, 왜곡된 지각을 나타내 보이기도 한다.
⑥ 측정결과가 70T 이상인 경우, 수검자는 피해망상, 과대망상, 관계사고 등 정신병적 증상을 보일 수 있다. 이들은 남을 비난하고 원망하며, 적대적이거나 따지기를 좋아한다. 특히 척도 6의 점수가 높은 사람은 투사(Projection)와 합리화(Rationalization)의 방어기제를 자주 사용하는 경향이 있다.
⑦ 정상인으로서 측정결과가 44T 이하인 경우, 사회적인 흥미를 가지고 생활상의 문제에 유연하게 대처하는 양상을 보인다. 그러나 정신병적 소견이 있는 환자로서 측정결과가 매우 낮은 경우, 자기중심적인 성향으로 문제해결에 있어서 경직적이고 경계심이 많으며, 편집증적이고 망상적인 양상을 보인다.

> **OX Quiz**
> MMPI-2의 임상척도 중 '척도 6 Pa'의 측정결과가 70T 이상인 경우, 수검자는 피해망상, 과대망상, 관계사고 등 정신병적 증상을 보일 수 있다.
> 정답 O

7. 척도 7 Pt(Psychasthenia, 강박증)

① 심리적 고통이나 불안, 공포, 자신의 능력에 대한 의심과 회의, 강박관념의 정도를 반영하는 지표로 활용된다. 특히 심리적 고통과 불안을 잘 측정하므로, 척도 2 D(우울증)와 함께 정서적 고통척도로 알려져 있다.
② 원판 MMPI의 총 48문항이 MMPI-2에서도 유지되었다.
③ 자신이 부적응적이라는 사실을 알고 있음에도 불구하고 특정 행동이나 사고를 하지 않을 수 없는 상태이다.
④ 척도 7은 특히 척도 8 Sc[조현병(정신분열증)]과 척도 2 D(우울증)에서 상당 부분 중복적인 양상을 보인다. 특히 척도 7의 점수가 높은 사람은 주지화(Intellectualization)의 방어기제를 주로 사용하며, 합리화(Rationalization)나 취소(Undoing)의 기제도 나타난다.
⑤ 정상인으로서 측정결과가 높은 남성의 경우 책임감이 있고 양심적이며 이상주의적인 반면, 여성의 경우 불안과 걱정이 많고 긴장되어 있다. 그러나 강박적인 환자의 경우 긴장되고 불안하며 생각에 집착한다.

⑥ 낮은 점수는 일상생활에서의 심리적 고통이나 불안 없이 비교적 안정감과 만족감을 느끼는 상태로 볼 수 있다.

8. 척도 8 Sc[Schizophrenia, 조현병(정신분열증)] `16, 20년 기출`

① 정신적 혼란과 불안정 상태, 자폐적 사고와 왜곡된 행동을 반영하는 지표로 활용된다.
② 원판 MMPI의 총 78문항이 MMPI-2에서도 유지되었다.
③ 6개의 소척도, 즉 사회적 소외(Sc1 – Social Alienation), 정서적 소외(Sc2 – Emotional Alienation), 자아통합결여-인지적(Sc3 – Lack of Ego Mastery-Cognitive), 자아통합결여-동기적(Sc4 – Lack of Ego Mastery-Conative), 자아통합결여-억제부전(Sc5 – Lack of Ego Mastery-Defective Inhibition), 감각운동해리(Sc6 – Bizarre Sensory Experiences)로 이루어져 있다.
④ 척도 8의 문항들은 본래 조현병(정신분열증)으로 진단된 환자 집단을 둘로 나누고 각각의 반응을 대조하여 경험적으로 제작한 것이다.
⑤ 정상적인 사람으로서 척도 8의 점수가 약간 높은 경우 창의성과 상상력이 풍부하며 전위적인 성격을 가진 것으로 볼 수 있으나, 과도한 스트레스상황에 처하는 경우 비현실적이고 기태적인 행위를 보이기도 한다.
⑥ 측정결과가 높은 경우, 전통적인 규범에서 벗어나는 정신분열성 생활방식을 반영한다. 이들은 위축되어 있고 수줍어하며 우울하다. 또한 열등감과 부족감을 느끼며, 주의집중 및 판단력장애, 사고장애를 나타내 보이기도 한다. 특히 측정결과가 75T 이상인 경우, 기이한 사고, 환각, 판단력 상실 등의 문제를 보이는 정신병적 장애를 시사한다.
⑦ 측정결과가 낮은 경우, 현실적·관습적인 사고를 나타내며, 순종적이고 권위에 수용적인 모습을 보이기도 한다. 이들은 창의력과 상상력이 부족하며, 세상을 다르게 지각하는 사람들을 이해하지 못한다.

> **OX Quiz**
> 정상적인 사람으로서 척도 8의 점수가 약간 높은 경우 창의성과 상상력이 풍부하며 전위적인 성격을 가진 것으로 볼 수 있으나, 과도한 스트레스상황에 처하는 경우 비현실적이고 기태적인 행위를 보이기도 한다.
> 정답 O

9. 척도 9 Ma(Hypomania, 경조증) `04, 13, 22, 25년 기출`

① 심리적·정신적 에너지의 수준을 반영하며, 사고나 행동에 대한 효율적 통제의 지표로 활용된다.
② 원판 MMPI의 총 46문항이 MMPI-2에서도 유지되었다.
③ 4개의 소척도, 즉 비도덕성(Ma1 – Amorality), 심신운동 항진(Ma2 – Psychomotor Acceleration), 냉정함(Ma3 – Imperturbability), 자아팽창(Ma4 – Ego Inflation)으로 이루어져 있다.

> **기출키워드**
> 22년 1회
> **척도 9**
> ※ 필기시험에는 설명을 주고, 선지에서 척도 9를 고르도록 하는 문제가 출제되었습니다.

④ 인지영역에서는 사고의 비약이나 과장을, 행동영역에서는 과잉활동적 성향을, 정서영역에서는 과도한 흥분상태, 민감성, 불안정성을 반영한다.
⑤ 정상적인 사람으로서 척도 9의 점수가 약간 높은 경우 적극적·열성적인 성격을 가진 것으로 볼 수 있으나, 과도한 스트레스상황에 처하는 경우 피상적이고 신뢰성이 결여되며 일을 끝맺지 못한다.
⑥ 측정결과가 70T 이상인 경우, 외향적·충동적·과대망상적 성향과 함께 사고의 비약을 반영한다. 비현실성으로 인해 근거 없는 낙관성을 보이기도 하며, 신경질적으로 자신의 갈등을 행동으로 표출하기도 한다. 특히 측정결과가 80T를 넘어서는 경우, 조증삽화의 가능성이 있다. 이와 같이 척도 9의 점수가 높은 사람은 부인(Denial)과 행동화(Acting-Out)의 방어기제를 자주 사용하는 경향이 있다.
⑦ 측정결과가 40T 이하인 경우, 소극적·통제적 성향, 조심스러움, 정서적 표현의 삼감을 반영한다. 또한 만성적인 피로나 흥미의 상실, 우울장애를 반영하기도 한다.

10. 척도 0 Si(Social Introversion, 내향성) `20, 24년 기출`

① 사회적 활동 및 사회에 대한 흥미 정도, 사회적 접촉이나 책임을 피하는 정도를 나타내는 지표로 활용된다.
② 원판 MMPI에서는 총 70문항으로 구성되었으나, MMPI-2에서는 그중 1문항이 제외되어 총 69문항으로 구성되어 있다.
③ 3개의 소척도, 즉 수줍음/자의식(Si1 - Shyness/Self-Consciousness), 사회적 회피(Si2 - Social Avoidance), 내적/외적 소외(Si3 - Alienation-Self/Others)로 이루어져 있다.
④ 혼자 있는 것을 좋아하는가(내향성), 타인과 함께 있는 것을 좋아하는가(외향성)와 같이 다른 사람과의 관계형성 양상을 반영한다.
⑤ 척도 0은 전반적인 신경증적 부적응상태를 반영하며, 정신병리와는 무관한 경우가 대부분이다.
⑥ 측정결과가 70T 이상인 경우, 내성적 성향으로서 수줍어하고 위축되어 있으며, 사회적으로 보수적·순응적이다. 또한 지나치게 억제적이고 무기력하며, 융통성이 없고 죄의식에 잘 빠진다.
⑦ 측정결과가 40T 이하인 경우, 외향적 성향으로서 자신감이 넘치며 사회적 관계에서의 능숙함을 보인다. 그러나 오히려 대인관계가 가벼울 수 있으며, 자신의 이익을 위해 다른 사람을 조종할 가능성도 배제할 수 없다.

OX Quiz
척도 0의 측정결과가 70T 이상일 때 수검자는 평소 순응적인 태도를 나타낼 확률이 높다.
정답 O

참고

MMPI-2에 포함된 내용척도, 보충척도, PSY-5 척도

구 분	하위척도
내용척도	• 불안(ANX, 23문항) • 공포(FRS, 23문항) • 강박성(OBS, 16문항) • 우울(DEP, 33문항) • 건강염려(HEA, 36문항) • 기태적 정신상태(BIZ, 24문항) • 분노(ANG, 16문항) • 냉소적 태도(CYN, 23문항) • 반사회적 특성(ASP, 22문항) • A유형 행동(TPA, 19문항) • 낮은 자존감(LSE, 24문항) • 사회적 불편감(SOD, 24문항) • 가정 문제(FAM, 25문항) • 직업적 곤란(WRK, 33문항) • 부정적 치료 지표(TRT, 26문항)
보충척도	• 불안(A, 39문항) • 억압(R, 37문항) • 자아강도(Es, 52문항) • 지배성(Do, 25문항) • 사회적 책임감(Re, 30문항) • 대학생활 부적응(Mt, 41문항) • 적대감(Ho, 50문항) • 적대감 과잉통제(O-H, 28문항) • 중독인정(AAS, 13문항) • 중독가능성(APS, 39문항) • 남성적 성역할(GM, 47문항) • 여성적 성역할(GF, 46문항) • 결혼생활 부적응(MDS, 14문항) • 외상후스트레스장애(PK, 46문항) • MacAndrew의 알코올중독(MAC-R, 49문항)
PSY-5 척도	• 공격성(AGGR, 18문항) • 정신증(PSYC, 25문항) • 통제결여(DISC, 29문항) • 부정적 정서성/신경증(NEGE, 33문항) • 내향성/낮은 긍정적 정서성(INTR, 34문항)

전문가의 한마디

MMPI-2의 재구성 임상척도에 대해서도 알아두실 필요가 있습니다.

RC4척도는 반사회적 행동을 나타내며 분노, 공격성, 논쟁 등의 경험과 관련 있고, RC1척도는 신체증상 호소를 나타내며 신체건강에 대한 염려와 집착과 관련 있습니다.

RC7척도는 역기능적 부정 정서를 나타내며, 불안과 짜증 등을 경험하는 경우 상승하며, RC9척도는 경조증적 상태를 나타내며 심신에너지 항진, 과도한 자신감과 관련 있습니다.

핵심예제 25 19년 기출

MMPI-2에서 내용척도 CYN의 설명과 가장 거리가 먼 것은?

① 근거 없는 염세적 신념을 보인다.
② 자신의 위선, 속임수를 정당화한다.
③ 어려움에 쉽게 포기하거나 타인에게 복종한다.
④ 쉽게 비난받는다고 여기며 타인을 경계한다.

> **해설 체크!**
>
> 냉소적 태도(Cynicism, CYN)
>
> | 냉소적 태도 | • 타인의 동기를 의심한다.
• 대인관계에서 경계한다. 적대적이고 거만할 수 있다.
• 호의를 베풀지 않고 도움을 주지 않는다.
• 편집증적인 생각이 있을 수 있다.
• 신체적으로 학대받았던 과거력이 있을 수 있다. |
> |---|---|
> | 내용 소척도 | • 염세적 신념(CYN1)
• 대인의심(CYN2) |
>
> 정답 ③

26 미네소타다면적인성검사(MMPI, MMPI-2)의 주요상승척도쌍 `20, 22, 24년 기출`

1. 1-2 또는 2-1 코드(Hs & D)

① 신체기능에 몰두함으로써 수반되는 다양한 신체적 증상에 대한 호소와 염려를 보인다.
② 정서적으로 불안감과 긴장감을 느끼며, 감정표현에 어려움이 있다.
③ 보통 내향적인 성격을 가지고 있으며, 다른 사람과의 관계에 있어서 수동적·의존적인 양상을 보인다.
④ 사소한 자극에도 쉽게 안정을 잃으며, 의심과 경계심을 품는다.
⑤ 억압과 신체화 방어를 통해 스스로 신체적 불편함을 견디려 하므로 정신적 치료를 통한 변화동기가 부족하다.
⑥ 신체증상 및 관련 장애(신체형장애), 불안장애의 진단이 가능하다.

2. 1-3 또는 3-1 코드(Hs & Hy) `13, 18, 22, 25년 기출`

① 심리적인 문제가 신체적인 증상으로 전환되어 나타난다.
② 자신의 외현적 증상이 심리적인 요인에 의한 것임을 인정하지 않으려 한다.
③ 부인(Denial)의 방어기제를 사용하여 자신의 우울감이나 불안감을 잘 드러내지 않는다.
④ 스트레스를 받는 경우 사지의 통증이나 두통, 흉통을 보이며, 식욕부진, 어지럼증, 불면증을 호소하기도 한다.

기출키워드

22년 1회

1-3 코드

※ 필기시험에는 30대 여성의 다면적 인성검사 MMPI-2 결과를 통해 선지에서 1-3 코드쌍을 고르도록 하는 문제가 출제되었습니다.

⑤ 자기중심적인 동시에 의존적인 성향을 나타내며, 대인관계에 있어서 피상적이다.
⑥ 전환장애의 가능성이 있다.

3. 2-6 또는 6-2 코드(D & Pa) `16년 기출`

① 심각한 정서적 어려움을 겪고 있는 정신병 초기의 환자에게서 종종 나타난다.
② 평소 우울한 상태에 있으며, 그러한 우울한 감정에는 분노와 적개심이 내재해 있다.
③ 보통의 우울증 환자와 달리 자신의 공격성을 공공연하게 드러낸다.
④ 타인의 친절을 거부하고 곧잘 시비를 걸며, 보통의 상황에 대해 악의적인 해석을 내린다.
⑤ 편집증적 경향이 현저하게 나타나기도 한다.

4. 3-8 또는 8-3 코드(Hy & Sc)

① 심각한 불안과 긴장, 우울감과 무기력감을 호소한다.
② 주의력장애 및 집중력장애, 지남력상실, 망상 및 환각 등의 사고장애를 보인다.
③ 정서적으로 취약하고 다른 사람에 대해 애정과 관심의 욕구를 가진다.
④ 자신의 욕구가 좌절되는 경우 자기처벌적인 양상을 보이며, 상동증적 방식으로 문제에 접근한다.
⑤ 과도한 정신적 고통이 두통이나 현기증, 흉통, 위장장애 등의 신체적 증상으로 나타나기도 한다.
⑥ 조현병(정신분열증), 신체증상 및 관련 장애(신체형장애)의 진단이 가능하다.

5. 4-6 또는 6-4 코드(Pd & Pa) `16, 19, 24년 기출`

① 사회적 부적응이 현저하고 공격적 태도를 보이는 비행청소년에게서 종종 나타난다.
② 미성숙하고 자기중심적인 성향을 보이며, 다른 사람들에게서 관심과 동정을 유도한다.
③ 화를 내면서 내부의 억압된 분노를 표출하나, 그 분노의 원인을 항상 외부에 전가한다.
④ 부인이나 합리화의 방어기제를 사용하여 자신의 심리적인 문제를 외면하며, 이를 지적하는 사람에게 분노와 비난을 퍼붓는다.
⑤ 다른 사람을 의심하며, 정서적인 유대관계를 맺지 않으려고 한다.
⑥ 비현실적인 사고를 하기도 하며, 자신에 대해 과대망상적인 평가를 내리기도 한다.
⑦ 수동-공격성성격장애, 조현병(정신분열증, 편집형)의 진단이 가능하다.

기출키워드

`22년 1회`

2-7 코드

※ 필기시험에는 2, 7 척도가 상승한 패턴을 가진 피검자의 특성으로 옳지 않은 것을 고르도록 하는 문제가 출제되었습니다.

'2-7' 상승척도쌍 피검자의 특성

- 불안하고 초조하고 긴장, 걱정을 많이 하며, 일이 일어나기도 전에 미리 염려한다.
- 사소한 스트레스에도 과도하게 반응한다.
- 강박사고와 강박행동을 보고한다.
- 피로, 피곤함, 소진감을 호소한다.

OX Quiz

주요상승척도쌍이 3-8 또는 8-3 코드인 경우 심각한 불안과 긴장, 우울감과 무기력감을 호소한다.

정답 O

6. 4-9 또는 9-4 코드(Pd & Ma)　　　　　　　　　　　　　17, 19년 기출

① 재범 우려가 있는 범죄자나 신체노출, 강간 등의 성적 행동화를 보이는 사람, 결혼문제나 법적 문제 등에 연루된 사람에게서 종종 나타난다.
② 충동적·반항적 성격과 함께 과격하고 공격적인 행동을 특징으로 한다.
③ 일시적으로 다른 사람에게 좋은 인상을 주기도 하지만, 자기중심적 성향과 다른 사람에 대한 불신으로 대인관계가 피상적이다.
④ 자신의 행동에 대해 무책임하여 신뢰감을 주지 못하며, 사회적 가치를 무시하여 반사회적 범죄행위를 저지르기도 한다.
⑤ 합리화의 방어기제를 사용하여 자신의 문제를 외면하며, 실패의 원인을 다른 사람에게 전가하기도 한다.
⑥ 반사회성성격장애의 진단이 가능하다.

7. 6-8 또는 8-6 코드(Pa & Sc)　　　　　　　　　　　　　19년 기출

① 편집증적 경향과 사고장애 등으로 편집증적 조현병(정신분열증)이 의심되는 사람에게서 종종 나타난다.
② 피해망상, 과대망상, 환청 등으로 작은 고통에도 괴로워한다.
③ 타인과의 관계에서 적대감과 의심, 과민한 반응과 변덕스러운 태도를 보이는 등 불안정하다.
④ 현실을 인지하는 능력을 상실하여 자폐적이고 분열적인 환상에 빠지기도 하며, 성적인 문제에 대해 갈등을 나타낸다.
⑤ 조현병(편집형), 조현성성격장애의 가능성이 있다.

8. 7-8 또는 8-7 코드(Pt & Sc)

① 불안하고 우울하며, 긴장하고 예민한 모습을 보인다.
② 주의집중에 어려움을 호소하며, 사고력이나 판단력에 있어서 장애를 보이기도 한다.
③ 망상, 감정적 둔마를 보이기도 한다.
④ 사회적 상황에서 현실회피적인 양상을 보이며, 대인관계에 있어서도 수동적·의존적이거나 대인관계 자체를 기피하기도 한다.
⑤ 성과 관련된 공상을 즐기나 성숙한 이성관계의 형성에 어려움을 보인다.
⑥ 우울장애, 불안장애, 조현(분열)성성격장애, 조현(분열)형성격장애의 가능성이 있다.

OX Quiz

7-8 또는 8-7 코드는 편집증적 망상과 환각, 공상으로 많은 시간을 보낸다.

정답 X(8-9 또는 9-8 코드)

9. 8-9 또는 9-8 코드(Sc & Ma)   17년 기출

① 편집증적 망상과 환각, 공상으로 많은 시간을 보낸다.
② 사고는 기태적이며, 정서는 부적절하다.
③ 한 가지 생각에 집중하지 못하며, 예측불허의 행동을 보이기도 한다.
④ 다른 사람에 대한 의심과 불신으로 인해 친밀한 대인관계를 형성하기 어렵다.
⑤ 성적 적응에 어려움을 보이며, 성적인 문제에 대해 갈등을 나타낸다.
⑥ 조현병(정신분열증), 양극성장애의 진단이 가능하다.

10. 1-2-3/2-1-3 코드(Hs & D & Hy)

① 신체적 고통감을 주된 증상으로 하며, 소화기계의 장애나 피로감, 신체적 허약을 호소한다.
② 만성적인 건강염려증을 나타낸 과거력이 있으며, 우울과 불안, 흥미 상실, 무감동 등을 경험한다.
③ 수동적·의존적인 양상을 보이며, 삶에 있어서 적극성이 결여되어 있다.
④ 신체증상 및 관련 장애, 불안장애의 진단이 가능하다.

11. 1-3-8/8-3-1/3-1-8 코드(Hs & Hy & Sc)

① 기괴한 생각이나 믿음을 가지기 쉬우며, 특히 종교나 성적 문제, 신체증상과 관련된 망상을 나타낼 수 있다.
② 사고장애, 강박행동이 관찰되기도 하며, 우울증삽화, 자살에 대한 집착을 보이기도 한다.
③ 신체증상에 대한 과도한 걱정은 정신증적 증상들이 현저히 드러나 보이는 것을 막아 주는 역할을 한다.
④ 조현병(정신분열증, 망상형), 경계성성격장애의 진단이 가능하다.

12. 2-4-7/2-7-4/4-7-2 코드(D & Pd & Pt)

① 만성적인 우울증과 불안증을 가지고 있으며, 수동-공격적인 성격양상을 보인다.
② 분노감정을 가지고 있으면서도 이를 적절히 표현하지 못하며, 자신이 제대로 역할을 하지 못하는 것에 대한 죄책감을 느낀다.
③ 자기 자신에 대한 열등감과 부적절감이 많으며, 우울감을 경감시키기 위해 약물에 의존하는 경향이 있다.
④ 이와 같은 성격적 특징은 기본적인 신뢰감이나 애정욕구가 좌절된 구강-의존기적인 성격특징과 연관된 것으로 보인다.

> **OX Quiz**
>
> 2-4-7/2-7-4/4-7-2 코드는 분노감정을 가지고 있으면서도 이를 적절히 표현하지 못한다.
>
> 정답 O

13. 4-6-8 코드(Pd & Pa & Sc)

① 심리적인 갈등에 대해 회피적·방어적인 태도를 보이며, 대인관계에서 적대적이고 화를 잘 내며 의심이 많다.
② 다른 사람의 비판에 대해 쉽게 상처를 받으며, 상대방의 행동에 대해 악의를 가진 것으로 생각하는 경향이 있다.
③ 자기도취적이고 자기중심적인 태도를 보이며, 자신의 문제를 인정하기보다는 이를 외부로 귀인하여 다른 사람을 탓하거나 비난한다. 그러나 그와 같은 시도에도 불구하고 자신의 심리적인 불안과 긴장을 해소하지 못한다.
④ 합리화에 능하고 논쟁적이며, 권위에 대한 깊은 분노감이 내재해 있으므로, 이들을 치료하거나 면접하는 데 상당한 어려움이 있다.

14. 6-7-8/6-8-7 코드(Pa & Pt & Sc) 〔18, 21년 기출〕

① 심각한 정신병리를 시사하며, 흔히 조현병(편집형)의 진단이 내려진다.
② 피해망상, 과대망상, 환각이 나타나고 정서적으로 둔화되어 있거나 부적절한 정서를 보인다.
③ 타인에 대한 의심이 많으며, 불신감과 적대감으로 친밀한 대인관계를 회피한다.
④ 평소 내향적이고 사회적으로 위축된 모습을 보이다가도 술을 마시면 공격적인 모습을 보인다.
⑤ 주의력 및 주의집중의 어려움을 보이며, 일상생활에서 자신에게 부과되는 책임들을 잘 다루지 못한다.

핵심예제 26 〔11, 16, 22년 기출〕

다음 중 MMPI-2 코드쌍의 해석적 의미로 틀린 것은?

① 4-9 – 행동화적 경향이 높다.
② 1-2 – 다양한 신체적 증상에 대한 호소와 염려를 보인다.
③ 2-6 – 전환증상을 나타낼 경우가 많다.
④ 3-8 – 사고가 본질적으로 망상적일 수 있다.

• 해설 체크! •

전환(Conversion)은 개인의 무의식적·심리적 갈등이 신체증상으로 나타나는 경향을 말하는 것으로서, 특히 신체증상 및 관련 장애의 하위유형 중 전환장애(Conversion Disorder)와 연관된다. MMPI-2의 임상척도에서는 심기증척도에 해당하는 척도 1 Hs(Hypochondriasis)와 결부되며, 특히 1-3의 코드쌍에서 나타난다.

정답 ③

27 마이어스-브릭스성격유형검사(MBTI) 24, 25년 기출

1. 의의 및 특징 24년 기출

① 마이어스-브릭스성격유형검사(Myers-Briggs Type Indicator)는 융(Jung)의 심리유형이론을 토대로 마이어스와 브릭스(Myers & Briggs)가 제작한 객관적 검사이다.
② MMPI와 달리 MBTI는 인간의 건강한 심리에 기초를 두어 만들어진 심리검사도구로서, 인간성격의 일관성 및 상이성에 근거한다.
③ MBTI는 수검자로 하여금 자신의 성격유형을 파악하도록 하여 자신을 보다 깊이 이해하며, 진로나 직업을 선택하는 데 도움을 제공한다. 또한 수검자의 타인에 대한 이해 및 대인관계 향상에 긍정적인 영향을 미치는 것을 목표로 한다.
④ 개인이 비교적 쉽게 응답할 수 있는 자기보고식의 문항들을 통해 선호경향들을 추출한 다음 그러한 경향들이 행동에 어떠한 영향을 미치는지 파악한다.
⑤ 개인의 성격을 4개의 양극차원에 따라 분류하고 각 차원별로 2개의 선호 중 하나를 선택하도록 함으로써 총 16가지의 성격유형으로 구분한다.
⑥ 총 95개의 문항으로 구성되어 있으며, 검사에만 약 30분 정도의 시간이 소요된다.

> **OX Quiz**
> MBTI는 마이어스와 브릭스의 심리유형이론을 토대로 융이 제작한 객관적 검사이다.
> 정답 X(마이어스와 브릭스가 제작)

2. MBTI의 선호지표에 따른 성격유형 24년 기출

① **에너지의 방향** : 에너지의 방향은 어느 쪽인가?
- 개인의 주의집중 및 에너지의 방향이 인간의 외부로 향하는지 혹은 내부로 향하는지를 반영한다.
- 외향형(Extroversion, E)은 에너지가 외부세계의 일이나 사람에게 향하는 것을 선호한다.
- 내향형(Introversion, I)은 에너지를 내부세계의 아이디어에 집중하는 것을 선호한다.

외향형(Extroversion)	내향형(Introversion)
• 자기 외부에 주의집중	• 자기 내부에 주의집중
• 폭넓은 활동력, 활동성	• 내부 활동, 아이디어에 집중
• 정열적·사교적	• 조용하고 신중
• 글보다는 말로 표현	• 말보다는 글로 표현
• 경험 우선	• 이해 우선
• 솔직함	• 사려 깊음
• 쉽게 알려짐	• 서서히 알려짐

> **OX Quiz**
> 대학생인 연지의 MBTI 검사결과가 E형으로 나왔을 때, 연지는 조별과제에 활동적으로 참여하며, 자신의 의견을 말보다는 글로 표현할 가능성이 높다.
> 정답 X(글보다는 말)

제3과목 심리검사 355

② 인식기능 : 무엇을 인식하는가?
- 정보의 인식 및 수집방식에 있어서 경향성을 반영한다.
- 감각형(Sensing, S)은 오감을 통해 직접적으로 인식되는 정보에 주의를 기울이고 실제로 존재하는 것을 선호한다.
- 직관형(Intuition, N)은 육감을 통해 얻은 정보에 관심을 기울이고 실제로 존재하는 것보다는 있음직한 것 혹은 있을 법한 것, 즉 숨어있는 의미를 알아차리는 것과 관련된 것을 선호한다.

감각형(Sensing)	직관형(Intuition)
• 지금, 현재에 초점 • 실제 경험을 강조 • 정확함, 철저한 일처리 • 나무를 보려는 경향 • 세부적 · 사실적 · 실리적 • 일관성 • 가꾸고 추수함	• 미래 가능성에 초점 • 아이디어, 영감을 강조 • 신속 · 비약적인 일처리 • 숲을 보려는 경향 • 상상적 · 임의적 · 개혁적 • 다양성 • 씨를 뿌림

③ 판단기능 : 어떻게 결정하는가?
- 인식된 정보를 토대로 판단 및 결정을 내리는 경향성을 반영한다.
- 사고형(Thinking, T)은 판단을 할 때 사실과 논리에 근거를 두고 객관적인 가치에 따라 결정을 내리는 것을 선호한다.
- 감정형(Feeling, F)은 개인적인 가치와 인간중심적 가치에 근거하여 결정을 내리는 것을 선호한다.

사고형(Thinking)	감정형(Feeling)
• 사실과 논리에 근거 • 원리와 원칙을 강조 • 객관적인 가치에 따라 결정 • 맞다/틀리다 • 규범, 기준 중시 • 머리로 생각 • 지적 논평, 비판	• 인간 및 인간관계에 주목 • 의미와 영향을 강조 • 인간중심적 가치에 따라 결정 • 좋다/나쁘다 • 나에게 주는 의미 중시 • 가슴으로 느낌 • 우호적 협조, 설득

④ 생활양식 또는 이행양식 : 어떤 생활양식을 채택하는가?
- 외부세계에 대한 태도, 생활방식 및 적응양식에 있어서 어떠한 과정을 선호하는지를 반영한다.
- 판단형(Judging, J)은 무엇이든 나름대로 판단을 하여 서둘러 결정을 내리는 것을 선호한다.
- 인식형(Perceiving, P)은 결정을 가능한 한 미루면서 새로운 가능성의 소지를 남겨두는 것을 선호한다.

OX Quiz

감각형은 육감을 통해 얻은 정보에 관심을 기울이고 실제로 존재하는 것보다는 있음직한 것 혹은 있을 법한 것, 즉 숨어있는 의미를 알아차리는 것과 관련된 것을 선호한다.

정답 X(직관형)

판단형(Judging)	인식형(Perceiving)
• 철저한 준비와 계획 중시 • 의지적 추진 • 임무 완수, 신속한 결론 강조 • 통제와 조정 • 조직과 체계 • 분명한 목적의식과 방향감각 • 뚜렷한 기준과 자기 의사	• 가능성 중시 • 이해로 수용 • 과정을 즐김 • 융통성과 적응성 • 유연성, 호기심 • 목적과 방향의 변화에 대한 개방성 • 상황 및 재량에 따른 포용성

핵심예제 27

13년 기출

융(Jung)의 심리학적 유형에 기초하여 개발된 검사는?

① TAT
② MMPI
③ MBTI
④ BDI

해설 체크!

MBTI는 융(Jung)의 심리유형이론을 토대로 이사벨 브릭스-마이어스(Isabel Briggs-Myers)와 그녀의 어머니인 캐서린 브릭스(Katherine Briggs)가 제작한 객관적 검사이다. 캐서린 브릭스는 자서전에 관한 연구에서 융의 이론을 접하게 되었으며, 이 이론을 토대로 오랜 기간 동안 개인의 성격적 특징 및 개인차에 대한 관찰을 수행하였다. 그녀는 융의 심리유형이론의 타당성을 경험적 방법으로 확증하였으며, 이를 그녀의 딸인 이사벨이 지속적으로 연구하여 완성하게 되었다.

정답 ③

OX Quiz

직장인 다해의 검사 결과가 판단형일 때 다해는 여행 전 준비와 계획을 중요하게 생각할 확률이 높다.

정답 O

28 성격평가질문지(PAI) 25년 기출

1. 의의 및 특징 13, 16, 24년 기출

① 성격평가질문지(PAI ; Personality Assessment Inventory)는 미국의 심리학자 모레이(Morey)가 개발한 성격 및 정신병리의 평가를 위한 객관적 검사로서, 임상장면에서 환자나 내담자에 대한 중요한 정보를 제공하기 위한 자기보고형 검사이다.
② 척도의 안정성 및 상관성은 물론 이론에 근거한 충분한 문항의 선별을 강조하는 구성개념타당도에 기초하여 개발되었다.
③ 성격평가질문지에서 평가하는 구성개념은 기존 정신장애 진단분류에서 차지하는 중요성과 최근 진단 실제에서 차지하는 비중의 2가지 준거에 기초하여 선별되었다.
④ 특정 문항에의 반응에 포함된 정보를 이용하는 문항반응이론에 근거하여 제작되었으므로, 구성개념들을 잘 구분해 주는 문항보다는 구성개념과 관련된 다양한 정보들을 망라하는 문항들을 선정하였다.
⑤ 환자집단의 성격 및 정신병리적 특징은 물론 정상인의 성격평가에 매우 유용하다. 예를 들어 미네소타다면적인성검사(MMPI)의 경우 수검자의 비정상행동을 측정하는 데 중점을 둠으로써 정상인보다는 정신병리적 특징을 가진 사람들에게 더 유용한 반면, 성격평가질문지는 이들 모두에게 유용한 것으로 평가되고 있다.
⑥ 조현병(정신분열증), 기분장애, 불안장애 등 축1(Axis Ⅰ)의 장애는 물론 편집성성격장애, 조현성성격장애, 반사회성성격장애 등 축2(Axis Ⅱ)의 장애를 포함하므로 DSM-Ⅳ의 진단분류에 가장 가까운 정보를 제공한다.
⑦ 대부분의 질문지형 성격검사가 그렇다/아니다의 양분법적 반응양식으로 구성되어 있는 것에 비해, 성격평가질문지는 전혀 그렇지 않다/약간 그렇다/중간이다/매우 그렇다의 4점 평정척도로 이루어져 있으므로 기능의 손상 정도 혹은 주관적 불편감 수준을 보다 정확히 측정 및 평가할 수 있다.
⑧ 분할점수(Cut-Off Score)를 사용하는 각종 장애의 진단과 함께 꾀병이나 과장, 문제에 대한 부인 등 반응왜곡을 탐지하는 데 유용하다.
⑨ 총 344문항으로 구성되며, 4가지 타당도척도, 11가지 임상척도, 5가지 치료척도, 2가지 대인관계척도를 포함하고 있다.
⑩ 성격평가질문지의 각 척도는 다시 3~4개의 하위척도로 구분되어 있으며, 이와 같은 구조는 장애의 상대적 속성을 정확히 측정 및 평가하는 데 유용하다. 예를 들어, 임상척도 중 불안(ANX)척도는 인지적 불안(ANX-C), 정서적 불안

OX Quiz

성격평가질문지는 척도의 안정성 및 상관성은 물론 이론에 근거한 충분한 문항의 선별을 강조하는 구성개념타당도에 기초하여 개발되었다.

정답 O

(ANX-A), 생리적 불안(ANX-P) 등 3개의 하위척도로 이루어져 있는데, 이와 같은 하위척도의 상대적 상승에 따른 해석적 가정을 제공하고 있다.
⑪ 문항이 중복되어 있지 않으므로 변별타당도(Discriminant Validity)가 높으며, 위기문항을 통해 임상척도의 의미를 보다 정확하게 평가할 수 있다.

> **OX Quiz**
> PAI 문항은 중복되지 않으며, 위기문항을 통해 타당도척도의 의미를 보다 정확하게 평가할 수 있다.
> 정답 X(타당도척도 → 임상척도)

2. 척 도

① 타당도척도(Validity Scales)
- 비일관성(Inconsistency, ICN) : 내용적으로 관련성이 높은 10개의 문항쌍으로 구성되어 있으며, 문항에 대한 수검자의 일관성 있는 반응태도를 평가한다.
- 저빈도(Infrequency, INF) : 수검자의 부주의하거나 무선적인 반응태도를 확인하기 위한 것으로서, 8개의 문항 중 4문항은 전혀 그렇지 않다, 다른 4문항은 매우 그렇다고 반응할 것으로 기대하는 문항이다.
- 부정적 인상(Negative Impression, NIM) : 지나치게 나쁜 인상을 주거나 꾀병을 부리는 등 왜곡된 반응과 관련된 9개의 문항으로 이루어져 있다.
- 긍정적 인상(Positive Impression, PIM) : 지나치게 좋은 인상을 주거나 자신의 결점을 부인하려는 등 왜곡된 반응과 관련된 9개의 문항으로 이루어져 있다.

② 임상척도(Clinical Scales)
- 신체적 호소(Somatic Complaints, SOM) : 신체적 기능 및 건강과 관련된 문제에 대한 관심도를 반영하는 24개의 문항으로 이루어져 있다. 전환(Conversion, SOM-C), 신체화(Somatization, SOM-S), 건강염려(Health Concerns, SOM-H) 등 3개의 하위척도를 포함한다.
- 불안(Anxiety, ANX) : 불안을 경험할 때 공통적으로 나타나는 임상적 특징을 반영하는 24개의 문항으로 이루어져 있다. 인지적(Cognitive, ANX-C), 정서적(Affective, ANX-A), 생리적(Physiological, ANX-P) 불안 등 3개의 하위척도를 포함한다.
- 불안 관련 장애(Anxiety-Related Disorder, ARD) : 불안장애와 관련된 증상과 행동에 초점을 둔 24개의 문항으로 이루어져 있다. 강박장애(Obsessive-Compulsive, ARD-O), 공포증(Phobias, ARD-P), 외상적 스트레스장애(Traumatic Stress, ARD-T) 등 3개의 하위척도를 포함한다.
- 우울(Depression, DEP) : 우울증후군의 공통적인 임상적 특징을 반영하는 24개의 문항으로 이루어져 있다. 인지적(Cognitive, DEP-C), 정서적(Affective, DEP-A), 생리적(Physiological, DEP-P) 우울 등 3개의 하위척도를 포함한다.

- 조증(Mania, MAN) : 조증 및 경조증의 인지적·정서적·행동적 특징을 반영하는 24개의 문항으로 이루어져 있다. 활동수준(Activity Level, MAN-A), 자기확대(Grandiosity, MAN-G), 초조감(Irritability, MAN-I) 등 3개의 하위척도를 포함한다.
- 편집증(Paranoia, PAR) : 편집증의 공통적인 임상적 특징을 반영하는 24개의 문항으로 이루어져 있다. 과경계(Hypervigilance, PAR-H), 피해의식(Persecution, PAR-P), 원한(Resentment, PAR-R) 등 3개의 하위척도를 포함한다.
- 조현병(Schizophrenia, SCZ) : 조현병(정신분열증)의 다양한 특징적 증상에 초점을 둔 24개의 문항으로 이루어져 있다. 정신병적 경험(Psychotic Experiences, SCZ-P), 사회적 위축(Social Detachment, SCZ-S), 사고장애(Thought Disorder, SCZ-T) 등 3개의 하위척도를 포함한다.
- 경계선적 특징(Borderline Features, BOR) : 대인관계 및 정서의 불안정성을 반영하는 경계선증후군의 특징적 증상에 초점을 둔 24개의 문항으로 이루어져 있다. 정서적 불안정(Affective Instability, BOR-A), 정체감문제(Identity Problems, BOR-I), 부정적 관계(Negative Relationships, BOR-N), 자기손상(Self-Harm, BOR-S) 등 4개의 하위척도를 포함한다.
- 반사회적 특징(Antisocial Features, ANT) : 범죄행위, 권위적 인물과의 갈등, 자기중심성 등 반사회적 성격을 반영하는 24개의 문항으로 이루어져 있다. 반사회적 행동(Antisocial Behaviors, ANT-A), 자기중심성(Egocentricity, ANT-E), 자극추구(Stimulus-Seeking, ANT-S) 등 3개의 하위척도를 포함한다.
- 알코올문제(Alcohol Problems, ALC) : 알코올남용·의존·중독 등 문제적 음주행동에 초점을 둔 12개의 문항으로 이루어져 있다.
- 약물문제(Drug Problems, DRG) : 약물남용·의존·중독 등 문제적 약물사용 행동에 초점을 둔 12개의 문항으로 이루어져 있다.

③ 치료척도(Treatments Scales)
- 공격성(Aggression, AGG) : 공격성, 적대감, 분노심 등의 태도 및 행동을 반영하는 18개의 문항으로 이루어져 있다. 공격적 태도(Aggressive Attitude, AGG-A), 언어적 공격(Verbal Aggression, AGG-V), 신체적 공격(Physical Aggression, AGG-P) 등 3개의 하위척도를 포함한다.

- 자살관념(Suicide Ideation, SUI) : 죽음이나 자살과 관련된 사고를 반영하는 12개의 문항으로 이루어져 있다.
- 스트레스(Stress, STR) : 개인이 현재 경험하고 있거나 최근 경험한 바 있는 스트레스와 관련된 8개의 문항으로 이루어져 있다.
- 비지지(Nonsupport, NON) : 접근이 가능한 사회적 지지의 수준 및 질을 고려하여 지각된 사회적 지지의 부족과 관련된 8개의 문항으로 이루어져 있다.
- 치료거부(Treatment Rejection, RXR) : 개인의 심리적·정서적 변화, 치료에의 참여의지, 변화의 필요성에 대한 인식 등을 반영하는 8개의 문항으로 이루어져 있다.

④ 대인관계척도(Interpersonal Scales)
- 지배성(Dominance, DOM) : 대인관계에서의 통제성 및 독립성을 유지하는 정도를 평가하기 위한 12개의 문항으로 이루어져 있다.
- 온정성(Warmth, WRM) : 대인관계에서의 지지 및 공감의 정도를 평가하기 위한 12개의 문항으로 이루어져 있다.

핵심예제 28 09, 16, 24년 기출

MMPI-2와 비교할 때 성격평가질문지(PAI)의 특징이 아닌 것은?

① 문항의 수가 더 적다.
② 임상척도의 수가 더 적다.
③ 임상척도 이외에 대인관계척도를 포함한다.
④ 4지선다형이다.

해설 체크!

미네소타다면적인성검사(MMPI)의 경우 수검자의 검사태도를 측정하는 4가지 타당도척도와 주요비정상행동을 측정하는 10가지 임상척도로 이루어진 반면, 성격평가질문지(PAI)는 4가지 타당도척도, 11가지 임상척도, 5가지 치료척도, 2가지 대인관계척도로 이루어져 있다.

정답 ②

29 로샤검사(Rorschach Test)   20, 21, 25년 기출

1. 의 의

① 로샤(로르샤흐)검사는 1921년 스위스 정신과의사인 헤르만 로샤(Hermann Rorschach)가 『심리진단(Psychodiagnostik)』에 발표한 논문을 통해 세상에 소개되었다.
② 로샤는 잉크반점(Ink-Blot)으로 된 카드들에 대해 정신과 환자들이 일반인과 다르게 반응한다는 사실에 주목하며, 405명의 수검자들을 대상으로 한 테스트에서 잉크반점기법이 조현병(정신분열증)을 진단하는 데 유효한 도구가 된다는 사실을 입증하였다.
③ 로샤는 자신의 연구가 단순히 정신과적 진단에 유효한 것이 아닌 개인의 성격 및 습관, 반응양상 등에 대한 유용한 정보를 제공하는 도구로 사용될 수 있음을 인식하고, 연구를 체계적으로 확장하고자 하였다.
④ 로샤는 처음에 자신이 고안한 검사가 무의식을 탐구하는 도구로 오인되어서는 안 된다고 주장하였으나 차츰 검사결과가 수검자의 무의식에 대한 깊은 통찰을 제공할 수 있다고 입장을 바꿈으로써 수많은 논쟁을 불러왔다.
⑤ 로샤검사는 다양한 학자들에 의해 연구되었으며, 최근에는 엑스너(Exner)의 실증적 접근방법과 러너(Lerner)의 개념적 접근방법이 주류를 이루고 있다.

2. 특 징

① 대표적인 투사적·비구조적 검사로서, 지각과 성격의 관계를 상정한다.
② 추상적·비구성적인 잉크반점을 자극자료로 하여 수검자의 학습된 특정반응이 아닌 여러 가지 다양한 반응을 유도한다.
③ 개인이 잉크반점을 조직하고 구조화하는 방식이 근본적으로 그 사람의 심리적 기능을 반영한다고 본다.
④ 수검자는 그가 지각한 것 속에 자신의 욕구, 경험, 습관적 반응양식을 투사한다.
⑤ 로샤카드에서는 형태와 색채는 물론 음영에 대한 지각적 속성까지 고려한다.
⑥ 해석자의 판단에 있어서 옳고 그름을 판단하는 정답은 없다.
⑦ 우울증상이 있는 사람은 보통 음영차원과 무채색 반응의 빈도가 높게 나타난다.
⑧ 로샤검사는 주관적 검사로서 신뢰도 및 타당도가 검증되지 못했으므로 객관적·심리측정적 측면에서는 부적합하다.

OX Quiz

로샤검사는 주관적 검사로서 신뢰도 및 타당도가 검증되지 못했으므로 객관적·심리측정적 측면에서는 부적합하다.

정답 O

3. 잉크반점카드(Ink-Blot Card) `15년 기출`

순 서	색 상	평범반응
카드 Ⅰ	무채색	박쥐 또는 나비
카드 Ⅱ	무채색에 부분 적색	동 물
카드 Ⅲ	무채색에 부분 적색	인간의 형상
카드 Ⅳ	무채색	인간 또는 거인
카드 Ⅴ	무채색	박쥐 또는 나비
카드 Ⅵ	무채색	양탄자 또는 동물가죽
카드 Ⅶ	무채색	인간의 얼굴 또는 동물의 머리
카드 Ⅷ	유채색	움직이는 동물
카드 Ⅸ	유채색	인간 또는 인간과 흡사한 형상
카드 Ⅹ	유채색	게 또는 거미

> **OX Quiz**
> 수검자 혜진이 카드 Ⅰ을 보고 박쥐라고 이야기했을 때 혜진의 반응은 평범반응에 해당한다.
> **정답** O

4. 실시과정 `15, 17, 19년 기출`

① 제1단계 : 소개단계
- 검사자는 로샤검사에 대해 수검자에게 자세히 설명한다.
- 수검자가 검사를 받는 목적을 어느 정도 이해하고 있는지 확인하기 위해 짧은 면접을 할 필요가 있다.
- 검사에 대한 부정적 이해나 오해가 확인되는 경우 검사의 전 절차를 개략적으로 설명해야 한다.
    - 예 지금부터 그림이 있는 10장의 카드를 보여드리겠습니다. 잘 보시고 그림이 무엇처럼 보이는지 말씀해 주세요. 그림은 사람마다 다르게 보일 수 있습니다.

② 제2단계 : 반응단계
- 이 단계에서는 그림에 대한 수검자의 지각 및 자유연상이 이루어진다.
- 검사자는 수검자가 하는 말을 가능하면 있는 그대로 기록한다.
- 수검자가 하나의 카드에서 한 가지 반응을 보이고 멈추는 경우 다시 격려하여 연상하도록 한다.
- 수검자의 반응이 너무 적은 경우 질문단계로 넘어가지 않은 채 반응단계를 반복한다.
    - 예 보통 하나의 그림에서 2개 이상을 이야기하곤 합니다. 더 보시면 그것 외에 또 다른 것을 보실 수도 있어요.

OX Quiz

로샤검사의 질문단계에서 검사자는 수검자에게 개방적인 질문을 해야 한다.

정답 O

기출키워드

19년 3회 / 24년 3회

로샤검사의 질문단계

- 이 때 얻어야 할 정보는 반응위치, 반응결정요인, 반응내용이다.
- 피검자가 자발적으로 말한 것 이외에는 채점단계에서 기호화하면 안 된다.
- 모호한 보고에 대해서는 추가적인 질문을 할 수 있다.
- 질문은 비지시적이어야 하며 피검자가 반응단계에서 말했던 내용 이외에 새로운 반응을 유도해서는 안 된다.

③ 제3단계 : 질문단계

24년 기출

- 검사자는 수검자가 어떤 결정인에 의해 해당 반응을 형성한 것인지 확인할 수 있는 질문을 한다.
- 개방적인 질문을 통해 어떤 영역을 무엇 때문에 그렇게 보았는지 질문한다.
- 검사자는 수검자의 이야기를 반응기록지(Location Sheet)에 기재한다.
- 과도한 질문은 수검자의 저항과 거부감을 유발할 수 있으므로 삼간다.
  - 예 어디서 그렇게 보았나요?(반응영역), 무엇 때문에 그렇게 보았나요?(결정인), 무엇을 보았나요?(반응내용)

④ 제4단계 : 한계검증단계

- 공식적인 검사가 끝난 후 수검자에게 자연스럽게 질문을 건네는 단계이다.
- 수검자가 평범반응을 놓친 경우 검사자가 해당 카드에 대해 손으로 가리는 등의 일정한 한계를 준 후 재질문하는 과정이 포함된다.
- 이 단계에서 검사자는 수검자의 투사와 관련하여 유용한 해석정보를 얻을 수 있으나, 수검자의 새로운 반응내용을 채점에 포함시키지는 않는다.
- 검사과정상의 반응에 대해 추가적인 설명을 할 수 있도록 한다.
  - 예 수검자가 선호하는 카드 또는 거부하는 카드를 고르도록 하여 그 이유를 설명하도록 할 수 있다.

5. 질문단계에서의 주의사항

15, 19년 기출

① 적절한 질문

- 질문단계에서 검사자는 3가지 주요영역, 즉 반응영역, 결정인, 반응내용에 초점을 둔다. 그러나 기초적인 질문 외에 수검자에게 좀 더 자세한 설명을 요구해야 하는 경우도 많다.
- 검사자는 어떤 점이 '~처럼 보인 건가요?', '모양 외에 ~처럼 본 이유가 더 있습니까?', '~에 대해 좀 더 설명해 보시겠어요?' 등 보충적인 질문과 격려적인 개입을 하게 된다.
- 특히 검사자는 수검자의 응답이 잘 이해되지 않을 경우 '당신이 어디를 그렇게 보았는지 잘 모르겠네요'(반응영역), '그것처럼 보이도록 하는 게 무엇인지 모르겠네요'(결정인) 등의 질문을 해야 한다. 또한 수검자가 '그냥 그렇게 보여요'와 같이 애매하게 응답할 경우, 검사자는 '그냥 그렇게 보인다고 하셨는데 어떤 것을 말씀하시는 것인지 조금 더 구체적으로 설명해 주시겠어요?'와 같이 질문하여 수검자가 회피하려는 것을 허용해서는 안 된다.
- 만약 수검자가 반점을 보고 반응한 것인지, 단순히 카드에 대한 평을 한 것인지 모호한 경우, '그것은 카드에 대한 대답인가요?'라고 질문한다.

② 부적절한 질문
- 검사자는 수검자에게 질문 시 다음과 같은 부적절한 질문을 삼가야 한다.
  - 직접적인 질문 : 그 사람이 뭔가를 하고 있나요?
  - 유도질문 : 어느 쪽이 위인가요?
  - 반응을 상세히 묘사하도록 하는 질문 : 그 동물은 왜 싸웠을까요?
- 검사자는 채점을 하는 데 직접적으로 관계가 없으나 검사자가 궁금한 사항들에 대해 질문하는 것을 삼가야 한다.
- 검사자는 모든 반응결정인을 염두에 두고 질문을 할 필요가 있으나 강박적인 생각을 할 필요는 없다. 즉, 질문은 간결하고 비지시적이어야 한다.
- 질문 시 검사자와 수검자가 주고받은 말은 대화체로 기록하도록 하며, 위치를 표시하는 용지는 영역 확인 시에 정확히 기록해 두어야 한다.

> **OX Quiz**
> 로샤검사 진행 중 검사자는 검사 과정 중 수검자에게 반응을 상세히 묘사할 수 있도록 유도하는 질문을 해야 한다.
> **정답** X(반응을 상세히 묘사하도록 하는 질문은 부적절함)

6. 반응의 위치

기호	정의	기준 내용
W	전체반응	• 반점 전체를 보고 반응하는 경우이다. • 아주 작은 부분이 제외되어도 W로 기호화할 수 없다.
D	흔히 사용하는 부분에 대해 반응 또는 보통 부분반응	자주 사용되는 반점 영역을 보는 경우이다.
Dd	드문 부분반응 또는 이상 부분반응(정상규준집단 5% 미만)	• 남들이 잘 보지 않는 부분이지만 검사자의 판단상 그럴 듯하게 보일 경우이다. • W반응, D반응이 아니면 자동적으로 Dd로 기호화한다.
S	흰 공간 부분이 사용되었을 경우의 공백반응 또는 간격반응	• 카드의 여백을 본 경우이다. • 흰 공간은 다른 영역과 함께 사용하는 경우도 있고, 흰 공간만을 사용할 수도 있다. • 어떤 경우든 S는 단독으로 기호화할 수는 없다. 따라서 WS, DS 또는 DdS처럼 항상 다른 기호와 같이 사용한다.

> **기출키워드**
> 24년 1회
> **로샤(Rorschach) 구조변인 중 형태질**
> • 반응이 잉크반점의 특징에 얼마나 부합하는가?
> • 검사자는 수검자가 사용한 반점 영역의 형태가 지각한 대상의 형태와 어느 정도 일치하는지를 평가한다.
> • 우수–정교한(+ ; Superior–Overelaborated), 보통의(o ; Ordinary), 드문(u ; Unusual), 왜곡된(– ; Minus)으로 기호화한다.

참고

반응의 결정인 중 인간운동반응(M)에 대한 해석 `21년 기출`

높은 수준의 M 반응	• 지적 능력, 창조성, 추상적 추론능력 등이 있다. • 내성화된 사고를 가지며, 상상력을 지니고 있다. • 충동을 통제할 수 있는 충동지연능력이 있다.
낮은 수준의 M 반응	• 내적 자원을 사용하는 데 어려움이 있으며, 우울감이 있을 수 있다. • 변화를 받아들이고 적응하는 데 어려움이 있고, 상상력이 부족하다. • 높은 충동성을 보인다.

핵심예제 29

15년 기출

로샤검사의 질문단계에서 검사자의 질문 또는 반응으로 가장 적절하지 않은 것은?

① 어느 쪽이 위인가요?
② 당신이 어디를 그렇게 보았는지를 잘 모르겠네요.
③ 그냥 그렇게 보인다고 하셨는데 어떤 것을 말씀하시는 것인지 조금 더 구체적으로 설명해 주세요.
④ 모양 외에 그것처럼 보신 이유가 더 있습니까?

> **해설 체크!**
>
> 로샤검사의 질문단계에서 검사자는 수검자에게 직접적인 질문, 유도질문, 반응을 상세히 묘사하도록 하는 질문 등을 삼가야 한다.
>
> 정답 ①

30 주제통각검사(TAT)

20, 24, 25년 기출

1. 의 의

① 주제통각검사(Thematic Apperception Test)는 로샤검사와 더불어 전 세계적으로 널리 사용도고 있는 대표적인 투사적 검사이다.
② 1935년 하버드대학의 머레이와 모건(Murray & Morgan)이 「공상연구방법론(A Method for Investigating Fantasies)」을 통해 처음 소개하였다.
③ 머레이는 기존의 학술적인 심리학이 인간본성에 대한 실제적인 내용을 알려주지 못한다고 주장하며, 상상을 통해 인간 내면의 내용들을 탐구하는 새로운 검사방식을 고안하였다.
④ 머레이는 프로이트(Freud)와 융(Jung)의 정신분석이론을 통해 지각(Perception)보다는 상상(Imagenation)에 의한 반응이 우선한다는 점을 강조하였다.
⑤ 머레이는 융의 정신분석을 연구하던 모건과 함께 카드 형태의 TAT 도구를 개발하였으며, 이 카드는 1936년 처음 배포되기 시작하여 1943년 하버드출판부에서 출판되었다.
⑥ 3회의 개정을 거쳐 1943년에 출판된 31개 도판의 TAT 도구는 현재까지 그대로 사용되고 있다.

OX Quiz

머레이는 프로이트와 융의 정신분석이론을 통해 상상보다는 지각에 의한 반응이 우선한다는 점을 강조하였다.

정답 X(지각보다는 상상에 의한 반응이 우선)

2. 특 징
17년 기출

① 통각(Apperception)이란 투사(Projection)와 유사하나 보다 포괄적인 의미를 가진 것으로서, 지각에 대한 의미 있는 해석을 말한다. 즉, 통각은 지각에 의미가 부가되는 것으로서, 외부세계에 대한 객관적인 지각 과정에 주관적인 요소가 개입된 통합적인 인식과정으로 볼 수 있다.

② TAT는 투사적 검사로서, 자아와 환경관계 및 대인관계의 역동적 측면 등을 평가한다.

③ 정신분석이론을 토대로 수검자 자신의 과거경험 및 꿈에서 비롯되는 투사와 상징을 기초로 한다.

④ 수검자가 동일시 할 수 있는 인물과 상황을 그림으로 제시하여 수검자의 반응양상을 분석·해석한다.

⑤ 수검자는 그림들을 보면서 현재의 상황과 그림 속 인물들의 생각 및 느낌과 행동, 그리고 과거와 미래의 상황들을 상상력을 발휘하여 이야기한다.

⑥ 수검자의 그림에 대한 반응을 통해 현재 수검자의 성격 및 정서, 갈등, 콤플렉스 등을 이해하는 동시에 수검자 개인의 내적 동기와 상황에 대한 지각방식 등에 대한 정보를 얻을 수 있다.

⑦ 로샤검사와 TAT는 상호보완적으로 사용된다. 로샤검사가 주로 사고의 형식적·구조적 측면을 밝히는 데 반해, TAT는 주로 사고의 내용을 규명한다.

⑧ TAT는 가족관계 및 남녀관계와 같은 대인관계 상황에서의 욕구내용 및 위계, 원초아(Id), 자아(Ego), 초자아(Superego)의 타협구조 등을 파악할 수 있도록 한다.

⑨ 머레이는 TAT를 심리치료 과정의 첫 단계에 유용하게 사용할 수 있다고 제안하였다.

3. 기본가정

벨락(Bellak)은 TAT의 기본가정으로서 통각(Apperception), 외현화(Externalization), 정신적 결정론(Psychic Determination)을 제시하였다. 특히 벨락은 TAT에 대한 연구를 토대로 3~10세의 아동에게 시행할 수 있는 아동용 주제통각검사(CAT ; Children Apperception Test)를 고안하였다.

통각 (Apperception)	개인은 대상을 인지할 때 지각, 이해, 추측, 심상의 심리적 과정을 거쳐 대상에 대한 결론을 내린다. 이러한 과정에서 개인은 내적 욕구와 선행 경험을 토대로 새로운 지각에 대해 상상력을 발휘하게 된다.
외현화 (Externalization)	수검자는 전의식적 수준에 있는 내적 욕구와 선행경험을 외현화 과정을 통해 의식화한다. 수검자는 반응 시 즉각적으로 인식하지 못하더라도 질문과정을 거치면서 그것이 자기 자신에 대한 내용임을 부분적으로 인식하기에 이른다.
정신적 결정론 (Psychic Determination)	TAT를 비롯한 모든 투사적 검사는 자유연상의 과정을 포함하며, 검사 결과의 해석에 있어서 정신적 결정론의 입장을 따른다. 즉, 수검자의 반응내용은 그의 역동적인 측면을 반영하므로, 수검자의 반응 모두 역동적인 원인과 유의미하게 연관된다는 것이다.

OX Quiz
벨락은 TAT의 기본가정으로 통각, 내현화, 정신적 결정론을 제시하였다.
정답 X(내현화 → 외현화)

4. 구성

① 주제통각검사는 30장의 흑백그림카드와 1장의 백지카드 등 총 31장으로 구성되어 있다.
② 그림카드 뒷면에는 공용도판, 남성공용도판(BM), 여성공용도판(GF), 성인공용도판(MF), 미성인공용도판(BG), 성인남성전용도판(M), 성인여성전용도판(12F), 소년전용도판(B), 소녀전용도판(G)으로 구분되어 있으며, 한 사람의 수검자에게 20장을 적용할 수 있도록 구성되어 있다.
③ 숫자로만 표시되어 있는 카드는 연령과 성별의 구분 없이 공통적으로 적용될 수 있다.
④ 주제통각검사의 31장의 카드는 로샤검사의 잉크반점카드와 달리 각 카드별 평범반응이나 채점기준이 명시되어 있지 않다.

5. 시행방법 　　　　　　　　　　　　　　　　　　　　　　12, 18년 기출

① 검사에 의한 피로를 최소화하기 위해 대략 한 시간 정도 두 번의 회기로 나누어 시행한다. 이때 회기 간에는 하루 정도의 간격을 두도록 한다.
② 보통 1~10번의 카드를 첫 회기에 시행하며, 나머지 11~20번의 카드를 다음 회기에 시행한다.
③ 검사는 검사자와 수검자 간에 관계형성(Rapport)이 이루어진 상태에서 시행하도록 한다.
④ 검사자는 수검자에게 각 카드를 보여주고 어떠한 극적인 이야기 혹은 연극적인 장면을 만들고, 그에 대해 대략 5분 정도 이야기할 것을 요청한다. 만약 수검자가 카드의 분명하지 않은 세부에 대해 질문하는 경우, 검사자는 수검자에게 보이는 대로 상상하여 이야기를 만들어보도록 요구한다.

OX Quiz
주제통각검사의 카드에는 각 카드별 평범반응이나 채점기준이 명시되어 있지 않다.
정답 O

⑤ 16번 백지카드에서는 수검자가 어떤 그림을 상상하고 있는지 말해달라고 요청한다. 다만, 과도하게 상상력을 발휘할 것을 요구하여 수검자로 하여금 위협감을 느끼게 해서는 안 된다.

⑥ 검사자는 수검자의 응답상 불완전한 부분에 대해 중간질문을 하도록 한다. 다만, 이 경우 수검자의 연상의 흐름을 방해해서는 안 된다.

⑦ 검사자는 종결질문을 통해 수검자로 하여금 자유로운 연상과정에서의 의미 있는 경험을 의식화할 수 있도록 돕는다. 이로써 수검자는 자신에 대한 통찰력을 얻을 수 있게 된다.

6. 해석방법

① 하트만(Hartman)의 표준화법

수량화된 해석방법으로서, 수검자의 반응을 항목별로 구분하여 표준화자료와 비교한다.

② 머레이(Murray)의 욕구–압력분석법

주인공 중심의 해석방법으로서, 주인공의 욕구 및 압력, 욕구 방어 및 감정, 다른 등장인물과의 관계 등에 초점을 둔다. 일반적으로 가장 널리 사용되고 있다.

③ 아널드(Arnold)의 대인관계법

이야기에 등장하는 인물들의 상호관계를 중심으로 한 해석방법으로서, 이들 간의 공격성이나 친화성 등을 분석한다.

④ 벨락(Bellak)의 직관적 해석법

해석자의 통찰적인 감정이입능력이 요구되는 해석방법으로서, 수검자의 반응에서 나타나는 무의식적 내용을 자유연상을 이용하여 해석한다.

⑤ 라파포트(Rapaport)의 지각법

이야기 내용에 대한 형식적 해석방법으로서, 수검자의 왜곡적 반응이나 일탈된 사고, 기괴한 언어사용 등을 포착한다.

> **OX Quiz**
> TAT 해석방법에는 표준화법, 대인관계법, 지각법 등이 있다.
> 정답 O

> **핵심예제 30**　　　　　　　　　　　　　　　　　　　　　　　　　12, 18년 기출
>
> 주제통각검사(TAT ; Thematic Apperception Test)의 실시에 관한 설명으로 옳은 것은?
>
> ① '수검자가 이 사람은 남자인가요? 여자인가요?'라고 묻는 경우, 검사요강을 참고하여 성별을 알려준다.
> ② 자연스러운 반응을 위해, 수검자의 반응이 지나치게 피상적이고 기술적인 경우(예를 들어 소년이 바이올린 앞에 있다)라도 검사자가 개입해서는 안 되며, 다음 반응으로 넘어가야 한다.
> ③ 카드를 보여주고, 각 그림을 보면서 될 수 있는 대로 연극적인 장면을 만들어 보라고 지시한다.
> ④ 모든 수검자에게 24장의 카드를 전부 실시한다.
>
> **해설 체크!**
> ① 수검자가 카드의 분명하지 않은 세부에 대해 질문하는 경우, 검사자는 수검자에게 보이는 대로 상상하여 이야기를 만들어보도록 요구하는 것이 바람직하다.
> ② 수검자가 지나치게 피상적이고 기술적으로 반응하는 경우, 검사자는 수검자의 연상의 흐름을 방해하지 않는 선에서 중간질문을 하도록 한다.
> ④ 주제통각검사(TAT)는 30장의 흑백그림카드와 1장의 백지카드 등 총 31장으로 구성되어 있다.
>
> 정답 ③

31 벤더게슈탈트검사(BGT)

1. 의의

① 벤더게슈탈트검사(BGT ; Bender Gestalt Test)는 1938년 벤더(Bender)가 미국 정신의학협회(American Orthopsychiatric Association) 연구지에 실은 『시각-운동 게슈탈트 검사 및 그 임상적 활용 : A Visual-Motor Gestalt Test and Its Clinical Use』이라는 논문을 통해 소개되었다.
② 벤더는 정신병리의 유형과 지각 간의 관계를 연구하기 위한 용도로 게슈탈트검사를 고안하였다.
③ 형태심리학의 창시자인 베르타이머(Wertheimer)가 지각의 형태학적 측면을 연구하기 위해 다양한 도형을 검사도구로 사용하였으며, 벤더가 그 도형들 중 9개를 선별하여 자신의 검사도구로 응용하였다.
④ 초기에는 발달적 측면에서 기질적 장애를 판별하기 위해 적용하였으나, 해석에 대한 경험적 증거나 신뢰도에 대해서는 간과되었다.

⑤ 허트(Hutt)는 1945년에 베르타이머의 원도형과 보다 유사한 자극으로 구성된 검사를 개발하여 검사의 실시 및 해석에 대한 새로운 지침인 HABGT(Hutt Adaptation of the Bender Gestalt Test)를 제시하였다.
⑥ 벤더게슈탈트검사는 투사적 목적은 물론 신경심리적 목적으로 뇌의 기질적인 손상이 있는 환자들을 진단하기 위한 용도로 사용되고 있다.

2. 특 징　　20년 기출

① BGT는 형태심리학과 정신역동이론을 기초로 한다.
② 검사자는 수검자에게 약 11cm×10cm 크기의 카드 9장으로 구성된 도형들을 제시한다. 카드는 도형 A를 포함하여 도형 1~8까지로 구성된다.
③ 검사자는 수검자가 해당 도형들을 어떻게 지각하여 재생하는지 관찰함으로써 성격을 추론할 수 있으며, 수검자에 대한 정신병리적 진단 및 뇌손상 여부도 탐지할 수 있다.
④ 언어표현이 아닌 단순한 도형그림 작성방식이므로, 언어능력이나 언어표현이 제한적인 사람, 언어적인 방어가 심한 환자에게 효과적으로 적용할 수 있다.
⑤ 정신지체나 뇌기능장애는 물론 성격적 문제를 진단하는 데 효과적으로 적용할 수 있다.
⑥ 일종의 투사적 검사로서, 시각-운동협응능력 및 시지각 능력을 측정한다.
⑦ 수검자의 수검공포와 검사자의 관계형성을 위한 완충검사(Buffer Test)로서의 역할을 한다.

> **OX Quiz**
> BGT는 정신지체나 뇌기능장애는 물론 성격적 문제를 진단하는 데 효과적으로 적용할 수 있다.
> 정답 O

3. BGT를 적용할 수 있는 수검자[허트(Hutt)]　　11, 17년 기출

① 적절히 말할 수 있는 능력이 없거나 능력이 있어도 표현할 의사가 없는 수검자
② 말로 의사소통을 할 능력이 충분히 있어도 언어적 행동에 의해 성격의 강점이나 약점에 대한 적절한 정보를 제공받기 어려운 수검자
③ 뇌기능장애가 있는 수검자
④ 지적 장애(정신지체)가 있는 수검자
⑤ 문맹자나 교육을 받지 못한 수검자 혹은 외국인 수검자

4. 시행방법

① **모사(Copy Phase)**
수검자는 검사자의 지시에 따라 주어진 그림을 보고 따라 그린다. 이때 수검자가 지나치게 길게 반응하는 경우 여러 가지 정신적인 문제를 반영하며, 수검자가 지나치게 빨리 반응하는 경우 불안이나 회피, 반항적 경향을 반영한다.

② 변용묘사 또는 정교화(Elaboration Phase)

수검자는 검사자의 지시에 따라 앞서 모사한 그림을 자신이 원하는 방식으로 고쳐 그린다. 특히 이 단계는 수검자의 투사적 반응을 극대화하여 그의 독특한 심리적 특징을 드러내도록 한다.

③ 연상(Association Phase)

검사자는 수검자로 하여금 원도형과 변형된 도형에 대해 이야기하도록 요구한다. 이 단계는 변용묘사 단계와 함께 수검자의 성격적 특성과 역동적인 면에 대해 많은 정보를 얻을 수 있도록 한다.

④ 순간노출(Tachistoscophic Phase)

모사와 흡사하나 보통 5초 정도의 짧은 시간 동안 그림을 노출한 후 수검자에게 해당 그림을 기억을 통해 그리도록 한다. 이 단계는 특히 수검자의 뇌기능장애가 의심될 때 사용한다.

⑤ 재모사 또는 한계음미(Testing the Limits Phase)

모사단계에서 얻어진 정보가 모호하여 확증을 얻기 어려울 때 관련 도형을 재모사하도록 하여 정확한 정보를 얻기 위해 사용한다. 특히 그려진 도형이 일탈한 경우, 그것이 단순한 실수인지 뇌기능장애에서 비롯된 것인지 판단하기 위해 수행한다.

⑥ 회상(Recall Phase)

모사로 그린 그림을 다시 회상하면서 그리도록 한다. 특히 회상법은 기질적 뇌손상이 있는 환자와 그렇지 않은 환자를 변별하는 데 유용하다.

5. 시행상 유의사항

① 자극 카드는 수검자가 미리 보지 못하도록 엎어놓으며, 검사실시와 함께 도형 A부터 도형 8까지 차례대로 제시한다.
② 모사용지는 여러 장을 준비하며, 수검자가 추가적으로 요구하는 경우 더 사용할 수 있도록 한다.
③ 모사할 때 자 등의 보조도구를 사용하지 않도록 지시한다.
④ 수검자가 제시된 내용 이외의 질문을 하는 경우 짧게 '좋을 대로 하십시오'라고 답변한다.
⑤ 검사자는 수검자의 검사태도 및 검사행동을 유심히 관찰하여 해석에 참고하도록 한다. 특히 수검자가 모사와 상관없이 용지를 회전한다거나 점의 수를 헤아리는 등의 행위를 하는 경우 또는 무성의하게 스케치하듯이 그리는 경우 일단 제지하도록 하며, 그와 같은 행위가 반복적으로 나타나는 경우 이를 검사결과에 반영한다.

OX Quiz

BGT 시행 시 모사와 흡사하나 5초 정도의 짧은 시간 동안 그림을 노출한 후 수검자에게 기억하여 그리게 하는 것은 '연상'이다.

정답 X(순간노출)

전문가의 한마디

BGT의 6가지 방법들은 임의로 채택되어 사용됩니다. 다만, 용도에 따라 몇 가지 방법을 조합하여 사용하며 이 경우 일반적인 검사에서는 모사를, 뇌의 기질적 손상을 진단하기 위한 검사에서는 순간노출을 우선적으로 실시합니다. 참고로 일반적으로 많이 활용되는 실시단계는 다음과 같습니다.

- 일반적 검사의 경우 : 모사단계 → 회상단계 → 재모사단계
- 뇌손상검사의 경우 : 순간노출단계 → 회상단계 → 한계음미단계
- 투사적 검사의 경우 : 모사단계 → 변용묘사단계 → 연상단계

6. 해석

평가 항목	내용	
조직화 (Organization)	• 배열순서 • 공간의 사용 • 도형 간의 중첩 • 용지의 회전	• 도형 A의 위치 • 공간의 크기 • 가장자리의 사용 • 자극도형의 위치변경
크기의 일탈 (Deviation in Size)	• 전체적으로 크거나 작은 그림 • 점진적으로 커지거나 작아지는 그림 • 고립된 큰 그림 또는 작은 그림	
형태의 일탈 (Deviation of Form)	• 폐쇄의 어려움 • 곡선 모사의 어려움	• 교차의 어려움 • 각도의 변화
형태의 왜곡 (Distortion of Form)	• 지각적 회전 • 단순화 • 중첩의 어려움 • 보속성	• 퇴영 • 파편화 또는 단편화 • 정교함 또는 조악함 • 도형의 재모사
움직임 및 묘사요인 (Movement and Drawing)	• 운동방향에서의 일탈 • 선 또는 점의 질	• 운동방향의 비일관성

> **참고**
> - 퇴영(Retrogression) : 수검자가 원을 점으로 모사하거나 연속된 점들을 선으로 그리는 등 자극도형을 매우 유치한 형태로 나타내는 것을 말한다. 특히 퇴영은 심리적 외상에 대한 만성적 방어상태에서 비롯되며, 자아통합의 실패나 자아기능의 이상을 나타내는 것으로 해석된다.
> - 파편화 또는 단편화(Fragmentation) : 모사한 도형의 형태가 원형과 달리 결합되어 있지 않은 채 여러 부분으로 떨어져 있어 전체적인 형태가 상실된 경우를 말한다. 특히 파편화는 지각-운동기능상의 장애나 통합능력의 저하를 나타내는 것으로 해석된다.
> - 보속성(Perseveration) : 앞서 제시된 도형의 요소가 다음 도형의 모사과정에서 연속적으로 나타나거나, 자극도형에서 요구되는 이상으로 연장하여 그리는 것을 말한다. 특히 보속성은 자아통제력의 저하나 현실검증력의 장애를 나타내는 것으로 해석된다.

OX Quiz

모사한 도형의 형태가 원형과 달리 여러 부분으로 떨어져 있어 전체적인 형태가 상실된 경우는 '파국화'이다.

정답 X(파편화)

7. 코피츠(Koppitz)의 발달적 채점법과 정서지표

① 코피츠는 5~10세까지의 아동을 대상으로 발달적 채점법(Koppitz Developmental Bender Scoring System)을 고안하였다.
② 발달적 채점법은 아동이 현재 보이고 있는 시각-운동 발달수준이 아동의 실제 연령에 부합되는 것인지를 파악하는 데 유용한 방법이다.
③ 9장의 도형그림을 이용하며, 30개의 상호독립적인 문항으로 구성되어 있다.

④ 모든 채점항목은 각 1점이나 0점으로 합산하므로, 최하 0점에서 최고 30점까지 받을 수 있다. 이때 오류점수가 높으면 나쁜 성적을, 오류점수가 낮으면 좋은 성적을 반영한다.
⑤ 발달적 채점법을 통해 아동의 지각성숙도 및 신경장애의 가능성을 파악할 수 있는 한편, 정서지표를 통해 정서적 적응상태에 대한 정보를 얻을 수 있다.
⑥ 코피츠의 BGT 채점을 위한 10개의 정서지표는 다음과 같다.

- 도형배치의 혼란(Confused Order)
- 도형 1과 2에서의 파선(Wavy Line in Figs. 1 and 2)
- 도형 2에서 원 대신 대시(Dashes Substituted for Circles in Figs. 2)
- 도형 1, 2 혹은 3의 크기의 점증(Increasing Size of in Figs. 1, 2 or 3)
- 과대묘사(Large Size)
- 과소묘사(Small Size)
- 약한 선(Fine Line)
- 부주의한 가중묘사 혹은 강한 선(Careless Overwork or Heavily Reinforced Lines)
- 반복시행(Second Attempt)
- 확산(Expansion)

핵심예제 31
11, 17년 기출

BGT(Bender Gestalt Test)의 장점에 관한 설명으로 틀린 것은?

① 피검사자의 뇌기능장애 평가에 유용하다.
② 자기 자신을 과장되게 표현하려는 피검사자에게 유용하다.
③ 적절하게 말할 수 있는 능력이 없거나 말할 수 있는 능력은 있으나 이야기하기를 싫어할 때 유용하다.
④ 피검사자가 말로 의사소통을 할 능력이 충분히 있더라도 언어적 행동으로 성격의 강점과 약점에 관한 정보를 얻기 힘들 때 유용하다.

• 해설 체크! •

② MMPI의 L척도에 대한 설명으로 볼 수 있다.
벤더게슈탈트검사(BGT)에 적합한 피검사자
- 충분한 의사소통능력이 있음에도 불구하고 그의 언어적 행동에 의해 성격상의 강점이나 약점에 대한 적절한 정보를 제공받기 어려운 경우
- 적절하게 말할 수 있는 능력이 없거나, 말할 수 있는 능력이 있어도 표현할 의사가 없는 경우
- 뇌기능장애가 있는 경우
- 정신지체가 있는 경우
- 문맹자이거나 교육을 받지 못한 경우
- 외국인인 경우

정답 ②

32 문장완성검사(SCT)

1. 의 의

① 문장완성검사(SCT ; Sentence Completion Test)는 단어연상검사의 변형·발전된 형태로서, 다수의 미완성문장들에 대해 수검자가 자신의 생각대로 문장을 완성하도록 하는 검사이다.
② 골턴(Galton)의 자유연상법, 카텔(Cattell) 및 라파포트(Rapaport)의 단어연상법, 융(Jung)의 임상적 연구 등에 영향을 받았다.
③ 1897년 에빙하우스(Ebbinghaus)가 최초로 지능검사 도구로서 미완성문장을 활용하였으며, 1928년 페인(Payne)이 문장완성을 성격검사 도구로서 처음 사용하였다. 이후 1930년 텐들러(Tendler)가 이를 사고반응 및 정서반응의 진단을 위한 도구로 발전시켰다.
④ 제2차 세계대전 당시 대규모의 인원을 대상으로 한 효과적인 병사선발을 목적으로 일대일의 직접면담 대신 활용되었다. 이후 심리검사 배터리(Battery)에 포함되어 연구목적에 따라 다양한 형태로 변형·제작되었다.
⑤ 현재 임상현장에서는 삭스문장완성검사(SSCT ; Sacks Sentence Completion Test)가 널리 사용되고 있다.

2. 특 징 *17, 21년 기출*

① SCT는 완성되지 않은 문장을 완성하도록 되어 있는 투사검사 중 하나이다.
② 자유연상을 토대로 하므로 수검자의 내적 갈등이나 욕구, 환상, 주관적 감정, 가치관, 자아구조, 정서적 성숙도 등을 효과적으로 파악할 수 있다.
③ 언어표현을 사용하므로 수사법, 표현의 정확성 여부, 표현된 정서, 반응시간 등이 중요한 의미를 지닌다.
④ 보통 50~60개 문장을 통해 수검자의 복합적인 성격패턴을 도출해낸다.
⑤ 로샤검사나 주제통각검사(TAT)보다 더 구조화되어 있으므로, 몇몇 학자들에 의해 투사적 검사로 보기 어렵다는 견해도 있다.
⑥ 단어연상검사에 비해 연상의 다양성이 감소된다는 지적도 있으나, 검사문장을 통해 나타나는 상황적 맥락이나 감정적 색채 등이 오히려 수검자의 태도나 관심영역을 잘 반영하고 있다는 주장이 받아들여지고 있다.
⑦ 수검자는 예/아니오와 같이 단정적으로 답을 강요당하지 않으며, 자신이 원하는 대로 답할 수 있다.

OX Quiz
SCT는 완성되지 않은 문장을 완성하도록 되어 있는 비투사검사 중 하나이다.
정답 X(투사검사)

기출키워드

21년 1회

문장완성검사

※ 필기시험에는 문장완성검사에 관한 설명 중 틀린 것을 고르는 문제가 출제되었습니다.

⑧ 수검자가 검사의 구체적인 의도를 명확히 알지 못하고, 옳은 답 또는 그른 답을 분간할 수 없으므로 비교적 솔직한 답을 얻을 수 있다. 다만, 다른 투사적 검사에 비해 검사의 의도가 완전히 은폐되지 않으므로 수검자의 응답이 왜곡되어 나타날 가능성을 완전히 배제하기는 어렵다.

⑨ 다른 투사적 검사에 비해 검사의 시행 및 해석에 있어서 특별한 훈련이 요구되지 않는다. 다만, 표준화검사와 같이 객관적인 채점을 할 수는 없으므로 검사결과의 임상적인 분석을 위해 보다 전문적인 수준의 지식과 훈련이 필요하다.

⑩ 집단적인 검사가 가능하므로 시간 및 노력이 상대적으로 적게 소요된다.

⑪ 검사문항의 작성이 매우 용이하며, 특히 다양한 상황에 부합하도록 검사문항을 수정할 수 있다.

⑫ 수검자의 언어표현능력이 검사결과에 영향을 미치므로, 언어발달이 완성되지 못한 아동에게는 적용하기 어렵다.

3. 삭스문장완성검사(SSCT)

20년 기출

① SSCT는 20명의 심리학자들을 대상으로 가족, 성, 대인관계, 자아개념의 4가지 영역에 대해 중요한 태도를 유도할 수 있는 미완성문장들을 만들도록 한 후 선별의 과정을 거쳐 만들어졌다.

② 최종 검사문항은 가족 12문항, 성 8문항, 대인관계 16문항, 자아개념 24문항으로 총 60문항이었으나, 내용상 중복되는 것을 제외한 채 현재 50문항의 형태로 널리 사용되고 있다.

③ 삭스(Sacks)는 4개의 영역을 15개의 영역으로 보다 세분화하여, 각 영역에서 수검자가 보이는 손상의 정도에 따라 0, 1, 2점으로 평가하고, 해당 평가에 대한 해석체계를 구성하였다.

④ SSCT의 4가지 주요영역의 특징은 다음과 같다. **24, 25년 기출**

영역	특징
가족	어머니와 아버지, 그리고 가족에 대한 태도를 측정한다. 예 어머니와 나는 _____
성	남성과 여성, 결혼, 성적 관계 등 이성관계에 대한 태도를 측정한다. 예 내 생각에 여자들은 _____
대인관계	가족 외의 사람, 즉 친구와 지인, 권위자 등에 대한 태도를 측정한다. 예 내가 없을 때 친구들은 _____
자아개념	자신의 능력, 목표, 과거와 미래, 두려움과 죄책감 등에 대한 태도를 측정한다. 예 내가 저지른 가장 큰 잘못은 _____

OX Quiz

SCT는 다른 투사적 검사에 비해 검사의 시행 및 해석에 있어서 특별한 훈련이 요구된다.

정답 X(특별한 훈련이 요구되지 않음)

⑤ SSCT의 반응유형은 다음과 같다.

유 형	반응내용	판 단
고집형	내용의 변화가 적으며, 특정대상이나 욕구를 반복적으로 제시함	성격의 경직성, 기호의 편벽성
감정단반응형	좋다 또는 싫다 등 간단하고 짧막한 어휘로 반응함	정신지체, 감정통제의 어려움
장황형	감정단반응형과 달리 장황하고 지루하게 반응함	신경증적·강박적 성향
자기중심형	자신과 관련되지 않은 문항에서조차 자기중심적인 주제로 반응함	미성숙
공상반응형	비현실적인 생각이나 공상으로 반응함	현실도피, 현실에의 부적응
허위반응형	자신의 본래 모습을 감추면서 도덕적으로 반응함	반사회성, 가장적 성향
모순형	검사 전체의 전후 내용을 고려할 때 내용상 모순적으로 반응함	무의식적 갈등
반문형	자극문항 앞에서 응답이 아닌 반문으로 반응함	권위에 대한 저항
은닉형	자극문항 앞에서 반응의 내용에 대해 구체적인 표현을 삼감	자기방어적 성향
거부형	자극문항 앞에서 고의로 없다 또는 모른다로 반응하거나 전혀 반응하지 않음	자기방어적 성향
병적 반응형	자극문항 앞에서 비정상적인 내용으로 반응함	정신장애

> **OX Quiz**
>
> SSCT의 반응유형에는 고집형, 장황형, 모순형, 문답형 등이 있다.
>
> **정답** X(문답형은 아님)

핵심예제 32

20년 기출

삭스(Sacks)의 문장완성검사(SSCT)에서 4가지 영역에 속하지 않는 것은?

① 가족 영역
② 대인관계 영역
③ 자기개념 영역
④ 성취욕구 영역

> **해설 체크!**
>
> SSCT의 4가지 주요 반응영역
> • 가족 : 어머니, 아버지, 가족에 대한 태도 측정
> • 성 : 남성, 여성, 결혼, 성적관계 등 이성관계에 대한 태도 측정
> • 대인관계 : 가족 외의 사람, 즉 친구와 지인, 권위자 등에 대한 태도 측정
> • 자아개념 : 자신의 능력, 목표, 과거와 미래, 두려움과 죄책감 등에 대한 태도 측정
>
> 정답 ④

33 일반직업적성검사(GATB)

20, 25년 기출

1. 의의 및 특징

① 일반직업적성검사(The General Aptitude Test Battery)는 1947년 미국 연방정부 직업안정국(United States Employment Service)이 일반적성검사 배터리를 표준화한 것이다.
② 포괄적인 적성을 측정하는 종합적성검사로서, 11개의 지필검사와 4개의 수행검사(동작검사)를 포함한 총 15개의 하위검사로 구성되어 있다.
③ GATB를 통해 총 9개 분야의 적성이 검출된다.
④ GATB는 검사의 타당화에 대한 연구가 별로 없어서 타당도에 대한 증거가 미흡하다.

2. 구 성

① 지필검사
- 기구대조검사 : 보기에 제시된 그림의 전개도를 본 후 동일한 형태의 도형을 찾아낸다.
- 형태대조검사 : 서로 대조되는 도형집단에서 크기와 모양이 동일한 도형을 찾아낸다.
- 명칭비교검사 : 좌우 양쪽의 문자 또는 숫자로 표시된 명칭을 비교하여 서로 동일한지를 판별한다.
- 타점속도검사 : 연속적으로 나열되어 있는 사각형 안에 최대한 빨리 3개씩 점을 찍는다.
- 표식검사 : 사각형 안에 최대한 빨리 정해진 기호(표식)를 기입한다.
- 종선기입검사 : H의 양측 선에 닿지 않도록 H 가운데의 횡선을 가로질러 최대한 많이 선을 긋는다.
- 평면도판단검사 : 보기에 제시된 자극도형 중 위치나 방향을 바꾸어 놓은 도형을 5개의 기하학적 도형 중에서 찾아낸다.
- 입체공간검사 : 보기에 제시된 평면도를 본 후 해당 평면도형에 해당하는 입체도형을 찾아낸다.
- 어휘검사 : 제시된 4개의 단어 중 동의어 또는 반대어에 해당하는 단어 2개를 찾아낸다.
- 산수추리검사 : 문장으로 제시된 산수응용문제를 푼다.

OX Quiz
GATB의 구성 중 기구대조검사는 서로 대조되는 도형집단에서 크기와 모양이 동일한 도형을 찾아내는 검사이다.
정답 X(형태대조검사)

- 계수검사 : 덧셈, 뺄셈, 곱셈, 나눗셈의 사칙연산을 통해 기본연산능력을 측정한다.

② 수행검사(동작검사)
- 환치검사 : 상판과 하판에 48개 구멍이 뚫려있는 팩보드(Peg Board)에서 상판 막대기의 팩을 양손을 이용하여 동시에 뽑은 다음 이를 하판의 대응되는 위치에 꽂아 넣는다.
- 회전검사 : 환치검사를 통해 하판에 꽂아 넣은 팩을 한 손으로 1개씩 빼낸 후 이를 뒤집어 다시 꽂아 넣는다.
- 조립검사 : 상판과 하판에 50개 구멍과 원주가 있고 일정한 간격으로 못과 좌철이 놓여있는 손가락 재치보드에서, 상판에 꽂혀 있는 못과 원주에 꽂혀 있는 좌철을 양손을 이용하여 빼내어 조립한 다음, 못을 빼낸 손으로 하판의 대응되는 위치에 꽂아 넣는다.
- 분해검사 : 조립검사를 통해 하판에 꽂아 넣은 못과 좌철의 조립물을 다시 분해하여 못과 좌철이 있던 본래의 위치에 양손을 이용하여 동시에 꽂아 넣는다.

3. GATB에 의해 검출되는 적성의 분류

① 지능(General Intelligence, G) 또는 일반학습능력(General Learning Ability, G)
일반적인 학습능력, 설명이나 지도내용과 원리를 이해하는 능력, 추리판단하는 능력, 새로운 환경에 신속하게 순응하는 능력 등

② 언어능력(Verbal Aptitude, V)
언어의 뜻과 함께 그와 관련된 개념을 이해하고 사용하는 능력, 언어상호 간의 관계와 문장의 뜻을 이해하는 능력, 보고 들은 것이나 자신의 생각을 발표하는 능력 등

③ 수리능력 또는 수리적성(Numerical Aptitude, N)
신속하고 정확하게 계산하는 능력 등

④ 사무지각(Clerical Perception, Q)
문자나 인쇄물, 전표 등의 세부를 식별하는 능력, 잘못된 문자나 숫자를 찾아 교정하고 대조하는 능력, 직관적인 인지능력의 정확도나 비교·판별하는 능력 등

⑤ 공간적성(Spatial Aptitude, S)
공간상의 형태를 이해하고 평면과 물체의 관계를 이해하는 능력, 기하학적 문제해결능력, 2차원이나 3차원의 형체를 시각적으로 이해하는 능력 등

⑥ 형태지각(Form Perception, P)
실물이나 도해 또는 표에 나타나는 것을 세부까지 바르게 지각하는 능력, 시각으

> **OX Quiz**
> 환치검사, 회전검사, 조립검사, 분해검사는 수행검사에 해당하는 개념이다.
> 정답 O

> **OX Quiz**
> 실물이나 도해 등에 나타나는 것을 세세한 부분까지 옳게 지각하는 능력을 형질지각이라고 한다.
> 정답 X(형태지각)

로 비교·판별하는 능력, 도형의 형태나 음영, 근소한 선의 길이나 넓이 차이를 지각하는 능력, 시각의 예민도 등

⑦ 운동반응 또는 운동협응(Motor Coordination, K)

눈과 손 또는 눈과 손가락을 함께 사용하여 빠르고 정확하게 운동할 수 있는 능력, 눈으로 겨누면서 정확하게 손이나 손가락의 운동을 조절하는 능력 등

⑧ 손가락 재치 또는 손가락 정교성(Finger Dexterity, F)

손가락을 정교하고 신속하게 움직이는 능력, 작은 물건을 정확하고 신속하게 다루는 능력 등

⑨ 손의 재치 또는 손 정교성(Manual Dexterity, M)

손을 마음대로 정교하게 조절하는 능력, 물건을 집고 놓고 뒤집을 때 손과 손목을 정교하고 자유롭게 운동할 수 있는 능력 등

참고

일반직업적성검사(GATB)의 하위검사별 검출되는 적성

측정방식	하위검사명	검출되는 적성
지필검사	기구대조검사	형태지각(P)
	형태대조검사	
	명칭비교검사	사무지각(Q)
	타점속도검사	운동반응(K)
	표식검사	
	종선기입검사	
	평면도판단검사	공간적성(S)
	입체공간검사	공간적성(S), 지능(G)
	어휘검사	언어능력(V), 지능(G)
	산수추리검사	수리능력(N), 지능(G)
	계수검사	수리능력(N)
수행검사 (동작검사)	환치검사	손의 재치(M)
	회전검사	
	조립검사	손가락 재치(F)
	분해검사	

전문가의 한마디

GATB에서 검출되는 적성의 명칭은 교재에 따라 약간씩 다르게 제시되고 있으나 사실상 동일한 것으로 볼 수 있습니다. 예를 들어, 지능(General Intelligence)은 일반학습능력(General Learning Ability)을 의미하는 것으로, 검사 프로파일에서 동일하게 'G'로 표시됩니다.

OX Quiz

수리능력은 표식검사를 통해 검출된다.

정답 X(산수추리검사 or 계수검사)

4. 채점 및 적용

① 채점 및 원점수 산출 시 지필검사는 맞은 문항수를, 수행검사는 완성한 개수를 센다. 단, 종선기입검사, 타점속도검사, 표식검사는 진행한 수를 세는데, 이때 해당 수치가 원점수가 된다.
② 환산점수 산출 검사요강에 수록된 환산표를 참조하여 원점수를 그에 부합하는 환산점수로 변환한다.
③ 적성별 점수 산출 환산점수를 이용하여 9개의 적성분야별 점수를 산출한다.
④ 적정 직무군 선정 GATB는 2~3개의 적성분야를 조합하여 모두 15개의 직무군을 제공하고 있으며, 각 직무군에서 필요로 하는 적성분야의 점수에 따라 다시 2~3개의 하위직무군으로 분류한다. 이 분류는 직무군별로, 직무군 내 하위직무군별로 적성분야의 기준점수를 제시하고 있으며, 수검자의 적성분야별 점수를 이 기준과 비교하여 수검자의 적정한 직무군을 판별한다.

핵심예제 33

15, 20, 23년 기출

특정한 직업분야에서 훈련이나 직무를 성공적으로 수행할 가능성을 예측하는 데 가장 적합한 검사는?

① 직업적성검사
② 직업흥미검사
③ 직업성숙도검사
④ 직업가치관검사

해설 체크!

① 직업적성검사 : 검사를 통해 자신의 적성에 맞는 직업을 선택할 수 있도록 하기 위한 검사로 검사의 주요 내용은 언어력, 수리력, 추리력, 사물지각력으로 구성되어 있다.
② 직업흥미검사 : 개인의 흥미유형을 현실형, 탐구형, 예술형, 사회형, 진취형, 관습형으로 나누어 살펴보고 있다.
③ 직업성숙도검사 : 개인의 계획성, 직업에 대한 태도, 독립성, 자기이해, 정보탐색, 합리적 의사결정, 직업에 대한 지식, 진로탐색 및 준비행동 등의 수준을 파악할 수 있는 검사이다.
④ 직업가치관검사 : 직업선택 시 중요하게 생각하는 직업가치관을 측정하는 검사로 성취, 봉사, 개별활동, 직업안정, 변화지향, 몸과 마음의 여유, 영향력 발휘, 지식추구, 애국, 자율성, 금전적 보상, 인정, 실내활동의 하위유형으로 구성되어 있다.

정답 ①

OX Quiz

지필검사는 맞은 문항수를, 수행검사는 완성한 개수를 센다.

정답 O

기출키워드

22년 1회

적성검사

※ 필기시험에는 설명을 주고, 선지에서 적성검사를 고르도록 하는 문제가 출제되었습니다.

34 홀랜드유형직업적성검사(CAT)

1. 의의 및 특징

① 홀랜드(Holland)는 개인-환경적합성모형을 통해 직업심리학적 특성과 직업환경의 심리적 특성을 결부시킴으로써, 개인의 행동이 그들의 성격에 부합하는 직업환경 특성들 간의 상호작용에 의해 결정된다고 보았다.
② 개인의 성격은 그들의 직업적 선택을 통해 표현되며, 개인의 직업적 만족이나 안정, 성취, 적응 또한 그들의 성격과 직업 환경 간의 적절한 연결에 달려있다고 본다.
③ CAT(Career Aptitude Test)는 직무의 다양한 특성들을 탐색하고, 개인이 해당 직무를 수행할 수 있는 능력이 있는지 판단함으로써 개인의 진로적성을 파악할 수 있도록 한다.
④ 직무의 실제 특성을 6가지 유형으로 분류하여 개인이 어느 유형에 속하는지, 개인이 선호하는 유형의 특징적 양상은 어떠한지, 그에 적합한 직업은 무엇인지 제시한다.

2. CAT 직업분류체계의 기본가정

① 대부분의 사람 또는 문화는 현실형(Realistic Type), 탐구형(Investigative Type), 예술형(Artistic Type), 사회형(Social Type), 진취형(Enterprising Type), 관습형(Conventional Type)의 6가지 유형 또는 유형들의 조합에 의해 분류될 수 있다.
② 직업환경 또한 6가지 유형 또는 유형들의 조합으로 분류될 수 있다.
③ 사람들은 자신의 능력과 기술을 발휘할 수 있는 환경, 자신의 태도와 가치를 표현할 수 있는 환경을 찾고자 한다.
④ 사람들의 행동은 자신의 직업환경 및 특성, 자신의 성격 및 흥미 특성의 상호작용에 의해 결정된다.

OX Quiz
CAT 직업분류체계는 사람과 문화를 5가지 유형으로 분류한다.
정답 X(6가지 유형)

3. CAT의 6가지 직업성격유형(RIASEC)

> 15, 24년 기출

① 현실형(Realistic Type, R)

일반적 특징	• 확실하고 현재적·실질적인 것을 지향한다. • 현장에서 수행하는 활동 또는 직접 손이나 도구를 활용하는 활동을 선호한다. • 추상적인 개념을 통해 자신의 생각을 표현하는 일이나 친밀한 대인관계를 요하는 일은 선호하지 않는다.
성격적 특징	• 신체적으로 강인하며, 안정적이고 인내심이 있다. • 평범하고 솔직하며, 정치적·경제적인 측면에서 보수적인 양상을 보인다.
직업활동 양상	• 일의 성과에 대한 구체적이고 신속한 확인을 통해 직무활동에 보람을 느낀다. • 기술직·토목직, 자동차엔지니어, 비행기조종사, 농부, 전기·기계기사 등이 적합하다.

> **OX Quiz**
> 신체적으로 강인하며, 안정적이고 인내심이 있는 성격적 특징을 가진 직업성격유형은 사회형이다.
> **정답** X(현실형)

② 탐구형(Investigative Type, I)

일반적 특징	• 추상적인 문제나 애매한 상황에 대한 분석적이고 논리적인 탐구활동을 선호한다. • 새로운 지식이나 이론을 추구하는 학문적 활동을 선호한다. • 대인관계에 관심을 가지지 않으며, 공동작업을 선호하지 않는다.
성격적 특징	• 자신의 지적인 능력에 대한 자부심이 있다. • 새로운 정보에 대해 관심을 가지며, 문제해결보다는 문제 자체에 대해 더 많은 관심을 가진다.
직업활동 양상	• 복잡한 원리 또는 첨단기술 등의 새로운 분야에 도전하여 내면적인 호기심을 충족시킴으로써 보람을 느낀다. • 화학자, 생물학자, 물리학자, 의료기술자, 인류학자, 지질학자, 디자인 기술자 등이 적합하다.

> **OX Quiz**
> 새로운 정보에 대해 관심을 가지며, 화학자, 생물학자, 물리학자 등이 적합한 유형은 예술형이다.
> **정답** X(탐구형)

③ 예술형(Artistic Type, A)

일반적 특징	• 어떤 것의 시비보다는 상상적이고 창조적인 것을 지향하는 문학, 미술, 연극 등의 문화 관련 활동분야를 선호한다. • 직업활동이 자신의 개인적인 관심 분야와 밀접하게 연관된다. • 구조화된 상황이나 정서적으로 억압적인 상황을 선호하지 않는다.
성격적 특징	• 독립적인 상황에서 자신의 내면세계를 작품으로 표현하고자 한다. • 심미적인 가치를 높이 평가하며, 예술적인 방법으로 자신을 표현한다.
직업활동 양상	• 새로운 것을 창조하거나 창의적인 사람과 관계를 형성할 때 보람을 느낀다. • 문학가, 작곡가, 미술가, 무용가, 무대감독, 디자이너, 인테리어 장식가 등이 적합하다.

④ 사회형(Social Type, S)

일반적 특징	• 인간의 문제와 성장, 인간관계를 지향하고 사람과 직접 일하기를 좋아하며, 원만한 대인관계를 맺는다. • 다른 사람을 교육·육성하는 일을 좋아하며, 개인적인 이익을 추구하기보다 타인을 돕는 활동을 선호한다. • 논리적·분석적인 활동이나 인간의 가치가 배제된 경쟁적인 활동을 선호하지 않는다.
성격적 특징	• 다른 사람에 대해 협력적이고 친절하며, 유머감각과 재치를 가지고 있다. • 평화로운 인간관계를 선호하며, 다른 사람의 복지에 관심을 가진다.
직업활동 양상	• 동료들과 친밀한 관계를 형성하며, 상대방의 능력에 대해 서로 신뢰를 나타낼 때 보람을 느낀다. • 사회사업가, 교사, 상담사, 간호사, 임상치료사, 언어재활사, 목회자 등이 적합하다.

⑤ 진취형(Enterprising Type, E)

일반적 특징	• 정치적·경제적 도전극복을 지향하며, 지위와 권한을 통해 다른 사람의 행동을 이끌고 통제하는 활동을 선호한다. • 다른 사람들과 함께 일하는 것을 선호하며, 조직화된 환경에서 공동의 목표를 달성하고자 한다. • 추상적이고 애매한 상황에서 관찰적이고 상징적인 활동을 선호하지 않는다.
성격적 특징	• 다른 성격유형보다 자기주장이 강하고, 지배적이며, 자기확신이 강하다. • 자신감과 모험심이 강하며, 낙천적이고 논쟁적이다.
직업활동 양상	• 조직활동 내에서 적절한 권한행사를 통해 조직의 목표를 달성할 때 보람을 느낀다. • 기업실무자, 영업사원, 보험설계사, 정치가, 변호사, 판매원, 연출가 등이 적합하다.

⑥ 관습형(Conventional Type, C)

일반적 특징	• 구조화된 상황에서 구체적인 정보를 토대로 정확하고 세밀한 작업을 요하는 일을 선호한다. • 정확성을 요하는 활동, 회계 등과 같이 숫자를 이용하는 활동을 선호한다. • 비구조화된 상황, 창의성을 요하는 활동을 선호하지 않는다.
성격적 특징	• 보수적·안정적이며, 성실하고 꼼꼼하다. • 스스로 자기통제를 잘 하며, 인내심을 가지고 주어진 일을 묵묵히 수행한다.
직업활동 양상	• 자신의 기여에 의한 실질적인 성과가 조직의 목표 달성에 긍정적인 결과를 가져올 때 보람을 느낀다. • 사무직 근로자, 경리사원, 컴퓨터 프로그래머, 사서, 은행원, 회계사, 법무사, 세무사 등이 적합하다.

OX Quiz

직장인 한슬의 직업성격유형 검사결과가 E형으로 나왔을 때, 한슬은 다른 사람들과 함께 일하며, 공동의 목표를 달성하고자 하는 진취적 성향을 보일 가능성이 높다.

정답 O

> **참고**
>
> **홀랜드(Holland)의 육각형모형과 직업성격유형의 차원**
>
> - 현실형(R) : 실행/사물지향 (신체활동, 기계적성)
> - 탐구형(I) : 사고/아이디어(연구)지향 (사고력, 학업적성)
> - 예술형(A) : 창조/아이디어(예술)지향 (독창성, 심미성)
> - 사회형(S) : 자선/사람지향 (사회성, 친화성)
> - 진취형(E) : 관리/과제지향 (외향성, 설득력)
> - 관습형(C) : 동조/자료지향 (성실성, 구체성)

OX Quiz

탐구형(I)은 사고/아이디어지향의 특징을 가진다.

정답 O

4. 직업성격유형의 해석차원

① 일관성(Consistency)

- 개인의 흥미 하위유형 간의 내적 일관성을 말하는 것으로서, 개인의 흥미유형이 얼마나 서로 유사한가를 의미한다.
- 어떤 쌍들은 다른 유형의 쌍들보다 공통점을 더 많이 가지고 있다. 즉, 육각형모형의 둘레를 따라 서로 인접한 직업유형들은 유사성이 있는 반면, 떨어져 있는 직업유형들은 유사성이 거의 없다.
- 예를 들어, 예술적-사회적(AS) 유형은 탐구적-진취적(IE) 유형보다 공통점을 더 많이 가지고 있다. 또한 탐구적이고 관습적인 활동에 흥미를 가진 현실적인 사람(RIC)은 진취적이고 사회적인 활동에 선호를 나타내는 현실적인 사람(RES)보다 더 일관성이 있다.
- 대략적인 일관성을 확인하는 방법으로, 앞의 두 문자가 육각형에서 인접할 때 일관성이 있다고 가정할 수 있다. 즉, 높은 일관성은 두 문자가 인접할 때(RI, SA), 중간 정도의 일관성은 육각형에서 다른 문자가 두 개 코드 사이에 있을 때(RA, SC), 낮은 일관성은 코드의 두 문자가 육각형에서 사이에 낀 두 개의 문자들에 의해 나누어질 때(RS, AC) 나타난다.

OX Quiz

앞의 두 문자가 육각형에서 인접할 때 일관성이 있다고 가정된다.

정답 O

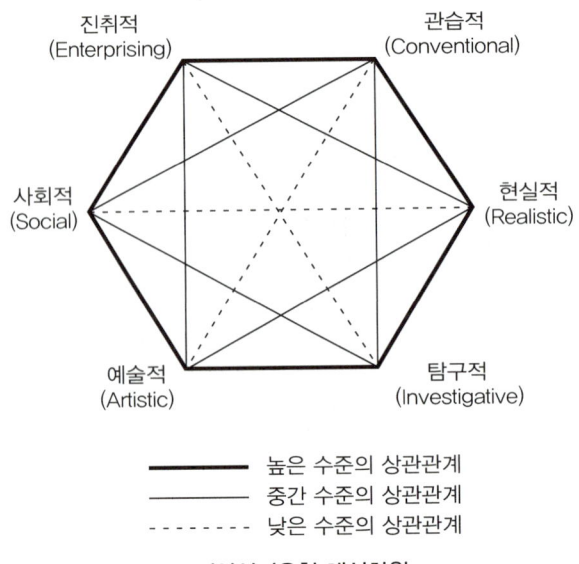

직업성격유형 해석차원

② 변별성 또는 차별성(Differentiation)
- 개인의 흥미유형 혹은 작업환경은 특정 흥미유형 혹은 작업환경과 매우 유사한 반면, 다른 흥미유형 혹은 작업환경과 차별적이다.
- 흥미의 차별성에 대한 측정치로서, 6가지 흥미유형 중 특정 흥미유형의 점수가 다른 흥미유형의 점수보다 높은 경우 변별성도 높지만, 이들의 점수가 대부분 비슷한 경우 변별성이 낮다고 할 수 있다.
- 모든 유형에 거의 동일한 유사성을 보이는 사람은 차별적 특징이 없거나 잘 규정되지 않으며, 어떤 작업환경이 여러 유형들에 골고루 유사성을 보이는 경우 해당 작업환경을 명확히 규정할 수도, 직무를 세부적으로 규정하기도 어렵다.
- 차별성은 자기방향탐색 또는 직업전환도검사 프로필로 측정된다.

③ 정체성(Identity)
- 성격과 환경유형 모두를 형성하도록 지원하는 2차적인 구조로 간주된다.
- 성격적 측면에서의 정체성은 개인의 목표, 흥미, 재능에 대한 명확하고 견고한 청사진을 말하는 반면, 환경적 측면에서의 정체성은 조직의 투명성 및 안정성, 목표·일·보상의 통합을 의미한다.
- 자기 직업상황의 직업정체성척도는 개인의 정체성요인을 측정하는 데 사용된다.

④ 일치성(Congruence)
- 개인의 흥미유형과 개인이 몸담고 있거나 소속되고자 하는 환경의 유형이 서로 부합하는 정도를 말한다.

OX Quiz

CAT 해석차원에서 정체성은 성격과 환경유형 모두를 형성하도록 지원하는 2차적인 구조로 간주된다.

정답 O

- 한 개인이 자기 자신의 성격과 동일하거나 유사한 환경에서 일하고 생활하는 경우에 해당한다. 즉, 개인은 자신의 유형 또는 정체성과 비슷한 환경에서 일하거나 생활할 때 일치성이 높아진다.
- 육각형모형을 통해 개인의 흥미유형과 작업환경 간의 일치 정도를 측정할 수 있으며, 가장 완벽한 적합은 현실적 환경에 현실적인 유형이라 할 수 있다.

⑤ 계측성 또는 타산성(Calculus)
- 유형들 내 또는 유형들 간의 관계는 육각형모형에 의해 정리되며, 육각형모형에서의 유형들 간의 거리는 그 이론적인 관계에 반비례한다.
- 육각형은 이론의 본질적 관계를 설명해 주는 것으로서, 여러 가지 실제적인 용도를 가지고 있다.

핵심예제 34 15년 기출

홀랜드(Holland)의 흥미육각모형에 관한 설명과 가장 거리가 먼 것은?

① 현실형(R) - 실행/사물지향
② 탐구형(I) - 사고/아이디어지향
③ 예술형(A) - 자선/사랑지향
④ 설득형(E) - 관리/과제지향

해설 체크!

예술형(Artistic Type, A)은 창조/아이디어(예술)지향에 해당한다.

정답 ③

참고

K-Vineland-II 22년 기출

- 사회적응행동을 평가하는 검사
- 검사대상 : 0세~90세
- 미국의 'Vineland Maturity'를 1985년 국내 실정에 맞게 표준화한 사회성숙도(SMS) 검사의 제한점을 개선하기 위해 새로운 규준을 마련하고 문항이 수정된 검사이다.
- 적응행동이란 일상적인 활동의 수행에 요구되는 개인적, 사회적 능력 또는 타인의 요구에 적절히 대처하고 일상생활에 책임을 다할 수 있는 능력으로 정의하며, 적응행동에 결함이 있으면 개인의 전반적인 기능과 학습 및 행동이 제한되고 해당 연령에 사회문화적으로 기대되는 성숙, 학습, 독립성, 사회적 책임감 등을 발휘하는 데 제한이 생긴다.
- 적응행동 평가는 장애인(특히 지적 장애인)과 같은 적응행동에 상당한 제한이 있는 사람들뿐만 아니라 다양한 장애(발달장애, 특정학습장애, 청각 및 시각장애, ADHD, 정서 및 행동장애, 다양한 유전적 장애 등)의 임상적 진단에 사용될 수 있고, 장애가 없는 개인의 적응 수준을 평가하는 데도 도움이 된다.

35 신경심리학적 평가 *18, 23, 24, 25년 기출*

1. 신경심리검사 및 신경심리평가 *21년 기출*

① 신경심리검사는 선천적 또는 후천적 뇌손상 및 뇌기능장애를 진단하는 검사도구를 말한다.
② 환자의 행동변화를 야기하는 뇌손상과 그로 인한 신체적·인지적 기능상의 변화 등을 감별하기 위한 것이다. 즉, 환자의 행동변화를 야기하는 뇌손상이 있는지, 손상이 있는 경우 어떤 기능영역에서 나타나는지, 나아가 그와 관련된 뇌병변의 위치가 어디인지 등을 판단하기 위한 진단적 목적으로 사용된다.
③ 가벼운 초기 뇌손상의 진단에 효과적인 도구로서, 특히 초기 치매나 두개골골절이 없는 폐쇄두부손상 등 자기공명영상(MRI)이나 양전자단층촬영(PET)과 같은 첨단뇌영상촬영장비로 탐지하기 어려운 미세한 장애를 탐지하는 데 유용하게 활용된다.
④ 신경심리평가는 이와 같은 뇌손상 및 뇌기능장애에 특화된 심리검사와 함께 신경심리상태에 대한 과학적·체계적인 검사 및 환자의 행동장애에 대한 평가를 통해 인지기능의 손상여부를 판정하고 치료계획을 세우기 위한 과정이다.
⑤ 환자의 변화된 욕구와 능력, 심리상태에 부합하는 정확한 정보를 수집함으로써 보다 적절한 프로그램과 치료계획을 수립하도록 한다.
⑥ 환자에 대한 병리적 진단은 물론 환자의 강점 및 약점을 사정하고 향후 직업능력에 대해 평가하며, 법의학적 관점에서 유효한 자료를 제공한다.
⑦ 환자의 반응에 의한 평가결과는 그 환자의 인구통계학적 및 심리사회적 배경에 따라 다르게 나타난다. 따라서 환자 및 환자가족의 학력, 직업력, 가족력, 결혼력 등의 사회력을 비롯하여 가계소득, 직업, 여가활동, 종교활동 등의 생활환경을 종합적으로 고려할 필요가 있다.

2. 신경심리검사의 목적 *20년 기출*

① **환자상태의 예측** : 신경심리검사는 환자에게서 나타난 뇌손상의 심각도를 알 수 있도록 하며, 뇌손상의 후유증을 예측할 수 있도록 한다. 특히 단층촬영(CT)이나 자기공명영상(MRI)과 같은 뇌영상기법에서 이상소견이 나타나지 않을 때 유용할 수 있다.
② **환자 관리 및 치료계획 수립** : 환자의 성격특성이나 인지상태 등에 대한 자세한 정보를 입수하여 신경학적 장애가 있는 환자들을 보다 세심하게 관리하며, 환자

기출키워드

20년 1회

외상성 뇌손상

외상성 뇌손상의 후유증에 대한 연구논문에 따르면, 외상성 뇌손상 환자는 피로(29%), 주의산만(28%), 분노/이자극성(28%), 반추(25%) 등의 우울증상을 경험하며, 외상성 뇌손상 환자의 27% 정도가 절망감, 무가치함, 흥미상실 등의 주요우울장애 진단기준에 부합하는 것으로 나타났다[최진영·남범우, 『외상성 뇌손상의 신경정신과적 후유증의 진단과 약물치료』, 대한정신약물학회지(제20권 제6호), 2009 참조].

OX Quiz

신경심리검사는 선천적 또는 후천적 뇌손상 및 뇌기능장애를 진단하는 검사도구를 말한다.

정답 O

가 겪고 있는 심리적 변화가 그의 행동에 어떠한 영향을 미치는지 파악함으로써 합리적인 치료계획을 세우도록 한다.

③ **재활 및 치료평가** : 환자의 현재 신경심리학적 상태에 대한 평가를 통해 환자의 변화된 욕구와 능력에 부합하는 적절한 재활프로그램을 적용할 수 있도록 하며, 환자의 수행실패에 대한 분석을 통해 어떤 치료기법이 유효한지 평가할 수 있도록 한다.

④ **연구** : 환자의 뇌기능과 행동의 연관성에 대한 연구를 가능하도록 한다. 예를 들어, 환자의 유형에 따라 어떤 특정한 신경외과적 수술이 요구되는지, 향후 어떤 변화가 일어날 수 있는지 등을 연구하는 데 유용한 도구로 활용된다.

3. 신경심리평가에서 다루어야 할 주요평가영역   `17, 19, 20, 21, 22, 24년 기출`

① **지능**
- 지적 능력의 저하는 뇌손상의 결과로 인한 가장 일반적인 현상으로서, 특히 지능검사는 신경심리평가에 있어서 가장 많이 사용되는 도구이다.
- 웩슬러지능검사(The Wechsler Scales)는 인지기능의 기저수준을 결정하고 병전기능수준을 추정하는 데 유용하지만, 신경심리학적 평가의 관점에서 뇌손상의 성질을 밝히는 데 크게 도움이 되지는 않는다.
- 일반적으로 웩슬러지능검사에서 낮은 언어성 IQ는 좌반구의 손상을, 낮은 동작성 IQ는 우반구의 손상을 나타내는 것으로 간주한다.

② **기억**
- 기억장애는 유전적인 요인에서부터 신경학적 손상, 대사기능의 이상, 나아가 정서적·심리적 문제 등에 의해서도 야기되므로, 평가 시에 기억곤란을 야기하는 근본적인 원인을 명확히 파악하는 것이 중요하다.
- 환자들이 호소하는 기억손상은 과거의 사건이나 지식을 잃어버리는 역행성기억상실과 함께 손상 후 새로운 사건이나 사실을 학습하는 데 어려움을 보이는 순행성기억상실로 구분된다.
- 대표적인 검사로는 웩슬러기억척도(Wechsler Memory Scale), 레이청각언어학습검사(Rey Auditory Verbal Learning Test), 캘리포니아언어학습검사(California Verbal Learning Test) 등이 있다.

③ **언어**
- 신경학적 병변과 관련된 언어기능상의 이상은 실어증(Aphasia) 혹은 언어기능장애(Dysphasias)로 나타난다.

기출키워드

`20년 1회 / 24년 2회`
기억검사의 종류
- WMS-R (Wechsler Memory Scale-Revised)
- Rey Auditory Verbal Learning Test
- California Verbal Learning Test
- Rey Complex Figure Test
- Rey-Kim Test
- Benton Visual Retention Test

`19년 3회`
기억과 관련된 좌반구 전두엽의 역할
- 의미적 반응산출
- 작업기억에 의미정보 유지
- 과제와 적절한 정보를 선택
- 정보의 조직화

`22년 1회`
두정엽의 병변
※ 필기시험에는 두정엽의 병변과 가장 관련이 있는 장애로 구성장애를 고르도록 하는 문제가 출제되었습니다.

기출키워드

21년 3회
선로잇기검사
- 숫자와 문자의 상징적인 의미를 이해하고, 전체 화면을 주시하면서 숫자와 문자를 순서대로 연결하는 능력을 검사한다.
- A형은 숫자잇기, B형은 숫자와 글자를 교대로 잇기이다.
- 집중력 및 정신적 추적능력을 측정한다.

21년 3회
위스콘신카드분류검사
- 사고의 유연성을 측정하기 위해 개발된 검사도구로, 실행능력을 평가하는 대표적인 검사이다.
- 이 검사는 인지적인 유연성과 문제해결능력을 평가하는 데 활용할 수 있으며 이와 관련하여 전두엽의 기능을 평가할 수 있다.

19년 3회
실행적 기능
- 목표 지향적인 행동을 달성하는 데 필요한 인지적 기능이다.
- 억제능력, 계획능력, 전환능력, 작업기억력으로 구성되어 있다.
- 인지기능, 행동, 정서통제, 사회적 상호작용과 같은 넓은 범위의 능력을 담당하는 관리기능이다.
- ※ 필기시험에는 실행적 기능을 담당하는 뇌부위가 손상된 환자에 대한 평가결과와 가장 거리가 먼 것을 고르도록 하는 문제가 출제되었습니다.

- 실어증은 크게 수용기술과 표현기술, 즉 읽고 이해하기, 듣고 이해하기 등의 수용언어와 함께, 단어와 의미의 정확한 사용, 문장의 정확한 사용, 목적지향적 언어의 정확한 사용 등 표현언어로 나누어 측정한다.
- 대표적인 검사로는 라이탄실어증선별검사(Reitan Aphasia Screen Test), 보스턴진단용실어증검사(Boston Diagnostic Aphasia Examination), 보스톤이름대기검사(Boston Naming Test) 등이 있다.

④ 주의력
- 주의력은 시공간적 지남력과 주의전환, 각성 또는 지속적 주의, 선택적 또는 초점주의 등의 3가지 측면으로 구분된다.
- 주의력은 신경학적 손상에 의해서는 물론 정신과적인 질병이나 검사상황에서의 불안 및 긴장 등에 의해서도 저하될 수 있으므로 이에 대한 변별이 이루어져야 한다.
- 대표적인 검사로는 선로잇기검사(Trial Making Test), 기호숫자양식검사(Symbol Digit Modalities Test), 스트룹색상-단어검사(Stroop Color-Word Test), 숫자외우기검사(Digit Span), 요일순서거꾸로말하기 등이 있다.

⑤ 시각구성능력
- 자극의 재구성을 위해서는 자극부분들의 공간적 관계를 정확하게 지각하는 능력, 각 부분을 전체로 조직화하는 능력, 실제적인 운동능력 등이 필요하다.
- 시공간적 지각능력의 손상은 구성장애 또는 구성실행증(Constructional Apraxia)을 초래한다. 구성장애는 1차원 및 2차원의 자극을 토대로 2차원 또는 3차원으로 된 대상이나 형태를 구성하는 능력에서 결함을 나타내는 장애로서, 특히 두정엽의 병변과 밀접한 관련이 있는 것으로 알려져 있다.
- 대표적인 검사로는 벤더게슈탈트검사(Bender Gestalt Test), 레이-오스테리스복합도형검사(Rey-Osterrieth Complex Figure Test), 벤톤시각기억검사(The Benton Visual Retention Test) 등이 있다.

⑥ 집행기능(실행기능)
- 집행기능은 개념형성 및 추론을 통해 문제를 해결하거나 계획하며, 상황에 부합하는 판단 및 적절한 행동을 하도록 하는 고차적인 기능이다.
- 집행기능의 손상은 기초적인 인지기능이 보존되어 있더라도 사회적 적응행동에 어려움을 초래하는데, 특히 전두엽 및 전두엽-피질하부 순환경로상의 병변과 밀접한 관련이 있는 것으로 알려져 있다.
- 대표적인 검사로는 위스콘신카드분류검사(Wisconsin Card Sorting Test), 스트룹검사, 하노이탑검사(Tower of Hanoi Test), 선로잇기검사, 추적검사(Trail Making Test) 등이 있다.

⑦ 성격 및 정서
- 성격 및 정서의 변화는 뇌손상의 직접적인 결과로 나타날 수도 있으나 신체적 기능저하나 사고경험, 환자의 병전성격이나 정신과적 질병의 유무, 보상과 관련된 꾀병의 여부 등에 의한 것일 수도 있다.
- 뇌손상을 입은 환자는 MMPI 프로파일이 현저히 상승하거나 로샤검사에서 빨간색에 과도한 반응을 보이기도 하며, 기괴한 반응이나 해부학적 반응을 나타내기도 한다.
- 대표적인 검사로는 간이정신진단검사-90(Symptom Checklist 90-Revised), 밀튼임상다축성검사(Milton Clinical Multiaxial Inventory-Ⅲ) 등이 있다.

4. 주요신경심리배터리

① 루리아-네브라스카신경심리 배터리(LNNB ; Luria-Nebraska Neuropsychological Battery)
- 양적-질적 접근법을 결합한 것으로서, 개별 수검자 실험연구는 물론 집단 간 실험연구로도 사용된다.
- 총 269문항으로 이루어져 있으며, 운동(Motor), 리듬(Rhythm), 촉각(Tactile), 시각(Visual), 언어수용(Receptive Speech), 언어표현(Expressive Speech), 쓰기(Writing), 읽기(Reading), 산수(Arithmetic), 기억(Memory), 지적 과정(Intelligence)의 11개 척도로 구성되어 있다.
- 뇌손상의 유무, 뇌기능장애로 인한 운동기능과 감각기능의 결함, 지적 기능장애를 비롯하여 기억력과 학습능력, 주의집중력 등을 포괄적으로 평가한다.
- 검사실시에서 결과해석에 이르기까지 2~3시간의 비교적 짧은 시간이 소요되며, 검사자가 융통성을 발휘할 수 있다.
- 검사자의 주관적 판단과 임상적 직관의 비중이 매우 크며, 뇌손상 여부의 확인에는 유용하지만 뇌손상의 유형이나 손상된 부위 및 결과에 대해서는 의심의 여지가 많다.

② 할스테드-라이탄신경심리 배터리(HRNB ; Halstead-Reitan Neuropsychological Battery)
- 뇌손상의 유무는 물론 그 부위를 미리 알지 않고도 대뇌기능과 함께 그 손상 정도를 의미 있게 측정할 수 있도록 여러 가지 서로 다른 검사들의 배터리로 구성되어 있다.
- 지능, 언어지각, 촉각인지, 손가락운동, 감각기능 등을 평가하기 위해 할스테드범주검사(Halstead Category Test), 언어청각검사(Speech-Sounds Perception Test), 시쇼어리듬검사(Seashore Rhythm Test), 촉각수행검사

OX Quiz

성격 및 정서의 변화는 뇌손상의 직접적인 결과로는 나타날 수 없다.

정답 X(나타날 수 있음)

기출키워드

21년 1회

시공간 구성 능력

※ 필기시험에는 BGT, DAP, 시계 그리기를 제시하고 어떤 능력을 평가하기 위한 것인지 고르도록 하는 문제가 출제되었습니다.

(Tactual Performance Test), 선로잇기검사, 라이탄-인디아나실어증검사(Reitan-Indiana Aphasia Screening Test), 편측우세검사(Lateral Dominance Examination), 수지력검사(Finger Tapping Test) 등 다양한 항목들을 포함하고 있다.
- 뇌손상 환자군과 대조군의 비교를 통해 다수의 타당도검사가 실시되어 그 타당도가 검증된 바 있으며, 이로써 뇌손상이 있는 영역과 뇌손상의 유형, 진행과정 등을 유의미하게 평가할 수 있는 것으로 보고되고 있다.

참고

배터리검사와 개별검사

구 분	특 징
배터리검사	• 배터리(Battery)는 여러 종류의 검사를 하나의 세트로 묶어 사용하는 방식으로서, 배터리형으로 제작된 검사세트를 모두 실시하는 방법에 해당한다. • 평가되는 기능에 관하여 총체적인 자료를 제공한다. • 자동화된 해석체계가 존재하므로 검사자의 채용을 촉진한다. • 환자의 병전기능수준에 대한 평가와 함께 현재기능수준에 대한 파악이 가능하다. • 임상적 평가목적과 연구목적이 함께 충족될 수 있다. • 자료가 광범위하거나 불충분하게 제공될 수 있으며, 시간과 비용이 많이 소요된다. • 최신의 신경심리학적 연구결과들을 반영하기 어렵다.
개별검사	• 환자에 따라 적절한 검사를 특정적으로 선정하여 실시하는 방법에 해당한다. • 다른 불필요한 검사들을 제외하며, 필요한 검사에 대하여 보다 집중적인 실행이 가능하다. • 자동화된 해석체계가 존재하지 않으므로 고도의 전문성을 가진 신경심리전문가가 필요하다. • 환자의 검사행동 및 결과의 종합을 통해 풍부한 정보를 제공한다. • 신경심리전문가를 훈련시키거나 모집하는 데 어려움이 있다.

OX Quiz
배터리는 여러 종류의 검사를 다시 세부로 나누어 사용하는 방식이다.
정답 X(하나의 세트로 묶어 사용)

참고

뇌손상 부위에 따른 실어증 22, 24년 기출

브로카실어증 (Broca's Aphasia)	• 브로카영역을 포함한 인근 전두엽영역의 손상에 의함 • 대화나 설명 시 표현능력이 저하되며 특히 유창성의 저하 • 비정상적으로 단조로운 운율, 속도가 느리며 단어 사이 쉬는 것이 긴 경향 • 청각적 이해력은 유지 • 읽기는 말하기나 쓰기에 비해 좋은 편

전도성실어증 (Conduction Aphasia)	• 브로카영역과 베르니케영역을 연결하는 활모양의 섬유다발의 병변에 의함 • 따라 말하기 능력저하 • 청각적 이해력은 유지 • 발화는 유창한 편이나 음소착어의 잦은 출현 • 이름대기에서 음소착어의 잦은 출현 및 여러 차례에 걸친 자기수정
초피질성감각실어증 (Transcortical Sensory Aphasia)	• 두정엽 및 베르니케영역의 심층부, 후반부의 피질하 부위 병변에 의함 • 청각적 이해력이 저하 • 따라 말하기 능력저하 • 이름대기능력 저하

기출키워드
24년 3회

베르니케 실어증
말하는 능력은 정상이나 듣고 이해하는 능력에 손상이 있는 경우

OX Quiz
신경심리평가 결과 해석 시 가계소득은 고려사항에 해당하지 않는다.

정답 X(해당함)

5. 신경심리평가 결과에 대한 해석 시 고려사항   17, 24년 기출

① 환자 및 환자가족의 사회력
  사회경제적 상태, 교육수준 또는 학력, 직업력, 가족력, 결혼력 등
② 생활환경
  가계소득, 직업, 여가활동, 종교활동 등
③ 의학적 상태
  뇌손상의 정도, 뇌손상 후 경과시간, 뇌손상 당시 연령, 뇌손상 전 환자상태, 병력에 대한 환자의 보고, 병원 등에서의 각종 진단기록 등
④ 평가상의 문제
  환자가 신경심리평가를 의뢰하게 된 배경, 평가의 적절성 여부 등

핵심예제 35   09, 12, 17년 기출

기억장애를 보이고 있는 환자에게 기억 및 학습능력을 평가하는 데 가장 적합한 것은?

① 선로잇기검사(Trail Making Test)
② SCL-90-R
③ 얼굴-손검사(Face-Hand Test)
④ WMS-R (또는 WMS-Ⅲ)

• 해설 체크! •

④ 웩슬러기억척도(WMS ; Wechsler Memory Scale)는 환자의 기억장애를 평가하는 데 유효한 신경심리평가도구이다. 참고로 WMS는 1945년에 제작되었으며, 1987년 WMS-R (Wechsler Memory Scale-Revised), 1997년 WMS-Ⅲ(Wechsler Memory Scale-Ⅲ)로 두 차례 개정이 이루어졌다.
① 선로잇기검사(Trail Making Test)는 집행기능의 평가에 적합하다.
② 간이정신진단검사-90(SCL-90-R)는 성격 및 정서의 평가에 적합하다.
③ 얼굴-손검사(Face-Hand Test)는 이중동시자극법(Double Simultaneous Stimulation)으로서, 환자가 눈을 감은 상태에서 얼굴이나 손 등에 동시적으로 주어지는 자극을 알아맞히도록 함으로써 촉각 부주의나 감각계이상을 평가하기 위한 지각검사이다.

정답 ④

36 발달적 평가

1. 베일리유아발달척도(BSID ; Bayley Scale of Infant Development)

① 베일리(Bayley)가 1969년 생후 2개월에서 30개월까지의 영유아를 대상으로 한 발달척도(BSID)를 고안한 이후, 1993년 개정판(BSID-Ⅱ)을 통해 생후 1개월(또는 16일)에서 42개월까지의 영유아를 대상으로 한 표준화가 이루어졌다.
② 1969년 초판(BSID-Ⅰ) 발행 당시 1930년대의 캘리포니아영유아발달검사를 토대로 정신척도(Mental Scale)와 운동척도(Motor Scale)만으로 구성되었다.
③ BSID-Ⅱ는 초판인 BSID의 연령범위를 확장한 것은 물론, 신뢰도와 타당도에 관한 보다 많은 정보를 제공한다. 특히 검사도구의 임상적 효용성을 개선하여 상대적으로 발병률이 높은 다운증후군, 태내기약물중독, 자폐아, 발달지체아 등에 관한 정보를 제공한다.
④ 영유아의 정상적인 발달수준을 분류·기술하고 이를 토대로 영유아의 발달지체나 정신지체 등의 문제를 조기에 발견하여 적절한 치료적 개입조치를 취함으로써 문제를 예방 또는 최소화하는 것을 주된 목적으로 한다.
⑤ 검사과정은 검사자와 아이가 1:1로 마주앉은 상태로 진행되며, 아이의 연령이나 기질 등의 다양한 요인을 고려하여 융통성 있게 전개된다.
⑥ 인형이나 퍼즐, 감각놀이판 등을 사용하여 아이의 자연스러운 활동을 통해 운동기능을 측정한다.
⑦ 일종의 편차지능지수와 매우 흡사한 정신발달지표(Mental Development Index)를 산출한다.
⑧ 최근에는 유아의 우수한 잠재력을 발견하고 영재성을 판별하기 위한 용도로도 사용되고 있다.
⑨ 정신척도(Mental Scale), 운동척도(Motor Scale), 행동평정척도(Behavior Rating Scale)로 구성된다.

하위척도	검사내용
정신척도 (Mental Scale)	• 인지발달 : 기억력, 문제해결능력, 분류 및 변별능력 등 • 언어발달 : 어휘 및 발성, 수용언어 및 표현언어 등 • 개인/사회성발달 : 언어적 의사소통 등
운동척도 (Motor Scale)	• 소근육발달 : 쓰기 및 잡기, 손 운동 따라하기, 도구 사용하기 등 • 대근육발달 : 앉기 및 서기, 걷기 및 뛰기, 균형잡기 등

OX Quiz

베일리유아발달척도는 정신척도, 운동척도, 행동각성척도로 구성된다.
정답 X(행동각성척도 → 행동평정척도)

행동평정척도 (Behavior Rating Scale)	• 주의 및 각성상태 • 과제 및 검사에 대한 참여 정도 • 정서조절 • 운동의 질

2. 덴버발달선별검사(DDST ; Denver Developmental Screening Test)

18년 기출

① 미국콜로라도(Colorado) 의과대학에서 고안한 선별검사로서, 생후 1개월에서 6세까지의 아동을 대상으로 한다.
② 검사자가 대상 아동을 직접 관찰하거나, 부모 또는 해당 아동을 항시 돌보는 사람에게서 입수되는 자료를 통해 발달상태를 확인한다.
③ 주로 발달지체가 의심되는 아동을 발견하기 위한 목적으로 사용된다.
④ 개성 및 사회성, 언어능력, 소근육운동, 대근육운동의 기능영역에 대해 검사한다.
⑤ 검사의 실시 및 해석이 간편하여 심리검사에 대한 전문적인 지식을 가지고 있지 않은 사람이라도 실시할 수 있다.
⑥ 의료장면에서 활용하기 위해 고안된 것인 만큼 발달지체를 신체적인 요인으로 귀인하는 경향이 있다.

3. 시각-운동통합발달검사(VMI ; Developmental Test of Visual-Motor Integration)

16, 19년 기출

① 3~18세의 아동 및 청소년을 대상으로 시지각 및 운동협응을 평가하기 위한 발달검사이다.
② 수직선, 수평선, 삼각형, 정방형, 원 등 24개 기하학적 형태의 도형으로 구성되며, 각각의 기하학적 도형은 단순한 것에서부터 복잡한 것에 이르기까지 난이도에서 차이를 보인다.
③ 검사자는 수검자에게 제시된 도형을 모사하도록 지시하며, 이때 이미 그린 것을 지우거나 검사지를 돌려서 그리지 않도록 요구한다.
④ 연령기준과 함께 모사의 성공 또는 실패 여부에 따라 모사된 도형에 대한 채점이 이루어지며, 보다 객관적인 평가를 위해 모사 도형에 대한 채점기준이 마련되어 있다.
⑤ 시각-운동통합발달검사는 언어가 아닌 도형으로 과제가 제시됨으로써 아동에게 보다 익숙하며, 청각장애나 언어장애가 있는 아동에게도 적용할 수 있다.

기출키워드

19년 3회

시각-운동통합발달검사

※ 필기시험에는 시각-운동통합발달검사의 정의를 제시하고 어떤 검사인지 고르도록 하는 문제가 출제되었습니다.

⑥ 아동의 연령과 과제 난이도에 따라 시지각-운동협응능력을 측정함으로써 초기 선별을 통해 아동의 학습 및 행동상의 문제를 예방할 수 있도록 한다.
⑦ 시각-운동통합발달검사는 아동의 지각장애가 시지각 과정에서 비롯된 것인지 또는 운동반응에서 비롯된 것인지 명확히 구분하기 어려우며, 채점의 체계 및 절차에 있어서 일관성이 부족하다는 단점을 가지고 있다.

4. 교육진단검사(PEP ; Psycho Educational Profile)

① 미국노스캐롤라이나(North Carolina)대학 연구소에서 개발한 것으로서, 정신지체나 자폐증 등 주로 정신병리를 가진 아동을 대상으로 한 발달적 평가이다.
② 정신연령 1~5세, 생활연령 1~12세 아동을 대상으로 한 검사로서, 검사자가 직접 아동과 놀이 공간에서 상호작용하면서 평가하는 방식이다.
③ 의사소통상의 문제로 인해 기존의 검사를 받을 수 없었던 아동의 발달 및 정신장애 수준을 평가한다.
④ 아동에 대한 정신병리적 진단을 내리기보다는 아동의 현재 기능적·발달적 수준에 적합한 교육프로그램을 개발하는 데 목적이 있다.
⑤ 아동에게 익숙하지 못하나 종종 성공에 이르는 반응들을 기록함으로써, 이를 토대로 개별적인 학습프로그램을 구성할 수 있도록 한다.
⑥ 아동이 관심을 가지고 참여할 수 있는 재미있고 흥미로운 과제와 도구들(고무공, 찰흙, 비눗방울, 종이와 가위 등)로 구성되어 있다.
⑦ 발달척도에서는 모방(10문항), 지각(11문항), 소근육운동(10문항), 대근육운동(11문항), 눈-손 협응(14문항), 언어이해(20문항), 언어표현(19문항)을 통한 아동의 발달수준 측정이 이루어진다.
⑧ 병리척도에서는 대인감정(7문항), 사람사귀기(7문항), 물건다루기(6문항), 감각(13문항), 언어(11문항)를 통한 아동의 병리행동수준 측정이 이루어진다.

5. 발달검사를 통한 아동평가 시 고려사항

① 아동은 특별한 집단이므로 성인을 대상으로 한 일반적인 평가방식을 그대로 적용하는 것은 바람직하지 않다.
② 아동의 적절한 목표행동을 명확히 결정하고 치료적 개입과 관련된 행동변화를 확신 있게 설명하기 위해 규준에 의한 발달적 비교가 가능해야 한다.
③ 아동평가를 통해 인지, 행동, 정서상태 등 여러 측면에서의 변화목표를 가질 수 있다.

④ 변화를 필요로 하는 목표행동의 범위가 넓은 경우 다중적인 평가기법을 적용하는 것이 바람직하다.
⑤ 사용되는 측정도구들은 경험적으로 타당성을 검증받은 것이어야 하며, 아동의 발달적 변화에 대해서도 민감한 것이어야 한다.

> **OX Quiz**
> 인간의 발달양상은 모두 비슷하므로 발달검사를 통한 아동 평가 시 성인을 대상으로 한 평가방식을 그대로 적용하여도 무관하다.
> 정답 X(바람직하지 않다)

핵심예제 36
18, 21, 24년 기출

다음에서 설명하는 것은?

> 유아 및 학령 전 아동의 발달과정을 체계적으로 측정하기 위한 최초의 검사로, 표준놀이기구와 자극대상에 대한 유아의 반응을 직접 관찰하며, 의학적 평가나 신경학적 원인에 의한 이상을 평가하기 위해 사용된다.

① 게젤(Gesell)의 발달검사
② 베일리(Bayley)의 영아발달척도
③ 시지각발달검사
④ 사회성숙도검사

해설 체크!

② 베일리 영아발달척도(BSID-Ⅱ ; Bayley Scale of Infant Development-Ⅱ)
- 베일리가 1969년 생후 2개월에서 30개월까지의 영유아를 대상으로 한 발달척도(BSID)를 고안한 이후, 1993년 개정판(BSID-Ⅱ)을 통해 생후 1개월에서 42개월까지의 영유아를 대상으로 한 표준화가 이루어졌다.
- 1969년 초판((BSID-Ⅰ)은 정신척도(Mental Scale)와 운동척도(Motor Scale)로만 구성되었으나, 1993년 개정판(BSID-Ⅱ)은 행동평정척도(Behavior Rating Scale)가 포함되었다.
- 검사과정은 검사자와 아이가 1:1로 마주앉은 상태로 진행되며, 아이의 연령이나 기질 등의 다양한 요인을 고려하여 융통성 있게 전개된다.

③ 시지각발달검사(DTVP ; Developmental Test of Visual Perception)
- 프로스티그(Frostig)가 1966년 개발한 것으로 3~8세의 읽고 쓰기에 문제가 있는 아동의 시지각 능력을 측정하여 시지각장애를 조기발견하는 데 사용된다.
- 시각-운동협응검사, 도형-배경지각검사, 형태항상성검사, 공간위치지각검사, 공간관계지각검사의 5개 하위검사로 구성된다.

④ 사회성숙도검사(SMS ; Social Maturity Scales)
- 사회성이 적응행동에 미치는 영향이 크다는 것을 인식하고, 적응행동을 측정하기 위해 개발되었다.
- 이 검사는 개인의 성장이나 변화를 측정하면서 정신지체 여부나 그 정도를 판별하는 데 이용될 수 있다.
- 검사는 부모, 형제나 자매, 수검자를 잘 아는 친척이나 후견인 등이 실시한다(수검자가 자신에 관한 정보를 제공할 수 있을 정도로 성숙해 있어도 직접 수검자를 면접 대상으로 하지 않는다).

정답 ①

제4과목 임상심리학

> **학습공략**

임상심리학은 출제 범위상 예년과 크게 다르지 않았으나, '심리학자의 역할 및 윤리원칙' 영역 비중이 확대되고 있다는 점이 주목됩니다. 또한 사회학습이론의 주요 개념을 묻는 문제도 많았습니다. 이밖에도 다양한 심리평가 방법 및 평가 해석 방법에 대해서도 학습해 두어야 합니다.

— 임상심리사 2급 —

01 외국의 임상심리학 역사
02 우리나라의 임상심리학 역사
03 임상심리학자의 역할
04 임상심리학자 윤리강령의 주요내용
05 심리학자의 윤리적 원칙 및 윤리적 위반
06 현대 임상심리학의 통합적 접근
07 건강심리학
08 지역사회 심리학과 지역사회 지지체계
09 임상장면에서 활용되는 행동치료 및 인지행동치료의 원리와 기법
10 애착이론
11 반두라(Bandura)의 사회학습이론
12 크럼볼츠(Krumboltz)의 사회학습이론
13 저항과 침묵
14 해 석
15 심리평가의 이해
16 임상장면의 초기면담
17 정신상태검사(MSE)
18 가족상담 및 가족치료
19 가족치료의 모델
20 가족체계와 맥매스터모델
21 가족사정의 도구
22 사회복귀시설
23 주요특수목적상담소의 업무
24 법정 및 범죄심리학
25 행동평가
26 관 찰
27 관찰법
28 자 문 Ⅰ
29 자 문 Ⅱ
30 정신건강의 관점에 따른 성격유형 및 자기개념
31 신경계
32 주의력결핍 및 과잉행동장애(ADHD)의 치료

자격증·공무원·금융/보험·면허증·언어/외국어·검정고시/독학사·기업체/취업
이 시대의 모든 합격! 시대에듀에서 합격하세요!
www.youtube.com → 시대에듀 → 구독

임상심리사 2급

임상심리학

1 외국의 임상심리학 역사
03, 05, 10, 13, 15, 19, 20, 21, 22, 24, 25년 기출

① 1879년 – 분트(Wundt)가 독일 라이프치히에 심리학 연구를 위해 실험실을 개설함
② 1883년 – 골턴(Galton)이 「인간의 능력과 그 발달에 관한 탐구(Inquiries into Human Faculty and Its Development)」를 저술함
③ 1890년 – 카텔(Cattell)이 정신검사(Mental Tests)라는 용어를 처음으로 제안함
④ 1892년 – 미국심리학회(APA ; American Psychological Association)가 창설됨
⑤ 1896년 – 위트머(Witmer)가 미국펜실베이아(Pennsylvania)대학에 세계 최초의 심리진료소(Psychological Clinic)를 개설함
⑥ 1903년 – 비네(Binet)가 자신의 딸들을 대상으로 기억, 상상, 의지 등에 대해 연구한 〈지능의 실험적 연구〉를 발표함
⑦ 1904년 – 위트머가 펜실베이아대학에서 최초로 임상심리학 강좌를 개설함
⑧ 1905년 – 비네가 시몽(Simon)과 함께 초등학교 입학 시 정신박약아를 식별하기 위한 검사법, 즉 비네-시몽검사(Binet-Simon Test)를 개발함
⑨ 1907년 – 최초의 임상심리학 학술지인 ≪The Psychological Clinic≫이 간행됨
⑩ 1916년 – 터만(Terman)이 비네-시몽검사를 발전시켜 지능검사 도구인 스탠포드-비네검사(Stanford-Binet Intelligence Scale)를 개발함
⑪ 1917년 – 미국의 제1차 세계대전 개입과 함께 집단 심리검사도구인 군대알파(Army α)와 군대베타(Army β)가 개발됨
⑫ 1921년 – 로샤검사(Rorschach Test)가 개발됨
⑬ 1927년 – 프린스(Prince)가 하버드심리진료소(Harvard Psychological Clinic)를 개설함
⑭ 1935년 – 머레이와 모건(Murray & Morgan)이 주제통각검사(TAT ; Thematic Apperception Test)를 개발함
⑮ 1939년 – 웩슬러-벨류브(Wechsler-Bellevue)성인용지능척도가 개발됨

OX Quiz
로샤검사는 1921년에 개발되었다.
정답 O

⑯ 1943년 – 미네소타다면적인성검사(MMPI ; Minnesota Multiphasic Personality Inventory)가 개발됨
⑰ 1946년 – 미국재향군인회와 공중위생국에 의해 심리훈련프로그램이 도입됨
⑱ 1946년 – 라파포트(Rapaport), 길(Gill), 섀퍼(Schafer)가 심리검사에 의해 측정되는 특정심리기능을 구체화하고 이를 임상적·정신병리적 관점에서 제시한 「진단적 심리검사(Diagnostic Psychological Testing)」를 저술함
⑲ 1948년 – 국제연합(UN)의 특별기구로서 세계보건기구(WHO ; World Health Organization)가 설립됨
⑳ 1949년 – 16성격요인검사(16PF ; Sixteen Personality Factor Questionnaire)가 개발됨
㉑ 1955년 – 웩슬러성인용지능검사(WAIS ; Wechsler Adult Intelligence Scale)가 표준화됨
㉒ 1957년 – 마이어스-브릭스성격유형검사(MBTI ; Myers-Briggs Type Indicator)가 개발됨
㉓ 1963년 – 미국 케네디 대통령에 의해 지역사회 정신건강법이 제정됨
㉔ 1973년 – 미국 콜로라도의 베일(Vail)회의에서 심리학 박사학위를 인정함
㉕ 1974년 – 엑스너(Exner)가 여러 학자들의 로샤검사에 대한 연구를 종합하여 로샤종합체계를 고안함

> **OX Quiz**
> 로샤검사에 대한 연구를 종합하여 로샤종합체계를 고안한 사람은 웩슬러(Wechsler)이다.
> 정답 X(엑스너)

핵심예제 01
03, 05, 10, 13년 기출

최초로 임상심리학이라는 용어를 사용하였고, 또 최초로 심리진료소를 개설한 임상심리학의 원조는?

① 분트(W. Wundt)
② 위트머(L. Witmer)
③ 프로이트(S. Freud)
④ 로저스(C. Rogers)

• 해설 체크! •

위트머는 미국 펜실베니아 대학에서 1896년 세계 최초의 심리진료소(Psychological Clinic)를 설립하고, 1904년 임상심리학 강좌를 개설함으로써 임상심리학의 본격적인 시작을 알렸다.

정답 ②

2 우리나라의 임상심리학 역사

① 여명기(1907~1945)
- 서구 학문의 유입에 따라 심리학이 도입됨
- 박사 2명, 석사 1명이 배출됨

② 태동기(1946~1960)
- 1946년 - 조선심리학회가 창설됨(1953년 한국심리학회로 개칭됨)
- 1946~1948년 - 재미교포 심리학자 염광섭 박사와 미국인 임상심리장교 존스(Jones)에 의해 임상심리학이 소개됨
- 1946년 - 서울대학교에 심리학과가 개설됨
- 1958~1959년 - 성균관대학교에 임상심리학 강의가 개설됨

③ 개척기(1961~1973)
- 1960년대 초 - 심리학자들이 고려대, 연세대, 가톨릭대 등 의과대학 부속병원에서 신경정신과 활동을 시작함
- 1964년 - 한국심리학회 산하 임상심리분과회가 설립됨
- 1967년 - 학술지 임상심리학보가 간행됨
- 1971년 - 한국심리학회에서 임상 및 상담심리전문가 자격규정을 공표함
- 1972년 - 고려대에 박사과정이 개설됨
- 1973년 - 한국심리학회에서 임상 및 상담심리전문가가 배출됨

④ 정착기(1974~1986)
- 1975년 - 한양대병원에 1년제 수련과정이 개설됨
- 1981년 - 서울대병원에 3년제 임상심리연수원이 개설됨

⑤ 발전기(1987년 이후)
- 1987년 - 임상심리학회가 한국심리학회에서 독립됨
- 1997년 - 정신보건법 발효와 함께 학회공인전문가가 보건복지부의 국가자격 정신보건임상심리사 1·2급으로 변경됨
- 2002년 - 전문사무 분야로서 임상심리사 1·2급이 국가기술자격으로 인정됨

핵심예제 02

07년 기출

우리나라의 임상심리학 역사에 관한 설명으로 옳지 않은 것은?

① 8·15광복 이후 미군 임상심리학자에 의해 우리나라에 소개되었다.
② 1987년 정신보건법이 발효되면서 정신보건임상심리사 자격이 신설되었다.
③ 1971년 한국심리학회에서 임상 및 상담심리전문가 자격규정을 공표하였다.

OX Quiz

한국임상심리학 여명기는 1974~1986년에 해당한다.

정답 X(1907~1945)

④ 우리나라에서 임상심리학자가 정신병원에서 전일제로 활동하기 시작한 것은 1960년대부터이다.

> **해설 체크!**
> 정신보건법 발효와 함께 학회공인전문가가 보건복지부의 국가자격 정신보건임상심리사 1·2급으로 변경된 것은 1997년이다.
>
> 정답 ②

3 임상심리학자의 역할 20, 25년 기출

1. 임상심리학자의 역할 21년 기출

① **진단 및 평가**
내담자의 심리적·사회적 문제를 파악하며, 내담자의 기능 및 능력의 한계를 관찰하고 검토한다.

② **치료**
내담자의 심리적 문제를 해결하고 원만한 가정생활과 사회생활을 영위하도록 하며, 대인관계의 유지 및 개선을 위해 내담자와 함께 노력한다.

③ **심리재활**
신체장애인 및 정신질환자를 비롯하여 그 가족을 대상으로 다양한 교육, 훈련, 상담지원 서비스 등을 제공함으로써 그들의 사회복귀를 촉진한다.

④ **교육 및 훈련**
임상심리학, 이상심리학, 지역사회심리학 등의 과학적 학문을 비롯하여 상담 및 치료, 심리검사, 행동수정 등에 대한 교육과 훈련을 실시한다.

⑤ **자문**
중앙정부나 지방자치단체, 교육기관, 정신건강 관련 단체 등에 종사하는 자의 자문요청에 응하여, 정신건강과 관련된 제 문제를 해결하고 정책을 수립하는 데 조력한다.

⑥ **행정 및 지도**
대인관계기술과 집단역동에 대한 지식을 토대로 관련 업무를 수행하는 것은 물론 기관 간 업무분담 및 협력을 위해 힘쓰며 지도력을 발휘한다.

⑦ **연구**
심리적·정신적 장애의 원인과 결과에 대해 연구하고 다양한 치료방법을 고안하며, 객관적이고 정확한 평가방법 등을 연구한다.

기출키워드

21년 1회
임상심리사의 역할
※ 필기시험에서는 임상심리사가 수행하는 역할과 가장 거리가 먼 것을 고르도록 하는 문제가 출제되었습니다.

20년 1회 / 25년 2회
학구적인 장면에서의 교육
- 대학이나 대학교의 심리학과에서 심리학과 관련된 과목을 강의
- 의과대학과 병원 등에서의 강의
- 대학교의 다른 학과(교육학, 여성학, 경영학, 사회복지학, 아동복지학 등)에서의 강의

비학구적인 장면에서의 교육
- 정신건강센터, 재활기관, 진료소 등에서의 강의
- 학회나 학교에 의해 운영되는 워크숍에서의 강의
- 내담자나 그 가족을 위한 심리 교육

2. 과학자-전문가 모델(Scientist-Practitioner Model)에 따른 임상심리학자의 역할
17, 25년 기출

① 1949년 미국 콜로라도의 보울더(Boulder)에서 개최된 미국심리학회 회의에서 임상심리학자의 수련과 관련하여 과학자-전문가모델 또는 과학자-실무자모델이 제시되었다.
② 일명 보울더모델이라고도 하며, 임상심리학자의 수련 및 학자 간 관계형성을 통한 진단, 평가, 연구, 치료에 중점을 둔 심리학적 영역이 부각되었다.
③ 기본적으로 과학과 임상실습의 통합적 접근을 통해 임상심리학자가 과학자이자 서비스제공자로서의 역할을 동시에 수행할 것을 강조하며, 이와 관련해 대학원과정에서 두 가지 역할에 대한 결합을 주장하였다.
④ 과학자와 전문가로서의 역할을 동시에 훈련받음으로써, 이론적·학문적·응용적·임상적인 역량을 강화할 수 있다.
⑤ 임상장면에 적용 가능한 연구방법론을 개발하고, 그 기술과 기법에 능숙한 임상가가 되어야 한다.
⑥ 인간행동을 이해하기 위해 연구자로서 끊임없이 연구하는 동시에 전문가로서 그 과정을 통해 발견한 지식을 인간행동의 변화를 위해 실천해야 한다.
⑦ 1차적으로 과학자(심리학자)가 되어야 하며, 이후에 임상가(전문가)가 되어야 한다.

OX Quiz
1차적으로 과학자가 되어야 하며, 이후에 심리학자가 되어야 한다.
정답 X(심리학자 → 임상가)

3. 정신건강임상심리사의 업무범위

정신건강전문요원은 정신건강임상심리사·정신건강간호사 및 정신건강사회복지사로 한다. 정신건강전문요원의 업무범위 및 한계는 다음과 같다.

① 공통업무
- 정신재활시설의 운영
- 정신질환자 등의 재활훈련, 생활훈련 및 작업훈련의 실시 및 지도
- 정신질환자 등과 그 가족의 권익보장을 위한 활동지원
- 정신건강복지법 제44조 제1항에 따른 진단 및 보호의 신청
- 정신질환자 등에 대한 개인별 지원계획의 수립 및 지원
- 정신질환예방 및 정신건강복지에 관한 조사·연구
- 정신질환자 등의 사회적응 및 재활을 위한 활동
- 정신건강증진사업 등의 사업수행 및 교육
- 그 밖에 보건복지부 장관이 정하는 정신건강증진활동

② 개별업무(「정신건강증진 및 정신질환자 복지서비스 지원에 관한 법률 시행령」 제12조 제2항)
- 정신건강임상심리사
  - 정신질환자 등에 대한 심리평가 및 심리교육
  - 정신질환자 등과 그 가족에 대한 심리상담 및 심리안정을 위한 서비스지원
- 정신건강간호사
  - 정신질환자 등의 간호 필요성에 대한 관찰, 자료수집, 간호활동
  - 정신질환자 등과 그 가족에 대한 건강증진을 위한 활동의 기획과 수행
- 정신건강사회복지사
  - 정신질환자 등에 대한 사회서비스지원 등에 대한 조사
  - 정신질환자 등과 그 가족에 대한 사회복지서비스지원에 대한 상담·안내
- 정신건강작업치료사
  - 정신질환자 등에 대한 작업 수행 평가, 정신질환자 등의 신체적·정신적 기능 향상을 위한 작업치료
  - 정신질환자 등과 그 가족에 대한 작업치료 교육과 작업치료 서비스 기획·수행

> **OX Quiz**
> 정신질환자 등에 대한 사회서비스지원 등에 대한 조사업무를 하는 사람은 정신건강임상심리사이다.
> **정답** X(정신건강사회복지사)

핵심예제 03
03, 05, 15년 기출

임상심리학자의 수련모형은 임상심리학자의 역할과도 밀접한 관련이 있다. 다음 중 보울더모델에서 제시한 임상심리학자의 주요역할을 가장 잘 열거한 것은?

① 치료, 평가, 자문
② 치료, 평가, 연구
③ 치료, 평가, 행정
④ 평가, 교육, 행정

해설 체크!

과학자-전문가모델(일명 보울더모델)은 임상심리학자의 수련 및 학자 간 관계형성을 통한 진단, 평가, 연구, 치료에 중점을 둔 심리학적 영역을 부각시켰다. 이후 1973년 베일(Vail)에서 보울더모델의 장단점에 대한 논의가 이루어지면서 서비스의 평가 및 개선, 심리치료 수련을 강조하게 되었다.

정답 ②

4 임상심리학자 윤리강령의 주요내용(출처 : 한국심리학회에서 일부 발췌) 20, 25년 기출

1. 서 문

① 심리학자는 언제나 최대한의 윤리적 책임을 지는 행동을 하도록 노력할 의무가 있다.
② 심리학자는 전문적이고 과학적인 기초 위에서 활동함으로써 자신의 지식과 능력의 범위를 인식할 의무가 있으며, 또 이를 남용하거나 악용하게 하는 개인적, 사회적, 경제적, 정치적 영향으로부터 벗어나도록 노력해야 할 의무가 있다.

2. 심리학자의 기본적 책무(제9조)

① 심리학자는 인간의 정신 및 신체건강의 향상을 위해 노력하여야 한다.
② 심리학자는 개인과 사회의 발전을 위해 노력하여야 한다.
③ 심리학자는 학문연구, 교육, 평가 및 치료의 제 분야에서 정확하고 정직하며, 진실되게 업무를 수행하여야 한다.
④ 심리학자는 자신의 업무가 사회와 인류에 영향을 미칠 수 있음을 자각하여, 신뢰를 바탕으로 전문가로서의 책임을 다한다.
⑤ 심리학자는 심리학적 연구결과와 서비스가 필요한 모든 사람에게 공정하게 제공될 수 있도록 최선의 노력을 기울여야 한다.
⑥ 심리학자는 인간의 가치와 존엄성을 존중하며, 아울러 사생활을 침해받지 않을 개인의 권리와 자기결정권을 존중한다.

3. 전문성(제10조)

① 심리학자는 자신의 능력과 전문성을 발전시키고 유지하기 위하여 지속적인 노력을 기울여야 한다.
② 연구와 교육에 종사하는 심리학자는 전문분야에 대한 과학적 지식을 추구하고 이를 정확하게 전달하기 위하여 끊임없이 노력하여야 한다.
③ 평가와 심리치료에 종사하는 심리학자는 교육, 훈련, 수련, 지도감독을 받고, 연구 및 전문적 경험을 쌓은 전문적인 영역의 범위 내에서 서비스를 제공하여야 한다. 긴급한 개입을 요하는 비상상황인데 의뢰할 수 있는 심리학자가 없는 경우에는 자격을 갖추지 못한 심리학자가 서비스를 제공할 수 있다. 단, 이 경우에는 자격을 갖춘 심리학자의 서비스가 가능해지는 순간 종료하여야 한다.

OX Quiz

심리학자가 전문분야에 대한 과학적 지식을 추구하고 이를 정확하게 전달하기 위해 끊임없이 노력하는 것은 윤리강령 중 '전문성'에 해당한다.

정답 O

④ 자신의 전문영역 밖의 지식과 경험이 요구되는 서비스를 제공하고자 하는 심리학자는 이와 관련된 교육과 수련 및 지도감독을 받아야 한다.

4. 업무와 관련된 인간관계(제12조) `21년 기출`

① 심리학자는 동료 심리학자를 존중하고, 동료 심리학자의 업무활동에 대해 사실에 근거하지 않은 비판을 하지 않는다.
② 심리학자는 성실성과 인내심을 가지고 함께 일하는 다른 분야의 종사자와 협조적으로 업무를 수행한다.
③ 심리학자는 학생이나 수련생에게 필요한 지식과 경험을 제공하여야 하며, 그들에게 종속적인 업무만을 하도록 하여서는 아니 된다.
④ 심리학자는 연구참여자의 인격을 존중하여야 하며, 연구참여 과정 중에 이들이 위험에 처하지 않도록 안전과 복지를 보장하는 조치를 취하여야 한다.
⑤ 심리학자는 내담자/환자와 신뢰관계를 형성하여야 하며, 다중관계나 착취관계를 가지지 않는다.

5. 착취관계(제13조)

심리학자는 자신이 지도감독하거나 평가하거나 기타의 권위를 행사하는 대상, 즉 내담자/환자, 학생, 지도감독을 받는 수련생, 연구참여자 및 피고용인을 물질적, 신체적, 업무상으로 착취하지 않는다.

6. 다중관계(제14조) `22년 기출`

① 다중관계, 즉 어떤 사람과 전문적 역할관계에 있으면서 동시에 또 다른 역할관계를 가지는 것은 심리학자가 공정하고 객관적이며 효율적으로 업무를 수행하는 데 위험요인이 될 수 있으며, 또한 상대방을 착취하거나 해를 입힐 가능성이 있으므로, 심리학자는 다중관계가 발생하게 될 때 신중하여야 한다.
② 심리학자는 자신의 업무수행에 위험요인이 되고 상대방에게 해를 입힐 수 있는 다음과 같은 다중관계를 피하여야 한다.
- 사제관계이면서 동시에 사적 친밀관계인 경우
- 사제관계이면서 동시에 치료자–내담자/환자 관계인 경우
- 같은 기관에 소속되어 사제관계, 고용관계 또는 상하관계에 있으면서 기관 내의 치료자–내담자/환자에 대한 지도감독의 대가로 직접 금전적 관계를 형성하는 경우
- 치료자–내담자/환자 관계이면서 동시에 사적 친밀관계인 경우

기출키워드
22년 1회
성실성의 원칙
※ 필기시험에는 임상심리학자가 내담자와 이중관계를 갖지 말아야 하는 것과 가장 관련이 깊은 윤리원칙을 고르도록 하는 문제가 출제되었습니다.

- 내담자/환자의 가까운 친척이나 보호자와 사적 친밀관계를 가지는 경우
- 기타 업무수행의 공정성을 저해할 가능성이 있거나 착취를 하거나 피해를 입힐 가능성이 있는 다중관계

③ 심리학자의 업무수행에 위험요인이 되지 않고, 또 상대방에게 해를 입히지 않을 것으로 생각되는 다중관계는 비윤리적이지 않다.
④ 예측하지 못한 요인으로 인해 해로울 수 있는 다중관계가 형성된 것을 알게 되면, 심리학자는 이로 인해 영향 받을 사람들의 이익을 고려하여 합당한 조처를 하고 윤리규정을 따르도록 한다.

OX Quiz
업무수행에 위험요인이 되지 않고, 상대방에게 해를 입히지 않을 것으로 생각되는 다중관계라도 비윤리적이다.

정답 X(비윤리적이지 않음)

7. 비밀 유지 및 노출(제17조)   16, 17, 19, 20, 21, 22, 24년 기출

① 심리학자는 연구, 교육, 평가 및 치료과정에서 알게 된 비밀정보를 보호하여야 할 1차적 의무가 있다. 비밀보호의 의무는 고백한 사람의 가족과 동료에 대해서도 지켜져야 한다.
② 심리학자는 조직내담자, 개인내담자/환자, 또는 내담자/환자를 대신해서 법적으로 권한을 부여받은 사람의 동의를 얻어 비밀정보를 노출할 수도 있다. 이는 전문적인 연구목적에 국한하여야 하며, 이 경우에는 실명을 노출해서는 안 된다.
③ 법률에 의해 위임된 경우 또는 다음과 같은 타당한 목적을 위해 법률에 의해 승인된 경우에는 개인의 동의 없이 비밀 정보를 최소한으로 노출할 수 있다.
※ 왼쪽 기출키워드 참고

기출키워드
19년 3회 / 22년 1회 / 24년 1회

비밀보장 예외규정
- 필요한 전문적 서비스를 제공하기 위한 경우
- 적절한 전문적 자문을 구하기 위한 경우
- 내담자/환자, 심리학자 또는 그 밖의 사람들을 상해로부터 보호하기 위한 경우
- 내담자/환자로부터 서비스에 대한 비용을 받기 위한 경우

8. 평가의 사용(제48조)   21년 기출

① 심리학자는 검사도구, 면접, 평가기법을 목적에 맞게 실시하고, 번안하고, 채점하고, 해석하고, 사용하여야 한다.
② 심리학자는 타당도와 신뢰도가 검증된 평가도구를 사용하여야 한다. 그렇지 못한 경우에는 검사결과 및 해석의 장점과 제한점을 기술한다.
③ 심리학자는 평가서 작성 및 이용에 있어서 객관적이고 학문적으로 근거가 있어야 하고, 세심하고 양심적이어야 한다.

9. 무자격자에 의한 평가(제53조)

심리학자는 무자격자가 심리평가기법을 사용하도록 허용해서는 안 된다. 단, 적절한 감독하에 수련목적으로 사용하는 경우는 예외로 하며 다음과 같은 사항에 주의한다. 수련생의 교육, 수련 및 경험에 비추어 수행할 수 있는 평가기법들에 한정해 주어야 하며, 수련생이 그 일을 유능하게 수행할 수 있는지 지속적으로 감독해야 한다.

10. 내담자/환자와의 성적 친밀성(제61조)

① 심리학자는 치료적 관계에서 내담자/환자와 어떤 성적 관계도 허용되지 않는다.
② 심리학자는 내담자/환자의 보호자, 친척 또는 중요한 타인과 성적 친밀성을 가져서는 안 된다.
③ 심리학자는 과거 성적 친밀성을 가졌던 사람을 내담자/환자로 받아들이지 않아야 한다.
④ 심리학자는 치료종결 후 적어도 3년 동안 자신이 치료했던 내담자/환자와 성적 친밀성을 가지지 않아야 한다. 그러나 가능하면 치료종결 3년 후에라도 자신이 치료했던 내담자/환자와 성적 친밀성을 가지지 않는다.

11. 치료 종결하기(제63조) [21년 기출]

① 심리학자는 내담자/환자가 더 이상 심리학적 서비스를 필요로 하지 않거나, 계속적인 서비스가 도움이 되지 않거나 오히려 건강을 해칠 경우에는 치료를 중단한다.
② 심리학자는 내담자/환자 또는 내담자/환자와 관계가 있는 제3자의 위협을 받거나 위험에 처하게 될 경우에는 치료를 종결할 수 있다.

핵심예제 04 [15년 기출]

임상심리사 윤리규정에서 비밀유지를 파기하거나 비밀을 노출해도 되는 경우로 가장 적합한 것은?

① 기혼인 내담자의 외도 사실을 알았을 때
② 성인인 내담자가 초등학교 시절 물건을 훔친 사실을 알았을 때
③ 말기암 환자인 내담자가 구체적인 자살계획을 보고할 때
④ 우울장애를 지닌 내담자가 지구상의 모든 인간이 다 죽었으면 좋겠다고 보고할 때

해설 체크!

내담자(환자), 심리학자 또는 그 밖의 사람들을 상해로부터 보호하기 위한 경우 비밀 정보를 최소한으로 노출할 수 있다.

정답 ③

OX Quiz

심리학자는 과거 성적 친밀성을 가졌던 사람을 내담자/환자로 받아들이지 않아야 한다.
정답 O

기출키워드

21년 3회

치료 종결

※ 필기시험에는 상담자가 치료를 종결할 수 있는 경우에 해당하지 않는 것을 고르도록 하는 문제가 출제되었습니다.

5 심리학자의 윤리적 원칙 및 윤리적 위반

20년 기출

1. 심리학자의 윤리원칙

24, 25년 기출

① 유능성
- 심리학자는 자신의 강점과 약점, 자신이 가지고 있는 기술과 그것의 한계에 대해 충분히 자각하여야 한다.
- 심리학자는 지속적으로 교육수련을 받고 경험을 쌓음으로써 변화와 발전의 시대적 흐름 속에서도 항상 최신의 기술을 가지고 있어야 한다.

② 성실성
- 심리학자는 성실하고 정직한 자세로 내담자에게 자신의 서비스로부터 기대할 수 있는 바를 설명하며, 자신의 작업과 관련하여 스스로의 욕구 및 가치가 어떠한 영향을 미치는지 알고 있어야 한다.
- 심리학자는 자신의 환자나 내담자, 학생들과 부적절한 다중관계나 착취관계를 맺어서는 안 되며, 성적인 문제에 연루되어서는 안 된다.

③ 전문적이고 과학적인 책임
- 심리학자는 전문적이고 과학적인 기초 위에서 활동함으로써 자신의 지식과 능력의 범위를 인식할 의무가 있다.
- 심리학자는 자신의 환자나 내담자에게 최선을 다해 서비스를 제공하며, 이를 위해 필요에 따라 타 분야의 전문가들에게 자문을 구하여야 한다.

④ 인간의 권리와 존엄에 대한 존중
- 심리학자는 각 개인의 개성과 문화의 차이에 대해 민감해야 하며, 자신의 일방적인 지식과 편견을 지양해야 한다.
- 심리학자는 자신의 환자나 내담자가 잘못된 결정을 내리고 있는 것으로 판단될지라도, 그들의 의지에 반하여 자신의 소망이나 의견을 강요해서는 안 된다.

⑤ 타인의 복지에 대한 관심
- 심리학자는 자신이 제공하는 서비스를 통해 타인의 삶의 질이 개선될 수 있도록 노력한다.
- 심리학자는 자신의 환자나 내담자를 착취하거나 그들에게 해가 되는 일을 삼가야 한다.

⑥ 사회적 책임
심리학자는 타인을 도우며, 인간의 행동과 심리에 모순되거나 부당한 착취의 우려가 있는 정책에 대해 반대하여야 한다.

OX Quiz

심리학자가 지속적으로 교육수련을 받고 경험을 쌓는 것은 윤리원칙 중 성실성에 해당한다.

정답 X(유능성)

OX Quiz

심리학자는 자신의 환자나 내담자가 잘못된 결정을 내리고 있는 것으로 판단될지라도, 그들의 의지에 반하여 자신의 소망이나 의견을 강요해서는 안 된다.

정답 O

> **참고**
>
> 캐나다 윤리규약에 따른 심리학자의 윤리원칙(Canadian Psychological Association, 1995)
> - Principle Ⅰ : 개인의 존엄성에 대한 존중(Respect for the Dignity of Persons)
> - Principle Ⅱ : 책임감 있는 돌봄(Responsible Caring)
> - Principle Ⅲ : 관계에서의 성실성(Integrity in Relationships)
> - Principle Ⅳ : 사회에 대한 책임성(Responsibility to Society)

2. 심리학자가 유능성의 윤리원칙에도 불구하고 무능한 서비스를 제공하는 이유

① 심리학자도 여느 인간과 마찬가지로 자신들의 판단과 행동을 손상시키는 정신과적인 장애나 심리적인 문제를 가지게 될 수 있다.
② 어떤 심리학자는 너무 많은 부담을 지거나 소진되어서 효과적이지 못할 수 있다.
③ 어떤 심리학자는 교만하고 자기도취적이어서 대학원 졸업 후 최신 정보를 습득하거나 배울 필요가 없다고 생각할 수 있다.
④ 어떤 심리학자는 무능한 전문행동에 기여하는 이기적인 방식으로 행동할 수 있다. 그는 특정 장애에 대한 수련이나 경험이 없음에도 불구하고 그 장애를 가진 사람을 치료하는 데 동의할 수 있다.
⑤ 어떤 심리학자는 자신의 무지나 잘못된 정보로 인해 무능한 서비스를 제공할 수 있다. 그가 유능해지려고 동기화될 수는 있어도 무경험, 자문결여, 무지 등이 유능한 수행을 막을 수 있다.

3. 지베르(Sieber)의 윤리적 위반 범주 6가지

① 심리학자의 무경험과 무지
   어떤 심리학자는 지능검사의 기록형식을 복사하여 수검자의 부모나 학교 선생님에게 제공하는 것이 비밀유지 및 노출에 따른 윤리적 문제를 야기할 수 있음을 깨닫지 못할 수 있다.
② 윤리적 문제의 잠재성에 대한 과소평가
   어떤 심리학자는 심리검사시행과 관련하여 시간을 절약하기 위해 수검자에게 동의서를 제공하거나 사후설명을 하는 등의 적절한 조치를 취하지 않을 수 있다.
③ 피할 수 없는 윤리적 딜레마
   어떤 심리학자는 청소년 내담자의 절도, 약물사용 등과 같은 행위를 염려하여 그와 상담회기를 진행하는 동안 기밀성을 깨뜨리는 것이 필요하다고 생각할 수 있다.

> **OX Quiz**
>
> 임상심리학자 인영은 1급 자격 취득 후 더 이상 공부는 무의미하다는 생각에 몇 년 전부터 상담 실무에만 몰두하고 있다. 이는 임상심리학자 윤리원칙 중 유능성 측면을 위반한 것이다.
>
> 정답 O

④ 새로운 절차 혹은 접근법에서 제기되는 예측할 수 없는 윤리적 딜레마
   어떤 심리학자가 새로운 치료법을 환자에게 적용했으나 그로 인해 환자에게서 부작용이 나타날 수 있다.
⑤ 명백한 지침이 존재하지 않거나 그 지침이 특정 상황에서 모호할 때
   현재의 윤리규약에서 직접적으로 다루어지지 않는 새로운 기술이나 상이한 접근들의 발달이 또 다른 형태의 윤리적 딜레마를 야기할 수 있다.
⑥ 윤리적 지침과 법률의 모순
   환자의 모든 기록에 대해 법원이 소환장을 발부할 경우, 심리학자는 환자의 허락 없이 그에 대한 중요한 정보를 제3자에게 제공할 수밖에 없는 상황에 놓이게 된다.

4. 상담의 일반적인 윤리적 원칙 `20, 22년 기출`

① 자율성(Autonomy)
- 상담자는 내담자의 자율성을 최대한 존중해 주어야 한다. 설령 내담자의 선택과 결정이 잘못되었더라도 내담자의 자율적인 선택과 행동을 존중해 주어야 한다.
- 자율성은 타인의 권리를 침해하지 않는 범위에서 자신의 행위를 결정할 수 있다는 것을 말한다.

② 선행(Beneficence)
- 상담자는 내담자의 성장과 복지에 기여해야 한다.
- 능력이 부족한 상담자, 정직하지 못한 상담자, 내담자의 복지나 성장에 기여하지 못하는 상담자 등은 내담자에게 해를 줄 수 있다.

③ 무해성(Nonmaleficence)
- 상담과정에서 내담자는 어떠한 피해도 입어서는 안 된다.
- 무해성은 내담자가 해를 입지 않는 것과 함께 내담자가 타인에게 해를 끼치지 않도록 하는 것 모두를 포함한다.

④ 정의 혹은 공정(Justice)
- 내담자는 어떠한 차별대우도 받아서는 안 된다. 즉, 인종, 성별, 종교적 신념 등에 관계없이 동등하게 대우받아야 한다.
- 정의(공정)는 상담자가 내담자에게 필요한 사회적 봉사를 적절하고 평등하게 해 준다는 의미이다.

⑤ 성실 혹은 충실(Fidelity)
- 상담자는 신뢰를 바탕으로 성실하게 상담에 임해야 한다.
- 성실은 충실, 신뢰, 계약 이행 등을 의미한다. 따라서 상담 계약을 이행하지 않거나 허위로 하는 것은 성실의 원리에 위배된다.

전문가의 한마디

상담의 일반적인 윤리적 원칙은 교재마다 다양하게 제시되고 있으나, 보통 교재의 5가지(혹은 정직성을 포함하여 6가지)가 널리 알려져 있습니다.

기출키워드
19년 3회 / 24년 1회
키츠너(Kitchener)의 윤리적 상담을 위한 5가지 원칙
- 자율성 존중
- 무해성
- 충실성
- 공정성
- 선 의

5. 상담장면에서 나타날 수 있는 윤리적 갈등의 해결단계 16, 19년 기출

① 제1단계 : 현 상황에서 문제점이나 딜레마를 확인한다.
② 제2단계 : 잠재적 쟁점들을 확인한다.
③ 제3단계 : 문제의 일반적 지침에 관한 윤리강령이나 법, 규정 등을 살펴본다.
④ 제4단계 : 문제에 대한 다양한 관점들을 얻기 위해 한 곳 이상의 기관에 자문을 구한다.
⑤ 제5단계 : 있을 수 있는 다양한 행동의 진로들에 대한 영감을 구한다.
⑥ 제6단계 : 다양한 결정의 결과들을 열거하고, 내담자를 위한 각각의 행동진로의 연관성을 반영한다.
⑦ 제7단계 : 최고의 행동방침이 무엇인지 결정한다.

핵심예제 05 20년 기출

한국심리학회 윤리규정에 관한 설명으로 틀린 것은?

① 심리학자는 성실성과 인내심을 가지고 함께 일하는 다른 분야의 종사자와 협조적으로 업무를 수행한다.
② 심리학자는 내담자의 개인정보를 어떠한 경우에도 노출하면 안 된다.
③ 심리학자는 성적 괴롭힘을 하지 않는다.
④ 심리학자는 개인과 사회의 발전을 위해 노력하여야 한다.

> **해설 체크!**
>
> ② 타당한 이유와 목적이 있는 경우에는 동의 없이 최소한으로 노출할 수 있다.
>
> **윤리규정 제19조 비밀 유지 및 노출**
> - 심리학자는 연구, 교육, 평가 및 치료과정에서 알게 된 비밀정보를 보호하여야 할 1차적 의무가 있다. 비밀보호의 의무는 고백한 사람의 가족과 동료에 대해서도 지켜져야 한다.
> - 심리학자는 조직내담자, 개인내담자/환자, 또는 내담자/환자를 대신해서 법적으로 권한을 부여받은 사람의 동의를 얻어 비밀정보를 노출할 수도 있다. 이는 전문적인 연구목적에 국한하여야 하며, 이 경우에는 실명을 노출해서는 안 된다.
> - 법률에 의해 위임된 경우 또는 다음과 같은 타당한 목적을 위해 법률에 의해 승인된 경우에는 개인의 동의 없이 비밀정보를 최소한으로 노출할 수 있다.
>   - 필요한 전문적 서비스를 제공하기 위한 경우
>   - 적절한 전문적 자문을 구하기 위한 경우
>   - 내담자/환자, 심리학자 또는 그 밖의 사람들을 상해로부터 보호하기 위한 경우
>   - 내담자/환자로부터 서비스에 대한 비용을 받기 위한 경우
>
> 정답 ②

6 현대 임상심리학의 통합적 접근

1. 병적 소질(취약성)-스트레스조망
11, 14, 15, 18년 기출

① 질병과 문제에 대한 인과론적 조망으로서, 개인의 심리사회적 또는 환경적 스트레스와 조합된 생물학적 또는 기타 취약성이 질병발생의 필요조건을 형성한다고 본다.
② 병적 소질-스트레스조망에서는 개인이 어떤 행동과 문제에 대해 생물학적·유전적·인지적 또는 다른 경향성을 가진다고 주장한다.
   예 부모 중 한 사람이 고혈압을 앓고 있는 경우 고혈압 발병률은 45%에 이르며, 부모 모두 고혈압을 앓고 있는 경우 발병률은 90%로 급등한다.
③ 병적 소질은 개인이 어떤 유전적 취약성으로 인해 특정한 문제가 발생할 가능성이 높으며, 특히 어떤 스트레스원이 출현하거나 일정한 조건에 부합하는 경우 그와 같은 문제가 표출된다는 것을 의미한다.
④ 어떤 장애는 생물학적 또는 다른 취약성 및 환경적 스트레스원이 그 문제를 일으킬 만큼 충분히 상호작용할 때 발생하게 된다.
   예 조현병(정신분열증)의 가족력이 있는 사람이 새로운 곳으로 이사를 하거나 전학을 가는 경우 새로운 환경이나 상황에서의 스트레스 상태에 놓이는 동안 첫 번째 정신증적 삽화를 경험할 수 있다.

2. 상호적 유전-환경조망

① 개인의 유전적 영향은 실제로 그로 하여금 특정한 생활사건을 경험할 가능성을 증가시킬 수 있다. 다시 말해, 어떤 개인은 특정한 스트레스상황을 경험하거나 추구하게 될 유전적 소인을 가질 수 있다. 예를 들어, 알코올중독의 유전적 경향을 가지고 있는 사람은 일이나 대인관계상의 어려움에 직면하여 음주문제를 일으킬 가능성이 상대적으로 높다.
② 주의력결핍 및 과잉행동장애(ADHD)에 유전적 소인을 가지고 있는 사람은 충동적일 가능성이 높다. 충동성은 자신의 잠재적인 배우자를 고려할 때 불완전한 결정을 내림으로써 이혼이나 그 밖의 다른 관계상의 문제를 일으킬 수 있으며, 더 나아가 관계상의 문제에 따른 스트레스가 주의력문제를 더욱 악화시킬 수 있다.
③ 상호적 유전-환경조망은 생물학적 혹은 유전적 취약성과 생활사건 간에 밀접한 관련이 있으며, 그 각각이 계속해서 서로에게 영향을 미친다고 주장한다.
④ 최근 일부연구에서는 상호적 유전-환경조망을 통해 우울증과 이혼을 설명할 수 있다고 주장하고 있다.

OX Quiz
병적 소질은 개인이 어떤 유전적 취약성으로 인해 특정한 문제가 발생할 가능성이 없다는 것이다.
정답 X(가능성이 높음)

3. 생물심리사회적 조망　　　24년 기출

① 일부 연구에서는 생물학적 요인이 심리사회적 쟁점에 영향을 미친다는 생각과 함께 심리사회적 요인이 생물학을 변경시킨다는 제안을 하고 있다.
　예) 사회적 고립, 대인관계에서의 스트레스, 비관주의, 우울증 등은 다양한 질병의 발달과 밀접한 관련이 있다.

② 생물심리사회적 조망은 모든 신체적·심리적 질병과 문제들이 효과적인 중재를 위한 생물, 심리 및 사회적 요소를 포함한다고 주장한다. 또한 개인의 건강과 질병의 생물, 심리 및 사회적 요소들이 서로에게 영향을 미친다고 주장한다.

③ 생물심리사회적 조망을 주장하는 학자들은 한 기능 영역상의 변화가 다른 기능 영역상의 변화에 영향을 미친다는 점에 주목한다.
　예) 뇌세포의 화학적 불균형으로 인해 우울증 형태의 기분부전이 나타나는 경우, 그와 같은 우울감이 직업수행이나 자기존중감에 영향을 미치게 되고, 이는 대인관계상의 어려움을 초래한다. 그리고 가정이나 직장에서 그와 같은 관계상의 문제에 따른 스트레스는 뇌세포의 화학적 불균형을 더욱 심화시킴으로써 심각한 우울증을 야기할 수 있다.

④ 생물심리사회적 조망은 생물, 심리 및 사회적 요인들의 전체적·맥락적 상호작용에 의한 영향력을 강조한다는 점에서 전인적이고 전체주의적인 양상을 보인다. 특히 행동에 대한 생물, 심리 및 사회적 요인들의 상호작용이 전문적인 신체건강 및 정신건강서비스를 찾는 사람들의 일상생활 및 사회적 기능향상을 위해 부각되어야 한다고 강조한다.

⑤ 이와 같은 조망은 의학과 심리학에서 공통적으로 받아들여지고 있다. 특히 1980년대 건강심리학 분야의 토대가 되었으며, 임상심리학에도 상당한 영향력을 발휘하였다.

> **OX Quiz**
> 생물심리사회적 조망은 생물, 심리 및 사회적 요인들의 개별적 영향력을 강조한다.
> 정답 X(전체적 상호작용에 의한 영향력)

핵심예제 06　　　11, 14, 18년 기출

심리사회적 또는 환경적 스트레스와 조합된 생물학적 또는 기타 취약성이 질병을 일으킨다는 것은?

① 상호적 유전-환경조망
② 병적 소질-스트레스조망
③ 사회적 조망
④ 생물학적 조망

• 해설 체크! •
병적 소질-스트레스조망은 질병과 문제에 대한 인과론적 조망으로서, 개인의 심리사회적 또는 환경적 스트레스와 조합된 생물학적 또는 기타 취약성이 질병발생의 필요조건을 형성한다고 본다.

정답 ②

7 건강심리학

1. 건강심리학(Health Psychology)의 의의 및 특징

① 최근에 등장하여 급속도로 성장하고 있는 심리학 영역으로서, 건강의 유지 및 증진, 질병의 예방 및 치료를 목적으로 심리학적인 이론과 방법을 동원하는 학문이다.
② 현대인들의 주된 질병 및 사망의 원인을 심리사회적 관점에서 보는 것으로, 최근 현대인들의 건강에 대한 관심이 증폭되면서 현저하게 발전하고 있다.
③ 전통적인 임상심리학이 불안장애나 우울장애 등 정신적인 병리에 초점을 둔 반면, 건강심리학은 정신적 병리와 함께 암이나 심혈관질환 등 신체적 병리에도 관심을 가진다.
④ 신체적 질병이 특히 생활습관이나 스트레스에 대한 대처방식과 밀접한 관련이 있다는 점을 강조한다.
   예 암 환자에 대해서는 암 진단 이전부터 존재했던 가족 내 여러 가지 스트레스 요인이나 가족갈등에 주목하여 환자 및 그 가족의 치료동기를 강화하고 능력을 향상하도록 돕는다.
⑤ 일상생활에서 현대인들의 건강과 밀접하게 연관된 금연, 체중조절, 스트레스관리 등을 위한 다양한 프로그램을 연구 · 개발 · 실행하고 있다.

2. 건강심리학의 영역 (출처 : 건강심리학회)   10, 13, 16, 18, 19, 24, 25년 기출

① 스트레스에 대한 관리 및 대처
② 만성질환을 포함한 신체질병(심혈관계질환, 면역계질환, 암, 당뇨, 소화기질환 등)
③ 물질 및 행위중독(알코올중독, 흡연중독, 도박중독, 인터넷중독 등)
④ 섭식문제(비만, 다이어트, 폭식, 섭식장애 등)
⑤ 건강관리 및 증진(성행위 등에서의 위험행동 감소전략, 운동, 수면 및 섭식습관 개선 등)
⑥ 개입 및 치료기법(행동수정, 인지치료, 명상, 이완법, 마음챙김과 수용에 기반한 인지행동적 치료기법, 바이오피드백기법 등)
⑦ 통증관리, 수술환자의 스트레스관리, 임종관리
⑧ 분노를 포함한 다양한 정서관리
⑨ 삶의 질, 웰빙(Well-Being)
⑩ 건강커뮤니케이션, 건강정책 등

기출키워드
19년 3회
건강심리학 영역
※ 필기시험에는 건강심리학 분야의 초점 영역과 가장 거리가 먼 것을 고르도록 하는 문제가 출제되었습니다. 교재에 수록된 건강심리학의 영역 세부항목을 충분히 암기하여야 풀 수 있는 문제입니다.

OX Quiz
다이어트, 명상은 건강심리학 영역에는 포함되지 않는 항목이다.
정답 X(포함됨)

3. 주요연구분야

① 생활 속의 스트레스와 신체적 질병 간의 관계를 파악하며, 효과적인 스트레스대처전략을 마련한다.
② 일상생활에서 일어나는 주요사건 및 변화가 각종 심장질환, 고혈압, 암 등에 미치는 영향을 연구한다.
③ 피부질환, 근육통증, 호흡부전, 순환계질환, 소화계통질환, 비뇨기계통질환, 내분비선계통질환 등 생리심리학적 장애들을 연구한다.
④ 입원환자의 행동이 질병치료에 미치는 영향, 환자의 행동이 의료진에 미치는 영향, 수술에 대한 두려움의 극복방법, 치료와 처방에 대한 환자의 순응행동 등을 연구한다.
⑤ 근육이완법, 체계적 둔감법, 바이오피드백 등을 통한 인지적·행동적 치료법의 효과를 연구한다.
⑥ 최면술, 침술, 인지적 책략 등을 이용한 통증완화의 방법들을 연구한다.
⑦ 비만의 예방과 치료, 식사조절, 알코올중독이나 금연을 위한 치료 등을 연구한다.

4. 생리적 자기조절의 가능성으로서 바이오피드백(Biofeedback)

13, 15, 18, 24년 기출

① 바이오피드백은 이른바 생체자기제어라고도 불리는 것으로서, 사람이 의도적으로 통제할 수 없는 자율신경계의 생리적 반응들을 통제하는 것을 학습하는 기법이다.
② 근육긴장도, 심박수, 혈압, 체온 등의 자율신경계에 의한 각종 생리적인 변수를 병적 증상의 완화나 건강의 유지를 위해 부분적으로 조절할 수 있도록 하는 행동치료기법이다.
③ 예를 들어, 환자는 심장박동률의 작은 변화에 대한 피드백을 제공하는 모니터를 봄으로써 심장박동률을 감소시키는 것을 학습할 수 있다. 즉, 환자는 박동률이 감소될 때마다 성공에 대한 보상을 받음으로써 심장박동을 감소시키는 반응을 더욱 빈번히 하게 된다.
④ 보통 이완기법과 함께 실시되는 경우가 많은데, 환자로 하여금 긴장을 풀고 근육을 이완하도록 함으로써 약물에 의지하지 않은 채 병적 증상이나 스트레스를 완화할 수 있도록 한다. 이는 특히 기(氣)훈련 또는 마인드 컨트롤(Mind Control)과도 연관된다.
⑤ 바이오피드백은 임상연구를 통해 두통으로 인한 통증, 고혈압, 요통 등을 감소시키는 데 효과가 있는 것으로 알려져 있으며, 최근 의학분야는 물론 임상심리학, 상담심리학 등에서 광범위하게 활용되고 있다.

기출키워드

24년 1회

심리·교육적 집단치료

암, 당뇨 등과 같은 질병을 진단받은 환자들을 위한 효과적인 집단개입 방법으로, 동일한 질병 혹은 문제를 가진 환자집단을 대상으로 질병에 대하여 교육하거나 관리프로그램 등을 제공하는 치료방법이다.

전문가의 한마디

건강심리학은 행동의학과 건강관리의 문제 양쪽을 포함합니다. 특히 행동의학은 최면, 바이오피드백 등을 포함한 행동치료기법들을 비만, 흡연, 두통 및 심혈관계질환, 만성통증 등 다양한 문제들에 적용하고 있습니다.

기출키워드

22년 1회 / 24년 2회 / 25년 1회

만성통증 관리

※ 필기시험에는 행동의학에서 주로 다루는 주제로 가장 적합한 것을 고르도록 하는 문제가 출제되었습니다.

행동의학

- 행동과학적인 접근에 의해서 의학을 파악해 나가려는 입장
- 건강, 질병 그리고 기타 생리적 부전과 관련된 연구, 교육, 진단, 치료의 영역을 모두 포괄하는 다학제적 학문

OX Quiz

바이오피드백은 보통 이완기법 이후 실시되는 경우가 많다.

정답 X(이완기법과 함께 실시)

핵심예제 07　　　　　　　　　　　　　　　　　　　16, 18, 19, 24년 기출

건강심리학 분야의 주된 관심영역과 가장 거리가 먼 것은?

① 흡 연
② 우울증
③ 비 만
④ 알코올남용

> **해설 체크!**
>
> 우울증 등 정신적 병리에 초점을 둔 전통적인 임상심리학과 달리, 건강심리학은 정신적 병리와 함께 신체적 병리에도 관심을 가진다. 특히 신체적 질병이 생활습관이나 스트레스에 대한 대처방식과 밀접한 연관을 가진다는 점을 강조한다.
>
> 정답 ②

8 지역사회 심리학과 지역사회 지지체계   20, 25년 기출

1. 지역사회 심리학(Community Psychology)의 의의 및 특징 06, 13, 17, 19, 24년 기출

① 사람과 환경 간의 적합성에 주의를 기울이면서, 정신건강 문제의 발생 및 완화에 있어서 환경적 힘의 역할에 주목한다.
② 삶의 문제 원인을 생물학적·심리적 원인에서 찾기보다는 사회적·지역적 선행사건에서 찾으려고 한다.
③ 사람과 지역사회의 자원 및 강점을 파악하고 이를 개발하여 지역 내 정신건강 문제의 해결을 위한 대안을 마련하는 데 주력한다.
④ 인간자원개발, 정치활동, 과학에 관심을 가지며, 치료보다는 예방을 목표로 한다.
⑤ 지역사회 중심의 공공 정신보건체계를 강조하며, 정신질환자 또는 정신장애인을 기존의 병원이나 수용소가 아닌 가족, 학교, 직장, 광범위한 장소 등 지역사회 내의 다양한 사회구조로 흡수하게 한다.
⑥ 전문가의 자문가로서의 역할과 함께 위기개입 시 훈련된 준전문가의 역할을 강조한다.
⑦ 1차·2차·3차 예방을 통해 질병을 유발하는 해로운 환경을 제거하고 정신건강 문제에 대해 조기에 개입하며, 환자의 가정과 사회로의 복귀 및 적응을 돕기 위한 지지와 교육을 제공한다.

2. 정신건강 지역사회 지지체계의 형성 배경

① 기존의 정신보건프로그램은 서비스 체계의 목적이 명확히 규정되어 있지 않았다.
② 기존의 정신보건프로그램은 책임소재가 불분명하며 분산되어 있었다.
③ 지역사회서비스에 대한 체계적인 재정지원이 결여되었다.
④ 정신장애인들에 대한 사회복지서비스가 제대로 활용되지 못했다.
⑤ 효과적인 지역사회 조직활동과 옹호활동이 결여되었다.
⑥ 중앙정부와 지방정부의 체계적인 리더십이 결여되었다.
⑦ 서비스 수급의 권리성, 소비자로서의 주체의식이 대두되었다.

3. 그루스키(Grusky)의 지역사회 지지체계 주요구성요소

① 기본적 욕구해결의 지원
② 위기대처 및 지원
③ 신체적·정신적 건강 보호

기출키워드

19년 3회

지역사회 심리학의 의의

※ 필기시험에는 지역사회 심리학에서 지향하는 바가 아닌 것을 고르도록 하는 문제가 출제되었습니다. 이는 교재에 수록된 '지역사회 심리학의 의의 및 특징'에 대해 정확하게 이해하고 있어야 풀 수 있는 문제입니다.

OX Quiz

지역사회 지지체계의 주요구성요소에는 위기대처 및 지원, 상호 지지체계 구축 등이 있다.

정답 O

④ 상호 지지체계 구축
⑤ 클라이언트 권리보호
⑥ 자문 및 옹호
⑦ 대면상담 및 아웃리치(Outreach)
⑧ 지지적 환경 및 주거
⑨ 심리사회서비스 및 직업재활서비스
⑩ 통합적 사례관리 지원

4. 정신질환자를 위한 지역사회 지지체계의 10가지 기능

터너와 텐후어(Turner & TenHoor)는 정신질환자를 위한 지역사회 지지체계의 기능을 다음과 같이 정리하였다.
① 클라이언트 개발/현장방문(Identification & Location of Client/Outreach)
② 기본적 욕구해결을 위한 협조(Assistance in Meeting Human Needs)
③ 24시간 위기개입(24-Hour Crisis Intervention)
④ 심리사회 및 직업 서비스(Psychosocial and Vocational Services)
⑤ 재활을 위한 지지적 주거(Supportive Services for Rehabilitation)
⑥ 신체 및 정신건강 보호(Health and Mental Health Care)
⑦ 상호 지지체계(Mutual Support System)
⑧ 자문 및 옹호(Consultation and Advocacy)
⑨ 클라이언트 권리보호(Protection of Client Right)
⑩ 사례관리(Case Management)

5. 정신건강 지역사회 지지체계를 통해 기본적으로 제공되어야 하는 서비스

① 정신장애의 1차적 증상인 정신적 증상의 발현에 대한 위기개입
② 정신장애의 부차적 증상인 사회기능상실에 대한 일상생활훈련
③ 집단거주지와 같은 특수주거시설이나 임대아파트 등의 주거서비스
④ 취업알선이나 작업기술훈련 등의 직업서비스
⑤ 직업보장 및 직장유지가 어려운 장애인들을 위한 재정보조서비스
⑥ 신체적 질병의 치료를 위한 의료서비스
⑦ 위기 발생 직전 정신의료서비스를 활용할 수 있도록 하는 정신보건서비스
⑧ 문제해결접근치료, 역할치료 등을 활용한 상담서비스
⑨ 가족의 부담을 경감하고 대처기능을 향상하도록 하는 가족상담서비스
⑩ 정신장애의 예방 및 정신건강의 함양을 위한 지역사회교육 및 홍보서비스

OX Quiz
주거서비스는 정신건강 지역사회 지지체계를 통해 제공되지 않아도 되는 개별적 영역이다.
정답 X(기본적으로 제공되어야 함)

6. 지역사회 정신보건서비스 제공의 4가지 원칙

① 개별화된 접근
- 서비스는 그 종류와 양, 적당한 기대치, 정서적 자극 등에 대해 각 정신장애인마다 정확한 사정을 통한 개별화된 접근계획을 가지고 제공해야 한다.
- 너무 많은 서비스는 정신장애인을 퇴행시키는 동기가 될 수 있고, 너무 높은 기대치는 정신장애인의 스트레스를 유발하여 재발을 초래할 수도 있다.

② 단정적 접근
- 정신장애인은 스트레스에 취약하고 대인관계기술이 결핍되어 있으며, 낮은 동기와 수동성, 심한 의존성 등을 나타내 보이기도 한다.
- 서비스는 동기가 낮은 사람이나 중도탈락자들에 대해서도 단정적으로 접근할 수 있어야 한다.

③ 연속적 보호제공
- 정신장애인을 위한 제반 서비스들은 서로 밀접하게 연결되어 있으며, 서비스 간의 상호작용에 의해 그 효과를 더욱 높일 수 있다.
- 다양한 종류의 서비스들이 서비스 간의 단절 없이 서로 연결되어 제공될 수 있어야 한다.

④ 지속적 제공
- 정신장애인의 증상은 특성상 오랜 기간 좋아졌다가도 금세 나빠지기를 반복할 수 있다.
- 서비스도 오랫동안 지속적으로 제공될 필요가 있다.

7. 지역사회 지지체계의 방향

① 수요자 중심의 서비스네트워크가 구축되어야 한다.
② 통합적인 사례관리시스템이 구축되어야 한다.
③ 만성 정신질환자들의 욕구해결과 권익증진, 사회적 역량 강화를 위한 대안이 마련되어야 한다.
④ 관련 영역, 서비스 기관들 간의 연계와 조정이 이루어져야 한다.
⑤ 효과적인 서비스프로그램의 개발 및 평가를 위해 산학협력이 이루어져야 한다.
⑥ 민·관의 긴밀한 협조체계와 수평적인 협업시스템이 구축되어야 한다.

OX Quiz
지역사회 정신보건서비스 제공의 4가지 원칙에는 개별화된 접근, 지속적 제공 등이 해당된다.
정답 O

OX Quiz
다양한 종류의 서비스들이 서비스 간의 단절 없이 서로 연결되어 제공될 수 있어야 한다는 것은 지역사회 정신보건서비스 제공의 4가지 원칙 중 지속적 제공에 해당한다.
정답 X(연속적 보호제공)

핵심예제 08 06, 13, 17, 19, 24년 기출

지역사회 심리학에서 지향하는 바가 아닌 것은?

① 자원봉사자 등 비전문인력의 활용
② 정신장애의 예방
③ 정신장애인의 사회복귀
④ 정신병원시설의 확장

• 해설 체크! •

지역사회 심리학의 의의 및 특징
- 사람과 환경 간의 적합성에 주의를 기울이면서, 정신건강 문제의 발생 및 완화에 있어서 환경적 힘의 역할에 주목한다.
- 삶의 문제 원인을 생물학적, 심리적 원인에서 찾기보다는 사회적, 지역적 선행사건에서 찾으려고 한다.
- 사람과 지역사회의 자원 및 강점을 파악하고 이를 개발하여 지역 내 정신건강 문제의 해결을 위한 대안을 마련하는 데 주력한다.
- 인간자원개발, 정치활동, 과학에 관심을 가지며, 치료보다는 예방을 목표로 한다.
- 지역사회 중심의 공공 정신보건체계를 강조하며, 정신질환자 또는 정신장애인을 기존의 병원이나 수용소가 아닌 가족, 학교, 직장, 광범위한 장소 등 지역사회 내의 다양한 사회구조로 흡수한다.
- 전문가의 자문가로서의 역할과 함께 위기개입 시 훈련된 준전문가의 역할을 강조한다.
- 1차, 2차, 3차 예방을 통해 질병을 유발하는 해로운 환경을 제거하고 정신건강 문제에 대해 조기에 개입하며, 환자의 가정과 사회로의 복귀 및 적응을 돕기 위한 지지와 교육을 제공한다.

정답 ④

9 임상장면에서 활용되는 행동치료 및 인지행동치료의 원리와 기법

1. 볼프(Wolpe)의 상호억제원리(Principle of Reciprocal Inhibition)

① 파블로프(Pavlov)의 고전적 조건형성의 원리에 입각하여 볼프가 확립한 이론으로서 상호제지이론 또는 역제지이론이라고도 한다.
② 볼프는 신경계의 특징으로서 이완과 흥분(불안반응)이 동시에 작동할 수 없음을 관찰하였다.
③ 불안이나 공포 등의 신경증적 반응은 그것과 대립된 강력한 반응에 의해 제지 또는 억제될 수 있다고 본다.
④ 상호제지 또는 상호교호적 억제(Reciprocal Inhibition)는 제거대상반응(불안)과 양립할 수 없는 반응(이완)을 함께 제시함으로써 이들 간의 상호 방해로 인해 두 가지 연상 중 하나를 기억할 수 없도록 하는 것이다.
⑤ 신경증적 행동은 학습에 의해 비롯된 것이므로, 이를 소거하기 위해 이미 학습된 것을 억제·제지할 수 있는 다른 행동이 필요하다.

OX Quiz

볼프의 상호억제원리는 파블로프의 고전적 조건형성의 원리에 입각한 이론이다.

정답 O

⑥ 볼프의 상호억제원리는 특히 불안자극에 대해 체계적인 이완을 통한 심리적인 직면을 시도하는 체계적 둔감법 또는 체계적 탈감화(Systematic Desensitization)로 구체화되었다. 특히 체계적 둔감법은 적절한 대처능력이 있으나 특정상황에 심각한 불안을 보이는 내담자에게 적합하다.

2. 포아(Foa)의 지속노출치료(Prolonged Exposure Therapy) 16, 24년 기출

① 초기의 인지행동치료에서는 불안이나 공포반응에 대한 이완을 강조하는 체계적 둔감법이 널리 사용되었으나 이후 경험적 연구결과들을 통해 공포자극에 대한 이완보다는 노출을 포괄적으로 적용하려는 경향이 늘어났다.
② 특히 1990년대에 포아 등이 제안한 지속노출치료는 다양한 경험적 연구를 통해 외상후스트레스장애에 대한 가장 효과적인 치료법으로 인정받고 있다.
③ 외상을 경험한 사람은 공통적으로 심한 공포감, 무력감, 우울감을 호소하며, 그들 대부분이 시간의 경과와 함께 외상을 극복해 나가는 반면, 일부는 신체적·정신적 어려움을 호소하기도 한다.
④ 외상후스트레스장애에 의한 증상은 고통스러운 회상이나 반복적인 꿈으로 나타나는 외상의 재경험, 외상과 연관된 사람이나 장소, 상황 등 외상 관련 자극에 대한 회피반응, 과민한 성격이나 과도한 경계심으로 나타나는 각성반응의 증상으로 나타난다.
⑤ 지속노출치료는 외상후스트레스를 경험하는 환자에게 공포자극을 활성화시킴으로써 기억의 병리적인 측면에 직접적으로 접근한다. 그에 따라 환자는 자신이 두려워하는 생각이나 느낌, 상황 등에 직면하더라도 자신이 우려하던 혐오스러운 결과가 나타나지 않는다는 것을 경험하게 된다.
⑥ 포아는 공포를 위험회피를 위한 일종의 인지구조로 간주하였으며, 이러한 공포의 인지구조가 상황에 대한 평가 및 해석의 오류를 야기한다고 보았다.
⑦ 정상적인 회복의 양상을 보이는 환자의 경우 처음 한동안 자신의 피해상황에 대한 기억으로 인해 극도의 무력감과 두려움을 느끼지만 이후 점차적으로 자신의 경험을 다른 사람에게 노출함으로써 외상사건을 과거의 사태로 돌리게 된다. 반면, 회복에 어려움을 보이는 환자의 경우 외상사건에 대한 기억과 연관된 자극단서들을 지속적으로 회피함으로써 자신의 부적응적인 사고와 행동을 수정하지 못한 채 무력감과 두려움에서 벗어나지 못하게 된다.
⑧ 외상사건과 연관된 자극단서에 대한 지속적인 노출과 반복적인 회상은 환자로 하여금 자신의 부적응적인 사고와 행동에 대한 주의 및 평가에 초점을 두도록 함으로써 적응적인 사고와 행동으로 회복할 수 있다.

> **OX Quiz**
> 초기 인지행동치료에서는 체계적 둔감법이 널리 사용되었으나 이후에는 이완보다 노출 방법이 더 포괄적으로 적용되고 있다.
> 정답 O

> **OX Quiz**
> 포아는 공포의 인지구조가 상황에 대한 평가 및 해석의 정확성을 증가시킨다고 보았다.
> 정답 X(해석의 오류를 야기)

3. 불안감소기법

<small>16, 17, 18, 20, 21, 22, 24년 기출</small>

① **체계적 둔감법 또는 체계적 둔감화(Systematic Desensitization)** <small>24년 기출</small>

행동치료에서 널리 사용되고 있는 고전적 조건형성의 기법이다. 혐오스런 느낌이나 불안한 자극에 대한 위계목록을 작성하고, 내담자가 눈을 감고 이완된 상태에서 불안위계표에 따라 낮은 수준의 자극에서 높은 수준의 자극으로 상상을 유도함으로써 혐오나 불안에서 서서히 벗어나도록 유도한다. 불안과 공포증이 있는 내담자에게 그로 인한 부적응행동이나 회피행동을 치료하는 데 효과가 있고, 신경성식욕부진증, 충동적 행동, 우울증의 치료에도 사용된다.

② **금지조건형성(Inhibitory Conditioning) 또는 내적 금지(Internal Inhibition)**

내담자에게 충분히 불안을 일으킬 수 있을만한 단서를 어떠한 추가적인 강화 없이 지속적으로 제시함으로써 처음에 불안반응을 보이던 내담자가 점차적으로 불안반응을 느끼지 않게 되는 것이다. 즉, 불안야기단서의 계속적인 제시에도 불구하고 반응중지현상이 나타난다.

③ **반조건형성 또는 역조건형성(Counterconditioning)**

조건자극과 새로운 자극(조건자극과 조건반응과의 연합을 방해하는 자극)을 함께 제시함으로써 불안을 감소시키는 기법이다.

> 예 엘리베이터와 같이 밀폐된 공간 안에서 공포감을 느끼는 아이에게 장난감, 인형 등의 유쾌자극을 제시하여 밀폐된 공간에서의 공포감을 소거시킬 수 있다.

④ **홍수법(Flooding)**

불안이나 두려움을 발생시키는 자극들을 계획된 현실이나 상상 속에서 지속적으로 제시하는 기법이다. 혐오스런 느낌이나 불안한 자극에 대해 미리 준비를 갖추도록 한 후 가장 높은 수준의 자극에 오랫동안 지속적으로 노출시킴으로써 시간이 경과함에 따라 혐오나 불안을 극복하도록 한다.

⑤ **혐오치료(Aversion Therapy)**

고전적 조건형성의 기법으로, 바람직하지 못한 행동에 혐오자극을 제시하여 부적응적인 행동을 제거하는 방법이다. 주로 흡연, 음주문제, 과식 등의 문제를 해결하기 위해 사용되며, 부적응적이고 지나친 탐닉이나 선호를 제거하는 데 효과적이다. 체계적 둔감법이 불안이나 공포의 반응을 유발하는 자극을 보다 긍정적인 자극으로 변화하도록 조건형성을 실시하는 것인 반면, 혐오치료는 특정자극이 더욱 혐오적인 것이 되도록 조건형성을 실시한다.

> 예 술을 끊고자 하는 사람에게 술을 맛보도록 하는 동시에 전기쇼크나 구토를 일으키는 약물을 부여함으로써 점차적으로 술에 대해 혐오적인 반응을 보이도록 한다.

⑥ **(자기)주장훈련 또는 주장적 훈련(Assertive Training)**

내담자의 대인관계에 있어서의 불안과 공포를 해소하기 위한 효과적인 기법으로서, 내담자로 하여금 불안 이외의 감정을 표현하도록 하여 불안을 제거하도록 하는 것이다. 행동시연을 활용하여 상담자가 가상의 대인관계장면을 설정함으로써 내담자에게 자신의 감정을 나타내도록 유도한다.

⑦ 자기표현훈련(Self-Expression Training)
자기표현을 통해 다른 사람과 상호작용하는 방법을 습득하도록 하는 기법으로서, 대인관계에서 비롯되는 불안요인을 제거하기 위한 것이다. 자기표현행동을 하는 사람은 자신을 자유롭게 표현하고 자신의 가치를 높이며, 자신을 위해 신중하게 행동을 선택함으로써 설정된 목표를 달성할 수 있다.

> **OX Quiz**
> 혐오치료는 고전적 조건형성의 기법으로, 바람직하지 못한 행동에 혐오자극을 제시하여 부적응적인 행동을 제거하는 방법이다.
> 정답 O

4. 학습촉진기법 *15, 16, 17, 21년 기출*

① 강화(Reinforcement)
상담자는 내담자의 직업선택이나 직업결정 행동에 대해 적절하게 긍정적 반응이나 부정적 반응을 보임으로써, 내담자의 바람직한 행동을 강화시킨다.
예) 상담자는 내담자의 바람직한 행동에 대해 칭찬을 하거나 바람직하지 못한 행동에 대해 상담관계를 끊을 수 있다고 위협을 한다.

② 변별학습(Discrimination Learning)
변별 또는 자극변별(Stimulus Discrimination)은 둘 이상의 자극을 서로 구별하는 것을 말한다. 변별학습은 보다 정교하게 학습이 이루어지는 것으로서, 유사한 자극에서 나타나는 조그만 차이에 따라 서로 다른 반응을 보이도록 유도하는 것이다. 특히 자극에 대한 반응과 그에 대한 보상이 시간적으로 근접해 있을수록 학습은 촉진된다.

③ 사회적 모델링과 대리학습(Social Modeling & Vicarious Learning)
모델링은 다른 사람의 행동을 보고 들으면서 그 행동을 따라하는 것으로 관찰학습을 의미한다. 타인의 행동에 대한 관찰 및 모방에 의한 학습을 통해 내담자로 하여금 문제행동을 수정하거나 학습을 촉진시킬 수 있다. 특히 집단상담에서 주로 사용하는 방법으로, 동료 집단성원의 성공적인 행동을 관찰함으로써 자신의 태도를 바꾸거나 새로운 기술을 학습할 수 있다.

④ 행동조성 또는 행동조형(Shaping) *24년 기출*
내담자가 원하는 방향 안에서 일어나는 다양한 반응들만을 강화하고, 원하지 않는 방향의 행동에 대해 강화받지 못하도록 하여 결국 원하는 방향의 행동을 할 수 있도록 하는 것이다. 점진적 접근방법으로서, 행동을 구체적으로 세분화하여 단계별로 구분한 후 각 단계마다 강화를 제공함으로써 내담자가 단번에 수행하기 어렵거나 그 반응을 촉진하기 어려운 행동 또는 복잡한 행동 등을 학습하도록 한다.
예) 실험자는 쥐로 하여금 지렛대를 누르는 반응을 하도록 만들기 위해, 첫 단계에서 쥐가 지

> **기출키워드**
> 21년 2회 / 24년 3회
> **행동조성**
> ※ 필기시험에는 행동조성에 대한 설명을 제시하고, 선지에서 고르도록 하는 문제가 출제되었습니다.

기출키워드
20년 1회 / 25년 2회

유관성 관리
- 적응적 행동은 보상으로 촉진한다.
- 부적응적 행동은 강화를 주지 않음으로써 제거한다.

렛대 근처에 오기만 해도 먹이를 준다. 다음 단계에서는 쥐가 지렛대를 건드리는 행동까지 했을 때 먹이를 준다. 세 번째 단계에서는 쥐가 지렛대를 누르는 올바른 반응을 했을 때만 먹이를 준다.

⑤ 토큰경제 또는 상표제도(Token Economy) **25년 기출**

행동치료에서 널리 사용되는 조작적 조건형성의 기법으로서, 바람직한 행동들에 대한 체계적인 목록을 정한 후 그러한 행동이 이루어질 때 그에 상응하는 보상(토큰)을 하는 기법이다. 특히 물리적 강화물(토큰)과 사회적 강화물(칭찬)을 연합함으로써 내적 동기의 가치를 학습하도록 한다.

예 조현병(정신분열증) 환자에게 매일 아침 침대를 정리하면 토큰을 부여하여 환자들이 이를 모아 매점이나 극장에 갈 수 있도록 함으로써 환자 스스로 정리하는 습관을 가질 수 있도록 한다.

핵심예제 09
15, 21년 기출

조건형성과 관련된 내용으로 잘못 짝지어진 것은?

① 조작적 조건형성의 응용 – 행동수정
② 소거에 대한 저항 – 부분강화 효과
③ 강화보다 처벌 강조 – 행동조성
④ 고전적 조건형성의 응용 – 유명연예인 광고모델

해설 체크!

행동조성은 학습하기를 원하는 행동이나 기술을 습득시키기 위해 사용하는 방법이다. 바람직한 행동을 학습할 수 있도록 기대에 부응하는 행동이 나타날 때 이를 '강화'함으로써 학습하기 원하는 행동을 점진적으로 만들어 나간다.

정답 ③

참고

수용전념치료(ACT ; Acceptance and Commitment Therapy) **24년 기출**

인간의 정신병리가 경험회피와 인지적 융합으로 인한 심리적 경직성 때문이라고 주장하며 창조적 절망감, 맥락으로서의 자기 등의 치료 요소를 강조하는 가장 대표적인 치료법이다.
- 인지행동치료의 과정에서 발전된 치료법이다.
- 내담자가 문제에 직면하고, 이를 회피하지 않고 수용하도록 한다.
- 개인 내적 경험 자체를 바꾸기보다 이를 자각하고 수용하여 현재에 집중하도록 한다.
- 그 후 내담자는 스스로 선택한 가치 있는 감정과 행동을 실행하는 데 전념한다.
- ACT 과정을 통해 내담자는 비로소 고통을 멈추게 된다.

10 애착이론

1. 할로(Harlow)의 모조어미원숭이실험

① 미국의 정신의학자 스피츠(Spitz)는 제2차 세계대전 중 부모를 잃고 고아원에서 생활하는 고아들을 대상으로 한 연구를 통해, 아동이 고아원에서 충분한 음식과 안전한 분위기를 제공받음에도 불구하고 신체적·발달적 지체를 보이며, 특히 5명 중 2명 정도가 입양이 되기도 전에 사망했다는 결과를 보고하였다.

② 스피츠의 연구 직후 할로는 그것에 관한 정확한 원인을 파악하기 위해 붉은털원숭이들을 대상으로 실험을 하였다. 갓 태어난 원숭이를 어미에게서 떼어놓고 충분한 먹이와 안전한 분위기를 제공한 결과, 원숭이는 자신의 몸을 깨무는 등 강박적 행동을 보이는 것은 물론 다른 원숭이들을 회피하여 사회적으로 고립되는 모습을 보였다.

③ 또한 할로는 철사로 만들어졌지만 어미젖과 같은 우유병이 있는 모조어미원숭이와 부드러운 천으로 만들어졌지만 우유병이 없는 모조어미원숭이를 우리 속에 넣었을 때 새끼 원숭이가 어떠한 반응을 보이는지 관찰하였다. 그 결과 새끼 원숭이는 먹이가 제공되는 철사모조원숭이보다는 먹이가 제공되지 않는 헝겊모조원숭이와 대부분의 시간을 보내는 것이었다.

④ 할로는 실험을 통해 단지 음식(먹이) 섭취에 의한 생명유지보다 촉감으로 경험하는 접촉위안(Contact Comfort)이 더욱 중요하다는 사실을 발견하였다. 볼비(Bowlby)는 이후 유사한 주장들을 토대로 자신의 애착이론(Attachment Theory)을 제시하였다.

> **OX Quiz**
> 할로는 볼비의 애착이론을 토대로 접촉위안의 중요성을 밝혀내었다.
> 정답 X(볼비가 할로의 유사주장을 토대로 함)

2. 볼비(Bowlby)의 애착이론 21, 25년 기출

① 볼비는 애착을 인간에게서 나타나는 종 특유의 행동으로 보았으며, 유아가 자신의 어머니에게 애착을 형성하는 과정을 이론적으로 제시하였다.

② 볼비는 제2차 세계대전 후 어머니의 보살핌을 받지 못한 채 고아원에서 어린 시절을 보낸 아동들이 이후 다른 사람들과 친밀한 관계를 형성하지 못한다는 점을 강조하며, 어린 시절 어머니와의 애착관계형성이 정서적인 문제를 비롯하여 아동발달에 영향을 미친다고 주장하였다.

③ 애착은 어떠한 위험으로부터 아동을 보호하기 위한 기능은 물론 성인으로 발달할 수 있도록 유도하는 기능을 한다.

> **OX Quiz**
> 볼비는 애착을 인간에게서 나타나는 종 특유의 행동으로 보았으며, 유아가 자신의 어머니에게 애착을 형성하는 과정을 이론적으로 제시하였다.
> 정답 O

④ 유아는 양육자인 어머니에게 신호를 보내고, 어머니는 그러한 신호에 생물학적으로 반응함으로써 이들 간에 애착이 형성된다. 만약 어머니가 유아의 신호에 민감하게 반응하는 경우 이들 간의 유대관계는 공고해지는 반면, 유아가 오랜 기간 어머니에게서 격리되어 신호에 대한 어떠한 반응을 얻지 못하는 경우 유아는 어머니에 대한 흥미를 잃은 채 초월상태에 이르게 된다.

⑤ 볼비는 생애 초기를 사회적 관계의 질이 그 후의 발달에서 결정적인 역할을 하는 민감한 시기로 보았다. 여기서 민감한 시기는 특정능력이나 행동이 출현하는 데 대한 최적의 시기를 의미한다.

⑥ 에인즈워스(Ainsworth)는 볼비의 애착이론을 기초로 유아에 대한 낯선 상황실험을 통해 유아의 반응을 다음과 같이 척도화하였다.

안정애착		• 어머니에 대해 안정애착이 형성된 유아는 낯선 상황에서 낯선 사람과 남아있는 경우 당황해하고 불안감을 느끼다가, 어머니가 돌아오자 곧 안정을 찾는다. • 어머니는 유아의 정서적 신호에 민감하게 반응하며, 유아 스스로 놀 수 있도록 충분히 허용한다. • 어머니가 유아의 요구에 적절히 반응하여 이를 충족시켜주는 경우 유아는 어머니에게 신뢰를 가지며, 이는 곧 성장기 아동의 친구관계 형성, 자신감, 리더십과 연결된다.
불안정 애착	회피 애착	• 유아는 낯선 상황에서도 어머니를 찾는 행동을 보이지 않으며, 어머니가 돌아와도 다가가려고 하지 않는다. • 어머니는 유아의 정서적 신호나 요구에 무감각하며, 유아에 대해 거부하는 듯한 행동을 보인다. • 유아는 어머니에게 신뢰를 가지고 있지 않으며, 어머니를 낯선 사람과 유사하게 생각한다.
	저항 애착	• 유아는 낯선 상황에 대해 민감한 반응을 보이며, 낯선 사람과의 접촉을 피한다. • 유아는 어머니가 돌아오면 과도하게 접근을 하면서 분노와 저항적인 행동을 보인다. • 유아는 어머니의 반응을 이끌어내기 위해 과잉애착행동을 보인다.
	혼란 애착	• 유아는 어머니가 안정된 존재인지 혼란스러워 한다. • 불안정애착 중 가장 심각한 유형으로서, 유아는 회피애착과 저항애착을 동시적으로 또는 연달아 나타내 보인다. • 유아의 부모가 스트레스나 우울증 등의 상황에 처한 경우 많이 나타나며, 유아는 대인관계에서 적대적이고 사회성이 부족한 양상을 보인다.

기출키워드
19년 3회
낯선 상황 실험
※ 필기시험에는 불안정 회피애착 아동의 사례를 제시하고, 어떤 애착유형인지 고르도록 하는 문제가 출제되었습니다.

기출키워드
21년 3회
불안정 회피애착
※ 필기시험에는 불안정 회피애착 아동에 대한 틀린 선지를 고르도록 하는 문제가 출제되었습니다.

핵심예제 10 *19년 기출*

에인즈워스(Ainsworth)의 낯선 상황 실험에서 낯선 장소에서 어머니가 사라졌을 때 걱정하는 모습을 약간 보이다가 어머니가 돌아왔을 때 어머니를 피하는 아이의 애착유형은?

① 안정애착
② 불안정 혼란애착
③ 불안정 회피애착
④ 불안정 양가애착

> **해설 체크!**
>
> 낯선 상황 실험 : 불안정 회피애착 아동의 특징
> - 격리 전
>   - 격리되기 전에도 쉽게 주위를 탐색하기 위해 엄마로부터 떨어진다.
>   - 정서적 공유가 별로 보이지 않는다.
>   - 엄마가 없을 때 낯선 사람에게 잘 간다.
> - 격리 후 어머니 재회 시
>   - 다른 곳으로 가고, 고개를 돌리고, 멀리 가고, 무시한다.
>   - 회피와 곁에 있는 것이 같이 보일 수도 있다.
>   - 두 번째 재회에서 더 심하게 회피한다.
>   - 낯선 사람을 전혀 회피하지 않는다.
>
> 정답 ③

11 반두라(Bandura)의 사회학습이론

1. 의의 및 특징 *16년 기출*

① 사회학습이론은 인간의 행동이나 성격의 결정요인으로서 사회적인 요소를 강조한다.
② 반두라는 인간의 행동이 외부자극에 의해 통제된다는 기존의 행동주의이론에 반발하여 인간의 인지능력에 관심을 가졌다.
③ 사회학습이란 인간은 어떤 모델의 행동을 관찰·모방함으로써 학습하게 된다는 것으로, 여기서 학습은 주위사람과 사건들에 주의집중함으로써 정보를 획득하는 것을 말한다.
④ 관찰자는 관찰대상이 보상이나 벌을 받는 것을 관찰함으로써 간접적인 강화를 받는데, 이때의 간접적 강화를 가리켜 대리적 강화라고 한다.
⑤ 반두라는 인간의 행동을 불러일으키는 요인으로서 환경적 자극을 제시하며, 이러한 환경적 자극의 변화를 통해 인간의 행동이 변화할 수 있다고 본다.
⑥ 강화는 인간의 행동을 절대적으로 통제하지는 못하며, 강화의 효과 또한 행동과 그 결과에 대한 인간의 의식에 의해 좌우된다.

> **OX Quiz**
>
> 사회학습이론은 인간의 행동이나 성격의 결정요인으로서 인지적인 요소를 강조한다.
>
> 정답 X(인지적 → 사회적)

⑦ 인간은 자신의 인지적 능력을 활용하여 창조적으로 사고함으로써 합리적으로 행동을 계획할 수 있다.

2. 주요개념

`20, 24, 25년 기출`

① 모델링(Modeling)
- 다른 사람의 행동을 보고 들으며 그 행동을 따라하는 것으로, 관찰학습을 의미한다.
- 관찰자의 모델링 행동은 보상이나 처벌 등으로 나타나는 결과에 의해 영향을 받는다.
- 모델링의 효과는 다음의 몇 가지 조건에 의해 상이하게 나타난다.
  - 아동은 위대하다고 생각하는 사람의 행동을 더 잘 모방한다.
  - 아동은 이성인 모델보다는 동성인 모델의 행동을 더 잘 모방한다.
  - 아동은 연령이나 지위 등에서 자신과 비슷한 모델을 더 잘 모방한다.
  - 아동은 돈이나 명성 등에서 높은 사회경제적 지위를 가진 모델을 더 잘 모방한다.
  - 아동은 여러 모델이 수행하는 행동을 더 잘 모방한다.
  - 아동은 상을 받은 모델을 모방하는 반면 벌을 받은 모델을 모방하지는 않는다.

② 자기조절(Self-Regulation)
- 수행 과정, 판단 과정, 자기반응 과정으로 이루어진다.
- 자신의 행동을 스스로 평가·감독하는 것을 말하는 것으로서, 자기평가적 반응과 연관된다.
- 인간행동은 외부환경으로부터의 보상이나 처벌은 물론 스스로 정한 내적 표준에 의해 조절된다.
- 자기조절의 핵심은 자기보상 또는 자기칭찬에 있다.

③ 자기강화(Self-Reinforcement)
- 자신이 통제할 수 있는 보상을 자기 스스로에게 주어서 자신의 행동을 유지하거나 변화시키는 과정을 말한다.
- 수행이나 성취의 기준에 따른 기대치의 달성 또는 미달 정도에 따라 자신에 대한 보상여부가 결정된다.

④ 자기효율성 또는 자기효능감(Self-Efficacy)
- 내적표준과 자기강화에 의해 형성되는 것으로서, 어떤 행동을 성공적으로 수행할 수 있다는 신념이다.

OX Quiz

모델링은 수행 과정, 판단 과정, 자기반응 과정으로 이루어진다.

정답 X(모델링 → 자기조절)

- 자기효율성은 총체적 자기개념을 지칭하기보다는 특정상황이나 과제에 대처하는 지각된 능력과 연관된다.
- 상황에 적합한 행동의 선택, 시간과 노력의 투입 정도 등을 결정하는 근거가 되기도 한다.

3. 자기효율성(자기효능감)에 영향을 미치는 요인

① 성취경험 또는 수행성취
- 실제적인 성취경험, 즉 성공의 경험은 자기효율성의 가장 강력한 요인이다.
- 비교적 작은 일부터 점차 큰 일로 단계적으로 성공을 경험할 때 자기효율성은 상승한다. 반면, 처음부터 너무 큰 목표를 세우는 경우 그로 인한 실패경험이 불안을 유발하여 다른 일들도 도전하지 못하게 만들 수 있다.

② 대리경험
- 관찰학습을 통해 다른 사람의 수행에 대한 정보를 수집하는 것도 자기효율성에 영향을 미친다.
- 타인의 성공을 목격하는 것은 개인의 능력을 평가하는 것의 비교 근거가 되는 것은 물론이고, 자신도 할 수 있다는 자신감을 가지게 함으로써 자기효율성을 증가시키는 역할을 한다.

③ 언어적 설득
- 다른 사람의 칭찬이나 격려, 지지나 확신을 주는 말이 자기효율성에 영향을 미친다. 특히 의미 있는 타인의 칭찬이나 격려가 자기효율성을 증가시키는 데 더욱 효과적이다.
- 격려의 말이나 수행에 대한 구체적인 피드백 등을 통해 개인으로 하여금 새로운 전략이나 성공하기에 충분할 정도의 노력을 이끌어 낼 수 있다.

④ 정서적 각성 또는 정서적 안정
- 개인의 자기효율성은 어떤 주어진 수행상황에서 개인이 느끼는 정서적 각성의 정도 및 질에 밀접하게 영향을 받는다.
- 자기효율성이 높은 상태에서는 불안이나 회의의 부정적인 감정조차도 도전과 성공을 향한 열의로 전환될 수 있다.

> **OX Quiz**
> 자기효율성이 낮은 상태에서는 불안이나 회의의 부정적인 감정조차도 도전과 성공을 향한 열의로 전환될 수 있다.
> 정답 X(낮은 → 높은)

4. 관찰학습의 과정

① 주의집중과정
모델에 주의를 집중시키는 과정이다. 모델은 매력적인 특성을 가지고 있어서 주의를 끌게 되며, 관찰자의 흥미와 같은 심리적 특성에 대해서도 영향을 받는다.

② 보존과정(기억과정, 파지과정)

모방한 행동을 상징적 형태로 기억 속에 담는 과정이다. 이때 중요한 것은 행동의 특징을 회상할 수 있는 능력이다.

③ 운동재생과정

모델을 모방하기 위해 심상 및 언어로 기호화된 표상을 외형적인 행동으로 전환하는 단계이며, 이때 전제조건은 신체적인 능력이다.

④ 동기화과정(자기강화과정)

관찰을 통해 학습한 행동은 강화를 받아야 동기화가 이루어져 행동의 수행가능성을 높인다. 행동을 학습한 후 그 행동을 수행할 여부를 결정하는 데 중요한 역할을 하는 것이 바로 강화이다.

OX Quiz

관찰학습의 과정은 주의집중과정-보존과정-운동기억과정-동기화과정 순으로 이루어진다.

정답 X(운동기억과정 → 운동재생과정)

핵심예제 11
09, 12, 16년 기출

사회학습이론에 입각한 성격에 관한 설명으로 옳은 것은?

① 사회학습이론에서는 성격이 인지과정이나 동기에 의한 영향을 인정하지 않는다.
② 사회학습이론에서는 관찰학습과 모델링을 통해서 보상받는 행동을 대리적으로 학습한다고 한다.
③ 사회학습이론에서는 행동에 대한 환경적 변인의 독립적인 영향을 강조한다.
④ 반두라는 개인이 자신의 노력으로 원하는 결과를 얻을 수 있다는 신념이나 기대를 자기존중감(Self-Esteem)이라고 하였다.

— 해설 체크! —

① 사회학습이론은 사회적 학습이 심상·사고·계획 등의 인지적 활동에 의해 이루진다고 본다. 또한 동기에 의해 학습한 행동의 수행가능성을 높일 수 있다고 본다.
③ 사회학습이론은 인간의 행동을 불러일으키는 요인으로서 환경적 자극을 제시하며, 이러한 환경적 자극의 변화를 통해 인간의 행동이 변화할 수 있다고 본다.
④ 반두라(Bandura)는 개인이 자신의 노력으로 원하는 결과를 얻을 수 있다는 신념이나 기대를 자기효율성 또는 자기효능감(Self-Efficacy)이라고 하였다.

정답 ②

12 크럼볼츠(Krumboltz)의 사회학습이론

1. 의의 및 특징

① 학습이론의 원리를 직업선택의 문제에 적용하여 행동주의 방법을 통해 진로선택을 도와야 한다고 주장한다.
② 개인의 성격과 행동은 그의 독특한 학습경험에 의해 가장 잘 설명할 수 있다는 가정하에 진로결정에 영향을 미치는 요인들의 상호작용을 밝히고자 한다.
③ 개인의 진로결정에 영향을 미치는 요인을 크게 환경적 요인과 심리적 요인으로 구분하며, 환경적 요인으로 유전적 요인과 특별한 능력 및 환경조건과 사건을, 심리적 요인으로 학습경험 및 과제접근기술을 제시한다.
④ 환경적 요인은 개인에게 영향을 미치나 일반적으로 개인이 통제할 수 있는 영역 밖에 있는 반면, 심리적 요인은 개인의 생각과 감정과 행동에 결정적인 영향을 미치는 것으로 상담을 통해 변화할 수 있다고 본다.
⑤ 개인의 교육적·직업적 선호 및 기술이 어떻게 획득되며, 교육프로그램·직업·현장의 일들이 어떻게 선택되는지 설명하고자 한다.

2. 개인의 진로결정에 영향을 미치는 요인

① **유전적 요인과 특별한 능력**(Genetic Endowment and Special Abilities)
    개인의 진로기회를 제한하는 타고난 특질을 말함
    예 인종, 성별, 신체적 특징, 지능, 예술적 재능 등
② **환경조건과 사건**(Environmental Conditions and Events)
    환경에서의 특정한 사건이 기술개발, 활동, 진로선호 등에 영향을 미침
    예 취업가능 직종의 내용, 교육훈련가능 분야, 정책, 법, 기술의 발달 정도 등
③ **학습경험**(Learning Experiences)
    • 도구적 학습경험 : 행동에 대한 정적·부적 강화에 의해 이루어짐
    • 연상적 학습경험 : 이전에 경험한 감정적 중립사건이나 자극을 정서적으로 비중립적인 사건이나 자극과 연결시킴으로써 이루어짐
④ **과제접근기술**(Task Approach Skills)
    개인이 환경을 이해하고 그에 대처하며, 미래를 예견하는 능력이나 경향
    예 문제해결기술, 일하는 습관, 정보수집능력, 감성적 반응, 인지적 과정 등

OX Quiz

개인이 환경을 이해하고 그에 대처하며, 미래를 예견하는 능력이나 경향을 학습경험이라고 한다.

정답 X(과제접근기술)

3. 도구적 학습경험과 연상적 학습경험

① 도구적 학습경험
- 주로 어떤 행동이나 인지적인 활동에 대한 정적 또는 부적인 강화를 받을 때 나타난다.
- 정적인 강화는 행동의 반복을 유도하여 관련된 기술을 보다 잘 숙지하도록 하며, 나아가 행동 그 자체에 대해 내적인 흥미를 가지도록 한다.
- 과거의 학습경험은 교육적 · 직업적 행동에 대한 도구(Instrument)로 작용하게 된다.

② 연상적 학습경험
- 이전에 경험한 감정적으로 중립인 사건이나 자극을 정서적으로 비중립적인 사건이나 자극과 연결시킬 때 일어난다.
   예 중병에 걸렸던 사람이 병원에서의 치료로 건강을 회복하였다면, 그는 병원이라는 감정적으로 중립인 자극이 그에게 정적인 영향을 미쳐 나중에 의사가 되는 것을 희망할 수 있다.
- 이러한 과정은 개인의 직접적 학습경험은 물론 간접적(대리적) 학습경험으로도 가능하다.

4. 진로결정요인들의 상호작용에 따른 결과

① 자기관찰일반화(Self-Observation Generalization)
자기 자신의 직접적 혹은 간접적 수행이나 자신의 흥미, 가치를 평가하는 외현적 혹은 내면적인 자기진술을 의미하는 것으로, 선행학습경험에 의해 영향을 받는 동시에 새로운 학습경험의 결과에 영향을 미친다.

② 세계관일반화(World-View Generalizations)
학습경험에 따라 자기가 살고 있는 환경을 관찰하고 이를 일반화하여 또 다른 환경에서 어떤 일이 일어날 것인가를 예측할 수 있게 된다.

③ 과제접근기술(Task Approach Skills)
과제접근기술은 중요한 의사결정상황의 인식, 과제에 대한 현실적인 파악, 자기관찰일반화와 세계관일반화에 대한 검토 및 평가, 다양한 대안의 도출, 대안에 관한 정보수집, 매력적이지 못한 대안의 제거 등의 능력을 포함한다.

④ 행위의 산출(Action Outcomes)
학습경험을 비롯한 앞서 제시된 세 가지의 결과로, 의사결정과 관련된 특수한 행위들로 구성된다.
   예 특정교육훈련에의 지원, 전공의 변경 등

OX Quiz

어떤 행동이나 인지적인 활동에 대한 정적·부적 강화를 받을 때 나타나는 것은 도구적 학습경험이다.

정답 O

핵심예제 12   11년 기출

사회학습이론의 관점에서 내담자가 직업선택을 효율적으로 할 수 있도록 돕기 위해 상담자가 해야 할 일은?

① 직업에서 요구하는 직무내용은 항상 변화할 수 있음을 예측하고 대비한다.
② 내담자가 행동하도록 격려하는 것은 진로상담자의 업무범위가 아님을 인식한다.
③ 내담자가 현재의 특성을 벗어나는 직업을 선택하지 않도록 한다.
④ 내담자가 제기한 문제 이외의 또 다른 의문을 제기하지 않는다.

> **해설 체크!**
>
> 직업에서 요구하는 직무내용은 사회학습이론에서 제시하는 직업선택에 영향을 미치는 요인 중 환경적 요인에 해당한다. 환경적 요인은 또 다시 개인의 타고난 특질과 연관된 유전적 요인 및 특별한 능력, 환경조건 및 사건으로 구분되며, 직무내용은 그중 환경조건과 사건에 포함된다. 환경적 요인은 직업선택과 관련하여 개인에게 영향을 미치나 개인의 통제능력 밖에 있으므로 변화가 불가능하다. 다만, 그 변화양상을 예측하여 사전에 준비 또는 대비하는 것은 가능하다.
>
> 정답 ①

13 저항과 침묵

1. 상담 또는 심리치료를 위한 면담 과정에서의 저항 [21년 기출]

① 저항(Resistance)은 상담이나 심리치료의 진행을 방해하고 현재상태를 유지하려는 내담자 또는 환자의 의식적 혹은 무의식적 사고와 감정을 말한다.
② 내담자는 처음 상담에 임할 때 자연스럽게 불안과 긴장을 느끼게 되며, 그로 인해 일종의 자기보호를 위한 노력의 일환으로 자신을 개방하지 않으려는 저항반응을 보이게 된다.
③ 상담 또는 심리치료를 위한 면담과정에서 나타나는 저항의 유형은 다음과 같다.

구 분	특 징
침 묵	상담자의 질문에 아무런 대답을 하지 않거나 생각이 떠오르지 않는다며 대답을 회피한다.
말을 많이 함	자신의 감정을 회피하기 위해 또는 상담자의 개입을 방해하기 위해 말들을 사용한다.
검열·편집	자신의 핵심감정이 드러나는 것을 막기 위해 생각을 가려 말하거나 적절하게 편집한다.
일반화	자신의 감정이나 자신이 처한 상황에 대해 자세하게 밝히는 것을 피하기 위해 일반적인 용어로써 표현한다.
지식화	상담자에게 어떠한 영향을 주기 위해 또는 상담자가 원하는 답변을 하기 위해 의도적으로 말을 선택한다.
핑 계	다양한 이유를 제시하며 약속시간을 자주 변경하거나 상담회기를 다음으로 미룬다.

2. 심리치료 과정에서 저항의 이유 [05, 10, 13, 17년 기출]

① 환자는 자신의 익숙한 행동을 변화시키는 데 대해 불안과 위압감을 느낀다.
② 환자가 문제증상으로 인해 주변의 도움을 받으며 자신의 행동에 제지를 덜 받는 등의 2차적 이득을 포기하기 어렵다.
③ 환자가 자신의 변화로 인해 주변 사람들의 시선이나 태도가 부정적으로 변할 수 있다는 생각에 두려움을 느낀다.
④ 환자가 변화를 원하더라도 주변의 중요인물들이 현상태를 유지하기를 원한다.

OX Quiz

상담 혹은 면담과정에서 나타나는 저항의 유형에는 침묵, 일반화, 무시, 핑계 등이 있다.

정답 X(무시는 아님)

3. 저항의 처리방법

① 저항은 일종의 자기보호를 위한 노력이므로, 상담자는 내담자의 저항을 자연스럽게 나타나는 반응으로 이해하고 존중하도록 한다.
② 상담자는 내담자가 전혀 동기화되지 않거나 저항감을 나타내는 경우 저항의 목적이 무엇인지 파악하도록 한다.
③ 상담자는 공감, 감정이입, 대안제시, 목적행동에 대한 직면 등을 통해 내담자의 저항을 다루도록 한다.
④ 상담자는 내담자가 지속적으로 저항을 보이는 경우 내담자와의 상담관계를 재점검하도록 한다.

> **OX Quiz**
> 직면은 매우 주의하여 사용해야 하는 기법이므로 저항 발생 시에는 웬만하면 사용하지 않도록 한다.
> 정답 X(직면 등을 통해 저항을 다루어야 함)

4. 상담 또는 심리치료를 위한 면담과정에서의 침묵   22, 23, 24년 기출

① 경험이 부족한 상담자의 경우 내담자의 침묵(Silence)을 내담자의 의사소통능력 부족 또는 불안이나 불만 등의 감정적 문제로 간주하는 경향이 있다.
② 대개의 경우 내담자가 자기 자신을 음미해 보거나 머릿속으로 생각을 간추리는 과정에서 침묵이 발생하므로, 이때의 침묵은 유익한 필요조건이 된다.
③ 상담자는 조용한 관찰자의 태도로써 내담자의 침묵을 섣불리 깨뜨리려 하지 말고, 인내심을 가지고 어느 정도 기다려 보는 것이 바람직하다.
④ 상담관계가 잘 이루어지지 않거나 상담자에 대한 저항으로 침묵이 발생하는 경우, 상담자는 무조건 기다릴 것이 아니라 침묵과 그 원인이 되는 내담자의 숨은 감정을 언급하고 다루어 나가야 한다.

5. 침묵의 발생원인

① 내담자가 상담초기 관계형성에서 두려움을 느끼는 경우
② 상담 중 논의된 것에 대해 내담자가 이를 음미하고 평가하며 정리하려는 경우
③ 내담자가 상담자에게 적대감을 가지고 저항하는 경우
④ 내담자가 자신의 말에 대한 상담자의 확인이나 해석을 기대하고 있는 경우
⑤ 내담자가 자신의 감정표현으로 인한 피로에서 회복하고 있는 경우
⑥ 내담자가 다음에 무엇을 논의할 것인지 상담자로 하여금 결정해 주기를 기다리고 있는 경우
⑦ 내담자가 할 말이 더 이상 생각나지 않거나 무슨 말을 해야 할지 모르는 경우
⑧ 내담자가 자신의 생각이나 느낌을 표현하고자 노력하고 있음에도 불구하고 적절한 표현이 떠오르지 않는 경우

> **OX Quiz**
> 상담자는 조용한 관찰자의 태도로써 내담자의 침묵을 섣불리 깨뜨리려 하지 말고, 인내심을 가지고 어느 정도 기다려보는 것이 바람직하다.
> 정답 O

6. 침묵의 처리방법

① 제1단계 내담자에게 말하지 않은 생각에 대해 질문하기
② 제2단계 침묵의 내용과 다른 직접적인 질문하기
③ 제3단계 내담자가 다시 이야기를 할 때까지 기다리기
④ 제4단계 침묵 뒤에 숨어 있는 의미에 대해 헤아리기

> **OX Quiz**
> 침묵이 발생했을 때 내담자가 이야기를 할 때까지 기다리는 방법은 옳지 않다.
> 정답 X(처리방법 중 하나에 해당)

핵심예제 13   05, 10, 13, 17년 기출

심리치료과정에서 저항이 일어나는 일반적인 이유와 가장 거리가 먼 것은?

① 환자가 변화를 원할지라도 환자의 삶에 중요한 영향을 미치는 타인들이 현상태를 유지하도록 방해할 수 있기 때문이다.
② 부적응적 행동을 유지함으로써 얻는 2차적 이득을 환자가 포기하기 어렵기 때문이다.
③ 익숙한 행동을 변화시키려는 시도가 환자에게 위협을 주기 때문이다.
④ 치료자가 가진 가치나 태도가 환자에게 위협적이기 때문이다.

해설 체크!

④ 저항은 내담자 자신의 내밀한 감정이나 억압된 생각이 의식에 의해 각성되거나 외부로 표출되는 것에 대해 불안을 느낌으로써 나타난다.

심리치료과정에서 저항의 이유
- 환자는 자신의 익숙한 행동을 변화시키는 데 대해 불안과 위압감을 느낀다.
- 환자가 문제 증상으로 인해 주변의 도움을 받으며 자신의 행동에 제지를 덜 받는 등의 2차적 이득을 포기하기 어렵다.
- 환자가 자신의 변화로 인해 주변 사람들의 시선이나 태도가 부정적으로 변할 수 있다는 생각에 두려움을 느낀다.
- 환자가 변화를 원하더라도 주변의 중요 인물들이 현 상태를 유지하기를 원한다.

정답 ④

14 해석 `25년 기출`

1. 해석의 이해

① 해석(Interpretation)은 내담자가 새로운 방식으로 자신의 문제를 돌아볼 수 있도록 사건들의 의미를 설정해주고, 그 문제를 새로운 각도에서 이해할 수 있도록 생활경험 및 행동의 의미에 대해 설명하는 것이다.
② 외견상 분리되어 있는 내담자의 말 또는 사건들의 관계를 연결하거나 방어, 저항, 전이 등을 설명한다.
③ 내담자의 사고, 행동, 감정의 패턴을 드러내거나 이를 통해 나타나는 문제를 이해할 수 있도록 새로운 틀을 제공한다.
④ 내담자에게 자신에 대한 통찰을 촉진하고 자기통제력을 향상하도록 한다.
⑤ 내담자에게 자신의 감정을 파악하여 그 원인을 이해하도록 함으로써 좀 더 자유롭게 감정을 인정하고 받아들일 수 있도록 한다.

2. 해석의 수준

① 내담자의 참조체계와 상담자가 해석을 통해 제공하는 참조체계 간의 간격 또는 차이의 정도로 볼 수 있다.
② 해석은 해석자의 이론적 입장에 따라 다르므로 성공적인 상담을 위해서는 여러 수준의 의미와 다양한 표현으로 해석할 수 있어야 한다.
③ 해석에 실패했을 때 상담자는 그 원인을 생각해 보고 내담자에게서 보다 의미 있는 반응을 이끌어 낼 수 있도록 하는 것이 바람직하다.

3. 해석의 표출 `16년 기출`

① 직접적인 진술

당신은 평소 아버지의 독선적이고 권위적인 태도에 대해 반감을 가지고 있습니다. 그래서 다른 사람들도 당신을 이해하기는커녕 당신에게 일방적으로 어떤 지시를 내리고 있다고 생각하고 있고요.

OX Quiz

해석은 해석자의 이론적 입장에 따라 다르므로 성공적인 상담을 하기 위해서는 여러 수준의 의미와 다양한 표현으로 해석할 수 있어야 한다.

정답 O

② 가설의 사용

내가 당신의 아버지를 기억나게 하는 것은 아닌지 의문스럽군요. 당신은 아버지가 모든 것을 아는 것처럼 행동한다고 말했는데요. 혹시 그와 같은 생각이 평소 아버지에 대해 가지고 있던 부정적인 감정과 연관이 있는지 궁금하군요.

③ 질문의 사용

당신은 아버지와의 좋지 못한 관계 때문에 다른 사람들에 대해서도 신뢰감을 가질 수 없다고 생각하고 있는 건 아닌가요?

4. 해석의 제시형태

① 잠정적 표현

상담자가 판단한 내용을 단정적으로 해석해 주기보다는 암시적이거나 잠정적인 표현을 사용한다. 또한 내담자의 저항을 줄이기 위해 부드러운 표현을 사용한다.

> 예 부적절한 표현
> - 그것이 바로 당신의 문제입니다.
> - 나는 당신이 ~ 해야 한다고 생각합니다.
>
> 예 적절한 표현
> - 그것인 것 같은데요. 그 점을 가장 고려해야 할 것 같습니다.
> - 이 생각에 찬성을 하는지요?

OX Quiz

상담 시 상담자가 판단한 내용을 잠정적으로 해석하기보다는 암시적이거나 단정적인 표현을 사용해야 한다.

정답 X(잠정적↔단정적)

② 점진적 진행

상담자의 해석은 내담자의 생각보다 뒤늦어서도 안 되고 너무 앞서서도 안 된다. 내담자가 생각하거나 느낀다고 믿는 방향으로 점차적으로 진행하여야 한다.

> 예 내담자는 아버지와의 의사소통에서 어려움을 보이고 있다.
> 내담자 : 아버지께 그런 이야기를 하기가 무척 어려워요.
> 상담자 : 그런 이야기가 아버지의 심기를 불편하게 할 것 같은 두려움이 있는지도 모르지요.
> 내담자 : 그래요. 하지만 아버지께 직접 말씀드려야 하는지에 대해서는 잘 모르겠어요.
> 상담자 : 그건 용기가 필요한 일이지요. 그런데 당신은 그걸 말씀드려야겠다고 생각하고는 있군요. 그렇게 하는 것이 스스로 마음을 정리하고 아버지에게서 이해를 받을 수 있는 길이라는 말이지요. 아버지께 이야기하고 나면 마음이 한결 가벼워질 수 있겠네요.
> 내담자 : 예. 일단 말씀을 드리고 나면 더 이상 심각하게 고민할 것 같지는 않아요.
> 상담자 : 그런 것이 마음의 부담을 떨치는 과정이라고 할 수 있겠지요.

③ 반복적 제시

내담자가 해석된 내용을 이해하지 못하거나 저항을 하는 경우, 상담자는 적절한 때에 부수적인 경험적 증거를 제시하면서 해석을 반복해야 한다. 이는 흔히 내담자가 처음의 해석을 이해 또는 수용하지 못하다가 나중에 이해하는 경우가 많기 때문이다.

> 예 내담자는 형에 대한 열등감을 가지고 있다.
> 상담자 : 오늘 네가 그런 행동을 한 것을 보면, 너의 형이 집에 없어야 네가 마음 놓고 지낼 수 있을 것 같다는 느낌을 가지고 있는 모양이구나.
> 내담자 : 꼭 그런 것은 아니에요. 형과 대화가 잘될 때도 있어요.
> 상담자 : 형이 너의 자존심을 건드리지 않는 경우에는 대화가 그런대로 잘 이루어지겠지. 하지만 역시 형이 집에 없어야 네가 형에 대한 열등감을 잊고 마음 편히 있을 수 있으니 말이지.

④ 질문형태의 제시

해석은 내담자를 관찰하여 얻은 예감이나 가설을 토대로 하므로 가능한 한 질문형태로 제시하여 내담자 스스로 해석하도록 돕는다. 해석적 질문형태는 선도적 질문, 의미탐색적 질문, 해석적 질문, 직면적 질문 등이 포함된다.

> 예 선도적 질문 : 그와 같은 생각에 대해 조금 더 이야기를 해 보시겠어요?
> 예 의미탐색적 질문 : 그것이 당신에게 어떤 의미가 있는지요?
> 예 해석적 질문 : 지금 당신이 여자에 대해 불신감을 가지게 된 것은 당신의 어머니가 당신을 잘 돌보지 못했다는 생각 때문인지요?
> 예 직면적 질문 : 당신은 그렇게 당신 자신을 계속적으로 학대해도 괜찮다고 생각하는지요?

⑤ 감정몰입을 위한 해석

흔히 초심자들은 내담자의 생각이나 내면적 동기만을 지적으로 해석하려는 경향이 있다. 그러나 유능한 상담자는 지적인 차원보다는 감정적 차원에 해석의 초점을 두는 경향이 있다.

> 예 당신은 그 친구들에 대해 마치 무관심한 제삼자인 것처럼 이야기를 하는데요. 실제로 그 친구들과 함께 있을 때는 어떤 느낌이 드는지요?
> 예 당신은 그 남자가 결혼한 것에 대해 이야기를 할 때마다 뭔가 석연치 않은 표정을 지어보이는데요. 당신이 아직도 그 사람과의 이별로 인한 상처에서 완전히 벗어난 것은 아니라는 느낌이 드는군요.

OX Quiz

유능한 상담자는 감정적 차원이 아닌 지적인 차원에 해석의 초점을 두어야 한다.

정답 X(감정적 차원에 초점)

핵심예제 14　　　　　　　　　　　　　　　　　　　　　16년 기출

다음 상담치료에서 사용된 상담 기술은?

> 내담자 : 당신은 나에 대해 모든 것을 아는 것처럼 행동하지만, 당신은 아무 것도 몰라요.
> 상담자 : 내가 당신의 아버지를 기억나게 하는 것은 아닌지 의문스럽군요. 당신은 아버지가 모든 것을 아는 것처럼 행동한다고 말했었지요.

① 재진술　　　　　　　　② 직면(도전)
③ 해 석　　　　　　　　④ 감정반영

해설 체크!

해 석
내담자가 새로운 방식으로 자신의 문제들을 돌아볼 수 있도록 사건들의 의미를 설정해주고, 자신의 문제를 새로운 각도에서 이해할 수 있도록 그의 생활 경험과 행동, 행동의 의미를 설명해 주는 것

정답 ③

15. 심리평가의 이해　　　　　　　　　　　　　　　　24년 기출

1. 의 의

① 심리평가는 심리검사와 상담(면담), 행동관찰, 전문지식 등 여러 가지 방법을 토대로 자료를 수집하고, 이를 토대로 종합적인 평가를 내리는 전문적인 작업과정이다.
② 인간에 대한 심리학적 지식, 정신병리와 진단에 대한 지식, 임상적 경험 등을 통해 이루어지는 지식과 이론의 통합과정이다.
③ 단순히 심리검사의 결과를 제시하는 것이 아닌 다양한 정보의 종합을 통해 문제해결에 도움을 제공하는 문제해결의 과정에 해당한다.
④ 상담에서의 평가란 상담자가 개입하기 전에 개입할 방식, 개입할 시기와 강도, 개입할 영역 등에 대해 전문적으로 판단하고 결정하기 위해 내담자의 인지적·정서적·사회적 측면에 대한 다양한 정보를 수집하고 수집된 정보를 종합하여 내담자에 대한 최종적인 해석과 판단을 내리는 과정을 의미한다.

OX Quiz

심리평가는 단순히 심리검사의 결과를 제시하는 것이 아닌 다양한 정보의 종합을 통해 문제해결에 도움을 제공하는 문제해결의 과정에 해당한다.

정답 O

2. 목적 및 기능

① 임상적 진단을 명료화 및 세분화한다.
② 증상 및 문제의 심각도를 구체화한다.
③ 자아강도를 평가한다.
④ 인지기능을 측정한다.
⑤ 적절한 치료유형을 제시하고 효율적인 방법에 대해 제언한다.
⑥ 치료전략을 기술한다.
⑦ 환자를 치료적 관계로 유도한다.
⑧ 치료에 대한 환자의 반응을 검토하고, 치료효과를 평가한다.

> **OX Quiz**
> 심리평가를 통해 환자를 치료적 관계로 유도할 수 있다.
> 정답 O

3. 주요내용

① 인지기능에 대한 평가
- 전반적인 지적 기능에 대한 평가
- 논리적·추상적 사고능력, 주의집중력 등에 대한 평가
- 문제상황이나 스트레스상황에서의 인지적 대처양식에 대한 평가
- 인지적 능력의 결함이나 장애, 취약성 등에 대한 평가

② 성격역동에 대한 평가
- 불안, 우울, 충동성, 공격성 등 현재 정서상태에 대한 평가
- 내담자의 문제에 영향을 미치는 정서적 측면에 대한 평가
- 내담자의 문제와 성격적인 특성의 관련성에 대한 평가
- 자아강도, 정서조절, 충동통제력에 대한 평가

③ 대인관계에 대한 평가
- 가족, 친구, 동료, 타인과의 상호적 대인관계에 대한 평가
- 대인관계의 양상 및 패턴에 대한 평가
- 대인관계에서의 기능 및 역할수행에 대한 평가

④ 진단 및 감별진단
- 검사결과 및 검사수행 시 나타난 정서적·행동적 양상에 대한 평가
- 생활사적 정보 등을 포함한 종합적 평가
- 성격장애, 기분장애, 정신지체(지적 장애) 등 정신의학적 진단분류

⑤ 예후 및 방향 제시
- 문제의 해결을 위한 적절한 치료유형 및 치료전략의 제시
- 치료적 경과 및 앞으로의 행동에 대한 예측

4. 일반적인 과정

① 제1단계 : 검사 전 면담
- 검사 전 면담 과정을 통해 심리검사가 의뢰된 목적, 심리검사를 통해 알고자 하는 정보, 수검자의 동기, 욕구, 기대 등을 파악할 수 있다.
- 면담내용은 검사선정 및 검사진행방식과 관련하여 결정적인 정보를 제공해 주며, 심리검사를 통해 제공되는 내용과 관련하여 수검자와 합의를 할 수 있게 된다.

② 제2단계 : 검사 계획 및 심리검사 선정
- 검사내용을 중심으로 검사목적에 가장 만족스러운 해결책을 줄 수 있는 검사를 선택하며, 검사의 심리측정적 요건을 중심으로 선택이 이루어진다.
- 심리검사를 선택할 때에는 검사의 신뢰도와 타당도를 검토하며, 검사의 실용성을 고려해야 한다.

③ 제3단계 : 검사환경 조성
- 검사자는 수검자를 만나는 초기단계에서부터 라포형성에 주의를 기울여야 한다. 이를 위해 수검자가 검사과정에서 경험할 수 있는 정서를 충분히 이해하며, 그에 대해 적절히 대처할 수 있어야 한다.
- 심리검사와 관련하여 수검자 변인, 검사자 변인, 검사상황 변인을 고려하며, 그와 같이 검사반응에 영향을 미칠 수 있는 조건들을 통제하기 위해 노력해야 한다.

④ 제4단계 : 검사 실시와 행동관찰
- 심리검사는 개별적인 검사를 중심으로 시행할 수도 있으나 심리검사 배터리로 실시하기도 한다. 특히 수검자에 대한 폭넓은 자료를 수집하기 위해 배터리 심리검사를 실시하는 경우 어떤 종류의 검사를 사용할 것인지, 어느 순서로 시행할 것인지를 고려해야 한다.
- 검사자는 행동관찰을 통해 수검자의 심리검사에 대한 정서적 반응, 수검자의 태도를 비롯하여 전반적인 행동특징을 관찰한다. 특히 다른 사람 또는 다른 장면에서는 관찰할 수 없는 비일상적 행동이나 수검자만의 특징적인 행동을 주로 기술하며, 이를 상황적 맥락과 함께 구체적인 용어로 설명하는 것이 바람직하다.

⑤ 제5단계 : 검사채점 및 결과해석
- 심리검사의 채점과 관련하여 객관적 검사의 경우 자동프로그램을 널리 이용하고 있으나, 투사적 검사의 경우 검사실시는 물론 채점에 있어서 고도의 훈련이 요구된다. 따라서 검사자는 채점방식에 대한 수련을 통해 숙달된 실력을

OX Quiz
객관적 검사의 경우 고도의 훈련이 요구되지만 투사적 검사의 경우 자동프로그램을 널리 이용한다.
정답 X(객관적 ↔ 투사적)

갖추어야 하며, 수검자의 특이 반응에서 유용한 해석적 자료를 얻을 수 있도록 노력해야 한다.
- 검사결과의 해석은 검사자의 수련교육이나 전문가로서의 경험, 연구결과에 따라 큰 차이가 있으므로, 검사자는 심리검사 결과해석의 타당성과 전문성을 높이기 위해 노력해야 한다.

⑥ 제6단계 : 검사 후 면담
- 검사 후 면담의 목적은 수검자의 개인력과 과거력에 관한 정보를 통해 수검자 개인을 좀 더 정확히 이해함으로써 검사결과를 보다 전문적으로 해석하기 위해서이다.
- 주거환경, 직업 상황, 경제적 문제, 현재 상황에 대한 개인의 판단 등 현재 생활상황과 함께 가족성원 및 주요가족관계 등의 가족배경, 그리고 출생 및 초기발달, 교육적·사회적 발달, 직업력, 성적 적응 및 결혼적응 등 발달적 개인력에 대한 조사가 이루어진다.

⑦ 제7단계 : 종합평가 및 진단
- 종합평가에서는 심리검사를 통해 수집된 자료들을 주제별로 분류하고, 각 주제 영역에서 자료들의 공통적인 내용들을 정리한다. 또한 종합적으로 정리된 전체 내용 중 핵심적·특징적 내용을 찾아내며, 수검자의 강점과 취약성을 구별해 본다.
- 종합적으로 정리한 내용은 보고서로 기술하여 의뢰인이나 의뢰기관에 제시한다.

⑧ 제8단계 : 검사결과에 대한 면담
- 수검자에게 검사결과에 대한 피드백을 제공하는 것은 그 과정 자체가 수검자에게 다양한 효과를 나타내기 때문이다.
- 검사결과를 알려주는 것은 수검자의 자존감을 높이며, 수검자에게 희망을 가지도록 해 준다. 또한 스스로를 통찰할 기회를 제공하며, 이후 치료나 상담에 적극적으로 참여할 수 있도록 해 준다.

5. 심리평가보고서의 구성형식

① 제목 및 내담자에 관한 정보
제목, 작성자 및 내담자의 이름, 평가한 날짜 및 장소, 내담자의 성별, 생년월일, 결혼상태, 참고자료, 의학적 기록 등

② 의뢰된 이유 및 원천
내담자의 의뢰와 연관된 사람, 장소(기관), 의뢰된 이유, 특별히 의뢰된 질문 등

③ 평가도구 및 절차
사용되는 평가의 목록, 평가의 절차 등

> **OX Quiz**
>
> 수검자에게 검사결과에 대한 피드백을 제공하는 것은 그 과정 자체가 수검자에게 다양한 효과를 나타내기 때문이라는 내용은 심리평가의 일반적인 과정 중 '검사결과에 대한 면담'에 해당한다.
>
> 정답 O

> **OX Quiz**
> 심리평가보고서는 제목 및 내담자에 관한 정보, 의뢰된 이유, 평가점수 및 절차 등으로 구성된다.
>
> 정답 X(평가점수→평가도구)

④ 행동관찰

내담자의 용모 및 외모, 말과 표현, 면담태도, 언어적·비언어적 의사소통능력 등

⑤ 평가결과에 대한 해석

내담자의 신체적·정신적·정서적 기능, 인지능력, 행동수행능력, 대인관계능력 등

⑥ 생활사적 정보와 평가결과의 통합

내담자의 현재 상태에 대한 심리적 평가, 잠정적 결론을 유추하기 위한 과정

⑦ 요약 및 권고

보고서의 중요 부분에 대한 정리·기술, 진단에 대한 정보제공, 치료적 개입에 대한 건의 및 그로 인해 발생할 수 있는 문제 등

핵심예제 15

04, 11, 13년 기출

심리검사를 실시하거나 면접을 시행하는 동안 임상심리학자가 취해야 할 태도로 적합한 것은?

① 행동관찰에서는 다른 사람 또는 다른 장면에서는 관찰할 수 없는 비일상적인 행동이나 그 환자만의 특징적인 행동을 주로 기술한다.
② 관찰된 행동을 기술할 때에는 구체적인 행동을 기술하기보다 불안하다거나 우울하다와 같은 일반적 용어를 사용하는 것이 좋다.
③ 정상적인 적응을 하고 있는 사람들이 흔히 보이는 일반적인 행동까지 평가보고서에 포함시키는 것이 좋다.
④ 평가보고서에는 주로 환자의 특징적인 행동과 심리검사결과만 보고하며, 외모나 면접자에 대한 태도, 의사소통방식, 사고, 감정 및 과제에 대한 반응은 보고할 필요가 없다.

> **해설 체크!**
> ② 관찰된 행동을 기술할 때에는 어떤 상황에서 어떤 방식으로 불안을 나타내는지를 구체적인 용어로 설명하는 것이 바람직하다.
> ③ 심리평가가 임상적·병리적 측면에서 유의미한 특징적 양상을 보이거나 적절한 치료를 필요로 하는 내담자 또는 환자를 대상으로 하는 것이 아닌 정상적 적응상태를 나타내 보이는 사람을 대상으로 하는 경우, 임상적으로 무의미한 일반적 행동까지 심리평가보고서에 포함시키는 것은 효과적이지 못하다.
> ④ 평가보고서에는 주로 환자의 특징적인 행동과 심리검사결과뿐만 아니라 외모나 면접자에 대한 태도, 의사소통방식, 사고, 감정 및 과제에 대한 반응에서 특징적인 내용까지 포함시키는 것이 좋다.
>
> 정답 ①

16 임상장면의 초기면담

20, 22년 기출

1. 임상적 면접의 종류

09, 12, 15, 19년 기출

① 진단 면접(Diagnostic Interview)
- 환자를 진단·분류하기 위한 것으로, 환자의 증상을 중심으로 그것이 어떠한 장애범주에 해당하는지 장애유형을 구분한다.
- 정신질환자를 진료하는 임상장면에서 주로 사용하는 방법으로, 환자의 증상이 무엇인지, 언제부터 증상이 나타났는지, 과거력 및 경과는 어떠한지 등을 면접한다.
- 보통 비구조화된 면접인 경우가 많으며, 그로 인해 신뢰성 및 타당성이 결여된 양상을 보인다.

② 접수 면접(Intake Interview)
- 상담신청과 정식상담의 다리 역할을 하는 절차로, 환자가 도움을 받고자 내원했을 때 내원한 기관에 대한 소개 및 환자의 치료동기에 대하여 면접한다.
- 초기 접수 면접에서 확인해야 할 가장 중요한 정보는 내담자의 호소문제, 즉 주문제(주호소문제)이다. 주문제에는 내담자의 말을 통해 표현되는 표면적 문제와 함께, 표정, 태도 등으로 표현되는 심층적 문제가 포함된다.
- 환자의 요구와 임상장면에 대한 기대, 임상장면의 특징에 대한 소개, 치료적 동기와 대안적 치료방법 등에 초점을 둔다.

③ 사례사 면접(Case-History Interview)
- 환자의 개인적 혹은 사회적 과거력을 중심으로 환자와 환자의 문제의 배경 및 맥락을 파악하기 위한 것이다.
- 환자의 핵심문제나 핵심정서를 다루기보다는 환자의 과거사건과 사실에 주로 초점을 맞추는 것으로, 환자의 과거력에 관한 자료는 환자를 이해하는 데 매우 중요한 단서가 된다.
- 환자의 아동기 경험, 부모·형제와의 관계, 학교 및 직장생활, 결혼생활, 직업적 흥미와 적응정도 등에 관한 정보를 얻는다.

2. 임상장면의 초기 면담 과정에서 내담자에 대한 행동관찰

25년 기출

① 말과 표현
목소리의 강도와 고저, 말의 속도와 반응시간, 말하기의 용이성, 말투 등

기출키워드

20년 1회 / 22년 1회 / 24년 3회

초기 접수 면접
- 환자가 미래 문제들을 잘 다룰 수 있는지를 파악하는 것은 본 상담 혹은 진단 과정에서 다루어져야 할 내용에 해당된다.
- 접수 면접은 환자로부터 의뢰되어 상담실에 방문한 내담자에게 임상가가 최초로 하게 되는 면접이다.
- 즉, 내담자에 대한 주호소문제 등의 정보를 수집하여 적절한 상담자를 배정하기 위하여 본 상담 이전에 실시하는 초기 면접 과정을 말한다.

② 신체동작

불안반응에 의한 동작(손이나 발의 무의미한 움직임), 상동증적 행위 등

③ 면담태도

경직되거나 웅크린 자세, 다리를 꼬고 비스듬히 앉는 자세, 시선의 회피 등

④ 용모 및 외모

화려하거나 부적절한 복장상태, 불결하거나 깔끔한 위생상태, 키, 몸무게, 안색 등

⑤ 정서적 반응

말이나 행동에서 나타나는 불안이나 긴장의 표출, 감정의 억제, 부적절한 감정적 표현 등

⑥ 이해력

사고력 · 논리력 · 추리력, 상황판단능력, 지남력 등

⑦ 의사소통능력

언어적 · 비언어적 의사소통능력, 일탈된 언어, 자폐적 언어 등

3. 임상적 면접의 내용

① 환자에 대한 신상정보(Identifying Information)

환자의 이름, 성별, 연령, 거주지, 연락처, 결혼상태, 직업상태, 의뢰자 등

② 주호소문제(Chief Complaint)

환자의 욕구, 도움을 받고자 하는 내용 및 이유에 대한 진술, 문제의 강도 및 지속기간 등

③ 현재 병력(History of Present Illness)

증상의 발전 및 변화과정, 치료경력, 증상에 대한 대응노력 등

④ 과거 병력(Past Health History)

정서상태에 영향을 미치는 신체적 질병의 유무, 이전 정신적 혼란의 삽화(Episode), 처방된 약물 및 다른 약물의 사용 등

⑤ 병전성격(Premorbid Personality)

현재 기능수준에 대한 기저선 파악, 병전성격에 대한 평가 등

⑥ 개인력(Personal History)

신체적 · 심리적 문제에 대한 내력, 아동기 및 청소년기의 발달적 경험, 교육 · 직업 · 결혼의 과정 등

⑦ 가족력(Family History)

아동기와 청소년기의 가정환경, 부모의 성격 및 사회적 지위, 부모와의 관계, 직계가족의 정신과적 병력 등

OX Quiz

임상적 면접의 내용에는 주호소문제, 병전성격, 개인력, 가족력 등이 포함될 수 있다.

정답 O

⑧ 정신상태검사(Mental Status Examination) 24년 기출

용모 및 외모, 면담태도, 정신운동활동, 정서적 반응, 언어와 사고, 감각과 지능, 기억력과 지남력 등

⑨ 권고사항(Recommendation)

특정한 문제 또는 목표증상에 대한 적절한 치료종류 및 방법의 제시

4. 접수 면접의 목적 14, 21년 기출

접수 면접은 가장 적절한 치료나 중재계획을 권고하고 환자의 증상이나 관심을 더 잘 이해하기 위해 실시한다.

① 문제확인

내담자의 실제문제가 무엇인지 정확하게 파악하며, 치료자나 치료기관에서 그에 관한 적절한 서비스를 제공할 수 있는지 평가한다.

② 라포(Rapport)형성

내담자가 일반적으로 보이는 두려움과 양가감정을 해소하기 위해 치료자와 상호 긍정적인 친화관계를 형성한다.

③ 의 뢰

내담자의 문제와 욕구를 치료자나 치료기관에서 해결할 수 없는 경우 혹은 문제해결에 더욱 적합한 기관이 있는 경우 다른 기관으로 내담자를 보낸다. 의뢰 시에는 반드시 내담자의 동의가 필요하다.

5. 접수 면접의 내용

① 접수 면접을 위한 기본정보

접수 면접의 날짜, 내담자 및 면접자의 이름, 내담자의 생년월일 등

② 내담자의 호소문제

내담자가 상담을 받으려는 목적, 상담소를 찾게 된 배경 등

③ 내담자의 최근 기능상태

대인관계능력, 학업수행능력 등 내담자의 최근 6개월간 기능수행 정도

④ 스트레스의 원인

내담자가 문제를 바라보는 시각, 내담자의 스트레스조건 등

⑤ 개인사 및 가족관계

과거 동일한 문제에 대한 내담자의 대처방식, 내담자의 호소문제에 대한 가족들의 행동 및 태도 등

OX Quiz

접수 면접의 목적인 의뢰 시에는 반드시 내담자의 동의가 필요하다.

정답 O

기출키워드

21년 3회

접수 면접의 목적

※ 필기시험에는 접수 면접의 주요 목적과 거리가 먼 것을 고르도록 하는 문제가 출제되었습니다.

⑥ 외모 및 행동

   내담자의 옷차림, 두발 상태, 표정, 말할 때의 특징, 시선의 적절성 등

⑦ 면접자의 소견

   내담자에 대한 느낌·인상, 내담자에 대한 관찰내용, 상담계획에 대한 의견 등

6. 상담 초기 단계에서 비자발적 내담자 다루기 `21년 기출`

① 대부분의 상담은 내담자가 스스로 도움을 받고자 자발적으로 상담을 요청하는 것을 전제로 하지만, 비자발적으로 의뢰되어 상담자에게 오는 경우도 있다.

② 비자발적 내담자와 상담할 때 상담자의 주요 과업은 내담자 스스로 자신의 문제를 지각할 수 있는 기회를 늘리면서 자발적으로 상담에 참여할 수 있도록 하는 것이다.

③ 비자발적 내담자는 상담을 받을 준비가 되어 있지 않기 때문에 저항을 하기 마련이다.

④ 따라서 상담자는 먼저 내담자의 동기 수준을 확인하고 동기 수준이 낮다면 상담에 임할 수 있도록 동기화하는 작업을 수행함으로써 내담자의 저항을 완화시키고 내담자를 본격적인 상담 과정으로 끌어들이도록 한다.

핵심예제 16 `09, 12, 19년 기출`

다음 중 접수 면접에서 반드시 확인되어야 할 사항과 가장 거리가 먼 것은?

① 인적사항
② 주호소문제
③ 내원하게 된 직접적 계기
④ 문제의 원인으로 추정되는 어린 시절의 경험

해설 체크!

내담자의 주요문제의 원인이 되는 것으로 추정되는 어린 시절의 발달상 문제, 학교생활 및 친구관계, 부모의 이혼, 신체적·심리적 외상 및 치료경험, 성적 발달이나 성적 경험 등에 대한 정보는 특히 정신역동적 면담의 사정 또는 진단과정에서 확인한다.

정답 ④

17 정신상태검사(MSE) 13, 15, 16, 20년 기출

1. 정신상태검사면접(Mental Status Examination Interview) 24년 기출

① 진단 면접 시 부수적으로 사용되기도 하는 방법으로, 환자의 인지, 정서 혹은 행동상에 문제가 있는지 여부를 신속히 평가한다.
② 환자의 행동 및 태도, 감각기능 및 사고기능, 지각장애, 지남력, 기분 및 정서, 통찰력과 자아개념 등을 검진한다.
③ 직접적 관찰과 질문, 간단한 형태의 검사(예 숫자를 100부터 3씩 빼기, 속담의 의미에 대한 질문 등) 등을 실시하며, 주로 정신병적 이상이나 뇌기능의 손상이 의심될 때 사용한다.
④ 흔히 비구조적으로 행해졌기 때문에 신뢰도가 다소 낮은 한계점이 있었으나, 이 문제를 보완하기 위해 구조적 면접이 고안되었고, 다양한 영역에서 보이는 행동을 포함하기 위해 특별한 질문들이 보완되고 있다.

> **OX Quiz**
> 정신상태검사면접은 주로 정신병적 이상이나 뇌기능의 지체가 의심될 때 사용한다.
> 정답 X(지체 → 손상)

2. 정신상태검사에 포함되는 기술 내용 17, 24년 기출

① 일반적 기술(General Description)
　외양, 행동, 정신활동, 검사자에 대한 태도 등
② 기분 및 정서(Mood and Affect)
　기분, 감정반응성, 정서의 적절성 등
③ 말(Speech)
　말의 양과 질, 속도, 발음 등
④ 지각(Perception)
　환각 및 착각, 관련 감각기관의 내용 및 특징 등
⑤ 사고(Thought)
　사고의 과정 또는 형태, 사고의 내용 등
⑥ 감각 및 인지(Sensorium and Cognition)
　각성 및 의식 수준, 지남력, 기억, 주의집중, 읽기·쓰기능력, 시공간능력, 추상적 사고, 상식과 지능 등
⑦ 충동조절(Impulse Control)
　성적·공격적 및 기타 충동의 조절능력 등
⑧ 판단 및 병식(Judgment and Insight)
　사회적 판단능력, 자신이 병들었다는 사실에 대한 인식정도 등

> **전문가의 한마디**
> 정신상태검사(MSE)에 포함되는 기술내용은 학자·교재마다 약간의 차이를 보이고 있으나 내용상 큰 차이는 없습니다.

⑨ 신뢰도(Reliability)
환자의 신뢰도, 자신의 상황에 대한 정확한 보고능력 등

3. 정신상태검사에서 주목해야 할 환자의 행동 및 심리적 특성 `25년 기출`

① 외모와 외형적 행동에 대한 평가
흔히 이상행동을 나타내는 사람들은 헝클어진 머리, 지저분한 옷차림 또는 화려한 옷차림, 얼굴근육의 떨림, 다리를 떠는 행동, 긴장된 자세 등의 특징적인 행동을 나타낸다. 특히 외모에 신경을 쓰지 않은 채 침울한 표정으로 느린 행동을 보이는 것은 우울증의 진단적 단서가 될 수 있다.

② 사고과정 및 언어행동에 대한 평가
면담과정에서 환자는 사고의 비논리성 혹은 비현실성, 모호함 혹은 혼란스러움, 연상의 이완, 사고의 비약, 말이 지나치게 많거나 적음, 망상적 내용 등을 나타낼 수 있다. 특히 비현실적인 내용을 혼란스럽고 지리멸렬한 논리로 이야기하는 것은 조현병(정신분열증)과 같은 정신병의 진단적 단서가 될 수 있다.

③ 기분 및 정서반응에 대한 평가
면담과정에서 환자는 우울감, 불안감, 고양된 감정, 기분의 급격한 변화, 감정표현의 억제 혹은 제한, 부적절한 감정표현을 나타낼 수 있다.

④ 지적 능력 및 기능수준에 대한 평가
검사자는 간단한 어휘검사나 속담검사, 산수검사 등을 통해 환자의 지적 능력 및 기능수준을 대략적으로 평가할 수 있다.

⑤ 현실감각에 대한 평가
검사자는 환자에게 오늘이 며칠이고 지금이 몇 시이며, 현재 어디에 있고 자신과 상대방은 누구인지에 대해 물어볼 수 있다. 이는 특히 자신이 처한 상황에 대한 올바른 인식능력으로서 지남력과 연관된다.

> **핵심예제 17** `17년 기출`
>
> 정신상태검사(Mental Status Examination) 면접에서 환자를 통해 평가하는 항목이 아닌 것은?
>
> ① 외모와 태도
> ② 지남력
> ③ 정서의 유형과 적절성
> ④ 가족관계

OX Quiz
외모에 신경을 쓰지 않은 채 침울한 표정으로 느린 행동을 보이는 것은 우울증의 진단적 단서가 될 수 있다는 외모와 외형적 행동에 대한 평가특성이다.
정답 O

OX Quiz
면담과정에서 환자 사고의 비논리성, 사고의 비약, 망상적 내용, 지리멸렬함 등은 조현병과 같은 정신병의 진단적 단서가 될 수 있다.
정답 O

> **해설 체크!**
>
> 정신상태검사는 용모 및 외모, 면담 태도, 정신운동 활동, 정서적 반응, 언어와 사고, 감각과 지능, 기억력과 지남력 등을 평가한다.
>
> **정신상태검사(MSE ; Mental Status Examination)에 포함되는 기술 내용**
>
> | 일반적 기술 | 외양, 행동, 정신활동, 검사자에 대한 태도 등 |
> |---|---|
> | 기분 및 정서 | 기분, 감정반응성, 정서의 적절성 등 |
> | 말 | 말의 양과 질, 속도, 발음 등 |
> | 지각 | 환각 및 착각, 관련 감각기관의 내용 및 특징 등 |
> | 사고 | 사고의 과정 또는 형태, 사고의 내용 등 |
> | 감각 및 인지 | 각성 및 의식 수준, 지남력, 기억, 주의집중, 읽기·쓰기 능력, 시공간능력, 추상적 사고, 상식과 지능 등 |
> | 충동조절 | 성적·공격적 및 기타 충동의 조절 능력 등 |
> | 판단 및 병식(통찰) | 사회적 판단능력, 자신이 병들었다는 사실에 대한 인식 정도 등 |
> | 신뢰도 | 환자의 신뢰도, 자신의 상황에 대한 정확한 보고 능력 등 |
>
> 정답 ④

18 가족상담 및 가족치료

21, 25년 기출

1. 가족상담과 가족치료의 의의 및 특징

① 가족집단을 기초로 하여 그 가족이 지닌 장애요소를 완화시키고 사회적 부적응 현상을 변화시킨다.
② 개인을 가족이라는 보다 큰 체계의 일원으로 보며, 가족구조의 변화를 초래함으로써 개인의 위치, 행동 및 정신내적 과정의 변화를 유도한다.
③ 상담자 또는 치료자가 전 가족체계를 상담 혹은 치료의 대상으로 여기고 실시하는 모든 형태의 상담 혹은 치료이다.
④ 가족을 한 단위로 보고 가족 내에 존재하는 역기능적인 요소를 수정 또는 변화시킴으로써 가족기능을 회복시킨다.
⑤ 본래 가족상담은 주로 비의학 분야에서 사용하는 명칭으로, 교육과정 및 상담자의 조력자로서의 역할을 중시한 반면, 가족치료는 주로 의학분야에서 사용하는 명칭으로, 치료과정 및 치료자의 지시적·주도적 역할을 중시한 개념이다. 다만, 현재는 이와 같은 두 가지 개념을 혼용하여 사용하는 경향이 있다.

기출키워드

21년 3회 / 23년 2회
가족치료의 목표
※ 필기시험에는 가족치료의 목표와 가장 거리가 먼 것을 고르도록 하는 문제가 출제되었습니다.

⑥ 최근 가족문제와 관련하여 정신의학, 심리학, 사회사업에서 각기 다양한 접근을 펼치고 있으며, 아동, 청소년, 노인, 부부 간의 상담(치료) 등에서 이를 폭넓게 적용하고 있다.

2. 가족상담의 원리

20, 24년 기출

① 가족체계의 문제성
가족문제는 가족 내 개별성원 한 사람에 대한 정신병리학적 관점보다는 다른 가족성원들과의 관계에서 이루어진다. 따라서 개별성원을 이해하기 위해서는 가족체계 전체의 심리적 특성을 염두에 두어야 한다.

② 문제원인으로서 가족관계
가족관계가 가족성원들의 내면적 심리의 산물이기보다, 내면적 심리과정이 곧 가족관계의 산물이다.

③ 자녀행동과 부모관계
한 자녀의 행동이 부모 간의 갈등의 희생물이기보다는 부모의 비정상적 관계를 유지시키는 데 기여하는 경우가 많다.

④ 현재 상황에 초점
상담자는 현재 상황을 이해할 수 없을 경우와 가족성원들이 과거의 맥락에서 이야기해야만 원활한 상담이 진행될 수 있다고 판단할 경우에만 과거의 사건이나 경험에 대해 묻고 듣는다. 즉, 현재 일어나고 있는 양상이 과거로부터 지금까지 오랫동안 반복되고 있다는 전제하에 현재의 양상에 상담의 초점을 맞추는 것이다.

3. 가족치료의 이론적 근거

① 순환의 사고
- 가족치료의 자율통제기능을 설명하는 기본적인 원리로, 가족성원들의 관계의 흐름 또는 맥락을 만들어 주는 근거로 작용한다.
- 가족성원들 간의 생각이나 감정의 흐름은 그 가족집단이 가지고 있는 맥락으로서 작용한다.
- 개인치료의 기본가정에 해당하는 주체와 객체 간의 일방적 직선구조로서 선형의 원리에 지배되지 않는다.

② 관계와 체제의 생각
- 가족치료의 관계하는 방식에 초점을 두는 원리로서, 가족성원들의 상호작용 방식이 다른 가족이나 집단과 구분되는 전체로서의 특성을 띤다는 점에 주목한다.

> **OX Quiz**
> 가족관계에서 내면적 심리과정이 곧 가족관계의 산물이라는 원리는 가족상담의 원리 중 '가족체계의 문제성'에 해당한다.
> 정답 X(문제원인으로서 가족관계)

- 가족은 자체적으로 전체 구성원들의 행동과 관계하는 양식을 통제 및 조절하여 체제를 변화시켜나가는 이른바 사이버네틱(Cybernetic) 통제-반응메커니즘을 가지고 있다. 따라서 가족의 역사를 통해 만들어진 일정한 형태 및 구조는 가족성원들의 행동에 일정한 방식으로 영향을 미치는 관계의 양식을 만들어낸다.

③ 비합산의 원칙
- 합산의 원칙은 전체가 부분들의 합으로서 해당 부분들은 다시 전체로 환원된다는 것이다. 반면, 비합산의 원칙은 전체가 단순한 부분들의 합이 아닌 그보다 커질 수도 작아질 수도 있으며, 전체는 부분들로 환원되지 않는다는 것이다.
- 가족의 전체적인 모습은 가족성원들의 상호작용 방식에 따라 달라진다. 따라서 가족성원들 개개인에 대한 이해를 통해 가족의 전체적인 모습을 파악할 수는 없다.

④ 구성에 의한 현실
- 구성주의(Constructivism)는 사람들은 어떠한 현상이나 사건을 객관적·보편적으로 지각하기보다는 언어체계를 통한 제한적 경험에 의해 주관적으로 구성한다고 보는 철학적 가정을 토대로 한다.
- 구성주의적 관점은 가족성원들이 가지고 있는 현실을 객관적으로 주어진 현실이 아닌 가족의 역사를 통해 구성하고 만들어 낸 현실로 간주한다. 따라서 가족치료는 가족성원들로 하여금 새로운 현실을 재구성해 나가는 과정을 통해 기존의 문제와 부적절한 믿음을 변경하도록 유도하는 방향으로 전개된다.

⑤ 가족심리와 관계심리
- 가족치료는 가족을 하나의 전체로 생각하고 치료하는 입장에서 가족심리로도 파악할 수 있다.
- 가족치료는 순환성의 원리에 의해 구성원들 내에서의 일정한 흐름으로 파악되며, 이는 하나의 단위로 볼 수 있다. 그러나 생태학을 중심으로 한 최근의 가족치료에 관한 연구는 가족의 순환성이 가족 내에서만 국한되는 것이 아닌 보다 큰 범주, 즉 지역사회나 국가로 확대될 수 있음을 주장하고 있다.
- 가족 내에서의 순환성과 생태학적 입장의 결합은 관계의 측면을 부각시키면서, 가족치료가 단지 가족심리의 범주에 국한되지 않은 채 다양한 체계와의 직접적 또는 간접적인 관계로서 동시적으로 이해될 수 있음을 보여준다.

OX Quiz
가족성원들 개개인에 대한 이해를 통해 가족의 전체적인 모습을 파악할 수 있다.
정답 X(파악할 수 없음)

OX Quiz
가족치료는 가족성원들로 하여금 새로운 현실을 재구성해나가는 과정을 거친다.
정답 O

핵심예제 18　　　　　　　　　　　　　　　　　　　　　　　　　　　　20년 기출

가족상담의 기본적인 원리와 가장 거리가 먼 것은?

① 가족체제의 문제성을 이해하도록 한다.
② 자녀행동과 부모관계를 파악한다.
③ 감정노출보다는 생산적 이해에 초점을 둔다.
④ 현재보다 과거 상황에 초점을 둔다.

> **해설 체크!**
> 가족상담은 일반적으로 현재 상황에 초점을 둔다.
>
> 정답 ④

19 가족치료의 모델

1. 정신분석적 가족치료모델

① 동일시, 통찰, 자기노출, 전이 등의 방법을 사용하여 가족 전체나 개별성원의 내면에 있는 문제들을 정화한다.
② 가족치료의 대상은 개인이 되기도 하고 가족성원 모두가 되기도 하며 필요에 따라 개별치료와 집단치료로 절충된다.
③ 가족성원들의 내적·심리적 갈등을 해결하고 가족성원들 간의 무의식적인 대상관계를 분석함으로써 통찰과 이해, 성장의 촉진, 합리적인 역할분배를 강조한다.
④ 치료자는 가족의 대화 혹은 행동 속에 무의식적으로 억압되어 있는 과거의 잔여물에 대해 탐색하며, 가족성원들과 함께 과거를 훈습한다.

2. 다세대적 가족치료모델

① 보웬(Bowen)이 제안한 것으로서, 개인이 가족자아로부터 분화되어 확고한 자신의 자아를 수립할 수 있도록 가족성원의 정서체계에 대한 합리적인 조정을 강조한다.
② 가족을 일련의 상호관련된 체계와 하위체계로 이루어진 복합적 총체로 인식하여 한 부분의 변화가 다른 부분의 변화를 야기한다고 본다.

OX Quiz

정신분석적 가족치료모델은 동일시, 통찰, 자기노출, 전이 등의 방법을 사용하여 가족 전체나 개별성원의 문제들을 정화한다.

정답 O

③ 불안의 정도와 자기분화의 통합 정도로서 개인의 감정과 지적 과정 사이의 구분 능력을 강조한다. 즉, 정서적인 것과 지적인 것을 분화할 수 있는 능력을 키우는 것으로 미분화된 가족자아집합체(Undifferentiated Family Ego Mass)를 적절하게 분화하는 것이다.
④ 치료자는 가족성원들이 탈삼각화를 통해 미분화된 가족자아집합체로부터 벗어나도록 돕는다.

3. 구조적 가족치료모델   16, 24년 기출

① 미누친(Minuchin)이 제안한 것으로, 가족구조를 재구조화하여 가족이 적절한 기능을 수행할 수 있도록 돕는 방법이다. 개인을 생태체계 또는 환경과의 관계에서 이해한다.
② 가족을 하나의 체계로 보며, 개인의 문제를 정신적 요인보다 체계와의 관련성에 둔다. 또한 가족의 구조를 변화시킴으로써 체계 내 개인의 경험이 변화되어 구조를 평가하고 새로운 구조로 변화시키는 전략을 사용한다.
③ 가족 간의 명확한 경계를 강조하고 특히 하위체계 간에 개방되고 명확한 경계를 수립하는 것을 치료의 목표로 삼는다.
④ 경직된 경계선에서의 분리와 혼돈된 경계선에서의 밀착은 모두 가족문제를 유발할 수 있으므로 명확한 경계선이 설정되어야 하며, 명확한 경계선에서 가족성원들은 지지받고 건강하게 양육되며 독립과 자율이 허락된다.
⑤ 명확한 경계선은 개인체계뿐만 아니라 하위체계 간의 경계가 명백하여 부모-자녀체계에서 부모는 자녀에게 권위를 지켜야 하고 부부 중 어느 한 쪽이 자녀와 더 친밀하지 않아야 함을 강조한다.

OX Quiz

미누친이 제안한 것으로, 가족구조를 재구조화하여 가족이 적절한 기능을 수행할 수 있도록 돕는 방법은 구조적 가족치료모델이다.

정답

4. 의사소통가족치료모델

① 가족성원들 간에 존재하는 의사소통과정과 형태를 중시하며, 정보의 내용과 정보가 받아들여지는 관계에 초점을 둔다.
② 가족성원들에게 명확한 의사소통규칙을 알려주고 가족이 사용하고 있는 의사소통유형을 분석 및 설명함으로써 가족의사소통의 상호작용을 조절한다.
③ 가족의 상호체계에서 발생한 역기능적 행위를 변화시키는 데 목표를 두며, 재명명화, 증상처방기법 등을 사용한다.
④ 의사소통의 관계, 이중구속, 가족규칙 등이 가족치료의 대상이다.

5. 행동학적 가족치료모델

① 정적 강화행동 등 학습이론의 원리를 이용하여 가족성원들 사이에 부적응행동이 어떻게 발달하는지를 설명하여 가족들에게 강화행동을 변경하도록 지도한다.
② 개인의 학습이론기법들을 가족문제에 적용하여 가족성원들 간의 보상교환의 비율을 높이고 혐오교환을 줄이며, 의사소통과 문제해결기술을 교육하는 데 초점을 둔다.
③ 행동학적 가족치료모델의 특성은 치료 전의 행동과정에 대한 사정, 진행 중인 치료에 대한 분석, 치료결과에 대한 평가에서 명확하게 나타난다.
④ 행동학적 가족치료는 주로 부모훈련, 부부치료, 성기능장애치료에 적용된다.

6. 경험적 가족치료모델 06, 13, 22년 기출

① 사티어(Satir)가 제안한 것으로서, 가족관계의 병리적 측면보다는 긍정적 측면에 초점을 둔다.
② 가족의 안정보다는 성장을 목표로 하여 가족에게 통찰이나 설명을 해주기보다는 가족의 특유한 갈등과 행동양식에 맞는 경험을 제공하려고 노력한다.
③ 치료자는 가족성원들이 각자 자신의 감정과 욕구에 민감하고 이를 가족과 나누며, 기쁨뿐만 아니라 실망, 두려움, 분노에 대해서도 대화하고 수용할 수 있도록 돕는 데 주력한다.
④ 특정시기의 정서적인 가족관계를 사람이나 다른 대상물의 배열을 통해 나타낸 가족조각(Family Sculpture), 가족성원 각자에게 가족이 어떻게 조직되어 있는지 생각나는 대로 그리도록 하는 가족그림(Family Drawing) 등의 기법을 사용한다.
⑤ 사티어는 의사소통유형으로서 회유형, 비난형, 초이성형, 산만형, 일치형을 제시하였다.

7. 전략적 가족치료모델

① 헤일리(Haley)가 의사소통가족치료의 전통을 계승하여 제안한 것으로서, 인간행동의 원인에는 관심이 없고, 단지 문제행동의 변화를 위한 해결방법에 초점을 둔다.
② 목표설정 시 가족이 호소하는 문제를 포함하며, 가족의 문제를 해결하기 위한 다양한 전략을 모색한다.

OX Quiz

경험적 가족치료모델은 정적 강화행동 등 학습이론의 원리를 이용하여 가족성원들 사이에 부적응행동이 어떻게 발달하는지를 설명하여 가족들에게 강화행동을 변경하도록 지도한다.
정답 X(행동학적 가족치료모델)

OX Quiz

헤일리가 의사소통가족치료의 전통을 계승하여 제안한 것은 해결중심적 가족치료모델이다.
정답 X(전략적 가족치료모델)

③ 단기치료에 해당하며 이해보다는 변화에, 이론보다는 기법에 더 많은 관심을 가진다.
④ 역설적 지시, 순환적 질문, 재구성기법, 가장기법 등을 사용한다.

8. 해결중심적 가족치료모델

① 스티브 드 세이저(Steve de Shazer)와 인수 김 버그(Insoo Kim Berg)에 의해 개발된 것으로, 가족의 병리적인 면보다 건강한 면에 초점을 둔다.
② 가족에게서 강점, 자원, 건강한 특성, 탄력성 등을 발견하여 이를 상담에 활용한다.
③ 탈이론적 입장에서 가족의 견해를 중시하므로 인간행동에 대한 가설에 근거하여 가족을 사정하지 않으며, 해결방법의 간략화를 추구하여 작은 변화에서부터 시도한다.
④ 예외적인 상황을 탐색하여 문제상황과의 차이점을 발견하며, 문제가 발생하지 않은 상황을 증가시켜 가족의 긍정적인 부분을 강화한다.
⑤ 과거의 문제보다는 미래와 해결방안구축에 관심을 기울임으로써 현재와 미래 상황에 적응하도록 돕는다.
⑥ 상담자와 가족이 함께 해결방안을 발견 및 구축하는 과정에서 상호협력을 중시한다.

9. 합동가족치료(Conjoint Family Therapy)모델 `21, 25년 기출`

① 사티어(Satir)가 창안한 것으로, 문제를 겪는 가족원이 희생자, 회유자, 비난자, 구원자 등의 고정된 가족역할에 얽매인 것으로 보고, 가족원 개인의 자기 존중감 형성에서 가족의 역할을 강조한다.
② 가족의 역기능적 양육패턴을 해소하여 자기 존중감을 지닌 개인이 새로운 도전적 상황에서 유능감과 안정감을 가질 수 있도록 돕는다.

> **OX Quiz**
> 전략적 가족치료모델은 단기치료에 해당하며 이해보다는 변화에, 기법보다는 이론에 더 많은 관심을 가진다.
> **정답** X(기법 ↔ 이론)

> **기출키워드**
> 21년 1회 / 25년 1회
> **합동가족치료**
> ※ 필기시험에는 합동가족치료에 대한 설명으로 틀린 것을 고르도록 하는 문제가 출제되었습니다.

핵심예제 19 `16, 24년 기출`

구조적 가족치료를 창안한 사람은?

① 아들러(Adler)   ② 설리번(Sullivan)
③ 미누친(Minuchin)   ④ 하트만(Hartman)

• **해설 체크!** •
구조적 가족치료 주요 이론가로는 미누친, 피시먼, 아폰테, 몬탈보, 로스먼 등이 있다.

정답 ③

20 가족체계와 맥매스터모델

1. 가족체계의 주요개념

① 가족체계의 순환적 인과성(Circular Causality)
- 가족체계를 원인에 따른 결과 또는 자극에 따른 반응과 같은 선형적 유형으로 보는 것이 아닌 가족체계의 상호작용 패턴에 초점을 두는 순환적 반응으로 보는 것이다.
- 가족체계 내의 한 구성원의 변화는 다른 구성원을 자극하여 반응을 이끌어내게 되고, 이것이 또 다시 다른 구성원을 자극함으로써 가족 전체에 영향을 미치게 된다.
- 가족문제를 해결하기 위해서는 문제의 원인 그 자체보다는 문제가 유지되는 가족의 상호작용 과정을 살펴보아야 한다. 즉, 왜(Why)가 아닌 무엇(What)에 초점을 두어야 한다는 것이다.
- 가족체계는 순환인과관계의 특징적 양상을 나타내므로, 가족체계 내의 한 구성원의 긍정적인 변화는 곧 가족 전체의 긍정적인 변화로 이어지면서 문제가 해결될 수 있다.

② 다중종결성(Multifinality)과 동등종결성(Equifinality)
- 가족은 체계를 구성하는 요소들의 상호작용에 따라 유사한 조건에서도 서로 다른 결과가 나올 수 있으며, 반대로 서로 다른 조건에서도 유사한 결과가 나올 수 있다.
- 다중종결성은 체계를 구성하는 요소들의 상호작용에 따라 유사한 조건이라도 각기 다른 결과를 초래하는 것이다.
    - 예 어떤 가정에서는 장애아의 출생으로 인해 가족의 응집력이 높아지는 반면, 다른 가정에서는 부부관계가 소원해져 가정불화가 나타나기도 한다.
- 동등종결성은 서로 다른 조건이라도 유사한 결과를 초래하는 것이다.
    - 예 모자(母子) 한부모가정의 경우 거의 대부분 경제적 지위가 매우 열악한 상황에 처해지게 되는데, 그와 같은 상태에 이르게 된 원인은 이혼, 사별, 미혼모 등 다양할 수 있다.

2. 가족체계의 외부와의 경계

① 폐쇄형
- 가족성원들의 외부와의 상호작용과 출입을 엄격히 제한한다.
- 가족 안의 권위자가 가족공간에 명확한 경계를 설정하여 이웃 및 지역사회와의 소통을 통제한다.

OX Quiz
순환적 인과성에서 가족문제 해결을 위해서는 왜(Why)가 아닌 무엇(What)에 초점을 두어야 한다.
정답 O

OX Quiz
어떤 가정에서는 장애아 출생으로 가족응집력이 높아지는 한편, 다른 가정에서는 그 반대 결과가 산출되는 것은 동등종결성에 해당한다.
정답 X(다중종결성)

- 부모의 자녀에 대한 감시, 대중매체의 통제, 높은 담장과 굳게 닫힌 문 등의 모습으로 나타난다.

② 개방형
- 가족성원들의 행위를 제한하는 규칙이 집단의 합의과정에서 도출된다.
- 가족 내 경계는 유동적이며, 가족 외부와의 경계는 분명하면서도 침투력이 있다.
- 대중매체에 대한 최소한의 검열, 외부활동에 참여, 지역사회와의 교류확대, 손님의 빈번한 방문 등의 모습으로 나타난다.

③ 임의형
- 가족성원들은 각자 자신의 영역과 가족의 영역을 확보하면서 개별적인 패턴을 만들어간다.
- 가족경계선을 중요하게 생각지 않으며, 외부와의 교류를 제한하지 않는다.
- 외부활동에 무제한적 참여, 집안 내 갈등을 외부로 표출, 제3자의 집안출입 권리확대 등의 모습으로 나타난다.

3. 맥매스터모델(McMaster Model)

① 의의 및 특징
- 체계이론을 기초로 하여 만들어진 가족기능에 대한 개념적 모델이다.
- 가족의 기초과업 및 발달과업을 비롯하여 가족기능을 진단·평가하기 위한 개념적 준거틀을 제공한다.
- 가족기능을 문제해결, 의사소통, 역할, 정서적 반응성, 정서적 관여, 행동통제 등 6가지 측면과 함께 가족의 전반적 기능을 포함하여 총 7개의 하위범주로 구성된다.
- 가족사정의 척도로, 가족의 건강한 기능과 건강하지 않은 기능을 가감하여 점수를 합산한다.
- 척도상 총점이 높을수록 가족기능이 건강한 것으로 본다.

② 가족기능의 6가지 측면

문제해결	가족이 가족기능을 효과적으로 유지하면서 가족의 문제를 해결할 수 있는 능력을 평가
의사소통	가족성원 간의 의사소통방식을 통해 정보교환이 원활히 이루어지고 있는지 평가
역할	가족의 과업을 달성하기 위해 가족성원 개개인의 역할과 책임이 적절하게 배분되어 있는지 평가
정서적 반응성	가족이 적절한 강도와 지속성으로 주어진 자극에 유효하게 반응하는지, 질적·양적인 측면에서 적절한 정서적 경험을 가지는지 평가

> **OX Quiz**
> 가족성원들이 각자 자신의 영역과 가족의 영역을 확보하면서 개별적 패턴을 만들어가는 것은 임의형이다.
> 정답 O

정서적 관여	가족성원들이 서로의 관심사, 가치관, 활동 등에 대해 얼마나 관심과 배려를 나타내는지 평가
행동통제	가족이 현재 상태를 유지하거나 새로운 상황에 적응하기 위해 어떠한 방식으로 영향을 미치는지 평가

핵심예제 20   18년 기출

가족진단 시 사용되는 질문지식 사정도구 중 응집력과 적응력의 두 차원을 주로 사용하는 모델은?

① 비버즈(Beavers)모델
② 써컴플렉스(Circumplex)모델
③ 맥매스터(Mcmaster)모델
④ 의사소통(Communication)모델

해설 체크!

써컴플렉스모델
- 올슨(Olson) 등이 가족행동에서 응집력과 적응력이 중요하다는 사실에 입각하여, 이 두 차원을 사용하여 개발한 모델
- 응집력과 적응력은 각각 4개 수준으로 구성 → 총 16개 가족유형 도출
- 응집력 : 가족성원 간 정서적 결합의 정도로 가족성원들에게 부여된 개인의 자율성과 가족이 함께 하는 정도와 관련
- 적응력 : 가족이 변화를 허용하는 정도로 가정생활의 압박이나 갈등상황에서 그들의 규칙, 역할, 구조 등을 유연하게 할 수 있는 가족의 능력

비버즈모델
- 첫 번째 축 : 가족이 서로 관계하는 양식으로 구심성, 원심성, 혼합형으로 분류
- 두 번째 축 : 가족기능에 따른 장애 정도로 심한 장애, 경계, 중간상태, 적절한 상태, 이상적인 최적 상태로 분류
- 임상적인 유용성이 입증되지 못하였기 때문에 주로 정상적인 가족을 위한 사정연구에 이용

맥매스터모델
- 엡스타인(Epstein) 등이 개발한 모델로 가족기능의 평가 및 진단에서 유용한 준거틀을 제공한다는 평가를 받고 있음
- 가족기능의 측면 6가지 : 문제해결, 의사소통, 가족의 역할, 정서적 반응성, 정서적 관여, 행동통제

정답 ②

21 가족사정의 도구

1. 가계도(Genogram)

① 보웬(Bowen)이 고안한 것으로, 내담자의 3세대 이상에 걸친 가족관계를 도표로 제시하여 현재 제시된 문제의 근원을 찾는 도구이다.
② 생물학적 특정기간 동안 내담자 가족의 역사 및 그 과정에서 있었던 주된 사건을 일목요연하게 볼 수 있도록 해준다.
③ 남성은 ▢, 여성은 ○, 중심인물은 ▣ 또는 ◎, 임신은 △, 자연유산은 ●, 인공유산은 ×, 사산은 ⊠ 등으로 나타내며, 실선이나 점선 등으로 그들 간의 긍정적인 관계 또는 소원한 관계를 묘사한다.
④ 가족의 구조, 가족 및 구성원의 관계, 동거가족현황, 세대 간의 반복유형, 과거의 결혼관계 등에 대한 상세한 정보를 제공한다.

2. 생태도(Ecomap)

① 하트만(Hartman)이 고안한 것으로, 가족 및 가족성원들과 환경 간의 상호작용을 그림으로 나타낸 것이다.
② 가족관계에 대한 도식, 즉 내담자의 상황에서 의미 있는 체계들과의 관계를 표현함으로써 특정 문제에 대한 개입계획을 세우는 데 유용한 도구이다.
③ 생태도 중앙에 내담자에 해당하는 원을 위치시킨 후 내담자의 주요환경적 요소들을 중앙의 원 주변에 배치하며, 실선이나 점선 등으로 그들 간의 긍정적인 관계 또는 빈약하고 불확실한 관계를 묘사한다.
④ 환경 속의 내담자에 초점을 두므로 내담자를 생태학적 관점에서 이해하는 데 도움을 준다.

> **OX Quiz**
> 생태도는 하트만(Hartman)이 고안한 것으로, 가족 및 가족성원들과 환경 간의 상호작용을 그림으로 나타낸 것이다.
> 정답 O

3. 가족조각(Family Sculpture) [06, 13, 21년 기출]

① 특정시기의 정서적인 가족관계를 극적으로 나타내는 것으로, 가족체계 내에서의 고통스럽지만 암묵적인 관계 또는 규칙들을 드러내는 데 효과적인 도구이다.
② 가족조각의 목적은 가족관계 및 가족의 역동성을 진단함으로써 치료적인 개입을 하는 데 있다.
③ 가족성원은 말을 사용하지 않은 채 대상물의 공간적 관계나 몸짓 등으로 의미 있는 표상을 만든다.

> **기출키워드**
> 21년 3회
> **가족조각**
> ※ 필기시험에는 가족조각에 대한 설명을 제시하고, 선지에서 고르도록 하는 문제가 출제되었습니다.

④ 가족의 상호작용에 따른 친밀감 또는 거리감, 가족성원 간의 연합 또는 세력 구조, 비언어적인 의사소통유형 등의 관계유형을 살펴볼 수 있다.

4. 가족그림(Family Drawing)

① 가족성원 각자에게 가족이 어떻게 조직되어 있는지 생각나는 대로 그리도록 하는 것이다.
② 가족성원들이 각자 가족에 대해 어떻게 생각하고 있는지, 다른 성원들이 서로에 대해 어떻게 느끼고 있는지, 가족관계에 어떤 문제가 있는지 등을 이해할 수 있도록 해준다.
③ 가족 내 개별성원들은 자신이 그린 그림을 다른 성원들 앞에서 설명함으로써 자신을 객관적으로 평가하는 기회를 가진다.
④ 치료자는 가족성원들이 예전에 미처 생각하지 못했거나 서로 소통하지 못했던 상황이나 경험을 충분히 이해하도록 돕는다.

5. 생활력표(Life History Grid)

① 각 가족성원들의 삶에 있어서 중요한 사건이나 시기별로 중요한 문제의 전개상황을 시계열적으로 도표화한 것이다.
② 중요한 사건이나 시기를 중심으로 하여 연대기적으로 작성함으로써 현재 역기능적인 문제 등을 특정 시기의 어려움이나 경험 등과 연관시켜 이해할 수 있도록 해준다.
③ 개인의 생활력표는 면접이나 기관기록, 병원기록 등 다양한 출처를 통해 얻은 자료를 종합하여 정리할 수 있다.
④ 생태도나 가계도처럼 원이나 화살표 등 기호를 이용하지 않고 도표로 제시된다.

6. 사회적 관계망 격자(Social Network Grid)

① 사회관계망표라고도 하며, 내담자 개인이나 가족의 사회적 지지체계를 사정하기 위한 도구이다.
② 사회적 관계망은 내담자의 환경 내에 중요한 영향을 미치는 사람이나 체계를 지칭하며, 사회적 관계망 격자는 이러한 사람이나 체계로부터의 물질적·정서적 지지, 정보 또는 조언, 원조 방향, 접촉 빈도 및 시간 등에 관한 정보를 제공한다.
③ 개인이나 가족에 대한 지속적인 사정은 물론 특정프로그램의 계획을 위해 활용할 수 있다.
④ 전체적인 관계망의 조망을 통해 내담자가 자신의 문제를 객관적으로 바라볼 수 있는 기회를 제공한다.

OX Quiz
가족조각은 가족성원 각자에게 가족이 어떻게 조직되어 있는지 생각나는 대로 그리도록 하는 것이다.
정답 X(가족그림)

OX Quiz
사회적 관계망 격자를 통해 내담자는 자신의 문제를 더욱 주관적으로 바라보게 된다.
정답 X(주관적 → 객관적)

핵심예제 21
06, 13, 21년 기출

가족상담기법 중 가족들이 어떤 특정한 사건을 언어로 표현하는 대신에 공간적 배열과 신체적 표현으로 묘사하는 기법은?

① 재구조화
② 순환질문
③ 탈삼각화
④ 가족조각

●─ 해설 체크! ─●

가족조각(Family Sculpture)은 말을 사용하는 대신 대상물의 공간적 관계나 몸짓 등으로 의미 있는 표상을 만듦으로써 정서적인 가족관계를 극적으로 표현하는 기법이다.

정답 ④

22 사회복귀시설

1. 등장배경
16년 기출

① 19C 후반 미국의 대규모 시설에서 정신질환자에 대한 비인간적인 수용실태가 사회적인 문제로 대두되었다.
② 미국과 유럽을 중심으로 시설거주자의 인간으로서의 기본적인 인권을 회복하기 위한 탈시설화운동이 전개되었다.
③ 인간존엄성과 행복추구의 권리를 토대로 정신질환자의 삶의 질을 향상하는 데 관심을 가지게 되었다.
④ 정신질환자의 수적인 증가와 함께 이들을 시설로 수용하는 데 따르는 비용도 증가함에 따라, 국가예산에 의한 중앙정부차원의 보호가 점차 한계에 다다르게 되었다.
⑤ 의료기술의 발달과 함께 새로운 치료법이 개발됨으로써, 정신질환자를 정신병원이 아닌 지역사회에서 보호할 수 있는 계기가 마련되었다. 특히 미국에서는 1950년대 향정신성약물치료가 발전함에 따라 많은 정신과 환자들이 병원장면을 떠나 지역사회정신건강기관이나 사회에 복귀하게 되었다.
⑥ 정신질환자가 지역사회에 거주함으로써 정신질환자에 대한 지역주민들의 인식을 개선하고 편견을 해소하는 계기가 마련되었다.

OX Quiz

한국과 일본을 중심으로 탈시설화운동이 전개되었다.

정답 X(미국과 유럽)

2. 정신재활시설의 종류[정신건강증진 및 정신질환자 복지서비스 지원에 관한 법률(정신건강복지법) 제27조 및 동법 시행령 제16조]

① **생활시설** : 정신질환자 등이 생활할 수 있도록 주로 의식주서비스를 제공하는 시설
② **재활훈련시설** : 정신질환자 등이 지역사회에서 직업활동과 사회생활을 할 수 있도록 주로 상담·교육·취업·여가·문화·사회참여 등 각종 재활활동을 지원하는 시설
③ **생산품판매시설** : 정신질환자 또는 기질성정신장애, 알코올 또는 약물중독에 따른 정신장애, 조현병 또는 망상장애, 기분장애, 정서장애, 불안장애 또는 강박장애, 그 밖에 이의 장애에 준하는 장애로서 보건복지부 장관이 정하여 고시하는 장애를 가진 사람이 생산한 생산품의 판매·유통 등을 지원하는 시설
④ **중독자재활시설** : 알코올중독, 약물중독 또는 게임중독 등으로 인한 정신질환자 등을 치유하거나 재활을 돕는 시설
⑤ **종합시설** : 2개 이상의 정신재활시설의 기능을 복합적·종합적으로 제공하는 시설

핵심예제 22 04, 16년 기출

다음 중 정신질환자의 사회복귀정책에 관한 설명으로 적합하지 않은 것은?

① 유럽과 미국에서 시작되었으며, 전 세계적으로 확산되는 추세이다.
② 기관에 수용하는 정책보다 국가예산이 더 많이 소요된다.
③ 인본주의적 정신에 기초하여, 환자의 삶의 질을 높이는데 주력한다.
④ 의학적 모형을 토대한 병원중심의 재활이 아니고, 사회심리학적 모형을 토대로 한 지역사회중심의 재활이 더 중요하다.

• **해설 체크!** •

지역사회를 중심으로 한 정신질환자의 사회복귀정책은 정신질환자의 수적인 증가와 함께 이들을 중앙정부차원에서 보호하는 데 드는 비용이 증가함에 따라 대두되었다.

정답 ②

> **참고** `20년 기출`
>
> 재활치료는 사회기술훈련, 환자교육, 가족교육 및 치료, 직업재활, 지역사회 지지서비스, 다양한 주거 프로그램 등으로 구성되어 있다.
>
> | | |
> |---|---|
> | 사회기술 훈련 | 의사소통의 결여로 인해 발생하는 환자의 역기능적인 대인관계나 사회기술상의 결함을 극복하도록 하기 위한 구조화된 교육과정 |
> | 환자교육 | 치료를 위한 효과적인 방법을 지도하는 것과 환자의 자존감을 키우고 회복에 대한 희망을 심어줌으로써 환자가 보다 적극적인 자세로 치료과정에 참여하도록 유도하는 과정 |
> | 가족교육 및 치료 | 환자의 가족에게 정신병의 원인 및 진단, 증상, 예후, 난폭한 행동에 대한 대처 요령 등을 가르치는 것과 가족 내 긴장이나 스트레스에서 비롯되는 역기능적 의사소통의 해소 요령 등을 교육하는 것 |
> | 직업재활 | 만성 정신질환자에게 필요한 물품 및 서비스를 제공받을 수 있는 수단을 제공하는 동시에 사회적인 접촉 기회를 제시하고 사회적인 역할을 부여하는 효과적인 재활치료 과정 |
> | 지역사회 지지서비스 | 지역사회 내의 정신보건센터나 다양한 기관과의 연계를 통해 의학적 치료, 재정적 지원 및 주거공간의 확보, 자원의 연결, 여가활동의 제공 등의 서비스를 제공하는 것 |
> | 다양한 주거 프로그램 | 환자에게 외래치료의 대체형태로 치료의 연속성을 유지하도록 하는 동시에 사회적 지지체계와의 접촉을 유지할 수 있도록 돕는 것 |

OX Quiz

정신질환자 등이 지역사회에서 직업활동과 사회생활을 할 수 있도록 주로 상담·교육·취업·여가·문화·사회참여 등 각종 재활활동을 지원하는 시설은 중독자재활시설이다.

정답 X(재활훈련시설)

23 주요특수목적상담소의 업무

1. 가정폭력 관련 상담소의 업무[가정폭력방지 및 피해자보호 등에 관한 법률(가정폭력방지법) 제6조]

① 가정폭력을 신고받거나 이에 관한 상담에 응하는 일

② 가정폭력을 신고하거나 이에 관한 상담을 요청한 사람과 그 가족에 대한 상담

③ 가정폭력으로 정상적인 가정생활과 사회생활이 어렵거나 그 밖에 긴급히 보호를 필요로 하는 피해자 등을 임시로 보호하거나 의료기관 또는 가정폭력피해자 보호시설로 인도하는 일

④ 행위자에 대한 고발 등 법률적 사항에 관하여 자문하기 위한 대한변호사협회 또는 지방변호사회 및 「법률구조법」에 따른 법률구조법인 등에 대한 필요한 협조와 지원의 요청

⑤ 경찰관서 등으로부터 인도받은 피해자 등의 임시보호
⑥ 가정폭력의 예방과 방지에 관한 교육 및 홍보
⑦ 그 밖에 가정폭력과 그 피해에 관한 조사·연구

> **OX Quiz**
> 가정폭력과 그 피해에 관한 연구는 가정폭력 관련 상담소의 업무에 해당되지 않는다.
> 정답 X(해당)

2. 성폭력피해상담소의 업무[성폭력방지 및 피해자보호 등에 관한 법률(성폭력방지법) 제11조]

① 성폭력피해의 신고접수와 이에 관한 상담
② 성폭력피해로 인하여 정상적인 가정생활 또는 사회생활이 곤란하거나 그 밖의 사정으로 긴급히 보호할 필요가 있는 사람과 성폭력피해자보호시설 등의 연계
③ 피해자 등의 질병치료와 건강관리를 위하여 의료기관에 인도하는 등 의료지원
④ 피해자에 대한 수사기관의 조사와 법원의 증인신문 등에의 동행
⑤ 성폭력행위자에 대한 고소와 피해배상청구 등 사법처리절차에 관하여 「법률구조법」에 따른 대한법률구조공단 등 관계기관에 필요한 협조 및 지원요청
⑥ 성폭력예방을 위한 홍보 및 교육
⑦ 그 밖에 성폭력 및 성폭력피해에 관한 조사·연구

3. 성매매피해상담소의 업무[성매매방지 및 피해자보호 등에 관한 법률(성매매피해자보호법) 제18조]

① 상담 및 현장방문
② 지원시설 이용에 관한 고지 및 지원시설에의 인도 또는 연계
③ 성매매피해자 등의 구조
④ 질병치료와 건강관리를 위하여 의료기관에 인도하는 등의 의료지원
⑤ 수사기관의 조사와 법원의 증인신문에의 동행
⑥ 「법률구조법」에 따른 대한법률구조공단 등 관계기관에 필요한 협조와 지원요청
⑦ 성매매예방을 위한 홍보와 교육
⑧ 다른 법률에서 상담소에 위탁한 사항
⑨ 성매매피해자 등의 보호를 위한 조치로서 여성가족부령으로 정하는 사항

> **OX Quiz**
> 성매매예방을 위한 홍보와 교육도 성매매피해상담소의 업무 중 하나이다.
> 정답 O

핵심예제 23　　　　　　　　　　　　　　　　　　　　　07년 기출

가정폭력방지 및 피해자보호를 위한 상담소에서 하는 업무로 바르게 짝지어진 것은?

> A. 가정폭력을 신고받거나 이에 관한 상담에 응하는 일
> B. 피해자에 대한 임시보호
> C. 경찰관서 등으로부터 인도받은 피해자의 임시보호
> D. 가정폭력의 예방 및 방지에 관한 홍보

① A, C
② A, B
③ A, B, D
④ A, B, C, D

• 해설 체크! •

가정폭력 관련 상담소의 업무
- 가정폭력 신고접수 및 상담
- 가정폭력 피해자에 대한 임시보호 또는 보호시설로의 인도
- 법률적 사항에 대한 법률구조법인에 협조 및 지원요청
- 다른 경찰관서 등으로부터 인도받은 피해자의 임시보호
- 가정폭력예방 및 방지에 관한 홍보
- 가정폭력 및 그 피해에 관한 조사·연구

정답 ④

24 법정 및 범죄심리학

1. 법정심리학과 범죄심리학　　　　　15, 21년 기출

① 법(法)은 인간행동의 구체적 통제를 위한 사회적 수단으로, 사회적으로 바람직하지 않은 행동을 억제하는 한편, 사회적으로 유용한 행동을 권장한다.
② 심리학은 인간의 행동에 대한 이해, 설명, 예측을 통해 일관된 행동통제를 가능하도록 하기 위한 학문이다.
③ 법과 심리학은 인간행동의 통제를 궁극적인 목적으로 한다는 점에서 밀접한 관계가 있다.

> **기출키워드**
> **20년 1회**
>
> **유죄이나 정신질환이 있는 상태**
> **(GBMI ; Guilty but Mentally Ill)**
> **평결**
> GBMI 평결을 받은 피고인의 경우 선고 후 교도소에 수감하는 것이 아니라 정신치료를 위해 정신병원에 수용하며, 완쾌 후 남은 복역기간 동안 교도소에서 지내게 한다.
>
> **맥노튼(M'Naghten) 원칙**
> 범죄를 저지른 피고인이 정신장애 항변을 하기 위해서는 첫째, 자신이 무슨 행위를 했는지 몰랐으며 둘째, 자신의 행위가 옳지 않다는 것을 몰랐어야 한다는 것이다.
>
> **더럼(Durham) 기준**
> 피고인의 불법행위가 정신질환이나 정신적인 결함에 의해 생성되었다면 피고인이 형사 책임을 지지 않는다는 것이다.
>
> **ALI 기준**
> 피고인의 불법행위가 정신질환이나 정신적인 결함에 의해 생성되었을 때, 피고인이 자기 행위의 범죄성을 감지할 수 있는 충분한 역량이 결여되었을 경우 그 피고인은 형사 책임을 지지 않는다는 것이다.

④ 스크리븐(Scriven)은 심리학을 비롯한 사회과학과 법에서의 사실규명 및 추론방법 등에 관한 비교연구를 통해, 이들 학문영역이 정보의 습득 및 해석방식, 개념정의 및 개념들의 사용방식 등에서 매우 유사하다는 사실을 발견하였다.

⑤ 법은 때로 학자 혹은 전문가의 자문을 요한다. 심리학자는 특정개인에 대한 자신의 경험이나 전문가적 소견을 법정에서 증언할 수 있고, 학문적 사실이나 연구들에 의해 수렴된 심리이론 및 실증적 자료들에 대해 증언할 수도 있다. 이와 같이 법정에서 전문가로서 진술하는 증언에 관련된 연구영역을 법정심리학(Forensic Psychology)이라고 한다.

⑥ 심리학이 주체가 되는 관계에서 법은 인간행동을 결정하는 한 요인으로 연구된다. 심리학과 법의 이와 같은 관계에서 '사람들은 왜 법을 지키지 않는가' 혹은 '사람들은 왜 법을 지키는가'에 주목하는 연구영역을 범죄심리학(Criminal Psychology)이라고 한다.

⑦ 범죄심리학은 법이 사회에 미치는 영향 혹은 사회의 변화가 법의 변화에 미치는 영향에 관심을 가진다. 또한 법정심리학은 강제입원, 아동양육권, 여성에 대한 폭력, 배심원선정 등 법제도의 합리성, 법절차의 정당성, 법집행방식 등에 관심을 가진다.

2. 고트프레드슨과 허시(Gottfredson & Hirschi)의 범죄에 대한 고전이론의 전제 3가지

① **폭력과 부정(不正)은 일반적인 인간행위이다**
폭력과 부정은 특이한, 혹은 비정상적인 인간행동이 아니다. 이는 인간사를 막론하고 상존하는 지극히 일반적인 인간행위이다.

② **사람은 누구나 잠재적으로 범죄성을 띤다**
사람들 속에 범죄성(Criminality)을 띠는 부류와 그렇지 않은 부류가 존재하는 것은 아니다. 사람은 누구나 정도의 차이는 있으나 범죄성을 가지고 있다. 따라서 범죄인과 일반인이 본질적으로 차이가 있는 것은 아니며, 단지 범죄를 행할 가능성에서의 정도의 차이를 가질 뿐이다. 또한 범죄성(Criminality)과 범죄행위(Criminal Act)는 명백히 서로 구별되는 개념이므로, 범죄성을 띤다고 해서 그것이 곧 범죄행위로 이어지는 것은 아니다.

③ **범죄는 고통의 회피와 쾌감의 추구에서 비롯된다**
범죄행위를 비롯한 인간의 모든 행위는 고통의 회피와 쾌감의 추구를 기본원리로 한다. 따라서 범죄행위의 이면에 있는 동기는 본질적으로 인간의 다른 모든 행위의 그것과 다르지 않다. 인간이 고통을 회피하고 쾌락을 추구하기 위해 합리적인 선택을 하느냐 혹은 범죄행위를 하느냐는 개인의 자유의지에 달려있다.

3. 범죄에 대한 심리학적 이론

① 정신분석이론
- 범죄행위는 원초아(Id)의 반사회적 충동을 자아(Ego)와 초자아(Superego)가 통제하지 못하므로 발생한다.
- 프로이트(Freud)는 원초아의 반사회적 충동이 오이디푸스콤플렉스로 대표되는 근친상간에 대한 욕구와 함께 그에 대한 죄책감 및 벌을 받고자 하는 욕구에서 비롯된다고 보았다.
- 정신분석학자인 알렉산더(Alexander)는 즉각적인 욕구충족을 지연시키는 능력과 현실원칙에 따라 행동하는 능력을 항문기에 제대로 터득하지 못한 사람들이 범죄행위를 하게 된다고 보았다.

② 성격이론
- 범죄자들의 성격특질로서 가장 많이 논의되는 것이 반사회적 성격(Antisocial Personality)이며, 실제로 강력범죄자들 중 대부분이 이와 같은 성격특질을 가지고 있다.
- 반사회적 성격은 불안수준과 각성수준이 상대적으로 낮으므로, 항상 새로운 자극을 추구하며, 한 가지 자극에 대해 더 빨리 실증과 지루함을 느끼게 된다.
- 고트프레드슨과 허시는 범죄자의 주된 성격특질로서 자기통제력(Self-Control)을 제시하였다. 자기통제력의 결함은 즉각적인 만족을 가장 손쉽게 얻으려는 행위, 흥분과 스릴을 동반하는 행위, 특별한 기술이나 계획을 요구하지 않는 행위, 피해자에게 고통과 불편을 초래하는 행위 등으로 이어진다.

③ 인지이론
- 범죄행위는 사고방식이나 사고과정에서의 결함에 의해 유발된다고 본다.
- 아이젱크(Eysenck)는 범죄행위와 반사회적 비행을 고전적 조건형성의 결함으로 설명하였다. 예를 들어, 물건을 훔친 어린아이가 어른에게 꾸중을 듣는 것을 반복적으로 경험하게 되면, 고전적 조건화가 이루어져서 그와 같은 행위를 삼간다는 것이다. 아이젱크는 고전적 조건화에 의한 일련의 정서적 반응으로서 양심(Conscience)을 강조하였다.
- 범죄인들은 일반인들에 비해 지능지수가 평균적으로 8~10 정도 낮다는 연구가 있다. 특히 범죄행위에 대한 지능이론은 범죄인들의 경우 동작성지능에 비해 언어성지능이 현저히 낮다는 점에 주목하였고, 이를 통해 뇌의 좌반구에서의 결함가능성을 제기하였다.
- 콜버그(Kohlberg)는 범죄와 관련하여 전인습적 단계에서 인습적 단계로의 발달과정에 주목하였다. 그는 특히 비행청소년들의 경우 전인습적 단계의 도덕성발달수준에 머물러 있는 반면, 비행을 범하지 않는 일반청소년들의 경우 인

> **OX Quiz**
> 범죄에 대한 심리학적 이론 중 정신분석이론은 범죄행위가 초자아의 반사회적 충동을 자아와 원초아가 통제하지 못하므로 발생한다고 본다.
> 정답 X(초자아 ↔ 원초아)

> **OX Quiz**
> 범죄행위와 반사회적 비행을 고전적 조건형성의 결함으로 설명한 사람은 '아이젱크'이다.
> 정답 O

습적 단계의 도덕성발달수준으로 성장한다고 주장하였다.

④ 사회학습이론
- 범죄행위가 TV 폭력물 등을 통한 모델에의 관찰과 모방에 의해 유발된다고 본다.
- TV 폭력물 등의 악영향은 비교적 단기적으로 나타나며, 특히 이미 폭력성을 가지고 있는 아동이나 청소년의 행동에 치명적인 영향을 미칠 수 있다.
- 사회학습이론은 특히 범죄의 특징적 양상으로서 공격성(Aggression)을 설명하는 데 적합한 이론으로 볼 수 있다.
- 사회학습이론은 범죄행위와 비행에 대한 매우 설득력 있는 설명을 제공하고 있음에도 불구하고 실제 범죄자들이 모방학습을 통해 범죄행위를 습득하게 되었는지의 여부에 대해 거의 아무런 검증자료를 제공하지 못하고 있다.

OX Quiz

범죄행위는 사고방식이나 사고과정에서의 결함에 의해 유발된다고 보는 이론은 성격이론이다.

정답 X(인지이론)

참고

법정심리학자의 서비스 영역 — 21년 기출

예방프로그램	폭력 및 괴롭힘 예방 프로그램 제공
법정관련 평가	증인 평가, 피해자 평가, 피의자 평가, 분쟁 당사자 평가
범죄자 평가	폭력 및 성폭력 위험성 평가
범죄자 치료	불안 및 우울과 같은 정신건강 문제관리, 범죄행동 관리
연구	범죄행동 예측전략 연구, 효율적 치료기법 연구

핵심예제 24 — 15년 기출

강제입원, 아동양육권, 여성에 대한 폭력, 배심원선정 등의 문제에 특히 관심을 가지는 심리학 영역은?

① 아동임상심리학
② 임상건강심리학
③ 법정심리학
④ 행동의학

해설 체크!

법정심리학(Forensic Psychology)은 법정에서 전문가로서 진술하는 증언에 관련된 연구영역으로서, 법제도의 합리성, 법절차의 정당성, 법집행방식 등에 관심을 가진다.

정답 ③

25 행동평가

20, 21, 22, 25년 기출

1. 행동평가(Behavioral Assessment)의 의의 및 특징

16, 17, 24년 기출

① 행동평가는 인간의 행동양식에 대한 객관적인 척도로서, 행동주의이론에 근거를 두고 있다.
② 내담자의 성격특징, 정서 및 심리상태를 토대로 전통적 행동관찰을 수행한 정신역동적 평가에 대한 반발에서 비롯된다. 정신역동적 평가는 검증 및 반증이 어려운 내적 과정으로서의 무의식을 문제행동의 주요원인으로 가정하나, 이러한 심리내적인 요인들에 대한 연구와 진술이 부족하여 크게 지지를 받지 못하였다. 이에 대해 행동평가는 행동주의이론을 근거로 특수한 상황에서 나타나는 내담자의 구체적인 행동, 사고, 감정 및 생리적 반응에 관심을 가지며 이를 기술적인 용어로 설명한다.
③ 행동평가는 경험적 방법론을 토대로 관찰가능한 행동에 대한 설명가능성에 중점을 두며, 개인적 요인 및 상황적 요인이 문제행동과 상호 교환적으로 영향을 미친다는 사실에 주목한다.
④ 관찰자는 자연관찰법, 유사관찰법, 참여관찰법 등을 통해 대상자의 환경 속에서 문제행동을 관찰하여 대상자를 둘러싼 주변환경 내에서의 특정상황요인과 문제행동 간의 관계를 파악한다.
⑤ 행동평가는 특정상황에 대한 개인의 행동에 초점을 두며, 문제행동뿐만 아니라 문제행동을 유발하는 특수한 자극상황도 평가한다.

2. 헤인즈(Haynes)의 행동평가 기본전제

① 행동의 결정요인은 환경적 사건이다.
② 문제행동과 시간적으로 인접한 환경적 요인 혹은 행동과 환경과의 상호작용이 중요하다.
③ 행동의 발생이나 특성을 설명할 때 행동에 선행되거나 동반되는 상황적 요인이 중요하다.
④ 행동의 다요인결정론(Multiple Causality)을 지지한다.
⑤ 평가의 대상이 되는 문제행동이 다양한 요소들로 구성되어 있다는 반응의 단편화(Response Fractionation)를 전제한다.

기출키워드

21년 3회 / 22년 1회
이상행동의 원인
- 정신분석이론 : 어린 시절의 경험과 무의식적 갈등에서 기인한다.
- 행동주의이론 : 주변 환경으로부터의 잘못된 학습에서 기인한다.
- 인지주의이론 : 인간의 역기능적 사고와 신념 등 부적응적인 인지적 활동에서 기인한다.
- 대상관계이론 : 초기 아동기 경험은 자기표상과 대상표상의 형성에 중요하며 이는 성장 후의 대인관계에 영향을 미친다고 주장한다. 이에 초기 아동기 경험이 자기애성성격장애와 경계선성격장애를 이해하는 데 중요함을 강조했다.

21년 3회
※ 필기시험에는 행동평가와 전통적 심리평가 간의 차이점으로 틀린 것을 고르도록 하는 문제가 출제되었습니다.

3. 행동평가의 기능

> 21년 기출

① 목표행동의 결정

치료의 대상(목표)이 되는 행동을 선정하고 이를 구체화해야 한다. 목표행동은 행동수정의 가능성 및 행동수정으로 인해 다른 행동에 미치는 영향력 등을 기준으로 하여 선정한다.

② 동일기능 행동들의 발견

동일한 기능을 지닌 행동들을 밝혀 바람직한 행동이 바람직하지 못한 행동을 대신할 수 있도록 한다.

③ 대안적 행동의 발견

목표행동은 단순히 바람직하지 못한 행동을 밝히는 데 그치지 않고 대안으로서 긍정적 행동을 선정하고 문제행동이 일어날 가능성을 감소시키는 행동선정의 과정을 포함한다.

④ 결정요인의 발견

행동장애의 원인적 요인은 치료적 노력이 투입되는 목표가 되므로, 이러한 요인을 발견하는 것이 행동평가의 주요 목표이자 기능에 해당한다.

⑤ 기능적 분석의 발달

기능적 분석은 목표행동에 적용할 수 있는 통제가능하고 원인이 되는 기능적 관계를 밝히는 것이다. 이와 같은 기능적 분석은 문제행동을 선정하고 치료적 개입을 고안하는 데 중요한 역할을 하게 된다.

⑥ 치료적 전략의 고안

행동치료적 입장에서는 행동적 결정요인의 독특성으로 인해 문제행동을 단순히 분류하는 것만으로 치료계획을 세우는 데 한계가 있음을 지적한다. 따라서 행동평가를 통해 적절한 치료적 전략을 세워야 한다.

⑦ 치료적 개입의 평가

행동평가의 주요기능은 치료결과의 평가에 있다. 따라서 치료개입 전, 개입 중간, 개입 후 목표행동을 평가하는 과정을 거친다. 또한 평가는 목표행동의 변화만을 대상으로 하는 것이 아닌 개입에 따른 부작용, 치료개입 후 변화된 행동의 일반화도 대상으로 고려한다.

⑧ 내담자–치료자(평가자) 상호작용촉진

치료적 평가면담을 통해 내담자–평가자 사이의 긍정적이고 촉진적인 관계형성이 이루어지도록 한다.

> **OX Quiz**
> 행동평가에서 목표행동을 평가하는 과정은 치료개입 후에 이루어진다.
> 정답 X(전, 중, 후 모두)

4. 행동평가의 기본원리로서 ABC 패러다임

① 스키너(Skinner)는 인간의 행동(Behavior)이 선행조건 또는 선행요인 (Antecedents)으로서 환경적 자극에 의해 동기화되며, 행동에 따르는 결과 (Consequences)에 의해 전적으로 결정된다고 보았다.
② 행동주의이론에서는 환경적인 선행조건과 결과에 관심을 두며, 이를 선행조건 (Antecedents) → 행동(Behavior) → 결과(Consequences)의 약자에 따라 행동의 ABC 패러다임이라고 한다.
③ 행동평가는 행동주의이론에 근거하여 선행조건, 목표행동, 행동결과를 구체적으로 밝힌다.

> **OX Quiz**
> ABC 패러다임에서 A는 '선행조건'을 의미한다.
> 정답 O

5. 행동특성(Traits)에 대한 법칙정립적 접근과 개별사례적 접근

법칙정립적 (Nomothetic)	• 행동특성은 모든 사람들에게서 동일한 의미를 가지고 존재한다는 가정에 기초한다. • 행동특성이 모두에게 동일한 의미를 가지는 한 사람들 간의 비교가 가능하다. • 이 관점을 수용하는 심리학자도 개별사례적 접근에는 동의하지만, 그들에게 있어서 독특성은 특성차원 수준들의 독특한 조합을 의미할 뿐 차원 자체는 모두에게 동일하다고 본다.
개별사례적 (Idiographic)	• 행동특성은 각각의 사람들에게서 고유한 의미를 가지고 존재한다는 가정에 기초한다. • 행동특성이 사람마다 질적으로 다르고 서로 다른 척도상에 있으므로 사람들 간의 비교가 불가능하다. • 이 관점을 수용하는 심리학자도 법칙정립적 접근에는 동의하지만, 그들은 법칙정립적 접근의 어림값이나 과도하게 단순화된 결과를 지양하고자 한다.

6. 기능적 행동평가(FBA ; Functional Behavioral Assessment)

① 정서·행동장애를 가진 학생들의 문제행동과 관련된 진단·평가에 있어서 널리 사용되고 있는 문제행동의 진단방법이다.
② 문제행동의 원인이라고 할 수 있는 환경 내의 요인을 파악하도록 함으로써 목표의 수립 및 중재방법을 계획할 수 있도록 해 준다.

> **전문가의 한마디** `21년 기출`
>
> 스키너는 행동평가에서 기능분석을 강조한 바 있습니다. 기능분석은 행동의 결과만을 보는 것이 아닌 문제행동을 일으키는 자극이나 선행조건, 문제행동과 관련 있는 유기체 변인, 문제행동을 유지시키는 강화요인, 결과와의 관계 등에 대해서도 분석이 이루어집니다.

> **OX Quiz**
>
> 기능적 행동평가를 이용한 진단은 문제행동을 야기하는 환경 내 선행자극이나 행동을 지속적으로 유지시키는 강화자극을 알아내는 데 초점을 둔다.
>
> 정답 O

③ 1차적 진단으로서 평정척도나 면담질문지, 직접적 관찰 등의 방법을 이용하여 문제행동의 원인 혹은 강화요인을 찾아낸다. 그럼에도 불구하고 그 원인 혹은 강화요인이 확실히 밝혀지지 않는 경우, 문제행동에 대한 가설을 설정하고 실험분석을 이용하여 2차적 진단이 이루어진다.

④ 기능적 행동평가를 이용한 문제행동의 진단은 문제행동을 야기하는 환경 내 선행자극이나 행동을 지속적으로 유지시키는 강화자극을 알아내는 데 초점을 둔다.

⑤ 문제행동의 동기평정척도(MAS ; Motivation Assessment Scale)는 실험적 기능분석을 대신하여 아동의 자해 행동에 대한 기능을 알아내도록 개발된 것으로, 모두 16개의 질문에 대한 답을 평정척도로 나타내도록 해 주고 있다.

핵심예제 25 `12, 19년 기출`

행동평가에 관한 설명으로 틀린 것은?

① 목표행동을 정확히 기술한다.
② 행동의 선행조건과 결과를 확인한다.
③ 법칙정립적(Nomothetic) 접근에 기초한다.
④ 특정상황에 대한 개인의 행동에 초점을 맞춘다.

> **해설 체크!**
>
> 행동평가는 특정상황에 대한 개인의 개별적 행동에 초점을 맞추는 것이므로 법칙정립적(Nomothetic) 접근보다는 개별사례적(Idiographic) 접근에 기초한다.
>
> 정답 ③

26 관찰

1. 관찰의 유형

19, 25년 기출

① 참여관찰(Participant Observation)
- 관찰자가 관찰대상집단 내부로 침투하여 구성원 중 하나가 되어 그들과 함께 생활하거나 활동하면서 관찰하는 것이다.
- 관찰자는 집단성원으로서의 역할을 부여받으며, 피관찰자와 깊이 있는 접촉을 유지할 수 있다.
- 특수한 행위의 동기나 집단성원 간의 미묘한 감정 등 외부로 표출되지 않는 사실까지 관찰할 수 있다.
- 동조현상으로 인해 객관성을 잃거나 관찰자의 주관적인 가치가 개입됨으로써 관찰결과를 변질시킬 수 있다.
- 관찰자와 피관찰자의 관계형성으로 인해 다른 관찰자가 동일한 방법으로 관찰하기 어렵기 때문에 관찰결과 자료에 대한 표준화가 곤란하다.

② 비참여관찰(Non-Participant Observation)
- 관찰자가 관찰대상집단의 구성원으로서 역할을 수행하지 않은 채 제3자의 입장에서 관찰하는 방법이다.
- 집단성원으로서의 역할을 수행하지 않으므로 학교폭력, 윤락행위 등 역할수행이 곤란한 상황에 대한 관찰도 가능하다.
- 관찰의 객관성을 확보할 수 있으며, 관찰활동에 특별한 제약이 없다.
- 관찰한다는 사실과 관찰내용을 대상집단에게 미리 밝히고 관찰을 시행하는 경우, 피관찰자들은 관찰을 당한다는 사실을 의식하여 부자연스럽게 행동할 수 있다.
- 특수한 행위의 동기나 집단성원 간의 미묘한 감정 등 외부로 표출되지 않는 사실은 관찰하기 어렵다.

③ 준참여관찰(Quasi-Participant Observation)
- 관찰대상집단에 부분적으로 참여하는 방법이다.
- 비참여관찰의 단점인 관찰자의 노출이 자연성을 해칠 우려가 있을 경우, 관찰자를 관찰대상에게 노출시키지 않음으로써 관찰대상에게 관찰되고 있다는 것을 숨길 수 있다.
- 연구대상을 자연스러운 상태에서 관찰하면서도 관찰자의 윤리적 문제를 야기하지 않는다.
- 심도 있는 자료를 수집하지 못할 수도 있다.

기출키워드

20년 1회

행동관찰

행동관찰을 통해 내담자의 용모 및 외모, 말과 표현, 면담 태도, 언어적·비언어적 의사소통능력 등을 관찰하여 내담자의 비일상적인 행동이나 특징적인 행동 등 전반적인 행동 특징을 파악할 수 있으나, 인지나 정서적 상태에 대한 풍부한 정보는 얻을 수는 없다.

기출키워드

19년 3회 / 25년 1회

비참여관찰

관찰자가 관찰 대상 집단의 구성원으로서 역할을 수행하지 않은 채 제삼자의 입장에서 관찰하는 방법이다. 관찰 활동에 특별한 제약이 없고 관찰의 객관성을 확보할 수 있으나, 자연스럽고 심도 있는 관찰을 수행하기 어려운 문제가 있다.

OX Quiz

집단성원으로서의 역할을 수행하지 않으므로 학교폭력, 윤락행위 등 역할수행이 곤란한 상황에 대한 관찰도 가능한 것은 준참여관찰이다.

정답 X(비참여관찰)

2. 관찰에서 발생하는 오류의 근거

① 지각과정상의 오류

관찰대상에 대한 통제에도 불구하고, 각각의 관찰자가 지각하는 현상 자체의 강도 및 질적 양상에 차이가 나타난다.

오류요인	• 관찰자마다 다른 감각을 소유하고 있다. • 관찰자의 상상이 지각에 작용한다. • 관찰대상이 많은 경우 오히려 관찰자가 압도된다. • 이질적이고 혼합된 관찰대상의 경우 복잡한 현상 자체가 관찰을 방해한다.
감소방법	• 객관적 관찰도구를 사용한다. • 혼란을 초래하는 영향을 통제한다. • 관찰기간을 짧게 잡는다. • 보다 큰 단위를 관찰한다. • 가능한 한 관찰단위를 명세화한다. • 훈련을 통해 관찰기술을 향상시킨다. • 복수의 관찰자가 관찰한다.

② 인식과정상의 오류

관찰자들이 사실을 인식할 때, 준거틀의 차이에 의해 오류가 발생한다.

오류요인	• 관찰자의 과거경험이 현상을 다르게 해석한다. • 관찰자마다 지적 능력이 제각기 다르다. • 관찰자의 인식과 추리가 제각기 독특하다.
감소방법	• 이론적 개념을 명확히 밝히고 연구에 필요한 개념을 경험적으로 정의한다. • 개념 간의 관계를 한정하여 사고의 규칙성을 부여한다. • 관찰부터 기록되는 시간을 짧게 잡아 그 사이의 장애를 제거한다. • 관찰자 자신의 고유한 사고방식을 자기훈련을 통해 밝힘으로써 인식과정상 개입될 주관을 배제하는 관찰자의 지적 자기인식이 필요하다. • 관찰과 더불어 면접법, 질문법 등 다른 자료수집방법을 병행한다.

핵심예제 26   06, 13, 18년 기출

체중조절을 위하여 식이요법을 시행하는 사람이 매일 식사의 시간, 종류, 양과 운동량을 구체적으로 기록하고 있다면 이는 어떤 행동관찰의 방법인가?

① 자기-감찰(Self-Monitoring)
② 통계적인 평가
③ 참여관찰(Participant Observation)
④ 비참여관찰(Non-Participant Observation)

OX Quiz

관찰에서 발생하는 오류에는 지각과정상의 오류, 사회과정상의 오류가 있다.

정답 X(사회과정→인식과정)

> **해설 체크!**
> ② 직관적인 평가와 대비되는 것으로, 자료평가를 위해 사용되는 방법이다. 목표행동과 통제요인 간의 관계에 대한 매우 정확한 정보를 산출할 수 있다.
> ③ 관찰자가 관찰대상 집단내부로 침투하여 구성원의 하나가 되어 그들과 함께 생활하거나 활동하면서 관찰하는 것이다.
> ④ 관찰자가 관찰대상 집단의 구성원으로서 역할을 수행하지 않은 채 제삼자의 입장에서 관찰하는 방법이다.
>
> 정답 ①

27 관찰법　　25년 기출

1. 관찰법의 유형　　14, 15, 16, 17, 18, 19, 20, 21, 22, 24년 기출

① **자연관찰법(직접관찰법)**
- 관찰자가 실제 생활환경에서 내담자의 자연스러운 행동을 관찰하는 방법이다.
- 여러 상황에 걸쳐 많은 정보를 확보하도록 함으로써 문제행동에 대한 리스트 작성 및 기초자료 수집에 효과적이다.
- 내담자의 문제행동이 나타나는 데 시간이 오래 걸리며, 비용면에서도 효율적이지 못하다.

② **유사관찰법(통제된 관찰법 또는 실험적 관찰법)**
- 관찰자에 의해 미리 계획되고 조성된 상황의 전후 관계에 따라 특정한 환경 및 행동조건에서 내담자의 행동을 부각시키기 위한 방법이다.
- 내담자의 문제행동을 포착하는 데 시간이 적게 들며, 비용면에서도 효율적이다.
- 내담자의 반응요인으로 인해 외적 타당도가 저해될 수 있다.

③ **참여관찰법**
- 내담자와 자연스러운 환경에서 생활하는 사람에게 관찰대상을 관찰·기록하게 하여 그에 대한 결과를 보고하도록 하는 방법이다.
- 자연스러운 환경에서의 자료수집이 가능하며, 광범위한 문제행동에 적용할 수 있다.
- 관찰자의 편견이나 선입견이 개입될 수 있으며, 관찰 이전의 상호작용에 의해 관찰기록의 정확성을 확신하기 어렵다.

④ **자기관찰법(자기-감찰 또는 자기-탐지)**
- 관찰자가 자기 자신의 행동을 스스로 관찰하며, 자신과 환경 간의 상호작용에 대해 기록하는 방법이다.

기출키워드
20년 1회 / 25년 1회

통제된 관찰 (Controlled Observation)
- 유사관찰법 또는 실험적 관찰로도 불리며, 관찰의 효율성을 높이기 위해 제한이 가해진 체계적인 환경에서 관찰하는 방법이다.
- 즉, 관찰자에 의해 미리 계획되고 조성된 상황의 전후 관계에 따라 특정한 환경 및 행동 조건에서 내담자의 행동을 부각시키기 위한 방법이다.
- 임상심리클리닉에 설치된 단방향 거울(One-Way Mirror)을 통해 내담자와 관련 인물의 대화나 상호작용을 관찰하는 방법, 역할놀이 상황, 놀이실 관찰, 인위적으로 만들어진 술좌석에서 음주행동 관찰 및 평가 등이 해당된다.

OX Quiz
관찰자 자신의 행동에 대한 피드백을 통해 문제행동을 통제할 수 있는 관찰법의 유형은 자기관찰법이다.
정답 O

- 관찰자 자신의 행동에 대한 피드백을 통해 문제행동을 통제할 수 있다.
- 관찰자가 자신에 대한 관찰 및 기록을 왜곡할 수 있다.

2. 유사관찰법 또는 통제된 관찰법의 주요유형 `24년 기출`

① 모의실험
- 자연관찰이나 자기-감찰(자기-탐지)과 달리 처방된 방식으로 행동을 관찰하기 위해 사용되는 통제된 관찰의 하나이다.
- 예를 들어, 심리학자는 연설불안을 가진 내담자에게 다른 연설불안이 있는 사람들 앞에서 연설을 하라고 요청할 수 있다.
- 심리학자는 통제되고 비밀이 보장되며, 위협적이지 않은 환경에서 내담자의 행동을 관찰할 수 있다.

② 스트레스면접
- 내담자가 스트레스에 어떻게 대처하는지를 밝히기 위한 것이다.
- 예를 들어, 심리학자는 내담자에게 스트레스가 유발되는 면접상황에 참가하도록 지시하거나, 관찰이 이루어지는 동안 스트레스를 동반하는 과제를 완성하도록 요청할 수 있다.
- 심리학자는 단방향 거울(One-Way Mirror)을 통한 관찰에서 지도자 없는 소집단 사람들이 주어진 과제를 해결하기 위해 각자 어떠한 방식으로 역할을 수행해 나가는지 관찰할 수 있다.

③ 역할시연
- 문제의 원인이 되는 특정상황에 마치 그들이 있는 것처럼 행동하도록 요구하는 것이다.
- 예를 들어, 새로운 사람을 사귀는 데 어려움을 호소하는 내담자에게 심리학자 혹은 임상보조자를 대상으로 그들이 새로운 사람을 만나려고 시도하는 방법을 시연하도록 요청할 수 있다.
- 역할시연은 내담자로 하여금 더욱 외향적으로 변하도록 하거나, 사회적으로 숙달되도록 하는 데 널리 사용된다.

3. 관찰법 시행 시 유의사항

① 관찰대상 및 관찰장면을 명확히 한정해야 한다.
② 선정된 관찰대상 및 관찰장면이 어느 정도 전체를 대표할 수 있어야 한다.
③ 체계적이고 과학적인 방법으로 관찰해야 한다.
④ 관찰계획 및 방법을 사전에 세밀하게 수립해야 한다.

OX Quiz

문제의 원인이 되는 특정상황에 마치 그들이 있는 것처럼 행동하도록 요구하는 유형은 역할시연이다.

정답 O

⑤ 관찰 당시의 환경적 조건을 기록해야 한다.
⑥ 관찰자는 객관적이고 일관적인 태도를 유지해야 한다.
⑦ 관찰대상을 신속하고 빠짐없이 기록해야 한다.
⑧ 관찰자가 관찰을 전후하여 관찰대상에게 영향을 미치지 않도록 해야 한다.

핵심예제 27
03, 06, 07, 15, 24년 기출

임상심리클리닉에 설치된 일방거울(One-Way Mirror)을 통해 결혼생활에 문제가 있는 부부의 대화 및 상호작용을 관찰하여 이들의 의사소통 문제를 평가하는 관찰법은?

① 자연관찰법(Naturalistic Observation)
② 유사관찰법(Analogue Observation)
③ 자기관찰법(Self-Monitoring Observation)
④ 참여관찰법(Participant Observation)

해설 체크!

유사관찰법은 관찰자에 의해 미리 계획되고 조성된 상황의 전후관계에 따라 특정한 환경 및 행동조건에서 내담자의 행동을 부각시키기 위한 방법이다. 특히 임상심리클리닉에 설치된 단방향 거울을 통해 내담자와 관련 인물의 대화나 상호작용을 관찰하는 방법이 이에 해당된다.

정답 ②

28 자문 I

1. 자문의 의의
16년 기출

① 상담장면에서의 자문(Consultation)은 어떠한 특정한 문제나 상황에 대해 전문가의 의견을 듣거나 소견을 묻는 것이다.
② 전문적인 지식을 나누어줌으로써 어떤 사람이 노력하여 얻고자 하는 것의 효과를 증진시키는 과정이다.
③ 상담자는 전문가로서 임상심리학자에게 내담자의 정신상태에 대한 정신의학적 소견을 물을 수 있고, 가족치료전문가에게 내담자의 가정문제에 대한 의견을 들을 수 있다.
④ 자문가는 피자문자(자문의뢰인)가 그들의 책임하에 있는 내담자에 대한 다양한 심리적 문제들을 해결할 수 있도록 돕는다.

OX Quiz

상담장면에서의 자문(Consultation)은 어떠한 특정한 문제나 상황에 대해 일반인의 의견을 듣거나 소견을 묻는 것이다.

정답 X(일반인→전문가)

> **OX Quiz**
> 자문가는 피자문자의 문제해결에 있어서 능동적인 주체로 활약한다.
> 정답 X(피자문자가 주체)

⑤ 자문가는 피자문자가 문제해결 시 능동적인 주체로서 활약하도록 하며, 피자문자의 기능 및 업무능력을 향상하도록 함으로써 다른 유사한 쟁점들에 대해 효과적으로 대처할 수 있도록 한다.
⑥ 자문은 상담치료의 질적 향상 및 내담자의 만족도향상, 치료효과의 극대화를 도모한다.

2. 자문의 특징

① 자문을 요청한 사람(피자문자)과 자문을 받아들이는 고문(자문가) 간의 관계는 임의적·한시적이다.
② 자문가는 피자문자나 그의 책임업무와 관련이 있는 것으로 자문을 요청한 기관과는 관련이 없다.
③ 자문가는 관련 업무의 전문가로서 피자문자 개인보다는 그가 제시한 문제를 중점적으로 다루어야 한다.
④ 자문가에게는 치료자로서의 기술이 요구되지만, 원칙적으로 피자문자를 대신하여 내담자에 대한 직접적인 치료자로서의 역할을 대행하지 않는다.

> **OX Quiz**
> 자문을 요청한 사람과 자문을 받아들이는 고문 간의 관계는 임의적·한시적이다.
> 정답 O

3. 자문의 유형 21, 22년 기출

구 분	특 징
비공식적 동료집단자문	• 임상가나 심리학자가 동료집단 내 다른 전문인에게 비공식적인 자문을 요청할 수 있다. • 도전적인 임상사례에 대한 보다 효과적인 치료전략의 수립을 위해 이루어진다.
내담자중심 사례자문	• 임상가나 심리학자가 환자의 치료 및 보호에 대한 책임감을 가지고 환자의 특별한 요구를 효과적으로 충족시키기 위해 자문을 요청할 수 있다. • 자문가는 다른 분야의 전문가나 치료자로부터 환자의 치료를 위한 자문을 요청받기도 하며, 치료의 책임을 부여받기도 한다.
피자문자중심 사례자문	• 내담자나 환자의 임상적인 문제보다는 피자문자의 관심사가 주요요인으로 작용한다. • 피자문자의 경험부족이나 정보부족, 오류나 실수 등이 토론의 주제가 된다.
프로그램중심 행정자문	• 내담자나 환자중심의 개인사례보다는 프로그램 자체에 중점을 둔 자문에 해당한다. • 임상가나 심리학자는 내담자나 환자를 위한 집단치료프로그램의 구성 및 진행과정에 대한 자문을 구할 수 있다.
피자문자중심 행정자문	• 어떤 조직 내에 소속되어 있는 피자문자가 조직의 행정이나 인사 등의 행정적인 업무에 대해 자문을 요청할 수 있다. • 자문가는 특정조직의 효율적인 행정업무가 이루어지도록 지도 및 훈련을 제공하며, 경우에 따라 변호인으로서의 역할을 수행하기도 한다.

> **기출키워드**
> 21년 1회
> **자문의 유형**
> ※ 필기시험에는 사례를 제시한 뒤 자문의 유형이 무엇인지 고르도록 하는 문제가 출제되었습니다.
>
> 24년 1회
> **집단치료의 준비과정**
> 집단원들이 집단을 시작하면서 갖게 되는 집단치료에 대한 두려움이나 오해, 이와 함께 집단에 대한 기대 등을 다루어 나가는 것이 필요하다.

> **OX Quiz**
> 자문가는 피자문자나 그의 책임업무와 관련이 있는 것으로 자문을 요청한 기관과도 관련이 있다.
> 정답 X(관련이 없음)

핵심예제 28　　　　　　　　　　　　　　　11, 13, 21년 기출

다음과 같은 자문의 유형은?

> 주의력결핍장애를 가진 아동의 혼란된 행동을 다루는 방법을 확신하지 못하고 있는 초등학교 3학년 담임 교사에게 자문을 해주었다.

① 내담자중심 사례자문
② 프로그램중심 행정자문
③ 피자문자중심 사례자문
④ 피자문자중심 행정자문

해설 체크!

피자문자(자문의뢰인)가 경험부족이나 정보부족 등의 이유로 자신이 계획한 방법에 대해 확신을 하지 못하는 경우 피자문자중심 사례자문이 적절하다. 피자문자중심 사례자문에서는 내담자나 환자의 임상적인 문제보다는 피자문자의 관심사가 주요요인으로 작용한다.

정답 ③

29 자문 II

1. 자문의 일반적인 과정

① 제1단계 : 질문의 이해
자문가는 피자문자의 자문의뢰 목적과 함께 의뢰된 문제의 성질을 명확히 파악함으로써, 자문의 성격이 자신의 전문성에 부합하는 것인지 확인한다.

② 제2단계 : 평가
자문가는 면접법이나 관찰법, 다양한 정보·자료의 수집 등을 통해 의뢰된 문제에 대해 조사하며, 상황을 명확하게 평가한다.

③ 제3단계 : 중재
자문가는 실제적인 자문을 통해 피자문자가 얻고자 하는 바에 대한 정확한 중재전략을 전개한다.

④ 제4단계 : 종결
자문의 목적이 충족되거나 더 이상의 자문이 무의미하다고 판단되는 경우 자문이 종결된다. 이 경우 자문가는 잔여쟁점들을 처리한다.

OX Quiz

자문의 일반적인 과정에는 '중재'도 포함된다.

정답 O

⑤ 제5단계 : 추적

자문가는 자문의 효과를 극대화하기 위해 자문의 결과에 의한 새로운 변화를 지속적으로 추적한다.

2. 전문적 자문의 과정

① 제1단계 : 개시의 단계
- 자문을 요청한 사람(피자문자)과 자문을 받아들이는 고문(자문가) 간의 특별한 관계가 시작된다.
- 자문가는 피자문자가 직면한 문제와 자문을 요청한 이유 등을 파악하며, 자문의 효용과 한계에 대해 명확하게 밝힌다.

② 제2단계 : 문제 정의의 단계
- 자문가는 피자문자가 제시한 문제를 면밀히 분석한다.
- 자문가는 피자문자의 진술을 최대한 존중해야 한다.

③ 제3단계 : 대안 분석의 단계
- 자문가는 피자문자가 해당 문제에 대해 어떠한 시도를 했으며, 그 결과는 어떻게 나타났는지 면밀히 분석한다.
- 자문가는 문제에 대한 진단을 통해 피자문자와 함께 해결방법과 대안을 마련한다.

④ 제4단계 : 장애물 제거의 단계
- 피자문자는 잘못된 신념이나 주관적 판단으로 인해 객관성과 전문가로서의 효율성을 발휘하지 못하는 경우가 있다.
- 자문가는 피자문자가 내담자의 문제를 해결하는 데 방해되는 장애물들을 제거한다.

⑤ 제5단계 : 종료단계
- 자문가와 피자문자 간의 관계가 공식적으로 종료된다.
- 자문의 결과에 대해 쌍방이 동시에 만족감을 가지는 것이 어려울 수 있다.

3. 자문가의 역할

19년 기출

도허티(Dougherty)는 자문가의 역할을 다음과 같이 정리하였다.

① 전문가로서의 자문가
기술적인 조언자로서 피자문자의 욕구 및 문제해결에 도움이 되는 전문지식이나 기술, 경험을 발휘한다.

OX Quiz

전문적 자문의 과정 중 자문가는 피자문자가 해당 문제에 대해 어떠한 시도를 했으며, 그 결과는 어떻게 나타났는지 면밀히 분석하는 단계는 제2단계 문제 정의의 단계이다.

정답 X(제3단계 대안 분석의 단계)

② **교육자로서의 자문가**

다양한 장면에서 피자문자로 하여금 문제상황을 극복할 수 있도록 하고 각종 병리적 증상이나 스트레스에 대처할 수 있도록 교육 또는 수련의 기회를 제공한다.

③ **협력자로서의 자문가**

우월한 위치에서 피자문자에게 일방적으로 지시를 내리는 것이 아닌 공동의 목표를 두고 이를 달성하기 위해 함께 노력하는 협력자이다.

④ **옹호자로서의 자문가**

인간존엄성의 가치에 입각하여 자신의 권리를 표출하는 데 어려움을 겪는 환자들을 위해 그들의 기본적인 권리가 침해되지 않도록 적극적으로 옹호한다.

⑤ **진상조사자로서의 자문가**

심리학적 지식 및 전문성의 결여, 시간적·상황적인 여건으로 인해 문제상황에 효과적으로 대처하지 못하는 피자문자들을 위해, 그들이 스스로 문제상황을 극복하고 과제를 완수할 수 있도록 다양한 정보를 찾아 그 결과를 전달해 준다.

⑥ **과정-전문가로서의 자문가**

피자문자로 하여금 문제상황에 효과적으로 대처할 수 있도록 문제의 다양한 원인요소와 사건의 제반과정에 대한 피자문자의 이해를 돕는다.

4. 효과적인 자문을 위한 기술

도허티는 효과적인 자문을 위한 기술을 다음과 같이 제시하였다.
① 감정이입
② 진솔성
③ 사회적 기술
④ 다른 사람과 일하는 것에 대한 편안한 느낌

5. 심리학적 자문의 예

① 만성질환자의 재활을 위한 프로그램
② 자살예방, 강간 및 폭력 후 위기개입
③ 실직자 및 구직자를 위한 정신건강프로그램
④ 청소년을 위한 정신건강증진프로그램
⑤ 청소년 성행동 및 아동기 비만문제
⑥ 학교부적응 및 학교폭력에 대한 자문
⑦ 부부관계 및 이혼에 대한 자문 등

기출키워드

19년 3회

임상심리학자들의 자문

※ 필기시험에는 도허티가 정의한 임상심리학자들의 6가지 공통적인 자문역할에 해당하지 않는 것을 고르도록 하는 문제가 출제되었습니다.

OX Quiz

아동기 비만문제는 심리학적 자문의 예이다.

정답 O

핵심예제 29 05, 09, 14, 18년 기출

임상심리학자의 고유한 역할과 가장 거리가 먼 것은?

① 사례관리
② 심리평가
③ 심리치료
④ 심리학적 자문

> **해설 체크!**
>
> 사례관리는 사회복지사의 주요업무에 해당한다. 사회복지사는 병원이나 정신보건센터, 개인클리닉 등 정신건강 현장에서 의료전문가나 임상심리학자 등과 함께 팀을 구성하여 환자를 돕는다.
>
> 정답 ①

30 정신건강의 관점에 따른 성격유형 및 자기개념 20년 기출

1. 프리드만과 로젠만(Friedman & Rosenman)의 성격유형 15, 17, 18년 기출

24년 기출

① A 유형 성격
- 능동적이고 공격적인 성향을 가지고 있다.
- 경쟁적 욕구, 분노, 적개심을 특징으로 한다.
- 모든 일을 빠르고 완벽하게 처리하려고 한다.
- 인내심이 부족하며, 강한 긴박감과 시간적 압박감을 가진다.
- 업무와 직책에 있어서 과도한 자신감을 보인다.
- 관상동맥성 심장질환, 뇌혈관 질환, 당뇨, 중풍, 소화기 궤양 등 각종 성인병에 잘 걸린다.

② B 유형 성격
- 수동적이고 방어적인 성향을 가지고 있다.
- 차분한 성격과 평온함을 특징으로 한다.
- 느긋하고 시간에 쫓기지 않으며, 생활리듬이 비교적 느리다.
- 일처리에 있어서 여유 있게 대처한다.
- 털털하게 사람을 사귄다.
- A 유형과 달리 각종 질병의 발병률이 매우 낮은 반면, 중병에 걸린 경우 치료에 대한 의욕이 저조하여 치료성공률도 상대적으로 낮은 편이다.

OX Quiz

정신건강의 관점에 따른 성격유형에서 A 유형 성격은 능동적이고 방어적인 성향을 가지고 있으며, 업무와 직책에 있어서 과도한 자신감을 보인다.

정답 X(방어적 → 공격적)

③ C 유형 성격
- 불편한 감정은 외부로 드러내지 않은 채 억누른다.
- 다른 사람과의 충돌을 피하기 위해 화나 분노를 억제한다.
- 필요 이상으로 다른 사람에게 협력적이며, 지나칠 정도로 인내심을 발휘한다.
- 다른 사람의 권위에 쉽게 굴복한다.
- 과도한 스트레스로 인해 암에 잘 걸린다. 또한 소화기 궤양, 피부병, 천식 등에 잘 걸린다.

2. 제임스(James)의 자기개념 구성요소

① 물질적 자기(Material Self)
- 나를 이루고 있으며, 나와 관계된 가시적이고 물질적인 측면을 말한다.
- 신체적 특성이나 소유물 등 자신의 정체성 형성에 중요한 것으로 파악되는 물리적 대상을 포함한다.

② 사회적 자기(Social Self)
- 타인과의 관계 속에서 나타나는 나의 지위나 신분, 위치를 말한다.
- 사회적·기능적 측면의 자기로서 가족관계, 교우관계, 직장동료관계 등을 포함한다.

③ 심리적·영적 자기(Psychic or Spiritual Self)
- 나의 가치관이나 도덕적 기준과 연관된 내면적 특성 및 자기반성적 사고를 말한다.
- 타인에 의한 외적 평가와 무관한 자신에 대한 사고 및 감정에 해당하는 것으로서 성격, 능력, 적성 등을 포함한다.

> **OX Quiz**
> 자기개념의 구성요소 중 나의 가치관이나 도덕적 기준과 연관된 내면적 특성 및 자기반성적 사고를 말하는 것은 사회적 자기이다.
> 정답 X(심리적·영적 자기)

핵심예제 30 　　　　　　　　17, 24년 기출

A 유형(Type A) 성격의 행동패턴이 아닌 것은?

① 마감시한이 없을 때에도 최대의 능력을 발휘하여 일한다.
② 자신의 물리적, 사회적 환경을 장악하려는 통제감이 높다.
③ 지연된 보상이 주어지는 과제에서 향상된 수행을 발휘한다.
④ 좌절하면 공격적이고 적대적이 되며, 피로감과 신체적 증상을 덜 보고한다.

> **해설 체크!**
>
> A 유형(Type A) 성격
> - 일을 할 때 지나치게 경쟁적이고 공격적이다.
> - 일이 조금이라도 뜻대로 안 되면 쉽게 짜증과 화를 낸다.
> - 항시 서두르며 늘 시간에 쫓기듯 산다.
> - 말이 빠르고 격정적이며 휴식도 없이 일을 하는 일중독의 특성을 보인다.
>
> 정답 ③

31 신경계

1. 신경계의 구성 및 기능

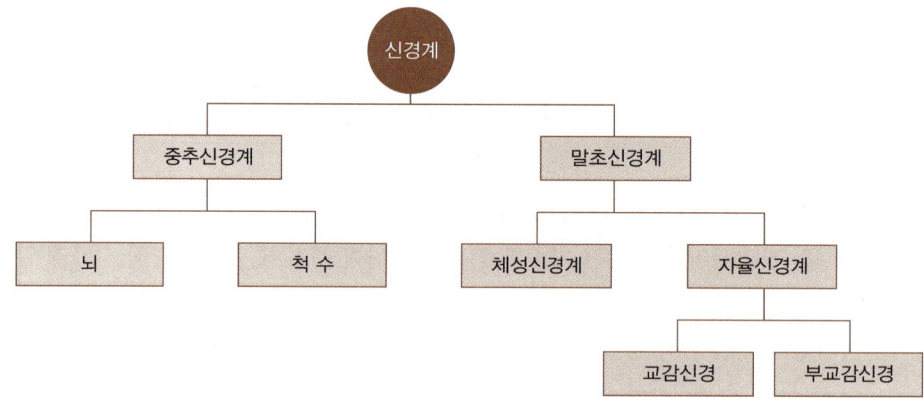

기출키워드

24년 1회

기저핵

중추신경계의 일부로서 운동을 통제하는 기능을 담당하는 것으로, 기저핵이 손상되는 경우 신체 근육이 경직되어 몸을 제대로 움직이지 못하는 파킨슨병, 또는 자신의 의지와 상관없이 무의미한 상동증적 움직임을 반복하는 헌팅턴병이 발병할 수 있다.

24년 3회 / 25년 1회

뇌의 발달단계

생명유지에 필수적인 기능에서 고차원적 인지기능으로 발달하는 뇌의 발달단계는 다음과 같다.
후뇌(교 및 소뇌) → 수뇌(연수) → 중뇌 → 간뇌 → 종뇌

① 중추신경계

뇌	• 대뇌 : 뇌의 약 80%를 차지하는 부분으로서 대뇌반구로 나뉜다. 감각과 수의운동의 중추에 해당한다. • 소뇌 : 대뇌 아래에 위치하며, 수의근 조정에 관여한다. 신체평형을 유지하고 자세를 바로잡는 운동 중추에 해당한다. • 간뇌(사이뇌) : 대뇌와 중뇌 사이에 위치하며, 시상과 시상하부로 이루어져 있다. 시상은 감각연결의 중추, 시상하부는 생리조절의 중추에 해당한다. • 중뇌 : 간뇌 바로 아래에 위치하며, 시각과 청각의 반사중추에 해당한다. • 연수(숨뇌) : 뇌간(뇌줄기)의 아래에 위치하며, 척수와 이어지는 신경조직이다. 호흡 및 심장 박동, 소화기 활동, 재채기, 침 분비 등의 생리반사 중추에 해당한다.
척수	• 뇌의 연장이며, 뇌와 말초신경 사이의 흥분전달통로로서의 역할을 한다. • 운동성신경인 전근(前根)과 감각성신경인 후근(後根)으로 나뉜다. • 배뇨, 배변, 땀 분비, 무릎반사 등의 반사 중추에 해당하며, 외부자극에 대한 방어 기능을 수행한다.

② 말초신경계

체성신경계	• 감각신경 : 자극을 감각기에서 중추신경계로 전달하여 감각을 일으킨다. • 운동신경 : 중추신경계의 지시를 여러 기관으로 전달하여 근육운동을 일으킨다.
자율신경계	• 교감신경 : 활동신경으로서 주로 신체활동이 활발한 낮에 활성화된다. 긴장, 공포, 스트레스상황에서 흥분하며, 이때 혈압과 심장박동수가 높아진다. • 부교감신경 : 휴식신경으로서 주로 신체활동이 저조한 밤에 활성화된다. 휴식 등의 편안한 상황에서 흥분하며, 이때 혈압과 심장박동수가 낮아진다.

2. 대뇌의 구조와 기능

`13, 14, 16, 17, 20, 21, 22, 24, 25년 기출`

① 전두엽(이마엽)
- 대뇌피질(대뇌겉질)의 앞부분에 위치하며, 전체의 약 40% 정도를 차지한다.
- 골격근(뼈대근육)의 운동을 통제하는 1차운동피질이다.
- 창조의 영역으로서, 운동기능·자율기능·감정조절기능·행동계획 및 억제기능 등을 관장한다.
- 전두엽의 맨 앞부분에 위치한 전전두엽은 고차적인 정신활동을 담당하는 영역으로서, 인지 및 사고, 판단작용은 물론 행동계획, 창의성 등을 관장한다.

② 두정엽(마루엽)
- 대뇌피질의 윗부분 중앙에 위치하며, 전체의 약 21% 정도를 차지한다.
- 1차체감각피질과 연합피질로 구성된다.
- 이해의 영역으로서 공간지각·운동지각·신체의 위치판단 등을 관장한다.
- 신체 각 부위의 개별적인 신체표상을 비롯하여 입체적·공간적 사고, 수학적 계산 및 연상기능 등을 수행한다.

③ 측두엽(관자엽)
- 대뇌피질의 측면에 위치하며, 전체의 약 21% 정도를 차지한다.
- 1차청각피질과 연합피질로 구성된다.
- 판단과 기억의 영역으로서, 언어·청각·정서적 경험 등을 관장한다.
- 직관력 및 통찰력과도 연관되어 있는 것으로 알려져 있다.

④ 후두엽(뒤통수엽)
- 대뇌피질의 뒷부분에 위치하며, 전체의 약 17% 정도를 차지한다.
- 일차시각피질과 시각연합피질로 구성된다.
- 시각의 영역으로서, 망막에서 들어오는 시각정보를 분석·통합하는 역할을 관장한다.
- 망막에서 들어오는 시각정보는 우선 시각영역에서의 1차적인 처리과정을 거쳐 다른 뇌체계와의 교류를 위해 임시적으로 저장되며, 이때 새로운 시각정보가 기존의 정보와 조화됨으로써 의미를 가지게 된다.

OX Quiz

대뇌피질의 윗부분 중앙에 위치하며, 전체의 약 21% 정도를 차지하는 것은 전두엽이다.

정답 X(두정엽)

기출키워드

21년 3회

전두엽 손상

※ 필기시험에는 전두엽 손상 사례를 제시하고 선지에서 전두엽을 고르도록 하는 문제가 출제되었습니다.

전문가의 한마디 `21년 기출`

뇌의 기능과 관련하여 등장하는 주요개념으로 편재화(Lateralization)와 국재화(Localization)가 있습니다. 보통 두 개념을 동일한 것으로 간주하는 경향이 있으나, 엄밀한 의미에서 약간의 차이가 있습니다. 즉, 편재화는 특히 대뇌반구 좌·우의 기능적 분화와 관련하여 사용되는 반면, 국재화는 특정 인지기능이 대뇌피질의 특정영역에 자리 잡고 있다는 의미로 사용됩니다. 예를 들어, 뇌의 좌반구는 이성, 사고, 수리, 언어, 분석의 기능을, 뇌의 우반구는 감각, 직관, 공간지각, 창조력, 정서반응의 기능을 수행한다고 말할 경우 국재화 대신 편재화의 개념을 사용하는 것이 바람직합니다. 다만, 교재에 따라 Lateralization을 편재화 혹은 국재화로 서로 달리 번역하고 있는 점에 유의하시기 바랍니다.

기출키워드 `22년 1회`

전두엽의 기능

※ 필기시험에는 전두엽 기능에 관한 신경심리학적 평가영역과 가장 거리가 먼 것을 고르도록 하는 문제가 출제되었습니다.

---

3. 뇌의 편측성(편재화)과 이원청취기법 `16, 20, 25년 기출`

① 뇌의 편측성(Lateralization)은 인간의 여러 기능이 뇌 속에서 각기 다른 부위에 위치하고 있음을 의미한다. 즉, 인간의 두 가지 의식양식이 인간의 좌·우 반구 속에 각기 다르게 위치하고 있다는 주장이다.

② 좌·우반구는 여러 정보에 대해 기능적 비대칭성(Functional Asymmetry)을 보인다. 여기서 비대칭성은 특정인지과제(언어, 도형, 감정 등)를 처리하는 데 좌·우반구의 기여정도가 서로 다르다는 것으로, 이는 특정정보를 처리할 때 어느 한쪽 반구가 다른 쪽 반구에 비해 그 정보를 보다 효율적으로 처리한다는 의미이다.

③ 좌·우 반구가 어떻게 기능분화를 하게 되었는가에 대해서는 여러 가지 설명이 있으나, 인간이 일상에서 경험하는 수많은 정보를 보다 효과적으로 처리하기 위해 획득된 것으로 보는 견해가 지배적이다.

④ 뇌의 편측성효과를 탐색하는 대표적인 방법으로 이원청취기법(Dichotic Listening Technique)이 있다. 이 기법은 신체의 청각체계를 이용한 것으로서, 양쪽 귀에 언어적 음성이나 비언어적 음향의 다양한 청각자극을 제시하여 피검자에게 보고하도록 함으로써 반응정도에 따라 뇌의 편재화된 기능을 파악하는 것이다. 즉, 오른쪽 귀가 언어적 자극에, 왼쪽 귀가 비언어적 자극에 민감하다면, 신체의 우측을 조정하는 좌반구가 언어적 기능에서, 신체의 좌측을 조정하는 우반구가 비언어적 기능에서 우세함을 나타낸다.

⑤ 일반적으로 좌반구는 언어적·분석적·순차적인 정보, 즉 표현언어, 음운적 부호화, 단락이해, 철자명명, 의도적 운동, 산수문제 등을 우세하게 처리하는 것으로 알려져 있다. 반면, 우반구는 비언어적·공간적·통합적·병렬적인 정보, 즉 공간지각, 얼굴지각, 색채, 음계, 정서적 자극 등을 더 잘 처리하는 것으로 알려져 있다.

핵심예제 31 `14, 17년 기출`

다음 환자는 뇌의 어느 부위가 손상되었을 가능성이 높은가?

> 30세 남성이 운전 중 중앙선을 침범한 차량과 충돌하여 두뇌 손상을 입었다. 이후 환자는 매사 의욕이 없고, 할 수 있는데도 불구하고 어떤 행동을 시작하려고 하지 않으며, 계획을 세우거나 실천하는 것이 거의 안 된다고 한다.

① 측두엽 ② 후두엽
③ 전두엽 ④ 두정엽

> **• 해설 체크! •**
>
> 전두엽(Frontal Lobe)
> - 대뇌피질의 앞부분에 위치하며, 전체의 약 40%를 차지
> - 골격근의 운동을 통제하는 1차운동피질
> - 창조의 영역으로, 운동기능, 자율기능, 감정조절기능, 행동계획 및 억제기능 등을 담당
> - CEO의 역할을 하는 것으로서, 예지력, 판단, 지혜, 동기, 전략 세우기, 계획 등과 관련
> - 전두엽의 맨 앞부분에 위치한 전전두엽은 고차적인 정신활동을 담당하는 영역으로, 인지 및 사고, 판단작용과 행동계획, 창의성 등을 관장
>
> 정답 ③

32 주의력결핍 및 과잉행동장애(ADHD)의 치료

1. ADHD의 병인 〔20년 기출〕

구 분	내 용
뇌손상 및 기능결함	• 운동기능 및 활동수준의 통제를 담당하는 대뇌의 전두엽손상 • 신경전달물질인 도파민(Dopamine)과 노르에피네프린(Norepinephrine)의 이상 • 뇌의 대사율 및 혈류량의 감소
유 전	• 부모가 ADHD에 해당하는 경우(자녀의 대략 57% 정도가 증상을 보임) • 형제가 ADHD에 해당하는 경우(정상 대조군에 비해 발병률이 2~3배) • 아동의 부모나 친척 중 품행장애, 우울장애, 약물남용 등을 가진 경우 • 일란성 쌍생아가 이란성 쌍생아보다 발병률이 높음
임신과 출산	• 임신 중 흡연 또는 음주 • 임신 중 질병 감염 • 체중미달 및 미숙아
섭 식	• 식품첨가물 또는 인공색소 • 음식 알레르기 또는 특정 음식물에 대한 과민반응 • 과도한 당분섭취, 비타민결핍
환 경	• 체내 납성분 농도 또는 납중독 • 고압전류지역에 거주 • 과도한 TV 시청
심리적 요인	• 부모의 잦은 다툼에 의한 불안정한 정서상태 • 부모와의 원만하지 못한 관계 • 부모의 자녀에 대한 비판 및 무관심 • 부모의 권위적·일방적 태도

OX Quiz

일란성 쌍생아가 이란성 쌍생아보다 발병률이 높다.

정답 O

2. ADHD에 대한 행동치료기법

24, 25년 기출

① 타임아웃(Time-Out)

문제행동을 중지시킬 목적으로 문제가 일어나는 상황으로부터 내담자를 일정시간 분리시키는 기법이다. 내담자의 바람직하지 못한 행동에 강화를 주지 않음으로써 반응의 강도 및 출현빈도를 감소시키는 일종의 소거(Extinction)기술에 해당한다.

② 토큰경제(Token Economy)

내담자와 행동계약을 체결하여 적응적 행동을 하는 경우 토큰(보상)을 주어 강화하는 기법이다. 특히 물리적 강화물(토큰)과 사회적 강화물(칭찬)을 연합함으로써 내적 동기의 가치를 학습하도록 유도한다.

③ 반응대가 또는 값 치르기(Response Cost)

내담자가 특정행동을 한 것에 대해 대가를 지불하도록 하는 기법이다. 내담자가 감소표적행동을 한 경우 내담자가 가치 있다고 여기는 중요한 물건을 치료자에게 맡기도록 하거나, 내담자가 좋아하는 행동에 대해 제약을 가한다.

④ 과잉교정(Overcorrection)

잘못된 행동이 과도한 양상을 보이는 경우 또는 강화로 제공될 대안행동이 거의 없거나 효과적인 강화인자가 없는 경우 유용한 기법이다. 예를 들어, 한 아동이 물건을 부수거나 친구를 때리는 등의 폭력적인 행동을 하는 경우 즉각적으로 자연스러운 상황을 재구성하도록 요구하면서, 그와 같은 행동을 한 것에 대해 상대방 또는 집단성원들에게 사과하도록 요구할 수 있다.

⑤ 조건부계약(Contingency Contract)

조건부계약은 내담자의 표적행동과 그에 따른 결과의 관계를 구체화한 문서(동의서)에 동의하는 것이다. 표적행동, 표적행동의 수행결과, 그리고 각 표적행동과 그 결과에 대한 명확한 조건이 명료하게 정의되어 계약참여자의 서명을 거치게 되므로, 참여자로서 내담자는 계약서의 내용대로 역할을 잘 수행하기 위해 노력하게 된다.

OX Quiz

ADHD의 치료기법 중 타임아웃은 일종의 소거기술에 해당된다.

정답 O

3. ADHD 아동을 대하는 3가지 기본원칙(행동치료의 원칙)

① 구체적인 목표를 정한다

정해진 시간에 과제를 하도록 하거나 친구들과 장난감을 공유하도록 하는 등 구체적인 행동목표를 설정해야 한다.

② 적절한 보상과 제한을 적용한다

아동이 긍정적인 행동을 했을 경우 즉각적이고 구체적인 보상을 제공한다. 반면, 약속한 목표를 달성하지 못한 경우 그에 대한 책임을 지도록 한다.

③ 보상과 제한을 지속적이고 일관적으로 적용한다

아동의 부적응적인 행동은 상당한 기간 동안 일관적으로 제공되는 보상과 제한을 통해 수정이 가능해진다.

핵심예제 32 04, 06, 09, 15, 20년 기출

주의력결핍 및 과잉행동장애(ADHD)는 상황을 종합적으로 분석하고, 목표를 계획하고, 실행하는 기능에 결함을 보인다고 한다. 뇌와 행동과의 관계에서 볼 때 어떤 부위의 결함을 시사하는가?

① 전두엽의 손상
② 측두엽의 손상
③ 변연계의 손상
④ 해마의 손상

해설 체크!

주의력결핍 및 과잉행동장애는 운동기능 및 활동수준의 통제를 담당하는 대뇌의 전두엽(이마엽) 손상과 연관된다.

정답 ①

제5과목 심리상담

학습공략

심리상담은 전반적으로 출제비율이 고르게 유지되었으나, 상담의 기초 영역 문제 수가 다소 증가했습니다. 여전히 가장 많은 문제는 상담 이론 영역에서 출제되었고, 특히 이론과 이론가의 주장을 연결하는 문제가 자주 등장했습니다. 따라서 주요 상담 이론은 단순 암기하는 수준을 넘어서, 이론가의 핵심 개념 및 주장을 정확히 매칭하는 연습이 필요합니다.

임상심리사 2급

- 01 정신분석상담 Ⅰ
- 02 정신분석상담 Ⅱ
- 03 방어기제
- 04 개인주의상담
- 05 형태주의상담(게슈탈트상담) Ⅰ
- 06 형태주의상담(게슈탈트상담) Ⅱ
- 07 행동주의상담
- 08 인지·정서·행동적 상담 Ⅰ
- 09 인지·정서·행동적 상담 Ⅱ
- 10 인지·정서·행동적 상담 Ⅲ
- 11 인지치료
- 12 인간중심상담
- 13 특성-요인상담
- 14 교류분석상담
- 15 실존주의상담
- 16 현실주의상담
- 17 상담의 구조화와 관계형성
- 18 상담의 기술 Ⅰ - 공감, 요약과 재진술, 반영
- 19 상담의 기술 Ⅱ - 적극적 경청, 질문, 직면
- 20 단기상담
- 21 집단상담 Ⅰ - 집단상담의 이해
- 22 집단상담 Ⅱ - 집단의 구성
- 23 집단상담 Ⅲ - 집단상담의 효과와 집단응집력
- 24 집단상담 Ⅳ - 집단상담의 형태
- 25 사례관리
- 26 사이버상담과 전화상담
- 27 장애인재활
- 28 장애의 적응과 재활
- 29 스트레스 Ⅰ
- 30 스트레스 Ⅱ
- 31 청소년상담
- 32 학습문제와 학습상담
- 33 인터넷중독
- 34 약물 오·남용 및 중독
- 35 도박중독
- 36 성폭력상담
- 37 진로 및 직업상담 Ⅰ
- 38 진로 및 직업상담 Ⅱ
- 39 청소년비행(일탈행동)에 관한 연구
- 40 위기 및 자살상담

합격의 공식 ▶ 시대에듀

자격증·공무원·금융/보험·면허증·언어/외국어·검정고시/독학사·기업체/취업
이 시대의 모든 합격! 시대에듀에서 합격하세요!
www.youtube.com → 시대에듀 → 구독

임상심리사 2급

심리상담

1 정신분석상담 I `17, 22년 기출`

1. 의의 및 특징 `24년 기출`

① 인간심리에 대한 구조적 가정 및 여러 가지 형태의 부적응행동에 대한 역동적 이해 등의 이론적 배경에 기초를 둔다.
② 인생의 초기경험을 중시하며, 무의식 혹은 심층에 숨어 있는 문제의 원인을 분석하여 의식의 세계로 노출시킴으로써 자아의 기능을 강화한다.
③ 건전한 성격이란 자아(Ego)가 초자아(Superego)와 원초아(Id)의 기능을 조정할 능력이 있어서 적절한 심적 균형을 유지하는 것을 말한다.
④ 정신분석상담은 무의식적 자료에 접근하기 위해 환자들의 관념이나 느낌, 환상 등을 우선 거리낌 없이 자유롭게 표현하도록 하는 방법을 사용한다.
⑤ 최근의 정신역동(Psychodynamic)은 정신분석(Psychoanalysis)보다 넓은 의미를 포함하나 프로이트(Freud)의 정신분석이론의 주요개념에 근거하므로 사실상 정신분석과 같은 개념으로 이해하는 것이 일반적이다. 다만, 정신역동이 여기-지금(Here & Now)의 치료적 관계에서 환자의 의식과 잠재의식에 초점을 두는 반면, 정신분석은 환자의 무의식과 과거경험에 주목하여 치료적 관계를 통한 과거의 재경험 및 재구성과정에 초점을 둔다는 점에서 차이가 있다.

2. 과 정 `21, 25년 기출`

① 제1단계 : 초기단계
 • 우선적으로 내담자의 문제를 해결하는 것에 대한 정신분석적 방법의 적합성 여부를 판단한다.
 • 상담자는 내담자와 신뢰관계를 형성하며, 자유연상과 꿈의 분석을 통해 내담자의 심리적인 문제를 드러낸다.
 • 상담자가 내담자에게 수용의 자세를 보임으로써 상담자와 내담자 간에 치료동맹이 맺어지며, 그 과정에서 내담자의 전이에 대한 욕구가 촉진된다.

OX Quiz

정신역동과 정신분석의 치료적 초점은 동일하다.
정답 X(정신역동은 환자의 의식과 잠재의식에 초점, 정신분석은 치료적 관계를 통한 과거의 재경험 및 재구성 과정에 초점)

② 제2단계 : 전이단계
- 내담자는 유아기 때 중요한 대상에게 가졌던 감정을 상담자와의 관계에서 반복하려고 한다.
- 상담자는 내담자의 전이욕구에 대해 중립적인 자세로 해석을 수행함으로써 내담자의 욕구를 좌절시킨다.
- 상담자의 역전이에 대한 분석 및 해결도 병행되어야 한다.

③ 제3단계 : 통찰단계
- 내담자는 자신의 부정적인 감정이 애정과 의존욕구의 좌절에서 비롯된 것임을 깨닫게 된다.
- 내담자는 상담자에게 자신의 욕구가 좌절된 것에 대한 반감을 표시할 수도 있다.
- 상담자는 내담자의 그와 같은 욕구를 다루게 됨으로써 그로 인해 야기된 감정을 보다 쉽게 다룰 수 있다.

④ 제4단계 : 훈습단계
- 전이에 대한 통찰을 토대로 내담자로 하여금 자신의 행동과 태도를 변경하도록 유도하는 과정이다.
- 상담자는 내담자가 통찰한 것을 실제생활로 옮기도록 돕는다.
- 훈습에 의해 내담자의 변화된 행동이 안정수준에 이르게 되면 종결을 준비한다.

3. 상담과정에서의 전이와 해결방안   10, 13, 16년 기출

① 전이(Transference)의 의미
- 상담과정에서 전이는 내담자가 어린 시절 어떤 중요한 인물에 대해 느꼈던 감정을 상담자에게 표출하는 것이다.
- 과거에 충족되지 못한 욕구를 현재의 상담자를 통해 해결하고자 하는 일종의 투사현상으로서, 내담자는 상담자가 어린 시절 권위적이었던 자신의 아버지를 닮았다고 판단하는 경우 상담자에게 부정적인 감정을 느낄 수 있는 반면, 자신이 흠모했던 선생님을 닮았다고 판단하는 경우 상담자에게 긍정적인 감정을 느낄 수 있다.

② 전이의 해결방안
- 전이분석은 내담자의 유아기에서 비롯된 대인관계 또는 방위패턴을 통찰할 수 있도록 함으로써, 현재의 심리적인 문제를 극복하고 성격을 개선하도록 한다.
- 상담자는 애정, 욕망, 기대, 적개심 등 내담자가 과거에 중요한 대상에게 가졌던 감정을 상담자에게 표현하도록 격려한다.

OX Quiz

전이에 대한 통찰을 토대로 내담자 스스로 행동과 태도를 변경하도록 유도하는 과정은 전이단계이다.

정답 X(훈습단계)

OX Quiz

정신분석상담과정에서 전이가 발생하면 상담자는 애정, 욕망, 기대, 적개심 등 내담자가 과거에 중요한 대상에게 가졌던 감정을 상담자에게 느낄 수 없도록 단호하게 대처해야 한다.

정답 X(상담가에게 표현하도록 격려)

- 상담자는 내담자의 전이감정을 이해하는 한편 객관적인 태도를 유지하여 그 분위기에 휩쓸리지 않도록 한다.
- 상담자는 내담자로 하여금 전이를 일으키는 동시에 해석을 통해 전이를 좌절시킨다. 즉, 상담자는 내담자에게 전이를 각성하도록 하여, 문제와 밀접하게 연관되어 있는 과거의 경험과 갈등들에 대한 통찰을 제공한다.
- 집단상담에서 집단상담자는 집단성원이 문제에 대한 통찰의 수준을 높여 경험적 확신을 가지고 자아통합에 이를 수 있도록 집단에서의 전이를 훈습(Working-Through)으로 반복적으로 설명하고 분석한다.
- 이와 같은 과정들을 통해 내담자로 하여금 자신의 내면에 대한 깊은 이해와 통찰을 경험하도록 함으로써 과거의 행동유형을 해결하고 새로운 선택을 하도록 돕는다.

4. 상담과정에서의 역전이와 해결방안 `18, 20, 21, 25년 기출`

① 역전이(Counter Transference)의 의미 `24년 기출`
- 상담자가 내담자와의 관계에서 이전에 다른 사람에게 느꼈던 감정을 내담자에게 느끼게 되는 현상이다.
- 내담자의 태도 및 외형적 행동에 대한 상담자의 개인적인 정서적 반응이자 투사로서, 상담관계에서 비합리적인 방식으로 반응하거나 상담자와 내담자 간의 갈등이 유발되어 객관성을 잃게 될 때 나타나는 부적절한 반응이다.
- 역전이는 상담자로 하여금 내담자를 마치 자신의 과거경험 속 인물로 착각하도록 하여 무의식적으로 반응하도록 함으로써 현실에 대한 왜곡을 야기한다.
- 상담자는 내담자와 일정한 거리를 둔 채 객관성을 유지하며, 스스로 자신을 볼 수 있고 자신을 다스릴 수 있는 능력을 갖추어야 한다.

② 역전이의 해결방안
- 상담자는 자기분석(Self-Analysis)을 통해 자신의 과거경험이 현재 자신에게 미치는 영향에 대해 지속적으로 점검한다.
- 상담자는 교육분석(Training Analysis)을 통해 자신에 대한 분석결과 및 경험내용을 지속적으로 축적한다.
- 자기분석과 교육분석을 받을 수 없는 경우 슈퍼바이저의 지도·감독을 받는다.
- 역전이의 문제가 풀리지 않은 채 상담과정에 진전이 없는 경우 내담자를 다른 상담전문가에게 보내는 것이 바람직하다.

전문가의 한마디

사실 정신분석의 초창기에는 역전이(Counter Transference)를 상담자의 오류 또는 상담과정의 장애물로 간주하는 경향이 있었습니다. 그러나 프로이트(Freud) 사후 역전이는 효과적인 상담을 위한 분석대상이자 기술로 간주되기에 이르렀습니다. 즉, 역전이는 상담자와 내담자의 무의식을 연결함으로써 내담자의 심리적 갈등을 이해하는 데 중요한 열쇠이자 치료도구가 될 수도 있다는 것입니다. 이와 같이 최근에는 상담자와 내담자의 관계에서 나타나는 현상들을 치료에 응용하고자 하는 시도들이 펼쳐지면서, 상담자를 단순히 내담자의 심리를 반영하는 거울로 간주하는 데 대해 이의가 제기되고 있습니다.

기출키워드

21년 1회
역전이의 활용
※ 필기시험에는 역전이의 중요성을 강조하고 치료에 활용하는 이론이 무엇인지 묻는 문제가 출제되었습니다.

핵심예제 01 *15년 기출*

심리치료에서 치료자의 역전이(Counter Transference)에 대한 설명으로 가장 적합한 것은?

① 치료자는 내담자에 대해 부정적인 감정을 가져서는 안 된다.
② 내담자에게 좋은 치료자라는 말을 듣고 싶은 것은 당연한 욕구이다.
③ 내담자에게 느끼는 역전이감정은 치료의 중요한 도구로 활용할 수 있다.
④ 치료자가 역전이를 알기 위해 꼭 교육분석을 받아야 하는 것은 아니다.

> **해설 체크!**
> 역전이는 내담자의 심리적 갈등을 이해하는 데 중요한 열쇠이자 치료도구가 될 수 있다.
>
> 정답 ③

2 정신분석상담 Ⅱ *15년 기출*

1. 자유연상(Free Association)

① 내담자에게 무의식적 감정과 동기에 대해 통찰하도록 하기 위해 마음속에 떠오르는 것을 의식의 검열을 거치지 않은 채 표현하도록 격려하는 것이다.
② 내담자는 자신의 감정과 경험을 개방함으로써 더 이상 자신의 감정과 경험을 억압하지 않은 채 자유로울 수 있다.
③ 내담자가 자유연상을 얼마나 자유롭게 하는가는 내담자의 내면이 얼마나 건강한가를 반영하는 것이므로 그 자체로서 정신병리의 진단적 범주가 될 수 있다.
④ 상담자는 내담자의 자유연상을 들으면서 표면적인 내용뿐만 아니라 그것에 감춰진 의미까지 포착해야 한다.

2. 해석(Interpretation) *22년 기출*

① 상담자가 내담자의 자유연상이나 정신작용 가운데 명확하지 않은 부분에 대해 추리하여 이를 내담자에게 설명하는 것이다.
② 내담자가 새로운 방식으로 자신의 문제들을 돌아볼 수 있도록 사건들의 의미를 설정해주고, 자신의 문제를 새로운 각도에서 이해할 수 있도록 그의 생활경험과 행동, 행동의 의미를 설명한다.

③ 상담자는 내담자의 자유연상, 꿈, 저항, 전이 등에 내재된 숨은 의미를 통찰하며, 내담자의 사고, 행동, 감정의 패턴을 드러내거나 이를 통해 나타나는 문제를 이해할 수 있도록 새로운 틀을 제공한다.
④ 해석은 내담자가 수용할 수 있을 것으로 판단될 때 이루어져야 하며, 무의식적 갈등에 대한 해석보다는 저항에 대한 해석이 우선시되어야 한다.

3. 저항(Resistance)

16년 기출

① 저항은 상담의 진행을 방해하고 현재상태를 유지하려는 내담자의 의식적 또는 무의식적 사고와 감정을 말한다.
② 저항은 불안에 대한 방어로서, 특히 정신분석적 치료에서 상담자와 내담자의 협력에 의한 무의식적 역동의 통찰을 방해하는 주된 요인이다.
③ 상담자는 내담자로 하여금 무의식적 내용의 의식화에 따른 불안감에서 벗어나도록 함으로써, 내담자의 갈등을 해소하는 동시에 상담을 원활히 진행할 수 있다.
④ 저항의 분석은 저항에 대한 거론(Addressing), 저항의 명료화(Clarification), 저항의 원인에 대한 해석(Interpretation), 반복적 실행에 따른 저항의 훈습(Working-Through)의 과정으로 전개된다.

4. 꿈의 분석(Dream Analysis)

① 내담자의 꿈속에 내재된 억압된 감정과 무의식적인 욕구를 꿈의 내용을 분석함으로써 통찰하도록 하는 것이다.
② 수면 중에는 자아의 기능이 낮아져서 자아의 방어노력이 최소화되므로, 수면 중 꿈을 통해 억압된 무의식적 충동이 그대로 표출되기 쉽다.
③ 상담자는 내담자에게 꿈의 내용에 대해 자유연상을 하도록 하며, 그와 관련된 감정도 이야기하도록 요구한다.
④ 꿈은 억압된 자료들에 대한 유출통로로서의 역할도 하지만, 내담자의 현재기능을 이해할 수 있는 단서를 제공하기도 한다.

5. 훈습(Working-Through)

① 상담과정에서 내담자의 통찰이 현실생활에 실제로 적용되어 내담자에게 변화가 일어나는 것이다.
② 통찰은 그 자체로 최종목표가 아닌 하나의 과정에 불과하다. 즉, 통찰이 아무리 깊이가 있다고 해도 그것이 실천으로 옮겨지지 않는 경우 상담의 궁극적인 목표에 도달할 수 없다.

OX Quiz

상담의 진행을 방해하고 현재상태를 유지하려는 내담자의 의식적 또는 무의식적 사고와 감정을 말하는 것은 저항이다.

정답 O

기출키워드

21년 3회

훈습

※ 필기시험에는 훈습에 대한 설명을 제시하고 선지에서 고르도록 하는 문제가 출제되었습니다.

③ 내담자의 전이저항에 대해 기대되는 수준의 통찰과 이해가 성취될 때까지 상담자가 반복적으로 직면하거나 설명함으로써 내담자의 통찰력이 최대한 발달하도록 하며, 자아통합이 이루어지도록 한다.
④ 상담자는 내담자가 상담을 통해 얻은 통찰을 현실에 적용하여 자신의 갈등을 해결하려고 노력할 때 적절한 강화를 제공할 필요가 있다.

6. 버텨주기(Holding)와 간직하기(Containing) 16, 20년 기출

① 버텨주기는 내담자가 막연하게 느끼지만 스스로는 직면할 수 없는 불안과 두려움에 대해 상담자의 이해를 적절한 순간에 적합한 방법으로 전해주면서, 내담자에게 의지가 되어주고 따뜻한 배려로 마음을 녹여주는 것이다.
② 간직하기는 내담자가 불안과 두려움을 느끼는 충동과 체험에 대해 상담자가 즉각적으로 반응하는 대신 이를 마음속에 간직하여 적절히 통제함으로써 위험하지 않도록 변화시키는 것이다.

핵심예제 02   04, 11, 16년 기출

정신분석적 상담에서 내적 위험으로부터 아이를 보호하고 안정시켜주는 어머니의 역할처럼, 내담자가 막연하게 느끼지만 스스로는 직면할 수 없는 불안과 두려움에 대해 상담자의 이해를 적절한 순간에 적합한 방법으로 전해주면서 내담자에게 의지가 되어주고 따뜻한 배려로 마음을 녹여주는 활동을 무엇이라고 하는가?

① 버텨주기
② 역전이
③ 현실검증
④ 해 석

해설 체크!

버텨주기는 상담자가 내담자의 막연한 불안과 두려움, 쉽게 직면하지 못하는 상태를 이해하며, 내담자에게 힘과 의지가 되어주는 기술이다.

정답 ①

OX Quiz

버텨주기는 내담자가 불안과 두려움을 느끼는 체험에 대해 상담자가 즉각적으로 반응하는 대신 이를 마음속에 간직하여 적절히 통제함으로써 위험하지 않도록 변화시키는 것이다.

정답 X(버텨주기 → 간직하기)

기출키워드
20년 1회

버텨주기(Holding)
내담자가 막연하게 느끼지만 스스로 직면할 수 없는 불안과 두려움에 대해 적절한 이해와 따뜻한 배려를 전달함으로써 내담자를 지지한다.

역전이(Counter Transference)
내담자의 태도 및 외형적 행동에 대한 상담자의 개인적인 정서적 반응이자 투사로서, 이러한 역전이는 상담자로 하여금 내담자를 마치 자신의 과거경험 속 인물로 착각하도록 하여 무의식적으로 반응하도록 함으로써 현실에 대한 왜곡을 야기한다.

현실검증(Reality Testing)
주로 집단상담에서 기대할 수 있는 긍정적인 효과에 해당하는 것으로, 집단 내 개별성원은 외적인 비난이나 처벌에의 두려움 없이 새로운 행동을 시험해 보며, 현실을 검증해 볼 수 있는 기회를 가지게 된다.

해석(Interpretation)
내담자가 자유연상에서 보고한 자료, 꿈의 자료, 실언, 증상, 전이, 저항 등의 내용과 그 의미를 깨닫도록 지적하고 설명하고 가르치는 상담자의 치료활동이다.

3 방어기제

1. 특징

① 무의식의 욕구나 충동으로부터 자아를 보호하기 위한 무의식적 사고 및 행동이다.
② 대부분 병적인 것이 아닌 정상적인 것이지만, 현실적인 삶으로부터 도피하기 위한 수단이 될 수도 있다.
③ 한 번에 한 가지 이상 사용되기도 하며, 방어의 수준은 개인의 발달 및 불안정도에 따라 다르게 나타난다.
④ 상담과정에서 방어기제는 내담자가 불안을 피하기 위해 채택하는 반응양식을 말한다.
⑤ 내담자는 문제상황에 직면하는 경우 습관적으로 방어기제를 사용하기도 한다.
⑥ 방어기제를 여러 번 사용할 경우 심리적인 문제를 일으킬 수 있다.
⑦ 상담자는 내담자로 하여금 자신의 방어기제를 통찰하도록 함으로써 자신의 불안에 직면하며, 대안적이고 적응적인 사고 및 행동방식을 채택하도록 돕는다.
⑧ 방어기제의 정상성 또는 병리성을 판단하는 기준으로서 방어기제사용의 균형, 방어의 강도, 사용된 방어의 연령적절성, 방어의 철회가능성 등이 있다.
⑨ 방어기제의 이론을 정립한 학자는 안나 프로이트(Anna Freud)이다.

2. 적응적인 방어기제

① **이타주의(Altruism)** : 다른 사람의 욕구충족을 헌신적으로 도우면서 그로부터 대리만족을 얻는다.
   예 동생이 남몰래 언니의 애인을 사랑하고 있을 때 오히려 언니의 애인과의 데이트를 도우면서 옷과 액세서리 등을 빌려주는 경우
② **승화(Sublimation)** : 정서적 긴장이나 원시적 에너지의 투입을 사회적으로 인정될 수 있는 행동방식으로 표출하는 것이다.
   예 예술가가 자신의 성적 욕망을 예술로 승화하는 경우
③ **유머(Humor)** : 상황에 내재된 유쾌한 측면에 초점을 두어 부정적인 생각이나 감정 대신 즐거운 웃음을 주기 위해 행동한다.
   예 적군과의 전투를 앞둔 상황에서 어린 시절 즐겨 듣던 흥겨운 노래를 흥얼거려 전우들의 긴장감을 감소시키는 경우
④ **억제(Suppression)** : 일종의 의식적인 거부로서, 비생산적이고 감정소모적인 논란거리로부터 주의를 의도적으로 다른 곳으로 돌린다.
   예 평소 사업자금을 달라고 조르던 아들이 아버지 회사의 부도위기 사실을 알게 되어 그와 같은 요구를 삼가는 경우

기출키워드
19년 3회

베일런트(Vailant)의 방어기제 분류
- 자기애적 방어기제 : 부정, 분리, 투사, 투사적 동일시 등
- 미성숙 방어기제 : 행동화, 동일화, 신체화, 퇴행 등
- 신경증적 방어기제 : 억압, 반동형성, 격리, 취소, 전치, 상징화, 해리, 지식화 등
- 성숙한 방어기제 : 이타주의, 금욕주의, 유머, 승화 등

3. 부적응적인 방어기제

16, 17, 20, 21, 25년 기출

① **억압(Repression)** : 죄의식이나 괴로운 경험, 수치스러운 생각을 의식에서 무의식으로 밀어내는 것으로서 선택적인 망각을 의미한다.
   예 부모의 학대에 대한 분노심을 억압하여 부모에 대한 이야기를 무의식적으로 꺼리는 경우

② **부인 또는 부정(Denial)** : 의식화되는 경우 감당하기 어려운 고통이나 욕구를 무의식적으로 부정하는 것이다.
   예 자신의 애인이 교통사고로 사망했음에도 불구하고 그의 죽음을 인정하지 않은 채 여행을 떠난 것이라고 주장하는 경우

③ **합리화(Rationalization)** : 현실에 더 이상 실망을 느끼지 않기 위해 또는 정당하지 못한 자신의 행동에 그럴듯한 이유를 붙이기 위해 자신의 말이나 행동을 정당화하는 것이다.
   예 여우가 먹음직스런 포도를 발견하였으나 먹을 수 없는 상황에 처해 저 포도는 신 포도라서 안 먹는다고 말하는 경우

④ **반동형성(Reaction Formation)** : 자신이 가지고 있는 무의식적 소망이나 충동을 본래의 의도와 달리 반대되는 방향으로 바꾸는 것이다.
   예 미운 놈에게 떡 하나 더 준다

⑤ **투사(Projection)** : 사회적으로 인정받을 수 없는 자신의 행동과 생각을 마치 다른 사람의 것인 양 생각하고 남을 탓하는 것이다.
   예 자기가 화가 난 것을 의식하지 못한 채 상대방이 자기에게 화를 낸다고 생각하는 경우

⑥ **퇴행(Regression)** : 생의 초기에 성공적으로 사용했던 생각이나 감정, 행동에 의지하여 자기 자신의 불안이나 위협을 해소하려는 것이다.
   예 대소변을 잘 가리던 아이가 동생이 태어난 후 밤에 오줌을 싸는 경우

⑦ **전치(전위) 또는 치환(Displacement)** : 자신이 어떤 대상에 대해 느낀 감정을 보다 덜 위협적인 다른 대상에게 표출하는 것이다.
   예 종로에서 뺨 맞고 한강에서 눈 흘긴다

⑧ **주지화(Intellectualization)** : 위협적이거나 고통스러운 정서적 문제를 피하기 위해 또는 그것을 둔화시키기 위해 사고, 추론, 분석 등의 지적 능력을 사용하는 것이다.
   예 죽음에 대한 불안감을 덜기 위해 죽음의 의미와 죽음 뒤의 세계에 대해 추상적으로 사고하는 경우

⑨ **해리(Dissociation)** : 괴로움이나 갈등상태에 놓인 인격의 일부를 다른 부분과 분리하는 것이다.
   예 지킬박사와 하이드

⑩ **행동화(Acting-Out)** : 무의식적 욕구나 충동이 즉각적으로 충족되지 않은 채 연기됨으로써 발생하는 내적 갈등을 피하기 위한 목적으로 욕구나 충동을 보다 직접적으로 표출하는 것이다.
   예 남편의 구타를 예상한 아내가 먼저 남편을 자극하여 매를 맞는 경우

기출키워드

19년 3회

합리화

허용되기 힘든 자신의 충동이나 행동을 그럴듯하고 부정확한 핑계를 사용하여 비판으로부터 자신을 보호함으로써 자존심을 유지하고자 하는 것

※ 필기시험에는 방어기제 중 합리화의 사례를 제시한 후 어떤 방어기제인지 고르도록 하는 문제가 출제되었습니다.

OX Quiz

합리화는 적응적인 방어기제의 일종이다.

정답 X(부적응적인 방어기제)

핵심예제 03 20년 기출

마음에 용납할 수 없는 충동들에 의해 야기되는 불안을 감소시키기 위해 사용하는 방법은?

① 흥분성 조건형성
② 자기규제
③ 방어기제
④ 억제성 조건형성

> **해설 체크!**
> 개인은 불안을 극복하고 자아가 압도되지 않도록 하기 위해 방어기제를 사용한다.
>
> 정답 ③

4 개인주의상담 17, 19년 기출

1. 의의 및 특징

① 아들러(Adler)의 상담모델은 의료모델이 아닌 성장모델이다. 즉, 인간의 부적응문제를 병리적인 것으로 여기지 않는다.
② 개인의 부적응문제를 의료적 치료대상으로 여기기보다는 교육을 통해 바로잡아야 할 과제로 간주한다.
③ 개인심리학을 토대로 인간의 다양한 문제를 해결하기 위한 실천적 노력에 관심을 기울인다.
④ 내담자의 증상을 제거하기보다는 열등감을 극복하고, 잘못된 생활양식을 수정하는 데 관심을 기울인다.

2. 목표

① 사회적 관심을 갖도록 돕는다.
② 패배감을 극복하고 열등감을 줄일 수 있도록 돕는다.
③ 잘못된 가치와 목표를 수정하도록 돕는다.
④ 잘못된 동기를 바꾸도록 돕는다.
⑤ 타인과 동질감을 갖도록 돕는다.
⑥ 사회의 구성원으로서 기여하도록 돕는다.

기출키워드
19년 3회
아들러(Adler)의 개인심리이론
※ 필기시험에는 아들러 상담이론의 주요개념이 아닌 것을 고르는 문제가 출제되었습니다.

OX Quiz
개인주의상담은 인간의 부적응문제를 병리적인 것으로 여기지 않는다.
정답 O

3. 과정

① 제1단계 : 상담관계의 형성 및 치료목표 설정
  상담관계를 형성하기 위해서는 우선 첫 면접에서 내담자가 상담에 대해 어떠한 기대를 가지고 있으며, 자신의 문제를 어떠한 방식으로 보고 있는지 살펴보아야 한다. 또한 그동안 자신의 문제를 극복하기 위해 어떠한 노력을 펼쳐왔으며, 지금 상담을 받으러 오게 된 계기가 무엇인지 파악해야 한다.

② 제2단계 : 개인역동성의 탐색
  상담자는 내담자의 생활양식과 가족환경, 개인적 신념과 부정적 감정, 자기파괴적인 행동양상 등을 파악하여, 그것이 현재생활의 문제에 어떻게 기능하는지 이해해야 한다. 이를 위해서는 내담자의 개인역동성에 대해 심층적으로 탐색해야 하며, 특히 가족구조, 출생순위, 꿈, 최초기억, 행동패턴 등에 주의를 기울여야 한다.

③ 제3단계 : 해석을 통한 통찰
  상담자는 내담자에 대한 지지와 격려를 지속적으로 보내는 한편, 해석과 직면을 통해 내담자로 하여금 자신의 생활양식을 자각하며, 자신의 외면적 행동을 통해 나타나는 내재적 원인에 대해 통찰할 수 있도록 해야 한다.

④ 제4단계 : 재교육 혹은 재정향(Reorientation)
  재교육 또는 재정향은 통찰을 행동으로 전환시키는 것으로서, 내담자로 하여금 회피해 왔던 위험을 감수하는 것이 생각보다 나쁘지 않다는 사실을 발견하도록 하는 것이다. 상담자는 해석을 통해 획득된 내담자의 통찰이 실제행동으로 전환될 수 있도록 다양한 능동적인 기술을 사용한다.

OX Quiz
개인주의상담의 과정 제1단계에서는 지금 상담을 받으러 오게 된 계기가 무엇인지 파악해야 한다.
정답 O

4. 주요기법

① 단추(초인종) 누르기
  - 아들러의 창조적 존재에 관한 관점을 적용한 기법으로서, 내담자로 하여금 선택한 사건이나 기억에 의해 자신의 감정을 스스로 만들고 이를 적절히 통제할 수 있음을 깨닫도록 한다.
  - 상담자는 내담자에게 행복단추와 우울단추를 머릿속에 상상하도록 하여 각 단추를 누르도록 지시가 내려진 순간 행복한 사건과 우울한 사건을 떠올리도록 요구한다.

② 내담자의 수프에 침 뱉기
  - 내담자의 자기패배적 행동의 감춰진 의도나 목적을 드러냄으로써 이전의 행동을 분리시키기 위한 기법이다.

- 상담자는 내담자의 잘못된 생각이나 행동에 침을 뱉음으로써 내담자가 이후 그와 같은 생각이나 행동을 수행하려고 할 때 이전과 같은 편안한 감정을 느끼지 못하도록 한다.

③ 마치 ~인 것처럼 행동하기
- 내담자의 치료목표를 명확히 한 다음, 내담자로 하여금 마치 목표를 이룬 것처럼 행동해 보도록 제안하는 기법이다.
- 상담자는 내담자에게 '만약 당신에게 그와 같은 문제가 없다면 당신의 삶은 어떻게 달라질까요?'라고 질문함으로써 내담자가 새로운 신념을 가지기 시작할 때 쉽게 재정향하게 하거나 내담자의 실제행동을 변화시킬 수 있다.

④ 격려하기
- 격려는 아들러학파의 상담기법 중 가장 기초적이고 중요한 기법으로서, 내담자로 하여금 자신의 열등감을 극복하고 스스로의 가치를 깨닫도록 돕는다.
- 상담자는 내담자를 존중하고 내담자에게 믿음을 보여 주며, 내담자의 능력이 만족할 만한 수준으로 충분히 기능할 것이라는 기대를 가지도록 한다.

⑤ 초기기억(어린 시절)의 회상
- 초기기억은 생후 6개월부터 9세까지의 선별된 기억들로서, 내담자의 생활양식, 잘못된 신념, 사회적 상호작용, 행동목표에 관한 의미 있는 단서를 제공한다.
- 상담자는 내담자의 초기기억에 관심을 보이면서 '가능한 한 어렸을 때의 일들을 말해 주세요. 그것을 떠올리니 지금 어떤 기분이 듭니까?' 등의 질문을 통해 내담자의 태도, 희망, 행동, 투쟁을 이해하도록 한다.

핵심예제 04

19, 24년 기출

다음과 관련된 치료적 접근은?

> 치료과정에서 내담자의 열등감 극복을 주요과제로 상정하며, 보상을 향한 추구행동으로서의 생활방식을 변화시키는 데 주목한다.

① 에릭슨(Erikson)의 심리사회적 발달이론
② 프로이트(Freud)의 정신분석학
③ 아들러(Adler)의 개인심리학
④ 대상관계이론

> **해설 체크!**
>
> **아들러(Adler)의 개인심리이론**
> - 아들러는 한 개인을 나누어질 수 없는 전체이자 목표달성을 위해 끊임없이 노력하는 존재로 보면서, 개인심리학(Individual Psychology)을 개발하였다.
> - 아들러는 인간을 목적론적 존재로 보면서 인간으로서 누구나 느끼는 열등감을 극복하여 자기완성을 이룰 것을 강조하였다.
> - 개인심리이론에서는 인간을 전체적 존재, 사회적 존재, 목표지향적이고 창조적인 존재, 주관적 존재로 보았다.
>
> 정답 ③

5 형태주의상담(게슈탈트상담) Ⅰ   20, 24년 기출

1. 의의 및 특징   21년 기출

① 펄스(Perls)에 의해 개발·보급된 것으로서, 게슈탈트(Gestalt)상담이라고도 한다.
② 현상학 및 실존주의의 영향을 받아 인간을 전체적이고 현재중심적이며, 선택의 자유에 의해 잠재력을 각성할 수 있는 존재로 본다.
③ 내담자로 하여금 여기-지금의 현실에서 자신이 무엇을 어떻게 보고 느끼는지, 무엇이 경험을 방해하는지 자각 또는 각성하도록 돕는다.
④ 개인이 자신의 내부와 주변에서 일어나는 일들을 충분히 자각할 수 있다면, 자신이 당면하는 삶의 문제들을 스스로 효과적으로 다룰 수 있다고 가정한다.
⑤ 내담자의 불안, 분노, 증오, 죄책감 등 표현되지 않은 느낌으로서의 미해결과제를 처리하도록 하며, 이를 통해 성격을 통합하고 성장에 이를 수 있도록 돕는다.

2. 인간관

① 인간은 완성을 추구하는 경향이 있다.
② 인간은 자신의 현재욕구에 따라 게슈탈트를 완성한다.
③ 인간의 행동은 그것을 구성하는 구성요소인 부분의 합보다 큰 전체이다.
④ 인간의 행동은 행동이 일어난 상황과 관련하여 유의미하게 이해될 수 있다.
⑤ 인간은 전경과 배경의 원리에 따라 세상을 경험한다.

기출키워드

22년 1회

형태주의
형태주의에서는 학습을 지각의 특수문제로 인식하며, 비연속적 인지현상(통찰 등)으로 파악하고 있다.

OX Quiz
게슈탈트상담은 형태주의상담 이라고도 한다.
정답 O

3. 목 적

① 자각에 의한 성숙과 통합(Integration)의 성취
- 형태주의상담은 내담자가 스스로 성숙·성장할 수 있도록 돕고, 이를 통해 통합에 이르도록 하는 것을 기본적인 목표로 한다.
- 상담자는 내담자가 현재의 경험을 더욱 명료하게 하고 자각을 증진시킴으로써 여기-지금의 삶에 충실하도록 도와야 한다.

② 자신에 대한 책임감
- 형태주의상담은 자신의 경험에 대한 주체가 곧 자기(Self)라는 태도를 가질 것을 강조한다.
- 상담자는 외부환경에 의존하던 내담자로 하여금 책임의 방향을 내담자 자신에게 돌리도록 함으로써 자신의 행동에 대한 결과를 수용하고 그에 대한 책임감을 가지도록 도와야 한다.

③ 잠재력의 실현에 따른 변화와 성장
- 형태주의상담은 내담자의 잠재력을 어떻게 실현할 수 있는가에 초점을 둔다.
- 상담자는 내담자로 하여금 자신에 대한 각성과 함께 외부지지에서 자기지지로 전환하게 함으로써 삶을 더욱 풍요롭게 하고 변화와 성장을 향해 나아가도록 도와야 한다.

4. 주요개념

① 게슈탈트(Gestalt)
- 게슈탈트란 전체, 형상, 형태, 모습 등의 뜻을 지닌 독일어로서, 한 개체에 의해 지각된 유기체 욕구나 감정 즉, 개체 자신의 욕구나 감정을 하나의 유의미한 전체로 조직화하여 지각한 것이다. 개체는 자신의 욕구나 감정을 유의미한 행동으로 만들고 이를 실행하여 완결하기 위해 게슈탈트를 형성한다.
- 개인은 자신의 모든 활동을 게슈탈트로 형성하여 조정하고 해결한다. 따라서 건강한 사람은 자신이 가진 게슈탈트 형성능력을 통해 자신에게 필요한 것을 자각하면서 문제를 해결해 나간다.
- 만약 게슈탈트 형성활동을 인위적·의도적으로 차단하고 방해하는 경우 게슈탈트 형성에 실패함으로써 신체적·심리적인 장애를 겪게 된다.

② 미해결과제(Unfinished Business)
- 미해결과제는 완결되지 않은 게슈탈트를 의미하는 것으로서, 분노·원망·고통·슬픔·불안·죄의식 등과 같이 명확히 표현되지 못한 감정을 포함한다.

- 표현되지 못한 감정은 개인의 의식배후에 자리하여 다른 사람과 효율적으로 접촉하는 것을 방해한다. 대표적인 미해결과제로서 적개심은 종종 죄의식으로 전환되어 다른 사람과의 진실한 대화를 어렵게 만든다.
- 미해결과제가 확장되는 경우 욕구해소에 실패하게 되며, 이는 신체적·심리적 장애로 이어진다.

③ 회피(Avoidance)
- 회피는 미해결과제와 연관된 개념으로서, 미해결과제에 대한 직면이나 미해결 상황과 관련된 불안정한 정서의 경험으로부터 개인이 자신을 지키기 위해 사용하는 수단 중 하나이다.
- 사람은 분노·원망·고통·슬픔·불안·죄의식 등의 불편한 감정을 직면하거나 경험하려고 하지 않는다.
- 예기불안은 개인을 심리적으로 경직되게 만들며, 부정적인 환상을 통해 현실적 삶에 대한 적응을 방해한다.
- 상담자는 내담자로 하여금 지금까지 표현되지 못한 채 남아 있는 강렬한 감정들을 표현할 수 있도록 격려하며, 내담자의 감정적인 통합을 통해 성장할 수 있도록 조력해야 한다.

④ 전경과 배경(Figure & Ground)
- 개인은 어떠한 대상이나 사건을 인식할 때 자신이 관심을 가지고 있는 부분을 부각시키는 반면 그 외의 부분을 밀쳐내는 경향이 있다.
- 전경은 관심의 초점으로 부각되는 부분을 말하는 반면, 배경은 관심 밖으로 밀려나는 부분을 의미한다.
- 개인이 전경으로 떠올랐던 게슈탈트를 해소하고 나면 전경은 배경으로 물러나며, 이후 새로운 게슈탈트가 형성되어 다시 전경으로 떠오른다.
- 건강한 사람은 매 순간 자신에게 중요한 게슈탈트를 분명하게 전경으로 떠올릴 수 있는 데 반해, 그렇지 못한 사람은 전경과 배경을 명확하게 구별하지 못한다.

핵심예제 05

09, 12, 18년 기출

게슈탈트심리치료에서 강조하는 것이 아닌 것은?

① 여기-지금
② 내담자의 억압된 감정에 대한 해석
③ 미해결과제와 회피
④ 환경과의 접촉

• 해설 체크! •

내담자의 무의식에 내재된 억압된 감정을 해석하는 것은 정신분석심리치료에 해당한다.

정답 ②

OX Quiz

미해결과제는 완결되지 않은 게슈탈트를 의미하는 것으로서, 분노·원망·불안 등과 같이 명확히 표현되지 못한 감정을 포함하지 못한다.

정답 X(포함)

OX Quiz

전경은 관심의 초점으로 부각되는 부분을 말한다.

정답 O

6 형태주의상담(게슈탈트상담) II

1. 기법

① 욕구와 감정의 자각
- 형태주의상담에서는 현재상황에서 자신의 욕구와 감정을 자각하는 것이 매우 중요하다.
- 상담자는 내담자의 생각이나 주장의 배후에 내재된 여기-지금에서 체험되는 욕구와 감정을 자각하도록 도와야 한다.

② 신체자각
- 상담자는 내담자에게 현재상황에서 느끼는 신체감각을 자각하도록 함으로써 자신의 욕구와 감정을 깨닫도록 도와야 한다.
- 내담자로 하여금 보기, 듣기, 만지기, 냄새 맡기, 목소리 내기 등의 감각작용을 통해 환경과의 접촉을 증진하도록 해야 한다.

③ 환경자각
- 상담자는 내담자에게 스스로의 욕구와 감정을 명확히 하도록 환경과의 접촉을 증진하며, 주위환경에서 체험하는 것을 자각하도록 도와야 한다.
- 예를 들어, 자연의 경치, 주위 사물의 모습, 타인의 동작 등에 대해 어떠한 감각작용으로 접촉하는지 자각하도록 하는 것이다.

④ 빈 의자 기법
- 현재치료장면에 없는 사람과 상호작용할 필요가 있는 경우 내담자에게 그 인물이 맞은편 빈 의자에 앉아 있다고 상상하며 대화하도록 하는 방법이다.
- 상담자는 내담자에게 상대방의 감정을 이해하도록 유도함으로써 외부로 투사된 자기 자신의 감정을 자각하도록 도와야 한다.

⑤ 과장하기
- 상담자는 내담자가 감정을 체험하지만 그 정도와 깊이가 약한 경우 행동이나 언어를 과장하여 표현하도록 함으로써 감정자각을 도와야 한다.
- 신체언어나 춤은 상징적인 의미를 파악하는 데 효과적일 수 있다.

⑥ 반대로 하기(반전기법)
- 상담자는 내담자에게 평소 행동과 반대되는 행동을 해보도록 요구함으로써 내담자가 억압하고 통제해 온 부분을 표출하도록 해야 한다.
- 내담자는 평소 행동과 반대되는 행동을 통해 자신의 다른 측면에 접촉하고 이를 통합할 수 있다.

OX Quiz

형태주의상담에서는 현재상황에서 자신의 욕구와 감정을 자각하는 것이 매우 중요하다.

정답 O

⑦ 머물러 있기(느낌에 머무르기)
- 상담자는 내담자에게 자신의 미해결감정들을 회피하지 않고 직면하여 견뎌내도록 함으로써 이를 해소하도록 도와야 한다.
- 머물러 있기는 감정의 자각과 에너지의 소통에 유효하다.

⑧ 언어자각
- 상담자는 내담자의 말에서 행동의 책임소재가 불명확한 경우, 자신의 감정과 동기에 책임을 지는 문장으로 말하도록 해야 한다.
- 내담자로 하여금 그것, 우리 등의 대명사 대신 나는, ~해야 한다, ~해서는 안 된다 등의 객관적인 논리적 어투의 표현 대신 ~하고 싶다, ~하고 싶지 않다 등의 주관적인 감정적 어투의 표현으로 변경하여 표현하도록 한다.

⑨ 자기 부분들 간 대화
- 상담자는 내담자의 인격에서 분열된 부분 또는 갈등을 느끼는 부분들 간 대화가 이루어지도록 해야 한다.
- 부분들 간 대화를 통해 서로의 입장이 분명히 드러나며, 성격의 대립되는 부분들이 통합될 수 있다.

⑩ 꿈을 통한 통합(꿈 작업)
- 꿈은 내담자의 욕구나 충동 혹은 감정이 외부로 투사된 것이며, 꿈에 나타난 대상은 내담자의 소외된 부분 또는 갈등된 부분에 대한 상징이라고 볼 수 있다.
- 정신분석에 의한 꿈의 해석과는 다른 것으로서, 상담자가 내담자에게 꿈을 현실로 재현하도록 하여 꿈의 각 부분들과 동일시해 보도록 하는 것이다.

⑪ 대화실험
- 상담자는 내담자에게 특정장면을 연출하거나 공상대화를 하도록 제안함으로써 내담자가 내적인 분할을 인식할 수 있도록 도와야 한다.
- 궁극적으로 성격통합을 촉진시키기 위한 것으로서, 내담자가 거부해 온 감정이 바로 자신의 실제적인 일부분임을 깨닫도록 하는 것이다.

> **OX Quiz**
> 꿈은 내담자의 욕구나 충동 혹은 감정이 내부로 투사된 것이다.
> 정답 X(외부)

2. 개인과 환경 간 접촉장애유형 [16, 20, 24년 기출]

① 내사(Introjection)
개인이 환경과의 접촉을 통해 자신에게 필요한 행동방식이나 가치관을 외부로부터 무비판적으로 받아들임으로써 발생한다.

② 투사(Projection)
개인이 자신의 생각이나 욕구, 감정 등을 타인의 것으로 지각하는 현상이다.

> **OX Quiz**
> 개인이 자신의 생각이나 욕구, 감정 등을 타인의 것으로 지각하는 현상을 내사라고 한다.
> 정답 X(투사)

③ 반전(Retroflection)
  개인이 다른 사람이나 환경에 대하여 하고 싶은 행동을 자신에게 하는 것 또는 타인이 자기에게 해주기를 바라는 행동을 스스로 자신에게 하는 것을 말한다.
④ 융합(Confluence)
  밀접한 관계에 있는 두 사람이 서로 간에 차이점이 없다고 느끼도록 합의함으로써 발생한다.
⑤ 편향(Deflection)
  감당하기 힘든 내적 갈등이나 환경자극에 노출될 때, 이에 압도당하지 않으려고 자신의 감각을 둔화하여 환경과의 접촉을 피하거나 줄이는 것이다.

> **OX Quiz**
> 편향은 밀접한 관계의 두 사람이 서로 간에 차이점이 없다고 느끼도록 합의함으로써 발생한다.
> 정답 X(융합)

핵심예제 06 06, 16, 24년 기출

형태치료(게슈탈트치료)에서 접촉-경계혼란을 일으키는 여러 가지 심리적 현상 중 사람들이 감당하기 힘든 내적 갈등이나 환경적 자극에 노출될 때, 이러한 경험으로부터 압도당하지 않기 위해 자신의 감각을 둔화시킴으로써 자신 및 환경과의 접촉을 약화시키는 것은?

① 내사(Introjection)
② 반전(Retroflection)
③ 융합(Confluence)
④ 편향(Deflection)

해설 체크!

개인과 환경 간 접촉장애 유형으로는 내사, 투사, 반전, 융합, 편향이 있으며, 그중 편향은 개인이 자신의 감각을 둔화함으로써 자신과 환경 간의 접촉을 줄이는 것을 말한다. 형태치료 또는 형태주의상담은 내담자가 자신의 욕구와 감정을 분명히 알아차리고 수용하며, 환경과의 바람직한 접촉을 통해 문제를 해소하도록 돕는다.

정답 ④

7 행동주의상담 25년 기출

1. 의의 및 특징

① 행동주의상담은 비정상적·부적응적인 행동이 학습에 의해 획득·유지된다고 보며, 이를 수정하기 위해 학습의 원리를 적용하는 상담방법이다.
② 기본적으로 내담자의 행동을 변화시키려는 목적에 의해 고안된 것으로서, 내담자로 하여금 문제행동을 소거하는 동시에 바람직한 행동을 학습하도록 돕는 과정이다.
③ 내담자의 문제행동원인을 파악하기 위해 과거를 탐색하기보다는 문제행동을 지속 또는 강화하는 요인이 무엇인지 파악하는 데 초점을 둔다.
④ 상담자는 내담자의 문제유형에 따라 각기 다른 기술을 적용하며, 상담과정에서 적극적이고 지시적인 역할을 수행한다.
⑤ 행동주의상담은 객관적으로 관찰할 수 있는 내담자의 행동을 대상으로 하므로 상담과정의 효과성 및 효율성을 과학적이고 객관적인 방법으로 평가한다.
⑥ 행동주의상담은 고전적 조건형성에 의한 행동주의 심리치료와 조작적 조건형성에 의한 행동수정은 물론 행동주의학습이론과 인지학습이론을 결합한 사회학습적 접근방법 등 다양한 영역을 포함한다.

2. 기본가정

① 인간행동의 대부분은 학습된 것이므로 수정이 가능하다.
② 특정한 환경의 변화는 개인의 행동을 적절하게 변화시키는 데 도움이 된다.
③ 강화나 모방 등의 사회학습원리는 상담기술의 발전을 위해 이용될 수 있다.
④ 상담의 효율성 및 효과성은 상담장면 밖에서 내담자의 구체적인 행동변화에 의해 평가된다.
⑤ 상담방법은 정적이거나 고정된 것 또는 사전에 결정된 것이 아니므로, 내담자의 특수한 문제를 해결하기 위해 독특한 방식으로 고안될 수 있다.

3. 조지와 크리스티아니(George & Cristiani)의 행동주의상담 목표

① 내담자의 부적응행동을 변화시킨다.
② 내담자로 하여금 효율적인 의사결정과정을 학습하도록 한다.
③ 내담자에게 장차 일어날 부적응행동을 예방한다.
④ 내담자가 호소하는 구체적인 행동상의 문제들을 해결한다.
⑤ 행동의 변화가 일상생활에 전이될 수 있도록 한다.

OX Quiz

내담자의 적응적 행동을 변화시키는 것이 행동주의상담의 목표이다.

정답 X(부적응적 행동을 변화)

4. 일반적인 과정

① 제1단계 : 상담관계 형성
- 상담자는 가치판단 없이 내담자에게 관심을 가지며, 내담자의 말을 수용하고 이해해야 한다.
- 상담자는 내담자와의 관계가 충분히 형성된 후에 상담기술을 적용하여야 한다.

② 제2단계 : 문제행동 정의·규명
- 상담자는 내담자의 문제행동을 명확히 규명하여야 한다.
- 상담자는 내담자로 하여금 자신의 문제행동을 구체적인 행동으로써 나타내도록 돕는다.

③ 제3단계 : 현재상태 파악
- 상담자는 내담자의 문제를 파악하여 이를 구체적으로 분석해야 한다.
- 여기에는 내담자의 문제행동 및 그러한 행동이 나타나는 장면에 대한 분석, 내담자의 발달과정 및 그에 따른 통제력에 대한 분석, 내담자의 사회적 관계 및 다양한 환경에 대한 분석 등이 포함된다.

④ 제4단계 : 상담목표 설정
- 상담목표는 상담자 및 내담자의 구체적인 행동표적이 된다.
- 상담기술이 내담자의 문제유형에 따라 달리 적용된다고 해도, 기본적으로 내담자의 문제행동에 대한 변화를 주된 목표로 한다는 공통점이 있다.

⑤ 제5단계 : 상담기술 적용
- 상담기술의 선택은 내담자의 현재상태와 함께 상담과정에서 수집한 정보에 기초한다.
- 바람직한 행동을 강화하거나 바람직하지 못한 행동을 소거하는 기술, 내담자 스스로 자신의 행동을 통제할 수 있도록 돕는 기술 등이 사용된다.

⑥ 제6단계 : 상담결과 평가
- 상담자는 상담과정 및 상담기술의 효과성과 효율성에 대해 평가한다.
- 평가결과에 따라 상담과정 중 적용되는 기술은 변경될 수 있다.

⑦ 제7단계 : 상담종결
- 상담자는 최종평가에 따라 상담을 종결할 것인지 추가적인 상담을 수행할 것인지 판단한다.
- 상담자는 내담자의 긍정적인 변화가 다른 부적응적인 행동에도 전이될 수 있도록 돕는다.

기출키워드
21년 1회 / 24년 1회

작업동맹(Working Alliance)
상담자와 내담자가 상호존중과 신뢰의 분위기에서 문제해결을 위한 구체적인 목표에 대해 합의하며, 그것을 달성하기 위해 협력하는 관계를 말한다.

기출키워드
20년 1회

상담종결
상담자는 내담자가 예상치 못한 시점 혹은 이미 언급한 종결 날짜 이전에 종결에 대해 이야기하는 경우, 내담자가 무엇 때문에 그와 같은 생각을 하게 되었는지 상담 시간에 충분히 다루어야 하며 그 이유를 명확히 파악하고 이에 대해 내담자와 충분히 논의해야 한다.

5. 기법

15, 21, 24, 25년 기출

① 고전적 조건형성에 근거한 기법
- 상담에서 고전적 조건형성의 원리를 이용한 대표적인 학자는 상호억제원리(상호제지원리)를 제시한 볼프(Wolpe)이다.
- 볼프는 상담의 기본적인 목적을 내담자의 불안제거에 두고, 우선 여러 가지 정보들을 종합하여 내담자가 불안을 느끼고 부적절한 방식으로 반응하는 조건의 위계를 결정하였다. 그리고 그 위계에 따라 점차적으로 불안자극에 노출시키는 방식을 적용하였다.
- 이와 같은 방식의 기법으로 체계적 둔감법, (근육)이완훈련, (자기)주장훈련이 있으며, 그 밖에 홍수법, 혐오치료, 용암법 등도 고전적 조건형성의 원리를 이용한 기법으로 볼 수 있다.

② 조작적 조건형성에 근거한 기법
- 상담에서 조작적 조건형성의 원리를 이용한 대표적인 학자는 ABC 패러다임을 제시한 스키너(Skinner)이다.
- 스키너는 특히 자극과 반응 사이의 연결에 초점을 둔 강화의 원리에 기초하여 특정행동의 재현가능성을 높일 수 있음을 입증하였다.
- 이와 같은 방식의 기법으로 강화, 행동조성(조형), 토큰경제(상표제도), 타임 아웃(Time-Out) 등이 있다.

6. 공헌점 및 비판점

15, 22년 기출

① 공헌점
- 행동주의상담은 상담성과에 대한 경험적인 연구와 객관적인 평가를 강조함으로써 상담을 과학적으로 발전시켰다.
- 구체적이고 관찰가능한 행동에 초점을 두며, 목표와 절차를 명확히 세부적으로 기술하도록 요구하므로, 상담자로 하여금 상담기법을 체계적으로 적용하도록 해 주며, 상담효과의 측정을 용이하게 해 준다.
- 내담자의 불안이나 우울, 공포증과 같이 명확히 구분되는 문제행동 및 외적 스트레스와 관련된 행동을 수정하고 치료하는 데 효과적이다.

② 비판점
- 상담자와 내담자의 관계를 경시하고 상담기술을 지나치게 강조한다.
- 치료를 통해 어떤 행동을 일시적으로 제거할 수 있어도 문제를 근원적으로 해결할 수는 없다.

OX Quiz

상담에서 고전적 조건형성의 원리를 이용한 대표적인 학자는 상호촉진원리를 제시한 '볼프'이다.

정답 X(상호억제원리)

기출키워드

24년 1회

용암법

도와주거나 촉진하는 것을 점차 줄이면서 스스로 문제를 해결하게 하는 상담기법이다.

OX Quiz

강화, 토큰경제, 홍수법은 조작적 조건형성에 근거한 기법이다.

정답 X(홍수법은 아님)

기출키워드

22년 1회

행동주의상담의 한계

※ 필기시험에는 행동주의상담의 한계에 관한 설명으로 틀린 것을 고르도록 하는 문제가 출제되었습니다.

- 구체적 문제행동의 수정에는 효과적이지만, 고차원적 기능과 창조성, 자율성 등 자아실현 측면에서 부적합하다.
- 행동의 변화는 발생하지만, 느낌의 변화는 발생하지 않는다.
- 상담과정에서 감정과 정서의 역할을 강조하지 않는다.
- 내담자의 문제에 대한 통찰이나 심오한 이해가 불가능하다.
- 내담자의 현재문제의 역사적 원인을 경시한다.
- 상담의 기본원리로서 학습의 원리는 본래 동물을 대상으로 하여 나온 것이므로, 이를 인간에게 그대로 적용하는 데 부적절한 면이 있다.

> **OX Quiz**
> 행동주의상담은 행동과 느낌의 변화를 가져올 수 있다.
> 정답 X(행동변화만 가져옴)

핵심예제 07 15년 기출

행동주의상담의 한계에 관한 설명으로 틀린 것은?

① 상담과정에서 감정과 정서의 역할을 강조하지 않는다.
② 내담자의 문제에 대한 통찰이나 심오한 이해가 불가능하다.
③ 고차원적 기능과 창조성, 자율성을 무시한다.
④ 상담자와 내담자의 관계를 중시하여 기술을 지나치게 강조한다.

• 해설 체크! •
행동주의상담은 상담자와 내담자의 관계를 경시하는 경향이 있다.

정답 ④

8 인지·정서·행동적 상담 Ⅰ

20년 기출

1. 의의 및 특징

① 인지·정서·행동적 상담(Rational-Emotive Behavior Therapy ; REBT)은 인지이론과 행동주의적 요소가 결합된 것으로서, 인지과정의 연구로부터 도출된 개념과 함께 행동주의 및 사회학습이론으로부터 나온 개념들을 통합하여 적용한 것이다.
② 엘리스(Ellis)는 인간의 정서적인 문제가 일상생활에서 구체적으로 경험하는 사건 자체에 기인하는 것이 아닌 이를 합리적이지 못한 방식으로 받아들이는 것에서 비롯된다고 본다.
③ 인간의 역기능적인 사고는 잘못된 생각 또는 인지체계에 의해 나타나며, 이는 정서상의 왜곡과 함께 행동에 직접적인 영향을 미친다.
④ 문제에 초점을 둔 시간제한적 접근으로서, 내담자가 자신의 사고와 행동을 통제하기 위한 대처기제를 학습하는 교육적 접근을 강조한다.
⑤ 합리적·정서적 행동치료, 인지치료, 현실치료, 인지행동치료 등의 치료기법을 사용하며, 특히 엘리스의 합리적·정서적 행동치료, 벡(Beck)의 인지치료, 마이켄바움(Meichenbaum)의 자기교습훈련 등이 대표적이다.

기출키워드
20년 1회 / 23년 1회 / 24년 3회 / 25년 2회
합리적-정서적 상담 모델(REBT)
※ 필기시험에는 REBT 상담에 대한 설명으로 옳지 않은 것을 고르는 문제가 출제되었습니다.

OX Quiz
엘리스는 인간의 정서적 문제가 일상생활 속 사건 자체에서 기인한다고 보았다.
정답 X(받아들이는 방식에서 비롯됨)

2. 기본원리

① 인지는 인간의 정서를 결정하는 가장 중요한 요소
과거나 현재의 외적인 사건이 직접적으로 정서와 관련되는 것은 아니다. 오히려 인간의 내적인 사건, 특히 지각에 대한 평가로서 인지가 인간의 정서적 반응에 대해 더욱 직접적이고 강한 영향을 주는 원천이다.
② 역기능적 사고는 정서장애의 중요한 결정요인
역기능적 정서상태나 정신병리의 많은 부분들은 역기능적 사고과정의 결과이다. 이와 같은 역기능적 사고는 과장, 과도한 일반화나 단순화, 잘못된 추론, 절대적 사고 등으로 나타난다.
③ 정서적인 문제를 해결하기 위해서는 사고를 분석하는 데서 시작하는 것이 효과적
개인이 지닌 고통은 불합리한 사고의 산물로 볼 수 있다. 따라서 그 고통을 극복하는 길은 사고를 변화시키는 데 있다.
④ 유전과 환경을 포함한 다양한 요인들이 비합리적 사고나 정신병리를 일으키는 원인
인간은 선천적으로 비합리적으로 생각하는 경향이 있으며, 환경의 영향을 받아 비합리적으로 사고하기도 한다.

⑤ 행동에 대한 과거의 영향보다는 현재에 초점
  인간의 행동은 과거에서 기인하는 것이 아니다. 현재 주어진 상황을 어떻게 해석하고 지각하는가에 따라 달라진다.
⑥ 인간이 지닌 신념은 쉽지는 않지만 변화
  인간의 신념은 사회문화적인 영향을 받아 자기대화(Self-Talk)를 통해 반복적으로 주입됨으로써 생성된다. 이와 같은 과정을 거쳐 형성된 신념을 변화시키는 것은 쉽지 않지만, 적극적이고 지속적인 노력에 의해 변화가 가능하다.

3. 목표

① 상담자는 내담자가 가지고 있는 자기파괴적이고 자기패배적인 신념을 최소화하며, 현실적이고 관대한 철학을 가지도록 돕는다.
② 삶에 있어서 바람직하지 못한 결과가 나오더라도 그 원인을 스스로의 무기력이나 무능력 또는 다른 사람의 탓으로 돌리지 않으며, 자신의 삶에 대한 책임을 받아들임으로써 문제에 직면하도록 돕는다.
③ 자기에 대한 관심, 사회에 대한 관심, 자기 지시, 관용, 유연성, 불확실성의 수용, 이행, 과학적 사고, 자기수용, 모험실행, 반유토피아주의 등의 구체적인 목표에 도달하도록 한다.

4. 기법

16, 24년 기출

① 인지적 기법

비합리적 신념 논박하기	• 상담자(치료자)는 내담자가 가지고 있는 비합리적 신념을 논박함으로써 내담자가 느끼는 장애가 내담자 자신의 지각과 자기진술에 의한 것임을 강조한다. • 비합리적 신념에 대한 논박은 내담자가 자신의 비합리적 신념을 포기할 때까지 또는 그 강도가 약화될 때까지 지속적이고 당위적으로 이루어져야 한다.
인지적 과제 부여하기	• 상담자는 내담자로 하여금 자신의 문제를 목록표로 만들도록 하며, 이를 통해 자신의 절대론적 사고를 논박하도록 요구한다. • 이 과정에서 상담자는 내담자 스스로 자신의 제한적 사고에 대한 도전을 감행하도록 촉구한다.
내담자의 언어 변화시키기	• 상담자는 내담자의 부정확한 언어사용에 주의를 기울이는 한편, 내담자의 언어패턴을 포착한다. • 상담자는 내담자에게 '~해야 한다' 또는 '~하지 않으면 안 된다'와 같은 표현을 '~하는 것이 더 낫다'와 같은 표현으로 대체할 수 있음을 주지시킨다.

OX Quiz

인지·정서·행동적 상담에서는 외적인 사건을 인간의 정서를 결정하는 가장 중요한 요소로 지목한다.

정답 X(내적인 사건)

② 정서적 기법

인지적 개입을 보완하고 강화하기 위한 것으로서, 직접적으로 내담자의 비합리적 신념을 다루기보다는 인지적 기법을 통해 얻은 긍정적 변화를 더욱 강화하고 확대하기 위한 것이다. 이러한 정서적 기법에 해당하는 구체적인 주요기법은 다음과 같다.

합리적 정서 심상법	• 상담자는 내담자에게 최악의 상황을 상상하도록 요구하며, 그 상황에 맞지 않는 부적절한 감정을 적절한 감정으로 대치하도록 한다. • 정서적 모험을 통해 상담자는 내담자가 정서적으로 자신을 개방할 수 있도록 하며, 지속적인 합리적 상상으로써 부적절한 신념에 의해 유발되는 혼란을 방지하도록 돕는다.
합리적 역할극	• 내담자가 심리적인 고통을 경험했거나 그러할 것으로 예상되는 상황을 상담자와 함께 역할연기를 통해 체험해 본다. • 역할극은 내담자의 비합리적 신념을 확인하는 기회가 될 수 있는 것은 물론 내담자에게 다양한 피드백을 제공하는 기회가 되기도 한다.
유머 사용하기	• 상담자는 내담자가 진지하고 과장된 사고로 생활상의 사소한 문제를 심각한 문제상황으로 확대하지 않도록 조치한다. • 유머는 진지한 사고가 내담자의 정서적 혼란을 야기할 때, 틀에 박힌 생활철학에 대해 논박할 필요가 있을 때 유용하게 사용될 수 있다.

③ 행동적 기법

상담자가 내담자로 하여금 직접 새로운 행동을 시도하도록 함으로써 실천경험을 통해 현실검증이 이루어지도록 하는 것이다. 이는 정서적 기법과 마찬가지로 비합리적 신념의 변화를 통해 얻어진 성과를 더욱 강화하기 위해 흔히 사용된다. 이러한 행동적 기법에 해당하는 구체적인 주요기법은 다음과 같다.

강화와 처벌	• 상담자는 내담자가 특정한 과제를 성공적으로 수행한 경우 보상을 하는 반면, 실패한 경우 벌칙을 부과한다. • 이 과제의 수행여부에 따라 강화 혹은 처벌을 부여함으로써 체계적으로 행동변화를 유도한다.
기술훈련	• 내담자에게 부족한 행동기술을 향상시킬 수 있도록 교육하고 훈련하는 것이다. • 사회적응기술, 대인관계기술을 비롯하여 직업 관련 기술훈련을 통해 내담자의 직업활동이나 대인관계에서의 자신감을 증가시킨다.
역설적 과제	• 내담자로 하여금 외면적으로 치료를 통해 변화하고자 하는 모습과 정반대로 행동해 보도록 하는 것이다(예 불안한 생각으로 고통을 받는 사람에게 하루에도 몇 번씩 의도적으로 그 생각을 하도록 요구한다). • 내담자는 역설적 과제를 통해 자신의 문제를 새로운 관점에서 바라봄으로써 좀 더 객관적으로 현실인식을 할 수 있게 된다.

기출키워드

20년 1회 / 25년 2회

벌을 통한 행동수정

- 벌을 받을 행동을 구체적으로 세분화하고 설명한다.
- 벌을 받을 상황을 가능한 한 없애도록 노력한다.
- 바람직한 상반행동을 하도록 그 조건을 극대화한다.
- 가장 효과가 있을 것으로 예상되는 벌을 선택한다.
- 반복되는 벌에도 불구하고 효과가 없는 경우 다른 방법을 강구해야 한다.
- 벌은 그 강도를 점차로 높이지 말아야 한다.
- 벌을 받을 행동이 일어난 직후에 즉각적으로 벌을 준다.
- 바람직한 행동이 무엇인지 사전에 말해준다.

OX Quiz

유머 사용하기는 인지적 기법에 해당한다.

정답 X(정서적 기법)

5. 마이켄바움(Meichenbaum)의 인지행동수정을 위한 행동변화법

① 제1단계 : 자기관찰
- 내담자는 자신의 행동을 관찰하는 방법을 학습한다.
- 내담자 자신의 사고, 감정, 행동, 생리적 반응, 대인관계에서의 반응에 대한 높은 민감성이 요구된다.

② 제2단계 : 새로운 내적 대화의 시작
- 내담자는 자신의 부적응적 행동을 인식하는 법을 배우며, 적합한 행동 대안에 주목한다.
- 상담을 통해 내적 대화의 변화에 대한 학습이 이루어지며, 이와 같은 새로운 내적 대화가 내담자의 새로운 행동을 유도하고 그의 인지구조에 영향을 미치게 된다.

③ 제3단계 : 새로운 기술의 학습
- 내담자는 효과적인 대처기술을 학습하며, 그것을 일상생활에서 실제로 수행하게 된다.
- 내담자가 새롭게 학습한 기술을 계속 사용할지의 여부는 새로운 행동과 그 결과에 대해 자신에게 말하는 내용에 달려 있다.

핵심예제 08
05, 08, 10, 16년 기출

인지적 결정론에 따른 치료적 접근과 입장이 다른 것은?

① 합리적 정서치료
② 점진적 이완훈련
③ 인지치료
④ 자기교습훈련

해설 체크!

② 점진적 이완훈련(Progressive Relaxation Training)은 행동주의 상담기법의 일종으로서, 본래 일상생활에서 스트레스에 대처하기 위한 방법이었던 것이 보편화된 것이다. 조용한 환경에서 근육을 이완하고 깊고 규칙적인 호흡을 함으로써 긴장과 이완에 따른 차이를 경험하도록 한다. 점진적 이완훈련은 특히 최면, 명상은 물론 체계적 둔감화의 행동기법과 연결된다.

① 합리적 정서치료(RET ; Rational-Emotive Therapy)는 엘리스(Ellis)가 인본주의적 치료와 철학적 치료, 행동주의적 치료를 혼합하여 고안한 인지행동 치료기술이다. 엘리스는 인간의 부정적 감정과 증상들이 비합리적 신념에서 비롯된다고 보고, 이를 재구조화하는 것을 강조하였다.

③ 인지치료(Cognitive Therapy)는 벡(Beck)이 개인의 정보 수용 및 처리 그리고 그에 대한 적절한 반응으로서 지적 능력의 개발을 위해 고안한 인지행동 치료기술이다. 벡은 개인의 역기능적이고 자동적인 사고 및 도식, 신념, 가정의 대인관계행동에서의 영향력을 강조하며, 이를 수정하여 내담자의 정서나 행동을 변화시키는 데 역점을 두었다.

④ 자기교습훈련(Self-Instructional Training)은 마이켄바움(Meichenbaum)이 개인의 인지재구성적인 자기훈련방법으로서 고안한 인지행동 치료기술이다. 마이켄바움은 내담자의 정서적 장애요인을 내담자의 고통스러운 정서와 비합리적 자기언어로 보고, 자기대화와 자기교습을 통해 불안을 유발하는 인지 및 부적응적인 행동을 변화시키는 데 역점을 두었다.

정답 ②

9 인지·정서·행동적 상담 Ⅱ

1. 의의 및 특징

① 엘리스(Ellis)의 합리적·정서적 행동치료(합리적 정서치료)는 신념, 결정, 행동을 강조한다는 점에서 인지치료적 접근에 해당한다.
② 인간은 자기보존, 자기성장, 행복, 사랑 등 합리적이고 올바른 사고를 가지고 있는 반면, 자기파괴, 자기비난, 완벽주의, 회의 등 올바르지 못한 사고도 가지고 있다.
③ 엘리스는 인간이 외부환경에 의해 장애를 느끼는 것이 아닌 자기 자신으로 인해 장애를 경험한다고 주장한다. 또한 쓸데없이 자신을 혼란시키는 생물학적·문화적인 경향이 있으므로, 스스로 혼란스러운 신념을 만든다고 주장한다. 그러면서도 엘리스는 한편 인간이 자신의 인지·정서·행동을 변화시킬 수 있는 능력을 가지고 있음을 강조한다.
④ 특히 합리적·정서적 행동치료에서는 정신병리가 아동기에 의미 있는 사람으로부터 주입된 비합리적 신념의 학습 또는 환자 자신이 만들어 낸 미신이나 자기패배적 사고에 의해 일어난다고 본다.
⑤ 합리적·정서적 행동치료는 비합리적 신념의 산물로 정서장애가 발생하므로, 이와 같은 비합리적 신념들을 변화시킬 수 있는 방법을 내담자에게 가르쳐 주는 것을 치료의 핵심으로 한다.

> **OX Quiz**
> 합리적·정서적 행동치료는 비합리적 신념의 산물로 정서장애가 발생한다고 본다.
> 정답 O

2. 엘리스와 드라이든(Ellis & Dryden)의 비합리적 신념 〔15, 22, 25년 기출〕

① **당위적 사고**
영어의 Must와 Should로 대변되는 것으로서, 우리말로는 '반드시 ~해야 한다'로 표현된다. 이는 인간문제의 근본요인에 해당하는 매우 경직된 사고로서, 어떠한 강한 요구가 포함되어 있다.
예 나는 반드시 성공해야만 한다.

② **파국화(Awfulizing) 또는 재앙화(Catastrophizing)**
지나친 과장을 의미하는 것으로서, 우리말로는 '~하는 것은 끔찍한 일이다'로 표현된다.
예 기말시험을 망치는 것은 정말 끔찍한 일이다.

③ **좌절에 대한 인내심 부족**
좌절을 유발하는 상황을 잘 견디지 못하는 것으로서, 세상에 대한 부정적·비관적인 시각을 가지게 된다.
예 나는 다른 사람들에게 죄인으로 오해를 받으면서 살 수 없다.

> **기출키워드**
> 22년 1회
> **파국화**
> 개인이 걱정하는 한 사건을 지나치게 과장하여 두려워하는 인지적 오류
> 예 길을 가다가 개에게 물린 사람이 광견병으로 곧 목숨을 잃게 되리라 생각하는 경우

④ 자기 및 타인에 대한 비하

자기 자신이나 타인 혹은 상황에 대해 경멸하거나 비하함으로써 파멸적인 사고를 하는 것이다.

예 열심히 공부하고도 성적이 떨어졌으니, 나와 같은 바보가 세상에 또 있을까?

3. 비합리적 신념의 유형

기출키워드
19년 3회
Mosak의 기본적 오류 5가지
- 과잉일반화
- 불가능한 목표
- 삶에 대한 오지각
- 자신의 가치 부정
- 잘못된 가치

구 분	특 징
완전주의	자신은 완전하며 또한 완전해야 한다고 믿는다. 예 선생님의 사소한 지적에 상처를 받거나 조언을 받아들이기 거부하는 경우
당위성	모든 현상이나 사건이 반드시 어떠한 일정한 방식이나 방향으로 전개되리라고 믿는다. 예 부모가 자신의 가치관에 따라 자녀를 훈육하려는 경우
과잉일반화	한두 개의 고립된 사건에 근거해서 일반적인 결론을 내리고 그것을 서로 관계없는 상황에 적용하려고 한다. 예 여자 친구가 피곤해서 만날 수 없다고 했을 때, 사랑이 식었다고 결론을 내리는 경우
부정적 예언	자신이 시도하는 일은 결과적으로 성공할 수 없다고 믿는다. 예 수험생이 자신이 하는 일은 실패할 것이 분명하다고 단정함으로써 시험을 미리 포기하거나 체념하는 경우
무력감	자신의 능력을 스스로 과소평가하거나 무기력상태에 빠짐으로써 자신은 결코 그렇게 할 수 없다고 믿는다. 예 비행청소년에게서 곤란을 겪고 있는 친구에게 자신은 도움을 줄 수 없다며 회피하는 경우

4. 비합리적 신념의 뿌리를 이루는 3가지 당위성

① 자신에 대한 당위성

나는 반드시 훌륭하게 일을 수행해 내야 하며, 중요한 타인들로부터 인정받아야만 한다. 만약 그렇지 못하다면 끔찍하고 참을 수 없는 일이며, 나는 썩어빠진 하찮은 인간이다.

② 타인에 대한 당위성

타인은 반드시 나를 공정하게 대우해야 한다. 만약 그렇지 못하다면 끔찍하고 참을 수 없는 일이며, 나 또한 그러한 상황을 참아낼 수 없다.

③ 세상에 대한 당위성(조건에 대한 당위성)

세상의 조건들은 내가 원하는 방향으로 돌아가야만 한다. 만약 그렇지 못하다면 끔찍하고 참을 수 없는 일이며, 나 또한 그와 같은 끔찍한 세상에서 살아갈 수 없다.

5. 비합리적 신념의 종류

① 인간은 주위의 모든 중요한 사람들에게서 항상 사랑과 인정을 받아야만 한다.
② 인간은 모든 면에서 반드시 유능하고 성취적이어야 한다.
③ 어떤 사람은 악하고 나쁘며 야비하다. 따라서 그와 같은 행위에 대해서는 반드시 준엄한 저주와 처벌이 내려져야 한다.
④ 일이 내가 바라는 대로 되지 않는 것은 끔찍스러운 파멸이다.
⑤ 인간의 불행은 외부환경 때문이며, 인간의 힘으로는 그것을 통제할 수 없다.
⑥ 위험하거나 두려운 일이 일어날 가능성은 상존하므로, 그것이 실제로 일어날 가능성에 대해 항상 유념해야 한다.
⑦ 인생에 있어서 어떤 난관이나 책임을 직면하는 것보다 회피하는 것이 더욱 쉬운 일이다.
⑧ 인간은 타인에게 의지해야 하며, 자신이 의지할 만한 더욱 강력한 누군가가 있어야 한다.
⑨ 인간의 현재행동과 운명은 과거의 경험이나 사건에 의해 결정되며, 인간은 과거의 영향에서 결코 벗어날 수 없다.
⑩ 인간은 다른 사람의 문제나 곤란에 대해 항상 신경을 써야 한다.
⑪ 인간의 문제에는 항상 정확하고 완전한 해결책이 있으므로, 이를 찾지 못하는 것은 매우 유감스러운 일이다.

6. 구체적인 목표

① 자기에 대한 관심(Self-Interest)
정서적으로 건강한 사람은 자기 자신에게 완전히 빠져버리지 않으면서도 자신에게 관심을 가질 수 있다.

② 사회에 대한 관심(Social-Interest)
건강한 사람은 소외된 실존을 택하지 않으며, 사회집단에서 다른 사람과 조화롭게 사는 데 관심을 가진다.

③ 자기 지시(Self-Direction)
건강한 사람은 다른 사람과 함께하는 행동이나 타인의 지지를 좋아할지 모르지만 그러한 지지를 요구하는 것은 아니다. 그들은 자신의 삶에 책임을 느낄 수 있으며, 혼자서 자신의 문제를 독립적으로 해결할 수 있다.

④ 관용(Tolerance)
성숙한 개인은 다른 사람이 실수하거나 잘못한 것을 수용하며, 그러한 행동을 경멸하지 않는다.

OX Quiz

건강한 사람은 소외된 실존을 스스로 택하는 경향이 있다.

정답 X(택하지 않음)

⑤ 유연성(Flexibility)
건강한 사람은 사고가 유연하고 변화에 개방적이며, 다른 사람들에 대해 고집스럽지 않은 관점을 가지고 있다.

⑥ 불확실성의 수용(Acceptance of Uncertainty)
성숙한 개인은 자신이 불확실한 세상에 살고 있음을 인식한다. 비록 질서정연함을 좋아하지만, 이런 질서나 확실성에 대한 감각을 투덜대며 요구하는 것은 아니다.

⑦ 몰입(Commitment)
건강한 개인은 자기 외부의 어떤 일에 적극적인 관심을 가진다.

⑧ 과학적 사고(Scientific Thinking)
성숙한 개인은 깊이 느끼고 확실하게 행동한다. 그러나 또한 자신과 행동의 결과에 대해 반성함으로써 그러한 감정과 행동들을 조절해 나간다.

⑨ 자기수용(Self-Acceptance)
건강한 개인은 그가 살아있다는 것만으로도 자신을 수용하며, 자신의 가치를 외적 성취나 다른 사람과의 비교로 평가하지 않는다.

⑩ 모험실행(Risk Taking)
정서적으로 건강한 개인은 어리석게 빠져들지는 않지만 모험적인 경향을 지닌다.

⑪ 반유토피아주의(Non-Utopianism)
성숙하고 정서적으로 건강한 사람은 자신이 유토피아적인 실존을 할 수 없다는 사실을 받아들인다. 그는 자신이 얻고자 하는 모든 것들을 다 얻을 수는 없으며, 원하지 않는 모든 것들을 다 회피할 수 없다는 것을 인식한다.

OX Quiz
건강한 개인은 자신의 가치를 외적 성취나 다른 사람의 의견으로 평가하지 않는다.
정답 O

핵심예제 09
15년 기출

합리적 정서행동치료의 비합리적 신념의 차원 중 인간문제의 근본요인에 해당하는 것은?

① 당위적 사고
② 과 장
③ 자기비하
④ 인내심 부족

해설 체크!
당위적 사고는 인간문제의 근본요인에 해당하는 매우 경직된 사고로서, '반드시 ~해야 한다'와 같은 어떠한 강한 요구가 포함되어 있다.

정답 ①

10 인지·정서·행동적 상담 Ⅲ

1. 엘리스(Ellis)의 ABCDE 모델 `15, 18, 21, 24, 25년 기출`

① A (Activating Event, 선행사건)

내담자의 감정을 동요시키거나 내담자의 행동에 영향을 미치는 사건을 의미한다.

> 예 내담자는 실직했다(구체적인 사건).

② B (Belief System, 비합리적 신념체계)

선행사건에 대한 내담자의 비합리적 신념체계나 사고체계를 의미한다.

> 예 나는 실직했어. 그것은 절대적으로 나에게 일어나지 말았어야 했는데, 이건 내가 부적절하다는 것을 의미해.

③ C (Consequence, 결과)

선행사건을 경험한 후 자신의 비합리적 신념체계를 통해 그 사건을 해석함으로써 느끼게 되는 정서적·행동적 결과를 말한다.

> 예
> - 바람직하지 않은 정서적 결과 : 극심한 우울과 불안, 자괴감, 무가치감 등
> - 바람직하지 않은 행동적 결과 : 내담자의 자포자기 상태가 적극적인 구직활동을 방해함

④ D (Dispute, 논박)

내담자가 가지고 있는 비합리적 신념이나 사고에 대해 그것이 사리에 부합하는 것인지 논리성·실용성·현실성에 비추어 반박하는 것으로서, 내담자의 비합리적 신념체계를 수정하기 위한 것이다.

> 예
> - 논리성 : 실직을 했다고 해서 스스로를 부적절하다고 생각하는 것이 과연 논리적으로 타당한가?
> - 실용성(효용성) : 실직을 했다고 해서 의기소침해 있는 것이 나의 사회생활이나 구직활동에 어떤 도움이 되겠는가?
> - 현실성 : 사람은 누구나 실직할 수 있다. 그러니 그와 같은 일이 나에게는 절대 일어나지 않는다고 말할 수 있겠는가?

⑤ E (Effect, 효과)

논박으로 인해 나타나는 효과로서, 내담자가 가진 비합리적인 신념을 철저하게 논박하여 합리적인 신념으로 대체한다.

> 예
> - 인지적 효과 : 비록 실직을 했지만, 그렇다고 내가 무능력한 사람은 아니다 또는 누구나 실직을 할 수 있는 만큼 나도 한 직장에서 항상 승승장구할 수 있는 것은 아니다
> - 정서적 효과 : 실직을 한 것에 대해 약간 실망스럽지만, 그렇다고 우울하거나 불안하지는 않다 또는 실직이 오히려 내게 새로운 시도를 위한 기회가 될 수도 있다
> - 행동적 효과 : 나의 적성에 맞는 새로운 직업을 찾아봐야겠다 또는 나의 가치를 더욱 높이기 위해 열심히 배우고 익혀야겠다

OX Quiz

엘리스의 ABCDE 모델에서 D는 '논리' 개념을 나타낸다.

정답 X(논박)

2. ABCDE 모델에 근거한 상담의 진행절차

① 제1단계 : 설득
상담자는 합리적 정서치료의 기본철학과 논리를 믿도록 내담자를 설득시킨다.
② 제2단계 : 비합리적 신념의 규명
상담면접과정에서 내담자의 자기보고 및 상담자의 관찰을 통해 내담자의 비합리적 신념을 발견하고 이를 규명한다.
③ 제3단계 : 논박 및 예시
내담자의 비합리적 신념에 대해 체계적으로 논박하며, 합리적 신념의 예시 또는 시범을 보인다.
④ 제4단계 : 인지적 연습
내담자로 하여금 비합리적 신념을 합리적 신념으로 대체하도록 인지적 연습을 반복시킨다.
⑤ 제5단계 : 합리적 행동연습
내담자의 합리적 행동반응을 개발 및 촉진시키기 위해 내담자로 하여금 행동연습을 하도록 한다.

3. 논박의 유형

① 기능적 논박(Functional Dispute)
- 내담자에게 그의 신념과 그에 수반하는 정서, 행동의 실제적 유용성에 대해 의문을 가지도록 하는 것이다. 즉, 내담자로 하여금 자신이 지닌 신념, 행동, 정서가 목표를 성취하는 데 얼마나 도움이 되는지를 평가한다.
    예 그것이 당신에게 도움이 됩니까? 그와 같은 방식으로 생각(또는 행동)을 지속하는 것이 당신에게 어떤 영향을 줄 것 같습니까? 등
- 상담자는 내담자에게 비합리적 신념을 더욱 융통적이고 현실적인 합리적 신념으로 바꾸었을 때 얼마나 많은 이득을 얻을 수 있을지를 체계적으로 보여 주기 위해 노력해야 한다.

② 경험적 논박(Empirical Dispute)
- 신념의 사실적 근거에 대한 평가로서, 내담자가 가진 신념이 사회적 현실에 얼마나 부합하는가를 평가한다.
    예 그와 같은 생각을 뒷받침할 만한 증거가 있습니까? 그 말이 옳다는 증거가 있습니까? 등
- 경험적 논박은 비합리적 신념이 기반한 소망의 타당성을 논하는 것이 아니다. 또한 얼마나 많은 사람들이 그와 같은 신념에 동의를 하는지에 대해 묻는 것

OX Quiz

내담자에게 그의 신념과 그에 수반하는 정서, 행동의 실제적 유용성에 대해 의문을 가지도록 하는 것은 기능적 논박에 해당한다.

정답 O

도 아니다. 즉, 경험적 논박은 신념의 경험적 근거를 찾는 것이지, 선호에 대해 묻는 것이 아니다.
- 상담자는 내담자의 바람을 지지하고 그의 염려를 이해하며, 내담자로 하여금 비합리적 두려움과 합리적 걱정을 구분할 수 있도록 도와야 한다.

③ 논리적 논박(Logical Dispute)
- 내담자의 비합리적 신념이 기반하고 있는 비논리적 추론에 대해 의문을 제기하는 것이다. 내담자의 비논리성은 그의 소망이나 바람에 의해 나타나는데, 그 소망이나 바람이 꼭 실현되리라는 보장은 없다.
    예 그 일이 사실이기를 바란다고 해서, 반드시 그렇게 되는 것일까요? A 다음에 B가 반드시 나온다는 논리는 어떻게 나온 것이지요? 등
- 내담자의 우울증은 자신의 과거에 대한 회상과 그에 대한 자책, 분노 등과 연관된다. 이는 자기충족예언으로 되돌아와서 '절대로 내가 원하는 대로 될 수 없을 거야'와 같은 부적절한 신념으로 이어진다. 이 경우 상담자는 내담자의 완전주의와 비현실적 기대에 대해 논리적으로 논박함으로써 내담자로 하여금 미래에 대한 낙관적인 시각을 가지도록 할 수 있다.

④ 철학적 논박(Philosophical Dispute)
- 내담자는 바로 눈앞의 문제에 너무나 몰두해 있는 나머지, 삶의 다른 부분에 내재한 가능성을 보지 못하는 경우가 많다. 즉, 내담자는 눈앞의 문제가 해결되지 않는다면 자신의 실존이 위협을 받을 것으로 생각하기도 한다. 요컨대, 철학적 논박은 삶에 대한 만족이라는 주제를 내담자와 함께 다루는 것이다.
    예 설령 당분간 당신이 원하는 대로 되지 않을지라도 다른 부분에서 만족을 느끼고 행복할 수 있지 않을까요? 등
- 갑작스런 해고나 연인과의 이별을 경험한 내담자에게 상담자는 그와 같은 일을 제외하고 그동안 내담자가 잘 살아왔음을 이야기한다. 비록 그와 같은 불행을 통해 깨달음을 얻게 된 것은 안타까운 일이나, 결과적으로 인생의 깊은 교훈을 배우게 된 것임을 알려줄 수 있다.

OX Quiz

'당분간 원하는 대로 되지 않더라도 다른 부분에서 만족감을 느낄 수 있지 않을까요?'라고 질문하는 것은 철학적 논박에 해당한다.

정답 O

핵심예제 10

15, 21년 기출

엘리스(Ellis)의 ABCDE모형에 관한 설명으로 옳은 것은?

① A - 문제장면에 대한 내담자의 신념
② B - 선행사건
③ C - 정서적·행동적 결과
④ D - 새로운 감정과 행동

> **· 해설 체크! ·**
>
> 엘리스(Ellis)의 ABCDE모형
> - A(Activating Event) : 내담자의 감정을 동요시키거나 내담자의 행동에 영향을 미치는 선행사건
> - B(Belief System) : 선행사건에 대한 내담자의 비합리적 신념체계 또는 사고체계
> - C(Consequence) : 선행사건을 경험한 후 자신의 비합리적 신념체계를 통해 그 사건을 해석함으로써 느끼게 되는 정서적·행동적 결과
> - D(Dispute) : 비합리적 신념체계가 사리에 부합하는 것인지 논리성·실용성·현실성에 비추어 판단하는 논박
> - E(Effect) : 논박으로 인해 나타나는 효과
>
> 정답 ③

11 인지치료 20년 기출

1. 인지치료(Cognitive Therapy)의 의의 및 특징 14, 17년 기출

① 엘리스(Ellis)가 개인이 가진 비합리적 사고나 신념에 문제의 초점을 두었다면, 벡(Beck)은 개인이 가지고 있는 정보처리과정상의 인지적 왜곡에 초점을 두었다.
② 벡은 사람들이 느끼고 행동하는 방식이 경험의 지각과 구조화의 방식에 의해 결정된다고 보았다.
③ 개인이 정보를 수용하여 처리하고 반응하기 위한 지적인 능력을 개발시키는 방법을 말한다.
④ 역기능적이고 자동적인 사고 및 도식, 신념, 가정의 대인관계행동에서의 영향력을 강조하며, 이를 수정하여 내담자의 정서나 행동을 변화시키는 데 역점을 둔다.
⑤ 구조화된 치료이자 단기적·한시적 치료로서 여기-지금(Here & Now) 내담자가 가지고 있는 문제를 파악하며, 그에 대한 교육적인 치료를 수행하는 과정으로 이루어진다.

2. 주요원칙 24년 기출

① 인지용어로써 내담자의 문제를 공식화하며, 이를 토대로 치료를 진행한다.
② 치료자와 내담자 간 건강한 치료적 동맹과 상호협조를 강조한다.
③ 내담자의 자발적이고 적극적인 참여를 강조한다.
④ 목표지향적인 동시에 문제중심적인 치료이다.
⑤ 여기-지금을 강조한다.

OX Quiz

벡은 개인이 가진 비합리적 사고나 신념에 문제의 초점을 두었다.

정답 X(엘리스)

⑥ 내담자 스스로 치료자가 될 수 있도록 교육하며, 특히 재발방지를 위해 노력하는 과정이다.
⑦ 구조화된 치료이자 단기적·한시적 치료이다.
⑧ 내담자로 하여금 자신의 역기능적인 사고와 신념을 평가하도록 하며, 그에 대해 적절히 반응하도록 교육한다.
⑨ 내담자의 부적응적 사고·감정·행동을 변화시키기 위하여 다양한 기법을 사용한다.

3. 자동적 사고(Automatic Thinking)의 특징 [15년 기출]

① 구체적이며, 분리된 메시지다.
② 축약된 언어나 이미지 또는 그 두 가지가 혼합된 형태로 나타난다.
③ 비합리적인 내용이라도 거의 의심 없이 받아들여진다.
④ 자발적으로 경험된다.
⑤ 흔히 당위적인 말로 표현된다.
⑥ 일을 극단적으로 보려는 경향이 있다.
⑦ 개인에 따라 독특한 방식으로 나타난다.
⑧ 중단하기가 쉽지 않다.
⑨ 학습되는 경향이 있다.

4. 자동적 사고의 식별방법

① **감정변화 인식하기(감정변화 즉시 질문하기)**
   내담자의 슬픔, 고통 등의 감정은 그 감정에 실린 지극히 즉각적이고 개인적인 생각들을 만들어내므로, 치료자는 그와 같은 내담자의 감정변화에 대해 즉시 질문한다.

② **심리교육하기**
   치료자는 치료초기에 또는 치료 중 내담자의 감정변화나 특정사고를 설명하고자 할 때 내담자에게 자동적 사고의 특징, 자동적 사고가 개인의 감정과 행동에 미치는 영향 등에 대해 설명한다.

③ **안내에 따른 발견**
   치료회기 중 자동적 사고를 찾아내기 위해 가장 자주 사용되는 기법으로서, 내담자의 감정을 자극하면서 한 가지 주제에 대해 집중적으로 질문을 한다. 또한 가급적 최근사건에 초점을 맞춰 깊이 있는 내용을 다루며, 공감의 기술을 통해 내담자의 유의미한 자동적 사고를 능숙하게 감지한다.

> **OX Quiz**
> 자동적 사고는 중단하기 쉽지 않지만, 학습되는 것은 아니다.
> 정답 X(학습되는 경향)

④ 사고기록지 작성하기
치료자는 내담자의 자동적 사고를 기록지에 작성하는 과정에서 내담자의 중요한 인지에 주의를 기울일 수 있으며, 보다 체계적인 방법으로 자동적 사고를 찾아내는 연습을 할 수 있다.

⑤ 심상(Imagery) 활용하기(생활사건 생생하게 떠올리기)
치료자는 내담자로 하여금 상상을 통해 자신의 중요한 사건을 회상하도록 함으로써 그 사건이 일어났을 당시의 생각과 감정을 생생하게 떠올리도록 돕는다.

⑥ 역할극 활용하기
역할극은 치료자가 내담자의 삶에서 어떤 중요한 인물의 역할을 맡음으로써 내담자의 자동적 사고를 자극하는 방식으로 전개된다. 그러나 이와 같은 역할극을 수행하기에 앞서 내담자의 현실검증능력이나 역할극이 치료적 관계에 미치는 영향 등을 고려해야 한다.

⑦ 체크리스트 활용하기
치료자는 내담자에게 부정적인 자동적 사고의 문항들이 담긴 설문지의 체크리스트를 작성하도록 할 수 있다. 특히 홀론과 켄달(Hollon & Kendall)이 개발한 자동적 사고 체크리스트(ATQ ; Automatic Thoughts Questionnaire)가 널리 활용되고 있다.

5. 벡(Beck)의 인지적 오류 `13, 14, 15, 17, 21, 24, 25년 기출`

① 임의적 추론(Arbitrary Inference)
어떤 결론을 지지하는 증거가 없거나 그 증거가 결론에 위배됨에도 불구하고 그와 같은 결론을 내린다.
- 예 자신의 메시지에 답변이 없다고 하여 상대방이 의도적으로 회피하는 것이라고 판단하는 경우

② 선택적 추상화(Selective Abstraction)
다른 중요한 요소들은 무시한 채 사소한 부분에 초점을 맞추고, 그 부분적인 것에 근거하여 전체 경험을 이해한다.
- 예 필기시험에서 우수한 성적을 거두었으나 실기시험의 결과에 스스로 만족하지 못하는 사람이 전체 시험을 망쳤다고 판단하는 경우

③ 과도한 일반화 또는 과잉일반화(Overgeneralization)
한두 가지의 고립된 사건에 근거해서 일반적인 결론을 내리고 그것을 서로 관계 없는 상황에 적용한다.
- 예 평소 자신을 도와주던 친구가 어느 때 한 번 자신을 도와주지 않았다고 하여 자신과의 친분관계를 끊은 것이라고 결론내리는 경우

OX Quiz

인지적 오류 중 다른 중요한 요소는 무시한 채 사소한 부분에 초점을 맞추고, 그것에 근거하여 전체 경험을 이해하는 것은 임의적 추론이다.

정답 X(선택적 추상화)

④ 개인화(Personalization)

자신과 관련지을 근거가 없는 외부사건을 자신과 관련짓는 성향으로서, 실제로는 다른 것 때문에 생긴 일에 대해 자신이 원인이고 자신이 책임져야 할 것으로 받아들인다.

예 자신이 시험을 망쳤기 때문에 여자친구와 헤어졌다고 판단하는 경우

⑤ 이분법적 사고 또는 흑백논리적 사고(Dichotomous Thinking)

모든 경험을 한두 개의 범주로만 이해하고 중간지대가 없이 흑백논리로써 현실을 파악한다.

예 완벽하지 않은 것은 곧 잘못된 것이라고 판단하는 경우

⑥ 과장/축소 또는 의미확대/의미축소(Magnification/Minimization) `24, 25년 기출`

어떤 사건 또는 한 개인이나 경험이 가진 특성의 한 측면을 그것이 실제로 가진 중요성과 무관하게 과대평가하거나 과소평가한다.

예 평범한 평가를 받는다는 것은 곧 자신이 얼마나 부족한지 증명하는 것이라고 판단하는 경우

⑦ 정서적 추론(Emotional Reasoning)

자신의 정서적 경험이 마치 현실과 진실을 반영하는 것인 양 간주하여 이를 토대로 그 자신이나 세계 또는 미래에 대해 그릇되게 추리한다.

예 자신이 부적절하다는 느낌을 통해 아무런 쓸모없는 사람이라고 단정하는 경우

⑧ 긍정격하(Disqualifying the Positive)

자신의 긍정적인 경험이나 능력을 객관적으로 평가하지 않은 채 그것을 부정적인 경험으로 전환하거나 자신의 능력을 낮추어 본다.

예 자신의 계획이 성공에 이르렀음에도 불구하고 이를 자신의 실력이 아닌 운에 의한 것으로 돌리는 경우

⑨ 재앙화 또는 재난적 사고(Catastrophizing)

어떠한 사건에 대해 자신의 걱정을 지나치게 과장하여 항상 최악을 생각함으로써 두려움에 사로잡힌다.

예 길을 걷다가 개에게 물린 사람이 이제 곧 광견병으로 목숨을 잃게 될 것이라 생각하는 경우

⑩ 잘못된 명명(Mislabelling)

어떠한 하나의 행동이나 부분적 특성을 토대로 사람이나 사건에 대해 완전히 부정적이고 단정적으로 명명한다.

예 한 차례 지각을 한 학생에게 지각대장이라는 이름표를 붙이는 경우

기출키워드

21년 3회 / 24년 3회

개인화(Personalization)

※ 필기시험에는 개인화에 대한 예로 적절한 선지를 고르도록 하는 문제가 출제되었습니다.

기출키워드

24년 2회/25년 1회, 2회

개인화(Personalization)

※ 필기시험에는 '평범하다는 평가를 받는다는 것은 내가 얼마나 부족한지 증명하는 것이다.'라는 예시와 함께 해당 인지적 오류를 고르는 문제가 출제되었습니다.

전문가의 한마디

인지적 오류의 유형과 관련된 예는 반드시 어느 하나의 정답이 있는 것은 아닙니다. 경우에 따라 두 가지 이상의 오류가 혼합된 것일 수도 있으며, 내용상 어느 하나로 명확히 구분하기 어려운 것도 있습니다.

OX Quiz

자신이 부적절하다는 느낌을 통해 아무 쓸모없는 사람이라고 단정하는 경우는 긍정격하에 해당된다.

정답 X(정서적 추론)

6. 인지적 치료기술

① 재귀인(Reattribution)
- 사건에 대한 모든 변인들을 고려하여 내담자로 하여금 자동적 사고와 가정을 검증하도록 하는 것이다.
- 내담자가 사건의 원인을 개인화하거나 단일변수를 유일한 원인으로 결론짓는 경우 사용한다.

② 재정의(Redefining)
- 문제가 자신의 통제를 넘어선 것이라고 믿는 내담자의 부적절한 신념을 수정하는 것이다.
- 내담자가 부정적인 사고로 인해 무기력한 상태에 놓이는 경우 사용한다.

③ 탈중심화(Decentering)
- 다른 사람들의 관심이 자신에게 집중되어 있다고 믿는 내담자의 부적절한 신념을 수정하는 것이다.
- 내담자가 불안증상을 나타내 보이는 경우 사용한다.

> **OX Quiz**
> 사건에 대한 모든 변인들을 고려하여 내담자로 하여금 자동적 사고와 가정을 검증하도록 하는 인지적 치료기술은 재귀인(Reattribution)이다.
> 정답 O

핵심예제 11   05, 11, 13, 17년 기출

우울한 사람들이 보이는 체계적인 사고의 오류 중 결론을 지지하는 증거가 없거나 증거가 결론과 대치되는데도 불구하고 어떤 결론을 이끌어내는 과정을 의미하는 인지적 오류는?

① 선택적 추상화(Selective Abstraction)
② 과잉일반화(Overgeneralization)
③ 개인화(Personalization)
④ 임의적 추론(Arbitrary Inference)

> **해설 체크!**
> 임의적 추론은 어떤 결론을 지지하는 증거가 없거나 그 증거가 결론에 위배됨에도 불구하고 그와 같은 결론을 내리는 경우를 말한다.
> 정답 ④

12 인간중심상담 25년 기출

1. 의의 및 특징
16, 17, 19, 21, 24년 기출

① 상담의 인간중심접근방법은 1940년대 초 미국의 심리학자 로저스(Rogers)에 의해 창안된 것으로서, 내담자중심원리가 집단과정에 적용·발전된 것이다.
② 인간의 본능적인 욕구를 강조하면서 지시적·분석적인 방법을 동원한 정신분석적 접근이나, 인간의 행동을 단순히 자극에 대한 반응으로 간주한 행동주의적 접근에 반발하여, 인본주의를 기반으로 하는 비지시적인 접근방법을 강조한다.
③ 인간은 자아와 현실 간에 불일치가 이루어지거나 자아에 대한 자각이 이상적 자아와 일치되지 않을 경우 부적응이 나타난다.
④ 인간은 자기성장을 실현할 수 있는 능력, 자신의 잠재력을 실현할 수 있는 능력을 가지며, 자기실현의 동기를 타고났다.
⑤ 인간중심상담에서는 상담 및 심리치료의 과정에 대한 1차적 책임을 내담자에게 둔다.
⑥ 상담자는 내담자가 가지고 있는 문제해결능력과 잠재력, 자기성장능력 등을 활용하도록 유도함으로써 비지시적인 분위기에서 내담자 스스로 성장할 수 있도록 최적의 환경을 제공하는 역할을 한다.
⑦ 인간중심상담의 집단적 접근에는 어떠한 특수한 목적이나 집단활동을 위한 사전 진행계획도 없으며, 집단상담자는 해당 집단이 자체의 활동방향을 발전시킬 수 있도록 안내자, 촉진자로서의 역할을 수행한다.

기출키워드
19년 3회 / 21년 1회
인간중심상담의 기술(Rogers)
※ 필기시험에는 상담자의 3가지 조건에 해당되지 않는 것을 고르도록 하는 문제가 출제되었습니다.

2. 상담자가 갖추어야 할 바람직한 태도
13, 15, 16, 17, 19, 20, 21, 25년 기출

① **일치성과 진실성(솔직성)**
  - 상담자의 내적인 경험과 외적인 표현이 일치되며, 내담자와의 관계에서 개방적인 표현이 이루어지도록 노력하는 것을 의미한다.
  - 상담자는 자신의 감정을 솔직하게 인정하고 내담자의 진솔한 감정표현을 유도함으로써 진솔한 의사소통이 이루어지도록 노력해야 한다.

② **공감적 이해**
  - 동정이나 동일시로써 내담자의 감정에 빠져드는 것이 아닌 객관적인 입장에서 내담자를 깊이 있게 이해하는 것을 의미한다.
  - 상담자는 내담자의 주관적인 경험을 감지하고 내담자의 마음속에 들어감으로써 내담자가 자신의 감정을 더욱 강렬하게 경험하는 동시에 내부의 불일치를 인식하도록 도와야 한다.

전문가의 한마디
상담자는 윤리원칙을 가지고 상담을 진행해야 합니다. 그 기본원칙에는 자율성(Autonomy), 성실성(Fidelity)&충실성(Veracity), 덕행(Beneficence), 무해성(Nonmaleficence), 공정성(Justice)이 있습니다.

③ 무조건적인 긍정적 수용(관심) 또는 존중
- 상담자가 아무런 조건 없이 수용적인 태도로써 내담자를 존중하며, 따뜻하게 수용하는 것을 의미한다.
- 상담자는 내담자의 사고나 감정, 행동에 대한 옳고 그름, 좋고 나쁨을 평가 또는 판단해서는 안 된다.

3. 충분히 기능하는 사람(Fully Functioning Person)의 특성 〈15, 20, 25년 기출〉

① 경험에 대해 개방적이다.
② 실존적인 삶을 사는 사람이다.
③ 자신이라는 유기체에 대해 신뢰한다.
④ 경험적인 자유를 지니고 있다.
⑤ 창조적으로 살아간다.

4. 다른 상담모델과 구분되는 특징

① 자신의 현실에 대해 보다 완전하게 대처할 수 있는 길을 발견하는 책임은 곧 내담자에게 있으며, 내담자는 이를 수행할 능력을 가지고 있다.
② 내담자의 현상세계를 강조함으로써, 상담자 또는 치료자는 내담자의 자기인식 및 세계인식에 관심을 기울인다.
③ 정상인, 신경증 환자, 정신병 환자 등을 구분하지 않은 채 모든 사람에게 동일한 상담 및 치료의 원리를 적용한다.
④ 상담 및 치료는 모든 건설적인 대인관계의 실례들 중 극히 일부에 불과하다. 이는 내담자가 타인과의 인간관계를 통해 상담 및 치료와 동일한 성장을 가져올 수 있음을 의미한다.
⑤ 상담자(치료자)는 순수성 또는 일치성(진실성), 온정과 수용, 공감의 자세를 가지고 있어야 한다.
⑥ 인간중심접근은 폐쇄된 것이 아닌 지속적인 발전을 거듭한 것으로서, 앞으로도 계속해서 개발되어 나갈 것을 전제로 한다.

5. 조지와 크리스티아니(George & Cristiani)의 인본주의상담 조건

① 상담자와 내담자는 심리적으로 접촉하도록 한다.
② 상담자는 내담자의 불안을 최소한으로 줄이도록 한다.
③ 상담자는 내담자와의 관계에서 항상 진실하며, 말과 행동이 일치하도록 한다.
④ 상담자는 무조건적으로 내담자를 존중한다.

기출키워드
20년 1회 / 25년 2회
충분히 기능하는 사람
※ 필기시험에 로저스의 '충분히 기능하는 사람'의 특성으로 옳지 않은 것을 고르는 문제가 출제되었습니다. 교재에 수록된 특성 5가지를 정확하게 학습하셔야 합니다.

OX Quiz
인간중심상담은 정상인, 신경증 환자, 정신병 환자 등을 구분하여 각각 차별화된 상담 및 치료의 원리를 적용한다.
정답 X(구분하지 않은 채 모든 사람에게 동일한 상담 및 치료의 원리를 적용함)

⑤ 상담자는 내담자의 내적 참조체계에 대해 공감적으로 이해한다.
⑥ 상담자는 내담자로 하여금 최소한 자신을 무조건적으로 존중해 주고, 공감적으로 이해해 주고 있다는 것을 지각하도록 해준다.

6. 공헌점과 비판점

① 공헌점
- 내담자로 하여금 자신의 변화에 대해 책임지도록 함으로써 자기를 더 잘 인식하고, 자기를 고양하고 실현하며, 자기를 더욱 수용하고 신뢰하도록 하였다.
- 상담자는 비판하거나 평가하지 않고 그들의 말을 경청하고 공감함으로써 내담자로 하여금 자신을 더 잘 탐색하고, 자신의 태도, 신념, 감정을 더 잘 이해하도록 하였다.
- 상담과정에서 내담자를 자신의 문제에 대한 중요한 결정자로 보았다.
- 상담이론은 내담자의 특정욕구에 개별적으로 적용할 수 있다.
- 상담의 원리는 교육 및 양육, 조직행동, 인간관계개발 등 다양한 상황에서도 적용할 수 있다.

② 비판점
- 인간중심상담의 조건을 조성하고, 계속해서 내담자에게 초점을 두는 것에 숙달되는 것이 쉽지 않다.
- 불완전한 이론으로서, 정서적·지적 내용은 다루지만 신체적 영역이나 환경적 요인 등을 포함하고 있지 않다.
- 어떤 상담자는 이론의 주요개념을 지나치게 단순화한 나머지 자신의 반응을 반영과 공감에만 제한함으로써 상담기법의 사용, 자신의 성격관의 사용, 도구로서의 자아 등이 종종 구별되지 않는다.
- 내담자는 종종 상담자가 무엇을 이루려고 하는지 그 의도를 이해하지 못한다.
- 상담과정에서 상담의 목표가 불분명하다.
- 상담이론에서 제시하고 있는 핵심조건들은 필요충분조건이라기보다는 촉진적 조건으로 보는 것이 더 정확하다.
- 정서적 요인을 강조한 반면, 지적 요인을 무시하고 있다.
- 상담과정에서 가치중립적 입장을 강조하지만, 실제 인간관계에서 그렇게 하는 것이 쉽지 않다.
- 상담에 대한 자발적 참여도가 낮은 내담자, 현실적 접촉에 제한이 있거나 의사소통이 곤란한 내담자의 경우 효과를 기대하기 어렵다.

OX Quiz
상담이론에서 제시하고 있는 핵심조건들은 필요충분조건으로 보는 것이 정확하다.
정답 X(촉진적 조건)

OX Quiz
인간중심상담은 지적 요인을 강조한다.
정답 X(무시)

핵심예제 12 15, 19년 기출

로저스(Rogers)의 인간중심상담에 대한 설명으로 틀린 것은?

① 내담자는 불일치상태에 있고 상처받기 쉬우며 초조하다.
② 상담자는 내담자와의 관계에서 일치성을 보이며 통합적이다.
③ 상담자는 내담자의 내적 참조틀을 바탕으로 한 공감적 이해를 경험하고 내담자에게 자신의 경험을 전달하려고 시도한다.
④ 내담자는 의사소통의 과정에서 상담자의 선택적인 긍정적 존중 및 공감적 이해를 지각하고 경험한다.

• 해설 체크! •
내담자는 의사소통의 과정에서 상담자의 무조건적인 긍정적 존중 및 공감적 이해를 지각하고 경험한다.
정답 ④

13 특성-요인상담 13년 기출

1. 의의 및 특징 21년 기출

① 윌리엄슨(Williamson)이 파슨스(Parsons)의 개인, 직업, 개인과 직업 간의 관계를 기본으로 하여 만든 직업이론의 원리를 토대로 발전시킨 것이다.
② 개인차심리학과 응용심리학에 근거를 두고 있으며, 개인의 특성(Trait)과 직업을 구성하는 요인(Factor)에 관심을 둔다. 특히 다양한 검사를 통해 개인의 특성을 밝혀내어 이를 직업의 특성에 연결시키는 것에 초점을 둔다.
③ 특성은 성격, 적성, 흥미, 가치관 등 검사에 의해 측정 가능한 개인의 특징을 의미한다. 반면, 요인은 책임감, 성실성, 직업성취도 등 성공적인 직업수행을 위해 요구되는 특징을 의미한다.
④ 상담자중심의 상담방법으로서 내담자에 대한 정서적 이해보다 문제의 객관적 이해에 중점을 둔다.
⑤ 특성-요인상담의 기본은 변별진단이다. 변별진단이란 일련의 관련이 있거나 관련이 없는 사실들로부터 일관된 형식의 의미를 논리적으로 사고하는 과정 또는 하나씩 해결하는 과정이다.
⑥ 내담자에게 정보를 제공하고 학습기술 및 사회적 적응기술을 알려주는 것을 중시한다.

기출키워드
21년 3회
특성-요인상담
※ 필기시험에는 특성-요인상담에 대한 설명 중 틀린 것을 고르도록 하는 문제가 출제되었습니다.

OX Quiz
특성-요인상담은 파슨스가 윌리엄슨의 직업이론의 원리를 토대로 발전시킨 것이다.
정답 X(파슨스 ↔ 윌리엄슨)

⑦ 내담자를 객관적으로 이해하고, 올바른 예언을 하기 위해 사례나 사례연구를 상담의 중요한 자료로 삼는다.

> **OX Quiz**
> 특성-요인상담에서는 내담자에게 정보를 제공하고 학습기술 및 사회적 적응기술을 알려주는 것을 중시한다.
> 정답 O

2. 기본적인 인간관

① **인간은 본성이 선한 존재이기도 하고 악한 존재이기도 하다**
자아실현은 저절로 되는 것이 아니며, 악을 통제하고 선을 추구하는 방향에서 이루어진다.

② **인간은 타인의 도움을 필요로 하는 존재이다**
각 개인은 타인(특히 상담자나 교사 등)과 더불어 살면서 그의 도움을 받아 자신의 욕구를 충족하고 능력을 발휘하면서 자아실현을 하게 된다.

③ **인간은 이성적 존재이다**
인간은 비록 악의 가능성도 가지고 있지만 이성에 의해 자신의 발전과 진보를 촉진할 수 있으며, 자기통제를 할 수 있다.

④ **인간은 교육을 통해 진정한 자기가 될 수 있다**
인간은 진정한 자기가 되기 위해 부단히 노력하는 실존적 존재이므로, 자기능력을 사용하는 방법을 학습함으로써 문제를 해결할 수 있는 방법을 습득할 수 있다.

⑤ **인간은 좋은 삶(Good Life)을 추구하는 존재이며, 그 본질은 수월성 또는 탁월성(Excellence)을 추구하는 데 있다**
인간이 가장 효율적인 상태에 이르렀을 때 수월성을 성취했다고 할 수 있으므로, 상담자는 각 개인이 최상으로 발달하도록 조력하여야 한다.

3. 목 표

① 내담자가 이성적으로 생활하도록 한다.
② 내담자 스스로 자신의 가능성을 확인하고 이를 활용할 수 있도록 한다.
③ 내담자 스스로 자신을 통제할 수 있도록 한다.
④ 내담자 자신의 동기, 능력, 적성, 성격, 흥미 등 다양한 특성 및 요인을 이해하고 수용하도록 한다.
⑤ 내담자 스스로 자신이 필요로 하는 정보를 수집·분석·종합할 수 있도록 한다.
⑥ 내담자가 자신의 특성이나 요인, 직업이나 외부조건 등을 검토하여 현명한 결정을 내릴 수 있도록 한다.
⑦ 내담자가 자신의 문제를 스스로 해결하도록 한다.

4. 윌리엄슨(Williamson)의 직업선택 문제유형

① 불확실한 선택(직업선택의 확신부족)
  내담자는 자기이해, 직업세계에의 이해가 부족하여 선택에 확신을 가지지 못한다.
② 직업 무선택(선택하지 않음)
  내담자는 자신이 무엇을 원하는지, 어느 직업을 선택해야 할지 알지 못한다.
③ 흥미와 적성의 불일치(차이)
  내담자는 흥미를 느끼는 직업에 적성이 없거나, 적성을 가지고 있는 직업에 흥미를 느끼지 못한다.
④ 어리석은 선택(현명하지 못한 직업선택)
  내담자는 목표에 부합하지 않는 적성이나 자신의 흥미와 관계없는 목표를 가지고 있다.

> **OX Quiz**
> 직업선택 문제유형에는 불확실한 선택, 직업 무선택, 흥미와 적성의 불일치, 어리석은 선택이 있다.
> 정답 O

5. 윌리엄슨의 특성-요인직업상담의 과정

① 제1단계 : 분석
  - 분석은 내담자의 현재상태 및 미래의 가능성을 종합적으로 이해하기 위해 적절한 측정기술을 선택·활용하여 신뢰할 수 있고 타당성이 있는 정보와 자료를 모으는 데 초점을 둔다.
  - 내담자에 관한 자료수집, 표준화검사, 적성·흥미·동기 등의 요소들과 관련된 심리검사가 주로 사용된다.
② 제2단계 : 종합
  - 내담자의 적응·부적응, 장·단점 등을 분석하기 위해 자료를 요약하고 체계적으로 정리하는 것이다.
  - 내담자의 성격, 장·단점, 욕구, 태도 등에 대한 이해를 얻기 위해 정보를 수집·종합한다.
③ 제3단계 : 진단
  - 문제의 원인들을 탐색하며, 내담자의 문제를 해결할 수 있는 다양한 방법들을 검토한다.
  - 진단의 주요단계는 첫째, 문제의 확인, 둘째, 원인의 발견이다. 진단할 때 주의할 점은 결론을 성급히 내려서는 안 된다는 것이다.
④ 제4단계 : 예측 또는 예후
  - 진단은 과거와 현재의 상태에 관련된 것인 반면, 예측은 미래와 관련된 것으로 일종의 예언을 시도하는 것이다.
  - 조정가능성, 문제들의 가능한 여러 결과를 판단하며, 대안적 조치와 중점을 예측한다.

⑤ 제5단계 : 상담 또는 치료
- 여기서의 상담 또는 치료는 다양한 기법에 의한 개인적 조력을 통해 상담에서 배운 학습을 모든 문제상황에 적용할 수 있도록 돕는 안내된 학습이자 재교육을 의미한다.
- 미래 혹은 현재에 바람직한 적응을 위해 무엇을 해야 하는가에 대해 상담자와 내담자가 함께 협동적·능동적으로 상의한다.

⑥ 제6단계 : 추수지도 또는 사후지도
- 상담에서 학습했던 것을 일상생활에서 적용할 때 이루어지는 진전을 강화하고 재평가하며, 이를 점검하는 단계이다.
- 새로운 문제가 야기되었을 때 앞선 단계들을 반복하며, 바람직한 행동계획을 실행하도록 계속적으로 돕는다.

> **OX Quiz**
> 추수지도는 미래 혹은 현재에 바람직한 적응을 위해 무엇을 해야 하는가에 대해 상담자와 내담자가 함께 상의하는 단계이다.
> 정답 X(상담 또는 치료 단계)

6. 윌리엄슨의 상담기술

① 촉진적 관계형성
  상담자는 내담자로 하여금 신뢰감을 줄 수 있는 분위기를 조성하고 문제해결을 촉진할 수 있는 관계를 형성한다.

② 자기이해의 증진
  상담자는 내담자가 자신의 장점이나 특성들에 대해 개방된 평가를 할 수 있도록 돕는다. 또한 그와 같은 특징들이 내담자의 직업선택 및 진로문제를 해결하는 데 있어서 어떠한 영향을 미치는지 통찰력을 가질 수 있도록 격려한다.

③ 행동계획의 권고와 설계(조언 및 활동계획의 수립)
  상담자는 내담자가 이해하는 관점에서 상담 또는 조언을 한다. 내담자가 말한 학문적·직업적 선택, 감정, 습관, 행동, 태도 등에 대해 일치하거나 반대되는 증거를 언어로 명료하게 정리해 준다. 나아가 실제적인 행동을 계획하고 설계하도록 돕는다.

④ 계획의 수행
  상담자는 내담자의 직업선택이나 진로문제를 해결하는 데 제안, 정보제공 등의 보다 직접적인 도움을 제공하여 내담자로 하여금 계획을 실행에 옮기도록 한다.

⑤ 위임 또는 의뢰
  한 사람의 상담자가 다양한 특성을 가진 내담자들을 모두 상담하는 것은 효과적이지 못하다. 상담자는 내담자의 문제해결을 위해 필요한 경우 보다 적합한 상담자를 만나보도록 권유한다.

> **핵심예제 13**　　　　　　　　　　　　　　　　　　　08, 11, 13, 21년 기출
>
> 다음 중 특성-요인상담에 관한 설명으로 틀린 것은?
>
> ① 상담자중심의 상담방법이다.
> ② 사례연구를 상담의 중요한 자료로 삼는다.
> ③ 문제의 객관적 이해보다는 내담자에 대한 정서적 이해에 중점을 둔다.
> ④ 내담자에게 정보를 제공하고 학습기술과 사회적 적응기술을 알려 주는 것을 중요시한다.
>
> ● 해설 체크! ●
>
> 특성-요인상담은 상담자중심의 상담방법으로, 내담자에 대한 정서적 이해보다 문제의 객관적 이해에 중점을 둔다.
>
> 정답 ③

14 교류분석상담　　　　　　　　　　　　　　　17, 21년 기출

1. 의의 및 특징

① 교류분석상담 또는 의사교류분석상담은 개인의 현재의 결정이 과거에 설정된 전제나 신념들을 토대로 이루어진다고 가정하고, 인간의 생존욕구 충족에 있어서 과거에 적합했던 전제들이 현재에는 적합하지 않은 것일 수 있으므로 문제를 경험하게 된다고 본다.
② 어릴 적 부모로부터 '~하지 마라' 식의 부정적 명령 혹은 금지명령을 받고 자란 아이들은 그와 같은 부정적 메시지를 토대로 잘못된 초기결정을 내리게 된다.
③ 자신의 생존은 물론 부모로부터의 관심과 인정(Stroke)을 얻기 위해 내리는 초기결정은 타인과의 진실하지 못한 상호작용 방식, 즉 게임(Game)을 형성하게 되어 결국 개인의 인생각본(Life Script)으로 자리하게 된다.
④ 교류분석상담은 두 사람의 자아상태 사이에서 이루어지는 자극 및 그에 대한 반응으로서 의사소통의 단위에 해당하는 심리교류(Transaction)에 초점을 둔다.
⑤ 상담자는 내담자로 하여금 자각(Awareness), 자발성(Spontaneity), 친밀성(Intimacy)의 능력을 회복하도록 돕는다. 또한 의사소통훈련을 통해 자아상태의 긍정적인 변화를 유도하며, 내담자의 건강한 인성발달을 도모한다.

기출키워드

20년 1회

교류분석의 주요 4가지 분석

- 구조분석 : 내담자의 성격을 구성하는 자아상태를 분석한다.
- 교류분석 : 내담자가 대하는 사람과 하는 행동과 언어를 분석한다.
- 게임분석 : 내담자가 타인과의 의사소통에서 수행하는 저의적 교류(표면상의 행동과는 달리 숨겨진 의도를 가지며 심리적 대가를 치르는 교류방식를 분석
- 각본분석 : 내담자가 강박적으로 사용하는 구체적인 인생각본을 분석한다.

OX Quiz

교류분석상담은 두 사람의 자아상태 사이에서 이루어지는 심리교류에 초점을 둔다.

정답 O

2. 구조분석(Structural Analysis) 16, 20년 기출

① 구조분석은 내담자로 하여금 자신의 사고, 감정, 행동이 어느 자아상태에서 일어나는지 깨닫도록 하여 부적절한 내용을 변화시키며, 세 가지 자아상태를 적절히 활용할 수 있도록 돕는 과정이다.
② 자아의 상태를 부모자아(Parent, P), 성인자아 또는 어른자아(Adult, A), 아동자아 또는 어린이자아(Child, C)로 구분하여 그에 대한 내용을 통찰함으로써 비효율적인 사고·감정·행동을 변화시킨다.
③ 특히 구조분석에서는 성격구조와 관련하여 오염(Contamination)과 배제(Exclusion)의 문제가 제기된다.
④ 오염은 특정자아상태가 다른 자아상태의 경계를 침범함으로써 침범된 자아상태가 본래의 기능을 발휘하지 못하는 것이다. 예를 들어, 부모자아(P)가 성인자아(A)를 침범하는 경우 과거 중요한 타인으로부터 입력된 불합리한 신념을 무비판적·무조건적으로 수용하여 이를 추종하게 된다.
⑤ 배제는 세 가지 자아상태 간의 경계가 경직적·폐쇄적이어서 하나 또는 두 가지 자아상태를 제대로 사용하지 못하는 것이다. 예를 들어, 부모자아(P)를 배제한 사람은 중요한 타인에게서 배운 예의나 규범의 가치를 깨닫지 못한다.

3. 교류분석(Transactional Analysis)

① 교류분석은 두 사람 간 자극과 반응의 소통양상에 따른 교류유형을 발견하여 비효율적인 교류유형에서 벗어나도록 돕는 과정이다.
② 교류유형에는 상보교류(Complementary Transaction), 교차교류(Crossed Transaction), 이면교류(Ulterior Transaction)가 있다.

> • 상보교류 : 어떤 자아상태에서 보내는 메시지에 대해 예상대로의 반응으로 되돌아온다.
> • 교차교류 : 특정반응에 대한 기대와 달리 예상 외의 반응으로 되돌아온다.
> • 이면교류 : 3~4개의 자아상태가 관련되어 메시지의 두 가지 수준, 즉 사회적 수준과 심리적 수준이 일치하지 않는 것이다.

③ 일반적으로 원활한 의사소통을 위해서는 상보교류가 유용하나, 특정 유형에 고정되어 있는 교류는 효율적이지 못하다. 예를 들어, 비판적 부모 자아(Critical Parent, CP)와 순응적 아동 자아(Adapted Child, AC)의 관계에서는 오히려 상보교류가 일방적인 비판과 맹목적인 순응의 비정상적인 교류를 야기할 수도 있다.

기출키워드

21년 1회

교류분석치료 치유의 4단계
• 사회의 통제(Social Control) : 타인과의 상호작용에 있어 개인은 스스로의 행동의 통제를 발달시킨다.
• 증상의 경감 혹은 완화(Symptomatic Relief) : 개인이 불안과 같은 자신의 증세의 완화를 주관적으로 느낀다.
• 전이의 치유(Transference Cure) : 내담자는 치료사를 하나의 내사물(Introject)로 자신의 머릿속에 보유하여 건강을 유지할 수 있게 된다. 즉, 중요한 심리적 내사물을 보유하는 동안 내담자의 치유상태가 유지된다.
• 각본의 치유(Script Cure) : 내담자는 각본에서 완전히 벗어나 제한적 각본을 재결단하여, 자율적인 사람이 된다.

OX Quiz

구조분석은 자아의 상태를 부모자아, 성인자아, 아동자아로 구분한다.

정답 O

OX Quiz

어떤 자아상태에서 보내는 메시지에 대해 예상대로의 반응으로 되돌아오는 것은 상보교류에 해당하는 내용이다.

정답 O

4. 각본분석(Script Analysis)

① 각본분석은 내담자로 하여금 현 자아상태에서의 각본신념을 깨닫고 여기-지금(Here & Now)에서 이를 적절히 효율적인 신념으로 변화시키는 과정이다.
② 각본에 따르는 것은 과거의 부적응적인 사고·감정·행동을 반복하는 것이므로, 이와 같은 자기제한적 각본신념을 변화시키고 자율성을 획득할 필요가 있다.
③ 인생각본(생활각본)은 생의 초기에서 개인이 경험하는 외적 사태들에 대해 자신의 해석을 토대로 결정·형성된 반응양식으로, 보통 어린 시절 부모의 금지명령에 대한 반응에서 비롯된 초기결정을 토대로 한다.
④ 각본분석을 통해 내담자의 각본형성과정과 함께 각본에 따른 삶의 양상, 각본을 정당화하기 위해 사용하는 라켓감정(Racket Feelings)과 게임(Game)을 밝혀낼 수 있다.

핵심예제 14   16년 기출

교류분석상담에서 성격이나 일련의 교류들을 자아상태모델의 관점에서 분석하는 것은?

① 구조분석   ② 기능분석
③ 교류패턴분석   ④ 각본분석

> **해설 체크!**
>
> ① 구조분석은 자아의 상태를 부모자아(P), 성인자아(A), 아동자아(C)로 구분하여 그에 대한 내용을 통찰함으로써 내담자의 비효율적인 사고·감정·행동을 변화시키기 위한 과정이다.
>
> 교류분석의 주요 4가지 분석
> - 구조분석 : 내담자의 성격을 구성하는 자아상태를 분석
> - 교류분석 : 내담자가 대하는 사람과 하는 행동과 언어를 분석
> - 게임분석 : 내담자가 타인과의 의사소통에서 수행하는 저의적 교류(표면상의 행동과는 달리 숨겨진 의도를 가지며 심리적 대가를 치르는 교류 방식)를 분석
> - 각본분석 : 내담자가 강박적으로 사용하는 구체적인 인생각본을 분석
>
> 정답 ①

15 실존주의상담

11, 18, 20년 기출

1. 의의 및 특징

① 인본주의심리학에 기초를 두며, 인간의 직접적인 경험으로서 자기 자신의 존재에 초점을 둔다.
② 상담목표는 치료 자체에 있는 것이 아닌 내담자로 하여금 자신의 현재상태에 대해 인식하고 피해자적 역할로부터 벗어날 수 있도록 돕는 것이다.
③ 어떠한 사건에 대한 내담자 스스로의 확고한 신념이 단지 우연에 의한 것임을 인식시키며, 자유의 상황에서 내담자의 선택 및 그에 따른 책임을 강조한다.
④ 인간존재의 불안의 원인을 본질적인 시간의 유한성과 죽음 또는 비존재의 불안에서 기인하는 것으로 보며, 이러한 불안을 오히려 생산적인 치료를 위한 재료로 활용한다.
⑤ 상담자는 내담자와의 인간적이고 진실한 만남을 통해 내담자로 하여금 상담자와의 관계에서 자신의 독특성을 발견하도록 돕는다.

> **OX Quiz**
> 실존주의상담에서는 불안을 생산적인 치료를 위한 재료로 활용한다.
> 정답 O

2. 인간본성에 대한 철학적 기본가정

24년 기출

① 인간은 자각하는 능력을 가지고 있다
  인간은 자기 자신, 자신이 하고 있는 일, 그리고 자신에게 여기-지금 일어나고 있는 일들을 자각하는 능력을 가지고 있다. 이와 같은 능력이 인간을 다른 모든 동물들과 구분지으며, 인간으로 하여금 선택과 결단을 가능하게 한다.
② 인간은 정적인 존재가 아닌 항상 변화하는 상태에 있는 존재이다
  인간은 하나의 존재가 아닌, 존재로 되어가고 있는 혹은 무엇을 향해 계속적인 변화의 상태에 있는 존재이다.
③ 인간은 자유로운 존재인 동시에 자기 자신을 스스로 만들어 가는 존재이다
  외적 영향은 인간실존에게 제한조건이 될 수 있으나 결정요인은 될 수 없다. 인간실존은 주어지는 것이지만 그 본질은 그가 어떻게 자신의 삶을 의미 있게 그리고 책임감 있게 만들어 가느냐에 달려있다.
④ 인간은 즉각적인 상황과 과거 및 자기 자신을 초월할 수 있는 능력을 가지고 있다
  인간은 초월의 능력을 통해 과거와 미래를 여기-지금의 실존 속으로 가져올 수 있다. 또한 자기 자신과 상황을 객관적으로 볼 수 있으며, 여러 가지 대안을 고려하여 결단을 내릴 수 있다.
⑤ 인간은 장래의 어느 시점에서 무존재가 될 운명을 지니고 있으며, 자기 스스로 그와 같은 사실을 자각하고 있는 존재이다

> **OX Quiz**
> 외적 영향은 인간실존에게 결정요인이 될 수 있으나 제한조건은 될 수 없다.
> 정답 X(결정요인 ↔ 제한조건)

인간은 누구나 자신이 죽게 된다는 사실을 자각하고 있으며, 궁극에는 그와 같은 사실에 직면하게 된다. 그러나 인간은 실존의 의미와 가치를 깨닫기 위해 끊임없이 비존재, 죽음, 고독의 불가피성을 자각해야 하며, 그것에 직면하는 용기를 지녀야 한다.

3. 실존주의상담에서 내담자의 궁극적 관심사와 관련된 주요주제

① 자유와 책임
- 인간은 매순간 자신의 의지에 따라 선택할 수 있는 자유를 가진 자기결정적인 존재이다.
- 인간은 근본적으로 자유롭기 때문에 삶의 방향을 결정하고 자기의 존재를 개척해 나가는 데 책임을 져야 한다.

② 삶의 의미
- 삶의 목적과 의미를 찾기 위한 노력은 인간의 독특한 특성이다.
- 삶은 그 자체로 긍정적 또는 부정적인 의미를 가지고 있지 않으며, 인간 스스로 삶의 의미를 어떻게 창조해 나가는가에 달려 있다.

③ 죽음과 비존재
- 인간은 미래의 언젠가는 자신이 죽는다는 것을 자각하며, 삶의 과정에서 불현듯 비존재로서의 위협을 느끼게 된다.
- 인간의 삶은 유한한 것이며, 현재의 삶만이 의미를 가진다.

④ 진실성
- 진실적인 존재로 있다는 것은 우리를 정의하고 긍정하는 데 필수적인 어떤 것이든지 한다는 것을 의미한다.
- 개인은 진실적 실존 속에서 언젠가 일어나게 될 비존재의 가능성에 직접적으로 직면하게 되고, 불확실성 속에서 선택적 결정을 내리며, 그 결과에 대해 책임을 진다.

OX Quiz
실존주의상담에서는 인간의 삶은 유한한 것이며, 현재의 삶만이 의미를 가진다고 한다.
정답 O

4. 실존주의상담의 원리

① 비도구성의 원리
실존적 관계란 능률이나 생산성을 강조하는 기술적 관계가 아니므로, 상담장면에서 상담자와 내담자의 관계는 도구적·지시적이 되어서는 안 된다.

② 자아중심성의 원리
실존주의상담의 초점은 내담자의 자아에 있으며, 이러한 자아중심성은 내면세계에 있는 심리적 실체를 중심으로 이루어진다.

③ 만남의 원리

실존주의상담은 여기-지금에서의 상담자와 내담자의 만남을 중시하며, 이러한 만남의 과정을 통해 과거의 인간관계에서 알 수 없었던 것을 현재의 상담관계를 통해 깨닫도록 한다.

④ 치료할 수 없는 위기의 원리

실존주의상담은 적응이나 치료 자체보다는 인간존재의 순정성 회복을 궁극적인 목적으로 한다.

> **참고**
>
> **생애기술상담(Life Skills Counselling)** `24, 25년 기출`
> - 생애기술은 개인의 심리적 삶을 보장하기 위해 구체적 기술 영역에서 결정하는 일련의 선택이라고 할 수 있다.
> - 생애기술상담은 인지-행동적 접근의 통찰을 활용하여 사고와 행동의 변화를 유도하며, 인본주의적 실존주의의 메시지를 전달하여 현재와 미래 생활에 도움이 되는 보다 효과적인 기술들을 습득하도록 돕는다.
> - 개인생애기술상담은 한 개인이 보다 넓은 공동체 속에서 생애기술을 획득하고, 유지하고, 발달시키는 것을 중재하는 활동이다.
> - 기술언어(Skills Language) : 생애기술 장점과 단점을 분석하여 내담자 문제에 대해 생각하고 말하는 것이다. 특히 내담자의 문제를 지속시키는 구체적인 사고기술과 행동기술상의 단점을 규명하고, 그것들을 상담목표로 전환하는 것을 포함한다.
> - 내적 게임 : 내면에 어떤 일이 일어나고 있는가, 즉 당신이 어떻게 생각하고 느끼는가를 의미하는 것으로, 사고기술과 감정기술을 지칭한다.
> - 외적 게임 : 어떤 외현적 행동을 하는가, 즉 행동기술을 의미한다. 행동기술은 관찰가능한 행동들을 포함하는 것으로, 어떻게 느끼고 생각하는가보다는 어떻게 행동하는가와 관련있다.
> - 개인적 책임성 : 개인을 자신의 삶에 대한 책임을 갖는 주체로 보는 것으로, 사람들은 자신의 삶을 창조적으로 만들 책임이 있다.

OX Quiz

생애기술상담의 내적 게임은 어떻게 느끼고 생각하는가보다는 어떻게 행동하는가와 관련 있다.

정답 X(외적 게임)

5. 내담자의 자기인식능력 증진을 위한 상담자의 치료원리 `25년 기출`

① 죽음의 실존적 상황에의 직면에 대한 격려

상담자는 내담자로 하여금 죽음의 실존적 상황에 직면하도록 격려한다. 죽음에의 자각은 사소한 문제에서 벗어나 핵심적인 것에 근거한 새로운 삶의 관점을 제공해 준다. 또한 죽음의 주제를 반복적으로 다룸으로써 둔감화과정을 통해 내담자로 하여금 죽음에 익숙해지고 죽음에 대한 불안을 감내할 수 있도록 해준다.

② 삶에 있어서 자유와 책임에 대한 자각촉진

상담자는 내담자에게 스스로의 삶에 대한 자유와 책임을 자각하도록 촉진한다.

내담자가 지닌 문제를 구체적으로 다룸으로써 내담자가 어떤 방식으로 책임회피 행동을 하는지 깨닫도록 돕는다.

③ **자신의 인간관계 양식에 대한 점검**

상담자는 내담자로 하여금 실존적 고독에 직면시킴으로써 스스로 인간관계양식을 점검하도록 돕는다. 이 과정에서 내담자는 인간 대 인간의 진실한 만남조차도 실존적 고독을 완전히 제거하지 못한다는 사실을 인식함으로써 고독 속에 머무르는 새로운 방법을 탐색하게 된다.

④ **삶의 의미에 대한 발견 및 창조를 위한 조력**

상담자는 내담자로 하여금 삶의 의미를 발견하고 창조하도록 돕는다. 이 과정에서 내담자는 자신의 존재에 스스로 의미와 가치를 부여함으로써 삶을 충만하게 만들 수 있음을 깨닫게 된다. 또한 내담자는 자신의 실존에 대한 직면과 깨달음을 통해 삶의 진실성에 좀 더 다가가게 된다.

6. 의미요법(Logotherapy)

① 의미요법 또는 의미치료는 프랭클(Frankl)이 의미로의 의지(Will to Meaning)를 강조하면서 기존의 심리학적 이론에 실존철학을 도입한 치료법이다.
② 인간은 의미를 추구하기 위해 초월적인 가치를 탐구하며, 이러한 초월적인 가치는 인간의 잠재능력을 구현하는 동시에 인간이 스스로의 삶을 책임지면서 살도록 해준다.
③ 의미요법은 인생의 의미, 죽음과 고통의 의미, 일과 사랑의 의미 등 철학적이고 영혼적인 양상의 문제를 가진 내담자들을 대상으로 한다.
④ 특히 허무주의나 공허감, 죽음의 공포, 가치관의 갈등상황에 놓인 정신장애에 초점을 둔다.
⑤ 내담자로 하여금 본원적인 가능성과 잠재적인 능력을 깨닫도록 하며, 자기실현, 자기충족, 자기발전에 이를 수 있도록 돕는다.

7. 의미요법에서 인간에게 삶의 의미를 부여하는 3가지 가치체계

① **창조적 가치(Creative Values)**

인간은 창조적 가치를 실현함으로써 자신에 대한 삶의 의미를 부여하게 된다. 이와 같은 의미의 실현은 개인이 자신의 사명과 구체적인 과업을 자각할 때 생기는 것이다.

② **경험적 가치(Experiential Values)**

인간은 경험적 가치를 실현함으로써 삶에 의미를 부여할 수 있다. 경험적 가치는

OX Quiz

프랭클(Frankl)이 의미로의 의지(Will to Meaning)를 강조하면서 기존의 심리학적 이론에 실존철학을 도입한 치료법을 역설적 치료라고 부른다.

정답 X(의미치료)

OX Quiz

의미요법에서 인간에게 삶의 의미를 부여하는 3가지 가치체계는 창조적 가치, 경험적 가치, 태도적 가치이다.

정답 O

비록 자신이 직접 창조해내지는 않더라도 타인이 창조해 놓은 것을 경험함으로써 가치를 느끼는 것이다.

③ 태도적 가치(Attitudinal Values)

인간은 태도적 가치를 실현함으로써 삶의 의미를 경험할 수 있다. 개인이 극한 상황에서 창조도 경험도 하기 어려운 경우라도 태도적 가치를 통해 삶에 의미를 부여할 수 있다. 극도의 절망적인 상황에서도 스스로 운명을 어떻게 맞이하느냐는 개인의 자유의지에 의해 선택할 수 있기 때문이다.

8. 예기불안의 제거를 위한 역설적 의도 16, 24년 기출

① 의미요법을 개발한 프랭클은 사람들이 가지는 예기불안(Anticipatory Anxiety)에 주목하였다.
② 예기불안은 불안에 대한 불안, 걱정에 대한 걱정을 가중시킨다. 그로 인해 강박증이나 공포증을 가지고 있는 사람들은 이를 회피하려는 성향을 보인다.
③ 역설적 의도(Paradoxical Intention)는 내담자로 하여금 이를 회피하지 말고 바로 직면하도록 하기 위해 예상되는 불안 및 공포를 의도적으로 익살을 섞어 과장되게 생각하고 표현하도록 유도한다.

> **OX Quiz**
> 역설적 의도는 예기불안을 회피하지 않고 바로 직면하도록 한다.
> 정답 O

핵심예제 15 16, 24년 기출

내담자로 하여금 예상되는 불안과 공포를 의도적으로 익살을 섞어 과장해서 생각하고 표현하도록 하는 상담기법은?

① 비합리적 사고의 교정
② 역설적 의도
③ 역할연기
④ 자기표현훈련

해설 체크!

역설적 의도
- 실존주의적 상담기법 중 하나
- 내담자가 갖는 예기적 불안을 제거함으로써 강박증이나 공포증과 같은 신경증적 행동을 치료할 수 있는 기법
- 강박적이고 억압적인 공포증에 걸린 내담자들의 단기상담과 치료에 도움이 되는 기법
- 내담자가 두려워하는 일 자체를 하도록 하거나 그것이 일어나기를 소망하도록 촉진하는 과정

정답 ②

기출키워드
21년 1회
현실치료 이론의 기본적 욕구

※ 필기시험에는 글래서의 현실치료 이론에서 가정하는 기본적인 욕구가 아닌 것을 고르도록 하는 문제가 출제되었습니다.

OX Quiz
현실주의상담에서 과거나 미래보다 현재에 초점을 두며, 행동선택보다 무의식적 행동에 대한 평가에 초점을 둔다.
정답 X(행동선택 ↔ 무의식적 행동)

16 현실주의상담
20, 24, 25년 기출

1. 의의 및 특징
16, 17, 18, 21, 24년 기출

① 1950년대에 글래서(Glasser)가 정신분석의 결정론적 입장에 반대하여 그에 반대되는 치료적 접근방법을 개발하였다.
② 현실주의상담 또는 현실치료는 인간이 자신의 욕구를 충족하기 위해 행동하며, 그러한 행동은 인간이 스스로 선택하고 결정한 것이라는 점을 강조한다.
③ 인간은 생존의 욕구, 사랑과 소속의 욕구, 권력과 성취의 욕구, 자유의 욕구, 즐거움과 재미의 욕구 등 5가지의 기본적인 욕구를 가지고 있으며, 이와 같은 욕구에는 어떠한 위계도 존재하지 않는다.
④ 현실주의상담은 내담자가 자신의 좌절된 욕구를 알고 사람들과의 관계에서 새로운 선택을 함으로써 보다 성공적인 관계를 얻고 유지할 수 있음을 강조한다.
⑤ 인간은 자유롭고 자신이나 환경을 통제할 수 있으며, 자신의 목표를 스스로 선택하고자 하는 욕구를 가지고 있다.
⑥ 현실주의상담은 내담자로 하여금 스스로의 삶을 더욱 효과적으로 통제할 수 있도록 하며, 결과에 대해 스스로 책임질 것을 강조한다.
⑦ 과거나 미래보다 현재에 초점을 두며, 무의식적 행동보다 행동선택에 대한 평가에 초점을 둔다.
⑧ 도덕성을 강조하며, 개인의 효과적인 욕구충족을 위해 새로운 방법을 교육시키고자 한다.

2. 글래서의 현실주의상담 원리 8단계

① 제1단계 : 관계형성단계
  상담자(현실치료자)가 상담(치료)을 시작하기 위해 내담자와 개인적인 접촉을 하면서 관계를 형성하여야 한다.
② 제2단계 : 현재행동에 대한 초점화단계
  상담자는 내담자의 성격과 관련된 과거기록을 강조하지 않으며, 그것이 현재행동과 관련되어 있는 경우에 한해 논의한다.
③ 제3단계 : 자기행동평가를 위한 내담자초청단계
  상담자는 내담자로 하여금 자신의 행동이 스스로에게 어떠한 도움이 되는지 자기 행동에 대해 평가하도록 해야 한다.
④ 제4단계 : 내담자의 행동계획 발달을 위한 원조단계

상담자는 내담자에게 행동계획을 세우도록 하여 그 계획에 따라 반드시 실천하겠다는 약속을 다짐받는다.

⑤ 제5단계 : 내담자의 의무수행단계

상담자는 내담자에게 일상생활에서 계획을 실행하도록 위임하여 내담자 스스로 자발성과 책임감을 통해 자기존중감을 느낄 수 있도록 한다.

⑥ 제6단계 : 변명거부단계

상담자는 내담자의 변명을 거부함으로써 내담자 스스로 자신의 변화에 대한 보다 큰 책임감을 가지도록 하는 동시에 계획을 수행할 수 있는 능력을 발달시키도록 돕는다.

⑦ 제7단계 : 처벌금지단계

내담자에 대한 처벌은 내담자의 정체감을 약화시키고 상담자와 내담자 간의 관계를 손상시키는 부정적인 결과를 초래한다. 따라서 상담자는 내담자에게 벌을 사용하는 대신 그 행동에 따르는 당연한 결과를 있는 그대로 받아들이도록 요구하는 것이 바람직하다.

⑧ 제8단계 : 포기거절단계

상담자는 내담자가 적응행동을 받아들이는 데 상당한 시간이 걸리더라도 내담자의 변화능력을 굳게 믿고 인내심을 가지고 지켜보며, 내담자의 포기를 받아들이지 않음으로써 내담자 스스로 변화에 적극적인 의지를 가질 수 있도록 한다.

> **OX Quiz**
> 현실주의상담에서 상담자는 내담자에게 행동계획을 반드시 실천하겠다는 다짐을 받는다.
> 정답 O

3. 현실주의상담의 과정(WDEP모형)

① 제1단계 : <u>W</u>ant(바람)
- 내담자의 욕구, 바람, 지각을 탐색하는 과정이다.
- 상담자는 내담자에게 '무엇을 원하는가?'라고 질문을 함으로써, 내담자로 하여금 자신의 욕구를 충족시킬 수 있는 방법을 발견할 수 있도록 돕는다.
- 내담자는 자신의 질적인 세계를 탐색하고 상담자의 숙련된 질문에 응답하면서 이제까지 명확하지 않았던 자신의 내적인 바람에 대한 여러 측면을 직관적으로 인식하게 된다.

② 제2단계 : <u>D</u>oing(행동, ~하기)
- 내담자의 현재행동을 탐색하는 과정이다.
- 상담자는 내담자에게 '당신은 무엇을 하고 있습니까?'라고 질문을 함으로써, 내담자가 스스로 통제할 수 있는 활동을 탐색할 것을 강조한다.
- 내담자는 자신의 바람을 충족하기 위해 어떤 행동을 하고 있는지 인식하게 된다.

③ 제3단계 : <u>E</u>valuation(평가)
- 내담자로 하여금 자신의 행동을 평가하도록 하는 과정이다.

> **OX Quiz**
> WDEP모형에서 2단계는 Doing으로, 내담자의 과거행동을 탐색하는 과정이다.
> 정답 X(현재행동)

- 상담자는 내담자에게 '지금의 행동이 당신에게 도움이 됩니까?'라고 질문을 함으로써, 내담자로 하여금 자신의 행동과 욕구와의 관계를 점검해 보도록 한다.
- 내담자는 앞서 관찰한 자신의 행동들이 자신에게 어떤 도움 혹은 해가 되는지를 자기평가하게 된다.

④ 제4단계 : Planning(계획)
- 내담자가 진정으로 원하는 것을 얻을 수 있도록 새로운 계획을 세우는 과정이다.
- 상담자는 내담자로 하여금 자신의 바람과 욕구를 더 효과적으로 충족시킬 계획을 세우고 실천하도록 돕는다.
- 계획은 구체적이고 현실적이어야 하며, 즉시 실행할 수 있는 것, 반복적이고 매일 할 수 있는 것이어야 한다. 또한 실생활에서 실천 후 평가될 수 있는 것이어야 한다.

4. 주요기법

① 유 머
- 현실주의상담 또는 현실치료는 인간의 기본욕구로서 즐거움과 흥미를 강조한다.
- 상담자(현실치료자)는 유머를 사용함으로써 내담자와 친근한 관계를 유지하며, 상담과정에서 내담자의 참여와 소속의 욕구를 충족시킬 수 있다.
- 유머는 내담자로 하여금 현재 자신의 문제에 대한 새로운 시각을 가질 수 있도록 한다.
- 유머는 시기적절하게 사용되어야 한다. 내담자와의 상담관계가 형성되기 전에 유머를 사용하는 것은 바람직하지 않다.

② 역설적 기법
- 내담자가 상담과정에서 저항을 보이는 경우, 내담자가 계획한 바를 실행에 옮기지 않는 경우 효과적인 방법이다.
- 상담자는 내담자에게 모순된 요구나 지시를 함으로써 의도적으로 내담자를 딜레마에 빠뜨린다.
- 일종의 언어충격으로, 매우 강력한 도구이므로 전문적인 훈련을 받은 상담자가 사용해야 한다.

③ 직 면
- 내담자의 책임감을 강조하며 변명을 허용하지 않는 것이다.
- 상담자는 내담자가 현실적인 책임에서 벗어나는 행동을 하는 경우 내담자에게 책임 있는 행동을 할 것을 촉구한다.
- 직면은 내담자의 저항을 유발할 수 있으므로 사용상 주의를 요한다.

기출키워드
19년 3회

직 면
상당히 위협적인 상담기법으로, 뚜렷한 목적이 있을 경우에만 적절하게 사용하도록 한다.
※ 561p의 직면과 비교하여 학습해 보세요.
※ 필기시험에는 상담자가 내담자를 직면시키기에 바람직한 시기가 아닌 것을 고르도록 하는 문제가 출제되었습니다.

5. 공헌점과 비판점

① 공헌점
- 내담자의 문제와 관련하여 현재에 초점을 둔 채 현실을 판단하고 직면함으로써 비교적 단기간에도 상담효과를 볼 수 있다.
- 내담자로 하여금 자신의 문제에 대한 통찰과 인식 외에도 변화를 위한 계획과 실천을 강조한다.
- 내담자의 변화정도에 대해 내담자 스스로 평가하게 한다.
- 변명을 인정하지 않는 등 구체적이고 분명하게 내담자의 책임을 강조한다.
- 학교나 수용시설과 같은 교육기관에서 그 효과가 클 것으로 기대된다.

② 비판점
- 상담과정에서 내담자의 무의식, 과거경험, 초기아동기경험의 영향 등을 무시하고 있다.
- 과거에 해결되지 않은 감정을 다루지 않은 채 문제해결에만 지나치게 초점을 두므로, 내담자의 근본적인 문제를 다루지 못할 가능성이 있다.
- 모든 정서적 장애를 내담자의 책임 없는 행동으로만 생각할 수는 없다.
- 내담자가 현실을 판단해야 하는 상황에서 상담자의 가치가 지나치게 내담자에게 강요될 수 있다.

> **OX Quiz**
> 현실주의상담은 비교적 단기간에도 상담효과를 볼 수 있다는 것이 장점이다.
> 정답 O

핵심예제 16 12, 15년 기출

현실치료에서 글래서(Glasser)가 제시한 8가지 원리에 해당되지 않는 것은?

① 감정보다 행동에 중점을 둔다.
② 현재보다 미래에 초점을 맞춘다.
③ 계획을 세워 계획에 따라 반드시 실천하겠다는 약속을 다짐받는다.
④ 변명은 금물이다.

> **해설 체크!**
> 현실치료의 8단계 원리
> - 제1단계 : 관계형성단계
> - 제2단계 : 현재행동에 대한 초점화단계
> - 제3단계 : 자기행동평가를 위한 내담자초청단계
> - 제4단계 : 내담자의 행동계획 발달을 위한 원조단계
> - 제5단계 : 내담자의 의무수행단계
> - 제6단계 : 변명거부단계
> - 제7단계 : 처벌금지단계
> - 제8단계 : 포기거절단계
>
> 정답 ②

OX Quiz
상담의 구조화가 필요한 이유는 상담이 계약관계로서 시간적·공간적 한계를 지니기 때문이다.

정답 O

기출키워드
24년 1회 / 25년 1회
상담목표의 수준
- 소극적 수준 : 문제 해결, 치료, 예방
- 적극적 수준 : 자아존중감, 개인적 강녕, 전인적 발달

17 상담의 구조화와 관계형성

1. 상담관계의 형성
16, 17, 19, 24, 25년 기출

① 상담의 구조화
- 상담자와 내담자가 상담목표를 성취하기 위해 상담의 기본성격, 상담자 및 내담자의 역할한계, 바람직한 태도 등을 설명하고 인식시켜 주는 작업이다.
- 상담의 구조화가 필요한 이유는 상담이 상담자와 내담자 간 계약관계로서 시간적·공간적 한계를 지니기 때문이다.
- 구조화에서는 상담의 목표, 상담의 성격, 상담시간 및 장소, 상담회기의 길이와 빈도, 상담요금, 상담자와 내담자의 역할 및 책임, 비밀보장의 한계와 상담을 거부할 수 있는 권리, 상담과정에서 행동의 제한 등을 설정한다.

② 관계형성(Rapport)
- 상담자와 내담자 간 친근감 및 신뢰감의 형성을 의미하는 것으로서, 서로를 믿고 존중하는 감정의 교류에서 이루어지는 조화로운 인간관계를 말한다.
- 상담초기 접수 면접에서 내담자는 상담에 대한 불안과 두려움, 그리고 자신의 문제에 대한 해결가능성을 두고 양가감정을 경험하게 된다.
- 상담자는 내담자의 양가감정을 해소함으로써 상담이 원활히 이루어질 수 있도록 내담자와 상호긍정적인 친화관계를 형성할 필요가 있다.

2. 상담구조화의 원칙
24년 기출

① 상담자는 내담자가 편안한 느낌을 가질 수 있도록 구조화를 최소한으로 줄이는 것이 바람직하다.
② 상담시간 및 장소, 상담자와 내담자의 역할관계 및 행동규범 등을 구체적으로 규정해야 한다.
③ 구조화는 결코 내담자에게 일방적으로 지시를 내리거나 처벌하는 방식으로 이루어져서는 안 된다.
④ 구조화는 공감적인 분위기 속에서 상담자와 내담자 간의 자연스러운 합의로 전개되어야 한다.
⑤ 구조화는 상담 첫 회기에 한 번만 이루어지는 것이 아닌 상담의 전 과정에서 필요에 따라 진행될 수 있다.

3. 구조화된 면담, 비구조화된 면담, 반구조화된 면담

① 구조화된 면담(표준화면접)
- 면담자(면접자)가 면담조사표를 만들어서 상황에 얽매이지 않고 모든 응답자에게 동일한 질문순서와 동일한 질문내용에 따라 수행하는 방법이다.
- 비구조화된 면담에 비해 응답결과의 신뢰도가 상대적으로 높지만 타당도는 낮다.
- 반복적인 면담이 가능하며, 면담결과에 대한 비교가 용이하다.
- 면담의 신축성·유연성이 낮으며, 깊이 있는 측정을 도모할 수 없다.

② 비구조화된 면담(비표준화면접)
- 면담자가 면담조사표의 질문내용, 형식, 순서를 미리 정하지 않은 채 면담상황에 따라 자유롭게 응답자와 상호작용을 통해 자료를 수집하는 방법이다.
- 구조화된 면담에 비해 응답결과의 타당도가 상대적으로 높지만 신뢰도는 낮다.
- 면담의 신축성·유연성이 높으며, 깊이 있는 측정을 도모할 수 있다.
- 반복적인 면담이 불가능하며, 면담결과에 대한 비교가 어렵다.

③ 반구조화된 면담(반표준화면접)
- 일정한 수의 중요한 질문을 표준화하고 그 외의 질문은 비표준화하는 방법이다.
- 면담자가 면담지침에 따라 응답자에게 상황에 적합한 변형질문을 제시할 수 있다.
- 사실과 가설을 확인할 수 있을 뿐만 아니라 새로운 사실이나 가설을 발견할 수도 있다.
- 반구조화된 면담의 종류로는 초점집단면담법, 임상면담법 등이 있다.

> **OX Quiz**
> 구조화된 면담은 비구조화된 면담에 비해 응답결과의 신뢰도가 낮다.
> 정답 X(높다)

4. 관계형성의 요인

① 상담자는 인간존중의 가치관을 가지고 내담자를 대해야 한다.
② 상담자는 내담자로 하여금 편안한 분위기에서 자연스럽게 자신을 표현할 수 있도록 허용적인 분위기를 조성해야 한다.
③ 상담자는 내담자 쪽으로 자세를 기울이며, 적극적인 표정이나 자세를 통해 내담자의 말에 경청하고 있음을 표현해야 한다.
④ 상담자는 내담자의 말에 공감하며, 민감한 반응을 보여야 한다.
⑤ 상담자는 내담자의 표현에 면박을 주거나 비판하지 않으며, 내담자가 처한 현실과 감정을 거부하지 않고 있는 그대로 수용해야 한다.
⑥ 상담자는 내담자에게 친절하고 따뜻하며 부드러운 태도를 취해야 한다.
⑦ 상담자는 내담자에게 은혜를 베푼다는 인상을 주지 말아야 한다.

5. 관계형성을 위한 상담자의 노력

① 감정이입(Empathy)

내담자가 두려움 없이 상담자를 신뢰하고 좋은 관계를 유지하기 위해서는 상담자가 내담자의 기분과 경험 등을 이해할 수 있어야 한다.

② 진실성(Genuineness)

자기 자신의 모습 그대로를 거짓 없이 방어적이지 않으며 일관되고 솔직하게 드러내야 한다.

③ 온정(Warmth)

내담자가 안정감을 느끼며 자신이 수용되고 이해받고 있음을 알 수 있도록 만들어야 한다.

④ 인정(Positive Regard)

내담자의 외양이나 행동, 처한 환경 등과 무관하게 가치 있는 존엄한 존재로 대해야 한다.

> **OX Quiz**
> 관계형성을 위한 상담자의 노력에는 감정이입, 진실성, 온정, 인정이 있다.
> 정답 O

핵심예제 17
03, 05, 15, 24년 기출

다음에서 상담자가 소홀히 하고 있는 것은?

> 내담자가 심리상담실에 찾아와서 자신이 어떻게 행동해야 할지(예를 들면, 무슨 말을 해야 하는지, 휴대폰을 어떻게 해야 하는지, 오늘은 언제까지 심리상담이 진행되는 것인지 등)를 모르고 불안해한다.

① 수 용
② 해 석
③ 구조화
④ 경 청

> **해설 체크!**
> 상담의 구조화는 상담자와 내담자가 상담에 대한 기본적인 기대를 맞추어가는 과정으로 이를 통해 내담자는 상담에 대한 모호함과 불안감을 경감시킬 수 있다.
>
> 정답 ③

18 상담의 기술 Ⅰ – 공감, 요약과 재진술, 반영

20, 25년 기출

1. 공감(감정에 대한 반영)

① 내담자가 전달하려는 내용에서 한 걸음 더 나아가 그 내면적 감정에 대해 반영하는 것이다.
② 상담자가 자신이 직접 경험하지 않고도 다른 사람의 감정을 거의 같은 수준으로 이해하는 능력을 말한다. 이때 상담자는 내담자의 세계를 상담자 자신의 세계인 것처럼 경험하지만 객관적인 위치에서 벗어나지 않는다.
③ 공감을 하기 위해 상담자는 내담자가 당면한 문제에 대해 내담자의 경험과 감정을 잘 듣고, 그가 처한 상황을 표현할 만한 언어를 생각하며, 상담자가 내담자의 경험을 잘 이해하고 있다는 것을 언어와 태도로써 표현해 주어야 한다.
④ 공감적 이해는 상담자가 자신의 가치관이나 정체감을 내담자에게 맞추어 수용하는 것이 아니다. 상담자가 내담자의 입장이 되어 그가 지닌 감정, 의견, 가치, 이상, 고민, 갈등 등을 그가 처해 있는 여러 상황에서 보는 것이다.
⑤ 공감적 이해는 눈에 보이지 않는 내담자의 내면행동까지 이해할 수 있게 하므로 제3의 귀(눈)란 용어로 표현하기도 한다.

> **참고**
>
> 공감적 이해의 5가지 수준
> - 수준 1 : 상대방의 언어 및 행동표현의 내용에 대해 별다른 주의를 기울이지 않으므로 감정반응이나 의사소통에 있어서 상대방이 표현한 것보다 훨씬 못 미치게 소통이 이루어진다.
>   예 자네가 지난번에 처리했던 일이 아마 잘못됐었지?
> - 수준 2 : 상대방의 표면적인 감정에는 어느 정도 반응하지만 상대방의 의도와 관련해 주목할 만한 감정이나 의사를 제외시킨 채 소통이 이루어진다.
>   예 기분이 나쁘더라도 상사의 지시대로 해야지.
> - 수준 3 : 상대방이 표현한 것과 본질적으로 같은 정서 및 의미를 표현함으로써 상호교류적인 의사소통이 이루어진다.
>   예 자네가 알아서 할 일에 내가 부당하게 간섭한다고 생각하지 말게.
> - 수준 4 : 상대방이 스스로 표현할 수 있는 것보다 더 내면적인 감정을 표현하면서 의사소통이 이루어진다.
>   예 자네 업무에 대해 이야기하는 것이 간섭받는다고 생각이 되어서 기분이 상했군.
> - 수준 5 : 상대방의 표면적인 감정은 물론 내면적인 감정에 대해 정확하게 반응하며, 상대방의 내면적인 자기탐색과 동일한 몰입수준에서 상대방이 표현한 의미와 정서를 추가적으로 고려하여 의사소통이 이루어진다.
>   예 믿고 맡겨준다면 잘 할 수 있을 것 같은데, 간섭받는다는 기분이 들어 불쾌한 게로군.

기출키워드
21년 1회

연결하기
- 공통의 관심사를 공유함으로써 집단응집력을 촉진한다.
- 연계성에 주목하며 집단원 간의 상호작용을 촉진한다.
- 집단원의 말과 행동을 다른 집단원의 관심사나 공통점과 관련짓는다.

OX Quiz
상담자가 자신이 직접 경험하지 않고도 다른 사람의 감정을 거의 같은 수준으로 이해하는 능력을 '공감'이라고 한다.
정답 O

전문가의 한마디
반영은 다른 상담기법들과 밀접하게 연관되어 있습니다. 특히 감정에 대한 반영은 공감으로 볼 수 있고, 내용에 대한 반영은 요약과 재진술로 볼 수 있습니다.

2. 요약과 재진술(내용에 대한 반영)

① 요약과 재진술은 내담자가 전달하는 이야기의 표면적 의미를 상담자가 다른 말로 바꾸어서 말하는 것이다.
② 상담자는 내담자가 전달하려는 내용을 다른 말과 용어를 사용하여 내담자에게 되돌려 준다. 이를 통해 상담자가 내담자의 이야기에 귀를 기울이면서 그를 이해하려 노력하고 있음을 내담자에게 전달할 수 있다.
③ 상담자는 내담자의 이야기를 좀 더 간략하게 반복함으로써 그 내용을 더욱 명확히 하는 동시에 내담자의 이야기를 상담자 자신이 정확히 이해하고 있는지를 점검해 볼 수 있다.
④ 내담자의 이야기를 요약하고 재진술할 때는 그 내용에 초점을 두어야 한다.

3. 반 영

17, 24, 25년 기출

① 내담자가 전달하고자 하는 의사의 본질을 스스로 볼 수 있도록 내담자의 말과 행동에서 표현되는 감정·생각·태도를 상담자가 다른 참신한 말로 부연하는 기술을 말한다.
② 상담자는 반영을 통해 내담자의 태도를 거울에 비추어 주듯이 보여줌으로써 내담자의 자기이해를 도와줄 뿐만 아니라 내담자로 하여금 자기가 이해받고 있다는 인식을 주게 된다.
③ 반영을 할 때는 말로 표현된 내용 자체보다는 그것의 기저에 있는 감정을 그대로 되돌려주기 위해 노력해야 한다.
④ 상담자는 내담자의 행동을 유심히 관찰하여 말로써 표현한 것뿐만 아니라 자세, 몸짓, 목소리, 눈빛 등 비언어적 행동에서 나타나는 감정까지도 반영해 주어야 한다.

OX Quiz
반영을 할 때는 말로 표현된 내용 자체에 주목해야 한다.
정답 X(밑에 깔린 감정에 주목)

핵심예제 18 19년 기출

다음 대화에서 상담자의 반응은?

> 내담자 : (흐느끼며) 네, 의지할 사람이 아무도 없어요...
> 상담자 : (부드러운 목소리로) 외롭군요...

① 해 석
② 재진술
③ 요 약
④ 반 영

> **해설 체크!**
>
> 반영
> 내담자의 행동 속에 내재된 내면감정을 정확히 파악하여 이를 내담자에게 전달한다.
>
> 정답 ④

19 상담의 기술 Ⅱ – 적극적 경청, 질문, 직면

1. 경청과 적극적 경청 20, 24, 25년 기출

① 경청은 상대방의 감정과 생각을 이해하기 위해 그의 말을 주의 깊게 듣는 것이다. 상담장면에서는 상담자가 관심의 초점을 내담자에게 두며, 내담자의 말에 주의를 기울이는 것이다.

② 적극적 경청은 내담자의 말이나 사건의 내용은 물론 내담자의 심정까지 파악함으로써 내담자가 표현하는 언어적인 의미 외에 비언어적인 의미까지 이해하는 것이다. 이때, 내담자가 말한 단어의 뜻 자체보다는 내담자의 잠재적인 감정에 주목한다.

③ 내담자의 입장을 고려하는 공감적 이해, 자신의 고정관념에서 벗어나 내담자의 태도를 받아들이는 수용의 정신, 자신의 감정을 솔직하게 전달하는 성실한 태도가 필수적이다.

④ 상담자는 내담자가 전달하려고 하는 메시지를 왜곡하거나 중단시키지 말아야 하며, 서둘러 문제를 판단하려 하거나 비판 또는 해결하려 해서도 안 된다.

⑤ 상담자의 적극적 경청은 내담자의 이야기를 들으면서 메모를 한다거나 고개를 끄덕이는 등의 비언어적(행동적) 반응과 함께 '으음', '예' 등의 언어적 반응을 통해 표현될 수 있다.

⑥ 상담자의 적극적 경청의 자세는 내담자로 하여금 자신의 기분, 감정, 생각 등을 상담자가 존중하고 있으며, 자신의 이야기에 관심이 있다고 느끼도록 함으로써 자신이 수용되고 있다는 느낌을 가지도록 한다.

⑦ 상담에서의 경청이 일상대화에서의 경청과 다른 점은 선택적이라는 점이다. 즉, 상담자는 내담자가 핵심적인 문제에서 벗어난 이야기를 할 때는 주목하지 않고, 내담자가 현재의 심경과 문제를 토로할 때에 주목하여 경청한다.

⑧ 코르미에와 코르미에(Cormier & Cormier)는 적극적 경청기술로서 명료화, 반영, 요약과 재진술을 제시한 바 있다.

> **OX Quiz**
>
> 상담에서의 경청이 일상대화에서의 경청과 다른 점은 선택적이라는 점이다.
>
> 정답 O

2. 경청을 방해하는 요인

① 비교하기
　자신과 다른 사람을 비교하면서 듣는다.
② 마음읽기
　상대방 말의 내용에 주의를 기울이기보다는 상대방의 의중을 파악하려고 한다.
③ 말할 내용 준비하기
　상대방에게 전적으로 주의를 기울이기보다는 자기가 다음에 할 말을 준비한다.
④ 걸러서 듣기
　상대방의 말을 자신의 기준에 따라 선택적으로 받아들인다.
⑤ 미리 판단하기
　상대방에 대한 편견이나 선입견으로 인해 그의 말에 주의를 기울이지 않는다.
⑥ 충고하기
　상대방 말의 일부만 듣고 마치 모든 것을 파악한 양 조언을 한다.
⑦ 공상하기
　상대방과의 대화 도중에 다른 생각을 한다.
⑧ 자기경험과 관련시키기
　상대방의 말과 상황에 자신의 경험을 결부시킴으로써 자기중심적으로 판단한다.
⑨ 언쟁하기
　상대방의 말을 반박하기 위해 온 신경을 기울인다.
⑩ 주제이탈하기
　상대방과의 대화 도중에 갑자기 화제를 변경한다.
⑪ 자기만 옳다고 주장하기
　상대방의 주장을 받아들이기보다는 자신의 말과 행동을 합리화하며 끊임없이 변명하고자 한다.
⑫ 비위 맞추기
　상대방 말의 내용에 주의를 기울이기보다는 자신이 상대방에게 어떻게 보이는지 비위를 맞추는 데 골몰한다.

3. 생산적인 경청자로서 상담자의 바람직한 면담행동 16, 17년 기출

① 상담자는 반응하기에 앞서 내담자로 하여금 자신에 대해 말할 충분한 시간을 제공한다.
② 내담자의 말이 대수롭지 않은 것이라고 생각되더라도, 내담자가 심각하게 말하는 내용에 대해 그렇게 받아들인다.

OX Quiz
경청을 방해하는 요인 중 상대방과의 대화 도중에 다른 생각을 하는 것은 '미리 판단하기'이다.
정답 X(공상하기)

OX Quiz
생산적인 경청자로서 상담자는 말하기 전에 생각하며, 즉각적인 충고를 삼가야 한다.
정답 O

③ 내담자의 말에 충분한 주의를 기울인다. 특히 내담자가 말하는 동안 책상을 정리하는 등의 부주의한 행위를 하지 않는다.
④ 내담자가 충분히 알아들을 수 있도록 이해 가능하고 명료한 말을 사용한다.
⑤ 내담자의 말에 가끔 고개를 끄덕이거나 '음…'이라고 하는 등의 최소 반응을 보임으로써 주의를 기울이고 있음을 보여준다.
⑥ 내담자의 변화를 위해 필요한 질문 또는 그와 관련된 개방적 질문을 하며, 불필요한 질문을 삼간다.
⑦ 내담자에 대한 시선을 유지하며, 시계를 보는 등의 행위를 삼간다.
⑧ 내담자가 문제를 피력할 때 이를 가로막지 않으며, 그에 대한 논쟁을 회피하지 않는다.
⑨ 주제를 바꾸는 등 내담자의 문제를 회피하지 않는다.
⑩ 내담자가 이야기 도중 할 말을 찾더라도 이를 바로 받지 않으며 충분히 인내한다.
⑪ 말하기 전에 생각하며, 즉각적인 충고를 삼간다.

4. 상담장면에서의 질문

① 상담장면에서는 가급적 내담자가 스스로 이야기할 수 있도록 하는 것이 바람직하며, 상담자가 질문을 많이 사용하여 내담자에게 지속적으로 응답을 요구하는 것은 바람직하지 못하다.
② 내담자가 상담을 단순한 질문과 답변의 교환과정으로 인식하게 되는 경우, 내담자는 상담자가 자신보다 높은 위치에 있다고 생각하여 자신의 생각과 감정을 표출하지 않게 된다.
③ 질문은 상담자가 내담자의 문제를 탐색할 때 가장 많이 사용하는 기술이나, 그 방법과 분량, 적절한 시기 등을 고려하여 사용해야 한다.
④ 질문은 내담자로 하여금 이야기를 계속하도록 하여 자기탐색을 중단하지 않도록 유도하기 위해 또는 내담자의 자기이해를 돕기 위해 수행하는 명료화나 직면의 기법으로서 사용될 때 이상적이다.
⑤ 상담은 심리치료가 아니므로 상담자가 심문자나 조사관의 역할을 수행해서는 안 된다.
⑥ 왜 질문, 유도질문 등은 내담자의 문제해결에 도움이 되지 못하며, 오히려 내담자로 하여금 상담자의 역할과 상담의 성격을 오해하게 만들 소지가 있다.

OX Quiz
왜 질문, 유도질문 등은 내담자의 문제해결에 도움을 줄 수 있다.
정답 X(도움이 되지 못함)

5. 탐색적 질문

① 상담자가 자신의 관심을 충족시키기 위해 하는 질문이 아니라, 내담자로 하여금

자기 자신과 자신의 문제를 자유롭게 탐색하도록 함으로써 내담자의 이해를 증진시키는 개방적 질문이다.

② 상담자는 탐색적 질문을 할 때 다음의 사항들에 주의하여야 한다.
- 질문은 예/아니요로 답할 수 없는 개방형질문이어야 한다.
- 질문은 내담자로부터 정보를 얻기 위한 것이기보다는 내담자의 감정을 이끌어 내기 위한 것이어야 한다.
- 질문은 내담자로 하여금 자기 자신과 자신의 문제를 더욱 명료화하는 데 도움이 될 수 있는 것이어야 한다.

6. 개방형질문과 폐쇄형질문

17, 20, 24년 기출

① 개방형질문
- 질문의 범위가 포괄적이다.
- 내담자에게 가능한 한 많은 대답을 선택할 기회를 제공한다.
- 내담자로 하여금 시야를 보다 넓히도록 유도한다.
- 바람직한 촉진관계를 열어놓는다.
- 개방형질문은 상담초기에 유용하게 사용될 수 있으나, 익숙지 않은 내담자에게 오히려 답변에 대한 부담감을 줄 수 있다.

예 당신은 현재 상담진행 중인 상담사에 대해 어떻게 생각합니까?

② 폐쇄형질문
- 질문의 범위가 매우 좁고 한정되어 있다.
- 내담자가 대답할 수 있는 범위를 예/아니요 또는 다른 단답식답변으로 제한한다.
- 내담자의 시야를 좁게 만든다.
- 바람직한 촉진관계를 닫아놓는다.
- 폐쇄형질문은 위기상황에서 내담자를 위한 신속한 대응에 유리하다.

예 당신은 현재 상담진행 중인 상담사에 대해 만족합니까?

7. 상담 시 유용한 질문

① 기적질문

문제가 해결된 상태를 상상해 보는 것으로, 해결을 위한 요구사항들을 구체화·명료화하는 데 도움을 준다.

예 잠자는 동안 기적이 일어나 당신을 여기에 오게 한 그 문제가 극적으로 해결됩니다. 아침에 일어나서 지난밤 기적이 일어나 모든 문제가 해결되었다는 것을 어떻게 알 수 있을까요?

OX Quiz
개방형질문은 내담자에게 여러 가지 대답을 선택할 기회를 제공한다.
정답 O

OX Quiz
폐쇄형질문은 위기상황에서 내담자를 위한 신속한 대응에 유리하다.
정답 O

기출키워드
24년 2회
면접질문의 유형
- 개방형
- 폐쇄형
- 촉진형
  예 조금만 더 자세히 말씀해 주시겠습니까?
- 직면형
  예 이전에 당신은 이렇게 말했는데요.
- 명료형
  예 당신이 그렇게 느꼈다는 말인가요?

② 예외질문

우연적으로 문제해결에 성공한 방법을 찾아내어 이를 의도적으로 실행하도록 하는 것이다.

예 문제가 발생하지 않은 때는 언제인가요?

③ 척도질문

숫자를 이용하여 내담자에게 자신의 문제, 문제의 우선순위, 성공에 대한 태도, 정서적 친밀도, 자아존중감, 치료에 대한 확신, 변화를 위해 투자할 수 있는 노력, 진행에 관한 평가 등의 수준을 수치로 표현하게 하는 것이다.

예 폭력을 행사하는 아버지가 어느 정도 싫은지 0점에서 10점까지 점수로 표현할 수 있을까요?

④ 대처질문

어려운 상황에서의 적절한 대처경험을 상기시키도록 함으로써 내담자로 하여금 스스로의 강점을 발견하도록 돕는 것이다.

예 그렇게 힘든 과정 속에서 어떻게 지금의 상태를 유지할 수 있었나요?

⑤ 관계성질문

내담자와 중요한 관계에 있는 사람들의 관점에서, 그들이 내담자 자신의 문제에 대해 어떻게 생각할지 추측해 보도록 하는 것이다.

예 만약 당신의 아버지가 지금 여기에 있다고 가정할 때, 당신의 아버지는 당신의 문제가 해결될 경우 무엇이 달라질 거라 말씀하실까요?

8. 직면

19, 21, 25년 기출

① 내담자의 말이나 행동이 일치하지 않은 경우 또는 내담자의 말에 모순점이 있는 경우 상담자가 그것을 지적해 주는 것이다.
② 내담자의 자기이해를 돕기 위해 상담자의 눈에 비친 내담자의 행동특성 또는 사고방식의 스타일을 지적하여, 내담자가 상담자나 외부에 비친 자신의 모습을 되돌아보고 통찰의 순간을 경험하도록 하는 직접적이고 모험적인 자기대면의 방법이다.
③ 내담자가 자신의 성장을 저해하는 방어에 대항할수 있도록 내담자의 도전을 이끌어내는 것을 주된 목적으로 한다.
④ 상대방에게 공격이나 위협으로 받아들여질 수 있으므로 사용상 주의를 필요로 한다.
⑤ 내담자의 강한 감정적 반응을 야기할 수 있으므로, 내담자가 받아들일 준비가 되어있을 때를 이용하여 시기적절하게 이루어져야 한다.
⑥ 상담자는 내담자에 대해 평가하거나 비판하는 인상을 주지 않도록 해야 하며, 이를 위해 내담자가 보인 객관적인 행동과 인상에 대해 서술적으로 표현하는 것이 바람직하다.

기출키워드

21년 3회 / 25년 2회

직 면

※ 필기시험에는 직면의 사례를 제시한 뒤 선지에서 고르도록 하는 문제가 출제되었습니다.

> **참고**
>
> 상담의 7가지 기본 원리
> - 개별화의 원리 : 내담자 개개인의 개성과 특성을 이해하고 상담방법 또한 내담자의 개인차에 따라 달라져야 한다.
> - 의도적 감정표현의 원리 : 내담자가 자신의 감정을 자유롭게 표명할 수 있도록, 특히 자신이 비판받게 될지도 모르는 감정들을 자유롭게 표현할 수 있게 온화한 상담 분위기를 조성하고 내담자의 말을 귀담아 들어야 한다.
> - 통제된 정서적 관여의 원리 : 상담자는 통제된 정서를 유지한 채 내담자의 정서표현과 감정에 민감성과 이해, 그리고 적절한 반응을 보여야 한다.
> - 수용의 원리 : 내담자의 장점과 단점, 잠재력과 제한, 바람직한 행동이나 그렇지 않은 행동, 긍정적 감정과 부정적 감정 등을 있는 그대로 이해하고 받아들이며, 말과 행동·표정에 거부적인 반응을 표현하면 안 된다. 단, 수용은 일탈된 행동에 대한 승인이 아니라 내담자의 현실을 있는 그대로 인식하는 것이다. 수용의 장애 요인으로 상담자의 불충분한 지식, 편견이나 선입관, 수용과 승인의 혼동, 과잉 동일시 등이 있다.
> - 무비판적 태도의 원리 : 내담자의 행동, 태도, 가치관 등을 평가할 때 객관적·중립적 자세를 유지해야 하며 내담자의 잘잘못을 따지거나 비판·판단하지 말고 가치중립적인 태도를 취해야 한다.
> - 자기결정의 원리 : 내담자의 자기 결정권을 존중하여 스스로 의사결정을 할 수 있도록 해야 하며, 이는 자신의 삶에 대해 스스로 선택하고 결정을 내리려는 인간의 욕구와 권리에 기반을 두고 있다.
> - 비밀보장의 원리 : 상담 과정에서 얻은 정보를 내담자의 성장과 발달을 위한 목적을 제외하고는 공개하면 안 되며, 이는 상담자의 윤리적 의무이기도 한다.

OX Quiz

내담자 개인의 특성을 이해하고 상담방법도 이에 따라 달라지는 것은 수용의 원리에 해당한다.

정답 X(개별화의 원리)

핵심예제 19   16년 기출

내담자와의 면접에서 중요한 기법 중 하나인 경청에 대한 설명과 가장 거리가 먼 것은?

① 반응하기에 앞서 내담자가 말할 충분한 시간을 준다.
② 대수롭지 않은 내용을 말할 때는 도움이 될 만한 충고를 생각하며 듣는다.
③ 내담자와 자주 눈을 맞추고 주의를 기울인다.
④ 가능한 한 내담자의 말을 끊고 반응하는 행동을 하지 않는다.

> **• 해설 체크! •**
>
> **생산적인 경청자로서 상담자의 바람직한 면담행동**
> - 상담자는 반응하기에 앞서 내담자로 하여금 자신에 대해 말할 충분한 시간을 제공한다.
> - 내담자의 말이 대수롭지 않은 것이라고 생각되더라도, 내담자가 심각하게 말하는 내용에 대해 그렇게 받아들인다.
> - 내담자의 말에 충분한 주의를 기울인다. 특히 내담자가 말하는 동안 책상을 정리하는 등의 부주의한 행위를 하지 않는다.
> - 내담자의 말에 때때로 고개를 끄덕이거나 '음'하는 등의 최소 반응을 보임으로써 주의를 기울이고 있음을 보여준다.
> - 내담자의 변화를 위해 필요한 질문 또는 그와 관련된 질문을 하며, 불필요한 질문을 삼간다.
> - 내담자에 대한 시선을 유지하며, 시계를 보는 등의 행위를 삼간다.
> - 내담자가 문제를 피력할 때 이를 가로막지 않으며, 그에 대한 논쟁을 회피하지 않는다.
> - 주제를 바꾸는 등 내담자의 문제를 회피하지 않는다.
> - 내담자가 이야기 도중 할 말을 찾더라도 이를 바로 받지 않으며 충분히 인내한다.
> - 말하기 전에 생각하며, 즉각적인 충고를 삼간다.
>
> 정답 ②

20 단기상담

1. 의의 및 특징

① 단기상담은 상담을 수행하는 기간이 비교적 짧은 상담이다.
② 상담의 회기 수가 평균적으로 6~8회 정도에 불과하다.
③ 내담자가 즉시 해결하기를 희망하는 현실중심의 목표에 초점을 둔다.
④ 내담자는 보통 문제발생 이전에 기능적인 생활을 해왔다.
⑤ 내담자는 구체적인 호소문제를 가지고 있다.
⑥ 문제의 원인에 초점을 두기보다는 내담자가 가진 자원 또는 강점에 중점을 둔다.
⑦ 상담자와 내담자의 능동적이고 적극적인 자세가 요구된다.
⑧ 정신병이나 심각한 장애 등의 문제에는 적용할 수 없다.
⑨ 단기상담은 장기상담에 비해 상대적으로 비용이 적게 들어간다.

2. 차별화된 관점

① 실용적·절약적으로 개입하며, 작은 변화가 전체에 파급효과를 미친다고 본다.
② 내담자의 강점 및 잠재력을 강조하며, 내담자의 호소문제에 초점을 둔다.
③ 상담이 끝난 후에도 눈에 보이지 않지만 상담의 효과가 지속된다고 본다.

> **전문가의 한마디**
>
> 단기상담이 어느 정도의 상담기간을 의미하는지에 대해서는 아직까지 학자들 간에 의견일치가 이루어지지 못하고 있습니다. 10회기 이내, 20회기 이내, 25회기 이내, 60회기 이내 등 다양한 의견들이 제시되고 있으나 그 기간을 절대적인 것으로 규정할 수는 없습니다. 다만, 상담을 수십 회 혹은 수백 회에 걸쳐 하는 전통적 정신분석과 같은 장기상담에 비해 그 기간이 상대적으로 짧은 것은 분명합니다.

④ 내담자가 상담에 얼마나 협조하는가보다는 현실생활에 어떻게 적응할 수 있는가에 초점을 둔다.

3. 적합한 내담자

> 19, 22, 24년 기출

① 내담자가 비교적 건강하며 그 문제가 심각하지 않은 경우
② 내담자가 자신의 경미한 문제에 대한 명확한 인식을 원하는 경우
③ 내담자가 임신, 출산 등 발달과정상의 문제를 경험하는 경우
④ 내담자가 중요인물의 상실로 인한 생활상의 적응을 필요로 하는 경우
⑤ 내담자가 급성적 상황으로 인해 정서적인 어려움을 겪는 경우

4. 주요모델

① **교육적 단기상담**
- 기본적으로 교육적 기능에 초점을 두는 것으로서, 내담자가 한 가지 문제를 호소하고 문제의 성격이 비교적 단순하며, 문제발생 기간이 짧은 경우에 적합하다.
- 조언, 역할연습, 모델관찰, 격려, 자기표현훈련 등의 방법이 효과적이다.
  > 예 대인관계기술이 부족한 내담자에게는 조언, 역할연습 등이 효과적이며, 의사소통에 있어서 문제를 보이는 부부 내담자에게는 자기표현훈련 등이 적합하다.

② **치료적 단기상담**
- 기본적으로 치료적 기능에 초점을 두는 것으로서, 호소문제가 비교적 반복적으로 발생하는 경우에 적합하다.
- 치료적 단기상담의 방법은 매우 다양하며, 특히 역동적 단기상담에서는 전이와 저항의 해석, 감정의 명료화, 직면 등의 방법을 사용한다.
  > 예 반복적으로 화 또는 분노를 느끼는 내담자의 경우 전이나 저항을 나타내 보이는 경향이 있으므로, 내담자의 그와 같은 감정과 행동의 원인이 되는 내면과정을 분석 · 검토한다.

③ **지지적 단기상담**
- 기본적으로 내담자를 이해하고 공감해 주며, 격려하고 존중해 주는 등 내담자를 지지하는 것을 특징으로 한다.
- 거의 모든 상담이 내담자에 대한 지지를 강조하지만, 지지적 단기상담의 경우 내담자를 인지적 · 정서적 · 사회적으로 더욱 적극적으로 지지해 준다는 점에서 차이가 있다.
  > 예 가족이나 친구를 사별하고 심한 우울감이나 외로움을 겪고 있는 내담자를 대상으로 그들의 수용하기 어려운 감정을 표현할 수 있도록 기회를 제공한다.

기출키워드

22년 1회

단기상담에 적합한 내담자

※ 필기시험에는 단기상담에 적합한 내담자와 가장 거리가 먼 것을 고르도록 하는 문제가 출제되었습니다.

④ 문제해결중심 단기상담
- 기본적으로 내담자가 가지고 있는 문제를 해결하는 데 초점을 두는 것으로서, 의사결정, 선택, 일시적 고충 등 구체적이고 명확한 문제를 안고 있는 사례에 적합하다.
- 문제해결방안을 찾고 그것을 실행에 옮기도록 하기 위해서는 내담자의 문제해결에 대한 높은 동기수준이 요구되므로, 상담자의 조언이나 지시 등이 구체적인 실천으로 이어질 수 있도록 노력하는 것이 중요하다.
    예 직업선택을 하거나 결혼상대를 선택하는 등 내담자가 의사결정이나 선택의 상황에 처해 있는 경우, 상담자는 몇 가지 대안을 열거하고 그에 대해 분류 및 종합, 장단점 및 실행가능성에 대한 분석을 하여 어떤 대안이 문제해결에 도움이 되는지를 고려하며, 결국 최종적인 의사결정이 내담자의 자기의사에 달려있음을 강조한다.

핵심예제 20

04, 13, 19년 기출

다음 중 단기상담에 적합한 내담자의 특성은?

① 반사회성성격장애가 있다.
② 정상발달 중이며 발달과정상의 문제가 주증상이다.
③ 지지적인 대화상대자가 전혀 없다.
④ 만성적이고 복합적인 문제가 있다.

해설 체크!

①·③·④ 장기상담에 적합한 내담자의 특성에 해당한다.

정답 ②

21 집단상담Ⅰ – 집단상담의 이해

24, 25년 기출

1. 의의 및 특징

① 집단상담은 비교적 정상적인 범위에 속하는 사람들이 전문적인 상담자와 함께 상호신뢰와 허용적인 분위기 속에서 자기이해와 수용, 개방을 촉진하도록 집단 성원 간 상호작용을 하면서 개인의 태도 및 행동의 변화를 통한 문제해결과 함께 잠재능력의 개발을 도모하는 것이다.
② 집단상담은 생활과정상의 문제해결과 바람직한 성장발달을 위해 전문적으로 훈련된 상담자의 지도 및 동료들의 역동적 상호교류를 토대로 각자의 생각, 태도, 감정, 행동양식 등을 탐색·이해하도록 함으로써 더욱 성숙된 수준으로 향상시키기 위한 과정이다.
③ 집단상담은 의식적 사고와 행동, 그리고 허용적 현실에 초점을 둔 정화, 신뢰, 돌봄, 이해, 수용 및 지지 등의 치료적 기능들을 포함하는 일종의 역동적인 대인간 과정이다.

2. 원리

① **자기이해**
자기접촉 및 탐색을 통해 자신의 사고·감정·욕구·가치 등을 있는 그대로 표현하고 이해하는 것이다. 이러한 이해는 긍정적인 면과 부정적인 면을 모두 포함하며, 이를 통해 자신은 물론 다른 사람에 대한 이해가 촉진된다.
② **자기수용(Self-Acceptance)**
이해한 그대로의 자신을 인정하고 받아들이는 것이다. 현실 속에서 자신의 행동이 긍정적이든 부정적이든, 도덕적이든 부도덕하든 간에 자신이 그러한 행동의 주인공임을 인식한다. 이러한 자기수용은 자기만을 수용하는 것으로 끝나는 것이 아닌 상대방을 비롯한 모든 사람, 더 나아가 자연현상까지 확대된다.
③ **자기개방**
자신에 대한 이해와 수용을 통해 자신을 있는 그대로 나타내 보이는 것이다. 이는 타인의 개방을 촉진시켜 상호이해의 폭을 넓히는 동시에 더 깊은 자기개방이 가능하도록 촉진한다.
④ **자기평가**
현실 속에서 자신의 행동을 의미 있는 기준에 비추어보는 과정이다. 인과관계추론을 통해 자신의 행동에 대한 타당성을 평가하며, 자신의 행동이 현실적으로 유효하고 적합한 것인지 검토한다.

OX Quiz
집단상담은 다수의 구성원이 진행하는 것으로 전문적인 상담자까지는 필요 없다.
정답 X(필요함)

기출키워드
19년 3회
정 화
집단상담에서 중요한 요소로, 정서의 개방적 표현을 의미한다.

⑤ 자기도전

새롭게 학습된 행동이나 사고·감정 등을 소개하는 과정이다. 연습의 기회를 통해 새로운 행동을 시도하며, 그 결과에 대해 상담자의 객관적인 평가를 받는다.

3. 목표

① 자신과 타인에 대한 신뢰감 형성
② 자신에 대한 지식습득과 정체성 발달
③ 인간의 욕구나 문제들의 공통성과 보편성 인식
④ 자기수용·자신감·자기존중감의 증진 및 자신에 대한 시각의 개선
⑤ 정상적인 발달문제와 갈등을 해결하는 새로운 방식 발견
⑥ 자신과 타인에 대한 주도성·자율성·책임감의 증진
⑦ 자신의 결정에 대한 자각과 지혜로운 결정능력 증진
⑧ 특정행동의 변화를 위한 구체적 계획수립과 완수
⑨ 효과적인 사회적 기술학습
⑩ 타인의 욕구와 감정에 대한 민감성 증진
⑪ 타인에 대한 배려와 염려를 바탕으로 직면의 기술 습득
⑫ 타인의 기대에 부응하는 태도에서 벗어나 자신의 기대에 부합하는 방식의 습득
⑬ 가치관의 명료화, 가치관의 수정여부 및 수정방식 결정

> **OX Quiz**
> 자신과 타인에 대한 신뢰감을 형성하는 것도 집단상담의 목표에 해당된다.
> 정답 O

4. 집단상담자의 역할

① 집단활동의 시작을 돕는다.
② 집단의 방향을 제시하고 집단규준을 발달시킨다.
③ 집단 분위기 조성을 돕는다.
④ 의사소통 및 상호작용을 촉진시킨다.
⑤ 집단성원에게 행동의 모범을 보인다.
⑥ 집단성원을 보호한다.
⑦ 집단활동의 종결을 돕는다.

> **OX Quiz**
> 집단규준을 발달시키는 것은 집단상담자의 역할이 아니다.
> 정답 X(역할에 해당)

5. 일반적인 과정 *17, 20, 22년 기출*

① 제1단계 : 시작단계
- 시작단계에서는 집단성원 상호 간 탐색, 집단구조에 대한 불확실성, 행동에 대한 불안감이 나타난다.

> **기출키워드**
>
> **20년 1회**
> **집단의 변화 촉진 요인으로서 피드백(Feedback)**
> 다른 집단성원의 행동, 사고, 감정에 대한 반응으로 자신의 생각과 감정을 되돌려 주는 것을 말한다.
>
> **22년 1회 / 23년 1회 / 24년 1회**
> **집단상담에서의 개입**
> ※ 436p의 침묵과 연결하여 학습해 보세요.
> ※ 필기시험에는 집단상담에서 침묵 상황에 대한 효과적 개입으로 틀린 것을 고르도록 하는 문제가 출제되었습니다.

- 집단성원은 집단상담자를 지도자로서 의존하는 성향을 보이며, 자기 역할을 파악하기 위해 노력한다.
- 집단상담자는 집단성원들로 하여금 자유롭게 자신의 생각과 감정을 표현하도록 유도하며, 편안한 분위기에서 존중과 공감, 수용의 태도를 학습하도록 도와야 한다.

② 제2단계 : 갈등단계
- 집단상담의 시작단계가 지나면 집단성원들이 서로 간에 부정적인 정서반응을 나타내면서 집단 내적 갈등이 일어나게 되는데, 이는 집단상담의 과정상 필연적인 것이다.
- 집단성원들은 자신들의 불만과 저항 의지를 표시하며, 경우에 따라 집단상담자를 원망하거나 공격하기도 한다.
- 집단상담자가 수동적인 경우 집단성원들은 스스로 문제를 해결하려는 움직임을 보이며, 이 과정에서 갈등과 책임전가현상이 나타나기도 한다.
- 집단상담자는 집단성원들의 저항과 방어에 즉각적으로 개입하여 이를 해결하기 위한 지지와 도전을 제공하여야 한다.

③ 제3단계 : 응집단계
- 집단이 갈등단계를 넘어서면 부정적인 감정이 극복되고, 조화롭고 협력적인 집단 분위기가 발전되면서 점차 집단성원들 간에 응집력이 발달하게 된다.
- 집단 내의 호의적인 분위기는 적극적인 관심과 애착의 형태로 나타나기도 하며, 이러한 분위기에서 집단성원들은 집단상담자와 집단을 자신과 동일시하게 된다.
- 이 단계에서 지나친 자기만족은 오히려 집단의 발달을 저해할 수 있다.
- 집단상담자는 집단의 상호작용을 촉진하는 동시에 집단성원들이 가지고 있는 성장의지 및 능력이 발휘될 수 있도록 유도해야 한다.

④ 제4단계 : 생산단계
- 집단상담은 친근감을 느끼면서 수용하는 응집단계를 넘어서, 깊은 통찰에 의해 행동변화가 이루어지는 생산단계로 나아가게 된다.
- 집단성원들은 갈등에 직면하여도 이를 극복하는 방법을 학습하여 능동적으로 대처할 수 있으며, 집단문제에도 적극적으로 참여할 수 있다.
- 생산단계에서 집단은 집단성원들 간의 피드백 및 직면이 가능해지며, 변화를 위한 모험을 시도하기도 한다.
- 집단상담자는 집단성원들이 보여주는 행동의 의미를 해석해 주어 더욱 깊은 자기탐색이 가능하도록 도우며, 집단성원들의 생각과 감정, 행동의 긍정적인 변화가 실질적인 행동으로 이어질 수 있도록 격려해야 한다.

⑤ 제5단계 : 종결단계
- 집단성원들은 마침내 바람직하지 못한 행동에서 벗어나 새로운 행동을 학습함으로써 목표를 달성한다.
- 집단성원들은 자신의 문제가 해결됨으로써 점차 자기노출을 감소하며, 유대관계의 분리로 인해 아쉬운 감정을 느낀다.
- 집단상담자와 집단성원들은 집단과정에 대해 반성하며, 일상생활에서의 적용에 대해 토의한다.
- 집단상담자는 상담종결에 따른 집단성원들의 감정을 다루며, 해결되지 못한 문제들을 정리해야 한다. 또한 집단성원들이 집단상담과정에서 배운 내용들을 일상생활에서 유효하게 적용할 수 있도록 도와야 한다.

> **OX Quiz**
> 집단성원들은 종결단계에 최대로 자기노출을 한다.
> 정답 X(자기노출 감소)

핵심예제 21
17년 기출

집단상담 과정 중 집단원의 저항과 방어를 다루기 위해 지도자가 즉각 개입하고, 문제해결을 위해 지지와 도전을 제공하는 역할을 수행해야 하는 단계는?

① 갈등단계
② 응집성단계
③ 생산적 단계
④ 종결단계

> **해설 체크!**
> 갈등단계에서 집단들은 자기노출에 대한 두려움을 느끼며, 다른 집단원들에게 오해받고 거부당하는 것에 대한 불안 등을 경험하고, 다른 집단원과의 관계에서 갈등을 느낀다. 집단지도자는 집단원들이 자신들의 저항을 집단 내에서 말로 표현하도록 하는 등 적극적인 행동으로 집단원들의 저항과 방어를 다루어 나가야 한다.
>
> 정답 ①

22 집단상담Ⅱ - 집단의 구성

1. 동질성과 이질성

① 집단은 다양성과 공통성 사이에 균형을 이루어야 하며, 상담의 목적에 따라 집단성원들의 성, 연령, 배경 등을 고려해서 구성되어야 한다.
② 집단은 동질적인 동시에 이질적으로 구성되어야 한다.
③ 동질성은 집단성원들 간의 관계를 증진시키고 집단의 결속력을 높이는 반면, 집단성원들이 서로에게 익숙해짐으로써 새로운 자극을 접할 기회나 반론을 제기할 수 있는 기회가 감소하게 되어 현실검증의 계기를 마련하기 어렵다.
④ 이질성은 집단성원들에게 다양한 관점과 견해를 제공함으로써 개인의 문제를 해결하는 데 자극이 될 수 있는 반면, 서로 공통점이 없으므로 자신을 노출하거나 다른 성원과 유대를 형성하는 데 시간이 오래 걸린다. 특히 초기에 집단성원들 간의 방어와 저항의 태도로 인해 성원들의 탈락이 많을 수 있다.
⑤ 예를 들어, 아동의 경우 남아와 여아를 따로 모집하는 것이 좋은 반면, 청소년기 이상의 경우 남자와 여자가 혼합된 집단이 효과적이다. 또한 학생의 경우 같은 또래끼리 어울리도록 하는 것이 좋은 반면, 성인의 경우 서로의 경험을 교환할 수 있도록 다양한 연령층으로 구성하는 것이 효과적이다.

2. 집단의 크기

① 동질성과 이질성의 장점을 동시에 갖추어 충분한 경험을 토대로 새로운 도전을 시도할 수 있는 집단이 되기 위해서는 집단의 크기가 일정 수준을 유지해야 한다.
② 집단의 적절한 크기의 기준은 대체로 그 구성원의 성숙도, 집단상담자의 경험, 집단의 유형, 탐색할 문제나 관심의 범위, 그리고 타인에 대해 알고자 하는 집단성원의 요구 등 여러 요인에 따라 다를 수 있다.
③ 집단상담의 규모는 보통 5~15명 또는 6~12명 정도이며, 대체로 5~8명 정도가 적당한 것으로 알려져 있다.
④ 집단성원의 수가 적은 경우 집단지도자에 대한 의존도가 높아질 수 있는 반면, 집단성원의 수가 많은 경우 집단지도자의 접근성이 떨어질 수 있다.
⑤ 집단의 크기는 모든 집단성원이 원만한 상호작용을 할 수 있을 정도로 커야 하고, 동시에 모든 집단성원이 정서적으로 집단활동에 관여하여 집단감정을 느낄 수 있을 정도로 작아야 한다.

3. 집단의 개방수준

① 집단지도자는 신규성원을 받아들일 것인지, 받아들이지 않고 기존의 성원으로만 집단활동을 할 것인지 결정해야 한다.
② 개방집단과 폐쇄집단 중 어느 하나를 선택하는 것은 집단목표와 환경에 따라 달라질 수 있다.

개방집단	폐쇄집단
• 새로운 성원의 아이디어나 자원을 활용할 수 있다. • 새로운 성원의 참여로 집단 전체의 분위기를 조성할 수 있다. • 성원교체에 따른 안정성이나 집단정체성에 문제가 발생할 수 있다. • 새로운 성원의 참여가 기존성원의 집단과업과정에 방해요소가 될 수 있다.	• 같은 성원의 지속적인 유지로 인해 결속력이 매우 높다. • 안정적인 구성으로 집단성원의 역할행동을 예측할 수 있다. • 성원의 결석이나 탈락이 집단에 부정적인 영향을 미친다. • 새로운 정보의 유입이 이루어지지 않으므로 효율성이 떨어질 수 있다. • 소수의 의견이 집단의 논리에 의해 무시될 수 있다.

4. 집단의 지속기간 및 회합의 빈도

① 집단의 지속기간은 집단성원들이 제각기 참여의 기회를 가질 수 있고 정서적으로 자신을 투입할 수 있으며, 원만한 집단활동이 전개될 수 있을 정도로 이루어져야 한다.
② 집단지도자는 집단프로그램이 약속된 시간계획에 따라 전개되도록 해야 한다.
③ 집단상담을 시작할 경우 미리 그 기간을 분명히 하고 종결의 시일도 정해 두어야 한다.
④ 시간이 제한적인 집단은 정해진 기간 내에 목표를 달성하기 위해 노력하므로 생산적일 수 있다.
⑤ 회합 횟수를 사전에 정해놓고 만날 수도 있으나, 상담진행과정 중 서로 협의하여 조정해나갈 수도 있다.
⑥ 일반적으로 아동의 경우 30~40분, 청소년의 경우 1시간, 성인의 경우 2~3시간 정도가 적절하며, 모임의 빈도는 일주일에 한 번 혹은 두 번 정도가 적합하다.
⑦ 마라톤집단의 경우에는 계속해서 12시간, 24시간 혹은 48시간 진행되기도 한다. 이러한 마라톤집단은 계속적인 상호작용과 수면부족에서 오는 피로현상 등을 통해 집단성원들이 통상적 가면을 벗고 자신을 그대로 노출하도록 한다. 이와 같이 긴 시간의 활동을 전개하는 이유는 강력한 정서적 몰입과 대인 간의 맞닥뜨림을 촉진하기 위함이다.

> **OX Quiz**
> 집단상담의 종결시일을 정하는 경우 집단성원들이 조바심을 느낄 수 있으므로 종결시일은 언급하지 않는다.
> **정답** X(종결시일을 정해야 함)

5. 물리적 환경의 배려

① 물리적 환경은 집단성원들의 심리상태와 함께 그에 따른 역할수행과 밀접하게 연결되어 집단성원들의 비밀성, 친밀감, 안도감, 집중도의 측면에 상당한 영향을 미친다.
② 집단지도자는 효율적인 집단경험을 위해 다양한 배치, 움직임, 빛, 습도, 온도 등을 고려하여 물리적 공간을 설계하고 적응방법을 모색해야 한다.
③ 집단성원들이 물리적인 자원을 거부감 없이 활용하며, 집단성원들 간에 역동적인 상호작용이 이루어질 수 있도록 배려해야 한다.
④ 집단상담실의 위치, 크기 및 분위기는 집단성원의 수, 연령, 그리고 주된 활동 프로그램에 따라 다를 수 있다.
⑤ 집단상담실은 심리적인 안정감을 줄 수 있고 집단과정에 몰입하는 데 방해를 주지 않을 정도로 정돈되어 있으며, 참여자들이 자유롭게 신체적 활동을 할 수 있을 정도로 커야 한다.
⑥ 상담의 효과를 높이기 위해 흔히 시청각기재를 활용할 수도 있으며, 이 경우 사전에 집단성원들에게 분명히 알리고 동의를 얻어야 한다.
⑦ 집단성원은 가로 또는 세로의 일직선상으로 앉는 것보다 둘러앉을 경우 더욱 효과적으로 의사소통을 하며, 같은 줄에 앉는 것보다 마주보고 앉을 경우 상호작용이 활발히 이루어진다.

> **OX Quiz**
> 집단성원의 수, 연령 등에 따라 집단상담실의 크기는 달라질 수 있다.
> 정답 O

핵심예제 22 15년 기출

집단상담을 준비할 때 상담자가 고려해야 할 사항과 가장 거리가 먼 것은?

① 상담의 목적에 따라 내담자의 성, 연령, 배경 등을 고려해야 한다.
② 집단의 크기는 일반적으로 15~20명 정도가 적합하다.
③ 모임의 빈도는 일주일에 한 번 혹은 두 번 정도 만나는 것이 좋다.
④ 집단상담을 하는 장소는 너무 크지 않고 외부로부터 방해받지 말아야 한다.

> **해설 체크!**
> 집단의 크기는 보통 5~15명 또는 6~12명 정도이며, 대체로 5~8명 정도가 적당한 것으로 알려져 있다.
>
> 정답 ②

23 집단상담 Ⅲ – 집단상담의 효과와 집단응집력

1. 집단상담의 효과   16년 기출

① 시간 및 비용의 절감
　집단상담은 상담자가 다수의 내담자들과 접촉하므로 시간 및 비용 측면에서 효과적이다.

② 편안함 및 친밀감
　집단상담은 상담자와의 일대일 개인상담보다 집단성원들 간의 친밀감을 통해 여러 가지 문제를 더욱 쉽게 다룰 수 있다.

③ 구체적 실천의 경험
　집단상담은 현실적이고 실제생활에 근접한 사회장면을 제공하므로 새로운 행동을 검증하거나, 문제해결행동을 구체적으로 실천할 수 있는 경험을 할 수 있다.

④ 현실검증의 기회 제공
　집단상담에서 개인은 외적인 비난이나 처벌의 두려움 없이 새로운 행동을 시험해보며, 현실을 검증해 볼 수 있는 기회를 얻는다.

⑤ 소속감 및 동료의식
　집단상담에서는 동료들 간에 서로의 관심사나 감정들을 터놓고 이야기할 수 있으므로 소속감과 동료의식을 발전시킬 수 있다.

⑥ 풍부한 학습경험
　집단상담에서는 다양한 구성원들을 접할 수 있으므로 개인상담에서 할 수 없는 여러 가지 풍부한 학습경험을 할 수 있다.

⑦ 지도성의 확대
　집단성원들은 상호 간에 경청하고 수용하고 지지하고 대면하고 해석해 주는데, 이와 같은 행동을 통해 서로 상담자로서의 역할을 하게 된다.

⑧ 관찰 및 경청
　집단상담에서 집단성원들은 다른 사람들의 이야기나 행동을 경청하고 관찰하면서 함께 생각하고 느낄 수 있다.

⑨ 개인상담으로의 연결
　내담자가 개인상담을 기피하는 경우 우선 집단상담을 통해 개인상담의 필요성을 느끼도록 하며, 내담자로 하여금 용기를 얻어 개인상담에 응하도록 유도할 수 있다.

OX Quiz

집단상담을 통해 개인은 외적인 비난이나 처벌의 두려움 없이 새로운 행동을 시험할 수 있다.

정답 O

> **OX Quiz**
> 응집력이 높은 집단은 오히려 중도이탈자가 많다.
> 정답 X(중도이탈자가 적음)

2. 응집력이 높은 집단의 특징

16년 기출

① 자기 자신을 개방하며, 자기탐색에 집중한다.
② 다른 성원들과 고통을 함께 나누며, 이를 해결해 나간다.
③ 자유로운 분위기에서 집단활동에 적극적으로 동참한다.
④ 자신의 생각과 느낌을 즉각적으로 표현한다.
⑤ 서로를 보살피며, 있는 그대로 수용해 준다.
⑥ 보다 진실되고 정직한 피드백을 교환한다.
⑦ 건강한 유머를 통해 친밀감을 느끼며, 기쁨을 함께 한다.
⑧ 깊은 인간관계를 맺으므로 중도이탈자가 적다.
⑨ 집단의 규범이나 규칙을 준수하며, 이를 지키지 않는 다른 집단성원을 제지한다.

3. 집단응집력의 영향요인

① 다른 모든 조건이 동일하다는 가정하에 규모가 큰 집단보다는 작은 집단에서 집단응집력이 상대적으로 강하게 나타난다.
② 집단은 목표달성을 통해 효과적으로 자신의 이미지를 각인함으로써 집단응집력을 높인다.
③ 집단응집력은 집단성원들 간 생산성 차이를 감소시키나, 이러한 집단응집력과 생산성 사이의 관계는 항상 정(+)의 관계에 있는 것은 아니다.
④ 집단성원들 간 공유된 태도 및 가치관, 집단문화 등이 집단응집력의 중요한 원천이 된다.

> **OX Quiz**
> 집단성원들 간의 공유된 태도 및 가치관, 집단문화 등이 집단응집력의 중요한 원천이 된다.
> 정답 O

4. 집단성원의 비생산적인 행위

① 질문자의 질문에 대해 답변을 하기보다 자신의 질문만을 계속하는 행위
② 마치 제3자가 이야기한 것인 양 가장하여 다른 집단성원에 대해 험담을 하는 행위
③ 집단활동과 관련이 없는 집단 외부의 이야기를 길게 늘어놓는 행위
④ 다른 집단성원의 개인적인 정보를 캐어묻는 행위
⑤ 자신의 문제나 책임을 마치 다른 사람의 것인 양 전가하는 행위
⑥ 논리적이지 못한 말을 길게 늘어놓음으로써 다른 집단성원들을 지루하게 만드는 행위
⑦ 집단 내 여러 성원들이 특정성원에게만 지속적으로 질문을 하거나 자신들의 감정을 표출하는 행위

핵심예제 23　　　　　　　　　　　　　　　　　　　12, 16년 기출

집단상담에서 집단응집력에 관한 설명으로 틀린 것은?

① 응집력이 높은 집단은 자기개방을 많이 한다.
② 응집력은 집단상담의 성공에 매우 중요한 요소가 된다.
③ 응집력이 낮은 집단은 여기-지금에서의 사건이나 일에 초점을 맞춘다.
④ 응집력이 높은 집단은 집단의 규범이나 규칙을 지키지 않는 다른 집단성원을 제지한다.

> **해설 체크!**
> 여기-지금에 초점을 맞추는 집단의 경우 활기차고 응집력이 높은 경향이 있다.
> 정답 ③

24 집단상담 Ⅳ - 집단상담의 형태

1. 지도집단 또는 가이던스집단(Guidance Group)

① 토론의 내용이 정의적이거나 심리적인 집단토의 장면으로 이루어지는 비교적 구조적인 형태의 집단상담이다.
② 집단지도자가 집단성원들의 개인적 요구나 관심사에 따라 교육적·직업적·사회적 정보들을 제공하는 것을 주된 목표로 한다.
③ 집단지도자에 의한 강의, 교수 등의 방법이 활용되며, 집단의 방향이나 집단의 진행내용 등이 사전에 계획적으로 구조화된다.

OX Quiz
가이던스집단은 비구조적인 형태이다.
정답 X(구조적)

2. 상담집단(Counseling Group)

① 상담집단은 지도집단과 달리 어떠한 주제나 문제보다는 사람에게 초점을 둔다. 즉, 개인의 성장과 발달뿐만 아니라 성장 방해요소를 제거시키거나 자기인식을 촉진하는데 초점을 둔다.
② 집단에서는 정의적이고 개인적인 내용들이 논의되며, 이를 통해 개인의 행동변화를 도모한다.
③ 집단지도자는 집단성원들이 사적인 문제들을 편안하게 나눌 수 있도록 안정감과 신뢰감이 있는 집단 분위기를 조성하는 데 주력한다.

> **OX Quiz**
> 집단지도자가 집단성원들의 개인적 요구나 관심사에 따라 교육적·직업적·사회적 정보들을 제공하는 것을 주된 목표로 하는 집단상담을 치료집단이라고 한다.
>
> **정답** X(가이던스집단)

3. 치료집단(Therapy Group)

① 제2차 세계대전 중 정신질환자의 치료를 담당할 전문가의 부족으로 발달하게 된 것으로, 치료를 주된 목표로 한다.
② 집단지도자는 전문적인 훈련을 받고 전문적인 기술을 습득한 사람이다.
③ 주로 정상적인 기능을 할 수 없는 사람들을 대상으로 집중적인 심리치료를 적용하므로 다른 상담집단에 비해 오랜 시간을 필요로 한다.

4. 자조집단(Self-Help Group)

① 서로 유사한 문제나 공동의 관심사를 가진 사람들이 자발적으로 구성하여 각자의 경험을 공유하는 형태의 집단상담이다.
② 개인이 각자 자신의 문제상황에 대처할 수 있도록 하며, 자신에 대한 긍정적인 느낌과 함께 자신의 삶에 책임감을 가지도록 하는 것을 목표로 한다.
③ 1935년 미국의 오하이오에서 시작된 알코올중독의 치료를 위한 익명의 알코올중독자들(AA ; Alcoholic Anonymous)이 대표적인 예에 해당한다. 이것은 알코올중독 환자들이 서로 단합하여 자신들의 문제를 스스로 해결하고 금주할 수 있도록 돕는 단체이다.

5. 감수성집단 또는 감수성훈련집단(Sensitivity Group)

① 집단의 활동은 심리사회적 문제나 정신적 장애의 해결보다는 집단성원들의 의식화 또는 일정한 훈련을 통한 자기 변화를 목표로 한다.
② 집단성원들로 하여금 자기 자신은 물론 타인에 대한 인식을 증진하도록 하며, 보다 효율적인 상호작용패턴을 구축할 수 있도록 돕는다.
③ 집단성원들은 토론이나 각종 실험활동을 통해 집단이 어떻게 작용하는지, 개별 성원들이 타인에게 어떠한 영향을 미치는지에 대해 이해할 수 있게 된다.

6. T집단(Training Group)

① 소집단을 통한 훈련이 프로그램의 핵심을 이루므로 훈련집단이라고 부르며, 실험실 교육프로그램의 방법을 활용하므로 실험실적 접근이라고도 부른다.
② 집단활동을 관찰·분석·계획·평가하고 집단성원으로서의 역할을 학습하는 등의 보다 직접적인 경험을 통해 집단의 전반적인 과정에 대해 학습하며, 커뮤니케이션 및 피드백의 구체적인 행동기술을 습득하는 것을 주된 목표로 한다.

③ 비구조화된 소집단에서 집단성원 모두가 직접 참여하여 스스로의 목표를 설정하고 상호 간에 피드백을 주고받는다.

7. 참만남집단 또는 대면집단(Encounter Group)

① T집단의 한계를 보완하기 위한 것으로서, 동시대의 실존주의와 인도주의사상을 도입한 것이다.
② 개인의 성장과 함께 개인 간 의사소통 및 대인관계의 발전을 도모함으로써 궁극적으로 자아실현에 이를 수 있도록 하는 것을 1차적인 목표로 한다. 또한 개인의 성장 및 변화를 통해 그가 소속한 조직의 풍토를 변혁하는 것을 2차적인 목표로 한다.
③ 개별성원들로 하여금 다른 사람과의 의미 있는 만남을 통해 인간관계 및 인간실존에 대해 자각하도록 돕는다. 또한 여기-지금(Here & Now)의 경험을 통해 자유로운 대화를 전개하며, 다른 사람과의 교류능력을 증진하고 잠재력을 발휘하도록 돕는다.

> **OX Quiz**
> 참만남집단은 개인 간 의사소통 및 대인관계보다 개인 내적인 면에 집중한다.
> **정답** X(의사소통 및 대인관계 중시)

핵심예제 24 15년 기출

집단상담의 유형이 아닌 것은?

① 지도집단
② 치료집단
③ 자조집단
④ 전문집단

- **해설 체크!**

  집단상담의 주요유형
  - 지도집단(가이던스집단)
  - 상담집단
  - 치료집단
  - 자조집단
  - 감수성집단(감수성훈련집단)
  - T집단
  - 참만남집단(대면집단)

  정답 ④

25 사례관리

1. 사례관리(Case Management)의 정의

① 사례관리는 다양하고 복잡한 문제와 장애를 가지고 있는 정신질환자가 적절한 시기에 적합한 모든 서비스를 받을 수 있도록 보장하는 서비스 제공방법 중 하나이다[베이커(Baker), 1987].
② 기관의 목표가 아닌 환자의 목표에 따라 움직이는 것으로서, 사례관리기법은 환자의 필요와 요구에 따라 서비스를 지원해주는 과정이다[앤서니(Anthony), 1988].
③ 복합적인 욕구를 가진 사람들의 기능화를 도모하고 그들의 복지를 위해 공식적 혹은 비공식적 자원 및 활동의 망을 조직·조정·유지하는 것이다[목슬리(Moxley), 1989].
④ 복합적인 욕구를 가진 사람들의 기능향상 및 복지를 위해 총체적이고 통합적인 일련의 다양한 서비스를 문제의 심각성 정도 및 해결과정의 수준에 따라 단계별로, 그러나 각 단계들 간의 지속적인 연관성이 있도록 제공하는 문제해결과정이다(양옥경, 1997).
⑤ 대상자의 사회생활상에서 여러 가지 욕구를 충족시키기 위해 적절한 사회자원과 연결시키는 절차의 총체로 정의할 수 있다.

2. 등장배경

목슬리는 사례관리의 등장배경을 다음과 같이 정리하였다.

① **탈시설화**
   탈시설화와 재가서비스가 강조되는 상황에서 대상자가 시설에서 벗어나 지역사회로 편입됨에 따라 이들의 욕구를 충족시킬 수 있는 포괄적인 서비스공급체계를 구축해야 했다.

② **지역사회서비스의 지방분권화**
   지방분권화로 인해 지역사회서비스기관들 간의 경계 전반에 걸친 조직화 및 통합화를 비롯하여 지방분권화의 부정적인 영향들을 줄일 수 있는 전문적 활동이 요구되었다.

③ **다양한 문제와 욕구를 가진 인구의 증가**
   신체장애나 정신질환, 그 밖의 의료적 문제를 가진 사람들, 사회의 변화에 따라 다양한 욕구를 가진 사람들이 늘면서 그들의 복합적인 문제와 욕구를 해결하기 위해 다양한 영역의 서비스들이 상호 관련되도록 체계망을 구축할 필요성이 제기되었다.

OX Quiz
사례관리기법은 환자의 필요와 요구에 따라 서비스를 지원해주는 과정이다.
정답 O

④ 서비스의 분산화·단편화

기존에 다양한 영역에 걸쳐 산발적으로 분산되어 있던 서비스들을 큰 틀에서 조정하는 동시에 이를 유효하게 통합할 수 있는 새로운 역할이 요구되었다.

⑤ 클라이언트의 삶의 질에 대한 사회적 인식

대인서비스 실천전문가들을 중심으로 지역사회 내 클라이언트의 삶의 질 향상을 위한 사회적 지원체계 및 사회적 망의 영향력에 대해 보다 많은 관심과 인식의 확대가 이루어졌다.

⑥ 대인서비스의 비용효과성

부족한 자원, 제한된 재원으로 인해 대인서비스의 비용효과성에 대한 인식이 확대됨으로써 서비스 전달의 효과를 최대화하기 위한 체계적인 시도가 요구되었다.

3. 목 적

① 개인의 욕구를 충족시키며 삶의 질을 개선하도록 한다.
② 보호의 연속성·지속성을 보장함으로써 보호서비스가 중단되지 않도록 한다.
③ 개인의 욕구를 지역을 기반으로 하는 공식적·비공식적 자원과 연계시킨다.
④ 서비스의 조정을 통해 효과적인 서비스를 제공한다.
⑤ 환경을 원활하게 이용함으로써 개인의 잠재력을 개발하며, 능력을 최대화한다.
⑥ 가족 및 1차집단의 보호능력을 극대화시킨다.
⑦ 1차적 보호체제와 공적 보호체제를 통합한다.

> **OX Quiz**
> 사례관리는 1차적 보호체제와 공적 보호체제를 분리하는 것에 목적이 있다.
> 정답 X(통합하는 것)

4. 기본원칙

① 개별화
클라이언트 각각의 특성에 맞는 서비스를 제공해야 한다.
② 포괄성
클라이언트의 다양한 욕구를 충족시키기 위해 서비스 및 자원을 연결시켜야 한다.
③ 지속성(연속성)
클라이언트 및 주위환경에 대한 지속적인 점검을 통해 클라이언트의 사회적 적응을 향상시킨다.
④ 연계성
분산된 서비스 체계들을 서로 연계하여 서비스 전달체계의 효율성을 도모한다.
⑤ 접근성
클라이언트가 쉽게 기관 및 자원에 접근할 수 있도록 돕는다.

> **OX Quiz**
> 클라이언트가 쉽게 기관 및 자원에 접근할 수 있도록 돕는 것은 연계성에 해당한다.
> 정답 X(접근성)

⑥ 자율성

서비스과정에서 클라이언트의 자율성을 극대화한다.

5. 목슬리의 사례관리실무 6대 원칙

① 사례관리자는 클라이언트수준에서 활동한다.
② 체계적 관점을 유지하며, 클라이언트로 하여금 자신이 가진 개인자원을 활용할 기회를 보장한다.
③ 행정적 과정 및 기술을 활용한다.
④ 임상적 과정 및 기술을 활용한다.
⑤ 책임성에 근거하여 활동한다.
⑥ 서비스전달의 통합을 달성하기 위해 노력한다.

OX Quiz

사례관리실무의 6대 원칙에서 사례관리자는 클라이언트수준에서 활동한다.

정답 O

핵심예제 25 03, 06, 12, 18년 기출

다음 중 만성정신장애 환자를 위한 정신재활치료에서 사례관리의 목적은?

① 환자가 독립적인 사회생활을 할 수 있는 다양한 주거공간 확보
② 환자에게 필요한 다양한 서비스를 조정·통합
③ 위기상황에서 환자에게 안정화 전략 제공
④ 정신장애 환자의 효율적인 대인관계 증진

• 해설 체크! •

정신재활치료에서의 사례관리는 다양한 서비스들의 중복적인 공급 또는 부적절한 제공을 방지하기 위해 관련 서비스들을 조정·통합하는 것이다.

정답 ②

26 사이버상담과 전화상담

16, 19, 25년 기출

1. 사이버상담의 필요성

① 인터넷 보급이 확대되어 간편하고 저렴하며, 활용이 용이하다.
② 내담자의 익명성이 보장되어 보다 솔직한 대화와 감정표현이 가능하며, 내담자의 불안, 죄의식, 망설임을 감소시킨다.
③ 청소년 내담자의 경우 전화나 면접보다 인터넷을 통한 상담에 더욱 친밀감을 느낀다.
④ 가명을 사용하여 상담사례를 소개할 수 있으며, 그에 대한 대처방안을 제시할 수 있다.
⑤ 내담자가 자신의 문제를 해결하는 데 도움이 될 수 있는 자료들을 쉽게 찾아볼 수 있다.
⑥ 내담자로 하여금 시간적인 여유를 두고 생각을 정리한 후 반응하는 것을 허용하므로 자기성찰능력을 향상시킬 수 있다.

2. 사이버상담의 특징

19년 기출

① **단회성** : 대면상담과 달리 단회로 끝나는 경우가 많다.
② **신속성** : 실시간 상담의 경우 상담이 신속히 이루어질 수 있다.
③ **문자중심의 상호작용** : 상담과정이 구두에 의한 대화보다는 문자나 채팅에 의해 이루어진다.
④ **익명성** : 내담자의 익명성이 보장되므로 보다 솔직한 대화 및 감정표현이 가능하다.
⑤ **자발성·주도성** : 상담과정에서 내담자의 자발적·주도적 참여가 이루어진다.
⑥ **시·공간의 초월성** : 시·공간상의 제약이 다른 방법에 비해 상대적으로 적다.
⑦ **개방성** : 사이버공간에 게시된 정보는 모든 사람이 접근할 수 있다.
⑧ **경제성** : 내담자가 상담실을 방문하는 데 드는 비용, 상담자가 상담의 제반여건을 갖추는 데 드는 비용 등을 절감할 수 있다.
⑨ **자기성찰의 기회제공** : 내담자로 하여금 시간적인 여유를 두고 생각을 정리한 후 반응하는 것을 허용하므로 자기성찰능력을 향상시킨다.

> **OX Quiz**
> 단회성, 신속성, 익명성, 개방성 등을 사이버상담의 주요특징으로 볼 수 있다.
> 정답 O

3. 사이버상담의 장·단점

> 24년 기출

장 점	• 개인의 지위, 연령, 신분, 권력 등을 짐작할 수 있는 사회적 단서가 제공되지 않으므로 전달되는 내용 자체에 많은 주의를 기울이고 의미를 부여할 수 있다. • 내담자의 자발적 참여로 상담이 진행되는 경우가 대면상담에 비해 압도적으로 많으므로 내담자들의 문제해결에 대한 동기가 높다. 또한 대면상담에 비해 비용 면에서 효율적이며, 그로 인해 상담료 또한 저렴한 편이다. • 상담자와 직접 얼굴을 마주하지 않기 때문에 내담자는 자신의 행동이나 감정에 대한 즉각적인 판단이나 비판을 염려하지 않아도 된다. • 상담내용의 저장, 유통, 가공, 검색, 재검토 등이 용이하다.
단 점	• 주로 문자 등의 시각적 자료에 의존해야 하므로 대면상담에서와 같이 깊이 있는 의사소통을 기대하기 어려우며, 내담자의 복잡한 정서적인 내용을 파악하기 곤란하다. • 상담자의 입장에서 내담자의 신상과 상담내용을 신뢰하기 어려우며, 내담자와의 라포형성이 쉽지 않다. • 내담자 자신의 정보를 선택적으로 공개할 수 있으며, 언제든지 상담을 중단해버릴 수 있다. • 기본적으로 컴퓨터 시스템이 필요하며, 네트워크상의 불안정성 등의 문제에 영향을 받는다. • 익명성에 따른 부적절한 대화예절, 노골적인 성적 표현 등의 문제가 제기될 수 있다. • 내담자가 여러 개의 아이디를 사용하여 현재 자신의 문제와 관련 없는 과거의 부정적인 경험 등을 제시함으로써 단순한 역할시험의 장(場)으로 오용될 수 있다. • 자구적인 노력이나 책임감 없이 습관적으로 상담요청을 할 수 있다.

OX Quiz
사이버상담은 대면상담에 비해 비용 면에서 상담료는 비싼 편이다.
정답 X(더 저렴한 편)

4. 전화상담의 방법

① **공감적인 이해와 전달**
   내담자의 입장에서 내담자의 문제를 이해하여 전달한다.
② **성실한 경청**
   내담자의 말을 성실히 경청하면서 그에 해당하는 반응을 한다.
③ **인간적 선택의 존중**
   독립된 자유인으로서 내담자를 존중하는 태도를 보인다.
④ **개방적 태도와 반응**
   상담자가 자신에 관한 것을 적시에 적절하게 공개함으로써 내담자가 스스로를 노출하도록 유도한다.
⑤ **구체적인 반응**
   문제행동에 대한 포괄적인 서술보다는 현재상황에서의 감정과 관련된 주제에 초점을 맞춰 구체적으로 반응한다.

OX Quiz
전화상담 시 구체적 반응보다는 문제행동에 대한 포괄적인 서술이 중요하다.
정답 X(구체적 반응 ↔ 문제행동에 대한 포괄적인 서술)

⑥ 현실직면의 유도

내담자의 말이 분명하지 않거나 내담자가 의식하지 못하고 있는 생각·욕망·원망 등의 감정에 대해 상담자가 솔직하게 지적한다.

5. 전화상담을 이용하는 내담자의 특성 및 상황 [16년 기출]

① 내담자가 자신의 신분을 노출하지 않은 채 도움을 요청하고자 하는 경우
② 내담자가 대면상담에 대해 거부감을 느끼는 경우
③ 내담자가 시간상·거리상·생활상의 이유로 직접 찾아가서 상담하기 어려운 경우
④ 내담자가 자살시도 등의 응급상황에서 누군가와 이야기를 나누고 싶어 하는 경우

6. 전화상담의 특징 [16년 기출]

① 상담자의 즉각적인 대처능력을 요구한다.
② 대체로 위기상황에서의 적절한 개입을 요구한다.
③ 단일매체, 즉 내담자의 음성에 의존한다.
④ 익명성에 따른 장난, 거짓 등의 문제를 동반한다.

> **OX Quiz**
> 전화상담은 단일매체에 의존한다.
> 정답 O

핵심예제 26 [16년 기출]

전화상담이 가장 효과적인 경우는?

① 심한 정신질환이 있는 경우
② 만성적인 문제가 있는 경우
③ 스스로 문제를 해결할 능력이 없는 경우
④ 남과 얼굴 대하기를 꺼려하는 경우

> **해설 체크!**
> 전화상담을 이용하는 내담자의 특성
> • 자신의 신분을 노출시키지 않은 채 도움을 요청하는 경우
> • 대면상담에 대해 거부감을 느끼는 경우
> • 시간상, 거리상, 생활상의 이유로 직접 찾아가서 상담하기 어려운 경우
> • 자살시도 등의 응급상황에서 누군가와 이야기를 나누고 싶어 하는 경우
>
> 정답 ④

27 장애인재활

1. 장애인재활의 영역

① 의료재활
　장애인재활의 기본으로, 사고나 질병으로 장애를 입은 장애인들을 대상으로 의학적 지식과 의술을 통해 재활에 개입하는 것이다.

② 심리재활
　신체 일부의 장애와 기능상실로 인해 나타나는 개인적 우울감과 불안감, 사회적 열등감을 감소시킴으로써 사회적 기능을 최대로 수행할 수 있도록 돕는 것이다.

③ 교육재활
　장애인의 특성에 부합하는 특수교육을 통해 최적화된 교과교육, 치료교육, 직업교육 등의 서비스를 제공함으로써 장애인의 개별적인 요구를 충족시키며 잠재력을 개발하도록 하기 위한 것이다.

④ 직업재활
　장애인의 직업적 가용능력을 최대화하고 비장애인과 같은 삶을 영위할 수 있도록 돕는 것으로서, 장애인의 생존권 및 노동권을 실현하기 위한 것이다.

⑤ 사회재활
　인간의 기본적 권리인 평등권을 토대로, 장애인이 가정이나 직장, 사회에서 어떠한 차별이나 불편을 느끼지 않도록 사회적 차원에서 장애와 장애인에 대한 인식의 개선을 도모하기 위한 것이다.

2. 재활의 3단계 모형

① 제1단계 : 손상(Impairment)
- 심리적·생리적·해부학적 구조 또는 기능에 이상이 있는 상태를 말한다.
- 환자는 환각, 망상, 우울 등을 경험한다.
- 개입방법으로서 임상적 치료를 통해 장애를 제거 또는 경감하도록 한다.

② 제2단계 : 장애(Disability)
- 손상으로 인해 정상적인 행동을 수행할 능력이 제한 또는 결핍된 상태를 말한다.
- 환자는 직무능력이나 일상생활의 유지능력 등이 부족하다.
- 개입방법으로서 임상적 재활을 통해 개인의 능력을 개발하도록 하고 환경적 자원을 활용하도록 한다.

③ 제3단계 : 핸디캡(Handicap)
- 손상이나 장애로 인해 정상적인 역할수행에 제한 또는 장애가 발생함으로써 불이익을 경험하는 상태이다.

> **OX Quiz**
> 장애인의 직업적 가용능력을 최대화하기 위해 돕는 것은 사회재활에 해당한다.
> 정답 X(직업재활)

- 환자는 대부분 일정한 거주지가 없거나 취업을 하지 못한 상태이다.
- 개입방법으로서 사회구조적 재활을 통해 사회체계의 변화를 이끌어내도록 한다.

3. 장애인이 일반적으로 가질 수 있는 심리적 특성

① 부정(Denial)
장애에 대한 최초의 심리적 반응으로서, 평소 아무렇지도 않은 듯 여유로운 행동을 보이지만 현실을 받아들이지 못한 채 부정적인 심리를 가지기도 한다.

② 퇴행(Regression)
감정을 조절하는 능력이 약화되어 생각이나 행동이 어린 시절로 되돌아가며, 정서적으로도 어린아이와 같이 불안정하고 억지를 부리면서 떼를 쓰기도 한다.

③ 분노(Anger)
일종의 두려움을 쫓아내려는 심리적 반응으로서, 왜 자신에게 불행한 일이 닥쳤는지 안타까워하고 화를 내며, 이를 통해 자신의 문제를 다른 곳으로 옮기려 하기도 한다.

④ 불안(Anxiety)
질병이나 외상을 하나의 위험상황으로 받아들이는 심리상태로서, 신체손상으로 인해 다른 사람으로부터 인정을 받지 못하게 될 것이라는 두려움, 장애가 자신의 잘못에서 비롯되었다는 죄책감 등이 작용한다.

⑤ 우울(Depression)
장애로 인한 자신의 기능상실이 현실적인 것으로 느껴질 때 나타나기 시작한다. 이는 특히 장애의 정도보다 개인의 성격과 더욱 밀접하게 연관된 것으로서, 단순히 슬픈 감정을 가지는 경미한 경우에서부터 자살충동을 가지는 심한 경우에까지 이르기도 한다.

> **OX Quiz**
> 장애인이 일반적으로 가질 수 있는 심리적 특성에는 부정, 퇴행, 분노, 불안, 우울이 있다.
> 정답 O

4. 장애인의 심리재활을 위한 집단치료

① 장애인을 위한 집단치료는 장애인은 물론 그 가족들에게도 적용된다.
② 집단치료가 타인과의 상호작용에 의한 사회성 향상을 목표로 하는 만큼, 특별한 이유가 없는 한 집단구성원 선발 시 장애의 종류 등을 기준으로 하지 않는다.
③ 변화된 삶에 대응하기 위해 요구되는 행동을 재정의하며, 이를 발전시키는 방향으로 전개된다.
④ 집단치료를 통해 장애인은 집단 속에서 서로 도움을 주고받음으로써 필요한 존재가 되는 경험을 가진다.

⑤ 장애인은 장애 후 새로운 관계형성을 계기로 효과적인 의사소통기술을 개발할 수 있는 기회를 가진다.
⑥ 모델링을 통해 비슷한 문제들에 대한 해결방법을 학습하며, 정서적인 지지와 유용한 정보를 얻는다.

> **핵심예제 27** 15년 기출
>
> 만성정신질환에 대한 재활모델 단계 중 "핸디캡"의 정의로 가장 알맞은 것은?
>
> ① 원인요소에 의한 중추신경계 이상
> ② 생물학적·심리학적 구조나 기능에 이상이 있는 것
> ③ 개인이 사회적 상황에서 주어진 역할이나 과제를 수행하지 못하거나 수행하는 데 한계를 보이는 것
> ④ 장애 때문에 사회에서 다른 사람에 비해 상대적으로 불이익을 받는 것
>
> ● 해설 체크! ●
>
> 핸디캡(Handicap)
> • 손상이나 장애로 정상적인 역할 수행에 제한이 발생하여 불이익을 경험하는 상태이다.
> • '장애인'이라는 수식어가 사회적으로 불리한 조건을 형성한다.
> • 일정한 거주지가 없거나 취업을 하지 못한 상태 등을 뜻한다.
> • 사회적 재활을 통해 사회체계의 변화를 이끌어 낼 수 있다.
>
> 정답 ④

28 장애의 적응과 재활

1. 신체적 장애의 발생에 따른 적응과정

① 제1단계 : 충격
  • 외상 시 나타나는 즉각적인 반응으로, 과도한 자극에 압도된 상태이다.
  • 장애외상은 스트레스사건의 심각성을 파악하지 못한 상황에서의 인지적·정서적·행동적 비탄상태를 말한다.
  • 충격을 받은 개인은 비탄상태에 빠지게 되며, 이와 같은 상태가 수일 동안 지속되기도 한다.
② 제2단계 : 부정
  • 신체적 장애 발생 시 초기에 외상 자체를 부정하는 것은 회복과정에 도움이 된다.

OX Quiz
신체적 장애 발생 시 초기에 외상 자체를 부정하는 것은 회복에 도움이 되지 않는다.
정답 X(회복과정에 도움)

- 부정은 회복의 초기단계에 필요한 일종의 방어기제로서, 장애를 입은 개인은 자신에게 아무런 변화도, 어떠한 상실도 없는 것처럼 행동한다.
- 점차적으로 현실과 부정이 교차하게 되면서 부정이 현실로 교체되는 경험을 한다.

③ 제3단계 : 우울반응
- 장애를 입은 환자가 자신의 변화와 상실을 인정하는 순간 나타난다.
- 환자는 자신이 처한 곤경의 정도와 함께 평생을 장애상태로 살아야 한다는 인식을 가지게 된다.
- 우울반응이 일시적으로 지나가거나 아예 나타나지 않는 경우 자신의 장애를 인정하지 않는 것이므로, 가족을 비롯한 주위사람들은 그에 대해 주의를 기울여야 한다.

④ 제4단계 : 독립에 대한 저항
- 저항은 독립적인 재활노력에 반대하고자 하는 양가감정의 양상으로 나타난다.
- 환자는 자기간호와 재활이 가능하여 퇴원을 앞두게 될 경우 오히려 자신의 독립에 대한 저항심리를 가질 수 있다.
- 장기간 수동적인 치료의 과정을 계속하고자 하는 마음과 함께 재활을 통해 새로운 생활을 시작하고 싶은 마음이 공존하게 된다.

⑤ 제5단계 : 적응
- 자신의 상실을 돌이킬 수 없다는 사실을 깨닫게 되면서 자신이 처한 변화와 한계를 인정하며, 새로운 목표를 수립하고 역할을 성취하려고 시도한다.
- 감정적·행동적·인지적인 측면에서의 대응전략을 통해 신체적 변화에 효과적으로 반응하기 위한 능력을 배양하고자 한다.
- 비현실적인 목표설정은 또 다른 좌절과 우울로 이어질 수 있으므로 이와 같은 부정적인 정서의 악순환을 단절시키기 위한 작업이 요구된다.

2. 직업재활의 기본원칙(나운환, 2003)

① 모든 사람은 인간으로서의 기본적인 가치를 가지고 있으므로 심신의 결함범위 내에서 인생의 행복을 추구하도록 한다.
② 모든 사람은 사회의 일원으로, 재활을 통해 장애인들이 사회에서 받아들여질 수 있도록 적응력을 키워야 한다.
③ 개인의 자질은 중요시되어야 하고 보호 및 계발되어야 하기 때문에 장애인의 자질도 존중되고 계발되어야 한다.
④ 심신의 장애로 인한 결함과 환경의 한계성을 인식하면서 현실적으로 대처해 나가도록 도와야 한다.

> **OX Quiz**
> 우울반응이 일시적으로 지나가거나 아예 나타나지 않는 경우, 자신의 장애를 인정하지 않는 것이다.
> 정답 O

> **OX Quiz**
> 재활치료는 각 개인의 특성에 맞게 다양해야 한다.
> 정답 O

⑤ 장애인의 신체적 욕구뿐만 아니라 정신적·사회적·문화적·경제적인 욕구를 참작하여 전인적으로 도와야 한다.
⑥ 재활치료는 각 개인의 특성에 맞게 다양하고 융통성이 있어야 한다.
⑦ 문제를 의식하고 해결해야 하는 사람이 바로 장애인 자신이기 때문에 재활에는 장애인 자신이 적극적으로 참여해야 한다.
⑧ 장애인의 발생요인을 개인에게 돌리기에는 사회적 책임이 너무 크기 때문에 장애인의 재활은 사회가 책임져야 한다.
⑨ 직업재활은 여러 문제가 복합되어 있으므로 각 영역의 전문가와 전문기관이 서로 협력 및 보완하여야 한다.
⑩ 재활은 도움이 필요할 때까지는 계속 도움을 주는 과정이어야 한다.
⑪ 장애인은 자신이나 재활프로그램에 대하여 심리적 반응을 나타낼 수 있으므로 항상 장애인의 심리적 상태를 파악해야 한다.
⑫ 재활과정은 연속되는 복잡한 과정이므로 반드시 장애인 자신과 재활프로그램에 대해서 계속적으로 평가해야 한다.

> **OX Quiz**
> 직업재활은 여러 문제가 복합되어 있으므로 각 영역의 전문가와 전문기관이 서로 협력 및 보완하여야 한다.
> 정답 O

3. 지역사회중심재활(CBR ; Community Based Rehabilitation)의 주요목표

① 장애를 가진 사람의 기능적 능력을 최대한으로 향상시킨다.
② 장애를 가진 사람이 동등한 기회를 가지는 수용적 사회를 형성하기 위해 환경·정보·의사소통의 장벽을 없앤다.
③ 장애인과 그 가족이 지역사회의 전반활동에 참여할 수 있도록 대중의 인식을 개선시킨다.
④ 장애인으로 하여금 지역사회중심재활 프로그램의 전 과정에서 결정권자로서의 능력을 배양하도록 한다.

4. 정신장애자 직업재활을 위한 클럽하우스모델로서 파운틴하우스(Fountain House)

① 클럽하우스는 1944년 미국 뉴욕에서 정신장애인들이 결성한 자조모임(WANA ; We Are Not Alone)에서 비롯된다.
② 정신장애인에게 신체적·직업적 기능을 개발하고 가능성과 잠재력을 발휘할 수 있는 계기를 마련해 주며, 지역사회 내에서 교육·취업·주거 등의 기회를 제공한다.
③ 지역사회재활모델을 기초로 하며, 정신장애인은 환자라기보다는 회원으로 직원과 함께 클럽운영에 참여한다.

④ 클럽하우스의 정신장애인은 보호적 환경이 아닌 자조적 환경에서 동료 및 직원들과 친밀한 상호협력적 관계를 형성하며, 행정적인 업무를 함께 수행한다.

> **OX Quiz**
>
> 클럽하우스의 정신장애인은 자조적 환경이 아닌 보호적 환경에서 주위사람들과 친밀한 관계를 형성한다.
>
> 정답 X(자조적 ↔ 보호적)

핵심예제 28
18년 기출

신체적 장애 발생 시 흔히 나타나는 심리적 적응단계에 대한 설명으로 틀린 것은?

① 초기에 외상 자체에 대한 부정 여부는 회복효과와 관련이 없는 것으로 나타난다.
② 장애나 질병의 심각성과 정도를 이해하고 완전히 인정하게 될 때에는 우울해진다.
③ 독립적으로 자기간호와 재활의 노력이 가능할 때 나타나는 반작용이 독립에 대한 저항이다.
④ 충격은 외상 시 나타나는 즉각적인 반응이다.

> **해설 체크!**
>
> 갑작스럽게 심각한 신체적 장애를 가지게 되었을 때 나타나는 심리적인 반응은 5단계의 적응과정을 거치며, 부정의 경우 반드시 나타나는 단계로 초기 외상 자체를 부정하는 것이다. 현실인정과 그것을 부정하고 회피하는 것 간의 상호충돌은 갑자기 혹은 한 번에 이루어지는 것이 아니라 점차적으로 양자 간에 번갈아 가면서 진전되며, 환자는 이를 거쳐 신체적 장애에 적응하게 된다.
>
> 정답 ①

29 스트레스 Ⅰ

20년 기출

1. 유형

① 자극으로서의 스트레스
- 개인이 삶 속에서 부딪치는 다양한 자극이나 사건들 자체가 스트레스이다.
- 천재지변이나 전쟁 등 많은 사람에게 중대한 영향을 미치는 스트레스, 사랑하는 사람 간의 결별이나 죽음 등 일부 사람에게 영향을 미치는 스트레스, 고독감이나 책임감 등 일상생활의 문젯거리에 의한 스트레스로 구분된다.
- 스트레스에 대해 객관적인 접근을 하고 있으나, 동일한 자극에 대해 체험하는 스트레스 수준이 상이할 수 있음을 간과한다.

② 반응으로서의 스트레스
- 신체에 가해지는 변화와 적응에의 요구에 대해 신체가 생리적으로 유사한 반응을 보인다는 사실을 강조한다.
- 스트레스를 외부자극에 대한 신체의 불특정반응으로 본다.
- 스트레스 상황하에 있는 유기체의 생리적 반응패턴이 주요한 관심의 대상이 된다.

③ 개인과 환경 간 상호작용으로서의 스트레스
- 개인과 환경 간 상호작용에서 변화와 적응을 요구하는 외적 자극은 물론 개인의 지각 및 인지, 대처능력 등을 함께 강조한다.
- 개인이 경험하는 스트레스의 수준은 상황적 요인과 개인적 요인의 복합적이고 역동적인 상호작용에 의해 결정된다고 본다.
- 스트레스에 대한 견해 중 가장 많은 지지를 받고 있다.

2. 심리적 원인으로서 갈등

① 레빈(Lewin)의 갈등 유형
긍정적 가치를 갖는 것에 이끌리는 힘을 접근(Approach)경향이라고 하고, 부정적 가치를 갖는 것에서 멀어지고자 하는 힘을 회피(Avoidance)경향이라고 한다. 갈등(Conflict)은 두 가지 이상의 동기가 서로를 방해하여 충족되지 못할 때 일어난다.

전문가의 한마디

베르나르(Bernard)는 스트레스를 그 효과에 따라 긍정적 결과를 가져오는 순기능적 스트레스인 유스트레스(Eustress), 부정적 결과를 가져오는 역기능적 스트레스인 디스트레스(Distress)로 구분하였습니다.
유스트레스는 흥미롭고 즐거우며 활력을 불어넣는 데 반해, 디스트레스는 고통스럽고 불쾌하며 질병에 취약하게 만듭니다.

OX Quiz

두 가지 이상의 동기가 서로를 방해하여 충족되지 못할 때 갈등(Conflict)이 일어난다.

정답 O

접근-접근갈등	두 개의 정적 유의성을 띠고 있는, 바람직하면서도 상호배타적인 행동목표가 동시에 나타나는 경우 발생한다. 예 여름휴가를 산으로 갈 것인지 바다로 갈 것인지 갈등하는 경우
접근-회피갈등	동일한 행동목표가 정적 유의성과 부적 유의성을 동시에 나타내 보이는 경우 발생한다. 예 승진을 하려면 지방근무를 해야만 하고, 서울근무를 계속하려면 승진 기회를 잃는 경우
회피-회피갈등	두 개의 부적 유의성을 띠고 있는 상호배타적인 행동목표가 동시에 나타나는 경우 발생한다. 예 학교에 가기 싫어하는 학생이 부모에게 꾸중을 들을까봐 집에 있을 수도 없어 갈등하는 경우
이중접근- 회피갈등	접근-회피갈등을 보이는 두 개의 행동목표 중 어느 하나만을 선택할 수 밖에 없는 경우 발생한다. 예 친구는 같이 술을 마시자고 하고 아내는 집에 빨리 들어오라고 하는 경우. 만약 친구의 뜻에 따르면 아내가 싫어할 것이고, 아내의 뜻에 따르면 친구가 싫어할 것이 예상되어 갈등하는 경우

② 역할갈등의 유형

역할갈등(Role Conflict)은 역할담당자가 자신의 직위와 역할전달자의 역할기대가 상충되는 상황에서 지각하는 심리적 상태이다. 둘 또는 그 이상의 사회적 지위(역할)를 가지고 있는 사람이 상반된 기대역할을 요구받을 때 경험하게 된다.

- 역할 간 갈등(Inter-Role Conflict) : 직업에서의 요구와 직업 이외의 요구 간의 갈등에서 발생한다.
- 개인 대 역할갈등(Person-Role Conflict) : 개인의 복잡한 과제, 개인이 수행하는 직무의 요구와 개인의 가치관이 다를 때 발생한다.
- 송신자 간 갈등(Inter-Sender Conflict) : 두 명 이상의 요구가 갈등을 일으킬 때 발생한다.
- 송신자 내 갈등(Intra-Sender Conflict) : 업무지시자가 서로 배타적이고 양립할 수 없는 요구를 요청할 때 발생한다.

> **OX Quiz**
>
> 직업에서의 요구와 직업 이외의 요구 간의 갈등에서 발생하는 것은 송신자 내 갈등이다.
>
> 정답 X(역할 간 갈등)

3. 조절변인 〔15, 17, 18년 기출〕

① A와 B 성격유형

- 성격유형에 따른 스트레스의 양상은 프리드만과 로젠만(Friedman & Rosenman)이 제시한 A와 B 성격유형에 따른 행동패턴을 기초로 한다.
- A 유형 성격은 기본적으로 능동적·공격적인 성향을 가지고 있으며, 경쟁 및 성취지향, 신속성, 완벽함을 추구한다.
- B 유형 성격은 기본적으로 수동적·방어적인 성향을 가지고 있으며, 느긋함과 차분함, 일처리 시 여유로운 대처, 상황의 수용 등을 특징으로 한다.

- 이러한 성격적 특징으로 인해 A 유형 성격이 B 유형 성격에 비해 스트레스에 취약한 양상을 보인다.

② 통제소재 또는 통제위치(Locus of Control)
- 개인의 행위가 일어날 가능성을 규명하기 위해 강화의 가치나 기대, 심리적 상황을 고려해야 한다는 로터(Rotter)의 사회학습이론에서 비롯된다.
- 개인은 자신의 운명이나 일상생활에서 얻는 결과를 자기 자신이 얼마나 통제할 수 있다고 믿는가, 즉 성패의 원인이 내부에 있는가 또는 외부에 있는가에 따라 내적 통제자(내재론자, 內在論者)와 외적 통제자(외재론자, 外在論者)로 구분된다.
- 내적 통제자는 어떠한 사건의 발생이나 그 결과를 자기 자신의 행동에서 비롯된 것으로 간주하여 스스로 통제가능한 것으로 인식하는 반면, 외적 통제자는 사건의 발생이나 그 결과가 기회나, 운 등 외적 요인의 강력한 영향력에 의해 결정된다고 본다.
- 여러 연구결과에 따르면, 내적 통제자는 문제중심의 대응행동을 통해 스트레스에 적절히 대처하는 반면, 외적 통제자는 부정적 사건에 민감하게 반응하고 자기방어적인 성향을 보임으로써 실제생활에서 비교적 높은 수준의 스트레스를 경험하는 것으로 나타나고 있다.

③ 사회적 지원(Social Support)
- 스트레스를 완화할 수 있도록 해주는 조직 내적 혹은 조직 외적 요인을 의미하는 것으로서, 특히 조직 내적 요인으로는 직장상사, 동료, 부하가 있으며, 조직 외적 요인으로는 대표적으로 가족이 있다.
- 피노(Pinneau)는 스트레스에 대응하는 사회적 지원의 효과를 예방효과, 치료효과, 완충효과로 구분하였다. 예방효과는 스트레스의 원천에 직접적인 영향을 미침으로써 스트레스를 사전에 방지하는 것을 말하며, 치료효과는 스트레스를 받은 직무수행자의 긴장감을 해소하는 동시에 안정감을 증진하는 것을 말한다. 또한 완충효과는 스트레스와 직무수행자의 긴장 간의 관계를 적절히 조절하여 직무수행자로 하여금 스트레스상황에서 긴장감을 덜 느끼도록 하는 것을 말한다.
- 비르(Beehr)는 사회적 지원을 정서적 지원과 수단적 지원으로 구분하였으며, 정서적 지원으로 존경, 애정, 신뢰, 관심 등을, 수단적 지원으로 금전, 시간, 노동력, 환경의 개선 등을 제시하였다.
- 사회적 지원은 스트레스원을 약화시키지만 스트레스원으로부터 야기된 권태감, 직무불만족 자체를 감소시키는 것은 아니다.

OX Quiz

스트레스를 완화할 수 있는 조직 내·외적 요인을 사회적 지원이라고 한다.

정답 O

핵심예제 29

15년 기출

스트레스에 영향을 미치는 요인과 가장 거리가 먼 것은?

① 인지적 오류
② 통제소재
③ A 유형 성격
④ 집단무의식

해설 체크!

① 인지치료의 대표적인 학자 벡(Beck)은 사람들이 경험하는 심리적 문제가 스트레스사건을 경험했을 때 자동적으로 떠오르는 부정적인 내용의 생각들, 즉 자동적 사고(Automatic Thinking)에 의해 발생한다고 보았다.
② 내적 통제자는 문제중심의 대응행동을 통해 스트레스에 적절히 대처하는 반면, 외적 통제자는 부정적 사건에 민감하게 반응하고 자기방어적인 성향을 보임으로써 실제생활에서 비교적 높은 수준의 스트레스를 경험한다.
③ A 유형 성격은 경쟁 및 성취지향, 신속성, 완벽추구 성향으로 인해 느긋함과 차분함을 특징으로 하는 B 유형 성격에 비해 스트레스에 취약한 양상을 보인다.

정답 ④

30 스트레스 II

1. 스트레스 인지적 평가이론(스트레스대처이론)

① 라자루스와 포크먼(Lazarus & Folkman)이 제시한 것으로, 스트레스사건 자체보다 지각과 인지과정을 중시하는 이론이다.
② 스트레스대처를 개인에게 과도한 부담을 주거나 개인의 안녕을 위협하는 것으로 평가되는 내적·외적 요구를 다스리기 위한 지속적인 인지적·행동적 노력으로 본다.
③ 인지적 평가는 환경과 개인 간에 발생하는 복잡한 상호작용의 매개영역에 해당한다.
④ 동일한 스트레스사건에도 불구하고 인지적 평가에 따라 정서적·행동적인 반응상에 개인차가 나타난다.
⑤ 개인이 스트레스원을 어떻게 인지하느냐에 따라 대처과정에 중요한 차이가 나타난다.
⑥ 인지적 평가 과정은 1차 평가, 2차 평가, 그리고 재평가(3차 평가)로 구분된다.
- 1차 평가 : 사건에 대한 평가로, 사건의 위협성정도, 사건과 자신의 안녕 간의 연관성을 평가한다.
- 2차 평가 : 개인의 대처능력에 대한 평가로, 사건에 대해 개인이 실행할 수 있는 유효한 대처전략을 평가한다.
- 재평가(3차 평가) : 환경으로부터 오는 새로운 정보에 근거하여 앞선 평가내용을 수정한다.

2. 라자루스와 포크먼의 스트레스 대처유형

① 문제집중적 대처방식
- 스트레스를 유발하는 개인의 문제행동이나 환경적 조건을 변화시킴으로써 스트레스를 해소하고자 하는 방식으로, 환경지향적 대처와 내부지향적 대처로 구분된다.
- 환경지향적 대처는 스트레스를 유발하는 문제를 직접적으로 해결하기 위해 관련 문제를 상세히 분석하고 합리적인 방법을 찾아내는 방식이다. 즉, 문제를 규정하고 대안적 해결책을 강구하며, 여러 대안들을 서로 비교하여 최선의 것을 선택한 후 이를 실행에 옮긴다.

OX Quiz

스트레스에 대한 대처방식 중 문제집중적 대처방식은 환경지향적 대처와 정서집중적 대처로 구분할 수 있다.

정답 X(정서집중적 → 내부지향적)

- 내부지향적 대처는 환경을 변화시키기보다는 자기 자신을 변화시키는 방향으로 스트레스에 대처하는 방식이다. 예를 들어, 자신의 포부수준을 변경하거나 대안적 만족추구 방법을 찾는 것, 새로운 행동기준을 개발하거나 새로운 기술을 습득하는 것 등이 있다.

② 정서집중적 대처방식
- 스트레스를 유발하는 문제에 직접적으로 접근하기보다는 스트레스상황에서의 불안감이나 초조함 등의 정서적 고통을 경감시키고자 한다.
- 스트레스의 원인을 회피하거나 스트레스상황에 대한 인지재구성을 통해 스트레스에 대처하는 방식이다.
- 현실을 있는 그대로 받아들여 불안을 감소시킬 수도 있으나, 현실을 왜곡하여 받아들임으로써 자신을 기만할 수도 있다.
- 정서집중적 대처는 다음과 같은 기술들을 활용한다.
  - 소망적 사고(Wishful Thinking) : 이미 발생한 스트레스상황에 대해 자신의 생각이나 행동을 바꾸려고 노력한다.
  - 거리두기(Distancing) : 스트레스상황과 관련된 모든 것을 잊어버리려고 노력한다.
  - 긴장해소(Tension Release) : 스트레스로 인한 불안감이나 긴장감을 해소하기 위해 운동이나 오락 등 기분을 전환할 수 있는 일에 몰두한다.
  - 고립(Isolation) : 자신이 경험하고 있는 스트레스를 다른 사람이 알지 못하도록 속으로 감춘다.
  - 사회적 지지추구(Seeking Social Support) : 다른 사람의 이해와 지지를 받으려고 노력한다.
  - 책임수용(Accepting Responsibility) : 스트레스의 발생원인을 자신에게 있는 것으로 받아들여 이를 온전히 수용하려고 노력한다.

③ 문제-정서혼합적 대처방식
- 문제집중적 대처와 정서집중적 대처를 혼합한 방식으로, 대부분의 사람들이 이와 같은 방식을 사용하는 경향이 있다.
- 문제집중적 대처와 정서집중적 대처는 스트레스에 대한 대처과정에서 서로 촉진적인 방향으로도 혹은 서로 방해하는 방향으로도 작용할 수 있다.
- 스트레스경험에서 자신에게 도움이 될 만한 효과를 찾으려고 노력하는 성장지향(Growth Oriented), 스트레스상황을 변화시키기 위해 그것에 적극적·공격적으로 대응하는 직면하기(Confront) 등의 기술을 사용한다.
- 중간 수준의 스트레스에 대해서는 문제집중적 대처를, 보다 높은 수준의 스트레스에 대해서는 정서집중적 대처를 널리 사용한다.

> **OX Quiz**
> 정서집중적 대처방식 중 스트레스상황과 관련된 모든 것을 잊어버리려고 노력하는 것은 '고립'이다.
> 정답 X(거리두기)

> **OX Quiz**
> 정서집중적 대처는 소망적 사고, 책임수용과 같은 기술을 활용한다.
> 정답 O

3. 스트레스호르몬 : 코르티솔

15, 21, 25년 기출

① 최근 스트레스와 면역기능에 대한 연구들은 부신호르몬인 디하이드로에피안드로스테론(DHEA ; Dehydroepiandrosterone)과 코르티솔(Cortisol)이 인체에 미치는 영향에 주목하고 있다.

② DHEA는 조직의 발달과 유지에 직접적으로 관여하는데, 대개 25세를 전후로 감소하기 시작하여 노인이 되면 매우 낮은 수준에 이르게 된다. 이러한 DHEA는 스트레스에 대한 저항, 불안과 우울에 대한 억제효과를 보인다.

③ 만약 DHEA가 감소되는 경우 암세포를 공격하는 등 우리의 신체면역체계에서 중요한 역할을 수행하는 자연살해세포인 NK 세포(Natural Killer Cell)의 활동력이 떨어지게 되며, 그로 인해 질병에 취약하게 된다.

④ 신체는 스트레스에 직면하게 될 때 투쟁을 하거나 도망을 치는데, 그중 먼저 DHEA가 스트레스에 대한 투쟁반응을 시작한다. 그러나 그 자극이 너무 강한 경우 스트레스호르몬인 코르티솔이 생성되어 스트레스에 대해 도망치는 반응을 보이게 된다. 이와 같이 DHEA가 감소하고 코르티솔이 증가하는 경우 신체의 면역세포는 약화된다.

⑤ 코르티솔이 장기간 동안 DHEA에 비해 그 비율이 과도하게 높은 경우 신체조직의 대부분, 특히 뇌나 면역체계에 손상을 입히는 것으로 알려져 있다.

OX Quiz

DHEA가 감소하고 코르티솔이 증가하는 경우 신체의 면역세포는 약화된다.

정답 O

핵심예제 30

15, 21년 기출

스트레스호르몬이라고 불리는 코르티솔(Cortisol)이 분비되는 곳은?

① 부 신
② 대뇌피질
③ 변연계
④ 해 마

> • 해설 체크! •
>
> 코르티솔은 부신피질호르몬(Adrenal Cortex Hormone)으로, 스트레스자극이 주어질 때 분비가 왕성해져서 자극에 적응할 수 있도록 체내조건을 만드는 역할을 한다.
>
> 정답 ①

31 청소년상담   21년 기출

1. 목 표

① 행동변화의 촉진
　청소년으로 하여금 문제행동의 제거와 바람직한 행동의 강화를 통해 보다 건강하고 생산적인 생활을 해나가도록 돕는다.

② 적응기술의 증진
　청소년기에 경험하는 여러 가지 변화과정 속에서 잘 적응할 수 있도록 도우며, 그에 파생되는 부적응행동이나 갈등해결을 돕는다.

③ 의사결정기술의 함양
　청소년기에 당면하는 여러 가지 결정에서 합리적이고 올바른 선택을 할 수 있도록 돕는다.

④ 인간관계의 개선
　청소년기에 경험하는 부모와의 갈등, 또래와의 문제, 이성문제 등을 건설적으로 해결할 수 있도록 대인관계능력 및 기술을 증진하도록 돕는다.

⑤ 잠재력의 개발
　청소년의 적성·흥미·능력·가치관 등의 탐색을 통해 자신의 내재된 특성과 잠재력을 이해하고 개발할 수 있도록 돕는다.

⑥ 자아정체감 확립
　청소년으로 하여금 자신에 대한 이해, 삶의 목적 및 의미 추구, 성정체감 확립 등을 돕는다.

⑦ 긍정적 자아개념
　청소년기에 경험하는 여러 가지 문제나 부적응으로 인한 열등감이나 자신감 부족 등의 부정적 자아개념을 긍정적인 방향으로 변화시킬 수 있도록 돕는다.

⑧ 건전한 가치관 확립
　가치관혼란 및 갈등을 경험하는 청소년에게 올바른 가치관을 가질 수 있도록 돕는다.

⑨ 문제해결
　청소년기의 발달과업들, 환경적 여건 혹은 사회문화적 변화조건 등에 의해 제기되는 독특한 문제들을 잘 수행하고 해결해 나갈 수 있도록 돕는다.

⑩ 치 료
　청소년의 정신과적 질환을 치료하고 각종 심리적 장애를 치료한다.

OX Quiz

청소년상담은 청소년의 정신과적 질환을 치료할 수는 없다.

정답 X(치료도 목표 중 하나임)

⑪ 예 방

청소년기의 중도탈락, 비행, 약물남용, 자살 등의 심각한 문제들을 예방하기 위해 잠재적인 위험을 가진 청소년 및 일반 청소년들에게 위기상황의 극복, 문제해결능력이나 갈등해결기술 등을 가르쳐 줌으로써 문제를 예방한다.

⑫ 발 달

청소년이 인간특성의 모든 분야에 걸쳐 고른 성장과 성숙을 이루도록 인간으로서의 기본적인 자질을 골고루 갖추고 적성과 소질을 개발할 수 있도록 돕는다.

⑬ 탁월성

청소년의 잠재적 능력들을 탐색·발견·개발함으로써 모든 청소년들에게 내재된 고유한 탁월성을 발휘할 수 있도록 돕는다.

2. 특수성

① 교육적 역할의 강조

청소년상담은 일반성인과 다른 청소년의 고유한 발달적 특성 및 문제들과 관련하여 성장 및 발달을 촉진하는 교육적 활동이 강조된다. 따라서 상담자의 역할에 있어서 교정과 치료보다는 교육적 역할, 주변환경에의 적극적인 개입을 통해 변화 및 협조를 도모하는 중재역할이 요구된다.

② 구체적인 사고, 행동의 변화에 초점

전통적인 정서중심의 통찰이나 인식을 강조하는 접근보다는 구체적인 사고나 행동의 변화를 돕는 보다 적극적이고 융통성 있는 전략의 적용이 요구된다.

③ 청소년기 특성을 반영한 체험활동, 집단활동

언어표현능력 및 성찰능력의 부족, 또래관계 등의 청소년기 특성을 반영하여 전통적인 대화중심·치료중심의 전략보다는 체험활동, 집단활동 등의 효과를 추가하는 것이 바람직하다.

④ 문제환경의 변화를 위한 상담·중재·조정의 역할

청소년을 둘러싼 가족이나 보호자, 또래친구, 교사 등을 포함하여 청소년의 환경이 바람직한 방향으로 변화할 수 있도록 도와야 한다. 이를 위해 상담자는 문제환경의 변화를 위한 상담·중재·조정의 역할을 하여야 한다.

⑤ 문제해결을 위한 다각적인 개입

표면적으로 드러나거나 호소되는 문제뿐만 아니라 그 문제와 연관된 가족관계, 학교생활, 교우관계, 거주환경 등에 대한 포괄적인 이해를 토대로 문제해결을 위한 다각적인 개입이 요구된다.

기출키워드
21년 3회 / 23년 2회 / 25년 1회

예 방

※ 필기시험에는 예방에 대한 설명을 지문에 제시한 뒤, 선지에서 고르도록 하는 문제가 출제되었습니다.

24, 25년 기출

OX Quiz

청소년상담에서 상담자는 청소년 문제환경 변화를 위한 중도 역할도 한다.

정답 X(중재)

3. 청소년발달에 대한 이해의 필요성

① 발달단계에 대한 정보는 일반적인 청소년의 발달과정에 대한 규준적 정보를 제공하므로, 상담자로 하여금 지나친 진단이나 미흡한 진단의 가능성을 방지한다.
② 한 개인의 발달단계에 대한 객관적인 이해는 상담자는 물론 아동 및 청소년이나 그들의 양육자인 부모에게도 도움이 된다.
③ 상담자가 발달단계나 주요발달과업에 대한 지식을 가지고 있음으로써 발달단계나 발달과업의 수행에서 부진한 영역을 발견하고 그 부분의 회복을 위해 노력할 수 있다.
④ 한 개인의 발달단계와 그의 과업수행 정도를 평가하는 것은 상담의 필요성 여부를 결정하거나 상담의 목표 혹은 상담의 양식을 결정하는 데 도움이 된다.
⑤ 상담자는 내담자의 영역별 발달수준, 발달이 뛰어난 영역과 부진한 영역, 성취한 발달과업 등을 고려하여 상담할 수 있다.

> **OX Quiz**
> 청소년상담에서 상담자로 하여금 지나친 진단이나 미흡한 진단의 가능성을 방지할 수 있도록 기능하는 것 중 하나가 발달단계에 대한 정보이다.
> 정답 O

4. 존슨(Johnson)의 청소년기 인간관계의 의의

① **사회적·인지적 발달**
청소년은 가정, 학교, 직장을 중심으로 하는 인간관계, 즉 가족, 친구, 교사, 직장동료들로부터 살아가는 데 필요한 새로운 기술과 능력, 지식, 태도, 가치관을 배운다.

② **자기개념(자아개념)의 확립**
청소년 주변의 사람들이 그를 어떻게 바라보고 어떤 피드백과 평가를 부여하느냐에 따라 청소년 자신의 특성이나 능력 등에 관한 자기개념에 큰 영향을 미치게 된다.

③ **현실세계와의 접촉 및 적응**
청소년에게 인간관계는 자신의 생각이나 느낌 등을 검증해보는 도구이다. 청소년으로 하여금 자기중심의 사고에서 점차 벗어나서 보다 현실적이고 보편적인 사고로 확대, 성장할 수 있도록 한다.

④ **신체적·심리적 건강에의 영향**
청소년이 나타내는 불안, 우울, 분노, 소외감 등의 정서적인 문제와 생활부적응은 청소년의 인간관계특성과 밀접하게 연관되어 있는 데서 찾아볼 수 있다.

5. 스타인버그(Steinberg)의 부모와의 갈등해결을 위한 상담전략

① **부모-청소년 간의 갈등해결을 위한 확고한 원칙을 정한다**
상담자는 부모와 청소년이 갈등상태에서 상담에 임할 때 부모와 청소년 모두 공

평하게 서로를 존중해 가며, 문제에 대하여 토론할 것을 합의하도록 한다. 특히 서로에 대한 비난이나 어느 한 쪽의 의견 또는 주장에 지배되지 않도록 한다.

② 부모-청소년의 상호이해를 돕는다

상담자는 부모와 청소년이 각자 문제에 대해 설명하고, 그 문제와 관련된 생각 및 감정을 자유롭게 말할 기회를 제공한다. 이때 토론은 상대방의 인격이 아닌 문제와 사실 중심으로 이야기하도록 한다.

③ 갈등해결에 대한 여러 가지 방법들을 탐색한다

상담자는 부모와 청소년으로 하여금 각자 문제해결을 위한 방안들을 어떠한 비판이나 평가 없이 가능한 한 많이 생각해 보도록 요구한다.

④ 제시된 해결책에 대해 합의를 하도록 한다

상담자는 제시된 해결책들 중 한두 가지의 가능한 해결방안에 대해 부모와 청소년이 의견을 합치할 수 있게 유도한다.

⑤ 합의된 방법을 기록하도록 한다

상담자는 부모와 청소년 간의 합의된 타협안을 공식적으로 기록함으로써 행동계약을 통해 부모와 청소년으로 하여금 이를 실행에 옮기는 동기를 제공하고 결단을 유도한다.

⑥ 합의된 내용의 실천여부에 대한 추수대화를 하도록 한다

상담자는 부모와 청소년이 합의된 내용을 각자 잘 이행하고 있는지 점검하며, 새로운 변화에 대한 느낌을 서로 이야기할 수 있도록 기회를 마련한다.

핵심예제 31

15, 19년 기출

청소년상담에서 특히 고려해야 할 요인과 가장 거리가 먼 것은?

① 일반적인 청소년의 발달과정에 대한 규준적 정보
② 한 개인의 발달단계와 과업수행 정도
③ 내담자 개인의 영역별 발달수준
④ 내담자의 이전 상담경력과 관련된 사항

해설 체크!

① 발달단계에 대한 정보는 일반적인 청소년의 발달과정에 대한 규준적 정보를 제공하므로, 상담자로 하여금 지나친 진단이나 미흡한 진단의 가능성을 방지한다.
② 한 개인의 발달단계와 그의 과업수행정도를 평가하는 것은 상담의 필요성 여부를 결정하거나 상담의 목표 혹은 상담의 양식을 결정하는 데 도움이 된다.
③ 상담자는 내담자의 영역별 발달수준, 발달이 뛰어난 영역과 부진한 영역, 성취한 발달과업 등을 고려하여 상담을 할 수 있다.

정답 ④

32. 학습문제와 학습상담

18, 20, 21, 22년 기출

1. 학습문제의 유형

① 학습부진(Underachievement)
- 내재적 또는 환경적 원인으로 인해 학습성취수준이 현저히 떨어지거나 잠재적인 지적 능력에도 불구하고 기대되는 수준에 미치지 못하는 상태를 말한다.
- 학습장애가 뇌의 기능장애나 인지상의 결함과 같은 기질적인 문제를 원인으로 하는 데 반해, 학습부진은 주의력결핍, 비효율적 학습습관, 가정환경이나 교우관계에서의 스트레스 등 개인의 정서나 환경상의 문제를 원인으로 한다.
- 지능이 평균보다 낮은 편이며, 어휘력과 표현력, 기억력이 부족하다. 또한 학교학습이 가능하지만 주의집중력이 떨어지고 과잉행동을 보임으로써 부적응적인 양상을 보이기도 한다.

② 학습장애(Learning Disability)
- 지적 장애(정신지체), 정서장애, 환경 및 문화적 결핍과는 관계없이 듣기, 말하기, 쓰기, 읽기 및 산수 능력을 습득하거나 활용하는 데 한 분야 이상에서 어려움을 나타낸다.
- 보통 개인의 능력발달에서 분야별 불균형이 나타나며, 지각장애, 지각-운동장애, 신경체계의 역기능 및 뇌손상과 같은 기본적인 정보처리과정의 장애로 인해 나타난다.
- 학습지진과 달리 정상적인 지능수준을 보이며, 특히 과잉행동, 주의력결핍, 충동성을 주된 증상으로 하는 주의력결핍 및 과잉행동장애(ADHD) 아동의 경우 50% 이상이 학습장애를 보인다.

③ 학습저성취(Low Achievement)
- 넓은 의미에서 학습장애와 학습부진을 포함하는 개념으로, 특히 학습부진과 중복되어 사용되기도 한다. 일반적으로 하위 5~20%의 낮은 성취수준을 나타내는 경우를 포괄적으로 지칭한다.
- 개인이 지닌 일반능력에 비해 현저하게 낮은 학업성취도를 나타내 보이며, 학교수업을 올바르게 수행할 수 있는 잠재력을 가지고 있으면서도 이를 제대로 발휘하지 못한다.
- 보통 학습장애, 주의력결핍, 열악한 가정환경, 부적절한 교우관계, 학교생활에의 부적응, 공부에 대한 개인적 가치관, 비효율적 학습습관 등으로 인해 나타난다.

OX Quiz

학습장애는 주의력결핍, 비효율적 학습습관, 가정환경이나 교우관계에서의 스트레스 등 개인의 정서나 환경상의 문제를 원인으로 한다.

정답 X(학습장애는 뇌의 기능장애나 인지상의 결함과 같은 기질적인 문제를 원인으로 함)

④ 학습지진(Slow Learner)
- 선천적으로 기억력 등의 지적 능력의 수준이 낮아 학업수행능력이 떨어지는 경우를 말한다.
- 지능수준 하위 3~25% 정도로 지능지수가 대략 70~89 정도에 해당하며, 정신지체는 아니지만 그 수준에 근접한 경계선지능에 해당한다.
- 학습장애와 달리 모든 교과목에서의 학업성취도가 낮은 수준을 보이며, 언어, 운동능력, 공간능력 등 대부분의 영역에서 발달이 저조하다.

2. 학습부진의 일반적인 원인

① 선행학습의 부족
② 학습동기의 결핍
③ 시험불안
④ 부모와의 관계 악화
⑤ 또래집단의 영향
⑥ 주의집중의 어려움
⑦ 비효율적 학습방법
⑧ 평균 이하의 지능수준

3. 학습상담에 대한 올바른 이해

① 학습문제는 개인의 심리적인 문제와 연결되어 있다
학습문제는 한두 가지의 원인에 의해 발생하는 경우가 드물다. 따라서 학습문제의 원인에 대한 전반적인 탐색이 이루어져야 하며, 특히 지능검사, 학습태도검사, 학습방법검사 등을 포함한 다양한 심리검사를 통해 내담자의 현재상태를 파악해야 한다.

② 학습문제와 관련된 내담자의 감정을 이해하고 격려해야 한다
청소년 내담자의 학습문제는 실패에 대한 두려움과 좌절감을 동반하는 경우가 대부분이다. 따라서 상담자는 내담자의 감정을 이해하고 격려해야 하며, 내담자로 하여금 성취감과 자신감을 회복할 수 있도록 지지해야 한다.

③ 현실성 있는 상담목표를 설정해야 한다
상담목표는 학습의 방향, 즉 상담의 방향을 제시하는 것이다. 목표설정은 상담 시 상담자와 내담자의 행동표적이 되므로, 명료하고 구체적이어야 하며 현실적으로 실현 가능해야 한다.

기출키워드
22년 1회
학업상담
※ 필기시험에는 학업상담에 있어 지능에 관한 설명으로 틀린 것을 고르도록 하는 문제가 출제되었습니다.

기출키워드
21년 1회
학업상담의 특징
※ 필기시험에는 학업상담의 특징에 관한 설명으로 틀린 것을 고르도록 하는 문제가 출제되었습니다.

OX Quiz
학습문제는 개인의 심리적 문제와는 관련이 없다.
정답 X(심리적 문제와 연결)

④ 상담과정에서 내담자의 장점 및 자원 등을 적절히 활용할 필요가 있다

학습상담은 내담자가 학습을 효과적으로 하지 못하는 이유와 함께 그러한 현상이 발생한 배경적 원인, 그리고 그로 인해 나타나는 다양한 문제들을 검토하는 절차가 필요하다. 특히 학습상담은 다른 상담에 비해 처방적인 성격이 강하므로, 이를 효과적으로 해결하기 위해 내담자의 장점과 자원 등을 최대한 활용해야 한다.

4. 학습상담에서 상담자가 갖추어야 할 자질

① 학습문제와 연관된 다양한 요인들을 체계적으로 고려해야 한다.
② 학습문제의 발생원인에 대한 정확한 진단과 함께 학습성취, 학습과정상의 이해를 토대로 학생개인 및 그 가족이 학습문제를 어떻게 다루어 왔는지 살펴보아야 한다.
③ 학생으로 하여금 자발적이고 창의적인 학습방법을 익히도록 적절한 교육과 훈련을 실시해야 한다.
④ 아동 및 청소년에 대한 심리적·발달적 전문지식과 함께 이를 적절히 활용할 수 있는 전략을 준비해야 한다.

5. 효과적인 학습전략 17, 19, 24, 25년 기출

① 조직화전략
- 단순암기식의 비효율적인 학습에서 탈피하여 독서능력의 신장과 장기기억의 효율성을 높인다.
- SQ3R의 학습방법, 즉 개관(Survey), 질문(Question), 읽기(Read), 암송(Recite), 복습(Review)으로 진행된다.

② 주의집중전략
- 집중력부족의 원인을 파악하여 학습과 학습 이외의 관심이나 욕구들이 서로 충돌하지 않도록 조정한다.
- 간단하고 쉬운 내용부터 시작하고 집중시간을 점차적으로 늘리는 등 학습계획 및 공부규칙을 체계적으로 실행해 나간다.

③ 기억전략
- 기억을 학습의 중요한 요소로 보고, 심도 있는 정보처리가 이루어지도록 함으로써 기억이 오랫동안 지속되도록 한다.
- 효과적인 기억을 위해 기억할 내용을 재구성·재구조화하고 이미지와 관련지어 조직화하며, 능동적으로 암송을 반복한다.

> **OX Quiz**
> SQ3R 학습방법의 S는 '개시'의 의미이다.
> 정답 X(개관)

④ 시간관리전략
- 체계적인 시간관리를 통해 제한된 시간을 효율적으로 활용함으로써 최대의 학습효과를 거두기 위한 것이다.
- 학습목표를 구체적이고 측정 가능하도록 세우며, 중요도에 따라 우선순위를 부여하여 실행해 나간다.

⑤ 시험전략
- 시험 전에는 합리적이고 효율적인 학습계획표를 작성하고 학습난이도에 따라 시간을 적절히 배분한다.
- 시험 중에는 문제를 전체적으로 훑어보고 가급적 쉬운 문제를 우선적으로 풀며, 문제를 모두 푼 후에는 전체를 세심하게 검토한다.
- 시험 후에는 실수로 풀지 못한 문제와 공부하지 못했던 문제를 반드시 확인하는 등 원인을 분석한다.

OX Quiz
시험 중에는 가급적 어려운 문제를 먼저 해결한다.
정답 X(쉬운 문제)

핵심예제 32

16, 20년 기출

테일러(Taylor)가 제시한 학습부진아에 관한 특성으로 옳지 않은 것은?

① 학업에 대한 막연한 불안감을 가지고 있다.
② 자기비판적이고 부적절감을 가져 자존감이 낮다.
③ 목표설정이 비현실적이고 계속적인 실패를 보인다.
④ 주의가 산만하고 학업지향적이다.

해설 체크!

학습부진아
- 학업에 대한 불안을 가지고 있다.
- 자신에 대해 비판적이고 부적절감을 가지고 있다.
- 성인과의 관계에서 추종, 회피, 맹목적 반항 혹은 부모에 대한 적대감을 가지고 방어적으로 행동한다.
- 대인관계에서 고립감을 느끼기 쉽고 타인에 대해 무관심하거나 비판적이다.
- 독립과 의존 간의 갈등이 심하다.
- 목표를 설정함에 있어 비현실적이고 계속적으로 실패하게 된다.

정답 ④

33 인터넷중독

15, 16년 기출

1. 폐 해

① 인터넷중독(Internet Addiction)은 중독성 물질이 없는 충동조절장애로, 인터넷 사용을 조절하지 못하고 이를 강박적·병리적으로 사용함으로써 내성 및 금단증상이 나타나는 상태를 말한다.
② 시력저하, 만성피로, 근골격계이상 등 신체적인 문제는 물론 불안, 우울증 등 정신적인 문제를 야기한다.
③ 가상현실에서의 욕구충족에 몰두하도록 함으로써 실제현실에서의 부적응문제를 야기한다.
④ 인터넷중독의 주요요인 중 게임은 아동 및 청소년의 학업부진, 성격의 폭력적 변질, 현실에 대한 부정 등의 문제를 야기한다.

2. 인터넷중독의 3단계

① 제1단계 : 호기심
  - 인터넷게임, 성인사이트, 사이버채팅에 호기심을 가지고 참여한다.
  - 정기적인 접속을 통해 온라인상에서 정보를 교류한다.
② 제2단계 : 대리만족
  - 인터넷을 통해 현실에서 느끼기 어려운 즐거움을 만끽한다.
  - 폭력성·사행성·음란성의 내재적인 본성을 드러낸다.
  - 익명성을 통해 가상현실 속에서 자유롭게 활동한다.
③ 제3단계 : 현실탈출
  - 오로지 인터넷으로의 접속상태를 희망한다.
  - 가상세계의 환상에 사로잡혀 현실을 인식하는 데 장애를 초래한다.
  - 현실세계의 질서와 규범을 무시하며, 사회적 사건의 주인공이 된다.

3. 증 후

① 내성, 금단, 남용 증상이 있다.
② 현실에 대한 적응 및 일상생활에서의 곤란을 경험한다.
③ 신체적·정신적 건강상에 문제가 발생한다(수면장애 발생).
④ 과도한 인터넷사용으로 수업에 집중하기 어려우며, 수업시간에 잠을 자기도 한다.
⑤ 가족이나 또래친구와 소원해지는 등 대인관계에 문제가 발생한다.

OX Quiz

인터넷중독은 호기심→대리만족→현실탈출의 단계를 거쳐 진행된다.

정답

⑥ 하루도 빠짐없이 인터넷을 한다.
⑦ 인터넷에 접속하는 경우 시간 가는 줄 모른다.
⑧ 인터넷사용으로 상당한 시간을 소모한다는 사실을 부인한다.
⑨ 식사시간이 줄어들며, 모니터 앞에서 식사를 하기도 한다.
⑩ 가족이나 주위사람들이 모니터 앞에 너무 오래 앉아있다고 나무란다.
⑪ 가족이 없는 경우 오히려 편안한 마음으로 인터넷을 한다.

4. 예방 및 상담전략 [24년 기출]

① 상담자는 내담자에게 과도한 인터넷사용에 따른 문제점을 인식시킨다.
② 인터넷사용을 통해 얻는 것과 그로 인해 잃는 것을 탐색하도록 한다.
③ 인터넷을 과도하게 사용하게 된 심리적 이유 및 환경적인 원인을 탐색하도록 한다.
④ 인터넷중독을 부추기는 게임 및 쇼핑 관련 책자, 음란서적 등을 제거하도록 한다.
⑤ 인터넷 대신 스트레스를 해소하고 욕구를 충족시킬 수 있는 생산적인 대안을 찾도록 돕는다.
⑥ 가상이 아닌 현실세계에서의 인간관계를 강화하도록 돕는다.
⑦ 인터넷사용 계획을 세우도록 하며, 올바른 인터넷사용 습관을 기르도록 돕는다.
⑧ 가족이 함께 있는 공간에 컴퓨터를 설치하며, 가족과의 여가시간을 늘린다.
⑨ 신체적 활동시간을 늘린다.

OX Quiz
인터넷중독 예방을 위해 컴퓨터는 개인적인 공간에만 설치하도록 한다.
정답 X(가족이 함께 있는 공간)

핵심예제 33 03, 05, 09, 15년 기출

인터넷중독의 상담전략 중 게임 관련 책자, 쇼핑책자, 포르노사진 등 인터넷사용을 생각하게 되는 단서를 가능한 한 없애는 기법은?

① 자극통제법
② 정서조절법
③ 공간재활용법
④ 인지재구조화법

• 해설 체크! •

자극통제법은 행동을 유발하는 선행자극을 적절하게 통제함으로써 부적응 행동을 소거하기 위한 방법에 해당한다. 적절한 선행자극의 부재로 바람직한 행동이 나타나지 않는 경우 그러한 행동을 유발하는 선행자극을 제공하며, 부적절한 선행자극으로 바람직하지 못한 행동이 나타나는 경우 그러한 행동을 유발하는 선행자극을 통제 또는 변화시키는 방법이다.

정답 ①

34 약물 오·남용 및 중독 *25년 기출*

1. 약물 오용, 약물 의존, 약물 남용, 약물 중독 *20, 25년 기출*

① **약물 오용(Drug Misuse)**
의학적인 목적으로 약물을 사용하기는 하지만 의사의 처방에 따르지 않고 임의로 사용하거나 또는 처방된 약을 지시에 따라 제대로 사용하지 않는 것을 말한다.

② **약물 의존(Drug Dependence)**
마약류 및 여타 약물을 지속적·주기적으로 사용한 결과 사용자에게 정신적·신체적 변화가 발생하여 사용자가 마약류 및 약물 사용을 중단하거나 조절하는 행위가 어렵게 되는 상태를 말한다.

③ **약물 남용(Drug Abuse)**
의학적 상식, 사회적 관습이나 법규로부터 일탈하여 쾌락을 추구하기 위해 약물을 사용하거나 과도하게 사용하는 행위를 말한다.

④ **약물 중독(Drug Addiction)**
중독성 있는 약물에 대한 강박적이고 과도한 집착으로 인해 부작용에도 불구하고 약물사용을 적절히 통제하거나 조절하는 것이 스스로의 힘으로 도저히 불가능한 상태를 말한다.

2. 약물 중독의 5단계 *24년 기출*

① **제1단계 : 실험적 사용단계**
- 호기심 혹은 모험심의 1차적인 동기에서 물질을 실험적으로 사용한다.
- 약물의 정서적 영향에 대해 별다른 관심이나 주의를 기울이지 않는다.

② **제2단계 : 사회적 사용단계**
- 사회적 상황에서 이루어지는 물질사용으로, 특히 청소년의 경우 또래집단이 사회적 사용을 용이하게 한다.
- 약물에 의해 기분전환이나 행동적 효과를 경험하지만, 대부분 약물사용 후 정상적이라고 느끼므로 이를 위기로 인식하는 경우는 드물다.

③ **제3단계 : 도구적 사용단계 혹은 남용단계**
- 약물의 영향은 물론 약물에 의해 유발되는 기분전환에 익숙해지므로 감정을 억제하거나 강화하기 위해 의도적으로 약물을 사용하기 시작한다.

OX Quiz

의학적 상식, 사회적 관습이나 법규로부터 일탈하여 쾌락을 추구하기 위해 약물을 사용하거나 과잉으로 사용하는 행위는 약물 오용에 해당한다.

정답 X(약물 남용)

기출키워드
21년 1회

교차내성(Cross-Tolerance)
두 약물의 약리작용 및 작용부위가 유사하여, 한 가지 약물에 대해 내성이 생긴 경우, 다른 약물을 투여해도 동일한 효과를 나타내는 것이다.

- 호기심과 쾌락을 추구하기 위해 약물을 사용하는 쾌락적 약물사용, 스트레스와 불편한 감정(예 분노, 불안, 수치심, 고독감 등)에 대처하기 위해 약물을 사용하는 보상적 약물사용의 두 유형으로 구분된다.

④ 제4단계 : 습관적 사용단계 혹은 의존단계
- 의존의 증상이 나타나기 시작하는 단계로서, 약물사용이 개인의 일상생활에 영향을 미치게 된다.
- 약물사용 이후 주관적인 정상의 기분으로 되돌아가지 못한 채 불안감이나 우울감, 초조함 등의 증상을 느끼게 되며, 내성으로 인해 더욱 많은 양의 약물을 사용하거나 강도가 더욱 센 새로운 약물을 사용하게 된다.

⑤ 제5단계 : 강박적 사용단계 혹은 강박단계
- 약물사용이 강박적인 행동으로 나타나는 단계로서, 약물사용에 순응한 채 이에 전적으로 매달리게 된다.
- 학교, 일, 취미는 물론 인간관계 전반에 대해 소홀해지며, 약물사용을 통제하려는 시도가 매번 실패로 돌아가므로 자존감이 더욱 약화된다.

3. 청소년 약물 남용의 특징   17년 기출

① 일단 약물을 남용하게 되는 경우 어른보다 더욱 빨리 약물 중독에 이른다.
② 처음에는 약효가 약한 약물에서 시작하여 점차 약효가 강한 약물을 남용하게 되며, 한 가지 약물에서 점차 복합적인 약물을 남용하게 된다.
③ 약물사용량의 증가에 따라 내성이 생기며, 심한 경우 치사량에 이르러 사망하기도 한다.
④ 약물 남용상태에서 쉽게 자제력을 상실한 채 폭력적인 행위를 일삼으며, 약물 중독상태에 이르러 교통사고나 자살 등의 사고를 유발한다.
⑤ 우울증, 품행장애, 주의력결핍 및 과잉행동장애(ADHD) 등을 유발한다.
⑥ 청소년기의 약물 남용은 성인기에 이르러 각종 성인병이나 정신질환 등의 주요 원인이 된다.
⑦ 청소년기에 약물을 남용하는 사람의 경우 대부분 성인기에 이르러서도 사회에 잘 적응하지 못한다.

OX Quiz

청소년기 약물 남용과 성인기의 사회적응력은 상관이 없다.

정답 X(상관이 있음)

4. 청소년 약물 남용의 문제점 및 원인

① 약물은 마약류나 의약품 이외에도 알코올이나 담배, 본드, 부탄가스 등 습관성 또는 중독성을 가진 물질들을 포괄한다. 이러한 약물은 니코틴, 카페인, 코카인 등의 중추신경흥분제, 아편, 헤로인, 알코올, 신경안정제 등의 중추신경억제제, 대마초, LSD 등의 환각제로 구분된다.
② 우리나라 청소년의 경우 알코올, 담배, 본드, 부탄가스, 대마초, 카페인, 진통제 등을 주로 남용하고 있으며, 그중 알코올이 가장 높은 비중을 차지하고 있다.
③ 약물 남용은 향정신성약물의 비의학적인 사용을 의미하는 것으로, 중추신경계에 부정적인 영향을 미쳐 특히 청소년의 신체적·정신적 성장 및 발달에 치명적인 결과를 초래한다.
④ 약물 남용은 청소년으로 하여금 사회심리적 부적응현상을 초래하여 무단결석이나 가출 등의 비행은 물론 범죄행위를 유발하기도 한다.
⑤ 약물 남용에는 관련 요인들의 영향에 앞서 나타나는 1차적 약물 남용과, 관련 요인들의 영향을 받아 나타나는 2차적 약물 남용이 있다. 특히 우리나라 청소년의 경우 호기심이나 부적절한 친구관계, 학업에 의한 스트레스 등의 심리적 요인에 의한 2차적 약물 남용이 대부분을 차지한다.
⑥ 청소년이 약물을 사용하는 이유로는 친구의 권유 또는 압력, 낮은 수준의 자기존중감, 호기심과 무료함, 약물에 대한 무지 또는 왜곡된 지식, 성인에 대한 부적절한 모방심리 등을 들 수 있다.

5. 약물 남용 청소년에 대한 상담

① 상담자는 상담 시작 전 종합적인 진단을 통해 효율적인 치료방법을 선택한다.
② 약물 남용과 관련된 문제에 대한 감정 및 내면의 문제를 적절히 다룬다.
③ 상담자는 약물 남용 청소년이 자신의 문제에 직면하도록 돕고, 치료계획을 함께 세우도록 한다.
④ 치료프로그램에 가족과 친구들을 포함시키는 것도 고려한다.

6. 익명의 알코올중독자 모임(AA ; Alcoholic Anonymous) 12단계

14, 17, 19, 20년 기출

약물 중독개입모델 중 영적인 성장에 초점을 둔 알코올중독치료 목적의 자조집단으로서, 다음의 12단계 모델을 제시하였다.
① 제1단계 : 우리는 알코올에 무력했으며, 스스로 생활을 처리할 수 없게 되었다는 것을 깨닫고 시인했다.

기출키워드
20년 3회
항정신병 약물 부작용
- 만발성운동장애 : 장기에 걸친 항정신병제제의 복용경과 중 또는 단약이나 감약을 계기로 나타나는 것으로, 주로 입술, 혀, 아래턱 등에서 볼 수 있는 불수의적인 움직임
- 추체외로 증상 : 항정신병 약물 투여 후 급성으로 나타나는 다양한 종류의 운동곤란증. 약물 투여 시 수시간 혹은 수일 사이에 턱, 혀, 눈, 사지, 눈 및 동체근육에 나타나는 지속적인 운동곤란증

OX Quiz
상담자는 약물 남용 청소년의 치료계획을 독자적으로 세운 후 공유해야 한다.
정답 X(함께 세움)

② 제2단계 : 우리보다 위대하신 힘이 우리를 건전한 본정신으로 돌아오게 해 주실 수 있다는 것을 믿게 되었다.
③ 제3단계 : 우리가 이해하게 된 대로, 그 신의 보살핌에 우리의 의지와 생명을 완전히 맡기기로 결정했다.
④ 제4단계 : 두려움 없이 우리 자신에 대한 도덕적 검토를 했다.
⑤ 제5단계 : 솔직하고 정확하게 우리가 잘못했던 점을 신과 자신에게 또 어느 한 사람에게 시인했다.
⑥ 제6단계 : 신께서 우리의 이러한 모든 성격상 약점을 제거해 주시도록 완전히 준비했다.
⑦ 제7단계 : 겸손한 마음으로 신께서 우리의 약점을 없애 주시기를 간청했다.
⑧ 제8단계 : 우리가 해를 끼친 모든 사람의 명단을 만들어서 그들에게 기꺼이 보상할 용의를 갖게 되었다.
⑨ 제9단계 : 어느 누구에게도 해가 되지 않는 한, 할 수 있는 데까지 어디서나 그들에게 직접 보상했다.
⑩ 제10단계 : 계속해서 자신을 반성하여 잘못이 있을 때마다 즉시 시인했다.
⑪ 제11단계 : 기도와 명상을 통해서 우리가 이해하게 된 대로의 신과 의식적인 접촉을 증진하려고 노력했다. 그리고 우리를 위한 그의 뜻만 알도록 해 주시며, 그것을 이행할 수 있는 힘을 주시도록 간청했다.
⑫ 제12단계 : 이러한 단계로써 생활해 본 결과, 우리는 영적으로 각성되었고, 알코올중독자들에게 이 메시지를 전하려고 노력했으며, 우리 생활의 모든 면에서도 이러한 원칙을 실천하려고 했다.

OX Quiz

AA는 알코올중독치료 목적의 자조집단으로, 11단계 모델을 바탕으로 한다.

정답 X(12단계)

7. 익명의 알코올중독자 모임 12전통

① 우리의 공동복리가 무엇보다 우선되어야 한다. 개인의 회복은 AA의 공동유대에 달려 있다.
② 우리의 집단목적을 위한 궁극적인 권위는 하나다. 이는 우리 집단의 양심 안에 당신 자신을 드러내 주시는 사랑 많으신 신(神)이다. 우리의 지도자는 신뢰받는 봉사자일 뿐이지 다스리는 사람이 아니다.
③ 술을 끊겠다는 열망이 AA의 회원이 되기 위한 유일한 조건이다.
④ 각 집단은 다른 집단이나 AA 전체에 영향을 끼치는 문제를 제외하고는 반드시 자율적이어야 한다.
⑤ 각 집단의 유일한 근본 목적은 아직도 고통 받고 있는 알코올중독자들에게 메시지를 전하는 것이다.

⑥ AA 집단은 관계 기관이나 외부기업에 보증을 서거나 융자를 해 주거나 AA의 이름을 빌려 주는 일 등을 일절 하지 말아야 한다. 돈이나 재산, 명성의 문제는 우리를 근본 목적에서 벗어나게 할 우려가 있기 때문이다.

⑦ 모든 AA 집단은 외부의 기부금을 사절하며 전적으로 자립해 나가야 한다.

⑧ AA는 항상 비직업적이어야 한다. 그러나 서비스센터에는 전임 직원을 둘 수 있다.

⑨ AA는 결코 조직화되어서는 안 된다. 그러나 봉사부나 위원회를 만들 수 있으며, 그들은 봉사 대상자에 대한 직접적인 책임을 갖는다.

⑩ AA는 외부의 문제에 대해서는 어떤 의견도 가지지 않는다. 그러므로 AA의 이름이 공론에 등장해서는 안 된다.

⑪ AA의 홍보원칙은 적극적인 선전보다는 AA의 본래 매력에 기초를 둔다. 따라서 대중매체에서 익명을 지켜야 한다.

⑫ 익명은 우리의 모든 전통의 영적 기본이며, 이는 각 개인보다 항상 AA의 원칙을 앞세워야 한다는 것을 일깨워 주기 위해서다.

※ 출처 : 김춘경 외, 〈상담학 사전〉

> **OX Quiz**
> AA는 항상 비직업적이어야 한다.
> 정답 O

핵심예제 34
05, 10, 15, 20년 기출

약물 남용 청소년의 진단 및 평가에 있어서 상담자가 유의해야 할 사항으로 틀린 것은?

① 청소년이 약물을 사용한 경험이 있다는 것만으로 약물 남용자로 낙인찍지 않도록 한다.

② 청소년 약물 남용과 관련해서 임상적으로 이중진단의 가능성이 높은 심리적 장애는 우울증, 품행장애, 주의력결핍 및 과잉행동장애, 자살 등이 있다.

③ 청소년 약물 남용자들은 약물사용 동기나 형태, 신체적 결과 등에서 성인과 다른 양상을 보이므로 DSM-5와 같은 성인 위주 진단체계의 적용에 한계가 있다.

④ 가족문제나 학교부적응 등의 관련요인들의 영향으로 인한 1차적인 약물 남용의 문제를 보이는 경우, 상담의 목표도 이에 따라야 한다.

> **해설 체크!**
> 1차적 약물 남용은 약물의 사용이 관련 요인들의 영향 이전에 나타나는 것인 반면, 2차적 약물 남용은 관련 요인들의 영향을 받아 약물을 사용함으로써 나타나는 것이다.
>
> 정답 ④

35 도박중독

1. 특징
<small>11, 16, 18, 20, 21, 22, 24년 기출</small>

① 도박에 과도하게 집착한다.
② 자신이 바라는 흥분감을 얻기 위해 돈의 액수를 늘리려고 한다.
③ 도박행동의 조절이나 중지에 대한 노력이 반복적으로 실패한다.
④ 도박행동에 대한 제한을 시도할 때 안절부절못하거나 과민해진다.
⑤ 무기력감이나 우울감, 죄책감 등의 문제에서 벗어나기 위한 수단으로 도박을 한다.
⑥ 도박으로 잃은 돈을 만회하기 위해 다시 도박장을 찾는다.
⑦ 자신의 도박행동에 대한 사실을 감추기 위해 가족이나 치료자들에게 거짓말을 한다.
⑧ 도박자금을 마련하기 위해 도둑질, 지폐위조, 사기 등 불법행위를 시도한다.
⑨ 도박으로 인해 대인관계에 문제가 발생하거나 직업상·교육상의 기회를 상실한다.
⑩ 도박에 의한 경제적 궁핍, 생계곤란의 문제로 인해 다른 사람에게 의존한다.
⑪ 도박을 중단하면 금단증상이 나타나며, 심하면 자살에 이른다.

2. 도박중독자가 하는 말의 변화단계

구 분	특 징
부인(제1단계)	도박에 의한 문제 자체를 인정하지 않는다. 예 난 아무런 문제 없어
문제축소(제2단계)	자신의 도박사실을 감출 수 없으므로 애써 축소하고자 한다. 예 그냥 취미 삼아 하는 거라니까
책임전가(제3단계)	문제를 축소하는 것이 어려우므로 그러한 책임을 외부로 돌린다. 예 내가 도박을 하는 건 스트레스 때문이야
변명(제4단계)	책임을 외부로 전가하는 것이 어려우므로 변명을 시작한다. 예 빌린 돈을 갚기 위해서는 달리 방법이 없어
합리화(제5단계)	합리화의 단계는 변명의 단계와 비슷한 시기에 나타나며, 내용도 흡사하다. 예 살면 얼마나 살겠어. 이렇게 즐기면서 사는 거지
공격(제6단계)	변명이나 합리화가 통하지 않는 경우 오히려 공격적인 태도를 보인다. 예 내가 돈 좀 따보겠다는데 네가 보태준 거라도 있어?

전문가의 한마디

도박장애(Gambling Disorder)는 기존의 병적 도박(Pathological Gambling)에 해당하는 것으로, 우리나라의 경우 평균 유병률은 1.0%, 도박장애 고위험군의 유병률은 2.3%, 성인의 문제성 도박경험은 3.3%인 것으로 보고되고 있습니다.

OX Quiz

도박중독자는 도박으로 인해 경제적 궁핍의 문제를 겪지만 대인관계에는 문제가 없다.
정답 X(대인관계 문제도 발생)

기출키워드
22년 1회 / 24년 3회
병적 도박
※ 필기시험에는 병적 도박에 관한 설명으로 틀린 것을 고르도록 하는 문제가 출제되었습니다.

3. 도박중독의 단계

① 제1단계 : 승리단계
- 때때로 도박을 하여 흥분과 도박경험을 즐긴다.
- 승리에 대한 환상에 의해 배팅금액을 늘리는 경향이 있다.

② 제2단계 : 손실단계
- 점차 도박에 집착하기 시작하여 도박을 멈출 수 없는 상태에 이른다.
- 직업을 소홀히 하고 가족에 무관심하며, 자신의 도박사실을 숨기면서 빚이 늘어간다.

③ 제3단계 : 절망단계
- 도박에 투여되는 시간과 금전의 양이 현저히 증가하면서 빚을 갚기 위해 주변에 요청하며, 가족과 친구에게서 소외된다.
- 도박에 의한 불법행위를 자행하며, 심리적인 공황상태에 이르게 된다.

④ 제4단계 : 포기단계
- 심각한 정서적 고통으로 절망과 포기 상태에 이르게 되어 약물사용이 증가하며, 금단증상을 경험한다.
- 이혼이나 법적 구속상태에 이르기도 하며, 자살을 시도하는 경우도 있다.

⑤ 제5단계 : 결심단계
- 도움에 대한 정서적 열망과 함께 도박을 중단하고자 하는 결심을 하게 된다.
- 도박문제에 대해 책임 있는 태도를 보이면서 새로운 희망을 품게 된다.

⑥ 제6단계 : 재건단계
- 자신감을 회복하며, 가족과의 관계도 점차 개선된다.
- 빚을 스스로 갚아나가며, 새로운 분야에 대해 관심을 가진다.

⑦ 제7단계 : 성장단계
- 도박에 대한 집착이 감소하고, 타인에게 애정과 호의를 표현한다.
- 자신에 대한 통찰을 통해 문제에 직면할 수 있게 되며, 적극적인 삶의 태도를 보이게 된다.

OX Quiz
도박을 중단하면 금단증상이 나타나며, 심하면 자살에 이른다.
정답 O

OX Quiz
도박중독의 성장단계에는 타인에게 애정과 호오를 표현하기도 한다.
정답 X(호의)

핵심예제 35 06, 11, 18, 21, 24년 기출

도박중독의 심리·사회적 특징에 대한 설명으로 옳은 것은?

① 도박중독자들은 대체로 도박에만 집착할 뿐 다른 개인적인 문제를 가지지 않는다.
② 도박중독자들은 직장에서 도박자금을 마련하기 위해 남보다 더 열심히 노력한다.
③ 심리적 특징으로 단기적인 만족을 추구하기보다는 장기적인 만족을 추구한다.
④ 도박행위에 문제가 있음을 받아들이지 않고 변명하고 논쟁하려 든다.

> **해설 체크!**
> ① 개인의 신체적·정신적 건강을 해치는 것은 물론 가계와 사회경제에도 악영향을 미친다.
> ② 도박행위에 열중함으로써 도박자금 조달이나 생계유지를 위해 다른 사람에게 의존하는 양상을 보인다.
> ③ 장기적인 만족을 추구하기보다는 단기적인 만족을 추구한다.
>
> 정답 ④

36 성폭력상담

OX Quiz
성폭력에 언어적 폭력은 해당되지 않는다.
정답 X(언어적 폭력도 해당)

1. 성폭력의 의의

① 성폭력은 궁극적으로 성적 자기결정권의 침해이다.
② 성폭력은 강간은 물론 추행, 성적 희롱, 성기노출 등 타인을 대상으로 가해지는 모든 신체적·정신적·언어적 폭력을 포괄한다.
③ 성폭력에 대해 공포나 불안감을 가지게 하는 행위 또는 그로 인한 행동제약도 간접적인 성폭력에 해당한다.
④ 성폭력은 다음과 같이 추행, 간음, 강간 등으로 구분한다.
  - 추행 : 성욕의 흥분, 자극 또는 만족을 목적으로 하는 행위로서, 건전한 일반인에게 성적 수치, 혐오의 감정을 느끼게 하는 일체의 행위
  - 간음 : 남자의 성기를 여자의 성기에 삽입하는 것
  - 강간 : 폭행, 협박으로 상대방의 반항을 제압하고 간음하는 것

2. 성폭력피해 후 피해자의 심리적 단계 `24년 기출`

① 제1단계 : 충격과 혼란
  - 성폭력 충격으로 인해 자신에 대한 무력감과 타인에 대한 불신감을 가진다.
  - 자신의 성폭력 사실을 알려야 할지 혹은 숨겨야 할지 양가감정을 가진다.
② 제2단계 : 부정
  - 자신의 성폭력피해 사실을 인정하지 않으려 한다.
  - 외견상 적응된 것 같은 모습을 보이면서 상담을 받지 않으려는 경향이 있다.
③ 제3단계 : 우울과 죄책감
  - 자신에 대해 수치스러워 하면서 스스로를 비난한다.
  - 피해자의 잘못된 분노표출은 삶에 대한 절망감으로 이어지기도 한다.

④ 제4단계 : 공포와 불안
- 자신이 앞으로 건강한 삶을 살 수 없다는 불안감을 느끼면서 악몽을 꾸기도 한다.
- 자신이 커다란 약점을 가지게 되었다는 부적절한 생각으로 인해 다른 사람과 만나지 않으려고 한다.

⑤ 제5단계 : 분노
- 가해자는 물론 자기 자신, 상담자, 주변사람들에 대해서도 분노를 느낀다.
- 다른 사람들에 대한 분노감은 남성이나 사회에 대한 불신으로까지 이어진다.

⑥ 제6단계 : 재수용
- 성폭력피해에 대한 재조명을 통해 성폭력이 자신의 잘못에 의해 발생한 것이 아님을 인식한다.
- 성폭력경험에 대한 동화와 함께 자아개념을 회복하기 시작하며, 자신을 소중한 존재로 인정하게 된다.

3. 성문제상담의 일반지침

16, 20, 21, 24년 기출

① 성에 관한 상담자 자신의 태도인식

상담자는 내담자의 성문제를 다루기 전에 먼저 자신의 성에 대한 태도를 자각하고 있어야 한다. 이는 가정과 사회의 기대 및 성장과정에서의 학습과 경험을 통해 개개인의 이성관과 성적 욕구에 대한 반응양식이 형성되기 때문이다.

② 개방적인 의사소통

상담자는 내담자의 성에 관계된 불안이 더 이상 증가하지 않도록 하며, 더 나아가 그 불안을 감소시킬 수 있을 만큼 생각과 언어사용에 충분한 융통성을 가지고 있어야 한다. 성문제에 관한 효과적인 상담은 개방성, 침착성, 솔직성 등을 필요로 하므로, 상담자는 내담자에게 성에 관한 용어 사용에서 전혀 거리낌이 없어야 하고, 성에 관한 면에서는 개방적인 논의가 가장 바람직하다는 것을 알려 주어야 한다.

③ 내담자의 성지식에 관한 가정

상담자는 일단 내담자가 성과 성적 욕구, 특히 이성의 성에 대해 거의 아는 바가 없다고 가정하는 것이 안전하다. 이는 성에 관한 비상식적이고 왜곡된 지식이 널리 퍼져 있기 때문이다.

④ 상담자의 기본적인 성지식

상담자는 인간의 성에 대한 올바르고 기본적인 지식을 가지고 있어야 한다. 특히 짧은 시간 내에 어떤 의사결정을 내려야 하는 경우 상담자가 미리 필요한 정보나 지식을 알고 있다면, 내담자의 긴장과 불안을 해소하고 내담자로 하여금 보다 유익한 방향으로 행동할 수 있도록 도움을 줄 수 있다.

기출키워드

21년 3회 / 24년 3회

성문제상담의 기본지침

※ 필기시험에는 성상담을 할 때 시행지침으로 옳은 것을 고르도록 하는 문제가 출제되었습니다.

OX Quiz

성문제상담 시 상담자 또한 인간의 성에 대한 기본적 지식을 가지고 있어야 한다.

정답 O

⑤ 전문가에 의뢰

상담자는 성에 관한 상담과정에서 자신의 한계를 인식하며, 그와 같은 한계를 넘어서 상담을 하지 않도록 하여야 한다. 특히 성문제가 상담자의 영역을 넘어설 때 다른 성문제 전문가에게 의뢰한다.

⑥ 내담자의 회피적인 태도의 처리

상담자는 내담자의 위장적 태도에 적절히 대처할 수 있어야 한다. 만약 내담자가 회피적인 태도로 자신의 성문제를 드러내려 하지 않는 경우, 상담자는 성에 관한 일반적인 화제를 가지고 면접을 시작하는 것이 바람직하다.

4. 성폭력피해자 상담원리 [17, 21, 24년 기출]

① 상담자는 성폭력피해자의 치유가능성을 확신한다.
② 피해자의 말을 진지하게 경청하며, 있는 그대로 수용하고 존중한다.
③ 상담자 스스로 자신의 성에 대한 가치관이 왜곡된 것은 아닌지, 성폭력이나 학대받은 경험이 극복되지 않은 상태로 남아있는지 검토해 본다.
④ 상담자는 자신의 한계를 인정하고 필요한 경우 피해자가 보다 전문적인 상담자나 기관의 도움을 받을 수 있도록 배려한다.
⑤ 피해의 원인을 피해자의 부주의나 무저항으로 돌리지 않으며, 설령 쾌감을 느꼈더라도 모든 피해의 책임이 전적으로 가해자에게 있음을 주지시킨다.
⑥ 가해자의 폭력 유무, 피해자의 외상 유무를 떠나 성폭력사건을 결코 개인화하거나 과소평가하지 않는다.
⑦ 피해자에게 가해자에 대한 이해와 용서를 구하거나 이를 공공연히 암시하지 않는다.
⑧ 상담자는 피해 이후에 나타날 수 있는 피해자의 심리적 방어기제, 신체적·정신적 후유증, 치유의 과정 및 단계 등을 명확히 알고 있어야 한다.
⑨ 피해자의 고통이나 분노에 의한 격정적인 감정은 지극히 당연한 것이므로, 이를 억제하지 말고 외부로 표출할 수 있도록 용기를 북돋는다.

5. 성폭력피해자 심리상담의 단계별 유의사항 [03, 09, 11, 13, 16, 17, 18, 19, 22, 25년 기출]

① 초기단계 [24년 기출]
- 피해자인 내담자와 신뢰할 수 있는 관계를 유지함으로써 치료관계 형성에 힘써야 한다.
- 내담자에게 상담내용의 주도권을 줌으로써 현재상황에서 표현할 수 있는 내용에 대해서만 이야기할 수 있도록 배려해야 한다.

OX Quiz

성폭력상담의 초기단계에서는 피해자인 내담자와 신뢰할 수 있는 관계를 유지함으로써 치료관계 형성에 힘써야 한다.

정답 O

- 내담자의 비언어적인 표현에 주의를 기울이며, 그에 대해 적절히 반응해야 한다.
- 내담자의 성폭력피해로 인한 합병증 등을 파악해야 한다.
- 내담자가 성폭력피해의 문제가 없다고 부인하는 경우 일단 수용하며, 언제든 상담의 기회가 있음을 알려주어야 한다.

② 중기단계
- 내담자의 성폭력피해에 대한 부인에도 불구하고 일단 상담관계를 형성한 경우 문제에 조심스럽게 접근하여 직면할 수 있도록 돕는다.
- 성폭력피해 사실을 이야기하는 것에 대한 내담자의 두려움을 인지하며, 내담자가 자신의 억압된 감정을 표출하도록 유도한다.
- 내담자의 성폭력피해 사실에 따른 수치심이나 죄책감이 전적으로 가해자로 인한 것임을 확신시킨다.
- 간결하고 정확하게 질문하며, 내담자가 쉽게 대답할 수 있는 것부터 시작하여 점차적으로 질문의 난도를 높인다.
- 내담자의 잘못된 죄의식을 수정하도록 돕고, 자기존중감을 가질 수 있도록 배려한다.

③ 종결단계
- 성폭력피해자 심리상담에서는 상담자에 대한 내담자의 의존도가 높게 나타난다.
- 상담자는 내담자가 상담의 종결에 따라 버림받은 느낌이나 상실감 등을 느끼지 않도록 사전에 체계적으로 종결계획을 세운다.
- 상담자는 상담시간 및 기간의 간격을 점차적으로 늘려나간다.
- 내담자에게서 정서상·행동상 변화가 나타나는 경우 상담자는 상담의 결과를 밝히며, 내담자에게 상담과정에서의 아쉬운 점 등을 이야기하도록 한다.
- 상담자는 종결에 따른 아쉬움과 이별의 감정을 다루며, 상담의 종결이 완전한 결별이 아니므로 언제든 다시 상담할 수 있음을 인식시킨다.

핵심예제 36 03, 09, 11, 16, 18, 22년 기출

성폭력피해자 심리상담에서 초기단계의 유의사항으로 틀린 것은?

① 치료관계 형성에 힘써야 한다.
② 상담자는 상담내용의 주도권을 가져야 한다.
③ 성폭력피해로 인한 합병증이 있는지 묻는다.
④ 성폭력피해의 문제가 없다고 부정을 하면 일단 수용해 준다.

해설 체크!
성폭력피해자 심리상담에서는 상담자가 아닌 내담자가 상담내용의 주도권을 가지고 있어야 한다.

정답 ②

전문가의 한마디

2017년 필기시험에서는 동일한 내용이지만 변형된 문제로, '성피해자에 대한 상담의 초기단계에서 상담자가 유의해야 할 사항으로 옳은 것'을 묻는 문제가 출제되었습니다. 이 문제는 여러 형태로 매우 자주 출제되므로, 수험생 여러분은 관련 이론을 빠짐없이 숙지하며 학습하시기 바랍니다.

37 진로 및 직업상담 Ⅰ

16, 18, 19년 기출

1. 의 의

① 진로상담(Career Counseling)
- 인생 전반에 걸친 진로선택과 연관된 모든 상담활동을 의미하며, 그 대상은 어린아이부터 은퇴한 70세 이상의 노인까지 포함한다.
- 개인의 진로발달을 촉진하거나 진로계획, 진로 및 직업의 선택·결정·실천, 직업적응, 진로변경 등의 과정을 돕기 위한 활동이다.

② 직업상담(Vocational Counseling)
- 진로상담에 비해 좁은 의미를 내포하는 것으로서, 직업선택과 준비, 직업생활, 은퇴기 등에 제공되는 상담을 말한다.
- 선택 가능한 직업의 결정, 각 직업의 조건들, 취업에 필요한 조건, 취업절차 등 보다 구체적인 수준에서 취업을 돕는 활동이다.

③ 진로지도(Career Guidance)
- 사람들의 생애 동안 그들의 진로발달을 자극하고 촉진하기 위해 전문상담자나 교사 등과 같은 전문인이 여러 다양한 장면에서 수행하는 활동을 의미한다.
- 진로상담이나 직업상담에 비해 더욱 포괄적인 의미를 지닌 것으로서, 진로계획, 의사결정, 적응문제 등에 조력하는 등 다양한 방법들이 존재한다.

④ 직업지도(Vocational Guidance)
- 아동·청년이 적극적인 이해와 흥미를 가지고 스스로 적합한 직업을 선택하여 종사할 수 있도록 능력을 기르는 동시에 적합한 안내와 조언을 함으로써 복잡하고 다양한 직업생활에 올바르게 적응시키는 지도를 말한다.
- 직업의 선택과 원활한 적응을 꾀하기 위해 학교나 직업소개기관을 중심으로 실시되는 신규 취업자 등에 대한 교육활동을 의미한다.

⑤ 진로발달(Career Development)
- 각 개인이 자기가 설정한 진로목표에 접근해 가고 그 목표를 달성해 가는 과정을 의미한다.
- 신체적·정신적 발달과 마찬가지로 직업에 대한 지식, 태도, 기능이 어려서부터 발달하기 시작하여 죽을 때까지 계속된다는 의미를 포함한다.

OX Quiz

진로상담은 진로선택과 연관된 모든 상담활동을 의미하며, 진로결정이 주로 이루어지는 청소년기에 이루어지는 상담이다.

정답 X(인생 전반에 걸친 상담활동)

2. 진로 및 직업상담의 문제유형에 따른 3가지 상담유형

① 진학상담

상급학교에의 진학을 목표로 하는 학생들을 대상으로 졸업 후의 취업문제를 다룬다.

② 취업상담

최초 취업을 준비하는 학생들(졸업자)과 재취업이 요구되는 사람들(실직자)을 대상으로 내담자 자신과 직업세계에 대한 이해를 확장시키도록 돕는다.

③ 직업적응상담

직업선택의 문제라기보다는 취업 후 발생하는 적응과정상의 문제들을 다룬다.

3. 직업상담의 주요유형

① 구인·구직상담

상담자는 구직자가 희망하는 구인처에 대한 요구사항을 분석하면서 구직자의 진로경로 개척을 위해 생애설계를 하도록 조언하며, 진로경로 및 구직자에 관한 정보들을 체계화하여 구인처와 구직자의 연결을 돕는다.

② 직업적응상담

상담자는 신규 입직자나 직업인을 대상으로 조직문화, 인간관계, 직업예절, 직업의식과 직업관 등에 관한 정보를 제공하고 필요 시 직업지도 프로그램에 참여하도록 유도한다.

③ 직업전환상담

상담자는 실업·실직 위기상황에 있거나 전직의 의도가 있는 직업인을 대상으로 직업경로 사항, 요구되는 전문지식, 직업전환을 위한 준비상태 등에 관한 정보를 수집 및 제공한다.

④ 경력개발상담

상담자는 주로 직업인을 대상으로 경력사다리(Career Ladder)를 제시하여 구체적인 경력개발 계획을 작성하고 이를 실천할 수 있도록 하며, 현장훈련, 위탁훈련, 향상훈련 등을 실시하는 기관 및 교육일정, 참여방법 등에 관한 정보를 제공한다.

> **전문가의 한마디**
>
> 경력사다리는 조직 내에서 직무상 나타나는 승진의 일정한 패턴을 의미하는 것으로, 개인의 경력개발을 통한 전문성 제고 및 성장비전 확보를 위한 기본적인 밑그림으로 볼 수 있습니다.

> **OX Quiz**
>
> 진로 및 직업상담의 대표적인 유형으로는 진학상담, 취업상담, 직업적응상담이 있다.
>
> 정답 O

기출키워드

19년 3회

진로상담의 목표

※ 필기시험에는 진로상담의 목표를 선지로 제시하고, 진로상담의 목표와 가장 거리가 먼 것을 고르도록 하는 문제가 출제되었습니다.

4. 일반적인 목표 `12, 16, 19, 24년 기출`

① 진로상담은 내담자가 이미 결정한 직업적인 선택과 계획을 확인하는 과정이다.
② 진로상담은 개인의 직업적 목표를 명백히 해주는 과정이다.
③ 진로상담은 내담자로 하여금 자아와 직업세계에 대한 구체적인 이해 및 새로운 사실의 발견을 촉진하는 과정이다.
④ 진로상담은 내담자에게 진로 및 직업선택 관련 의사결정능력을 길러주는 과정이다.
⑤ 진로상담은 내담자에게 직업선택 및 직업생활에서의 능동적인 태도를 함양하도록 돕는 과정이다.

5. 기본원리 `16, 24년 기출`

① 진학선택 및 직업선택에 초점을 맞추어 전개하여야 한다.
② 상담자와 내담자 간 라포(Rapport)가 형성된 가운데 이루어져야 한다.
③ 개인의 진로결정에서 핵심적인 요소이므로, 내담자로 하여금 합리적인 진로의사결정과정 및 기법을 체득할 수 있도록 도와야 한다.
④ 진로발달이론에 근거하여 진로발달이 진로선택에 영향을 미친다는 사실을 인식해야 한다.
⑤ 변화하는 직업세계에 대한 이해와 함께 진로정보활동을 토대로 개인과 직업을 효율적으로 연계시키기 위한 합리적인 방법을 활용·모색해야 한다.
⑥ 각종 심리검사 결과를 토대로 합리적인 결정을 이끌어낼 수 있도록 도와주어야 한다.
⑦ 내담자에 대한 차별적 진단(분류) 및 차별적 지원(처치)의 자세를 견지해야 한다.
⑧ 상담윤리강령에 따라 전개되어야 한다.

6. 직업상담사(직업상담원)의 주요역할 `16, 24년 기출`

① 직업 관련 상담과 직업 소개
② 직업 관련 심리검사 실시 및 해석
③ 직업정보 수집·분석·가공·관리의 환류에 의한 정보 축적
④ 직업지도프로그램 개발과 운영
⑤ 직업상담 행정업무 등

7. 청소년의 직업발달에 영향을 미치는 요인

① 가정적 배경 : 부모의 직업, 가정의 구조, 부모의 사회적·경제적 지위 등
② 학교와 친구집단 : 학교와 교사의 관계, 또래집단 등
③ 성역할의 사회화 : 진로의식화와 직업결정에 영향
④ 일(근로)의 경험 : 아르바이트, 실습체험, 시간제취업 등

> **OX Quiz**
> 청소년의 직업발달에 아르바이트, 실습체험 등 근로경험은 영향을 미치지 않는다.
> 정답 X(영향 미침)

핵심예제 37 12, 15, 16, 19년 기출

진로상담의 목표와 가장 거리가 먼 것은?

① 진로상담은 내담자가 이미 결정한 직업적인 선택과 계획을 확인하는 과정이다.
② 진로상담은 개인의 직업적 목표를 명백히 해주는 과정이다.
③ 진로상담은 내담자로 하여금 자아와 직업세계에 대한 구체적인 이해와 새로운 사실을 발견하도록 해준다.
④ 진로상담은 직업선택과 직업생활에서 순응적인 태도를 함양하는 과정이다.

● 해설 체크!
진로상담은 내담자에게 직업선택 및 직업생활에서의 능동적인 태도를 함양하도록 돕는 과정이다.
정답 ④

> **기출키워드**
> 21년 3회 / 25년 2회
> **고트프레드슨(Gottfredson)의 직업포부 발달 단계**
> 힘과 크기 지향성 → 성역할 지향성 → 사회적 가치 지향성 → 내적 고유한 자아 지향성

38 진로 및 직업상담 Ⅱ 25년 기출

1. 일반적인 5단계 과정 Ⅰ

① 제1단계 : 관계형성과 구조화
    상호존중에 기초한 개방적이고 신뢰적인 관계를 형성하는 단계로서, 이 과정에서 구조화의 작업이 동시에 일어난다.
② 제2단계 : 진단 및 측정
    표준화된 심리검사를 이용한 공식적 측정절차를 통해 내담자들이 자신의 흥미, 가치, 적성, 개인적 특성, 의사결정방식 등에 대해 자각할 수 있도록 돕는다.
③ 제3단계 : 목표설정
    직업상담의 목적이 문제해결 그 자체가 아닌 자기발전 및 자기개발에 있음을 인식시키면서, 내담자들의 목표가 명백해지는 경우 잠재적 목표를 밝혀 우선순위를 정한다.

④ 제4단계 : 개입 또는 중재
　내담자가 목표를 달성하는 데 도움이 될 수 있는 중재를 제안하여 개입한다.
⑤ 제5단계 : 평가
　상담자와 내담자는 그동안의 중재가 얼마나 효과적으로 적용되었는지를 평가한다.

2. 일반적인 5단계 과정 II

① 제1단계 : 관계수립 및 문제의 평가
　상담자는 내담자에 대한 수용, 공감적 반영, 진실성을 통해 허용적인 분위기를 형성함으로써 내담자와의 촉진적인 상담관계를 수립한다.
② 제2단계 : 상담목표의 설정
　내담자의 진로 및 직업선택과 관련된 문제들이 규정되는 경우, 상담자는 내담자와 함께 상담의 목표를 설정한다.
③ 제3단계 : 문제해결을 위한 개입
　상담자는 직업정보의 수집, 보유기술의 파악, 의사결정의 촉진, 과제물 부여 등의 방법들을 동원하여 내담자의 목표달성을 돕는다.
④ 제4단계 : 훈습(Working-Through)
　훈습은 개입 과정의 연장으로서, 내담자로 하여금 자기이해를 더욱 공고히 하고 진로탐색 및 준비 과정을 효율적으로 실천할 수 있도록 재확인 및 재점검하는 것이다.
⑤ 제5단계 : 종결 및 추수지도
　상담자는 내담자와 함께 합의한 목표에 충분히 도달했는지 확인하며, 앞으로 부딪힐 문제들을 예측하고 준비한다. 또한 추수지도를 통해 내담자의 진로선택 및 의사결정에 대한 만족도를 파악하여 필요한 조치를 취한다.

3. 브래머(Brammer)의 8단계 과정

① 제1단계 : 준비와 시작
　상담을 받는 것에 대한 내담자의 마음의 준비가 요구되는 단계
② 제2단계 : 명료화
　문제가 무엇이며, 누가 상담의 대상인가를 분명하게 밝히는 단계
③ 제3단계 : 구조화
　심리적 조력관계의 본질, 상담의 목표 및 제한점, 상담자와 내담자의 역할 등을 명백히 규정하는 단계

④ 제4단계 : 상담관계(Rapport)의 심화
상담자와 내담자 사이에 형성된 관계를 보다 심화시키는 단계
⑤ 제5단계 : 탐색
문제해결에 도움이 될 수 있는 방법과 절차를 결정하는 단계
⑥ 제6단계 : 견고화
최선의 대안, 방법, 행동 등을 확정하여 이를 실천해 나가도록 하는 단계
⑦ 제7단계 : 계획 수립 및 검토
상담의 지속 혹은 종결을 결정할 때 필요한 여러 가지 계획을 수립 및 검토하는 단계
⑧ 제8단계 : 종료
상담초기에 수립한 목표에 비추어 어느 정도 성취를 이루었는지를 평가하는 단계

4. 진로교육을 실시하기 위한 일반적인 지도단계

① 제1단계 : 진로인식단계
- 대략 6~12세의 초등학생 수준에서 이루어진다.
- 일의 세계와 일의 소중함에 대한 인식과 함께, 일과 사회에 대한 기초적인 가치관을 형성한다.
- 자신의 흥미와 소질을 직업과 연관시키며, 일에 대한 태도와 장래계획에 대해 생각한다.

② 제2단계 : 진로탐색단계
- 대략 12~15세의 중학생 수준에서 이루어진다.
- 자신의 능력과 적성에 대해 이해하며, 잠정적으로 장래의 직업계획을 수립한다.
- 산업 및 직업을 분류하고 현대사회와 직업의 관계를 파악하며, 바람직한 직업선정의 조건을 탐색한다.

③ 제3단계 : 진로준비단계
- 대략 15~22세의 고등학생과 대학생 수준에서 이루어진다.
- 자신의 흥미와 소질, 취미와 적성을 정확히 파악하여 이를 통해 진로계획을 수립·실천한다.
- 잠정적으로 선택한 직업군을 토대로 취업에 필요한 능력과 기술을 습득한다.

④ 제4단계 : 취업
- 대략 18세 또는 22세 이상의 실업계 또는 인문계고등학교 졸업 후, 전문대학교 또는 일반대학교 졸업생 수준에서 이루어진다.
- 성공적인 직업수행을 위해 힘쓰며, 직업을 통해 자아실현에 이르고자 한다.

OX Quiz

진로인식단계는 일의 세계와 일의 소중함에 대한 인식을 하게 되는 단계로 주로 12~15세의 중학생 수준에서 이루어진다.

정답 X(대략 6~12세의 초등학생 수준에서 이루어짐)

5. 직업지도프로그램의 과정　　　24년 기출

① 제1단계 : 직업탐색 및 정보수집
- 개인이 선택한 직업에 대해 준비하도록 하며, 그 과정에서 나타나는 문제점을 파악한다.
- 해당 직업의 성장가능성을 탐색하며, 유사한 직업에 대해서도 알아본다.
- 노동시장에 관한 구체적인 정보를 수집한다.

② 제2단계 : 직업선택
- 여러 직업들의 장·단점을 비교하여 자신에게 적합한 직업을 선택하도록 한다.
- 선택한 직업이 자신의 특성에 부합하는 것인지 확인하도록 한다.

③ 제3단계 : 조직문화 조사
- 어떤 기업이 자신이 선택한 직업에 적합한지 알아보도록 한다.
- 취업이 가능한 기업문화를 조사하며, 직업윤리 및 직업관을 확인하도록 한다.

④ 제4단계 : 직업상담
- 직업정보를 제공하며, 직업선택의 의사결정을 돕는다.
- 취업이 가능한 기업을 결정할 수 있도록 관련 정보들을 제공한다.
- 구체적인 구직활동을 수행하도록 한다.

⑤ 제5단계 : 취업준비
- 이력서를 작성하도록 한다.
- 면접을 준비하도록 한다.

⑥ 제6단계 : 직업적응
- 직업생활에 적응할 수 있도록 돕는다.
- 직업전환 및 실업위기에 대응하기 위한 자기만의 계획을 가지도록 한다.
- 은퇴 후의 생애설계를 하도록 한다.

6. 직업정보수집 및 대안개발의 과정

① 제1단계 : 직업분류 제시하기
　내담자에게 직업분류체계를 제공한다.

② 제2단계 : 대안 만들기
　내담자와 함께 대안직업들에 대한 광범위한 목록을 작성한다.

③ 제3단계 : 목록 줄이기
　내담자와 함께 2~5개의 가장 적당한 대안으로 목록을 줄인다.

④ 제4단계 : 직업정보 수집하기
　내담자에게 줄어든 목록 각각의 대안들에 관한 정보를 수집하도록 지시한다.

> **참고**

진로의사결정 수준에 따른 주요 개입방법
21년 기출

진로 결정자	• 상담자는 진로 결정자에게 자신의 진로 결정을 위해 구체적인 준비를 할 수 있도록 현장 견학이나 실습의 기회를 제공하며, 결정한 목표에 대해 더욱 치밀한 정보를 수집하고 구체적인 실천 방안을 모색하도록 한다. • 진로 결정의 타당성을 검토하고 결정된 진로의 실행과정에서 부딪히는 문제의 해결에 초점을 두며, 내담자의 잠재적 능력을 개발하여 효과적으로 진로에 적응할 수 있도록 돕는다.
진로 미결정자	• 상담자는 내담자의 진로 미결정이 단순한 정보 부족 때문인지, 심층적인 개인상담이 필요한 때문인지 파악해야 한다. 즉, 내담자의 진로 미결정의 이유를 먼저 살피며, 내담자가 진로를 실제로 결정하는 것을 돕는다. • 자기 점검, 흥미와 적성, 영역별 정보수집을 통해 결정의 범위를 좁혀 주어 내담자 스스로 결정할 수 있도록 한다. 특히 정보제공이나 진로선택에 관한 문제를 명료화하는 개입이 효과적이다.
우유부단형	• 우유부단형은 진로와 관련된 의사결정 능력뿐만 아니라 성격상의 문제에 기인하는 측면이 크므로, 정보제공이나 의사결정연습보다는 심층적인 심리상담 및 관련된 목표의 설정이 필요하다. • 장기적인 상담을 계획하여야 하며, 대인관계나 가족문제에 대한 개입이 필요하다. 특히 문제의 기저에 있는 역동을 이해하고 감정을 반영하는 것이 효과적이다.

핵심예제 38
10, 15, 24년 기출

진로교육을 실시하기 위한 일반적인 지도단계를 순서대로 바르게 나열한 것은?

A. 진로탐색단계
B. 진로인식단계
C. 진로준비단계
D. 취 업

① A － B － C － D
② B － A － C － D
③ B － C － A － D
④ A － C － B － D

해설 체크!

진로교육을 실시하기 위한 일반적인 지도단계
진로인식단계 → 진로탐색단계 → 진로준비단계 → 취업

정답 ②

39 청소년비행(일탈행동)에 관한 연구
20, 21, 23, 24, 25년 기출

1. 아노미이론(Anomie Theory)

① 의의 및 특징
- 청소년의 일탈행동에 대한 아노미이론은 뒤르켐(Durkheim)에 의해 시작되어 머튼(Merton)에 의해 일반이론으로 정립되었다.
- 아노미(Anomie)는 규범이 없는 상태를 말하는 것으로서, 사회규범의 약화나 부재 또는 상반된 규범의 대립으로 인해 개인 간 욕구를 조정할 수 없으므로, 사회가 중심적인 방향을 상실한 채 혼란상태에 빠지는 것이다.
- 뒤르켐은 사회적 분업으로 인한 병리적 양상에 대해 연구하였으며, 분업화된 사회에서 성원들 간의 유대감이 형성되지 못함으로써 사회연대가 실패로 돌아가는 것은 물론 그로 인해 사회혼란과 사회해체까지 나타날 수 있다고 주장하였다.
- 머튼은 뒤르켐의 아노미개념을 독창적으로 수정하여 사회체계를 문화적 목표(Cultural Goal)와 제도화된 수단(Institutionalized Means)으로 구분하고, 이들 간의 괴리현상에 의해 아노미가 나타난다고 주장하였다. 이때 문화적 목표는 권력이나 금전 등 사회의 대다수 구성원들에 의해 바람직한 것이자 소유하고 싶은 것으로 간주되고 있는 이상이나 가치를 말하며, 제도화된 수단은 교육이나 근면 등 문화목표를 달성하기 위한 합법적 경로 및 방법을 의미한다.

② 머튼의 아노미 상태에 대한 5가지 적응양식
- 정상적인 사회에서는 문화적 목표와 제도화된 수단이 어느 정도 일치를 보인다.
- 한 사회에서 문화적 목표나 제도화된 수단 가운데 어느 하나가 강조되는 경우, 그 사회 내의 계층에 따라 문화적 목표나 제도화된 수단의 관계가 상이한 경우 부적응의 양상이 나타난다.
- 예를 들어, 사회적으로 하류층에 속한 사람이 상류층의 재산과 명예를 원하는 경우 문화적 목표는 수용하는 것이 되나 제도화된 수단이 결여됨으로써 아노미상태에 이르게 된다. 만약 이때 그 하류층의 사람이 제도화된 수단을 거부한 채 비합법적인 방식으로라도 문화적 목표를 달성하고자 하는 경우 결국 일탈행위를 저지르게 된다.

유 형	문화적 목표	제도화된 수단
동조형(Conformity)	수 용	수 용
혁신형(Innovation)	수 용	거 부
의례형(Ritualism)	거 부	수 용

OX Quiz
아노미이론은 뒤르켐에 의해 시작되어 머튼에 의해 사회이론으로 정립되었다.
정답 X(사회이론 → 일반이론)

기출키워드
21년 1회 / 24년 1회, 2회
청소년 비행의 원인
※ 필기시험에는 청소년 비행의 원인을 사회학적 관점에서 설명하는 이론이 아닌 것을 고르도록 하는 문제가 출제되었습니다.

OX Quiz
정상적인 사회에서는 제도화된 수단과 문화적 목표 중 문화적 목표가 강조된다.
정답 X(서로 어느 정도 일치)

| 도피형(Retreatism) | 거부 | 거부 |
| 반역형(Rebellion) | 대체 | 대체 |

- 동조형 : 문화적 목표와 제도화된 수단을 모두 수용한 형태로서 정상적 행위유형을 말한다. 이 동조형을 제외한 나머지 유형은 모두 일탈행위로 규정한다.
- 혁신형 : 문화적 목표는 수용하지만 제도화된 수단을 거부하는 것으로서, 일탈자의 전형적인 형태이다. 화이트칼라의 탈세·횡령·수뢰 및 문서위조 등을 예로 들 수 있다.
- 의례형 : 문화적 목표를 거부하고 제도화된 수단을 수용하는 일탈유형이다. 절차적 규범 또는 규칙의 준수에 몰두한 나머지 자기 일의 목표를 망각하고 무사안일로 행동하는 관료를 예로 들 수 있다.
- 도피형 : 문화적 목표와 제도화된 수단을 모두 거부하고 사회로부터 후퇴 내지 도피하는 경우를 말한다. 이 유형은 합법적 수단을 통한 목표성취 노력의 계속적 실패와 도덕적 규범의 내면화에 따른 양심의 가책으로 인해 위법적 수단을 사용할 능력이 없으므로 나타나며, 약물중독이나 알코올중독 등의 반응을 예로 들 수 있다.
- 반역형 : 기존의 문화적 목표와 제도화된 수단은 모두 거부하는 동시에 새로운 목표와 수단으로 대체하려는 경우를 말한다. 이들은 보수파의 이데올로기에 반항해 현존사회구조의 욕구불만 원인을 규명하고 욕구불만이 없는 새로운 사회구조를 건설하려고 한다. 사회운동가, 혁명집단, 히피족 등을 예로 들 수 있다.

> **OX Quiz**
> 문화적 목표는 수용하지만 제도화된 수단을 거부하는 것은 의례형이다.
> 정답 X(혁신형)

> **OX Quiz**
> 약물중독이나 알코올중독 등의 반응을 예로 들 수 있는 것은 도피형이다.
> 정답 O

2. 차별접촉이론(Differential Association Theory)

① 의의 및 특징
- 서덜랜드(Sutherland)는 차별접촉이론 또는 차별적 교제이론을 통해 일탈의 원인을 사회구조에서 찾기보다 일탈이 전달되는 과정에 주목하였다.
- 사회화 관점에서 일탈행동을 학습된 행위로 이해한 최초의 이론으로서, 일탈적 환경 속에서 일탈자들과 접촉하여 그들의 문화를 학습함으로써 일탈이 전달된다고 본다.
- 청소년은 일탈행동을 직접적 또는 간접적으로 자주 접하게 되는 경우 문제청소년이 될 수 있다. 즉, 일탈행동은 사람들 사이의 상호작용에 의해 학습되는 행위로서 전반적으로 어떠한 사회의 문화가 일탈행동에 대해 무감각하거나 우호적인 분위기일 때 일탈행동이 학습·시도된다.

② 일탈행동의 사회화와 관련된 9가지 기본명제
- 일탈행동은 유전이나 심리적 특성에 의한 것이 아닌 학습된 것이다.
- 일탈행동은 타인과의 상호작용, 특히 언어적 의사소통 과정에서 학습된다.
- 일탈행동의 학습은 주로 친밀한 사적 관계에서 비롯된다.
- 일탈행동학습의 내용에는 일탈행동의 기술뿐만 아니라 일탈행동과 관련된 충동, 동기, 태도, 합리화도 포함된다.
- 일탈행동의 동기와 태도의 방향은 법이나 규범에 대한 생태적 환경의 방향에 의해 결정된다.
- 일탈행동을 격려·고무하는 분위기가 억제·반대하는 분위기를 압도할 때 일탈행동이 시도된다.
- 일탈행동을 하느냐, 하지 않느냐는 일탈행동 접촉빈도, 지속시간, 우선성 및 강도에 따라 결정된다.
- 차별접촉에 의한 일탈행동의 학습은 단순한 모방과는 달리 복잡한 학습과정이다.
- 일탈행동의 동기나 동인이 항상 물질적 부나 사회적 명성과 같은 누구나 추구하는 일반적인 욕구충족에 있는 것은 아니다.

> **OX Quiz**
> 차별접촉에 의한 일탈행동의 학습은 단순한 모방과는 달리 복잡한 학습과정이다.
> 정답 O

3. 중화이론(Neutralization Theory)

① 의의 및 특징
- 마차(Matza)는 거의 모든 사람들이 완전한 자유나 구속상태에 있는 것이 아닌 그 사이의 연속선상에 있다고 보았다.
- 비행청소년은 자신의 행위를 자유롭게 선택하는 것도, 강요에 의해 수행하는 것도 아니며, 단지 부주의하게 일시적으로 그러한 행위를 하게 된다.
- 중화이론은 일탈이 청소년의 내적·외적 통제가 약화되는 경우 나타난다고 본다.
- 청소년은 자신의 부적절한 행위를 보편적으로 나쁜 행위로서 인정하지만, 특수한 상황의 경우 정당하거나 나쁘지 않다고 합리화함으로써 사회적 규범이나 전통을 중화시킨다.
- 중화이론은 계층 간에 다른 규범 및 가치가 있다는 하위문화이론을 거부하고, 일탈행동을 수행하는 청소년도 전통적 가치를 수용하고 있으나 중화를 통해 내적 통제가 약화되어 일탈행동을 일으킨다고 본다.

② 중화의 구체적인 방법

책임의 부인 (Denial of Responsibility)	자신의 일탈행위에 대한 책임을 상대방이나 상황의 탓으로 돌린다. 예 술에 취해서 그랬을 뿐이야
상해의 부인 (Denial of Injury)	자신이 저지른 행위가 다른 사람에게 아무런 해를 미치지 않는다고 주장한다. 예 난 그 사람 물건을 훔친 게 아니야. 단지 빌려 쓴 것뿐이라고
피해자에 대한 부인 (Denial of Victim)	피해자가 징벌을 받아 마땅한 사람이므로 자신의 행동은 정당하다고 주장한다. 예 그 놈이 맞을 짓을 했으니까 때린 것뿐이라고
비난자에 대한 비난 (Condemnation of the Condemners)	자신을 비난하는 사람들에게서 잘못을 찾아내어 오히려 자신의 잘못보다 더 나쁘다고 주장한다. 예 그 국회의원은 국민의 세금을 수 억이나 빼돌린 놈이야. 난 고작 몇 푼 가져간 것 뿐이라고
더 높은 충성심에의 호소 (Appeal to Higher Loyalties)	더 높은 충성심 또는 더 고차적인 원칙을 위해 기존의 규범을 어겼다고 주장한다. 예 내가 그 놈을 때린 건 내 친구와의 의리를 지키기 위해서야

4. 비행하위문화이론(Delinquent Subculture Theory)

① 코헨(Cohen)은 비행하위문화를 사회적 하류층에 속하는 청소년이 자신의 지위욕구에 불만을 가진 채 중산층의 지배문화에 대항하는 것으로 보았다.
② 사회체계 내에는 연령이나 성별, 사회경제적 계층 등에 따른 상이한 역할과 함께 그에 따라 상황을 바라보는 준거틀이 존재한다. 그러나 이러한 준거틀은 그것을 인정하지 않으려는 집단으로부터 강한 반발을 받게 되며, 그 과정에서 새로운 하위문화가 탄생된다.
③ 비행하위문화이론은 특히 미국의 하류층 청소년들의 비행문화를 설명하기 위해 제시된 것으로서, 청소년이 중산층의 기준을 획득하기가 어렵다는 사실을 인식함으로써 그들의 기준을 좇기보다는 자신들에게 유리한 새로운 기준을 집단적으로 구축한다는 것이다.
④ 비행하위문화는 주류문화에 반대하는 문화적 가치를 추구하는 과정에서 기존의 지배적인 규범에 대항하기 위해 일탈행동을 일삼기도 한다.
⑤ 비행하위문화는 비공리적·악의적·부정적·단기쾌락적인 양상을 보인다.

> **OX Quiz**
> 술이 취해서 그랬다며 본인의 일탈행위를 상황의 탓으로 돌리는 방법은 '책임의 부인'이다.
> 정답 O

> **OX Quiz**
> 비행하위문화이론은 미국의 하류층 청소년들의 비행문화를 설명하기 위해 제시되었다.
> 정답 O

5. 낙인이론(Labeling Theory)

① 낙인이론은 일탈을 행위의 속성이 아닌 사회적 정의(Social Definition)의 산물로 본다. 즉, 특정행위의 일탈 여부가 그 행위를 바라보는 다른 사람이나 전체 사회의 반응에 달려 있다는 것이다.

② 일탈은 상대적인 것이므로 어떠한 행위도 본질적인 일탈은 아니라고 본다. 따라서 정상과 일탈을 명확히 구분하는 것은 근거가 없다.

③ 문제청소년으로 낙인되는 것은 그가 부적절한 행위를 했기 때문이 아니라 그의 행위가 다른 사람들의 가치 기준에 벗어나 다수의 사람들에 의해 일탈행동으로 명명되었기 때문이다.

④ 비행이나 일탈행동은 사회의 권력이나 지위를 가지고 있는 사람들이 그들의 기준에 따라 잘못된 것으로 명명한 것에 불과하다.

⑤ 베커(Becker)는 일탈자라는 낙인이 하나의 사회적 지위와 같으며, 개인이 가지고 있는 여러 가지 지위 중 대표되는 지위가 된다고 주장하였다. 일탈자는 처음에는 이를 거부하나 계속적인 사회적 반응이 그로 하여금 스스로 일탈자라는 자아개념을 갖도록 만든다는 것이다.

⑥ 레머트(Lemert)는 일탈자로 낙인된 사람이 자신을 스스로 일탈자로 인정하는 경우 제2의 일탈을 저지르게 된다고 주장하였다. 1차적 일탈은 다양한 맥락에서 일어날 수 있으나 2차적 일탈의 중요한 원인은 낙인이라는 것이다. 레머트는 더 나아가 일탈자로 낙인된 사람이 자신의 일탈행동을 정상적인 것으로 재낙인하기에 이르며, 이와 같이 자신의 일탈을 정상화(Normalization)하는 가운데 3차적 일탈이 나타난다고 보았다.

6. 와이너(Weiner)의 비행분류

① **사회적 비행**
- 심리적인 문제 없이 반사회적 행동기준을 부과하는 비행하위문화의 구성원으로서 비행을 저지른다. 특히 청소년은 집단문화에 동조하기 위한 수단으로서 비행을 저지르는 경향이 있다.
- 심리적인 문제가 비교적 적으므로 자신이 속한 하위집단 내에서의 대인관계에서는 비교적 정상적으로 행동하는 것이 보통이다.
- 소속된 비행하위집단 내에서 통용되는 삶의 방식들은 제한적이고 편파적인 경우가 대부분이므로 장기적인 측면에서 적응적 행동양식이라고 볼 수 없다.

② 심리적 비행
- 성격적 비행 : 비행이 반사회적인 성격구조, 자기통제능력의 부재, 충동성, 타인무시 등에 의한 행위의 문제로 나타난다. 특히 유아기나 아동기에 거절당한 경험으로 인해 타인에 대한 공감능력 및 동일시능력이 부족하며, 아동기 후기의 부적절하거나 일관적이지 못한 훈육 및 감독으로 인해 자신의 충동을 통제할 수 있는 능력이 부족한 청소년에게서 나타난다.
- 신경증적 비행 : 자신의 요구가 거절되었을 때 급작스럽게 자신의 욕구를 표현하는 행위의 문제로 나타난다. 타인으로부터 인정 및 조력을 받고 싶어 하는 핵심적 욕구에서 비롯되는 것으로, 비행은 주로 단독으로 급작스럽게 혹은 우발적으로 일어난다. 이러한 비행의 기저에는 심리적 갈등이나 좌절을 유발하는 환경적 스트레스 요인이 있다.
- 정신병적(기질적) 비행 : 비행이 행동을 통제하기 어려운 조현병(정신분열증)이나 두뇌의 기질적 손상 등에 의해 나타난다. 뇌기능장애, 주의집중장애 및 충동조절장애, 낮은 자아존중감 등을 가진 청소년에게서 나타난다.

> **참고**
>
> **청소년 지위비행**　　　　　　　　　　　　　　　　　　　　　　22년 기출
> 성인에게는 허용되나 청소년에게는 허용되지 않는 비행으로, 음주, 흡연 등이 이에 해당된다.

핵심예제 39　　　　　　　　　　　　　　　　　　　　　　13, 16년 기출

와이너(Weiner)의 비행분류에 관한 설명으로 틀린 것은?

① 비행자의 심리적인 특징에 따라서 사회적 비행과 심리적 비행을 구분한다.
② 심리적 비행에는 성격적 비행, 신경증적 비행, 정신병적(기질적) 비행이 속한다.
③ 신경증적 비행은 행위자가 타인의 주목을 끌 수 있는 방식으로 비행을 저지르는 경우가 많다.
④ 소속된 비행하위집단 내에서 통용되는 삶의 방식들은 자존감과 소속감을 가져다주므로 장기적으로 적응적이라고 할 수 있다.

> **해설 체크!**
>
> 소속된 비행하위집단 내에서 통용되는 삶의 방식들은 제한적이고 편파적인 경우가 대부분이므로 장기적인 측면에서 적응적 행동양식이라고 볼 수 없다.
>
> 정답 ④

40 위기 및 자살상담
25년 기출

1. 브래머(Brammer)의 위기 형태

① 상황적 위기
- 전혀 예측하지 못했던 충격적인 사건이 발생할 때 느끼는 위기이다.
- 누구에게나 일어날 수 있는 것으로서, 매우 급작스럽고 때로 파괴적이다.
- 질병, 실업, 사고, 이혼, 가까운 사람의 죽음, 궁극적으로 자신에게 발생된 여러 가지 생명의 위협 등이 해당한다.

② 발달적 위기
- 일생을 살아가면서 누구나 겪어야 하는, 삶의 단계에서 일어나는 위기이다.
- 생의 단계에서 발생하는 위기가 아니더라도 사건의 발달과정을 예측할 수 있는 위기를 말한다.
- 청소년의 정체성 위기, 중년의 위기(갱년기증상), 노년의 위기 등으로 인한 심리적 고통, 재산이라든가 사랑하는 사람, 혹은 자유나 명예 같은 추상적인 개념의 어떤 것들이 자신에게서 떨어져 나가거나 빼앗기거나 상실했을 때 느끼는 상처 등이 해당한다.

③ 실존적 위기
- 자유와 책임, 독립성, 의무, 목적 등 삶의 의미에 대한 반성이나 어떤 중요한 이슈를 동반하는 내적 갈등, 정신적 방황, 불안과 관련된 위기이다.
- 발달적 위기가 인간의 성장 및 발달의 과정에서 나타나는 것인 반면 실존적 위기는 삶의 어떠한 발달단계에서도 나타날 수 있다는 점이 다르다.
- 자신이 집단이나 조직에서 무의미한 존재임을 인식하는 경우, 노년기에 접어들어 자신의 인생이 허무하다고 느끼는 경우 등이 해당한다.

④ 사회·문화적 위기
- 사회가 오랜 세월 동안 형성해 온 전통과 문화에 의해서 초래되는 위기이다.
- 사회의 여러 가지 불안요인으로 말미암아 발생하는 위기이며, 새로운 문화 속으로 들어갈 때 겪는 문화적 충격(Cultural Shock)이다.
- 성(性) 개방풍조, 가족기능의 약화, 이데올로기 갈등 등으로 인한 위기를 예로 들 수 있다.

OX Quiz

실존적 위기는 전혀 예측하지 못한 충격적 사건이 발생할 때 느끼는 위기를 말한다.

정답 X(실존적 → 상황적)

2. 파라드(Parad & Parad)의 위기 유형

① 생물학적 위기

일반적이고 발달적인 위기로서, 학령기나 사춘기에 도달하는 경우처럼 발달과업이나 생물학적 변화에서 야기된다. 청소년이 정상적인 발달적 위기에 직면하게 될 때, 그 위기의 극복 여부에 따라 추후 정서적 안녕상태에 지대한 영향을 받게 된다.

② 환경적 위기

부모의 이혼이나 사망, 학대, 이사, 만성적인 질병 등 일반적으로 대인관계의 문제이거나 상황적인 문제이다. 이와 같은 위기는 보편적인 것은 아니지만 빈번히 발생하게 된다.

③ 우발적 위기

사전에 예측할 수 없는 홍수, 화재, 폭풍과 같은 일반적으로 자연재해에 관련된 것이다. 이 유형의 위기에 대해 상담자는 전체 학교나 혹은 위기의 영향을 가장 많이 받은 청소년 집단을 위해 구체적인 생활지도경험을 고안할 수 있다.

3. 프랑스(France)의 위기 단계

① 제1단계 : 충격 단계(Impact Phases)
  - 특정상황이 위기에 도달하였다는 인식을 하는 단계이다.
  - 자신이 사용하는 일상적인 대처전략이 불행한 사건에 의해 야기된 문제를 해결하지 못한 채 무력감, 불안감, 우울감, 분노, 좌절, 두려움을 느끼기 시작한다.

② 제2단계 : 대처 단계(Coping Phases)
  - 자신이 처한 상황을 변화시키거나 불행한 사건에 대한 자신의 반응을 변화시키려는 시도를 한다.
  - 어떤 사람은 문제중심의 대처방법을 통해 자신이 가지고 있는 대처기술로써 문제를 해결하려고 하거나 새로운 대처기술을 배우려고 한다. 또한 어떤 사람은 정서중심의 대처방법을 통해 상황을 인정하는 적응적 전술을 사용하기도 하고, 혹은 문제를 부인하거나 약물 등을 사용하여 고통을 잊으려는 부적응적인 전술을 사용하기도 한다.

③ 제3단계 : 철회 단계(Withdrawal Phases)
  - 일반적으로 사람은 해결이나 어떤 도움 없이 어느 정도의 시간이 지나도 위기에서 벗어나지 못하게 될 때 철회단계로 이동한다.
  - 자신이 시도한 어떤 것도 고통을 경감시키는 데 도움이 되지 않는다고 느낄 때 도달하며, 그 극단적인 형태로 자살이 있다.

OX Quiz

위기 및 자살상담에서 위기의 유형에는 생물학적 위기, 환경적 위기, 우발적 위기가 있다.

정답 O

기출키워드

19년 3회

골란(Golan)의 위기발달단계

위험사건	특정한 스트레스사건으로서 외부 쇼크나 내적인 변화가 개인의 신체 및 심리사회적 안정상태에 일어난다.
취약단계	최초의 쇼크에 대한 개인의 주관적 반응의 단계이다.
촉발요인	취약단계를 불균형의 상태로 전환시키는 일련의 연쇄적인 스트레스 유발사건들을 말한다.
위기단계	개인의 항상성 기제가 무너지면 긴장이 최고조에 달하고 불균형상태가 시작된다.
재통합	긴장과 불안이 점차 가라앉고 개인의 기능이 다소 재구성되는 단계이다.

4. 위기개입의 원리　　　　　　　　　　　　　　　　21, 24년 기출

① 신속한 개입

　위기의 시간제한적인 특성으로 인해 신속하고 즉각적인 개입이 요구된다. 위기개입에 의한 문제해결 또는 치료는 대략 6주 이내로 이루어져야 한다.

② 적극적인 행동

　치료자는 행동기술에 초점을 두어 초기단계에서부터 적극적으로 원조활동을 펼쳐야 한다.

③ 제한된 목표

　위기개입의 1차적 목표는 클라이언트가 최소한 위기 이전의 기능수준으로 회복하도록 돕는 데 있다.

④ 긍정적 희망과 기대

　치료자는 위기상황에 처해 있는 클라이언트에게 치료에의 희망을 고취시켜야 한다.

⑤ 현실적 지지에 초점을 둔 문제해결

　치료자는 문제의 파악과 해결에 초점을 두며, 현실적인 지지 속에서 클라이언트가 현실을 직면하도록 도와야 한다.

⑥ 클라이언트 자기상의 이해

　치료자는 클라이언트와의 신뢰관계를 형성하여 클라이언트로 하여금 건전한 자기상을 수립할 수 있도록 도와야 한다.

⑦ 자립성촉진

　치료자는 클라이언트가 가능한 한 빨리 자립할 수 있도록 클라이언트를 격려하고 자신감을 회복할 수 있도록 배려해야 한다.

5. 스틸과 레이더(Steele & Raider)의 청소년 위기개입

① 위기상황에 대한 반응의 정상화

　상담자는 청소년과 그의 가족의 위기상황에 대한 반응을 정상화하도록 돕는다. 이를 위해 상담자는 그들이 위기가 무엇이고 왜 발생하는지를 명확히 알도록 돕는다.

② 위기상황의 재평가

　상담자는 그들로 하여금 위기상황을 재평가하고 지각을 전환하도록 유도함으로써, 그 이상도 그 이하도 아닌 있는 그대로의 상황을 보도록 돕는다.

③ 감정의 인식과 수용

　감정의 전환을 위해서는 우선 자신들이 경험하고 있는 감정이 위기의 일부분이고, 그와 같은 감정은 외부로 표현되어야 한다는 인식이 필요하다. 이는 위기에 대한 반응으로 경험하게 되는 감정에 대해 통제감을 획득하도록 돕는 것이다.

④ 문제해결의 전략개발

상담자는 그들이 더 적응적인 문제해결전략을 개발하도록 돕는다. 여기에는 그들이 이미 알고 있는 대처기술을 검토하고 구체적인 위기상황에서 이를 적절히 적용하는 방법을 찾도록 돕는 것, 그와 같은 기술을 연습하도록 돕는 것, 현재 상황에 그 기술을 적용하게 하는 것 등도 포함된다.

6. 자살의 일반적인 양상 [16년 기출]

① 자살은 우울장애와 밀접하게 연관된 문제이다. 자살하는 사람의 약 90%는 정신장애를 지니고 있으며, 이들 중 약 80%는 우울장애, 나머지는 조현병(정신분열증)이나 알코올의존의 문제를 가지고 있는 것으로 보고되고 있다.
② 우리나라의 경우 자살은 10~30대 사망원인의 1위를 차지하고 있으며, 우리나라를 비롯한 미국에서도 아동 및 청소년기의 자살률은 증가하는 추세이다.
③ 자살자의 약 70%는 남성으로, 이는 여성보다 2~3배 많은 수치이다. 그러나 자살기도자는 자살성공자의 대략 8~10배 정도로 추정되며, 특히 자살기도자의 수치는 오히려 여성이 남성보다 4배 많은 것으로 보고되고 있다.
④ 남성의 자살률이 높은 이유는 여성이 수면제, 향정신성약물 등을 사용하여 자살을 기도하는 반면, 남성은 총기를 이용한 자살(특히 미국의 경우), 목을 매는 자살, 투신자살 등 더욱 치명적인 방법으로 자살을 기도하기 때문이다.
⑤ 모든 자살이 우울한 사람에게 국한되어 나타나는 것은 아니다. 일반적으로 자살률은 경제적 불황기에는 올라가고 경제적 번영기에는 안정되어 있으며, 전쟁 중에는 감소하는 양상을 보인다.

> **OX Quiz**
> 정신장애를 지녀 자살에까지 이르는 사람의 정신장애 중 가장 많은 비율을 차지하는 것은 조현병이다.
> 정답 X(우울장애)

7. 청소년 자살의 특징 [17, 20년 기출]

① 외부자극의 변화에 민감하게 반응함으로써 충동적으로 일어나는 경향이 있다.
② 사소한 일에도 심각한 충격을 받음으로써 자살하는 경향이 있다.
③ 자신의 현재와 미래에 대해 심사숙고하기보다는 다분히 감정적이고 순간적으로 자살을 선택하는 경향이 있다.
④ 다른 자살자들의 행동을 따라 모방자살을 하는 경향이 있다.
⑤ 자신의 심적인 고통을 자살의 방법을 통해 외부에 알리고자 하는 제스처형 또는 호소형 자살이 많다.
⑥ 가정의 불화를 자신의 탓으로 간주함으로써 죄책감에 사로잡혀 자살하는 경향이 있다.
⑦ 또래친구와의 동일시에 의해 집단자살을 하는 경향이 있다.
⑧ 학교생활이나 학교성적과 관련된 문제로 인해 자살하는 경우가 많다.

8. 청소년 자살의 위험인자

① 공격적이고 충동적이며 약물남용 병력이 있는 행동장애의 경우
② 과거 치명적 방법으로 자살을 시도한 경우
③ 주요우울증, 조울증 등 정신질환이 함께 있는 경우
④ 일기장에 또는 친구에게 죽음에 관한 내용을 자주 언급하는 등 지속적인 자살사고를 가지고 있는 경우
⑤ 가족 중 자살을 시도하거나 실제 자살을 한 사람이 있는 경우
⑥ 임신하였거나 음독 이외의 방법을 쓰는 경우
⑦ 가족성원 간의 심한 불화로 인해 서로 상대방을 비난하는 경우

핵심예제 40
14, 21년 기출

청소년기 자살의 위험인자와 가장 거리가 먼 것은?

① 공격적이고 충동적이며 약물남용 병력이 있는 행동장애의 경우
② 과거 치명적 방법으로 자살을 시도한 경우
③ 부모에 대한 이유 없는 반항이나 저항을 보이는 경우
④ 일기장에 또는 친구에게 죽음에 관한 내용을 자주 언급하는 경우

해설 체크!

가족성원 간의 심한 불화, 즉 가정불화는 청소년 자살의 위험인자이나, 부모에 대한 이유 없는 반항이나 저항을 보이는 것을 자살의 위험인자로 단정하기는 어렵다.

정답 ③

참고

청소년 자살의 경고사인 (21년 기출)

- 죽음이나 사후세계에 대한 말을 하거나 글을 쓴다.
- 죽음과 죽는 것에 대해 현혹되어 있다.
- 행동과 성격에서의 극적인 변화가 나타난다.
- 소중한 물건을 타인에게 주거나 유서를 작성한다.
- 대인관계에서의 갈등이나 상실을 경험한다.
- 식습관이나 수면습관에서 변화가 나타난다.
- 친구나 가족, 여러 활동으로부터 철수되어 있다.
- 폭력적이거나 반항적인 행동을 한다.
- 약물, 알코올 등의 물질을 남용한다.
- 지속적인 지루함이나 주의집중에서의 어려움을 보인다.

PART 2
기출복원문제

2025년 제1회 기출복원문제 및 해설

2025년 제2회 기출복원문제 및 해설

2025 제1회 기출복원문제 및 해설

임상심리사 2급

※ 2022년 제3회 시험부터 CBT로 시행되어 기출문제가 공개되지 않으므로, 응시자의 후기와 과년도 기출데이터를 통해 기출과 유사하게 복원된 문제를 제공합니다.

※ 문제번호 밑의 ○과목/이론 ○○ 마크는 해당 문제와 관련된 과목과 핵심이론의 번호를 표기한 것입니다. 학습에 참고하시기 바랍니다.

제1과목 심리학개론

01 기억정보의 인출에 대한 설명으로 옳은 것은? [19, 23년 기출]

① 기억탐색과정은 일반적으로 외부적 자극정보를 부호화하는 과정을 말한다.
② 설단현상은 특정 정보가 저장되어 있지 않다는 증거로 볼 수 있다.
③ 회상과 같은 명시적 인출방법과 대조되는 방법으로 재인과 같은 암묵적 방법이 있다.
④ 인출 시의 맥락과 부호화 시의 맥락이 유사할 때 인출가능성이 클 것이라는 주장을 부호화명세성(특수성)원리라고 한다.

> **알기 쉬운 해설**
> **부호화명세성원리(Encoding Specificity Principle)**
> 어떠한 기억대상을 장기기억에서 인출하는 경우 그와 관련된 단서가 있을 때보다 쉽게 기억해 내는 원리이다.

02 원점수 25(평균 = 20, 표준편차 = 4)를 Z점수로 변환한 값으로 옳은 것은? [18년 기출]

① +1.25
② +0.25
③ -0.25
④ -1.25

> **알기 쉬운 해설**
> - Z점수 = (원점수 - 평균) ÷ 표준편차
> - (25 - 20) ÷ 4 = +1.25

정답 01 ④ 02 ①

03 다음 사례에서 사용하고 있는 방어기제는?

아버지의 학대로 대인기피증과 우울증에 걸렸던 아이가 학대에 대한 분노심을 억제하여 아버지에 대한 이야기를 무의식적으로 꺼린다.

① 주지화
② 해 리
③ 합리화
④ 억 압

알기 쉬운 해설

① 주지화 : 위협적이거나 고통스러운 정서적 문제를 피하기 위해 또는 그것을 둔화시키기 위해 사고, 추론, 분석 등의 지적 능력을 사용한다.
② 해리 : 괴로움이나 갈등상태에 놓인 인격의 일부를 다른 부분과 분리한다.
③ 합리화 : 현실에 더 이상 실망을 느끼지 않기 위해 또는 정당하지 못한 자신의 행동에 그럴듯한 이유를 붙이기 위해 자신의 말이나 행동을 정당화한다.

04 성격의 일반적인 특성과 가장 거리가 먼 것은? `20, 24년 기출`

① 독특성
② 안정성
③ 일관성
④ 적응성

알기 쉬운 해설

성격의 일반적 특성

독특성	성격은 사람들을 구별할 수 있는 개인의 독특성 혹은 개인차를 반영한다. 즉, 성격은 개인들 간의 심리적 차이를 설명하는 개념이라고 할 수 있다.
공통성	성격은 사람들이 보편적으로 공유하는 공통성을 내포한다. 그로 인해 개인의 독특한 행동들을 공통성에 근거하여 통합적으로 설명할 수 있다.
일관성 (안정성)	성격은 비교적 일관되고 안정적인 행동패턴을 반영한다. 성격을 통해 개인의 행동을 이해하고 예언할 수 있는 것도 이와 같은 일관성 혹은 안정성에서 비롯된다.
역동성	성격은 개인 내부의 역동적이고 조직화된 특성을 반영한다. 개인의 다양한 행동은 외부 자극에 대한 반사적 반응이 아닌 내면적 조직체의 심리적 과정을 통해 표출된 것이다.

정답 03 ④ 04 ④

05
집단 전체의 의사결정이 개인의 의사결정 평균보다 더 극단적으로 나오는 현상은? `18년 기출`

① 사회적 촉진
② 사회적 태만
③ 집단극화
④ 집단사고

> **알기 쉬운 해설**
> ① 개인이 혼자 일할 때보다 타인이 존재할 때 행동수행이 더욱 좋아지는 현상
> ② 개인이 혼자 일할 때보다 집단으로 일할 때 노력을 절감하여 개인당 수행이 저하되는 현상
> ④ 응집력이 강한 집단의 성원들이 집단의사결정 상황에서 만장일치를 이루려고 하는 사고의 경향

06

밤에 등대불을 깜빡이는 이유는 무슨 현상을 방지하기 위해서인가? `15년 기출`

① 자동운동착시 현상
② 파이(Phi) 현상
③ 유인운동 현상
④ 양안부등 현상

> **알기 쉬운 해설**
> 자동운동착시 현상이란 어두운 공간에서 하나의 불빛을 보고 있으면 그 불빛이 움직이는 것처럼 보이는 착각을 하게되는 현상을 말한다. 즉 깜깜한 암실에서 멀리 떨어져 있는 고정된 불빛을 보면, 그 불빛이 정지해 있음에도 불구하고 마치 움직이는 것처럼 보인다. 이에 등대불을 깜박이게 함으로써 착시를 방지하는 것이다.

07
어떤 사람의 행동을 보고 상황이나 외적 요인보다는 사람의 기질이나 내적 요인에 그 원인을 두려고 하는 것은? `16, 22, 23년 기출`

① 기본적 귀인오류
② 현실적 왜곡
③ 후광효과
④ 고정관념

> **알기 쉬운 해설**
> **기본적 귀인오류 또는 근본 귀인오류(Fundamental Attribution Error)**
> 어떤 행위가 발생하였을 때, 외부귀인보다 행위자의 기질이나 성향 등 내부적인 요인에 귀인하는 경향을 의미한다.

08 고전적 조건형성에 관한 설명으로 옳은 것은?

① 중립자극은 무조건자극 직후에 제시되어야 한다.
② 행동변화의 효과를 거두기 위해서는 적절한 반응의 수나 비율에 따라 강화가 이루어져야 한다.
③ 적절한 행동은 즉시 강화하고, 부적절한 행동은 무시함으로써 새로운 행동을 가르칠 수 있다.
④ 대부분의 정서적인 반응들은 고전적 조건형성을 통해 학습될 수 있다.

> **알기 쉬운 해설**
> ① 고전적 조건형성에서 중립자극은 무조건자극에 선행되어야 한다.
> ② 조작적 조건형성에 대한 내용이다.
> ③ 이미 하고 있는 행동을 강화시킬 수는 있지만 새로운 행동을 가르칠 수는 없다.

09 마리화나가 기억에 미치는 현상을 연구하려고 한다. 선행조건인 마리화나의 양은 무슨 변수인가?

① 독립변수
② 종속변수
③ 가외변수
④ 외생변수

> **알기 쉬운 해설**
> ① 독립변수 : 효과를 연구하기 위해 사용되는 특정변인
> ② 종속변수 : 독립변수의 조작에 의해 영향을 받는 변인
> ③·④ 가외변수(=외생변수) : 독립변인과 종속변인 이외의 종속변인에 영향을 미칠 수 있는 다른 변수

정답 08 ④ 09 ①

10. 기억에 관한 설명으로 옳지 않은 것은? 22년 기출

① 기억의 세 단계는 부호화, 저장, 인출이다.
② 감각기억은 매우 큰 용량을 가지고 있지만 순식간에 소멸한다.
③ 외현기억은 무의식적이며, 암묵기억은 의식적이다.
④ 부호화와 인출을 증진시키는 한 가지 방법은 심상을 사용하는 것이다.

> **알기 쉬운 해설**
>
> **외현기억(Explicit Memory)과 암묵기억(Implicit Memory)**
> - 외현기억은 자기가 기억하고 있다는 것을 자각할 수 있는 기억으로서, 의도적으로 저장한 기억이다.
> - 암묵기억은 무의식적이고 간접적으로 접근할 수 있는 기억으로서, 우연적이고 비의도적인 기억이다.
> - 외현기억은 의식적이므로 회상검사나 재인검사를 통해 직접 측정할 수 있는 반면, 암묵기억은 무의식적이므로 간접적인 방법으로 측정할 수 있다.
> - 암묵기억은 연령, 약물(예 알코올), 기억상실증, 파지 간격의 길이, 간섭 조작 등의 변인에 의해 영향을 받지 않는 반면, 외현기억은 이들 요인의 영향을 많이 받는다.

11. 인지학습이론에 대한 설명으로 틀린 것은? 18, 22, 24년 기출

① 형태주의는 공간적인 관계보다는 시간변인에 주로 관심을 갖는다.
② 톨만(Tolman)은 강화가 무슨 행동을 하면 어떤 결과가 일어날 것이란 기대를 확인시켜 준다고 보았다.
③ 통찰은 해결 전에서 해결로 갑자기 일어나며 대개 '아하' 경험을 하게 된다.
④ 인지도는 학습에서 내적 표상이 중요함을 보여준다.

> **알기 쉬운 해설**
>
> 형태주의는 시간변인보다는 공간적인 관계에 주로 관심을 갖는다. 그래서 "전체는 부분의 합 이상이다"라는 말이 형태주의의 구호가 되었다.

12. 인간성격을 공통특질과 개별특질로 구분한 학자는?

① Cattell
② Eysenck
③ Allport
④ Adler

알기 쉬운 해설

올포트(Allport) 특질이론의 주요개념
- 특질(Trait) : 성격이론의 핵심개념으로 다양한 종류의 자극에, 같거나 유사한 방식으로 반응할 경향 혹은 사전성향(Predisposition)
- 공통특질(Common Traits) : 어떤 문화에 속해 있는 많은 사람이 공유
- 개별특질(Individual Traits) : 개인에게 독특한 것이며 그의 성격을 나타냄

13. 기질과 애착에 관한 설명으로 틀린 것은?

① 내적작동모델은 아동의 대인관계에 대한 지표 역할을 한다.
② 불안정-회피애착 아동은 주양육자에게 과도한 집착을 보인다.
③ 기질은 행동 또는 반응의 개인차를 설명해 주는 생물학적 기초를 가지고 있다.
④ 주양육자가 아동의 기질을 고려하여 적절하게 양육한다면 아동의 까다로운 기질이 반드시 불안정애착으로 이어지는 것은 아니다.

알기 쉬운 해설

② 불안정-회피애착 아동은 낯선 상황에서도 양육자를 찾는 행동을 보이지 않으며, 양육자가 떠났다가 돌아와도 다가가려고 하지 않는다.

14. 성격 5요인에서 특질요인과 대표적인 척도가 바르게 연결되지 않은 것은?

① 개방성 : 인습적인–창의적인, 보수적인–자유로운
② 성실성 : 부주의한–조심스러운, 믿을 수 없는–믿을 만한
③ 외향성 : 위축된–사교적인, 무자비한–마음이 따뜻한
④ 신경증 : 안정된–불안정한, 강인한–상처를 잘 입는

알기 쉬운 해설

성격 5요인 이론(Big 5)의 5가지 성격특성

성격특성	관련되는 표현
개방성 (Openness)	호기심(Curiosity), 상상력(Imagination), 독창성(Originality), 관대함(Broad Mind) 등
성실성 (Conscientiousness)	자기훈련(Self-Discipline), 강한 의지(Strong Will), 신중함(Deliberation), 신뢰(Reliability) 등
외향성 (Extraversion)	사회성(Sociability), 쾌활함(Cheerfulness), 낙관주의(Optimism), 수다스러움(Talkativeness) 등
우호성 (Agreeableness)	정중함(Courtesy), 유동성(Flexibility), 온화함(Good Nature), 협동감(Cooperation) 등
신경증 (Neuroticism)	걱정(Fearfulness), 불안(Anxiety), 비관주의(Pessimism) 등

15. 강화계획 중 소거에 대한 저항이 가장 큰 것은?

① 고정간격강화계획
② 변동비율강화계획
③ 고정비율강화계획
④ 변동간격강화계획

알기 쉬운 해설

변동비율강화계획(Variable-Ratio Schedule)
- 강화물을 받기 위해 요구되는 반응 수가 시행에 따라 변화하는 것이다.
- 강화물을 받기 위해 요구되는 평균반응 수는 항상 일정하나, 정확하게 몇 번째 반응에 대해 강화가 제공되는지는 알 수 없다.
- 반응률이 높게 유지되고, 지속성이 높으며, 소거에 대한 저항이 크다.

16 다음의 설명에 해당하는 연구방법은?

- 기록되지 않은 부분에 대해서는 연구가 어려움
- 가설에 대한 주관적인 해석의 소지가 있음

① 사례분석조사
② 문헌연구법
③ 실험연구
④ 관찰연구

알기 쉬운 해설
문헌연구의 장·단점

장 점	• 연구시행 과정에서 생기는 시행착오를 피할 수 있다. • 시간과 공간의 제약이 없으며, 시간과 비용을 절감할 수 있다. • 기존 연구의 동향을 알 수 있다.
단 점	• 연구자의 주관적 판단이 개입될 우려가 있다. • 문헌의 신뢰도에 문제가 있을 경우 연구가 손상된다. • 실험을 하지 않기 때문에 평면적이고 서술적인 연구가 되기 쉽다. • 기록되지 않은 부분에 대해서는 연구가 어렵다. • 연구내용과 부합하는 문헌자료를 찾기 힘들다.

17 프로이트(Freud)의 정신분석적 심리치료에 대한 비판을 토대로 발전한 신 프로이트학파의 주요 인물 및 치료접근법에 해당하지 않는 것은?

① 아들러(Adler)의 개인심리학
② 설리번(Sullivan)의 대인관계이론
③ 페어베언(Fairbairn)의 대상관계이론
④ 글래서(Glasser)의 통제이론

알기 쉬운 해설
프로이트(Freud) 사후 정신분석의 2가지 흐름(1939년 이후)
- 프로이트 사후에 정신분석학파는 크게 2가지 흐름으로 발전하였다.
- 하나는 프로이트의 이론과 기법을 더 정교하게 발전시킨 것으로, 안나 프로이트(Anna Freud), 하트만(Hartmann)의 자아심리학, 페어베언(Fairbairn)과 위니콧(Winnicott)의 대상관계이론, 코헛(Kohut)의 자기심리학 등이 해당된다.
- 다른 흐름은 무의식의 존재는 인정하지만 프로이트가 주장한 이론들을 비판하며 독자적인 이론체계를 발전시킨 신 프로이트학파로 에릭슨(Erikson), 융(Jung), 아들러(Adler), 라캉(Lacan), 설리번(Sullivan), 호나이(Horney), 프롬(Fromm) 등이 이에 해당된다.

18. 자신과 타인의 휴대폰 소리를 구별하거나 식용버섯과 독버섯을 구별하는 것은? _{04, 17, 21년 기출}

① 일반화
② 변 별
③ 행동조형
④ 차별화

알기 쉬운 해설

② 변별(Discrimination) : 둘 이상의 자극을 서로 구별하는 것으로, 조건자극과 유사한 자극에서도 조건반응이 나타나지 않는 것을 말한다.
① 일반화(Generalization) : 특정 조건자극에 대해 조건반응이 성립되었을 때 그와 유사한 조건자극에 대해서도 똑같은 조건반응을 보이는 학습현상을 말한다.
③ 행동조형(Shaping) : 목표행동에 근접하는 반응들을 강화함으로써 새로운 행동을 가르치는 것을 말한다.
④ 차별화(Differentiation) : 차이를 두는 것을 의미한다.

19. 그림을 보고 피검사자가 상상해 이야기를 만드는 검사는?

① 주제통각검사(TAT)
② 문장완성검사(SCT)
③ 로샤검사(Rorschach Test)
④ HTP검사

알기 쉬운 해설

② 문장완성검사(SCT) : 미완성 문장을 통해 수검자의 투사를 유도하여 욕구, 감정, 태도를 파악하는 심리검사 방법으로 자유연상을 토대로 하므로 수검자의 내적 갈등이나 욕구, 환상, 주관적 감정 등을 효과적으로 파악할 수 있다.
③ 로샤검사(Rorschach Test) : 1921년 스위스의 정신과의사인 로샤(Rorschach)가 만든 것으로 이 검사의 재료는 데칼코마니 양식에 의한 대칭형의 잉크 얼룩으로 이루어진 무채색 카드 5장, 부분 유채색 카드 2장, 전체 유채색 카드 3장으로 이루어진 총 10장의 카드로 구성된다.
④ HTP검사 : 집-나무-사람 그림검사(House-Tree-Person)는 1948년 벅(Buck)이 처음 개발한 투사적 그림검사로서, 수검자가 자신의 개인적 발달사와 관련된 경험을 그림에 투사한다는 점에 기초하며 개인의 성격구조를 이해하는 데 효과적이다.

20 표본의 크기에 관한 설명으로 틀린 것은?

21, 24년 기출

① 모집단이 동질적일수록 표본 크기는 작아도 된다.
② 동일한 조건에서 표본의 크기가 클수록 통계적 검증력은 증가한다.
③ 사례수가 작으면 표준오차가 커지므로 작은 크기의 효과를 탐지할 수 있다.
④ 측정도구의 신뢰도가 낮을 경우 대규모 표본을 이용하는 것이 효과적이다.

알기 쉬운 해설

표본의 크기는 표본의 사례수를 의미하며, 이는 표집오차(Sampling Error)와 연관된다[주의 : 표준오차(Standard Error)가 아님]. 동일한 조건에서 표본의 크기가 작을수록 통계적 검증력은 감소하며, 작은 크기의 효과를 탐지하지 못할 가능성이 있다.

제2과목 이상심리학

21 MMPI-2의 각 척도에 대한 해석으로 가장 적합한 것은?

16, 21, 22, 23, 24년 기출

① 6번 척도가 60T 내외로 약간 상승한 것은 대인관계 민감성에 대한 경험을 나타낸다.
② 2번 척도는 반응성 우울증보다는 내인성 우울증과 관련이 높다.
③ 4번 척도의 상승 시 심리치료 동기가 높고 치료의 예후가 좋음을 나타낸다.
④ 7번 척도는 불안 가운데 상태불안 증상과 연관성이 높다.

알기 쉬운 해설

② 2번 척도는 신경증적 혹은 내인성 우울증이라기보다는 반응성 혹은 외인성 우울증을 측정하고, 이에 2번 척도의 점수는 피검자의 기분이 변함에 따라 하루하루 변할 수 있다.
③ 4번 척도가 높은 경우 유연한 사회적 기술로 심리치료나 상담에 좋은 반응을 보일 것 같이 보이지만, 이러한 능력은 주로 사람을 착취하는 데 이용된다. 더 괴로운 결과(예 처벌이나 이혼 등)를 면하기 위해 치료에 동의하기는 하나, 자신의 문제에 대한 책임을 수용할 수 없어 되도록 빨리 치료를 종결하려 한다.
④ 7번 척도는 강박적인 성향과 특성불안이라고 할 수 있는 만성적인 불안, 삶에 대한 전반적인 불만족, 우유부단함, 주의집중 곤란, 자기의심, 자신에 대한 반추와 초조, 걱정 등을 측정(상태불안은 일시적인 불안, 즉 불안한 상태를 가리키는 반면에 특성불안은 그 사람의 성격처럼 언제나 내면에 존재하고 있는 불안을 의미)한다.

22 검사의 종류와 검사구성방법을 짝지은 것으로 가장 옳지 않은 것은? `15, 22, 23, 24년 기출`

① 16PF – 요인분석에 따른 검사구성
② CPI – 경험적 준거에 따른 검사구성
③ MMPI – 경험적 준거 방법
④ MBTI – 합리적·경험적 검사구성의 혼용

알기 쉬운 해설

검사구성방법(척도구성방법)

- 연역적 방법

논리적-내용적 방법	안면타당도에 근거하여 측정하고자 하는 심리 특성을 가장 잘 나타내 주는 문항을 논리적으로 추론하여 기술하는 방법이다. 예 우드워스(Woodworth)의 개인자료기록지(Personal Data Sheet) 등
이론적 방법	특정 심리학적 이론에 근거하여 문항을 선정하는 방법이다. 예 마이어스-브릭스 성격유형검사(MBTI), 에드워즈(Edwards)의 욕구진단검사(EPPS) 등

- 경험적 방법

준거집단 방법 (경험적 준거 방법)	어떤 심리 특성을 가진 준거집단과 정상적인 통제집단을 구별해 주는 문항을 선정하는 방법이다. 예 미네소타다면적인성검사(MMPI), 캘리포니아 성격검사(CPI) 등
요인분석 방법	요인분석을 통해 검사문항의 의미를 결정하고 이를 보다 단순한 차원으로 축소시키는 방법이다. 예 16성격 요인검사(16PF) 등

23. 주의력결핍 및 과잉행동장애(ADHD)의 특징이 아닌 것은?

 `04, 24년 기출`

① 수업수행능력의 결핍
② 또래관계 형성의 어려움
③ 부끄러움
④ 과잉행동성

알기 쉬운 해설

주의력결핍 및 과잉행동장애(ADHD ; Attention-Deficit/Hyperactivity Disorder)
- ADHD의 주된 특징은 부주의(주의력결핍), 충동성, 과잉행동이다.
- 뇌손상 및 기능결함, 유전, 심리적 요인 등에 의해 발병할 수 있다.
- ADHD 아동은 지능수준에 비해 학업성취도가 저조하고 또래관계에서 거부당하거나 소외될 가능성이 높다. 부모나 교사에게도 꾸중과 처벌을 받기 쉬워서 부정적 자아개념을 형성하고 정서적으로 불안정하며 공격적이고 반항적인 행동을 나타내는 경향이 있다. 이로 인해 ADHD를 지닌 아동의 40~50%가 나중에 품행장애의 진단을 받는다는 보고가 있다.
- 청소년기에 호전되는 경향이 있으나 성인기까지 지속되는 경우도 있다. 대부분 과잉행동은 개선되지만 부주의와 충동성은 오래 지속되는 경우가 흔하다.
- ADHD가 청소년기까지 지속되는 경우에는 품행장애가 발생될 가능성이 높으며, 품행장애를 나타내는 청소년의 약 50%는 성인이 되어 반사회적 성격장애를 나타낸다는 보고가 있다.
- 일반적으로 남자아동이 여자아동에 비하여 높은 발병빈도를 보인다.
- 주변 신호자극을 각성하는 데 문제가 생겨 발생할 수도 있다.

24. 스트레스 호르몬이라고 불리는 코르티솔(Cortisol)이 분비되는 곳은?

 `15, 21, 22년 기출`

① 부 신
② 변연계
③ 해 마
④ 대뇌피질

알기 쉬운 해설

스트레스를 받으면 시상하부는 2가지 경로를 통해 부신으로 명령을 내린다. 첫 번째로는 자율신경계의 교감신경을 통해 부신으로 하여금 에피네프린을 혈류로 방출하도록 하여 교감신경계의 직접적인 위급반응효과를 보강하고, 두 번째로는 뇌하수체를 통해 부신으로 하여금 스트레스 호르몬인 코티솔 등 여러 가지 호르몬을 신체 전반으로 방출하게 하여 위급 시에 대처할 준비태세를 갖춘다.

25 조현병의 양성증상에 해당하는 것은?

21, 23년 기출

① 와해된 행동
② 무사회증
③ 무의욕증
④ 감퇴된 정서 표현

알기 쉬운 해설

조현병의 양성증상과 음성증상

양성증상 (Positive Symptom)	• 정상적, 적응적 기능의 과잉 또는 왜곡을 나타냄 • 도파민 등 신경전달물질의 이상에 의한 것으로 추정됨 • 스트레스사건에 의해 급격히 발생함 • 약물치료에 의해 호전되며, 인지적 손상이 적음 예 망상 또는 피해망상, 환각, 환청, 와해된 언어나 행동 등
음성증상 (Negative Symptom)	• 정상적, 적응적 기능의 결여를 나타냄 • 유전적 소인이나 뇌세포 상실에 의한 것으로 추정됨 • 스트레스사건과의 특별한 연관성 없이 서서히 진행됨 • 약물치료로도 쉽게 호전되지 않으며, 인지적 손상이 큼 예 정서적 둔마, 무논리증 또는 무언어증, 무욕증 등

26 다음 중 C군 성격장애가 아닌 것은?

① 회피성성격장애
② 의존성성격장애
③ 경계성성격장애
④ 강박성성격장애

알기 쉬운 해설

경계성성격장애는 B군 성격장애에 속한다.

27 성도착장애에 관한 설명으로 틀린 것은?

① 물품음란장애는 여성보다 남성에게서 훨씬 더 많이 나타난다.
② 동성애를 하위 진단으로 포함한다.
③ 복장도착장애는 강렬한 성적 흥분을 위해 이성의 옷을 입는 것이다.
④ 관음장애는 대부분 15세 이전에 발견되며 지속되는 편이다.

알기 쉬운 해설

성도착장애는 성행위 대상이나 성행위 방식에서 비정상성을 나타내는 다양한 문제행동으로 관음장애, 노출장애, 접촉마찰 장애, 성적 피학장애 등의 하위개념을 포함하지만 동성애는 포함하지 않는다. 동성애는 동성인 사람에 대해서 성적인 애정과 흥분을 느끼거나 성적 욕구를 충족하기 위한 성행위를 하는 경향을 말한다. 과거에는 동성애를 정신장애로 여긴 적 있었으나, 1973년 미국정신의학협회(APA)는 동성애를 정신장애 분류체계에서 삭제하였다.

28 환각제에 해당되는 약물은?

① 카페인
② 대 마
③ 펜시클리딘
④ 오피오이드

알기 쉬운 해설

- 흥분제 : 카페인, 코카인, 암페타민(필로폰), 니코틴
- 진정제 : 알코올, 아편, 모르핀, 헤로인
- 환각제 : 펜시클리딘, LSD, 메스칼린, 살로사이빈, 암페타민류, 항콜린성 물질

29 치매에 관한 설명으로 가장 적합한 것은? 〔17, 21, 23년 기출〕

① 기억 손실이 없다.
② 자신의 무능을 최소화하거나 자각하지 못한다.
③ 증상은 오전에 가장 심해진다.
④ 약물남용의 가능성이 많다.

> **알기 쉬운 해설**
>
> **치매의 일반적인 증상**
> - 치매의 주요증상은 기억력의 장애이다.
> - 언어기능의 장애가 나타나 초기에는 적절한 단어를 못찾다가 점차적으로 상대방의 질문에 엉뚱한 대답을 하거나 주제와 연관되지 않은 말을 반복한다.
> - 인지기능의 장애가 나타나 공간지각에 대한 심각한 저하로 왼쪽과 오른쪽을 구별하지 못하거나 자주 다니는 길 또는 집을 찾지 못한다.
> - 성격 및 정서의 변화가 나타나 가족을 의심하거나 항상 불안하고 우울증과 조증의 양상을 보이기도 한다.

30 양극성장애에 대한 설명으로 옳지 않은 것은? 〔16, 21, 23년 기출〕

① 조증은 서서히, 우울증은 급격히 나타난다.
② 우울증 상태에서는 자살을 시도하기도 한다.
③ 조증 상태에서는 사고의 비약 등의 사고장애가 나타난다.
④ 조증과 우울증이 반복되는 장애이다.

> **알기 쉬운 해설**
>
> **양극성장애**
> - 우울한 기분상태와 고양된 기분상태가 교차되어 나타나는 경우이다.
> - 조증 상태에서는 평소보다 말이 많아지고 빨라지며 행동이 부산해지고 자신감에 넘쳐 여러 가지 일을 벌이며 과대망상적 사고를 나타내며 잠도 잘 자지 않고 활동적으로 일하지만 이루어지는 일은 없고, 결과적으로 현실적 응에 부적응적 결과를 초래한다.
> - 제1형 양극성장애는 가장 심한 형태의 양극성장애로서, 한 번 이상의 조증삽화가 나타나는 모든 경우에 해당한다. 비정상적이고 지속적인 의기양양함, 자신만만함, 과민한 기분, 목표 지향적 행동이나 에너지의 지속적인 증가가 최소 일주일간 거의 매일, 하루 중 대부분의 시간에 나타난다.
> - 제2형 양극성장애는 제1형 양극성장애와 유사하나, 조증삽화 증상이 상대적으로 미약한 경조증 삽화를 보인다.
> - 순환감정장애는 기분 삽화에 해당되지 않는 경미한 우울증상과 조증증상이 번갈아 가며 2년 이상(아동과 청소년은 1년 이상) 장기적으로 나타나는 만성적인 기분장애이다.
> - 주요우울장애는 여성에게 많이 나타나는 반면, 제1형 양극성장애는 대체로 남성과 여성에게 비슷하게 나타나지만 남성은 조증 삽화가 먼저, 여성은 주요 우울증 삽화가 먼저 나타나는 경우가 많다.
> - 제1형 양극성장애는 다른 유형에 비해 유전적인 영향을 가장 많이 받는다는 증거들이 보고되고 있다.
> - 양극성장애는 주요우울장애와 더불어 자살 위험성이 가장 높은 장애, 특히 주요 우울증 삽화의 시기에 자살 시도를 많이 하는 경향을 보인다.

31 여성의 알코올중독에 관한 설명으로 옳은 것은? `22년 기출`

① 알코올중독의 남녀 비율은 비슷한 수준이다.
② 여성은 유전적으로 남성보다 알코올중독의 가능성이 더 높다.
③ 여성 알코올중독자들은 남성 알코올중독자들보다 우울을 더 많이 경험하고 자살시도 횟수가 더 많다.
④ 여성은 남성보다 체지방이 많기 때문에 술의 효과가 늦게 나타나고 대사가 빠르다.

알기 쉬운 해설

③ 여성 알코올중독자들의 경우 남성에 비해 불안, 우울 등의 심리적인 문제를 가지고 있는 경우가 많으며, 자살시도를 비롯한 정신과적 병력이 있는 경우도 많은 것으로 나타나고 있다.
① 남성이 여성에 비해 음주와 관련된 장애를 가지는 비율이 높다. DSM-5에서는 알코올사용장애(Alcohol Use Disorder)의 유병률에서 성인 남성(12.4%)이 성인 여성(4.9%)보다 높다고 보고하고 있다.
② 여성의 경우 남성과 마찬가지로 알코올중독에 있어서 유전적 요소가 작용하나, 남성에 비해 결혼유무, 스트레스사건, 성적인 문제 등 개인의 심리적·환경적 요인이 중요하게 작용한다.
④ 일반적으로 여성은 남성에 비해 체중이 가볍고, 체지방 비율이 높은 반면 수분의 비율이 낮으며, 식도와 위에서 알코올을 적게 대사하기 때문에 같은 음주량에도 남성보다 높은 혈중 알코올 농도를 보일 수 있다.

32 DSM-5의 신경발달장애에 해당하지 않는 것은? `21, 23년 기출`

① 지적 장애
② 분리불안장애
③ 자폐스펙트럼장애
④ 주의력결핍 과잉행동장애

알기 쉬운 해설

② 분리불안장애(Separation Anxiety Disorder)는 불안장애(Anxiety Disorders)의 하위유형에 해당한다.

DSM-5에 의한 신경발달장애의 주요 하위유형
- 지적 장애(Intellectual Disabilities)
- 의사소통장애(Communication Disorders)
- 자폐스펙트럼장애(Autism Spectrum Disorder)
- 주의력결핍 및 과잉행동장애(Attention-Deficit/Hyperactivity Disorder)
- 특정학습장애(Specific Learning Disorder)
- 운동장애(Motor Disorders) - 틱장애(Tic Disorders) 등

정답 31 ③ 32 ②

33 우울장애에 대한 치료방법으로 적절하지 않은 것은?   21, 23년 기출

① 대인관계치료(Interpersonal Psychotherapy)
② 기억회복치료(Memory Recovery Therapy)
③ 인지행동치료(Cognitive Behavioral Therapy)
④ 단기정신역동치료(Brief Psychodynamic Therapy)

> **알기 쉬운 해설**
> ① 대인관계치료는 개인의 사회적, 대인관계적 기능에 초점을 둔 구조화된 심리치료법이다.
> ③ 인지행동치료는 부정적인 사고 개선에 역점을 두는 치료법으로, 내담자의 사고 편견이나 인지 왜곡을 제거하는 것을 목표로 하는 치료법이다.
> ④ 단기정신역동치료는 정신분석이론에 기초를 두고 환자의 문제유발적 정신역동 패턴을 탐색하는 데 초점을 두는 치료법이다.

34 공황장애의 특징에 해당하는 것을 모두 고른 것은?   16, 21년 기출

ㄱ. 메스꺼움 또는 복부 불편감
ㄴ. 몸이 떨리고 땀 흘림
ㄷ. 호흡이 가빠지고 숨이 막힐 것 같은 느낌
ㄹ. 미쳐버리거나 통제력을 상실할 것 같은 느낌

① ㄷ, ㄹ
② ㄱ, ㄴ, ㄹ
③ ㄴ, ㄷ, ㄹ
④ ㄱ, ㄴ, ㄷ, ㄹ

> **알기 쉬운 해설**
> **공황발작의 13가지 증상**
> • 가슴이 두근거리거나 심장박동이 강렬하거나 또는 급작스럽게 빨라짐
> • 땀 흘림
> • 몸 떨림 또는 손발 떨림
> • 숨이 가쁘거나 막히는 느낌
> • 질식할 것 같은 느낌
> • 가슴 통증 또는 답답함
> • 구토감 또는 복부통증
> • 현기증, 비틀거림, 몽롱함, 기절 상태의 느낌
> • 몸에 한기나 열기를 느낌
> • 감각이상(마비감이나 저린 느낌)
> • 비현실감 또는 이인감(자기 자신으로부터 분리된 느낌)
> • 자기통제를 상실하거나 미칠 것 같은 두려움
> • 죽을 것 같은 두려움

35. 광장공포증에 관한 설명으로 가장 적합한 것은? `21년 기출`

① 광장공포증의 남녀 간 발병비율은 비슷한 수준이다.
② 아동기에 발병률이 가장 높다.
③ 광장공포증이 있으면 공황장애는 진단할 수 없다.
④ 공포, 불안, 회피 반응은 전형적으로 6개월 이상 지속된다.

알기 쉬운 해설

① 여성 발병률이 더 높다.
② 대부분 성인기에 발병한다.
③ 광장공포증은 공황장애 출현을 무시하고 개별적으로 진단될 수 있다.

36. 주요우울장애에 대한 설명으로 옳은 것은? `20년 기출`

① 주요우울장애의 유병률은 문화권에 관계없이 비슷하다.
② 주요우울장애의 유병률은 60세 이상에서 가장 높다.
③ 정신증적 증상이 나타나면 주요우울장애로 진단할 수 없다.
④ 생물학적 개입방법으로는 경두개자기자극법, 뇌심부자극 등이 있다.

알기 쉬운 해설

④ 주요우울장애의 일반적인 치료방법으로 약물치료, 유지치료, 심리치료 등이 병행되고 있으며, 미주신경자극(VNS), 경두개자기자극(TMS), 뇌심부자극(DBS) 등의 치료방법도 시행되고 있다.
① 다양한 문화권의 주요우울장애 연구들에서 주요우울장애의 1년 유병률이 7배 정도 차이를 나타내는 것으로 보고되고 있다.
② 주요우울장애의 유병률은 20대 연령층에서 높게 나타나고 있으며, 미국의 경우 18~29세 연령집단 유병률이 60세 이상 연령집단보다 3배 이상 높은 것으로 보고되고 있다.
③ DSM-5 진단 기준에서는 만약 정신병적 양상이 나타나는 경우 삽화의 심각도와 관계없이 "정신병적 양상 동반(With Psychotic Features)"을 명시하도록 하고 있다.

정답 35 ④ 36 ④

37 행동주의적 견해에 따르면 강박행동은 어떤 원리에 의해 유지되는가?

① 고전적 조건형성
② 부적강화
③ 소 거
④ 모델링

알기 쉬운 해설
환자의 강박행동은 불안이나 고통을 없애거나 줄이기 위해 강화하는 것이므로, 불쾌자극을 제거하여 반응의 확률을 높이는 것인 부적강화 원리에 해당된다.

38 일반적 성격장애의 DSM-5의 진단기준에 해당하지 않는 것은?

① 지속적인 유형이 물질(남용약물 등)의 생리적 효과나 다른 의학적 상태로 인한 것이다.
② 지속적인 유형이 다른 정신질환의 현상이나 결과로 더 잘 설명되지 않는다.
③ 지속적인 유형이 개인의 사회상황의 전 범위에서 경직되어 있고 전반적으로 나타난다.
④ 유형은 안정적이고 오랜 기간 동안 있어 왔으며 최소한 청년기 혹은 성인기 초기부터 시작된다.

알기 쉬운 해설
지속적인 유형이 물질(예 남용약물, 치료약물)의 생리적 효과나 다른 의학적 상태(예 두부외상)로 인한 것이 아니다.

39. 아동 A에게 진단할 수 있는 가장 가능성이 높은 장애는? `21년 기출`

> 4세 아동 A는 어머니와 애정적 관계를 형성하지 못하며, 장난감을 가지고 노는 데는 흥미가 없고 사물을 일렬로 배열하거나 자신의 몸을 앞뒤로 흔들면서 알 수 없는 말을 한다.

① 자폐스펙트럼장애
② 의사소통장애
③ 틱장애
④ 특정학습장애

알기 쉬운 해설

자폐스펙트럼장애의 핵심증상

사회적 상호작용 결함	• 사회적-정서적 상호작용 시 결함 • 사회적 상호작용에서 사용되는 비언어적 의사소통 행동 시 결함 • 대인관계의 발전, 유지, 이해 시 결함
반복적 행동패턴	• 운동, 물체 사용, 언어 사용 시 정형화된 또는 반복적 패턴 • 동일한 것 고집, 일상적인 것 집착, 언어적 비언어적 행동의 의식화된 패턴 • 제한적이고 고정된 흥미를 보이는데, 그 강도나 초점이 비정상적 • 감각자극에 과소 혹은 과대반응 또는 주변 감각적 측면에 비정상적인 흥미

40. 대형 화재현장에서 살아남은 남성이 불이 나는 장면에 극심하게 불안증상을 느낄 때 의심할 수 있는 가능성이 가장 높은 장애는? `17, 20, 23년 기출`

① 외상후스트레스장애
② 적응장애
③ 조현병
④ 범불안장애

알기 쉬운 해설

① 외상후스트레스장애 : 강간, 폭행, 교통사고, 자연재해, 가족이나 친구의 죽음과 같은 충격적인 사건을 경험한 후 불안상태가 지속적으로 나타나는 장애이다.
② 적응장애 : 주요한 생활사건에 대한 적응실패로 나타나는 정서적 또는 행동적 부적응 증상을 말한다.
③ 조현병 : 뇌의 특별한 기질적 이상 없이 사고나 감정, 언어, 지각, 행동 등에서 부적응적인 장애를 나타내는 정신장애이다.
④ 범불안장애 : '일반화된 불안장애'라고도 하며, 과도한 불안과 긴장을 지속적으로 경험하는 상태를 말한다.

정답 39 ① 40 ①

제3과목 심리검사

41. 다음에서 설명하는 검사는?   18, 21, 23, 24년 기출

유아 및 학령 전 아동의 발달과정을 체계적으로 측정하기 위한 최초의 검사로서, 표준 놀이기구와 자극 대상에 대한 유아의 반응을 직접 관찰하며, 의학적 평가나 신경학적 원인에 의한 이상을 평가하기 위해 사용된다.

① 베일리(Bayley)의 영아발달 척도
② 게젤(Gesell)의 발달검사
③ 시·지각 발달검사
④ 사회성숙도 검사

알기 쉬운 해설

- 베일리의 영아발달 척도(BSID-Ⅱ ; Bayley Scale of Infant Development-Ⅱ)
  - 베일리(Bayley)가 1969년 생후 2개월에서 30개월까지의 영유아를 대상으로 한 발달척도(BSID)를 고안한 이후, 1993년 개정판(BSID-Ⅱ)을 통해 생후 1개월에서 42개월까지의 영유아를 대상으로 한 표준화가 이루어졌다.
  - 1969년 초판(BSID-Ⅰ)은 정신척도(Mental Scale)와 운동척도(Motor Scale)로만 구성되었으나, 1993년 개정판(BSID-Ⅱ)은 행동평정척도(Behavior Rating Scale)가 포함되었다.
  - 검사과정은 검사자와 아이가 1:1로 마주앉은 상태로 진행되며, 아이의 연령이나 기질 등의 다양한 요인을 고려하여 융통성 있게 전개된다.
- 시·지각 발달검사(DTVP ; Developmental Test of Visual Perception)
  - 프로스티그(Frostig)가 1966년 개발한 것으로 3~8세의 읽고 쓰기에 문제가 있는 아동의 시·지각능력을 측정하여 시·지각장애를 조기발견하는 데 사용된다.
  - 시각-운동협응검사, 도형-배경지각검사, 형태항상성검사, 공간위치지각검사, 공간관계지각검사의 5개 하위 검사로 구성된다.
- 사회성숙도 검사(SMS ; Social Maturity Scales)
  - 사회성이 적응행동에 미치는 영향이 크다는 것을 인식하고, 적응행동을 측정하기 위해 개발되었다.
  - 이 검사는 개인의 성장이나 변화를 측정하면서 정신지체 여부나 그 정도를 판별하는 데 이용될 수 있다.
  - 검사는 부모, 형제나 자매, 수검자를 잘 아는 친척이나 후견인 등이 실시한다(수검자가 자신에 관한 정보를 제공할 수 있을 정도로 성숙해 있어도 직접 수검자를 면접 대상으로 하지 않음).

42. 말의 유창성이 떨어지고 더듬거리는 말투, 말을 길게 하지 못하고 어조나 발음이 이상한 현상 등을 보이는 실어증은?

① 브로카 실어증
② 전도성 실어증
③ 초피질성 감각 실어증
④ 베르니케 실어증

알기 쉬운 해설

뇌손상 부위에 따른 실어증
- 브로카 실어증(Broca's Aphasia)
  - 브로카영역을 포함한 인근 전두엽영역의 손상에 의함
  - 대화나 설명 시 표현능력이 저하되며 특히 유창성의 저하
  - 비정상적으로 단조로운 운율, 속도가 느리며 단어 사이 쉬는 것이 긴 경향
  - 청각적 이해력은 유지
  - 읽기는 말하기나 쓰기에 비해 좋은 편
- 전도성 실어증(Conduction Aphasia)
  - 브로카영역과 베르니케영역을 연결하는 활모양의 섬유다발의 병변에 의함
  - 따라 말하기 능력 저하
  - 청각적 이해력은 유지
  - 발화는 유창한 편이나 음소착어의 잦은 출현
  - 이름대기에서 음소착어의 잦은 출현 및 여러 차례에 걸친 자기수정
- 초피질성 감각 실어증(Transcortical Sensory Aphasia)
  - 두정엽 및 베르니케영역의 심층부, 후반부의 피질하 부위 병변에 의함
  - 청각적 이해력이 저하
  - 따라 말하기 능력 저하
  - 이름대기 능력 저하

정답 42 ①

43. Rorschach 구조변인 중 형태질에 대한 채점이 아닌 것은?

① u
② −
③ o
④ v

알기 쉬운 해설

'v'는 발달질에 대한 채점으로 모호반응(Vague Response)을 기호화한 것이다.

Rorschach 구조변인 중 형태질
- 반응이 잉크반점의 특징에 얼마나 부합하는가?
- 검사자는 수검자가 사용한 반점 영역의 형태가 지각한 대상의 형태와 어느 정도 일치하는지를 평가한다.
- 우수−정교한(+ ; Superior−Overelaborated), 보통의(o ; Ordinary), 드문(u ; Unusual), 왜곡된(− ; Minus)으로 기호화한다.

44. 지능을 일반요인과 특수요인으로 구분한 학자는?

① 스피어만(C. Spearman)
② 서스톤(L. Thurstone)
③ 카텔(R. Cattell)
④ 길포드(J. Guilford)

알기 쉬운 해설

① 스피어만(Spearman)은 지능은 모든 개인이 공통적으로 가지고 있는 일반요인(General Factor)과 함께 언어나 숫자 등 특정한 부분에 대한 능력으로서 특수요인(Special Factor)으로 구분된다는 2요인설을 제안하였다.
② 서스톤(Thurstone)은 지능은 언어이해(Verbal Comprehension), 수(Numerical), 공간시각(Spatial Visualization), 지각속도(Perceptual Speed), 기억(Memory), 추리(Reasoning), 단어유창성(Word Fluency) 등 7가지 요인으로 구성된다는 다요인설을 제안하였다.
③ 카텔과 혼(Cattell & Horn)은 지능은 유동성 지능(Fluid Intelligence)과 결정성 지능(Crystallized Intelligence)으로 구분된다는 위계적 요인설을 제안하였다.
④ 길포드(Guilford)는 지능의 구조는 내용(Content), 조작(Operation), 결과(Product)의 3차원적 입체모형으로 이루어지며, 이들의 상호작용에 의한 180개의 조작적 지적 능력으로 구성된다는 복합요인설(입체모형설)을 제안하였다.

참고 'Thurstone'은 교재에 따라 '서스톤', '써스톤', '썰스톤' 등으로, 'Cattell'은 '카텔', '케텔', '캐텔' 등으로 제시되고 있습니다. 이는 우리말 번역에 의한 발음상 차이일 뿐 동일인물에 해당합니다.

정답 43 ④ 44 ①

45. 다음은 Thurstone이 제안한 지능에 관한 다요인 중 어느 요인을 측정하는 검사인가?

[3과목 이론 13] [13, 24년 기출]

> 4분 이내에 "D"로 시작되는 말을 가능한 많이 적어보시오.

① 언 어
② 단어유창성
③ 공 간
④ 기 억

알기 쉬운 해설

서스톤(Thurstone)의 다요인설에 의한 지능의 7가지 구성요인

- 언어이해(Verbal Comprehension) : 언어의 개념화, 추리 및 활용 등에 대한 능력이다. 어휘력 검사와 독해력 검사로 측정한다.
- 수(Numerical) : 계산 및 추리력, 즉 수를 다루며 계산하는 능력이다. 더하기나 곱하기, 큰 숫자나 작은 숫자 찾기 등의 기초적인 산수문제로 측정한다.
- 공간시각(Spatial Visualization) : 공간을 상상하고 물체를 시각화할 수 있는 능력이다. 상징물이나 기하학적 도형에 대한 정신적 조작을 요하는 검사로 측정한다.
- 지각속도(Perceptual Speed) : 어떤 대상이나 현상을 빠르고 정확하며, 구체적이고 객관적으로 파악하는 능력이다. 상징들의 신속한 재인을 요하는 검사로 측정한다.
- 기억(Memory) : 지각적 · 개념적 자료들을 명확히 기억하고 재생할 수 있는 능력이다. 단어, 문자 등을 이용한 회상 검사로 측정한다.
- 추리(Reasoning) : 주어진 자료들로써 일반원칙을 밝히며, 목표달성을 위해 생산적으로 적용 · 추리하는 능력이다. 유추검사나 수열완성형 검사로 측정한다.
- 단어유창성(Word Fluency) : 상황에 부합하는 유효적절한 단어를 빠르게 산출해낼 수 있는 능력이다. 제한시간 내에 특정 문자(예 '가' 또는 'A')로 시작하는 단어를 최대한 많이 제시하도록 요구하는 방식의 검사로 측정한다.

정답 45 ②

46 다음 K-WAIS 검사 결과가 나타내는 정신장애로 가장 적합한 것은? 15, 19, 23, 24년 기출

- 토막짜기, 바꿔쓰기, 차례맞추기, 모양맞추기 점수 낮음
- 숫자외우기 소검사에서 바로 따라 외우기와 거꾸로 따라 외우기 점수 간에 큰 차이를 보임
- 공통성 문제 점수 낮음 : 개념적 사고의 손상
- 어휘, 상식, 이해 소검사의 점수는 비교적 유지되어 있음

① 강박장애
② 기질적 뇌손상
③ 불안장애
④ 반사회성성격장애

알기 쉬운 해설

K-WAIS 검사 결과에서 나타나는 진단별 반응 특징

강박장애	• 전체 지능지수 110 이상 • 상식·어휘문제 점수가 높음(주지화) • 이해 점수가 낮음(회의적 경향이 원인) • 언어성 지능 > 동작성 지능 : 강박적인 주지화 경향을 반영
불안장애	• 숫자외우기, 산수, 바꿔쓰기, 차례맞추기 점수가 낮음 • 사고의 와해나 혼란은 없음
반사회성성격장애	• 언어성 지능 < 동작성 지능 • 소검사 간 분산이 심한 편 • 사회적 상황에 대한 예민성 • 바꿔쓰기, 차례맞추기 점수가 높음 • 개념형성 점수가 낮음 • 되는대로 노력없이 아무렇게나 대답 • 비사회적 규준 • 지나친 관념화, 주지화, 현학적인 경향을 보일 수 있음

정답 46 ②

47

시각운동협응 및 시각적 단기기억, 계획성을 측정하며 운동(Motor) 없이 순수하게 정보처리 속도를 측정하는 소검사는?

① 순서화
② 동형찾기
③ 지우기
④ 어 휘

> **알기 쉬운 해설**
>
> **동형찾기(Symbol Search)**
> - 총 60문항으로, 쌍으로 이루어진 도형이나 기호들이 표적부분과 반응부분으로 제시되며, 해당 두 부분을 훑어본 후 표적모양이 반응부분에 있는지 여부를 지적하도록 한다.
> - 수검자의 처리속도를 측정하기 위해 고안된 소검사로서, 수검자의 완벽주의적 성향이나 강박적 문제해결양식 등을 반영하기도 한다.
> - 측정되는 주요 내용은 정보처리속도, 시각-운동협응능력, 시각적 단기기억능력, 시각적 변별력, 주의력 및 주의집중력 등이다.

48

MMPI-2 코드 쌍의 해석적 의미로 옳지 않은 것은?

① 4-9 - 행동화적 경향이 높다.
② 1-2 - 다양한 신체적 증상에 대한 호소와 염려를 보인다.
③ 2-6 - 전환증상을 나타낼 경우가 많다.
④ 3-8 - 사고가 본질적으로 망상적일 수 있다.

> **알기 쉬운 해설**
> 전환증상을 나타낼 경우가 많은 것은 1-3 상승척도 쌍에 해당된다.

49 신뢰도의 추정방법 중 반분신뢰도의 장점은?

① 검사의 문항 수가 적어도 된다.
② 반분된 검사가 동형일 필요가 없다.
③ 단 1회의 시행으로 신뢰도를 구할 수 있다.
④ 속도검사의 신뢰도를 추정하는 데 적합하다.

알기 쉬운 해설

① 검사를 양분하는 반분신뢰도의 특성상 양분된 각 측정도구의 문항 수는 그 자체가 각각 완전한 척도를 이룰 수 있도록 충분히 많아야 한다.
② 반분신뢰도는 하나의 검사를 두 부분으로 나누어 신뢰도를 추정하는 일종의 축소판 동형검사신뢰도 추정방법으로 볼 수 있다.
④ 속도검사는 제한된 시간 내에 얼마나 빠르고 정확하게 정답에 반응하는가를 측정하는 방식이다. 검사문항이 대체로 획일적이고 난이도수준이 높지 않으므로, 반분신뢰도를 사용하여 신뢰도를 추정하는 데 있어서 부적합하다.

50 다음에서 설명하는 MBTI의 선호지표에 따른 성격유형으로 옳은 것은?

- 지금, 현재에 초점
- 실제 경험을 강조
- 숲보다는 나무를 보려는 경향
- 세부적 · 사실적 · 실리적

① 내향형(Introversion)
② 사고형(Thinking)
③ 감각형(Sensing)
④ 판단형(Judging)

알기 쉬운 해설

MBTI 감각형(Sensing)의 특징
- 지금, 현재에 초점
- 실제 경험을 강조
- 정확함, 철저한 일처리
- 나무를 보려는 경향
- 세부적 · 사실적 · 실리적
- 일관성
- 가꾸고 추수함

51 MMPI-2의 L척도가 상승했을 때의 해석과 가장 거리가 먼 것은? `15, 24년 기출`

① 자신의 동기에 대한 통찰력과는 부적 상관관계가 있다.
② 지능이 높고 교육수준이 높을수록 상승하는 경향이 있다.
③ 이상적으로 자신을 나타내고자 하는 경우 상승한다.
④ 억압이나 부정 방어기제가 높을수록 상승하는 경향이 있다.

알기 쉬운 해설

L척도
- 사회적으로 찬양할 만하나 실제로는 극도의 양심적인 사람에게서 발견되는 태도나 행동을 측정
- 자신을 좋은 모양으로 나타내 보이려는 다소 고의적이고도 부정직하며 세련되지 못한 시도를 측정하려는 척도
- 수검자의 지능, 교육수준, 사회경제적 위치 등과 연관이 있으며, 특히 지능 및 교육수준이 높을수록 L척도는 낮게 나옴
- 예 때때로 욕설을 퍼붓고 싶어지는 때가 있다(아니다), 가끔 화를 낸다(아니다) 등
- MMPI의 모든 척도가 경험적 방법으로 도출된 문항으로 구성된 반면, L척도만은 논리적 근거에 의해 선발된 문항으로 구성됨

52 집중력과 정신적 추적능력(Mental Tracking)을 측정하는 데 사용되는 신경심리검사는? `15, 20, 22, 23년 기출`

① 벤더게슈탈트검사(Bender Gestalt Test)
② 선로잇기검사(Trail Making Test)
③ 레이복합도형검사(Rey Complex Figure Test)
④ 위스콘신카드분류검사(Wisconsin Card Sorting Test)

알기 쉬운 해설

선로잇기검사(Trail Making Test)
- 숫자와 문자의 상징적인 의미를 이해하고, 전체 화면을 주시하면서 숫자와 문자를 순서대로 연결하는 능력을 검사하는 것
- A형은 숫자 잇기, B형은 숫자와 글자를 교대로 잇기
- 집중력 및 정신적 추적능력을 측정

53 검사자가 지켜야 할 윤리적 의무로 옳지 않은 것은? `14, 18, 22년 기출`

① 검사과정에서 피검자에게 얻은 정보에 대해 비밀을 보장할 의무가 있다.
② 자신이 다루기 곤란한 어려움이 있을 때는 적절한 전문가에게 의뢰하여야 한다.
③ 자신이 받은 학문적인 훈련이나 지도받은 경험의 범위를 벗어난 평가를 해서는 안 된다.
④ 피검자가 자해행위를 할 위험성이 있어도 비밀보장의 의무를 지켜야 하므로 누구에게도 알려서는 안 된다.

> **알기 쉬운 해설**
> ④ 검사자는 내담자(수검자 또는 피검자)의 사생활과 비밀유지에 대한 권리를 최대한 존중해야 할 의무가 있으나, 이는 절대적인 것이 아니며 경우에 따라 내담자의 비밀보장의 권리가 제한될 수도 있다. 예를 들어, 내담자가 자신이나 타인의 신체 또는 재산을 해칠 위험이 있는 경우, 아동학대나 성폭력 등 중대한 범죄에 대한 내용을 상담을 통해 알게 된 경우, 이를 해당 분야의 전문가나 관련 기관에 알려야 한다. 또한 법원의 정보공개 명령이 있는 경우 내담자에 대한 기본적인 정보를 공개하며, 더 많은 사항을 공개해야 하는 경우 사전에 내담자에게 알려줄 필요가 있다.

54 WAIS-IV의 소검사 중 언어이해 지수 척도의 보충소검사에 해당되는 것은? `21년 기출`

① 공통성
② 상 식
③ 어 휘
④ 이 해

> **알기 쉬운 해설**
> **K-WAIS-IV의 구성**
>
> | 구 분 | 언어이해 | 지각추론 | 작업기억 | 처리속도 |
> |---|---|---|---|---|
> | 핵심소검사 | • 공통성
• 어 휘
• 상 식 | • 토막짜기
• 행렬추론
• 퍼 즐 | • 숫 자
• 산 수 | • 동형찾기
• 기호쓰기 |
> | 보충소검사 | 이 해 | • 무게비교
• 빠진 곳 찾기 | 순서화 | 지우기 |

정답 53 ④ 54 ④

55 심리검사의 윤리에 관한 설명으로 틀린 것은? `21년 기출`

① 자격을 갖춘 사람이 심리검사를 실시해야 한다.
② 검사동의를 구할 때에는 비밀유지의 한계에 대해 알려야 한다.
③ 동의할 능력이 없는 사람에게도 평가의 본질과 목적을 알려야 한다.
④ 자동화된 서비스를 사용할 경우 검사자는 평가의 해석에 대한 책임을 지지 않는다.

알기 쉬운 해설
검사자는 자동화된 서비스를 사용할 때에도 철저하게 채점원리를 파악하여 정확한 채점을 할 수 있어야 한다.

56 노인을 대상으로 HTP검사를 실시하는 방법으로 옳은 것은? `19, 22, 24년 기출`

① 노인의 보호자가 옆에서 지켜보면서 격려하도록 한다.
② HTP를 실시할 때 각 대상은 별도의 용지를 사용하여 실시한다.
③ 그림을 그린 다음에는 수정하지 못하게 한다.
④ 그림이 완성된 후 보호자에게 사후 질문을 하는 것이 일반적이다.

알기 쉬운 해설
② HTP를 실시할 때 집, 나무, 사람 각각에 대한 별지를 제공하여 대상자에게 그리도록 한다.
① HTP를 통해 가정생활이나 가족관계 등이 반영되므로, 검사자는 그림의 내용에 영향을 줄 만한 상황을 최대한 배제하도록 한다.
③ 수검자의 수검 태도 또한 해석적 의미를 담고 있다. 예를 들어, 그림의 수정은 지나치게 정확성을 기하려는 수검자의 강박적 성향을 반영하는 것으로 볼 수 있다.
④ 그림이 완성된 후 수검자에게 각각의 그림을 보여주면서 수검자의 특성에 맞는 질문을 하는 과정을 거친다.

57

MMPI-2의 재구성 임상척도 중 역기능적 부정 정서를 나타내며, 불안과 짜증 등을 경험하는 경우 상승하는 척도는?

① RC4
② RC1
③ RC7
④ RC9

알기 쉬운 해설

① RC4 : 반사회적 행동(asb) → 분노, 공격성, 논쟁 등
② RC1 : 신체증상 호소(som) → 신체 건강에 대한 염려와 집착, 신체증상 호소
④ RC9 : 경조증적 상태(hpm) → 심신에너지 항진, 과도한 자신감

58

MMPI-2의 타당도척도에 관한 설명으로 틀린 것은?

① ? 척도는 응답하지 않은 문항들이나 '예', '아니오' 둘 다에 응답한 문항들의 합계로 채점된다.
② L 척도는 자신을 사회적으로 바람직하며 좋은 사람처럼 보이게끔 하려는 태도를 가려내기 위한 척도이다.
③ F 척도는 점수가 높을수록 평범 반응 경향을 말해 준다.
④ K 척도는 L 척도에 의해 포착하기 어려운 은밀한 방어적 태도를 측정하는 문항들로 구성되어 있다.

알기 쉬운 해설

F척도(비전형 척도, Infrequency)
- 비전형적인 방식으로 응답하는 사람들을 탐지하기 위한 것으로서, 검사 문항에 대해 정상인들이 응답하는 방식에서 벗어나는 경향성을 측정한다.
- 측정 결과가 65~80T 정도인 경우 수검자의 신경증이나 정신병, 현실검증력 장애를 시사하며, 측정 결과가 100T 이상인 경우 수검자가 의도적으로 심각한 정신병적 문제를 과장해서 응답한 것으로 짐작할 수 있다.

참고 MMPI 및 MMPI-2의 프로파일 해석과 관련하여 그 구체적인 수치가 교재에 따라 약간씩 다르게 제시되고 있으므로, 이 점 감안하여 학습하시기 바랍니다.

59. 지능에 대한 설명으로 틀린 것은? `21년 기출`

① 아동기의 전반적인 인지발달은 청소년기보다 그 속도가 느리다.
② 발달규준에서는 수검자의 생활연령과 정신연령을 함께 표기한다.
③ 편차 IQ는 집단 내 규준에 속한다.
④ 추적규준은 연령별로 동일한 백분위를 갖는다고 가정한다.

> **알기 쉬운 해설**
> 아동기에 청소년기보다 많은 인지발달이 이루어지며, 그 속도는 청소년기보다 훨씬 빠르다.

60. 교통사고 환자의 신경심리검사에서 꾀병을 의심할 수 있는 경우는? `16, 22, 24년 기출`

① 기억과제에서 쉬운 과제에 비해 어려운 과제에서 더 나은 수행을 보일 때
② 즉각 기억과제와 지연 기억과제의 수행에서 모두 저하를 보일 때
③ 뚜렷한 병변이 드러나며 작위적인 반응을 보일 때
④ 단기기억 점수는 정상범위이나 다른 기억점수가 저하를 보일 때

> **알기 쉬운 해설**
> **신경심리평가 시 위장자(Faker)들을 변별하는 방법(홍경자, 1995)**
> - 일관성 : 위장하는 사람들은 동일한 영역을 측정하는 비슷한 검사로 재검사를 시행했을 때 같은 양상의 장애를 나타내지 않는 경우가 많고, 자신의 증상 및 병력에 대해서는 잘 기억하면서 기억력 검사에 들어가서는 장애를 보일 수 있다.
> - 위장자들은 모든 검사에서 다 못하는 경우가 많은데, 실제 환자는 손상 양상에 따라 어떤 검사는 잘 수행하고 어떤 검사는 대단히 못함. 만약 위장자가 일부 검사에서 선택적으로 장애를 보이려고 할 때는 주로 감각 및 운동기능의 장애를 보인다고 한다.
> - 난이도를 살펴보면, 일반적으로 환자들은 쉬운 소검사는 잘하고 어려워지면 못하는 데 비해, 위장자들은 난이도가 낮은 소검사부터 못하는 경향이 있다.
> - 위장자들은 검사에서 나타난 장애 정도와 손상으로부터 예측되는 장애 정도 사이에 상당한 차이를 보인다.

정답 59 ① 60 ①

제4과목 임상심리학

61 행동주의상담에서 고전적 조건형성의 원리를 이용한 기법에 해당하지 않는 것은?

① 체계적 둔감법(Systematic Desensitization)
② 토큰경제(Token Economy)
③ 주장훈련(Assertive Training)
④ 이완훈련(Relaxation Training)

알기 쉬운 해설

토큰경제(상표제도)는 조작적 조건형성의 기법에 해당한다.

62 내담자의 말과 행동에서 표현된 기본적인 감정, 생각 및 태도를 상담자가 다른 참신한 말로 부연해 주는 것은? `22, 23년 기출`

① 해 석
② 직 면
③ 반 영
④ 명료화

알기 쉬운 해설

③ 반영(Reflection) : 내담자가 전달하고자 하는 의사의 본질을 스스로 볼 수 있도록 내담자의 말과 행동에서 표현되는 감정·생각·태도를 상담자가 다른 참신한 말로 부연하는 기술이다. 상담자는 반영을 통해 내담자의 태도를 거울에 비추어 주듯이 보여줌으로써 내담자의 자기 이해를 도와줄 뿐만 아니라 내담자로 하여금 자기가 이해받고 있다는 인식을 주게 된다.
① 해석(Interpretation) : 내담자가 새로운 방식으로 자신의 문제를 돌아볼 수 있도록 사건들의 의미를 설정해주고, 그 문제를 새로운 각도에서 이해할 수 있도록 생활경험 및 행동의 의미에 대해 설명하는 기술이다. 내담자의 사고, 행동, 감정의 패턴을 드러내거나 이를 통해 나타나는 문제를 이해할 수 있도록 새로운 틀을 제공한다.
② 직면(Confrontation) : 내담자의 말이나 행동이 일치하지 않는 경우 또는 내담자의 말에 모순점이 있는 경우 상담자가 그것을 지적해 주는 기술이다. 내담자의 자기 이해를 돕기 위해 상담자의 눈에 비친 내담자의 행동 특성 또는 사고방식의 스타일을 지적하여, 내담자가 상담자나 외부에 비친 자신의 모습을 되돌아보고 통찰의 순간을 경험하도록 하는 직접적이고 모험적인 자기대면의 방법이다.
④ 명료화(Clarification) : 내담자의 말 중에서 모호한 점이나 모순된 점이 발견될 때, 이를 명확히 이해하고 넘어가기 위해 다시 그 점을 상담자 또는 면접자가 질문함으로써 내담자로 하여금 그 의미를 명백하게 하는 기술이다. 이러한 명료화는 상담자가 내담자의 말을 정확히 이해하기 위해서도 필요하고, 내담자가 스스로의 의사와 감정을 구체화하여 재음미하도록 하기 위해서도 필요하다.

63 평가면접에서 면접자의 태도에 대한 설명으로 옳지 않은 것은?   〔21, 23년 기출〕

① 수용 – 내담자의 가치에 대한 기본적인 존중과 관련되어 있다.
② 해석 – 면접자가 자신의 내면과 부합하는 심상을 수용하는 것과 관련되어 있다.
③ 이해 – 내담자의 관점에서 세계를 보기 위한 노력과 관련되어 있다.
④ 진실성 – 면접자의 내면과 부합하는 것을 전달하는 정도와 관련되어 있다.

> **알기 쉬운 해설**
>
> ② 면접자가 자신의 내면과 부합하는 타당하고 신뢰할 수 있는 심상을 어느 정도 전달할 수 있는가는 '진실성'과 연관된다. 진실성은 '일치성(Congruence)'이라고도 하는데, 이는 면접자의 일치성, 혹은 면접자가 말하고 있는 것과 실제로 느끼고 있는 것 사이에 존재해야만 하는 조화를 일컫는다.
>
> **해석(Interpretation)**
> - 내담자가 새로운 방식으로 자신의 문제를 돌아볼 수 있도록 사건들의 의미를 설정하고, 그 문제를 새로운 각도에서 이해할 수 있도록 생활경험 및 행동의 의미를 설명하는 것이다.
> - 외견상 분리된 내담자의 말 또는 사건들의 관계를 연결하거나 방어, 저항, 전이 등을 설명한다.
> - 내담자의 사고, 행동, 감정의 패턴을 드러내거나 이를 통해 나타나는 문제를 이해할 수 있도록 새로운 틀을 제공한다.
> - 내담자에게 자신에 대한 통찰을 촉진하고 자기통제력을 향상하도록 한다.
> - 내담자에게 자신의 감정을 파악하여 그 원인을 이해하도록 함으로써 좀 더 자유롭게 감정을 인정하고 받아들일 수 있도록 한다.

64 기말고사에서 전 과목 100점을 받은 경희에게 선생님은 최우수상을 주고 친구들 앞에서 칭찬도 해주었다. 선생님이 경희에게 사용한 학습 원리는?   〔16, 20, 23년 기출〕

① 성 취
② 내적 동기화
③ 조건화
④ 모델링

> **알기 쉬운 해설**
>
> ③ 조건화에는 고전적 조건화와 조작적 조건화가 있고, 위의 사례와 같이 바람직한 행동을 하였을 때 보상을 제공하는 것은 조작적 조건화 가운데 정적강화에 해당한다.
> ① 성취는 선생님이 사용한 학습 원리가 아니라 경희가 얻은 100점이라는 결과 자체이다.
> ② 학습자가 본질적으로 가지고 있는 것으로서 흥미나 호기심과 같은 내적 요인들에 의해 유발되는 동기를 말한다. 즉, 스스로 학습에 대한 욕구, 흥미, 호기심, 즐거움 때문에 학습자가 자발적으로 학습하려는 의욕을 갖는 것이다.
> ④ 다른 사람의 행동을 보고 들으면서 그 행동을 따라하는 것으로 관찰학습을 의미한다.

정답 63 ② 64 ③

65 생명유지에 필수적인 기능에서 고차원적 인지기능으로 발달하는 뇌의 발달단계를 순서대로 나열한 것은?   `17년 기출`

① 후뇌(교 및 소뇌) → 수뇌(연수) → 중뇌 → 간뇌 → 종뇌
② 수뇌(연수) → 후뇌(교 및 소뇌) → 중뇌 → 간뇌 → 종뇌
③ 후뇌(교 및 소뇌) → 중뇌 → 간뇌 → 종뇌 → 수뇌(연수)
④ 수뇌(연수) → 간뇌 → 후뇌(교 및 소뇌) → 중뇌 → 종뇌

알기 쉬운 해설

뇌의 주요부분
- 생명유지에 관여하는 뇌 : 후뇌로 뇌간(= 연수 + 뇌교로 구성) 및 소뇌로 구성. 호흡·심박·혈압조절 등 생명유지에 필수적인 기능 담당
- 감정에 관여하는 뇌 : 중뇌로 감정기능을 담당
- 간뇌 : 대뇌와 중뇌 사이에 위치
- 고차원적 인지기능에 관여하는 뇌 : 전뇌의 일부인 종뇌(특히 대뇌피질)

참고 인간의 뇌는 생명유지에 관여하는 뇌, 감정에 관여하는 뇌, 고차원적 인지기능에 관여하는 뇌의 순서로 발달하게 된다.

66 심리상담 및 심리치료의 과정에서 나타나는 현상과 가장 거리가 먼 것은?   `22년 기출`

① 내담자는 상담자가 아무런 요구 없이 인간으로서의 관심만을 베푼다는 것을 경험한다.
② 상담관계에서 내담자는 처음부터 새로운 방식으로 반응하고 행동하게 된다.
③ 상담장면에서는 일반적이고 추상적인 자료보다는 그 상황에서의 실제행동을 다룬다.
④ 치료유형에 차이가 있음에도 불구하고 심리치료에는 공통요인이 작용한다.

알기 쉬운 해설

② 상담관계에서 내담자가 처음부터 적응적인 방식으로 반응하고 행동하는 것은 아니다. 내담자는 생활상의 사건이나 신체적·심리적 문제를 가지고 있으면서도 그러한 문제를 표현하는 데 어려움을 느낄 수 있으며, 자신의 문제가 외부로 노출되는 것에 대해 거부감을 가질 수도 있다.

67 행동의학에서 주로 다루는 주제로 가장 적합한 것은?

① 공황발작
② 외상 후 스트레스 장애
③ 조현병의 음성증상
④ 만성통증 관리

> **알기 쉬운 해설**
> ④ 행동의학은 신체장애에 대해 행동주의적 치료방법을 응용한 것으로, 특히 최면이나 바이오피드백과 같은 행동요법은 비만, 흡연, 심혈관 장애, 만성통증 관리 등 다양한 문제들에 응용되고 있다.
>
> **행동의학(Behavioral Medicine)**
> - 행동과학적인 접근에 의해서 의학을 파악해 나가려는 입장
> - 건강, 질병 그리고 기타 생리적 부전과 관련된 연구, 교육, 진단, 치료의 영역을 모두 포괄하는 다학제적 학문
> - 건강심리학은 행동의학과 건강관리의 문제 양자를 포함하는 심리학 영역
> - 행동의학은 심신의학보다는 보다 객관적인 행동에 중점을 둠

68 역할-연기에 대한 설명과 가장 거리가 먼 것은?

① 주장훈련과 관련이 있다.
② 사회적 기술을 포함하고 있다.
③ 행동시연을 해야 한다.
④ 이완훈련을 해야 한다.

> **알기 쉬운 해설**
> ④ 이완훈련(Relaxation Training)이란 행동주의상담기법의 일종으로, 본래 일상생활에서 스트레스에 대처하기 위한 방법이 보편화된 것이다. 조용한 환경에서 근육을 이완하고, 깊고 규칙적인 호흡을 함으로써 긴장과 이완에 따른 차이를 경험하도록 한다. 특히 점진적 이완훈련은 최면, 명상은 물론 체계적 둔감화의 행동기법과 연결된다.

69

미국에서 임상심리학이 비약적으로 발전하게 된 계기가 된 것은?   `21년 기출`

① 자원봉사자들의 활동
② 루스벨트 대통령의 후원
③ 제2차 세계대전
④ 매카시즘의 등장

알기 쉬운 해설

제2차 세계대전이 미국 임상심리학의 발전에 미친 영향
- 미국은 제2차 세계대전과 함께 신병 평가의 필요성이 절박해짐에 따라 입영대상 군인들이 가진 기술뿐만 아니라 지적 · 심리적 기능을 효율적으로 평가하는 기술들을 개발하기 위해 위원회를 구성하였다.
- 위원회는 제1차 세계대전 당시에 개발된 집단 심리검사도구인 '군대 알파(Army α)'와 '군대 베타(Army β)'보다 정교해진 '군대 일반 분류검사(Army General Classification Test)'를 개발한 것은 물론, 군 장교들과 특정 병과 집단을 평가하는 데 다양한 능력검사들을 사용하도록 권고함으로써 제2차 세계대전 동안 무려 2천만 명 이상에 대해 다양한 심리검사를 실시하게 되었다. 또한 이 시기에 MMPI와 같은 새로운 검사들도 개발되었다.
- 1945년 코네티컷(Connecticut) 주에서는 심리 자격증에 관한 법률을 통과시킴으로써 자격을 갖춘 전문자들에 의해 임상심리학 실무에 대한 체계적인 규정들이 마련되도록 하였다.
- 1946년 《American Psychologist》의 첫판이 출간되었고, 미국 전문심리학 검사위원회(ABEPP ; American Board of Examiners in Professional Psychology)가 심리학자들에게 자격증을 수여하기 위해 발족되었다.

70

임상심리사로서 전문적인 관계를 유지하는 데 바람직한 지침사항과 가장 거리가 먼 것은?   `21, 23년 기출`

① 다른 전문직에 종사하는 동료들의 욕구, 특수한 능력, 그리고 의무에 대하여 적절한 관심을 가져야 한다.
② 동료 전문가와 관련된 단체나 조직의 특권 및 의무를 존중하여 행동하여야 한다.
③ 소비자의 최대이익에 기여하는 모든 자원들을 활용해야 한다.
④ 동료 전문가의 윤리적 위반 가능성을 인지하면 즉시 해당 전문가 단체에 고지해야 한다.

알기 쉬운 해설

④ 전문가는 때로 다른 동료 전문가의 비윤리적 행위나 윤리적 위반 가능성을 인지하게 될 수 있다. 이 경우 우선 그 당사자에게 주의를 환기시켜 윤리적 문제를 비공식적으로 해결하기 위한 시도를 해야 한다. 만약 그와 같은 시도로 문제가 시정되지 않는다면, 해당 윤리위원회에 신고해야 할 의무가 있음을 당사자에게 알리고 윤리강령에 따라 행동을 취해야 한다.

윤리위반의 해결(한국상담심리학회 윤리강령 中)
- 상담심리사는 다른 상담심리사의 윤리강령 위반을 인지한 경우, 그 위반이 심각한 해를 끼치지 않는다면, 우선 해당 상담심리사에게 윤리문제가 있음을 인식시킨다.
- 명백한 윤리강령의 위반으로 개인이나 조직이 실질적인 해를 입거나 그럴 가능성이 있는 경우, 그리고 개별적인 시도로 해결되지 않는 경우, 상담심리사는 상벌윤리위원회에 신고한다.
- 소속 기관 및 단체와 본 윤리강령 간에 갈등이 있을 경우, 상담심리사는 갈등의 본질을 명확히 하고, 소속 기관 및 단체에 윤리강령을 알려서 이를 준수하는 방향으로 해결책을 찾도록 한다.

71 행동평가에 관한 설명으로 가장 적합한 것은?

① 자연적인 상황에서 실제 발생한 것만을 대상으로 평가한다.
② 행동표본은 내면심리를 반영한 것으로 해석된다.
③ 특정 표적행동의 조작적 정의가 상이할 수 있음을 고려해야 한다.
④ 관찰 결과는 요구특성이나 피험자의 반응성요인과는 무관하다.

> **알기 쉬운 해설**
> ③ 연구자들은 같은 변인에 대하여 서로 다른 조작적 정의를 사용할 수 있다.
> ① 자연관찰법에 해당하는 내용이며 행동평가는 관찰법 이외에도 조사법, 실험법 등 다양하다.
> ② 행동표본은 면담이나 심리검사 장면에서 내담자가 드러내 보이는 행동으로 내담자의 일상적인 생활 상황에서의 행동을 반영한다.
> ④ 관찰의 결과는 관찰자의 요구특성, 피험자의 반응편향 등의 영향을 받을 수 있다.

72 임상심리사가 수행하는 역할과 가장 거리가 먼 것은?

① 심리치료상담
② 심리검사
③ 언어치료
④ 심리재활

> **알기 쉬운 해설**
> ③ 언어치료는 언어재활사가 수행하는 역할에 해당한다.
> **임상심리학자의 역할**
> - 진단 및 평가
> - 치 료
> - 심리재활
> - 교육 및 훈련
> - 자 문
> - 행정 및 지도
> - 연 구

73 합동가족치료에 대한 설명으로 틀린 것은?

① 비행청소년들과 그들의 가족들을 위한 개입법으로 개발되었다.
② 한 치료자가 가족 전체를 동시에 본다.
③ 치료자는 상황에 따라 비지시적인 역할을 할 수 있다.
④ 치료자는 가족 구성원에게 과제를 준다.

알기 쉬운 해설

① 비행청소년 및 위기청소년의 정신건강 문제를 다루기 위해 개발된 가족 및 지역사회 중심의 대표적인 치료적 개입으로 다중체계치료(MST ; Multisystemic Therapy)가 있다. 다중체계치료는 생태학적 모형을 토대로 청소년의 심각한 정서 행동상의 문제가 단순히 개인적인 것이 아니라 가정, 학교, 지역사회 등 청소년을 둘러싸고 있는 여러 체계가 상호작용하여 나타난 결과로 보고, 청소년이 겪는 문제와 관련된 체계 내의 요인들을 변화시키는 것을 치료목표로 삼는다.

합동가족치료(Conjoint Family Therapy)
- 사티어(Satir)가 창안한 것으로, 문제를 겪는 가족원이 희생자, 회유자, 비난자, 구원자 등의 고정된 가족역할에 얽매인 것으로 보고, 가족원 개인의 자기 존중감 형성에서 가족의 역할을 강조한다.
- 가족의 역기능적 양육패턴을 해소하여 자기 존중감을 지닌 개인이 새로운 도전적 상황에서 유능감과 안정감을 가질 수 있도록 돕는다.

74 잠재적인 학습문제의 확인, 학습실패 위험에 처한 아동에 대한 프로그램 운용, 학교 구성원들에게 다양한 관점 제공, 부모 및 교사에게 특정 문제행동에 대한 대처기술을 제공하는 학교심리학자의 역할은?

① 예 방
② 교 육
③ 부모 및 교사훈련
④ 자 문

알기 쉬운 해설

예 방
청소년기의 중도탈락, 비행, 약물 남용, 자살 등의 심각한 문제들을 예방하기 위해 잠재적인 위험이 있는 청소년 및 일반 청소년들에게 위기상황의 극복, 문제해결능력이나 갈등해결기술 등을 가르쳐 줌으로써 문제를 예방한다.

75

임상심리학자로서 지켜야 할 내담자에 대한 비밀보장에 관한 설명으로 틀린 것은? `21년 기출`

① 일반적으로 상담과정에서 내담자에 대해 알게 된 사실을 다른 사람들에게 말하면 안 된다.
② 아동 내담자의 경우에도 아동에 관한 정보를 부모에게 알려서는 안 된다.
③ 자살 우려가 있는 경우 내담자의 비밀을 지키는 것보다는 가족에게 알려 자살예방조치를 취하는 것이 더 중요하다.
④ 상담 도중 알게 된 내담자의 중요한 범죄사실에 대해서는 비밀을 지킬 필요가 없다.

알기 쉬운 해설

비밀보장 예외규정(한국심리학회 윤리강령 규정)
- 필요한 전문적 서비스를 제공하기 위한 경우
- 적절한 전문적 자문을 구하기 위한 경우
- 내담자, 심리학자 또는 그 밖의 사람들을 상해로부터 보호하기 위한 경우
- 내담자로부터 서비스에 대한 비용을 받기 위한 경우

76

프로그램의 주요 초점은 사회 복귀이며, 직업능력증진부터 내담자의 자기개념 증진에 걸쳐 있는 것은? `20, 23년 기출`

① 일차 예방
② 이차 예방
③ 삼차 예방
④ 보편적 예방

알기 쉬운 해설

③ 삼차 예방 : 심리장애 발생 후에 그 지속기간 및 부정적인 영향을 최소화하는 것이다. 심리장애의 악화 및 재발을 방지하고 재활프로그램을 실시하며, 가정과 사회로의 복귀 및 적응을 돕기 위한 지지와 교육을 제공하는 동시에 지역사회 전체를 대상으로 교육을 실시한다.
① 일차 예방 : 해로운 환경이 질병을 야기하지 않도록 사전에 이를 제거하는 것이다. 이를 위해 사회적 지지체계를 강화하고 스트레스의 근원을 제거하며, 스트레스에 적절히 대처할 수 있도록 개인의 능력을 함양한다.
② 이차 예방 : 정신건강 문제를 조기에 확인하고 장애로 발전하기 이전 초기단계에서 문제를 치료하는 것이다. 심리장애로 발전될 위기에 있는 사람들을 대상으로 조기에 치료를 제공하며, 사고나 재해의 피해자에 대해서는 위기개입을 한다.

정답 75 ② 76 ③

77 통제된 관찰에 관한 설명으로 적합하지 않은 것은?

① 스트레스 면접은 통제된 관찰의 한 유형이다.
② 자기-탐지 기법은 통제된 관찰의 한 유형이다.
③ 역할시연은 가장 일반적으로 사용되는 통제된 관찰 유형이다.
④ 모의실험 방식에서 관심행동이 나타나도록 하는 유형이다.

알기 쉬운 해설

② 자기-탐지 기법은 자기관찰법으로, 관찰자가 자기 자신의 행동을 스스로 관찰하며 자신과 환경 간의 상호작용에 대해 기록하는 방법이다. 관찰자는 자신의 행동에 대한 피드백으로 문제 행동을 통제할 수 있으나 관찰자 자신에 대한 관찰 및 기록을 왜곡할 수도 있다.

통제된 관찰(Controlled Observation)
유사관찰법(Analogue Observation) 또는 실험적 관찰(Experimental Observation)로도 불리며, 관찰의 효율성을 높이기 위해 제한이 가해진 체계적인 환경에서 관찰하는 방법이다. 즉 관찰자에 의해 미리 계획되고 조성된 상황의 전후 관계에 따라 특정한 환경 및 행동 조건에서 내담자의 행동을 부각하기 위한 방법이다. 예를 들면, 임상심리클리닉에 설치된 일방 거울(One-way Mirror)을 통해 내담자와 관련 인물의 대화나 상호작용을 관찰하는 방법, 역할놀이 상황, 놀이실 관찰, 인위적으로 만들어진 술좌석에서 음주행동 관찰 및 평가 등이 이에 해당된다.

78 로저스(Rogers)의 인간중심 접근에 대한 설명으로 옳지 않은 것은?

① 자기개념을 확장하도록 돕는 것이 치료의 목표이다.
② 자기-경험의 불일치가 불안의 원인이라고 본다.
③ 부모의 조건적 애정과 가치가 문제의 근원이 될 수 있다.
④ 치료자는 때에 따라 자신의 감정을 숨기거나 왜곡해야 한다.

알기 쉬운 해설

인간중심상담의 기본원리 3가지
① 일치성(진실성) : 상담자의 내적인 경험과 외적인 표현이 일치되는 것으로, 상담자는 자신의 감정을 솔직하게 인정하고 내담자의 진솔한 감정표현을 유도함으로써 상담자가 내담자와의 관계에서 개방적인 표현이 이루어지도록 노력하는 것을 의미한다. 이를 통해 내담자도 진솔한 감정 표현이 용이하며, 이를 통해 의사소통이 촉진된다.
② 공감적 이해와 경청 : 내담자가 경험하고 있는 감정들을 상담자가 정확하게 이해하고 내담자의 감정에 동참하는 것을 의미하는 것으로, 동정이나 동일시로써 내담자의 감정에 빠져드는 것이 아닌 객관적인 입장에서 내담자의 내적 참조틀을 바탕으로 내담자를 깊이 있게 이해하는 것을 의미한다.
③ 무조건적인 긍정적 관심 또는 존중 : 상담자는 내담자의 사고나 감정, 행동에 대해 판단하지 않고, 있는 그대로 조건 없이 수용하며 가치 있는 것으로 존중해야 하는 것이다.

79 다음 중 뇌반구의 기능에 관한 설명으로 적합하지 않은 것은? [20년 기출]

① 좌반구는 세상의 좌측을 보고, 우반구는 우측을 본다.
② 좌측 대뇌피질의 전두엽 가운데 운동피질 영역의 손상은 언어문제 혹은 실어증을 일으킨다.
③ 대부분의 언어 장애는 좌반구와 관련이 있다.
④ 좌반구는 말, 읽기, 쓰기 및 산수를 통제한다.

알기 쉬운 해설

① 좌반구는 신체 우측을 조정하며, 우반구는 신체 좌측을 조정한다.

뇌반구의 기능
- 일반적으로 좌반구는 언어적·분석적·순차적인 정보, 즉 표현언어, 음운적 부호화, 단락이해, 철자명명, 의도적 운동, 산수문제 등을 우세하게 처리하는 것으로 알려져 있다.
- 우반구는 비언어적·공간적·통합적·병렬적인 정보, 즉 공간지각, 얼굴지각, 색채, 음계, 정서적 자극 등을 우세하게 처리하는 것으로 알려져 있다.

80 행동평가 방법 중 참여관찰법에 비교할 때 비참여관찰법의 특성과 가장 거리가 먼 것은? [19년 기출]

① 내담자의 외현적 행동을 기록하는 데 유리하다.
② 관찰자훈련에 많은 시간과 비용이 소요된다.
③ 관찰자가 다른 활동 때문에 관찰에 지장을 받아 기록에 오류를 범할 가능성이 높다.
④ 행동에 관한 정밀한 측정이 요구되고, 연구자가 충분한 인적 자원을 갖고 있는 경우 유용하다.

알기 쉬운 해설

비참여관찰(Non-Participant Observation)
관찰자가 관찰 대상 집단의 구성원으로서 역할을 수행하지 않은 채 제3자의 입장에서 관찰하는 방법이다. 관찰 활동에 특별한 제약이 없고 관찰의 객관성을 확보할 수 있으나, 자연스럽고 심도 있는 관찰을 수행하기 어려운 문제가 있다.

제5과목 심리상담

81 학습문제상담의 시간관리전략에서 강조하는 것은? 〔17, 19, 23년 기출〕

① 기억하고자 하는 의도를 갖도록 노력한다.
② 학습의 목표를 중요도와 긴급도에 따라 구체적으로 수립한다.
③ 시험이 끝난 후 오답을 점검한다.
④ 처음부터 장시간 공부하기보다는 조금씩 자주 하면서 체계적으로 학습한다.

> **알기 쉬운 해설**
>
> **학습문제에 대한 효과적인 시간관리전략**
> - 체계적인 시간관리를 통해 제한된 시간을 효율적으로 활용함으로써 최대의 학습효과를 거두기 위한 것이다.
> - 학습목표를 구체적이고 측정 가능하도록 세우며, 중요도에 따라 우선순위를 부여하여 실행한다.

82 상담 진행과정에 관한 설명으로 옳지 않은 것은? 〔21년 기출〕

① 초기 – 비자발적 내담자의 경우 상담목표를 설정하지 않음
② 중기 – 내담자가 자신의 문제를 이해하고 반복적인 학습이 일어남
③ 중기 – 문제 해결 과정에서 저항이 나타날 수 있음
④ 종결기 – 상담 목표를 기준으로 상담성과를 평가함

> **알기 쉬운 해설**
>
> **상담 초기 단계에서 비자발적 내담자 다루기**
> - 대부분의 상담은 내담자가 스스로 도움을 받고자 자발적으로 상담을 요청하는 것을 전제로 하지만, 비자발적으로 의뢰되어 상담자에게 오는 경우도 있다.
> - 비자발적 내담자와 상담할 때 상담자의 주요 과업은 내담자 스스로 자신의 문제를 지각할 수 있는 기회를 늘리면서 자발적으로 상담에 참여할 수 있도록 하는 것이다.
> - 비자발적 내담자는 상담을 받을 준비가 되어 있지 않기 때문에 저항을 하기 마련인데, 따라서 상담자는 먼저 내담자의 동기 수준을 확인하고 동기 수준이 낮다면 상담에 임할 수 있도록 동기화하는 작업을 수행함으로써 내담자의 저항을 완화하고 내담자를 본격적인 상담 과정으로 끌어들이도록 한다.

83. 가족상담의 기본적인 원리와 가장 거리가 먼 것은?

① 가족체제의 문제성을 이해하도록 한다.
② 자녀행동과 부모관계를 파악한다.
③ 감정노출보다는 생산적 이해에 초점을 둔다.
④ 현재보다 과거 상황에 초점을 둔다.

알기 쉬운 해설

④ 가족상담은 일반적으로 현재 상황에 초점을 둔다.

가족상담
- 가족을 하나의 체계로 보고 역기능적인 패턴과 관계구조를 변화시켜 문제를 완화하거나 해소하는 치료방법이다.
- 가족상담은 2차 세계대전 이후 가족의 문제들이 대두되면서 발달하기 시작하였는데 그 역사적 근원은 ㉠ 개인 중심의 전통적 심리치료 영역에서 가족의 영향력에 대한 인식 증가, ㉡ 전체와 부분을 통합적으로 접근하는 체계이론 패러다임 도입, ㉢ 정신분열증 유발 가족에 관한 연구, ㉣ 부부상담과 아동지도 운동, ㉤ 소집단 역동과 집단치료에서의 영향으로 볼 수 있다.
- 가족상담의 과정은 ㉠ 현재의 증상을 인정하고(심리적 경계선, 돈, 사업 등의 얽힘과 융합 등), ㉡ 개방적, 정서적 의사소통을 통해 개별화와 분화를 이루어, ㉢ 체계를 재구성하여 균형과 통합을 이루고 서로 감사해며 서로를 인정하도록 하는 것이다.
- 가족치료에서는 가족의 상호작용, 심리적 경계선, 의사소통과 대처방식, 자녀의 욕구와 부모의 욕구, 가족규칙 및 가족 기대, 가족비밀과 가족신화, 가족권력과 역할, 감정수준과 감정표현, 가족형태, 가족의 발달주기에 의한 가족의 중요사건, 가족의 주호소문제, 가족의 자원 및 장점, 사회적 관계망 등을 보아야 한다.
- 가족상담에서는 개인의 문제는 그 개인의 내적인 문제로서만이 아니라, 그를 둘러싼 전체로서의 가족이라는 맥락 속에서 이해하여 개인과 가족 전체 사이에 존재하는 고정된 상호작용의 양상을 변화시키려고 노력한다. 다시 말해, 악순환의 고리를 끊고 가족 자체가 가진 회복력에 의해서 가족과 개인의 기능을 회복하고자 시도한 것이다.

84. Beck이 제시하는 인지적 오류 중 '평범하다는 평가를 받는다는 것은 내가 얼마나 부족한지 증명하는 것이다'라고 생각하는 경우는?

① 전부 아니면 전무의 사고
② 긍정적인 면의 평가절하
③ 과장/축소
④ 과잉일반화

알기 쉬운 해설

과장 및 축소
사건의 의미나 중요성을 지나치게 과장하거나 축소하는 오류를 말한다. 즉 개인이 불완전을 최대화하거나 좋은 점을 최소화하는 오류로 자신의 실수나 결점을 실제보다 크게 보는 경향, 그리고 자신의 장점을 축소하게 된다. 이에 결국 자신이 타인들보다 열등하다고 생각하거나 우울하다고 느끼게 된다.

85 부부치료 접근법으로 옳은 것은?

① 행동심리학적 치료에서는 부부간에 교환하는 정적 자극과 부적 자극을 중요시 여긴다.
② 의사소통기술의 연습은 인지적 부부치료에서 사용하는 기법이다.
③ 구조적 부부치료는 커뮤니케이션 이론에 근거한다.
④ 전략적 부부치료는 세대 간의 경계를 중요시 여긴다.

알기 쉬운 해설

② 의사소통기술의 연습은 행동주의적 부부치료에서 강조되는 기법에 해당한다.
③ 커뮤니케이션 이론, 즉 의사소통이론에 근거한 부부치료(가족치료) 모델은 사티어(Satir)의 경험적 부부치료(가족치료) 모델에 해당한다.
④ 세대 간의 경계를 중요시 여긴 것은 미누친(Minuchin)의 구조적 부부치료(가족치료) 모델에 해당한다.

86 상담의 구조화에 대한 설명으로 틀린 것은?

① 상담의 다음 진행과정에 대한 내담자의 두려움이나 궁금증을 줄일 수 있다.
② 구조화는 상담 초기뿐만 아니라 전체 과정에서 진행될 수 있다.
③ 상담의 효과를 최대한으로 높이기 위해 행해진다.
④ 상담에서 다루려는 내용을 구체적으로 정의하는 작업이다.

알기 쉬운 해설

상담의 구조화
- 구조화는 상담과정의 본질, 제한조건과 방향에 대해 상담자가 내담자에게 정의를 내려주는 것이다. 즉, 상담자가 내담자에게 상담과정의 바람직한 체계와 방향을 알려주는 것을 말한다.
- 구조화는 그 자체가 상담의 목적이 아니라 상담관계를 바람직한 방향으로 안정시키는 중요한 수단으로 기능한다.
- 구조화는 필요에 따라 상담과정 중에 언제나 일어날 수 있지만, 특히 상담 초기에 적절한 구조화가 이루어지는 것이 필요하다.
- 구조화를 통해 상담시간, 내담자의 행동, 상담자의 역할, 내담자의 역할 및 과정목표, 비밀유지, 상담회기의 길이와 빈도, 상담의 계획된 지속기간, 내담자와 상담자의 책임, 가능한 상담 성과 및 상담 시의 행동제한 등을 설정한다.

87

Holland 이론에서 개인이 자신의 인성유형과 동일하거나 유사한 환경에서 생활하고 일한다는 개념은?

① 일관성
② 정체성
③ 일치성
④ 계측성

알기 쉬운 해설

홀랜드(Holland) 인성이론의 5가지 가정
- 일관성(Consistency) : 홀랜드 코드의 2개의 첫 문자가 육각형에 인접할 때 일관성이 높다.
- 차별성(Differentiation) : 하나의 유형에는 유사성이 많지만 다른 유형에는 유사성이 별로 없다.
- 정체성(Identity) : 개인의 정체성은 분명하고 안정된 인생의 목표, 흥미, 재능을 가짐으로써 얻어지고, 환경적 정체성은 환경이나 조직이 분명하고 통합된 목표, 일, 보상이 일관되게 주어질 때 형성된다.
- 일치성(Congruence) : 사람은 자신의 유형과 비슷하거나 정체성 있는 환경에서 일하거나 생활할 때 일치성이 높다.
- 계측성(Calculus) : 육각형 모형에서 유형 간의 거리는 그 사이의 이론적 관계에 반비례한다.

88

정신분석상담의 4단계에 해당하지 않는 것은?

① 훈습단계
② 학습단계
③ 전이단계
④ 통찰단계

알기 쉬운 해설

정신분석상담은 초기단계 → 전이단계 → 통찰단계 → 훈습단계로 진행된다.

89 집단상담에 대한 설명으로 가장 적합한 것은?

① 집단크기, 기간, 집단성격, 프로그램 등을 미리 결정해야 한다.
② 집단상담에서는 개인상담에 있는 접수면접과 같은 단계는 생략된다.
③ 집단상담에서 상담자는 조언을 사용해서는 안 된다.
④ 만성적 우울증을 가진 내담자로 이루어진 집단은 자조집단에 어울린다.

알기 쉬운 해설

집단상담의 특징
- 집단상담은 집단성원들로 하여금 자기이해 및 자기수용, 발달과업의 성취 등을 실현할 수 있도록 돕는 과정이다.
- 집단을 시작하기 전에 집단의 목적 및 성격, 그에 따른 프로그램과 크기, 기간 등을 결정하는 것이 바람직하다.
- 일반적으로 만성적 우울증을 가진 내담자는 치료집단이 좀 더 바람직하다.

90 청소년비행의 원인을 사회학적 관점에서 설명하는 이론이 아닌 것은?

① 아노미이론
② 사회통제이론
③ 욕구실현이론
④ 하위문화이론

알기 쉬운 해설

아노미이론	문화적 가치를 획득할 합법적인 수단이 없다고 판단될 때 아노미 상태(혼란, 무규범)가 일어나고 범죄로 이어진다는 이론
사회통제이론	사회통제력이 약화되어 범죄로 이어진다는 이론(사회적 연대를 중요시 여김)
비행하위문화이론	비행을 하위문화를 형성하고 있는 집단의 관습적 문제로 보는 이론

91 적극적 수준의 상담목표와 거리가 먼 것은?

① 문제해결
② 자아존중감
③ 개인적 강녕
④ 긍정적 행동변화

> **알기 쉬운 해설**
> **상담목표의 수준**
> • 소극적 수준 : 문제해결, 적응, 치료, 예방, 갈등해소 등
> • 적극적 수준 : 긍정적 행동변화, 합리적 결정, 전인적 발달, 자아존중감, 개인적 강녕 등

92 게슈탈트 상담에 대한 설명으로 옳지 않은 것은? 〔19년 기출〕

① 알아차림(Awareness)과 접촉(Contact)을 방해하는 한 요인인 융합(Confluence)은 자신과 타인의 경계가 불분명한 지점에서 타인의 의견에 동의하는 것이다.
② 알아차림은 개체가 자신의 유기체적 욕구나 감정을 지각한 다음 게슈탈트를 형성하여 명료한 전경으로 떠올리는 것을 말한다.
③ Zinker는 알아차림-접촉 주기를 배경, 감각, 알아차림, 에너지/흥분, 행동, 접촉 등 여섯 단계로 설명한다.
④ 보조자아(Auxiliary ego) 활용은 집단 상담에 많이 사용하는 기법으로 한 구성원의 문제를 집중적으로 다룬다.

> **알기 쉬운 해설**
> 보조자아는 사이코드라마에서 주인공의 삶 속에 등장하는 인물 혹은 그의 내면 세계가 지니는 다양한 측면을 최대한 정확하게 재현하는 역할을 담당한다.

93 아들러(Adler)의 상담 4단계 중 치료단계가 아닌 것은?

① 초기단계 ② 해석단계
③ 탐색단계 ④ 훈습단계

> **알기 쉬운 해설**
> **아들러의 상담단계**
>
> | 제1단계(초기단계) | 협력, 평등주의, 상호존중에 기초한 좋은 치료적 관계를 설정한다. |
> |---|---|
> | 제2단계(탐색단계) | 삶의 과제를 탐색하고 가족구도와 초기기억 분석을 한다. |
> | 제3단계(해석단계) | 생활양식을 통찰하고 현재 기능하는 자신의 모습을 이해한다. |
> | 제4단계(재정향단계) | 자신이 희망하는 목표에 부합하는 새로운 선택과 행동을 한다. |

94 보기에서 설명하고 있는 관찰법은? `18년 기출`

> 관찰자가 관찰 대상이나 장면을 미리 정해놓고 그 장면에서 나타나는 아동의 행동과 상황, 말을 모두 순서대로 기록하는 것이다.

① 표본기록법 ② 일화기록법
③ 사건표집법 ④ 시각표집법

> **알기 쉬운 해설**
> **관찰기록의 종류**
> - 표본기록법(Specimen Record)
>   - 지속적 관찰기록, 일화기록처럼 발생한 사건이나 행동특성을 서술적으로 기록하는 것
>   - 미리 정해 높은 준거(시간, 인물, 상황 등)에 따라 관찰된 행동이나 사건내용을 기록
>   - 그것이 일어나게 된 환경적 배경을 상세하게 이야기식으로 서술
>   - 관찰이 한 번에 끝나는 것이 아니라 시간간격에 맞추어 여러 번 반복
>   - 관찰하는 시간을 통제하는 방법이며 관찰기간 및 관찰횟수를 어느 정도로 할 것인지는 연구자의 필요와 관찰목적에 따라 정해짐
> - 일화기록법(Anecdotal Record)
>   - 개인의 특성을 이해하기 위하여 구체적인 행동사례나 어떤 사건에 관련된 관찰기록을 상세히 기록하는 방법
>   - 직접적인 관찰방법 중에서 가장 실시하기 용이한 방법
>   - 학생들의 사회·정서적 특성이나 한 집단 내에서의 인간관계연구에 유용
>   - 예상하지 않은 행동이나 사건을 관찰하여 기록하고자 할 때 유용
> - 사건표집법(Event Sampling)
>   - 관찰의 단위가 어떤 행동이나 사건 그 자체로 관찰하고자 하는 특정행동이나 사건이 발생할 때만 관찰
>   - 관찰하고자 하는 특정행동이나 사건을 명확히 정하고 이를 조작적으로 정의해 둘 필요가 있음
> - 시각표집법(Time Sampling)
>   - 일정한 시간간격을 두고 행동을 관찰하여 그 결과를 기록하는 방법
>   - 비교적 짧은 시간 사이에 행동이 얼마나 발생하는가를 양적으로 측정하는 방법

95 상담에서 내담자의 권리에 관한 설명으로 옳지 않은 것은?

① 상담자의 자격과 훈련에 대한 정보를 제공받을 수 있다.
② 내담자가 자신과 타인에게 해를 미칠 경우에도 비밀을 보장받을 수 있다.
③ 상담자를 선택할 수 있는 권리와 상담을 거부할 수 있는 권리에 대한 정보를 제공받을 수 있다.
④ 법적으로 정보공개가 요구되는 경우는 비밀보장의 한계를 가질 수 있다.

> **알기 쉬운 해설**
> 내담자 또는 그 밖의 사람들을 상해로부터 보호하기 위한 경우에는 비밀정보를 동의 없이 노출할 수도 있다.

96 위기개입 목표 및 원리로 옳지 않은 것은?

① 위기개입 시 현재 상황과 관련된 과거에 초점을 맞춘다.
② 위기 촉발사건의 의미를 재구조화한다.
③ 위기상황을 극복할 수 있는 새로운 대처기술을 개발한다.
④ 각각의 내담자와 위기를 독특한 것으로 보고 반응한다.

> **알기 쉬운 해설**
> 과거가 아닌 현실적 지지에 초점을 둔다.

정답 95 ② 96 ①

97 장애인의 심리재활을 위한 집단치료에 대한 설명으로 옳지 않은 것은?

① 집단치료를 통해 장애인은 집단 속에서 서로 도움을 주고받음으로써 필요한 존재가 되는 경험을 가진다.
② 장애인은 장애 후 새로운 관계형성을 계기로 효과적인 의사소통 기술을 개발할 수 있는 기회를 가진다.
③ 모델링을 통해 비슷한 문제들에 대한 해결방법을 학습하며, 정서적인 지지와 유용한 정보를 얻는다.
④ 장애인을 위한 집단치료는 장애인 가족들에게는 적용되지 않는다.

> **알기 쉬운 해설**
> 장애인을 위한 집단치료는 장애인은 물론 그 가족들에게도 적용된다.

98 약물에 관한 설명으로 틀린 것은?   16, 24년 기출

① 약물 내성은 동기의 대립과정이론으로 설명할 수 있다.
② 바비튜레이트는 자극제다.
③ 메스칼린은 환각제다.
④ 진정제는 GABA 시냅스에 영향을 준다.

> **알기 쉬운 해설**
> 바비튜레이트(Barbiturate)는 불안감, 긴장, 불면증의 치료에 사용되었던 억제제이다.
>
> **동기의 대립과정이론**
> 외부 자극에 대한 하나의 반응이 끝나면, 곧바로 그와 반대되는 반응이 나타나는 원리를 의미하는 것으로, 이 이론은 약물중독의 특성을 설명해 준다. 즉 향정신성 약물을 복용했을 때 쾌감을 주지만, 그 쾌감이 끝나면 몸은 중립 상태가 아닌 쾌감과는 달리 불쾌한 상태에 처하게 된다는 것이다.
>
> **약물의 종류**
>
> | 중추신경흥분제 | • 중추신경계를 자극하는 물질
• 카페인(각성제 등), 코카인, 암페타민류(필로폰 등), 니코틴 등 |
> |---|---|
> | 중추신경억제제 | • 중추신경계가 흥분한 상태를 진정시키는 약물
• 알코올, 흡입제(본드, 가스, 가솔린, 아세톤 등), 바비튜레이트, 합성마약류, 수면제, 신경안정제 등 |
> | 환각제 | • 환각효과를 나타내는 물질
• LSD, 펜시클리딘(Phencyclidine), 메스칼린(Mescaline), 살로사이빈(Psilocybin), 암페타민류(엑스타시 등), 항콜린성 물질 등 |

99 성피해자 상담 초기단계에서 상담자가 유의할 사항으로 옳은 것은? `13, 15, 17, 24년 기출`

① 피해자가 첫 면접에서 성피해 사실을 부인할 경우 솔직한 개방을 하도록 지속적으로 유도한다.
② 가능하면 초기에 피해자의 가족상황과 성폭력피해의 합병증 등에 관한 상세한 정보를 얻는다.
③ 성피해로 인한 내담자의 심리적 외상을 신속하게 탐색하고 치유할 수 있도록 적극적으로 개입한다.
④ 피해상황에 대한 상세한 정보수집이 중요하므로 내담자가 불편감을 표현하더라도 상담자가 주도적으로 면접을 진행한다.

> **알기 쉬운 해설**
> **성폭력피해자 심리상담 초기단계의 유의사항**
> - 상담자는 피해자인 내담자와 신뢰할 수 있는 관계를 유지함으로써 치료관계 형성에 힘써야 한다.
> - 상담자는 내담자에게 상담 내용의 주도권을 줌으로써 내담자에게 현재 상황에서 표현할 수 있는 내용에 대해서만 이야기할 수 있도록 배려해야 한다.
> - 상담자는 내담자의 비언어적인 표현에 주의를 기울이며, 그에 대해 적절히 반응해야 한다.
> - 상담자는 내담자의 성폭력 피해로 인한 합병증 등을 파악해야 한다.
> - 상담자는 내담자가 성폭력 피해의 문제가 없다고 부인하는 경우 일단 수용하며, 언제든지 상담의 기회가 있음을 알려주어야 한다.

100 상담관계 형성에서 상담자가 갖추어야 할 자세로 적합하지 않은 것은? `20, 24년 기출`

① 내담자와 시선 맞추기
② 최소반응을 적절히 사용하기
③ 내담자의 주호소문제를 인내를 갖고 지켜보기
④ 내담자의 감정을 반영하기

> **알기 쉬운 해설**
> 상담관계 형성은 상담 초기단계에 해당하는 과정이다. 상담 초기단계에는 주호소문제보다는 기초적 정보를 먼저 탐색한다.

제2회 기출복원문제 및 해설

임상심리사 2급

※ 2022년 제3회 시험부터 CBT로 시행되어 기출문제가 공개되지 않으므로, 응시자의 후기와 과년도 기출데이터를 통해 기출과 유사하게 복원된 문제를 제공합니다.

※ 문제번호 밑의 마크는 해당 문제와 관련된 과목과 핵심이론의 번호를 표기한 것입니다. 학습에 참고하시기 바랍니다.

제1과목 심리학개론

01 다음은 무엇에 관한 설명인가? `21년 기출`

5과목
이론 03

> 방어기제 중 우리가 가진 바람직하지 않은 자질들을 과장하여 다른 사람들에게 부여함으로써 우리의 결함을 인정하지 않도록 막아주는 것

① 투 사
② 부 인
③ 전 위
④ 주지화

알기 쉬운 해설

② 부인(Denial) : 의식화되는 경우 감당하기 어려운 고통이나 욕구를 무의식적으로 부정하는 것
③ 전위(Displacement) : 자신이 어떤 대상에 대해 느낀 감정을 보다 덜 위협적인 다른 대상에게 표출하는 것
④ 주지화(Intellectualization) : 위협적이거나 고통스러운 정서적 문제를 피하거나 둔화시키기 위해 사고, 추론, 분석 등의 지적 능력을 사용하는 것

01 ① 정답

02 Piaget의 인지발달 단계 중 보존개념이 획득되는 시기는?

① 감각운동기
② 전조작기
③ 구체적 조작기
④ 형식적 조작기

알기 쉬운 해설
① 감각운동기에는 대상영속성을 이해하기 시작한다.
② 전조작기에는 상징놀이, 물활론, 자아중심성 등의 특징들이 나타난다.
④ 형식적 조작기에는 체계적인 사고능력, 논리적 조작에 필요한 문제해결능력이 발달한다.

03 심리검사의 오차유형 중 검사결과가 가정의 문화적 환경의 영향을 받는 데 기인하는 오차는?

① 검사자 오차
② 외인적 오차
③ 해석적 오차
④ 항상적 오차

알기 쉬운 해설
① 검사자 오차 : 점수의 변화나 측정의 결과가 검사하는 사람에게서 기인하는 오차이다.
② 외인적 오차 : 검사 과정에서 아무런 관계가 없는 여러 가지 외부적 요인의 작용으로 인해 측정 결과에 변화를 주는 오차이다.
③ 해석적 오차 : 한 개인의 검사점수가 비교하고자 하는 집단의 점수분포와 어떻게 관계되는지를 정확히 이해하지 못한 채 그에 대해 부정확한 평가나 해석을 내리는 데 기인하는 오차이다.

04 단기기억의 특성이 아닌 것은?

18, 21, 22년 기출

① 정보의 용량이 매우 제한적이다.
② 작업기억(Working Memory)이라 불린다.
③ 현재 의식하고 있는 정보를 의미한다.
④ 거대한 도서관에 비유할 수 있다.

알기 쉬운 해설

장기기억은 종종 용량의 제한이 없어 거대한 도서관에 비유된다.

단기기억과 장기기억의 비교

구 분	입 력	용 량	지속시간	내 용	인 출
단기기억	매우 빠름	제한적	매우 짧음 (10~20초 정도)	단어 심상 아이디어 문장	즉각적
장기기억	비교적 느림	무제한적	사실상 무제한적	명제망 도식 산출 일화	표상과 조직에 따라 다름

05 로저스(Rogers)의 성격이론에서 심리적 적응에 가장 중요한 역할을 한다고 가정하는 것은?

 15, 19, 24년 기출

① 자아이상(Ego Ideal)
② 자기(Self)
③ 자아강도(Ego Strength)
④ 인식(Awareness)

알기 쉬운 해설

로저스는 현재 경험이 자기구조와 불일치할 때 개인은 불안을 경험한다고 보았다. 즉, 자기구조와 주관적 경험이 일치할 경우 적응적이고 건강한 성격을 가지게 되는 반면, 이들 간의 불일치가 심할 경우 부적응적이고 병적인 성격을 가지게 된다.

06 원점수 25(평균 = 20, 표준편차 = 5)를 Z점수로 변환한 값으로 옳은 것은?

① +1
② −1
③ 0.5
④ −0.5

> **알기 쉬운 해설**
> - Z점수 = (원점수 − 평균) ÷ 표준편차
> - (25 − 20) ÷ 5 = +1

07 인간의 동조행동에 대한 설명으로 틀린 것은? `15, 20, 23년 기출`

① 대체로 집단의 크기가 커질수록 동조행동은 줄어든다.
② 집단이 전문가로 이루어져 있을수록 동조행동은 커진다.
③ 집단의 의견이나 행동의 만장일치가 깨지면 동조행동은 거의 나타나지 않는다.
④ 비동조에의 동조(Conformity to Nonconformity)는 행위자의 과거행동에 일관되게 행동하려는 경향이다.

> **알기 쉬운 해설**
> 동조란 주위의 사람들이 하는 것을 자발적으로 따라하는 행위이다. 동조현상에 영향을 주는 요인으로는 집단의 크기, 결집력, 개인과 집단의 거리, 문화 등의 요인이 있다. 집단의 크기가 클수록 동조는 잘 일어난다.

08 프로이트(Freud)의 성격체계에서 쾌락의 원리를 따르는 요소는?

① 전의식
② 자아
③ 원초아
④ 초자아

> **알기 쉬운 해설**
> 프로이트는 인간의 성격의 3요소를 원초아(Id), 자아(Ego), 초자아(Super Ego)로 보았으며, 원초아는 쾌락의 원리, 자아는 현실의 원리, 초자아는 도덕의 원리에 따른다고 주장하였다.

정답 06 ① 07 ① 08 ③

09 다음은 무엇에 관한 설명인가?

05, 13, 19, 23년 기출

> 물속에서 기억한 내용을 물속에서 회상시킨 경우가 물 밖에서 회상시킨 경우에 비해서 회상이 잘 된다.

① 인출단서효과
② 기분효과
③ 맥락효과
④ 도식효과

알기 쉬운 해설

기억의 인출과 관련된 '맥락효과' 또는 '부호화맥락의 효과'는 학습(또는 경험)을 하였던 환경과 같은 환경에서 학습한 내용을 더 잘 회상하는 현상을 말한다. 즉, 학습맥락과 검사맥락이 동일할 때 더 잘 회상할 수 있다는 것이다. 이와 같은 맥락효과는 기억과 연합되는 단서들 중 기억이 형성되는 맥락에서 온 맥락단서들의 재생이 표적기억을 재활성화시킬 수 있음을 강조한다.

10 타인의 행동을 보고 상황이나 외적 요인보다는 사람의 기질이나 내적 요인에 그 원인을 두려고 하는 것은?

16, 22, 23년 기출

① 기본적 귀인오류
② 현실적 왜곡
③ 후광효과
④ 고정관념

알기 쉬운 해설

근본귀인오류 또는 기본적 귀인오류(Fundamental Attribution Error)
어떤 행위가 발생하였을 때, 외부귀인보다 행위자의 기질이나 성향 등 내부적인 요인에 귀인하는 경향을 의미한다.

11 마리화나가 기억에 미치는 영향을 알아보기 위한 실험에서 선행조건인 마리화나의 양은 어떤 변수에 해당하는가? `23, 24년 기출`

① 독립변수
② 종속변수
③ 가외변수
④ 외생변수

> **알기 쉬운 해설**
>
> **독립변수**
> '원인적 변수' 또는 '가설적 변수'로서 일정하게 전제된 원인을 가져다주는 기능을 하는 변수
> (예 마리화나의 양)
>
> **종속변수**
> '결과적 변수'로서 독립변수의 원인을 받아 일정하게 전제된 결과를 나타내는 기능을 하는 변수
> (예 기억의 양)

12 정신역동적 관점의 학자들과 그 설명이 틀린 것은? `16, 19년 기출`

① Freud는 정신결정론과 무의식적 동기를 강조한다.
② Jung은 집단무의식의 중요한 구성요소를 원형이라 가정한다.
③ Adler는 생물학적 측면보다는 사회적 요인이 성격에 미치는 영향을 강조한다.
④ Sullivan은 3가지 성격요소 중 어느 한 요소가 지배적이고 다른 두 요소가 조화를 이룰 때 문제가 발생한다고 가정한다.

> **알기 쉬운 해설**
> - 대인관계이론을 제시한 설리반은 불안은 항상 대인관계에서 비롯된다고 주장한다.
> - 사람 간의 장기적 혹은 단기적인 건강하지 못한 관계로부터 불안이 야기된다고 본다.

정답 11 ① 12 ④

13 단기기억의 기억용량을 나타내는 것은?

07, 13, 17, 20, 23, 24년 기출

① 3±2개
② 5±2개
③ 7±2개
④ 9±2개

알기 쉬운 해설

단기기억(Short-Term Memory)
감각기억으로부터 들어온 정보를 능동적으로 처리하는 활동 중 기억으로, 일반적으로 성인의 경우 처리할 수 있는 정보의 수는 대략 5~9개 정도이다. 또한 일시적인 저장소로, 성인의 경우 10~20초간 정보를 저장할 수 있다.

14 기억정보의 인출에 대한 설명으로 옳은 것은?

19, 23년 기출

① 설단현상은 특정 정보가 저장되어 있지 않다는 증거로 볼 수 있다.
② 기억탐색과정은 일반적으로 외부적 자극정보를 부호화하는 과정을 말한다.
③ 회상과 같은 명시적 인출방법과 대조되는 방법으로 재인과 같은 암묵적 방법이 있다.
④ 인출 시의 맥락과 부호화 시의 맥락이 유사할 때 인출가능성이 클 것이라는 주장을 부호화명세성(특수성)원리라고 한다.

알기 쉬운 해설

부호화명세성원리(Encoding Specificity Principle)
어떠한 기억대상을 장기기억에서 인출하는 경우 그와 관련된 단서가 있을 때보다 쉽게 기억해 내는 원리이다.

15 음식, 물과 같이 하나 이상의 보상과 연합되어 중립 자극 자체가 강화적 속성을 띠게 되는 현상은? `20년 기출`

① 소거(Extinction)
② 자발적 회복(Spontaneous Recovery)
③ 자극 일반화(Stimulus Generalization)
④ 일반적 강화인(Generalized Reinforcer)

알기 쉬운 해설
① 소거 : 일정한 반응 뒤에 강화가 주어지지 않는 경우 해당 반응이 사라지는 현상을 말한다.
② 자발적 회복 : 한번 습득된 행동에 대해 보상이 주어지지 않더라도 동일한 상황에 직면하는 경우 소거된 반응이 다시 나타나는 현상을 의미한다.
③ 자극 일반화 : 특정 조건자극에 대해 조건반응이 성립되었을 때 그와 유사한 조건자극에 대해서도 똑같은 조건반응을 보이는 학습현상을 말한다.

16 다음의 설명에 해당하는 것은? `24년 기출`

- 집합 내에서 측정값 간의 상이한 정도를 나타내는 것
- 측정값이 평균값에서 어느 정도 떨어져 있는지를 알 수 있도록 해준다.

① 표준편차
② 분 산
③ 범 위
④ 최빈치

알기 쉬운 해설
표준편차에 관한 설명으로, 표준편차가 클수록 평균값에서 이탈한 것이고 표준편차가 작을수록 평균값에 근접한 것이다.

17 놀이방에서 몇 명의 아동에게 몇 가지 인형을 주어 노는 방법의 변화를 일주일에서 한 시간씩 관찰하는 연구방법은? `19년 기출`

① 실험법
② 자연관찰법
③ 실험관찰법
④ 설문조사법

> **알기 쉬운 해설**
> **실험관찰법**
> - 연구자가 상황이 발생하는 장면을 조작하고 통제하는 관찰법
> - 자연관찰법의 단점(예 예기치 않은 상황 발생 등)을 극복하여 관찰의 정확성을 높일 수 있음

18 기온에 따라 학습 능률이 어떻게 달라지는가를 알아보기 위해 기온을 13℃, 18℃, 23℃인 세 조건으로 만들고 학습능률은 단어의 기억력 점수로 측정하였다. 이때 독립변수는 무엇인가? `15, 20, 23년 기출`

① 기억력 점수
② 기 온
③ 학습능률
④ 예 언

> **알기 쉬운 해설**
> 독립변수는 원인이 되는 변수이고, 종속변수는 결과로 나타나는 변수이다. 기온에 따른 학습능률의 변화를 알아보는 연구에서 독립변수는 '기온'이며, 종속변수는 '학습능률'이다.

17 ③ 18 ②

19 최빈값에 관한 설명으로 옳지 않은 것은?

① 주어진 자료 중에서 가장 많이 나타나는 측정값이다.
② 최빈값은 대표성을 갖고 있다.
③ 자료 중 가장 극단적인 값의 영향을 받는다.
④ 중심경향성 기술값 중의 하나이다.

> **알기 쉬운 해설**
>
> **최빈값(=최빈치)**
> - 빈도가 가장 높은 점수
> - 질적 자료와 양적 자료 모두에 사용할 수 있음
> - 값이 여러 개일 수 있음

20 성격의 5요인 모델에 속하지 않는 것은?

① 개방성
② 성실성
③ 외향성
④ 창의성

> **알기 쉬운 해설**
>
> **골드버그(Goldberg)의 성격 5요인(Big Five) 이론**
> - 신경증(Neuroticism) : 불안, 우울, 분노 등 부정적인 정서를 잘 느끼는 성향
> - 외향성(Extraversion) : 다른 사람과의 교류를 통해 인간관계적 자극을 추구하는 성향
> - 경험에 대한 개방성(Openness to Experience) : 호기심이 많고 새로운 것을 좋아하며, 다양한 경험과 가치에 대해 열린 자세를 가진 개방적인 성향
> - 우호성(Agreeableness) : '수용성' 혹은 '친화성'으로도 불리며, 다른 사람에 대한 우호적·수용적·협동적인 성향
> - 성실성(Conscientiousness) : 자기조절을 잘하고 책임감이 강한 성취지향적 성향

제2과목 이상심리학

21 병적 도벽에 관한 설명으로 옳은 것은? `20, 23년 기출`

① 개인적으로 쓸모가 없거나 금전적으로 가치가 없는 물건을 훔치려는 충동을 저지하는 데 반복적으로 실패한다.
② 훔친 후에 고조되는 긴장감을 경험한다.
③ 훔치기 전에 기쁨, 충족감, 안도감을 느낀다.
④ 훔치는 행동이 품행장애로 더 잘 설명되는 경우에도 추가적으로 진단한다.

> **알기 쉬운 해설**
> **병적 도벽 또는 도벽증(Kleptomania)**
> - 남의 물건을 훔치고 싶은 충동을 참지 못해 반복적으로 도둑질을 하는 경우이다.
> - 물건을 살만한 경제적 능력이 있지만, 개인적으로 쓸모가 없거나 금전적으로 가치 없는 물건을 훔치려 하는 충동을 억누르지 못하고 물건을 훔치는 행위를 반복한다.
> - 물건을 훔치기 전에 긴장이 고조되고, 훔치고 나면 만족감을 느낀다.

22 노출장애에 관한 설명과 가장 거리가 먼 것은? `21, 24년 기출`

① 성기를 노출시켰다는 상상을 하면서 자위행위를 하기도 한다.
② 청소년기나 성인기 초기에 시작되는 것으로 알려져 있다.
③ 노출 대상은 사춘기 이전의 아동에게 국한된다.
④ 성도착적 초점은 낯선 사람에게 성기를 노출시키는 것이다.

> **알기 쉬운 해설**
> **노출장애(Exhibitionistic Disorder)**
> - 낯선 사람에게 자신의 성기를 노출하거나 혹은 노출하였다는 상상을 하면서 자위행위를 하는 경우이다.
> - 노출증적 행동에도 불구하고 낯선 사람과 성행위를 하려고 시도하는 경우는 거의 없다.
> - 보통 18세 이전에 발병하며, 40세 이후에는 상태가 완화되는 것으로 보인다.
> - DSM-5 진단 기준에서는 "사춘기 이전의 아동에게 성기를 노출시킴으로써 성적 흥분을 일으키는 경우", "신체적으로 성숙한 개인에게 성기를 노출시킴으로써 성적 흥분을 일으키는 경우", 그리고 "사춘기 이전의 아동과 신체적으로 성숙한 개인에게 성기를 노출시킴으로써 성적 흥분을 일으키는 경우" 중 하나를 명시하도록 하고 있다.

정답 21 ① 22 ③

23. 남성이 사정에 어려움을 겪으며 성적 절정감을 느끼지 못하는 성기능장애는? `11, 18, 22년 기출`

① 조루증
② 지루증
③ 발기장애
④ 성교통증장애

알기 쉬운 해설

② 지루증(Delayed Ejaculation) : 성기능장애(Sexual Dysfunctions) 중 절정감장애(Orgasmic Disorder)에 포함되는 것으로, 특히 남성이 사정에 어려움을 겪으면서 성적 절정감을 느끼지 못하는 장애이다.
① 조루증(Premature Ejaculation) : 지루증과 마찬가지로 절정감장애에 포함되며, 여성이 절정감을 느끼기도 전에 남성이 사정을 하는 경우가 빈번히 나타나는 경우에 해당한다.
③ 남성발기장애(Male Erectile Disorder) : 성기능장애 중 성적 흥분장애(Sexual Arousal Disorder)에 포함되는 것으로, 남성이 발기에 어려움을 경험하며 성행위 시에도 발기상태가 충분히 유지되지 않는 경우에 해당한다.
④ 성교통증장애(Sexual Pain Disorder) : 성기능장애의 하위범주에 포함되는 것으로, 성교 시 지속적인 통증으로 인해 성행위에 어려움을 경험하는 경우에 해당한다.

24. 다음 증상사례의 정신장애 진단으로 옳은 것은? `20년 기출`

> 대구 지하철 참사현장에서 생명의 위협을 경험한 이후 재경험증상, 회피 및 감정마비증상, 과도한 각성상태를 1개월 이상 보이고 있는 30대 후반의 여성

① 제2형 양극성장애
② 외상후스트레스장애
③ 조현양상장애
④ 해리성정체성장애

알기 쉬운 해설

② 외상후스트레스장애 : 충격적인 외상사건을 경험하고 난 후 다양한 심리적 부적응 증상이 나타나는 장애이다. 사례에서는 참사라는 충격적 사건 후 회피, 감정마비 등 부적응 증상을 보이므로 이에 해당한다.
① 제2형 양극성장애 : 1형 양극성장애와 유사하나 조증삽화보다 정도가 약한 경조증삽화와 함께 부가증상들이 최소 4일 연속으로 지속되는 경우이다.
③ 조현양상장애 : 정신분열 스펙트럼 및 기타 정신증적 장애의 하위유형에 해당하는 장애이다.
④ 해리성정체성장애 : 해리성정체감장애라고 부르며, 한 사람 안에 서로 다른 정체성과 성격을 가진 여러 사람이 존재하면서 상황에 따라 각기 다른 사람이 의식에 나타나서 말과 행동을 하는 모습을 보이는 장애이다.

25. 공황장애를 진단하는 데 필요한 증상으로 가장 부적절한 것은?

① 토할 것 같은 느낌
② 감각이상증(마비감이나 찌릿찌릿한 감각)
③ 흉부통증
④ 메마른 감정표현

알기 쉬운 해설

공황장애(Panic Disorder)는 갑자기 엄습하는 강렬한 불안, 즉 공황발작을 반복적으로 경험하는 장애를 말한다. 공황발작(Panic Attack)은 예상하지 못한 상황에서 갑작스럽게 밀려드는 극심한 공포, 곧 죽지 않을까 하는 강렬한 불안이다.

공황발작의 13가지 증상
- 심장박동이 빨라지고 강렬하거나 심장박동수가 점점 더 빨라짐
- 진땀을 흘림
- 몸이나 손발이 떨림
- 숨이 가쁘거나 막히는 느낌
- 질식할 것 같은 느낌
- 가슴의 통증이나 답답함
- 구토감이나 복부통증
- 어지럽고 몽롱하며 기절할 것 같은 느낌
- 한기를 느끼거나 열감을 느낌
- 감각이상증(마비감이나 찌릿찌릿한 감각)
- 비현실감이나 자기 자신과 분리된 듯한 이인감
- 자기통제를 상실하거나 미칠 것 같은 두려움
- 죽을 것 같은 두려움

정답 ④

26 소인-스트레스이론(Diathesis-stress Theory)에 대한 설명으로 가장 적합한 것은?

15, 20, 23, 24년 기출

① 소인은 생후 발생하는 생물학적 취약성을 의미한다.
② 스트레스가 소인을 변화시킨다.
③ 소인과 스트레스는 서로 억제한다.
④ 소인은 스트레스 상황에서 발현된다.

알기 쉬운 해설
소인-스트레스이론(Diathesis-stress Theory)
- 질병소인이 있는 사람이 특정한 질병과 관련된 스트레스를 받으면 질병에 쉽게 걸린다고 가정하는 이론이다.
- 특정한 질병에 걸리기 쉬운 선천적 경향(질병소인)이 강한 사람은 특정한 스트레스를 경험할 때 선천적 경향이 약한 사람보다 스트레스에 병적으로 반응하며, 경미한 환경적 스트레스에도 질병이 보다 쉽게 유발될 수 있다.
- 소인-스트레스이론은 소인이 스트레스 상황에서 발현된다고 본다. 이는 질병이 개인의 생리와 스트레스의 상호작용에 의해 유발된다고 보는 입장으로, 질병을 예측하기 위해 스트레스 생활사건과 개인의 취약성을 동시에 고려할 필요성을 제기한다.

27 다음 중 경계성성격장애의 임상적 특징이 아닌 것은?

20년 기출

① 반복적인 자해행위과 만성적인 공허감
② 의식적으로 증상을 원하거나 의도적으로 증상을 만들어내지 않는다.
③ 일시적이고 스트레스와 연관된 피해적 사고 혹은 심한 해리 증상
④ 현저한 기분변화로 인해 정서가 불안정하다.

알기 쉬운 해설
② 전환장애의 특성에 해당한다.
경계성성격장애 특성
- 실제적이거나 가상적인 유기를 피하기 위해 필사적으로 노력한다.
- 대인관계에 있어서 상대방에 대한 이상화와 평가절하의 교차가 극단적이고 반복적으로 나타난다.
- 정체감혼란 : 자기상(Self-Image)이나 자기지각(Sense of Self)이 지속적으로 심각한 불안정성을 보인다.
- 자신에게 손상을 줄 수 있는 충동성을 최소 2가지 이상의 영역에서 나타내 보인다[예 낭비, 성관계, 물질남용, 난폭운전, 폭식(또는 폭음)].
- 부적절하고 심한 분노를 느끼거나 분노를 조절하는 데 어려움을 느낀다.

28 알츠하이머병으로 인한 신경인지장애의 특성에 대한 설명으로 옳은 것은? `20년 기출`

① 초기에는 일반적으로 오래된 과거에 관한 기억장애만을 가지고 있다.
② 인지 기능의 저하는 서서히 나타난다.
③ 기질적 장애 없이 나타나는 정신병적 상태이다.
④ 약물, 인지, 행동적 치료 성공률이 높은 편이다.

> **알기 쉬운 해설**
> ① 초기에는 최근 기억부터 사라진다.
> ③ 기질적 장애로 인해 지적 기능이 저하되는 것이다.
> ④ 병의 진행을 늦출 수는 있으나 완치 성공률은 매우 낮다.

29 강박장애의 특징을 모두 고른 것은? `21년 기출`

> ㄱ. 자신의 행동이 비합리적임을 알지만 강박행동을 멈추지 못한다.
> ㄴ. 외상적 사건을 경험하고 난 후에 불안상태가 지속된다.
> ㄷ. 일부 강박행동은 의례행동(Ritual Behavior)으로 발전한다.
> ㄹ. 다른 사람들과 상호작용하는 사회적 상황을 두려워하여 회피한다.

① ㄱ, ㄷ
② ㄴ, ㄷ
③ ㄴ, ㄹ
④ ㄱ, ㄹ

> **알기 쉬운 해설**
> ㄴ. 외상후스트레스장애와 관련된 특징이다.
> ㄹ. 사회불안장애(사회공포증)와 관련된 특징이다.

정답 28 ② 29 ①

30 지속성우울장애(기분저하증)의 진단기준에 관한 설명으로 옳지 않은 것은?

① 우울 기간 동안 자존감 저하, 절망감 등의 2가지 증상이 나타난다.
② 순환성장애의 진단기준을 충족해야 한다.
③ 조증 삽화, 경조증 삽화가 없어야 한다.
④ 청소년에서는 기분이 과민한 상태로 나타나기도 한다.

> **알기 쉬운 해설**
> ②・③ DSM-5 진단기준에서는 지속성우울장애(Persistent Depressive Disorder) 또는 기분저하증(Dysthymia)의 진단과 관련하여 조증 삽화나 경조증 삽화는 없어야 하며, 순환성장애(Cyclothymic Disorder)의 진단기준에 부합하지 않아야 한다고 명시하고 있다.
> ① 지속성우울장애(기분저하증)는 식욕 부진 또는 과식, 불면 또는 수면 과다, 활력(기력) 저하 또는 피로감, 자존감 저하, 집중력 감소 또는 결정의 어려움, 절망감 등 6가지 증상 중 우울 기간 동안 2가지 이상의 증상이 나타난다.
> ④ 지속성우울장애(기분저하증)는 최소 2년 동안 하루의 대부분 우울한 기분을 가지며, 우울한 기분이 있는 날이 그렇지 않은 날보다 더 많은 경우 진단된다. 다만, 아동 및 청소년의 경우 기분이 과민한 상태로 나타나기도 하며, 그 지속기간은 최소 1년이어야 한다.

31 다음에 해당하는 장애는?

- 경험하는 성별과 자신의 성별 간 심각한 불일치
- 자신의 성적 특성을 제거하고자 하는 강한 욕구
- 다른 성별 구성원이 되고자 하는 강한 욕구

① 성도착증
② 동성애
③ 성기능부전
④ 성별불쾌감

> **알기 쉬운 해설**
> **성불편증 또는 성별불쾌감**
> - 자신에게 주어진 생물학적 성에 대한 불편감을 느끼며 다른 성이 되고자 하는 강렬한 열망을 가진 경우
> - 이러한 불편감으로 반대의 성에 대한 강한 동일시를 나타내거나 반대의 성이 되기를 소망
> - 성정체감장애(Gender Identity Disorder) 또는 성전환증(Transsexualism)이라고 불리기도 함

정답 30 ② 31 ④

32 치매에 대한 설명으로 옳지 않은 것은? 04, 18, 22년 기출

① 노인성치매는 초발 연령 65세 이상에서 발생할 때를 일컫는 말이다.
② 사회적, 직업적 기능을 방해할 정도로 인지기능이 점차 퇴화된다.
③ 우울장애를 배제하려면 치매증상이 아침에 더욱 심하게 나타나야 한다.
④ 작화증(Confabulation)은 대표적인 증상이다.

> **알기 쉬운 해설**
>
> **치매와 우울장애의 감별진단**
> - 노인들이 보이는 지남력장애, 주의집중의 어려움, 기억상실 등의 인지적 증상이 치매에 의한 것인지 우울장애에 따른 것인지 판별하기는 어려움
> - 각종 평가, 장해의 발병, 우울과 인지증상의 시간적 순서, 병의 경과, 치료반응에 대한 평가, 개인의 병전상태 등으로 판단
> - 대체로 병전에 인지기능 쇠퇴가 선행하면 치매로 판단

33 품행장애에 관한 설명으로 옳은 것은? 18년 기출

① 적대적 반항장애는 품행장애로 발전하지 않는다.
② 품행장애의 유병률은 남녀의 차이가 없다.
③ 품행장애의 발병에는 환경적 요인보다 유전적 요인이 크다.
④ 품행장애가 이른 나이에 발병할수록 예후가 좋지 않다.

> **알기 쉬운 해설**
>
> **품행장애(Conduct Disorder)**
> 아동 및 청소년기의 장애로서 다른 사람의 기본 권리나 나이에 적합한 사회규준 및 규율을 위반하는 행동양상이 반복적이고 지속적으로 나타나는 장애이다. 아동기의 품행장애나 주의력결핍 및 과잉행동장애(ADHD)는 성인기에 이르러 반사회성성격장애로 진행될 가능성이 높다.

34 이상행동의 분류와 평가에 관한 설명으로 옳지 않은 것은?

① 범주적 분류는 이상행동이 정상행동과는 질적으로 구분되며 흔히 독특한 원인에 의한 것이기 때문에 정상행동과는 명료한 차이점을 지니고 있다는 가정에 근거한다.
② 차원적 분류는 정상행동과 이상행동의 구분이 부적응성 정도의 문제일 뿐 질적인 차이는 없다는 가정에 근거한다.
③ 타당도는 한 분류체계를 적용하여 환자들의 증상이나 장애를 평가하였을 때 동일한 결과가 도출되는 정도를 의미한다.
④ 같은 장애로 진단된 사람들에게서 동일한 원인적 요인들이 발전되는 정도는 원인론적 타당도이다.

알기 쉬운 해설
한 분류체계를 적용하여 환자의 증상이나 장애를 평가하였을 때 각각 동일한 결과가 도출되는 정도는 '신뢰도'에 해당된다. 타당도란, 측정하고자 하는 개념이나 속성을 얼마나 실제에 가깝게 측정하고 있는가를 말한다.

35 섭식장애에 관한 설명으로 옳지 않은 것은?

① 신체기능의 저하를 가져와 죽음에까지 이를 수 있다.
② 마른 외형을 선호하는 사회문화적 분위기와 관련된다.
③ 대개 20대 중반에 처음 발병된다.
④ 외모가 중시되는 직업군에서 발병률이 높다.

알기 쉬운 해설
신경성식욕부진증은 여성 청소년에게서 흔히 나타나며, 이들은 실제로 날씬함에도 불구하고 자신이 뚱뚱하다고 왜곡되게 생각하는 경향이 강하다.

36 특정학습장애에 관한 설명으로 옳은 것은? `16, 24년 기출`

① 특정학습장애의 심각한 정도는 구분하지 않는다.
② 읽기 손상 동반의 경우 읽은 내용에 대한 기억력이 포함된다.
③ 쓰기 손상 동반의 경우 작문의 명료도와 구조화가 포함된다.
④ 수학 손상 동반의 경우 수학적 추론의 정확도는 포함되지 않는다.

> **알기 쉬운 해설**
> ③ 쓰기 손상 동반의 경우 철자 정확도, 문법과 구두점 정확도, 작문의 명료도와 구조화 등이 포함된다.
> ① 특정학습장애의 심각도는 경도, 중등도, 고도로 나눌 수 있다.
> ② 읽기 손상 동반의 경우 단어 읽기 정확도, 읽기 속도 또는 유창성, 독해력 등이 포함된다.
> ④ 수학 손상 동반의 경우 수 감각, 단순 연산값의 암기, 계산의 정확도 또는 유창성, 수학적 추론의 정확도 등이 포함된다.

37 지적 장애에 관한 설명으로 옳지 않은 것은? `20, 23년 기출`

① 심각한 두부외상으로 인해 이전에 습득한 인지적 기술을 소실한 경우에는 지적 장애와 신경인지 장애로 진단할 수 있다.
② 지적 장애는 개념적, 사회적, 실행적 영역에 대한 평가로 진단된다.
③ 지적 장애 개인의 지능지수는 오차 범위를 포함해서 대략 평균에서 1표준편차 이하로 평가된다.
④ 경도의 지적 장애는 여성보다 남성에게 더 많다.

> **알기 쉬운 해설**
> 지적 장애 개인의 지능지수는 오차 범위를 포함해서 대략 평균에서 2표준편차 이하로 평가한다.

38 알코올사용장애에 관한 설명으로 틀린 것은?

[21년 기출]

① 금단 증상은 과도하게 장기간 음주하던 것을 줄이거나 양을 줄인지 4~12시간 정도 후 나타나는 것이 특징이다.
② 장기간의 알코올 사용에 따르는 비타민 B의 결핍은 극심한 혼란, 작화반응 등을 특징으로 하는 헌팅턴병을 유발할 수 있다.
③ 알코올은 중추신경계에서 다양한 뉴런과 결합하여 개인을 진정시키는 효과를 가져온다.
④ 아시아인들은 알코올을 분해하는 탈수소효소가 부족하여 알코올 섭취 시 부정적인 반응이 쉽게 나타난다.

알기 쉬운 해설

② 헌팅턴병(Huntington's Disease)이 아닌 코르사코프 증후군(Korsakoff's Syndrome)에 대한 설명이다.

헌팅턴병(Huntington's Disease)
- 헌팅턴무도병(Huntington's Chorea)이라고도 알려졌다.
- 유전자 돌연변이에 의해 나타나는 유전병 중 하나이다.
- 중년 이후에 신경계가 퇴화되기 때문에 자신의 몸을 통제하지 못하게 되고, 얼굴, 손, 발, 혀 등의 근육이 제멋대로 움직이게 된다.
- 이러한 모습이 춤추는 듯 보인다고 하여 무도병이라는 이름이 붙었다.
- 기억력과 판단력이 흐려지는 등 치매 증상도 나타난다.

39 사건수면(Parasomnia)에 해당되는 것은?

[18, 24년 기출]

① 하지불안 증후군
② 기면증
③ 호흡 관련 수면장애
④ 일주기 리듬 수면–각성장애

알기 쉬운 해설

DSM-5에 의한 사건수면(Parasomnia)의 하위유형
- 비REM수면 각성장애(Non-Rapid Eye Movement Sleep Arousal Disorders)
- 악몽장애(Nightmare Disorder)
- REM수면 행동장애(Rapid Eye Movement Sleep Behavior Disorder)
- 하지불안 증후군(Restless Legs Syndrome)

정답 38 ② 39 ①

40 섬망(Delirium) 증상의 특징이 아닌 것은?

① 주의를 기울이고 집중, 유지, 전환하는 능력의 감소
② 환경 또는 자신에 대한 지남력의 저하
③ 증상은 오랜 기간에 걸쳐서 발생
④ 오해, 착각 또는 환각을 포함하는 지각장애

> **알기 쉬운 해설**
>
> ③ 섬망은 단기간에 걸쳐 발생하며, 하루 중에도 심각도가 변하는 경향이 있다.
>
> **섬망의 DSM-5 진단 기준**
> - 주의 장애와 의식 장애를 주된 특징으로 한다.
>   - 주의 장애 : 주의를 기울이고, 집중·유지 및 전환하는 능력 감소
>   - 의식 장애 : 환경에 대한 지남력 감소
> - 장애는 단기간(몇 시간 또는 며칠)에 걸쳐 발생하고, 기저 상태의 주의와 의식으로부터 변화를 보이며, 하루 중 심각도가 변하는 경향이 있다.
> - 부가적 인지장애 : 기억 결손, 지남력 장애, 언어, 시공간 능력 또는 지각
> - 진단 기준 주의장애, 의식장애, 부가적 인지장애는 다른 신경인지장애로 더 잘 설명되지 않고, 혼수와 같은 각성 수준이 심하게 저하된 상황에서 일어나지 않는다.
> - 물질 중독 섬망, 물질 금단 섬망, 약물치료로 유발된 섬망, 다른 의학적 상태로 인한 섬망을 구별하여 명시한다.

제3과목 심리검사

41 심리검사의 윤리적 문제에 대한 설명으로 옳지 않은 것은? 〔18, 20, 22, 23년 기출〕

① 검사자들은 검사제작의 기술적 측면에만 관심을 가질 필요가 있다.
② 제대로 자격을 갖춘 검사자만이 검사를 사용해야 한다는 조건은 부당한 검사사용으로부터 피검자를 보호하기 위한 조치이다.
③ 검사자는 규준, 신뢰도, 타당도 등에 관한 기술적 가치를 평가할 수 있어야 한다.
④ 심리학자에게 면허와 자격에 관한 법을 시행하는 것은 직업적 윤리 기준을 세우기 위함이다.

> **알기 쉬운 해설**
>
> **심리검사의 윤리적 고려사항**
> - 전문적 측면(전문가로서의 자질) : 검사자는 고도의 책임 있는 기능을 수행하기 위해 인간행동을 이해하는 데 필요한 전문적인 교육을 받아야 하며, 전문적인 기술을 가지고 심리학적 평가기법을 다룰 수 있어야 한다.
> - 도덕적 측면(수검자에 대한 의무와 권리) : 검사자는 인간의 권리를 보호해야 할 의무가 있다. 심리검사와 관련된 수검자의 권리 중에는 검사를 받지 않을 권리, 검사점수 및 해석을 알 권리, 검사자료에 접근할 수 있는 사람이 누구인지 알 권리, 검사결과의 비밀을 보장받을 권리 등이 있다.
> - 윤리적 측면(검사자의 책임) : 검사자는 수검자에게 검사가 어떻게 사용되는가를 말해 주고 비밀보장의 한계를 설명해 주어야 하며, 자신을 고용한 기관에 대해서는 가능한 한 최소한의 정보를 제공하는 것이 바람직하다.
> - 사회적 측면 : 검사자는 심리검사가 주는 이익과 개인의 권리 및 자유를 위협하는 위험을 알고 있어야 하며, 이익이 위험을 훨씬 능가하고 위험이 최소화된 경우에만 검사사용이 사회적으로 용인되어야 한다.

42 심리검사에서 원점수에 대한 설명으로 틀린 것은? 〔20년 기출〕

① 원점수 그 자체로는 객관적인 정보를 주지 못한다.
② 원점수는 기준점이 없기 때문에 특정 점수의 의미를 파악하기 어렵다.
③ 원점수는 척도의 종류로 볼 때 등간척도에 불과할 뿐 사실상 서열척도가 아니다.
④ 원점수는 서로 다른 검사의 결과를 동등하게 비교할 수 없다.

> **알기 쉬운 해설**
>
> 원점수는 척도의 종류로 볼 때 서열척도에 불과할 뿐 사실상 등간척도가 아니다. 예를 들어, 능력검사의 원점수에서 50점과 40점의 차이에 해당하는 능력의 차이는 60점과 50점의 차이에 해당하는 능력의 차이와 동일하지 않다.

정답 41 ① 42 ③

43

K-WAIS-IV에서 개념형성능력을 측정하는 소검사는? `16, 22년 기출`

① 차례맞추기
② 공통성문제
③ 이해문제
④ 빠진 곳 찾기

알기 쉬운 해설

이 문제는 논란의 여지가 있다. 그 이유는 지문 ③번의 '이해문제'도 교재에 따라 "언어적 추론과 개념화"를 측정한다고 제시되어 있기 때문이다('황순택 外, 『K-WAIS-IV, 기술 및 해석 요강』, 한국심리주식회사 刊', '김재환 外, 『임상심리검사의 이해(제2판)』, 학지사 刊' 참조). 다만, 개념형성능력, 특히 언어적 개념형성능력이 공통성 소검사와 어휘 소검사의 주된 측정요소인 데다가, 이해 소검사는 핵심소검사가 아닌 보충소검사로 분류된다는 점을 고려할 필요는 있다.

공통성(Similarity ; SI)

- 제시된 두 단어의 공통점에 대해 말하도록 하는 과제로 구성된다.
- 언어적 개념형성 또는 추론의 과정을 측정하기 위해 고안된 검사이다.
- 언어적 이해력, 언어적 개념화, 논리적·추상적 사고, 연합적 사고, 본질과 비본질을 구분하는 능력, 폭넓은 독서 경험 등과 연관된다.
- 수검자의 응답내용은 구체적 개념형성(예 코트와 정장은 천으로 만들어졌다), 기능적 개념형성(예 북쪽과 서쪽은 당신이 가고 있는 곳을 말해 준다), 추상적 개념형성(예 탁자와 의자는 가구다)의 양상으로 나타난다.
- 언어적 이해력을 평가하는 소검사들 가운데 정규교육이나 특정 학습, 교육적 배경 등의 영향을 가장 적게 받는다.

44

신경심리검사의 실시에 대한 설명으로 옳은 것은? `21년 기출`

① 두부 외상이나 뇌졸중 환자의 경우에는 급성기에 바로 검사를 실시하는 것이 바람직하다.
② 어려운 검사는 피로가 적은 상태에서 실시하고 어려운 검사와 쉬운 검사를 교대로 실시하는 것이 좋다.
③ 운동 기능을 측정하는 검사는 과제제시와 검사 사이에 간섭과제를 사용한다.
④ 진행성 뇌질환의 경우 6개월 정도가 지난 후에 정신상태와 인지기능을 평가하는 것이 바람직하다.

알기 쉬운 해설

① 두부 외상이나 뇌졸중과 같이 갑작스럽게 발병한 경우, 발병 초기에는 상태가 급변하고 불안정하며 신체기능 저하, 피로감, 우울감 등이 검사 수행에 영향을 미치게 된다. 따라서 간편형 검사로 현재의 인지기능 상태를 대략적으로 확인하며, 발병한 지 3~6개월 후 수검자가 어느 정도 회복기에 이르렀을 때 신경심리검사를 실시하도록 한다.
③ 간섭과제는 주로 수검자의 주의력 기능을 측정하는 검사에서 사용한다.
④ 알츠하이머형 치매와 같은 퇴행성 뇌질환이나 뇌종양 등 진행성 뇌질환의 경우, 초기 단계에서 신경심리검사를 실시하여야 진단에 유용한 정보를 제공받을 수 있다.

45 MBTI에 관한 설명으로 옳지 않은 것은?

① 네 가지 차원을 기본 축으로 구성하였다.
② E/I 축은 에너지를 얻는 근원에 관한 설명이다.
③ S/N 축은 정보를 수집하는 방법에 관한 설명이다.
④ T/F 축은 영감과 내적인 인식에 관한 설명이다.

> **알기 쉬운 해설**
>
> T(사고)/F(감정) 축은 의사결정 과정에서 사고 및 감정 중 주로 어떤 종류의 판단을 더욱 신뢰하는지에 관한 설명이다.
>
> **MBTI의 선호지표에 따른 성격유형**
>
> | | |
> |---|---|
> | 에너지 방향
외향(E) / 내향(I) | • 인식과 판단이 외부세계 및 내부세계 중 주로 어느 곳에 초점을 두는지 확인한다.
• E : 폭넓은 활동력, 적극성, 정열, 말로 표현, 경험 우선 등
• I : 깊이와 집중력, 신중함, 조용함, 글로 표현, 이해 우선 등 |
> | 인식기능
감각(S) / 직관(N) | • 인식과정에서 감각 및 직관 중 주로 어떤 방식을 선호하는지 확인한다.
• S : 실용적 현실감각, 실제 경험 강조, 정확한 일처리, 나무를 보려는 경향 등
• N : 미래 가능성 포착, 아이디어, 신속한 일처리, 숲을 보려는 경향 등 |
> | 판단기능
사고(T) / 감정(F) | • 의사결정 과정에서 사고 및 감정 중 주로 어떤 종류의 판단을 더욱 신뢰하는지 확인한다.
• T : 논리와 분석력, 원리와 원칙, 옳고 그름, 지적 비평 등
• F : 온화함과 인정, 의미와 영향, 좋고 나쁨, 우호적 협력 등 |
> | 생활양식
판단(J) / 인식(P) | • 외부세계에 대한 대처방식에 있어서 주로 판단적 태도를 취하는지 인식적 태도를 취하는지 확인한다.
• J : 조직력과 계획성, 통제성, 명확한 목적의식, 확고한 자기의사 등
• P : 적응성과 융통성, 수용성, 개방성, 재량에 의한 포용성 등 |

46 특정 학업과정이나 직업에 대한 앞으로의 수행능력이나 적응을 예측하는 검사는? [17, 22년 기출]

① 적성검사
② 지능검사
③ 성격검사
④ 능력검사

> **알기 쉬운 해설**
>
> ① 적성검사는 개인의 특수한 능력 또는 잠재력을 발견하도록 하여 학업이나 취업 등의 진로를 결정하는 데 정보를 제공하며, 이를 통한 미래의 성공 가능성을 예측하기 위한 검사이다.
> ② 지능검사는 개인의 지적인 능력 수준을 평가하고, 인지기능의 특성을 파악하기 위한 검사이다.
> ③ 성격검사는 개인의 선천적 요소와 후천적 요소의 상호작용에 의해 나타나는 일관된 특징으로서의 성격(Personality)을 측정 대상으로 하는 정서적 검사이다.
> ④ 능력검사는 인지능력, 언어능력, 학습능력, 직무능력, 운동능력, 상황판단능력 등 인간의 다양한 기능 및 능력을 소재로 한 검사를 포괄적으로 지칭하는 개념이다.

정답 45 ④ 46 ①

47 PAI의 임상척도가 아닌 것은?

① 우울 척도(DEP)
② 자살관념 척도(SUI)
③ 약물문제 척도(DRG)
④ 신체적 호소 척도(SOM)

> **알기 쉬운 해설**
>
> **성격평가질문지(PAI)**
> - 1991년 모레이(Morey)가 성격과 정신병리를 평가하기 위해 개발한 객관적 검사이다.
> - 344문항, 4가지 타당도 척도, 11가지 임상척도, 5가지 치료척도(치료고려척도), 2가지 대인관계척도로 구성된다.
>
> | | | |
> |---|---|---|
> | 타당도척도 | 비일관성(ICN) | 일관성 있는 반응태도를 알아보기 위함 |
> | | 저빈도(INF) | 부주의하거나 무선적인 반응태도를 확인하기 위함 |
> | | 부정적 인상(NIM) | 지나치게 나쁜 인상이나 꾀병을 부리는 태도 |
> | | 긍정적 인상(PIM) | 지나치게 좋게 보이려 하거나 사소한 결점도 부인하는 태도 |
> | 임상척도 | 신경증적 척도 | 신체적 호소(SOM), 불안(ANX), 불안관련 장애(ARD), 우울(DEP) |
> | | 정신병적 척도 | 조증(MAN), 망상(PAR), 정신분열병(SCZ) |
> | | 행동문제 척도 | 경계선적 특징(BOR), 반사회적 특징(ANT), 알코올문제(ALC), 약물문제(DRG) |
> | 치료척도 (치료고려척도) | 공격성(AGG), 자살관념(SUI), 스트레스(STR), 비지지(NON), 치료거부(RXR) | |
> | 대인관계척도 | 지배성(DOM), 온정성(WRM) | |

48 MMPI-2의 임상척도 중 척도 9의 특징에 관한 설명으로 옳은 것은?

① 정신적 혼란과 불안정 상태, 자폐적 사고와 왜곡된 행동을 반영하는 지표로 활용된다.
② 여성의 경우 불안과 걱정이 많고 긴장되어 있다.
③ 측정결과가 80T를 넘지 않는 경우, 조증삽화의 가능성이 있다.
④ 비현실성으로 인해 근거 없는 낙관성을 보이기도 한다.

> **알기 쉬운 해설**
> ① 척도 8에 대한 설명이다.
> ② 척도 7에 대한 설명이다.
> ③ 측정결과가 80T를 넘어서는 경우, 조증삽화의 가능성이 있다.

49 노년기 인지발달의 특징에 관한 설명으로 옳지 않은 것은? 〔14, 20, 23, 24년 기출〕

① 일화기억보다 의미기억이 더 많이 쇠퇴한다.
② 노년기 인지기능의 저하는 처리속도의 감소와 관련이 있다.
③ 연령에 따른 지능의 변화 양상은 지능의 하위 능력에 따라 다르다.
④ 노인들은 인지기능의 쇠퇴에 직면하여 목표범위를 좁혀나가는 등의 최적화 책략을 사용한다.

> **알기 쉬운 해설**
>
> **노년기 인지적 변화**
> - 다양한 측면에서 지적 능력이 쇠퇴하며, 단기기억이 장기기억보다 더욱 심하게 쇠퇴한다. 의미기억보다는 일화기억이 더 많이 쇠퇴한다.
> - 연령이 증가함에 따라 정보처리속도가 감소하며, 감각기관을 통해 입수되는 정보를 운동반응으로 전환하는 능력 등이 떨어진다.
> - 인지적 능력이 감소하는 경향이 있으나 추론능력 등 경험의 축적을 통해 습득된 능력은 비교적 유지된다.
> - 자기중심적이고 원시적인 방법으로 문제를 해결하려는 경향을 나타내 보인다.

50 MMPI-2에서 T-점수의 평균과 표준편차는? 〔15, 20, 23년 기출〕

① 평균 - 100, 표준편차 - 15
② 평균 - 50, 표준편차 - 15
③ 평균 - 100, 표준편차 - 10
④ 평균 - 50, 표준편차 - 10

> **알기 쉬운 해설**
>
> **MMPI-2의 T점수**
> - T점수는 미국 전역에서 얻어진 2,600명(한국의 경우 1,352명)의 대규모 표집의 반응을 기초로 하고 있으며, 평균이 50, 표준편차는 10이다.
> - T점수는 표준점수이므로, 개인 간 비교와 함께 다양한 척도에 대한 개인 내 비교가 가능하다.

정답 49 ① 50 ④

51

Stanford-Binet 지능검사에 대한 설명으로 옳지 않은 것은? `20년 기출`

① 언어성 검사와 동작성 검사 두 부분으로 나누어져 있다.
② 언어추리, 추상적/시각적 추리, 양 추리, 단기기억 영역 등을 포함한다.
③ IQ는 대부분의 점수가 100 근처에 모인다.
④ IQ 분포는 종 모양의 정상분포곡선을 그린다.

알기 쉬운 해설

언어성 검사와 동작성 검사로 구성되어 있는 대표적인 지능검사는 웩슬러(Wechsler) 지능검사이다. 참고로 1986년에 발행된 스탠포드-비네 지능검사(Stanford-Binet Intelligence Scale) 개정 4판의 경우 4가지의 인지영역, 즉 언어추리(Verbal Reasoning), 수량추리(Quantitative Reasoning), 추상적/시각적 추리(Abstract/Visual Reasoning), 단기기억(Short-Term Memory)을 포함하는 15개의 소검사들로 이루어져 있다.

52

검사-재검사신뢰도에 관한 설명으로 옳지 않은 것은? `20, 23년 기출`

① 검사 사이의 시간 간격이 너무 길면 측정대상의 속성이나 특성이 변할 가능성이 있다.
② 반응민감성에 의해 검사를 치르는 경험이 개인의 진점수를 변화시킬 가능성이 있다.
③ 감각식별검사나 운동검사에 권장되는 방법이다.
④ 검사 사이의 시간 간격이 짧으면 이월효과가 작아진다.

알기 쉬운 해설

검사-재검사신뢰도
- 한 개의 평가도구 혹은 검사를 같은 집단에 두 번 실시해서 그 전후의 결과에서 얻은 점수를 기초로 해서 상관계수를 산출하는 방법이다.
- 검사와 재검사 사이의 시간 간격이 길어질수록 신뢰도 계수는 작아진다.
- 연습효과·기억효과로 인해 후의 시험결과가 높게 나타날 수 있다.
- 검사 사이의 시간 간격이 너무 길면 측정대상의 속성이나 특성이 변할 가능성이 있다.
- 감각식별검사나 운동검사에 권장되는 방법이다.
- 반응민감성에 의해 검사를 치르는 경험이 개인의 진점수를 변화시킬 가능성이 있다.
- 두 검사 사이의 시간 간격이 너무 짧으면 첫 번째 검사 때 응답하였던 것을 기억해서 그대로 쓰는 이월효과가 있다.

53 연령이 69세인 노인환자의 신경심리학적 평가에 적합하지 않은 검사는? `20년 기출`

① SNSB
② K-VMI-6
③ Rorschach 검사
④ K-WAIS-IV

> **알기 쉬운 해설**
> 로샤검사는 성격을 평가하기 위한 투사검사로 신경심리평가로 볼 수 없다.

54 Wechsler검사에서 시각-공간적 기능손상이 있는 뇌 손상 환자에게 특히 어려운 과제는? `20년 기출`

① 산 수
② 빠진곳찾기
③ 차례맞추기
④ 토막짜기

> **알기 쉬운 해설**
> ④ 토막짜기 : 대뇌 손상에 취약하며, 병전지능 추정에 사용된다.
> ① 산수 : 충동적이고 성급한 수검자, 집중력이 부족한 수검자, 산수공포증이 있는 경우 산수 과제에서 좋은 점수를 받기 어렵다.
> ② 빠진곳찾기 : 시각적 기민성, 시각적·지각적 조직화, 본질과 비본질을 구분하는 능력, 시각적 기억, 자동적·표상적 수준에서의 조직화, 시간적 압박하에서의 작업능력, 유동성지능 등과 연관된다.
> ③ 차례맞추기 : 사회적 지능 및 사회적 이해력, 전체 상황에 대한 이해능력, 추리력, 계획능력, 시간적 연속성, 지각적 조직화, 시간적 압박하에서의 작업능력, 유동성지능 등과 연관된다.

55 발달검사를 사용할 때 고려해야 할 사항으로 가장 거리가 먼 것은? `06, 12, 13, 20, 22, 23년 기출`

① 대상자의 연령에 적합한 검사를 선정해야 한다.
② 경험적으로 타당한 측정도구를 사용해야 한다.
③ 규준에 의한 발달적 비교가 가능해야 한다.
④ 기능적 분석을 중심으로 평가해야 한다.

알기 쉬운 해설

④ 다중적 평가기법을 적용하는 것이 바람직하다.

발달검사를 통한 아동평가
- 아동은 특별한 집단이므로 성인을 대상으로 한 일반적인 평가 방식을 그대로 적용하는 것은 바람직하지 않다.
- 규준에 의한 발달적 비교가 가능해야 한다.
- 아동평가를 통해 인지, 행동, 정서상태 등 여러 측면에서의 변화 목표를 가질 수 있다.
- 변화를 필요로 하는 목표행동의 범위가 넓은 경우 다중적인 평가기법을 적용하는 것이 바람직하다.
- 측정도구들은 경험적으로 타당성을 검증받은 것이어야 하며, 아동의 발달적 변화에 대해서도 민감한 것이어야 한다.

56 신경심리평가의 용도로 사용되지 않는 검사는? `20, 24년 기출`

① 스트룹(Stroop)검사
② 레이 도형(Rey-Complex Figure)검사
③ 밀론 다축 임상(Millon Clinical Multiaxial)검사
④ 위스콘신카드분류(Wisconsin Card Sorting)검사

알기 쉬운 해설

③ 밀론 다축 임상검사 또는 밀론의 임상적 다축검사(MCMI)는 성격평가를 위한 검사도구이다.
① 스트룹(Stroop)검사 : 선택적 주의력을 평가하는 검사이다.
② 레이 도형(Rey-Complex Figure)검사 : 전두엽 실행기능을 평가하는 검사이다.
④ 위스콘신카드분류(Wisconsin Card Sorting)검사 : 전두엽 실행기능을 평가하는 검사이다.

57
표집 시 남녀 비율을 정해놓고 표집해야 하는 경우에 가장 적합한 방법은?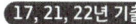

① 군집표집(Cluster Sampling)
② 유층표집(Stratified Sampling)
③ 체계적 표집(Systematic Sampling)
④ 구체적 표집(Specific Sampling)

알기 쉬운 해설

유층표집
층화표집이라고도 하며, 모집단의 어떤 특성에 대한 사전시식을 토대로 해당 모집단을 동질적인 몇 개의 층(Strata)으로 나눈 후 이들 각각으로부터 적정한 수의 요소를 무작위로 추출하는 방법이다.

58
Sacks의 문장완성검사(SSCT)에서 4가지 영역에 속하지 않는 것은?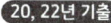

① 가족 영역
② 성취욕구 영역
③ 대인관계 영역
④ 자기개념 영역

알기 쉬운 해설

SSCT의 4가지 주요 반응영역
- 가족 : 어머니, 아버지, 가족에 대한 태도 측정
- 성 : 남성, 여성, 결혼, 성적 관계 등 이성관계에 대한 태도 측정
- 대인관계 : 가족 외의 사람, 즉 친구와 지인, 권위자 등에 대한 태도 측정
- 자아개념 : 자신의 능력, 목표, 과거와 미래, 두려움과 죄책감 등에 대한 태도 측정

정답 57 ② 58 ②

59

K-WAIS-Ⅳ에서 일반능력지수(GAI)와 개념적으로 관련이 있는 지수는?

① 언어이해지수와 지각추론지수
② 언어이해지수와 작업기억지수
③ 작업기억지수와 처리속도지수
④ 지각추론지수와 처리속도지수

알기 쉬운 해설

① 일반능력지수는 언어이해지수와 지각추론지수의 조합점수이다.

일반능력지수(GAI)
- 언어이해의 주요 소검사(공통성, 어휘, 상식)와 지각추론의 주요 소검사(토막짜기, 행렬추론, 퍼즐)로 구성된 조합점수이다.
- 전체지능지수에 비해 작업기억 및 처리속도의 영향을 덜 받으므로, 전체지능지수에 포함된 이들 요소들을 배제한 인지적 능력을 검토할 필요가 있는 경우 사용한다.

60

집-나무-사람(HTP) 검사에 관한 설명으로 맞는 것은?   21, 24년 기출

① 집, 나무, 사람의 순서대로 그리도록 한다.
② 각 그림마다 시간제한을 두어야 한다.
③ 문맹자에게는 실시할 수 없다.
④ 머레이(H. Murray)가 개발하였다.

알기 쉬운 해설

② 그림을 그리는 시간 자체도 검사의 해석요소에 들어가기 때문에 제한하지 않는다.
③ 수검자가 그림을 그리는 방식으로 진행되기 때문에 글을 모르는 수검자에게도 실시할 수 있다.
④ 머레이(H. Murray)가 아닌 벅(Buck)이 고안한 투사적 검사이다.

제4과목 임상심리학

61 심리치료 이론 중 전이와 역전이의 중요성을 강조하고 치료에 활용하는 접근은? `21, 23년 기출`

① 인본주의적 접근
② 게슈탈트적 접근
③ 정신분석적 접근
④ 행동주의적 접근

알기 쉬운 해설

역전이의 활용
프로이트(Freud) 사후 역전이는 효과적인 상담을 위한 분석대상이자 기술로 간주되기에 이르렀다. 역전이는 상담자와 내담자의 무의식을 연결함으로써 내담자의 심리적 갈등을 이해하는 데 중요한 열쇠이자 치료도구가 될 수도 있다는 것이다. 이처럼 최근에는 상담자와 내담자의 관계에서 나타나는 현상들을 치료에 응용하고자 하는 시도들이 펼쳐지면서, 상담자를 단순히 내담자의 심리를 반영하는 거울로 간주하는 데 대해 이의를 제기하고 있다.

62 치료장면에서의 효과적인 경청과 가장 거리가 먼 것은? `10, 13, 17, 22년 기출`

① 내담자가 문제점을 피력할 때 가로막지 않는다.
② 내담자가 자신의 문제를 심각하게 얘기하지만, 치료자가 보기에는 그렇지 않을 때에는 중단시킨다.
③ 치료자는 내담자에게 주의를 많이 기울인다.
④ 치료자는 반응을 보이기에 앞서 내담자가 스스로 말할 시간을 충분히 주려고 한다.

알기 쉬운 해설

경청
- 상대방의 감정과 생각을 이해하기 위해 그의 말을 주의 깊게 듣는 것이다.
- 상담장면에서는 상담자가 관심의 초점을 내담자에게 두며, 내담자의 말에 주의를 기울이는 것이다.
- 내담자의 입장을 고려하는 공감적 이해, 자신의 고정관념에서 벗어나 내담자의 태도를 받아들이는 수용의 정신, 자신의 감정을 솔직하게 전달하는 성실한 태도가 필수적이다.
- 적극적 경청을 위한 지침
  - 내담자가 말하는 것에 수용의 태도를 취하라.
  - 내담자의 음조를 경청하라.
  - 내담자의 감정에 대한 단서를 경청하라.
  - 비언어적 내용과 방식을 경청하라.
  - 내담자가 자연스럽게 얘기하도록 적절한 침묵 및 정지를 유지하라.
  - 내담자의 얘기 중에 가능하면 끼어들지 말라.

정답 61 ③ 62 ②

63 임상심리사의 역할 중 교육에 관한 설명으로 옳은 것을 모두 고른 것은? `20년 기출`

ㄱ. 심리학자가 아동들이 부모의 이혼에 대처하도록 도와주는 방법에 관한 강의를 해주는 것은 비학구적인 장면에서의 교육에 해당된다.
ㄴ. 의과대학과 병원에서의 교육은 비학구적인 장면에서의 교육에 포함된다.
ㄷ. 임상심리학자들은 심리학과뿐만 아니라 경영학, 법학, 의학과에서도 강의한다.
ㄹ. 의료적, 정신과적 문제를 대처하도록 환자를 가르치는 것도 임상적 교육에 포함된다.

① ㄱ, ㄴ, ㄷ
② ㄱ, ㄴ, ㄹ
③ ㄱ, ㄷ, ㄹ
④ ㄴ, ㄷ, ㄹ

알기 쉬운 해설

ㄴ. 의과대학과 병원에서의 교육은 학구적인 장면에서의 교육에 포함된다.

학구적인 장면에서의 교육	• 대학이나 대학교의 심리학과에서 심리학과 관련된 과목을 강의 • 의과대학과 병원 등에서의 강의 • 대학교의 다른 학과(교육학, 여성학, 경영학, 사회복지학, 아동복지학 등)에서의 강의
비학구적인 장면에서의 교육	• 정신건강센터, 재활기관, 진료소 등에서의 강의 • 학회나 학교에 의해 운영되는 워크숍에서의 강의 • 내담자나 그 가족을 위한 심리 교육

정답 63 ③

64 다음 ( )에 알맞은 것은?

2과목 이론 14

20년 기출

Seligman의 학습된 무기력과 관련하여 사람들이 부정적 사건들을 ( ), ( ), ( )으로 볼 때 우울하게 되는 경향이 있다고 예언한다.

① 내부적, 안정적, 일반적
② 내부적, 불안정적, 특수적
③ 외부적, 안정적, 일반적
④ 외부적, 불안정적, 특수적

알기 쉬운 해설

학습된 무기력감 모델 또는 학습된 무기력이론(Learned Helplessness Theory)

1975년 셀리그먼(Seligman)이 제기한 것으로서, 개인의 수동적 태도 및 자신의 삶을 통제할 수 없다는 느낌이 이전의 통제실패경험이나 외상을 통해 획득된다는 가정에 근거한다. 가정은 개를 대상으로 한 조건형성 실험 과정에서 발견되었는데, 개를 묶어 놓은 채 여러 차례 반복적으로 전기충격을 주자, 이후 자유롭게 풀어놓은 상태임에도 불구하고 개가 마치 자포자기를 한 듯 도망가려고 하지 않은 채 그대로 전기충격을 받는 것이었다. 이 실험을 통해 셀리그먼은 동물들이 스스로 통제할 수 없는 혐오자극에 직면할 때 무기력감을 획득한다고 주장하였다. 또한 무기력감이 학습을 통해 통제가능한 스트레스 상황에서도 적절한 수행을 어렵게 하며, 우울 증상으로 이어질 수 있음을 보여주었다. 특히 개에게서 우울증과 관련된 신경전달물질인 노르에피네프린(Norepinephrine)이 감소된 사실은 학습된 무기력과 우울증이 밀접하게 연관되어 있음을 반영한다.

정답 64 ①

65 건강심리학 분야의 주된 관심 영역과 가장 거리가 먼 것은? `16, 18, 19, 24년 기출`

① 흡연
② 비만
③ 우울증
④ 알코올 남용

> **알기 쉬운 해설**
>
> **건강심리학(Health Psychology)**
> - 최근에 등장하여 급속도로 성장하고 있는 심리학 영역
> - 건강의 유지 및 증진, 질병의 예방 및 치료를 목적으로 심리학적인 이론과 방법을 동원하는 학문
> - 현대인들의 주된 질병 및 사망의 원인을 심리사회적 관점에서 보는 것으로, 건강에 대한 관심이 증폭되면서 현저하게 발전하고 있음
> - 전통적인 임상심리학이 불안장애나 우울장애 등 정신적인 병리에 초점을 둔 반면, 건강심리학은 정신적 병리와 함께 암이나 심혈관질환 등 신체적 병리에도 관심을 가짐
> - 신체적 질병이 특히 생활습관이나 스트레스에 대한 대처방식과 밀접한 연관을 가진다는 점을 강조
> - 연구와 임상실제를 통해 신체적, 심리적, 정신적 건강의 증진 및 유지를 목표로 함
> - 금연, 체중조절, 스트레스 관리 등을 위한 다양한 프로그램을 연구, 개발, 실행하고 있음
>
> **건강심리학 영역**
> - 스트레스에 대한 관리 및 대처
> - 만성질환을 포함한 신체질병(심혈관계 질환, 면역계 질환, 암, 당뇨, 소화기 질환 등)
> - 물질 및 행위중독(알코올 중독, 흡연중독, 도박중독, 인터넷 중독 등)
> - 섭식문제(비만, 다이어트, 폭식, 섭식장애 등)
> - 건강관리 및 증진(성행위 등에서의 위험행동 감소전략, 운동, 수면 및 섭식습관 개선 등)
> - 개입 및 치료기법(행동수정, 인지치료, 명상, 이완법, 마음챙김과 수용에 기반한 인지행동적 치료기법, 바이오피드백 기법 등)
> - 통증관리, 수술환자의 스트레스 관리, 임종관리
> - 분노를 포함한 다양한 정서관리
> - 삶의 질, 웰빙(Well-being)
> - 건강 커뮤니케이션, 건강 정책 등

66 프로그램의 주요 초점은 사회 복귀이며, 직업능력증진부터 내담자의 자기개념 증진에 걸쳐 있는 것은? `20, 23년 기출`

① 1차 예방
② 2차 예방
③ 3차 예방
④ 보편적 예방

> **알기 쉬운 해설**
>
> ③ 3차 예방 : 심리장애 발생 후에 그 지속기간 및 부정적인 영향을 최소화하는 것이다. 심리장애의 악화 및 재발을 방지하고 재활프로그램을 실시하며, 가정과 사회로의 복귀 및 적응을 돕기 위한 지지와 교육을 제공하는 동시에 지역사회 전체를 대상으로 교육을 실시한다.
> ① 1차 예방 : 해로운 환경이 질병을 야기하지 않도록 사전에 이를 제거하는 것이다. 이를 위해 사회적 지지체계를 강화하고 스트레스의 근원을 제거하며, 스트레스에 적절히 대처할 수 있도록 개인의 능력을 함양한다.
> ② 2차 예방 : 정신건강 문제를 조기에 확인하고 장애로 발전하기 이전 초기단계에서 문제를 치료하는 것이다. 심리장애로 발전될 위기에 있는 사람들을 대상으로 조기에 치료를 제공하며, 사고나 재해의 피해자에 대해서는 위기개입을 한다.

67. 주의력결핍 및 과잉행동장애(ADHD)는 뇌와 행동과의 관계에서 볼 때 어떤 부위의 결함을 시사하는가?

15, 20년 기출

① 전두엽의 손상
② 측두엽의 손상
③ 변연계의 손상
④ 해마의 손상

> **알기 쉬운 해설**
>
> 주의력결핍 및 과잉행동장애(ADHD)는 운동기능 및 활동수준의 통제를 담당하는 대뇌의 전두엽 손상과 연관된다.
>
> | | |
> |---|---|
> | 전두엽 | • 대뇌의 앞부분에 위치하며, 동물들에 비해 인간이 크고 기억·추리·사고 및 운동에 관여
• 창조의 영역으로, 자율기능·감정조절기능·행동계획 및 억제기능 등을 담당 |
> | 측두엽 | • 대뇌의 측면에 위치하며, 일차청각피질과 연합피질로 구성
• 판단과 기억의 영역으로 언어·청각·정서적 경험(감정) 등을 담당 |
> | 변연계 | • 기억을 담당하는 해마와 인간의 공포반응을 만들어 내는 편도체가 있음
• 모든 동물은 변연계가 있으며 본능적 역할을 담당
• 사람의 감정과 행동에 영향을 미쳐 먹기, 싸우기, 도망가기, 성적 활동 등의 감정적 행동이 변연계에 의해 작동 |
> | 해 마 | • 기억이 영구 기억으로 새겨지기 전에 임시로 머무는 임시 기억장소
• 해마를 다친 이후의 일은 기억할 수 없음
• 해마 손상환자에게는 방금 만난 사람도 돌아섰다 다시 오면 처음 보는 사람이 됨 |

정답 67 ①

68 내담자중심치료에서 치료자의 주요 기능과 가장 거리가 먼 것은?   `18, 24년 기출`

① 충고, 제안, 해석 등을 제공하는 것
② 내담자 자신과 주변세계에 대해 스스로의 지각을 높이게 하는 것
③ 자유로운 분위기를 제공하는 것
④ 내담자가 자신에 대해 더 많이 말할 수 있도록 하는 반응들을 나타내 보이는 것

알기 쉬운 해설

내담자중심치료의 특징
- 로저스는 정신분석학의 근본적인 한계성에 대한 반응으로 내담자중심요법을 개발
- 내담자중심치료는 내담자의 주관적이고 현상적인 세계, 그리고 내담자의 경험을 강조
- 로저스는 사람의 행동을 잘 이해하려면 그 사람의 내적 준거체계를 이해해야 한다고 주장
- 내담자를 변화하도록 이끄는 기본동기는 내담자의 자기실현경향이라는 점을 강조
- 상담자는 내담자가 문제를 해결하기 위한 자신의 능력을 발견하도록 도움을 주며, 내담자의 개인적 성장의 촉매로서 주로 작용
- 치료에서는 주도권을 내담자가 갖고 이끌어 나가며, 자신의 방향을 발견할 수 있다는 내담자의 능력에 큰 신뢰를 둠

69 자신의 초기 경험이 타인에 대한 확장된 인식과 관계를 맺는다는 가정을 강조하는 치료적 접근은?   `16, 20, 23년 기출`

① 대상관계이론
② 자기심리학
③ 심리사회적 발달이론
④ 인본주의

알기 쉬운 해설

대상관계이론
- 대상관계의 개념은 프로이트 사후의 정신분석학자들에 의해 발전하였으며, 이들은 인간이 삶을 통해 맺는 다양한 관계가 곧 대상관계의 발현이라고 주장하였다.
- 인간의 생애 초기에 자기 자신과 타인 또는 대상에 대한 내적인 이미지들로 구성된 심리구조의 형성 및 분화과정을 탐구하여, 그것이 어떠한 과정을 통해 대상관계적 상황으로 발현되는지 연구하였다.
- 자기표상 : 자기 자신에 대한 근본적인 이미지이다.
- 대상표상 : 타인 및 세상에 대한 근본적인 이미지이다.

70

수업시간에 가만히 자리에 앉아 있지 못하고 돌아다니며, 급우들의 물건을 함부로 만져 왕따를 당하고 있는 초등학교 3학년 10세 지적 장애 남아의 문제행동에 가장 권장되는 행동치료법은?

① 노출치료
② 체계적 둔감화
③ 혐오치료
④ 유관성 관리

> **알기 쉬운 해설**
> ④ 유관성 관리 : 적응적 행동은 보상으로 촉진하고, 부적응적 행동은 강화를 주지 않음으로써 제거하는 기법이다.
> ① 노출치료 : 외상후스트레스 환자를 공포자극에 노출시킴으로써 환자가 회복하도록 하는 기법이다.
> ② 체계적 둔감화 : 심리적 불안과 신체적 이완은 병존할 수 없다는 것을 전제로 하는 상호억제의 원리를 이용하는 기법이다.
> ③ 혐오치료 : 고전적 조건형성 기법으로, 바람직하지 못한 행동에 혐오 자극을 제시하여 부적응적인 행동을 제거하는 방법이다.

71

인지치료에서 강조하는 자동적 자기파괴 인지 중 파국화에 해당하는 것은?

① 나는 성공하거나 실패하거나 둘 중 하나이다.
② 나는 완벽해져야 하고 나약함을 보여서는 안 된다.
③ 그 프로젝트가 성공하지 못한 것은 나 때문이다.
④ 이 일이 잘되지 않으면 다시는 이 일과 같은 일은 할 수 없을 것이다.

> **알기 쉬운 해설**
> ① 인지적 오류로서 이분법적 사고(Dichotomous Thinking)에 해당한다.
> ② 비합리적 신념으로서 완벽주의적이고 당위적인 사고에 해당한다.
> ③ 인지적 오류로서 개인화(Personalization)에 해당한다.
>
> **파국화(Catastrophizing)**
> 개인이 걱정하는 한 사건을 지나치게 과장하여 두려워하는 인지적 오류
> 예 길을 가다가 개에게 물린 사람이 광견병으로 곧 목숨을 잃게 되리라 생각하는 경우

72

다음 30대 여성의 다면적 인성검사 MMPI-2 결과에 대한 일반적 해석으로 적절한 것은?

18, 22, 23년 기출

Hs	D	Hy	Pd	Mf	Pa	Pt	Sc	Ma	Si
72	65	75	50	35	60	64	45	49	60

① 스트레스 상황에서 신체증상이 두드러지고 회피적 대처를 할 소지가 크다.
② 망상, 환각 등의 정신증적 증상이 나타나기 쉽다.
③ 반사회적 행동을 보일 가능성이 크다.
④ 외향적이고 과도하게 에너지가 항진되어 있다.

> **알기 쉬운 해설**
>
> **1-3 혹은 3-1 코드쌍**
> - 심리적 문제가 신체적 증상으로 전환되어 나타난다.
> - 자신의 외현적 증상이 심리적 요인에 의한 것임을 인정하려 하지 않는다.
> - 부인의 방어기제를 사용하여 자신의 우울감이나 불안감을 잘 드러내지 않는다.
> - 스트레스를 받는 경우 사지의 통증이나 두통, 흉통을 보이며, 식욕부진, 어지럼증, 불면증을 호소하기도 한다.
> - 자기중심적이며 의존적인 성향, 대인관계에서 피상적인 행태를 보인다.
> - 전환장애의 가능성이 있다.

73

정신상태검사(Mental Status Examination)면접에서 환자를 통해 평가하는 항목이 아닌 것은?

17년 기출

① 외모와 태도
② 지남력
③ 정서의 유형과 적절성
④ 가족관계

> **알기 쉬운 해설**
>
> 정신상태검사는 용모 및 외모, 면담태도, 정신운동활동, 정서적 반응, 언어와 사고, 감각과 지능, 기억력과 지남력 등을 평가한다.

72 ① 73 ④

74 임상심리학자의 교육수련과 관련된 설명으로 적절하지 않은 것은? 〔17년 기출〕

① 1949년 Boulder 회의에서 과학자-전문가수련모형이 채택되었다.
② 과학자-전문가모형은 과학적 연구자나 임상적 실무자 중 어느 하나의 역할에 충실할 것을 강조한다.
③ 심리학 박사(Ph.D)는 과학자-전문가모형을 따른다.
④ 한국심리학회에서는 자질 있는 임상심리학자를 양성하기 위하여 임상심리전문가 제도를 두고 있다.

> **알기 쉬운 해설**
>
> 과학자-전문가모형(Scientist-Practitioner Model)은 기본적으로 과학과 임상실습의 통합적 접근을 통해 임상심리학자가 과학자이자 서비스제공자로서의 역할을 동시에 수행할 것을 강조하며, 이와 관련하여 대학원 과정에서 두 가지 역할에 대한 결합을 주장하였다. 인간행동을 이해하기 위해 연구자로서 끊임없이 연구하는 동시에 전문가로서 그 과정을 통해 발견한 지식을 인간행동의 변화를 위해 실천한다는 것이다.

75 다음은 행동치료의 어떤 기법에 해당하는가? 〔03, 08, 17년 기출〕

> 수영하기를 두려워하는 어린 딸에게 수영을 가르치기 위해 아버지가 직접 수영하는 것을 보여주었다.

① 역조건화
② 혐오치료
③ 모델링
④ 체계적 둔감화

> **알기 쉬운 해설**
>
> ① 역조건화 : 조건자극과 새로운 자극을 함께 제시함으로써 불안을 감소시키는 기법(예 엘리베이터와 같이 밀폐된 공간 안에서 공포감을 느끼는 아이에게 장난감, 인형 등의 유쾌 자극을 제시하여 밀폐된 공간에서의 공포감을 소거시키는 것)이다.
> ② 혐오치료 : 고전적 조건형성 기법으로, 바람직하지 못한 행동에 혐오자극을 제시하여 부적응적인 행동을 제거하는 방법이다.
> ④ 체계적 둔감화 : 심리적 불안과 신체적 이완은 병존할 수 없다는 것을 전제로 하는 상호억제(Reciprocal Inhibition)의 원리를 이용하는 기법이다.

정답 74 ② 75 ③

76 임상심리사가 개인적인 심리적 문제를 갖고 있다든지, 너무 많은 부담 때문에 지쳐있다든지, 교만하여 더 이상 배우지 않고 배울 필요가 없다고 생각하거나, 해당되는 특정 전문교육수련을 받지 않고도 특정 내담자군을 잘 다룰 수 있다고 여긴다면, 이는 다음 중 어느 항목의 윤리적 원칙에 위배되는 것인가?   04, 11, 18, 24년 기출

① 유능성
② 성실성
③ 권리의 존엄성
④ 사회적 책임핵심

알기 쉬운 해설
① 유능성 : 임상심리학자가 자신의 강점과 약점, 자신이 가지고 있는 기술과 그것의 한계에 대해 자각해야 한다는 것이다. 그리하여 지속적인 교육수련으로 최신의 기술을 습득하며, 이를 통해 사회의 변화에 민첩하게 대응해야 한다는 점을 강조한다.
② 성실성 : 임상심리학자가 성실하고 정직한 자세로 내담자에게 자신의 서비스로부터 기대할 수 있는 바를 설명하며, 자신의 작업과 관련하여 스스로의 욕구 및 가치가 어떠한 영향을 미치는지 알고 있어야 한다는 것이다. 특히 성실성에서는 환자나 내담자, 학생들과의 부적절한 이중관계나 착취관계, 성적 관계를 금한다.
③ 권리의 존엄성 : 임상심리학자가 각 개인의 개성과 문화의 차이에 대해 민감해야 하며, 자신의 일방적인 지식과 편견을 다른 사람에게 강요하는 것을 금한다.
④ 사회적 책임 : 임상심리학자가 자신의 개인적·금전적 이득을 떠나 자신의 전문적인 지식과 기술을 이용하여 타인을 도움으로써 사회구성원으로서의 책임을 완수해야 한다는 점을 강조한다.

77 다음 중 안정애착에 해당하는 것은 무엇인가?

① 어머니는 유아의 정서적 신호에 민감하게 반응하며, 유아 스스로 놀 수 있도록 충분히 허용한다.
② 유아는 어머니에게 신뢰를 가지고 있지 않으며, 어머니를 낯선 사람과 유사하게 생각한다.
③ 유아는 어머니가 안정된 존재인지 혼란스러워 한다.
④ 유아는 어머니의 반응을 이끌어내기 위해 과잉애착행동을 보인다.

알기 쉬운 해설
② 불안형 회피애착에 대한 설명이다.
③ 불안형 혼란애착에 대한 설명이다.
④ 불안형 저항애착에 대한 설명이다.

78 시각적 처리와 시각적으로 중재된 기억의 일부 측면에 관여하는 뇌의 위치는?　21년 기출

① 두정엽
② 후두엽
③ 전두엽
④ 측두엽

> **알기 쉬운 해설**
> **후두엽(뒤통수엽)**
> • 대뇌피질의 뒷부분에 위치하며, 전체의 약 17% 정도를 차지한다.
> • 일차시각피질과 시각연합피질로 구성된다.
> • 시각의 영역으로서, 망막에서 들어오는 시각정보를 분석·통합하는 역할을 담당한다.
> • 망막에서 들어오는 시각정보는 우선 시각영역에서의 일차적인 처리과정을 거쳐 다른 뇌체계와의 교류를 위해 임시적으로 저장되며, 이때 새로운 시각정보가 기존의 정보와 조화됨으로써 의미를 가지게 된다.

79 Rogers가 제안한 내담자의 긍정적 변화를 촉진시키기 위한 치료자의 3가지 조건에 해당하지 않는 것은?　04, 13, 21, 23년 기출

① 무조건적 존중
② 정확한 공감
③ 창의성
④ 솔직성

> **알기 쉬운 해설**
> **상담자가 갖추어야 할 바람직한 태도**
> • 일치성과 진실성(솔직성)
> • 공감적 이해
> • 무조건적 존중

80 다음 중 대뇌 기능의 편재화를 평가하는 데 사용하는 검사가 아닌 것은?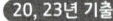

① 손잡이(Handedness)검사
② 주의력 검사
③ 발잡이(Footedness)검사
④ 눈의 편향성 검사

편재화(Localization) 평가를 위한 검사

인간의 신체 중 쌍으로 이루어진 눈, 손, 발은 대뇌 기능의 편재화를 평가하는 데 있어서 유용한 검사도구로 활용될 수 있다. 특히 손잡이(Handedness)검사는 대뇌 기능에서 언어의 편재화를 평가하는 데 유효하다. 실제로 오른손잡이의 경우 좌반구 언어가 우세한 반면, 왼손잡이의 경우 우반구 언어가 우세한 것으로 나타났다. 이는 발잡이(Footedness)검사에서도 마찬가지이다. 왼쪽 뇌가 발달한 사람은 오른손잡이이자 오른발잡이인 경우가 대부분이다. 책을 읽을 때에도 다수의 사람들이 왼쪽에서 오른쪽으로 읽는 것 또한 대뇌 기능의 편재화와 연관되어 있는 것으로 밝혀졌다.

정답 80 ②

제5과목 심리상담

81 생애기술 상담이론에서 기술언어(Skills Language)에 해당하는 것은? `17, 22, 23년 기출`

① 내담자가 어떻게 생각하고 느끼는가를 의미하는 것이다.
② 내담자가 어떤 외현적 행동을 하는가를 의미하는 것이다.
③ 내담자 자신의 책임감 있는 삶을 의미하는 것이다.
④ 내담자의 행동을 설명하고 분석하기 위해 사용하는 것을 의미하는 것이다.

> **알기 쉬운 해설**
>
> **생애기술상담(Life Skills Counselling)**
> - 생애기술은 개인의 심리적 삶을 보장하기 위해 구체적 기술 영역에서 결정하는 일련의 선택이라고 할 수 있다.
> - 생애기술상담은 인지-행동적 접근의 통찰을 활용하여 사고와 행동의 변화를 유도하며, 인본주의적 실존주의의 메시지를 전달하여 현재와 미래 생활에 도움이 되는 보다 효과적인 기술들을 습득하도록 돕는 것이다.
> - 개인 생애기술상담은 한 개인이 보다 넓은 공동체 속에서 생애기술을 획득하고, 유지하고, 발달시키는 것을 중재하는 활동 기본개념이다.
> - 기술언어(Skills Language) : 생애기술 장점과 단점의 관점에서 내담자 문제에 대해 생각하고 말하는 것으로, 특히 내담자의 문제를 지속케 하는 구체적인 사고기술과 행동기술상의 단점을 규명하고 상담목표로 전환하는 것을 포함한다.
> - 내적 게임 : 내면에 어떤 일이 일어나고 있는가, 즉 당신이 어떻게 생각하고 느끼는가를 의미하는 것으로 사고기술과 감정기술을 지칭하는 것이다.
> - 외적 게임 : 어떤 외현적 행동을 하는가, 즉 행동기술을 의미한다. 행동기술은 관찰 가능한 행동들을 포함하는 것으로 어떻게 느끼고 생각하는가보다는 어떻게 행동하는가와 관련된 것이다.
> - 개인적 책임성 : 개인을 자신의 삶에 대한 책임감을 갖는 주체로 보는 것으로 사람들은 자신의 삶을 창조적으로 만들 책임이 있다.

82 사회학적 관점에서 청소년 비행의 원인을 설명하기에 적합하지 않은 이론은? `20, 24년 기출`

① 아노미이론
② 사회통제이론
③ 하위문화이론
④ 사회배제이론

> **알기 쉬운 해설**
>
> 사회배제이론은 일단의 집단들을 사회의 주류로부터 격리하는 일종의 메커니즘으로 작용하는 사회적 배제 현상에 주목하면서, 특히 노인, 아동, 장애인 등을 대상으로 소득, 노동, 주거, 의료 등 배제의 다양한 영역들에 대해 분석하는 이론이다.

정답 81 ④ 82 ④

83. 인터넷 상담의 장점으로 가장 적합한 것은?

① 라포(Rapport)형성이 쉽다.
② 내담자의 정보를 얻기 쉽다.
③ 상담 공간과 시간이 용이하다.
④ 상담과정이 원활하다.

알기 쉬운 해설

① 상담자의 입장에서 내담자의 신상과 상담내용을 신뢰하기 어려우며, 내담자와의 라포형성이 쉽지 않다.
② 내담자는 자신의 정보를 선택적으로 공개할 수 있으며, 언제든지 상담을 중단해버릴 수 있다.
④ 주로 문자 등의 시각적 자료에 의존해야 하므로 대면상담에서와 같이 깊이 있는 의사소통을 기대하기 어려우며, 내담자의 복잡한 정서적인 내용을 파악하기 곤란하다.

84. 다음에서 설명하는 상담기술은?

> 내담자의 감정에 대한 명확한 이해를 포함하여 내담자의 진술을 반복하거나 재표현하기도 한다.

① 재진술
② 감정반영
③ 해 석
④ 통 찰

알기 쉬운 해설

② 감정반영 : 내담자의 행동 속에 내재된 내면감정을 정확히 파악하여 이를 내담자에게 전달해 주는 것이다.
① 재진술 : 내담자의 메시지 내용에 초점을 두고 내담자가 말한 바를 바꿔 말하는 것이다.
③ 해석 : 내담자가 새로운 방식으로 자신의 문제들을 돌아볼 수 있도록 사건들의 의미를 설정해 주고, 자신의 문제를 새로운 각도에서 이해할 수 있도록 그의 생활 경험과 행동, 행동의 의미를 설명해 주는 것이다.
④ 통찰 : 정신분석 상담에서 내담자가 스스로의 부정적 감정의 원인을 깨닫는 것이다.

85 상담종결에 관한 설명으로 옳지 않은 것은? `20, 23년 기출`

① 상담목표가 달성되지 않아도 상담을 종결할 수 있다.
② 상담의 진행결과가 성공적이었거나 실패했을 때에 이루어진다.
③ 조기종결 시 상담자는 조기종결에 따른 내담자의 감정을 다뤄야 한다.
④ 조기종결 시 상담자가 내담자에게 조기종결에 따른 솔직한 감정을 표현하는 것은 도움이 되지 않는다.

알기 쉬운 해설
상담자는 내담자가 예상치 못한 시점 혹은 이미 언급한 종결 날짜 이전에 종결에 대해 이야기하는 경우, 내담자가 무엇 때문에 그와 같은 생각을 하게 되었는지 상담 시간에 충분히 다루어야 하며, 그 이유를 명확히 파악하고 이에 대해 내담자와 충분히 논의해야 한다.

86 로저스(Rogers)의 인간중심상담에 대한 설명으로 옳지 않은 것은? `15, 19, 23년 기출`

① 내담자는 불일치상태에 있고 상처받기 쉬우며 초조하다.
② 상담자는 내담자와의 관계에서 일치성을 보이며 통합적이다.
③ 상담자는 내담자의 내적 참조틀을 바탕으로 한 공감적 이해를 경험하고 내담자에게 자신의 경험을 전달하려고 시도한다.
④ 내담자는 의사소통의 과정에서 상담자의 선택적인 긍정적 존중 및 공감적 이해를 지각하고 경험한다.

알기 쉬운 해설
내담자는 의사소통의 과정에서 상담자의 무조건적인 긍정적 존중 및 공감적 이해를 지각하고 경험한다.

87

Gottfredson의 직업포부 발달이론에서 직업과 관련된 개인발달의 단계에 해당하지 않는 것은? `21년 기출`

① 힘과 크기 지향성
② 성역할 지향성
③ 개인선호 지향성
④ 내적 고유한 자아 지향성

> **알기 쉬운 해설**
> **Gottfredson의 직업포부 발달 단계**
> 힘과 크기 지향성 → 성역할 지향성 → 사회적 가치 지향성 → 내적 고유한 자아 지향성

88

다음 사례에서 직면기법에 가장 가까운 반응은 어느 것인가?

> 집단모임에서 여러 명의 집단원들로부터 부정적인 피드백을 받은 한 집단원에게 다른 집단원이 그의 느낌을 묻자 아무렇지도 않다고 하지만 그의 얼굴표정이 몹시 굳어 있을 때, 지도자가 이를 직면하고자 한다.

① "○○씨, 말씀과는 달리 얼굴이 굳어있고 목소리가 떨리는군요."
② "○○씨, 방금 아무렇지도 않다고 말씀하셨습니다."
③ "○○씨, 이러한 일은 창피함을 느끼게 만드는 것 같습니다."
④ "○○씨, 지금 느낌이 어떤지 좀 더 말씀하시면 어떨까요?"

> **알기 쉬운 해설**
> **직면(Confrontation)**
> 내담자의 말이나 행동이 일치하지 않은 경우 또는 내담자의 말에 모순점이 있는 경우 상담자가 그것을 지적해 주는 것이다.
> 예 "○○씨는 아무렇지 않다고 말하지만, 지금 얼굴이 아주 굳어 있고 목소리도 떨리는군요. 내적으로 지금 어떤 불편한 감정이 있는 것 같은데, ○○씨의 반응이 궁금하군요."

89

특정한 직업분야에서 훈련이나 직무를 성공적으로 수행할 가능성을 예측하는 데 가장 적합한 검사는?

15, 20, 23년 기출

① 직업적성검사
② 직업흥미검사
③ 직업성숙도검사
④ 직업가치관검사

알기 쉬운 해설

① 직업적성검사 : 검사를 통해 자신의 적성에 맞는 직업을 선택할 수 있도록 하기 위한 검사로 검사의 주요 내용은 언어력, 수리력, 추리력, 사물지각력으로 구성되어 있다.
② 직업흥미검사 : 개인의 흥미유형을 현실형, 탐구형, 예술형, 사회형, 진취형, 관습형으로 나누어 살펴보고 있다.
③ 직업성숙도검사 : 개인의 계획성, 직업에 대한 태도, 독립성, 자기이해, 정보탐색, 합리적 의사결정, 직업에 대한 지식, 진로탐색 및 준비행동 등의 수준을 파악할 수 있는 검사이다.
④ 직업가치관검사 : 직업선택 시 중요하게 생각하는 직업가치관을 측정하는 검사로 성취, 봉사, 개별활동, 직업안정, 변화 지향, 몸과 마음의 여유, 영향력 발휘, 지식추구, 애국, 자율성, 금전적 보상, 인정, 실내활동의 하위유형으로 구성되어 있다.

90

성피해자에 대한 상담의 초기단계에서 상담자가 유의해야 할 사항으로 옳은 것은?

13, 15, 17, 24년 기출

① 피해자가 첫 면접에서 성피해 사실을 부인할 경우 솔직한 개방을 하도록 지속적으로 유도한다.
② 가능하면 초기에 피해자의 가족상황과 성폭력피해의 합병증 등에 관한 상세한 정보를 얻는다.
③ 성피해로 인한 내담자의 심리적 외상을 신속하게 탐색하고 치유할 수 있도록 적극적으로 개입한다.
④ 피해상황에 대한 상세한 정보수집이 중요하므로 내담자가 불편감을 표현하더라도 상담자가 주도적으로 면접을 진행한다.

알기 쉬운 해설

성폭력피해자 심리상담 초기단계의 유의사항
- 상담자는 피해자인 내담자와 신뢰할 수 있는 관계를 유지함으로써 치료관계 형성에 힘써야 한다.
- 상담자는 내담자에게 상담 내용의 주도권을 줌으로써 내담자에게 현재 상황에서 표현할 수 있는 내용에 대해서만 이야기할 수 있도록 배려해야 한다.
- 상담자는 내담자의 비언어적인 표현에 주의를 기울이며, 그에 대해 적절히 반응해야 한다.
- 상담자는 내담자의 성폭력 피해로 인한 합병증 등을 파악해야 한다.
- 상담자는 내담자가 성폭력 피해의 문제가 없다고 부인하는 경우 일단 수용하며, 언제든지 상담의 기회가 있음을 알려주어야 한다.

91 엘리스(Ellis)의 ABCDE 모형에 관한 설명으로 옳은 것은?

① A – 문제 장면에 대한 내담자의 신념
② B – 선행사건
③ C – 정서적 · 행동적 결과
④ D – 새로운 감정과 행동

> **알기 쉬운 해설**
>
> **ABCDE 모형**
> - A(Activating Events) : 선행사건
> - B(Belief System) : 비합리적 신념체계
> - C(Consequence) : 결과
> - D(Dispute) : 논박
> - E(Effect) : 효과

92 Beck이 제시하는 인지적 오류 중 '평범하다는 평가를 받는다는 것은 내가 얼마나 부족한지 증명하는 것이다'라고 생각하는 경우는?

① 전부 아니면 전무의 사고
② 긍정적인 면의 평가절하
③ 과장/축소
④ 과잉일반화

> **알기 쉬운 해설**
>
> **과장 및 축소**
> 사건의 의미나 중요성을 지나치게 과장하거나 축소하는 오류를 말한다. 즉 개인이 불완전을 최대화하거나 좋은 점을 최소화하는 오류로 자신의 실수나 결점을 실제보다 크게 보는 경향, 그리고 자신의 장점을 축소하게 된다. 이에 결국 자신이 타인들보다 열등하다고 생각하거나 우울하다고 느끼게 된다.

93 인간중심상담의 과정을 7단계로 나눌 때, ( )에 들어갈 내용의 순서가 올바른 것은? `21년 기출`

1단계 : 소통의 부재
2단계 : 도움의 필요성 인식 및 도움 요청
3단계 : 대상으로서의 경험 표현
4단계 : (ㄱ)
5단계 : (ㄴ)
6단계 : (ㄷ)
7단계 : 자기실현의 경험

① ㄱ - 지금-여기에서 더 유연한 경험 표현
　ㄴ - 감정수용과 책임증진
　ㄷ - 경험과 인식의 일치
② ㄱ - 감정수용과 책임증진
　ㄴ - 경험과 인식의 일치
　ㄷ - 지금-여기에서 더 유연한 경험 표현
③ ㄱ - 경험과 인식의 일치
　ㄴ - 지금-여기에서 더 유연한 경험 표현
　ㄷ - 감정수용과 책임증진
④ ㄱ - 감정수용과 책임증진
　ㄴ - 지금-여기에서 더 유연한 경험 표현
　ㄷ - 경험과 인식의 일치

알기 쉬운 해설

인간중심상담의 과정
- 1단계 : 소통의 부재
- 2단계 : 도움의 필요성 인식 및 도움 요청
- 3단계 : 대상으로서의 경험 표현
- 4단계 : 지금-여기에서 더 유연한 경험 표현
- 5단계 : 감정수용과 책임증진
- 6단계 : 경험과 인식의 일치
- 7단계 : 자기실현의 경험

인간중심상담
상담의 인간중심적 접근방법은 1940년대 초 미국의 심리학자 로저스(Rogers)에 의해 창안된 것으로, 내담자중심 원리가 집단과정에 적용·발전된 것이다.

정답 93 ①

94 약물에 관한 설명으로 옳은 것을 모두 고른 것은? `20년 기출`

> ㄱ. 약물 오용 – 의도적으로 약물을 다른 목적으로 사용하는 것이다.
> ㄴ. 약물 의존 – 약물이 없이는 지낼 수 없어 계속 약물을 찾는 상태를 말한다.
> ㄷ. 약물 남용 – 약물을 적절한 용도로 사용하지 못하고 잘못 사용하는 것이다.
> ㄹ. 약물 중독 – 약물로 인해 신체건강상에 여러 부작용을 나타내는 상태를 말한다.

① ㄱ, ㄴ
② ㄴ, ㄹ
③ ㄷ, ㄹ
④ ㄱ, ㄹ

알기 쉬운 해설
ㄱ. 약물 오용 : 의학적인 목적으로 약물을 사용하기는 하지만, 이를 의사의 처방에 따르지 않고 임의로 사용하거나 처방된 약을 제대로 또는 지시대로 사용하지 않는 것을 말한다.
ㄷ. 약물 남용 : 약물을 의학적 상식, 사회적 관습이나 법규로부터 일탈하여 쾌락을 추구하기 위해 사용하거나 과잉으로 사용하는 행위이다.

---

95 진로상담에서 "하고 싶은 일이 너무 많아요."라고 호소하는 내담자에게 가장 먼저 개입해야 하는 방법은? `20, 22년 기출`

① 자기이해
② 직업정보 탐색
③ 진학정보 탐색
④ 진로 의사결정

알기 쉬운 해설
진로와 진학정보를 탐색하기 전에 내담자가 자신에 관하여 보다 정확히 이해할 수 있도록 개입해야 한다.

96. 로저스(Rogers)가 제안한 '충분히 기능하는 사람'의 특성과 가장 거리가 먼 것은?

① 창조적이다.
② 제약 없이 자유롭다.
③ 자신의 유기체를 신뢰한다.
④ 현재보다는 미래에 투자할 줄 안다.

알기 쉬운 해설

충분히 기능하는 사람
- 경험에 대해 개방적이다.
- 실존적인 삶을 사는 사람이다.
- '자신'이라는 유기체에 대해 신뢰한다.
- 경험적인 자유를 지니고 있다.
- 창조적으로 살아간다.

97. 벌을 통한 행동수정 시 유의해야 할 사항이 아닌 것은?

① 벌을 받을 행동을 구체적으로 세분화하고 설명한다.
② 벌을 받을 상황을 가능한 한 없애도록 노력한다.
③ 벌은 그 강도를 점차로 높여가야 한다.
④ 벌을 받을 행동이 일어난 직후에 즉각적으로 벌을 준다.

알기 쉬운 해설

③ 벌은 그 강도를 점차로 높이지 말아야 한다.

벌을 통한 행동수정 시 유의사항
- 벌을 받을 행동을 구체적으로 세분화하고 설명한다.
- 벌을 받을 상황을 가능한 한 없애도록 노력한다.
- 바람직한 상반행동을 하도록 그 조건을 극대화한다.
- 가장 효과가 있을 것으로 예상되는 벌을 선택한다.
- 반복되는 벌에도 불구하고 효과가 없는 경우 다른 방법을 강구해야 한다.
- 벌은 그 강도를 점차로 높이지 말아야 한다.
- 벌을 받을 행동이 일어난 직후에 즉각적으로 벌을 준다.
- 바람직한 행동이 무엇인지 사전에 말해준다.

정답 96 ④ 97 ③

98

상담 및 심리치료의 발달사에 관한 설명으로 옳지 않은 것은? 17, 20, 23년 기출

① 글래서(Glasser)는 1960년대에 현실치료를 제시하였다.
② 가족치료 및 체계치료는 1970년대부터 본격적으로 등장하였다.
③ 메이(May)와 프랭클(Frankl)의 영향으로 게슈탈트 상담이 발전하였다.
④ 위트머(Witmer)는 임상심리학이라는 용어를 최초로 사용했으며, 치료적 목적을 위해 심리학의 지식과 방법을 활용하였다.

알기 쉬운 해설

③ 게슈탈트 상담은 펄스(Perls)에 의해 개발되었으며 상담목표를 개인의 성숙 및 성장에 두고 있다. 롤로 메이(Rollo May)와 빅터 프랭클(Viktor Frankl)은 의미치료(Logotherapy)라는 실존주의적 상담접근을 발전시켰다.

99

현실치료의 근간이 되는 선택이론의 주요원칙으로 옳지 않은 것은?

① 사람들이 바람 또는 욕구와 그들의 환경에서 얻고 있는 지각 사이에 차이가 있을 때는 특별한 행동들이 유발된다.
② 모든 인간의 동기나 행동은 다섯가지 기본욕구인 생존 및 건강, 사랑과 소속, 자기가치감, 통제, 즐거움과 재미 등을 충족시키기 위해 고안된다.
③ 다섯가지 욕구들을 모두 소유하고 있다고 하더라도 우리들은 각자가 모두 특별한 방법으로 그 욕구들을 충족시키려 한다.
④ 자기 자신을 어떻게 지각하는가 뿐만 아니라 그들의 주변세계를 어떻게 지각하는지에 대해 그들의 현실세계와 자신을 보는 관점이 된다.

알기 쉬운 해설

인간은 생존의 욕구, 사랑과 소속의 욕구, 권력과 성취의 욕구, 자유의 욕구, 즐거움과 재미의 욕구 등 5가지의 기본적인 욕구를 가지고 있으며, 이와 같은 욕구에는 어떠한 위계도 존재하지 않는다.

100 다음 중 REBT 상담에서 인지적 기법에 해당하지 않는 것은?

① 인지적 과제 부여하기
② 유머 사용하기
③ 비합리적 신념 논박하기
④ 내담자의 언어 변화시키기

알기 쉬운 해설
② 유머 사용하기는 REBT 상담의 정서적 기법에 해당한다.

좋은 책을 만드는 길, 독자님과 함께 하겠습니다.

2026 시대에듀 임상심리사 2급 1차 필기합격 단기완성 한권으로 끝내기

개정15판1쇄 발행	2026년 01월 15일 (인쇄 2025년 09월 18일)
초 판 발 행	2011년 06월 10일 (인쇄 2011년 04월 29일)
발 행 인	박영일
책 임 편 집	이해욱
편　　　저	이용석 · 정경아 · 심리상담연구소
편 집 진 행	장민영 · 김연지
표지디자인	박종우
편집디자인	조은아 · 김휘주
발 행 처	(주)시대고시기획
출 판 등 록	제10-1521호
주　　　소	서울시 마포구 큰우물로 75 [도화동 538 성지 B/D] 9F
전　　　화	1600-3600
팩　　　스	02-701-8823
홈 페 이 지	www.sdedu.co.kr
I S B N	979-11-434-0066-6 (13180)
정　　　가	38,000원

※ 이 책은 저작권법의 보호를 받는 저작물이므로 동영상 제작 및 무단전재와 배포를 금합니다.
※ 잘못된 책은 구입하신 서점에서 바꾸어 드립니다.

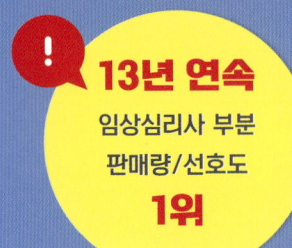

13년 연속
임상심리사 부분
판매량/선호도
1위

과목별 핵심이론부터 명쾌한 기출해설까지
한권으로 완성하는
시대에듀 임상심리사 시리즈

임상심리사 2급 1차 필기합격 단기완성

- 전 과목 핵심이론 + 이론별 핵심예제
- OX 퀴즈 + 전문가의 한마디로 빈틈없는 학습
- 최신 기출키워드 분석
- 2025년 제1회 · 제2회 필기시험 기출복원문제
- 유료 온라인 동영상 강의교재

임상심리사 2급 2차 실기합격 단기완성

- 전 과목 핵심이론 + 이론별 기출복원예제
- OX 퀴즈 + 전문가의 한마디로 빈틈없는 학습
- 최신 기출키워드 분석
- 2024년 제1회 · 제2회 · 제3회 실기시험 기출복원문제
- 유료 온라인 동영상 강의교재

※ 도서의 이미지와 구성은 변경될 수 있습니다.
※ 개정판 준비 중입니다.

+ 시대에듀 임상심리사 2급 시리즈

- ✓ 임상심리사 2급 1차 필기합격 단기완성
- ✓ 기출이 답이다 임상심리사 2급 1차 필기합격
- ✓ 파이널 핵심유형 100제 임상심리사 2급 1차 필기합격
- ✓ 임상심리사 2급 2차 실기합격 단기완성
- ✓ 기출이 답이다 임상심리사 2급 2차 실기합격
- ✓ 파이널 핵심유형 100제 임상심리사 2급 2차 실기합격

합격을 위한 최고의 선택
상담심리사 합격도
역시 시대에듀에서!

상담심리사 한권으로 끝내기

- 상담심리사 대비 필수이론 기본서
- 실전대비 핵심문제 + 적중예상문제
- 시험 전에 보는 핵심요약 빨리보는 간단한 키워드 수록
- 부록 상담심리사 윤리강령

상담심리사 최종모의고사

- 상담심리사 및 관련 시험 대비
- 최종모의고사 4회 수록
- 중요한 문제만을 담은 부록 구성
- 키워드로 확인하는 핵심개념

※ 도서의 이미지와 구성은 변경될 수 있습니다.

도서 구매 및 상품 문의
www.sdedu.co.kr | 1600-3600

전문 교수진의 임상심리사 합격 전략!
시대에듀 온라인 동영상 강의!

기본개념부터 실무까지
심도 있게 풀어가는 강의

완벽한 개념정리!
핵심 노하우 완벽 전수!

정경아 교수님
- **필기**
  심리학개론/심리검사/임상심리학
- **실기**
  기초심리평가

김윤수 교수님
- **필기**
  이상심리학/심리상담
- **실기**
  기초심리상담/심리치료/
  자문, 교육, 심리재활

최신기출 무료제공 / 온라인 동영상 강의

최신기출해설 동영상 1회분 무료제공
다음 합격의 주인공은 바로 여러분입니다!

※ 강사구성 및 커리큘럼은 변경될 수 있습니다.
※ 자세한 정보는 시대에듀 홈페이지를 참고하시기 바랍니다. (www.sdedu.co.kr)